2020

贵州省人口普查年鉴

（上册）

GUIZHOU POPULATION CENSUS YEARBOOK 2020

(BOOK 1)

贵州省第七次全国人口普查领导小组办公室
贵　州　省　统　计　局　编

Compiled by
Office of the Leading Group of Guizhou Province for the Seventh National Population Census
Guizhou Provincial Bureau of Statistics

图书在版编目（CIP）数据

贵州省人口普查年鉴. 2020. 上册 / 贵州省第七次全国人口普查领导小组办公室，贵州省统计局编. -- 北京：中国统计出版社，2022.11
ISBN 978-7-5230-0001-4

Ⅰ. ①贵… Ⅱ. ①贵… ②贵… Ⅲ. ①人口普查－统计资料－贵州－2020－年鉴 Ⅳ. ①C924.257.3-54

中国版本图书馆 CIP 数据核字(2022)第 206056 号

贵州省人口普查年鉴-2020（上册）
Guizhou Population Census Yearbook 2020 (Book 1)

作　　者/贵州省第七次全国人口普查领导小组办公室　贵州省统计局
责任编辑/张　洁
封面设计/李雪燕
出版发行/中国统计出版社有限公司
通信地址/北京市丰台区西三环南路甲 6 号　邮政编码/100073
发行电话/邮购（010）63376909　书店（010）68783171
网　　址/http://www.zgtjcbs.com/
印　　刷/河北鑫兆源印刷有限公司
经　　销/新华书店
开　　本/880mm×1230mm　1/16
字　　数/2250 千字
印　　张/70.25
版　　别/2022 年 11 月第 1 版
版　　次/2022 年 11 月第 1 次印刷
定　　价/990.00 元（全三册附光盘）

《贵州省人口普查年鉴—2020》编委会和编辑工作人员

编 辑 说 明

以2020年11月1日零时为标准时点的第七次全国人口普查是中国特色社会主义进入新时代，第一个百年奋斗目标即将实现的重要历史节点，人口发展进入重要转折期开展的一次重大国情国力调查。自2019年下半年普查工作启动以来，在国务院第七次全国人口普查领导小组的统一部署下，在省委、省政府的坚强领导下，在全省各地各有关部门的大力支持下，在广大普查对象的积极配合下，通过全省各级普查机构的精心组织和21万名普查人员的辛勤努力，普查登记工作圆满完成，获得了大量有价值的人口统计信息，为科学制定全省国民经济和社会发展战略规划，推动高质量发展提供了强有力支持，为了满足社会各界的需要，现将汇总的数据资料编辑出版。

为便于读者使用本资料，现将有关情况说明如下:

一、普查对象和标准时点

第七次全国人口普查的普查对象是指普查标准时点在中华人民共和国境内的自然人以及在中华人民共和国境外但未定居的中国公民，不包括在中华人民共和国境内短期停留的境外人员。普查标准时点为2020年11月1日零时。

二、普查表式

第七次全国人口普查采用长、短两种普查表。普查短表包括反映人口基本状况的项目，由全部住户(不包括港澳台居民和外籍人员)填报；普查长表包括所有短表项目和人口的经济活动、婚姻生育和住房等情况的项目，在全部住户中抽取10%的户(不包括港澳台居民和外籍人员)填报。

三、资料主要内容

本资料分为三部分。第一部分是全部人口数据，主要反映人口的基本状况，分为八卷，共196张表；第二部分是普查长表数据，主要反映人口的各种结构情况，分为九卷，共218张表；第三部分是附录，主要是普查的有关规定和技术文件等。

四、数据汇总口径及推算说明

本资料是按照普查实际登记直接汇总的数据，不包括现役军人。资料中各项指标的汇总结果未做任何误差校正，读者在使用时应考虑不同指标登记误差因素的影响。

由于普查长表是按户抽样并进行登记，因此人口总数以及各种人口结构数据的抽样比会存在略微差异，请读者使用本资料推算总体时，对采用的方法予以注意。

五、城乡划分规定

本次人口普查关于城乡的划分，按照国家统计局《统计上划分城乡的规定》执行。

六、其他

本资料中部分相对数由于单位取舍问题而产生的计算误差，均未做机械调整。本资料中空项表示无数字或数字很小。

目　　录

上　册

第一部分　全部数据资料

第一卷　概要

第三卷 年龄

第四卷 教育

第五卷 家庭

第六卷 死亡

第七卷　户口登记状况

中　册

第一部分　全部数据资料（续）

第八卷　住房

第二部分　长表数据资料

第一卷　概要

第二卷　民族

第三卷　教育

第四卷　就业

下　册

第二部分　长表数据资料(续)

第五卷　婚姻

第六卷　生育

第七卷　迁移和户口登记地

第八卷　老年人口

第九卷　住房

第三部分　附　录

第一部分　全部数据资料

第一卷　概要

1-1 各地区户数、

地区	户数			合计			
	合计	家庭户	集体户	合计	男	女	性别比（女=100）
贵 州	**13265872**	**12696585**	**569287**	**38562148**	**19705293**	**18856855**	**104.50**
贵阳市	**2112958**	**1921740**	**191218**	**5987018**	**3061169**	**2925849**	**104.62**
南明区	408977	381212	27765	1047792	527105	520687	101.23
云岩区	424283	396147	28136	1056819	531370	525449	101.13
花溪区	320807	263982	56825	966276	492318	473958	103.87
乌当区	113871	105625	8246	336363	170337	166026	102.60
白云区	148108	133670	14438	456250	236301	219949	107.43
观山湖区	213057	189349	23708	642634	331370	311264	106.46
开阳县	127068	124020	3048	343871	176777	167094	105.79
息烽县	77276	75687	1589	219835	113383	106452	106.51
修文县	90555	87391	3164	288090	150561	137529	109.48
清镇市	188956	164657	24299	629088	331647	297441	111.50
六盘水市	**1029591**	**994221**	**35370**	**3031602**	**1556454**	**1475148**	**105.51**
钟山区	225132	211592	13540	674249	339410	334839	101.37
六枝特区	177834	173152	4682	536873	272490	264383	103.07
水城县	233677	226233	7444	746407	388855	357552	108.75
盘州市	392948	383244	9704	1074073	555699	518374	107.20
遵义市	**2287219**	**2204049**	**83170**	**6606675**	**3341799**	**3264876**	**102.36**
红花岗区	331177	309277	21900	971337	484861	486476	99.67
汇川区	213626	205822	7804	627721	316019	311702	101.38
播州区	252295	242439	9856	761491	387932	373559	103.85
桐梓县	178382	173444	4938	529471	270806	258665	104.69
绥阳县	132782	128255	4527	379677	192919	186758	103.30
正安县	148600	145580	3020	396159	199725	196434	101.68
道真仡佬族苗族自治县	91275	89548	1727	243846	120323	123523	97.41
务川仡佬族苗族自治县	111609	108580	3029	308466	155324	153142	101.42
凤冈县	111620	109142	2478	304156	151761	152395	99.58
湄潭县	137773	133596	4177	372865	185494	187371	99.00
余庆县	81855	79463	2392	223952	111792	112160	99.67
习水县	193155	187792	5363	584947	299826	285121	105.16
赤水市	95287	93203	2084	247287	124111	123176	100.76
仁怀市	207783	197908	9875	655300	340906	314394	108.43
安顺市	**819567**	**786839**	**32728**	**2470630**	**1262780**	**1207850**	**104.55**
西秀区	285190	271514	13676	870441	438269	432172	101.41
平坝区	114683	107597	7086	347060	179812	167248	107.51
普定县	133352	130485	2867	376285	193282	183003	105.62
镇宁布依族苗族自治县	100945	97837	3108	299696	154783	144913	106.81
关岭布依族苗族自治县	90849	87599	3250	283497	146122	137375	106.37
紫云苗族布依族自治县	94548	91807	2741	293651	150512	143139	105.15
毕节市	**2274732**	**2217051**	**57681**	**6899636**	**3544009**	**3355627**	**105.61**
七星关区	421416	405728	15688	1305066	662818	642248	103.20
大方县	309641	301416	8225	857578	442011	415567	106.36
黔西县	247287	242513	4774	732008	375619	356389	105.40
金沙县	187549	180255	7294	544033	282915	261118	108.35
织金县	290637	284639	5998	815661	420022	395639	106.16
纳雍县	239021	234386	4635	716703	367424	349279	105.19
威宁彝族回族苗族自治县	376822	369591	7231	1280116	661537	618579	106.94
赫章县	202359	198523	3836	648471	331663	316808	104.69

人口数和性别比

单位：户、人

人口数								平均家庭户规模（人/户）
家庭户				集体户				
小计	男	女	性别比（女=100）	小计	男	女	性别比（女=100）	
35719520	**18195997**	**17523523**	**103.84**	**2842628**	**1509296**	**1333332**	**113.20**	**2.81**
5141257	**2600885**	**2540372**	**102.38**	**845761**	**460284**	**385477**	**119.41**	**2.68**
938341	467960	470381	99.49	109451	59145	50306	117.57	2.46
951540	474503	477037	99.47	105279	56867	48412	117.46	2.40
743831	380020	363811	104.46	222445	112298	110147	101.95	2.82
294191	148044	146147	101.30	42172	22293	19879	112.14	2.79
375087	191540	183547	104.35	81163	44761	36402	122.96	2.81
527523	265045	262478	100.98	115111	66325	48786	135.95	2.79
331989	170091	161898	105.06	11882	6686	5196	128.68	2.68
213305	109843	103462	106.17	6530	3540	2990	118.39	2.82
265968	137503	128465	107.04	22122	13058	9064	144.06	3.04
499482	256336	243146	105.42	129606	75311	54295	138.71	3.03
2880792	**1476907**	**1403885**	**105.20**	**150810**	**79547**	**71263**	**111.62**	**2.90**
624560	315096	309464	101.82	49689	24314	25375	95.82	2.95
513388	259990	253398	102.60	23485	12500	10985	113.79	2.96
711078	369667	341411	108.28	35329	19188	16141	118.88	3.14
1031766	532154	499612	106.51	42307	23545	18762	125.49	2.69
6180770	**3115636**	**3065134**	**101.65**	**425905**	**226163**	**199742**	**113.23**	**2.80**
865711	433685	432026	100.38	105626	51176	54450	93.99	2.80
588901	294808	294093	100.24	38820	21211	17609	120.46	2.86
710384	360530	349854	103.05	51107	27402	23705	115.60	2.93
501308	255694	245614	104.10	28163	15112	13051	115.79	2.89
349686	176885	172801	102.36	29991	16034	13957	114.88	2.73
375210	188224	186986	100.66	20949	11501	9448	121.73	2.58
236306	115916	120390	96.28	7540	4407	3133	140.66	2.64
294730	147788	146942	100.58	13736	7536	6200	121.55	2.71
292669	145751	146918	99.21	11487	6010	5477	109.73	2.68
349567	173483	176084	98.52	23298	12011	11287	106.41	2.62
212436	105183	107253	98.07	11516	6609	4907	134.69	2.67
551607	281177	270430	103.97	33340	18649	14691	126.94	2.94
237830	118625	119205	99.51	9457	5486	3971	138.15	2.55
614425	317887	296538	107.20	40875	23019	17856	128.91	3.10
2306751	**1174947**	**1131804**	**103.81**	**163879**	**87833**	**76046**	**115.50**	**2.93**
801880	401943	399937	100.50	68561	36326	32235	112.69	2.95
317604	161552	156052	103.52	29456	18260	11196	153.09	2.95
353844	181840	172004	105.72	22441	11442	10999	104.03	2.71
284788	147447	137341	107.36	14908	7336	7572	96.88	2.91
268887	138599	130288	106.38	14610	7523	7087	106.15	3.07
279748	143566	136182	105.42	13903	6946	6957	99.84	3.05
6583071	**3378483**	**3204588**	**105.43**	**316565**	**165526**	**151039**	**109.59**	**2.97**
1226220	622951	603269	103.26	78846	39867	38979	102.28	3.02
811850	419165	392685	106.74	45728	22846	22882	99.84	2.69
705808	361292	344516	104.87	26200	14327	11873	120.67	2.91
512131	264371	247760	106.70	31902	18544	13358	138.82	2.84
786867	403544	383323	105.28	28794	16478	12316	133.79	2.76
682404	349459	332945	104.96	34299	17965	16334	109.99	2.91
1230129	637172	592957	107.46	49987	24365	25622	95.09	3.33
627662	320529	307133	104.36	20809	11134	9675	115.08	3.16

1-1 续表

地区	户数			合计			
	合计	家庭户	集体户	合计	男	女	性别比(女=100)
铜仁市	**1198049**	**1154583**	**43466**	**3298468**	**1676104**	**1622364**	**103.31**
碧江区	138169	124893	13276	442076	219842	222234	98.92
万山区	56662	54523	2139	160624	84357	76267	110.61
江口县	69311	67726	1585	184764	95489	89275	106.96
玉屏侗族自治县	53233	51422	1811	150457	77756	72701	106.95
石阡县	109454	106691	2763	297086	151494	145592	104.05
思南县	174929	168624	6305	457745	229795	227950	100.81
印江土家族苗族自治县	113707	110448	3259	294490	148491	145999	101.71
德江县	143926	139487	4439	393596	198945	194651	102.21
沿河土家族自治县	168099	164636	3463	429893	218811	211082	103.66
松桃苗族自治县	170559	166133	4426	487737	251124	236613	106.13
黔西南布依族苗族自治州	**1000537**	**969274**	**31263**	**3015112**	**1538616**	**1476496**	**104.21**
兴义市	325363	309545	15818	1004132	512392	491740	104.20
兴仁市	143978	139631	4347	425770	217789	207981	104.72
普安县	81644	80107	1537	242958	125141	117817	106.22
晴隆县	81820	80262	1558	234162	120095	114067	105.28
贞丰县	102899	101075	1824	307313	155756	151557	102.77
望谟县	77693	75804	1889	235243	119707	115536	103.61
册亨县	67473	65945	1528	189709	96675	93034	103.91
安龙县	119667	116905	2762	375825	191061	184764	103.41
黔东南苗族侗族自治州	**1326062**	**1283501**	**42561**	**3758622**	**1938627**	**1819995**	**106.52**
凯里市	257642	240281	17361	709057	363758	345299	105.35
黄平县	90756	88384	2372	244125	124428	119697	103.95
施秉县	43832	43067	765	125518	63962	61556	103.91
三穗县	60055	58934	1121	162798	83318	79480	104.83
镇远县	71214	69938	1276	189715	96800	92915	104.18
岑巩县	63237	61315	1922	168441	86493	81948	105.55
天柱县	112243	110409	1834	273588	141798	131790	107.59
锦屏县	58460	56918	1542	155182	79340	75842	104.61
剑河县	67340	65911	1429	188507	99079	89428	110.79
台江县	42938	41010	1928	122861	63864	58997	108.25
黎平县	138407	134847	3560	412813	210602	202211	104.15
榕江县	92096	90385	1711	297572	155407	142165	109.31
从江县	91934	89803	2131	313887	161953	151934	106.59
雷山县	42835	41806	1029	124835	67030	57805	115.96
麻江县	45871	44795	1076	131081	68150	62931	108.29
丹寨县	47202	45698	1504	138642	72645	65997	110.07
黔南布依族苗族自治州	**1217157**	**1165327**	**51830**	**3494385**	**1785735**	**1708650**	**104.51**
都匀市	182631	170064	12567	529688	268995	260693	103.18
福泉市	105063	101032	4031	297899	155155	142744	108.69
荔波县	53854	52329	1525	154896	80605	74291	108.50
贵定县	89189	83237	5952	250146	123373	126773	97.32
瓮安县	145112	141738	3374	395536	201621	193915	103.97
独山县	96295	92856	3439	264266	135826	128440	105.75
平塘县	84531	82827	1704	234417	118372	116045	102.01
罗甸县	91755	88848	2907	257551	130847	126704	103.27
长顺县	66988	65354	1634	201540	104106	97434	106.85
龙里县	80495	75308	5187	236221	124163	112058	110.80
惠水县	128119	120488	7631	395878	199224	196654	101.31
三都水族自治县	93125	91246	1879	276347	143448	132899	107.94

单位：户、人

人口数								平均家庭户规模（人/户）
家庭户				集体户				
小计	男	女	性别比（女=100）	小计	男	女	性别比（女=100）	
3010819	**1527852**	**1482967**	**103.03**	**287649**	**148252**	**139397**	**106.35**	**2.61**
352816	177694	175122	101.47	89260	42148	47112	89.46	2.82
142727	74460	68267	109.07	17897	9897	8000	123.71	2.62
172037	88391	83646	105.67	12727	7098	5629	126.10	2.54
141799	73068	68731	106.31	8658	4688	3970	118.09	2.76
281917	142304	139613	101.93	15169	9190	5979	153.70	2.64
420348	209735	210613	99.58	37397	20060	17337	115.71	2.49
277759	139641	138118	101.10	16731	8850	7881	112.30	2.51
358915	181211	177704	101.97	34681	17734	16947	104.64	2.57
401999	204362	197637	103.40	27894	14449	13445	107.47	2.44
460502	236986	223516	106.03	27235	14138	13097	107.95	2.77
2832901	**1443932**	**1388969**	**103.96**	**182211**	**94684**	**87527**	**108.18**	**2.92**
915231	468159	447072	104.72	88901	44233	44668	99.03	2.96
406921	207865	199056	104.43	18849	9924	8925	111.19	2.91
231586	118624	112962	105.01	11372	6517	4855	134.23	2.89
223540	114292	109248	104.62	10622	5803	4819	120.42	2.79
294107	148661	145446	102.21	13206	7095	6111	116.10	2.91
219253	111307	107946	103.11	15990	8400	7590	110.67	2.89
183119	93162	89957	103.56	6590	3513	3077	114.17	2.78
359144	181862	177282	102.58	16681	9199	7482	122.95	3.07
3567371	**1835977**	**1731394**	**106.04**	**191251**	**102650**	**88601**	**115.86**	**2.78**
642258	327946	314312	104.34	66799	35812	30987	115.57	2.67
232538	118483	114055	103.88	11587	5945	5642	105.37	2.63
121679	62072	59607	104.14	3839	1890	1949	96.97	2.83
158312	80881	77431	104.46	4486	2437	2049	118.94	2.69
184390	94004	90386	104.00	5325	2796	2529	110.56	2.64
159704	81718	77986	104.79	8737	4775	3962	120.52	2.60
264899	137088	127811	107.26	8689	4710	3979	118.37	2.40
149070	75938	73132	103.84	6112	3402	2710	125.54	2.62
181989	95409	86580	110.20	6518	3670	2848	128.86	2.76
114733	59499	55234	107.72	8128	4365	3763	116.00	2.80
398240	202700	195540	103.66	14573	7902	6671	118.45	2.95
284796	148454	136342	108.88	12776	6953	5823	119.41	3.15
303553	156123	147430	105.90	10334	5830	4504	129.44	3.38
118136	63033	55103	114.39	6699	3997	2702	147.93	2.83
125058	65065	59993	108.45	6023	3085	2938	105.00	2.79
128016	67564	60452	111.76	10626	5081	5545	91.63	2.80
3215788	**1641378**	**1574410**	**104.25**	**278597**	**144357**	**134240**	**107.54**	**2.76**
446774	226616	220158	102.93	82914	42379	40535	104.55	2.63
278948	143999	134949	106.71	18951	11156	7795	143.12	2.76
147848	76110	71738	106.09	7048	4495	2553	176.07	2.83
224021	113577	110444	102.84	26125	9796	16329	59.99	2.69
374160	188344	185816	101.36	21376	13277	8099	163.93	2.64
250133	127950	122183	104.72	14133	7876	6257	125.88	2.69
226975	114337	112638	101.51	7442	4035	3407	118.43	2.74
244396	123576	120820	102.28	13155	7271	5884	123.57	2.75
190192	97696	92496	105.62	11348	6410	4938	129.81	2.91
212781	110130	102651	107.29	23440	14033	9407	149.18	2.83
352514	180468	172046	104.90	43364	18756	24608	76.22	2.93
267046	138575	128471	107.86	9301	4873	4428	110.05	2.93

1-1a 各地区户数、

地区	户数						
				合计			
	合计	家庭户	集体户	合计	男	女	性别比(女=100)
贵州	**3522330**	**3252662**	**269668**	**10126125**	**5086734**	**5039391**	**100.94**
贵阳市	**1512937**	**1380052**	**132885**	**4102936**	**2078579**	**2024357**	**102.68**
南明区	391568	365573	25995	995995	498937	497058	100.38
云岩区	424283	396147	28136	1056819	531370	525449	101.13
花溪区	227975	200432	27543	635526	325370	310156	104.91
乌当区	70559	65168	5391	200830	97807	103023	94.94
白云区	136338	123140	13198	415894	215040	200854	107.06
观山湖区	177713	158979	18734	521841	267465	254376	105.15
开阳县							
息烽县							
修文县							
清镇市	84501	70613	13888	276031	142590	133441	106.86
六盘水市	**334738**	**316020**	**18718**	**979413**	**490297**	**489116**	**100.24**
钟山区	187035	176569	10466	546319	272476	273843	99.50
六枝特区	52884	49693	3191	161070	79103	81967	96.51
水城县							
盘州市	94819	89758	5061	272024	138718	133306	104.06
遵义市	**620243**	**581897**	**38346**	**1874238**	**932952**	**941286**	**99.11**
红花岗区	247492	227547	19945	730096	360052	370044	97.30
汇川区	146997	140066	6931	436044	216639	219405	98.74
播州区	94607	89060	5547	301268	150614	150654	99.97
桐梓县							
绥阳县							
正安县							
道真仡佬族苗族自治县							
务川仡佬族苗族自治县							
凤冈县							
湄潭县							
余庆县							
习水县							
赤水市	38505	37714	791	104454	50747	53707	94.49
仁怀市	92642	87510	5132	302376	154900	147476	105.03
安顺市	**184526**	**172609**	**11917**	**536236**	**263741**	**272495**	**96.79**
西秀区	158499	147584	10915	461738	226455	235283	96.25
平坝区	26027	25025	1002	74498	37286	37212	100.20
普定县							
镇宁布依族苗族自治县							
关岭布依族苗族自治县							
紫云苗族布依族自治县							
毕节市	**182438**	**169353**	**13085**	**609901**	**308047**	**301854**	**102.05**
七星关区	182438	169353	13085	609901	308047	301854	102.05
大方县							
黔西县							
金沙县							
织金县							
纳雍县							
威宁彝族回族苗族自治县							
赫章县							

人口数和性别比(城市)

单位：户、人

人口数								平均家庭户规模（人/户）
家庭户				集体户				
小计	男	女	性别比（女=100）	小计	男	女	性别比（女=100）	
8868313	**4435200**	**4433113**	**100.05**	**1257812**	**651534**	**606278**	**107.46**	**2.73**
3531666	**1767460**	**1764206**	**100.18**	**571270**	**311119**	**260151**	**119.59**	**2.56**
892961	444132	448829	98.95	103034	54805	48229	113.63	2.44
951540	474503	477037	99.47	105279	56867	48412	117.46	2.40
528396	267518	260878	102.55	107130	57852	49278	117.40	2.64
177765	87428	90337	96.78	23065	10379	12686	81.81	2.73
342120	174395	167725	103.98	73774	40645	33129	122.69	2.78
435643	217470	218173	99.68	86198	49995	36203	138.10	2.74
203241	102014	101227	100.78	72790	40576	32214	125.96	2.88
903914	**453189**	**450725**	**100.55**	**75499**	**37108**	**38391**	**96.66**	**2.86**
508914	255260	253654	100.63	37405	17216	20189	85.27	2.88
146163	71641	74522	96.13	14907	7462	7445	100.23	2.94
248837	126288	122549	103.05	23187	12430	10757	115.55	2.77
1689232	**840665**	**848567**	**99.07**	**185006**	**92287**	**92719**	**99.53**	**2.90**
635198	315182	320016	98.49	94898	44870	50028	89.69	2.79
401188	198054	203134	97.50	34856	18585	16271	114.22	2.86
270502	135107	135395	99.79	30766	15507	15259	101.63	3.04
100718	48630	52088	93.36	3736	2117	1619	130.76	2.67
281626	143692	137934	104.17	20750	11208	9542	117.46	3.22
481283	**238131**	**243152**	**97.94**	**54953**	**25610**	**29343**	**87.28**	**2.79**
411247	203168	208079	97.64	50491	23287	27204	85.60	2.79
70036	34963	35073	99.69	4462	2323	2139	108.60	2.80
541621	**273692**	**267929**	**102.15**	**68280**	**34355**	**33925**	**101.27**	**3.20**
541621	273692	267929	102.15	68280	34355	33925	101.27	3.20

1-1a 续表

地区	户数			合计			
	合计	家庭户	集体户	合计	男	女	性别比（女=100）
铜仁市	**127309**	**113714**	**13595**	**417810**	**208250**	**209560**	**99.37**
碧江区	103629	91821	11808	341286	168432	172854	97.44
万山区	23680	21893	1787	76524	39818	36706	108.48
江口县							
玉屏侗族自治县							
石阡县							
思南县							
印江土家族苗族自治县							
德江县							
沿河土家族自治县							
松桃苗族自治县							
黔西南布依族苗族自治州	**228617**	**213870**	**14747**	**692525**	**347629**	**344896**	**100.79**
兴义市	187560	175876	11684	569150	285341	283809	100.54
兴仁市	41057	37994	3063	123375	62288	61087	101.97
普安县							
晴隆县							
贞丰县							
望谟县							
册亨县							
安龙县							
黔东南苗族侗族自治州	**182067**	**168125**	**13942**	**487109**	**245728**	**241381**	**101.80**
凯里市	182067	168125	13942	487109	245728	241381	101.80
黄平县							
施秉县							
三穗县							
镇远县							
岑巩县							
天柱县							
锦屏县							
剑河县							
台江县							
黎平县							
榕江县							
从江县							
雷山县							
麻江县							
丹寨县							
黔南布依族苗族自治州	**149455**	**137022**	**12433**	**425957**	**211511**	**214446**	**98.63**
都匀市	112458	102959	9499	319239	158255	160984	98.30
福泉市	36997	34063	2934	106718	53256	53462	99.61
荔波县							
贵定县							
瓮安县							
独山县							
平塘县							
罗甸县							
长顺县							
龙里县							
惠水县							
三都水族自治县							

单位：户、人

人口数								平均家庭户规模（人/户）
家庭户				集体户				
小计	男	女	性别比（女=100）	小计	男	女	性别比（女=100）	
323758	**161277**	**162481**	**99.26**	**94052**	**46973**	**47079**	**99.77**	**2.85**
262756	130119	132637	98.10	78530	38313	40217	95.27	2.86
61002	31158	29844	104.40	15522	8660	6862	126.20	2.79
610362	**308373**	**301989**	**102.11**	**82163**	**39256**	**42907**	**91.49**	**2.85**
499568	252256	247312	102.00	69582	33085	36497	90.65	2.84
110794	56117	54677	102.63	12581	6171	6410	96.27	2.92
435114	**218204**	**216910**	**100.60**	**51995**	**27524**	**24471**	**112.48**	**2.59**
435114	218204	216910	100.60	51995	27524	24471	112.48	2.59
351363	**174209**	**177154**	**98.34**	**74594**	**37302**	**37292**	**100.03**	**2.56**
257506	127325	130181	97.81	61733	30930	30803	100.41	2.50
93857	46884	46973	99.81	12861	6372	6489	98.20	2.76

1-1b 各地区户数、

地区	户数						
				合计			
	合计	家庭户	集体户	合计	男	女	性别比（女=100）
贵州	**3431251**	**3226651**	**204600**	**10369821**	**5220851**	**5148970**	**101.40**
贵阳市	**219662**	**177372**	**42290**	**691135**	**346507**	**344628**	**100.55**
南明区							
云岩区							
花溪区	40637	13195	27442	143287	67861	75426	89.97
乌当区	7351	6666	685	23006	12114	10892	111.22
白云区	1143	1113	30	2460	1211	1249	96.96
观山湖区	8820	8039	781	25617	13254	12363	107.21
开阳县	64833	62311	2522	186254	93093	93161	99.93
息烽县	36516	35150	1366	104498	52006	52492	99.07
修文县	40776	38483	2293	131379	66942	64437	103.89
清镇市	19586	12415	7171	74634	40026	34608	115.66
六盘水市	**163036**	**154618**	**8418**	**502142**	**256212**	**245930**	**104.18**
钟山区	19319	18726	593	60478	31421	29057	108.14
六枝特区	16706	16200	506	50886	25465	25421	100.17
水城县	73938	69321	4617	241908	123822	118086	104.86
盘州市	53073	50371	2702	148870	75504	73366	102.91
遵义市	**619904**	**592433**	**27471**	**1870984**	**925753**	**945231**	**97.94**
红花岗区	20144	19243	901	62101	31473	30628	102.76
汇川区	19387	18746	641	56002	28399	27603	102.88
播州区	30001	28453	1548	89734	45171	44563	101.36
桐梓县	79432	75973	3459	247297	123097	124200	99.11
绥阳县	55294	51736	3558	172541	86084	86457	99.57
正安县	57089	55230	1859	167211	82184	85027	96.66
道真仡佬族苗族自治县	43711	42391	1320	128274	60468	67806	89.18
务川仡佬族苗族自治县	54197	51493	2704	168349	82585	85764	96.29
凤冈县	50192	48438	1754	144414	70483	73931	95.34
湄潭县	66013	62871	3142	188220	92084	96136	95.79
余庆县	36137	34670	1467	106030	51877	54153	95.80
习水县	75934	72173	3761	247219	124217	123002	100.99
赤水市	13052	12594	458	34245	16688	17557	95.05
仁怀市	19321	18422	899	59347	30943	28404	108.94
安顺市	**198123**	**182403**	**15720**	**610379**	**312669**	**297710**	**105.02**
西秀区	15641	14666	975	52112	28032	24080	116.41
平坝区	32034	26657	5377	97306	52297	45009	116.19
普定县	48845	47019	1826	144892	73063	71829	101.72
镇宁布依族苗族自治县	38571	35933	2638	114644	57530	57114	100.73
关岭布依族苗族自治县	33425	30720	2705	105448	53218	52230	101.89
紫云苗族布依族自治县	29607	27408	2199	95977	48529	47448	102.28
毕节市	**743812**	**710190**	**33622**	**2296431**	**1166861**	**1129570**	**103.30**
七星关区	28598	27336	1262	85273	42617	42656	99.91
大方县	107729	100723	7006	323897	164146	159751	102.75
黔西县	112321	108938	3383	340348	172007	168341	102.18
金沙县	91191	85530	5661	274114	139411	134703	103.50
织金县	121425	116780	4645	347931	177418	170513	104.05
纳雍县	93973	90580	3393	292089	149004	143085	104.14
威宁彝族回族苗族自治县	134659	128384	6275	463564	236767	226797	104.40
赫章县	53916	51919	1997	169215	85491	83724	102.11

人口数和性别比(镇)

单位：户、人

人口数								平均家庭户规模（人/户）
家庭户				集体户				
小计	男	女	性别比（女=100）	小计	男	女	性别比（女=100）	
9301243	**4673504**	**4627739**	**100.99**	**1068578**	**547347**	**521231**	**105.01**	**2.88**
508843	**255835**	**253008**	**101.12**	**182292**	**90672**	**91620**	**98.97**	**2.87**
38690	20366	18324	111.14	104597	47495	57102	83.18	2.93
18746	9627	9119	105.57	4260	2487	1773	140.27	2.81
2322	1133	1189	95.29	138	78	60	130.00	2.09
19488	9760	9728	100.33	6129	3494	2635	132.60	2.42
176890	88160	88730	99.36	9364	4933	4431	111.33	2.84
98947	49174	49773	98.80	5551	2832	2719	104.16	2.81
116309	58495	57814	101.18	15070	8447	6623	127.54	3.02
37451	19120	18331	104.30	37183	20906	16277	128.44	3.02
467208	**238419**	**228789**	**104.21**	**34934**	**17793**	**17141**	**103.80**	**3.02**
58777	30430	28347	107.35	1701	991	710	139.58	3.14
49175	24608	24567	100.17	1711	857	854	100.35	3.04
222551	114294	108257	105.58	19357	9528	9829	96.94	3.21
136705	69087	67618	102.17	12165	6417	5748	111.64	2.71
1725742	**849380**	**876362**	**96.92**	**145242**	**76373**	**68869**	**110.90**	**2.91**
56175	28393	27782	102.20	5926	3080	2846	108.22	2.92
53791	27216	26575	102.41	2211	1183	1028	115.08	2.87
83324	41760	41564	100.47	6410	3411	2999	113.74	2.93
228032	113431	114601	98.98	19265	9666	9599	100.70	3.00
149282	73826	75456	97.84	23259	12258	11001	111.43	2.89
155185	75517	79668	94.79	12026	6667	5359	124.41	2.81
123159	57479	65680	87.51	5115	2989	2126	140.59	2.91
156480	76394	80086	95.39	11869	6191	5678	109.03	3.04
136626	66447	70179	94.68	7788	4036	3752	107.57	2.82
169383	82668	86715	95.33	18837	9416	9421	99.95	2.69
98692	47699	50993	93.54	7338	4178	3160	132.22	2.85
226084	113180	112904	100.24	21135	11037	10098	109.30	3.13
33055	16053	17002	94.42	1190	635	555	114.41	2.62
56474	29317	27157	107.95	2873	1626	1247	130.39	3.07
533760	**270481**	**263279**	**102.74**	**76619**	**42188**	**34431**	**122.53**	**2.93**
45340	23123	22217	104.08	6772	4909	1863	263.50	3.09
76441	38766	37675	102.90	20865	13531	7334	184.50	2.87
131576	66534	65042	102.29	13316	6529	6787	96.20	2.80
102545	51771	50774	101.96	12099	5759	6340	90.84	2.85
93699	47385	46314	102.31	11749	5833	5916	98.60	3.05
84159	42902	41257	103.99	11818	5627	6191	90.89	3.07
2100602	**1069804**	**1030798**	**103.78**	**195829**	**97057**	**98772**	**98.26**	**2.96**
79344	39877	39467	101.04	5929	2740	3189	85.92	2.90
285112	145513	139599	104.24	38785	18633	20152	92.46	2.83
319924	161650	158274	102.13	20424	10357	10067	102.88	2.94
249532	126772	122760	103.27	24582	12639	11943	105.83	2.92
326002	166060	159942	103.83	21929	11358	10571	107.44	2.79
264240	134780	129460	104.11	27849	14224	13625	104.40	2.92
417342	214686	202656	105.94	46222	22081	24141	91.47	3.25
159106	80466	78640	102.32	10109	5025	5084	98.84	3.06

1-1b 续表

地区	户数			合计			
	合计	家庭户	集体户	合计	男	女	性别比(女=100)
铜仁市	**373607**	**353039**	**20568**	**1100864**	**548732**	**552132**	**99.38**
碧江区	1977	1888	89	5268	2812	2456	114.50
万山区							
江口县	27459	26375	1084	81867	41397	40470	102.29
玉屏侗族自治县	28130	27261	869	78588	39740	38848	102.30
石阡县	34512	32294	2218	102074	50982	51092	99.78
思南县	64344	59179	5165	189270	93477	95793	97.58
印江土家族苗族自治县	40663	38356	2307	121416	59240	62176	95.28
德江县	63009	59940	3069	184746	92291	92455	99.82
沿河土家族自治县	59529	56987	2542	171066	85356	85710	99.59
松桃苗族自治县	53984	50759	3225	166569	83437	83132	100.37
黔西南布依族苗族自治州	**226059**	**216176**	**9883**	**698413**	**354777**	**343636**	**103.24**
兴义市	25564	23990	1574	80347	41635	38712	107.55
兴仁市	15292	14589	703	45835	23364	22471	103.97
普安县	24689	23645	1044	75258	38409	36849	104.23
晴隆县	25276	24176	1100	76937	39079	37858	103.23
贞丰县	38379	37152	1227	117914	59273	58641	101.08
望谟县	27080	25592	1488	88704	45272	43432	104.24
册亨县	22233	21721	512	61671	31343	30328	103.35
安龙县	47546	45311	2235	151747	76402	75345	101.40
黔东南苗族侗族自治州	**417371**	**399706**	**17665**	**1224894**	**619327**	**605567**	**102.27**
凯里市	11040	10723	317	32134	16660	15474	107.66
黄平县	33552	32262	1290	93992	47225	46767	100.98
施秉县	16964	16396	568	50758	25141	25617	98.14
三穗县	27490	26667	823	78555	38985	39570	98.52
镇远县	33460	32351	1109	94217	46805	47412	98.72
岑巩县	26108	24675	1433	74366	36911	37455	98.55
天柱县	46417	44951	1466	115893	59040	56853	103.85
锦屏县	24725	23693	1032	69863	34713	35150	98.76
剑河县	25031	24040	991	74541	38087	36454	104.48
台江县	15994	14823	1171	45554	23451	22103	106.10
黎平县	53200	50894	2306	162522	81466	81056	100.51
榕江县	30132	29276	856	102099	52121	49978	104.29
从江县	22157	20763	1394	72219	37412	34807	107.48
雷山县	16128	15456	672	49801	26210	23591	111.10
麻江县	17353	16443	910	51117	25905	25212	102.75
丹寨县	17620	16293	1327	57263	29195	28068	104.02
黔南布依族苗族自治州	**469677**	**440714**	**28963**	**1374579**	**690013**	**684566**	**100.80**
都匀市	7662	6516	1146	29715	14753	14962	98.60
福泉市	16966	16467	499	47045	24931	22114	112.74
荔波县	22765	21833	932	66145	33368	32777	101.80
贵定县	48239	44401	3838	130913	63665	67248	94.67
瓮安县	84585	82001	2584	241886	120343	121543	99.01
独山县	45993	43741	2252	126745	64239	62506	102.77
平塘县	29413	28674	739	79179	39315	39864	98.62
罗甸县	46629	44207	2422	142544	71608	70936	100.95
长顺县	27879	26491	1388	86653	44173	42480	103.99
龙里县	44662	40387	4275	127891	66931	60960	109.79
惠水县	61512	54352	7160	193872	94384	99488	94.87
三都水族自治县	33372	31644	1728	101991	52303	49688	105.26

单位：户、人

人口数								平均家庭户规模（人/户）
家庭户				集体户				
小计	男	女	性别比（女=100）	小计	男	女	性别比（女=100）	
964842	**477939**	**486903**	**98.16**	**136022**	**70793**	**65229**	**108.53**	**2.73**
5008	2670	2338	114.20	260	142	118	120.34	2.65
73059	36757	36302	101.25	8808	4640	4168	111.32	2.77
72654	36629	36025	101.68	5934	3111	2823	110.20	2.67
90085	44148	45937	96.11	11989	6834	5155	132.57	2.79
156971	76358	80613	94.72	32299	17119	15180	112.77	2.65
111353	54073	57280	94.40	10063	5167	4896	105.54	2.90
160677	80073	80604	99.34	24069	12218	11851	103.10	2.68
148738	73966	74772	98.92	22328	11390	10938	104.13	2.61
146297	73265	73032	100.32	20272	10172	10100	100.71	2.88
633930	**320774**	**313156**	**102.43**	**64483**	**34003**	**30480**	**111.56**	**2.93**
72829	37559	35270	106.49	7518	4076	3442	118.42	3.04
42472	21496	20976	102.48	3363	1868	1495	124.95	2.91
68642	34707	33935	102.27	6616	3702	2914	127.04	2.90
68512	34836	33676	103.44	8425	4243	4182	101.46	2.83
107189	53805	53384	100.79	10725	5468	5257	104.01	2.89
76210	38720	37490	103.28	12494	6552	5942	110.27	2.98
60145	30448	29697	102.53	1526	895	631	141.84	2.77
137931	69203	68728	100.69	13816	7199	6617	108.80	3.04
1136677	**573414**	**563263**	**101.80**	**88217**	**45913**	**42304**	**108.53**	**2.84**
30986	15995	14991	106.70	1148	665	483	137.68	2.89
87064	43660	43404	100.59	6928	3565	3363	106.01	2.70
47670	23708	23962	98.94	3088	1433	1655	86.59	2.91
75294	37299	37995	98.17	3261	1686	1575	107.05	2.82
89368	44314	45054	98.36	4849	2491	2358	105.64	2.76
67689	33379	34310	97.29	6677	3532	3145	112.31	2.74
108816	55218	53598	103.02	7077	3822	3255	117.42	2.42
66267	32850	33417	98.30	3596	1863	1733	107.50	2.80
69441	35349	34092	103.69	5100	2738	2362	115.92	2.89
41252	21042	20210	104.12	4302	2409	1893	127.26	2.78
153500	76769	76731	100.05	9022	4697	4325	108.60	3.02
95588	48863	46725	104.58	6511	3258	3253	100.15	3.27
65466	33639	31827	105.69	6753	3773	2980	126.61	3.15
45092	23521	21571	109.04	4709	2689	2020	133.12	2.92
45921	23326	22595	103.24	5196	2579	2617	98.55	2.79
47263	24482	22781	107.47	10000	4713	5287	89.14	2.90
1229639	**617458**	**612181**	**100.86**	**144940**	**72555**	**72385**	**100.23**	**2.79**
20325	10421	9904	105.22	9390	4332	5058	85.65	3.12
44466	22917	21549	106.35	2579	2014	565	356.46	2.70
62045	31264	30781	101.57	4100	2104	1996	105.41	2.84
114748	57141	57607	99.19	16165	6524	9641	67.67	2.58
227816	112619	115197	97.76	14070	7724	6346	121.71	2.78
116798	58650	58148	100.86	9947	5589	4358	128.25	2.67
77088	38103	38985	97.74	2091	1212	879	137.88	2.69
132254	66024	66230	99.69	10290	5584	4706	118.66	2.99
76597	38689	37908	102.06	10056	5484	4572	119.95	2.89
109919	56030	53889	103.97	17972	10901	7071	154.16	2.72
153983	77537	76446	101.43	39889	16847	23042	73.11	2.83
93600	48063	45537	105.55	8391	4240	4151	102.14	2.96

1–1c 各地区户数、

地区	户数			合计			
	合计	家庭户	集体户	合计	男	女	性别比(女=100)
贵州	**6312291**	**6217272**	**95019**	**18066202**	**9397708**	**8668494**	**108.41**
贵阳市	**380359**	**364316**	**16043**	**1192947**	**636083**	**556864**	**114.23**
南明区	17409	15639	1770	51797	28168	23629	119.21
云岩区							
花溪区	52195	50355	1840	187463	99087	88376	112.12
乌当区	35961	33791	2170	112527	60416	52111	115.94
白云区	10627	9417	1210	37896	20050	17846	112.35
观山湖区	26524	22331	4193	95176	50651	44525	113.76
开阳县	62235	61709	526	157617	83684	73933	113.19
息烽县	40760	40537	223	115337	61377	53960	113.75
修文县	49779	48908	871	156711	83619	73092	114.40
清镇市	84869	81629	3240	278423	149031	129392	115.18
六盘水市	**531817**	**523583**	**8234**	**1550047**	**809945**	**740102**	**109.44**
钟山区	18778	16297	2481	67452	35513	31939	111.19
六枝特区	108244	107259	985	324917	167922	156995	106.96
水城县	159739	156912	2827	504499	265033	239466	110.68
盘州市	245056	243115	1941	653179	341477	311702	109.55
遵义市	**1047072**	**1029719**	**17353**	**2861453**	**1483094**	**1378359**	**107.60**
红花岗区	63541	62487	1054	179140	93336	85804	108.78
汇川区	47242	47010	232	135675	70981	64694	109.72
播州区	127687	124926	2761	370489	192147	178342	107.74
桐梓县	98950	97471	1479	282174	147709	134465	109.85
绥阳县	77488	76519	969	207136	106835	100301	106.51
正安县	91511	90350	1161	228948	117541	111407	105.51
道真仡佬族苗族自治县	47564	47157	407	115572	59855	55717	107.43
务川仡佬族苗族自治县	57412	57087	325	140117	72739	67378	107.96
凤冈县	61428	60704	724	159742	81278	78464	103.59
湄潭县	71760	70725	1035	184645	93410	91235	102.38
余庆县	45718	44793	925	117922	59915	58007	103.29
习水县	117221	115619	1602	337728	175609	162119	108.32
赤水市	43730	42895	835	108588	56676	51912	109.18
仁怀市	95820	91976	3844	293577	155063	138514	111.95
安顺市	**436918**	**431827**	**5091**	**1324015**	**686370**	**637645**	**107.64**
西秀区	111050	109264	1786	356591	183782	172809	106.35
平坝区	56622	55915	707	175256	90229	85027	106.12
普定县	84507	83466	1041	231393	120219	111174	108.14
镇宁布依族苗族自治县	62374	61904	470	185052	97253	87799	110.77
关岭布依族苗族自治县	57424	56879	545	178049	92904	85145	109.11
紫云苗族布依族自治县	64941	64399	542	197674	101983	95691	106.58
毕节市	**1348482**	**1337508**	**10974**	**3993304**	**2069101**	**1924203**	**107.53**
七星关区	210380	209039	1341	609892	312154	297738	104.84
大方县	201912	200693	1219	533681	277865	255816	108.62
黔西县	134966	133575	1391	391660	203612	188048	108.28
金沙县	96358	94725	1633	269919	143504	126415	113.52
织金县	169212	167859	1353	467730	242604	225126	107.76
纳雍县	145048	143806	1242	424614	218420	206194	105.93
威宁彝族回族苗族自治县	242163	241207	956	816552	424770	391782	108.42
赫章县	148443	146604	1839	479256	246172	233084	105.62

人口数和性别比(乡村)

单位：户、人

人口数								平均家庭户规模（人/户）
家庭户				集体户				
小计	男	女	性别比（女=100）	小计	男	女	性别比（女=100）	
17549964	**9087293**	**8462671**	**107.38**	**516238**	**310415**	**205823**	**150.82**	**2.82**
1100748	**577590**	**523158**	**110.40**	**92199**	**58493**	**33706**	**173.54**	**3.02**
45380	23828	21552	110.56	6417	4340	2077	208.96	2.90
176745	92136	84609	108.90	10718	6951	3767	184.52	3.51
97680	50989	46691	109.21	14847	9427	5420	173.93	2.89
30645	16012	14633	109.42	7251	4038	3213	125.68	3.25
72392	37815	34577	109.36	22784	12836	9948	129.03	3.24
155099	81931	73168	111.98	2518	1753	765	229.15	2.51
114358	60669	53689	113.00	979	708	271	261.25	2.82
149659	79008	70651	111.83	7052	4611	2441	188.90	3.06
258790	135202	123588	109.40	19633	13829	5804	238.27	3.17
1509670	**785299**	**724371**	**108.41**	**40377**	**24646**	**15731**	**156.67**	**2.88**
56869	29406	27463	107.07	10583	6107	4476	136.44	3.49
318050	163741	154309	106.11	6867	4181	2686	155.66	2.97
488527	255373	233154	109.53	15972	9660	6312	153.04	3.11
646224	336779	309445	108.83	6955	4698	2257	208.15	2.66
2765796	**1425591**	**1340205**	**106.37**	**95657**	**57503**	**38154**	**150.71**	**2.69**
174338	90110	84228	106.98	4802	3226	1576	204.70	2.79
133922	69538	64384	108.01	1753	1443	310	465.48	2.85
356558	183663	172895	106.23	13931	8484	5447	155.76	2.85
273276	142263	131013	108.59	8898	5446	3452	157.76	2.80
200404	103059	97345	105.87	6732	3776	2956	127.74	2.62
220025	112707	107318	105.02	8923	4834	4089	118.22	2.44
113147	58437	54710	106.81	2425	1418	1007	140.81	2.40
138250	71394	66856	106.79	1867	1345	522	257.66	2.42
156043	79304	76739	103.34	3699	1974	1725	114.43	2.57
180184	90815	89369	101.62	4461	2595	1866	139.07	2.55
113744	57484	56260	102.18	4178	2431	1747	139.15	2.54
325523	167997	157526	106.65	12205	7612	4593	165.73	2.82
104057	53942	50115	107.64	4531	2734	1797	152.14	2.43
276325	144878	131447	110.22	17252	10185	7067	144.12	3.00
1291708	**666335**	**625373**	**106.55**	**32307**	**20035**	**12272**	**163.26**	**2.99**
345293	175652	169641	103.54	11298	8130	3168	256.63	3.16
171127	87823	83304	105.42	4129	2406	1723	139.64	3.06
222268	115306	106962	107.80	9125	4913	4212	116.64	2.66
182243	95676	86567	110.52	2809	1577	1232	128.00	2.94
175188	91214	83974	108.62	2861	1690	1171	144.32	3.08
195589	100664	94925	106.05	2085	1319	766	172.19	3.04
3940848	**2034987**	**1905861**	**106.78**	**52456**	**34114**	**18342**	**185.99**	**2.95**
605255	309382	295873	104.57	4637	2772	1865	148.63	2.90
526738	273652	253086	108.13	6943	4213	2730	154.32	2.62
385884	199642	186242	107.19	5776	3970	1806	219.82	2.89
262599	137599	125000	110.08	7320	5905	1415	417.31	2.77
460865	237484	223381	106.31	6865	5120	1745	293.41	2.75
418164	214679	203485	105.50	6450	3741	2709	138.10	2.91
812787	422486	390301	108.25	3765	2284	1481	154.22	3.37
468556	240063	228493	105.06	10700	6109	4591	133.06	3.20

1-1c 续表

地区	户数			合计			
	合计	家庭户	集体户	合计	男	女	性别比(女=100)
铜仁市	**697133**	**687830**	**9303**	**1779794**	**919122**	**860672**	**106.79**
碧江区	32563	31184	1379	95522	48598	46924	103.57
万山区	32982	32630	352	84100	44539	39561	112.58
江口县	41852	41351	501	102897	54092	48805	110.83
玉屏侗族自治县	25103	24161	942	71869	38016	33853	112.30
石阡县	74942	74397	545	195012	100512	94500	106.36
思南县	110585	109445	1140	268475	136318	132157	103.15
印江土家族苗族自治县	73044	72092	952	173074	89251	83823	106.48
德江县	80917	79547	1370	208850	106654	102196	104.36
沿河土家族自治县	108570	107649	921	258827	133455	125372	106.45
松桃苗族自治县	116575	115374	1201	321168	167687	153481	109.26
黔西南布依族苗族自治州	**545861**	**539228**	**6633**	**1624174**	**836210**	**787964**	**106.12**
兴义市	112239	109679	2560	354635	185416	169219	109.57
兴仁市	87629	87048	581	256560	132137	124423	106.20
普安县	56955	56462	493	167700	86732	80968	107.12
晴隆县	56544	56086	458	157225	81016	76209	106.31
贞丰县	64520	63923	597	189399	96483	92916	103.84
望谟县	50613	50212	401	146539	74435	72104	103.23
册亨县	45240	44224	1016	128038	65332	62706	104.19
安龙县	72121	71594	527	224078	114659	109419	104.79
黔东南苗族侗族自治州	**726624**	**715670**	**10954**	**2046619**	**1073572**	**973047**	**110.33**
凯里市	64535	61433	3102	189814	101370	88444	114.61
黄平县	57204	56122	1082	150133	77203	72930	105.86
施秉县	26868	26671	197	74760	38821	35939	108.02
三穗县	32565	32267	298	84243	44333	39910	111.08
镇远县	37754	37587	167	95498	49995	45503	109.87
岑巩县	37129	36640	489	94075	49582	44493	111.44
天柱县	65826	65458	368	157695	82758	74937	110.44
锦屏县	33735	33225	510	85319	44627	40692	109.67
剑河县	42309	41871	438	113966	60992	52974	115.14
台江县	26944	26187	757	77307	40413	36894	109.54
黎平县	85207	83953	1254	250291	129136	121155	106.59
榕江县	61964	61109	855	195473	103286	92187	112.04
从江县	69777	69040	737	241668	124541	117127	106.33
雷山县	26707	26350	357	75034	40820	34214	119.31
麻江县	28518	28352	166	79964	42245	37719	112.00
丹寨县	29582	29405	177	81379	43450	37929	114.56
黔南布依族苗族自治州	**598025**	**587591**	**10434**	**1693849**	**884211**	**809638**	**109.21**
都匀市	62511	60589	1922	180734	95987	84747	113.26
福泉市	51100	50502	598	144136	76968	67168	114.59
荔波县	31089	30496	593	88751	47237	41514	113.79
贵定县	40950	38836	2114	119233	59708	59525	100.31
瓮安县	60527	59737	790	153650	81278	72372	112.31
独山县	50302	49115	1187	137521	71587	65934	108.57
平塘县	55118	54153	965	155238	79057	76181	103.78
罗甸县	45126	44641	485	115007	59239	55768	106.22
长顺县	39109	38863	246	114887	59933	54954	109.06
龙里县	35833	34921	912	108330	57232	51098	112.00
惠水县	66607	66136	471	202006	104840	97166	107.90
三都水族自治县	59753	59602	151	174356	91145	83211	109.53

单位：户、人

人口数								平均家庭户规模（人/户）
家庭户				集体户				
小计	男	女	性别比（女=100）	小计	男	女	性别比（女=100）	
1722219	**888636**	**833583**	**106.60**	**57575**	**30486**	**27089**	**112.54**	**2.50**
85052	44905	40147	111.85	10470	3693	6777	54.49	2.73
81725	43302	38423	112.70	2375	1237	1138	108.70	2.50
98978	51634	47344	109.06	3919	2458	1461	168.24	2.39
69145	36439	32706	111.41	2724	1577	1147	137.49	2.86
191832	98156	93676	104.78	3180	2356	824	285.92	2.58
263377	133377	130000	102.60	5098	2941	2157	136.35	2.41
166406	85568	80838	105.85	6668	3683	2985	123.38	2.31
198238	101138	97100	104.16	10612	5516	5096	108.24	2.49
253261	130396	122865	106.13	5566	3059	2507	122.02	2.35
314205	163721	150484	108.80	6963	3966	2997	132.33	2.72
1588609	**814785**	**773824**	**105.29**	**35565**	**21425**	**14140**	**151.52**	**2.95**
342834	178344	164490	108.42	11801	7072	4729	149.55	3.13
253655	130252	123403	105.55	2905	1885	1020	184.80	2.91
162944	83917	79027	106.19	4756	2815	1941	145.03	2.89
155028	79456	75572	105.14	2197	1560	637	244.90	2.76
186918	94856	92062	103.03	2481	1627	854	190.52	2.92
143043	72587	70456	103.02	3496	1848	1648	112.14	2.85
122974	62714	60260	104.07	5064	2618	2446	107.03	2.78
221213	112659	108554	103.78	2865	2000	865	231.21	3.09
1995580	**1044359**	**951221**	**109.79**	**51039**	**29213**	**21826**	**133.84**	**2.79**
176158	93747	82411	113.76	13656	7623	6033	126.36	2.87
145474	74823	70651	105.91	4659	2380	2279	104.43	2.59
74009	38364	35645	107.63	751	457	294	155.44	2.77
83018	43582	39436	110.51	1225	751	474	158.44	2.57
95022	49690	45332	109.61	476	305	171	178.36	2.53
92015	48339	43676	110.68	2060	1243	817	152.14	2.51
156083	81870	74213	110.32	1612	888	724	122.65	2.38
82803	43088	39715	108.49	2516	1539	977	157.52	2.49
112548	60060	52488	114.43	1418	932	486	191.77	2.69
73481	38457	35024	109.80	3826	1956	1870	104.60	2.81
244740	125931	118809	105.99	5551	3205	2346	136.62	2.92
189208	99591	89617	111.13	6265	3695	2570	143.77	3.10
238087	122484	115603	105.95	3581	2057	1524	134.97	3.45
73044	39512	33532	117.83	1990	1308	682	191.79	2.77
79137	41739	37398	111.61	827	506	321	157.63	2.79
80753	43082	37671	114.36	626	368	258	142.64	2.75
1634786	**849711**	**785075**	**108.23**	**59063**	**34500**	**24563**	**140.46**	**2.78**
168943	88870	80073	110.99	11791	7117	4674	152.27	2.79
140625	74198	66427	111.70	3511	2770	741	373.82	2.78
85803	44846	40957	109.50	2948	2391	557	429.26	2.81
109273	56436	52837	106.81	9960	3272	6688	48.92	2.81
146344	75725	70619	107.23	7306	5553	1753	316.77	2.45
133335	69300	64035	108.22	4186	2287	1899	120.43	2.71
149887	76234	73653	103.50	5351	2823	2528	111.67	2.77
112142	57552	54590	105.43	2865	1687	1178	143.21	2.51
113595	59007	54588	108.10	1292	926	366	253.01	2.92
102862	54100	48762	110.95	5468	3132	2336	134.08	2.95
198531	102931	95600	107.67	3475	1909	1566	121.90	3.00
173446	90512	82934	109.14	910	633	277	228.52	2.91

1-2 各地区分性别、

地区	人口数			居住本乡、镇、街道，户口在本乡、镇、街道		
	合计	男	女	小计	男	女
贵州	**38562148**	**19705293**	**18856855**	**26709127**	**13796512**	**12912615**
贵阳市	**5987018**	**3061169**	**2925849**	**2632030**	**1340656**	**1291374**
南明区	1047792	527105	520687	353016	170850	182166
云岩区	1056819	531370	525449	364826	177201	187625
花溪区	966276	492318	473958	406605	208640	197965
乌当区	336363	170337	166026	155250	79880	75370
白云区	456250	236301	219949	161438	82929	78509
观山湖区	642634	331370	311264	254446	127026	127420
开阳县	343871	176777	167094	226114	118734	107380
息烽县	219835	113383	106452	159577	85225	74352
修文县	288090	150561	137529	201894	106534	95360
清镇市	629088	331647	297441	348864	183637	165227
六盘水市	**3031602**	**1556454**	**1475148**	**2133233**	**1111637**	**1021596**
钟山区	674249	339410	334839	285033	147559	137474
六枝特区	536873	272490	264383	421702	216589	205113
水城县	746407	388855	357552	584416	308832	275584
盘州市	1074073	555699	518374	842082	438657	403425
遵义市	**6606675**	**3341799**	**3264876**	**4377749**	**2245491**	**2132258**
红花岗区	971337	484861	486476	453049	231371	221678
汇川区	627721	316019	311702	346257	177053	169204
播州区	761491	387932	373559	492607	255242	237365
桐梓县	529471	270806	258665	395052	204738	190314
绥阳县	379677	192919	186758	295942	151644	144298
正安县	396159	199725	196434	305888	155511	150377
道真仡佬族苗族自治县	243846	120323	123523	176451	89512	86939
务川仡佬族苗族自治县	308466	155324	153142	234096	119008	115088
凤冈县	304156	151761	152395	228596	115792	112804
湄潭县	372865	185494	187371	283326	142269	141057
余庆县	223952	111792	112160	171274	86356	84918
习水县	584947	299826	285121	427833	221454	206379
赤水市	247287	124111	123176	167995	85425	82570
仁怀市	655300	340906	314394	399383	210116	189267
安顺市	**2470630**	**1262780**	**1207850**	**1873159**	**970807**	**902352**
西秀区	870441	438269	432172	583029	297951	285078
平坝区	347060	179812	167248	249837	130956	118881
普定县	376285	193282	183003	313476	163069	150407
镇宁布依族苗族自治县	299696	154783	144913	241811	126645	115166
关岭布依族苗族自治县	283497	146122	137375	235211	122720	112491
紫云苗族布依族自治县	293651	150512	143139	249795	129466	120329
毕节市	**6899636**	**3544009**	**3355627**	**5596537**	**2910101**	**2686436**
七星关区	1305066	662818	642248	960632	496680	463952
大方县	857578	442011	415567	708680	371122	337558
黔西县	732008	375619	356389	556077	290540	265537
金沙县	544033	282915	261118	420926	220689	200237
织金县	815661	420022	395639	670269	348880	321389
纳雍县	716703	367424	349279	600585	310701	289884
威宁彝族回族苗族自治县	1280116	661537	618579	1106822	576757	530065
赫章县	648471	331663	316808	572546	294732	277814

户口登记状况的人口

单位：人

居住本乡、镇、街道，户口在外乡、镇、街道，离开户口登记地半年以上			居住本乡、镇、街道，户口待定			原住本乡、镇、街道，现在港澳台或国外工作学习		
小计	男	女	小计	男	女	小计	男	女
11694763	**5828497**	**5866266**	**136087**	**66527**	**69560**	**22171**	**13757**	**8414**
3326148	**1706303**	**1619845**	**23994**	**12127**	**11867**	**4846**	**2083**	**2763**
688692	353298	335394	4850	2480	2370	1234	477	757
685286	350969	334317	5080	2570	2510	1627	630	997
554778	281143	273635	4411	2332	2079	482	203	279
179791	89806	89985	1172	589	583	150	62	88
292577	152241	140336	1959	998	961	276	133	143
385177	202775	182402	2593	1386	1207	418	183	235
117050	57687	59363	544	262	282	163	94	69
59739	27891	31848	378	175	203	141	92	49
85299	43545	41754	793	421	372	104	61	43
277759	146948	130811	2214	914	1300	251	148	103
885018	**438059**	**446959**	**11669**	**5647**	**6022**	**1682**	**1111**	**571**
386708	190559	196149	2163	1110	1053	345	182	163
112647	54647	58000	2236	1048	1188	288	206	82
158431	78230	80201	3124	1475	1649	436	318	118
227232	114623	112609	4146	2014	2132	613	405	208
2205538	**1084069**	**1121469**	**19313**	**9571**	**9742**	**4075**	**2668**	**1407**
514673	251690	262983	3133	1568	1565	482	232	250
278591	137533	141058	2519	1242	1277	354	191	163
266954	131669	135285	1569	757	812	361	264	97
132242	64862	67380	1796	949	847	381	257	124
82473	40594	41879	904	444	460	358	237	121
89105	43553	45552	816	400	416	350	261	89
66740	30410	36330	396	188	208	259	213	46
73662	35962	37700	577	263	314	131	91	40
74395	35303	39092	968	514	454	197	152	45
88541	42692	45849	768	394	374	230	139	91
52164	25154	27010	340	163	177	174	119	55
154273	76940	77333	2499	1192	1307	342	240	102
78656	38353	40303	395	210	185	241	123	118
253069	129354	123715	2633	1287	1346	215	149	66
583662	**285214**	**298448**	**12568**	**6000**	**6568**	**1241**	**759**	**482**
282321	137798	144523	4531	2203	2328	560	317	243
95593	47999	47594	1476	761	715	154	96	58
60791	29252	31539	1823	835	988	195	126	69
55650	27095	28555	2137	980	1157	98	63	35
46745	22696	24049	1441	644	797	100	62	38
42562	20374	22188	1160	577	583	134	95	39
1270661	**617473**	**653188**	**29030**	**14070**	**14960**	**3408**	**2365**	**1043**
335535	161537	173998	8030	4018	4012	869	583	286
145366	69123	76243	3073	1467	1606	459	299	160
172721	83482	89239	2873	1366	1507	337	231	106
120961	61133	59828	1897	931	966	249	162	87
141106	69022	72084	3872	1840	2032	414	280	134
111827	54576	57251	3919	1894	2025	372	253	119
169141	82666	86475	3798	1822	1976	355	292	63
74004	35934	38070	1568	732	836	353	265	88

1－2 续表

地区	人口数			居住本乡、镇、街道，户口在本乡、镇、街道		
	合计	男	女	小计	男	女
铜仁市	**3298468**	**1676104**	**1622364**	**2500373**	**1282282**	**1218091**
碧江区	442076	219842	222234	215884	110132	105752
万山区	160624	84357	76267	118076	62264	55812
江口县	184764	95489	89275	141904	73806	68098
玉屏侗族自治县	150457	77756	72701	115819	60251	55568
石阡县	297086	151494	145592	247621	126322	121299
思南县	457745	229795	227950	368040	185478	182562
印江土家族苗族自治县	294490	148491	145999	229171	116903	112268
德江县	393596	198945	194651	296799	151037	145762
沿河土家族自治县	429893	218811	211082	361223	184834	176389
松桃苗族自治县	487737	251124	236613	405836	211255	194581
黔西南布依族苗族自治州	**3015112**	**1538616**	**1476496**	**2295473**	**1180867**	**1114606**
兴义市	1004132	512392	491740	620463	321814	298649
兴仁市	425770	217789	207981	355068	183094	171974
普安县	242958	125141	117817	212831	109798	103033
晴隆县	234162	120095	114067	192881	99109	93772
贞丰县	307313	155756	151557	254890	129699	125191
望谟县	235243	119707	115536	193269	98203	95066
册亨县	189709	96675	93034	145451	74448	71003
安龙县	375825	191061	184764	320620	164702	155918
黔东南苗族侗族自治州	**3758622**	**1938627**	**1819995**	**2719141**	**1417824**	**1301317**
凯里市	709057	363758	345299	353344	183282	170062
黄平县	244125	124428	119697	208067	106972	101095
施秉县	125518	63962	61556	99041	51093	47948
三穗县	162798	83318	79480	118490	61796	56694
镇远县	189715	96800	92915	151247	78193	73054
岑巩县	168441	86493	81948	117169	61494	55675
天柱县	273588	141798	131790	215141	112793	102348
锦屏县	155182	79340	75842	111061	57743	53318
剑河县	188507	99079	89428	135269	71815	63454
台江县	122861	63864	58997	94803	49714	45089
黎平县	412813	210602	202211	310042	159556	150486
榕江县	297572	155407	142165	240246	126165	114081
从江县	313887	161953	151934	264387	136569	127818
雷山县	124835	67030	57805	89540	48559	40981
麻江县	131081	68150	62931	107173	56679	50494
丹寨县	138642	72645	65997	104121	55401	48720
黔南布依族苗族自治州	**3494385**	**1785735**	**1708650**	**2581432**	**1336847**	**1244585**
都匀市	529688	268995	260693	332437	172245	160192
福泉市	297899	155155	142744	217296	114118	103178
荔波县	154896	80605	74291	112193	58370	53823
贵定县	250146	123373	126773	186539	96354	90185
瓮安县	395536	201621	193915	264019	136329	127690
独山县	264266	135826	128440	217292	112243	105049
平塘县	234417	118372	116045	198163	100867	97296
罗甸县	257551	130847	126704	199227	101583	97644
长顺县	201540	104106	97434	172382	90327	82055
龙里县	236221	124163	112058	154084	80264	73820
惠水县	395878	199224	196654	297580	154045	143535
三都水族自治县	276347	143448	132899	230220	120102	110118

单位：人

居住本乡、镇、街道，户口在外乡、镇、街道，离开户口登记地半年以上			居住本乡、镇、街道，户口待定			原住本乡、镇、街道，现在港澳台或国外工作学习		
小计	男	女	小计	男	女	小计	男	女
784594	**386644**	**397950**	**11723**	**5929**	**5794**	**1778**	**1249**	**529**
222973	108067	114906	3123	1602	1521	96	41	55
41215	21367	19848	1268	684	584	65	42	23
42024	21267	20757	727	349	378	109	67	42
34110	17238	16872	475	237	238	53	30	23
48375	24612	23763	902	430	472	188	130	58
88731	43746	44985	728	381	347	246	190	56
64240	30958	33282	778	379	399	301	251	50
95879	47406	48473	789	412	377	129	90	39
67110	33154	33956	1308	657	651	252	166	86
79937	38829	41108	1625	798	827	339	242	97
708604	**352205**	**356399**	**9835**	**4698**	**5137**	**1200**	**846**	**354**
379493	188489	191004	3828	1872	1956	348	217	131
69228	33931	35297	1276	615	661	198	149	49
29132	14835	14297	831	389	442	164	119	45
40491	20610	19881	718	320	398	72	56	16
51370	25542	25828	959	447	512	94	68	26
41317	21191	20126	609	285	324	48	28	20
43575	21889	21686	630	300	330	53	38	15
53998	25718	28280	984	470	514	223	171	52
1027010	**514290**	**512720**	**10071**	**4810**	**5261**	**2400**	**1703**	**697**
353272	179232	174040	2109	1070	1039	332	174	158
35282	17077	18205	631	275	356	145	104	41
26136	12684	13452	273	136	137	68	49	19
43593	21081	22512	376	181	195	339	260	79
37845	18261	19584	493	244	249	130	102	28
50715	24717	25998	436	202	234	121	80	41
57680	28550	29130	530	270	260	237	185	52
43577	21297	22280	315	140	175	229	160	69
52504	26871	25633	624	315	309	110	78	32
27645	13939	13706	368	177	191	45	34	11
101395	50335	51060	1145	536	609	231	175	56
56451	28770	27681	709	344	365	166	128	38
48595	24965	23630	835	368	467	70	51	19
34929	18277	16652	299	141	158	67	53	14
23432	11236	12196	424	195	229	52	40	12
33959	16998	16961	504	216	288	58	30	28
903528	**444240**	**459288**	**7884**	**3675**	**4209**	**1541**	**973**	**568**
195170	95808	99362	1830	822	1008	251	120	131
80041	40746	39295	446	223	223	116	68	48
42378	22067	20311	259	120	139	66	48	18
62821	26630	36191	621	276	345	165	113	52
130691	64847	65844	637	307	330	189	138	51
46324	23255	23069	510	243	267	140	85	55
35851	17298	18553	273	129	144	130	78	52
57864	29038	28826	369	166	203	91	60	31
28519	13435	15084	552	284	268	87	60	27
81380	43524	37856	707	348	359	50	27	23
96850	44491	52359	1277	569	708	171	119	52
45639	23101	22538	403	188	215	85	57	28

1-2a 各地区分性别、

地区	人口数			居住本乡、镇、街道，户口在本乡、镇、街道		
	合计	男	女	小计	男	女
贵州	**10126125**	**5086734**	**5039391**	**3895407**	**1949858**	**1945549**
贵阳市	**4102936**	**2078579**	**2024357**	**1413356**	**694112**	**719244**
南明区	995995	498937	497058	328808	158437	170371
云岩区	1056819	531370	525449	364826	177201	187625
花溪区	635526	325370	310156	231043	115743	115300
乌当区	200830	97807	103023	68440	33166	35274
白云区	415894	215040	200854	138296	70745	67551
观山湖区	521841	267465	254376	186872	91349	95523
开阳县						
息烽县						
修文县						
清镇市	276031	142590	133441	95071	47471	47600
六盘水市	**979413**	**490297**	**489116**	**395541**	**200819**	**194722**
钟山区	546319	272476	273843	186354	94928	91426
六枝特区	161070	79103	81967	75070	37319	37751
水城县						
盘州市	272024	138718	133306	134117	68572	65545
遵义市	**1874238**	**932952**	**941286**	**666832**	**335187**	**331645**
红花岗区	730096	360052	370044	248748	124900	123848
汇川区	436044	216639	219405	173804	86930	86874
播州区	301268	150614	150654	96278	48486	47792
桐梓县						
绥阳县						
正安县						
道真仡佬族苗族自治县						
务川仡佬族苗族自治县						
凤冈县						
湄潭县						
余庆县						
习水县						
赤水市	104454	50747	53707	46324	22383	23941
仁怀市	302376	154900	147476	101678	52488	49190
安顺市	**536236**	**263741**	**272495**	**262156**	**130779**	**131377**
西秀区	461738	226455	235283	223036	110869	112167
平坝区	74498	37286	37212	39120	19910	19210
普定县						
镇宁布依族苗族自治县						
关岭布依族苗族自治县						
紫云苗族布依族自治县						
毕节市	**609901**	**308047**	**301854**	**313291**	**163069**	**150222**
七星关区	609901	308047	301854	313291	163069	150222
大方县						
黔西县						
金沙县						
织金县						
纳雍县						
威宁彝族回族苗族自治县						
赫章县						

户口登记状况的人口(城市)

单位：人

居住本乡、镇、街道，户口在外乡、镇、街道，离开户口登记地半年以上			居住本乡、镇、街道，户口待定			原住本乡、镇、街道，现在港澳台或国外工作学习		
小计	男	女	小计	男	女	小计	男	女
6179364	**3111466**	**3067898**	**45131**	**22784**	**22347**	**6223**	**2626**	**3597**
2667312	**1373654**	**1293658**	**18186**	**9178**	**9008**	**4082**	**1635**	**2447**
661382	337680	323702	4586	2348	2238	1219	472	747
685286	350969	334317	5080	2570	2510	1627	630	997
401207	207937	193270	2832	1512	1320	444	178	266
131625	64274	67351	665	325	340	100	42	58
275553	143245	132308	1790	926	864	255	124	131
332451	174827	157624	2141	1126	1015	377	163	214
179808	94722	85086	1092	371	721	60	26	34
580430	**287729**	**292701**	**3005**	**1526**	**1479**	**437**	**223**	**214**
357867	176489	181378	1822	933	889	276	126	150
85424	41500	43924	508	244	264	68	40	28
137139	69740	67399	675	349	326	93	57	36
1199709	**594000**	**605709**	**7076**	**3521**	**3555**	**621**	**244**	**377**
478259	233631	244628	2802	1410	1392	287	111	176
259830	128528	131302	2186	1088	1098	224	93	131
204191	101733	102458	774	382	392	25	13	12
57872	28241	29631	210	109	101	48	14	34
199557	101867	97690	1104	532	572	37	13	24
271493	**131710**	**139783**	**2265**	**1091**	**1174**	**322**	**161**	**161**
236463	114514	121949	1937	924	1013	302	148	154
35030	17196	17834	328	167	161	20	13	7
291922	**142532**	**149390**	**4499**	**2338**	**2161**	**189**	**108**	**81**
291922	142532	149390	4499	2338	2161	189	108	81

1-2a 续表

地区	人口数			居住本乡、镇、街道，户口在本乡、镇、街道		
	合计	男	女	小计	男	女
铜仁市	**417810**	**208250**	**209560**	**175290**	**87739**	**87551**
碧江区	341286	168432	172854	133135	66077	67058
万山区	76524	39818	36706	42155	21662	20493
江口县						
玉屏侗族自治县						
石阡县						
思南县						
印江土家族苗族自治县						
德江县						
沿河土家族自治县						
松桃苗族自治县						
黔西南布依族苗族自治州	**692525**	**347629**	**344896**	**301075**	**153516**	**147559**
兴义市	569150	285341	283809	230566	117169	113397
兴仁市	123375	62288	61087	70509	36347	34162
普安县						
晴隆县						
贞丰县						
望谟县						
册亨县						
安龙县						
黔东南苗族侗族自治州	**487109**	**245728**	**241381**	**161648**	**80495**	**81153**
凯里市	487109	245728	241381	161648	80495	81153
黄平县						
施秉县						
三穗县						
镇远县						
岑巩县						
天柱县						
锦屏县						
剑河县						
台江县						
黎平县						
榕江县						
从江县						
雷山县						
麻江县						
丹寨县						
黔南布依族苗族自治州	**425957**	**211511**	**214446**	**206218**	**104142**	**102076**
都匀市	319239	158255	160984	152315	77131	75184
福泉市	106718	53256	53462	53903	27011	26892
荔波县						
贵定县						
瓮安县						
独山县						
平塘县						
罗甸县						
长顺县						
龙里县						
惠水县						
三都水族自治县						

单位：人

居住本乡、镇、街道，户口在外乡、镇、街道，离开户口登记地半年以上			居住本乡、镇、街道，户口待定			原住本乡、镇、街道，现在港澳台或国外工作学习		
小计	男	女	小计	男	女	小计	男	女
238600	**118452**	**120148**	**3849**	**2026**	**1823**	**71**	**33**	**38**
205323	100918	104405	2779	1418	1361	49	19	30
33277	17534	15743	1070	608	462	22	14	8
388464	**192591**	**195873**	**2820**	**1433**	**1387**	**166**	**89**	**77**
336051	166900	169151	2401	1207	1194	132	65	67
52413	25691	26722	419	226	193	34	24	10
323644	**164318**	**159326**	**1638**	**844**	**794**	**179**	**71**	**108**
323644	164318	159326	1638	844	794	179	71	108
217790	**106480**	**111310**	**1793**	**827**	**966**	**156**	**62**	**94**
165337	80426	84911	1453	651	802	134	47	87
52453	26054	26399	340	176	164	22	15	7

1-2b 各地区分性别、

地 区	人 口 数			居住本乡、镇、街道，户口在本乡、镇、街道		
	合计	男	女	小计	男	女
贵 州	**10369821**	**5220851**	**5148970**	**6482652**	**3306800**	**3175852**
贵阳市	**691135**	**346507**	**344628**	**297137**	**151750**	**145387**
南明区						
云岩区						
花溪区	143287	67861	75426	29167	14778	14389
乌当区	23006	12114	10892	13916	7127	6789
白云区	2460	1211	1249	1642	823	819
观山湖区	25617	13254	12363	16020	8215	7805
开阳县	186254	93093	93161	80878	40802	40076
息烽县	104498	52006	52492	55058	28074	26984
修文县	131379	66942	64437	69901	35314	34587
清镇市	74634	40026	34608	30555	16617	13938
六盘水市	**502142**	**256212**	**245930**	**341142**	**176546**	**164596**
钟山区	60478	31421	29057	45448	23771	21677
六枝特区	50886	25465	25421	43468	21972	21496
水城县	241908	123822	118086	137343	72174	65169
盘州市	148870	75504	73366	114883	58629	56254
遵义市	**1870984**	**925753**	**945231**	**1164713**	**583871**	**580842**
红花岗区	62101	31473	30628	47535	24322	23213
汇川区	56002	28399	27603	49193	25298	23895
播州区	89734	45171	44563	71403	36424	34979
桐梓县	247297	123097	124200	142693	72314	70379
绥阳县	172541	86084	86457	108292	54530	53762
正安县	167211	82184	85027	107884	53324	54560
道真仡佬族苗族自治县	128274	60468	67806	74650	36190	38460
务川仡佬族苗族自治县	168349	82585	85764	100447	49784	50663
凤冈县	144414	70483	73931	79697	39626	40071
湄潭县	188220	92084	96136	117329	57883	59446
余庆县	106030	51877	54153	67668	33512	34156
习水县	247219	124217	123002	126897	64313	62584
赤水市	34245	16688	17557	28599	14186	14413
仁怀市	59347	30943	28404	42426	22165	20261
安顺市	**610379**	**312669**	**297710**	**406791**	**211287**	**195504**
西秀区	52112	28032	24080	42786	23237	19549
平坝区	97306	52297	45009	58949	31383	27566
普定县	144892	73063	71829	99829	51229	48600
镇宁布依族苗族自治县	114644	57530	57114	70452	36040	34412
关岭布依族苗族自治县	105448	53218	52230	67422	34681	32741
紫云苗族布依族自治县	95977	48529	47448	67353	34717	32636
毕节市	**2296431**	**1166861**	**1129570**	**1539278**	**794025**	**745253**
七星关区	85273	42617	42656	73870	37341	36529
大方县	323897	164146	159751	213689	110962	102727
黔西县	340348	172007	168341	201174	103449	97725
金沙县	274114	139411	134703	178842	92094	86748
织金县	347931	177418	170513	229942	118960	110982
纳雍县	292089	149004	143085	200058	103423	96635
威宁彝族回族苗族自治县	463564	236767	226797	315545	163309	152236
赫章县	169215	85491	83724	126158	64487	61671

户口登记状况的人口(镇)

单位：人

居住本乡、镇、街道，户口在外乡、镇、街道，离开户口登记地半年以上			居住本乡、镇、街道，户口待定			原住本乡、镇、街道，现在港澳台或国外工作学习		
小计	男	女	小计	男	女	小计	男	女
3849786	**1895151**	**1954635**	**34078**	**16784**	**17294**	**3305**	**2116**	**1189**
392136	**193747**	**198389**	**1694**	**927**	**767**	**168**	**83**	**85**
113470	52719	60751	645	360	285	5	4	1
9025	4951	4074	53	31	22	12	5	7
808	385	423	4	1	3	6	2	4
9502	4996	4506	68	30	38	27	13	14
105054	52121	52933	286	151	135	36	19	17
49236	23826	25410	170	87	83	34	19	15
61121	31425	29696	333	193	140	24	10	14
43920	23324	20596	135	74	61	24	11	13
158828	**78546**	**80282**	**1940**	**953**	**987**	**232**	**167**	**65**
14813	7535	7278	175	84	91	42	31	11
7224	3397	3827	175	83	92	19	13	6
103432	51075	52357	1055	511	544	78	62	16
33359	16539	16820	535	275	260	93	61	32
700189	**338778**	**361411**	**5376**	**2650**	**2726**	**706**	**454**	**252**
14481	7109	7372	53	24	29	32	18	14
6670	3025	3645	101	49	52	38	27	11
18119	8634	9485	175	90	85	37	23	14
103677	50316	53361	839	414	425	88	53	35
63752	31297	32455	436	219	217	61	38	23
58895	28644	30251	342	150	192	90	66	24
53268	24092	29176	312	151	161	44	35	9
67491	32612	34879	362	154	208	49	35	14
64071	30505	33566	601	326	275	45	26	19
70457	33972	36485	368	188	180	66	41	25
38144	18252	19892	177	89	88	41	24	17
118952	59222	59730	1315	652	663	55	30	25
5566	2469	3097	50	19	31	30	14	16
16646	8629	8017	245	125	120	30	24	6
200330	**99787**	**100543**	**3040**	**1466**	**1574**	**218**	**129**	**89**
8989	4646	4343	279	117	162	58	32	26
37884	20635	17249	430	253	177	43	26	17
44401	21519	22882	627	294	333	35	21	14
43299	21082	22217	871	396	475	22	12	10
37536	18294	19242	456	220	236	34	23	11
28221	13611	14610	377	186	191	26	15	11
746777	**367719**	**379058**	**9692**	**4667**	**5025**	**684**	**450**	**234**
10882	5015	5867	455	213	242	66	48	18
108742	52487	56255	1360	622	738	106	75	31
137453	67717	69736	1633	787	846	88	54	34
94108	46713	47395	1067	543	524	97	61	36
116103	57536	58567	1779	865	914	107	57	50
90196	44653	45543	1722	855	867	113	73	40
146643	72809	73834	1300	589	711	76	60	16
42650	20789	21861	376	193	183	31	22	9

1-2b 续表

地 区	人口数			居住本乡、镇、街道，户口在本乡、镇、街道		
	合计	男	女	小计	男	女
铜仁市	**1100864**	**548732**	**552132**	**679519**	**341262**	**338257**
碧江区	5268	2812	2456	4904	2620	2284
万山区						
江口县	81867	41397	40470	49166	25023	24143
玉屏侗族自治县	78588	39740	38848	50861	25713	25148
石阡县	102074	50982	51092	63370	31559	31811
思南县	189270	93477	95793	116576	57687	58889
印江土家族苗族自治县	121416	59240	62176	69915	34739	35176
德江县	184746	92291	92455	107221	53896	53325
沿河土家族自治县	171066	85356	85710	114628	57608	57020
松桃苗族自治县	166569	83437	83132	102878	52417	50461
黔西南布依族苗族自治州	**698413**	**354777**	**343636**	**504430**	**257572**	**246858**
兴义市	80347	41635	38712	66344	34414	31930
兴仁市	45835	23364	22471	39929	20323	19606
普安县	75258	38409	36849	59090	30148	28942
晴隆县	76937	39079	37858	50512	25880	24632
贞丰县	117914	59273	58641	76358	38726	37632
望谟县	88704	45272	43432	63313	32047	31266
册亨县	61671	31343	30328	37864	19297	18567
安龙县	151747	76402	75345	111020	56737	54283
黔东南苗族侗族自治州	**1224894**	**619327**	**605567**	**711718**	**363936**	**347782**
凯里市	32134	16660	15474	26434	13782	12652
黄平县	93992	47225	46767	68750	35008	33742
施秉县	50758	25141	25617	30536	15349	15187
三穗县	78555	38985	39570	42727	21617	21110
镇远县	94217	46805	47412	60140	30083	30057
岑巩县	74366	36911	37455	35246	17913	17333
天柱县	115893	59040	56853	69116	35638	33478
锦屏县	69863	34713	35150	34337	17681	16656
剑河县	74541	38087	36454	38468	19631	18837
台江县	45554	23451	22103	26240	13514	12726
黎平县	162522	81466	81056	95471	48331	47140
榕江县	102099	52121	49978	62718	32297	30421
从江县	72219	37412	34807	35460	18254	17206
雷山县	49801	26210	23591	27902	14931	12971
麻江县	51117	25905	25212	31576	16182	15394
丹寨县	57263	29195	28068	26597	13725	12872
黔南布依族苗族自治州	**1374579**	**690013**	**684566**	**837924**	**426551**	**411373**
都匀市	29715	14753	14962	20145	10477	9668
福泉市	47045	24931	22114	32860	17584	15276
荔波县	66145	33368	32777	37725	19136	18589
贵定县	130913	63665	67248	82008	41804	40204
瓮安县	241886	120343	121543	129650	65208	64442
独山县	126745	64239	62506	94307	47766	46541
平塘县	79179	39315	39864	56595	28392	28203
罗甸县	142544	71608	70936	90688	45603	45085
长顺县	86653	44173	42480	64620	33665	30955
龙里县	127891	66931	60960	59583	30240	29343
惠水县	193872	94384	99488	108533	55224	53309
三都水族自治县	101991	52303	49688	61210	31452	29758

单位：人

居住本乡、镇、街道，户口在外乡、镇、街道，离开户口登记地半年以上			居住本乡、镇、街道，户口待定			原住本乡、镇、街道，现在港澳台或国外工作学习		
小计	男	女	小计	男	女	小计	男	女
417072	**205242**	**211830**	**4017**	**2061**	**1956**	**256**	**167**	**89**
357	188	169	5	3	2	2	1	1
32332	16185	16147	351	178	173	18	11	7
27425	13870	13555	288	148	140	14	9	5
38260	19214	19046	401	185	216	43	24	19
72308	35568	36740	332	184	148	54	38	16
50944	24226	26718	521	251	270	36	24	12
77055	38142	38913	445	235	210	25	18	7
55586	27309	28277	806	406	400	46	33	13
62805	30540	32265	868	471	397	18	9	9
191565	**96005**	**95560**	**2232**	**1069**	**1163**	**186**	**131**	**55**
13684	7065	6619	281	131	150	38	25	13
5774	2975	2799	118	55	63	14	11	3
15835	8088	7747	313	159	154	20	14	6
26202	13096	13106	213	93	120	10	10	
41169	20360	20809	368	177	191	19	10	9
25209	13135	12074	169	83	86	13	7	6
23522	11910	11612	276	130	146	9	6	3
40170	19376	20794	494	241	253	63	48	15
509654	**253571**	**256083**	**3032**	**1506**	**1526**	**490**	**314**	**176**
5598	2826	2772	68	34	34	34	18	16
24976	12097	12879	226	93	133	40	27	13
20083	9722	10361	126	64	62	13	6	7
35554	17216	18338	215	112	103	59	40	19
33811	16574	17237	233	123	110	33	25	8
38846	18854	19992	233	114	119	41	30	11
46481	23222	23259	255	146	109	41	34	7
35320	16939	18381	148	64	84	58	29	29
35804	18313	17491	247	130	117	22	13	9
19173	9863	9310	138	71	67	3	3	
66534	32864	33670	452	228	224	65	43	22
39164	19719	19445	192	91	101	25	14	11
36617	19086	17531	130	67	63	12	5	7
21762	11211	10551	117	54	63	20	14	6
19383	9642	9741	142	70	72	16	11	5
30548	15423	15125	110	45	65	8	2	6
533235	**261756**	**271479**	**3055**	**1485**	**1570**	**365**	**221**	**144**
9520	4250	5270	45	23	22	5	3	2
14148	7331	6817	27	10	17	10	6	4
28294	14171	14123	111	53	58	15	8	7
48487	21663	26824	359	158	201	59	40	19
111710	54863	56847	463	229	234	63	43	20
32040	16269	15771	335	169	166	63	35	28
22444	10860	11584	116	55	61	24	8	16
51598	25883	25715	231	104	127	27	18	9
21714	10337	11377	295	158	137	24	13	11
67949	36508	31441	352	179	173	7	4	3
84797	38893	45904	494	236	258	48	31	17
40534	20728	19806	227	111	116	20	12	8

1-2c 各地区分性别、

地区	人口数			居住本乡、镇、街道，户口在本乡、镇、街道		
	合计	男	女	小计	男	女
贵州	**18066202**	**9397708**	**8668494**	**16331068**	**8539854**	**7791214**
贵阳市	**1192947**	**636083**	**556864**	**921537**	**494794**	**426743**
南明区	51797	28168	23629	24208	12413	11795
云岩区						
花溪区	187463	99087	88376	146395	78119	68276
乌当区	112527	60416	52111	72894	39587	33307
白云区	37896	20050	17846	21500	11361	10139
观山湖区	95176	50651	44525	51554	27462	24092
开阳县	157617	83684	73933	145236	77932	67304
息烽县	115337	61377	53960	104519	57151	47368
修文县	156711	83619	73092	131993	71220	60773
清镇市	278423	149031	129392	223238	119549	103689
六盘水市	**1550047**	**809945**	**740102**	**1396550**	**734272**	**662278**
钟山区	67452	35513	31939	53231	28860	24371
六枝特区	324917	167922	156995	303164	157298	145866
水城县	504499	265033	239466	447073	236658	210415
盘州市	653179	341477	311702	593082	311456	281626
遵义市	**2861453**	**1483094**	**1378359**	**2546204**	**1326433**	**1219771**
红花岗区	179140	93336	85804	156766	82149	74617
汇川区	135675	70981	64694	123260	64825	58435
播州区	370489	192147	178342	324926	170332	154594
桐梓县	282174	147709	134465	252359	132424	119935
绥阳县	207136	106835	100301	187650	97114	90536
正安县	228948	117541	111407	198004	102187	95817
道真仡佬族苗族自治县	115572	59855	55717	101801	53322	48479
务川仡佬族苗族自治县	140117	72739	67378	133649	69224	64425
凤冈县	159742	81278	78464	148899	76166	72733
湄潭县	184645	93410	91235	165997	84386	81611
余庆县	117922	59915	58007	103606	52844	50762
习水县	337728	175609	162119	300936	157141	143795
赤水市	108588	56676	51912	93072	48856	44216
仁怀市	293577	155063	138514	255279	135463	119816
安顺市	**1324015**	**686370**	**637645**	**1204212**	**628741**	**575471**
西秀区	356591	183782	172809	317207	163845	153362
平坝区	175256	90229	85027	151768	79663	72105
普定县	231393	120219	111174	213647	111840	101807
镇宁布依族苗族自治县	185052	97253	87799	171359	90605	80754
关岭布依族苗族自治县	178049	92904	85145	167789	88039	79750
紫云苗族布依族自治县	197674	101983	95691	182442	94749	87693
毕节市	**3993304**	**2069101**	**1924203**	**3743968**	**1953007**	**1790961**
七星关区	609892	312154	297738	573471	296270	277201
大方县	533681	277865	255816	494991	260160	234831
黔西县	391660	203612	188048	354903	187091	167812
金沙县	269919	143504	126415	242084	128595	113489
织金县	467730	242604	225126	440327	229920	210407
纳雍县	424614	218420	206194	400527	207278	193249
威宁彝族回族苗族自治县	816552	424770	391782	791277	413448	377829
赫章县	479256	246172	233084	446388	230245	216143

户口登记状况的人口(乡村)

单位：人

居住本乡、镇、街道，户口在外乡、镇、街道，离开户口登记地半年以上			居住本乡、镇、街道，户口待定			原住本乡、镇、街道，现在港澳台或国外工作学习		
小计	男	女	小计	男	女	小计	男	女
1665613	**821880**	**843733**	**56878**	**26959**	**29919**	**12643**	**9015**	**3628**
266700	**138902**	**127798**	**4114**	**2022**	**2092**	**596**	**365**	**231**
27310	15618	11692	264	132	132	15	5	10
40101	20487	19614	934	460	474	33	21	12
39141	20581	18560	454	233	221	38	15	23
16216	8611	7605	165	71	94	15	7	8
43224	22952	20272	384	230	154	14	7	7
11996	5566	6430	258	111	147	127	75	52
10503	4065	6438	208	88	120	107	73	34
24178	12120	12058	460	228	232	80	51	29
54031	28902	25129	987	469	518	167	111	56
145760	**71784**	**73976**	**6724**	**3168**	**3556**	**1013**	**721**	**292**
14028	6535	7493	166	93	73	27	25	2
19999	9750	10249	1553	721	832	201	153	48
54999	27155	27844	2069	964	1105	358	256	102
56734	28344	28390	2936	1390	1546	427	287	140
305640	**151291**	**154349**	**6861**	**3400**	**3461**	**2748**	**1970**	**778**
21933	10950	10983	278	134	144	163	103	60
12091	5980	6111	232	105	127	92	71	21
44644	21302	23342	620	285	335	299	228	71
28565	14546	14019	957	535	422	293	204	89
18721	9297	9424	468	225	243	297	199	98
30210	14909	15301	474	250	224	260	195	65
13472	6318	7154	84	37	47	215	178	37
6171	3350	2821	215	109	106	82	56	26
10324	4798	5526	367	188	179	152	126	26
18084	8720	9364	400	206	194	164	98	66
14020	6902	7118	163	74	89	133	95	38
35321	17718	17603	1184	540	644	287	210	77
15218	7643	7575	135	82	53	163	95	68
36866	18858	18008	1284	630	654	148	112	36
111839	**53717**	**58122**	**7263**	**3443**	**3820**	**701**	**469**	**232**
36869	18638	18231	2315	1162	1153	200	137	63
22679	10168	12511	718	341	377	91	57	34
16390	7733	8657	1196	541	655	160	105	55
12351	6013	6338	1266	584	682	76	51	25
9209	4402	4807	985	424	561	66	39	27
14341	6763	7578	783	391	392	108	80	28
231962	**107222**	**124740**	**14839**	**7065**	**7774**	**2535**	**1807**	**728**
32731	13990	18741	3076	1467	1609	614	427	187
36624	16636	19988	1713	845	868	353	224	129
35268	15765	19503	1240	579	661	249	177	72
26853	14420	12433	830	388	442	152	101	51
25003	11486	13517	2093	975	1118	307	223	84
21631	9923	11708	2197	1039	1158	259	180	79
22498	9857	12641	2498	1233	1265	279	232	47
31354	15145	16209	1192	539	653	322	243	79

1-2c 续表

地 区	人 口 数			居住本乡、镇、街道，户口在本乡、镇、街道		
	合计	男	女	小计	男	女
铜仁市	**1779794**	**919122**	**860672**	**1645564**	**853281**	**792283**
碧江区	95522	48598	46924	77845	41435	36410
万山区	84100	44539	39561	75921	40602	35319
江口县	102897	54092	48805	92738	48783	43955
玉屏侗族自治县	71869	38016	33853	64958	34538	30420
石阡县	195012	100512	94500	184251	94763	89488
思南县	268475	136318	132157	251464	127791	123673
印江土家族苗族自治县	173074	89251	83823	159256	82164	77092
德江县	208850	106654	102196	189578	97141	92437
沿河土家族自治县	258827	133455	125372	246595	127226	119369
松桃苗族自治县	321168	167687	153481	302958	158838	144120
黔西南布依族苗族自治州	**1624174**	**836210**	**787964**	**1489968**	**769779**	**720189**
兴义市	354635	185416	169219	323553	170231	153322
兴仁市	256560	132137	124423	244630	126424	118206
普安县	167700	86732	80968	153741	79650	74091
晴隆县	157225	81016	76209	142369	73229	69140
贞丰县	189399	96483	92916	178532	90973	87559
望谟县	146539	74435	72104	129956	66156	63800
册亨县	128038	65332	62706	107587	55151	52436
安龙县	224078	114659	109419	209600	107965	101635
黔东南苗族侗族自治州	**2046619**	**1073572**	**973047**	**1845775**	**973393**	**872382**
凯里市	189814	101370	88444	165262	89005	76257
黄平县	150133	77203	72930	139317	71964	67353
施秉县	74760	38821	35939	68505	35744	32761
三穗县	84243	44333	39910	75763	40179	35584
镇远县	95498	49995	45503	91107	48110	42997
岑巩县	94075	49582	44493	81923	43581	38342
天柱县	157695	82758	74937	146025	77155	68870
锦屏县	85319	44627	40692	76724	40062	36662
剑河县	113966	60992	52974	96801	52184	44617
台江县	77307	40413	36894	68563	36200	32363
黎平县	250291	129136	121155	214571	111225	103346
榕江县	195473	103286	92187	177528	93868	83660
从江县	241668	124541	117127	228927	118315	110612
雷山县	75034	40820	34214	61638	33628	28010
麻江县	79964	42245	37719	75597	40497	35100
丹寨县	81379	43450	37929	77524	41676	35848
黔南布依族苗族自治州	**1693849**	**884211**	**809638**	**1537290**	**806154**	**731136**
都匀市	180734	95987	84747	159977	84637	75340
福泉市	144136	76968	67168	130533	69523	61010
荔波县	88751	47237	41514	74468	39234	35234
贵定县	119233	59708	59525	104531	54550	49981
瓮安县	153650	81278	72372	134369	71121	63248
独山县	137521	71587	65934	122985	64477	58508
平塘县	155238	79057	76181	141568	72475	69093
罗甸县	115007	59239	55768	108539	55980	52559
长顺县	114887	59933	54954	107762	56662	51100
龙里县	108330	57232	51098	94501	50024	44477
惠水县	202006	104840	97166	189047	98821	90226
三都水族自治县	174356	91145	83211	169010	88650	80360

单位：人

居住本乡、镇、街道，户口在外乡、镇、街道，离开户口登记地半年以上			居住本乡、镇、街道，户口待定			原住本乡、镇、街道，现在港澳台或国外工作学习		
小计	男	女	小计	男	女	小计	男	女
128922	**62950**	**65972**	**3857**	**1842**	**2015**	**1451**	**1049**	**402**
17293	6961	10332	339	181	158	45	21	24
7938	3833	4105	198	76	122	43	28	15
9692	5082	4610	376	171	205	91	56	35
6685	3368	3317	187	89	98	39	21	18
10115	5398	4717	501	245	256	145	106	39
16423	8178	8245	396	197	199	192	152	40
13296	6732	6564	257	128	129	265	227	38
18824	9264	9560	344	177	167	104	72	32
11524	5845	5679	502	251	251	206	133	73
17132	8289	8843	757	327	430	321	233	88
128575	**63609**	**64966**	**4783**	**2196**	**2587**	**848**	**626**	**222**
29758	14524	15234	1146	534	612	178	127	51
11041	5265	5776	739	334	405	150	114	36
13297	6747	6550	518	230	288	144	105	39
14289	7514	6775	505	227	278	62	46	16
10201	5182	5019	591	270	321	75	58	17
16108	8056	8052	440	202	238	35	21	14
20053	9979	10074	354	170	184	44	32	12
13828	6342	7486	490	229	261	160	123	37
193712	**96401**	**97311**	**5401**	**2460**	**2941**	**1731**	**1318**	**413**
24030	12088	11942	403	192	211	119	85	34
10306	4980	5326	405	182	223	105	77	28
6053	2962	3091	147	72	75	55	43	12
8039	3865	4174	161	69	92	280	220	60
4034	1687	2347	260	121	139	97	77	20
11869	5863	6006	203	88	115	80	50	30
11199	5328	5871	275	124	151	196	151	45
8257	4358	3899	167	76	91	171	131	40
16700	8558	8142	377	185	192	88	65	23
8472	4076	4396	230	106	124	42	31	11
34861	17471	17390	693	308	385	166	132	34
17287	9051	8236	517	253	264	141	114	27
11978	5879	6099	705	301	404	58	46	12
13167	7066	6101	182	87	95	47	39	8
4049	1594	2455	282	125	157	36	29	7
3411	1575	1836	394	171	223	50	28	22
152503	**76004**	**76499**	**3036**	**1363**	**1673**	**1020**	**690**	**330**
20313	11132	9181	332	148	184	112	70	42
13440	7361	6079	79	37	42	84	47	37
14084	7896	6188	148	67	81	51	40	11
14334	4967	9367	262	118	144	106	73	33
18981	9984	8997	174	78	96	126	95	31
14284	6986	7298	175	74	101	77	50	27
13407	6438	6969	157	74	83	106	70	36
6266	3155	3111	138	62	76	64	42	22
6805	3098	3707	257	126	131	63	47	16
13431	7016	6415	355	169	186	43	23	20
12053	5598	6455	783	333	450	123	88	35
5105	2373	2732	176	77	99	65	45	20

1—3　各地区分性别的户口登记地在外乡镇街道的人口状况

单位：人

地　　区	户口登记地					
	合　　计			本县(市、区)		
	合计	男	女	小计	男	女
贵　州	**11694763**	**5828497**	**5866266**	**5672166**	**2754769**	**2917397**
贵阳市	**3326148**	**1706303**	**1619845**	**719762**	**347996**	**371766**
南明区	688692	353298	335394	136511	66082	70429
云岩区	685286	350969	334317	135407	64885	70522
花溪区	554778	281143	273635	79092	36984	42108
乌当区	179791	89806	89985	41339	20112	21227
白云区	292577	152241	140336	44529	21775	22754
观山湖区	385177	202775	182402	36309	17746	18563
开阳县	117050	57687	59363	91482	45120	46362
息烽县	59739	27891	31848	34429	16277	18152
修文县	85299	43545	41754	35454	17449	18005
清镇市	277759	146948	130811	85210	41566	43644
六盘水市	**885018**	**438059**	**446959**	**457352**	**224441**	**232911**
钟山区	386708	190559	196149	125806	61184	64622
六枝特区	112647	54647	58000	79140	37932	41208
水城县	158431	78230	80201	85190	41851	43339
盘州市	227232	114623	112609	167216	83474	83742
遵义市	**2205538**	**1084069**	**1121469**	**1265555**	**615430**	**650125**
红花岗区	514673	251690	262983	169601	82171	87430
汇川区	278591	137533	141058	71201	34852	36349
播州区	266954	131669	135285	146454	71537	74917
桐梓县	132242	64862	67380	98040	47039	51001
绥阳县	82473	40594	41879	64323	31420	32903
正安县	89105	43553	45552	73682	35789	37893
道真仡佬族苗族自治县	66740	30410	36330	57002	25562	31440
务川仡佬族苗族自治县	73662	35962	37700	61952	29836	32116
凤冈县	74395	35303	39092	57396	27359	30037
湄潭县	88541	42692	45849	63443	30284	33159
余庆县	52164	25154	27010	36469	17028	19441
习水县	154273	76940	77333	121609	60181	61428
赤水市	78656	38353	40303	55938	26974	28964
仁怀市	253069	129354	123715	188445	95398	93047
安顺市	**583662**	**285214**	**298448**	**326296**	**153557**	**172739**
西秀区	282321	137798	144523	146300	68307	77993
平坝区	95593	47999	47594	41434	19197	22237
普定县	60791	29252	31539	40859	19411	21448
镇宁布依族苗族自治县	55650	27095	28555	36186	17502	18684
关岭布依族苗族自治县	46745	22696	24049	32090	15309	16781
紫云苗族布依族自治县	42562	20374	22188	29427	13831	15596
毕节市	**1270661**	**617473**	**653188**	**885901**	**425681**	**460220**
七星关区	335535	161537	173998	225339	108964	116375
大方县	145366	69123	76243	90559	42810	47749
黔西县	172721	83482	89239	122114	58843	63271
金沙县	120961	61133	59828	79078	38859	40219
织金县	141106	69022	72084	102625	49511	53114
纳雍县	111827	54576	57251	83060	39451	43609
威宁彝族回族苗族自治县	169141	82666	86475	130938	62912	68026
赫章县	74004	35934	38070	52188	24331	27857

1-3　续表 1　　单位：人

地　区	户口登记地					
	合　计			本县(市、区)		
	合计	男	女	小计	男	女
铜仁市	**784594**	**386644**	**397950**	**458996**	**223569**	**235427**
碧江区	222973	108067	114906	54976	27342	27634
万山区	41215	21367	19848	16405	8306	8099
江口县	42024	21267	20757	32203	16095	16108
玉屏侗族自治县	34110	17238	16872	20703	10356	10347
石阡县	48375	24612	23763	34941	17306	17635
思南县	88731	43746	44985	63108	30066	33042
印江土家族苗族自治县	64240	30958	33282	52489	24793	27696
德江县	95879	47406	48473	68906	33761	35145
沿河土家族自治县	67110	33154	33956	54523	26559	27964
松桃苗族自治县	79937	38829	41108	60742	28985	31757
黔西南布依族苗族自治州	**708604**	**352205**	**356399**	**402904**	**196186**	**206718**
兴义市	379493	188489	191004	179293	88051	91242
兴仁市	69228	33931	35297	44918	21412	23506
普安县	29132	14835	14297	16612	7836	8776
晴隆县	40491	20610	19881	29308	14514	14794
贞丰县	51370	25542	25828	36692	17675	19017
望谟县	41317	21191	20126	29875	14988	14887
册亨县	43575	21889	21686	34377	16975	17402
安龙县	53998	25718	28280	31829	14735	17094
黔东南苗族侗族自治州	**1027010**	**514290**	**512720**	**638432**	**316567**	**321865**
凯里市	353272	179232	174040	130752	65509	65243
黄平县	35282	17077	18205	23080	10810	12270
施秉县	26136	12684	13452	19473	9415	10058
三穗县	43593	21081	22512	32133	15401	16732
镇远县	37845	18261	19584	23808	11414	12394
岑巩县	50715	24717	25998	38929	18980	19949
天柱县	57680	28550	29130	48395	24006	24389
锦屏县	43577	21297	22280	35625	17054	18571
剑河县	52504	26871	25633	43011	21936	21075
台江县	27645	13939	13706	19297	9516	9781
黎平县	101395	50335	51060	81304	40219	41085
榕江县	56451	28770	27681	41599	20751	20848
从江县	48595	24965	23630	36904	18828	18076
雷山县	34929	18277	16652	26840	14025	12815
麻江县	23432	11236	12196	12161	5792	6369
丹寨县	33959	16998	16961	25121	12911	12210
黔南布依族苗族自治州	**903528**	**444240**	**459288**	**516968**	**251342**	**265626**
都匀市	195170	95808	99362	89076	43135	45941
福泉市	80041	40746	39295	46347	22849	23498
荔波县	42378	22067	20311	29449	14318	15131
贵定县	62821	26630	36191	29046	13258	15788
瓮安县	130691	64847	65844	103277	50869	52408
独山县	46324	23255	23069	28085	13406	14679
平塘县	35851	17298	18553	24358	11507	12851
罗甸县	57864	29038	28826	44548	21951	22597
长顺县	28519	13435	15084	14182	6617	7565
龙里县	81380	43524	37856	33752	17177	16575
惠水县	96850	44491	52359	39317	18303	21014
三都水族自治县	45639	23101	22538	35531	17952	17579

1-3 续表 2 单位：人

地区	户口登记地					
	本省其他县(市、区)			省外		
	小计	男	女	小计	男	女
贵州	**4876051**	**2417274**	**2458777**	**1146546**	**656454**	**490092**
贵阳市	**2165227**	**1099419**	**1065808**	**441159**	**258888**	**182271**
南明区	442544	222795	219749	109637	64421	45216
云岩区	464929	237143	227786	84950	48941	36009
花溪区	396892	198037	198855	78794	46122	32672
乌当区	118677	58156	60521	19775	11538	8237
白云区	212137	109181	102956	35911	21285	14626
观山湖区	279877	143493	136384	68991	41536	27455
开阳县	18970	8956	10014	6598	3611	2987
息烽县	20014	8765	11249	5296	2849	2447
修文县	41769	21248	20521	8076	4848	3228
清镇市	169418	91645	77773	23131	13737	9394
六盘水市	**346458**	**168525**	**177933**	**81208**	**45093**	**36115**
钟山区	228481	111292	117189	32421	18083	14338
六枝特区	24145	11477	12668	9362	5238	4124
水城县	61677	29586	32091	11564	6793	4771
盘州市	32155	16170	15985	27861	14979	12882
遵义市	**761260**	**371618**	**389642**	**178723**	**97021**	**81702**
红花岗区	299565	144439	155126	45507	25080	20427
汇川区	187884	91902	95982	19506	10779	8727
播州区	101174	49381	51793	19326	10751	8575
桐梓县	22903	11632	11271	11299	6191	5108
绥阳县	13559	6626	6933	4591	2548	2043
正安县	10776	5275	5501	4647	2489	2158
道真仡佬族苗族自治县	5648	2780	2868	4090	2068	2022
务川仡佬族苗族自治县	7749	3831	3918	3961	2295	1666
凤冈县	12727	5803	6924	4272	2141	2131
湄潭县	19853	9606	10247	5245	2802	2443
余庆县	11586	5664	5922	4109	2462	1647
习水县	19975	10130	9845	12689	6629	6060
赤水市	5547	2701	2846	17171	8678	8493
仁怀市	42314	21848	20466	22310	12108	10202
安顺市	**198149**	**96985**	**101164**	**59217**	**34672**	**24545**
西秀区	104316	51022	53294	31705	18469	13236
平坝区	43722	22363	21359	10437	6439	3998
普定县	15125	7028	8097	4807	2813	1994
镇宁布依族苗族自治县	15004	7049	7955	4460	2544	1916
关岭布依族苗族自治县	10815	5120	5695	3840	2267	1573
紫云苗族布依族自治县	9167	4403	4764	3968	2140	1828
毕节市	**293061**	**140189**	**152872**	**91699**	**51603**	**40096**
七星关区	87474	41147	46327	22722	11426	11296
大方县	45443	21166	24277	9364	5147	4217
黔西县	38976	17942	21034	11631	6697	4934
金沙县	30716	15143	15573	11167	7131	4036
织金县	27760	13094	14666	10721	6417	4304
纳雍县	21064	10508	10556	7703	4617	3086
威宁彝族回族苗族自治县	26161	13207	12954	12042	6547	5495
赫章县	15467	7982	7485	6349	3621	2728

1—3　续表 3　　单位：人

地　区	户口登记地					
	本省其他县(市、区)			省　外		
	小计	男	女	小计	男	女
铜仁市	**260294**	**126937**	**133357**	**65304**	**36138**	**29166**
碧江区	148260	70150	78110	19737	10575	9162
万山区	20146	10360	9786	4664	2701	1963
江口县	6635	3344	3291	3186	1828	1358
玉屏侗族自治县	8633	4233	4400	4774	2649	2125
石阡县	9196	4762	4434	4238	2544	1694
思南县	18965	9847	9118	6658	3833	2825
印江土家族苗族自治县	8108	4046	4062	3643	2119	1524
德江县	22601	11207	11394	4372	2438	1934
沿河土家族自治县	7500	3829	3671	5087	2766	2321
松桃苗族自治县	10250	5159	5091	8945	4685	4260
黔西南布依族苗族自治州	**244162**	**119873**	**124289**	**61538**	**36146**	**25392**
兴义市	167011	81411	85600	33189	19027	14162
兴仁市	17282	8245	9037	7028	4274	2754
普安县	8671	4463	4208	3849	2536	1313
晴隆县	8432	4358	4074	2751	1738	1013
贞丰县	10211	5211	5000	4467	2656	1811
望谟县	9005	4779	4226	2437	1424	1013
册亨县	6902	3561	3341	2296	1353	943
安龙县	16648	7845	8803	5521	3138	2383
黔东南苗族侗族自治州	**310907**	**153961**	**156946**	**77671**	**43762**	**33909**
凯里市	192692	96635	96057	29828	17088	12740
黄平县	9469	4617	4852	2733	1650	1083
施秉县	5200	2491	2709	1463	778	685
三穗县	8182	3942	4240	3278	1738	1540
镇远县	10513	4947	5566	3524	1900	1624
岑巩县	8230	3798	4432	3556	1939	1617
天柱县	5325	2526	2799	3960	2018	1942
锦屏县	5394	2734	2660	2558	1509	1049
剑河县	6811	3410	3401	2682	1525	1157
台江县	6722	3405	3317	1626	1018	608
黎平县	13413	6525	6888	6678	3591	3087
榕江县	10576	5479	5097	4276	2540	1736
从江县	7030	3596	3434	4661	2541	2120
雷山县	5611	2764	2847	2478	1488	990
麻江县	8806	4043	4763	2465	1401	1064
丹寨县	6933	3049	3884	1905	1038	867
黔南布依族苗族自治州	**296533**	**139767**	**156766**	**90027**	**53131**	**36896**
都匀市	84770	40116	44654	21324	12557	8767
福泉市	26295	13384	12911	7399	4513	2886
荔波县	6571	3682	2889	6358	4067	2291
贵定县	27213	9370	17843	6562	4002	2560
瓮安县	19654	9624	10030	7760	4354	3406
独山县	11221	5690	5531	7018	4159	2859
平塘县	7665	3669	3996	3828	2122	1706
罗甸县	8406	4301	4105	4910	2786	2124
长顺县	11225	5095	6130	3112	1723	1389
龙里县	38228	20424	17804	9400	5923	3477
惠水县	48425	21068	27357	9108	5120	3988
三都水族自治县	6860	3344	3516	3248	1805	1443

1-3a 各地区分性别的户口登记地在外乡镇街道的人口状况(城市)

单位：人

地区	户口登记地					
	合计			本县(市、区)		
	合计	男	女	小计	男	女
贵州	**6179364**	**3111466**	**3067898**	**2216589**	**1087143**	**1129446**
贵阳市	**2667312**	**1373654**	**1293658**	**508730**	**246823**	**261907**
南明区	661382	337680	323702	133331	64516	68815
云岩区	685286	350969	334317	135407	64885	70522
花溪区	401207	207937	193270	66885	31996	34889
乌当区	131625	64274	67351	33503	16450	17053
白云区	275553	143245	132308	42777	20984	21793
观山湖区	332451	174827	157624	30830	15082	15748
开阳县						
息烽县						
修文县						
清镇市	179808	94722	85086	65997	32910	33087
六盘水市	**580430**	**287729**	**292701**	**294009**	**144783**	**149226**
钟山区	357867	176489	181378	117871	57556	60315
六枝特区	85424	41500	43924	66241	31938	34303
水城县						
盘州市	137139	69740	67399	109897	55289	54608
遵义市	**1199709**	**594000**	**605709**	**543611**	**269082**	**274529**
红花岗区	478259	233631	244628	155144	75256	79888
汇川区	259830	128528	131302	65738	32408	33330
播州区	204191	101733	102458	118615	58682	59933
桐梓县						
绥阳县						
正安县						
道真仡佬族苗族自治县						
务川仡佬族苗族自治县						
凤冈县						
湄潭县						
余庆县						
习水县						
赤水市	57872	28241	29631	43181	20936	22245
仁怀市	199557	101867	97690	160933	81800	79133
安顺市	**271493**	**131710**	**139783**	**154508**	**73006**	**81502**
西秀区	236463	114514	121949	131419	61855	69564
平坝区	35030	17196	17834	23089	11151	11938
普定县						
镇宁布依族苗族自治县						
关岭布依族苗族自治县						
紫云苗族布依族自治县						
毕节市	**291922**	**142532**	**149390**	**208227**	**102074**	**106153**
七星关区	291922	142532	149390	208227	102074	106153
大方县						
黔西县						
金沙县						
织金县						
纳雍县						
威宁彝族回族苗族自治县						
赫章县						

1—3a　续表 1　　　　单位：人

地　区	户口登记地					
	合　计			本县(市、区)		
	合计	男	女	小计	男	女
铜仁市	**238600**	**118452**	**120148**	**65001**	**32643**	**32358**
碧江区	205323	100918	104405	52690	26312	26378
万山区	33277	17534	15743	12311	6331	5980
江口县						
玉屏侗族自治县						
石阡县						
思南县						
印江土家族苗族自治县						
德江县						
沿河土家族自治县						
松桃苗族自治县						
黔西南布依族苗族自治州	**388464**	**192591**	**195873**	**202608**	**99944**	**102664**
兴义市	336051	166900	169151	162940	80836	82104
兴仁市	52413	25691	26722	39668	19108	20560
普安县						
晴隆县						
贞丰县						
望谟县						
册亨县						
安龙县						
黔东南苗族侗族自治州	**323644**	**164318**	**159326**	**123220**	**61884**	**61336**
凯里市	323644	164318	159326	123220	61884	61336
黄平县						
施秉县						
三穗县						
镇远县						
岑巩县						
天柱县						
锦屏县						
剑河县						
台江县						
黎平县						
榕江县						
从江县						
雷山县						
麻江县						
丹寨县						
黔南布依族苗族自治州	**217790**	**106480**	**111310**	**116675**	**56904**	**59771**
都匀市	165337	80426	84911	82207	39876	42331
福泉市	52453	26054	26399	34468	17028	17440
荔波县						
贵定县						
瓮安县						
独山县						
平塘县						
罗甸县						
长顺县						
龙里县						
惠水县						
三都水族自治县						

1-3a 续表 2 单位：人

地 区	户口登记地					
	本省其他县(市、区)			省 外		
	小计	男	女	小计	男	女
贵 州	**3291273**	**1641577**	**1649696**	**671502**	**382746**	**288756**
贵阳市	**1782756**	**907199**	**875557**	**375826**	**219632**	**156194**
南明区	422864	211851	211013	105187	61313	43874
云岩区	464929	237143	227786	84950	48941	36009
花溪区	273872	140292	133580	60450	35649	24801
乌当区	84546	40189	44357	13576	7635	5941
白云区	198903	102337	96566	33873	19924	13949
观山湖区	239879	122939	116940	61742	36806	24936
开阳县						
息烽县						
修文县						
清镇市	97763	52448	45315	16048	9364	6684
六盘水市	**236839**	**115598**	**121241**	**49582**	**27348**	**22234**
钟山区	209425	101969	107456	30571	16964	13607
六枝特区	13945	6712	7233	5238	2850	2388
水城县						
盘州市	13469	6917	6552	13773	7534	6239
遵义市	**556807**	**271374**	**285433**	**99291**	**53544**	**45747**
红花岗区	281025	135367	145658	42090	23008	19082
汇川区	177045	86803	90242	17047	9317	7730
播州区	72915	36158	36757	12661	6893	5768
桐梓县						
绥阳县						
正安县						
道真仡佬族苗族自治县						
务川仡佬族苗族自治县						
凤冈县						
湄潭县						
余庆县						
习水县						
赤水市	3056	1482	1574	11635	5823	5812
仁怀市	22766	11564	11202	15858	8503	7355
安顺市	**89220**	**42941**	**46279**	**27765**	**15763**	**12002**
西秀区	80191	38568	41623	24853	14091	10762
平坝区	9029	4373	4656	2912	1672	1240
普定县						
镇宁布依族苗族自治县						
关岭布依族苗族自治县						
紫云苗族布依族自治县						
毕节市	**65808**	**30906**	**34902**	**17887**	**9552**	**8335**
七星关区	65808	30906	34902	17887	9552	8335
大方县						
黔西县						
金沙县						
织金县						
纳雍县						
威宁彝族回族苗族自治县						
赫章县						

1-3a　续表 3　　　　　　　　　　　　　　　　　　　　　　　　单位：人

地　　区	户口登记地					
	本省其他县(市、区)			省　　外		
	小计	男	女	小计	男	女
铜仁市	**151201**	**73535**	**77666**	**22398**	**12274**	**10124**
碧江区	133866	64533	69333	18767	10073	8694
万山区	17335	9002	8333	3631	2201	1430
江口县						
玉屏侗族自治县						
石阡县						
思南县						
印江土家族苗族自治县						
德江县						
沿河土家族自治县						
松桃苗族自治县						
黔西南布依族苗族自治州	**154244**	**74709**	**79535**	**31612**	**17938**	**13674**
兴义市	145621	70529	75092	27490	15535	11955
兴仁市	8623	4180	4443	4122	2403	1719
普安县						
晴隆县						
贞丰县						
望谟县						
册亨县						
安龙县						
黔东南苗族侗族自治州	**173762**	**87292**	**86470**	**26662**	**15142**	**11520**
凯里市	173762	87292	86470	26662	15142	11520
黄平县						
施秉县						
三穗县						
镇远县						
岑巩县						
天柱县						
锦屏县						
剑河县						
台江县						
黎平县						
榕江县						
从江县						
雷山县						
麻江县						
丹寨县						
黔南布依族苗族自治州	**80636**	**38023**	**42613**	**20479**	**11553**	**8926**
都匀市	66034	30900	35134	17096	9650	7446
福泉市	14602	7123	7479	3383	1903	1480
荔波县						
贵定县						
瓮安县						
独山县						
平塘县						
罗甸县						
长顺县						
龙里县						
惠水县						
三都水族自治县						

1－3b 各地区分性别的户口登记地在外乡镇街道的人口状况(镇)

单位：人

地区	户口登记地					
	合计			本县(市、区)		
	合计	男	女	小计	男	女
贵州	**3849786**	**1895151**	**1954635**	**2727661**	**1328630**	**1399031**
贵阳市	**392136**	**193747**	**198389**	**162945**	**80158**	**82787**
南明区						
云岩区						
花溪区	113470	52719	60751	3901	1796	2105
乌当区	9025	4951	4074	1344	615	729
白云区	808	385	423	68	31	37
观山湖区	9502	4996	4506	1229	602	627
开阳县	105054	52121	52933	87408	43336	44072
息烽县	49236	23826	25410	31304	15130	16174
修文县	61121	31425	29696	30711	15340	15371
清镇市	43920	23324	20596	6980	3308	3672
六盘水市	**158828**	**78546**	**80282**	**89937**	**44668**	**45269**
钟山区	14813	7535	7278	2962	1506	1456
六枝特区	7224	3397	3827	4436	2142	2294
水城县	103432	51075	52357	59573	29797	29776
盘州市	33359	16539	16820	22966	11223	11743
遵义市	**700189**	**338778**	**361411**	**563515**	**271138**	**292377**
红花岗区	14481	7109	7372	8514	4225	4289
汇川区	6670	3025	3645	2400	1109	1291
播州区	18119	8634	9485	9393	4451	4942
桐梓县	103677	50316	53361	84230	40576	43654
绥阳县	63752	31297	32455	53598	26160	27438
正安县	58895	28644	30251	50462	24477	25985
道真仡佬族苗族自治县	53268	24092	29176	47113	21116	25997
务川仡佬族苗族自治县	67491	32612	34879	59268	28454	30814
凤冈县	64071	30505	33566	51453	24531	26922
湄潭县	70457	33972	36485	53462	25516	27946
余庆县	38144	18252	19892	28265	13269	14996
习水县	118952	59222	59730	99722	49399	50323
赤水市	5566	2469	3097	3628	1587	2041
仁怀市	16646	8629	8017	12007	6268	5739
安顺市	**200330**	**99787**	**100543**	**126886**	**60859**	**66027**
西秀区	8989	4646	4343	3663	1732	1931
平坝区	37884	20635	17249	9224	4105	5119
普定县	44401	21519	22882	33342	16139	17203
镇宁布依族苗族自治县	43299	21082	22217	30661	14956	15705
关岭布依族苗族自治县	37536	18294	19242	28266	13636	14630
紫云苗族布依族自治县	28221	13611	14610	21730	10291	11439
毕节市	**746777**	**367719**	**379058**	**580376**	**282735**	**297641**
七星关区	10882	5015	5867	6490	2913	3577
大方县	108742	52487	56255	73308	35284	38024
黔西县	137453	67717	69736	106836	52445	54391
金沙县	94108	46713	47395	69251	34082	35169
织金县	116103	57536	58567	94222	46330	47892
纳雍县	90196	44653	45543	72919	35167	37752
威宁彝族回族苗族自治县	146643	72809	73834	122184	59643	62541
赫章县	42650	20789	21861	35166	16871	18295

1-3b　续表 1

单位：人

地　区	户口登记地					
	合　计			本县(市、区)		
	合计	男	女	小计	男	女
铜仁市	**417072**	**205242**	**211830**	**330312**	**160039**	**170273**
碧江区	357	188	169	67	35	32
万山区						
江口县	32332	16185	16147	26828	13394	13434
玉屏侗族自治县	27425	13870	13555	17549	8808	8741
石阡县	38260	19214	19046	31498	15716	15782
思南县	72308	35568	36740	53711	25468	28243
印江土家族苗族自治县	50944	24226	26718	44007	20710	23297
德江县	77055	38142	38913	57717	28282	29435
沿河土家族自治县	55586	27309	28277	47847	23201	24646
松桃苗族自治县	62805	30540	32265	51088	24425	26663
黔西南布依族苗族自治州	**191565**	**96005**	**95560**	**134490**	**65572**	**68918**
兴义市	13684	7065	6619	5292	2495	2797
兴仁市	5774	2975	2799	2391	1127	1264
普安县	15835	8088	7747	9532	4557	4975
晴隆县	26202	13096	13106	20908	10294	10614
贞丰县	41169	20360	20809	32201	15630	16571
望谟县	25209	13135	12074	19187	9679	9508
册亨县	23522	11910	11612	18635	9251	9384
安龙县	40170	19376	20794	26344	12539	13805
黔东南苗族侗族自治州	**509654**	**253571**	**256083**	**399635**	**197840**	**201795**
凯里市	5598	2826	2772	2217	1060	1157
黄平县	24976	12097	12879	17885	8485	9400
施秉县	20083	9722	10361	15623	7507	8116
三穗县	35554	17216	18338	27658	13323	14335
镇远县	33811	16574	17237	22460	10858	11602
岑巩县	38846	18854	19992	30173	14594	15579
天柱县	46481	23222	23259	40871	20374	20497
锦屏县	35320	16939	18381	30330	14338	15992
剑河县	35804	18313	17491	30148	15457	14691
台江县	19173	9863	9310	13900	6999	6901
黎平县	66534	32864	33670	54894	26977	27917
榕江县	39164	19719	19445	31566	15722	15844
从江县	36617	19086	17531	30414	15765	14649
雷山县	21762	11211	10551	17062	8816	8246
麻江县	19383	9642	9741	10887	5351	5536
丹寨县	30548	15423	15125	23547	12214	11333
黔南布依族苗族自治州	**533235**	**261756**	**271479**	**339565**	**165621**	**173944**
都匀市	9520	4250	5270	1626	839	787
福泉市	14148	7331	6817	7213	3618	3595
荔波县	28294	14171	14123	19985	9552	10433
贵定县	48487	21663	26824	26964	12458	14506
瓮安县	111710	54863	56847	92067	45035	47032
独山县	32040	16269	15771	19909	9582	10327
平塘县	22444	10860	11584	16043	7619	8424
罗甸县	51598	25883	25715	41163	20199	20964
长顺县	21714	10337	11377	12974	6176	6798
龙里县	67949	36508	31441	31524	16132	15392
惠水县	84797	38893	45904	36428	17244	19184
三都水族自治县	40534	20728	19806	33669	17167	16502

1-3b 续表 2

单位：人

地　区	户口登记地					
	本省其他县(市、区)			省　外		
	小计	男	女	小计	男	女
贵　州	**846856**	**412181**	**434675**	**275269**	**154340**	**120929**
贵阳市	**198703**	**96720**	**101983**	**30488**	**16869**	**13619**
南明区						
云岩区						
花溪区	98443	45226	53217	11126	5697	5429
乌当区	6368	3476	2892	1313	860	453
白云区	708	337	371	32	17	15
观山湖区	7005	3638	3367	1268	756	512
开阳县	12526	6028	6498	5120	2757	2363
息烽县	14018	6534	7484	3914	2162	1752
修文县	25051	12956	12095	5359	3129	2230
清镇市	34584	18525	16059	2356	1491	865
六盘水市	**55713**	**26485**	**29228**	**13178**	**7393**	**5785**
钟山区	10765	5396	5369	1086	633	453
六枝特区	1960	841	1119	828	414	414
水城县	36633	17105	19528	7226	4173	3053
盘州市	6355	3143	3212	4038	2173	1865
遵义市	**94361**	**45457**	**48904**	**42313**	**22183**	**20130**
红花岗区	4948	2324	2624	1019	560	459
汇川区	3536	1577	1959	734	339	395
播州区	6999	3242	3757	1727	941	786
桐梓县	12322	6080	6242	7125	3660	3465
绥阳县	7352	3581	3771	2802	1556	1246
正安县	5622	2674	2948	2811	1493	1318
道真仡佬族苗族自治县	3424	1651	1773	2731	1325	1406
务川仡佬族苗族自治县	5245	2570	2675	2978	1588	1390
凤冈县	9359	4310	5049	3259	1664	1595
湄潭县	13116	6378	6738	3879	2078	1801
余庆县	7253	3470	3783	2626	1513	1113
习水县	11421	5763	5658	7809	4060	3749
赤水市	631	263	368	1307	619	688
仁怀市	3133	1574	1559	1506	787	719
安顺市	**56065**	**28715**	**27350**	**17379**	**10213**	**7166**
西秀区	3879	1996	1883	1447	918	529
平坝区	23813	13389	10424	4847	3141	1706
普定县	8257	3841	4416	2802	1539	1263
镇宁布依族苗族自治县	9407	4325	5082	3231	1801	1430
关岭布依族苗族自治县	6640	3165	3475	2630	1493	1137
紫云苗族布依族自治县	4069	1999	2070	2422	1321	1101
毕节市	**122214**	**60009**	**62205**	**44187**	**24975**	**19212**
七星关区	2903	1375	1528	1489	727	762
大方县	30128	14326	15802	5306	2877	2429
黔西县	22845	10886	11959	7772	4386	3386
金沙县	18564	9080	9484	6293	3551	2742
织金县	14875	7193	7682	7006	4013	2993
纳雍县	12171	6404	5767	5106	3082	2024
威宁彝族回族苗族自治县	15803	8206	7597	8656	4960	3696
赫章县	4925	2539	2386	2559	1379	1180

1-3b 续表 3 单位：人

地区	户口登记地					
	本省其他县(市、区)			省外		
	小计	男	女	小计	男	女
铜仁市	**57620**	**29024**	**28596**	**29140**	**16179**	**12961**
碧江区	257	133	124	33	20	13
万山区						
江口县	3458	1684	1774	2046	1107	939
玉屏侗族自治县	6242	3056	3186	3634	2006	1628
石阡县	4228	2069	2159	2534	1429	1105
思南县	13230	6960	6270	5367	3140	2227
印江土家族苗族自治县	4438	2118	2320	2499	1398	1101
德江县	15960	7975	7985	3378	1885	1493
沿河土家族自治县	4121	2112	2009	3618	1996	1622
松桃苗族自治县	5686	2917	2769	6031	3198	2833
黔西南布依族苗族自治州	**40063**	**20275**	**19788**	**17012**	**10158**	**6854**
兴义市	6286	3242	3044	2106	1328	778
兴仁市	2152	1063	1089	1231	785	446
普安县	4253	2217	2036	2050	1314	736
晴隆县	3734	1907	1827	1560	895	665
贞丰县	5773	2897	2876	3195	1833	1362
望谟县	4211	2372	1839	1811	1084	727
册亨县	3301	1722	1579	1586	937	649
安龙县	10353	4855	5498	3473	1982	1491
黔东南苗族侗族自治州	**76420**	**36977**	**39443**	**33599**	**18754**	**14845**
凯里市	2614	1297	1317	767	469	298
黄平县	5269	2524	2745	1822	1088	734
施秉县	3350	1617	1733	1110	598	512
三穗县	5467	2612	2855	2429	1281	1148
镇远县	8399	4044	4355	2952	1672	1280
岑巩县	6113	2876	3237	2560	1384	1176
天柱县	2883	1383	1500	2727	1465	1262
锦屏县	3385	1686	1699	1605	915	690
剑河县	3958	1930	2028	1698	926	772
台江县	4192	2179	2013	1081	685	396
黎平县	7290	3493	3797	4350	2394	1956
榕江县	5088	2601	2487	2510	1396	1114
从江县	3132	1639	1493	3071	1682	1389
雷山县	3211	1563	1648	1489	832	657
麻江县	6570	3155	3415	1926	1136	790
丹寨县	5499	2378	3121	1502	831	671
黔南布依族苗族自治州	**145697**	**68519**	**77178**	**47973**	**27616**	**20357**
都匀市	6802	2846	3956	1092	565	527
福泉市	5553	2961	2592	1382	752	630
荔波县	4533	2405	2128	3776	2214	1562
贵定县	16670	6367	10303	4853	2838	2015
瓮安县	13817	6653	7164	5826	3175	2651
独山县	7267	3785	3482	4864	2902	1962
平塘县	4076	1926	2150	2325	1315	1010
罗甸县	6073	3160	2913	4362	2524	1838
长顺县	6720	3075	3645	2020	1086	934
龙里县	28776	15610	13166	7649	4766	2883
惠水县	41005	17564	23441	7364	4085	3279
三都水族自治县	4405	2167	2238	2460	1394	1066

1-3c 各地区分性别的户口登记地在外乡镇街道的人口状况(乡村)

单位：人

地区	户口登记地					
	合计			本县(市、区)		
	合计	男	女	小计	男	女
贵州	**1665613**	**821880**	**843733**	**727916**	**338996**	**388920**
贵阳市	**266700**	**138902**	**127798**	**48087**	**21015**	**27072**
南明区	27310	15618	11692	3180	1566	1614
云岩区						
花溪区	40101	20487	19614	8306	3192	5114
乌当区	39141	20581	18560	6492	3047	3445
白云区	16216	8611	7605	1684	760	924
观山湖区	43224	22952	20272	4250	2062	2188
开阳县	11996	5566	6430	4074	1784	2290
息烽县	10503	4065	6438	3125	1147	1978
修文县	24178	12120	12058	4743	2109	2634
清镇市	54031	28902	25129	12233	5348	6885
六盘水市	**145760**	**71784**	**73976**	**73406**	**34990**	**38416**
钟山区	14028	6535	7493	4973	2122	2851
六枝特区	19999	9750	10249	8463	3852	4611
水城县	54999	27155	27844	25617	12054	13563
盘州市	56734	28344	28390	34353	16962	17391
遵义市	**305640**	**151291**	**154349**	**158429**	**75210**	**83219**
红花岗区	21933	10950	10983	5943	2690	3253
汇川区	12091	5980	6111	3063	1335	1728
播州区	44644	21302	23342	18446	8404	10042
桐梓县	28565	14546	14019	13810	6463	7347
绥阳县	18721	9297	9424	10725	5260	5465
正安县	30210	14909	15301	23220	11312	11908
道真仡佬族苗族自治县	13472	6318	7154	9889	4446	5443
务川仡佬族苗族自治县	6171	3350	2821	2684	1382	1302
凤冈县	10324	4798	5526	5943	2828	3115
湄潭县	18084	8720	9364	9981	4768	5213
余庆县	14020	6902	7118	8204	3759	4445
习水县	35321	17718	17603	21887	10782	11105
赤水市	15218	7643	7575	9129	4451	4678
仁怀市	36866	18858	18008	15505	7330	8175
安顺市	**111839**	**53717**	**58122**	**44902**	**19692**	**25210**
西秀区	36869	18638	18231	11218	4720	6498
平坝区	22679	10168	12511	9121	3941	5180
普定县	16390	7733	8657	7517	3272	4245
镇宁布依族苗族自治县	12351	6013	6338	5525	2546	2979
关岭布依族苗族自治县	9209	4402	4807	3824	1673	2151
紫云苗族布依族自治县	14341	6763	7578	7697	3540	4157
毕节市	**231962**	**107222**	**124740**	**97298**	**40872**	**56426**
七星关区	32731	13990	18741	10622	3977	6645
大方县	36624	16636	19988	17251	7526	9725
黔西县	35268	15765	19503	15278	6398	8880
金沙县	26853	14420	12433	9827	4777	5050
织金县	25003	11486	13517	8403	3181	5222
纳雍县	21631	9923	11708	10141	4284	5857
威宁彝族回族苗族自治县	22498	9857	12641	8754	3269	5485
赫章县	31354	15145	16209	17022	7460	9562

1-3c　续表 1

单位：人

地　　区	户口登记地					
	合　　计			本县(市、区)		
	合计	男	女	小计	男	女
铜仁市	**128922**	**62950**	**65972**	**63683**	**30887**	**32796**
碧江区	17293	6961	10332	2219	995	1224
万山区	7938	3833	4105	4094	1975	2119
江口县	9692	5082	4610	5375	2701	2674
玉屏侗族自治县	6685	3368	3317	3154	1548	1606
石阡县	10115	5398	4717	3443	1590	1853
思南县	16423	8178	8245	9397	4598	4799
印江土家族苗族自治县	13296	6732	6564	8482	4083	4399
德江县	18824	9264	9560	11189	5479	5710
沿河土家族自治县	11524	5845	5679	6676	3358	3318
松桃苗族自治县	17132	8289	8843	9654	4560	5094
黔西南布依族苗族自治州	**128575**	**63609**	**64966**	**65806**	**30670**	**35136**
兴义市	29758	14524	15234	11061	4720	6341
兴仁市	11041	5265	5776	2859	1177	1682
普安县	13297	6747	6550	7080	3279	3801
晴隆县	14289	7514	6775	8400	4220	4180
贞丰县	10201	5182	5019	4491	2045	2446
望谟县	16108	8056	8052	10688	5309	5379
册亨县	20053	9979	10074	15742	7724	8018
安龙县	13828	6342	7486	5485	2196	3289
黔东南苗族侗族自治州	**193712**	**96401**	**97311**	**115577**	**56843**	**58734**
凯里市	24030	12088	11942	5315	2565	2750
黄平县	10306	4980	5326	5195	2325	2870
施秉县	6053	2962	3091	3850	1908	1942
三穗县	8039	3865	4174	4475	2078	2397
镇远县	4034	1687	2347	1348	556	792
岑巩县	11869	5863	6006	8756	4386	4370
天柱县	11199	5328	5871	7524	3632	3892
锦屏县	8257	4358	3899	5295	2716	2579
剑河县	16700	8558	8142	12863	6479	6384
台江县	8472	4076	4396	5397	2517	2880
黎平县	34861	17471	17390	26410	13242	13168
榕江县	17287	9051	8236	10033	5029	5004
从江县	11978	5879	6099	6490	3063	3427
雷山县	13167	7066	6101	9778	5209	4569
麻江县	4049	1594	2455	1274	441	833
丹寨县	3411	1575	1836	1574	697	877
黔南布依族苗族自治州	**152503**	**76004**	**76499**	**60728**	**28817**	**31911**
都匀市	20313	11132	9181	5243	2420	2823
福泉市	13440	7361	6079	4666	2203	2463
荔波县	14084	7896	6188	9464	4766	4698
贵定县	14334	4967	9367	2082	800	1282
瓮安县	18981	9984	8997	11210	5834	5376
独山县	14284	6986	7298	8176	3824	4352
平塘县	13407	6438	6969	8315	3888	4427
罗甸县	6266	3155	3111	3385	1752	1633
长顺县	6805	3098	3707	1208	441	767
龙里县	13431	7016	6415	2228	1045	1183
惠水县	12053	5598	6455	2889	1059	1830
三都水族自治县	5105	2373	2732	1862	785	1077

1-3c 续表 2

单位：人

地 区	户口登记地					
	本省其他县(市、区)			省 外		
	小计	男	女	小计	男	女
贵 州	**737922**	**363516**	**374406**	**199775**	**119368**	**80407**
贵阳市	**183768**	**95500**	**88268**	**34845**	**22387**	**12458**
南明区	19680	10944	8736	4450	3108	1342
云岩区						
花溪区	24577	12519	12058	7218	4776	2442
乌当区	27763	14491	13272	4886	3043	1843
白云区	12526	6507	6019	2006	1344	662
观山湖区	32993	16916	16077	5981	3974	2007
开阳县	6444	2928	3516	1478	854	624
息烽县	5996	2231	3765	1382	687	695
修文县	16718	8292	8426	2717	1719	998
清镇市	37071	20672	16399	4727	2882	1845
六盘水市	**53906**	**26442**	**27464**	**18448**	**10352**	**8096**
钟山区	8291	3927	4364	764	486	278
六枝特区	8240	3924	4316	3296	1974	1322
水城县	25044	12481	12563	4338	2620	1718
盘州市	12331	6110	6221	10050	5272	4778
遵义市	**110092**	**54787**	**55305**	**37119**	**21294**	**15825**
红花岗区	13592	6748	6844	2398	1512	886
汇川区	7303	3522	3781	1725	1123	602
播州区	21260	9981	11279	4938	2917	2021
桐梓县	10581	5552	5029	4174	2531	1643
绥阳县	6207	3045	3162	1789	992	797
正安县	5154	2601	2553	1836	996	840
道真仡佬族苗族自治县	2224	1129	1095	1359	743	616
务川仡佬族苗族自治县	2504	1261	1243	983	707	276
凤冈县	3368	1493	1875	1013	477	536
湄潭县	6737	3228	3509	1366	724	642
余庆县	4333	2194	2139	1483	949	534
习水县	8554	4367	4187	4880	2569	2311
赤水市	1860	956	904	4229	2236	1993
仁怀市	16415	8710	7705	4946	2818	2128
安顺市	**52864**	**25329**	**27535**	**14073**	**8696**	**5377**
西秀区	20246	10458	9788	5405	3460	1945
平坝区	10880	4601	6279	2678	1626	1052
普定县	6868	3187	3681	2005	1274	731
镇宁布依族苗族自治县	5597	2724	2873	1229	743	486
关岭布依族苗族自治县	4175	1955	2220	1210	774	436
紫云苗族布依族自治县	5098	2404	2694	1546	819	727
毕节市	**105039**	**49274**	**55765**	**29625**	**17076**	**12549**
七星关区	18763	8866	9897	3346	1147	2199
大方县	15315	6840	8475	4058	2270	1788
黔西县	16131	7056	9075	3859	2311	1548
金沙县	12152	6063	6089	4874	3580	1294
织金县	12885	5901	6984	3715	2404	1311
纳雍县	8893	4104	4789	2597	1535	1062
威宁彝族回族苗族自治县	10358	5001	5357	3386	1587	1799
赫章县	10542	5443	5099	3790	2242	1548

1−3c　续表 3　　　　单位：人

地　　区	户口登记地					
	本省其他县(市、区)			省　　外		
	小计	男	女	小计	男	女
铜仁市	**51473**	**24378**	**27095**	**13766**	**7685**	**6081**
碧江区	14137	5484	8653	937	482	455
万山区	2811	1358	1453	1033	500	533
江口县	3177	1660	1517	1140	721	419
玉屏侗族自治县	2391	1177	1214	1140	643	497
石阡县	4968	2693	2275	1704	1115	589
思南县	5735	2887	2848	1291	693	598
印江土家族苗族自治县	3670	1928	1742	1144	721	423
德江县	6641	3232	3409	994	553	441
沿河土家族自治县	3379	1717	1662	1469	770	699
松桃苗族自治县	4564	2242	2322	2914	1487	1427
黔西南布依族苗族自治州	**49855**	**24889**	**24966**	**12914**	**8050**	**4864**
兴义市	15104	7640	7464	3593	2164	1429
兴仁市	6507	3002	3505	1675	1086	589
普安县	4418	2246	2172	1799	1222	577
晴隆县	4698	2451	2247	1191	843	348
贞丰县	4438	2314	2124	1272	823	449
望谟县	4794	2407	2387	626	340	286
册亨县	3601	1839	1762	710	416	294
安龙县	6295	2990	3305	2048	1156	892
黔东南苗族侗族自治州	**60725**	**29692**	**31033**	**17410**	**9866**	**7544**
凯里市	16316	8046	8270	2399	1477	922
黄平县	4200	2093	2107	911	562	349
施秉县	1850	874	976	353	180	173
三穗县	2715	1330	1385	849	457	392
镇远县	2114	903	1211	572	228	344
岑巩县	2117	922	1195	996	555	441
天柱县	2442	1143	1299	1233	553	680
锦屏县	2009	1048	961	953	594	359
剑河县	2853	1480	1373	984	599	385
台江县	2530	1226	1304	545	333	212
黎平县	6123	3032	3091	2328	1197	1131
榕江县	5488	2878	2610	1766	1144	622
从江县	3898	1957	1941	1590	859	731
雷山县	2400	1201	1199	989	656	333
麻江县	2236	888	1348	539	265	274
丹寨县	1434	671	763	403	207	196
黔南布依族苗族自治州	**70200**	**33225**	**36975**	**21575**	**13962**	**7613**
都匀市	11934	6370	5564	3136	2342	794
福泉市	6140	3300	2840	2634	1858	776
荔波县	2038	1277	761	2582	1853	729
贵定县	10543	3003	7540	1709	1164	545
瓮安县	5837	2971	2866	1934	1179	755
独山县	3954	1905	2049	2154	1257	897
平塘县	3589	1743	1846	1503	807	696
罗甸县	2333	1141	1192	548	262	286
长顺县	4505	2020	2485	1092	637	455
龙里县	9452	4814	4638	1751	1157	594
惠水县	7420	3504	3916	1744	1035	709
三都水族自治县	2455	1177	1278	788	411	377

1-4 各地区分性别、民族的人口

单位：人

地区	合计			汉族		
	合计	男	女	小计	男	女
贵　州	**38562148**	**19705293**	**18856855**	**24511882**	**12533161**	**11978721**
贵阳市	**5987018**	**3061169**	**2925849**	**4703678**	**2410440**	**2293238**
南明区	1047792	527105	520687	839250	422845	416405
云岩区	1056819	531370	525449	848901	426077	422824
花溪区	966276	492318	473958	675411	346938	328473
乌当区	336363	170337	166026	259800	132303	127497
白云区	456250	236301	219949	351627	182910	168717
观山湖区	642634	331370	311264	499209	257583	241626
开阳县	343871	176777	167094	305395	157329	148066
息烽县	219835	113383	106452	203883	105556	98327
修文县	288090	150561	137529	256976	134919	122057
清镇市	629088	331647	297441	463226	243980	219246
六盘水市	**3031602**	**1556454**	**1475148**	**2201109**	**1132274**	**1068835**
钟山区	674249	339410	334839	518299	261470	256829
六枝特区	536873	272490	264383	383829	194625	189204
水城县	746407	388855	357552	434038	227874	206164
盘州市	1074073	555699	518374	864943	448305	416638
遵义市	**6606675**	**3341799**	**3264876**	**5825075**	**2947333**	**2877742**
红花岗区	971337	484861	486476	897462	449977	447485
汇川区	627721	316019	311702	586984	296206	290778
播州区	761491	387932	373559	736489	376123	360366
桐梓县	529471	270806	258665	517813	265063	252750
绥阳县	379677	192919	186758	374203	190406	183797
正安县	396159	199725	196434	351626	176888	174738
道真仡佬族苗族自治县	243846	120323	123523	65329	28767	36562
务川仡佬族苗族自治县	308466	155324	153142	35076	15708	19368
凤冈县	304156	151761	152395	251264	123411	127853
湄潭县	372865	185494	187371	357340	178184	179156
余庆县	223952	111792	112160	202718	101044	101674
习水县	584947	299826	285121	574330	294832	279498
赤水市	247287	124111	123176	241709	121466	120243
仁怀市	655300	340906	314394	632732	329258	303474
安顺市	**2470630**	**1262780**	**1207850**	**1577542**	**810081**	**767461**
西秀区	870441	438269	432172	674928	341039	333889
平坝区	347060	179812	167248	246053	128148	117905
普定县	376285	193282	183003	309675	159622	150053
镇宁布依族苗族自治县	299696	154783	144913	135702	70611	65091
关岭布依族苗族自治县	283497	146122	137375	105691	55232	50459
紫云苗族布依族自治县	293651	150512	143139	105493	55429	50064
毕节市	**6899636**	**3544009**	**3355627**	**5072420**	**2613923**	**2458497**
七星关区	1305066	662818	642248	1156505	589616	566889
大方县	857578	442011	415567	594389	306494	287895
黔西县	732008	375619	356389	552834	285500	267334
金沙县	544033	282915	261118	477611	248820	228791
织金县	815661	420022	395639	436187	224872	211315
纳雍县	716703	367424	349279	351579	180465	171114
威宁彝族回族苗族自治县	1280116	661537	618579	990444	514404	476040
赫章县	648471	331663	316808	512871	263752	249119

1-4 续表 1

单位：人

地 区	合 计			汉 族		
	合计	男	女	小计	男	女
铜仁市	**3298468**	**1676104**	**1622364**	**931940**	**458795**	**473145**
碧江区	442076	219842	222234	145863	69080	76783
万山区	160624	84357	76267	33767	16423	17344
江口县	184764	95489	89275	67456	32778	34678
玉屏侗族自治县	150457	77756	72701	27262	13335	13927
石阡县	297086	151494	145592	82355	40260	42095
思南县	457745	229795	227950	201320	97475	103845
印江土家族苗族自治县	294490	148491	145999	46603	23512	23091
德江县	393596	198945	194651	54166	27191	26975
沿河土家族自治县	429893	218811	211082	38543	19822	18721
松桃苗族自治县	487737	251124	236613	234605	118919	115686
黔西南布依族苗族自治州	**3015112**	**1538616**	**1476496**	**1833883**	**942579**	**891304**
兴义市	1004132	512392	491740	750277	384291	365986
兴仁市	425770	217789	207981	323338	166046	157292
普安县	242958	125141	117817	176960	91376	85584
晴隆县	234162	120095	114067	103822	53696	50126
贞丰县	307313	155756	151557	175239	89937	85302
望谟县	235243	119707	115536	53785	28571	25214
册亨县	189709	96675	93034	42005	22192	19813
安龙县	375825	191061	184764	208457	106470	101987
黔东南苗族侗族自治州	**3758622**	**1938627**	**1819995**	**786823**	**402659**	**384164**
凯里市	709057	363758	345299	175808	89777	86031
黄平县	244125	124428	119697	85983	45040	40943
施秉县	125518	63962	61556	58027	30322	27705
三穗县	162798	83318	79480	52971	25953	27018
镇远县	189715	96800	92915	97628	49050	48578
岑巩县	168441	86493	81948	82095	40331	41764
天柱县	273588	141798	131790	8701	3506	5195
锦屏县	155182	79340	75842	18405	8963	9442
剑河县	188507	99079	89428	14519	7382	7137
台江县	122861	63864	58997	5542	2984	2558
黎平县	412813	210602	202211	55307	28826	26481
榕江县	297572	155407	142165	54681	29192	25489
从江县	313887	161953	151934	18042	10022	8020
雷山县	124835	67030	57805	12990	7086	5904
麻江县	131081	68150	62931	28117	14780	13337
丹寨县	138642	72645	65997	18007	9445	8562
黔南布依族苗族自治州	**3494385**	**1785735**	**1708650**	**1579412**	**815077**	**764335**
都匀市	529688	268995	260693	185988	95123	90865
福泉市	297899	155155	142744	214938	112736	102202
荔波县	154896	80605	74291	17082	9801	7281
贵定县	250146	123373	126773	128674	64576	64098
瓮安县	395536	201621	193915	369747	188428	181319
独山县	264266	135826	128440	64556	34605	29951
平塘县	234417	118372	116045	96529	49049	47480
罗甸县	257551	130847	126704	87417	45257	42160
长顺县	201540	104106	97434	86062	45061	41001
龙里县	236221	124163	112058	146054	78538	67516
惠水县	395878	199224	196654	169474	85417	84057
三都水族自治县	276347	143448	132899	12891	6486	6405

1-4 续表 2 单位：人

地区	蒙古族			回族			藏族		
	小计	男	女	小计	男	女	小计	男	女
贵州	**49780**	**27024**	**22756**	**204962**	**104295**	**100667**	**2901**	**1360**	**1541**
贵阳市	**8570**	**4541**	**4029**	**16942**	**8448**	**8494**	**610**	**302**	**308**
南明区	1704	909	795	3872	1925	1947	134	69	65
云岩区	1854	989	865	3689	1843	1846	115	51	64
花溪区	1522	796	726	2980	1448	1532	98	45	53
乌当区	381	185	196	973	466	507	42	21	21
白云区	770	425	345	1166	584	582	53	32	21
观山湖区	1409	734	675	2440	1210	1230	106	57	49
开阳县	66	29	37	135	62	73	10	4	6
息烽县	48	25	23	73	38	35	5	2	3
修文县	169	93	76	228	118	110	9	6	3
清镇市	647	356	291	1386	754	632	38	15	23
六盘水市	**3997**	**2201**	**1796**	**20161**	**10387**	**9774**	**266**	**127**	**139**
钟山区	1423	755	668	6826	3396	3430	78	34	44
六枝特区	1004	583	421	2069	1031	1038	46	23	23
水城县	826	458	368	3621	1832	1789	84	45	39
盘州市	744	405	339	7645	4128	3517	58	25	33
遵义市	**958**	**441**	**517**	**2454**	**1129**	**1325**	**402**	**197**	**205**
红花岗区	324	144	180	1076	502	574	228	109	119
汇川区	169	76	93	562	269	293	18	8	10
播州区	105	47	58	168	65	103	16	8	8
桐梓县	19	10	9	74	32	42	7	3	4
绥阳县	18	6	12	35	22	13	4	2	2
正安县	28	20	8	75	31	44	5	2	3
道真仡佬族苗族自治县	76	31	45	57	19	38	11	2	9
务川仡佬族苗族自治县	9	4	5	31	13	18	59	38	21
凤冈县	33	14	19	47	29	18	10	7	3
湄潭县	30	13	17	50	20	30	9	6	3
余庆县	58	29	29	67	36	31	5	3	2
习水县	26	17	9	77	35	42	6	1	5
赤水市	23	8	15	30	12	18	13	5	8
仁怀市	40	22	18	105	44	61	11	3	8
安顺市	**1205**	**618**	**587**	**14660**	**7301**	**7359**	**107**	**44**	**63**
西秀区	465	233	232	4912	2434	2478	44	21	23
平坝区	137	73	64	8480	4228	4252	14	3	11
普定县	357	178	179	198	97	101	14	6	8
镇宁布依族苗族自治县	134	72	62	701	362	339	11	6	5
关岭布依族苗族自治县	76	44	32	240	118	122	10	2	8
紫云苗族布依族自治县	36	18	18	129	62	67	14	6	8
毕节市	**24219**	**13391**	**10828**	**110609**	**56543**	**54066**	**480**	**223**	**257**
七星关区	2112	1131	981	1329	658	671	86	39	47
大方县	13991	7674	6317	387	184	203	94	45	49
黔西县	2172	1191	981	363	175	188	39	14	25
金沙县	314	177	137	151	79	72	36	18	18
织金县	1951	1090	861	2039	1080	959	47	23	24
纳雍县	2470	1441	1029	417	199	218	57	27	30
威宁彝族回族苗族自治县	958	538	420	104418	53362	51056	93	47	46
赫章县	251	149	102	1505	806	699	28	10	18

1－4　续表 3　　　　　　　　　　　　　　　　　　　　　　　　　　　单位：人

地　区	蒙古族			回族			藏族		
	小计	男	女	小计	男	女	小计	男	女
铜仁市	**8114**	**4418**	**3696**	**3550**	**1887**	**1663**	**294**	**143**	**151**
碧江区	440	211	229	1120	522	598	68	30	38
万山区	140	73	67	720	462	258	8	3	5
江口县	37	16	21	155	92	63	12	2	10
玉屏侗族自治县	62	35	27	135	60	75	7	4	3
石阡县	3011	1717	1294	906	502	404	10	6	4
思南县	4206	2269	1937	134	62	72	53	31	22
印江土家族苗族自治县	57	24	33	49	26	23	22	12	10
德江县	53	20	33	115	63	52	2		2
沿河土家族自治县	15	8	7	34	15	19	4	2	2
松桃苗族自治县	93	45	48	182	83	99	108	53	55
黔西南布依族苗族自治州	**1359**	**724**	**635**	**30523**	**15717**	**14806**	**139**	**67**	**72**
兴义市	983	523	460	10484	5192	5292	69	28	41
兴仁市	37	20	17	10404	5420	4984	20	11	9
普安县	53	30	23	4552	2434	2118	12	4	8
晴隆县	108	61	47	486	259	227	8	5	3
贞丰县	31	20	11	1200	664	536	7	6	1
望谟县	17	7	10	110	60	50	5	4	1
册亨县	5		5	112	65	47	4	3	1
安龙县	125	63	62	3175	1623	1552	14	6	8
黔东南苗族侗族自治州	**497**	**266**	**231**	**2639**	**1289**	**1350**	**346**	**148**	**198**
凯里市	222	114	108	1290	609	681	118	46	72
黄平县	25	11	14	71	38	33	13	5	8
施秉县	19	9	10	66	30	36	8	4	4
三穗县	20	8	12	45	22	23	15	5	10
镇远县	86	47	39	231	115	116	7	4	3
岑巩县	19	8	11	83	40	43	4	2	2
天柱县	5	2	3	54	24	30	10	1	9
锦屏县	11	8	3	76	41	35	11	4	7
剑河县	16	13	3	33	22	11	17	10	7
台江县	3	3		45	25	20	9	6	3
黎平县	24	17	7	124	67	57	33	12	21
榕江县	17	10	7	86	40	46	30	15	15
从江县	2	1	1	158	84	74	13	5	8
雷山县	8	6	2	74	37	37	13	6	7
麻江县	14	6	8	103	56	47	16	7	9
丹寨县	6	3	3	100	39	61	29	16	13
黔南布依族苗族自治州	**861**	**424**	**437**	**3424**	**1594**	**1830**	**257**	**109**	**148**
都匀市	266	131	135	1521	672	849	60	22	38
福泉市	90	42	48	204	119	85	10	4	6
荔波县	14	7	7	61	32	29	1		1
贵定县	58	25	33	306	116	190	33	13	20
瓮安县	75	43	32	129	55	74	29	14	15
独山县	16	6	10	184	98	86	6	1	5
平塘县	20	11	9	63	29	34	7	1	6
罗甸县	35	16	19	77	41	36	11	3	8
长顺县	56	28	28	98	41	57	12	5	7
龙里县	93	53	40	160	80	80	27	18	9
惠水县	124	57	67	472	229	243	48	23	25
三都水族自治县	14	5	9	149	82	67	13	5	8

1-4 续表 4

单位：人

地区	维吾尔族			苗族			彝族		
	小计	男	女	小计	男	女	小计	男	女
贵州	**877**	**509**	**368**	**4506912**	**2290519**	**2216393**	**959302**	**486529**	**472773**
贵阳市	**350**	**219**	**131**	**399148**	**202166**	**196982**	**87620**	**43827**	**43793**
南明区	90	50	40	53882	26587	27295	16059	7972	8087
云岩区	102	70	32	54375	27621	26754	15642	7906	7736
花溪区	58	34	24	107987	54466	53521	14782	7246	7536
乌当区	14	7	7	22143	10978	11165	4081	2015	2066
白云区	23	14	9	25050	12670	12380	8999	4616	4383
观山湖区	38	25	13	41072	21305	19767	10476	5316	5160
开阳县	7	4	3	15425	7673	7752	711	299	412
息烽县				9122	4631	4491	950	410	540
修文县	1	1		14007	7120	6887	2880	1422	1458
清镇市	17	14	3	56085	29115	26970	13040	6625	6415
六盘水市	**60**	**29**	**31**	**229343**	**116234**	**113109**	**283468**	**143726**	**139742**
钟山区	25	15	10	29706	14639	15067	49190	24414	24776
六枝特区	10	3	7	50961	25475	25486	51160	26715	24445
水城县	9	6	3	119625	60979	58646	78523	40118	38405
盘州市	16	5	11	29051	15141	13910	104595	52479	52116
遵义市	**68**	**42**	**26**	**287241**	**144812**	**142429**	**9824**	**4480**	**5344**
红花岗区	14	9	5	21848	10524	11324	3110	1372	1738
汇川区	17	11	6	12810	6408	6402	1100	496	604
播州区	4	4		8901	4305	4596	1513	703	810
桐梓县	2		2	7270	3724	3546	442	227	215
绥阳县				2013	950	1063	251	100	151
正安县	6	4	2	11194	5583	5611	314	140	174
道真仡佬族苗族自治县	2	1	1	56854	28890	27964	181	47	134
务川仡佬族苗族自治县	2	1	1	115947	58456	57491	175	74	101
凤冈县	5	1	4	14341	7598	6743	246	105	141
湄潭县				4201	1982	2219	298	143	155
余庆县	1		1	8893	4635	4258	242	124	118
习水县	2	1	1	6290	3067	3223	1024	487	537
赤水市	6	6		4016	2008	2008	164	74	90
仁怀市	7	4	3	12663	6682	5981	764	388	376
安顺市	**25**	**9**	**16**	**337323**	**168560**	**168763**	**13574**	**6623**	**6951**
西秀区	9	3	6	86784	42807	43977	4248	2083	2165
平坝区				46918	23774	23144	2206	1144	1062
普定县	7	2	5	30753	15106	15647	2313	1118	1195
镇宁布依族苗族自治县	5	2	3	33873	17185	16688	1196	520	676
关岭布依族苗族自治县				32698	16276	16422	3052	1518	1534
紫云苗族布依族自治县	4	2	2	106297	53412	52885	559	240	319
毕节市	**57**	**31**	**26**	**497452**	**243309**	**254143**	**485573**	**247643**	**237930**
七星关区	7	4	3	49629	24242	25387	50766	25138	25628
大方县	8	5	3	58635	28481	30154	94557	48892	45665
黔西县	5	2	3	61571	30280	31291	59584	30238	29346
金沙县	5	2	3	34767	17825	16942	20869	10910	9959
织金县	7	4	3	95002	46283	48719	35393	18281	17112
纳雍县	16	10	6	88692	42552	46140	43287	22103	21184
威宁彝族回族苗族自治县	3	1	2	64974	31990	32984	102271	52403	49868
赫章县	6	3	3	44182	21656	22526	78846	39678	39168

1-4　续表 5　　　　单位：人

地　区	维吾尔族			苗　族			彝　族		
	小计	男	女	小计	男	女	小计	男	女
铜仁市	**105**	**55**	**50**	**496293**	**257371**	**238922**	**3475**	**1540**	**1935**
碧江区	26	9	17	70444	34787	35657	1258	485	773
万山区	5	4	1	17417	9465	7952	144	62	82
江口县	1		1	23471	12417	11054	153	65	88
玉屏侗族自治县				3541	1574	1967	147	63	84
石阡县	8	5	3	15901	8200	7701	544	308	236
思南县	16	10	6	98906	51424	47482	262	127	135
印江土家族苗族自治县				35903	19023	16880	178	90	88
德江县	2		2	8424	4512	3912	405	176	229
沿河土家族自治县	1	1		2493	1227	1266	130	58	72
松桃苗族自治县	46	26	20	219793	114742	105051	254	106	148
黔西南布依族苗族自治州	**47**	**26**	**21**	**221249**	**111154**	**110095**	**52692**	**27327**	**25365**
兴义市	16	10	6	34234	17093	17141	19197	9840	9357
兴仁市	1		1	22837	11165	11672	10277	5424	4853
普安县	6	2	4	20718	10401	10317	6889	3520	3369
晴隆县	2	2		50403	26059	24344	7172	3712	3460
贞丰县	2	1	1	21489	10545	10944	656	302	354
望谟县	2	1	1	31901	16275	15626	281	140	141
册亨县	10	7	3	9154	4636	4518	198	97	101
安龙县	8	3	5	30513	14980	15533	8022	4292	3730
黔东南苗族侗族自治州	**94**	**52**	**42**	**1582595**	**816265**	**766330**	**8928**	**4541**	**4387**
凯里市	41	19	22	394289	203706	190583	2407	1144	1263
黄平县	1	1		138586	69431	69155	244	129	115
施秉县	6	4	2	60225	29912	30313	595	319	276
三穗县	8	5	3	34969	18081	16888	131	45	86
镇远县	1		1	20943	10389	10554	1424	729	695
岑巩县	3	2	1	13852	6965	6887	175	68	107
天柱县	3	1	2	76613	40079	36534	129	61	68
锦屏县	4	4		59818	31027	28791	107	45	62
剑河县	5	2	3	121024	63139	57885	111	52	59
台江县	1	1		115001	59681	55320	99	60	39
黎平县	7	5	2	66259	34390	31869	966	503	463
榕江县				95783	49086	46697	365	196	169
从江县	1	1		140503	71416	69087	176	97	79
雷山县	5	2	3	101467	54629	46838	308	155	153
麻江县	7	4	3	37865	19207	18658	1027	568	459
丹寨县	1	1		105398	55127	50271	664	370	294
黔南布依族苗族自治州	**71**	**46**	**25**	**456268**	**230648**	**225620**	**14148**	**6822**	**7326**
都匀市	18	13	5	76042	38842	37200	4517	2263	2254
福泉市				43116	21763	21353	2019	1018	1001
荔波县	6	5	1	8543	4448	4095	186	116	70
贵定县	2	1	1	37310	17856	19454	1078	390	688
瓮安县	7	5	2	15165	7939	7226	821	424	397
独山县	8	6	2	9084	4580	4504	869	456	413
平塘县	5	2	3	20048	9995	10053	471	237	234
罗甸县	8	5	3	33720	16927	16793	218	104	114
长顺县	3	1	2	41612	21340	20272	543	258	285
龙里县	9	6	3	45130	22624	22506	1518	723	795
惠水县	1		1	89618	45193	44425	1545	658	887
三都水族自治县	4	2	2	36880	19141	17739	363	175	188

1-4 续表 6 单位：人

地区	壮族			布依族			朝鲜族		
	小计	男	女	小计	男	女	小计	男	女
贵州	**67845**	**31525**	**36320**	**2710606**	**1367517**	**1343089**	**931**	**478**	**453**
贵阳市	**10334**	**5085**	**5249**	**284856**	**142149**	**142707**	**459**	**226**	**233**
南明区	2477	1229	1248	40129	19438	20691	98	57	41
云岩区	2207	1085	1122	33144	15955	17189	113	43	70
花溪区	1705	834	871	79248	39413	39835	78	48	30
乌当区	652	362	290	24082	12210	11872	22	8	14
白云区	765	361	404	26175	13300	12875	37	18	19
观山湖区	1505	783	722	20629	10182	10447	81	40	41
开阳县	171	62	109	17872	9472	8400			
息烽县	104	35	69	2340	1107	1233	8	3	5
修文县	135	52	83	7668	3882	3786	3	3	
清镇市	613	282	331	33569	17190	16379	19	6	13
六盘水市	**2063**	**951**	**1112**	**91522**	**46256**	**45266**	**38**	**19**	**19**
钟山区	828	404	424	9841	4779	5062	25	11	14
六枝特区	328	143	185	28292	14189	14103	2	1	1
水城县	268	108	160	35825	18282	17543	5	3	2
盘州市	639	296	343	17564	9006	8558	6	4	2
遵义市	**3895**	**1458**	**2437**	**17615**	**7539**	**10076**	**75**	**39**	**36**
红花岗区	839	351	488	5915	2520	3395	23	13	10
汇川区	487	214	273	2121	965	1156	23	11	12
播州区	374	134	240	2042	862	1180	9	2	7
桐梓县	201	76	125	898	354	544	2	1	1
绥阳县	193	70	123	521	215	306	2	1	1
正安县	207	78	129	529	229	300			
道真仡佬族苗族自治县	226	56	170	357	136	221	1		1
务川仡佬族苗族自治县	92	21	71	341	129	212			
凤冈县	265	110	155	559	237	322	5	3	2
湄潭县	277	103	174	771	306	465	3	2	1
余庆县	263	112	151	729	338	391	5	4	1
习水县	164	35	129	717	313	404	1	1	
赤水市	140	33	107	262	92	170	1	1	
仁怀市	167	65	102	1853	843	1010			
安顺市	**2134**	**982**	**1152**	**365935**	**186012**	**179923**	**41**	**21**	**20**
西秀区	835	440	395	63546	31489	32057	28	17	11
平坝区	297	118	179	30823	15790	15033	4	1	3
普定县	208	69	139	14530	7318	7212	5	2	3
镇宁布依族苗族自治县	247	113	134	114334	58978	55356	3	1	2
关岭布依族苗族自治县	220	103	117	64788	32683	32105	1		1
紫云苗族布依族自治县	327	139	188	77914	39754	38160			
毕节市	**4059**	**1747**	**2312**	**67417**	**33808**	**33609**	**41**	**23**	**18**
七星关区	895	378	517	4641	2065	2576	14	6	8
大方县	1480	708	772	5669	2697	2972	1		1
黔西县	336	126	210	18378	9245	9133	3	1	2
金沙县	108	34	74	4136	2112	2024	4	3	1
织金县	367	149	218	14667	7287	7380	4	2	2
纳雍县	505	215	290	9477	5041	4436	9	7	2
威宁彝族回族苗族自治县	187	61	126	7529	3923	3606	5	3	2
赫章县	181	76	105	2920	1438	1482	1	1	

1-4　续表 7　　　　单位：人

地　区	壮　族			布依族			朝鲜族		
	小计	男	女	小计	男	女	小计	男	女
铜仁市	**2149**	**810**	**1339**	**6907**	**2803**	**4104**	**104**	**55**	**49**
碧江区	450	171	279	2548	992	1556	24	12	12
万山区	115	40	75	365	134	231	3		3
江口县	134	50	84	358	149	209	2	1	1
玉屏侗族自治县	123	45	78	323	129	194	3	1	2
石阡县	217	93	124	737	351	386	22	15	7
思南县	316	131	185	522	223	299	14	7	7
印江土家族苗族自治县	115	33	82	310	141	169			
德江县	138	37	101	897	359	538	2		2
沿河土家族自治县	84	16	68	227	83	144	15	9	6
松桃苗族自治县	457	194	263	620	242	378	19	10	9
黔西南布依族苗族自治州	**6314**	**2872**	**3442**	**794484**	**400243**	**394241**	**33**	**20**	**13**
兴义市	3258	1450	1808	161747	82348	79399	24	15	9
兴仁市	409	187	222	49363	24886	24477	3	1	2
普安县	222	92	130	21007	10659	10348	1		1
晴隆县	156	61	95	56513	28134	28379			
贞丰县	296	149	147	104356	52049	52307			
望谟县	446	249	197	145655	72865	72790	4	3	1
册亨县	405	197	208	136717	68900	67817	1	1	
安龙县	1122	487	635	119126	60402	58724			
黔东南苗族侗族自治州	**25496**	**12706**	**12790**	**42134**	**20859**	**21275**	**56**	**30**	**26**
凯里市	1482	668	814	9364	4359	5005	28	16	12
黄平县	183	82	101	622	263	359	3	2	1
施秉县	79	34	45	304	123	181	1	1	
三穗县	273	102	171	395	151	244			
镇远县	245	108	137	564	216	348	6	3	3
岑巩县	230	79	151	457	171	286	2	1	1
天柱县	175	40	135	278	78	200			
锦屏县	183	45	138	257	84	173	1		1
剑河县	112	29	83	289	118	171			
台江县	55	23	32	214	97	117			
黎平县	1471	718	753	780	331	449	6	5	1
榕江县	892	427	465	1397	692	705	4	1	3
从江县	19709	10201	9508	495	241	254	2	1	1
雷山县	139	56	83	327	140	187			
麻江县	133	53	80	24930	13190	11740			
丹寨县	135	41	94	1461	605	856	3		3
黔南布依族苗族自治州	**11401**	**4914**	**6487**	**1039736**	**527848**	**511888**	**84**	**45**	**39**
都匀市	2614	1275	1339	193680	97695	95985	36	16	20
福泉市	377	190	187	24315	12853	11462	10	9	1
荔波县	2026	871	1155	87259	45182	42077	1		1
贵定县	367	161	206	76623	38196	38427	4	4	
瓮安县	442	192	250	2519	1132	1387	6	3	3
独山县	2480	887	1593	159336	81447	77889	5	2	3
平塘县	635	247	388	91155	45697	45458	5	2	3
罗甸县	1007	486	521	130888	65788	65100	1		1
长顺县	225	81	144	70760	36292	34468	4	3	1
龙里县	413	187	226	36652	18663	17989	8	4	4
惠水县	518	212	306	123187	62300	60887	3	2	1
三都水族自治县	297	125	172	43362	22603	20759	1		1

1-4 续表 8 单位：人

地区	满族			侗族			瑶族		
	小计	男	女	小计	男	女	小计	男	女
贵　州	**26817**	**13900**	**12917**	**1650871**	**856037**	**794834**	**46759**	**23801**	**22958**
贵阳市	**9770**	**4957**	**4813**	**87717**	**45261**	**42456**	**2815**	**1414**	**1401**
南明区	2027	1045	982	17988	9304	8684	621	317	304
云岩区	2253	1127	1126	17557	9012	8545	501	257	244
花溪区	1954	999	955	17766	8884	8882	521	273	248
乌当区	373	189	184	5753	2857	2896	161	78	83
白云区	787	398	389	6825	3473	3352	232	110	122
观山湖区	1850	916	934	12695	6642	6053	413	217	196
开阳县	72	32	40	818	367	451	45	16	29
息烽县	77	45	32	605	281	324	28	10	18
修文县	48	25	23	1055	552	503	48	18	30
清镇市	329	181	148	6655	3889	2766	245	118	127
六盘水市	**1620**	**804**	**816**	**6537**	**3113**	**3424**	**445**	**195**	**250**
钟山区	838	394	444	3654	1749	1905	153	69	84
六枝特区	238	105	133	916	431	485	80	39	41
水城县	99	55	44	896	420	476	72	32	40
盘州市	445	250	195	1071	513	558	140	55	85
遵义市	**1421**	**713**	**708**	**15549**	**7259**	**8290**	**936**	**391**	**545**
红花岗区	512	254	258	4650	2170	2480	223	107	116
汇川区	375	189	186	1846	895	951	123	53	70
播州区	135	69	66	1281	601	680	77	32	45
桐梓县	27	13	14	502	240	262	36	12	24
绥阳县	35	19	16	358	181	177	38	14	24
正安县	21	8	13	387	185	202	44	19	25
道真仡佬族苗族自治县	21	8	13	231	67	164	35	12	23
务川仡佬族苗族自治县	8	4	4	235	83	152	39	15	24
凤冈县	15	5	10	641	280	361	77	29	48
湄潭县	48	22	26	519	224	295	64	35	29
余庆县	127	69	58	3287	1585	1702	79	33	46
习水县	26	20	6	462	201	261	42	12	30
赤水市	16	8	8	187	77	110	16	4	12
仁怀市	55	25	30	963	470	493	43	14	29
安顺市	**1111**	**586**	**525**	**6316**	**3210**	**3106**	**924**	**473**	**451**
西秀区	728	389	339	3062	1492	1570	164	87	77
平坝区	281	142	139	1324	744	580	68	35	33
普定县	24	15	9	379	178	201	55	26	29
镇宁布依族苗族自治县	31	14	17	378	198	180	50	21	29
关岭布依族苗族自治县	35	19	16	403	181	222	216	110	106
紫云苗族布依族自治县	12	7	5	770	417	353	371	194	177
毕节市	**8932**	**4711**	**4221**	**7874**	**3820**	**4054**	**658**	**260**	**398**
七星关区	319	142	177	2403	1207	1196	156	61	95
大方县	1053	551	502	1014	454	560	99	38	61
黔西县	5170	2797	2373	1158	536	622	121	51	70
金沙县	2151	1105	1046	525	239	286	42	18	24
织金县	103	48	55	1050	505	545	107	47	60
纳雍县	55	30	25	570	263	307	61	20	41
威宁彝族回族苗族自治县	42	24	18	791	419	372	36	10	26
赫章县	39	14	25	363	197	166	36	15	21

1-4　续表 9　　　　　　　　　　　　　　　　　　　　　　　　　　单位：人

地　　区	满　　族			侗　　族			瑶　　族		
	小计	男	女	小计	男	女	小计	男	女
铜仁市	**589**	**321**	**268**	**405705**	**213354**	**192351**	**4557**	**2508**	**2049**
碧江区	273	142	131	83357	43997	39360	1302	716	586
万山区	32	17	15	81146	43214	37932	624	363	261
江口县	32	15	17	17015	9133	7882	161	75	86
玉屏侗族自治县	40	24	16	107922	57135	50787	50	18	32
石阡县	51	28	23	98434	50203	48231	2114	1213	901
思南县	42	27	15	1984	885	1099	105	45	60
印江土家族苗族自治县	29	20	9	678	279	399	29	8	21
德江县	18	5	13	850	426	424	41	12	29
沿河土家族自治县	16	10	6	413	211	202	28	7	21
松桃苗族自治县	56	33	23	13906	7871	6035	103	51	52
黔西南布依族苗族自治州	**1178**	**653**	**525**	**6196**	**2975**	**3221**	**2587**	**1256**	**1331**
兴义市	545	312	233	3368	1514	1854	402	196	206
兴仁市	64	34	30	558	262	296	121	56	65
普安县	39	17	22	279	151	128	49	25	24
晴隆县	11	5	6	286	146	140	29	10	19
贞丰县	43	13	30	308	140	168	341	187	154
望谟县	19	7	12	686	393	293	1492	723	769
册亨县	43	24	19	190	111	79	54	16	38
安龙县	414	241	173	521	258	263	99	43	56
黔东南苗族侗族自治州	**778**	**429**	**349**	**1091281**	**565042**	**526239**	**23207**	**11971**	**11236**
凯里市	367	187	180	71653	35752	35901	1508	717	791
黄平县	37	27	10	1603	783	820	55	20	35
施秉县	18	9	9	3862	2030	1832	52	22	30
三穗县	55	30	25	71826	37812	34014	74	29	45
镇远县	98	62	36	56673	29976	26697	123	47	76
岑巩县	22	9	13	53836	29326	24510	88	32	56
天柱县	9	4	5	186809	97669	89140	61	15	46
锦屏县	22	13	9	75391	38696	36695	99	48	51
剑河县	32	15	17	49208	26597	22611	96	43	53
台江县	5	1	4	1434	743	691	16	3	13
黎平县	30	15	15	279021	141122	137899	4863	2504	2359
榕江县	19	11	8	107845	56066	51779	4689	2728	1961
从江县	16	11	5	125670	65181	60489	5443	2755	2688
雷山县	26	22	4	3112	1678	1434	877	363	514
麻江县	16	9	7	1224	565	659	4984	2567	2417
丹寨县	6	4	2	2114	1046	1068	179	78	101
黔南布依族苗族自治州	**1418**	**726**	**692**	**23696**	**12003**	**11693**	**10630**	**5333**	**5297**
都匀市	805	399	406	8354	4325	4029	2927	1537	1390
福泉市	57	34	23	2257	1116	1141	121	60	61
荔波县	58	37	21	841	419	422	5734	2850	2884
贵定县	57	32	25	1335	501	834	119	64	55
瓮安县	39	21	18	1278	651	627	99	43	56
独山县	33	20	13	1971	1123	848	215	79	136
平塘县	32	16	16	559	258	301	75	18	57
罗甸县	37	16	21	1625	887	738	498	264	234
长顺县	63	28	35	437	194	243	61	29	32
龙里县	106	56	50	1386	736	650	80	35	45
惠水县	100	50	50	1997	896	1101	145	63	82
三都水族自治县	31	17	14	1656	897	759	556	291	265

1-4 续表 10

单位：人

地区	白族			土家族			哈尼族		
	小计	男	女	小计	男	女	小计	男	女
贵州	**214802**	**112979**	**101823**	**1696664**	**865330**	**831334**	**2539**	**938**	**1601**
贵阳市	**30157**	**15243**	**14914**	**162718**	**83133**	**79585**	**495**	**204**	**291**
南明区	5397	2681	2716	34267	17422	16845	128	60	68
云岩区	6458	3328	3130	34926	17753	17173	102	39	63
花溪区	4848	2335	2513	28365	14206	14159	73	30	43
乌当区	1356	666	690	8520	4037	4483	22	7	15
白云区	2850	1413	1437	16327	8408	7919	22	4	18
观山湖区	3892	1991	1901	25318	13144	12174	46	20	26
开阳县	208	92	116	1294	608	686	30	9	21
息烽县	158	71	87	1120	560	560	10	2	8
修文县	449	213	236	1843	916	927	10	6	4
清镇市	4541	2453	2088	10738	6079	4659	52	27	25
六盘水市	**51723**	**27557**	**24166**	**8736**	**4311**	**4425**	**440**	**164**	**276**
钟山区	10536	5465	5071	4727	2304	2423	46	15	31
六枝特区	738	366	372	984	484	500	68	21	47
水城县	10189	5515	4674	1249	580	669	67	25	42
盘州市	30260	16211	14049	1776	943	833	259	103	156
遵义市	**2091**	**915**	**1176**	**116013**	**59777**	**56236**	**293**	**100**	**193**
红花岗区	763	326	437	13020	6188	6832	69	26	43
汇川区	304	151	153	6167	2994	3173	31	16	15
播州区	253	117	136	3304	1571	1733	25	7	18
桐梓县	104	45	59	1038	511	527	28	8	20
绥阳县	54	19	35	786	350	436	10	2	8
正安县	63	23	40	1076	497	579	12	6	6
道真仡佬族苗族自治县	32	11	21	17594	9324	8270	10	2	8
务川仡佬族苗族自治县	35	15	20	36136	18690	17446	3		3
凤冈县	55	26	29	25026	13681	11345	12	8	4
湄潭县	103	39	64	5115	2534	2581	14	4	10
余庆县	37	14	23	3991	2106	1885	12	2	10
习水县	105	54	51	839	371	468	25	2	23
赤水市	31	15	16	375	189	186	19	11	8
仁怀市	152	60	92	1546	771	775	23	6	17
安顺市	**10930**	**5960**	**4970**	**8299**	**4295**	**4004**	**194**	**72**	**122**
西秀区	7453	4115	3338	4656	2307	2349	84	32	52
平坝区	1364	735	629	1869	1089	780	36	13	23
普定县	1409	777	632	427	202	225	19	7	12
镇宁布依族苗族自治县	268	122	146	457	219	238	11	5	6
关岭布依族苗族自治县	282	146	136	426	238	188	18	7	11
紫云苗族布依族自治县	154	65	89	464	240	224	26	8	18
毕节市	**112477**	**59810**	**52667**	**12104**	**5874**	**6230**	**457**	**163**	**294**
七星关区	20211	10479	9732	3596	1748	1848	90	40	50
大方县	38048	20354	17694	1553	697	856	46	15	31
黔西县	15683	8158	7525	1629	736	893	30	8	22
金沙县	452	198	254	930	419	511	13	7	6
织金县	18687	10156	8531	2036	1035	1001	92	26	66
纳雍县	12019	6526	5493	812	406	406	97	40	57
威宁彝族回族苗族自治县	3018	1594	1424	1063	559	504	80	26	54
赫章县	4359	2345	2014	485	274	211	9	1	8

1-4 续表 11

单位：人

地 区	白 族			土 家 族			哈 尼 族		
	小计	男	女	小计	男	女	小计	男	女
铜仁市	**963**	**428**	**535**	**1320219**	**672602**	**647617**	**113**	**35**	**78**
碧江区	366	161	205	127319	65086	62233	28	10	18
万山区	47	20	27	23828	12865	10963	3	1	2
江口县	42	17	25	73830	39677	34153	4	2	2
玉屏侗族自治县	53	21	32	9849	4857	4992	5	1	4
石阡县	92	45	47	5292	2582	2710	11	4	7
思南县	93	43	50	142854	73492	69362	22	8	14
印江土家族苗族自治县	38	13	25	209474	104863	104611	10		10
德江县	90	41	49	325874	164921	160953	5	1	4
沿河土家族自治县	32	18	14	387228	197031	190197	3		3
松桃苗族自治县	110	49	61	14671	7228	7443	22	8	14
黔西南布依族苗族自治州	**2871**	**1410**	**1461**	**7841**	**3923**	**3918**	**247**	**95**	**152**
兴义市	1276	605	671	4513	2241	2272	135	59	76
兴仁市	187	71	116	861	426	435	28	10	18
普安县	776	409	367	343	175	168	16	5	11
晴隆县	109	52	57	312	166	146	16	4	12
贞丰县	122	65	57	409	209	200	9	1	8
望谟县	68	37	31	344	177	167	6		6
册亨县	60	33	27	234	115	119	3	2	1
安龙县	273	138	135	825	414	411	34	14	20
黔东南苗族侗族自治州	**1083**	**503**	**580**	**42094**	**22309**	**19785**	**142**	**50**	**92**
凯里市	515	256	259	7833	3966	3867	33	13	20
黄平县	32	13	19	1542	802	740	13	2	11
施秉县	24	11	13	962	489	473	3	1	2
三穗县	17	3	14	1627	915	712	5	2	3
镇远县	83	37	46	10010	5372	4638	7	2	5
岑巩县	43	18	25	16123	8770	7353	8	4	4
天柱县	18	3	15	449	222	227	7		7
锦屏县	36	13	23	387	186	201	8	1	7
剑河县	28	9	19	279	113	166	3		3
台江县	22	12	10	141	75	66	4	2	2
黎平县	64	26	38	674	332	342	13	5	8
榕江县	40	17	23	633	341	292	3		3
从江县	44	19	25	346	201	145	2		2
雷山县	41	24	17	300	162	138	14	9	5
麻江县	38	27	11	505	243	262	9	8	1
丹寨县	38	15	23	283	120	163	10	1	9
黔南布依族苗族自治州	**2507**	**1153**	**1354**	**18640**	**9106**	**9534**	**158**	**55**	**103**
都匀市	530	241	289	5459	2520	2939	17	5	12
福泉市	417	213	204	2000	1046	954	21	9	12
荔波县	34	20	14	370	232	138	1	1	
贵定县	257	89	168	1478	545	933	10	4	6
瓮安县	119	66	53	2026	1079	947	30	10	20
独山县	51	22	29	503	256	247	6	1	5
平塘县	39	14	25	338	165	173	8	2	6
罗甸县	102	53	49	1140	649	491	20	7	13
长顺县	129	64	65	571	287	284	9	2	7
龙里县	348	162	186	1767	962	805	12	4	8
惠水县	456	201	255	2735	1243	1492	20	8	12
三都水族自治县	25	8	17	253	122	131	4	2	2

1－4 续表 12

单位：人

地区	哈萨克族			傣族			黎族		
	小计	男	女	小计	男	女	小计	男	女
贵州	**42**	**16**	**26**	**2097**	**792**	**1305**	**144558**	**74809**	**69749**
贵阳市	**11**	**3**	**8**	**483**	**195**	**288**	**9201**	**4510**	**4691**
南明区	1	1		115	49	66	1712	815	897
云岩区				95	37	58	1766	845	921
花溪区	5	2	3	74	27	47	1734	829	905
乌当区				25	7	18	522	269	253
白云区				54	27	27	783	382	401
观山湖区	3		3	60	23	37	1314	675	639
开阳县				10	2	8	155	80	75
息烽县	1		1	5	2	3	95	47	48
修文县				9	7	2	191	95	96
清镇市	1		1	36	14	22	929	473	456
六盘水市	**6**	**2**	**4**	**268**	**106**	**162**	**9212**	**4895**	**4317**
钟山区	3	2	1	46	15	31	586	269	317
六枝特区	2		2	22	11	11	2129	1074	1055
水城县				39	15	24	260	121	139
盘州市	1		1	161	65	96	6237	3431	2806
遵义市	**5**	**1**	**4**	**226**	**73**	**153**	**1398**	**651**	**747**
红花岗区				51	17	34	443	216	227
汇川区	1		1	30	14	16	166	72	94
播州区				18	7	11	124	58	66
桐梓县				21	8	13	70	34	36
绥阳县				9	2	7	47	29	18
正安县	1		1	12	4	8	55	24	31
道真仡佬族苗族自治县				5		5	28	10	18
务川仡佬族苗族自治县	1		1	6		6	26	8	18
凤冈县				10	4	6	69	27	42
湄潭县				10	2	8	70	36	34
余庆县				8	4	4	108	51	57
习水县				14		14	70	30	40
赤水市				17	6	11	14	5	9
仁怀市	2	1	1	15	5	10	108	51	57
安顺市				**197**	**77**	**120**	**77145**	**40084**	**37061**
西秀区				87	31	56	3499	1733	1766
平坝区				18	7	11	394	196	198
普定县				25	8	17	257	113	144
镇宁布依族苗族自治县				20	11	9	9650	4957	4693
关岭布依族苗族自治县				26	12	14	63178	33008	30170
紫云苗族布依族自治县				21	8	13	167	77	90
毕节市	**7**	**4**	**3**	**281**	**97**	**184**	**3447**	**1752**	**1695**
七星关区	1	1		66	26	40	334	136	198
大方县				51	16	35	205	91	114
黔西县				24	7	17	2218	1196	1022
金沙县				13	5	8	92	39	53
织金县	3	1	2	35	11	24	311	149	162
纳雍县	1		1	36	10	26	140	70	70
威宁彝族回族苗族自治县	1	1		37	13	24	108	51	57
赫章县	1	1		19	9	10	39	20	19

1-4　续表 13　　　　单位：人

地　　区	哈萨克族			傣　　族			黎　　族		
	小计	男	女	小计	男	女	小计	男	女
铜仁市	**3**	**2**	**1**	**101**	**38**	**63**	**647**	**269**	**378**
碧江区	1		1	31	15	16	213	87	126
万山区				11	5	6	40	15	25
江口县				13	3	10	43	16	27
玉屏侗族自治县				4	1	3	30	9	21
石阡县				5		5	75	26	50
思南县				14	10	4	69	39	30
印江土家族苗族自治县				5	2	3	26	10	16
德江县	1	1		7	1	6	70	29	41
沿河土家族自治县	1	1		4	1	3	34	16	18
松桃苗族自治县				7		7	46	22	24
黔西南布依族苗族自治州	**5**	**2**	**3**	**204**	**85**	**119**	**41000**	**21551**	**19449**
兴义市	5	2	3	86	39	47	8236	4269	3967
兴仁市				25	9	16	5243	2718	2525
普安县				9	5	4	10610	5653	4957
晴隆县				15	4	11	13934	7298	6636
贞丰县				12	2	10	1279	689	590
望谟县				7		7	70	33	37
册亨县				8	8		90	50	40
安龙县				42	18	24	1538	841	697
黔东南苗族侗族自治州	**2**	**1**	**1**	**173**	**62**	**111**	**788**	**356**	**432**
凯里市	2	1	1	46	20	26	260	119	141
黄平县				18	4	14	30	10	20
施秉县							8	4	4
三穗县				9	3	6	18	7	11
镇远县				18	7	11	44	17	27
岑巩县				15	7	8	28	12	16
天柱县				5	1	4	19	5	14
锦屏县				2		2	22	10	12
剑河县				5		5	9	3	6
台江县				2	1	1	10	3	7
黎平县				14	2	12	111	58	53
榕江县				8		8	121	64	57
从江县				9	2	7	30	10	20
雷山县				4	3	1	25	11	14
麻江县				17	12	5	21	10	11
丹寨县				1		1	32	13	19
黔南布依族苗族自治州	**3**	**1**	**2**	**164**	**59**	**105**	**1720**	**741**	**979**
都匀市	1		1	36	13	23	494	216	278
福泉市				8	4	4	148	67	81
荔波县				2	1	1	26	11	15
贵定县				15	5	10	141	33	108
瓮安县	1	1		14	5	9	121	52	69
独山县				8	2	6	71	42	29
平塘县				16	8	8	64	25	39
罗甸县				14	5	9	46	22	24
长顺县	1		1	18	7	11	99	43	56
龙里县				10	2	8	157	76	81
惠水县				17	5	12	327	142	185
三都水族自治县				6	2	4	26	12	14

1−4 续表 14 单位：人

地 区	傈僳族			佤 族			畲 族		
	小计	男	女	小计	男	女	小计	男	女
贵 州	**961**	**350**	**611**	**883**	**326**	**557**	**41794**	**21557**	**20237**
贵阳市	**182**	**80**	**102**	**129**	**45**	**84**	**1592**	**787**	**805**
南明区	41	19	22	21	7	14	319	156	163
云岩区	39	15	24	27	11	16	304	144	160
花溪区	26	16	10	14	4	10	333	173	160
乌当区	8	5	3	3	2	1	80	32	48
白云区	12	3	9	13	8	5	135	73	62
观山湖区	15	5	10	13	5	8	203	98	105
开阳县	9	5	4	9	3	6	29	10	19
息烽县	5	1	4	4		4	22	12	10
修文县	10	4	6	6		6	39	19	20
清镇市	17	7	10	19	5	14	128	70	58
六盘水市	**190**	**75**	**115**	**90**	**32**	**58**	**125**	**59**	**66**
钟山区	30	14	16	16	5	11	63	34	29
六枝特区	17	8	9	8	3	5	22	9	13
水城县	37	13	24	20	7	13	11	5	6
盘州市	106	40	66	46	17	29	29	11	18
遵义市	**105**	**27**	**78**	**74**	**18**	**56**	**308**	**144**	**164**
红花岗区	21	6	15	16	5	11	115	60	55
汇川区	9	2	7	4	1	3	37	20	17
播州区	9	3	6	9	2	7	40	20	20
桐梓县	7	2	5	4		4	14	7	7
绥阳县	4		4	5	1	4	3	2	1
正安县	8	1	7	1		1	7	3	4
道真仡佬族苗族自治县	3		3	3	1	2	12	4	8
务川仡佬族苗族自治县	1		1	5	1	4	6	2	4
凤冈县	12	4	8	4	2	2	14	3	11
湄潭县	1		1	3	1	2	12	3	9
余庆县	5	3	2	4	2	2	27	13	14
习水县	6	1	5	8	1	7	10	3	7
赤水市	11	3	8	2	1	1	3	1	2
仁怀市	8	2	6	6		6	8	3	5
安顺市	**58**	**20**	**38**	**84**	**33**	**51**	**171**	**84**	**87**
西秀区	18	5	13	18	6	12	97	46	51
平坝区	17	5	12	9	7	2	28	17	11
普定县	10	2	8	10	4	6	8	4	4
镇宁布依族苗族自治县	1		1	5		5	14	7	7
关岭布依族苗族自治县	6	5	1	33	14	19	15	5	10
紫云苗族布依族自治县	6	3	3	9	2	7	9	5	4
毕节市	**156**	**54**	**102**	**167**	**60**	**107**	**265**	**136**	**129**
七星关区	26	9	17	49	15	34	62	29	33
大方县	18	11	7	14	10	4	50	26	24
黔西县	9	5	4	22	9	13	35	18	17
金沙县	6	5	1	3		3	19	11	8
织金县	21	8	13	25	9	16	60	28	32
纳雍县	43	8	35	24	9	15	19	13	6
威宁彝族回族苗族自治县	28	6	22	25	8	17	8	5	3
赫章县	5	2	3	5		5	12	6	6

1-4　续表 15　　　　单位：人

地　区	傈僳族			佤　族			畲　族		
	小计	男	女	小计	男	女	小计	男	女
铜仁市	**38**	**18**	**20**	**74**	**27**	**47**	**328**	**188**	**140**
碧江区	7	2	5	2	1	1	108	45	63
万山区	2	1	1	2	2		132	101	31
江口县	4	1	3	5	1	4	12	5	7
玉屏侗族自治县	1	1		1		1	11	6	5
石阡县	1		1	5	1	4	17	9	8
思南县	6	4	2	12	5	7	12	8	4
印江土家族苗族自治县	5	2	3	5	1	4	5	3	2
德江县	10	6	4	28	12	16	12	5	7
沿河土家族自治县				1		1	5	2	3
松桃苗族自治县	2	1	1	13	4	9	14	4	10
黔西南布依族苗族自治州	**100**	**33**	**67**	**89**	**36**	**53**	**161**	**80**	**81**
兴义市	46	20	26	28	11	17	88	44	44
兴仁市	24	5	19	17	10	7	24	10	14
普安县	15	3	12	13	3	10	12	11	1
晴隆县	3		3	9	2	7	9	3	6
贞丰县	2	1	1	3	1	2	15	9	6
望谟县				3	1	2	2	1	1
册亨县	3	1	2	1	1		3		3
安龙县	7	3	4	15	7	8	8	2	6
黔东南苗族侗族自治州	**54**	**19**	**35**	**93**	**38**	**55**	**33319**	**17522**	**15797**
凯里市	18	8	10	20	7	13	10161	5364	4797
黄平县				1		1	52	25	27
施秉县				4	2	2	23	10	13
三穗县	1		1	7	2	5	19	7	12
镇远县	2	2		25	13	12	43	16	27
岑巩县	1		1	3	3		27	11	16
天柱县	2		2	4		4	19	10	9
锦屏县	6	2	4	1		1	20	8	12
剑河县	1		1				20	10	10
台江县	4	2	2				23	18	5
黎平县	3		3	9	5	4	56	28	28
榕江县	3	2	1	5	1	4	65	27	38
从江县	6	2	4	7	3	4	22	15	7
雷山县	3		3	4	1	3	37	19	18
麻江县	3	1	2	1		1	22606	11899	10707
丹寨县	1		1	2	1	1	126	55	71
黔南布依族苗族自治州	**78**	**24**	**54**	**83**	**37**	**46**	**5525**	**2557**	**2968**
都匀市	13	4	9	19	13	6	1986	886	1100
福泉市	10	4	6	9		9	2984	1451	1533
荔波县	7	2	5	4	1	3	33	17	16
贵定县	12	4	8	4	2	2	165	58	107
瓮安县	5		5	6	3	3	64	23	41
独山县	7	2	5	5	4	1	52	30	22
平塘县	4	2	2	7	3	4	29	13	16
罗甸县	10	3	7	4	1	3	15	5	10
长顺县	1	1		6		6	14	3	11
龙里县	7	1	6	11	7	4	67	27	40
惠水县	2	1	1	1	1		75	29	46
三都水族自治县				7	2	5	41	15	26

1-4 续表 16

单位：人

地　　区	高山族			拉祜族			水　族		
	小计	男	女	小计	男	女	小计	男	女
贵　州	**249**	**156**	**93**	**607**	**188**	**419**	**371367**	**192167**	**179200**
贵阳市	**42**	**23**	**19**	**108**	**49**	**59**	**12827**	**6465**	**6362**
南明区	5	2	3	26	13	13	2392	1224	1168
云岩区	9	5	4	25	10	15	2182	1134	1048
花溪区	12	7	5	16	11	5	2910	1375	1535
乌当区	5	4	1	4	1	3	598	284	314
白云区				5	3	2	941	489	452
观山湖区	4	2	2	6	4	2	1442	731	711
开阳县	5	3	2	9	2	7	150	65	85
息烽县				4	1	3	86	49	37
修文县				5		5	163	84	79
清镇市	2		2	8	4	4	1963	1030	933
六盘水市	**57**	**53**	**4**	**111**	**34**	**77**	**11788**	**6171**	**5617**
钟山区	2	2		17	10	7	2240	1103	1137
六枝特区				7	1	6	278	112	166
水城县				31	8	23	3941	2145	1796
盘州市	55	51	4	56	15	41	5329	2811	2518
遵义市	**9**	**3**	**6**	**100**	**23**	**77**	**1665**	**737**	**928**
红花岗区	5	2	3	9	2	7	675	316	359
汇川区	1		1	11	4	7	175	73	102
播州区				8	2	6	166	68	98
桐梓县				7		7	70	36	34
绥阳县				6	1	5	39	19	20
正安县				8	3	5	65	33	32
道真仡佬族苗族自治县	2	1	1	3		3	30	10	20
务川仡佬族苗族自治县	1		1	2		2	44	18	26
凤冈县				6	1	5	39	17	22
湄潭县				6	2	4	65	22	43
余庆县							77	28	49
习水县				24	6	18	73	28	45
赤水市				3	1	2	14	3	11
仁怀市				7	1	6	133	66	67
安顺市	**1**		**1**	**34**	**11**	**23**	**1096**	**530**	**566**
西秀区				16	6	10	511	234	277
平坝区				2		2	248	141	107
普定县				5	3	2	87	42	45
镇宁布依族苗族自治县	1		1	2		2	85	34	51
关岭布依族苗族自治县				1		1	67	30	37
紫云苗族布依族自治县				8	2	6	98	49	49
毕节市	**26**	**15**	**11**	**111**	**32**	**79**	**6403**	**3281**	**3122**
七星关区	5	2	3	25	9	16	512	228	284
大方县	18	12	6	16	5	11	855	477	378
黔西县				10	2	8	2535	1319	1216
金沙县				2		2	106	34	72
织金县	3	1	2	15	7	8	1497	769	728
纳雍县				15	4	11	318	144	174
威宁彝族回族苗族自治县				16	2	14	495	270	225
赫章县				12	3	9	85	40	45

1-4　续表 17

单位：人

地　区	高山族			拉祜族			水　族		
	小计	男	女	小计	男	女	小计	男	女
铜仁市	**56**	**32**	**24**	**13**	**3**	**10**	**907**	**371**	**536**
碧江区	8	5	3				409	158	251
万山区	1		1				56	26	30
江口县	1		1				32	11	21
玉屏侗族自治县				2	2		45	24	21
石阡县				2		2	69	30	39
思南县	44	27	17	3	1	2	58	20	38
印江土家族苗族自治县							44	19	25
德江县	1		1				104	42	62
沿河土家族自治县				3		3	20	11	9
松桃苗族自治县	1		1	3		3	70	30	40
黔西南布依族苗族自治州	**2**	**2**		**54**	**17**	**37**	**2185**	**937**	**1248**
兴义市	1	1		16	3	13	1610	682	928
兴仁市				6	2	4	123	44	79
普安县				6	2	4	89	39	50
晴隆县				9	3	6	67	31	36
贞丰县				10	3	7	34	20	14
望谟县				2	1	1	64	31	33
册亨县	1	1					32	14	18
安龙县				5	3	2	166	76	90
黔东南苗族侗族自治州	**3**		**3**	**38**	**9**	**29**	**58403**	**31310**	**27093**
凯里市	1		1	15	5	10	3600	1747	1853
黄平县				1	1		132	68	64
施秉县							57	24	33
三穗县				2		2	74	33	41
镇远县	1		1	1		1	152	54	98
岑巩县				6	2	4	87	38	49
天柱县				1		1	65	18	47
锦屏县							144	69	75
剑河县				2		2	2487	1415	1072
台江县							61	28	33
黎平县				2		2	2650	1476	1174
榕江县				6	1	5	30603	16352	14251
从江县							3001	1593	1408
雷山县							4840	2510	2330
麻江县	1		1	1		1	683	341	342
丹寨县				1		1	9767	5544	4223
黔南布依族苗族自治州	**53**	**28**	**25**	**38**	**10**	**28**	**276093**	**142365**	**133728**
都匀市	8	4	4	8	1	7	36398	18951	17447
福泉市	28	15	13	4	3	1	1553	804	749
荔波县				2		2	32161	16315	15846
贵定县	1	1		7	1	6	610	198	412
瓮安县	3	1	2	4	2	2	459	197	262
独山县							22603	11198	11405
平塘县							1510	801	709
罗甸县				1		1	278	113	165
长顺县				1		1	181	64	117
龙里县	2	1	1	3	1	2	343	177	166
惠水县	6	4	2	6	2	4	496	217	279
三都水族自治县	5	2	3	2		2	179501	93330	86171

1-4 续表 18

单位：人

地　区	东乡族			纳西族			景颇族		
	小计	男	女	小计	男	女	小计	男	女
贵　州	**1442**	**727**	**715**	**473**	**206**	**267**	**788**	**349**	**439**
贵阳市	**84**	**43**	**41**	**181**	**91**	**90**	**116**	**54**	**62**
南明区	23	14	9	42	17	25	19	7	12
云岩区	20	9	11	33	19	14	33	15	18
花溪区	15	10	5	41	17	24	8	5	3
乌当区	5	1	4	11	4	7	24	13	11
白云区	5	2	3	7	4	3	1	1	
观山湖区	9	4	5	27	18	9	8	2	6
开阳县							9	4	5
息烽县	1	1		8	5	3	1		1
修文县				1		1			
清镇市	6	2	4	11	7	4	13	7	6
六盘水市	**5**	**2**	**3**	**59**	**21**	**38**	**38**	**12**	**26**
钟山区				16	6	10	3	1	2
六枝特区	4	2	2	6	3	3	7	1	6
水城县				6	1	5	2		2
盘州市	1		1	31	11	20	26	10	16
遵义市	**15**	**7**	**8**	**29**	**13**	**16**	**29**	**9**	**20**
红花岗区	8	4	4	9	3	6	8	2	6
汇川区	1	1		5	3	2	3	2	1
播州区	2	1	1	1	1		3	1	2
桐梓县	1		1				1	1	
绥阳县									
正安县				1		1			
道真仡佬族苗族自治县							1		1
务川仡佬族苗族自治县									
凤冈县				6	4	2			
湄潭县							2	1	1
余庆县	2	1	1	3	2	1	4		4
习水县				3		3	5	2	3
赤水市							2		2
仁怀市	1		1	1		1			
安顺市	**11**	**6**	**5**	**37**	**17**	**20**	**20**	**9**	**11**
西秀区	8	4	4	25	14	11	10	6	4
平坝区	1	1					5	2	3
普定县							1		1
镇宁布依族苗族自治县				8	3	5			
关岭布依族苗族自治县				1		1	1		1
紫云苗族布依族自治县	2	1	1	3		3	3	1	2
毕节市	**9**	**3**	**6**	**25**	**6**	**19**	**39**	**20**	**19**
七星关区	3	1	2	4	2	2	13	8	5
大方县				2		2	11	6	5
黔西县	1	1		3		3			
金沙县				1		1	3	1	2
织金县	1		1	2	1	1	4	2	2
纳雍县				8	1	7	4	2	2
威宁彝族回族苗族自治县	4	1	3	5	2	3	3		3
赫章县							1	1	

1-4　续表 19　　　　单位：人

地　区	东乡族			纳西族			景颇族		
	小计	男	女	小计	男	女	小计	男	女
铜仁市	**11**	**3**	**8**	**16**	**5**	**11**	**6**	**1**	**5**
碧江区	5	3	2	6	2	4	1	1	
万山区				1	1		1		1
江口县	1		1				1		1
玉屏侗族自治县							1		1
石阡县				5	1	4			
思南县	2		2	2		2	1		1
印江土家族苗族自治县	1		1						
德江县	1		1	2	1	1	1		1
沿河土家族自治县									
松桃苗族自治县	1		1						
黔西南布依族苗族自治州	**12**	**6**	**6**	**49**	**16**	**33**	**19**	**7**	**12**
兴义市	11	5	6	42	14	28	10	4	6
兴仁市							2	1	1
普安县				1		1	2	1	1
晴隆县							1		1
贞丰县							1	1	
望谟县	1	1		2	1	1	1		1
册亨县									
安龙县				4	1	3	2		2
黔东南苗族侗族自治州	**129**	**60**	**69**	**37**	**21**	**16**	**483**	**222**	**261**
凯里市	69	33	36	26	17	9	424	198	226
黄平县				4	3	1	20	9	11
施秉县	3	3					6	1	5
三穗县				1	1		4	1	3
镇远县	1		1				8	4	4
岑巩县	2	2		1		1	10	5	5
天柱县							1		1
锦屏县							2	1	1
剑河县							1		1
台江县							1		1
黎平县	2	1	1	2		2			
榕江县				1		1	1	1	
从江县				1		1			
雷山县	4	1	3						
麻江县	27	10	17	1		1	1	1	
丹寨县	21	10	11				4	1	3
黔南布依族苗族自治州	**1166**	**597**	**569**	**40**	**16**	**24**	**38**	**15**	**23**
都匀市	876	461	415	4	1	3	14	8	6
福泉市	250	120	130	19	8	11	3	1	2
荔波县	3	3		2		2			
贵定县	15	3	12				3		3
瓮安县	3		3						
独山县	4	2	2	4	3	1	1		1
平塘县	3		3	1		1			
罗甸县	6	3	3				3		3
长顺县				6	2	4	5	3	2
龙里县	4	3	1				2		2
惠水县				4	2	2	7	3	4
三都水族自治县	2	2							

1-4 续表 20 单位：人

地区	柯尔克孜族			土族			达斡尔族		
	小计	男	女	小计	男	女	小计	男	女
贵州	**18**	**9**	**9**	**7085**	**3754**	**3331**	**72**	**34**	**38**
贵阳市	**2**		**2**	**1110**	**553**	**557**	**19**	**9**	**10**
南明区				179	93	86	3	3	
云岩区	1		1	272	129	143	3	1	2
花溪区				168	93	75	2	2	
乌当区				40	21	19	6	3	3
白云区				124	65	59	2		2
观山湖区				149	72	77	2		2
开阳县				15	7	8			
息烽县				7	2	5	1		1
修文县				26	11	15			
清镇市	1		1	130	60	70			
六盘水市	**3**	**2**	**1**	**137**	**71**	**66**	**4**	**3**	**1**
钟山区				60	33	27	2	1	1
六枝特区				11	6	5			
水城县	2	1	1	25	15	10			
盘州市	1	1		41	17	24	2	2	
遵义市	**1**	**1**		**560**	**279**	**281**	**13**	**9**	**4**
红花岗区				104	50	54	3	1	2
汇川区				58	34	24	3	3	
播州区	1	1		41	15	26	2	2	
桐梓县				7	3	4			
绥阳县				3	3				
正安县				15	6	9	1		1
道真仡佬族苗族自治县				40	24	16	1	1	
务川仡佬族苗族自治县				88	44	44			
凤冈县				130	62	68			
湄潭县				38	19	19			
余庆县				22	9	13			
习水县				3	3		3	2	1
赤水市				2		2			
仁怀市				9	7	2			
安顺市				**82**	**41**	**41**	**13**	**1**	**12**
西秀区				46	26	20	12	1	11
平坝区				20	8	12			
普定县				5	2	3			
镇宁布依族苗族自治县				5	3	2			
关岭布依族苗族自治县				2	1	1	1		1
紫云苗族布依族自治县				4	1	3			
毕节市	**8**	**4**	**4**	**109**	**53**	**56**	**8**	**4**	**4**
七星关区				39	19	20			
大方县	1		1	7	4	3			
黔西县				8	5	3	1		1
金沙县				4	3	1	2	1	1
织金县	4	2	2	27	12	15	1	1	
纳雍县	3	2	1	12	7	5	3	1	2
威宁彝族回族苗族自治县				8	2	6	1	1	
赫章县				4	1	3			

1-4 续表 21 单位：人

地区	柯尔克孜族			土族			达斡尔族		
	小计	男	女	小计	男	女	小计	男	女
铜仁市	**2**		**2**	**2443**	**1254**	**1189**	**3**	**2**	**1**
碧江区	2		2	646	338	308	1		1
万山区				186	99	87			
江口县				35	26	9			
玉屏侗族自治县				110	57	53			
石阡县				50	19	31			
思南县				355	182	173	1	1	
印江土家族苗族自治县				384	187	197			
德江县				410	212	198			
沿河土家族自治县				209	110	99			
松桃苗族自治县				58	24	34	1	1	
黔西南布依族苗族自治州				**59**	**26**	**33**	**8**	**4**	**4**
兴义市				34	20	14	5	3	2
兴仁市				5	2	3	2	1	1
普安县				5	1	4			
晴隆县				1		1			
贞丰县									
望谟县				6	1	5	1		1
册亨县				1		1			
安龙县				7	2	5			
黔东南苗族侗族自治州	**2**	**2**		**1153**	**664**	**489**			
凯里市	1	1		801	470	331			
黄平县				17	7	10			
施秉县				15	6	9			
三穗县				11	6	5			
镇远县				15	4	11			
岑巩县				14	7	7			
天柱县				1		1			
锦屏县				4		4			
剑河县				5	3	2			
台江县				3	1	2			
黎平县				7	4	3			
榕江县				5	3	2			
从江县	1	1		6	5	1			
雷山县									
麻江县				240	141	99			
丹寨县				9	7	2			
黔南布依族苗族自治州				**1432**	**813**	**619**	**4**	**2**	**2**
都匀市				1297	744	553	3	2	1
福泉市				25	12	13			
荔波县				2	1	1			
贵定县				13	4	9			
瓮安县				28	13	15			
独山县				8	6	2			
平塘县				7	6	1			
罗甸县				4	3	1			
长顺县				2		2			
龙里县				19	7	12			
惠水县				20	13	7	1		1
三都水族自治县				7	4	3			

1－4 续表 22

单位：人

地区	仫佬族			羌族			布朗族		
	小计	男	女	小计	男	女	小计	男	女
贵州	**46066**	**23798**	**22268**	**2089**	**1128**	**961**	**268**	**86**	**182**
贵阳市	**5298**	**2743**	**2555**	**401**	**208**	**193**	**50**	**16**	**34**
南明区	1104	588	516	106	53	53	19	8	11
云岩区	1010	538	472	96	52	44	12	3	9
花溪区	925	462	463	53	26	27	7	2	5
乌当区	251	119	132	13	6	7	1		1
白云区	427	218	209	33	18	15	3		3
观山湖区	731	370	361	85	45	40	1		1
开阳县	84	34	50	4	2	2	3	2	1
息烽县	42	25	17						
修文县	83	33	50	3	2	1			
清镇市	641	356	285	8	4	4	4	1	3
六盘水市	**1096**	**524**	**572**	**41**	**20**	**21**	**41**	**10**	**31**
钟山区	343	164	179	25	14	11	9	2	7
六枝特区	451	214	237	6	3	3	1		1
水城县	206	106	100	6	3	3	4	2	2
盘州市	96	40	56	4		4	27	6	21
遵义市	**4626**	**2220**	**2406**	**106**	**49**	**57**	**25**	**7**	**18**
红花岗区	1088	541	547	22	10	12	5	3	2
汇川区	648	284	364	20	9	11	2		2
播州区	251	102	149	12	7	5	2	1	1
桐梓县	50	16	34	8	1	7	5		5
绥阳县	56	25	31	3		3			
正安县	492	251	241	3	2	1	3	2	1
道真仡佬族苗族自治县	506	228	278	6	4	2	1		1
务川仡佬族苗族自治县	373	170	203				2		2
凤冈县	516	309	207	9	5	4			
湄潭县	282	131	151	2		2	3	1	2
余庆县	177	77	100	10	4	6			
习水县	23	8	15	3	2	1			
赤水市	2	1	1	2	1	1			
仁怀市	162	77	85	6	4	2	2		2
安顺市	**1781**	**858**	**923**	**35**	**21**	**14**	**19**	**7**	**12**
西秀区	504	226	278	6	3	3	3	1	2
平坝区	290	157	133	5	5		6	3	3
普定县	316	162	154	2		2	4		4
镇宁布依族苗族自治县	186	86	100	6	4	2			
关岭布依族苗族自治县	411	200	211	7	4	3	6	3	3
紫云苗族布依族自治县	74	27	47	9	5	4			
毕节市	**2985**	**1476**	**1509**	**82**	**49**	**33**	**38**	**9**	**29**
七星关区	147	67	80	22	15	7	7		7
大方县	696	342	354	3	1	2	2	1	1
黔西县	757	373	384	16	9	7	2		2
金沙县	161	88	73	3	1	2	2	1	1
织金县	892	441	451	22	12	10	7	2	5
纳雍县	189	93	96	1		1	5	1	4
威宁彝族回族苗族自治县	122	59	63	4	3	1	5	2	3
赫章县	21	13	8	11	8	3	8	2	6

1-4　续表 23　　　　　　　　　　　　　　　　　　　　　　　　　　　　单位：人

地　区	仫佬族			羌　族			布朗族		
	小计	男	女	小计	男	女	小计	男	女
铜仁市	**2688**	**1308**	**1380**	**1205**	**672**	**533**	**7**	**1**	**6**
碧江区	422	207	215	131	71	60	1		1
万山区	100	52	48	24	15	9	2		2
江口县	131	64	67	186	111	75			
玉屏侗族自治县	44	16	28	7	4	3			
石阡县	1347	690	657	808	450	358	1		1
思南县	295	119	176	14	9	5	1		1
印江土家族苗族自治县	33	13	20	3	1	2			
德江县	128	57	71						
沿河土家族自治县	15	1	14	2	1	1			
松桃苗族自治县	173	89	84	30	10	20	2	1	1
黔西南布依族苗族自治州	**597**	**304**	**293**	**50**	**27**	**23**	**10**	**4**	**6**
兴义市	147	80	67	27	16	11	5	2	3
兴仁市	140	70	70				2	1	1
普安县	14	6	8	1		1			
晴隆县	79	44	35	1	1		1		1
贞丰县	70	30	40				1	1	
望谟县	12	6	6	2	2				
册亨县	24	11	13	17	7	10	1		1
安龙县	111	57	54	2	1	1			
黔东南苗族侗族自治州	**23312**	**12673**	**10639**	**93**	**37**	**56**	**30**	**12**	**18**
凯里市	13261	7399	5862	29	15	14	7	2	5
黄平县	1124	604	520				7	4	3
施秉县	69	32	37	2		2	2		2
三穗县	34	15	19						
镇远县	133	57	76	26	12	14	1		1
岑巩县	121	61	60	8	4	4			
天柱县	19	4	15	2		2	1		1
锦屏县	27	12	15	2	1	1			
剑河县	38	14	24	1		1			
台江县	40	20	20						
黎平县	35	19	16	1	1				
榕江县	35	17	18	6	1	5	2		2
从江县	44	20	24						
雷山县	40	17	23	5	1	4			
麻江县	8185	4330	3855	7	2	5	7	5	2
丹寨县	107	52	55	4		4	3	1	2
黔南布依族苗族自治州	**3683**	**1692**	**1991**	**76**	**45**	**31**	**48**	**20**	**28**
都匀市	1512	657	855	32	17	15	10	6	4
福泉市	1257	601	656	10	8	2	3	1	2
荔波县	48	28	20				3	1	2
贵定县	109	46	63	2	1	1	1		1
瓮安县	298	139	159	6	4	2	2	1	1
独山县	64	28	36	9	6	3	1		1
平塘县	66	29	37	4	3	1	20	10	10
罗甸县	33	15	18						
长顺县	41	25	16	1	1		2	1	1
龙里县	124	66	58	6	4	2	4		4
惠水县	106	50	56	3	1	2	2		2
三都水族自治县	25	8	17	3		3			

1-4 续表 24

单位：人

地区	撒拉族			毛南族			仡佬族		
	小计	男	女	小计	男	女	小计	男	女
贵 州	**126**	**65**	**61**	**29766**	**15112**	**14654**	**550322**	**285682**	**264640**
贵阳市	**38**	**17**	**21**	**1198**	**563**	**635**	**58289**	**30694**	**27595**
南明区	16	6	10	208	106	102	10159	5358	4801
云岩区	3		3	266	127	139	11444	6016	5428
花溪区	14	9	5	306	140	166	9710	4856	4854
乌当区				46	19	27	3250	1659	1591
白云区	1		1	69	29	40	5680	2982	2698
观山湖区				164	79	85	8317	4514	3803
开阳县				12	2	10	605	278	327
息烽县				17	4	13	600	289	311
修文县				25	9	16	681	339	342
清镇市	4	2	2	85	48	37	7843	4403	3440
六盘水市	**30**	**17**	**13**	**57**	**26**	**31**	**13984**	**7386**	**6598**
钟山区	19	11	8	27	13	14	2154	1090	1064
六枝特区				19	5	14	8972	4783	4189
水城县	11	6	5	8	6	2	2159	1151	1008
盘州市				3	2	1	699	362	337
遵义市	**14**	**8**	**6**	**134**	**57**	**77**	**308142**	**158476**	**149666**
红花岗区				46	20	26	16623	8106	8517
汇川区				18	8	10	12736	6229	6507
播州区				12	5	7	5493	2736	2757
桐梓县				9	1	8	486	254	232
绥阳县				7	3	4	855	423	432
正安县				4	1	3	29751	15618	14133
道真仡佬族苗族自治县	3	3					102078	52615	49463
务川仡佬族苗族自治县	9	4	5	3	1	2	119619	61784	57835
凤冈县				2	1	1	10540	5684	4856
湄潭县				6	4	2	3384	1594	1790
余庆县				12	6	6	2855	1396	1459
习水县				2	1	1	345	175	170
赤水市				4	2	2	142	58	84
仁怀市	2	1	1	9	4	5	3235	1804	1431
安顺市	**9**	**4**	**5**	**84**	**38**	**46**	**25381**	**13756**	**11625**
西秀区	5	3	2	38	14	24	5298	2774	2524
平坝区	3	1	2	19	14	5	3101	1683	1418
普定县				8	4	4	3620	2114	1506
镇宁布依族苗族自治县							1899	1060	839
关岭布依族苗族自治县	1		1	7	3	4	11058	5911	5147
紫云苗族布依族自治县				12	3	9	405	214	191
毕节市	**9**	**5**	**4**	**104**	**45**	**59**	**23269**	**12199**	**11070**
七星关区				33	14	19	1428	685	743
大方县	1	1		13	3	10	6047	3255	2792
黔西县				14	6	8	5269	2717	2552
金沙县				7	3	4	965	507	458
织金县				15	8	7	6503	3423	3080
纳雍县				8	3	5	1279	688	591
威宁彝族回族苗族自治县	1		1	8	6	2	1609	830	779
赫章县	7	4	3	6	2	4	169	94	75

1－4　续表 25　　　　单位：人

地　区	撒拉族			毛南族			仡佬族		
	小计	男	女	小计	男	女	小计	男	女
铜仁市	**12**	**7**	**5**	**79**	**30**	**49**	**102680**	**53828**	**48852**
碧江区	1	1		31	12	19	4271	2103	2168
万山区	2	1	1	11	5	6	1614	857	757
江口县				4	1	3	1353	722	631
玉屏侗族自治县				2	1	1	584	297	287
石阡县	8	4	4	3		3	84841	44669	40172
思南县				4		4	5833	3015	2818
印江土家族苗族自治县				3	2	1	379	160	219
德江县	1	1		4	2	2	1417	672	745
沿河土家族自治县				7	2	5	255	114	141
松桃苗族自治县				10	5	5	2133	1219	914
黔西南布依族苗族自治州	**8**	**3**	**5**	**95**	**41**	**54**	**6042**	**3158**	**2884**
兴义市	2	1	1	51	20	31	1559	751	808
兴仁市				10	6	4	1339	739	600
普安县	5	1	4	7	3	4	102	49	53
晴隆县				7	2	5	456	272	184
贞丰县	1	1		8	4	4	1254	647	607
望谟县				3	1	2	92	43	49
册亨县				3	2	1	259	146	113
安龙县				6	3	3	981	511	470
黔东南苗族侗族自治州				**129**	**60**	**69**	**5086**	**2446**	**2640**
凯里市				52	29	23	1893	981	912
黄平县				7	4	3	203	95	108
施秉县				7	3	4	235	108	127
三穗县				1		1	106	50	56
镇远县				8	5	3	921	364	557
岑巩县				2	1	1	966	465	501
天柱县				1		1	56	20	36
锦屏县				4	1	3	43	20	23
剑河县				4	1	3	89	52	37
台江县				4	4		45	27	18
黎平县				8	2	6	118	56	62
榕江县				5	1	4	89	49	40
从江县				7	2	5	51	24	27
雷山县				4	3	1	75	56	19
麻江县				7	2	5	151	58	93
丹寨县				8	2	6	45	21	24
黔南布依族苗族自治州	**6**	**4**	**2**	**27886**	**14252**	**13634**	**7449**	**3739**	**3710**
都匀市	2	2		971	400	571	1667	787	880
福泉市				60	26	34	1011	529	482
荔波县				216	115	101	98	53	45
贵定县	1	1		57	14	43	660	249	411
瓮安县				29	15	14	1687	928	759
独山县	3	1	2	1815	788	1027	124	59	65
平塘县				22505	11644	10861	96	46	50
罗甸县				39	12	27	138	74	64
长顺县				21	6	15	257	118	139
龙里县				42	23	19	738	447	291
惠水县				2085	1195	890	893	403	490
三都水族自治县				46	14	32	80	46	34

1-4 续表 26

单位：人

地　　区	锡伯族			阿昌族			普米族		
	小计	男	女	小计	男	女	小计	男	女
贵　州	**265**	**131**	**134**	**76**	**28**	**48**	**71**	**36**	**35**
贵阳市	**166**	**85**	**81**	**19**	**6**	**13**	**10**	**6**	**4**
南明区	23	13	10	6	3	3	1	1	
云岩区	37	14	23	5	1	4	4	2	2
花溪区	56	32	24				1		1
乌当区	9	5	4						
白云区	10	6	4						
观山湖区	22	9	13	4	1	3	2	2	
开阳县	2		2				1		1
息烽县									
修文县				2	1	1			
清镇市	7	6	1	2		2	1	1	
六盘水市	**18**	**7**	**11**	**5**	**2**	**3**	**7**	**3**	**4**
钟山区	5	1	4				1		1
六枝特区				4	1	3	1		1
水城县	2		2				4	2	2
盘州市	11	6	5	1	1		1	1	
遵义市	**12**	**7**	**5**	**12**	**6**	**6**	**8**	**3**	**5**
红花岗区	2	2					1		1
汇川区	5	3	2				2	1	1
播州区				2	1	1			
桐梓县									
绥阳县									
正安县	2		2	3	1	2			
道真仡佬族苗族自治县	1	1							
务川仡佬族苗族自治县				4	3	1			
凤冈县				1		1	4	1	3
湄潭县									
余庆县	2	1	1	1	1				
习水县									
赤水市				1		1			
仁怀市							1	1	
安顺市	**31**	**12**	**19**	**4**	**2**	**2**	**2**		**2**
西秀区	25	11	14	1	1		2		2
平坝区	5	1	4						
普定县				2	1	1			
镇宁布依族苗族自治县									
关岭布依族苗族自治县	1		1						
紫云苗族布依族自治县				1		1			
毕节市	**11**	**5**	**6**	**18**	**3**	**15**	**25**	**10**	**15**
七星关区	4	1	3	3	1	2	8	3	5
大方县	7	4	3	2	1	1			
黔西县									
金沙县				1		1	1	1	
织金县				4	1	3	3	2	1
纳雍县							2	1	1
威宁彝族回族苗族自治县				7		7	11	3	8
赫章县				1		1			

1-4　续表 27

单位：人

地　区	锡伯族			阿昌族			普米族		
	小计	男	女	小计	男	女	小计	男	女
铜仁市	**6**	**3**	**3**	**4**	**3**	**1**	**2**	**2**	
碧江区	5	3	2				1	1	
万山区									
江口县									
玉屏侗族自治县									
石阡县				1	1				
思南县									
印江土家族苗族自治县									
德江县				1		1			
沿河土家族自治县									
松桃苗族自治县	1		1	2	2		1	1	
黔西南布依族苗族自治州	**5**	**4**	**1**	**8**	**4**	**4**	**8**	**4**	**4**
兴义市	4	3	1	3	2	1	6	2	4
兴仁市				2	1	1			
普安县	1	1		3	1	2	1	1	
晴隆县									
贞丰县									
望谟县									
册亨县							1	1	
安龙县									
黔东南苗族侗族自治州	**6**	**3**	**3**	**3**	**1**	**2**	**1**	**1**	
凯里市	5	3	2	1		1	1	1	
黄平县									
施秉县									
三穗县	1		1						
镇远县									
岑巩县									
天柱县				1		1			
锦屏县									
剑河县									
台江县									
黎平县									
榕江县				1	1				
从江县									
雷山县									
麻江县									
丹寨县									
黔南布依族苗族自治州	**10**	**5**	**5**	**3**	**1**	**2**	**8**	**7**	**1**
都匀市	5	2	3	1	1				
福泉市							1	1	
荔波县	1	1							
贵定县									
瓮安县	1		1				5	4	1
独山县									
平塘县	1		1	1		1	1	1	
罗甸县									
长顺县									
龙里县									
惠水县	2	2		1		1	1	1	
三都水族自治县									

1-4 续表 28

单位：人

地　区	塔吉克族			怒　族			乌孜别克族		
	小计	男	女	小计	男	女	小计	男	女
贵　州	**10**	**8**	**2**	**69**	**28**	**41**	**9**	**7**	**2**
贵阳市	**4**	**3**	**1**	**9**	**5**	**4**	**1**	**1**	
南明区	1		1	4	4				
云岩区				2		2			
花溪区									
乌当区				1		1			
白云区									
观山湖区	1	1		2	1	1			
开阳县									
息烽县									
修文县									
清镇市	2	2					1	1	
六盘水市				**4**	**3**	**1**	**1**		**1**
钟山区									
六枝特区									
水城县							1		1
盘州市				4	3	1			
遵义市				**11**	**2**	**9**	**1**	**1**	
红花岗区									
汇川区				1		1			
播州区									
桐梓县				1	1		1	1	
绥阳县				1		1			
正安县									
道真仡佬族苗族自治县									
务川仡佬族苗族自治县									
凤冈县				3	1	2			
湄潭县				1		1			
余庆县									
习水县				3		3			
赤水市									
仁怀市				1		1			
安顺市				**2**		**2**			
西秀区									
平坝区				2		2			
普定县									
镇宁布依族苗族自治县									
关岭布依族苗族自治县									
紫云苗族布依族自治县									
毕节市	**3**	**2**	**1**	**19**	**8**	**11**	**6**	**5**	**1**
七星关区				2	1	1			
大方县				4	3	1	1	1	
黔西县									
金沙县									
织金县	1	1		1		1	2	2	
纳雍县	2	1	1	10	4	6	3	2	1
威宁彝族回族苗族自治县				2		2			
赫章县									

1-4　续表 29

单位：人

地　　区	塔吉克族			怒　　族			乌孜别克族		
	小计	男	女	小计	男	女	小计	男	女
铜仁市	**2**	**2**		**3**	**1**	**2**			
碧江区									
万山区	1	1		1		1			
江口县	1	1							
玉屏侗族自治县									
石阡县				2	1	1			
思南县									
印江土家族苗族自治县									
德江县									
沿河土家族自治县									
松桃苗族自治县									
黔西南布依族苗族自治州				**4**	**1**	**3**			
兴义市				4	1	3			
兴仁市									
普安县									
晴隆县									
贞丰县									
望谟县									
册亨县									
安龙县									
黔东南苗族侗族自治州				**3**	**3**				
凯里市				2	2				
黄平县									
施秉县									
三穗县									
镇远县									
岑巩县									
天柱县									
锦屏县									
剑河县									
台江县									
黎平县									
榕江县				1	1				
从江县									
雷山县									
麻江县									
丹寨县									
黔南布依族苗族自治州	**1**	**1**		**14**	**5**	**9**			
都匀市				12	4	8			
福泉市				1		1			
荔波县									
贵定县									
瓮安县	1	1							
独山县									
平塘县									
罗甸县									
长顺县									
龙里县				1	1				
惠水县									
三都水族自治县									

1-4 续表 30

单位：人

地　区	俄罗斯族			鄂温克族			德 昂 族		
	小计	男	女	小计	男	女	小计	男	女
贵　州	**39**	**20**	**19**	**6**	**2**	**4**	**40**	**18**	**22**
贵阳市	**12**	**6**	**6**	**3**	**2**	**1**	**4**	**2**	**2**
南明区	5	4	1	1	1				
云岩区	6	2	4				4	2	2
花溪区				1		1			
乌当区									
白云区									
观山湖区	1		1						
开阳县									
息烽县									
修文县									
清镇市				1	1				
六盘水市	**16**	**7**	**9**				**3**	**1**	**2**
钟山区									
六枝特区									
水城县									
盘州市	16	7	9				3	1	2
遵义市							**1**	**1**	
红花岗区							1	1	
汇川区									
播州区									
桐梓县									
绥阳县									
正安县									
道真仡佬族苗族自治县									
务川仡佬族苗族自治县									
凤冈县									
湄潭县									
余庆县									
习水县									
赤水市									
仁怀市									
安顺市	**3**	**3**					**16**	**7**	**9**
西秀区	3	3					9	5	4
平坝区							3	1	2
普定县							3	1	2
镇宁布依族苗族自治县							1		1
关岭布依族苗族自治县									
紫云苗族布依族自治县									
毕节市	**1**	**1**					**3**	**2**	**1**
七星关区									
大方县									
黔西县									
金沙县	1	1							
织金县							1	1	
纳雍县							1		1
威宁彝族回族苗族自治县							1	1	
赫章县									

1-4　续表 31　　　　单位：人

地　区	俄罗斯族			鄂温克族			德 昂 族		
	小计	男	女	小计	男	女	小计	男	女
铜仁市				**1**		**1**	**2**	**1**	**1**
碧江区									
万山区									
江口县							1		1
玉屏侗族自治县									
石阡县									
思南县									
印江土家族苗族自治县				1		1			
德江县									
沿河土家族自治县									
松桃苗族自治县							1	1	
黔西南布依族苗族自治州	**6**	**2**	**4**				**6**	**1**	**5**
兴义市	6	2	4						
兴仁市							1		1
普安县							4	1	3
晴隆县							1		1
贞丰县									
望谟县									
册亨县									
安龙县									
黔东南苗族侗族自治州	**1**	**1**					**5**	**3**	**2**
凯里市									
黄平县									
施秉县									
三穗县									
镇远县									
岑巩县									
天柱县									
锦屏县							1		1
剑河县									
台江县									
黎平县									
榕江县	1	1					4	3	1
从江县									
雷山县									
麻江县									
丹寨县									
黔南布依族苗族自治州				**2**		**2**			
都匀市									
福泉市									
荔波县									
贵定县									
瓮安县				1		1			
独山县									
平塘县									
罗甸县				1		1			
长顺县									
龙里县									
惠水县									
三都水族自治县									

1-4 续表 32

单位：人

地区	保安族			裕固族			京族		
	小计	男	女	小计	男	女	小计	男	女
贵州	**9**	**7**	**2**	**4**	**2**	**2**	**1506**	**816**	**690**
贵阳市	**5**	**4**	**1**				**310**	**142**	**168**
南明区	3	2	1				70	30	40
云岩区	1	1					52	19	33
花溪区							51	22	29
乌当区	1	1					19	8	11
白云区							25	10	15
观山湖区							41	23	18
开阳县							7	3	4
息烽县							3	2	1
修文县							9	4	5
清镇市							33	21	12
六盘水市				**1**	**1**		**117**	**62**	**55**
钟山区							66	39	27
六枝特区							18	8	10
水城县							27	12	15
盘州市				1	1		6	3	3
遵义市							**39**	**20**	**19**
红花岗区							9	4	5
汇川区							4	2	2
播州区							7	3	4
桐梓县							3		3
绥阳县							1	1	
正安县									
道真仡佬族苗族自治县							2	2	
务川仡佬族苗族自治县									
凤冈县							10	7	3
湄潭县									
余庆县							3	1	2
习水县									
赤水市									
仁怀市									
安顺市							**157**	**81**	**76**
西秀区							15	6	9
平坝区							15	6	9
普定县							7	3	4
镇宁布依族苗族自治县							9	7	2
关岭布依族苗族自治县							109	57	52
紫云苗族布依族自治县							2	2	
毕节市	**1**		**1**	**1**		**1**	**748**	**449**	**299**
七星关区							33	19	14
大方县	1		1	1		1	204	102	102
黔西县							30	19	11
金沙县							1		1
织金县							27	15	12
纳雍县							444	290	154
威宁彝族回族苗族自治县							8	4	4
赫章县							1		1

1-4　续表 33　　　　　　　　　　　　　　　　　　　　　　　　　　　　单位：人

地　　区	保安族			裕固族			京　族		
	小计	男	女	小计	男	女	小计	男	女
铜仁市	**2**	**2**					**34**	**15**	**19**
碧江区	1	1					8	3	5
万山区							3	2	1
江口县							13	6	7
玉屏侗族自治县									
石阡县									
思南县							5	2	3
印江土家族苗族自治县							1		1
德江县									
沿河土家族自治县							1	1	
松桃苗族自治县	1	1					3	1	2
黔西南布依族苗族自治州							**44**	**21**	**23**
兴义市							23	8	15
兴仁市							3	2	1
普安县							11	7	4
晴隆县									
贞丰县							2	1	1
望谟县							3	1	2
册亨县									
安龙县							2	2	
黔东南苗族侗族自治州	**1**	**1**		**1**	**1**		**14**	**7**	**7**
凯里市							9	4	5
黄平县									
施秉县									
三穗县									
镇远县							1	1	
岑巩县	1	1							
天柱县							3	2	1
锦屏县				1	1				
剑河县									
台江县									
黎平县							1		1
榕江县									
从江县									
雷山县									
麻江县									
丹寨县									
黔南布依族苗族自治州				**1**		**1**	**43**	**19**	**24**
都匀市				1		1	11	8	3
福泉市							4		4
荔波县									
贵定县							17	6	11
瓮安县									
独山县									
平塘县							1	1	
罗甸县									
长顺县									
龙里县							6	3	3
惠水县							3	1	2
三都水族自治县							1		1

1-4 续表 34 单位：人

地区	塔塔尔族			独龙族			鄂伦春族		
	小计	男	女	小计	男	女	小计	男	女
贵州	**11**	**1**	**10**	**105**	**63**	**42**	**28**	**14**	**14**
贵阳市	**1**		**1**	**8**	**3**	**5**	**9**	**2**	**7**
南明区				1		1	1		1
云岩区							2		2
花溪区				4	1	3	5	2	3
乌当区				1	1				
白云区									
观山湖区				1		1			
开阳县									
息烽县	1		1						
修文县				1	1				
清镇市							1		1
六盘水市				**74**	**49**	**25**	**1**	**1**	
钟山区				9	6	3			
六枝特区				65	43	22			
水城县							1	1	
盘州市									
遵义市	**4**	**1**	**3**	**3**	**3**		**1**	**1**	
红花岗区				1	1				
汇川区	2	1	1						
播州区	1		1	2	2				
桐梓县									
绥阳县									
正安县							1	1	
道真仡佬族苗族自治县									
务川仡佬族苗族自治县									
凤冈县									
湄潭县	1		1						
余庆县									
习水县									
赤水市									
仁怀市									
安顺市				**3**	**1**	**2**			
西秀区									
平坝区				2	1	1			
普定县				1		1			
镇宁布依族苗族自治县									
关岭布依族苗族自治县									
紫云苗族布依族自治县									
毕节市	**3**		**3**	**4**	**1**	**3**	**6**	**4**	**2**
七星关区									
大方县	1		1	1		1			
黔西县							4	3	1
金沙县									
织金县	2		2	2	1	1	1	1	
纳雍县				1		1	1		1
威宁彝族回族苗族自治县									
赫章县									

1-4 续表 35　　　　单位：人

地　　区	塔塔尔族			独 龙 族			鄂伦春族		
	小计	男	女	小计	男	女	小计	男	女
铜仁市				**7**	**3**	**4**	**3**	**2**	**1**
碧江区				1		1			
万山区				1		1			
江口县				1		1			
玉屏侗族自治县									
石阡县							1	1	
思南县				2	1	1			
印江土家族苗族自治县				1	1				
德江县									
沿河土家族自治县				1	1				
松桃苗族自治县							2	1	1
黔西南布依族苗族自治州				**2**	**1**	**1**			
兴义市									
兴仁市									
普安县									
晴隆县									
贞丰县				2	1	1			
望谟县									
册亨县									
安龙县									
黔东南苗族侗族自治州									
凯里市									
黄平县									
施秉县									
三穗县									
镇远县									
岑巩县									
天柱县									
锦屏县									
剑河县									
台江县									
黎平县									
榕江县									
从江县									
雷山县									
麻江县									
丹寨县									
黔南布依族苗族自治州	**3**		**3**	**4**	**2**	**2**	**8**	**4**	**4**
都匀市				2		2			
福泉市									
荔波县									
贵定县	1		1						
瓮安县	2		2						
独山县							6	3	3
平塘县									
罗甸县									
长顺县									
龙里县				2	2				
惠水县							1		1
三都水族自治县							1	1	

1－4 续表 36

单位：人

地区	赫哲族			门巴族			珞巴族		
	小计	男	女	小计	男	女	小计	男	女
贵　州	**8**	**4**	**4**	**6**	**2**	**4**	**113**	**57**	**56**
贵阳市	**5**	**2**	**3**	**1**		**1**	**21**	**9**	**12**
南明区				1		1	5	2	3
云岩区									
花溪区							7	5	2
乌当区									
白云区							9	2	7
观山湖区	4	2	2						
开阳县	1		1						
息烽县									
修文县									
清镇市									
六盘水市							**9**	**3**	**6**
钟山区							1	1	
六枝特区							6	1	5
水城县							2	1	1
盘州市									
遵义市				**5**	**2**	**3**	**2**	**1**	**1**
红花岗区				3	1	2	2	1	1
汇川区				1	1				
播州区									
桐梓县									
绥阳县									
正安县									
道真仡佬族苗族自治县									
务川仡佬族苗族自治县									
凤冈县									
湄潭县									
余庆县									
习水县									
赤水市									
仁怀市				1		1			
安顺市							**68**	**37**	**31**
西秀区							2	1	1
平坝区							1	1	
普定县									
镇宁布依族苗族自治县									
关岭布依族苗族自治县							65	35	30
紫云苗族布依族自治县									
毕节市	**1**		**1**				**5**	**4**	**1**
七星关区							2	2	
大方县									
黔西县							3	2	1
金沙县									
织金县	1		1						
纳雍县									
威宁彝族回族苗族自治县									
赫章县									

1-4　续表 37

单位：人

地　区	赫哲族			门巴族			珞巴族		
	小计	男	女	小计	男	女	小计	男	女
铜仁市	**1**	**1**					**2**		**2**
碧江区									
万山区									
江口县									
玉屏侗族自治县									
石阡县									
思南县	1	1							
印江土家族苗族自治县									
德江县									
沿河土家族自治县									
松桃苗族自治县							2		2
黔西南布依族苗族自治州							**4**	**2**	**2**
兴义市							3	2	1
兴仁市							1		1
普安县									
晴隆县									
贞丰县									
望谟县									
册亨县									
安龙县									
黔东南苗族侗族自治州	**1**	**1**							
凯里市									
黄平县									
施秉县									
三穗县									
镇远县									
岑巩县									
天柱县	1	1							
锦屏县									
剑河县									
台江县									
黎平县									
榕江县									
从江县									
雷山县									
麻江县									
丹寨县									
黔南布依族苗族自治州							**2**	**1**	**1**
都匀市							1		1
福泉市									
荔波县									
贵定县									
瓮安县									
独山县									
平塘县									
罗甸县									
长顺县									
龙里县									
惠水县							1	1	
三都水族自治县									

1-4 续表 38

单位：人

地 区	基诺族			未定族称人口			入 籍		
	小计	男	女	小计	男	女	小计	男	女
贵 州	**65**	**29**	**36**	**698234**	**363838**	**334396**	**5951**	**2969**	**2982**
贵阳市	**13**	**8**	**5**	**87454**	**45416**	**42038**	**1363**	**704**	**659**
南明区	2		2	12771	6450	6321	264	146	118
云岩区	1		1	16926	8982	7944	200	81	119
花溪区	2	2		12134	6067	6067	246	126	120
乌当区				3009	1457	1552	56	27	29
白云区	1	1		6134	3213	2921	68	29	39
观山湖区	3	3		8487	4332	4155	334	184	150
开阳县				475	210	265	18	7	11
息烽县				395	163	232	6	4	2
修文县	3	1	2	1289	595	694	15	10	5
清镇市	1	1		25834	13947	11887	156	90	66
六盘水市	**15**	**11**	**4**	**91928**	**48203**	**43725**	**533**	**232**	**301**
钟山区				32121	16569	15552	190	92	98
六枝特区				4026	1934	2092	66	34	32
水城县	13	10	3	54032	28827	25205	161	65	96
盘州市	2	1	1	1749	873	876	116	41	75
遵义市	**5**		**5**	**4919**	**2253**	**2666**	**158**	**61**	**97**
红花岗区				1946	880	1066	45	15	30
汇川区	4		4	615	281	334	22	9	13
播州区				565	235	330	24	9	15
桐梓县				238	120	118	5	2	3
绥阳县				116	52	64	1	1	
正安县				137	61	76	2	1	1
道真仡佬族苗族自治县				103	46	57	1		1
务川仡佬族苗族自治县	1		1	80	34	46	7	4	3
凤冈县				167	80	87	13	5	8
湄潭县				133	61	72	4		4
余庆县				115	58	57	3	1	2
习水县				207	109	98	9	6	3
赤水市				58	19	39	2	1	1
仁怀市				439	217	222	20	7	13
安顺市	**4**	**2**	**2**	**23012**	**11816**	**11196**	**750**	**375**	**375**
西秀区	4	2	2	7936	3983	3953	297	136	161
平坝区				2752	1383	1369	240	135	105
普定县				11407	6026	5381	134	70	64
镇宁布依族苗族自治县				379	175	204	24	7	17
关岭布依族苗族自治县				295	131	164	50	26	24
紫云苗族布依族自治县				243	118	125	5	1	4
毕节市	**10**	**4**	**6**	**453966**	**237640**	**216326**	**2428**	**1288**	**1140**
七星关区				9343	4510	4833	136	61	75
大方县	1	1		37713	20000	17713	608	349	259
黔西县				1888	839	1049	83	31	52
金沙县				512	242	270	14	6	8
织金县	2	1	1	198127	104067	94060	300	155	145
纳雍县	7	2	5	202815	106076	96739	1186	647	539
威宁彝族回族苗族自治县				1630	883	747	57	20	37
赫章县				1938	1023	915	44	19	25

1-4 续表 39 单位：人

地区	基诺族			未定族称人口			入籍		
	小计	男	女	小计	男	女	小计	男	女
铜仁市				**1917**	**861**	**1056**	**86**	**24**	**62**
碧江区				837	360	477	40	12	28
万山区				63	26	37	6	2	4
江口县				61	31	30	3	1	2
玉屏侗族自治县				88	35	53	5	1	4
石阡县				124	56	68	15	4	11
思南县				159	91	68	3	1	2
印江土家族苗族自治县				94	43	51	5	3	2
德江县				313	140	173	3		3
沿河土家族自治县				67	32	35	2		2
松桃苗族自治县				111	47	64	4		4
黔西南布依族苗族自治州	**3**	**1**	**2**	**2525**	**1150**	**1375**	**105**	**45**	**60**
兴义市	3	1	2	1505	647	858	38	20	18
兴仁市				285	146	139	8	3	5
普安县				90	40	50	35	13	22
晴隆县				119	57	62	17	6	11
贞丰县				108	55	53	3	2	1
望谟县				149	72	77	2		2
册亨县				68	33	35	2	1	1
安龙县				201	100	101			
黔东南苗族侗族自治州	**6**	**1**	**5**	**26753**	**13827**	**12926**	**307**	**144**	**163**
凯里市	5		5	11177	5882	5295	213	101	112
黄平县				13467	6929	6538	29	16	13
施秉县	1	1		830	445	385	5	3	2
三穗县				75	27	48	4	3	1
镇远县				173	80	93	13	7	6
岑巩县				101	45	56	8	3	5
天柱县				64	32	32	2		2
锦屏县				83	36	47	4	1	3
剑河县				70	36	34	3	1	2
台江县				76	44	32	1		1
黎平县				146	69	77	6	3	3
榕江县				120	57	63	6	3	3
从江县				70	37	33	10	3	7
雷山县				93	33	60			
麻江县				131	48	83	3		3
丹寨县				77	27	50			
黔南布依族苗族自治州	**9**	**2**	**7**	**5760**	**2672**	**3088**	**221**	**96**	**125**
都匀市	3		3	1423	708	715	44	20	24
福泉市				544	281	263	15	7	8
荔波县				62	31	31	9	4	5
贵定县				578	172	406	23	2	21
瓮安县				261	124	137	4	3	1
独山县				149	58	91	9	5	4
平塘县				90	36	54	2	1	1
罗甸县				151	87	64	4	1	3
长顺县	1		1	225	110	115	13	8	5
龙里县	2	2		843	436	407	65	26	39
惠水县	3		3	1339	580	759	33	19	14
三都水族自治县				95	49	46			

1-4a 各地区分性别、民族的人口(城市)

单位：人

地区	合计			汉族		
	合计	男	女	小计	男	女
贵州	**10126125**	**5086734**	**5039391**	**7755581**	**3902393**	**3853188**
贵阳市	**4102936**	**2078579**	**2024357**	**3211379**	**1627873**	**1583506**
南明区	995995	498937	497058	802112	402381	399731
云岩区	1056819	531370	525449	848901	426077	422824
花溪区	635526	325370	310156	472922	243217	229705
乌当区	200830	97807	103023	155729	76289	79440
白云区	415894	215040	200854	321255	166711	154544
观山湖区	521841	267465	254376	404600	207324	197276
开阳县						
息烽县						
修文县						
清镇市	276031	142590	133441	205860	105874	99986
六盘水市	**979413**	**490297**	**489116**	**782207**	**391966**	**390241**
钟山区	546319	272476	273843	421261	210425	210836
六枝特区	161070	79103	81967	130610	63888	66722
水城县						
盘州市	272024	138718	133306	230336	117653	112683
遵义市	**1874238**	**932952**	**941286**	**1748779**	**872991**	**875788**
红花岗区	730096	360052	370044	661802	327776	334026
汇川区	436044	216639	219405	399625	198822	200803
播州区	301268	150614	150654	288560	144617	143943
桐梓县						
绥阳县						
正安县						
道真仡佬族苗族自治县						
务川仡佬族苗族自治县						
凤冈县						
湄潭县						
余庆县						
习水县						
赤水市	104454	50747	53707	102524	49842	52682
仁怀市	302376	154900	147476	296268	151934	144334
安顺市	**536236**	**263741**	**272495**	**434344**	**214453**	**219891**
西秀区	461738	226455	235283	376450	185324	191126
平坝区	74498	37286	37212	57894	29129	28765
普定县						
镇宁布依族苗族自治县						
关岭布依族苗族自治县						
紫云苗族布依族自治县						
毕节市	**609901**	**308047**	**301854**	**546805**	**277174**	**269631**
七星关区	609901	308047	301854	546805	277174	269631
大方县						
黔西县						
金沙县						
织金县						
纳雍县						
威宁彝族回族苗族自治县						
赫章县						

1-4a　续表 1　　　　单位：人

地　　区	合　　计			汉　　族		
	合计	男	女	小计	男	女
铜仁市	**417810**	**208250**	**209560**	**142905**	**69715**	**73190**
碧江区	341286	168432	172854	119840	57932	61908
万山区	76524	39818	36706	23065	11783	11282
江口县						
玉屏侗族自治县						
石阡县						
思南县						
印江土家族苗族自治县						
德江县						
沿河土家族自治县						
松桃苗族自治县						
黔西南布依族苗族自治州	**692525**	**347629**	**344896**	**509053**	**256933**	**252120**
兴义市	569150	285341	283809	411491	207446	204045
兴仁市	123375	62288	61087	97562	49487	48075
普安县						
晴隆县						
贞丰县						
望谟县						
册亨县						
安龙县						
黔东南苗族侗族自治州	**487109**	**245728**	**241381**	**149261**	**75324**	**73937**
凯里市	487109	245728	241381	149261	75324	73937
黄平县						
施秉县						
三穗县						
镇远县						
岑巩县						
天柱县						
锦屏县						
剑河县						
台江县						
黎平县						
榕江县						
从江县						
雷山县						
麻江县						
丹寨县						
黔南布依族苗族自治州	**425957**	**211511**	**214446**	**230848**	**115964**	**114884**
都匀市	319239	158255	160984	150556	75583	74973
福泉市	106718	53256	53462	80292	40381	39911
荔波县						
贵定县						
瓮安县						
独山县						
平塘县						
罗甸县						
长顺县						
龙里县						
惠水县						
三都水族自治县						

1-4a 续表 2

单位：人

地区	蒙古族			回族			藏族		
	小计	男	女	小计	男	女	小计	男	女
贵州	**13522**	**7080**	**6442**	**51020**	**25158**	**25862**	**1159**	**526**	**633**
贵阳市	**7363**	**3918**	**3445**	**14456**	**7176**	**7280**	**501**	**248**	**253**
南明区	1650	880	770	3836	1905	1931	132	69	63
云岩区	1854	989	865	3689	1843	1846	115	51	64
花溪区	1185	633	552	2045	1003	1042	71	31	40
乌当区	282	134	148	788	368	420	25	13	12
白云区	734	408	326	1107	552	555	46	28	18
观山湖区	1295	673	622	2224	1100	1124	94	49	45
开阳县									
息烽县									
修文县									
清镇市	363	201	162	767	405	362	18	7	11
六盘水市	**1924**	**1026**	**898**	**8511**	**4235**	**4276**	**109**	**47**	**62**
钟山区	1324	708	616	5409	2644	2765	68	31	37
六枝特区	353	189	164	847	418	429	18	5	13
水城县									
盘州市	247	129	118	2255	1173	1082	23	11	12
遵义市	**555**	**253**	**302**	**1705**	**787**	**918**	**185**	**76**	**109**
红花岗区	297	135	162	1019	467	552	152	62	90
汇川区	157	69	88	522	250	272	16	7	9
播州区	68	31	37	95	41	54	8	5	3
桐梓县									
绥阳县									
正安县									
道真仡佬族苗族自治县									
务川仡佬族苗族自治县									
凤冈县									
湄潭县									
余庆县									
习水县									
赤水市	14	6	8	21	8	13	4	1	3
仁怀市	19	12	7	48	21	27	5	1	4
安顺市	**412**	**207**	**205**	**7469**	**3673**	**3796**	**31**	**14**	**17**
西秀区	380	190	190	3777	1858	1919	28	13	15
平坝区	32	17	15	3692	1815	1877	3	1	2
普定县									
镇宁布依族苗族自治县									
关岭布依族苗族自治县									
紫云苗族布依族自治县									
毕节市	**1490**	**789**	**701**	**1182**	**596**	**586**	**53**	**29**	**24**
七星关区	1490	789	701	1182	596	586	53	29	24
大方县									
黔西县									
金沙县									
织金县									
纳雍县									
威宁彝族回族苗族自治县									
赫章县									

1-4a　续表 3　　单位：人

地　　区	蒙古族			回　　族			藏　　族		
	小计	男	女	小计	男	女	小计	男	女
铜仁市	**549**	**270**	**279**	**1060**	**500**	**560**	**71**	**32**	**39**
碧江区	412	197	215	934	434	500	55	29	36
万山区	137	73	64	126	66	60	6	3	3
江口县									
玉屏侗族自治县									
石阡县									
思南县									
印江土家族苗族自治县									
德江县									
沿河土家族自治县									
松桃苗族自治县									
黔西南布依族苗族自治州	**738**	**377**	**361**	**13927**	**6926**	**7001**	**67**	**27**	**40**
兴义市	725	372	353	8671	4217	4454	53	19	34
兴仁市	13	5	8	5256	2709	2547	14	8	6
普安县									
晴隆县									
贞丰县									
望谟县									
册亨县									
安龙县									
黔东南苗族侗族自治州	**198**	**102**	**96**	**1197**	**571**	**626**	**90**	**32**	**58**
凯里市	198	102	96	1197	571	626	90	32	58
黄平县									
施秉县									
三穗县									
镇远县									
岑巩县									
天柱县									
锦屏县									
剑河县									
台江县									
黎平县									
榕江县									
从江县									
雷山县									
麻江县									
丹寨县									
黔南布依族苗族自治州	**293**	**138**	**155**	**1513**	**694**	**819**	**52**	**21**	**31**
都匀市	232	112	120	1375	613	762	49	19	30
福泉市	61	26	35	138	81	57	3	2	1
荔波县									
贵定县									
瓮安县									
独山县									
平塘县									
罗甸县									
长顺县									
龙里县									
惠水县									
三都水族自治县									

1−4a 续表 4

单位：人

地区	维吾尔族			苗族			彝族		
	小计	男	女	小计	男	女	小计	男	女
贵州	**482**	**292**	**190**	**733636**	**367702**	**365934**	**180320**	**89089**	**91231**
贵阳市	**298**	**189**	**109**	**230388**	**116226**	**114162**	**67032**	**33661**	**33371**
南明区	61	34	27	48949	24049	24900	15159	7456	7703
云岩区	102	70	32	54375	27621	26754	15642	7906	7736
花溪区	54	33	21	45684	23096	22588	10273	5121	5152
乌当区	13	6	7	11807	5606	6201	2811	1341	1470
白云区	19	11	8	22484	11392	11092	8342	4319	4023
观山湖区	36	23	13	29434	15236	14198	8549	4344	4205
开阳县									
息烽县									
修文县									
清镇市	13	12	1	17655	9226	8429	6256	3174	3082
六盘水市	**42**	**19**	**23**	**37475**	**18609**	**18866**	**64036**	**31704**	**32332**
钟山区	25	15	10	25553	12543	13010	36604	18143	18461
六枝特区	9	2	7	6803	3422	3381	10206	5191	5015
水城县									
盘州市	8	2	6	5119	2644	2475	17226	8370	8856
遵义市	**41**	**30**	**11**	**38095**	**18564**	**19531**	**4687**	**2074**	**2613**
红花岗区	12	8	4	19899	9579	10320	2789	1223	1566
汇川区	17	11	6	10625	5334	5291	923	415	508
播州区	4	4		3639	1714	1925	601	257	344
桐梓县									
绥阳县									
正安县									
道真仡佬族苗族自治县									
务川仡佬族苗族自治县									
凤冈县									
湄潭县									
余庆县									
习水县									
赤水市	6	6		1144	543	601	78	36	42
仁怀市	2	1	1	2788	1394	1394	296	143	153
安顺市	**7**	**3**	**4**	**38543**	**18676**	**19867**	**3327**	**1544**	**1783**
西秀区	7	3	4	32642	15747	16895	2933	1353	1580
平坝区				5901	2929	2972	394	191	203
普定县									
镇宁布依族苗族自治县									
关岭布依族苗族自治县									
紫云苗族布依族自治县									
毕节市	**5**	**4**	**1**	**12342**	**6066**	**6276**	**20186**	**9833**	**10353**
七星关区	5	4	1	12342	6066	6276	20186	9833	10353
大方县									
黔西县									
金沙县									
织金县									
纳雍县									
威宁彝族回族苗族自治县									
赫章县									

1-4a　续表 5　　　　单位：人

地　区	维吾尔族			苗　族			彝　族		
	小计	男	女	小计	男	女	小计	男	女
铜仁市	**28**	**11**	**17**	**64992**	**32244**	**32748**	**1110**	**457**	**653**
碧江区	26	9	17	54798	26905	27893	1023	414	609
万山区	2	2		10194	5339	4855	87	43	44
江口县									
玉屏侗族自治县									
石阡县									
思南县									
印江土家族苗族自治县									
德江县									
沿河土家族自治县									
松桃苗族自治县									
黔西南布依族苗族自治州	**14**	**9**	**5**	**30699**	**15207**	**15492**	**14198**	**7116**	**7082**
兴义市	13	9	4	26986	13431	13555	11753	5879	5874
兴仁市	1		1	3713	1776	1937	2445	1237	1208
普安县									
晴隆县									
贞丰县									
望谟县									
册亨县									
安龙县									
黔东南苗族侗族自治州	**36**	**18**	**18**	**230206**	**117011**	**113195**	**1885**	**893**	**992**
凯里市	36	18	18	230206	117011	113195	1885	893	992
黄平县									
施秉县									
三穗县									
镇远县									
岑巩县									
天柱县									
锦屏县									
剑河县									
台江县									
黎平县									
榕江县									
从江县									
雷山县									
麻江县									
丹寨县									
黔南布依族苗族自治州	**11**	**9**	**2**	**50896**	**25099**	**25797**	**3859**	**1807**	**2052**
都匀市	11	9	2	38368	18991	19377	2931	1372	1559
福泉市				12528	6108	6420	928	435	493
荔波县									
贵定县									
瓮安县									
独山县									
平塘县									
罗甸县									
长顺县									
龙里县									
惠水县									
三都水族自治县									

1-4a 续表 6

单位：人

地区	壮族			布依族			朝鲜族		
	小计	男	女	小计	男	女	小计	男	女
贵州	**19483**	**9349**	**10134**	**433954**	**211528**	**222426**	**647**	**315**	**332**
贵阳市	**8815**	**4401**	**4414**	**178030**	**87272**	**90758**	**423**	**203**	**220**
南明区	2436	1204	1232	34402	16471	17931	98	57	41
云岩区	2207	1085	1122	33144	15955	17189	113	43	70
花溪区	1317	689	628	45951	22915	23036	67	42	25
乌当区	462	235	227	10049	4767	5282	22	8	14
白云区	709	341	368	21551	10861	10690	37	18	19
观山湖区	1354	694	660	16360	7974	8386	69	31	38
开阳县									
息烽县									
修文县									
清镇市	330	153	177	16573	8329	8244	17	4	13
六盘水市	**1119**	**528**	**591**	**18252**	**8954**	**9298**	**26**	**11**	**15**
钟山区	771	371	400	8981	4322	4659	25	11	14
六枝特区	169	74	95	5165	2490	2675	1		1
水城县									
盘州市	179	83	96	4106	2142	1964			
遵义市	**1459**	**618**	**841**	**8816**	**3799**	**5017**	**49**	**21**	**28**
红花岗区	721	303	418	5307	2252	3055	20	11	9
汇川区	412	191	221	1719	783	936	20	8	12
播州区	201	78	123	1031	443	588	8	1	7
桐梓县									
绥阳县									
正安县									
道真仡佬族苗族自治县									
务川仡佬族苗族自治县									
凤冈县									
湄潭县									
余庆县									
习水县									
赤水市	47	14	33	116	43	73	1	1	
仁怀市	78	32	46	643	278	365			
安顺市	**716**	**376**	**340**	**24790**	**11703**	**13087**	**27**	**16**	**11**
西秀区	638	342	296	21028	9906	11122	26	16	10
平坝区	78	34	44	3762	1797	1965	1		1
普定县									
镇宁布依族苗族自治县									
关岭布依族苗族自治县									
紫云苗族布依族自治县									
毕节市	**578**	**243**	**335**	**3101**	**1392**	**1709**	**13**	**6**	**7**
七星关区	578	243	335	3101	1392	1709	13	6	7
大方县									
黔西县									
金沙县									
织金县									
纳雍县									
威宁彝族回族苗族自治县									
赫章县									

1-4a　续表 7

单位：人

地　区	壮　族			布依族			朝鲜族		
	小计	男	女	小计	男	女	小计	男	女
铜仁市	**487**	**191**	**296**	**2225**	**901**	**1324**	**25**	**12**	**13**
碧江区	405	157	248	2015	822	1193	22	12	10
万山区	82	34	48	210	79	131	3		3
江口县									
玉屏侗族自治县									
石阡县									
思南县									
印江土家族苗族自治县									
德江县									
沿河土家族自治县									
松桃苗族自治县									
黔西南布依族苗族自治州	**2579**	**1210**	**1369**	**98748**	**48814**	**49934**	**22**	**14**	**8**
兴义市	2382	1110	1272	87656	43367	44289	21	13	8
兴仁市	197	100	97	11092	5447	5645	1	1	
普安县									
晴隆县									
贞丰县									
望谟县									
册亨县									
安龙县									
黔东南苗族侗族自治州	**1257**	**568**	**689**	**6227**	**2878**	**3349**	**28**	**16**	**12**
凯里市	1257	568	689	6227	2878	3349	28	16	12
黄平县									
施秉县									
三穗县									
镇远县									
岑巩县									
天柱县									
锦屏县									
剑河县									
台江县									
黎平县									
榕江县									
从江县									
雷山县									
麻江县									
丹寨县									
黔南布依族苗族自治州	**2473**	**1214**	**1259**	**93765**	**45815**	**47950**	**34**	**16**	**18**
都匀市	2310	1133	1177	86825	42432	44393	31	14	17
福泉市	163	81	82	6940	3383	3557	3	2	1
荔波县									
贵定县									
瓮安县									
独山县									
平塘县									
罗甸县									
长顺县									
龙里县									
惠水县									
三都水族自治县									

1-4a 续表 8　　　　单位：人

地区	满族			侗族			瑶族		
	小计	男	女	小计	男	女	小计	男	女
贵　州	**14592**	**7377**	**7215**	**245373**	**124213**	**121160**	**7139**	**3578**	**3561**
贵阳市	**9154**	**4642**	**4512**	**72942**	**37584**	**35358**	**2347**	**1201**	**1146**
南明区	2013	1034	979	17592	9097	8495	618	315	303
云岩区	2253	1127	1126	17557	9012	8545	501	257	244
花溪区	1755	905	850	11474	5867	5607	390	216	174
乌当区	326	167	159	4757	2318	2439	115	59	56
白云区	779	397	382	6477	3300	3177	220	103	117
观山湖区	1786	877	909	11155	5799	5356	359	184	175
开阳县									
息烽县									
修文县									
清镇市	242	135	107	3930	2191	1739	144	67	77
六盘水市	**1420**	**691**	**729**	**4531**	**2180**	**2351**	**228**	**104**	**124**
钟山区	820	386	434	3487	1666	1821	139	62	77
六枝特区	225	100	125	582	276	306	43	20	23
水城县									
盘州市	375	205	170	462	238	224	46	22	24
遵义市	**989**	**497**	**492**	**7066**	**3332**	**3734**	**359**	**167**	**192**
红花岗区	496	245	251	4201	1943	2258	187	90	97
汇川区	359	182	177	1559	757	802	105	47	58
播州区	89	47	42	742	352	390	42	21	21
桐梓县									
绥阳县									
正安县									
道真仡佬族苗族自治县									
务川仡佬族苗族自治县									
凤冈县									
湄潭县									
余庆县									
习水县									
赤水市	11	7	4	97	47	50	4	1	3
仁怀市	34	16	18	467	233	234	21	8	13
安顺市	**773**	**402**	**371**	**2841**	**1369**	**1472**	**113**	**54**	**59**
西秀区	689	369	320	2520	1209	1311	107	54	53
平坝区	84	33	51	321	160	161	6		6
普定县									
镇宁布依族苗族自治县									
关岭布依族苗族自治县									
紫云苗族布依族自治县									
毕节市	**290**	**127**	**163**	**1647**	**851**	**796**	**104**	**47**	**57**
七星关区	290	127	163	1647	851	796	104	47	57
大方县									
黔西县									
金沙县									
织金县									
纳雍县									
威宁彝族回族苗族自治县									
赫章县									

1-4a　续表 9　　单位：人

地　　区	满　　族			侗　　族			瑶　　族		
	小计	男	女	小计	男	女	小计	男	女
铜仁市	**283**	**149**	**134**	**76980**	**39550**	**37430**	**1234**	**680**	**554**
碧江区	260	138	122	53703	27356	26347	800	423	377
万山区	23	11	12	23277	12194	11083	434	257	177
江口县									
玉屏侗族自治县									
石阡县									
思南县									
印江土家族苗族自治县									
德江县									
沿河土家族自治县									
松桃苗族自治县									
黔西南布依族苗族自治州	**537**	**302**	**235**	**2989**	**1349**	**1640**	**379**	**176**	**203**
兴义市	494	279	215	2743	1229	1514	313	145	168
兴仁市	43	23	20	246	120	126	66	31	35
普安县									
晴隆县									
贞丰县									
望谟县									
册亨县									
安龙县									
黔东南苗族侗族自治州	**358**	**180**	**178**	**68734**	**34175**	**34559**	**1305**	**648**	**657**
凯里市	358	180	178	68734	34175	34559	1305	648	657
黄平县									
施秉县									
三穗县									
镇远县									
岑巩县									
天柱县									
锦屏县									
剑河县									
台江县									
黎平县									
榕江县									
从江县									
雷山县									
麻江县									
丹寨县									
黔南布依族苗族自治州	**788**	**387**	**401**	**7643**	**3823**	**3820**	**1070**	**501**	**569**
都匀市	767	372	395	6342	3211	3131	1029	479	550
福泉市	21	15	6	1301	612	689	41	22	19
荔波县									
贵定县									
瓮安县									
独山县									
平塘县									
罗甸县									
长顺县									
龙里县									
惠水县									
三都水族自治县									

1-4a 续表 10

单位：人

地区	白族			土家族			哈尼族		
	小计	男	女	小计	男	女	小计	男	女
贵州	**56944**	**28683**	**28261**	**307162**	**155095**	**152067**	**902**	**378**	**524**
贵阳市	**23866**	**12045**	**11821**	**140396**	**71698**	**68698**	**364**	**157**	**207**
南明区	5123	2529	2594	33557	17035	16522	126	59	67
云岩区	6458	3328	3130	34926	17753	17173	102	39	63
花溪区	3385	1687	1698	19789	10090	9699	48	25	23
乌当区	1027	506	521	6913	3242	3671	9	1	8
白云区	2680	1331	1349	15713	8110	7603	21	3	18
观山湖区	3407	1728	1679	22766	11803	10963	37	16	21
开阳县									
息烽县									
修文县									
清镇市	1786	936	850	6732	3665	3067	21	14	7
六盘水市	**15029**	**7730**	**7299**	**5757**	**2878**	**2879**	**143**	**56**	**87**
钟山区	7319	3720	3599	4486	2175	2311	42	14	28
六枝特区	356	165	191	511	264	247	27	10	17
水城县									
盘州市	7354	3845	3509	760	439	321	74	32	42
遵义市	**1170**	**521**	**649**	**20998**	**10164**	**10834**	**117**	**50**	**67**
红花岗区	709	302	407	12095	5798	6297	63	22	41
汇川区	263	129	134	5684	2792	2892	26	14	12
播州区	113	56	57	2253	1092	1161	13	4	9
桐梓县									
绥阳县									
正安县									
道真仡佬族苗族自治县									
务川仡佬族苗族自治县									
凤冈县									
湄潭县									
余庆县									
习水县									
赤水市	14	7	7	206	111	95	5	5	
仁怀市	71	27	44	760	371	389	10	5	5
安顺市	**3977**	**2023**	**1954**	**4204**	**2038**	**2166**	**49**	**20**	**29**
西秀区	3669	1869	1800	3830	1860	1970	43	18	25
平坝区	308	154	154	374	178	196	6	2	4
普定县									
镇宁布依族苗族自治县									
关岭布依族苗族自治县									
紫云苗族布依族自治县									
毕节市	**10427**	**5230**	**5197**	**2492**	**1241**	**1251**	**61**	**31**	**30**
七星关区	10427	5230	5197	2492	1241	1251	61	31	30
大方县									
黔西县									
金沙县									
织金县									
纳雍县									
威宁彝族回族苗族自治县									
赫章县									

1−4a 续表 11

单位：人

地区	白族			土家族			哈尼族		
	小计	男	女	小计	男	女	小计	男	女
铜仁市	**340**	**157**	**183**	**116853**	**58984**	**57869**	**29**	**10**	**19**
碧江区	308	142	166	100092	50211	49881	27	9	18
万山区	32	15	17	16761	8773	7988	2	1	1
江口县									
玉屏侗族自治县									
石阡县									
思南县									
印江土家族苗族自治县									
德江县									
沿河土家族自治县									
松桃苗族自治县									
黔西南布依族苗族自治州	**1115**	**506**	**609**	**4159**	**2084**	**2075**	**91**	**38**	**53**
兴义市	1029	482	547	3704	1843	1861	82	35	47
兴仁市	86	24	62	455	241	214	9	3	6
普安县									
晴隆县									
贞丰县									
望谟县									
册亨县									
安龙县									
黔东南苗族侗族自治州	**428**	**214**	**214**	**6701**	**3359**	**3342**	**30**	**11**	**19**
凯里市	428	214	214	6701	3359	3342	30	11	19
黄平县									
施秉县									
三穗县									
镇远县									
岑巩县									
天柱县									
锦屏县									
剑河县									
台江县									
黎平县									
榕江县									
从江县									
雷山县									
麻江县									
丹寨县									
黔南布依族苗族自治州	**592**	**257**	**335**	**5602**	**2649**	**2953**	**18**	**5**	**13**
都匀市	434	187	247	4434	2051	2383	13	4	9
福泉市	158	70	88	1168	598	570	5	1	4
荔波县									
贵定县									
瓮安县									
独山县									
平塘县									
罗甸县									
长顺县									
龙里县									
惠水县									
三都水族自治县									

1－4a 续表 12 单位：人

地 区	哈萨克族			傣 族			黎 族		
	小计	男	女	小计	男	女	小计	男	女
贵 州	**26**	**9**	**17**	**884**	**360**	**524**	**22952**	**11443**	**11509**
贵阳市	**9**	**2**	**7**	**388**	**155**	**233**	**7318**	**3596**	**3722**
南明区	1	1		110	46	64	1659	795	864
云岩区				95	37	58	1766	845	921
花溪区	4	1	3	49	18	31	1096	531	565
乌当区				19	5	14	385	193	192
白云区				54	27	27	723	360	363
观山湖区	3		3	46	17	29	1120	576	544
开阳县									
息烽县									
修文县									
清镇市	1		1	15	5	10	569	296	273
六盘水市	**4**	**2**	**2**	**88**	**34**	**54**	**2171**	**1092**	**1079**
钟山区	3	2	1	35	8	27	542	244	298
六枝特区				12	6	6	616	326	290
水城县									
盘州市	1		1	41	20	21	1013	522	491
遵义市	**3**	**1**	**2**	**104**	**41**	**63**	**648**	**301**	**347**
红花岗区				47	16	31	403	190	213
汇川区	1		1	28	13	15	138	61	77
播州区				14	7	7	59	29	30
桐梓县									
绥阳县									
正安县									
道真仡佬族苗族自治县									
务川仡佬族苗族自治县									
凤冈县									
湄潭县									
余庆县									
习水县									
赤水市				6	2	4	4	1	3
仁怀市	2	1	1	9	3	6	44	20	24
安顺市				**59**	**22**	**37**	**3057**	**1503**	**1554**
西秀区				56	20	36	2964	1455	1509
平坝区				3	2	1	93	48	45
普定县									
镇宁布依族苗族自治县									
关岭布依族苗族自治县									
紫云苗族布依族自治县									
毕节市	**1**	**1**		**56**	**24**	**32**	**228**	**95**	**133**
七星关区	1	1		56	24	32	228	95	133
大方县									
黔西县									
金沙县									
织金县									
纳雍县									
威宁彝族回族苗族自治县									
赫章县									

1-4a　续表 13　　　　单位：人

地　区	哈萨克族			傣　族			黎　族		
	小计	男	女	小计	男	女	小计	男	女
铜仁市	**1**		**1**	**41**	**20**	**21**	**198**	**86**	**112**
碧江区	1		1	30	15	15	170	75	95
万山区				11	5	6	28	11	17
江口县									
玉屏侗族自治县									
石阡县									
思南县									
印江土家族苗族自治县									
德江县									
沿河土家族自治县									
松桃苗族自治县									
黔西南布依族苗族自治州	**5**	**2**	**3**	**77**	**35**	**42**	**8609**	**4438**	**4171**
兴义市	5	2	3	65	30	35	7087	3690	3397
兴仁市				12	5	7	1522	748	774
普安县									
晴隆县									
贞丰县									
望谟县									
册亨县									
安龙县									
黔东南苗族侗族自治州	**2**	**1**	**1**	**37**	**16**	**21**	**218**	**102**	**116**
凯里市	2	1	1	37	16	21	218	102	116
黄平县									
施秉县									
三穗县									
镇远县									
岑巩县									
天柱县									
锦屏县									
剑河县									
台江县									
黎平县									
榕江县									
从江县									
雷山县									
麻江县									
丹寨县									
黔南布依族苗族自治州	**1**		**1**	**34**	**13**	**21**	**505**	**230**	**275**
都匀市	1		1	28	11	17	426	190	236
福泉市				6	2	4	79	40	39
荔波县									
贵定县									
瓮安县									
独山县									
平塘县									
罗甸县									
长顺县									
龙里县									
惠水县									
三都水族自治县									

1-4a 续表 14

单位：人

地区	傈僳族			佤族			畲族		
	小计	男	女	小计	男	女	小计	男	女
贵州	**308**	**129**	**179**	**213**	**84**	**129**	**6219**	**3031**	**3188**
贵阳市	**131**	**57**	**74**	**88**	**33**	**55**	**1207**	**607**	**600**
南明区	36	16	20	19	6	13	313	155	158
云岩区	39	15	24	27	11	16	304	144	160
花溪区	16	11	5	12	3	9	182	100	82
乌当区	6	4	2				57	22	35
白云区	12	3	9	13	8	5	127	67	60
观山湖区	13	4	9	12	5	7	163	84	79
开阳县									
息烽县									
修文县									
清镇市	9	4	5	5		5	61	35	26
六盘水市	**48**	**24**	**24**	**17**	**9**	**8**	**77**	**39**	**38**
钟山区	26	13	13	10	5	5	60	32	28
六枝特区	2	1	1	2	2		10	4	6
水城县									
盘州市	20	10	10	5	2	3	7	3	4
遵义市	**30**	**11**	**19**	**15**	**5**	**10**	**163**	**82**	**81**
红花岗区	15	3	12	9	4	5	102	49	53
汇川区	5	2	3	2	1	1	32	17	15
播州区	5	3	2	3		3	23	12	11
桐梓县									
绥阳县									
正安县									
道真仡佬族苗族自治县									
务川仡佬族苗族自治县									
凤冈县									
湄潭县									
余庆县									
习水县									
赤水市	2	1	1				2	1	1
仁怀市	3	2	1	1		1	4	3	1
安顺市	**15**	**6**	**9**	**9**	**2**	**7**	**78**	**35**	**43**
西秀区	13	5	8	9	2	7	72	32	40
平坝区	2	1	1				6	3	3
普定县									
镇宁布依族苗族自治县									
关岭布依族苗族自治县									
紫云苗族布依族自治县									
毕节市	**12**	**6**	**6**	**29**	**10**	**19**	**53**	**25**	**28**
七星关区	12	6	6	29	10	19	53	25	28
大方县									
黔西县									
金沙县									
织金县									
纳雍县									
威宁彝族回族苗族自治县									
赫章县									

1-4a　续表 15　　　　单位：人

地　区	傈僳族			佤　族			畲　族		
	小计	男	女	小计	男	女	小计	男	女
铜仁市	**5**	**2**	**3**	**4**	**3**	**1**	**223**	**139**	**84**
碧江区	5	2	3	2	1	1	95	41	54
万山区				2	2		128	98	30
江口县									
玉屏侗族自治县									
石阡县									
思南县									
印江土家族苗族自治县									
德江县									
沿河土家族自治县									
松桃苗族自治县									
黔西南布依族苗族自治州	**42**	**16**	**26**	**20**	**9**	**11**	**91**	**46**	**45**
兴义市	27	14	13	10	4	6	77	40	37
兴仁市	15	2	13	10	5	5	14	6	8
普安县									
晴隆县									
贞丰县									
望谟县									
册亨县									
安龙县									
黔东南苗族侗族自治州	**15**	**6**	**9**	**16**	**5**	**11**	**2355**	**1107**	**1248**
凯里市	15	6	9	16	5	11	2355	1107	1248
黄平县									
施秉县									
三穗县									
镇远县									
岑巩县									
天柱县									
锦屏县									
剑河县									
台江县									
黎平县									
榕江县									
从江县									
雷山县									
麻江县									
丹寨县									
黔南布依族苗族自治州	**10**	**1**	**9**	**15**	**8**	**7**	**1972**	**951**	**1021**
都匀市	9	1	8	10	8	2	1099	501	598
福泉市	1		1	5		5	873	450	423
荔波县									
贵定县									
瓮安县									
独山县									
平塘县									
罗甸县									
长顺县									
龙里县									
惠水县									
三都水族自治县									

1-4a 续表 16 单位：人

地区	高山族			拉祜族			水族		
	小计	男	女	小计	男	女	小计	男	女
贵州	**85**	**46**	**39**	**168**	**76**	**92**	**35782**	**17766**	**18016**
贵阳市	**31**	**17**	**14**	**84**	**42**	**42**	**9340**	**4735**	**4605**
南明区	5	2	3	25	13	12	2233	1130	1103
云岩区	9	5	4	25	10	15	2182	1134	1048
花溪区	8	4	4	12	8	4	1634	804	830
乌当区	5	4	1	4	1	3	437	196	241
白云区				5	3	2	869	449	420
观山湖区	4	2	2	6	4	2	1132	559	573
开阳县									
息烽县									
修文县									
清镇市				7	3	4	853	463	390
六盘水市	**4**	**2**	**2**	**21**	**12**	**9**	**3200**	**1590**	**1610**
钟山区	2	2		15	10	5	1745	859	886
六枝特区							109	51	58
水城县									
盘州市	2		2	6	2	4	1346	680	666
遵义市	**5**	**2**	**3**	**18**	**6**	**12**	**903**	**417**	**486**
红花岗区	5	2	3	7	2	5	623	294	329
汇川区				5	2	3	146	63	83
播州区				3	1	2	67	29	38
桐梓县									
绥阳县									
正安县									
道真仡佬族苗族自治县									
务川仡佬族苗族自治县									
凤冈县									
湄潭县									
余庆县									
习水县									
赤水市							7	2	5
仁怀市				3	1	2	60	29	31
安顺市				**10**	**4**	**6**	**439**	**185**	**254**
西秀区				10	4	6	391	162	229
平坝区							48	23	25
普定县									
镇宁布依族苗族自治县									
关岭布依族苗族自治县									
紫云苗族布依族自治县									
毕节市	**5**	**2**	**3**	**11**	**4**	**7**	**353**	**158**	**195**
七星关区	5	2	3	11	4	7	353	158	195
大方县									
黔西县									
金沙县									
织金县									
纳雍县									
威宁彝族回族苗族自治县									
赫章县									

1-4a　续表 17

单位：人

地　　区	高山族			拉祜族			水　族		
	小计	男	女	小计	男	女	小计	男	女
铜仁市	**8**	**5**	**3**				**368**	**158**	**210**
碧江区	8	5	3				334	144	190
万山区							34	14	20
江口县									
玉屏侗族自治县									
石阡县									
思南县									
印江土家族苗族自治县									
德江县									
沿河土家族自治县									
松桃苗族自治县									
黔西南布依族苗族自治州	**1**	**1**		**7**	**3**	**4**	**914**	**379**	**535**
兴义市	1	1		4	1	3	874	364	510
兴仁市				3	2	1	40	15	25
普安县									
晴隆县									
贞丰县									
望谟县									
册亨县									
安龙县									
黔东南苗族侗族自治州	**1**		**1**	**14**	**5**	**9**	**3191**	**1547**	**1644**
凯里市	1		1	14	5	9	3191	1547	1644
黄平县									
施秉县									
三穗县									
镇远县									
岑巩县									
天柱县									
锦屏县									
剑河县									
台江县									
黎平县									
榕江县									
从江县									
雷山县									
麻江县									
丹寨县									
黔南布依族苗族自治州	**30**	**17**	**13**	**3**		**3**	**17074**	**8597**	**8477**
都匀市	7	4	3	3		3	16471	8310	8161
福泉市	23	13	10				603	287	316
荔波县									
贵定县									
瓮安县									
独山县									
平塘县									
罗甸县									
长顺县									
龙里县									
惠水县									
三都水族自治县									

1-4a 续表 18 单位：人

地区	东乡族			纳西族			景颇族		
	小计	男	女	小计	男	女	小计	男	女
贵州	**532**	**243**	**289**	**298**	**144**	**154**	**558**	**259**	**299**
贵阳市	**79**	**40**	**39**	**161**	**82**	**79**	**93**	**43**	**50**
南明区	22	13	9	42	17	25	19	7	12
云岩区	20	9	11	33	19	14	33	15	18
花溪区	14	10	4	34	14	20	5	3	2
乌当区	5	1	4	10	4	6	24	13	11
白云区	5	2	3	7	4	3	1	1	
观山湖区	9	4	5	25	17	8	8	2	6
开阳县									
息烽县									
修文县									
清镇市	4	1	3	10	7	3	3	2	1
六盘水市	**4**	**1**	**3**	**30**	**9**	**21**	**10**	**3**	**7**
钟山区				15	5	10	3	1	2
六枝特区	3	1	2	4	2	2	3		3
水城县									
盘州市	1		1	11	2	9	4	2	2
遵义市	**11**	**5**	**6**	**13**	**7**	**6**	**12**	**4**	**8**
红花岗区	8	4	4	7	3	4	8	2	6
汇川区	1	1		5	3	2	1	1	
播州区	1		1	1	1		1	1	
桐梓县									
绥阳县									
正安县									
道真仡佬族苗族自治县									
务川仡佬族苗族自治县									
凤冈县									
湄潭县									
余庆县									
习水县									
赤水市							2		2
仁怀市	1		1						
安顺市	**6**	**2**	**4**	**18**	**11**	**7**	**6**	**2**	**4**
西秀区	6	2	4	18	11	7	6	2	4
平坝区									
普定县									
镇宁布依族苗族自治县									
关岭布依族苗族自治县									
紫云苗族布依族自治县									
毕节市	**3**	**1**	**2**	**2**	**1**	**1**	**8**	**5**	**3**
七星关区	3	1	2	2	1	1	8	5	3
大方县									
黔西县									
金沙县									
织金县									
纳雍县									
威宁彝族回族苗族自治县									
赫章县									

1−4a　续表 19　　　　单位：人

地　　区	东乡族			纳西族			景颇族		
	小计	男	女	小计	男	女	小计	男	女
铜仁市	**4**	**3**	**1**	**7**	**3**	**4**	**1**	**1**	
碧江区	4	3	1	6	2	4	1	1	
万山区				1	1				
江口县									
玉屏侗族自治县									
石阡县									
思南县									
印江土家族苗族自治县									
德江县									
沿河土家族自治县									
松桃苗族自治县									
黔西南布依族苗族自治州	**11**	**5**	**6**	**37**	**13**	**24**	**7**	**2**	**5**
兴义市	11	5	6	37	13	24	7	2	5
兴仁市									
普安县									
晴隆县									
贞丰县									
望谟县									
册亨县									
安龙县									
黔东南苗族侗族自治州	**63**	**29**	**34**	**23**	**16**	**7**	**405**	**190**	**215**
凯里市	63	29	34	23	16	7	405	190	215
黄平县									
施秉县									
三穗县									
镇远县									
岑巩县									
天柱县									
锦屏县									
剑河县									
台江县									
黎平县									
榕江县									
从江县									
雷山县									
麻江县									
丹寨县									
黔南布依族苗族自治州	**351**	**157**	**194**	**7**	**2**	**5**	**16**	**9**	**7**
都匀市	285	126	159	2		2	13	8	5
福泉市	66	31	35	5	2	3	3	1	2
荔波县									
贵定县									
瓮安县									
独山县									
平塘县									
罗甸县									
长顺县									
龙里县									
惠水县									
三都水族自治县									

1-4a　续表 20　　　　　　　　　　　　　　　　　　　　　　　　　　单位：人

地　区	柯尔克孜族			土　族			达斡尔族		
	小计	男	女	小计	男	女	小计	男	女
贵　州	**5**	**2**	**3**	**2930**	**1550**	**1380**	**45**	**21**	**24**
贵阳市	**1**		**1**	**927**	**464**	**463**	**15**	**7**	**8**
南明区				173	91	82	3	3	
云岩区	1		1	272	129	143	3	1	2
花溪区				121	66	55	1	1	
乌当区				23	9	14	4	2	2
白云区				114	59	55	2		2
观山湖区				132	64	68	2		2
开阳县									
息烽县									
修文县									
清镇市				92	46	46			
六盘水市	**1**	**1**		**79**	**42**	**37**	**4**	**3**	**1**
钟山区				55	30	25	2	1	1
六枝特区				9	6	3			
水城县									
盘州市	1	1		15	6	9	2	2	
遵义市				**196**	**98**	**98**	**8**	**6**	**2**
红花岗区				99	48	51	3	1	2
汇川区				56	34	22	3	3	
播州区				34	13	21	2	2	
桐梓县									
绥阳县									
正安县									
道真仡佬族苗族自治县									
务川仡佬族苗族自治县									
凤冈县									
湄潭县									
余庆县									
习水县									
赤水市				2		2			
仁怀市				5	3	2			
安顺市				**45**	**22**	**23**	**11**	**1**	**10**
西秀区				39	20	19	11	1	10
平坝区				6	2	4			
普定县									
镇宁布依族苗族自治县									
关岭布依族苗族自治县									
紫云苗族布依族自治县									
毕节市				**36**	**17**	**19**			
七星关区				36	17	19			
大方县									
黔西县									
金沙县									
织金县									
纳雍县									
威宁彝族回族苗族自治县									
赫章县									

1-4a　续表 21

单位：人

地　　区	柯尔克孜族			土　族			达斡尔族		
	小计	男	女	小计	男	女	小计	男	女
铜仁市	**2**		**2**	**787**	**422**	**365**			
碧江区	2		2	616	331	285			
万山区				171	91	80			
江口县									
玉屏侗族自治县									
石阡县									
思南县									
印江土家族苗族自治县									
德江县									
沿河土家族自治县									
松桃苗族自治县									
黔西南布依族苗族自治州				**35**	**20**	**15**	**5**	**3**	**2**
兴义市				31	18	13	5	3	2
兴仁市				4	2	2			
普安县									
晴隆县									
贞丰县									
望谟县									
册亨县									
安龙县									
黔东南苗族侗族自治州	**1**	**1**		**121**	**56**	**65**			
凯里市	1	1		121	56	65			
黄平县									
施秉县									
三穗县									
镇远县									
岑巩县									
天柱县									
锦屏县									
剑河县									
台江县									
黎平县									
榕江县									
从江县									
雷山县									
麻江县									
丹寨县									
黔南布依族苗族自治州				**704**	**409**	**295**	**2**	**1**	**1**
都匀市				691	403	288	2	1	1
福泉市				13	6	7			
荔波县									
贵定县									
瓮安县									
独山县									
平塘县									
罗甸县									
长顺县									
龙里县									
惠水县									
三都水族自治县									

1-4a 续表 22

单位：人

地区	仫佬族			羌族			布朗族		
	小计	男	女	小计	男	女	小计	男	女
贵州	**15646**	**7993**	**7653**	**700**	**380**	**320**	**95**	**29**	**66**
贵阳市	**4300**	**2223**	**2077**	**364**	**191**	**173**	**41**	**12**	**29**
南明区	1047	550	497	102	51	51	18	8	10
云岩区	1010	538	472	96	52	44	12	3	9
花溪区	627	310	317	32	18	14	5	1	4
乌当区	200	92	108	11	6	5			
白云区	408	209	199	33	18	15	3		3
观山湖区	607	302	305	84	44	40	1		1
开阳县									
息烽县									
修文县									
清镇市	401	222	179	6	2	4	2		2
六盘水市	**509**	**238**	**271**	**33**	**17**	**16**	**16**	**5**	**11**
钟山区	317	150	167	25	14	11	8	2	6
六枝特区	148	68	80	6	3	3			
水城县									
盘州市	44	20	24	2		2	8	3	5
遵义市	**1907**	**902**	**1005**	**48**	**25**	**23**	**8**	**3**	**5**
红花岗区	1056	530	526	18	8	10	5	3	2
汇川区	625	276	349	18	8	10	2		2
播州区	173	74	99	7	5	2			
桐梓县									
绥阳县									
正安县									
道真仡佬族苗族自治县									
务川仡佬族苗族自治县									
凤冈县									
湄潭县									
余庆县									
习水县									
赤水市	2	1	1	1	1				
仁怀市	51	21	30	4	3	1	1		1
安顺市	**412**	**190**	**222**	**6**	**3**	**3**	**2**	**1**	**1**
西秀区	353	157	196	6	3	3	2	1	1
平坝区	59	33	26						
普定县									
镇宁布依族苗族自治县									
关岭布依族苗族自治县									
紫云苗族布依族自治县									
毕节市	**109**	**50**	**59**	**20**	**15**	**5**	**7**		**7**
七星关区	109	50	59	20	15	5	7		7
大方县									
黔西县									
金沙县									
织金县									
纳雍县									
威宁彝族回族苗族自治县									
赫章县									

1－4a　续表 23　　单位：人

地　区	仫佬族			羌族			布朗族		
	小计	男	女	小计	男	女	小计	男	女
铜仁市	**489**	**248**	**241**	**148**	**84**	**64**	**1**		**1**
碧江区	393	198	195	128	71	57			
万山区	96	50	46	20	13	7	1		1
江口县									
玉屏侗族自治县									
石阡县									
思南县									
印江土家族苗族自治县									
德江县									
沿河土家族自治县									
松桃苗族自治县									
黔西南布依族苗族自治州	**191**	**98**	**93**	**21**	**12**	**9**	**3**	**1**	**2**
兴义市	131	73	58	21	12	9	3	1	2
兴仁市	60	25	35						
普安县									
晴隆县									
贞丰县									
望谟县									
册亨县									
安龙县									
黔东南苗族侗族自治州	**6173**	**3308**	**2865**	**26**	**13**	**13**	**7**	**2**	**5**
凯里市	6173	3308	2865	26	13	13	7	2	5
黄平县									
施秉县									
三穗县									
镇远县									
岑巩县									
天柱县									
锦屏县									
剑河县									
台江县									
黎平县									
榕江县									
从江县									
雷山县									
麻江县									
丹寨县									
黔南布依族苗族自治州	**1556**	**736**	**820**	**34**	**20**	**14**	**10**	**5**	**5**
都匀市	1129	540	589	31	17	14	8	5	3
福泉市	427	196	231	3	3		2		2
荔波县									
贵定县									
瓮安县									
独山县									
平塘县									
罗甸县									
长顺县									
龙里县									
惠水县									
三都水族自治县									

1—4a 续表 24

单位：人

地　区	撒拉族			毛南族			仡佬族		
	小计	男	女	小计	男	女	小计	男	女
贵　州	**55**	**27**	**28**	**2047**	**919**	**1128**	**99149**	**50577**	**48572**
贵阳市	**26**	**11**	**15**	**968**	**464**	**504**	**46911**	**24775**	**22136**
南明区	16	6	10	206	104	102	9801	5155	4646
云岩区	3		3	266	127	139	11444	6016	5428
花溪区	4	4		209	100	109	6609	3414	3195
乌当区				37	13	24	2580	1303	1277
白云区	1		1	62	25	37	5415	2843	2572
观山湖区				137	67	70	7366	4019	3347
开阳县									
息烽县									
修文县									
清镇市	2	1	1	51	28	23	3696	2025	1671
六盘水市	**18**	**10**	**8**	**33**	**12**	**21**	**4988**	**2538**	**2450**
钟山区	18	10	8	24	10	14	2038	1028	1010
六枝特区				9	2	7	2647	1358	1289
水城县									
盘州市							303	152	151
遵义市				**68**	**27**	**41**	**32222**	**15816**	**16406**
红花岗区				44	19	25	16053	7850	8203
汇川区				14	4	10	12426	6105	6321
播州区				5	3	2	3133	1559	1574
桐梓县									
绥阳县									
正安县									
道真仡佬族苗族自治县									
务川仡佬族苗族自治县									
凤冈县									
湄潭县									
余庆县									
习水县									
赤水市				2		2	101	46	55
仁怀市				3	1	2	509	256	253
安顺市	**6**	**3**	**3**	**31**	**13**	**18**	**3311**	**1598**	**1713**
西秀区	5	3	2	27	9	18	2745	1302	1443
平坝区	1		1	4	4		566	296	270
普定县									
镇宁布依族苗族自治县									
关岭布依族苗族自治县									
紫云苗族布依族自治县									
毕节市				**21**	**6**	**15**	**1074**	**517**	**557**
七星关区				21	6	15	1074	517	557
大方县									
黔西县									
金沙县									
织金县									
纳雍县									
威宁彝族回族苗族自治县									
赫章县									

1-4a　续表 25　　单位：人

地区	撒拉族			毛南族			仡佬族		
	小计	男	女	小计	男	女	小计	男	女
铜仁市	**3**	**2**	**1**	**30**	**16**	**14**	**5567**	**2847**	**2720**
碧江区	1	1		24	12	12	4029	2014	2015
万山区	2	1	1	6	4	2	1538	833	705
江口县									
玉屏侗族自治县									
石阡县									
思南县									
印江土家族苗族自治县									
德江县									
沿河土家族自治县									
松桃苗族自治县									
黔西南布依族苗族自治州	**2**	**1**	**1**	**41**	**17**	**24**	**1697**	**835**	**862**
兴义市	2	1	1	39	16	23	1323	632	691
兴仁市				2	1	1	374	203	171
普安县									
晴隆县									
贞丰县									
望谟县									
册亨县									
安龙县									
黔东南苗族侗族自治州				**42**	**21**	**21**	**1530**	**794**	**736**
凯里市				42	21	21	1530	794	736
黄平县									
施秉县									
三穗县									
镇远县									
岑巩县									
天柱县									
锦屏县									
剑河县									
台江县									
黎平县									
榕江县									
从江县									
雷山县									
麻江县									
丹寨县									
黔南布依族苗族自治州				**813**	**343**	**470**	**1849**	**857**	**992**
都匀市				783	330	453	1348	621	727
福泉市				30	13	17	501	236	265
荔波县									
贵定县									
瓮安县									
独山县									
平塘县									
罗甸县									
长顺县									
龙里县									
惠水县									
三都水族自治县									

1-4a 续表 26

单位：人

地　区	锡伯族			阿昌族			普米族		
	小计	男	女	小计	男	女	小计	男	女
贵　州	**229**	**116**	**113**	**26**	**9**	**17**	**21**	**12**	**9**
贵阳市	**157**	**80**	**77**	**15**	**4**	**11**	**7**	**5**	**2**
南明区	23	13	10	6	3	3	1	1	
云岩区	37	14	23	5	1	4	4	2	2
花溪区	53	31	22						
乌当区	9	5	4						
白云区	9	5	4						
观山湖区	22	9	13	2		2	1	1	
开阳县									
息烽县									
修文县									
清镇市	4	3	1	2		2	1	1	
六盘水市	**16**	**7**	**9**	**5**	**2**	**3**	**2**		**2**
钟山区	5	1	4				1		1
六枝特区				4	1	3	1		1
水城县									
盘州市	11	6	5	1	1				
遵义市	**7**	**5**	**2**				**4**	**2**	**2**
红花岗区	2	2					1		1
汇川区	5	3	2				2	1	1
播州区									
桐梓县									
绥阳县									
正安县									
道真仡佬族苗族自治县									
务川仡佬族苗族自治县									
凤冈县									
湄潭县									
余庆县									
习水县									
赤水市									
仁怀市							1	1	
安顺市	**26**	**12**	**14**						
西秀区	25	11	14						
平坝区	1	1							
普定县									
镇宁布依族苗族自治县									
关岭布依族苗族自治县									
紫云苗族布依族自治县									
毕节市	**4**	**1**	**3**	**3**	**1**	**2**	**6**	**3**	**3**
七星关区	4	1	3	3	1	2	6	3	3
大方县									
黔西县									
金沙县									
织金县									
纳雍县									
威宁彝族回族苗族自治县									
赫章县									

1-4a　续表 27　　　　单位：人

地　区	锡伯族			阿昌族			普米族		
	小计	男	女	小计	男	女	小计	男	女
铜仁市	**5**	**3**	**2**				**1**	**1**	
碧江区	5	3	2				1	1	
万山区									
江口县									
玉屏侗族自治县									
石阡县									
思南县									
印江土家族苗族自治县									
德江县									
沿河土家族自治县									
松桃苗族自治县									
黔西南布依族苗族自治州	**4**	**3**	**1**	**1**	**1**				
兴义市	4	3	1	1	1				
兴仁市									
普安县									
晴隆县									
贞丰县									
望谟县									
册亨县									
安龙县									
黔东南苗族侗族自治州	**5**	**3**	**2**	**1**		**1**			
凯里市	5	3	2	1		1			
黄平县									
施秉县									
三穗县									
镇远县									
岑巩县									
天柱县									
锦屏县									
剑河县									
台江县									
黎平县									
榕江县									
从江县									
雷山县									
麻江县									
丹寨县									
黔南布依族苗族自治州	**5**	**2**	**3**	**1**	**1**		1	**1**	
都匀市	5	2	3	1	1				
福泉市							1	1	
荔波县									
贵定县									
瓮安县									
独山县									
平塘县									
罗甸县									
长顺县									
龙里县									
惠水县									
三都水族自治县									

1-4a 续表 28

单位：人

地区	塔吉克族			怒族			乌孜别克族		
	小计	男	女	小计	男	女	小计	男	女
贵州	**3**	**2**	**1**	**23**	**11**	**12**			
贵阳市	**2**	**1**	**1**	**8**	**5**	**3**			
南明区	1		1	4	4				
云岩区				2		2			
花溪区									
乌当区									
白云区									
观山湖区	1	1		2	1	1			
开阳县									
息烽县									
修文县									
清镇市									
六盘水市									
钟山区									
六枝特区									
水城县									
盘州市									
遵义市				**1**		**1**			
红花岗区									
汇川区				1		1			
播州区									
桐梓县									
绥阳县									
正安县									
道真仡佬族苗族自治县									
务川仡佬族苗族自治县									
凤冈县									
湄潭县									
余庆县									
习水县									
赤水市									
仁怀市									
安顺市				**1**		**1**			
西秀区									
平坝区				1		1			
普定县									
镇宁布依族苗族自治县									
关岭布依族苗族自治县									
紫云苗族布依族自治县									
毕节市									
七星关区									
大方县									
黔西县									
金沙县									
织金县									
纳雍县									
威宁彝族回族苗族自治县									
赫章县									

1-4a　续表 29　　　　单位：人

地　区	塔吉克族			怒　族			乌孜别克族		
	小计	男	女	小计	男	女	小计	男	女
铜仁市	**1**	**1**							
碧江区									
万山区	1	1							
江口县									
玉屏侗族自治县									
石阡县									
思南县									
印江土家族苗族自治县									
德江县									
沿河土家族自治县									
松桃苗族自治县									
黔西南布依族苗族自治州									
兴义市									
兴仁市									
普安县									
晴隆县									
贞丰县									
望谟县									
册亨县									
安龙县									
黔东南苗族侗族自治州				**2**	**2**				
凯里市				2	2				
黄平县									
施秉县									
三穗县									
镇远县									
岑巩县									
天柱县									
锦屏县									
剑河县									
台江县									
黎平县									
榕江县									
从江县									
雷山县									
麻江县									
丹寨县									
黔南布依族苗族自治州				**11**	**4**	**7**			
都匀市				10	4	6			
福泉市				1		1			
荔波县									
贵定县									
瓮安县									
独山县									
平塘县									
罗甸县									
长顺县									
龙里县									
惠水县									
三都水族自治县									

1-4a 续表 30

单位：人

地　区	俄罗斯族			鄂温克族			德 昂 族		
	小计	男	女	小计	男	女	小计	男	女
贵　州	**25**	**11**	**14**	**2**	**2**		**7**	**3**	**4**
贵阳市	**12**	**6**	**6**	**2**	**2**		**4**	**2**	**2**
南明区	5	4	1	1	1				
云岩区	6	2	4				4	2	2
花溪区									
乌当区									
白云区									
观山湖区	1		1						
开阳县									
息烽县									
修文县									
清镇市				1	1				
六盘水市	**10**	**2**	**8**						
钟山区									
六枝特区									
水城县									
盘州市	10	2	8						
遵义市									
红花岗区									
汇川区									
播州区									
桐梓县									
绥阳县									
正安县									
道真仡佬族苗族自治县									
务川仡佬族苗族自治县									
凤冈县									
湄潭县									
余庆县									
习水县									
赤水市									
仁怀市									
安顺市	**3**	**3**					**3**	**1**	**2**
西秀区	3	3					3	1	2
平坝区									
普定县									
镇宁布依族苗族自治县									
关岭布依族苗族自治县									
紫云苗族布依族自治县									
毕节市									
七星关区									
大方县									
黔西县									
金沙县									
织金县									
纳雍县									
威宁彝族回族苗族自治县									
赫章县									

1-4a 续表 31

单位：人

地区	俄罗斯族			鄂温克族			德昂族		
	小计	男	女	小计	男	女	小计	男	女
铜仁市									
碧江区									
万山区									
江口县									
玉屏侗族自治县									
石阡县									
思南县									
印江土家族苗族自治县									
德江县									
沿河土家族自治县									
松桃苗族自治县									
黔西南布依族苗族自治州									
兴义市									
兴仁市									
普安县									
晴隆县									
贞丰县									
望谟县									
册亨县									
安龙县									
黔东南苗族侗族自治州									
凯里市									
黄平县									
施秉县									
三穗县									
镇远县									
岑巩县									
天柱县									
锦屏县									
剑河县									
台江县									
黎平县									
榕江县									
从江县									
雷山县									
麻江县									
丹寨县									
黔南布依族苗族自治州									
都匀市									
福泉市									
荔波县									
贵定县									
瓮安县									
独山县									
平塘县									
罗甸县									
长顺县									
龙里县									
惠水县									
三都水族自治县									

1-4a 续表 32 单位：人

地区	保安族			裕固族			京族		
	小计	男	女	小计	男	女	小计	男	女
贵州	**6**	**5**	**1**	**1**	**1**		**434**	**210**	**224**
贵阳市	**5**	**4**	**1**				**252**	**115**	**137**
南明区	3	2	1				68	29	39
云岩区	1	1					52	19	33
花溪区							41	18	23
乌当区	1	1					15	6	9
白云区							25	10	15
观山湖区							37	22	15
开阳县									
息烽县									
修文县									
清镇市							14	11	3
六盘水市				**1**	**1**		**70**	**39**	**31**
钟山区							62	36	26
六枝特区							6	3	3
水城县									
盘州市				1	1		2		2
遵义市							**15**	**7**	**8**
红花岗区							9	4	5
汇川区							4	2	2
播州区							2	1	1
桐梓县									
绥阳县									
正安县									
道真仡佬族苗族自治县									
务川仡佬族苗族自治县									
凤冈县									
湄潭县									
余庆县									
习水县									
赤水市									
仁怀市									
安顺市							**17**	**10**	**7**
西秀区							11	6	5
平坝区							6	4	2
普定县									
镇宁布依族苗族自治县									
关岭布依族苗族自治县									
紫云苗族布依族自治县									
毕节市							**24**	**14**	**10**
七星关区							24	14	10
大方县									
黔西县									
金沙县									
织金县									
纳雍县									
威宁彝族回族苗族自治县									
赫章县									

1-4a　续表 33　　　　单位：人

地　区	保安族			裕固族			京　族		
	小计	男	女	小计	男	女	小计	男	女
铜仁市	**1**	**1**					**11**	**5**	**6**
碧江区	1	1					8	3	5
万山区							3	2	1
江口县									
玉屏侗族自治县									
石阡县									
思南县									
印江土家族苗族自治县									
德江县									
沿河土家族自治县									
松桃苗族自治县									
黔西南布依族苗族自治州							**24**	**9**	**15**
兴义市							22	8	14
兴仁市							2	1	1
普安县									
晴隆县									
贞丰县									
望谟县									
册亨县									
安龙县									
黔东南苗族侗族自治州							**9**	**4**	**5**
凯里市							9	4	5
黄平县									
施秉县									
三穗县									
镇远县									
岑巩县									
天柱县									
锦屏县									
剑河县									
台江县									
黎平县									
榕江县									
从江县									
雷山县									
麻江县									
丹寨县									
黔南布依族苗族自治州							**12**	**7**	**5**
都匀市							9	7	2
福泉市							3		3
荔波县									
贵定县									
瓮安县									
独山县									
平塘县									
罗甸县									
长顺县									
龙里县									
惠水县									
三都水族自治县									

1-4a 续表 34 单位：人

地区	塔塔尔族			独龙族			鄂伦春族		
	小计	男	女	小计	男	女	小计	男	女
贵州	**2**	**1**	**1**	**32**	**16**	**16**	**8**	**2**	**6**
贵阳市				**5**	**1**	**4**	**8**	**2**	**6**
南明区				1		1	1		1
云岩区							2		2
花溪区				4	1	3	4	2	2
乌当区									
白云区									
观山湖区									
开阳县									
息烽县									
修文县									
清镇市							1		1
六盘水市				**21**	**13**	**8**			
钟山区				9	6	3			
六枝特区				12	7	5			
水城县									
盘州市									
遵义市	**2**	**1**	**1**	**1**	**1**				
红花岗区				1	1				
汇川区	2	1	1						
播州区									
桐梓县									
绥阳县									
正安县									
道真仡佬族苗族自治县									
务川仡佬族苗族自治县									
凤冈县									
湄潭县									
余庆县									
习水县									
赤水市									
仁怀市									
安顺市				**2**	**1**	**1**			
西秀区									
平坝区				2	1	1			
普定县									
镇宁布依族苗族自治县									
关岭布依族苗族自治县									
紫云苗族布依族自治县									
毕节市									
七星关区									
大方县									
黔西县									
金沙县									
织金县									
纳雍县									
威宁彝族回族苗族自治县									
赫章县									

1-4a　续表 35　　　　单位：人

地　区	塔塔尔族			独 龙 族			鄂伦春族		
	小计	男	女	小计	男	女	小计	男	女
铜仁市				**2**		**2**			
碧江区				1		1			
万山区				1		1			
江口县									
玉屏侗族自治县									
石阡县									
思南县									
印江土家族苗族自治县									
德江县									
沿河土家族自治县									
松桃苗族自治县									
黔西南布依族苗族自治州									
兴义市									
兴仁市									
普安县									
晴隆县									
贞丰县									
望谟县									
册亨县									
安龙县									
黔东南苗族侗族自治州									
凯里市									
黄平县									
施秉县									
三穗县									
镇远县									
岑巩县									
天柱县									
锦屏县									
剑河县									
台江县									
黎平县									
榕江县									
从江县									
雷山县									
麻江县									
丹寨县									
黔南布依族苗族自治州				**1**		**1**			
都匀市				1		1			
福泉市									
荔波县									
贵定县									
瓮安县									
独山县									
平塘县									
罗甸县									
长顺县									
龙里县									
惠水县									
三都水族自治县									

1-4a 续表 36

单位：人

地区	赫哲族			门巴族			珞巴族		
	小计	男	女	小计	男	女	小计	男	女
贵州	**4**	**2**	**2**	**5**	**2**	**3**	**28**	**12**	**16**
贵阳市	**4**	**2**	**2**	**1**		**1**	**16**	**6**	**10**
南明区				1		1	5	2	3
云岩区									
花溪区							2	2	
乌当区									
白云区							9	2	7
观山湖区	4	2	2						
开阳县									
息烽县									
修文县									
清镇市									
六盘水市							**4**	**2**	**2**
钟山区							1	1	
六枝特区							3	1	2
水城县									
盘州市									
遵义市				**4**	**2**	**2**	**2**	**1**	**1**
红花岗区				3	1	2	2	1	1
汇川区				1	1				
播州区									
桐梓县									
绥阳县									
正安县									
道真仡佬族苗族自治县									
务川仡佬族苗族自治县									
凤冈县									
湄潭县									
余庆县									
习水县									
赤水市									
仁怀市									
安顺市							**2**	**1**	**1**
西秀区							1		1
平坝区							1	1	
普定县									
镇宁布依族苗族自治县									
关岭布依族苗族自治县									
紫云苗族布依族自治县									
毕节市							**1**	**1**	
七星关区							1	1	
大方县									
黔西县									
金沙县									
织金县									
纳雍县									
威宁彝族回族苗族自治县									
赫章县									

1-4a　续表 37　　单位：人

地　区	赫哲族			门巴族			珞巴族		
	小计	男	女	小计	男	女	小计	男	女
铜仁市									
碧江区									
万山区									
江口县									
玉屏侗族自治县									
石阡县									
思南县									
印江土家族苗族自治县									
德江县									
沿河土家族自治县									
松桃苗族自治县									
黔西南布依族苗族自治州							**2**	**1**	**1**
兴义市							2	1	1
兴仁市									
普安县									
晴隆县									
贞丰县									
望谟县									
册亨县									
安龙县									
黔东南苗族侗族自治州									
凯里市									
黄平县									
施秉县									
三穗县									
镇远县									
岑巩县									
天柱县									
锦屏县									
剑河县									
台江县									
黎平县									
榕江县									
从江县									
雷山县									
麻江县									
丹寨县									
黔南布依族苗族自治州							**1**		**1**
都匀市							1		1
福泉市									
荔波县									
贵定县									
瓮安县									
独山县									
平塘县									
罗甸县									
长顺县									
龙里县									
惠水县									
三都水族自治县									

1-4a 续表 38

单位：人

地 区	基诺族			未定族称人口			入 籍		
	小计	男	女	小计	男	女	小计	男	女
贵 州	**20**	**5**	**15**	**112696**	**57510**	**55186**	**1940**	**958**	**982**
贵阳市	**7**	**4**	**3**	**61126**	**31734**	**29392**	**1069**	**556**	**513**
南明区	2		2	11904	5993	5911	255	141	114
云岩区	1		1	16926	8982	7944	200	81	119
花溪区	2	2		8200	4249	3951	136	74	62
乌当区				1832	853	979	31	14	17
白云区	1	1		5758	3030	2728	64	29	35
观山湖区				7084	3643	3441	292	161	131
开阳县									
息烽县									
修文县									
清镇市	1	1		9422	4984	4438	91	56	35
六盘水市				**26856**	**13689**	**13167**	**264**	**121**	**143**
钟山区				24810	12688	12122	174	82	92
六枝特区				1510	731	779	29	16	13
水城县									
盘州市				536	270	266	61	23	38
遵义市	**4**		**4**	**2667**	**1199**	**1468**	**79**	**31**	**48**
红花岗区				1757	786	971	40	13	27
汇川区	4		4	465	217	248	20	9	11
播州区				257	106	151	11	5	6
桐梓县									
绥阳县									
正安县									
道真仡佬族苗族自治县									
务川仡佬族苗族自治县									
凤冈县									
湄潭县									
余庆县									
习水县									
赤水市				29	13	16	2	1	1
仁怀市				159	77	82	6	3	3
安顺市				**6912**	**3487**	**3425**	**126**	**52**	**74**
西秀区				6075	3063	3012	120	49	71
平坝区				837	424	413	6	3	3
普定县									
镇宁布依族苗族自治县									
关岭布依族苗族自治县									
紫云苗族布依族自治县									
毕节市				**6941**	**3376**	**3565**	**118**	**55**	**63**
七星关区				6941	3376	3565	118	55	63
大方县									
黔西县									
金沙县									
织金县									
纳雍县									
威宁彝族回族苗族自治县									
赫章县									

1-4a　续表 39　　　　单位：人

地　　区	基诺族			未定族称人口			入　　籍		
	小计	男	女	小计	男	女	小计	男	女
铜仁市				**708**	**328**	**380**	**23**	**9**	**14**
碧江区				673	311	362	18	7	11
万山区				35	17	18	5	2	3
江口县									
玉屏侗族自治县									
石阡县									
思南县									
印江土家族苗族自治县									
德江县									
沿河土家族自治县									
松桃苗族自治县									
黔西南布依族苗族自治州	**3**	**1**	**2**	**1327**	**575**	**752**	**33**	**15**	**18**
兴义市	3	1	2	1211	515	696	31	14	17
兴仁市				116	60	56	2	1	1
普安县									
晴隆县									
贞丰县									
望谟县									
册亨县									
安龙县									
黔东南苗族侗族自治州	**3**		**3**	**4727**	**2404**	**2323**	**181**	**96**	**85**
凯里市	3		3	4727	2404	2323	181	96	85
黄平县									
施秉县									
三穗县									
镇远县									
岑巩县									
天柱县									
锦屏县									
剑河县									
台江县									
黎平县									
榕江县									
从江县									
雷山县									
麻江县									
丹寨县									
黔南布依族苗族自治州	**3**		**3**	**1432**	**718**	**714**	**47**	**23**	**24**
都匀市	3		3	1120	566	554	36	17	19
福泉市				312	152	160	11	6	5
荔波县									
贵定县									
瓮安县									
独山县									
平塘县									
罗甸县									
长顺县									
龙里县									
惠水县									
三都水族自治县									

1-4b 各地区分性别、民族的人口(镇)

单位：人

地区	合计			汉族		
	合计	男	女	小计	男	女
贵州	**10369821**	**5220851**	**5148970**	**6341696**	**3199157**	**3142539**
贵阳市	**691135**	**346507**	**344628**	**581085**	**293102**	**287983**
南明区						
云岩区						
花溪区	143287	67861	75426	92413	44478	47935
乌当区	23006	12114	10892	19091	10112	8979
白云区	2460	1211	1249	2186	1078	1108
观山湖区	25617	13254	12363	20528	10630	9898
开阳县	186254	93093	93161	173570	87105	86465
息烽县	104498	52006	52492	98143	48907	49236
修文县	131379	66942	64437	119861	61228	58633
清镇市	74634	40026	34608	55293	29564	25729
六盘水市	**502142**	**256212**	**245930**	**372137**	**190774**	**181363**
钟山区	60478	31421	29057	48284	25123	23161
六枝特区	50886	25465	25421	38773	19512	19261
水城县	241908	123822	118086	160767	82813	77954
盘州市	148870	75504	73366	124313	63326	60987
遵义市	**1870984**	**925753**	**945231**	**1534891**	**759653**	**775238**
红花岗区	62101	31473	30628	60859	30921	29938
汇川区	56002	28399	27603	54889	27925	26964
播州区	89734	45171	44563	87714	44294	43420
桐梓县	247297	123097	124200	243356	121256	122100
绥阳县	172541	86084	86457	169610	84735	84875
正安县	167211	82184	85027	149888	73705	76183
道真仡佬族苗族自治县	128274	60468	67806	31064	12816	18248
务川仡佬族苗族自治县	168349	82585	85764	21051	9487	11564
凤冈县	144414	70483	73931	108670	51829	56841
湄潭县	188220	92084	96136	178138	87286	90852
余庆县	106030	51877	54153	94753	46321	48432
习水县	247219	124217	123002	243472	122504	120968
赤水市	34245	16688	17557	33463	16334	17129
仁怀市	59347	30943	28404	57964	30240	27724
安顺市	**610379**	**312669**	**297710**	**392394**	**202835**	**189559**
西秀区	52112	28032	24080	41260	22364	18896
平坝区	97306	52297	45009	70549	37903	32646
普定县	144892	73063	71829	126301	63906	62395
镇宁布依族苗族自治县	114644	57530	57114	68584	34755	33829
关岭布依族苗族自治县	105448	53218	52230	44782	22792	21990
紫云苗族布依族自治县	95977	48529	47448	40918	21115	19803
毕节市	**2296431**	**1166861**	**1129570**	**1746166**	**889172**	**856994**
七星关区	85273	42617	42656	78954	39572	39382
大方县	323897	164146	159751	247868	125921	121947
黔西县	340348	172007	168341	280061	142311	137750
金沙县	274114	139411	134703	256344	130676	125668
织金县	347931	177418	170513	199927	101849	98078
纳雍县	292089	149004	143085	145801	74305	71496
威宁彝族回族苗族自治县	463564	236767	226797	387735	198748	188987
赫章县	169215	85491	83724	149476	75790	73686

1-4b　续表 1　　　　单位：人

地　区	合　计			汉　族		
	合计	男	女	小计	男	女
铜仁市	**1100864**	**548732**	**552132**	**270839**	**131922**	**138917**
碧江区	5268	2812	2456	1437	637	800
万山区						
江口县	81867	41397	40470	27416	12956	14460
玉屏侗族自治县	78588	39740	38848	14333	6963	7370
石阡县	102074	50982	51092	27393	13135	14258
思南县	189270	93477	95793	74208	35828	38380
印江土家族苗族自治县	121416	59240	62176	17687	8527	9160
德江县	184746	92291	92455	24443	12157	12286
沿河土家族自治县	171066	85356	85710	10627	5356	5271
松桃苗族自治县	166569	83437	83132	73295	36363	36932
黔西南布依族苗族自治州	**698413**	**354777**	**343636**	**405125**	**207406**	**197719**
兴义市	80347	41635	38712	61990	32121	29869
兴仁市	45835	23364	22471	37996	19457	18539
普安县	75258	38409	36849	52011	26497	25514
晴隆县	76937	39079	37858	44094	22503	21591
贞丰县	117914	59273	58641	75041	37976	37065
望谟县	88704	45272	43432	22444	12104	10340
册亨县	61671	31343	30328	17507	9166	8341
安龙县	151747	76402	75345	94042	47582	46460
黔东南苗族侗族自治州	**1224894**	**619327**	**605567**	**304194**	**151789**	**152405**
凯里市	32134	16660	15474	4901	2646	2255
黄平县	93992	47225	46767	42224	21465	20759
施秉县	50758	25141	25617	23690	11810	11880
三穗县	78555	38985	39570	25557	12069	13488
镇远县	94217	46805	47412	46786	22764	24022
岑巩县	74366	36911	37455	33434	15802	17632
天柱县	115893	59040	56853	5332	2357	2975
锦屏县	69863	34713	35150	6917	3225	3692
剑河县	74541	38087	36454	8371	4080	4291
台江县	45554	23451	22103	3507	1935	1572
黎平县	162522	81466	81056	32466	16729	15737
榕江县	102099	52121	49978	30876	16103	14773
从江县	72219	37412	34807	8664	4649	4015
雷山县	49801	26210	23591	6172	3135	3037
麻江县	51117	25905	25212	14311	7460	6851
丹寨县	57263	29195	28068	10986	5560	5426
黔南布依族苗族自治州	**1374579**	**690013**	**684566**	**734865**	**372504**	**362361**
都匀市	29715	14753	14962	8017	3858	4159
福泉市	47045	24931	22114	36804	19514	17290
荔波县	66145	33368	32777	10124	5462	4662
贵定县	130913	63665	67248	87024	43308	43716
瓮安县	241886	120343	121543	224720	111867	112853
独山县	126745	64239	62506	40270	21214	19056
平塘县	79179	39315	39864	34958	17591	17367
罗甸县	142544	71608	70936	48542	24950	23592
长顺县	86653	44173	42480	40175	20972	19203
龙里县	127891	66931	60960	93070	49380	43690
惠水县	193872	94384	99488	102879	50204	52675
三都水族自治县	101991	52303	49688	8282	4184	4098

1-4b 续表 2

单位：人

地　　区	蒙古族			回　族			藏　族		
	小计	男	女	小计	男	女	小计	男	女
贵　州	**15617**	**8183**	**7434**	**55759**	**28432**	**27327**	**865**	**435**	**430**
贵阳市	**570**	**292**	**278**	**1420**	**722**	**698**	**39**	**22**	**17**
南明区									
云岩区									
花溪区	286	139	147	828	394	434	16	10	6
乌当区	20	15	5	42	28	14	1		1
白云区				4	3	1			
观山湖区	27	15	12	39	23	16	1	1	
开阳县	47	20	27	85	41	44	7	3	4
息烽县	37	18	19	62	33	29	4	2	2
修文县	70	35	35	193	99	94	6	5	1
清镇市	83	50	33	167	101	66	4	1	3
六盘水市	**615**	**332**	**283**	**2704**	**1376**	**1328**	**56**	**28**	**28**
钟山区	50	19	31	223	126	97	4	1	3
六枝特区	57	30	27	131	62	69	3	2	1
水城县	413	225	188	1155	541	614	38	20	18
盘州市	95	58	37	1195	647	548	11	5	6
遵义市	**186**	**91**	**95**	**355**	**167**	**188**	**86**	**51**	**35**
红花岗区	3		3	12	9	3	1		1
汇川区	5	4	1	11	7	4			
播州区	9	5	4	16	6	10	5	1	4
桐梓县	8	5	3	31	19	12	4	2	2
绥阳县	9	3	6	19	13	6	2	1	1
正安县	15	11	4	50	20	30	2	1	1
道真仡佬族苗族自治县	29	11	18	43	13	30	4	1	3
务川仡佬族苗族自治县	7	2	5	19	5	14	51	35	16
凤冈县	21	10	11	34	20	14	6	4	2
湄潭县	17	7	10	35	16	19	6	4	2
余庆县	43	21	22	38	22	16	1	1	
习水县	18	11	7	37	13	24	2		2
赤水市				1		1	1		1
仁怀市	2	1	1	9	4	5	1	1	
安顺市	**392**	**207**	**185**	**2401**	**1226**	**1175**	**27**	**12**	**15**
西秀区	22	15	7	402	222	180	2		2
平坝区	55	36	19	980	484	496	5	1	4
普定县	197	97	100	118	54	64	7	2	5
镇宁布依族苗族自治县	51	24	27	618	325	293	5	4	1
关岭布依族苗族自治县	43	23	20	190	96	94	3	1	2
紫云苗族布依族自治县	24	12	12	93	45	48	5	4	1
毕节市	**10144**	**5421**	**4723**	**36902**	**18731**	**18171**	**207**	**104**	**103**
七星关区	87	39	48	21	7	14	8	3	5
大方县	5816	3094	2722	253	119	134	39	17	22
黔西县	1293	673	620	281	140	141	18	9	9
金沙县	116	57	59	81	42	39	17	9	8
织金县	1097	600	497	808	407	401	23	12	11
纳雍县	1254	708	546	208	103	105	33	17	16
威宁彝族回族苗族自治县	398	207	191	35013	17787	17226	63	34	29
赫章县	83	43	40	237	126	111	6	3	3

1−4b　续表 3　　　　单位：人

地　　区	蒙古族			回　族			藏　族		
	小计	男	女	小计	男	女	小计	男	女
铜仁市	**2879**	**1426**	**1453**	**889**	**455**	**434**	**148**	**72**	**76**
碧江区				2	1	1			
万山区									
江口县	26	11	15	56	30	26	6	1	5
玉屏侗族自治县	54	31	23	106	48	58	4	1	3
石阡县	992	490	502	395	208	187	4	3	1
思南县	1651	823	828	72	36	36	32	19	13
印江土家族苗族自治县	33	14	19	36	22	14	12	4	8
德江县	43	14	29	79	40	39	1		1
沿河土家族自治县	7	6	1	9	3	6	2		2
松桃苗族自治县	73	37	36	134	67	67	87	44	43
黔西南布依族苗族自治州	**219**	**122**	**97**	**8446**	**4459**	**3987**	**31**	**21**	**10**
兴义市	96	58	38	589	326	263	5	3	2
兴仁市	8	5	3	1402	734	668	3	2	1
普安县	14	10	4	3378	1818	1560	4	1	3
晴隆县	26	15	11	278	143	135	5	4	1
贞丰县	20	13	7	980	531	449	7	6	1
望谟县	11	3	8	82	46	36			
册亨县	2		2	63	32	31	3	3	
安龙县	42	18	24	1674	829	845	4	2	2
黔东南苗族侗族自治州	**200**	**101**	**99**	**1141**	**569**	**572**	**134**	**68**	**66**
凯里市	5	3	2	14	6	8	3	3	
黄平县	20	8	12	56	31	25	7	3	4
施秉县	10	4	6	57	26	31	1		1
三穗县	13	4	9	32	17	15	10	5	5
镇远县	64	31	33	215	107	108	3	1	2
岑巩县	14	5	9	67	31	36	4	2	2
天柱县	5	2	3	42	20	22	5		5
锦屏县	10	7	3	62	32	30	7	4	3
剑河县	13	11	2	28	18	10	9	5	4
台江县	2	2		32	19	13	7	4	3
黎平县	14	10	4	92	48	44	14	4	10
榕江县	12	5	7	71	33	38	17	9	8
从江县				136	73	63	8	4	4
雷山县	1	1		61	29	32	7	4	3
麻江县	13	6	7	86	44	42	11	6	5
丹寨县	4	2	2	90	35	55	21	14	7
黔南布依族苗族自治州	**412**	**191**	**221**	**1501**	**727**	**774**	**137**	**57**	**80**
都匀市	20	11	9	82	27	55	5	1	4
福泉市	11	6	5	29	20	9			
荔波县	13	6	7	49	24	25	1		1
贵定县	42	16	26	210	94	116	26	9	17
瓮安县	56	29	27	95	41	54	25	10	15
独山县	12	4	8	140	79	61	3		3
平塘县	6	3	3	50	26	24	6	1	5
罗甸县	30	13	17	64	34	30	9	2	7
长顺县	42	20	22	81	31	50	6	3	3
龙里县	67	36	31	126	61	65	21	15	6
惠水县	101	42	59	441	217	224	28	13	15
三都水族自治县	12	5	7	134	73	61	7	3	4

1–4b 续表 4

单位：人

地区	维吾尔族			苗族			彝族		
	小计	男	女	小计	男	女	小计	男	女
贵州	**288**	**160**	**128**	**1105405**	**554860**	**550545**	**200953**	**99561**	**101392**
贵阳市	**14**	**6**	**8**	**36001**	**17688**	**18313**	**7788**	**3744**	**4044**
南明区									
云岩区									
花溪区	3		3	16258	7676	8582	3370	1578	1792
乌当区				939	459	480	194	92	102
白云区				93	47	46	30	14	16
观山湖区				1729	891	838	375	186	189
开阳县	7	4	3	4505	2138	2367	419	176	243
息烽县				2365	1168	1197	486	219	267
修文县				3995	1998	1997	1196	592	604
清镇市	4	2	2	6117	3311	2806	1718	887	831
六盘水市	**14**	**8**	**6**	**31833**	**16108**	**15725**	**43201**	**21427**	**21774**
钟山区				1062	538	524	4032	1955	2077
六枝特区				3254	1565	1689	4242	2150	2092
水城县	7	5	2	24832	12632	12200	21151	10595	10556
盘州市	7	3	4	2685	1373	1312	13776	6727	7049
遵义市	**16**	**7**	**9**	**118638**	**58405**	**60233**	**1880**	**833**	**1047**
红花岗区				449	210	239	52	20	32
汇川区				520	222	298	44	18	26
播州区				860	389	471	162	70	92
桐梓县	2		2	1790	884	906	190	88	102
绥阳县				982	436	546	107	51	56
正安县	6	4	2	3505	1719	1786	179	80	99
道真仡佬族苗族自治县	1	1		29687	14442	15245	103	23	80
务川仡佬族苗族自治县	2	1	1	60864	29947	30917	109	41	68
凤冈县	2		2	9886	5162	4724	146	66	80
湄潭县				2858	1386	1472	160	80	80
余庆县				4382	2223	2159	146	76	70
习水县	2	1	1	1585	746	839	386	166	220
赤水市				588	287	301	21	11	10
仁怀市	1		1	682	352	330	75	43	32
安顺市	**15**	**6**	**9**	**68753**	**34341**	**34412**	**4777**	**2430**	**2347**
西秀区	1		1	5763	2913	2850	307	207	100
平坝区				13417	7021	6396	1062	587	475
普定县	5	2	3	6702	3212	3490	896	423	473
镇宁布依族苗族自治县	5	2	3	8234	4072	4162	650	281	369
关岭布依族苗族自治县				8280	4049	4231	1588	808	780
紫云苗族布依族自治县	4	2	2	26357	13074	13283	274	124	150
毕节市	**41**	**25**	**16**	**85223**	**40967**	**44256**	**122150**	**60715**	**61435**
七星关区				2958	1426	1532	1810	863	947
大方县	8	5	3	9407	4398	5009	26884	13443	13441
黔西县	4	2	2	12388	5870	6518	21623	10668	10955
金沙县	3	2	1	7472	3711	3761	6078	3016	3062
织金县	7	4	3	22850	11050	11800	13578	6852	6726
纳雍县	13	9	4	17746	8421	9325	12927	6493	6434
威宁彝族回族苗族自治县	1		1	7874	3885	3989	26553	13143	13410
赫章县	5	3	2	4528	2206	2322	12697	6237	6460

1-4b　续表 5　　　　单位：人

地　区	维吾尔族			苗　族			彝　族		
	小计	男	女	小计	男	女	小计	男	女
铜仁市	**64**	**35**	**29**	**160198**	**80805**	**79393**	**1039**	**494**	**545**
碧江区				834	476	358	4	1	3
万山区									
江口县				11122	5819	5303	80	34	46
玉屏侗族自治县				2111	970	1141	85	37	48
石阡县	7	4	3	5105	2511	2594	215	114	101
思南县	9	5	4	43848	21973	21875	166	89	77
印江土家族苗族自治县				14754	7520	7234	80	35	45
德江县	2		2	3950	1995	1955	279	126	153
沿河土家族自治县				1471	778	693	46	21	25
松桃苗族自治县	46	26	20	77003	38763	38240	84	37	47
黔西南布依族苗族自治州	**29**	**15**	**14**	**54073**	**27169**	**26904**	**11325**	**5732**	**5593**
兴义市	3	1	2	1622	849	773	1650	842	808
兴仁市				1585	770	815	794	408	386
普安县	5	2	3	5009	2480	2529	1791	868	923
晴隆县	2	2		14900	7595	7305	3234	1668	1566
贞丰县				8826	4301	4525	325	140	185
望谟县	1		1	10331	5351	4980	176	90	86
册亨县	10	7	3	3399	1708	1691	119	58	61
安龙县	8	3	5	8401	4115	4286	3236	1658	1578
黔东南苗族侗族自治州	**44**	**26**	**18**	**426614**	**217762**	**208852**	**2947**	**1439**	**1508**
凯里市				22257	11445	10812	57	24	33
黄平县				45563	22747	22816	112	48	64
施秉县	5	3	2	23005	11327	11678	213	109	104
三穗县	8	5	3	15300	7735	7565	80	32	48
镇远县	1		1	12307	6038	6269	499	224	275
岑巩县	3	2	1	6744	3329	3415	114	46	68
天柱县	1	1		36392	18928	17464	72	28	44
锦屏县	3	3		27147	13730	13417	57	23	34
剑河县	5	2	3	38448	19546	18902	65	27	38
台江县				40476	20658	19818	64	39	25
黎平县	7	5	2	19305	9965	9340	409	203	206
榕江县				22783	11372	11411	179	89	90
从江县				23795	12424	11371	79	41	38
雷山县	5	2	3	39699	21149	18550	154	84	70
麻江县	5	2	3	15650	7939	7711	380	202	178
丹寨县	1	1		37743	19430	18313	413	220	193
黔南布依族苗族自治州	**51**	**32**	**19**	**124072**	**61615**	**62457**	**5846**	**2747**	**3099**
都匀市	3	2	1	4369	2266	2103	447	232	215
福泉市				5072	2645	2427	315	179	136
荔波县	6	5	1	3288	1659	1629	87	45	42
贵定县	2	1	1	10609	4789	5820	648	241	407
瓮安县	6	4	2	9810	4987	4823	573	283	290
独山县	6	4	2	5430	2743	2687	491	257	234
平塘县	4	2	2	5291	2587	2704	261	134	127
罗甸县	8	5	3	15160	7550	7610	142	67	75
长顺县	3	1	2	14848	7368	7480	323	172	151
龙里县	8	6	2	13473	6861	6612	1029	497	532
惠水县	1		1	26631	13065	13566	1296	539	757
三都水族自治县	4	2	2	10091	5095	4996	234	101	133

1-4b 续表 6 单位：人

地　区	壮　族			布依族			朝鲜族		
	小计	男	女	小计	男	女	小计	男	女
贵　州	**19746**	**8947**	**10799**	**741748**	**366846**	**374902**	**153**	**82**	**71**
贵阳市	**667**	**272**	**395**	**22318**	**10415**	**11903**	**15**	**8**	**7**
南明区									
云岩区									
花溪区	282	103	179	7638	3203	4435	8	4	4
乌当区	9	6	3	1769	900	869			
白云区	3	1	2	62	30	32			
观山湖区	28	14	14	999	503	496			
开阳县	112	42	70	4666	2232	2434			
息烽县	65	25	40	962	456	506	6	3	3
修文县	78	32	46	2472	1186	1286	1	1	
清镇市	90	49	41	3750	1905	1845			
六盘水市	**294**	**127**	**167**	**14616**	**7239**	**7377**	**8**	**5**	**3**
钟山区	22	10	12	442	220	222			
六枝特区	29	9	20	2386	1131	1255			
水城县	133	50	83	10189	5104	5085	4	2	2
盘州市	110	58	52	1599	784	815	4	3	1
遵义市	**1276**	**453**	**823**	**3479**	**1472**	**2007**	**15**	**10**	**5**
红花岗区	28	10	18	120	41	79			
汇川区	28	8	20	108	56	52			
播州区	30	13	17	202	85	117			
桐梓县	119	47	72	410	163	247	1		1
绥阳县	93	39	54	229	101	128	1	1	
正安县	109	42	67	256	117	139			
道真仡佬族苗族自治县	136	31	105	190	62	128	1		1
务川仡佬族苗族自治县	65	13	52	217	80	137			
凤冈县	184	86	98	320	129	191	4	2	2
湄潭县	175	66	109	459	198	261	3	2	1
余庆县	162	66	96	424	195	229	4	4	
习水县	91	20	71	386	176	210	1	1	
赤水市	38	8	30	19	5	14			
仁怀市	18	4	14	139	64	75			
安顺市	**776**	**356**	**420**	**88840**	**44378**	**44462**	**5**	**2**	**3**
西秀区	42	22	20	2976	1566	1410	2	1	1
平坝区	107	55	52	6024	3192	2832	1	1	
普定县	122	45	77	3321	1576	1745			
镇宁布依族苗族自治县	166	82	84	29616	14714	14902	2		2
关岭布依族苗族自治县	141	61	80	20093	9923	10170			
紫云苗族布依族自治县	198	91	107	26810	13407	13403			
毕节市	**1514**	**647**	**867**	**23196**	**11468**	**11728**	**16**	**12**	**4**
七星关区	23	7	16	126	58	68	1		1
大方县	581	278	303	2159	986	1173			
黔西县	220	88	132	7104	3496	3608	2	1	1
金沙县	61	18	43	1451	702	749	2	2	
织金县	223	89	134	5948	2943	3005	2	1	1
纳雍县	242	103	139	4402	2310	2092	5	5	
威宁彝族回族苗族自治县	104	39	65	1436	691	745	3	2	1
赫章县	60	25	35	570	282	288	1	1	

1－4b　续表 7　　　　单位：人

地　区	壮　族			布依族			朝鲜族		
	小计	男	女	小计	男	女	小计	男	女
铜仁市	**849**	**349**	**500**	**2148**	**900**	**1248**	**43**	**22**	**21**
碧江区	2	1	1	12	5	7	1		1
万山区									
江口县	71	25	46	189	74	115	2	1	1
玉屏侗族自治县	74	31	43	197	76	121	2		2
石阡县	117	54	63	331	147	184	4	2	2
思南县	173	83	90	292	125	167	7	5	2
印江土家族苗族自治县	67	25	42	152	66	86			
德江县	90	31	59	616	260	356	1		1
沿河土家族自治县	35	4	31	97	34	63	11	6	5
松桃苗族自治县	220	95	125	262	113	149	15	8	7
黔西南布依族苗族自治州	**1762**	**877**	**885**	**198678**	**99362**	**99316**	**2**	**1**	**1**
兴义市	204	87	117	13228	6872	6356			
兴仁市	63	35	28	3224	1570	1654			
普安县	78	42	36	7929	4018	3911			
晴隆县	76	25	51	8548	4180	4368			
贞丰县	230	120	110	30525	15211	15314			
望谟县	355	201	154	54499	27059	27440	1		1
册亨县	226	116	110	39839	19986	19853	1	1	
安龙县	530	251	279	40886	20466	20420			
黔东南苗族侗族自治州	**7408**	**3498**	**3910**	**14177**	**6601**	**7576**	**24**	**11**	**13**
凯里市	61	26	35	491	211	280			
黄平县	106	48	58	375	159	216	3	2	1
施秉县	55	22	33	172	69	103			
三穗县	164	55	109	210	79	131			
镇远县	145	68	77	351	136	215	6	3	3
岑巩县	112	41	71	249	96	153	2	1	1
天柱县	92	23	69	144	37	107			
锦屏县	88	22	66	142	48	94	1		1
剑河县	72	22	50	183	72	111			
台江县	28	12	16	121	59	62			
黎平县	936	466	470	415	180	235	5	4	1
榕江县	548	257	291	844	408	436	3	1	2
从江县	4735	2342	2393	298	154	144	1		1
雷山县	67	22	45	188	86	102			
麻江县	98	39	59	8885	4344	4541			
丹寨县	101	33	68	1109	463	646	3		3
黔南布依族苗族自治州	**5200**	**2368**	**2832**	**374296**	**185011**	**189285**	**25**	**11**	**14**
都匀市	76	28	48	13822	6950	6872	2		2
福泉市	75	36	39	2533	1290	1243			
荔波县	1107	529	578	38096	18981	19115			
贵定县	254	120	134	28414	13580	14834	3	3	
瓮安县	322	139	183	1847	817	1030	5	3	2
独山县	1188	518	670	67848	33853	33995	3	1	2
平塘县	302	114	188	31486	15491	15995	2		2
罗甸县	819	413	406	75265	37279	37986	1		1
长顺县	138	56	82	29677	14903	14774	2	1	1
龙里县	307	148	159	15129	7423	7706	6	3	3
惠水县	407	169	238	52446	25552	26894			
三都水族自治县	205	98	107	17733	8892	8841	1		1

1-4b 续表 8

单位：人

地区	满族			侗族			瑶族		
	小计	男	女	小计	男	女	小计	男	女
贵州	**5020**	**2600**	**2420**	**539521**	**273494**	**266027**	**10295**	**5208**	**5087**
贵阳市	**377**	**194**	**183**	**9574**	**4853**	**4721**	**226**	**105**	**121**
南明区									
云岩区									
花溪区	162	71	91	5757	2725	3032	97	47	50
乌当区	9	6	3	183	107	76	7	2	5
白云区				12	3	9			
观山湖区	20	13	7	378	212	166	10	6	4
开阳县	59	30	29	553	263	290	27	9	18
息烽县	69	42	27	435	216	219	16	7	9
修文县	29	17	12	605	316	289	21	7	14
清镇市	29	15	14	1651	1011	640	48	27	21
六盘水市	**118**	**65**	**53**	**843**	**396**	**447**	**83**	**33**	**50**
钟山区	10	5	5	85	42	43	7	3	4
六枝特区	3	1	2	66	29	37	7	4	3
水城县	81	46	35	554	255	299	49	19	30
盘州市	24	13	11	138	70	68	20	7	13
遵义市	**227**	**108**	**119**	**4005**	**1809**	**2196**	**295**	**121**	**174**
红花岗区	2	1	1	81	43	38	5	3	2
汇川区	7	4	3	71	28	43	6	1	5
播州区	17	8	9	114	47	67	11	5	6
桐梓县	16	7	9	226	105	121	19	6	13
绥阳县	28	16	12	176	96	80	20	8	12
正安县	15	6	9	198	94	104	29	12	17
道真仡佬族苗族自治县	11	4	7	135	38	97	22	7	15
务川仡佬族苗族自治县	5	2	3	156	57	99	30	13	17
凤冈县	13	4	9	389	181	208	53	23	30
湄潭县	35	17	18	321	128	193	30	18	12
余庆县	63	29	34	1814	851	963	41	17	24
习水县	10	7	3	220	89	131	22	7	15
赤水市	1	1		24	9	15	4		4
仁怀市	4	2	2	80	43	37	3	1	2
安顺市	**277**	**148**	**129**	**1732**	**972**	**760**	**273**	**144**	**129**
西秀区	11	5	6	70	38	32	11	9	2
平坝区	179	98	81	695	456	239	46	27	19
普定县	22	13	9	217	103	114	32	17	15
镇宁布依族苗族自治县	27	12	15	206	96	110	36	17	19
关岭布依族苗族自治县	30	16	14	205	99	106	90	47	43
紫云苗族布依族自治县	8	4	4	339	180	159	58	27	31
毕节市	**2648**	**1349**	**1299**	**2956**	**1429**	**1527**	**305**	**136**	**169**
七星关区	8	4	4	71	23	48	10	2	8
大方县	160	77	83	506	233	273	48	24	24
黔西县	1908	1005	903	599	272	327	90	41	49
金沙县	394	178	216	292	141	151	22	11	11
织金县	82	36	46	628	315	313	73	39	34
纳雍县	38	21	17	289	135	154	36	12	24
威宁彝族回族苗族自治县	30	18	12	457	251	206	18	4	14
赫章县	28	10	18	114	59	55	8	3	5

1-4b 续表 9

单位：人

地 区	满 族			侗 族			瑶 族		
	小计	男	女	小计	男	女	小计	男	女
铜仁市	**203**	**121**	**82**	**103479**	**52951**	**50528**	**1752**	**966**	**786**
碧江区	1	1		644	369	275	35	16	19
万山区									
江口县	13	6	7	6941	3568	3373	100	45	55
玉屏侗族自治县	35	20	15	51614	26589	25025	27	12	15
石阡县	42	24	18	35561	17894	17667	1399	803	596
思南县	19	15	4	1316	617	699	76	39	37
印江土家族苗族自治县	23	17	6	432	175	257	15	5	10
德江县	13	4	9	579	307	272	26	10	16
沿河土家族自治县	11	7	4	249	128	121	12	4	8
松桃苗族自治县	46	27	19	6143	3304	2839	62	32	30
黔西南布依族苗族自治州	**381**	**201**	**180**	**1295**	**647**	**648**	**411**	**204**	**207**
兴义市	21	14	7	154	67	87	29	18	11
兴仁市				63	31	32	20	11	9
普安县	32	16	16	137	71	66	13	7	6
晴隆县	3	1	2	125	63	62	8		8
贞丰县	38	9	29	178	76	102	93	51	42
望谟县	11	3	8	238	135	103	167	79	88
册亨县	36	21	15	84	47	37	21	9	12
安龙县	240	137	103	316	157	159	60	29	31
黔东南苗族侗族自治州	**301**	**161**	**140**	**406199**	**205751**	**200448**	**5064**	**2572**	**2492**
凯里市	1	1		398	185	213	54	25	29
黄平县	16	6	10	1152	558	594	35	15	20
施秉县	15	7	8	2391	1216	1175	28	15	13
三穗县	43	23	20	35937	18354	17583	43	16	27
镇远县	86	54	32	28379	14664	13715	92	38	54
岑巩县	17	6	11	26160	13686	12474	67	26	41
天柱县	6	3	3	73471	37528	35943	30	8	22
锦屏县	13	6	7	34843	17335	17508	67	33	34
剑河县	24	11	13	25409	13285	12124	43	16	27
台江县	4		4	1046	570	476	14	3	11
黎平县	22	11	11	106759	52768	53991	460	226	234
榕江县	15	9	6	33855	17049	16806	1788	984	804
从江县	13	9	4	32210	16569	15641	842	421	421
雷山县	7	4	3	1741	848	893	275	112	163
麻江县	13	7	6	985	474	511	1095	573	522
丹寨县	6	4	2	1463	662	801	131	61	70
黔南布依族苗族自治州	**488**	**253**	**235**	**9438**	**4686**	**4752**	**1886**	**927**	**959**
都匀市	10	6	4	334	157	177	338	188	150
福泉市	30	15	15	433	260	173	32	19	13
荔波县	47	29	18	602	298	304	508	234	274
贵定县	41	22	19	900	398	502	67	28	39
瓮安县	25	13	12	885	413	472	61	31	30
独山县	22	16	6	1166	661	505	107	49	58
平塘县	21	11	10	314	143	171	43	11	32
罗甸县	31	14	17	827	427	400	265	144	121
长顺县	51	20	31	278	134	144	35	19	16
龙里县	90	49	41	1044	568	476	68	30	38
惠水县	90	42	48	1757	783	974	100	41	59
三都水族自治县	30	16	14	898	444	454	262	133	129

1-4b 续表 10

单位：人

地区	白族			土家族			哈尼族		
	小计	男	女	小计	男	女	小计	男	女
贵州	**59413**	**30905**	**28508**	**621332**	**311120**	**310212**	**681**	**237**	**444**
贵阳市	**2184**	**1044**	**1140**	**13269**	**6527**	**6742**	**59**	**22**	**37**
南明区									
云岩区									
花溪区	1072	464	608	7395	3447	3948	15	3	12
乌当区	43	20	23	282	142	140			
白云区	16	7	9	13	6	7			
观山湖区	105	58	47	548	274	274	3	1	2
开阳县	143	66	77	885	406	479	18	7	11
息烽县	89	37	52	861	429	432	6	2	4
修文县	243	123	120	1194	620	574	9	6	3
清镇市	473	269	204	2091	1203	888	8	3	5
六盘水市	**8381**	**4382**	**3999**	**1203**	**548**	**655**	**77**	**25**	**52**
钟山区	2928	1601	1327	116	61	55	4	1	3
六枝特区	57	25	32	91	34	57	2		2
水城县	2546	1350	1196	734	322	412	44	16	28
盘州市	2850	1406	1444	262	131	131	27	8	19
遵义市	**417**	**167**	**250**	**54900**	**27925**	**26975**	**75**	**22**	**53**
红花岗区	9	3	6	280	125	155			
汇川区	6	2	4	141	60	81			
播州区	36	17	19	257	117	140	2		2
桐梓县	57	23	34	514	234	280	16	6	10
绥阳县	32	9	23	462	209	253	6	1	5
正安县	34	8	26	626	298	328	6	3	3
道真仡佬族苗族自治县	19	7	12	11169	5791	5378	5		5
务川仡佬族苗族自治县	23	7	16	18836	9368	9468	1		1
凤冈县	36	14	22	16697	8811	7886	9	6	3
湄潭县	70	29	41	3173	1548	1625	6	2	4
余庆县	17	7	10	2159	1084	1075	12	2	10
习水县	60	33	27	431	201	230	8	1	7
赤水市	9	5	4	44	23	21	3	1	2
仁怀市	9	3	6	111	56	55	1		1
安顺市	**2098**	**1133**	**965**	**2143**	**1252**	**891**	**48**	**19**	**29**
西秀区	341	183	158	118	73	45	7	3	4
平坝区	373	207	166	1071	702	369	12	3	9
普定县	1020	573	447	204	99	105	4	2	2
镇宁布依族苗族自治县	178	84	94	263	119	144	9	4	5
关岭布依族苗族自治县	104	50	54	246	137	109	10	5	5
紫云苗族布依族自治县	82	36	46	241	122	119	6	2	4
毕节市	**43653**	**22918**	**20735**	**4744**	**2379**	**2365**	**173**	**63**	**110**
七星关区	875	472	403	136	69	67			
大方县	16147	8427	7720	744	359	385	24	7	17
黔西县	7211	3683	3528	871	407	464	17	5	12
金沙县	181	78	103	525	245	280	7	5	2
织金县	12098	6514	5584	1257	655	602	58	20	38
纳雍县	4838	2604	2234	433	224	209	45	19	26
威宁彝族回族苗族自治县	1481	737	744	641	349	292	20	7	13
赫章县	822	403	419	137	71	66	2		2

1-4b　续表 11　　　　　　　　　　　　　　　　　　　　　　　　　　　　单位：人

地　区	白　族			土 家 族			哈 尼 族		
	小计	男	女	小计	男	女	小计	男	女
铜仁市	**337**	**162**	**175**	**519223**	**259348**	**259875**	**31**	**7**	**24**
碧江区	2	1	1	2281	1299	982			
万山区									
江口县	20	8	12	34886	18345	16541	1		1
玉屏侗族自治县	30	14	16	9131	4553	4578	4	1	3
石阡县	54	31	23	2777	1369	1408	3	1	2
思南县	68	34	34	63603	31913	31690	5	2	3
印江土家族苗族自治县	19	7	12	87559	42573	44986	7		7
德江县	72	35	37	153031	76596	76435	2		2
沿河土家族自治县	17	9	8	158064	78794	79270	1		1
松桃苗族自治县	55	23	32	7891	3906	3985	8	3	5
黔西南布依族苗族自治州	**744**	**372**	**372**	**1481**	**748**	**733**	**53**	**13**	**40**
兴义市	48	17	31	206	107	99	9	3	6
兴仁市	21	8	13	66	33	33	4		4
普安县	311	154	157	158	81	77	10	2	8
晴隆县	61	32	29	125	73	52	6	1	5
贞丰县	87	47	40	221	109	112	8	1	7
望谟县	35	16	19	118	68	50	4		4
册亨县	18	13	5	94	45	49	2	2	
安龙县	163	85	78	493	232	261	10	4	6
黔东南苗族侗族自治州	**372**	**159**	**213**	**15747**	**8140**	**7607**	**69**	**30**	**39**
凯里市	11	4	7	393	247	146	1	1	
黄平县	16	4	12	867	426	441	8	1	7
施秉县	11	5	6	571	278	293			
三穗县	12	2	10	904	480	424	2	2	
镇远县	60	29	31	4394	2288	2106	6	2	4
岑巩县	31	14	17	6527	3411	3116	6	3	3
天柱县	11	3	8	164	62	102	4		4
锦屏县	29	11	18	260	129	131	8	1	7
剑河县	18	5	13	177	74	103	1		1
台江县	13	7	6	62	39	23	2	1	1
黎平县	28	13	15	342	163	179	11	4	7
榕江县	18	6	12	253	126	127	2		2
从江县	26	8	18	150	85	65	1		1
雷山县	24	13	11	160	88	72	10	8	2
麻江县	31	22	9	322	164	158	7	7	
丹寨县	33	13	20	201	80	121			
黔南布依族苗族自治州	**1227**	**568**	**659**	**8622**	**4253**	**4369**	**96**	**36**	**60**
都匀市	35	17	18	277	102	175	2		2
福泉市	48	26	22	375	203	172	12	6	6
荔波县	25	14	11	226	127	99			
贵定县	151	60	91	955	399	556	9	4	5
瓮安县	89	47	42	1384	701	683	24	9	15
独山县	26	13	13	309	176	133			
平塘县	18	5	13	175	90	85	6	1	5
罗甸县	77	40	37	730	407	323	14	7	7
长顺县	84	42	42	340	170	170	5		5
龙里县	248	116	132	1344	729	615	9	2	7
惠水县	408	181	227	2354	1068	1286	12	5	7
三都水族自治县	18	7	11	153	81	72	3	2	1

1-4b 续表 12

单位：人

地区	哈萨克族			傣族			黎族		
	小计	男	女	小计	男	女	小计	男	女
贵州	**12**	**6**	**6**	**595**	**225**	**370**	**48615**	**24784**	**23831**
贵阳市	**1**	**1**		**40**	**15**	**25**	**1124**	**558**	**566**
南明区									
云岩区									
花溪区	1	1		20	7	13	537	251	286
乌当区				1		1	21	8	13
白云区							5	5	
观山湖区				2		2	88	47	41
开阳县				9	2	7	114	66	48
息烽县				1	1		75	42	33
修文县				4	3	1	126	64	62
清镇市				3	2	1	158	75	83
六盘水市	**2**		**2**	**61**	**28**	**33**	**1032**	**532**	**500**
钟山区				7	5	2	26	14	12
六枝特区	2		2				278	136	142
水城县				29	13	16	151	71	80
盘州市				25	10	15	577	311	266
遵义市	**1**		**1**	**53**	**13**	**40**	**343**	**161**	**182**
红花岗区				2		2	12	8	4
汇川区							5	2	3
播州区							13	3	10
桐梓县				9	4	5	36	20	16
绥阳县				5	1	4	30	17	13
正安县				4	2	2	29	10	19
道真仡佬族苗族自治县				4		4	16	6	10
务川仡佬族苗族自治县	1		1	6		6	16	5	11
凤冈县				1		1	37	15	22
湄潭县				6	2	4	44	24	20
余庆县				8	4	4	60	30	30
习水县				7		7	38	16	22
赤水市									
仁怀市				1		1	7	5	2
安顺市				**71**	**33**	**38**	**30932**	**15685**	**15247**
西秀区				8	2	6	149	82	67
平坝区				3	1	2	153	87	66
普定县				15	7	8	166	82	84
镇宁布依族苗族自治县				14	8	6	5007	2464	2543
关岭布依族苗族自治县				15	9	6	25369	12929	12440
紫云苗族布依族自治县				16	6	10	88	41	47
毕节市	**4**	**2**	**2**	**121**	**37**	**84**	**2305**	**1216**	**1089**
七星关区				3	1	2	9	3	6
大方县				26	12	14	122	54	68
黔西县				14	3	11	1758	956	802
金沙县				1		1	60	28	32
织金县	3	1	2	19	7	12	179	83	96
纳雍县				25	3	22	95	47	48
威宁彝族回族苗族自治县	1	1		21	6	15	67	37	30
赫章县				12	5	7	15	8	7

1-4b　续表 13

单位：人

地　区	哈萨克族			傣　族			黎　族		
	小计	男	女	小计	男	女	小计	男	女
铜仁市	**2**	**2**		**33**	**9**	**24**	**206**	**82**	**124**
碧江区									
万山区									
江口县				5	1	4	22	6	16
玉屏侗族自治县				2		2	19	5	14
石阡县				2		2	29	10	19
思南县				10	7	3	42	26	16
印江土家族苗族自治县				3		3	14	3	11
德江县	1	1		5		5	51	21	30
沿河土家族自治县	1	1		2	1	1	13	4	9
松桃苗族自治县				4		4	16	7	9
黔西南布依族苗族自治州				**64**	**30**	**34**	**11496**	**6013**	**5483**
兴义市				3	2	1	136	64	72
兴仁市				3	2	1	413	216	197
普安县				7	5	2	4198	2256	1942
晴隆县				11	2	9	5217	2669	2548
贞丰县				7	1	6	713	385	328
望谟县				4		4	45	23	22
册亨县				8	8		61	37	24
安龙县				21	10	11	713	363	350
黔东南苗族侗族自治州				**78**	**30**	**48**	**338**	**156**	**182**
凯里市				2		2	2	2	
黄平县				15	4	11	18	5	13
施秉县							2	1	1
三穗县				6	2	4	14	6	8
镇远县				11	4	7	30	9	21
岑巩县				7	3	4	20	11	9
天柱县				2		2	9	2	7
锦屏县							9	4	5
剑河县				3		3	5	1	4
台江县				1	1		6	1	5
黎平县				7	1	6	64	36	28
榕江县				2		2	93	50	43
从江县				7	2	5	13	4	9
雷山县				2	2		18	9	9
麻江县				13	11	2	15	9	6
丹寨县							20	6	14
黔南布依族苗族自治州	**2**	**1**	**1**	**74**	**30**	**44**	**839**	**381**	**458**
都匀市				2	1	1	33	15	18
福泉市							31	12	19
荔波县				1		1	23	9	14
贵定县				13	5	8	81	27	54
瓮安县	1	1		6	2	4	81	37	44
独山县				5	2	3	51	33	18
平塘县				10	6	4	29	11	18
罗甸县				13	5	8	34	15	19
长顺县	1		1	9	3	6	66	35	31
龙里县				5		5	114	51	63
惠水县				7	4	3	277	127	150
三都水族自治县				3	2	1	19	9	10

1-4b 续表 14

单位：人

地区	傈僳族			佤族			畲族		
	小计	男	女	小计	男	女	小计	男	女
贵州	**254**	**87**	**167**	**256**	**105**	**151**	**9099**	**4491**	**4608**
贵阳市	**19**	**10**	**9**	**10**	**3**	**7**	**245**	**114**	**131**
南明区									
云岩区									
花溪区	10	5	5	2	1	1	124	57	67
乌当区							12	5	7
白云区									
观山湖区							13	5	8
开阳县	5	4	1	6	2	4	20	8	12
息烽县				2		2	13	8	5
修文县	4	1	3				26	10	16
清镇市							37	21	16
六盘水市	**45**	**18**	**27**	**20**	**5**	**15**	**20**	**10**	**10**
钟山区	4	1	3	4		4	1	1	
六枝特区	8	4	4				2		2
水城县	17	6	11	8	2	6	11	5	6
盘州市	16	7	9	8	3	5	6	4	2
遵义市	**27**	**6**	**21**	**18**	**7**	**11**	**65**	**25**	**40**
红花岗区							3	3	
汇川区							2	1	1
播州区	1		1	1		1	5	4	1
桐梓县	1		1				4	1	3
绥阳县	1		1	3	1	2	2	1	1
正安县	5		5				5	2	3
道真仡佬族苗族自治县	2		2	1	1		8	3	5
务川仡佬族苗族自治县	1		1	1		1	4	1	3
凤冈县	7	3	4	4	2	2	13	2	11
湄潭县	1		1	1	1		6	2	4
余庆县	2	2		3	1	2	6	3	3
习水县	4	1	3	4	1	3	5	2	3
赤水市							1		1
仁怀市	2		2				1		1
安顺市	**21**	**8**	**13**	**32**	**17**	**15**	**46**	**25**	**21**
西秀区							1	1	
平坝区	10	2	8	8	7	1	15	8	7
普定县	5	1	4	3	1	2	6	3	3
镇宁布依族苗族自治县							9	5	4
关岭布依族苗族自治县	4	4		17	7	10	8	4	4
紫云苗族布依族自治县	2	1	1	4	2	2	7	4	3
毕节市	**47**	**13**	**34**	**41**	**17**	**24**	**116**	**65**	**51**
七星关区	1		1						
大方县	6	3	3	7	6	1	21	11	10
黔西县	1	1		8	3	5	22	11	11
金沙县	1		1	1		1	7	4	3
织金县	13	4	9	8	3	5	41	20	21
纳雍县	11		11	9	3	6	14	10	4
威宁彝族回族苗族自治县	11	3	8	8	2	6	5	4	1
赫章县	3	2	1				6	5	1

1−4b　续表 15　　　　单位：人

地　区	傈僳族			佤　族			畲　族		
	小计	男	女	小计	男	女	小计	男	女
铜仁市	**20**	**10**	**10**	**50**	**20**	**30**	**59**	**31**	**28**
碧江区							2	1	1
万山区									
江口县	1		1	3	1	2	8	5	3
玉屏侗族自治县	1	1		1		1	8	5	3
石阡县				3		3	9	5	4
思南县	5	3	2	6	4	2	9	6	3
印江土家族苗族自治县	3	1	2	2		2	1	1	
德江县	9	5	4	27	12	15	9	3	6
沿河土家族自治县				1		1	4	1	3
松桃苗族自治县	1		1	7	3	4	9	4	5
黔西南布依族苗族自治州	**17**	**7**	**10**	**16**	**7**	**9**	**32**	**16**	**16**
兴义市	5	2	3	2	1	1			
兴仁市	2	1	1	1	1		2		2
普安县	4		4	3		3	4	4	
晴隆县				3	1	2	4	2	2
贞丰县	1	1		1		1	15	9	6
望谟县				1		1	2	1	1
册亨县	1		1	1	1		2		2
安龙县	4	3	1	4	3	1	3		3
黔东南苗族侗族自治州	**20**	**6**	**14**	**39**	**18**	**21**	**7846**	**3917**	**3929**
凯里市	1		1				679	324	355
黄平县				1		1	40	19	21
施秉县				2	1	1	20	9	11
三穗县	1		1	3	1	2	13	4	9
镇远县	1	1		20	11	9	22	11	11
岑巩县	1		1	1	1		19	8	11
天柱县	1		1	2		2	7	3	4
锦屏县	6	2	4				7	2	5
剑河县							7	3	4
台江县	1	1					19	17	2
黎平县	1		1	1		1	30	15	15
榕江县				3	1	2	38	19	19
从江县	4	1	3	1	1		19	13	6
雷山县	1		1	2	1	1	31	17	14
麻江县	2	1	1	1		1	6788	3404	3384
丹寨县				2	1	1	107	49	58
黔南布依族苗族自治州	**38**	**9**	**29**	**30**	**11**	**19**	**670**	**288**	**382**
都匀市	1		1	2		2	45	15	30
福泉市				1		1	207	94	113
荔波县	2		2	3	1	2	32	17	15
贵定县	11	3	8	2	1	1	114	46	68
瓮安县	5		5	1		1	48	17	31
独山县	4	1	3	2	2		36	24	12
平塘县				3	2	1	21	9	12
罗甸县	8	3	5	4	1	3	15	5	10
长顺县				3		3	8	2	6
龙里县	5	1	4	3	1	2	49	23	26
惠水县	2	1	1	1	1		65	26	39
三都水族自治县				5	2	3	30	10	20

1-4b 续表 16

单位：人

地　区	高山族			拉祜族			水　族		
	小计	男	女	小计	男	女	小计	男	女
贵　州	**81**	**45**	**36**	**159**	**41**	**118**	**117117**	**60027**	**57090**
贵阳市	**7**	**5**	**2**	**13**	**4**	**9**	**1840**	**861**	**979**
南明区									
云岩区									
花溪区	2	2		1	1		1157	519	638
乌当区							34	17	17
白云区							6	4	2
观山湖区							66	39	27
开阳县	4	3	1	5	1	4	89	39	50
息烽县				2	1	1	55	32	23
修文县				4		4	62	30	32
清镇市	1		1	1	1		371	181	190
六盘水市				**18**	**5**	**13**	**2417**	**1239**	**1178**
钟山区							174	73	101
六枝特区							33	7	26
水城县				16	5	11	1603	859	744
盘州市				2		2	607	300	307
遵义市	**3**		**3**	**34**	**10**	**24**	**292**	**126**	**166**
红花岗区							7	4	3
汇川区	1		1				8	1	7
播州区				3	1	2	16	3	13
桐梓县				1		1	32	20	12
绥阳县				1		1	18	10	8
正安县				4	1	3	26	14	12
道真仡佬族苗族自治县	1		1	1		1	18	6	12
务川仡佬族苗族自治县	1		1	2		2	25	10	15
凤冈县				4	1	3	19	10	9
湄潭县				3	2	1	31	10	21
余庆县							45	18	27
习水县				15	5	10	37	15	22
赤水市							2		2
仁怀市							8	5	3
安顺市				**8**	**1**	**7**	**340**	**192**	**148**
西秀区				2	1	1	24	11	13
平坝区				1		1	147	100	47
普定县				1		1	44	23	21
镇宁布依族苗族自治县				2		2	52	22	30
关岭布依族苗族自治县				1		1	38	17	21
紫云苗族布依族自治县				1		1	35	19	16
毕节市	**19**	**12**	**7**	**42**	**10**	**32**	**2622**	**1288**	**1334**
七星关区				1		1	10	5	5
大方县	17	12	5	10	3	7	268	143	125
黔西县				2		2	1203	595	608
金沙县				1		1	59	22	37
织金县	2		2	10	4	6	670	315	355
纳雍县				3	1	2	72	28	44
威宁彝族回族苗族自治县				7		7	320	171	149
赫章县				8	2	6	20	9	11

1-4b　续表 17　　单位：人

地　区	高山族			拉祜族			水　族		
	小计	男	女	小计	男	女	小计	男	女
铜仁市	**41**	**23**	**18**	**2**	**1**	**1**	**242**	**111**	**131**
碧江区							1	1	
万山区									
江口县							17	7	10
玉屏侗族自治县							37	20	17
石阡县							29	13	16
思南县	39	23	16	2	1	1	25	10	15
印江土家族苗族自治县							23	13	10
德江县	1		1				72	27	45
沿河土家族自治县							8	6	2
松桃苗族自治县	1		1				30	14	16
黔西南布依族苗族自治州	**1**	**1**		**17**	**4**	**13**	**485**	**234**	**251**
兴义市				1		1	200	97	103
兴仁市							17	6	11
普安县				2	1	1	35	17	18
晴隆县				4		4	28	10	18
贞丰县				5	1	4	20	14	6
望谟县				2	1	1	42	23	19
册亨县	1	1					18	8	10
安龙县				3	1	2	125	59	66
黔东南苗族侗族自治州	**1**		**1**	**9**	**2**	**7**	**20718**	**10907**	**9811**
凯里市				1		1	83	41	42
黄平县							84	48	36
施秉县							25	10	16
三穗县							56	27	29
镇远县							97	34	63
岑巩县				2	1	1	45	23	22
天柱县							36	13	23
锦屏县							89	50	39
剑河县				1		1	1548	857	691
台江县							48	25	23
黎平县				1		1	976	541	435
榕江县				3	1	2	10585	5542	5043
从江县							1130	571	559
雷山县							1050	526	524
麻江县	1		1	1		1	238	125	113
丹寨县							4627	2474	2153
黔南布依族苗族自治州	**9**	**4**	**5**	**16**	**4**	**12**	**88161**	**45069**	**43092**
都匀市				1		1	1454	757	697
福泉市	2	1	1				413	233	180
荔波县				1		1	11613	5763	5850
贵定县	1	1		5	1	4	339	143	196
瓮安县	3	1	2	3	1	2	342	147	195
独山县							8561	4098	4463
平塘县							786	436	350
罗甸县							197	78	119
长顺县				1		1	119	49	70
龙里县				1		1	262	138	124
惠水县	2	1	1	4	2	2	399	174	225
三都水族自治县	1		1				63676	33053	30623

1－4b　续表 18

单位：人

地　　区	东乡族			纳西族			景颇族		
	小计	男	女	小计	男	女	小计	男	女
贵　州	**98**	**47**	**51**	**79**	**29**	**50**	**123**	**49**	**74**
贵阳市	**4**	**2**	**2**	**9**	**3**	**6**	**14**	**7**	**7**
南明区									
云岩区									
花溪区	1		1	6	2	4	3	2	1
乌当区									
白云区									
观山湖区									
开阳县							8	3	5
息烽县	1	1		1	1				
修文县				1		1			
清镇市	2	1	1	1		1	3	2	1
六盘水市	**1**	**1**		**6**	**1**	**5**	**12**	**4**	**8**
钟山区									
六枝特区	1	1					3		3
水城县				6	1	5	2		2
盘州市							7	4	3
遵义市	**3**	**1**	**2**	**9**	**5**	**4**	**5**	**2**	**3**
红花岗区									
汇川区									
播州区									
桐梓县	1		1						
绥阳县									
正安县									
道真仡佬族苗族自治县									
务川仡佬族苗族自治县									
凤冈县				5	3	2			
湄潭县									
余庆县	2	1	1	2	2		2		2
习水县				2		2	3	2	1
赤水市									
仁怀市									
安顺市	**1**	**1**		**9**	**2**	**7**	**4**	**1**	**3**
西秀区									
平坝区	1	1					1	1	
普定县							1		1
镇宁布依族苗族自治县				7	2	5			
关岭布依族苗族自治县							1		1
紫云苗族布依族自治县				2		2	1		1
毕节市	**2**		**2**	**10**	**3**	**7**	**14**	**7**	**7**
七星关区							2	1	1
大方县				1		1	6	3	3
黔西县				1		1			
金沙县							2	1	1
织金县	1		1	2	1	1	1		1
纳雍县				2		2	3	2	1
威宁彝族回族苗族自治县	1		1	4	2	2			
赫章县									

1-4b　续表 19　　　　单位：人

地　区	东乡族			纳西族			景颇族		
	小计	男	女	小计	男	女	小计	男	女
铜仁市	**3**		**3**	**7**	**2**	**5**	**2**		**2**
碧江区									
万山区									
江口县									
玉屏侗族自治县							1		1
石阡县				5	1	4			
思南县	2		2	1		1			
印江土家族苗族自治县									
德江县	1		1	1	1		1		1
沿河土家族自治县									
松桃苗族自治县									
黔西南布依族苗族自治州	**1**	**1**		**3**	**1**	**2**	**3**	**1**	**2**
兴义市									
兴仁市									
普安县				1		1			
晴隆县							1		1
贞丰县							1	1	
望谟县	1	1		2	1	1			
册亨县									
安龙县							1		1
黔东南苗族侗族自治州	**32**	**18**	**14**	**8**	**3**	**5**	**55**	**22**	**33**
凯里市				1	1		17	8	9
黄平县				2	1	1	16	7	9
施秉县	3	3					1		1
三穗县				1	1		4	1	3
镇远县							8	4	4
岑巩县							3		3
天柱县							1		1
锦屏县									
剑河县									
台江县									
黎平县	2	1	1	2		2			
榕江县				1		1			
从江县				1		1			
雷山县	2	1	1						
麻江县	5	3	2				1	1	
丹寨县	20	10	10				4	1	3
黔南布依族苗族自治州	**51**	**23**	**28**	**18**	**9**	**9**	**14**	**5**	**9**
都匀市	6	1	5	1	1				
福泉市	11	8	3	4	2	2			
荔波县	2	2							
贵定县	12	2	10				1		1
瓮安县	3		3						
独山县	3	2	1	3	2	1			
平塘县	2		2						
罗甸县	6	3	3				3		3
长顺县				6	2	4	3	3	
龙里县	4	3	1				1		1
惠水县				4	2	2	6	2	4
三都水族自治县	2	2							

1－4b 续表 20

单位：人

地区	柯尔克孜族			土族			达斡尔族		
	小计	男	女	小计	男	女	小计	男	女
贵州	**5**	**3**	**2**	**2112**	**1137**	**975**	**14**	**8**	**6**
贵阳市	**1**		**1**	**119**	**63**	**56**	**1**		**1**
南明区									
云岩区									
花溪区				40	24	16			
乌当区				9	9				
白云区									
观山湖区				7	2	5			
开阳县				15	7	8			
息烽县				5	2	3	1		1
修文县				24	11	13			
清镇市	1		1	19	8	11			
六盘水市				**21**	**10**	**11**			
钟山区									
六枝特区									
水城县				9	5	4			
盘州市				12	5	7			
遵义市				**262**	**134**	**128**	**5**	**3**	**2**
红花岗区				2	1	1			
汇川区									
播州区				4	1	3			
桐梓县				6	3	3			
绥阳县				1	1				
正安县				12	4	8	1		1
道真仡佬族苗族自治县				26	20	6	1	1	
务川仡佬族苗族自治县				57	31	26			
凤冈县				109	51	58			
湄潭县				28	14	14			
余庆县				16	7	9			
习水县				1	1		3	2	1
赤水市									
仁怀市									
安顺市				**18**	**11**	**7**			
西秀区				3	2	1			
平坝区				8	4	4			
普定县				3	2	1			
镇宁布依族苗族自治县				3	2	1			
关岭布依族苗族自治县				1	1				
紫云苗族布依族自治县									
毕节市	**3**	**2**	**1**	**49**	**27**	**22**	**3**	**2**	**1**
七星关区									
大方县	1		1	5	4	1			
黔西县				5	4	1	1		1
金沙县				2	2				
织金县	1	1		22	10	12	1	1	
纳雍县	1	1		11	6	5			
威宁彝族回族苗族自治县				4	1	3	1	1	
赫章县									

1-4b 续表 21

单位：人

地 区	柯尔克孜族			土 族			达斡尔族		
	小计	男	女	小计	男	女	小计	男	女
铜仁市				**1026**	**530**	**496**	**2**	**2**	
碧江区				1	1				
万山区									
江口县				13	10	3			
玉屏侗族自治县				107	57	50			
石阡县				35	15	20			
思南县				258	133	125	1	1	
印江土家族苗族自治县				248	125	123			
德江县				148	79	69			
沿河土家族自治县				178	94	84			
松桃苗族自治县				38	16	22	1	1	
黔西南布依族苗族自治州				**12**	**2**	**10**	**1**		**1**
兴义市									
兴仁市									
普安县				5	1	4			
晴隆县									
贞丰县									
望谟县				5	1	4	1		1
册亨县				1		1			
安龙县				1		1			
黔东南苗族侗族自治州	**1**	**1**		**485**	**296**	**189**			
凯里市				329	220	109			
黄平县				12	4	8			
施秉县				10	2	8			
三穗县				1		1			
镇远县				7	3	4			
岑巩县				5	1	4			
天柱县									
锦屏县				4		4			
剑河县				4	2	2			
台江县				2	1	1			
黎平县									
榕江县				5	3	2			
从江县	1	1		6	5	1			
雷山县									
麻江县				95	51	44			
丹寨县				5	4	1			
黔南布依族苗族自治州				**120**	**64**	**56**	**2**	**1**	**1**
都匀市				30	11	19	1	1	
福泉市				5	5				
荔波县				2	1	1			
贵定县				11	4	7			
瓮安县				17	7	10			
独山县				7	5	2			
平塘县				7	6	1			
罗甸县				4	3	1			
长顺县									
龙里县				13	6	7			
惠水县				19	13	6	1		1
三都水族自治县				5	3	2			

1-4b 续表 22

单位：人

地 区	仫佬族			羌 族			布朗族		
	小计	男	女	小计	男	女	小计	男	女
贵 州	**9797**	**4808**	**4989**	**886**	**470**	**416**	**64**	**20**	**44**
贵阳市	**496**	**256**	**240**	**15**	**4**	**11**	**4**	**3**	**1**
南明区									
云岩区									
花溪区	229	119	110	10	3	7			
乌当区	10	2	8	2		2			
白云区									
观山湖区	36	17	19						
开阳县	61	26	35	2	1	1	3	2	1
息烽县	33	20	13						
修文县	45	22	23	1		1			
清镇市	82	50	32				1	1	
六盘水市	**171**	**78**	**93**	**7**	**3**	**4**	**2**		**2**
钟山区	19	9	10						
六枝特区	46	19	27						
水城县	84	39	45	6	3	3	2		2
盘州市	22	11	11	1		1			
遵义市	**1510**	**730**	**780**	**43**	**17**	**26**	**10**	**3**	**7**
红花岗区	3	1	2						
汇川区	4	1	3						
播州区	11	3	8	3	1	2			
桐梓县	25	9	16	8	1	7	1		1
绥阳县	39	20	19	3		3			
正安县	327	160	167	1	1		3	2	1
道真仡佬族苗族自治县	246	102	144	6	4	2			
务川仡佬族苗族自治县	246	118	128				2		2
凤冈县	292	170	122	8	4	4			
湄潭县	216	102	114				3	1	2
余庆县	85	38	47	9	3	6			
习水县	11	5	6	3	2	1			
赤水市									
仁怀市	5	1	4	2	1	1	1		1
安顺市	**459**	**217**	**242**	**13**	**11**	**2**	**4**	**2**	**2**
西秀区	25	12	13						
平坝区	119	65	54	5	5				
普定县	115	54	61						
镇宁布依族苗族自治县	87	35	52	4	4				
关岭布依族苗族自治县	69	34	35	4	2	2	4	2	2
紫云苗族布依族自治县	44	17	27						
毕节市	**1368**	**672**	**696**	**37**	**19**	**18**	**14**	**4**	**10**
七星关区	6	3	3						
大方县	361	183	178	2		2	1	1	
黔西县	381	184	197	8	4	4	2		2
金沙县	72	34	38	2	1	1	1		1
织金县	384	187	197	18	10	8	4	2	2
纳雍县	108	52	56	1		1	5	1	4
威宁彝族回族苗族自治县	45	22	23	4	3	1			
赫章县	11	7	4	2	1	1	1		1

1-4b　续表 23　　　　单位：人

地　区	仫佬族			羌　族			布朗族		
	小计	男	女	小计	男	女	小计	男	女
铜仁市	**935**	**441**	**494**	**682**	**381**	**301**	**4**	**1**	**3**
碧江区	2		2						
万山区									
江口县	63	30	33	84	44	40			
玉屏侗族自治县	29	10	19	7	4	3			
石阡县	479	234	245	575	329	246	1		1
思南县	162	71	91	6	3	3	1		1
印江土家族苗族自治县	18	5	13	3	1	2			
德江县	83	38	45						
沿河土家族自治县	4	1	3						
松桃苗族自治县	95	52	43	7		7	2	1	1
黔西南布依族苗族自治州	**145**	**64**	**81**	**18**	**9**	**9**	**3**	**1**	**2**
兴义市	2		2	1	1				
兴仁市	10	3	7						
普安县	5	3	2						
晴隆县	21	10	11				1		1
贞丰县	43	16	27				1	1	
望谟县	4	3	1	2	2				
册亨县	12	6	6	14	5	9	1		1
安龙县	48	23	25	1	1				
黔东南苗族侗族自治州	**3689**	**1830**	**1859**	**40**	**9**	**31**	**11**	**3**	**8**
凯里市	972	485	487						
黄平县	323	168	155				2	1	1
施秉县	23	11	12	2		2	2		2
三穗县	22	8	14						
镇远县	90	40	50	15	5	10	1		1
岑巩县	84	43	41	5	3	2			
天柱县	7	1	6	1		1	1		1
锦屏县	19	9	10	1		1			
剑河县	26	7	19	1		1			
台江县	25	13	12						
黎平县	26	15	11						
榕江县	23	12	11	2		2	1		1
从江县	33	12	21						
雷山县	29	15	14	3		3			
麻江县	1903	946	957	6	1	5	1	1	
丹寨县	84	45	39	4		4	3	1	2
黔南布依族苗族自治州	**1024**	**520**	**504**	**31**	**17**	**14**	**12**	**3**	**9**
都匀市	51	20	31						
福泉市	319	178	141	3	2	1			
荔波县	39	25	14				2	1	1
贵定县	76	37	39	1		1			
瓮安县	200	93	107	5	3	2	1	1	
独山县	43	19	24	9	6	3			
平塘县	40	22	18	3	2	1	2	1	1
罗甸县	28	12	16						
长顺县	23	13	10	1	1		1		1
龙里县	89	47	42	4	2	2	4		4
惠水县	97	47	50	3	1	2	2		2
三都水族自治县	19	7	12	2		2			

1-4b 续表 24

单位：人

地　　区	撒拉族			毛南族			仡佬族		
	小计	男	女	小计	男	女	小计	男	女
贵　州	**52**	**27**	**25**	**8716**	**4404**	**4312**	**208924**	**104613**	**104311**
贵阳市	**11**	**5**	**6**	**119**	**51**	**68**	**5113**	**2483**	**2630**
南明区									
云岩区									
花溪区	10	5	5	73	35	38	2549	1154	1395
乌当区							124	73	51
白云区							29	13	16
观山湖区				4	2	2	184	97	87
开阳县				10	2	8	447	217	230
息烽县				10	3	7	452	215	237
修文县				10	1	9	437	215	222
清镇市	1		1	12	8	4	891	499	392
六盘水市	**12**	**7**	**5**	**6**	**4**	**2**	**2006**	**1055**	**951**
钟山区	1	1		2	2		58	31	27
六枝特区				1		1	1108	596	512
水城县	11	6	5	3	2	1	740	377	363
盘州市							100	51	49
遵义市	**9**	**5**	**4**	**32**	**16**	**16**	**146588**	**72779**	**73809**
红花岗区				1	1		131	53	78
汇川区				1	1		106	43	63
播州区				3	1	2	172	69	103
桐梓县				2	1	1	314	148	166
绥阳县				5	2	3	597	292	305
正安县				3	1	2	11801	5845	5956
道真仡佬族苗族自治县	3	3					55257	27046	28211
务川仡佬族苗族自治县	6	2	4	3	1	2	66482	33331	33151
凤冈县				2	1	1	7312	3807	3505
湄潭县				3	3		2334	1113	1221
余庆县				6	2	4	1666	817	849
习水县				2	1	1	238	124	114
赤水市							14	2	12
仁怀市				1	1		164	89	75
安顺市	**2**	**1**	**1**	**26**	**12**	**14**	**6626**	**3466**	**3160**
西秀区				3	1	2	192	102	90
平坝区	2	1	1	6	4	2	814	462	352
普定县				5	3	2	915	479	436
镇宁布依族苗族自治县							553	285	268
关岭布依族苗族自治县				4	1	3	3911	2008	1903
紫云苗族布依族自治县				8	3	5	241	130	111
毕节市	**8**	**5**	**3**	**40**	**21**	**19**	**8663**	**4492**	**4171**
七星关区				1		1	35	17	18
大方县	1	1		10	3	7	1950	1024	926
黔西县				8	5	3	1930	974	956
金沙县				5	2	3	559	293	266
织金县				5	3	2	2786	1441	1345
纳雍县				4	2	2	726	394	332
威宁彝族回族苗族自治县				4	4		613	315	298
赫章县	7	4	3	3	2	1	64	34	30

1-4b　续表 25　　　　单位：人

地　区	撒拉族			毛南族			仡佬族		
	小计	男	女	小计	男	女	小计	男	女
铜仁市	**4**	**2**	**2**	**18**	**5**	**13**	**32835**	**16777**	**16058**
碧江区							5	2	3
万山区									
江口县				1		1	672	344	328
玉屏侗族自治县				1		1	517	269	248
石阡县	3	1	2	1		1	26449	13560	12889
思南县				2		2	3087	1546	1541
印江土家族苗族自治县							185	82	103
德江县	1	1		4	2	2	871	422	449
沿河土家族自治县				5	1	4	162	82	80
松桃苗族自治县				4	2	2	887	470	417
黔西南布依族苗族自治州	**2**		**2**	**23**	**10**	**13**	**1522**	**772**	**750**
兴义市				5	2	3	55	32	23
兴仁市				2	2		106	49	57
普安县	2		2	3	1	2	45	23	22
晴隆县				1		1	94	57	37
贞丰县				6	2	4	467	227	240
望谟县				2		2	52	29	23
册亨县				1	1		100	51	49
安龙县				3	2	1	603	304	299
黔东南苗族侗族自治州				**40**	**16**	**24**	**1841**	**914**	**927**
凯里市							91	46	45
黄平县				4	2	2	128	65	63
施秉县				7	3	4	129	59	70
三穗县							67	35	32
镇远县				5	3	2	405	180	225
岑巩县				1	1		563	288	275
天柱县							30	9	21
锦屏县				1		1	30	16	14
剑河县				2		2	59	33	26
台江县				1	1		31	18	13
黎平县				6	2	4	67	33	34
榕江县				1		1	49	27	22
从江县				2	1	1	28	16	12
雷山县				1	1		46	37	9
麻江县				3	1	2	82	35	47
丹寨县				6	1	5	36	17	19
黔南布依族苗族自治州	**4**	**2**	**2**	**8412**	**4269**	**4143**	**3730**	**1875**	**1855**
都匀市	1	1		33	13	20	101	36	65
福泉市				13	5	8	178	116	62
荔波县				123	72	51	76	39	37
贵定县				33	12	21	444	177	267
瓮安县				21	11	10	1047	545	502
独山县	3	1	2	836	377	459	74	41	33
平塘县				5230	2567	2663	57	27	30
罗甸县				30	9	21	110	62	48
长顺县				17	6	11	163	69	94
龙里县				32	19	13	592	361	231
惠水县				2009	1166	843	824	367	457
三都水族自治县				35	12	23	64	35	29

1-4b 续表 26

单位：人

地　　区	锡伯族			阿昌族			普米族		
	小计	男	女	小计	男	女	小计	男	女
贵　州	**26**	**11**	**15**	**17**	**7**	**10**	**21**	**12**	**9**
贵阳市	**5**	**2**	**3**				**2**		**2**
南明区									
云岩区									
花溪区	3	1	2				1		1
乌当区									
白云区									
观山湖区									
开阳县	1		1				1		1
息烽县									
修文县									
清镇市	1	1							
六盘水市	**2**		**2**						
钟山区									
六枝特区									
水城县	2		2						
盘州市									
遵义市	**2**	**1**	**1**	**6**	**3**	**3**	**4**	**1**	**3**
红花岗区									
汇川区									
播州区									
桐梓县									
绥阳县									
正安县	1		1						
道真仡佬族苗族自治县	1	1							
务川仡佬族苗族自治县				4	3	1			
凤冈县				1		1	4	1	3
湄潭县									
余庆县									
习水县									
赤水市				1		1			
仁怀市									
安顺市	**4**		**4**	**1**	**1**				
西秀区									
平坝区	4		4						
普定县				1	1				
镇宁布依族苗族自治县									
关岭布依族苗族自治县									
紫云苗族布依族自治县									
毕节市	**7**	**4**	**3**	**6**	**1**	**5**	**3**	**2**	**1**
七星关区									
大方县	7	4	3	2	1	1			
黔西县									
金沙县				1		1	1	1	
织金县							2	1	1
纳雍县									
威宁彝族回族苗族自治县				3		3			
赫章县									

1-4b　续表 27　　　　单位：人

地　区	锡伯族			阿昌族			普米族		
	小计	男	女	小计	男	女	小计	男	女
铜仁市				**3**	**2**	**1**	**1**	**1**	
碧江区									
万山区									
江口县									
玉屏侗族自治县									
石阡县				1	1				
思南县									
印江土家族苗族自治县									
德江县				1		1			
沿河土家族自治县									
松桃苗族自治县				1	1		1	1	
黔西南布依族苗族自治州	**1**	**1**					**5**	**3**	**2**
兴义市							3	1	2
兴仁市									
普安县	1	1					1	1	
晴隆县									
贞丰县									
望谟县									
册亨县							1	1	
安龙县									
黔东南苗族侗族自治州	**1**		**1**				**1**	**1**	
凯里市							1	1	
黄平县									
施秉县									
三穗县	1		1						
镇远县									
岑巩县									
天柱县									
锦屏县									
剑河县									
台江县									
黎平县									
榕江县									
从江县									
雷山县									
麻江县									
丹寨县									
黔南布依族苗族自治州	**4**	**3**	**1**	**1**		**1**	**5**	**4**	**1**
都匀市									
福泉市									
荔波县	1	1							
贵定县									
瓮安县	1		1				5	4	1
独山县									
平塘县				1		1			
罗甸县									
长顺县									
龙里县									
惠水县	2	2							
三都水族自治县									

1-4b 续表 28

单位：人

地 区	塔吉克族			怒 族			乌孜别克族		
	小计	男	女	小计	男	女	小计	男	女
贵 州	**5**	**4**	**1**	**18**	**6**	**12**	**3**	**3**	
贵阳市	**2**	**2**		**1**		**1**			
南明区									
云岩区									
花溪区									
乌当区				1		1			
白云区									
观山湖区									
开阳县									
息烽县									
修文县									
清镇市	2	2							
六盘水市									
钟山区									
六枝特区									
水城县									
盘州市									
遵义市				**6**	**2**	**4**			
红花岗区									
汇川区									
播州区									
桐梓县				1	1				
绥阳县				1		1			
正安县									
道真仡佬族苗族自治县									
务川仡佬族苗族自治县									
凤冈县				3	1	2			
湄潭县									
余庆县									
习水县									
赤水市									
仁怀市				1		1			
安顺市				**1**		**1**			
西秀区									
平坝区				1		1			
普定县									
镇宁布依族苗族自治县									
关岭布依族苗族自治县									
紫云苗族布依族自治县									
毕节市	**2**	**1**	**1**	**10**	**4**	**6**	**3**	**3**	
七星关区									
大方县				3	2	1	1	1	
黔西县									
金沙县									
织金县	1	1		1		1	1	1	
纳雍县	1		1	5	2	3	1	1	
威宁彝族回族苗族自治县				1		1			
赫章县									

1−4b　续表 29　　单位：人

地　区	塔吉克族			怒　族			乌孜别克族		
	小计	男	女	小计	男	女	小计	男	女
铜仁市	**1**	**1**							
碧江区									
万山区									
江口县	1	1							
玉屏侗族自治县									
石阡县									
思南县									
印江土家族苗族自治县									
德江县									
沿河土家族自治县									
松桃苗族自治县									
黔西南布依族苗族自治州									
兴义市									
兴仁市									
普安县									
晴隆县									
贞丰县									
望谟县									
册亨县									
安龙县									
黔东南苗族侗族自治州									
凯里市									
黄平县									
施秉县									
三穗县									
镇远县									
岑巩县									
天柱县									
锦屏县									
剑河县									
台江县									
黎平县									
榕江县									
从江县									
雷山县									
麻江县									
丹寨县									
黔南布依族苗族自治州									
都匀市									
福泉市									
荔波县									
贵定县									
瓮安县									
独山县									
平塘县									
罗甸县									
长顺县									
龙里县									
惠水县									
三都水族自治县									

1－4b 续表 30

单位：人

地区	俄罗斯族			鄂温克族			德昂族		
	小计	男	女	小计	男	女	小计	男	女
贵州	**8**	**7**	**1**	**2**		**2**	**16**	**7**	**9**
贵阳市				**1**		**1**			
南明区									
云岩区									
花溪区				1		1			
乌当区									
白云区									
观山湖区									
开阳县									
息烽县									
修文县									
清镇市									
六盘水市	**6**	**5**	**1**						
钟山区									
六枝特区									
水城县									
盘州市	6	5	1						
遵义市									
红花岗区									
汇川区									
播州区									
桐梓县									
绥阳县									
正安县									
道真仡佬族苗族自治县									
务川仡佬族苗族自治县									
凤冈县									
湄潭县									
余庆县									
习水县									
赤水市									
仁怀市									
安顺市							**10**	**5**	**5**
西秀区							6	4	2
平坝区							3	1	2
普定县							1		1
镇宁布依族苗族自治县									
关岭布依族苗族自治县									
紫云苗族布依族自治县									
毕节市	**1**	**1**					**2**	**1**	**1**
七星关区									
大方县									
黔西县									
金沙县	1	1							
织金县									
纳雍县							1		1
威宁彝族回族苗族自治县							1	1	
赫章县									

1-4b　续表 31　　　　单位：人

地　区	俄罗斯族			鄂温克族			德 昂 族		
	小计	男	女	小计	男	女	小计	男	女
铜仁市							**1**	**1**	
碧江区									
万山区									
江口县									
玉屏侗族自治县									
石阡县									
思南县									
印江土家族苗族自治县									
德江县									
沿河土家族自治县									
松桃苗族自治县							1	1	
黔西南布依族苗族自治州							**1**		**1**
兴义市									
兴仁市									
普安县									
晴隆县							1		1
贞丰县									
望谟县									
册亨县									
安龙县									
黔东南苗族侗族自治州	**1**	**1**					**2**		**2**
凯里市									
黄平县									
施秉县									
三穗县									
镇远县									
岑巩县									
天柱县									
锦屏县							1		1
剑河县									
台江县									
黎平县									
榕江县	1	1					1		1
从江县									
雷山县									
麻江县									
丹寨县									
黔南布依族苗族自治州				**1**		**1**			
都匀市									
福泉市									
荔波县									
贵定县									
瓮安县									
独山县									
平塘县									
罗甸县				1		1			
长顺县									
龙里县									
惠水县									
三都水族自治县									

1-4b 续表 32

单位：人

地区	保安族			裕固族			京族		
	小计	男	女	小计	男	女	小计	男	女
贵州	**3**	**2**	**1**	**2**	**1**	**1**	**513**	**282**	**231**
贵阳市							**28**	**16**	**12**
南明区									
云岩区									
花溪区							10	4	6
乌当区							2	1	1
白云区									
观山湖区							2	1	1
开阳县							2	2	
息烽县							1	1	
修文县							6	4	2
清镇市							5	3	2
六盘水市							**24**	**13**	**11**
钟山区							3	2	1
六枝特区							4	2	2
水城县							16	8	8
盘州市							1	1	
遵义市							**14**	**6**	**8**
红花岗区									
汇川区									
播州区							1		1
桐梓县							3		3
绥阳县									
正安县									
道真仡佬族苗族自治县							2	2	
务川仡佬族苗族自治县									
凤冈县							6	4	2
湄潭县									
余庆县							2		2
习水县									
赤水市									
仁怀市									
安顺市							**15**	**10**	**5**
西秀区									
平坝区							2	1	1
普定县							1		1
镇宁布依族苗族自治县							7	6	1
关岭布依族苗族自治县							3	1	2
紫云苗族布依族自治县							2	2	
毕节市	**1**		**1**	**1**		**1**	**368**	**207**	**161**
七星关区							3		3
大方县	1		1	1		1	147	78	69
黔西县							6	3	3
金沙县									
织金县							18	9	9
纳雍县							186	113	73
威宁彝族回族苗族自治县							8	4	4
赫章县									

1−4b 续表 33

单位：人

地　　区	保 安 族			裕 固 族			京　　族		
	小计	男	女	小计	男	女	小计	男	女
铜仁市	**1**	**1**					**18**	**9**	**9**
碧江区									
万山区									
江口县							12	6	6
玉屏侗族自治县									
石阡县									
思南县							5	2	3
印江土家族苗族自治县									
德江县									
沿河土家族自治县							1	1	
松桃苗族自治县	1	1							
黔西南布依族苗族自治州							**17**	**10**	**7**
兴义市							1		1
兴仁市							1	1	
普安县							9	6	3
晴隆县									
贞丰县							2	1	1
望谟县							3	1	2
册亨县									
安龙县							1	1	
黔东南苗族侗族自治州	**1**	**1**		**1**	**1**		**4**	**2**	**2**
凯里市									
黄平县									
施秉县									
三穗县									
镇远县									
岑巩县	1	1							
天柱县							3	2	1
锦屏县				1	1				
剑河县									
台江县									
黎平县							1		1
榕江县									
从江县									
雷山县									
麻江县									
丹寨县									
黔南布依族苗族自治州							**25**	**9**	**16**
都匀市							2	1	1
福泉市							1		1
荔波县									
贵定县							17	6	11
瓮安县									
独山县									
平塘县									
罗甸县									
长顺县									
龙里县							1	1	
惠水县							3	1	2
三都水族自治县							1		1

1-4b 续表 34

单位：人

地区	塔塔尔族			独龙族			鄂伦春族		
	小计	男	女	小计	男	女	小计	男	女
贵州	**4**		**4**	**7**	**4**	**3**	**13**	**7**	**6**
贵阳市	**1**		**1**	**1**	**1**		**1**		**1**
南明区									
云岩区									
花溪区							1		1
乌当区									
白云区									
观山湖区									
开阳县									
息烽县	1		1						
修文县				1	1				
清镇市									
六盘水市									
钟山区									
六枝特区									
水城县									
盘州市									
遵义市									
红花岗区									
汇川区									
播州区									
桐梓县									
绥阳县									
正安县									
道真仡佬族苗族自治县									
务川仡佬族苗族自治县									
凤冈县									
湄潭县									
余庆县									
习水县									
赤水市									
仁怀市									
安顺市									
西秀区									
平坝区									
普定县									
镇宁布依族苗族自治县									
关岭布依族苗族自治县									
紫云苗族布依族自治县									
毕节市				**1**	**1**		**3**	**3**	
七星关区									
大方县									
黔西县							3	3	
金沙县									
织金县				1	1				
纳雍县									
威宁彝族回族苗族自治县									
赫章县									

1–4b 续表 35

单位：人

地 区	塔塔尔族			独龙族			鄂伦春族		
	小计	男	女	小计	男	女	小计	男	女
铜仁市				**2**		**2**	**2**	**1**	**1**
碧江区									
万山区									
江口县				1		1			
玉屏侗族自治县									
石阡县									
思南县				1		1			
印江土家族苗族自治县									
德江县									
沿河土家族自治县									
松桃苗族自治县							2	1	1
黔西南布依族苗族自治州				**2**	**1**	**1**			
兴义市									
兴仁市									
普安县									
晴隆县									
贞丰县				2	1	1			
望谟县									
册亨县									
安龙县									
黔东南苗族侗族自治州									
凯里市									
黄平县									
施秉县									
三穗县									
镇远县									
岑巩县									
天柱县									
锦屏县									
剑河县									
台江县									
黎平县									
榕江县									
从江县									
雷山县									
麻江县									
丹寨县									
黔南布依族苗族自治州	**3**		**3**	**1**	**1**		**7**	**3**	**4**
都匀市									
福泉市									
荔波县									
贵定县	1		1						
瓮安县	2		2						
独山县							6	3	3
平塘县									
罗甸县									
长顺县									
龙里县				1	1				
惠水县							1		1
三都水族自治县									

1-4b 续表 36

单位：人

地　区	赫哲族			门巴族			珞巴族		
	小计	男	女	小计	男	女	小计	男	女
贵　州	**3**	**2**	**1**				**12**	**6**	**6**
贵阳市									
南明区									
云岩区									
花溪区									
乌当区									
白云区									
观山湖区									
开阳县									
息烽县									
修文县									
清镇市									
六盘水市									
钟山区									
六枝特区									
水城县									
盘州市									
遵义市									
红花岗区									
汇川区									
播州区									
桐梓县									
绥阳县									
正安县									
道真仡佬族苗族自治县									
务川仡佬族苗族自治县									
凤冈县									
湄潭县									
余庆县									
习水县									
赤水市									
仁怀市									
安顺市							**7**	**4**	**3**
西秀区							1	1	
平坝区									
普定县									
镇宁布依族苗族自治县									
关岭布依族苗族自治县							6	3	3
紫云苗族布依族自治县									
毕节市	**1**		**1**				**3**	**2**	**1**
七星关区									
大方县									
黔西县							3	2	1
金沙县									
织金县	1		1						
纳雍县									
威宁彝族回族苗族自治县									
赫章县									

1-4b　续表 37　　　　　　　　　　　　　　　　　　　　　　　　　　　　单位：人

地　区	赫哲族			门巴族			珞巴族		
	小计	男	女	小计	男	女	小计	男	女
铜仁市	**1**	**1**					**2**		**2**
碧江区									
万山区									
江口县									
玉屏侗族自治县									
石阡县									
思南县	1	1							
印江土家族苗族自治县									
德江县									
沿河土家族自治县									
松桃苗族自治县							2		2
黔西南布依族苗族自治州									
兴义市									
兴仁市									
普安县									
晴隆县									
贞丰县									
望谟县									
册亨县									
安龙县									
黔东南苗族侗族自治州	**1**	**1**							
凯里市									
黄平县									
施秉县									
三穗县									
镇远县									
岑巩县									
天柱县	1	1							
锦屏县									
剑河县									
台江县									
黎平县									
榕江县									
从江县									
雷山县									
麻江县									
丹寨县									
黔南布依族苗族自治州									
都匀市									
福泉市									
荔波县									
贵定县									
瓮安县									
独山县									
平塘县									
罗甸县									
长顺县									
龙里县									
惠水县									
三都水族自治县									

1-4b 续表 38

单位：人

地区	基诺族			未定族称人口			入籍		
	小计	男	女	小计	男	女	小计	男	女
贵州	**7**	**5**	**2**	**241520**	**123758**	**117762**	**2071**	**1074**	**997**
贵阳市	**2**	**1**	**1**	**6116**	**2943**	**3173**	**164**	**78**	**86**
南明区									
云岩区									
花溪区				2799	1282	1517	97	44	53
乌当区				188	103	85	13	7	6
白云区							1		1
观山湖区				411	211	200	14	6	8
开阳县				336	161	175	13	5	8
息烽县				236	113	123	3	2	1
修文县	2	1	1	638	304	334	15	10	5
清镇市				1508	769	739	8	4	4
六盘水市				**19953**	**10267**	**9686**	**115**	**54**	**61**
钟山区				2899	1571	1328	11	6	5
六枝特区				274	131	143	25	15	10
水城县				16429	8396	8033	66	29	37
盘州市				351	169	182	13	4	9
遵义市	**1**		**1**	**855**	**383**	**472**	**43**	**20**	**23**
红花岗区				38	16	22	1		1
汇川区				38	15	23	1		1
播州区				60	24	36	6	4	2
桐梓县				90	42	48	4	2	2
绥阳县				58	19	39	1	1	
正安县				69	21	48	2	1	1
道真仡佬族苗族自治县				61	26	35	1		1
务川仡佬族苗族自治县	1		1	49	21	28	6	4	2
凤冈县				105	57	48	12	4	8
湄潭县				55	23	32	3		3
余庆县				55	29	26	2	1	1
习水县				113	62	51	2	2	
赤水市				11	2	9			
仁怀市				53	26	27	2	1	1
安顺市				**6367**	**3274**	**3093**	**411**	**229**	**182**
西秀区				299	155	144	64	37	27
平坝区				1226	659	567	201	115	86
普定县				4335	2224	2111	107	59	48
镇宁布依族苗族自治县				231	101	130	18	5	13
关岭布依族苗族自治县				169	77	92	19	12	7
紫云苗族布依族自治县				107	58	49	2	1	1
毕节市	**2**	**2**		**199330**	**102583**	**96747**	**1121**	**596**	**525**
七星关区				112	41	71	2	1	1
大方县				10112	5105	5007	164	104	60
黔西县				1250	568	682	52	20	32
金沙县				283	125	158	9	4	5
织金县	1	1		84899	43830	41069	177	95	82
纳雍县	1	1		101841	52500	49341	653	348	305
威宁彝族回族苗族自治县				574	275	299	34	13	21
赫章县				259	139	120	30	11	19

1-4b　续表 39　　　　单位：人

地　　区	基诺族			未定族称人口			入　籍		
	小计	男	女	小计	男	女	小计	男	女
铜仁市				**513**	**242**	**271**	**25**	**8**	**17**
碧江区				2		2			
万山区									
江口县				33	18	15	2	1	1
玉屏侗族自治县				48	23	25	3		3
石阡县				43	20	23	11	3	8
思南县				57	33	24	3	1	2
印江土家族苗族自治县				35	16	19	5	3	2
德江县				233	104	129			
沿河土家族自治县				27	14	13	1		1
松桃苗族自治县				35	14	21			
黔西南布依族苗族自治州				**437**	**227**	**210**	**34**	**13**	**21**
兴义市				76	45	31	3	3	
兴仁市				29	19	10			
普安县				34	16	18	19	7	12
晴隆县				49	20	29	11	3	8
贞丰县				51	22	29			
望谟县				62	31	31	1		1
册亨县				25	10	15			
安龙县				111	64	47			
黔东南苗族侗族自治州				**4963**	**2480**	**2483**	**33**	**15**	**18**
凯里市				1308	705	603			
黄平县				2777	1376	1401	10	4	6
施秉县				304	149	155	3	2	1
三穗县				48	20	28	3	2	1
镇远县				107	50	57	4	3	1
岑巩县				54	24	30	4	2	2
天柱县				19	9	10	2		2
锦屏县				39	19	20	2	1	1
剑河县				19	10	9			
台江县				42	25	17			
黎平县				50	22	28	3	1	2
榕江县				26	14	12	1		1
从江县				16	6	10			
雷山县				45	16	29			
麻江县				69	27	42	1		1
丹寨县				40	8	32			
黔南布依族苗族自治州	**2**	**2**		**2986**	**1359**	**1627**	**125**	**61**	**64**
都匀市				110	34	76	2	1	1
福泉市				87	56	31	1		1
荔波县				39	20	19	7	4	3
贵定县				391	126	265	5	2	3
瓮安县				164	77	87	3	2	1
独山县				75	32	43	6	3	3
平塘县				45	16	29			
罗甸县				104	59	45	3	1	2
长顺县				133	71	62	11	7	4
龙里县	2	2		615	329	286	55	22	33
惠水县				1161	507	654	32	19	13
三都水族自治县				62	32	30			

1-4c 各地区分性别、民族的人口(乡村)

单位：人

地区	合计			汉族		
	合计	男	女	小计	男	女
贵 州	**18066202**	**9397708**	**8668494**	**10414605**	**5431611**	**4982994**
贵阳市	**1192947**	**636083**	**556864**	**911214**	**489465**	**421749**
南明区	51797	28168	23629	37138	20464	16674
云岩区						
花溪区	187463	99087	88376	110076	59243	50833
乌当区	112527	60416	52111	84980	45902	39078
白云区	37896	20050	17846	28186	15121	13065
观山湖区	95176	50651	44525	74081	39629	34452
开阳县	157617	83684	73933	131825	70224	61601
息烽县	115337	61377	53960	105740	56649	49091
修文县	156711	83619	73092	137115	73691	63424
清镇市	278423	149031	129392	202073	108542	93531
六盘水市	**1550047**	**809945**	**740102**	**1046765**	**549534**	**497231**
钟山区	67452	35513	31939	48754	25922	22832
六枝特区	324917	167922	156995	214446	111225	103221
水城县	504499	265033	239466	273271	145061	128210
盘州市	653179	341477	311702	510294	267326	242968
遵义市	**2861453**	**1483094**	**1378359**	**2541405**	**1314689**	**1226716**
红花岗区	179140	93336	85804	174801	91280	83521
汇川区	135675	70981	64694	132470	69459	63011
播州区	370489	192147	178342	360215	187212	173003
桐梓县	282174	147709	134465	274457	143807	130650
绥阳县	207136	106835	100301	204593	105671	98922
正安县	228948	117541	111407	201738	103183	98555
道真仡佬族苗族自治县	115572	59855	55717	34265	15951	18314
务川仡佬族苗族自治县	140117	72739	67378	14025	6221	7804
凤冈县	159742	81278	78464	142594	71582	71012
湄潭县	184645	93410	91235	179202	90898	88304
余庆县	117922	59915	58007	107965	54723	53242
习水县	337728	175609	162119	330858	172328	158530
赤水市	108588	56676	51912	105722	55290	50432
仁怀市	293577	155063	138514	278500	147084	131416
安顺市	**1324015**	**686370**	**637645**	**750804**	**392793**	**358011**
西秀区	356591	183782	172809	257218	133351	123867
平坝区	175256	90229	85027	117610	61116	56494
普定县	231393	120219	111174	183374	95716	87658
镇宁布依族苗族自治县	185052	97253	87799	67118	35856	31262
关岭布依族苗族自治县	178049	92904	85145	60909	32440	28469
紫云苗族布依族自治县	197674	101983	95691	64575	34314	30261
毕节市	**3993304**	**2069101**	**1924203**	**2779449**	**1447577**	**1331872**
七星关区	609892	312154	297738	530746	272870	257876
大方县	533681	277865	255816	346521	180573	165948
黔西县	391660	203612	188048	272773	143189	129584
金沙县	269919	143504	126415	221267	118144	103123
织金县	467730	242604	225126	236260	123023	113237
纳雍县	424614	218420	206194	205778	106160	99618
威宁彝族回族苗族自治县	816552	424770	391782	602709	315656	287053
赫章县	479256	246172	233084	363395	187962	175433

1－4c 续表 1

单位：人

地区	合计			汉族		
	合计	男	女	小计	男	女
铜仁市	**1779794**	**919122**	**860672**	**518196**	**257158**	**261038**
碧江区	95522	48598	46924	24586	10511	14075
万山区	84100	44539	39561	10702	4640	6062
江口县	102897	54092	48805	40040	19822	20218
玉屏侗族自治县	71869	38016	33853	12929	6372	6557
石阡县	195012	100512	94500	54962	27125	27837
思南县	268475	136318	132157	127112	61647	65465
印江土家族苗族自治县	173074	89251	83823	28916	14985	13931
德江县	208850	106654	102196	29723	15034	14689
沿河土家族自治县	258827	133455	125372	27916	14466	13450
松桃苗族自治县	321168	167687	153481	161310	82556	78754
黔西南布依族苗族自治州	**1624174**	**836210**	**787964**	**919705**	**478240**	**441465**
兴义市	354635	185416	169219	276796	144724	132072
兴仁市	256560	132137	124423	187780	97102	90678
普安县	167700	86732	80968	124949	64879	60070
晴隆县	157225	81016	76209	59728	31193	28535
贞丰县	189399	96483	92916	100198	51961	48237
望谟县	146539	74435	72104	31341	16467	14874
册亨县	128038	65332	62706	24498	13026	11472
安龙县	224078	114659	109419	114415	58888	55527
黔东南苗族侗族自治州	**2046619**	**1073572**	**973047**	**333368**	**175546**	**157822**
凯里市	189814	101370	88444	21646	11807	9839
黄平县	150133	77203	72930	43759	23575	20184
施秉县	74760	38821	35939	34337	18512	15825
三穗县	84243	44333	39910	27414	13884	13530
镇远县	95498	49995	45503	50842	26286	24556
岑巩县	94075	49582	44493	48661	24529	24132
天柱县	157695	82758	74937	3369	1149	2220
锦屏县	85319	44627	40692	11488	5738	5750
剑河县	113966	60992	52974	6148	3302	2846
台江县	77307	40413	36894	2035	1049	986
黎平县	250291	129136	121155	22841	12097	10744
榕江县	195473	103286	92187	23805	13089	10716
从江县	241668	124541	117127	9378	5373	4005
雷山县	75034	40820	34214	6818	3951	2867
麻江县	79964	42245	37719	13806	7320	6486
丹寨县	81379	43450	37929	7021	3885	3136
黔南布依族苗族自治州	**1693849**	**884211**	**809638**	**613699**	**326609**	**287090**
都匀市	180734	95987	84747	27415	15682	11733
福泉市	144136	76968	67168	97842	52841	45001
荔波县	88751	47237	41514	6958	4339	2619
贵定县	119233	59708	59525	41650	21268	20382
瓮安县	153650	81278	72372	145027	76561	68466
独山县	137521	71587	65934	24286	13391	10895
平塘县	155238	79057	76181	61571	31458	30113
罗甸县	115007	59239	55768	38875	20307	18568
长顺县	114887	59933	54954	45887	24089	21798
龙里县	108330	57232	51098	52984	29158	23826
惠水县	202006	104840	97166	66595	35213	31382
三都水族自治县	174356	91145	83211	4609	2302	2307

1−4c 续表 2

单位：人

地　　区	蒙古族			回　族			藏　族		
	小计	男	女	小计	男	女	小计	男	女
贵　州	**20641**	**11761**	**8880**	**98183**	**50705**	**47478**	**877**	**399**	**478**
贵阳市	**637**	**331**	**306**	**1066**	**550**	**516**	**70**	**32**	**38**
南明区	54	29	25	36	20	16	2		2
云岩区									
花溪区	51	24	27	107	51	56	11	4	7
乌当区	79	36	43	143	70	73	16	8	8
白云区	36	17	19	55	29	26	7	4	3
观山湖区	87	46	41	177	87	90	11	7	4
开阳县	19	9	10	50	21	29	3	1	2
息烽县	11	7	4	11	5	6	1		1
修文县	99	58	41	35	19	16	3	1	2
清镇市	201	105	96	452	248	204	16	7	9
六盘水市	**1458**	**843**	**615**	**8946**	**4776**	**4170**	**101**	**52**	**49**
钟山区	49	28	21	1194	626	568	6	2	4
六枝特区	594	364	230	1091	551	540	25	16	9
水城县	413	233	180	2466	1291	1175	46	25	21
盘州市	402	218	184	4195	2308	1887	24	9	15
遵义市	**217**	**97**	**120**	**394**	**175**	**219**	**131**	**70**	**61**
红花岗区	24	9	15	45	26	19	75	47	28
汇川区	7	3	4	29	12	17	2	1	1
播州区	28	11	17	57	18	39	3	2	1
桐梓县	11	5	6	43	13	30	3	1	2
绥阳县	9	3	6	16	9	7	2	1	1
正安县	13	9	4	25	11	14	3	1	2
道真仡佬族苗族自治县	47	20	27	14	6	8	7	1	6
务川仡佬族苗族自治县	2	2		12	8	4	8	3	5
凤冈县	12	4	8	13	9	4	4	3	1
湄潭县	13	6	7	15	4	11	3	2	1
余庆县	15	8	7	29	14	15	4	2	2
习水县	8	6	2	40	22	18	4	1	3
赤水市	9	2	7	8	4	4	8	4	4
仁怀市	19	9	10	48	19	29	5	1	4
安顺市	**401**	**204**	**197**	**4790**	**2402**	**2388**	**49**	**18**	**31**
西秀区	63	28	35	733	354	379	14	8	6
平坝区	50	20	30	3808	1929	1879	6	1	5
普定县	160	81	79	80	43	37	7	4	3
镇宁布依族苗族自治县	83	48	35	83	37	46	6	2	4
关岭布依族苗族自治县	33	21	12	50	22	28	7	1	6
紫云苗族布依族自治县	12	6	6	36	17	19	9	2	7
毕节市	**12585**	**7181**	**5404**	**72525**	**37216**	**35309**	**220**	**90**	**130**
七星关区	535	303	232	126	55	71	25	7	18
大方县	8175	4580	3595	134	65	69	55	28	27
黔西县	879	518	361	82	35	47	21	5	16
金沙县	198	120	78	70	37	33	19	9	10
织金县	854	490	364	1231	673	558	24	11	13
纳雍县	1216	733	483	209	96	113	24	10	14
威宁彝族回族苗族自治县	560	331	229	69405	35575	33830	30	13	17
赫章县	168	106	62	1268	680	588	22	7	15

1-4c　续表 3

单位：人

地　区	蒙古族			回　族			藏　族		
	小计	男	女	小计	男	女	小计	男	女
铜仁市	**4686**	**2722**	**1964**	**1601**	**932**	**669**	**75**	**39**	**36**
碧江区	28	14	14	184	87	97	3	1	2
万山区	3		3	594	396	198	2		2
江口县	11	5	6	99	62	37	6	1	5
玉屏侗族自治县	8	4	4	29	12	17	3	3	
石阡县	2019	1227	792	511	294	217	6	3	3
思南县	2555	1446	1109	62	26	36	21	12	9
印江土家族苗族自治县	24	10	14	13	4	9	10	8	2
德江县	10	6	4	36	23	13	1		1
沿河土家族自治县	8	2	6	25	12	13	2	2	
松桃苗族自治县	20	8	12	48	16	32	21	9	12
黔西南布依族苗族自治州	**402**	**225**	**177**	**8150**	**4332**	**3818**	**41**	**19**	**22**
兴义市	162	93	69	1224	649	575	11	6	5
兴仁市	16	10	6	3746	1977	1769	3	1	2
普安县	39	20	19	1174	616	558	8	3	5
晴隆县	82	46	36	208	116	92	3	1	2
贞丰县	11	7	4	220	133	87			
望谟县	6	4	2	28	14	14	5	4	1
册亨县	3		3	49	33	16	1		1
安龙县	83	45	38	1501	794	707	10	4	6
黔东南苗族侗族自治州	**99**	**63**	**36**	**301**	**149**	**152**	**122**	**48**	**74**
凯里市	19	9	10	79	32	47	25	11	14
黄平县	5	3	2	15	7	8	6	2	4
施秉县	9	5	4	9	4	5	7	4	3
三穗县	7	4	3	13	5	8	5		5
镇远县	22	16	6	16	8	8	4	3	1
岑巩县	5	3	2	16	9	7			
天柱县				12	4	8	5	1	4
锦屏县	1	1		14	9	5	4		4
剑河县	3	2	1	5	4	1	8	5	3
台江县	1	1		13	6	7	2	2	
黎平县	10	7	3	32	19	13	19	8	11
榕江县	5	5		15	7	8	13	6	7
从江县	2	1	1	22	11	11	5	1	4
雷山县	7	5	2	13	8	5	6	2	4
麻江县	1		1	17	12	5	5	1	4
丹寨县	2	1	1	10	4	6	8	2	6
黔南布依族苗族自治州	**156**	**95**	**61**	**410**	**173**	**237**	**68**	**31**	**37**
都匀市	14	8	6	64	32	32	6	2	4
福泉市	18	10	8	37	18	19	7	2	5
荔波县	1	1		12	8	4			
贵定县	16	9	7	96	22	74	7	4	3
瓮安县	19	14	5	34	14	20	4	4	
独山县	4	2	2	44	19	25	3	1	2
平塘县	14	8	6	13	3	10	1		1
罗甸县	5	3	2	13	7	6	2	1	1
长顺县	14	8	6	17	10	7	6	2	4
龙里县	26	17	9	34	19	15	6	3	3
惠水县	23	15	8	31	12	19	20	10	10
三都水族自治县	2		2	15	9	6	6	2	4

1-4c 续表 4 单位：人

地区	维吾尔族			苗族			彝族		
	小计	男	女	小计	男	女	小计	男	女
贵　州	**107**	**57**	**50**	**2667871**	**1367957**	**1299914**	**578029**	**297879**	**280150**
贵阳市	**38**	**24**	**14**	**132759**	**68252**	**64507**	**12800**	**6422**	**6378**
南明区	29	16	13	4933	2538	2395	900	516	384
云岩区									
花溪区	1	1		46045	23694	22351	1139	547	592
乌当区	1	1		9397	4913	4484	1076	582	494
白云区	4	3	1	2473	1231	1242	627	283	344
观山湖区	2	2		9909	5178	4731	1552	786	766
开阳县				10920	5535	5385	292	123	169
息烽县				6757	3463	3294	464	191	273
修文县	1	1		10012	5122	4890	1684	830	854
清镇市				32313	16578	15735	5066	2564	2502
六盘水市	**4**	**2**	**2**	**160035**	**81517**	**78518**	**176231**	**90595**	**85636**
钟山区				3091	1558	1533	8554	4316	4238
六枝特区	1	1		40904	20488	20416	36712	19374	17338
水城县	2	1	1	94793	48347	46446	57372	29523	27849
盘州市	1		1	21247	11124	10123	73593	37382	36211
遵义市	**11**	**5**	**6**	**130508**	**67843**	**62665**	**3257**	**1573**	**1684**
红花岗区	2	1	1	1500	735	765	269	129	140
汇川区				1665	852	813	133	63	70
播州区				4402	2202	2200	750	376	374
桐梓县				5480	2840	2640	252	139	113
绥阳县				1031	514	517	144	49	95
正安县				7689	3864	3825	135	60	75
道真仡佬族苗族自治县	1		1	27167	14448	12719	78	24	54
务川仡佬族苗族自治县				55083	28509	26574	66	33	33
凤冈县	3	1	2	4455	2436	2019	100	39	61
湄潭县				1343	596	747	138	63	75
余庆县	1		1	4511	2412	2099	96	48	48
习水县				4705	2321	2384	638	321	317
赤水市				2284	1178	1106	65	27	38
仁怀市	4	3	1	9193	4936	4257	393	202	191
安顺市	**3**		**3**	**230027**	**115543**	**114484**	**5470**	**2649**	**2821**
西秀区	1		1	48379	24147	24232	1008	523	485
平坝区				27600	13824	13776	750	366	384
普定县	2		2	24051	11894	12157	1417	695	722
镇宁布依族苗族自治县				25639	13113	12526	546	239	307
关岭布依族苗族自治县				24418	12227	12191	1464	710	754
紫云苗族布依族自治县				79940	40338	39602	285	116	169
毕节市	**11**	**2**	**9**	**399887**	**196276**	**203611**	**343237**	**177095**	**166142**
七星关区	2		2	34329	16750	17579	28770	14442	14328
大方县				49228	24083	25145	67673	35449	32224
黔西县	1		1	49183	24410	24773	37961	19570	18391
金沙县	2		2	27295	14114	13181	14791	7894	6897
织金县				72152	35233	36919	21815	11429	10386
纳雍县	3	1	2	70946	34131	36815	30360	15610	14750
威宁彝族回族苗族自治县	2	1	1	57100	28105	28995	75718	39260	36458
赫章县	1		1	39654	19450	20204	66149	33441	32708

1－4c　续表 5

单位：人

地　　区	维吾尔族			苗　　族			彝　　族		
	小计	男	女	小计	男	女	小计	男	女
铜仁市	**13**	**9**	**4**	**271103**	**144322**	**126781**	**1326**	**589**	**737**
碧江区				14812	7406	7406	231	70	161
万山区	3	2	1	7223	4126	3097	57	19	38
江口县	1		1	12349	6598	5751	73	31	42
玉屏侗族自治县				1430	604	826	62	26	36
石阡县	1	1		10796	5689	5107	329	194	135
思南县	7	5	2	55058	29451	25607	96	38	58
印江土家族苗族自治县				21149	11503	9646	98	55	43
德江县				4474	2517	1957	126	50	76
沿河土家族自治县	1	1		1022	449	573	84	37	47
松桃苗族自治县				142790	75979	66811	170	69	101
黔西南布依族苗族自治州	**4**	**2**	**2**	**136477**	**68778**	**67699**	**27169**	**14479**	**12690**
兴义市				5626	2813	2813	5794	3119	2675
兴仁市				17539	8619	8920	7038	3779	3259
普安县	1		1	15709	7921	7788	5098	2652	2446
晴隆县				35503	18464	17039	3938	2044	1894
贞丰县	2	1	1	12663	6244	6419	331	162	169
望谟县	1	1		21570	10924	10646	105	50	55
册亨县				5755	2928	2827	79	39	40
安龙县				22112	10865	11247	4786	2634	2152
黔东南苗族侗族自治州	**14**	**8**	**6**	**925775**	**481492**	**444283**	**4096**	**2209**	**1887**
凯里市	5	1	4	141826	75250	66576	465	227	238
黄平县	1	1		93023	46684	46339	132	81	51
施秉县	1	1		37220	18585	18635	382	210	172
三穗县				19669	10346	9323	51	13	38
镇远县				8636	4351	4285	925	505	420
岑巩县				7108	3636	3472	61	22	39
天柱县	2		2	40221	21151	19070	57	33	24
锦屏县	1	1		32671	17297	15374	50	22	28
剑河县				82576	43593	38983	46	25	21
台江县	1	1		74525	39023	35502	35	21	14
黎平县				46954	24425	22529	557	300	257
榕江县				73000	37714	35286	186	107	79
从江县	1	1		116708	58992	57716	97	56	41
雷山县				61768	33480	28288	154	71	83
麻江县	2	2		22215	11268	10947	647	366	281
丹寨县				67655	35697	31958	251	150	101
黔南布依族苗族自治州	**9**	**5**	**4**	**281300**	**143934**	**137366**	**4443**	**2268**	**2175**
都匀市	4	2	2	33305	17585	15720	1139	659	480
福泉市				25516	13010	12506	776	404	372
荔波县				5255	2789	2466	99	71	28
贵定县				26701	13067	13634	430	149	281
瓮安县	1	1		5355	2952	2403	248	141	107
独山县	2	2		3654	1837	1817	378	199	179
平塘县	1		1	14757	7408	7349	210	103	107
罗甸县				18560	9377	9183	76	37	39
长顺县				26764	13972	12792	220	86	134
龙里县	1		1	31657	15763	15894	489	226	263
惠水县				62987	32128	30859	249	119	130
三都水族自治县				26789	14046	12743	129	74	55

1-4c 续表 6

单位：人

地 区	壮 族			布 依 族			朝 鲜 族		
	小计	男	女	小计	男	女	小计	男	女
贵 州	**28616**	**13229**	**15387**	**1534904**	**789143**	**745761**	**131**	**81**	**50**
贵阳市	**852**	**412**	**440**	**84508**	**44462**	**40046**	**21**	**15**	**6**
南明区	41	25	16	5727	2967	2760			
云岩区									
花溪区	106	42	64	25659	13295	12364	3	2	1
乌当区	181	121	60	12264	6543	5721			
白云区	53	19	34	4562	2409	2153			
观山湖区	123	75	48	3270	1705	1565	12	9	3
开阳县	59	20	39	13206	7240	5966			
息烽县	39	10	29	1378	651	727	2		2
修文县	57	20	37	5196	2696	2500	2	2	
清镇市	193	80	113	13246	6956	6290	2	2	
六盘水市	**650**	**296**	**354**	**58654**	**30063**	**28591**	**4**	**3**	**1**
钟山区	35	23	12	418	237	181			
六枝特区	130	60	70	20741	10568	10173	1	1	
水城县	135	58	77	25636	13178	12458	1	1	
盘州市	350	155	195	11859	6080	5779	2	1	1
遵义市	**1160**	**387**	**773**	**5320**	**2268**	**3052**	**11**	**8**	**3**
红花岗区	90	38	52	488	227	261	3	2	1
汇川区	47	15	32	294	126	168	3	3	
播州区	143	43	100	809	334	475	1	1	
桐梓县	82	29	53	488	191	297	1	1	
绥阳县	100	31	69	292	114	178	1		1
正安县	98	36	62	273	112	161			
道真仡佬族苗族自治县	90	25	65	167	74	93			
务川仡佬族苗族自治县	27	8	19	124	49	75			
凤冈县	81	24	57	239	108	131	1	1	
湄潭县	102	37	65	312	108	204			
余庆县	101	46	55	305	143	162	1		1
习水县	73	15	58	331	137	194			
赤水市	55	11	44	127	44	83			
仁怀市	71	29	42	1071	501	570			
安顺市	**642**	**250**	**392**	**252305**	**129931**	**122374**	**9**	**3**	**6**
西秀区	155	76	79	39542	20017	19525			
平坝区	112	29	83	21037	10801	10236	2		2
普定县	86	24	62	11209	5742	5467	5	2	3
镇宁布依族苗族自治县	81	31	50	84718	44264	40454	1	1	
关岭布依族苗族自治县	79	42	37	44695	22760	21935	1		1
紫云苗族布依族自治县	129	48	81	51104	26347	24757			
毕节市	**1967**	**857**	**1110**	**41120**	**20948**	**20172**	**12**	**5**	**7**
七星关区	294	128	166	1414	615	799			
大方县	899	430	469	3510	1711	1799	1		1
黔西县	116	38	78	11274	5749	5525	1		1
金沙县	47	16	31	2685	1410	1275	2	1	1
织金县	144	60	84	8719	4344	4375	2	1	1
纳雍县	263	112	151	5075	2731	2344	4	2	2
威宁彝族回族苗族自治县	83	22	61	6093	3232	2861	2	1	1
赫章县	121	51	70	2350	1156	1194			

1-4c 续表 7

单位：人

地 区	壮 族			布 依 族			朝 鲜 族		
	小计	男	女	小计	男	女	小计	男	女
铜仁市	**813**	**270**	**543**	**2534**	**1002**	**1532**	**36**	**21**	**15**
碧江区	43	13	30	521	165	356	1		1
万山区	33	6	27	155	55	100			
江口县	63	25	38	169	75	94			
玉屏侗族自治县	49	14	35	126	53	73	1	1	
石阡县	100	39	61	406	204	202	18	13	5
思南县	143	48	95	230	98	132	7	2	5
印江土家族苗族自治县	48	8	40	158	75	83			
德江县	48	6	42	281	99	182	1		1
沿河土家族自治县	49	12	37	130	49	81	4	3	1
松桃苗族自治县	237	99	138	358	129	229	4	2	2
黔西南布依族苗族自治州	**1973**	**785**	**1188**	**497058**	**252067**	**244991**	**9**	**5**	**4**
兴义市	672	253	419	60863	32109	28754	3	2	1
兴仁市	149	52	97	35047	17869	17178	2		2
普安县	144	50	94	13078	6641	6437	1		1
晴隆县	80	36	44	47965	23954	24011			
贞丰县	66	29	37	73831	36838	36993			
望谟县	91	48	43	91156	45806	45350	3	3	
册亨县	179	81	98	96878	48914	47964			
安龙县	592	236	356	78240	39936	38304			
黔东南苗族侗族自治州	**16831**	**8640**	**8191**	**21730**	**11380**	**10350**	**4**	**3**	**1**
凯里市	164	74	90	2646	1270	1376			
黄平县	77	34	43	247	104	143			
施秉县	24	12	12	132	54	78	1	1	
三穗县	109	47	62	185	72	113			
镇远县	100	40	60	213	80	133			
岑巩县	118	38	80	208	75	133			
天柱县	83	17	66	134	41	93			
锦屏县	95	23	72	115	36	79			
剑河县	40	7	33	106	46	60			
台江县	27	11	16	93	38	55			
黎平县	535	252	283	365	151	214	1	1	
榕江县	344	170	174	553	284	269	1		1
从江县	14974	7859	7115	197	87	110	1	1	
雷山县	72	34	38	139	54	85			
麻江县	35	14	21	16045	8846	7199			
丹寨县	34	8	26	352	142	210			
黔南布依族苗族自治州	**3728**	**1332**	**2396**	**571675**	**297022**	**274653**	**25**	**18**	**7**
都匀市	228	114	114	93033	48313	44720	3	2	1
福泉市	139	73	66	14842	8180	6662	7	7	
荔波县	919	342	577	49163	26201	22962	1		1
贵定县	113	41	72	48209	24616	23593	1	1	
瓮安县	120	53	67	672	315	357	1		1
独山县	1292	369	923	91488	47594	43894	2	1	1
平塘县	333	133	200	59669	30206	29463	3	2	1
罗甸县	188	73	115	55623	28509	27114			
长顺县	87	25	62	41083	21389	19694	2	2	
龙里县	106	39	67	21523	11240	10283	2	1	1
惠水县	111	43	68	70741	36748	33993	3	2	1
三都水族自治县	92	27	65	25629	13711	11918			

1–4c 续表 8

单位：人

地　区	满　族			侗　族			瑶　族		
	小计	男	女	小计	男	女	小计	男	女
贵　州	**7205**	**3923**	**3282**	**865977**	**458330**	**407647**	**29325**	**15015**	**14310**
贵阳市	**239**	**121**	**118**	**5201**	**2824**	**2377**	**242**	**108**	**134**
南明区	14	11	3	396	207	189	3	2	1
云岩区									
花溪区	37	23	14	535	292	243	34	10	24
乌当区	38	16	22	813	432	381	39	17	22
白云区	8	1	7	336	170	166	12	7	5
观山湖区	44	26	18	1162	631	531	44	27	17
开阳县	13	2	11	265	104	161	18	7	11
息烽县	8	3	5	170	65	105	12	3	9
修文县	19	8	11	450	236	214	27	11	16
清镇市	58	31	27	1074	687	387	53	24	29
六盘水市	**82**	**48**	**34**	**1163**	**537**	**626**	**134**	**58**	**76**
钟山区	8	3	5	82	41	41	7	4	3
六枝特区	10	4	6	268	126	142	30	15	15
水城县	18	9	9	342	165	177	23	13	10
盘州市	46	32	14	471	205	266	74	26	48
遵义市	**205**	**108**	**97**	**4478**	**2118**	**2360**	**282**	**103**	**179**
红花岗区	14	8	6	368	184	184	31	14	17
汇川区	9	3	6	216	110	106	12	5	7
播州区	29	14	15	425	202	223	24	6	18
桐梓县	11	6	5	276	135	141	17	6	11
绥阳县	7	3	4	182	85	97	18	6	12
正安县	6	2	4	189	91	98	15	7	8
道真仡佬族苗族自治县	10	4	6	96	29	67	13	5	8
务川仡佬族苗族自治县	3	2	1	79	26	53	9	2	7
凤冈县	2	1	1	252	99	153	24	6	18
湄潭县	13	5	8	198	96	102	34	17	17
余庆县	64	40	24	1473	734	739	38	16	22
习水县	16	13	3	242	112	130	20	5	15
赤水市	4		4	66	21	45	8	3	5
仁怀市	17	7	10	416	194	222	19	5	14
安顺市	**61**	**36**	**25**	**1743**	**869**	**874**	**538**	**275**	**263**
西秀区	28	15	13	472	245	227	46	24	22
平坝区	18	11	7	308	128	180	16	8	8
普定县	2	2		162	75	87	23	9	14
镇宁布依族苗族自治县	4	2	2	172	102	70	14	4	10
关岭布依族苗族自治县	5	3	2	198	82	116	126	63	63
紫云苗族布依族自治县	4	3	1	431	237	194	313	167	146
毕节市	**5994**	**3235**	**2759**	**3271**	**1540**	**1731**	**249**	**77**	**172**
七星关区	21	11	10	685	333	352	42	12	30
大方县	893	474	419	508	221	287	51	14	37
黔西县	3262	1792	1470	559	264	295	31	10	21
金沙县	1757	927	830	233	98	135	20	7	13
织金县	21	12	9	422	190	232	34	8	26
纳雍县	17	9	8	281	128	153	25	8	17
威宁彝族回族苗族自治县	12	6	6	334	168	166	18	6	12
赫章县	11	4	7	249	138	111	28	12	16

1−4c　续表 9　　单位：人

地　区	满　族			侗　族			瑶　族		
	小计	男	女	小计	男	女	小计	男	女
铜仁市	**103**	**51**	**52**	**225246**	**120853**	**104393**	**1571**	**862**	**709**
碧江区	12	3	9	29010	16272	12738	467	277	190
万山区	9	6	3	57869	31020	26849	190	106	84
江口县	19	9	10	10074	5565	4509	61	30	31
玉屏侗族自治县	5	4	1	56308	30546	25762	23	6	17
石阡县	9	4	5	62873	32309	30564	715	410	305
思南县	23	12	11	668	268	400	29	6	23
印江土家族苗族自治县	6	3	3	246	104	142	14	3	11
德江县	5	1	4	271	119	152	15	2	13
沿河土家族自治县	5	3	2	164	83	81	16	3	13
松桃苗族自治县	10	6	4	7763	4567	3196	41	19	22
黔西南布依族苗族自治州	**260**	**150**	**110**	**1912**	**979**	**933**	**1797**	**876**	**921**
兴义市	30	19	11	471	218	253	60	33	27
兴仁市	21	11	10	249	111	138	35	14	21
普安县	7	1	6	142	80	62	36	18	18
晴隆县	8	4	4	161	83	78	21	10	11
贞丰县	5	4	1	130	64	66	248	136	112
望谟县	8	4	4	448	258	190	1325	644	681
册亨县	7	3	4	106	64	42	33	7	26
安龙县	174	104	70	205	101	104	39	14	25
黔东南苗族侗族自治州	**119**	**88**	**31**	**616348**	**325116**	**291232**	**16838**	**8751**	**8087**
凯里市	8	6	2	2521	1392	1129	149	44	105
黄平县	21	21		451	225	226	20	5	15
施秉县	3	2	1	1471	814	657	24	7	17
三穗县	12	7	5	35889	19458	16431	31	13	18
镇远县	12	8	4	28294	15312	12982	31	9	22
岑巩县	5	3	2	27676	15640	12036	21	6	15
天柱县	3	1	2	113338	60141	53197	31	7	24
锦屏县	9	7	2	40548	21361	19187	32	15	17
剑河县	8	4	4	23799	13312	10487	53	27	26
台江县	1	1		388	173	215	2		2
黎平县	8	4	4	172262	88354	83908	4403	2278	2125
榕江县	4	2	2	73990	39017	34973	2901	1744	1157
从江县	3	2	1	93460	48612	44848	4601	2334	2267
雷山县	19	18	1	1371	830	541	602	251	351
麻江县	3	2	1	239	91	148	3889	1994	1895
丹寨县				651	384	267	48	17	31
黔南布依族苗族自治州	**142**	**86**	**56**	**6615**	**3494**	**3121**	**7674**	**3905**	**3769**
都匀市	28	21	7	1678	957	721	1560	870	690
福泉市	6	4	2	523	244	279	48	19	29
荔波县	11	8	3	239	121	118	5226	2616	2610
贵定县	16	10	6	435	103	332	52	36	16
瓮安县	14	8	6	393	238	155	38	12	26
独山县	11	4	7	805	462	343	108	30	78
平塘县	11	5	6	245	115	130	32	7	25
罗甸县	6	2	4	798	460	338	233	120	113
长顺县	12	8	4	159	60	99	26	10	16
龙里县	16	7	9	342	168	174	12	5	7
惠水县	10	8	2	240	113	127	45	22	23
三都水族自治县	1	1		758	453	305	294	158	136

1-4c 续表 10

单位：人

地区	白族			土家族			哈尼族		
	小计	男	女	小计	男	女	小计	男	女
贵州	**98445**	**53391**	**45054**	**768170**	**399115**	**369055**	**956**	**323**	**633**
贵阳市	**4107**	**2154**	**1953**	**9053**	**4908**	**4145**	**72**	**25**	**47**
南明区	274	152	122	710	387	323	2	1	1
云岩区									
花溪区	391	184	207	1181	669	512	10	2	8
乌当区	286	140	146	1325	653	672	13	6	7
白云区	154	75	79	601	292	309	1	1	
观山湖区	380	205	175	2004	1067	937	6	3	3
开阳县	65	26	39	409	202	207	12	2	10
息烽县	69	34	35	259	131	128	4		4
修文县	206	90	116	649	296	353	1		1
清镇市	2282	1248	1034	1915	1211	704	23	10	13
六盘水市	**28313**	**15445**	**12868**	**1776**	**885**	**891**	**220**	**83**	**137**
钟山区	289	144	145	125	68	57			
六枝特区	325	176	149	382	186	196	39	11	28
水城县	7643	4165	3478	515	258	257	23	9	14
盘州市	20056	10960	9096	754	373	381	158	63	95
遵义市	**504**	**227**	**277**	**40115**	**21688**	**18427**	**101**	**28**	**73**
红花岗区	45	21	24	645	265	380	6	4	2
汇川区	35	20	15	342	142	200	5	2	3
播州区	104	44	60	794	362	432	10	3	7
桐梓县	47	22	25	524	277	247	12	2	10
绥阳县	22	10	12	324	141	183	4	1	3
正安县	29	15	14	450	199	251	6	3	3
道真仡佬族苗族自治县	13	4	9	6425	3533	2892	5	2	3
务川仡佬族苗族自治县	12	8	4	17300	9322	7978	2		2
凤冈县	19	12	7	8329	4870	3459	3	2	1
湄潭县	33	10	23	1942	986	956	8	2	6
余庆县	20	7	13	1832	1022	810			
习水县	45	21	24	408	170	238	17	1	16
赤水市	8	3	5	125	55	70	11	5	6
仁怀市	72	30	42	675	344	331	12	1	11
安顺市	**4855**	**2804**	**2051**	**1952**	**1005**	**947**	**97**	**33**	**64**
西秀区	3443	2063	1380	708	374	334	34	11	23
平坝区	683	374	309	424	209	215	18	8	10
普定县	389	204	185	223	103	120	15	5	10
镇宁布依族苗族自治县	90	38	52	194	100	94	2	1	1
关岭布依族苗族自治县	178	96	82	180	101	79	8	2	6
紫云苗族布依族自治县	72	29	43	223	118	105	20	6	14
毕节市	**58397**	**31662**	**26735**	**4868**	**2254**	**2614**	**223**	**69**	**154**
七星关区	8909	4777	4132	968	438	530	29	9	20
大方县	21901	11927	9974	809	338	471	22	8	14
黔西县	8472	4475	3997	758	329	429	13	3	10
金沙县	271	120	151	405	174	231	6	2	4
织金县	6589	3642	2947	779	380	399	34	6	28
纳雍县	7181	3922	3259	379	182	197	52	21	31
威宁彝族回族苗族自治县	1537	857	680	422	210	212	60	19	41
赫章县	3537	1942	1595	348	203	145	7	1	6

1-4c　续表 11　　　　　　　　　　　　　　　　　　　　　　　　　　单位：人

地　区	白　族			土家族			哈尼族		
	小计	男	女	小计	男	女	小计	男	女
铜仁市	**286**	**109**	**177**	**684143**	**354270**	**329873**	**53**	**18**	**35**
碧江区	56	18	38	24946	13576	11370	1	1	
万山区	15	5	10	7067	4092	2975	1		1
江口县	22	9	13	38944	21332	17612	3	2	1
玉屏侗族自治县	23	7	16	718	304	414	1		1
石阡县	38	14	24	2515	1213	1302	8	3	5
思南县	25	9	16	79251	41579	37672	17	6	11
印江土家族苗族自治县	19	6	13	121915	62290	59625	3		3
德江县	18	6	12	172843	88325	84518	3	1	2
沿河土家族自治县	15	9	6	229164	118237	110927	2		2
松桃苗族自治县	55	26	29	6780	3322	3458	14	5	9
黔西南布依族苗族自治州	**1012**	**532**	**480**	**2201**	**1091**	**1110**	**103**	**44**	**59**
兴义市	199	106	93	603	291	312	44	21	23
兴仁市	80	39	41	340	152	188	15	7	8
普安县	465	255	210	185	94	91	6	3	3
晴隆县	48	20	28	187	93	94	10	3	7
贞丰县	35	18	17	188	100	88	1		1
望谟县	33	21	12	226	109	117	2		2
册亨县	42	20	22	140	70	70	1		1
安龙县	110	53	57	332	182	150	24	10	14
黔东南苗族侗族自治州	**283**	**130**	**153**	**19646**	**10810**	**8836**	**43**	**9**	**34**
凯里市	76	38	38	739	360	379	2	1	1
黄平县	16	9	7	675	376	299	5	1	4
施秉县	13	6	7	391	211	180	3	1	2
三穗县	5	1	4	723	435	288	3		3
镇远县	23	8	15	5616	3084	2532	1		1
岑巩县	12	4	8	9596	5359	4237	2	1	1
天柱县	7		7	285	160	125	3		3
锦屏县	7	2	5	127	57	70			
剑河县	10	4	6	102	39	63	2		2
台江县	9	5	4	79	36	43	2	1	1
黎平县	36	13	23	332	169	163	2	1	1
榕江县	22	11	11	380	215	165	1		1
从江县	18	11	7	196	116	80	1		1
雷山县	17	11	6	140	74	66	4	1	3
麻江县	7	5	2	183	79	104	2	1	1
丹寨县	5	2	3	82	40	42	10	1	9
黔南布依族苗族自治州	**688**	**328**	**360**	**4416**	**2204**	**2212**	**44**	**14**	**30**
都匀市	61	37	24	748	367	381	2	1	1
福泉市	211	117	94	457	245	212	4	2	2
荔波县	9	6	3	144	105	39	1	1	
贵定县	106	29	77	523	146	377	1		1
瓮安县	30	19	11	642	378	264	6	1	5
独山县	25	9	16	194	80	114	6	1	5
平塘县	21	9	12	163	75	88	2	1	1
罗甸县	25	13	12	410	242	168	6		6
长顺县	45	22	23	231	117	114	4	2	2
龙里县	100	46	54	423	233	190	3	2	1
惠水县	48	20	28	381	175	206	8	3	5
三都水族自治县	7	1	6	100	41	59	1		1

1-4c 续表 12

单位：人

地区	哈萨克族			傣族			黎族		
	小计	男	女	小计	男	女	小计	男	女
贵州	**4**	**1**	**3**	**618**	**207**	**411**	**72991**	**38582**	**34409**
贵阳市	**1**		**1**	**55**	**25**	**30**	**759**	**356**	**403**
南明区				5	3	2	53	20	33
云岩区									
花溪区				5	2	3	101	47	54
乌当区				5	2	3	116	68	48
白云区							55	17	38
观山湖区				12	6	6	106	52	54
开阳县				1		1	41	14	27
息烽县	1		1	4	1	3	20	5	15
修文县				5	4	1	65	31	34
清镇市				18	7	11	202	102	100
六盘水市				**119**	**44**	**75**	**6009**	**3271**	**2738**
钟山区				4	2	2	18	11	7
六枝特区				10	5	5	1235	612	623
水城县				10	2	8	109	50	59
盘州市				95	35	60	4647	2598	2049
遵义市	**1**		**1**	**69**	**19**	**50**	**407**	**189**	**218**
红花岗区				2	1	1	28	18	10
汇川区				2	1	1	23	9	14
播州区				4		4	52	26	26
桐梓县				12	4	8	34	14	20
绥阳县				4	1	3	17	12	5
正安县	1		1	8	2	6	26	14	12
道真仡佬族苗族自治县				1		1	12	4	8
务川仡佬族苗族自治县							10	3	7
凤冈县				9	4	5	32	12	20
湄潭县				4		4	26	12	14
余庆县							48	21	27
习水县				7		7	32	14	18
赤水市				11	4	7	10	4	6
仁怀市				5	2	3	57	26	31
安顺市				**67**	**22**	**45**	**43156**	**22896**	**20260**
西秀区				23	9	14	386	196	190
平坝区				12	4	8	148	61	87
普定县				10	1	9	91	31	60
镇宁布依族苗族自治县				6	3	3	4643	2493	2150
关岭布依族苗族自治县				11	3	8	37809	20079	17730
紫云苗族布依族自治县				5	2	3	79	36	43
毕节市	**2**	**1**	**1**	**104**	**36**	**68**	**914**	**441**	**473**
七星关区				7	1	6	97	38	59
大方县				25	4	21	83	37	46
黔西县				10	4	6	460	240	220
金沙县				12	5	7	32	11	21
织金县				16	4	12	132	66	66
纳雍县	1		1	11	7	4	45	23	22
威宁彝族回族苗族自治县				16	7	9	41	14	27
赫章县	1	1		7	4	3	24	12	12

1-4c　续表 13

单位：人

地　　区	哈萨克族			傣　　族			黎　　族		
	小计	男	女	小计	男	女	小计	男	女
铜仁市				**27**	**9**	**18**	**243**	**101**	**142**
碧江区				1		1	43	12	31
万山区							12	4	8
江口县				8	2	6	21	10	11
玉屏侗族自治县				2	1	1	11	4	7
石阡县				3		3	47	16	31
思南县				4	3	1	27	13	14
印江土家族苗族自治县				2	2		12	7	5
德江县				2	1	1	19	8	11
沿河土家族自治县				2		2	21	12	9
松桃苗族自治县				3		3	30	15	15
黔西南布依族苗族自治州				**63**	**20**	**43**	**20895**	**11100**	**9795**
兴义市				18	7	11	1013	515	498
兴仁市				10	2	8	3308	1754	1554
普安县				2		2	6412	3397	3015
晴隆县				4	2	2	8717	4629	4088
贞丰县				5	1	4	566	304	262
望谟县				3		3	25	10	15
册亨县							29	13	16
安龙县				21	8	13	825	478	347
黔东南苗族侗族自治州				**58**	**16**	**42**	**232**	**98**	**134**
凯里市				7	4	3	40	15	25
黄平县				3		3	12	5	7
施秉县							6	3	3
三穗县				3	1	2	4	1	3
镇远县				7	3	4	14	8	6
岑巩县				8	4	4	8	1	7
天柱县				3	1	2	10	3	7
锦屏县				2		2	13	6	7
剑河县				2		2	4	2	2
台江县				1		1	4	2	2
黎平县				7	1	6	47	22	25
榕江县				6		6	28	14	14
从江县				2		2	17	6	11
雷山县				2	1	1	7	2	5
麻江县				4	1	3	6	1	5
丹寨县				1		1	12	7	5
黔南布依族苗族自治州				**56**	**16**	**40**	**376**	**130**	**246**
都匀市				6	1	5	35	11	24
福泉市				2	2		38	15	23
荔波县				1	1		3	2	1
贵定县				2		2	60	6	54
瓮安县				8	3	5	40	15	25
独山县				3		3	20	9	11
平塘县				6	2	4	35	14	21
罗甸县				1		1	12	7	5
长顺县				9	4	5	33	8	25
龙里县				5	2	3	43	25	18
惠水县				10	1	9	50	15	35
三都水族自治县				3		3	7	3	4

1-4c 续表 14 单位：人

地区	傈僳族			佤族			畲族		
	小计	男	女	小计	男	女	小计	男	女
贵州	**399**	**134**	**265**	**414**	**137**	**277**	**26476**	**14035**	**12441**
贵阳市	**32**	**13**	**19**	**31**	**9**	**22**	**140**	**66**	**74**
南明区	5	3	2	2	1	1	6	1	5
云岩区									
花溪区							27	16	11
乌当区	2	1	1	3	2	1	11	5	6
白云区							8	6	2
观山湖区	2	1	1	1		1	27	9	18
开阳县	4	1	3	3	1	2	9	2	7
息烽县	5	1	4	2		2	9	4	5
修文县	6	3	3	6		6	13	9	4
清镇市	8	3	5	14	5	9	30	14	16
六盘水市	**97**	**33**	**64**	**53**	**18**	**35**	**28**	**10**	**18**
钟山区				2		2	2	1	1
六枝特区	7	3	4	6	1	5	10	5	5
水城县	20	7	13	12	5	7			
盘州市	70	23	47	33	12	21	16	4	12
遵义市	**48**	**10**	**38**	**41**	**6**	**35**	**80**	**37**	**43**
红花岗区	6	3	3	7	1	6	10	8	2
汇川区	4		4	2		2	3	2	1
播州区	3		3	5	2	3	12	4	8
桐梓县	6	2	4	4		4	10	6	4
绥阳县	3		3	2		2	1	1	
正安县	3	1	2	1		1	2	1	1
道真仡佬族苗族自治县	1		1	2		2	4	1	3
务川仡佬族苗族自治县				4	1	3	2	1	1
凤冈县	5	1	4				1	1	
湄潭县				2		2	6	1	5
余庆县	3	1	2	1	1		21	10	11
习水县	2		2	4		4	5	1	4
赤水市	9	2	7	2	1	1			
仁怀市	3		3	5		5	3		3
安顺市	**22**	**6**	**16**	**43**	**14**	**29**	**47**	**24**	**23**
西秀区	5		5	9	4	5	24	13	11
平坝区	5	2	3	1		1	7	6	1
普定县	5	1	4	7	3	4	2	1	1
镇宁布依族苗族自治县	1		1	5		5	5	2	3
关岭布依族苗族自治县	2	1	1	16	7	9	7	1	6
紫云苗族布依族自治县	4	2	2	5		5	2	1	1
毕节市	**97**	**35**	**62**	**97**	**33**	**64**	**96**	**46**	**50**
七星关区	13	3	10	20	5	15	9	4	5
大方县	12	8	4	7	4	3	29	15	14
黔西县	8	4	4	14	6	8	13	7	6
金沙县	5	5		2		2	12	7	5
织金县	8	4	4	17	6	11	19	8	11
纳雍县	32	8	24	15	6	9	5	3	2
威宁彝族回族苗族自治县	17	3	14	17	6	11	3	1	2
赫章县	2		2	5		5	6	1	5

1-4c　续表 15　　　　单位：人

地　区	傈僳族			佤　族			畲　族		
	小计	男	女	小计	男	女	小计	男	女
铜仁市	**13**	**6**	**7**	**20**	**4**	**16**	**46**	**18**	**28**
碧江区	2		2				11	3	8
万山区	2	1	1				4	3	1
江口县	3	1	2	2		2	4		4
玉屏侗族自治县							3	1	2
石阡县	1		1	2	1	1	8	4	4
思南县	1	1		6	1	5	3	2	1
印江土家族苗族自治县	2	1	1	3	1	2	4	2	2
德江县	1	1		1		1	3	2	1
沿河土家族自治县							1	1	
松桃苗族自治县	1	1		6	1	5	5		5
黔西南布依族苗族自治州	**41**	**10**	**31**	**53**	**20**	**33**	**38**	**18**	**20**
兴义市	14	4	10	16	6	10	11	4	7
兴仁市	7	2	5	6	4	2	8	4	4
普安县	11	3	8	10	3	7	8	7	1
晴隆县	3		3	6	1	5	5	1	4
贞丰县	1		1	2	1	1			
望谟县				2	1	1			
册亨县	2	1	1				1		1
安龙县	3		3	11	4	7	5	2	3
黔东南苗族侗族自治州	**19**	**7**	**12**	**38**	**15**	**23**	**23118**	**12498**	**10620**
凯里市	2	2		4	2	2	7127	3933	3194
黄平县							12	6	6
施秉县				2	1	1	3	1	2
三穗县				4	1	3	6	3	3
镇远县	1	1		5	2	3	21	5	16
岑巩县				2	2		8	3	5
天柱县	1		1	2		2	12	7	5
锦屏县				1		1	13	6	7
剑河县	1		1				13	7	6
台江县	3	1	2				4	1	3
黎平县	2		2	8	5	3	26	13	13
榕江县	3	2	1	2		2	27	8	19
从江县	2	1	1	6	2	4	3	2	1
雷山县	2		2	2		2	6	2	4
麻江县	1		1				15818	8495	7323
丹寨县	1		1				19	6	13
黔南布依族苗族自治州	**30**	**14**	**16**	**38**	**18**	**20**	**2883**	**1318**	**1565**
都匀市	3	3		7	5	2	842	370	472
福泉市	9	4	5	3		3	1904	907	997
荔波县	5	2	3	1		1	1		1
贵定县	1	1		2	1	1	51	12	39
瓮安县				5	3	2	16	6	10
独山县	3	1	2	3	2	1	16	6	10
平塘县	4	2	2	4	1	3	8	4	4
罗甸县	2		2						
长顺县	1	1		3		3	6	1	5
龙里县	2		2	8	6	2	18	4	14
惠水县							10	3	7
三都水族自治县				2		2	11	5	6

1-4c 续表 16　　　　单位：人

地区	高山族			拉祜族			水族		
	小计	男	女	小计	男	女	小计	男	女
贵州	**83**	**65**	**18**	**280**	**71**	**209**	**218468**	**114374**	**104094**
贵阳市	**4**	**1**	**3**	**11**	**3**	**8**	**1647**	**869**	**778**
南明区				1		1	159	94	65
云岩区									
花溪区	2	1	1	3	2	1	119	52	67
乌当区							127	71	56
白云区							66	36	30
观山湖区							244	133	111
开阳县	1		1	4	1	3	61	26	35
息烽县				2		2	31	17	14
修文县				1		1	101	54	47
清镇市	1		1				739	386	353
六盘水市	**53**	**51**	**2**	**72**	**17**	**55**	**6171**	**3342**	**2829**
钟山区				2		2	321	171	150
六枝特区				7	1	6	136	54	82
水城县				15	3	12	2338	1286	1052
盘州市	53	51	2	48	13	35	3376	1831	1545
遵义市	**1**	**1**		**48**	**7**	**41**	**470**	**194**	**276**
红花岗区				2		2	45	18	27
汇川区				6	2	4	21	9	12
播州区				2		2	83	36	47
桐梓县				6		6	38	16	22
绥阳县				5	1	4	21	9	12
正安县				4	2	2	39	19	20
道真仡佬族苗族自治县	1	1		2		2	12	4	8
务川仡佬族苗族自治县							19	8	11
凤冈县				2		2	20	7	13
湄潭县				3		3	34	12	22
余庆县							32	10	22
习水县				9	1	8	36	13	23
赤水市				3	1	2	5	1	4
仁怀市				4		4	65	32	33
安顺市	**1**		**1**	**16**	**6**	**10**	**317**	**153**	**164**
西秀区				4	1	3	96	61	35
平坝区				1		1	53	18	35
普定县				4	3	1	43	19	24
镇宁布依族苗族自治县	1		1				33	12	21
关岭布依族苗族自治县							29	13	16
紫云苗族布依族自治县				7	2	5	63	30	33
毕节市	**2**	**1**	**1**	**58**	**18**	**40**	**3428**	**1835**	**1593**
七星关区				13	5	8	149	65	84
大方县	1		1	6	2	4	587	334	253
黔西县				8	2	6	1332	724	608
金沙县				1		1	47	12	35
织金县	1	1		5	3	2	827	454	373
纳雍县				12	3	9	246	116	130
威宁彝族回族苗族自治县				9	2	7	175	99	76
赫章县				4	1	3	65	31	34

1-4c　续表 17　　　　单位：人

地　区	高山族			拉祜族			水　族		
	小计	男	女	小计	男	女	小计	男	女
铜仁市	**7**	**4**	**3**	**11**	**2**	**9**	**297**	**102**	**195**
碧江区							74	13	61
万山区	1		1				22	12	10
江口县	1		1				15	4	11
玉屏侗族自治县				2	2		8	4	4
石阡县				2		2	40	17	23
思南县	5	4	1	1		1	33	10	23
印江土家族苗族自治县							21	6	15
德江县							32	15	17
沿河土家族自治县				3		3	12	5	7
松桃苗族自治县				3		3	40	16	24
黔西南布依族苗族自治州				**30**	**10**	**20**	**786**	**324**	**462**
兴义市				11	2	9	536	221	315
兴仁市				3		3	66	23	43
普安县				4	1	3	54	22	32
晴隆县				5	3	2	39	21	18
贞丰县				5	2	3	14	6	8
望谟县							22	8	14
册亨县							14	6	8
安龙县				2	2		41	17	24
黔东南苗族侗族自治州	**1**		**1**	**15**	**2**	**13**	**34494**	**18856**	**15638**
凯里市							326	159	167
黄平县				1	1		48	20	28
施秉县							31	14	17
三穗县				2		2	18	6	12
镇远县	1		1	1		1	55	20	35
岑巩县				4	1	3	42	15	27
天柱县				1		1	29	5	24
锦屏县							55	19	36
剑河县				1		1	939	558	381
台江县							13	3	10
黎平县				1		1	1674	935	739
榕江县				3		3	20018	10810	9208
从江县							1871	1022	849
雷山县							3790	1984	1806
麻江县							445	216	229
丹寨县				1		1	5140	3070	2070
黔南布依族苗族自治州	**14**	**7**	**7**	**19**	**6**	**13**	**170858**	**88699**	**82159**
都匀市	1		1	4	1	3	18473	9884	8589
福泉市	3	1	2	4	3	1	537	284	253
荔波县				1		1	20548	10552	9996
贵定县				2		2	271	55	216
瓮安县				1	1		117	50	67
独山县							14042	7100	6942
平塘县							724	365	359
罗甸县				1		1	81	35	46
长顺县							62	15	47
龙里县	2	1	1	2	1	1	81	39	42
惠水县	4	3	1	2		2	97	43	54
三都水族自治县	4	2	2	2		2	115825	60277	55548

1-4c 续表 18　　　　单位：人

地　区	东乡族			纳西族			景颇族		
	小计	男	女	小计	男	女	小计	男	女
贵　州	**812**	**437**	**375**	**96**	**33**	**63**	**107**	**41**	**66**
贵阳市	**1**	**1**		**11**	**6**	**5**	**9**	**4**	**5**
南明区	1	1							
云岩区									
花溪区				1	1				
乌当区				1		1			
白云区									
观山湖区				2	1	1			
开阳县							1	1	
息烽县				7	4	3	1		1
修文县									
清镇市							7	3	4
六盘水市				**23**	**11**	**12**	**16**	**5**	**11**
钟山区				1	1				
六枝特区				2	1	1	1	1	
水城县									
盘州市				20	9	11	15	4	11
遵义市	**1**	**1**		**7**	**1**	**6**	**12**	**3**	**9**
红花岗区				2		2			
汇川区							2	1	1
播州区	1	1					2		2
桐梓县							1	1	
绥阳县									
正安县				1		1			
道真仡佬族苗族自治县							1		1
务川仡佬族苗族自治县									
凤冈县				1	1				
湄潭县							2	1	1
余庆县				1		1	2		2
习水县				1		1	2		2
赤水市									
仁怀市				1		1			
安顺市	**4**	**3**	**1**	**10**	**4**	**6**	**10**	**6**	**4**
西秀区	2	2		7	3	4	4	4	
平坝区							4	1	3
普定县									
镇宁布依族苗族自治县				1	1				
关岭布依族苗族自治县				1		1			
紫云苗族布依族自治县	2	1	1	1		1	2	1	1
毕节市	**4**	**2**	**2**	**13**	**2**	**11**	**17**	**8**	**9**
七星关区				2	1	1	3	2	1
大方县				1		1	5	3	2
黔西县	1	1		2		2			
金沙县				1		1	1		1
织金县							3	2	1
纳雍县				6	1	5	1		1
威宁彝族回族苗族自治县	3	1	2	1		1	3		3
赫章县							1	1	

1-4c　续表 19　　　　单位：人

地　区	东乡族			纳西族			景颇族		
	小计	男	女	小计	男	女	小计	男	女
铜仁市	**4**		**4**	**2**		**2**	**3**		**3**
碧江区	1		1						
万山区							1		1
江口县	1		1				1		1
玉屏侗族自治县									
石阡县									
思南县				1		1	1		1
印江土家族苗族自治县	1		1						
德江县				1		1			
沿河土家族自治县									
松桃苗族自治县	1		1						
黔西南布依族苗族自治州				**9**	**2**	**7**	**9**	**4**	**5**
兴义市				5	1	4	3	2	1
兴仁市							2	1	1
普安县							2	1	1
晴隆县									
贞丰县									
望谟县							1		1
册亨县									
安龙县				4	1	3	1		1
黔东南苗族侗族自治州	**34**	**13**	**21**	**6**	**2**	**4**	**23**	**10**	**13**
凯里市	6	4	2	2		2	2		2
黄平县				2	2		4	2	2
施秉县							5	1	4
三穗县									
镇远县	1		1						
岑巩县	2	2		1		1	7	5	2
天柱县									
锦屏县							2	1	1
剑河县							1		1
台江县							1		1
黎平县									
榕江县							1	1	
从江县									
雷山县	2		2						
麻江县	22	7	15	1		1			
丹寨县	1		1						
黔南布依族苗族自治州	**764**	**417**	**347**	**15**	**5**	**10**	**8**	**1**	**7**
都匀市	585	334	251	1		1	1		1
福泉市	173	81	92	10	4	6			
荔波县	1	1		2		2			
贵定县	3	1	2				2		2
瓮安县									
独山县	1		1	1	1		1		1
平塘县	1		1	1		1			
罗甸县									
长顺县							2		2
龙里县							1		1
惠水县							1	1	
三都水族自治县									

1-4c 续表 20

单位：人

地 区	柯尔克孜族			土 族			达斡尔族		
	小计	男	女	小计	男	女	小计	男	女
贵 州	**8**	**4**	**4**	**2043**	**1067**	**976**	**13**	**5**	**8**
贵阳市				**64**	**26**	**38**	**3**	**2**	**1**
南明区				6	2	4			
云岩区									
花溪区				7	3	4	1	1	
乌当区				8	3	5	2	1	1
白云区				10	6	4			
观山湖区				10	6	4			
开阳县									
息烽县				2		2			
修文县				2		2			
清镇市				19	6	13			
六盘水市	**2**	**1**	**1**	**37**	**19**	**18**			
钟山区				5	3	2			
六枝特区				2		2			
水城县	2	1	1	16	10	6			
盘州市				14	6	8			
遵义市	**1**	**1**		**102**	**47**	**55**			
红花岗区				3	1	2			
汇川区				2		2			
播州区	1	1		3	1	2			
桐梓县				1		1			
绥阳县				2	2				
正安县				3	2	1			
道真仡佬族苗族自治县				14	4	10			
务川仡佬族苗族自治县				31	13	18			
凤冈县				21	11	10			
湄潭县				10	5	5			
余庆县				6	2	4			
习水县				2	2				
赤水市									
仁怀市				4	4				
安顺市				**19**	**8**	**11**	**2**		**2**
西秀区				4	4		1		1
平坝区				6	2	4			
普定县				2		2			
镇宁布依族苗族自治县				2	1	1			
关岭布依族苗族自治县				1		1	1		1
紫云苗族布依族自治县				4	1	3			
毕节市	**5**	**2**	**3**	**24**	**9**	**15**	**5**	**2**	**3**
七星关区				3	2	1			
大方县				2		2			
黔西县				3	1	2			
金沙县				2	1	1	2	1	1
织金县	3	1	2	5	2	3			
纳雍县	2	1	1	1	1		3	1	2
威宁彝族回族苗族自治县				4	1	3			
赫章县				4	1	3			

1-4c　续表 21　　　　单位：人

地　区	柯尔克孜族			土　族			达斡尔族		
	小计	男	女	小计	男	女	小计	男	女
铜仁市				**630**	**302**	**328**	**1**		**1**
碧江区				29	6	23	1		1
万山区				15	8	7			
江口县				22	16	6			
玉屏侗族自治县				3		3			
石阡县				15	4	11			
思南县				97	49	48			
印江土家族苗族自治县				136	62	74			
德江县				262	133	129			
沿河土家族自治县				31	16	15			
松桃苗族自治县				20	8	12			
黔西南布依族苗族自治州				**12**	**4**	**8**	**2**	**1**	**1**
兴义市				3	2	1			
兴仁市				1		1	2	1	1
普安县									
晴隆县				1		1			
贞丰县									
望谟县				1		1			
册亨县									
安龙县				6	2	4			
黔东南苗族侗族自治州				**547**	**312**	**235**			
凯里市				351	194	157			
黄平县				5	3	2			
施秉县				5	4	1			
三穗县				10	6	4			
镇远县				8	1	7			
岑巩县				9	6	3			
天柱县				1		1			
锦屏县									
剑河县				1	1				
台江县				1		1			
黎平县				7	4	3			
榕江县									
从江县									
雷山县									
麻江县				145	90	55			
丹寨县				4	3	1			
黔南布依族苗族自治州				**608**	**340**	**268**			
都匀市				576	330	246			
福泉市				7	1	6			
荔波县									
贵定县				2		2			
瓮安县				11	6	5			
独山县				1	1				
平塘县									
罗甸县									
长顺县				2		2			
龙里县				6	1	5			
惠水县				1		1			
三都水族自治县				2	1	1			

1－4c 续表 22

单位：人

地 区	仫佬族			羌 族			布朗族		
	小计	男	女	小计	男	女	小计	男	女
贵 州	**20623**	**10997**	**9626**	**503**	**278**	**225**	**109**	**37**	**72**
贵阳市	**502**	**264**	**238**	**22**	**13**	**9**	**5**	**1**	**4**
南明区	57	38	19	4	2	2	1		1
云岩区									
花溪区	69	33	36	11	5	6	2	1	1
乌当区	41	25	16				1		1
白云区	19	9	10						
观山湖区	88	51	37	1	1				
开阳县	23	8	15	2	1	1			
息烽县	9	5	4						
修文县	38	11	27	2	2				
清镇市	158	84	74	2	2		1		1
六盘水市	**416**	**208**	**208**	**1**		**1**	**23**	**5**	**18**
钟山区	7	5	2				1		1
六枝特区	257	127	130				1		1
水城县	122	67	55				2	2	
盘州市	30	9	21	1		1	19	3	16
遵义市	**1209**	**588**	**621**	**15**	**7**	**8**	**7**	**1**	**6**
红花岗区	29	10	19	4	2	2			
汇川区	19	7	12	2	1	1			
播州区	67	25	42	2	1	1	2	1	1
桐梓县	25	7	18				4		4
绥阳县	17	5	12						
正安县	165	91	74	2	1	1			
道真仡佬族苗族自治县	260	126	134				1		1
务川仡佬族苗族自治县	127	52	75						
凤冈县	224	139	85	1	1				
湄潭县	66	29	37	2		2			
余庆县	92	39	53	1	1				
习水县	12	3	9						
赤水市				1		1			
仁怀市	106	55	51						
安顺市	**910**	**451**	**459**	**16**	**7**	**9**	**13**	**4**	**9**
西秀区	126	57	69				1		1
平坝区	112	59	53				6	3	3
普定县	201	108	93	2		2	4		4
镇宁布依族苗族自治县	99	51	48	2		2			
关岭布依族苗族自治县	342	166	176	3	2	1	2	1	1
紫云苗族布依族自治县	30	10	20	9	5	4			
毕节市	**1508**	**754**	**754**	**25**	**15**	**10**	**17**	**5**	**12**
七星关区	32	14	18	2		2			
大方县	335	159	176	1	1		1		1
黔西县	376	189	187	8	5	3			
金沙县	89	54	35	1		1	1	1	
织金县	508	254	254	4	2	2	3		3
纳雍县	81	41	40						
威宁彝族回族苗族自治县	77	37	40				5	2	3
赫章县	10	6	4	9	7	2	7	2	5

1-4c　续表 23　　　　单位：人

地　区	仫佬族			羌　族			布朗族		
	小计	男	女	小计	男	女	小计	男	女
铜仁市	**1264**	**619**	**645**	**375**	**207**	**168**	**2**		**2**
碧江区	27	9	18	3		3	1		1
万山区	4	2	2	4	2	2	1		1
江口县	68	34	34	102	67	35			
玉屏侗族自治县	15	6	9						
石阡县	868	456	412	233	121	112			
思南县	133	48	85	8	6	2			
印江土家族苗族自治县	15	8	7						
德江县	45	19	26						
沿河土家族自治县	11		11	2	1	1			
松桃苗族自治县	78	37	41	23	10	13			
黔西南布依族苗族自治州	**261**	**142**	**119**	**11**	**6**	**5**	**4**	**2**	**2**
兴义市	14	7	7	5	3	2	2	1	1
兴仁市	70	42	28				2	1	1
普安县	9	3	6	1		1			
晴隆县	58	34	24	1	1				
贞丰县	27	14	13						
望谟县	8	3	5						
册亨县	12	5	7	3	2	1			
安龙县	63	34	29	1		1			
黔东南苗族侗族自治州	**13450**	**7535**	**5915**	**27**	**15**	**12**	**12**	**7**	**5**
凯里市	6116	3606	2510	3	2	1			
黄平县	801	436	365				5	3	2
施秉县	46	21	25						
三穗县	12	7	5						
镇远县	43	17	26	11	7	4			
岑巩县	37	18	19	3	1	2			
天柱县	12	3	9	1		1			
锦屏县	8	3	5	1	1				
剑河县	12	7	5						
台江县	15	7	8						
黎平县	9	4	5	1	1				
榕江县	12	5	7	4	1	3	1		1
从江县	11	8	3						
雷山县	11	2	9	2	1	1			
麻江县	6282	3384	2898	1	1		6	4	2
丹寨县	23	7	16						
黔南布依族苗族自治州	**1103**	**436**	**667**	**11**	**8**	**3**	**26**	**12**	**14**
都匀市	332	97	235	1		1	2	1	1
福泉市	511	227	284	4	3	1	1	1	
荔波县	9	3	6				1		1
贵定县	33	9	24	1	1		1		1
瓮安县	98	46	52	1	1		1		1
独山县	21	9	12				1		1
平塘县	26	7	19	1	1		18	9	9
罗甸县	5	3	2						
长顺县	18	12	6				1	1	
龙里县	35	19	16	2	2				
惠水县	9	3	6						
三都水族自治县	6	1	5	1		1			

1-4c 续表 24

单位：人

地　区	撒拉族			毛南族			仡佬族		
	小计	男	女	小计	男	女	小计	男	女
贵　州	**19**	**11**	**8**	**19003**	**9789**	**9214**	**242249**	**130492**	**111757**
贵阳市	**1**	**1**		**111**	**48**	**63**	**6265**	**3436**	**2829**
南明区				2	2		358	203	155
云岩区									
花溪区				24	5	19	552	288	264
乌当区				9	6	3	546	283	263
白云区				7	4	3	236	126	110
观山湖区				23	10	13	767	398	369
开阳县				2		2	158	61	97
息烽县				7	1	6	148	74	74
修文县				15	8	7	244	124	120
清镇市	1	1		22	12	10	3256	1879	1377
六盘水市				**18**	**10**	**8**	**6990**	**3793**	**3197**
钟山区				1	1		58	31	27
六枝特区				9	3	6	5217	2829	2388
水城县				5	4	1	1419	774	645
盘州市				3	2	1	296	159	137
遵义市	**5**	**3**	**2**	**34**	**14**	**20**	**129332**	**69881**	**59451**
红花岗区				1		1	439	203	236
汇川区				3	3		204	81	123
播州区				4	1	3	2188	1108	1080
桐梓县				7		7	172	106	66
绥阳县				2	1	1	258	131	127
正安县				1		1	17950	9773	8177
道真仡佬族苗族自治县							46821	25569	21252
务川仡佬族苗族自治县	3	2	1				53137	28453	24684
凤冈县							3228	1877	1351
湄潭县				3	1	2	1050	481	569
余庆县				6	4	2	1189	579	610
习水县							107	51	56
赤水市				2	2		27	10	17
仁怀市	2	1	1	5	2	3	2562	1459	1103
安顺市	**1**		**1**	**27**	**13**	**14**	**15444**	**8692**	**6752**
西秀区				8	4	4	2361	1370	991
平坝区				9	6	3	1721	925	796
普定县				3	1	2	2705	1635	1070
镇宁布依族苗族自治县							1346	775	571
关岭布依族苗族自治县	1		1	3	2	1	7147	3903	3244
紫云苗族布依族自治县				4		4	164	84	80
毕节市	**1**		**1**	**43**	**18**	**25**	**13532**	**7190**	**6342**
七星关区				11	8	3	319	151	168
大方县				3		3	4097	2231	1866
黔西县				6	1	5	3339	1743	1596
金沙县				2	1	1	406	214	192
织金县				10	5	5	3717	1982	1735
纳雍县				4	1	3	553	294	259
威宁彝族回族苗族自治县	1		1	4	2	2	996	515	481
赫章县				3		3	105	60	45

1-4c　续表 25　　　　单位：人

地　区	撒拉族			毛南族			仡佬族		
	小计	男	女	小计	男	女	小计	男	女
铜仁市	**5**	**3**	**2**	**31**	**9**	**22**	**64278**	**34204**	**30074**
碧江区				7		7	237	87	150
万山区				5	1	4	76	24	52
江口县				3	1	2	681	378	303
玉屏侗族自治县				1	1		67	28	39
石阡县	5	3	2	2		2	58392	31109	27283
思南县				2		2	2746	1469	1277
印江土家族苗族自治县				3	2	1	194	78	116
德江县							546	250	296
沿河土家族自治县				2	1	1	93	32	61
松桃苗族自治县				6	3	3	1246	749	497
黔西南布依族苗族自治州	**4**	**2**	**2**	**31**	**14**	**17**	**2823**	**1551**	**1272**
兴义市				7	2	5	181	87	94
兴仁市				6	3	3	859	487	372
普安县	3	1	2	4	2	2	57	26	31
晴隆县				6	2	4	362	215	147
贞丰县	1	1		2	2		787	420	367
望谟县				1	1		40	14	26
册亨县				2	1	1	159	95	64
安龙县				3	1	2	378	207	171
黔东南苗族侗族自治州				**47**	**23**	**24**	**1715**	**738**	**977**
凯里市				10	8	2	272	141	131
黄平县				3	2	1	75	30	45
施秉县							106	49	57
三穗县				1		1	39	15	24
镇远县				3	2	1	516	184	332
岑巩县				1		1	403	177	226
天柱县				1		1	26	11	15
锦屏县				3	1	2	13	4	9
剑河县				2	1	1	30	19	11
台江县				3	3		14	9	5
黎平县				2		2	51	23	28
榕江县				4	1	3	40	22	18
从江县				5	1	4	23	8	15
雷山县				3	2	1	29	19	10
麻江县				4	1	3	69	23	46
丹寨县				2	1	1	9	4	5
黔南布依族苗族自治州	**2**	**2**		**18661**	**9640**	**9021**	**1870**	**1007**	**863**
都匀市	1	1		155	57	98	218	130	88
福泉市				17	8	9	332	177	155
荔波县				93	43	50	22	14	8
贵定县	1	1		24	2	22	216	72	144
瓮安县				8	4	4	640	383	257
独山县				979	411	568	50	18	32
平塘县				17275	9077	8198	39	19	20
罗甸县				9	3	6	28	12	16
长顺县				4		4	94	49	45
龙里县				10	4	6	146	86	60
惠水县				76	29	47	69	36	33
三都水族自治县				11	2	9	16	11	5

1-4c 续表 26

单位：人

地　区	锡伯族			阿昌族			普米族		
	小计	男	女	小计	男	女	小计	男	女
贵　州	**10**	**4**	**6**	**33**	**12**	**21**	**29**	**12**	**17**
贵阳市	**4**	**3**	**1**	**4**	**2**	**2**	**1**	**1**	
南明区									
云岩区									
花溪区									
乌当区									
白云区	1	1							
观山湖区				2	1	1	1	1	
开阳县	1		1						
息烽县									
修文县				2	1	1			
清镇市	2	2							
六盘水市							**5**	**3**	**2**
钟山区									
六枝特区									
水城县							4	2	2
盘州市							1	1	
遵义市	**3**	**1**	**2**	**6**	**3**	**3**			
红花岗区									
汇川区									
播州区				2	1	1			
桐梓县									
绥阳县									
正安县	1		1	3	1	2			
道真仡佬族苗族自治县									
务川仡佬族苗族自治县									
凤冈县									
湄潭县									
余庆县	2	1	1	1	1				
习水县									
赤水市									
仁怀市									
安顺市	**1**		**1**	**3**	**1**	**2**	**2**		**2**
西秀区				1	1		2		2
平坝区									
普定县				1		1			
镇宁布依族苗族自治县									
关岭布依族苗族自治县	1		1						
紫云苗族布依族自治县				1		1			
毕节市				**9**	**1**	**8**	**16**	**5**	**11**
七星关区							2		2
大方县									
黔西县									
金沙县									
织金县				4	1	3	1	1	
纳雍县							2	1	1
威宁彝族回族苗族自治县				4		4	11	3	8
赫章县				1		1			

1-4c 续表 27　　　　单位：人

地区	锡伯族			阿昌族			普米族		
	小计	男	女	小计	男	女	小计	男	女
铜仁市	**1**		**1**	**1**	**1**				
碧江区									
万山区									
江口县									
玉屏侗族自治县									
石阡县									
思南县									
印江土家族苗族自治县									
德江县									
沿河土家族自治县									
松桃苗族自治县	1		1	1	1				
黔西南布依族苗族自治州				**7**	**3**	**4**	**3**	**1**	**2**
兴义市				2	1	1	3	1	2
兴仁市				2	1	1			
普安县				3	1	2			
晴隆县									
贞丰县									
望谟县									
册亨县									
安龙县									
黔东南苗族侗族自治州				**2**	**1**	**1**			
凯里市									
黄平县									
施秉县									
三穗县									
镇远县									
岑巩县									
天柱县				1		1			
锦屏县									
剑河县									
台江县									
黎平县									
榕江县				1	1				
从江县									
雷山县									
麻江县									
丹寨县									
黔南布依族苗族自治州	**1**		**1**	**1**		**1**	**2**	**2**	
都匀市									
福泉市									
荔波县									
贵定县									
瓮安县									
独山县									
平塘县	1		1				1	1	
罗甸县									
长顺县									
龙里县									
惠水县				1		1	1	1	
三都水族自治县									

1-4c 续表 28 单位：人

地区	塔吉克族			怒族			乌孜别克族		
	小计	男	女	小计	男	女	小计	男	女
贵州	**2**	**2**		**28**	**11**	**17**	**6**	**4**	**2**
贵阳市							**1**	**1**	
南明区									
云岩区									
花溪区									
乌当区									
白云区									
观山湖区									
开阳县									
息烽县									
修文县									
清镇市							1	1	
六盘水市				**4**	**3**	**1**	**1**		**1**
钟山区									
六枝特区									
水城县							1		1
盘州市				4	3	1			
遵义市				**4**		**4**	**1**	**1**	
红花岗区									
汇川区									
播州区									
桐梓县							1	1	
绥阳县									
正安县									
道真仡佬族苗族自治县									
务川仡佬族苗族自治县									
凤冈县									
湄潭县				1		1			
余庆县									
习水县				3		3			
赤水市									
仁怀市									
安顺市									
西秀区									
平坝区									
普定县									
镇宁布依族苗族自治县									
关岭布依族苗族自治县									
紫云苗族布依族自治县									
毕节市	**1**	**1**		**9**	**4**	**5**	**3**	**2**	**1**
七星关区				2	1	1			
大方县				1	1				
黔西县									
金沙县									
织金县							1	1	
纳雍县	1	1		5	2	3	2	1	1
威宁彝族回族苗族自治县				1		1			
赫章县									

1-4c　续表 29　　　　单位：人

地　区	塔吉克族			怒　族			乌孜别克族		
	小计	男	女	小计	男	女	小计	男	女
铜仁市				**3**	**1**	**2**			
碧江区									
万山区				1		1			
江口县									
玉屏侗族自治县									
石阡县				2	1	1			
思南县									
印江土家族苗族自治县									
德江县									
沿河土家族自治县									
松桃苗族自治县									
黔西南布依族苗族自治州				**4**	**1**	**3**			
兴义市				4	1	3			
兴仁市									
普安县									
晴隆县									
贞丰县									
望谟县									
册亨县									
安龙县									
黔东南苗族侗族自治州				**1**	**1**				
凯里市									
黄平县									
施秉县									
三穗县									
镇远县									
岑巩县									
天柱县									
锦屏县									
剑河县									
台江县									
黎平县									
榕江县				1	1				
从江县									
雷山县									
麻江县									
丹寨县									
黔南布依族苗族自治州	**1**	**1**		**3**	**1**	**2**			
都匀市				2		2			
福泉市									
荔波县									
贵定县									
瓮安县	1	1							
独山县									
平塘县									
罗甸县									
长顺县									
龙里县				1	1				
惠水县									
三都水族自治县									

1−4c 续表 30 单位：人

地区	俄罗斯族			鄂温克族			德昂族		
	小计	男	女	小计	男	女	小计	男	女
贵州	**6**	**2**	**4**	**2**		**2**	**17**	**8**	**9**
贵阳市									
南明区									
云岩区									
花溪区									
乌当区									
白云区									
观山湖区									
开阳县									
息烽县									
修文县									
清镇市									
六盘水市							**3**	**1**	**2**
钟山区									
六枝特区									
水城县									
盘州市							3	1	2
遵义市							**1**	**1**	
红花岗区							1	1	
汇川区									
播州区									
桐梓县									
绥阳县									
正安县									
道真仡佬族苗族自治县									
务川仡佬族苗族自治县									
凤冈县									
湄潭县									
余庆县									
习水县									
赤水市									
仁怀市									
安顺市							**3**	**1**	**2**
西秀区									
平坝区									
普定县							2	1	1
镇宁布依族苗族自治县							1		1
关岭布依族苗族自治县									
紫云苗族布依族自治县									
毕节市							**1**	**1**	
七星关区									
大方县									
黔西县									
金沙县									
织金县							1	1	
纳雍县									
威宁彝族回族苗族自治县									
赫章县									

1−4c　续表 31　　　　单位：人

地　　区	俄罗斯族			鄂温克族			德 昂 族		
	小计	男	女	小计	男	女	小计	男	女
铜仁市				**1**		**1**	**1**		**1**
碧江区									
万山区									
江口县							1		1
玉屏侗族自治县									
石阡县									
思南县									
印江土家族苗族自治县				1		1			
德江县									
沿河土家族自治县									
松桃苗族自治县									
黔西南布依族苗族自治州	**6**	**2**	**4**				**5**	**1**	**4**
兴义市	6	2	4						
兴仁市							1		1
普安县							4	1	3
晴隆县									
贞丰县									
望谟县									
册亨县									
安龙县									
黔东南苗族侗族自治州							**3**	**3**	
凯里市									
黄平县									
施秉县									
三穗县									
镇远县									
岑巩县									
天柱县									
锦屏县									
剑河县									
台江县									
黎平县									
榕江县							3	3	
从江县									
雷山县									
麻江县									
丹寨县									
黔南布依族苗族自治州				**1**		**1**			
都匀市									
福泉市									
荔波县									
贵定县									
瓮安县				1		1			
独山县									
平塘县									
罗甸县									
长顺县									
龙里县									
惠水县									
三都水族自治县									

1−4c 续表 32 单位：人

地 区	保安族			裕固族			京 族		
	小计	男	女	小计	男	女	小计	男	女
贵 州				**1**		**1**	**559**	**324**	**235**
贵阳市							**30**	**11**	**19**
南明区							2	1	1
云岩区									
花溪区									
乌当区							2	1	1
白云区									
观山湖区							2		2
开阳县							5	1	4
息烽县							2	1	1
修文县							3		3
清镇市							14	7	7
六盘水市							**23**	**10**	**13**
钟山区							1	1	
六枝特区							8	3	5
水城县							11	4	7
盘州市							3	2	1
遵义市							**10**	**7**	**3**
红花岗区									
汇川区									
播州区							4	2	2
桐梓县									
绥阳县							1	1	
正安县									
道真仡佬族苗族自治县									
务川仡佬族苗族自治县									
凤冈县							4	3	1
湄潭县									
余庆县							1	1	
习水县									
赤水市									
仁怀市									
安顺市							**125**	**61**	**64**
西秀区							4		4
平坝区							7	1	6
普定县							6	3	3
镇宁布依族苗族自治县							2	1	1
关岭布依族苗族自治县							106	56	50
紫云苗族布依族自治县									
毕节市							**356**	**228**	**128**
七星关区							6	5	1
大方县							57	24	33
黔西县							24	16	8
金沙县							1		1
织金县							9	6	3
纳雍县							258	177	81
威宁彝族回族苗族自治县									
赫章县							1		1

1−4c　续表 33

单位：人

地　　区	保安族			裕固族			京　　族		
	小计	男	女	小计	男	女	小计	男	女
铜仁市							**5**	**1**	**4**
碧江区									
万山区									
江口县							1		1
玉屏侗族自治县									
石阡县									
思南县									
印江土家族苗族自治县							1		1
德江县									
沿河土家族自治县									
松桃苗族自治县							3	1	2
黔西南布依族苗族自治州							**3**	**2**	**1**
兴义市									
兴仁市									
普安县							2	1	1
晴隆县									
贞丰县									
望谟县									
册亨县									
安龙县							1	1	
黔东南苗族侗族自治州							**1**	**1**	
凯里市									
黄平县									
施秉县									
三穗县									
镇远县							[illegible]	1	
岑巩县									
天柱县									
锦屏县									
剑河县									
台江县									
黎平县									
榕江县									
从江县									
雷山县									
麻江县									
丹寨县									
黔南布依族苗族自治州				**1**		**1**	**6**	**3**	**3**
都匀市				1		1			
福泉市									
荔波县									
贵定县									
瓮安县									
独山县									
平塘县							1	1	
罗甸县									
长顺县									
龙里县							5	2	3
惠水县									
三都水族自治县									

1-4c 续表 34 单位：人

地　　区	塔塔尔族			独 龙 族			鄂伦春族		
	小计	男	女	小计	男	女	小计	男	女
贵　州	**5**		**5**	**66**	**43**	**23**	**7**	**5**	**2**
贵阳市				**2**	**1**	**1**			
南明区									
云岩区									
花溪区									
乌当区				1	1				
白云区									
观山湖区				1		1			
开阳县									
息烽县									
修文县									
清镇市									
六盘水市				**53**	**36**	**17**	**1**	**1**	
钟山区									
六枝特区				53	36	17			
水城县							1	1	
盘州市									
遵义市	**2**		**2**	**2**	**2**		**1**	**1**	
红花岗区									
汇川区									
播州区	1		1	2	2				
桐梓县									
绥阳县									
正安县							1	1	
道真仡佬族苗族自治县									
务川仡佬族苗族自治县									
凤冈县									
湄潭县	1		1						
余庆县									
习水县									
赤水市									
仁怀市									
安顺市				**1**		**1**			
西秀区									
平坝区									
普定县				1		1			
镇宁布依族苗族自治县									
关岭布依族苗族自治县									
紫云苗族布依族自治县									
毕节市	**3**		**3**	**3**		**3**	**3**	**1**	**2**
七星关区									
大方县	1		1	1		1			
黔西县							1		1
金沙县									
织金县	2		2	1		1	1	1	
纳雍县				1		1	1		1
威宁彝族回族苗族自治县									
赫章县									

1-4c 续表 35

单位：人

地 区	塔塔尔族			独龙族			鄂伦春族		
	小计	男	女	小计	男	女	小计	男	女
铜仁市				**3**	**3**		**1**	**1**	
碧江区									
万山区									
江口县									
玉屏侗族自治县									
石阡县							1	1	
思南县				1	1				
印江土家族苗族自治县				1	1				
德江县									
沿河土家族自治县				1	1				
松桃苗族自治县									
黔西南布依族苗族自治州									
兴义市									
兴仁市									
普安县									
晴隆县									
贞丰县									
望谟县									
册亨县									
安龙县									
黔东南苗族侗族自治州									
凯里市									
黄平县									
施秉县									
三穗县									
镇远县									
岑巩县									
天柱县									
锦屏县									
剑河县									
台江县									
黎平县									
榕江县									
从江县									
雷山县									
麻江县									
丹寨县									
黔南布依族苗族自治州				**2**	**1**	**1**	**1**	**1**	
都匀市				1		1			
福泉市									
荔波县									
贵定县									
瓮安县									
独山县									
平塘县									
罗甸县									
长顺县									
龙里县				1	1				
惠水县									
三都水族自治县							1	1	

1−4c 续表 36

单位：人

地 区	赫哲族			门巴族			珞巴族		
	小计	男	女	小计	男	女	小计	男	女
贵 州	**1**		**1**	**1**		**1**	**73**	**39**	**34**
贵阳市	**1**		**1**				**5**	**3**	**2**
南明区									
云岩区									
花溪区							5	3	2
乌当区									
白云区									
观山湖区									
开阳县	1		1						
息烽县									
修文县									
清镇市									
六盘水市							**5**	**1**	**4**
钟山区									
六枝特区							3		3
水城县							2	1	1
盘州市									
遵义市				**1**		**1**			
红花岗区									
汇川区									
播州区									
桐梓县									
绥阳县									
正安县									
道真仡佬族苗族自治县									
务川仡佬族苗族自治县									
凤冈县									
湄潭县									
余庆县									
习水县									
赤水市									
仁怀市				1		1			
安顺市							**59**	**32**	**27**
西秀区									
平坝区									
普定县									
镇宁布依族苗族自治县									
关岭布依族苗族自治县							59	32	27
紫云苗族布依族自治县									
毕节市							**1**	**1**	
七星关区							1	1	
大方县									
黔西县									
金沙县									
织金县									
纳雍县									
威宁彝族回族苗族自治县									
赫章县									

1-4c　续表 37

单位：人

地　区	赫哲族			门巴族			珞巴族		
	小计	男	女	小计	男	女	小计	男	女
铜仁市									
碧江区									
万山区									
江口县									
玉屏侗族自治县									
石阡县									
思南县									
印江土家族苗族自治县									
德江县									
沿河土家族自治县									
松桃苗族自治县									
黔西南布依族苗族自治州							**2**	**1**	**1**
兴义市							1	1	
兴仁市							1		1
普安县									
晴隆县									
贞丰县									
望谟县									
册亨县									
安龙县									
黔东南苗族侗族自治州									
凯里市									
黄平县									
施秉县									
三穗县									
镇远县									
岑巩县									
天柱县									
锦屏县									
剑河县									
台江县									
黎平县									
榕江县									
从江县									
雷山县									
麻江县									
丹寨县									
黔南布依族苗族自治州							**1**	**1**	
都匀市									
福泉市									
荔波县									
贵定县									
瓮安县									
独山县									
平塘县									
罗甸县									
长顺县									
龙里县									
惠水县							1	1	
三都水族自治县									

1-4c 续表 38

单位：人

地区	基诺族			未定族称人口			入籍		
	小计	男	女	小计	男	女	小计	男	女
贵州	**38**	**19**	**19**	**344018**	**182570**	**161448**	**1940**	**937**	**1003**
贵阳市	**4**	**3**	**1**	**20212**	**10739**	**9473**	**130**	**70**	**60**
南明区				867	457	410	9	5	4
云岩区									
花溪区				1135	536	599	13	8	5
乌当区				989	501	488	12	6	6
白云区				376	183	193	3		3
观山湖区	3	3		992	478	514	28	17	11
开阳县				139	49	90	5	2	3
息烽县				159	50	109	3	2	1
修文县	1		1	651	291	360			
清镇市				14904	8194	6710	57	30	27
六盘水市	**15**	**11**	**4**	**45119**	**24247**	**20872**	**154**	**57**	**97**
钟山区				4412	2310	2102	5	4	1
六枝特区				2242	1072	1170	12	3	9
水城县	13	10	3	37603	20431	17172	95	36	59
盘州市	2	1	1	862	434	428	42	14	28
遵义市				**1397**	**671**	**726**	**36**	**10**	**26**
红花岗区				151	78	73	4	2	2
汇川区				112	49	63	1		1
播州区				248	105	143	7		7
桐梓县				148	78	70	1		1
绥阳县				58	33	25			
正安县				68	40	28			
道真仡佬族苗族自治县				42	20	22			
务川仡佬族苗族自治县				31	13	18	1		1
凤冈县				62	23	39	1	1	
湄潭县				78	38	40	1		1
余庆县				60	29	31	1		1
习水县				94	47	47	7	4	3
赤水市				18	4	14			
仁怀市				227	114	113	12	3	9
安顺市	**4**	**2**	**2**	**9733**	**5055**	**4678**	**213**	**94**	**119**
西秀区	4	2	2	1562	765	797	113	50	63
平坝区				689	300	389	33	17	16
普定县				7072	3802	3270	27	11	16
镇宁布依族苗族自治县				148	74	74	6	2	4
关岭布依族苗族自治县				126	54	72	31	14	17
紫云苗族布依族自治县				136	60	76	3		3
毕节市	**8**	**2**	**6**	**247695**	**131681**	**116014**	**1189**	**637**	**552**
七星关区				2290	1093	1197	16	5	11
大方县	1	1		27601	14895	12706	444	245	199
黔西县				638	271	367	31	11	20
金沙县				229	117	112	5	2	3
织金县	1		1	113228	60237	52991	123	60	63
纳雍县	6	1	5	100974	53576	47398	533	299	234
威宁彝族回族苗族自治县				1056	608	448	23	7	16
赫章县				1679	884	795	14	8	6

1-4c　续表 39

单位：人

地　区	基诺族			未定族称人口			入　籍		
	小计	男	女	小计	男	女	小计	男	女
铜仁市				**696**	**291**	**405**	**38**	**7**	**31**
碧江区				162	49	113	22	5	17
万山区				28	9	19	1		1
江口县				28	13	15	1		1
玉屏侗族自治县				40	12	28	2	1	1
石阡县				81	36	45	4	1	3
思南县				102	58	44			
印江土家族苗族自治县				59	27	32			
德江县				80	36	44	3		3
沿河土家族自治县				40	18	22	1		1
松桃苗族自治县				76	33	43	4		4
黔西南布依族苗族自治州				**761**	**348**	**413**	**38**	**17**	**21**
兴义市				218	87	131	4	3	1
兴仁市				140	67	73	6	2	4
普安县				56	24	32	16	6	10
晴隆县				70	37	33	6	3	3
贞丰县				57	33	24	3	2	1
望谟县				87	41	46	1		1
册亨县				43	23	20	2	1	1
安龙县				90	36	54			
黔东南苗族侗族自治州	**3**	**1**	**2**	**17063**	**8943**	**8120**	**93**	**33**	**60**
凯里市	2		2	5142	2773	2369	32	5	27
黄平县				10690	5553	5137	19	12	7
施秉县	1	1		526	296	230	2	1	1
三穗县				27	7	20	1	1	
镇远县				66	30	36	9	4	5
岑巩县				47	21	26	4	1	3
天柱县				45	23	22			
锦屏县				44	17	27	2		2
剑河县				51	26	25	3	1	2
台江县				34	19	15	1		1
黎平县				96	47	49	3	2	1
榕江县				94	43	51	5	3	2
从江县				54	31	23	10	3	7
雷山县				48	17	31			
麻江县				62	21	41	2		2
丹寨县				37	19	18			
黔南布依族苗族自治州	**4**		**4**	**1342**	**595**	**747**	**49**	**12**	**37**
都匀市				193	108	85	6	2	4
福泉市				145	73	72	3	1	2
荔波县				23	11	12	2		2
贵定县				187	46	141	18		18
瓮安县				97	47	50	1	1	
独山县				74	26	48	3	2	1
平塘县				45	20	25	2	1	1
罗甸县				47	28	19	1		1
长顺县	1		1	92	39	53	2	1	1
龙里县				228	107	121	10	4	6
惠水县	3		3	178	73	105	1		1
三都水族自治县				33	17	16			

1—5 各地区分年龄、性别的人口

单位：人

地区	合计			0岁		
	合计	男	女	小计	男	女
贵 州	**38562148**	**19705293**	**18856855**	**525380**	**278841**	**246539**
贵阳市	**5987018**	**3061169**	**2925849**	**72452**	**38242**	**34210**
南明区	1047792	527105	520687	10980	5789	5191
云岩区	1056819	531370	525449	12582	6558	6024
花溪区	966276	492318	473958	10663	5639	5024
乌当区	336363	170337	166026	4263	2221	2042
白云区	456250	236301	219949	5587	2962	2625
观山湖区	642634	331370	311264	8283	4395	3888
开阳县	343871	176777	167094	4625	2436	2189
息烽县	219835	113383	106452	3097	1663	1434
修文县	288090	150561	137529	4287	2318	1969
清镇市	629088	331647	297441	8085	4261	3824
六盘水市	**3031602**	**1556454**	**1475148**	**52473**	**27911**	**24562**
钟山区	674249	339410	334839	9289	5027	4262
六枝特区	536873	272490	264383	7676	4061	3615
水城县	746407	388855	357552	12992	6878	6114
盘州市	1074073	555699	518374	22516	11945	10571
遵义市	**6606675**	**3341799**	**3264876**	**83501**	**44009**	**39492**
红花岗区	971337	484861	486476	11456	6057	5399
汇川区	627721	316019	311702	7506	3934	3572
播州区	761491	387932	373559	10662	5709	4953
桐梓县	529471	270806	258665	6292	3331	2961
绥阳县	379677	192919	186758	4660	2490	2170
正安县	396159	199725	196434	4548	2431	2117
道真仡佬族苗族自治县	243846	120323	123523	2563	1287	1276
务川仡佬族苗族自治县	308466	155324	153142	4319	2240	2079
凤冈县	304156	151761	152395	4164	2206	1958
湄潭县	372865	185494	187371	4562	2404	2158
余庆县	223952	111792	112160	2566	1344	1222
习水县	584947	299826	285121	7631	3907	3724
赤水市	247287	124111	123176	2453	1282	1171
仁怀市	655300	340906	314394	10119	5387	4732
安顺市	**2470630**	**1262780**	**1207850**	**33759**	**17982**	**15777**
西秀区	870441	438269	432172	10717	5704	5013
平坝区	347060	179812	167248	4792	2556	2236
普定县	376285	193282	183003	5299	2806	2493
镇宁布依族苗族自治县	299696	154783	144913	4025	2139	1886
关岭布依族苗族自治县	283497	146122	137375	4135	2174	1961
紫云苗族布依族自治县	293651	150512	143139	4791	2603	2188
毕节市	**6899636**	**3544009**	**3355627**	**102959**	**54270**	**48689**
七星关区	1305066	662818	642248	19993	10641	9352
大方县	857578	442011	415567	12676	6648	6028
黔西县	732008	375619	356389	10399	5417	4982
金沙县	544033	282915	261118	6390	3374	3016
织金县	815661	420022	395639	12395	6653	5742
纳雍县	716703	367424	349279	10871	5784	5087
威宁彝族回族苗族自治县	1280116	661537	618579	20085	10436	9649
赫章县	648471	331663	316808	10150	5317	4833

1-5　续表 1　　　　单位：人

地　区	合　计			0岁		
	合计	男	女	小计	男	女
铜仁市	**3298468**	**1676104**	**1622364**	**40162**	**21583**	**18579**
碧江区	442076	219842	222234	4623	2451	2172
万山区	160624	84357	76267	1816	970	846
江口县	184764	95489	89275	2204	1209	995
玉屏侗族自治县	150457	77756	72701	1775	972	803
石阡县	297086	151494	145592	3727	2038	1689
思南县	457745	229795	227950	5070	2724	2346
印江土家族苗族自治县	294490	148491	145999	3390	1814	1576
德江县	393596	198945	194651	5090	2704	2386
沿河土家族自治县	429893	218811	211082	5817	3155	2662
松桃苗族自治县	487737	251124	236613	6650	3546	3104
黔西南布依族苗族自治州	**3015112**	**1538616**	**1476496**	**42165**	**22335**	**19830**
兴义市	1004132	512392	491740	13157	6996	6161
兴仁市	425770	217789	207981	5934	3188	2746
普安县	242958	125141	117817	3623	1957	1666
晴隆县	234162	120095	114067	3413	1793	1620
贞丰县	307313	155756	151557	4509	2376	2133
望谟县	235243	119707	115536	3169	1609	1560
册亨县	189709	96675	93034	2808	1493	1315
安龙县	375825	191061	184764	5552	2923	2629
黔东南苗族侗族自治州	**3758622**	**1938627**	**1819995**	**52322**	**28289**	**24033**
凯里市	709057	363758	345299	9223	4992	4231
黄平县	244125	124428	119697	2743	1494	1249
施秉县	125518	63962	61556	1507	817	690
三穗县	162798	83318	79480	2186	1175	1011
镇远县	189715	96800	92915	2308	1262	1046
岑巩县	168441	86493	81948	2349	1219	1130
天柱县	273588	141798	131790	3448	1888	1560
锦屏县	155182	79340	75842	2078	1099	979
剑河县	188507	99079	89428	2425	1295	1130
台江县	122861	63864	58997	1562	831	731
黎平县	412813	210602	202211	6626	3585	3041
榕江县	297572	155407	142165	4460	2396	2064
从江县	313887	161953	151934	6179	3343	2836
雷山县	124835	67030	57805	1692	952	740
麻江县	131081	68150	62931	1851	1012	839
丹寨县	138642	72645	65997	1685	929	756
黔南布依族苗族自治州	**3494385**	**1785735**	**1708650**	**45587**	**24220**	**21367**
都匀市	529688	268995	260693	5618	2992	2626
福泉市	297899	155155	142744	3925	2037	1888
荔波县	154896	80605	74291	2271	1219	1052
贵定县	250146	123373	126773	3002	1522	1480
瓮安县	395536	201621	193915	5140	2723	2417
独山县	264266	135826	128440	3322	1793	1529
平塘县	234417	118372	116045	3150	1681	1469
罗甸县	257551	130847	126704	3609	1879	1730
长顺县	201540	104106	97434	3020	1591	1429
龙里县	236221	124163	112058	3286	1752	1534
惠水县	395878	199224	196654	5430	2896	2534
三都水族自治县	276347	143448	132899	3814	2135	1679

1－5 续表 2

单位：人

地区	1－4岁			5－9岁			10－14岁		
	小计	男	女	小计	男	女	小计	男	女
贵　州	**2480182**	**1318228**	**1161954**	**3205476**	**1717039**	**1488437**	**3031000**	**1618227**	**1412773**
贵阳市	**347647**	**183998**	**163649**	**391094**	**208040**	**183054**	**300077**	**158680**	**141397**
南明区	51327	27037	24290	57674	30753	26921	46948	24912	22036
云岩区	57268	30414	26854	62192	33188	29004	47722	25274	22448
花溪区	51357	27349	24008	56291	29998	26293	43180	22904	20276
乌当区	21268	11280	9988	23032	12116	10916	16693	8785	7908
白云区	26477	14031	12446	30631	16427	14204	23719	12734	10985
观山湖区	41008	21679	19329	42760	22846	19914	30477	16306	14171
开阳县	23835	12476	11359	26912	14229	12683	21169	10938	10231
息烽县	15185	8088	7097	17638	9404	8234	15285	8080	7205
修文县	20533	10826	9707	25874	13695	12179	19211	9995	9216
清镇市	39389	20818	18571	48090	25384	22706	35673	18752	16921
六盘水市	**239091**	**127717**	**111374**	**277207**	**150779**	**126428**	**228383**	**123361**	**105022**
钟山区	46595	25064	21531	56660	30941	25719	51156	27606	23550
六枝特区	36597	19327	17270	51024	27475	23549	57081	30497	26584
水城县	56224	29757	26467	72344	38575	33769	59508	32175	27333
盘州市	99675	53569	46106	97179	53788	43391	60638	33083	27555
遵义市	**401203**	**211735**	**189468**	**498637**	**264226**	**234411**	**491016**	**261011**	**230005**
红花岗区	56525	29801	26724	63303	33527	29776	56338	30049	26289
汇川区	37531	19896	17635	44425	23682	20743	40909	21558	19351
播州区	50937	27049	23888	58049	31029	27020	52150	27658	24492
桐梓县	30838	16142	14696	42786	22254	20532	43965	22941	21024
绥阳县	23709	12460	11249	30891	16467	14424	29305	15697	13608
正安县	22512	11984	10528	30648	16399	14249	35934	19357	16577
道真仡佬族苗族自治县	11860	6157	5703	16367	8637	7730	21035	11184	9851
务川仡佬族苗族自治县	20107	10818	9289	25872	13702	12170	26043	13984	12059
凤冈县	17902	9454	8448	22333	11777	10556	23859	12777	11082
湄潭县	21188	10892	10296	24515	12852	11663	28196	15066	13130
余庆县	12352	6558	5794	15419	8237	7182	19732	10607	9125
习水县	38301	20067	18234	54996	29071	25925	50820	26936	23884
赤水市	12176	6280	5896	16581	8809	7772	19872	10247	9625
仁怀市	45265	24177	21088	52452	27783	24669	42858	22950	19908
安顺市	**158369**	**84859**	**73510**	**218747**	**116787**	**101960**	**209861**	**111226**	**98635**
西秀区	52193	27948	24245	67310	35538	31772	60820	31898	28922
平坝区	21945	11750	10195	29179	15665	13514	25271	13353	11918
普定县	25715	13662	12053	37371	19967	17404	36654	19408	17246
镇宁布依族苗族自治县	18398	9917	8481	26688	14339	12349	26986	14535	12451
关岭布依族苗族自治县	18998	10240	8758	29095	15592	13503	30219	16007	14212
紫云苗族布依族自治县	21120	11342	9778	29104	15686	13418	29911	16025	13886
毕节市	**482386**	**254740**	**227646**	**674338**	**356377**	**317961**	**694707**	**364799**	**329908**
七星关区	96979	51453	45526	128915	68077	60838	130476	68263	62213
大方县	59710	31453	28257	86960	46112	40848	88834	46957	41877
黔西县	49635	26247	23388	68490	36063	32427	61857	32583	29274
金沙县	29431	15549	13882	43901	23297	20604	54196	28477	25719
织金县	57065	30481	26584	83261	44089	39172	82423	43453	38970
纳雍县	51391	27069	24322	77183	40731	36452	81950	43371	38579
威宁彝族回族苗族自治县	90824	47681	43143	119215	62826	56389	125497	65589	59908
赫章县	47351	24807	22544	66413	35182	31231	69474	36106	33368

1-5　续表 3

单位：人

地　区	1-4岁			5-9岁			10-14岁		
	小计	男	女	小计	男	女	小计	男	女
铜仁市	**195946**	**104835**	**91111**	**271051**	**146227**	**124824**	**278050**	**150190**	**127860**
碧江区	24984	13485	11499	32847	17800	15047	30459	16295	14164
万山区	9310	4962	4348	13356	7149	6207	12247	6587	5660
江口县	10807	5798	5009	15532	8374	7158	14673	7952	6721
玉屏侗族自治县	9227	5028	4199	13471	7407	6064	11356	6232	5124
石阡县	17104	9062	8042	22662	12155	10507	21416	11662	9754
思南县	25176	13308	11868	35419	18940	16479	38495	20918	17577
印江土家族苗族自治县	16478	8818	7660	23417	12612	10805	25110	13630	11480
德江县	24404	13017	11387	33477	18203	15274	35266	19115	16151
沿河土家族自治县	27016	14587	12429	38122	20699	17423	47858	25715	22143
松桃苗族自治县	31440	16770	14670	42748	22888	19860	41170	22084	19086
黔西南布依族苗族自治州	**201360**	**106964**	**94396**	**266980**	**143715**	**123265**	**265247**	**141397**	**123850**
兴义市	64946	34592	30354	81949	44811	37138	74759	40352	34407
兴仁市	29046	15351	13695	39067	20980	18087	41833	22183	19650
普安县	16918	9014	7904	22354	11986	10368	23579	12541	11038
晴隆县	15243	8118	7125	23017	12259	10758	26150	13802	12348
贞丰县	21109	11334	9775	27862	15021	12841	30738	16480	14258
望谟县	14577	7783	6794	18785	10079	8706	21246	11210	10036
册亨县	13219	6950	6269	17914	9478	8436	15904	8462	7442
安龙县	26302	13822	12480	36032	19101	16931	31038	16367	14671
黔东南苗族侗族自治州	**240559**	**129285**	**111274**	**322975**	**177631**	**145344**	**305827**	**169006**	**136821**
凯里市	41767	22445	19322	50859	27908	22951	46934	25748	21186
黄平县	13312	6974	6338	18224	9789	8435	20633	10974	9659
施秉县	7710	4212	3498	10565	5668	4897	10919	5885	5034
三穗县	9993	5413	4580	15462	8411	7051	15996	8714	7282
镇远县	10976	5866	5110	15960	8788	7172	15792	8646	7146
岑巩县	10646	5797	4849	13990	7812	6178	13532	7668	5864
天柱县	16934	9087	7847	24090	13394	10696	23164	12853	10311
锦屏县	9288	4977	4311	13190	7242	5948	13049	7131	5918
剑河县	11369	6405	4964	18311	10414	7897	18603	10771	7832
台江县	7676	4150	3526	11232	6178	5054	11959	6673	5286
黎平县	30363	16099	14264	38141	20662	17479	33808	18383	15425
榕江县	20120	10686	9434	28495	15577	12918	25151	13989	11162
从江县	27016	14265	12751	32395	17763	14632	24352	13458	10894
雷山县	7324	4040	3284	9696	5398	4298	9868	5535	4333
麻江县	8276	4480	3796	10592	5867	4725	9031	5000	4031
丹寨县	7789	4389	3400	11773	6760	5013	13036	7578	5458
黔南布依族苗族自治州	**213621**	**114095**	**99526**	**284447**	**153257**	**131190**	**257832**	**138557**	**119275**
都匀市	26269	14085	12184	31134	16957	14177	26835	14767	12068
福泉市	18328	9759	8569	24941	13147	11794	21224	11039	10185
荔波县	10299	5585	4714	12585	6899	5686	10815	5979	4836
贵定县	14133	7282	6851	18815	9918	8897	16991	8881	8110
瓮安县	25655	13466	12189	32565	17203	15362	30442	16141	14301
独山县	16103	8724	7379	20693	11352	9341	18392	10050	8342
平塘县	15586	8319	7267	20518	11030	9488	19277	10574	8703
罗甸县	16272	8802	7470	25686	14100	11586	24358	13175	11183
长顺县	13613	7267	6346	18060	9804	8256	15941	8546	7395
龙里县	14211	7515	6696	18489	9804	8685	15737	8189	7548
惠水县	24711	13110	11601	32330	17233	15097	29483	15725	13758
三都水族自治县	18441	10181	8260	28631	15810	12821	28337	15491	12846

1-5 续表 4

单位：人

地 区	15-19岁			20-24岁			25-29岁		
	小计	男	女	小计	男	女	小计	男	女
贵 州	**2561363**	**1339162**	**1222201**	**2551037**	**1267001**	**1284036**	**2493525**	**1260744**	**1232781**
贵阳市	**376282**	**200608**	**175674**	**598973**	**298351**	**300622**	**493649**	**250076**	**243573**
南明区	47463	26008	21455	99758	48105	51653	96874	48638	48236
云岩区	47906	25720	22186	93181	46405	46776	102674	50525	52149
花溪区	83197	42831	40366	154722	74068	80654	75551	38862	36689
乌当区	21417	11052	10365	25739	11821	13918	25124	12391	12733
白云区	39642	20543	19099	46577	21992	24585	38042	19995	18047
观山湖区	42025	23373	18652	59984	30885	29099	61670	32024	29646
开阳县	12505	6571	5934	17145	8860	8285	21347	10833	10514
息烽县	8968	4635	4333	9267	4711	4556	13119	6545	6574
修文县	15816	8705	7111	14439	7418	7021	18205	9207	8998
清镇市	57343	31170	26173	78161	44086	34075	41043	21056	19987
六盘水市	**183243**	**96689**	**86554**	**196530**	**97296**	**99234**	**179738**	**89411**	**90327**
钟山区	45889	23847	22042	52190	24250	27940	44601	21314	23287
六枝特区	35506	18580	16926	27415	13711	13704	25714	12675	13039
水城县	54287	28941	25346	53246	27558	25688	42889	22586	20303
盘州市	47561	25321	22240	63679	31777	31902	66534	32836	33698
遵义市	**382031**	**201669**	**180362**	**372338**	**184900**	**187438**	**439478**	**219943**	**219535**
红花岗区	60255	30304	29951	82271	38049	44222	73301	36276	37025
汇川区	29575	16021	13554	37347	18229	19118	46746	23129	23617
播州区	41931	22219	19712	40803	20802	20001	53202	26733	26469
桐梓县	30862	16050	14812	25567	13270	12297	33231	17026	16205
绥阳县	21717	11866	9851	18650	9305	9345	22117	11155	10962
正安县	25402	13370	12032	17521	8945	8576	20773	10334	10439
道真仡佬族苗族自治县	15599	8214	7385	9836	4939	4897	11782	5701	6081
务川仡佬族苗族自治县	21262	11388	9874	17429	8530	8899	19254	9248	10006
凤冈县	19468	10417	9051	14250	7004	7246	19334	9529	9805
湄潭县	19338	10215	9123	17904	8636	9268	21977	10604	11373
余庆县	12506	6661	5845	8620	4388	4232	10169	4997	5172
习水县	33214	17480	15734	25308	12951	12357	40948	20852	20096
赤水市	12312	6570	5742	9614	4729	4885	12758	6297	6461
仁怀市	38590	20894	17696	47218	25123	22095	53886	28062	25824
安顺市	**155604**	**80666**	**74938**	**150105**	**76536**	**73569**	**163048**	**83071**	**79977**
西秀区	57054	28545	28509	58839	28394	30445	62108	31333	30775
平坝区	19603	10886	8717	22675	12728	9947	22536	11609	10927
普定县	23411	12348	11063	21864	11297	10567	23447	11848	11599
镇宁布依族苗族自治县	18035	9297	8738	16806	8872	7934	18933	9899	9034
关岭布依族苗族自治县	19523	10073	9450	13854	7101	6753	17631	9201	8430
紫云苗族布依族自治县	17978	9517	8461	16067	8144	7923	18393	9181	9212
毕节市	**547250**	**278590**	**268660**	**441156**	**221361**	**219795**	**394143**	**201924**	**192219**
七星关区	105388	53519	51869	90274	43479	46795	71377	35384	35993
大方县	65403	33317	32086	48470	24180	24290	47701	24110	23591
黔西县	44180	22532	21648	38959	19915	19044	41055	20990	20065
金沙县	37562	19505	18057	26048	13452	12596	24678	12394	12284
织金县	57730	29273	28457	47500	24321	23179	41072	21276	19796
纳雍县	60332	30760	29572	43397	21500	21897	38026	19459	18567
威宁彝族回族苗族自治县	120903	61575	59328	103758	53162	50596	91143	48088	43055
赫章县	55752	28109	27643	42750	21352	21398	39091	20223	18868

1–5 续表 5

单位：人

地区	15–19岁			20–24岁			25–29岁		
	小计	男	女	小计	男	女	小计	男	女
铜仁市	**253887**	**132685**	**121202**	**201915**	**98459**	**103456**	**204106**	**102057**	**102049**
碧江区	39879	18728	21151	40943	17709	23234	31945	15885	16060
万山区	13975	7863	6112	9885	5109	4776	11031	5662	5369
江口县	10033	5625	4408	8951	4641	4310	11122	5614	5508
玉屏侗族自治县	7827	4380	3447	7415	3875	3540	9051	4667	4384
石阡县	19424	10779	8645	15946	8234	7712	17940	9334	8606
思南县	35649	18715	16934	24874	12335	12539	27250	13631	13619
印江土家族苗族自治县	19681	10427	9254	15099	7738	7361	16728	8266	8462
德江县	35702	18685	17017	26705	12940	13765	24070	11617	12453
沿河土家族自治县	38247	19948	18299	24473	12079	12394	23474	11612	11862
松桃苗族自治县	33470	17535	15935	27624	13799	13825	31495	15769	15726
黔西南布依族苗族自治州	**212421**	**109177**	**103244**	**182713**	**89327**	**93386**	**189304**	**96188**	**93116**
兴义市	76227	39738	36489	70704	33131	37573	74554	37646	36908
兴仁市	29103	14701	14402	23687	11874	11813	24225	12219	12006
普安县	15790	8051	7739	13744	6861	6883	13769	7094	6675
晴隆县	16247	8184	8063	12768	6469	6299	13066	6829	6237
贞丰县	23208	12031	11177	17157	8447	8710	17301	8724	8577
望谟县	19315	9719	9596	13707	7064	6643	12973	6746	6227
册亨县	11057	5747	5310	10195	5233	4962	10814	5503	5311
安龙县	21474	11006	10468	20751	10248	10503	22602	11427	11175
黔东南苗族侗族自治州	**232690**	**127386**	**105304**	**185376**	**94191**	**91185**	**210909**	**106857**	**104052**
凯里市	52952	29178	23774	49772	24530	25242	49599	24912	24687
黄平县	17874	8955	8919	12160	6316	5844	12008	6257	5751
施秉县	7395	3828	3567	5745	2887	2858	6434	3216	3218
三穗县	9253	4911	4342	6630	3222	3408	7830	3936	3894
镇远县	10530	5637	4893	7274	3608	3666	8073	3904	4169
岑巩县	10794	6010	4784	7908	3959	3949	9582	4673	4909
天柱县	13696	7795	5901	9133	4895	4238	13365	6879	6486
锦屏县	8784	4894	3890	5472	2862	2610	8670	4382	4288
剑河县	12211	7023	5188	8197	4354	3843	9628	4935	4693
台江县	9555	5097	4458	6296	3320	2976	6188	3188	3000
黎平县	20903	11454	9449	17128	8576	8552	22330	11002	11328
榕江县	18225	10075	8150	14785	7716	7069	17605	8996	8609
从江县	16840	9432	7408	15478	7726	7752	17757	8987	8770
雷山县	7106	4089	3017	6553	3630	2923	7336	4079	3257
麻江县	6554	3549	3005	5821	3033	2788	7278	3646	3632
丹寨县	10018	5459	4559	7024	3557	3467	7226	3865	3361
黔南布依族苗族自治州	**217955**	**111692**	**106263**	**221931**	**106580**	**115351**	**219150**	**111217**	**107933**
都匀市	41436	21455	19981	45437	20942	24495	35397	18228	17169
福泉市	14247	7487	6760	17374	8810	8564	21335	10975	10360
荔波县	7993	4333	3660	7571	4000	3571	9690	4837	4853
贵定县	18475	7539	10936	18571	7047	11524	15241	7784	7457
瓮安县	20429	10851	9578	17782	9125	8657	24953	12373	12580
独山县	13240	7288	5952	12511	6558	5953	17143	8795	8348
平塘县	14264	7520	6744	11026	5565	5461	13102	6300	6802
罗甸县	16342	8543	7799	11176	5578	5598	12868	6353	6515
长顺县	12462	6405	6057	10308	5283	5025	11714	5861	5853
龙里县	12230	6502	5728	14646	7803	6843	18419	9638	8781
惠水县	27701	13403	14298	42115	18882	23233	23635	12169	11467
三都水族自治县	19136	10366	8770	13414	6987	6427	15652	7904	7748

1–5 续表 6

单位：人

地　　区	30–34岁			35–39岁			40–44岁		
	小计	男	女	小计	男	女	小计	男	女
贵　州	**2757831**	**1410885**	**1346946**	**2296590**	**1193618**	**1102972**	**2497952**	**1292129**	**1205823**
贵阳市	**540765**	**278210**	**262555**	**413843**	**215379**	**198464**	**402822**	**208909**	**193913**
南明区	101467	51454	50013	76901	39539	37362	72278	36869	35409
云岩区	110004	56513	53491	77278	40015	37263	70589	35655	34934
花溪区	79287	41882	37405	59259	31270	27989	61363	32150	29213
乌当区	31247	15783	15464	24223	12492	11731	23799	12384	11415
白云区	43342	22893	20449	32382	17444	14938	31655	16848	14807
观山湖区	67758	34705	33053	52967	27476	25491	44839	23526	21313
开阳县	22917	11467	11450	22283	11362	10921	21004	10762	10242
息烽县	14474	7157	7317	13185	6620	6565	16308	8390	7918
修文县	23298	11964	11334	18439	9620	8819	20154	10649	9505
清镇市	46971	24392	22579	36926	19541	17385	40833	21676	19157
六盘水市	**226337**	**115355**	**110982**	**190535**	**99757**	**90778**	**214596**	**112205**	**102391**
钟山区	57415	28100	29315	45810	23102	22708	52094	26262	25832
六枝特区	32983	16418	16565	30074	15156	14918	33511	17242	16269
水城县	48556	26297	22259	42184	23121	19063	51222	27442	23780
盘州市	87383	44540	42843	72467	38378	34089	77769	41259	36510
遵义市	**458823**	**229977**	**228846**	**355580**	**178786**	**176794**	**429701**	**215444**	**214257**
红花岗区	81146	40535	40611	61102	30878	30224	66092	33230	32862
汇川区	49866	24597	25269	39607	19731	19876	45223	22646	22577
播州区	58966	29823	29143	44812	23010	21802	49503	25105	24398
桐梓县	32969	16886	16083	26788	13638	13150	35728	18399	17329
绥阳县	23745	11863	11882	20085	9978	10107	22070	11161	10909
正安县	21443	10573	10870	19487	9749	9738	24639	12223	12416
道真仡佬族苗族自治县	13360	6142	7218	11610	5346	6264	17331	8029	9302
务川仡佬族苗族自治县	17874	8636	9238	14714	7256	7458	18880	9473	9407
凤冈县	15642	7523	8119	13462	6341	7121	19975	9567	10408
湄潭县	21943	10519	11424	16991	8010	8981	24824	12006	12818
余庆县	11861	5620	6241	9993	4457	5536	13731	6486	7245
习水县	41930	21820	20110	27617	14499	13118	33717	17636	16081
赤水市	15623	7786	7837	10677	5342	5335	14514	7112	7402
仁怀市	52455	27654	24801	38635	20551	18084	43474	22371	21103
安顺市	**166834**	**86267**	**80567**	**144162**	**75513**	**68649**	**164639**	**86275**	**78364**
西秀区	63278	32336	30942	50931	26380	24551	57308	29913	27395
平坝区	24694	12762	11932	20296	10617	9679	24818	13073	11745
普定县	23542	12179	11363	21336	10925	10411	25959	13332	12627
镇宁布依族苗族自治县	20323	10787	9536	18972	10324	8648	21249	11398	9851
关岭布依族苗族自治县	17401	9046	8355	15803	8377	7426	17064	9007	8057
紫云苗族布依族自治县	17596	9157	8439	16824	8890	7934	18241	9552	8689
毕节市	**445814**	**232116**	**213698**	**373225**	**199730**	**173495**	**437599**	**227712**	**209887**
七星关区	86146	43356	42790	71936	37481	34455	77163	39811	37352
大方县	57340	29575	27765	49864	26820	23044	53935	29018	24917
黔西县	48847	24588	24259	45831	24178	21653	52049	26909	25140
金沙县	36821	18952	17869	29612	15579	14033	38792	20396	18396
织金县	49799	25980	23819	46389	24573	21816	55585	28567	27018
纳雍县	42463	22195	20268	37197	19971	17226	44826	23522	21304
威宁彝族回族苗族自治县	85595	46582	39013	63511	35180	28331	80571	41781	38790
赫章县	38803	20888	17915	28885	15948	12937	34678	17708	16970

1–5　续表 7　　　　　　　　　　　　　　　　　　　　单位：人

地　区	30–34岁			35–39岁			40–44岁		
	小计	男	女	小计	男	女	小计	男	女
铜仁市	**212353**	**106345**	**106008**	**191588**	**97005**	**94583**	**188633**	**94696**	**93937**
碧江区	37114	18488	18626	30731	15641	15090	26316	13221	13095
万山区	10897	5679	5218	8507	4599	3908	8113	4268	3845
江口县	13044	6694	6350	10886	5525	5361	10711	5439	5272
玉屏侗族自治县	11659	5876	5783	9288	4840	4448	9179	4691	4488
石阡县	16359	8249	8110	15475	7645	7830	18208	9186	9022
思南县	24243	11975	12268	21689	10663	11026	24677	12102	12575
印江土家族苗族自治县	17395	8378	9017	16736	8107	8629	16306	7876	8430
德江县	24077	11912	12165	23186	11755	11431	24524	12215	12309
沿河土家族自治县	24688	12436	12252	24364	12245	12119	23958	11824	12134
松桃苗族自治县	32877	16658	16219	30726	15985	14741	26641	13874	12767
黔西南布依族苗族自治州	**218938**	**112440**	**106498**	**190841**	**100619**	**90222**	**192707**	**101578**	**91129**
兴义市	85485	43322	42163	70838	36914	33924	64786	33881	30905
兴仁市	29129	14742	14387	26383	13871	12512	28041	14676	13365
普安县	16125	8340	7785	14027	7528	6499	14775	7889	6886
晴隆县	14841	7818	7023	13562	7227	6335	14128	7476	6652
贞丰县	19562	9980	9582	16803	8778	8025	17799	9239	8560
望谟县	14170	7667	6503	14532	7936	6596	15916	8594	7322
册亨县	13127	6960	6167	12776	6972	5804	13740	7416	6324
安龙县	26499	13611	12888	21920	11393	10527	23522	12407	11115
黔东南苗族侗族自治州	**251463**	**127659**	**123804**	**229241**	**118399**	**110842**	**234288**	**122062**	**112226**
凯里市	59237	30096	29141	52085	27147	24938	48881	25520	23361
黄平县	12342	6469	5873	12840	6742	6098	11967	6173	5794
施秉县	7266	3608	3658	7464	3776	3688	6811	3431	3380
三穗县	10413	5135	5278	9729	5005	4724	9459	4842	4617
镇远县	11756	5598	6158	11307	5566	5741	11783	5989	5794
岑巩县	11090	5482	5608	9241	4673	4568	9318	4758	4560
天柱县	17677	8771	8906	15887	8072	7815	16543	8845	7698
锦屏县	9900	4886	5014	8498	4190	4308	8934	4640	4294
剑河县	12267	6195	6072	11111	5440	5671	12957	6761	6196
台江县	6805	3402	3403	7594	3814	3780	9391	5019	4372
黎平县	25864	13072	12792	22588	11434	11154	23922	12178	11744
榕江县	20491	10684	9807	19481	10380	9101	17763	9236	8527
从江县	19550	10223	9327	17700	9402	8298	19300	10089	9211
雷山县	8976	4864	4112	7909	4320	3589	8619	4629	3990
麻江县	8356	4225	4131	7668	4056	3612	9431	5151	4280
丹寨县	9473	4949	4524	8139	4382	3757	9209	4801	4408
黔南布依族苗族自治州	**236504**	**122516**	**113988**	**207575**	**108430**	**99145**	**232967**	**123248**	**109719**
都匀市	40837	21601	19236	30514	16015	14499	32533	17089	15449
福泉市	22069	11583	10486	19710	10344	9366	22735	12189	10546
荔波县	11070	5602	5468	10567	5486	5081	12315	6630	5685
贵定县	15646	8158	7488	13861	7388	6473	16198	8590	7608
瓮安县	29146	14522	14624	26031	13200	12831	26818	13759	13059
独山县	17634	9137	8497	14975	7967	7008	15081	7799	7282
平塘县	12037	6017	6020	10661	5195	5466	14140	7148	6992
罗甸县	13980	7057	6923	13675	7010	6665	18011	9615	8396
长顺县	12713	6423	6290	12800	6748	6052	14345	7972	6373
龙里县	19380	10522	8858	15015	8033	6982	16909	9075	7834
惠水县	23644	12320	11324	22020	11775	10245	25086	13583	11503
三都水族自治县	18348	9574	8774	17746	9269	8477	18791	9799	8992

1-5 续表 8

单位：人

地区	45-49岁			50-54岁			55-59岁		
	小计	男	女	小计	男	女	小计	男	女
贵 州	**3061958**	**1586586**	**1475372**	**2922288**	**1477676**	**1444612**	**2246209**	**1120672**	**1125537**
贵阳市	**481624**	**252380**	**229244**	**435093**	**222592**	**212501**	**336472**	**167665**	**168807**
南明区	87253	44557	42696	78596	38858	39738	66438	32521	33917
云岩区	83067	42088	40979	74732	36508	38224	65077	30870	34207
花溪区	71744	38077	33667	62561	32350	30211	45836	23254	22582
乌当区	28576	15140	13436	25576	13236	12340	19037	9664	9373
白云区	37440	20012	17428	32478	17091	15387	23154	12066	11088
观山湖区	49033	25919	23114	41159	20855	20304	32791	15560	17231
开阳县	31391	16490	14901	32209	16918	15291	23355	12122	11233
息烽县	20316	10988	9328	19704	10357	9347	13761	7115	6646
修文县	24924	13497	11427	23538	12760	10778	16522	8728	7794
清镇市	47880	25612	22268	44540	23659	20881	30501	15765	14736
六盘水市	**248307**	**129043**	**119264**	**221738**	**110764**	**110974**	**163536**	**80867**	**82669**
钟山区	61204	31206	29998	49993	24934	25059	32118	15950	16168
六枝特区	40882	20921	19961	39765	19868	19897	31196	15481	15715
水城县	59565	31192	28373	55090	27572	27518	36961	18222	18739
盘州市	86656	45724	40932	76890	38390	38500	63261	31214	32047
遵义市	**583832**	**294963**	**288869**	**553724**	**276473**	**277251**	**430286**	**212283**	**218003**
红花岗区	85792	43324	42468	77252	38600	38652	60358	29788	30570
汇川区	59403	30256	29147	52728	26588	26140	39618	19718	19900
播州区	65630	33867	31763	63915	32351	31564	48023	23474	24549
桐梓县	46407	24027	22380	44366	22570	21796	35234	17945	17289
绥阳县	30938	15647	15291	32122	15964	16158	26706	13194	13512
正安县	32582	15628	16954	31568	15375	16193	27423	13162	14261
道真仡佬族苗族自治县	24792	11627	13165	21579	10249	11330	16221	7970	8251
务川仡佬族苗族自治县	24298	12081	12217	23474	11267	12207	18288	8676	9612
凤冈县	28307	13826	14481	27229	13281	13948	21988	10756	11232
湄潭县	35336	17489	17847	35025	17041	17984	29073	14281	14792
余庆县	22472	11128	11344	21496	10771	10725	17368	8509	8859
习水县	48099	24931	23168	48928	24523	24405	36579	18193	18386
赤水市	25145	12719	12426	23952	12059	11893	18638	9362	9276
仁怀市	54631	28413	26218	50090	25834	24256	34769	17255	17514
安顺市	**190033**	**98256**	**91777**	**183047**	**92815**	**90232**	**139471**	**69971**	**69500**
西秀区	71036	36419	34617	67842	33837	34005	53161	25903	27258
平坝区	28976	15174	13802	27182	13815	13367	19335	9734	9601
普定县	27674	14287	13387	26689	13626	13063	19675	10058	9617
镇宁布依族苗族自治县	22168	11595	10573	21527	11063	10464	16003	8231	7772
关岭布依族苗族自治县	19919	10188	9731	19309	9896	9413	15297	7878	7419
紫云苗族布依族自治县	20260	10593	9667	20498	10578	9920	16000	8167	7833
毕节市	**506901**	**264575**	**242326**	**490564**	**247864**	**242700**	**353831**	**177659**	**176172**
七星关区	91352	47274	44078	90152	44775	45377	67068	33465	33603
大方县	60199	32049	28150	60497	30959	29538	43353	21760	21593
黔西县	59485	31039	28446	58400	29845	28555	41706	21399	20307
金沙县	49159	26495	22664	49016	25833	23183	33714	17509	16205
织金县	60726	32175	28551	57686	29843	27843	43133	21795	21338
纳雍县	48501	25459	23042	46823	23134	23689	33413	16558	16855
威宁彝族回族苗族自治县	90699	46307	44392	82241	40800	41441	59116	29323	29793
赫章县	46780	23777	23003	45749	22675	23074	32328	15850	16478

1-5　续表 9　　　　　　　　　　　　　　　　　　　　　　　　　单位：人

地　　区	45—49岁			50—54岁			55—59岁		
	小计	男	女	小计	男	女	小计	男	女
铜仁市	**250595**	**127609**	**122986**	**238490**	**119185**	**119305**	**192546**	**94864**	**97682**
碧江区	33202	17017	16185	29976	15185	14791	25232	12356	12876
万山区	12472	6627	5845	12453	6565	5888	10170	5295	4875
江口县	15145	7846	7299	14643	7481	7162	12783	6470	6313
玉屏侗族自治县	12909	6593	6316	11974	6135	5839	10170	5080	5090
石阡县	25722	13018	12704	25202	12270	12932	19972	9710	10262
思南县	36983	18289	18694	36932	18080	18852	28054	13482	14572
印江土家族苗族自治县	23825	11846	11979	22215	10923	11292	18169	8776	9393
德江县	27944	14053	13891	26280	12966	13314	19752	9714	10038
沿河土家族自治县	28481	14509	13972	26965	13196	13769	21826	10707	11119
松桃苗族自治县	33912	17811	16101	31850	16384	15466	26418	13274	13144
黔西南布依族苗族自治州	**217275**	**113384**	**103891**	**219215**	**111468**	**107747**	**172320**	**86211**	**86109**
兴义市	74094	38484	35610	70116	35769	34347	55412	27557	27855
兴仁市	29937	15583	14354	31200	15927	15273	24335	12247	12088
普安县	17544	9393	8151	18229	9154	9075	13958	6955	7003
晴隆县	16200	8531	7669	16060	8021	8039	13133	6616	6517
贞丰县	20778	10469	10309	22734	11484	11250	18018	8871	9147
望谟县	17410	9191	8219	17982	9270	8712	13262	6711	6551
册亨县	14071	7334	6737	14532	7423	7109	10919	5407	5512
安龙县	27241	14399	12842	28362	14420	13942	23283	11847	11436
黔东南苗族侗族自治州	**302382**	**157835**	**144547**	**302925**	**152153**	**150772**	**245156**	**122670**	**122486**
凯里市	58522	30725	27797	52668	26143	26525	39823	19615	20208
黄平县	21135	11014	10121	21483	10835	10648	16108	8188	7920
施秉县	10814	5529	5285	11057	5568	5489	8387	4294	4093
三穗县	12302	6422	5880	12585	6271	6314	11131	5464	5667
镇远县	15248	8023	7225	16991	8607	8384	14243	7223	7020
岑巩县	12715	6397	6318	13252	6529	6723	11611	5621	5990
天柱县	20547	11074	9473	21998	11212	10786	19598	9694	9904
锦屏县	11858	6183	5675	12914	6588	6326	12038	5980	6058
剑河县	14934	7809	7125	15188	7501	7687	11671	5930	5741
台江县	9646	5070	4576	9201	4619	4582	6359	3267	3092
黎平县	32753	16745	16008	34328	17054	17274	30761	15354	15407
榕江县	23726	12299	11427	23949	12168	11781	18957	9653	9304
从江县	25706	13017	12689	25361	12535	12826	19166	9582	9584
雷山县	11105	5973	5132	10177	5313	4864	7899	4076	3823
麻江县	11150	6131	5019	11224	5920	5304	8751	4521	4230
丹寨县	10221	5424	4797	10549	5290	5259	8653	4208	4445
黔南布依族苗族自治州	**281009**	**148541**	**132468**	**277492**	**144362**	**133130**	**212591**	**108482**	**104109**
都匀市	43622	22852	20770	42362	21905	20457	35618	17868	17750
福泉市	25529	13850	11679	24388	12910	11478	16700	8840	7860
荔波县	13172	7212	5960	13142	7058	6084	9384	4781	4603
贵定县	19947	10430	9517	20280	10650	9630	14952	7734	7218
瓮安县	33883	17565	16318	32023	16330	15693	24608	12329	12279
独山县	22804	11851	10953	23671	12165	11506	17860	8976	8884
平塘县	18835	9821	9014	19843	10183	9660	15262	7823	7439
罗甸县	20265	10728	9537	20461	10477	9984	15456	7808	7648
长顺县	14381	7825	6556	14739	7763	6976	11897	6174	5723
龙里县	20967	11311	9656	19557	10568	8989	13434	7091	6343
惠水县	28287	14950	13337	27372	14237	13135	21833	11101	10732
三都水族自治县	19317	10146	9171	19654	10116	9538	15587	7957	7630

1–5 续表 10 单位：人

地区	60–64岁			65–69岁			70–74岁		
	小计	男	女	小计	男	女	小计	男	女
贵　州	**1474902**	**735777**	**739125**	**1631217**	**792295**	**838922**	**1183292**	**567595**	**615697**
贵阳市	**229293**	**113474**	**115819**	**207456**	**97620**	**109836**	**148293**	**71451**	**76842**
南明区	46072	22332	23740	37567	17304	20263	27439	13309	14130
云岩区	46562	22658	23904	37396	17539	19857	26635	12840	13795
花溪区	30501	14828	15673	28447	12617	15830	22122	10474	11648
乌当区	12842	6287	6555	12603	5872	6731	8996	4252	4744
白云区	13107	6684	6423	11351	5147	6204	8308	3870	4438
观山湖区	22432	10560	11872	18724	8669	10055	11799	5710	6089
开阳县	16097	8569	7528	17444	8699	8745	13216	6540	6676
息烽县	9388	4954	4434	11600	5822	5778	8261	4096	4165
修文县	10963	5739	5224	12586	6313	6273	8385	4033	4352
清镇市	21329	10863	10466	19738	9638	10100	13132	6327	6805
六盘水市	**109776**	**54068**	**55708**	**106884**	**51101**	**55783**	**78926**	**37805**	**41121**
钟山区	19089	9317	9772	17210	7445	9765	14869	6761	8108
六枝特区	22833	11360	11473	23003	11002	12001	16168	7526	8642
水城县	22980	11271	11709	27876	13585	14291	21207	10254	10953
盘州市	44874	22120	22754	38795	19069	19726	26682	13264	13418
遵义市	**240043**	**121818**	**118225**	**334827**	**164578**	**170249**	**241853**	**117561**	**124292**
红花岗区	33812	16874	16938	39470	18828	20642	27154	12725	14429
汇川区	22155	10926	11229	27945	12822	15123	20432	9775	10657
播州区	27324	13751	13573	35900	17360	18540	26857	12984	13873
桐梓县	20071	10367	9704	28483	14216	14267	19116	9445	9671
绥阳县	16519	8360	8159	21865	10832	11033	15615	7684	7931
正安县	17039	8776	8263	24174	12357	11817	18629	8961	9668
道真仡佬族苗族自治县	9087	4743	4344	14702	7426	7276	11742	5786	5956
务川仡佬族苗族自治县	10513	5279	5234	16033	8037	7996	13052	6501	6551
凤冈县	9453	4862	4591	17389	8692	8697	13627	6611	7016
湄潭县	13928	7164	6764	21724	10998	10726	16160	7929	8231
余庆县	8518	4300	4218	13475	6729	6746	10402	4977	5425
习水县	19685	10056	9629	30385	15023	15362	19866	9680	10186
赤水市	10522	5375	5147	16503	8006	8497	10408	5144	5264
仁怀市	21417	10985	10432	26779	13252	13527	18793	9359	9434
安顺市	**105989**	**51865**	**54124**	**102894**	**48548**	**54346**	**75749**	**35454**	**40295**
西秀区	37263	18053	19210	35397	16390	19007	27201	12794	14407
平坝区	14696	7125	7571	14804	6901	7903	10660	5015	5645
普定县	14805	7261	7544	15793	7665	8128	10877	5382	5495
镇宁布依族苗族自治县	13817	6729	7088	12595	5833	6762	9371	4208	5163
关岭布依族苗族自治县	13058	6600	6458	11750	5798	5952	8323	3911	4412
紫云苗族布依族自治县	12350	6097	6253	12555	5961	6594	9317	4144	5173
毕节市	**243652**	**122844**	**120808**	**269024**	**133402**	**135622**	**179360**	**87532**	**91828**
七星关区	44339	22242	22097	49164	24077	25087	32637	15961	16676
大方县	28647	14235	14412	36301	17865	18436	22835	11284	11551
黔西县	28798	14738	14060	31676	15806	15870	20030	9697	10333
金沙县	16621	8640	7981	24663	12594	12069	18018	9095	8923
织金县	31838	16170	15668	35889	17403	18486	21985	10468	11517
纳雍县	25020	12423	12597	28416	14089	14327	19782	9499	10283
威宁彝族回族苗族自治县	44544	22273	22271	37530	18831	18699	27263	13451	13812
赫章县	23845	12123	11722	25385	12737	12648	16810	8077	8733

1-5　续表 11

单位：人

地　　区	60—64岁			65—69岁			70—74岁		
	小计	男	女	小计	男	女	小计	男	女
铜仁市	**122295**	**61595**	**60700**	**166708**	**82249**	**84459**	**125636**	**61419**	**64217**
碧江区	14373	7123	7250	14955	7059	7896	10627	5138	5489
万山区	5869	3042	2827	6971	3435	3536	5545	2756	2789
江口县	8361	4249	4112	9300	4683	4617	7020	3542	3478
玉屏侗族自治县	5921	2857	3064	7247	3234	4013	4957	2518	2439
石阡县	12112	6153	5959	16810	8395	8415	12912	6314	6598
思南县	16609	8229	8380	28869	14207	14662	21823	10544	11279
印江土家族苗族自治县	10987	5587	5400	17694	8847	8847	13624	6630	6994
德江县	13252	6623	6629	18203	8923	9280	13436	6461	6975
沿河土家族自治县	14572	7418	7154	21001	10523	10478	16379	7876	8503
松桃苗族自治县	20239	10314	9925	25658	12943	12715	19313	9640	9673
黔西南布依族苗族自治州	**126697**	**62386**	**64311**	**113033**	**54336**	**58697**	**82000**	**37588**	**44412**
兴义市	38279	19050	19229	31722	15290	16432	22587	10560	12027
兴仁市	17726	8733	8993	16636	8270	8366	11924	5632	6292
普安县	11487	5704	5783	10226	4990	5236	6937	3346	3591
晴隆县	10473	5149	5324	9670	4700	4970	6578	3053	3525
贞丰县	13750	6715	7035	12903	6123	6780	8989	4054	4935
望谟县	9972	4777	5195	9636	4350	5286	7695	3154	4541
册亨县	8268	3918	4350	7223	3280	3943	5241	2183	3058
安龙县	16742	8340	8402	15017	7333	7684	12049	5606	6443
黔东南苗族侗族自治州	**150220**	**74387**	**75833**	**174404**	**85297**	**89107**	**133720**	**64458**	**69262**
凯里市	23274	11302	11972	26179	12288	13891	19850	9348	10502
黄平县	10069	5092	4977	14936	7259	7677	11149	5334	5815
施秉县	4998	2513	2485	6590	3308	3282	5013	2411	2602
三穗县	7030	3447	3583	8205	4044	4161	6539	3201	3338
镇远县	9185	4589	4596	10171	5027	5144	7574	3779	3795
岑巩县	7346	3623	3723	8975	4446	4529	6507	3261	3246
天柱县	13814	6804	7010	15492	7547	7945	12202	5865	6337
锦屏县	8082	4091	3991	8287	4109	4178	6181	2916	3265
剑河县	6439	3170	3269	8137	4021	4116	6300	3073	3227
台江县	4425	2130	2295	5414	2672	2742	4106	2038	2068
黎平县	18790	9308	9482	19449	9749	9700	14407	6974	7433
榕江县	11703	6041	5662	11303	5680	5623	8808	4276	4532
从江县	9969	4833	5136	11541	5610	5931	10097	4841	5256
雷山县	4346	2103	2243	5761	2868	2893	4685	2382	2303
麻江县	5315	2715	2600	7213	3380	3833	5370	2508	2862
丹寨县	5435	2626	2809	6751	3289	3462	4932	2251	2681
黔南布依族苗族自治州	**146937**	**73340**	**73597**	**155987**	**75164**	**80823**	**117755**	**54327**	**63428**
都匀市	24916	12388	12528	24001	11330	12671	17532	8058	9474
福泉市	11115	5780	5335	13116	6640	6476	9285	4560	4725
荔波县	5002	2459	2543	6620	3168	3452	4919	2300	2619
贵定县	11593	5839	5754	11679	5661	6018	8859	4080	4779
瓮安县	16436	8325	8111	19418	9615	9803	14098	6747	7351
独山县	11987	6086	5901	13595	6611	6984	10187	4657	5530
平塘县	10467	5114	5353	11876	5723	6153	9715	4462	5253
罗甸县	10065	4875	5190	11630	5333	6297	9529	4198	5331
长顺县	9508	4734	4774	9046	4409	4637	6847	3148	3699
龙里县	9292	4775	4517	8986	4440	4546	6718	3235	3483
惠水县	16945	8296	8649	15737	7373	8364	12015	5268	6747
三都水族自治县	9611	4669	4942	10283	4861	5422	8051	3614	4437

1-5 续表 12 单位：人

地 区	75-79岁			80-84岁			85-89岁		
	小计	男	女	小计	男	女	小计	男	女
贵 州	**822323**	**379584**	**442739**	**519398**	**227533**	**291865**	**221565**	**91509**	**130056**
贵阳市	**99307**	**46304**	**53003**	**68727**	**30352**	**38375**	**31473**	**13596**	**17877**
南明区	18968	8747	10221	14235	6158	8077	6767	2888	3879
云岩区	18049	8338	9711	13886	5937	7949	6952	2945	4007
花溪区	14253	6686	7567	10014	4435	5579	4441	1954	2487
乌当区	5760	2721	3039	3932	1873	2059	1645	708	937
白云区	6110	2806	3304	3997	1758	2239	1682	741	941
观山湖区	7154	3322	3832	4893	2248	2645	2109	960	1149
开阳县	8508	4053	4455	4958	2220	2738	2255	971	1284
息烽县	5294	2556	2738	3165	1436	1729	1378	583	795
修文县	5599	2692	2907	3310	1530	1780	1564	685	879
清镇市	9612	4383	5229	6337	2757	3580	2680	1161	1519
六盘水市	**55894**	**26514**	**29380**	**38412**	**17319**	**21093**	**14462**	**6292**	**8170**
钟山区	9632	4549	5083	5793	2549	3244	1963	871	1092
六枝特区	12111	5530	6581	8610	3714	4896	3359	1422	1937
水城县	14501	7004	7497	9664	4386	5278	3597	1492	2105
盘州市	19650	9431	10219	14345	6670	7675	5543	2507	3036
遵义市	**165726**	**78630**	**87096**	**91976**	**41762**	**50214**	**39443**	**16913**	**22530**
红花岗区	18384	8680	9704	10845	4641	6204	4881	2006	2875
汇川区	13849	6685	7164	8216	3794	4422	3492	1518	1974
播州区	17901	8399	9502	9653	4398	5255	4007	1697	2310
桐梓县	14243	6747	7496	7871	3567	4304	3529	1550	1979
绥阳县	10159	4906	5253	5696	2590	3106	2358	1021	1337
正安县	12202	5770	6432	6411	2992	3419	2457	1025	1432
道真仡佬族苗族自治县	8375	4003	4372	4248	2020	2228	1341	667	674
务川仡佬族苗族自治县	9413	4578	4835	5109	2457	2652	2028	961	1067
凤冈县	8787	4038	4749	4629	2098	2531	1886	798	1088
湄潭县	10751	5180	5571	5852	2676	3176	2802	1212	1590
余庆县	6801	3202	3599	4055	1825	2230	1885	804	1081
习水县	14400	6789	7611	7728	3448	4280	3565	1511	2054
赤水市	8313	3886	4427	4458	1994	2464	1987	841	1146
仁怀市	12148	5767	6381	7205	3262	3943	3225	1302	1923
安顺市	**54029**	**24343**	**29686**	**34222**	**14536**	**19686**	**14467**	**5782**	**8685**
西秀区	18950	8788	10162	12098	5287	6811	5197	2146	3051
平坝区	7623	3600	4023	4944	2193	2751	2216	920	1296
普定县	7648	3587	4061	5418	2408	3010	2153	884	1269
镇宁布依族苗族自治县	7002	2958	4044	4280	1761	2519	1692	618	1074
关岭布依族苗族自治县	6230	2708	3522	3644	1484	2160	1609	623	986
紫云苗族布依族自治县	6576	2702	3874	3838	1403	2435	1600	591	1009
毕节市	**127926**	**59978**	**67948**	**88259**	**39388**	**48871**	**33606**	**14251**	**19355**
七星关区	24219	11570	12649	17691	7983	9708	6969	2931	4038
大方县	16433	7676	8757	11763	5254	6509	4760	2015	2745
黔西县	14655	6807	7848	10192	4511	5681	4168	1779	2389
金沙县	12628	6028	6600	8108	3761	4347	3524	1538	1986
织金县	15576	6988	8588	10324	4446	5878	3858	1558	2300
纳雍县	13218	6095	7123	9124	3999	5125	3353	1340	2013
威宁彝族回族苗族自治县	19134	9153	9981	12604	5835	6769	4310	1978	2332
赫章县	12063	5661	6402	8453	3599	4854	2664	1112	1552

1-5 续表 13

单位：人

地区	75-79岁			80-84岁			85-89岁		
	小计	男	女	小计	男	女	小计	男	女
铜仁市	**86580**	**40466**	**46114**	**48199**	**22142**	**26057**	**22015**	**9419**	**12596**
碧江区	6483	2983	3500	4212	1840	2372	2192	994	1198
万山区	3735	1810	1925	2613	1232	1381	1237	562	675
江口县	4837	2246	2591	2825	1288	1537	1380	597	783
玉屏侗族自治县	3213	1614	1599	2294	1099	1195	1138	494	644
石阡县	8627	4039	4588	4871	2180	2691	2010	846	1164
思南县	15013	6960	8053	6975	3115	3860	3114	1264	1850
印江土家族苗族自治县	9702	4676	5026	5031	2373	2658	2183	902	1281
德江县	10171	4503	5668	5191	2383	2808	2145	879	1266
沿河土家族自治县	12037	5478	6559	6713	3153	3560	2906	1273	1633
松桃苗族自治县	12762	6157	6605	7474	3479	3995	3710	1608	2102
黔西南布依族苗族自治州	**60898**	**26312**	**34586**	**38249**	**15315**	**22934**	**15945**	**5786**	**10159**
兴义市	16685	7315	9370	10992	4551	6441	4851	1812	3039
兴仁市	8699	3908	4791	5654	2463	3191	2312	931	1381
普安县	4899	2247	2652	3239	1401	1838	1244	493	751
晴隆县	4949	2196	2753	3021	1258	1763	1106	406	700
贞丰县	6691	2840	3851	4599	1793	2806	1947	722	1225
望谟县	5891	2337	3554	3189	1036	2153	1275	348	927
册亨县	4251	1682	2569	2232	817	1415	941	298	643
安龙县	8833	3787	5046	5323	1996	3327	2269	776	1493
黔东南苗族侗族自治州	**89211**	**41123**	**48088**	**60445**	**26349**	**34096**	**26596**	**10694**	**15902**
凯里市	13123	5933	7190	8819	3670	5149	4109	1708	2401
黄平县	7276	3302	3974	5062	2179	2883	2207	877	1330
施秉县	3343	1530	1813	2253	984	1269	958	389	569
三穗县	3890	1858	2032	2691	1228	1463	1120	481	639
镇远县	5201	2358	2843	3485	1581	1904	1497	604	893
岑巩县	4752	2372	2380	3085	1453	1632	1347	590	757
天柱县	7317	3437	3880	5534	2468	3066	2375	953	1422
锦屏县	3757	1634	2123	2796	1090	1706	1125	366	760
剑河县	4311	2003	2308	2931	1345	1586	1169	488	681
台江县	2750	1227	1523	1827	809	1018	705	294	411
黎平县	10242	4679	5563	6938	2954	3984	2775	1090	1685
榕江县	6205	2871	3334	4029	1770	2259	1822	741	1081
从江县	7103	3281	3822	4897	2149	2748	2520	1052	1468
雷山县	3041	1512	1529	1801	877	924	741	313	428
麻江县	3666	1640	2026	2104	840	1264	1105	379	726
丹寨县	3234	1486	1748	2193	952	1241	1020	369	651
黔南布依族苗族自治州	**82752**	**35914**	**46838**	**50909**	**20370**	**30539**	**23558**	**8776**	**14782**
都匀市	11987	5082	6905	8185	3223	4962	4018	1595	2423
福泉市	6193	2906	3287	3456	1484	1972	1666	619	1047
荔波县	3399	1515	1884	2485	993	1492	1215	437	778
贵定县	6188	2704	3484	3561	1398	2163	1621	596	1025
瓮安县	8459	3989	4470	4709	2195	2514	2265	916	1349
独山县	7298	3144	4154	4767	1866	2901	2268	779	1489
平塘县	7568	3204	4364	4486	1788	2698	2007	717	1290
罗甸县	7458	3025	4433	4272	1548	2724	1824	582	1242
长顺县	5162	2177	2985	3114	1251	1863	1327	533	794
龙里县	4478	2042	2436	2727	1150	1577	1286	543	743
惠水县	9005	3740	5265	5427	2072	3355	2334	833	1501
三都水族自治县	5557	2386	3171	3720	1402	2318	1727	626	1101

1-5 续表 14

单位：人

地 区	90–94岁			95–99岁			100岁及以上		
	小计	男	女	小计	男	女	小计	男	女
贵 州	**64332**	**25234**	**39098**	**11815**	**4105**	**7710**	**2513**	**853**	**1660**
贵阳市	**9395**	**4307**	**5088**	**1858**	**747**	**1111**	**423**	**188**	**235**
南明区	2243	1083	1160	450	196	254	94	48	46
云岩区	2431	1134	1297	517	197	320	119	49	70
花溪区	1205	564	641	223	97	126	59	29	30
乌当区	485	219	266	92	32	60	14	8	6
白云区	475	211	264	70	34	36	24	12	12
观山湖区	592	279	313	143	64	79	34	9	25
开阳县	575	216	359	95	35	60	26	10	16
息烽县	374	161	213	62	20	42	6	2	4
修文县	352	151	201	71	28	43	20	8	12
清镇市	663	289	374	135	44	91	27	13	14
六盘水市	**4471**	**1833**	**2638**	**838**	**297**	**541**	**225**	**70**	**155**
钟山区	553	265	288	94	39	55	32	11	21
六枝特区	1097	432	665	206	76	130	62	16	46
水城县	1168	440	728	260	81	179	86	26	60
盘州市	1653	696	957	278	101	177	45	17	28
遵义市	**10765**	**4420**	**6345**	**1608**	**596**	**1012**	**284**	**102**	**182**
红花岗区	1338	586	752	217	87	130	45	16	29
汇川区	998	450	548	132	55	77	18	9	9
播州区	1069	444	625	164	63	101	33	7	26
桐梓县	968	379	589	125	44	81	32	12	20
绥阳县	645	233	412	94	42	52	11	4	7
正安县	650	265	385	102	44	58	15	5	10
道真仡佬族苗族自治县	350	166	184	58	26	32	8	4	4
务川仡佬族苗族自治县	438	184	254	48	21	27	18	7	11
凤冈县	418	188	230	49	14	35	5	2	3
湄潭县	657	277	380	102	36	66	17	7	10
余庆县	453	168	285	68	20	48	10	4	6
习水县	1051	404	647	157	45	112	22	4	18
赤水市	665	239	426	107	31	76	9	1	8
仁怀市	1065	437	628	185	68	117	41	20	21
安顺市	**4504**	**1677**	**2827**	**946**	**305**	**641**	**151**	**46**	**105**
西秀区	1440	556	884	255	91	164	43	16	27
平坝区	653	283	370	144	50	94	18	3	15
普定县	787	302	485	153	45	108	15	5	10
镇宁布依族苗族自治县	623	221	402	158	44	114	45	15	30
关岭布依族苗族自治县	487	173	314	131	43	88	17	2	15
紫云苗族布依族自治县	514	142	372	105	32	73	13	5	8
毕节市	**10579**	**4088**	**6491**	**1889**	**651**	**1238**	**468**	**158**	**310**
七星关区	2322	903	1419	422	146	276	84	27	57
大方县	1516	597	919	261	89	172	120	38	82
黔西县	1300	476	824	230	74	156	66	26	40
金沙县	947	370	577	156	57	99	48	20	28
织金县	1167	421	746	216	77	139	44	12	32
纳雍县	1168	390	778	213	68	145	36	8	28
威宁彝族回族苗族自治县	1291	579	712	244	93	151	38	14	24
赫章县	868	352	516	147	47	100	32	13	19

1-5　续表 15

单位：人

地　区	90-94岁			95-99岁			100岁及以上		
	小计	男	女	小计	男	女	小计	男	女
铜仁市	**6270**	**2567**	**3703**	**1219**	**433**	**786**	**224**	**74**	**150**
碧江区	765	343	422	187	87	100	31	14	17
万山区	346	157	189	66	25	41	10	3	7
江口县	408	175	233	85	34	51	14	7	7
玉屏侗族自治县	334	143	191	45	19	26	7	2	5
石阡县	473	185	288	78	29	49	36	11	25
思南县	705	280	425	120	33	87	6	1	5
印江土家族苗族自治县	617	237	380	87	25	62	16	3	13
德江县	580	230	350	116	40	76	25	7	18
沿河土家族自治县	763	303	460	187	61	126	46	14	32
松桃苗族自治县	1279	514	765	248	80	168	33	12	21
黔西南布依族苗族自治州	**5453**	**1736**	**3717**	**1123**	**300**	**823**	**228**	**54**	**174**
兴义市	1619	533	1086	297	72	225	73	16	57
兴仁市	717	250	467	155	50	105	27	10	17
普安县	402	171	231	71	23	48	18	3	15
晴隆县	414	153	261	103	33	70	20	4	16
贞丰县	701	229	472	139	43	96	16	3	13
望谟县	419	98	321	99	24	75	23	4	19
册亨县	384	100	284	65	14	51	28	5	23
安龙县	797	202	595	194	41	153	23	9	14
黔东南苗族侗族自治州	**6517**	**2432**	**4085**	**1150**	**387**	**763**	**246**	**77**	**169**
凯里市	1116	447	669	213	85	128	52	18	34
黄平县	501	183	318	76	17	59	20	5	15
施秉县	229	91	138	49	13	36	11	4	7
三穗县	301	121	180	43	16	27	10	1	9
镇远县	304	126	178	46	18	28	11	1	10
岑巩县	332	124	208	60	22	38	9	4	5
天柱县	669	233	436	91	29	62	14	3	11
锦屏县	245	68	177	29	10	19	6	2	4
剑河县	281	119	162	58	23	35	9	4	5
台江县	148	59	89	17	5	12	5	2	3
黎平县	569	209	360	106	34	72	22	7	15
榕江县	426	150	276	58	19	39	10	4	6
从江县	735	293	442	187	61	126	38	11	27
雷山县	163	62	101	31	10	21	6	5	1
麻江县	265	83	182	44	10	34	16	4	12
丹寨县	233	64	169	42	15	27	7	2	5
黔南布依族苗族自治州	**6378**	**2174**	**4204**	**1184**	**389**	**795**	**264**	**84**	**180**
都匀市	1147	451	696	221	83	138	64	29	35
福泉市	471	158	313	80	32	48	12	6	6
荔波县	325	93	232	47	18	29	10	1	9
贵定县	415	131	284	80	28	52	38	13	25
瓮安县	560	208	352	103	37	66	13	2	11
独山县	626	199	427	93	26	67	16	3	13
平塘县	487	160	327	96	23	73	14	5	9
罗甸县	477	139	338	108	19	89	29	3	26
长顺县	432	158	274	97	28	69	14	6	8
龙里县	354	136	218	87	33	54	13	6	7
惠水县	645	214	431	101	37	64	21	7	14
三都水族自治县	439	127	312	71	25	46	20	3	17

1-5a 各地区分年龄、性别的人口(城市)

单位：人

地区	合计			0岁		
	合计	男	女	小计	男	女
贵州	**10126125**	**5086734**	**5039391**	**125418**	**66493**	**58925**
贵阳市	**4102936**	**2078579**	**2024357**	**47620**	**24973**	**22647**
南明区	995995	498937	497058	10300	5435	4865
云岩区	1056819	531370	525449	12582	6558	6024
花溪区	635526	325370	310156	7244	3816	3428
乌当区	200830	97807	103023	2520	1273	1247
白云区	415894	215040	200854	5169	2753	2416
观山湖区	521841	267465	254376	6733	3533	3200
开阳县						
息烽县						
修文县						
清镇市	276031	142590	133441	3072	1605	1467
六盘水市	**979413**	**490297**	**489116**	**14403**	**7683**	**6720**
钟山区	546319	272476	273843	7438	4041	3397
六枝特区	161070	79103	81967	2073	1056	1017
水城县						
盘州市	272024	138718	133306	4892	2586	2306
遵义市	**1874238**	**932952**	**941286**	**24302**	**12899**	**11403**
红花岗区	730096	360052	370044	8342	4440	3902
汇川区	436044	216639	219405	5035	2674	2361
播州区	301268	150614	150654	4551	2403	2148
桐梓县						
绥阳县						
正安县						
道真仡佬族苗族自治县						
务川仡佬族苗族自治县						
凤冈县						
湄潭县						
余庆县						
习水县						
赤水市	104454	50747	53707	1196	612	584
仁怀市	302376	154900	147476	5178	2770	2408
安顺市	**536236**	**263741**	**272495**	**5995**	**3160**	**2835**
西秀区	461738	226455	235283	5007	2647	2360
平坝区	74498	37286	37212	988	513	475
普定县						
镇宁布依族苗族自治县						
关岭布依族苗族自治县						
紫云苗族布依族自治县						
毕节市	**609901**	**308047**	**301854**	**8855**	**4823**	**4032**
七星关区	609901	308047	301854	8855	4823	4032
大方县						
黔西县						
金沙县						
织金县						
纳雍县						
威宁彝族回族苗族自治县						
赫章县						

1−5a　续表 1

单位：人

地　　区	合　　计			0岁		
	合计	男	女	小计	男	女
铜仁市	**417810**	**208250**	**209560**	**4392**	**2338**	**2054**
碧江区	341286	168432	172854	3549	1880	1669
万山区	76524	39818	36706	843	458	385
江口县						
玉屏侗族自治县						
石阡县						
思南县						
印江土家族苗族自治县						
德江县						
沿河土家族自治县						
松桃苗族自治县						
黔西南布依族苗族自治州	**692525**	**347629**	**344896**	**8890**	**4782**	**4108**
兴义市	569150	285341	283809	7170	3819	3351
兴仁市	123375	62288	61087	1720	963	757
普安县						
晴隆县						
贞丰县						
望谟县						
册亨县						
安龙县						
黔东南苗族侗族自治州	**487109**	**245728**	**241381**	**6422**	**3482**	**2940**
凯里市	487109	245728	241381	6422	3482	2940
黄平县						
施秉县						
三穗县						
镇远县						
岑巩县						
天柱县						
锦屏县						
剑河县						
台江县						
黎平县						
榕江县						
从江县						
雷山县						
麻江县						
丹寨县						
黔南布依族苗族自治州	**425957**	**211511**	**214446**	**4539**	**2353**	**2186**
都匀市	319239	158255	160984	3181	1670	1511
福泉市	106718	53256	53462	1358	683	675
荔波县						
贵定县						
瓮安县						
独山县						
平塘县						
罗甸县						
长顺县						
龙里县						
惠水县						
三都水族自治县						

1-5a 续表 2

单位：人

地区	1-4岁			5-9岁			10-14岁		
	小计	男	女	小计	男	女	小计	男	女
贵州	**620698**	**330971**	**289727**	**697917**	**374815**	**323102**	**585219**	**312547**	**272672**
贵阳市	**226834**	**120212**	**106622**	**245013**	**130674**	**114339**	**189663**	**100980**	**88683**
南明区	48175	25373	22802	53953	28757	25196	43966	23346	20620
云岩区	57268	30414	26854	62192	33188	29004	47722	25274	22448
花溪区	34245	18205	16040	35899	19177	16722	28495	15218	13277
乌当区	12984	6857	6127	13055	6886	6169	9573	5036	4537
白云区	24094	12794	11300	27522	14749	12773	21326	11508	9818
观山湖区	34073	18047	16026	34762	18548	16214	24469	13168	11301
开阳县									
息烽县									
修文县									
清镇市	15995	8522	7473	17630	9369	8261	14112	7430	6682
六盘水市	**75105**	**40283**	**34822**	**82093**	**45129**	**36964**	**70106**	**37848**	**32258**
钟山区	38293	20687	17606	45984	25249	20735	40834	22095	18739
六枝特区	10694	5659	5035	13063	7096	5967	14622	7841	6781
水城县									
盘州市	26118	13937	12181	23046	12784	10262	14650	7912	6738
遵义市	**120832**	**64226**	**56606**	**132846**	**70801**	**62045**	**112824**	**60045**	**52779**
红花岗区	41869	22057	19812	46752	24769	21983	40866	21862	19004
汇川区	25948	13777	12171	29591	15810	13781	26497	13927	12570
播州区	22729	12163	10566	24067	12932	11135	19942	10643	9299
桐梓县									
绥阳县									
正安县									
道真仡佬族苗族自治县									
务川仡佬族苗族自治县									
凤冈县									
湄潭县									
余庆县									
习水县									
赤水市	5885	2997	2888	6598	3505	3093	6941	3517	3424
仁怀市	24401	13232	11169	25838	13785	12053	18578	10096	8482
安顺市	**30650**	**16441**	**14209**	**36391**	**19224**	**17167**	**32539**	**17077**	**15462**
西秀区	25779	13813	11966	30360	15966	14394	27474	14370	13104
平坝区	4871	2628	2243	6031	3258	2773	5065	2707	2358
普定县									
镇宁布依族苗族自治县									
关岭布依族苗族自治县									
紫云苗族布依族自治县									
毕节市	**44277**	**23834**	**20443**	**54589**	**29126**	**25463**	**50408**	**26894**	**23514**
七星关区	44277	23834	20443	54589	29126	25463	50408	26894	23514
大方县									
黔西县									
金沙县									
织金县									
纳雍县									
威宁彝族回族苗族自治县									
赫章县									

1-5a 续表 3

单位：人

地 区	1-4岁			5-9岁			10-14岁		
	小计	男	女	小计	男	女	小计	男	女
铜仁市	**24375**	**13172**	**11203**	**31037**	**16695**	**14342**	**29219**	**15629**	**13590**
碧江区	19947	10828	9119	25162	13618	11544	23872	12815	11057
万山区	4428	2344	2084	5875	3077	2798	5347	2814	2533
江口县									
玉屏侗族自治县									
石阡县									
思南县									
印江土家族苗族自治县									
德江县									
沿河土家族自治县									
松桃苗族自治县									
黔西南布依族苗族自治州	**46264**	**24734**	**21530**	**55122**	**30218**	**24904**	**48317**	**25926**	**22391**
兴义市	37318	19966	17352	44752	24582	20170	38341	20569	17772
兴仁市	8946	4768	4178	10370	5636	4734	9976	5357	4619
普安县									
晴隆县									
贞丰县									
望谟县									
册亨县									
安龙县									
黔东南苗族侗族自治州	**30094**	**16153**	**13941**	**35207**	**19230**	**15977**	**30184**	**16377**	**13807**
凯里市	30094	16153	13941	35207	19230	15977	30184	16377	13807
黄平县									
施秉县									
三穗县									
镇远县									
岑巩县									
天柱县									
锦屏县									
剑河县									
台江县									
黎平县									
榕江县									
从江县									
雷山县									
麻江县									
丹寨县									
黔南布依族苗族自治州	**22267**	**11916**	**10351**	**25619**	**13718**	**11901**	**21959**	**11771**	**10188**
都匀市	15444	8264	7180	17201	9276	7925	14663	7983	6680
福泉市	6823	3652	3171	8418	4442	3976	7295	3788	3508
荔波县									
贵定县									
瓮安县									
独山县									
平塘县									
罗甸县									
长顺县									
龙里县									
惠水县									
三都水族自治县									

1-5a 续表 4 单位：人

地区	15-19岁			20-24岁			25-29岁		
	小计	男	女	小计	男	女	小计	男	女
贵州	**725783**	**376383**	**349400**	**870730**	**414140**	**456590**	**832470**	**407817**	**424653**
贵阳市	**252330**	**135009**	**117321**	**404002**	**199359**	**204643**	**372304**	**186736**	**185568**
南明区	45225	24763	20462	95788	45886	49902	92484	46236	46248
云岩区	47906	25720	22186	93181	46405	46776	102674	50525	52149
花溪区	50266	27087	23179	71163	35381	35782	54006	27597	26409
乌当区	11007	5160	5847	17590	7462	10128	15915	7486	8429
白云区	34871	18161	16710	43949	20522	23427	35570	18678	16892
观山湖区	28705	16074	12631	45160	23249	21911	52086	26752	25334
开阳县									
息烽县									
修文县									
清镇市	34350	18044	16306	37171	20454	16717	19569	9462	10107
六盘水市	**67059**	**35176**	**31883**	**66410**	**30453**	**35957**	**65901**	**30509**	**35392**
钟山区	31956	16678	15278	42828	19199	23629	37517	17569	19948
六枝特区	15553	8009	7544	7427	3528	3899	9061	4046	5015
水城县									
盘州市	19550	10489	9061	16155	7726	8429	19323	8894	10429
遵义市	**122562**	**62866**	**59696**	**143360**	**67429**	**75931**	**157149**	**75950**	**81199**
红花岗区	51102	25099	26003	68913	30888	38025	57380	27710	29670
汇川区	23330	12489	10841	28071	13307	14764	36078	17387	18691
播州区	24195	12352	11843	17655	8687	8968	25353	12030	13323
桐梓县									
绥阳县									
正安县									
道真仡佬族苗族自治县									
务川仡佬族苗族自治县									
凤冈县									
湄潭县									
余庆县									
习水县									
赤水市	5770	3106	2664	4889	2299	2590	7061	3344	3717
仁怀市	18165	9820	8345	23832	12248	11584	31277	15479	15798
安顺市	**41681**	**20283**	**21398**	**39547**	**18022**	**21525**	**39428**	**19079**	**20349**
西秀区	37901	18265	19636	35482	16030	19452	33724	16327	17397
平坝区	3780	2018	1762	4065	1992	2073	5704	2752	2952
普定县									
镇宁布依族苗族自治县									
关岭布依族苗族自治县									
紫云苗族布依族自治县									
毕节市	**57329**	**28902**	**28427**	**51096**	**23875**	**27221**	**40637**	**19616**	**21021**
七星关区	57329	28902	28427	51096	23875	27221	40637	19616	21021
大方县									
黔西县									
金沙县									
织金县									
纳雍县									
威宁彝族回族苗族自治县									
赫章县									

1－5a　续表 5　　　　单位：人

地　区	15－19岁			20－24岁			25－29岁		
	小计	男	女	小计	男	女	小计	男	女
铜仁市	**44457**	**22131**	**22326**	**37939**	**17026**	**20913**	**32092**	**15560**	**16532**
碧江区	34151	16342	17809	32250	14188	18062	25590	12372	13218
万山区	10306	5789	4517	5689	2838	2851	6502	3188	3314
江口县									
玉屏侗族自治县									
石阡县									
思南县									
印江土家族苗族自治县									
德江县									
沿河土家族自治县									
松桃苗族自治县									
黔西南布依族苗族自治州	**65510**	**32704**	**32806**	**52785**	**23283**	**29502**	**55372**	**26750**	**28622**
兴义市	53592	26943	26649	45741	19771	25970	46476	22535	23941
兴仁市	11918	5761	6157	7044	3512	3532	8896	4215	4681
普安县									
晴隆县									
贞丰县									
望谟县									
册亨县									
安龙县									
黔东南苗族侗族自治州	**38456**	**20974**	**17482**	**35240**	**16912**	**18328**	**38344**	**18466**	**19878**
凯里市	38456	20974	17482	35240	16912	18328	38344	18466	19878
黄平县									
施秉县									
三穗县									
镇远县									
岑巩县									
天柱县									
锦屏县									
剑河县									
台江县									
黎平县									
榕江县									
从江县									
雷山县									
麻江县									
丹寨县									
黔南布依族苗族自治州	**36399**	**18338**	**18061**	**40351**	**17781**	**22570**	**31243**	**15151**	**16092**
都匀市	26623	13372	13251	32117	13938	18179	22877	11247	11630
福泉市	9776	4966	4810	8234	3843	4391	8366	3904	4462
荔波县									
贵定县									
瓮安县									
独山县									
平塘县									
罗甸县									
长顺县									
龙里县									
惠水县									
三都水族自治县									

1—5a 续表 6

单位：人

地区	30—34岁			35—39岁			40—44岁		
	小计	男	女	小计	男	女	小计	男	女
贵　州	**959886**	**477512**	**482374**	**734481**	**373297**	**361184**	**705568**	**358586**	**346982**
贵阳市	**407709**	**208002**	**199707**	**304066**	**156898**	**147168**	**281941**	**144617**	**137324**
南明区	96920	48916	48004	73181	37451	35730	68124	34532	33592
云岩区	110004	56513	53491	77278	40015	37263	70589	35655	34934
花溪区	58043	30203	27840	43251	22348	20903	44057	22820	21237
乌当区	20819	9969	10850	16381	8203	8178	14395	7247	7148
白云区	40110	21134	18976	29891	16102	13789	28928	15370	13558
观山湖区	58388	29547	28841	45860	23562	22298	37510	19597	17913
开阳县									
息烽县									
修文县									
清镇市	23425	11720	11705	18224	9217	9007	18338	9396	8942
六盘水市	**89223**	**42381**	**46842**	**71774**	**35521**	**36253**	**76252**	**38544**	**37708**
钟山区	49442	23681	25761	39335	19476	19859	42356	21037	21319
六枝特区	12490	5659	6831	10421	4890	5531	11252	5582	5670
水城县									
盘州市	27291	13041	14250	22018	11155	10863	22644	11925	10719
遵义市	**176678**	**86770**	**89908**	**130153**	**65134**	**65019**	**134986**	**66983**	**68003**
红花岗区	65741	32343	33398	49296	24594	24702	50733	25276	25457
汇川区	39074	18959	20115	30558	14906	15652	33251	16370	16881
播州区	30697	14775	15922	22472	11224	11248	21946	10871	11075
桐梓县									
绥阳县									
正安县									
道真仡佬族苗族自治县									
务川仡佬族苗族自治县									
凤冈县									
湄潭县									
余庆县									
习水县									
赤水市	8887	4310	4577	5725	2800	2925	7019	3310	3709
仁怀市	32279	16383	15896	22102	11610	10492	22037	11156	10881
安顺市	**44534**	**21625**	**22909**	**34867**	**17301**	**17566**	**37590**	**18983**	**18607**
西秀区	37672	18325	19347	29666	14761	14905	31686	15964	15722
平坝区	6862	3300	3562	5201	2540	2661	5904	3019	2885
普定县									
镇宁布依族苗族自治县									
关岭布依族苗族自治县									
紫云苗族布依族自治县									
毕节市	**52730**	**25640**	**27090**	**40680**	**21001**	**19679**	**39090**	**20210**	**18880**
七星关区	52730	25640	27090	40680	21001	19679	39090	20210	18880
大方县									
黔西县									
金沙县									
织金县									
纳雍县									
威宁彝族回族苗族自治县									
赫章县									

1－5a　续表 7　　　　单位：人

地　　区	30－34岁			35－39岁			40－44岁		
	小计	男	女	小计	男	女	小计	男	女
铜仁市	**37240**	**18357**	**18883**	**30227**	**15239**	**14988**	**25630**	**12811**	**12819**
碧江区	30786	15037	15749	25541	12698	12843	21481	10620	10861
万山区	6454	3320	3134	4686	2541	2145	4149	2191	1958
江口县									
玉屏侗族自治县									
石阡县									
思南县									
印江土家族苗族自治县									
德江县									
沿河土家族自治县									
松桃苗族自治县									
黔西南布依族苗族自治州	**68987**	**33895**	**35092**	**55062**	**28132**	**26930**	**46498**	**24101**	**22397**
兴义市	57360	28309	29051	45685	23301	22384	38000	19685	18315
兴仁市	11627	5586	6041	9377	4831	4546	8498	4416	4082
普安县									
晴隆县									
贞丰县									
望谟县									
册亨县									
安龙县									
黔东南苗族侗族自治州	**46284**	**22608**	**23676**	**38924**	**19644**	**19280**	**34576**	**17521**	**17055**
凯里市	46284	22608	23676	38924	19644	19280	34576	17521	17055
黄平县									
施秉县									
三穗县									
镇远县									
岑巩县									
天柱县									
锦屏县									
剑河县									
台江县									
黎平县									
榕江县									
从江县									
雷山县									
麻江县									
丹寨县									
黔南布依族苗族自治州	**36501**	**18234**	**18267**	**28728**	**14427**	**14301**	**29005**	**14816**	**14189**
都匀市	27542	13944	13598	21042	10694	10348	20644	10588	10056
福泉市	8959	4290	4669	7686	3733	3953	8361	4228	4133
荔波县									
贵定县									
瓮安县									
独山县									
平塘县									
罗甸县									
长顺县									
龙里县									
惠水县									
三都水族自治县									

1—5a 续表 8

单位：人

地区	45—49岁			50—54岁			55—59岁		
	小计	男	女	小计	男	女	小计	男	女
贵州	**820300**	**419357**	**400943**	**709584**	**352960**	**356624**	**552232**	**269272**	**282960**
贵阳市	**326466**	**168449**	**158017**	**285713**	**142821**	**142892**	**233572**	**113762**	**119810**
南明区	81824	41509	40315	73951	36263	37688	63623	30978	32645
云岩区	83067	42088	40979	74732	36508	38224	65077	30870	34207
花溪区	51233	26965	24268	43690	22377	21313	33595	16861	16734
乌当区	15993	8147	7846	13751	6755	6996	10705	5113	5592
白云区	33886	18049	15837	29383	15398	13985	21118	11018	10100
观山湖区	39882	20918	18964	32811	16373	16438	27350	12761	14589
开阳县									
息烽县									
修文县									
清镇市	20581	10773	9808	17395	9147	8248	12104	6161	5943
六盘水市	**85499**	**43527**	**41972**	**68896**	**34211**	**34685**	**48253**	**23819**	**24434**
钟山区	49500	24871	24629	40101	19887	20214	26535	13164	13371
六枝特区	13345	6665	6680	11831	5771	6060	8717	4230	4487
水城县									
盘州市	22654	11991	10663	16964	8553	8411	13001	6425	6576
遵义市	**166755**	**83574**	**83181**	**140468**	**69243**	**71225**	**103463**	**50325**	**53138**
红花岗区	64400	32254	32146	55487	27409	28078	42751	20904	21847
汇川区	41732	20894	20838	35225	17395	17830	26099	12879	13220
播州区	25333	12870	12463	20825	10293	10532	14768	7055	7713
桐梓县									
绥阳县									
正安县									
道真仡佬族苗族自治县									
务川仡佬族苗族自治县									
凤冈县									
湄潭县									
余庆县									
习水县									
赤水市	10763	5204	5559	9677	4652	5025	7503	3522	3981
仁怀市	24527	12352	12175	19254	9494	9760	12342	5965	6377
安顺市	**44892**	**22475**	**22417**	**39990**	**19577**	**20413**	**32647**	**15693**	**16954**
西秀区	38471	19266	19205	34312	16784	17528	28341	13583	14758
平坝区	6421	3209	3212	5678	2793	2885	4306	2110	2196
普定县									
镇宁布依族苗族自治县									
关岭布依族苗族自治县									
紫云苗族布依族自治县									
毕节市	**42393**	**21896**	**20497**	**38697**	**19219**	**19478**	**28088**	**13874**	**14214**
七星关区	42393	21896	20497	38697	19219	19478	28088	13874	14214
大方县									
黔西县									
金沙县									
织金县									
纳雍县									
威宁彝族回族苗族自治县									
赫章县									

1–5a　续表 9

单位：人

地　区	45–49岁			50–54岁			55–59岁		
	小计	男	女	小计	男	女	小计	男	女
铜仁市	**31090**	**15855**	**15235**	**27137**	**13660**	**13477**	**21873**	**10644**	**11229**
碧江区	25249	12729	12520	21963	10961	11002	18142	8727	9415
万山区	5841	3126	2715	5174	2699	2475	3731	1917	1814
江口县									
玉屏侗族自治县									
石阡县									
思南县									
印江土家族苗族自治县									
德江县									
沿河土家族自治县									
松桃苗族自治县									
黔西南布依族苗族自治州	**48943**	**25321**	**23622**	**43209**	**21792**	**21417**	**32315**	**15897**	**16418**
兴义市	40599	20960	19639	35017	17687	17330	26506	12996	13510
兴仁市	8344	4361	3983	8192	4105	4087	5809	2901	2908
普安县									
晴隆县									
贞丰县									
望谟县									
册亨县									
安龙县									
黔东南苗族侗族自治州	**39904**	**20601**	**19303**	**34588**	**16936**	**17652**	**26907**	**12965**	**13942**
凯里市	39904	20601	19303	34588	16936	17652	26907	12965	13942
黄平县									
施秉县									
三穗县									
镇远县									
岑巩县									
天柱县									
锦屏县									
剑河县									
台江县									
黎平县									
榕江县									
从江县									
雷山县									
麻江县									
丹寨县									
黔南布依族苗族自治州	**34358**	**17659**	**16699**	**30886**	**15501**	**15385**	**25114**	**12293**	**12821**
都匀市	25777	13178	12599	23595	11854	11741	20326	9864	10462
福泉市	8581	4481	4100	7291	3647	3644	4788	2429	2359
荔波县									
贵定县									
瓮安县									
独山县									
平塘县									
罗甸县									
长顺县									
龙里县									
惠水县									
三都水族自治县									

1-5a 续表 10 单位：人

地区	60-64岁			65-69岁			70-74岁		
	小计	男	女	小计	男	女	小计	男	女
贵州	**346508**	**168574**	**177934**	**307372**	**141338**	**166034**	**220512**	**103743**	**116769**
贵阳市	**158547**	**76584**	**81963**	**131904**	**60608**	**71296**	**95320**	**45666**	**49654**
南明区	44476	21493	22983	36080	16597	19483	26459	12837	13622
云岩区	46562	22658	23904	37396	17539	19857	26635	12840	13795
花溪区	21885	10519	11366	20116	8853	11263	16238	7665	8573
乌当区	7663	3542	4121	6991	3166	3825	5094	2442	2652
白云区	11809	5980	5829	9921	4485	5436	7393	3416	3977
观山湖区	18733	8704	10029	15240	7116	8124	9178	4459	4719
开阳县									
息烽县									
修文县									
清镇市	7419	3688	3731	6160	2852	3308	4323	2007	2316
六盘水市	**28608**	**13872**	**14736**	**24460**	**10780**	**13680**	**19640**	**8815**	**10825**
钟山区	15273	7428	7845	13290	5752	7538	11570	5215	6355
六枝特区	5375	2571	2804	4637	1969	2668	4103	1655	2448
水城县									
盘州市	7960	3873	4087	6533	3059	3474	3967	1945	2022
遵义市	**55724**	**27473**	**28251**	**58534**	**26866**	**31668**	**40508**	**18597**	**21911**
红花岗区	23538	11643	11895	23946	11182	12764	16746	7696	9050
汇川区	14582	7174	7408	15157	6732	8425	11207	5157	6050
播州区	7226	3549	3677	7670	3508	4162	5348	2403	2945
桐梓县									
绥阳县									
正安县									
道真仡佬族苗族自治县									
务川仡佬族苗族自治县									
凤冈县									
湄潭县									
余庆县									
习水县									
赤水市	4087	2027	2060	5134	2350	2784	2916	1324	1592
仁怀市	6291	3080	3211	6627	3094	3533	4291	2017	2274
安顺市	**21878**	**10545**	**11333**	**18707**	**8471**	**10236**	**14728**	**6910**	**7818**
西秀区	18961	9142	9819	16269	7366	8903	13041	6101	6940
平坝区	2917	1403	1514	2438	1105	1333	1687	809	878
普定县									
镇宁布依族苗族自治县									
关岭布依族苗族自治县									
紫云苗族布依族自治县									
毕节市	**17364**	**8721**	**8643**	**17046**	**8172**	**8874**	**10254**	**4961**	**5293**
七星关区	17364	8721	8643	17046	8172	8874	10254	4961	5293
大方县									
黔西县									
金沙县									
织金县									
纳雍县									
威宁彝族回族苗族自治县									
赫章县									

1-5a 续表 11

单位：人

地区	60-64岁			65-69岁			70-74岁		
	小计	男	女	小计	男	女	小计	男	女
铜仁市	**11695**	**5687**	**6008**	**11306**	**5266**	**6040**	**7752**	**3696**	**4056**
碧江区	9872	4771	5101	9235	4261	4974	6279	3001	3278
万山区	1823	916	907	2071	1005	1066	1473	695	778
江口县									
玉屏侗族自治县									
石阡县									
思南县									
印江土家族苗族自治县									
德江县									
沿河土家族自治县									
松桃苗族自治县									
黔西南布依族苗族自治州	**21930**	**10679**	**11251**	**16837**	**7929**	**8908**	**11066**	**5119**	**5947**
兴义市	17970	8759	9211	13615	6358	7257	8822	4080	4742
兴仁市	3960	1920	2040	3222	1571	1651	2244	1039	1205
普安县									
晴隆县									
贞丰县									
望谟县									
册亨县									
安龙县									
黔东南苗族侗族自治州	**14217**	**6850**	**7367**	**13464**	**6148**	**7316**	**10341**	**4830**	**5511**
凯里市	14217	6850	7367	13464	6148	7316	10341	4830	5511
黄平县									
施秉县									
三穗县									
镇远县									
岑巩县									
天柱县									
锦屏县									
剑河县									
台江县									
黎平县									
榕江县									
从江县									
雷山县									
麻江县									
丹寨县									
黔南布依族苗族自治州	**16545**	**8163**	**8382**	**15114**	**7098**	**8016**	**10903**	**5149**	**5754**
都匀市	13624	6660	6964	12064	5615	6449	8834	4173	4661
福泉市	2921	1503	1418	3050	1483	1567	2069	976	1093
荔波县									
贵定县									
瓮安县									
独山县									
平塘县									
罗甸县									
长顺县									
龙里县									
惠水县									
三都水族自治县									

1-5a 续表 12

单位：人

地 区	75-79岁			80-84岁			85-89岁		
	小计	男	女	小计	男	女	小计	男	女
贵 州	**147539**	**67853**	**79686**	**101151**	**43613**	**57538**	**45687**	**19738**	**25949**
贵阳市	**63570**	**29482**	**34088**	**46388**	**20387**	**26001**	**21524**	**9411**	**12113**
南明区	18316	8453	9863	13860	5993	7867	6564	2818	3746
云岩区	18049	8338	9711	13886	5937	7949	6952	2945	4007
花溪区	10451	4964	5487	7382	3333	4049	3250	1481	1769
乌当区	3157	1494	1663	2136	1042	1094	815	388	427
白云区	5355	2440	2915	3598	1581	2017	1505	672	833
观山湖区	5220	2417	2803	3542	1648	1894	1565	722	843
开阳县									
息烽县									
修文县									
清镇市	3022	1376	1646	1984	853	1131	873	385	488
六盘水市	**13282**	**6184**	**7098**	**8511**	**3791**	**4720**	**2948**	**1326**	**1622**
钟山区	7419	3491	3928	4541	2010	2531	1570	699	871
六枝特区	3242	1491	1751	2181	939	1242	729	333	396
水城县									
盘州市	2621	1202	1419	1789	842	947	649	294	355
遵义市	**27021**	**12587**	**14434**	**16352**	**6951**	**9401**	**7227**	**3087**	**4140**
红花岗区	11264	5238	6026	6845	2903	3942	3117	1309	1808
汇川区	7428	3586	3842	4592	2040	2552	1937	866	1071
播州区	3474	1558	1916	1993	815	1178	770	353	417
桐梓县									
绥阳县									
正安县									
道真仡佬族苗族自治县									
务川仡佬族苗族自治县									
凤冈县									
湄潭县									
余庆县									
习水县									
赤水市	2171	986	1185	1329	519	810	624	261	363
仁怀市	2684	1219	1465	1593	674	919	779	298	481
安顺市	**9686**	**4445**	**5241**	**6489**	**2780**	**3709**	**3022**	**1254**	**1768**
西秀区	8501	3904	4597	5671	2426	3245	2606	1087	1519
平坝区	1185	541	644	818	354	464	416	167	249
普定县									
镇宁布依族苗族自治县									
关岭布依族苗族自治县									
紫云苗族布依族自治县									
毕节市	**7717**	**3569**	**4148**	**5446**	**2363**	**3083**	**2274**	**965**	**1309**
七星关区	7717	3569	4148	5446	2363	3083	2274	965	1309
大方县									
黔西县									
金沙县									
织金县									
纳雍县									
威宁彝族回族苗族自治县									
赫章县									

1-5a 续表 13

单位：人

地区	75-79岁			80-84岁			85-89岁		
	小计	男	女	小计	男	女	小计	男	女
铜仁市	**4794**	**2121**	**2673**	**3251**	**1350**	**1901**	**1653**	**701**	**952**
碧江区	3786	1668	2118	2557	1071	1486	1324	576	748
万山区	1008	453	555	694	279	415	329	125	204
江口县									
玉屏侗族自治县									
石阡县									
思南县									
印江土家族苗族自治县									
德江县									
沿河土家族自治县									
松桃苗族自治县									
黔西南布依族苗族自治州	**7608**	**3326**	**4282**	**4809**	**1892**	**2917**	**2152**	**841**	**1311**
兴义市	5947	2604	3343	3811	1490	2321	1735	673	1062
兴仁市	1661	722	939	998	402	596	417	168	249
普安县									
晴隆县									
贞丰县									
望谟县									
册亨县									
安龙县									
黔东南苗族侗族自治州	**6583**	**2905**	**3678**	**4570**	**1861**	**2709**	**2110**	**947**	**1163**
凯里市	6583	2905	3678	4570	1861	2709	2110	947	1163
黄平县									
施秉县									
三穗县									
镇远县									
岑巩县									
天柱县									
锦屏县									
剑河县									
台江县									
黎平县									
榕江县									
从江县									
雷山县									
麻江县									
丹寨县									
黔南布依族苗族自治州	**7278**	**3234**	**4044**	**5335**	**2238**	**3097**	**2777**	**1206**	**1571**
都匀市	5866	2590	3276	4535	1889	2646	2398	1049	1349
福泉市	1412	644	768	800	349	451	379	157	222
荔波县									
贵定县									
瓮安县									
独山县									
平塘县									
罗甸县									
长顺县									
龙里县									
惠水县									
三都水族自治县									

1—5a 续表 14

单位：人

地区	90—94岁			95—99岁			100岁及以上		
	小计	男	女	小计	男	女	小计	男	女
贵 州	**13914**	**6425**	**7489**	**2630**	**1077**	**1553**	**526**	**223**	**303**
贵阳市	**6822**	**3262**	**3560**	**1340**	**559**	**781**	**288**	**128**	**160**
南明区	2195	1064	1131	441	192	249	90	45	45
云岩区	2431	1134	1297	517	197	320	119	49	70
花溪区	846	420	426	141	64	77	30	16	14
乌当区	250	128	122	33	10	23	3	1	2
白云区	417	192	225	62	31	31	17	7	10
观山湖区	450	216	234	100	48	52	24	6	18
开阳县									
息烽县									
修文县									
清镇市	233	108	125	46	17	29	5	4	1
六盘水市	**813**	**379**	**434**	**131**	**51**	**80**	**46**	**15**	**31**
钟山区	431	206	225	77	31	46	29	10	19
六枝特区	211	99	112	29	10	19	14	4	10
水城县									
盘州市	171	74	97	25	10	15	3	1	2
遵义市	**2096**	**983**	**1113**	**351**	**145**	**206**	**47**	**18**	**29**
红花岗区	822	395	427	154	68	86	32	13	19
汇川区	572	274	298	74	33	41	6	3	3
播州区	221	120	101	32	10	22	1		1
桐梓县									
绥阳县									
正安县									
道真仡佬族苗族自治县									
务川仡佬族苗族自治县									
凤冈县									
湄潭县									
余庆县									
习水县									
赤水市	230	87	143	45	15	30	4		4
仁怀市	251	107	144	46	19	27	4	2	2
安顺市	**796**	**329**	**467**	**161**	**60**	**101**	**18**	**7**	**11**
西秀区	664	272	392	133	50	83	17	6	11
平坝区	132	57	75	28	10	18	1	1	
普定县									
镇宁布依族苗族自治县									
关岭布依族苗族自治县									
紫云苗族布依族自治县									
毕节市	**777**	**331**	**446**	**130**	**47**	**83**	**24**	**8**	**16**
七星关区	777	331	446	130	47	83	24	8	16
大方县									
黔西县									
金沙县									
织金县									
纳雍县									
威宁彝族回族苗族自治县									
赫章县									

1-5a 续表 15

单位：人

地区	90-94岁			95-99岁			100岁及以上		
	小计	男	女	小计	男	女	小计	男	女
铜仁市	**505**	**241**	**264**	**122**	**60**	**62**	**24**	**11**	**13**
碧江区	429	208	221	101	51	50	20	10	10
万山区	76	33	43	21	9	12	4	1	3
江口县									
玉屏侗族自治县									
石阡县									
思南县									
印江土家族苗族自治县									
德江县									
沿河土家族自治县									
松桃苗族自治县									
黔西南布依族苗族自治州	**699**	**261**	**438**	**134**	**39**	**95**	**16**	**8**	**8**
兴义市	575	216	359	105	31	74	13	7	6
兴仁市	124	45	79	29	8	21	3	1	2
普安县									
晴隆县									
贞丰县									
望谟县									
册亨县									
安龙县									
黔东南苗族侗族自治州	**574**	**263**	**311**	**105**	**49**	**56**	**15**	**6**	**9**
凯里市	574	263	311	105	49	56	15	6	9
黄平县									
施秉县									
三穗县									
镇远县									
岑巩县									
天柱县									
锦屏县									
剑河县									
台江县									
黎平县									
榕江县									
从江县									
雷山县									
麻江县									
丹寨县									
黔南布依族苗族自治州	**832**	**376**	**456**	**156**	**67**	**89**	**48**	**22**	**26**
都匀市	704	328	376	135	58	77	47	21	26
福泉市	128	48	80	21	9	12	1	1	
荔波县									
贵定县									
瓮安县									
独山县									
平塘县									
罗甸县									
长顺县									
龙里县									
惠水县									
三都水族自治县									

1-5b 各地区分年龄、性别的人口(镇)

单位：人

地区	合计			0岁		
	合计	男	女	小计	男	女
贵州	**10369821**	**5220851**	**5148970**	**137280**	**73261**	**64019**
贵阳市	**691135**	**346507**	**344628**	**7543**	**4068**	**3475**
南明区						
云岩区						
花溪区	143287	67861	75426	563	324	239
乌当区	23006	12114	10892	285	156	129
白云区	2460	1211	1249	24	12	12
观山湖区	25617	13254	12363	236	137	99
开阳县	186254	93093	93161	2504	1316	1188
息烽县	104498	52006	52492	1482	790	692
修文县	131379	66942	64437	1804	983	821
清镇市	74634	40026	34608	645	350	295
六盘水市	**502142**	**256212**	**245930**	**8422**	**4508**	**3914**
钟山区	60478	31421	29057	804	411	393
六枝特区	50886	25465	25421	741	408	333
水城县	241908	123822	118086	3977	2143	1834
盘州市	148870	75504	73366	2900	1546	1354
遵义市	**1870984**	**925753**	**945231**	**23870**	**12564**	**11306**
红花岗区	62101	31473	30628	781	391	390
汇川区	56002	28399	27603	754	408	346
播州区	89734	45171	44563	1219	695	524
桐梓县	247297	123097	124200	2861	1511	1350
绥阳县	172541	86084	86457	2079	1108	971
正安县	167211	82184	85027	2000	1055	945
道真仡佬族苗族自治县	128274	60468	67806	1496	751	745
务川仡佬族苗族自治县	168349	82585	85764	2486	1278	1208
凤冈县	144414	70483	73931	2103	1119	984
湄潭县	188220	92084	96136	2340	1247	1093
余庆县	106030	51877	54153	1276	676	600
习水县	247219	124217	123002	3250	1696	1554
赤水市	34245	16688	17557	318	153	165
仁怀市	59347	30943	28404	907	476	431
安顺市	**610379**	**312669**	**297710**	**8055**	**4335**	**3720**
西秀区	52112	28032	24080	625	324	301
平坝区	97306	52297	45009	1095	612	483
普定县	144892	73063	71829	1843	982	861
镇宁布依族苗族自治县	114644	57530	57114	1536	816	720
关岭布依族苗族自治县	105448	53218	52230	1523	823	700
紫云苗族布依族自治县	95977	48529	47448	1433	778	655
毕节市	**2296431**	**1166861**	**1129570**	**32011**	**16915**	**15096**
七星关区	85273	42617	42656	1235	646	589
大方县	323897	164146	159751	4466	2320	2146
黔西县	340348	172007	168341	4682	2416	2266
金沙县	274114	139411	134703	3280	1733	1547
织金县	347931	177418	170513	5156	2790	2366
纳雍县	292089	149004	143085	4020	2169	1851
威宁彝族回族苗族自治县	463564	236767	226797	6922	3612	3310
赫章县	169215	85491	83724	2250	1229	1021

1-5b　续表 1　　　　单位：人

地　区	合　计			0岁		
	合计	男	女	小计	男	女
铜仁市	**1100864**	**548732**	**552132**	**13425**	**7188**	**6237**
碧江区	5268	2812	2456	53	28	25
万山区						
江口县	81867	41397	40470	991	532	459
玉屏侗族自治县	78588	39740	38848	865	463	402
石阡县	102074	50982	51092	1272	685	587
思南县	189270	93477	95793	2013	1065	948
印江土家族苗族自治县	121416	59240	62176	1487	788	699
德江县	184746	92291	92455	2427	1297	1130
沿河土家族自治县	171066	85356	85710	2264	1244	1020
松桃苗族自治县	166569	83437	83132	2053	1086	967
黔西南布依族苗族自治州	**698413**	**354777**	**343636**	**9649**	**5122**	**4527**
兴义市	80347	41635	38712	1076	582	494
兴仁市	45835	23364	22471	633	322	311
普安县	75258	38409	36849	1097	615	482
晴隆县	76937	39079	37858	1090	583	507
贞丰县	117914	59273	58641	1659	873	786
望谟县	88704	45272	43432	1173	601	572
册亨县	61671	31343	30328	873	465	408
安龙县	151747	76402	75345	2048	1081	967
黔东南苗族侗族自治州	**1224894**	**619327**	**605567**	**16431**	**9036**	**7395**
凯里市	32134	16660	15474	469	282	187
黄平县	93992	47225	46767	1063	589	474
施秉县	50758	25141	25617	606	335	271
三穗县	78555	38985	39570	1051	580	471
镇远县	94217	46805	47412	1114	594	520
岑巩县	74366	36911	37455	1082	564	518
天柱县	115893	59040	56853	1355	761	594
锦屏县	69863	34713	35150	940	511	429
剑河县	74541	38087	36454	1003	535	468
台江县	45554	23451	22103	587	325	262
黎平县	162522	81466	81056	2530	1411	1119
榕江县	102099	52121	49978	1346	727	619
从江县	72219	37412	34807	1186	641	545
雷山县	49801	26210	23591	690	390	300
麻江县	51117	25905	25212	709	393	316
丹寨县	57263	29195	28068	700	398	302
黔南布依族苗族自治州	**1374579**	**690013**	**684566**	**17874**	**9525**	**8349**
都匀市	29715	14753	14962	314	167	147
福泉市	47045	24931	22114	643	348	295
荔波县	66145	33368	32777	987	514	473
贵定县	130913	63665	67248	1473	759	714
瓮安县	241886	120343	121543	3123	1657	1466
独山县	126745	64239	62506	1610	882	728
平塘县	79179	39315	39864	1086	564	522
罗甸县	142544	71608	70936	1963	1016	947
长顺县	86653	44173	42480	1244	660	584
龙里县	127891	66931	60960	1733	925	808
惠水县	193872	94384	99488	2362	1296	1066
三都水族自治县	101991	52303	49688	1336	737	599

1-5b 续表 2

单位：人

地区	1-4岁			5-9岁			10-14岁		
	小计	男	女	小计	男	女	小计	男	女
贵州	**703185**	**375600**	**327585**	**920284**	**493302**	**426982**	**879355**	**467551**	**411804**
贵阳市	**40887**	**21658**	**19229**	**46879**	**24868**	**22011**	**36670**	**19075**	**17595**
南明区									
云岩区									
花溪区	3108	1651	1457	3286	1763	1523	2448	1317	1131
乌当区	1461	792	669	1691	875	816	1237	638	599
白云区	118	63	55	122	65	57	122	56	66
观山湖区	1200	642	558	1297	664	633	1188	609	579
开阳县	14351	7495	6856	16426	8689	7737	12989	6705	6284
息烽县	7819	4205	3614	8449	4557	3892	7018	3732	3286
修文县	9647	5113	4534	11864	6290	5574	8806	4541	4265
清镇市	3183	1697	1486	3744	1965	1779	2862	1477	1385
六盘水市	**41149**	**22023**	**19126**	**51127**	**27483**	**23644**	**41357**	**22096**	**19261**
钟山区	3960	2100	1860	5499	2975	2524	5550	2983	2567
六枝特区	3786	2010	1776	5649	3008	2641	6263	3280	2983
水城县	19538	10407	9131	25899	13771	12128	20762	11161	9601
盘州市	13865	7506	6359	14080	7729	6351	8782	4672	4110
遵义市	**124517**	**65533**	**58984**	**163572**	**86360**	**77212**	**161495**	**85249**	**76246**
红花岗区	3976	2067	1909	4648	2476	2172	4227	2196	2031
汇川区	3656	1914	1742	4646	2484	2162	4453	2328	2125
播州区	6273	3329	2944	7757	4136	3621	7350	3902	3448
桐梓县	15050	7857	7193	21030	10909	10121	20555	10582	9973
绥阳县	11528	6057	5471	15146	8077	7069	13785	7351	6434
正安县	11338	6009	5329	15350	8144	7206	16721	8888	7833
道真仡佬族苗族自治县	7561	3917	3644	10650	5582	5068	12969	6867	6102
务川仡佬族苗族自治县	13002	7002	6000	17021	9013	8008	15557	8195	7362
凤冈县	9663	5101	4562	11729	6168	5561	11905	6348	5557
湄潭县	11403	5846	5557	13009	6793	6216	14031	7571	6460
余庆县	6902	3688	3214	8247	4395	3852	9799	5196	4603
习水县	18243	9619	8624	25995	13760	12235	21852	11509	10343
赤水市	1810	932	878	3158	1677	1481	3853	1938	1915
仁怀市	4112	2195	1917	5186	2746	2440	4438	2378	2060
安顺市	**40465**	**21848**	**18617**	**56337**	**30273**	**26064**	**55954**	**29435**	**26519**
西秀区	3083	1679	1404	4174	2213	1961	3856	2042	1814
平坝区	5579	2966	2613	7139	3778	3361	6182	3215	2967
普定县	9902	5249	4653	14563	7856	6707	16380	8618	7762
镇宁布依族苗族自治县	7430	4002	3428	10259	5497	4762	10136	5422	4714
关岭布依族苗族自治县	7219	3934	3285	10955	5934	5021	10653	5562	5091
紫云苗族布依族自治县	7252	4018	3234	9247	4995	4252	8747	4576	4171
毕节市	**158904**	**84860**	**74044**	**215394**	**115204**	**100190**	**216520**	**114461**	**102059**
七星关区	6284	3324	2960	9274	4931	4343	9621	5007	4614
大方县	22611	12032	10579	31029	16542	14487	31303	16635	14668
黔西县	23690	12631	11059	31784	16960	14824	27787	14687	13100
金沙县	15897	8482	7415	21948	11756	10192	25940	13632	12308
织金县	24508	13378	11130	34404	18498	15906	33059	17692	15367
纳雍县	20375	10845	9530	30186	16204	13982	31232	16738	14494
威宁彝族回族苗族自治县	33347	17625	15722	40911	21747	19164	40575	21234	19341
赫章县	12192	6543	5649	15858	8566	7292	17003	8836	8167

1－5b　续表 3　　　　单位：人

地　区	1－4岁			5－9岁			10－14岁		
	小计	男	女	小计	男	女	小计	男	女
铜仁市	**73308**	**39533**	**33775**	**96201**	**51736**	**44465**	**100252**	**53942**	**46310**
碧江区	233	108	125	436	244	192	409	218	191
万山区									
江口县	5172	2833	2339	7595	4091	3504	7324	3907	3417
玉屏侗族自治县	4960	2736	2224	7225	3933	3292	6397	3473	2924
石阡县	6696	3517	3179	8098	4318	3780	7467	3989	3478
思南县	11357	6037	5320	15389	8182	7207	17539	9450	8089
印江土家族苗族自治县	8287	4426	3861	10999	5843	5156	11654	6343	5311
德江县	13433	7221	6212	16750	9108	7642	17861	9701	8160
沿河土家族自治县	12217	6714	5503	16097	8775	7322	18531	9960	8571
松桃苗族自治县	10953	5941	5012	13612	7242	6370	13070	6901	6169
黔西南布依族苗族自治州	**50071**	**26784**	**23287**	**63188**	**33803**	**29385**	**62625**	**32921**	**29704**
兴义市	5358	2873	2485	7600	4133	3467	6694	3620	3074
兴仁市	3188	1692	1496	4156	2258	1898	4629	2428	2201
普安县	5944	3173	2771	6933	3708	3225	6577	3473	3104
晴隆县	5464	2909	2555	7841	4140	3701	7778	4023	3755
贞丰县	8952	4862	4090	10789	5827	4962	10817	5702	5115
望谟县	5606	2993	2613	5979	3174	2805	9778	5107	4671
册亨县	4819	2545	2274	5711	2990	2721	4654	2438	2216
安龙县	10740	5737	5003	14179	7573	6606	11698	6130	5568
黔东南苗族侗族自治州	**83692**	**45213**	**38479**	**110838**	**60895**	**49943**	**101851**	**55764**	**46087**
凯里市	2178	1173	1005	2904	1575	1329	2768	1476	1292
黄平县	5826	3023	2803	7783	4210	3573	7935	4259	3676
施秉县	3541	1924	1617	4543	2468	2075	4224	2274	1950
三穗县	5195	2823	2372	7642	4122	3520	7686	4177	3509
镇远县	5939	3178	2761	8300	4630	3670	7659	4145	3514
岑巩县	5388	2978	2410	6894	3818	3076	5974	3333	2641
天柱县	7539	4056	3483	10282	5757	4525	10033	5469	4564
锦屏县	4613	2477	2136	6557	3607	2950	6124	3286	2838
剑河县	5170	2912	2258	7586	4308	3278	6734	3896	2838
台江县	3089	1708	1381	4306	2352	1954	4790	2698	2092
黎平县	12035	6380	5655	15339	8139	7200	13114	7024	6090
榕江县	7065	3792	3273	9784	5388	4396	8091	4399	3692
从江县	5806	3063	2743	6433	3505	2928	4973	2687	2286
雷山县	3388	1886	1502	3964	2254	1710	3729	2105	1624
麻江县	3508	1939	1569	4063	2231	1832	3354	1871	1483
丹寨县	3412	1901	1511	4458	2531	1927	4663	2665	1998
黔南布依族苗族自治州	**90192**	**48148**	**42044**	**116748**	**62680**	**54068**	**102631**	**54608**	**48023**
都匀市	1355	716	639	1727	932	795	1712	997	715
福泉市	3152	1682	1470	4474	2329	2145	3671	1907	1764
荔波县	4949	2702	2247	5302	2973	2329	4302	2324	1978
贵定县	7222	3656	3566	8997	4650	4347	7958	4045	3913
瓮安县	17254	9087	8167	21801	11552	10249	20154	10656	9498
独山县	7957	4337	3620	9498	5201	4297	8229	4402	3827
平塘县	5869	3164	2705	7411	3950	3461	6265	3450	2815
罗甸县	9655	5272	4383	15371	8401	6970	14436	7765	6671
长顺县	6036	3212	2824	7455	4083	3372	6579	3439	3140
龙里县	7947	4194	3753	9926	5286	4640	7978	4172	3806
惠水县	11616	6179	5437	14687	7799	6888	12407	6584	5823
三都水族自治县	7180	3947	3233	10099	5524	4575	8940	4867	4073

1-5b 续表 4

单位：人

地区	15-19岁			20-24岁			25-29岁		
	小计	男	女	小计	男	女	小计	男	女
贵州	**857415**	**435663**	**421752**	**675978**	**328263**	**347715**	**688884**	**329917**	**358967**
贵阳市	**67725**	**34361**	**33364**	**116738**	**55529**	**61209**	**44282**	**21619**	**22663**
南明区									
云岩区									
花溪区	25194	11603	13591	71801	32291	39510	7197	3640	3557
乌当区	2455	1446	1009	1278	673	605	1610	807	803
白云区	63	35	28	81	37	44	101	52	49
观山湖区	3993	2338	1655	1369	680	689	1575	837	738
开阳县	8918	4627	4291	9609	4733	4876	12907	6155	6752
息烽县	5626	2790	2836	4616	2183	2433	7304	3375	3929
修文县	9268	4889	4379	7064	3519	3545	9582	4649	4933
清镇市	12208	6633	5575	20920	11413	9507	4006	2104	1902
六盘水市	**37369**	**18940**	**18429**	**32243**	**15324**	**16919**	**30490**	**14729**	**15761**
钟山区	3059	1726	1333	3867	2040	1827	3413	1702	1711
六枝特区	2348	1217	1131	2637	1199	1438	2444	1093	1351
水城县	19926	10095	9831	17398	8048	9350	15734	7671	8063
盘州市	12036	5902	6134	8341	4037	4304	8899	4263	4636
遵义市	**126198**	**65895**	**60303**	**89504**	**43343**	**46161**	**127444**	**59347**	**68097**
红花岗区	3773	2055	1718	3832	1966	1866	4471	2240	2231
汇川区	1633	906	727	2700	1370	1330	3253	1630	1623
播州区	3793	2058	1735	4373	2132	2241	5781	2762	3019
桐梓县	17658	8907	8751	12046	5986	6060	17214	8157	9057
绥阳县	14008	7534	6474	8296	3958	4338	11062	5225	5837
正安县	10568	5483	5085	7363	3598	3765	10272	4706	5566
道真仡佬族苗族自治县	9633	5035	4598	4820	2229	2591	6740	2927	3813
务川仡佬族苗族自治县	13918	7317	6601	8976	4145	4831	11900	5142	6758
凤冈县	10588	5576	5012	6872	3206	3666	11133	5057	6076
湄潭县	12168	6212	5956	9697	4475	5222	12761	5850	6911
余庆县	7416	3954	3462	4066	1991	2075	5565	2522	3043
习水县	17025	8603	8422	11553	5698	5855	21331	10129	11202
赤水市	969	479	490	1162	540	622	1524	706	818
仁怀市	3048	1776	1272	3748	2049	1699	4437	2294	2143
安顺市	**49643**	**25264**	**24379**	**37633**	**20250**	**17383**	**43687**	**21623**	**22064**
西秀区	3529	1828	1701	3333	1888	1445	4155	2351	1804
平坝区	9215	5202	4013	9447	6043	3404	6640	3582	3058
普定县	10292	5301	4991	8029	4020	4009	9478	4479	4999
镇宁布依族苗族自治县	8466	4068	4398	6205	3130	3075	8504	4055	4449
关岭布依族苗族自治县	9970	4844	5126	5158	2487	2671	7810	3799	4011
紫云苗族布依族自治县	8171	4021	4150	5461	2682	2779	7100	3357	3743
毕节市	**229542**	**113390**	**116152**	**147085**	**72966**	**74119**	**145907**	**71221**	**74686**
七星关区	7989	3739	4250	4843	2356	2487	4184	2017	2167
大方县	37500	18403	19097	20429	9816	10613	19567	9337	10230
黔西县	26309	13153	13156	18667	9287	9380	21425	10398	11027
金沙县	24187	12375	11812	13511	6790	6721	14071	6651	7420
织金县	30086	14886	15200	20346	10224	10122	20209	9854	10355
纳雍县	29089	14479	14610	17357	8550	8807	17426	8445	8981
威宁彝族回族苗族自治县	56348	27390	28958	40662	20407	20255	37434	18894	18540
赫章县	18034	8965	9069	11270	5536	5734	11591	5625	5966

1-5b　续表 5

单位：人

地　区	15-19岁			20-24岁			25-29岁		
	小计	男	女	小计	男	女	小计	男	女
铜仁市	**106945**	**55932**	**51013**	**64301**	**30598**	**33703**	**76348**	**35080**	**41268**
碧江区	178	108	70	253	143	110	284	173	111
万山区									
江口县	5648	3121	2527	3953	1958	1995	5469	2524	2945
玉屏侗族自治县	3619	1992	1627	3992	2005	1987	5219	2557	2662
石阡县	11621	6634	4987	4978	2438	2540	7062	3245	3817
思南县	22900	11843	11057	9933	4582	5351	13419	6170	7249
印江土家族苗族自治县	8461	4357	4104	6212	2965	3247	8098	3590	4508
德江县	19320	10133	9187	15228	7139	8089	13138	5888	7250
沿河土家族自治县	17675	8969	8706	10087	4761	5326	11440	5227	6213
松桃苗族自治县	17523	8775	8748	9665	4607	5058	12219	5706	6513
黔西南布依族苗族自治州	**52718**	**26474**	**26244**	**40370**	**19764**	**20606**	**47809**	**23391**	**24418**
兴义市	3975	2098	1877	4788	2547	2241	5576	2833	2743
兴仁市	2691	1381	1310	2723	1324	1399	2940	1427	1513
普安县	4503	2294	2209	4377	2122	2255	5204	2571	2633
晴隆县	6636	3223	3413	4082	2032	2050	4877	2415	2462
贞丰县	12112	6140	5972	6880	3183	3697	8159	3851	4308
望谟县	8421	4226	4195	5234	2671	2563	6005	2958	3047
册亨县	2109	1132	977	3326	1655	1671	4576	2199	2377
安龙县	12271	5980	6291	8960	4230	4730	10472	5137	5335
黔东南苗族侗族自治州	**87634**	**46034**	**41600**	**54434**	**26718**	**27716**	**75397**	**35715**	**39682**
凯里市	983	547	436	1419	751	668	1869	942	927
黄平县	7589	3726	3863	4289	2088	2201	5219	2496	2723
施秉县	3695	1776	1919	2267	1068	1199	3140	1416	1724
三穗县	5327	2718	2609	3301	1539	1762	4437	2068	2369
镇远县	6643	3402	3241	3612	1747	1865	4740	2149	2591
岑巩县	5887	3157	2730	3367	1521	1846	5056	2246	2810
天柱县	8911	4958	3953	4255	2219	2036	6466	3180	3286
锦屏县	4221	2206	2015	2315	1163	1152	4311	2025	2286
剑河县	5954	3290	2664	3057	1511	1546	4593	2098	2495
台江县	3031	1592	1439	2183	1110	1073	2697	1283	1414
黎平县	9690	5115	4575	6887	3380	3507	10082	4737	5345
榕江县	6233	3261	2972	5206	2606	2600	7238	3465	3773
从江县	6229	3434	2795	3922	1950	1972	5089	2489	2600
雷山县	3739	2059	1680	2630	1374	1256	3367	1713	1654
麻江县	3744	1950	1794	2341	1171	1170	3480	1636	1844
丹寨县	5758	2843	2915	3383	1520	1863	3613	1772	1841
黔南布依族苗族自治州	**99641**	**49373**	**50268**	**93670**	**43771**	**49899**	**97520**	**47192**	**50328**
都匀市	4676	2280	2396	4319	1821	2498	1784	878	906
福泉市	1067	599	468	2549	1449	1100	3746	2008	1738
荔波县	4465	2223	2242	3293	1671	1622	5114	2348	2766
贵定县	11743	4723	7020	8481	3522	4959	9056	4460	4596
瓮安县	14229	7194	7035	10929	5340	5589	16644	7821	8823
独山县	7657	4231	3426	6105	3119	2986	9234	4592	4642
平塘县	3574	1905	1669	3992	1933	2059	5849	2645	3204
罗甸县	10380	5390	4990	6598	3245	3353	8789	4135	4654
长顺县	8061	3964	4097	4390	2236	2154	5844	2773	3071
龙里县	5533	3178	2355	8594	4651	3943	11697	5972	5725
惠水县	18377	8497	9880	29286	12245	17041	12549	6160	6389
三都水族自治县	9879	5189	4690	5134	2539	2595	7214	3400	3814

1-5b 续表 6

单位：人

地区	30-34岁			35-39岁			40-44岁		
	小计	男	女	小计	男	女	小计	男	女
贵州	**795296**	**386209**	**409087**	**665557**	**333700**	**331857**	**702547**	**356764**	**345783**
贵阳市	**48769**	**24066**	**24703**	**41325**	**20640**	**20685**	**41734**	**21159**	**20575**
南明区									
云岩区									
花溪区	5519	3002	2517	3970	2200	1770	3869	2000	1869
乌当区	1866	979	887	1333	702	631	1487	779	708
白云区	132	73	59	110	57	53	156	81	75
观山湖区	1776	962	814	1345	687	658	1450	748	702
开阳县	14812	6994	7818	14600	7008	7592	13192	6591	6601
息烽县	8434	3873	4561	7686	3686	4000	8579	4180	4399
修文县	12167	6000	6167	9329	4630	4699	9671	4956	4715
清镇市	4063	2183	1880	2952	1670	1282	3330	1824	1506
六盘水市	**38416**	**18980**	**19436**	**32000**	**16829**	**15171**	**35794**	**19013**	**16781**
钟山区	3976	2036	1940	3139	1692	1447	5113	2688	2425
六枝特区	3491	1655	1836	2924	1472	1452	3113	1623	1490
水城县	18796	9523	9273	15503	8323	7180	17021	9145	7876
盘州市	12153	5766	6387	10434	5342	5092	10547	5557	4990
遵义市	**138083**	**64796**	**73287**	**109397**	**51897**	**57500**	**132589**	**64689**	**67900**
红花岗区	4455	2268	2187	3619	1785	1834	4599	2322	2277
汇川区	3540	1666	1874	3041	1560	1481	3854	1970	1884
播州区	6526	3179	3347	5362	2658	2704	6255	3156	3099
桐梓县	18200	8722	9478	14782	7168	7614	18383	9154	9229
绥阳县	12975	6097	6878	10986	5277	5709	11226	5581	5645
正安县	11615	5371	6244	10169	4809	5360	11908	5787	6121
道真仡佬族苗族自治县	8564	3505	5059	7191	2979	4212	10075	4368	5707
务川仡佬族苗族自治县	12368	5578	6790	9891	4677	5214	11474	5629	5845
凤冈县	10306	4676	5630	8576	3936	4640	11195	5219	5976
湄潭县	13931	6440	7491	10646	4897	5749	14013	6719	7294
余庆县	6945	3095	3850	5946	2556	3390	7538	3489	4049
习水县	22790	11222	11568	14621	7332	7289	16159	8311	7848
赤水市	1801	810	991	1475	671	804	2029	982	1047
仁怀市	4067	2167	1900	3092	1592	1500	3881	2002	1879
安顺市	**46279**	**23369**	**22910**	**39798**	**20660**	**19138**	**41896**	**21912**	**19984**
西秀区	3946	2249	1697	3179	1810	1369	3641	2062	1579
平坝区	6907	3764	3143	5578	3046	2532	6456	3487	2969
普定县	10480	5069	5411	9170	4513	4657	10657	5387	5270
镇宁布依族苗族自治县	9524	4716	4808	8393	4263	4130	8364	4310	4054
关岭布依族苗族自治县	8139	3926	4213	6952	3598	3354	6518	3420	3098
紫云苗族布依族自治县	7283	3645	3638	6526	3430	3096	6260	3246	3014
毕节市	**175878**	**87163**	**88715**	**139572**	**72777**	**66795**	**152206**	**78010**	**74196**
七星关区	4743	2312	2431	4418	2184	2234	4907	2473	2434
大方县	25334	12375	12959	20802	10821	9981	20558	10749	9809
黔西县	27805	13289	14516	24137	12386	11751	24988	12698	12290
金沙县	21443	10387	11056	16681	8427	8254	20196	10198	9998
织金县	26397	13036	13361	21840	11191	10649	24266	12261	12005
纳雍县	20902	10409	10493	17529	9221	8308	19366	10176	9190
威宁彝族回族苗族自治县	36231	18848	17383	24936	13692	11244	28393	14645	13748
赫章县	13023	6507	6516	9229	4855	4374	9532	4810	4722

1-5b　续表 7　　　　单位：人

地　区	30-34岁			35-39岁			40-44岁		
	小计	男	女	小计	男	女	小计	男	女
铜仁市	**85765**	**40039**	**45726**	**77445**	**37293**	**40152**	**72652**	**35599**	**37053**
碧江区	336	180	156	314	181	133	297	163	134
万山区									
江口县	6840	3303	3537	5734	2788	2946	5243	2627	2616
玉屏侗族自治县	6888	3316	3572	5478	2784	2694	5314	2644	2670
石阡县	7469	3429	4040	6882	3260	3622	7116	3443	3673
思南县	13490	6308	7182	11029	5182	5847	11733	5713	6020
印江土家族苗族自治县	9393	4177	5216	8857	4033	4824	8319	3930	4389
德江县	14308	6739	7569	13437	6513	6924	13013	6447	6566
沿河土家族自治县	13273	6117	7156	12588	6022	6566	11209	5413	5796
松桃苗族自治县	13768	6470	7298	13126	6530	6596	10408	5219	5189
黔西南布依族苗族自治州	**56618**	**28472**	**28146**	**47065**	**24601**	**22464**	**45836**	**24305**	**21531**
兴义市	5684	2952	2732	5013	2649	2364	5245	2735	2510
兴仁市	3285	1632	1653	2925	1498	1427	3181	1704	1477
普安县	6499	3219	3280	5294	2728	2566	5036	2682	2354
晴隆县	6105	2994	3111	5133	2686	2447	4987	2639	2348
贞丰县	10090	4929	5161	7674	3998	3676	7136	3705	3431
望谟县	6918	3695	3223	6044	3262	2782	6044	3279	2765
册亨县	5369	2748	2621	4760	2544	2216	4606	2515	2091
安龙县	12668	6303	6365	10222	5236	4986	9601	5046	4555
黔东南苗族侗族自治州	**96754**	**45762**	**50992**	**86784**	**42470**	**44314**	**83852**	**42552**	**41300**
凯里市	2449	1215	1234	2449	1287	1162	2266	1200	1066
黄平县	6025	2875	3150	6298	3083	3215	5396	2736	2660
施秉县	3759	1703	2056	3741	1781	1960	3206	1590	1616
三穗县	6200	2864	3336	5636	2771	2865	5154	2498	2656
镇远县	7271	3247	4024	6678	3110	3568	6704	3287	3417
岑巩县	6409	2945	3464	5139	2455	2684	4766	2335	2431
天柱县	8969	4112	4857	7960	3818	4142	7963	4083	3880
锦屏县	5571	2551	3020	4865	2271	2594	4789	2379	2410
剑河县	6047	2832	3215	5127	2351	2776	5514	2838	2676
台江县	3166	1481	1685	3375	1618	1757	3928	2012	1916
黎平县	12416	5953	6463	10534	5199	5335	10672	5342	5330
榕江县	9061	4392	4669	8231	4137	4094	6691	3508	3183
从江县	6074	3106	2968	5193	2728	2465	4726	2524	2202
雷山县	4357	2188	2169	3752	1935	1817	3642	1891	1751
麻江县	4065	1896	2169	3735	1827	1908	4230	2171	2059
丹寨县	4915	2402	2513	4071	2099	1972	4205	2158	2047
黔南布依族苗族自治州	**108734**	**53562**	**55172**	**92171**	**46533**	**45638**	**95988**	**49525**	**46463**
都匀市	1752	943	809	1160	613	547	1368	721	647
福泉市	3874	2087	1787	3496	1883	1613	3810	2025	1785
荔波县	6205	2967	3238	5324	2578	2746	5566	2871	2695
贵定县	10028	5038	4990	8184	4238	3946	9160	4758	4402
瓮安县	20474	9571	10903	18121	8761	9360	17974	8888	9086
独山县	9920	4889	5031	8198	4227	3971	7615	3826	3789
平塘县	5785	2785	3000	4701	2200	2501	5465	2694	2771
罗甸县	9679	4724	4955	8820	4387	4433	10298	5393	4905
长顺县	6479	3190	3289	6040	3046	2994	6360	3460	2900
龙里县	12581	6558	6023	9519	4984	4535	9753	5147	4606
惠水县	13503	6588	6915	11491	5881	5610	11765	6167	5598
三都水族自治县	8454	4222	4232	7117	3735	3382	6854	3575	3279

1-5b 续表 8 单位：人

地　区	45-49岁			50-54岁			55-59岁		
	小计	男	女	小计	男	女	小计	男	女
贵　州	**812055**	**415197**	**396858**	**729667**	**366319**	**363348**	**538424**	**265798**	**272626**
贵阳市	**51616**	**26926**	**24690**	**45574**	**23560**	**22014**	**30909**	**15630**	**15279**
南明区									
云岩区									
花溪区	4643	2368	2275	4081	2038	2043	2507	1257	1250
乌当区	1997	1082	915	1851	962	889	1321	712	609
白云区	270	138	132	237	112	125	217	115	102
观山湖区	1968	1041	927	2014	1055	959	1594	800	794
开阳县	17455	8986	8469	15456	7935	7521	10380	5176	5204
息烽县	9857	5136	4721	8445	4292	4153	5667	2787	2880
修文县	11269	5873	5396	9641	5073	4568	6548	3351	3197
清镇市	4157	2302	1855	3849	2093	1756	2675	1432	1243
六盘水市	**39430**	**20738**	**18692**	**33822**	**16996**	**16826**	**23585**	**11527**	**12058**
钟山区	6388	3453	2935	5226	2757	2469	2824	1397	1427
六枝特区	3765	1924	1841	3426	1736	1690	2736	1307	1429
水城县	17955	9446	8509	15495	7718	7777	10289	5053	5236
盘州市	11322	5915	5407	9675	4785	4890	7736	3770	3966
遵义市	**165386**	**81471**	**83915**	**145034**	**70800**	**74234**	**110275**	**52973**	**57302**
红花岗区	5611	2790	2821	5016	2554	2462	3891	1929	1962
汇川区	5209	2715	2494	4990	2489	2501	3694	1872	1822
播州区	7848	4034	3814	7523	3734	3789	5618	2702	2916
桐梓县	21975	11226	10749	18982	9386	9596	14550	7234	7316
绥阳县	13540	6764	6776	12927	6313	6614	10669	5101	5568
正安县	13917	6563	7354	11844	5621	6223	9720	4429	5291
道真仡佬族苗族自治县	13147	5817	7330	9845	4482	5363	7048	3261	3787
务川仡佬族苗族自治县	13051	6485	6566	11255	5245	6010	8221	3806	4415
凤冈县	13543	6570	6973	11141	5450	5691	8593	4126	4467
湄潭县	17932	8725	9207	16222	7874	8348	12873	6239	6634
余庆县	10798	5259	5539	9485	4694	4791	7011	3369	3642
习水县	20081	10115	9966	17671	8768	8903	12572	6107	6465
赤水市	3504	1723	1781	3281	1642	1639	2520	1239	1281
仁怀市	5230	2685	2545	4852	2548	2304	3295	1559	1736
安顺市	**44676**	**23112**	**21564**	**40359**	**20475**	**19884**	**29513**	**14898**	**14615**
西秀区	4300	2421	1879	3971	2115	1856	2930	1518	1412
平坝区	7887	4195	3692	6937	3654	3283	4829	2502	2327
普定县	10899	5489	5410	9307	4633	4674	6686	3351	3335
镇宁布依族苗族自治县	8243	4205	4038	7732	3818	3914	5468	2769	2699
关岭布依族苗族自治县	6840	3484	3356	6385	3175	3210	5011	2465	2546
紫云苗族布依族自治县	6507	3318	3189	6027	3080	2947	4589	2293	2296
毕节市	**167325**	**86426**	**80899**	**151911**	**76559**	**75352**	**107486**	**53468**	**54018**
七星关区	5882	2970	2912	5790	2846	2944	4456	2165	2291
大方县	21513	11333	10180	20300	10402	9898	14026	7019	7007
黔西县	26371	13495	12876	24258	12137	12121	17767	8945	8822
金沙县	24441	12590	11851	22965	11798	11167	15557	7903	7654
织金县	26427	13865	12562	23483	12039	11444	16953	8426	8527
纳雍县	20050	10507	9543	18163	9034	9129	12676	6210	6466
威宁彝族回族苗族自治县	30678	15593	15085	26396	13125	13271	18648	9253	9395
赫章县	11963	6073	5890	10556	5178	5378	7403	3547	3856

1-5b 续表 9 单位：人

地 区	45-49岁			50-54岁			55-59岁		
	小计	男	女	小计	男	女	小计	男	女
铜仁市	**85169**	**42478**	**42691**	**72661**	**36091**	**36570**	**53490**	**26070**	**27420**
碧江区	485	269	216	435	235	200	396	207	189
万山区									
江口县	6669	3407	3262	5869	2928	2941	4864	2425	2439
玉屏侗族自治县	7131	3540	3591	6078	3027	3051	4948	2459	2489
石阡县	8620	4337	4283	7145	3523	3622	5373	2539	2834
思南县	15321	7557	7764	13631	6823	6808	9258	4475	4783
印江土家族苗族自治县	10624	5111	5513	8605	4188	4417	6293	2963	3330
德江县	12719	6338	6381	10926	5353	5573	7229	3562	3667
沿河土家族自治县	11565	5818	5747	9637	4706	4931	7129	3457	3672
松桃苗族自治县	12035	6101	5934	10335	5308	5027	8000	3983	4017
黔西南布依族苗族自治州	**49015**	**25671**	**23344**	**48045**	**24380**	**23665**	**36823**	**18495**	**18328**
兴义市	6299	3293	3006	6239	3218	3021	5051	2564	2487
兴仁市	3426	1755	1671	3363	1765	1598	2556	1258	1298
普安县	5430	2941	2489	5223	2625	2598	3896	1935	1961
晴隆县	5232	2770	2462	4874	2469	2405	3679	1862	1817
贞丰县	7264	3642	3622	7403	3707	3696	5764	2826	2938
望谟县	6079	3253	2826	5940	3030	2910	4425	2256	2170
册亨县	4737	2464	2273	4587	2335	2252	3367	1722	1645
安龙县	10548	5553	4995	10416	5231	5185	8084	4072	4012
黔东南苗族侗族自治州	**100342**	**51767**	**48575**	**91931**	**46133**	**45798**	**72610**	**35967**	**36643**
凯里市	2846	1546	1300	2469	1310	1159	1821	914	907
黄平县	8592	4459	4133	7845	3991	3854	5745	2869	2876
施秉县	4443	2234	2209	3941	1958	1983	2889	1453	1436
三穗县	6111	3110	3001	5484	2639	2845	4634	2213	2421
镇远县	7790	3948	3842	7817	3940	3877	6232	3054	3178
岑巩县	5550	2706	2844	5208	2535	2673	4399	2052	2347
天柱县	9413	4906	4507	8557	4294	4263	7081	3445	3636
锦屏县	5659	2872	2787	5386	2753	2633	4647	2254	2393
剑河县	5944	3121	2823	5229	2579	2650	4001	1949	2052
台江县	3839	2053	1786	3336	1716	1620	2266	1197	1069
黎平县	13106	6644	6462	12503	6188	6315	10900	5443	5457
榕江县	8167	4264	3903	7487	3748	3739	5740	2884	2856
从江县	5711	2973	2738	5172	2620	2552	3745	1926	1819
雷山县	4354	2305	2049	3714	1936	1778	2582	1329	1253
麻江县	4466	2341	2125	3860	1931	1929	2916	1497	1419
丹寨县	4351	2285	2066	3923	1995	1928	3012	1488	1524
黔南布依族苗族自治州	**109096**	**56608**	**52488**	**100330**	**51325**	**49005**	**73733**	**36770**	**36963**
都匀市	2085	1109	976	1957	1008	949	1448	740	708
福泉市	4410	2382	2028	3764	2052	1712	2468	1294	1174
荔波县	5347	2819	2528	4962	2583	2379	3605	1755	1850
贵定县	10808	5477	5331	10108	5131	4977	7701	3894	3807
瓮安县	20873	10624	10249	17930	9003	8927	12938	6267	6671
独山县	11087	5621	5466	11003	5569	5434	7986	3914	4072
平塘县	6614	3426	3188	6367	3202	3165	4587	2267	2320
罗甸县	10556	5533	5023	9946	4972	4974	7358	3565	3793
长顺县	6055	3334	2721	5692	2987	2705	4405	2253	2152
龙里县	11728	6181	5547	10149	5377	4772	6743	3537	3206
惠水县	12569	6448	6121	11663	5972	5691	9398	4663	4735
三都水族自治县	6964	3654	3310	6789	3469	3320	5096	2621	2475

1－5b 续表 10

单位：人

地 区	60－64岁			65－69岁			70－74岁		
	小计	男	女	小计	男	女	小计	男	女
贵 州	**322105**	**159548**	**162557**	**348955**	**166756**	**182199**	**248265**	**116981**	**131284**
贵阳市	**19022**	**9711**	**9311**	**19062**	**8901**	**10161**	**13882**	**6570**	**7312**
南明区									
云岩区									
花溪区	1497	772	725	1387	615	772	910	462	448
乌当区	818	425	393	874	432	442	579	280	299
白云区	127	64	63	171	53	118	141	69	72
观山湖区	1025	501	524	970	385	585	922	429	493
开阳县	6239	3161	3078	6152	2872	3280	4704	2228	2476
息烽县	3556	1803	1753	3765	1752	2013	2840	1342	1498
修文县	4046	2109	1937	4160	2015	2145	2746	1249	1497
清镇市	1714	876	838	1583	777	806	1040	511	529
六盘水市	**14882**	**7302**	**7580**	**15175**	**7106**	**8069**	**11228**	**5407**	**5821**
钟山区	1856	873	983	1969	776	1193	1829	857	972
六枝特区	1989	990	999	2041	978	1063	1356	656	700
水城县	5722	2805	2917	6629	3157	3472	4861	2332	2529
盘州市	5315	2634	2681	4536	2195	2341	3182	1562	1620
遵义市	**55260**	**27618**	**27642**	**74809**	**36120**	**38689**	**52950**	**25148**	**27802**
红花岗区	1967	985	982	2945	1431	1514	1805	855	950
汇川区	1881	917	964	3184	1513	1671	2321	1130	1191
播州区	3179	1593	1586	4044	1880	2164	3038	1477	1561
桐梓县	7838	4031	3807	10046	4846	5200	6582	3147	3435
绥阳县	6138	3018	3120	7153	3458	3695	4883	2338	2545
正安县	5435	2744	2691	7305	3657	3648	5354	2475	2879
道真仡佬族苗族自治县	3427	1653	1774	5447	2589	2858	4277	1993	2284
务川仡佬族苗族自治县	4075	1985	2090	5402	2527	2875	4198	1986	2212
凤冈县	3309	1660	1649	5112	2389	2723	3792	1788	2004
湄潭县	5824	2932	2892	7754	3861	3893	5859	2830	3029
余庆县	3016	1491	1525	4347	2088	2259	3302	1500	1802
习水县	5776	2881	2895	7361	3537	3824	4357	2057	2300
赤水市	1284	629	655	2049	980	1069	1304	637	667
仁怀市	2111	1099	1012	2660	1364	1296	1878	935	943
安顺市	**21229**	**10433**	**10796**	**19718**	**9113**	**10605**	**14209**	**6598**	**7611**
西秀区	1970	1012	958	1945	910	1035	1429	681	748
平坝区	3298	1638	1660	3279	1443	1836	2717	1271	1446
普定县	4527	2200	2327	4706	2226	2480	3165	1523	1642
镇宁布依族苗族自治县	4315	2064	2251	3650	1635	2015	2543	1141	1402
关岭布依族苗族自治县	3885	1922	1963	3181	1511	1670	2192	1043	1149
紫云苗族布依族自治县	3234	1597	1637	2957	1388	1569	2163	939	1224
毕节市	**68978**	**34542**	**34436**	**72071**	**35396**	**36675**	**47062**	**22766**	**24296**
七星关区	2837	1403	1434	3265	1619	1646	2139	1030	1109
大方县	8429	4212	4217	9941	4755	5186	6197	3005	3192
黔西县	11711	5914	5797	11464	5621	5843	6905	3279	3626
金沙县	7192	3695	3497	9947	5026	4921	7086	3490	3596
织金县	11446	5815	5631	11867	5710	6157	7181	3367	3814
纳雍县	8964	4368	4596	9547	4700	4847	6411	3109	3302
威宁彝族回族苗族自治县	13085	6484	6601	10721	5383	5338	7650	3793	3857
赫章县	5314	2651	2663	5319	2582	2737	3493	1693	1800

1-5b　续表 11　　　　单位：人

地　区	60-64岁			65-69岁			70-74岁		
	小计	男	女	小计	男	女	小计	男	女
铜仁市	**29159**	**14327**	**14832**	**35091**	**16272**	**18819**	**25017**	**11807**	**13210**
碧江区	241	120	121	339	160	179	244	126	118
万山区									
江口县	2863	1394	1469	2736	1299	1437	2081	1029	1052
玉屏侗族自治县	2622	1287	1335	2955	1258	1697	2077	1021	1056
石阡县	2977	1487	1490	3459	1551	1908	2518	1172	1346
思南县	4646	2223	2423	6675	3027	3648	4778	2189	2589
印江土家族苗族自治县	3131	1539	1592	4274	1955	2319	3000	1385	1615
德江县	3717	1837	1880	4195	1961	2234	2890	1306	1584
沿河土家族自治县	3969	1948	2021	4921	2388	2533	3449	1615	1834
松桃苗族自治县	4993	2492	2501	5537	2673	2864	3980	1964	2016
黔西南布依族苗族自治州	**25943**	**12743**	**13200**	**22502**	**10863**	**11639**	**16122**	**7368**	**8754**
兴义市	3322	1638	1684	2829	1442	1387	2081	986	1095
兴仁市	1683	827	856	1568	804	764	1186	554	632
普安县	2866	1432	1434	2509	1193	1316	1608	749	859
晴隆县	2699	1345	1354	2426	1168	1258	1649	791	858
贞丰县	4047	1969	2078	3445	1643	1802	2198	999	1199
望谟县	3200	1528	1672	2788	1315	1473	2104	874	1230
册亨县	2467	1200	1267	2055	945	1110	1477	640	837
安龙县	5659	2804	2855	4882	2353	2529	3819	1775	2044
黔东南苗族侗族自治州	**41056**	**20022**	**21034**	**43476**	**20785**	**22691**	**32569**	**15337**	**17232**
凯里市	1062	531	531	1480	691	789	1140	552	588
黄平县	3073	1547	1526	4121	2013	2108	3098	1500	1598
施秉县	1637	810	827	1849	898	951	1373	644	729
三穗县	2789	1276	1513	2859	1337	1522	2246	1035	1211
镇远县	3786	1892	1894	3606	1688	1918	2600	1233	1367
岑巩县	2417	1129	1288	2564	1214	1350	1688	785	903
天柱县	4411	2114	2297	4433	2166	2267	3435	1627	1808
锦屏县	2788	1344	1444	2681	1245	1436	1919	856	1063
剑河县	1889	863	1026	2247	1016	1231	1799	816	983
台江县	1241	639	602	1304	621	683	989	459	530
黎平县	6154	2992	3162	6172	3000	3172	4321	2063	2258
榕江县	3422	1742	1680	2955	1451	1504	2211	1028	1183
从江县	1858	932	926	1988	962	1026	1638	795	843
雷山县	1265	614	651	1549	753	796	1358	661	697
麻江县	1533	771	762	1924	896	1028	1373	639	734
丹寨县	1731	826	905	1744	834	910	1381	644	737
黔南布依族苗族自治州	**46576**	**22850**	**23726**	**47051**	**22200**	**24851**	**35226**	**15980**	**19246**
都匀市	983	480	503	1074	510	564	862	367	495
福泉市	1494	761	733	1680	852	828	1237	618	619
荔波县	1720	842	878	1901	882	1019	1268	602	666
贵定县	5502	2713	2789	5342	2581	2761	4025	1898	2127
瓮安县	7694	3787	3907	8598	4130	4468	6150	2897	3253
独山县	5031	2490	2541	5590	2709	2881	4166	1855	2311
平塘县	2873	1356	1517	2915	1387	1528	2250	977	1273
罗甸县	4527	2122	2405	4862	2101	2761	3810	1600	2210
长顺县	3310	1664	1646	3080	1456	1624	2312	1060	1252
龙里县	4210	2177	2033	3603	1727	1876	2784	1331	1453
惠水县	6401	3103	3298	5564	2560	3004	4186	1835	2351
三都水族自治县	2831	1355	1476	2842	1305	1537	2176	940	1236

1-5b 续表 12 单位：人

地 区	75-79岁			80-84岁			85-89岁		
	小计	男	女	小计	男	女	小计	男	女
贵 州	**171781**	**77815**	**93966**	**108782**	**46698**	**62084**	**47116**	**19138**	**27978**
贵阳市	**9227**	**4196**	**5031**	**5859**	**2530**	**3329**	**2593**	**1086**	**1507**
南明区									
云岩区									
花溪区	603	277	326	411	177	234	211	68	143
乌当区	384	171	213	295	132	163	132	46	86
白云区	164	82	82	71	32	39	22	10	12
观山湖区	753	315	438	625	272	353	236	115	121
开阳县	2838	1283	1555	1714	717	997	769	328	441
息烽县	1742	819	923	1031	460	571	438	173	265
修文县	1936	897	1039	1126	511	615	556	239	317
清镇市	807	352	455	586	229	357	229	107	122
六盘水市	**7868**	**3762**	**4106**	**5149**	**2329**	**2820**	**1939**	**826**	**1113**
钟山区	1191	591	600	606	255	351	150	77	73
六枝特区	1037	452	585	702	291	411	319	127	192
水城县	3291	1614	1677	2089	981	1108	742	309	433
盘州市	2349	1105	1244	1752	802	950	728	313	415
遵义市	**37441**	**17314**	**20127**	**21354**	**9610**	**11744**	**8947**	**3843**	**5104**
红花岗区	1286	647	639	751	331	420	318	131	187
汇川区	1738	833	905	972	483	489	365	156	209
播州区	2071	963	1108	1130	535	595	424	180	244
桐梓县	5018	2339	2679	2849	1234	1615	1260	534	726
绥阳县	3226	1552	1674	1920	862	1058	743	312	431
正安县	3510	1618	1892	1905	855	1050	698	286	412
道真仡佬族苗族自治县	3124	1436	1688	1604	759	845	514	242	272
务川仡佬族苗族自治县	2965	1370	1595	1745	811	934	686	317	369
凤冈县	2588	1111	1477	1454	629	825	641	267	374
湄潭县	3938	1838	2100	2347	1067	1280	1143	519	624
余庆县	2184	975	1209	1353	589	764	638	285	353
习水县	3389	1544	1845	1916	811	1105	945	393	552
赤水市	1166	501	665	642	305	337	287	118	169
仁怀市	1238	587	651	766	339	427	285	103	182
安顺市	**10104**	**4605**	**5499**	**6517**	**2724**	**3793**	**2966**	**1227**	**1739**
西秀区	998	482	516	652	287	365	284	119	165
平坝区	1921	925	996	1349	584	765	618	281	337
普定县	2225	1061	1164	1574	710	864	668	268	400
镇宁布依族苗族自治县	1893	830	1063	1149	465	684	556	223	333
关岭布依族苗族自治县	1554	696	858	893	347	546	416	171	245
紫云苗族布依族自治县	1513	611	902	900	331	569	424	165	259
毕节市	**32936**	**15320**	**17616**	**22966**	**10243**	**12723**	**9121**	**3854**	**5267**
七星关区	1602	770	832	1150	565	585	460	192	268
大方县	4581	2146	2435	3326	1471	1855	1362	544	818
黔西县	5038	2358	2680	3527	1525	2002	1498	641	857
金沙县	4821	2256	2565	3124	1461	1663	1379	588	791
织金县	5089	2229	2860	3433	1478	1955	1307	521	786
纳雍县	4188	1925	2263	2998	1302	1696	1161	463	698
威宁彝族回族苗族自治县	5207	2520	2687	3555	1635	1920	1326	635	691
赫章县	2410	1116	1294	1853	806	1047	628	270	358

1－5b　续表 13　　　　单位：人

地　区	75－79岁			80－84岁			85－89岁		
	小计	男	女	小计	男	女	小计	男	女
铜仁市	**17272**	**7811**	**9461**	**9923**	**4259**	**5664**	**4751**	**1996**	**2755**
碧江区	172	78	94	99	40	59	40	22	18
万山区									
江口县	1411	631	780	801	333	468	442	186	256
玉屏侗族自治县	1292	598	694	923	383	540	448	199	249
石阡县	1645	741	904	1031	406	625	485	209	276
思南县	3446	1539	1907	1683	701	982	804	330	474
印江土家族苗族自治县	1978	921	1057	1068	464	604	514	199	315
德江县	2247	934	1313	1211	536	675	515	211	304
沿河土家族自治县	2507	1119	1388	1511	688	823	727	304	423
松桃苗族自治县	2574	1250	1324	1596	708	888	776	336	440
黔西南布依族苗族自治州	**11875**	**5119**	**6756**	**7462**	**2927**	**4535**	**3236**	**1120**	**2116**
兴义市	1629	725	904	1197	519	678	485	172	313
兴仁市	834	391	443	516	213	303	259	101	158
普安县	1116	486	630	738	304	434	273	106	167
晴隆县	1162	522	640	757	330	427	291	106	185
贞丰县	1645	708	937	1116	430	686	521	192	329
望谟县	1543	620	923	905	304	601	370	88	282
册亨县	1147	453	694	634	236	398	270	87	183
安龙县	2799	1214	1585	1599	591	1008	767	268	499
黔东南苗族侗族自治州	**21392**	**9480**	**11912**	**15049**	**6311**	**8738**	**6791**	**2636**	**4155**
凯里市	776	338	438	481	208	273	222	91	131
黄平县	1944	876	1068	1357	569	788	618	256	362
施秉县	886	398	488	617	242	375	309	133	176
三穗县	1320	597	723	921	390	531	427	173	254
镇远县	1781	770	1011	1244	525	719	546	204	342
岑巩县	1252	590	662	828	361	467	383	149	234
天柱县	2144	983	1161	1685	713	972	735	287	448
锦屏县	1073	427	646	922	342	580	390	121	269
剑河县	1244	544	700	901	410	491	385	163	222
台江县	700	289	411	485	201	284	193	79	114
黎平县	2958	1271	1687	2049	796	1253	859	318	541
榕江县	1560	671	889	1007	423	584	473	194	279
从江县	1114	504	610	814	367	447	389	146	243
雷山县	866	420	446	547	266	281	251	106	145
麻江县	880	394	486	550	215	335	300	102	198
丹寨县	894	408	486	641	283	358	311	114	197
黔南布依族苗族自治州	**23666**	**10208**	**13458**	**14503**	**5765**	**8738**	**6772**	**2550**	**4222**
都匀市	570	229	341	331	144	187	170	72	98
福泉市	784	364	420	443	201	242	206	65	141
荔波县	823	362	461	606	210	396	306	113	193
贵定县	2525	1139	1386	1552	606	946	736	268	468
瓮安县	3677	1658	2019	2064	955	1109	969	390	579
独山县	2824	1255	1569	1822	699	1123	873	305	568
平塘县	1712	712	1000	1128	436	692	566	208	358
罗甸县	2936	1127	1809	1601	555	1046	712	236	476
长顺县	1693	707	986	993	388	605	436	187	249
龙里县	1654	773	881	1032	447	585	509	230	279
惠水县	2990	1251	1739	1919	745	1174	832	301	531
三都水族自治县	1478	631	847	1012	379	633	457	175	282

1-5b 续表 14　　单位：人

地　区	90-94岁			95-99岁			100岁及以上		
	小计	男	女	小计	男	女	小计	男	女
贵　州	**13685**	**5278**	**8407**	**2618**	**894**	**1724**	**587**	**199**	**388**
贵阳市	**678**	**292**	**386**	**131**	**47**	**84**	**30**	**15**	**15**
南明区									
云岩区									
花溪区	67	30	37	10	3	7	5	3	2
乌当区	37	16	21	12	6	6	3	3	
白云区	9	4	5				2	1	1
观山湖区	53	26	27	26	10	16	2	1	1
开阳县	202	79	123	31	12	19	6	3	3
息烽县	127	65	62	14	5	9	3	1	2
修文县	118	48	70	26	6	20	5	1	4
清镇市	65	24	41	12	5	7	4	2	2
六盘水市	**539**	**234**	**305**	**131**	**51**	**80**	**27**	**9**	**18**
钟山区	50	29	21	8	3	5	1		1
六枝特区	83	28	55	27	10	17	9	1	8
水城县	218	94	124	51	20	31	12	6	6
盘州市	188	83	105	45	18	27	5	2	3
遵义市	**2464**	**1035**	**1429**	**337**	**126**	**211**	**58**	**22**	**36**
红花岗区	113	48	65	16	6	10	1		1
汇川区	102	49	53	13	5	8	3	1	2
播州区	144	55	89	23	10	13	3	1	2
桐梓县	354	146	208	48	16	32	16	5	11
绥阳县	213	82	131	35	18	17	3	1	2
正安县	188	73	115	28	12	16	3	1	2
道真仡佬族苗族自治县	122	62	60	20	14	6			
务川仡佬族苗族自治县	136	63	73	14	9	5	8	5	3
凤冈县	152	80	72	18	6	12	1	1	
湄潭县	286	135	151	36	11	25	7	3	4
余庆县	163	56	107	27	7	20	6	2	4
习水县	290	114	176	38	10	28	4	1	3
赤水市	96	25	71	12	1	11	1		1
仁怀市	105	47	58	9	1	8	2	1	1
安顺市	**1025**	**404**	**621**	**263**	**98**	**165**	**53**	**13**	**40**
西秀区	94	32	62	14	7	7	4	2	2
平坝区	182	89	93	43	19	24	8	1	7
普定县	267	110	157	68	16	52	6	2	4
镇宁布依族苗族自治县	205	76	129	51	18	33	22	7	15
关岭布依族苗族自治县	135	55	80	49	22	27	10		10
紫云苗族布依族自治县	142	42	100	38	16	22	3	1	2
毕节市	**2855**	**1087**	**1768**	**521**	**172**	**349**	**180**	**61**	**119**
七星关区	157	56	101	29	8	21	8	4	4
大方县	452	176	276	93	25	68	78	28	50
黔西县	432	153	279	79	26	53	24	8	16
金沙县	381	143	238	48	22	26	19	8	11
织金县	389	132	257	69	23	46	16	3	13
纳雍县	362	128	234	79	22	57	8		8
威宁彝族回族苗族自治县	430	206	224	92	38	54	17	8	9
赫章县	252	93	159	32	8	24	10	2	8

1—5b　续表 15

单位：人

地　区	90—94岁			95—99岁			100岁及以上		
	小计	男	女	小计	男	女	小计	男	女
铜仁市	**1316**	**546**	**770**	**322**	**114**	**208**	**51**	**21**	**30**
碧江区	17	7	10	5	2	3	2		2
万山区									
江口县	130	70	60	28	8	20	4	3	1
玉屏侗族自治县	127	49	78	26	14	12	4	2	2
石阡县	133	51	82	25	8	17	2		2
思南县	178	69	109	47	12	35	1		1
印江土家族苗族自治县	130	51	79	29	12	17	3		3
德江县	145	53	92	31	11	20	6	3	3
沿河土家族自治县	178	74	104	72	29	43	20	8	12
松桃苗族自治县	278	122	156	59	18	41	9	5	4
黔西南布依族苗族自治州	**1143**	**376**	**767**	**245**	**67**	**178**	**53**	**11**	**42**
兴义市	171	51	120	24	4	20	11	1	10
兴仁市	75	22	53	16	7	9	2	1	1
普安县	107	47	60	21	5	16	7	1	6
晴隆县	131	58	73	35	13	22	9	1	8
贞丰县	197	74	123	46	13	33			
望谟县	111	29	82	28	7	21	8	2	6
册亨县	101	23	78	19	6	13	7	1	6
安龙县	250	72	178	56	12	44	9	4	5
黔东南苗族侗族自治州	**1685**	**626**	**1059**	**262**	**84**	**178**	**64**	**20**	**44**
凯里市	68	26	42	11	3	8	4	2	2
黄平县	148	53	95	24	6	18	4	1	3
施秉县	69	28	41	16	6	10	7	2	5
三穗县	111	48	63	18	7	11	6		6
镇远县	134	55	79	17	6	11	4	1	3
岑巩县	94	32	62	20	6	14	1		1
天柱县	234	83	151	25	8	17	7	1	6
锦屏县	82	18	64	7	3	4	3	2	1
剑河县	91	46	45	24	8	16	2	1	1
台江县	44	16	28	3	1	2	2	1	1
黎平县	166	61	105	26	7	19	9	3	6
榕江县	117	39	78	12	2	10	2		2
从江县	122	46	76	32	11	21	5	3	2
雷山县	46	20	26	9	3	6	2	2	
麻江县	73	30	43	9	3	6	4	1	3
丹寨县	86	25	61	9	4	5	2		2
黔南布依族苗族自治州	**1980**	**678**	**1302**	**406**	**135**	**271**	**71**	**27**	**44**
都匀市	56	20	36	11	5	6	1	1	
福泉市	63	21	42	13	4	9	1		1
荔波县	80	25	55	18	4	14	2		2
贵定县	229	74	155	52	22	30	31	13	18
瓮安县	238	90	148	47	14	33	5	1	4
独山县	284	98	186	49	16	33	7	2	5
平塘县	142	50	92	27	4	23	1		1
罗甸县	201	62	139	38	6	32	8	1	7
长顺县	151	61	90	36	11	25	2	2	
龙里县	164	59	105	49	22	27	5	3	2
惠水县	254	88	166	48	19	29	5	3	2
三都水族自治县	118	30	88	18	8	10	3	1	2

1-5c 各地区分年龄、性别的人口(乡村)

单位：人

地区	合计			0岁		
	合计	男	女	小计	男	女
贵州	**18066202**	**9397708**	**8668494**	**262682**	**139087**	**123595**
贵阳市	**1192947**	**636083**	**556864**	**17289**	**9201**	**8088**
南明区	51797	28168	23629	680	354	326
云岩区						
花溪区	187463	99087	88376	2856	1499	1357
乌当区	112527	60416	52111	1458	792	666
白云区	37896	20050	17846	394	197	197
观山湖区	95176	50651	44525	1314	725	589
开阳县	157617	83684	73933	2121	1120	1001
息烽县	115337	61377	53960	1615	873	742
修文县	156711	83619	73092	2483	1335	1148
清镇市	278423	149031	129392	4368	2306	2062
六盘水市	**1550047**	**809945**	**740102**	**29648**	**15720**	**13928**
钟山区	67452	35513	31939	1047	575	472
六枝特区	324917	167922	156995	4862	2597	2265
水城县	504499	265033	239466	9015	4735	4280
盘州市	653179	341477	311702	14724	7813	6911
遵义市	**2861453**	**1483094**	**1378359**	**35329**	**18546**	**16783**
红花岗区	179140	93336	85804	2333	1226	1107
汇川区	135675	70981	64694	1717	852	865
播州区	370489	192147	178342	4892	2611	2281
桐梓县	282174	147709	134465	3431	1820	1611
绥阳县	207136	106835	100301	2581	1382	1199
正安县	228948	117541	111407	2548	1376	1172
道真仡佬族苗族自治县	115572	59855	55717	1067	536	531
务川仡佬族苗族自治县	140117	72739	67378	1833	962	871
凤冈县	159742	81278	78464	2061	1087	974
湄潭县	184645	93410	91235	2222	1157	1065
余庆县	117922	59915	58007	1290	668	622
习水县	337728	175609	162119	4381	2211	2170
赤水市	108588	56676	51912	939	517	422
仁怀市	293577	155063	138514	4034	2141	1893
安顺市	**1324015**	**686370**	**637645**	**19709**	**10487**	**9222**
西秀区	356591	183782	172809	5085	2733	2352
平坝区	175256	90229	85027	2709	1431	1278
普定县	231393	120219	111174	3456	1824	1632
镇宁布依族苗族自治县	185052	97253	87799	2489	1323	1166
关岭布依族苗族自治县	178049	92904	85145	2612	1351	1261
紫云苗族布依族自治县	197674	101983	95691	3358	1825	1533
毕节市	**3993304**	**2069101**	**1924203**	**62093**	**32532**	**29561**
七星关区	609892	312154	297738	9903	5172	4731
大方县	533681	277865	255816	8210	4328	3882
黔西县	391660	203612	188048	5717	3001	2716
金沙县	269919	143504	126415	3110	1641	1469
织金县	467730	242604	225126	7239	3863	3376
纳雍县	424614	218420	206194	6851	3615	3236
威宁彝族回族苗族自治县	816552	424770	391782	13163	6824	6339
赫章县	479256	246172	233084	7900	4088	3812

1-5c　续表 1

单位：人

地　区	合　计			0岁		
	合计	男	女	小计	男	女
铜仁市	**1779794**	**919122**	**860672**	**22345**	**12057**	**10288**
碧江区	95522	48598	46924	1021	543	478
万山区	84100	44539	39561	973	512	461
江口县	102897	54092	48805	1213	677	536
玉屏侗族自治县	71869	38016	33853	910	509	401
石阡县	195012	100512	94500	2455	1353	1102
思南县	268475	136318	132157	3057	1659	1398
印江土家族苗族自治县	173074	89251	83823	1903	1026	877
德江县	208850	106654	102196	2663	1407	1256
沿河土家族自治县	258827	133455	125372	3553	1911	1642
松桃苗族自治县	321168	167687	153481	4597	2460	2137
黔西南布依族苗族自治州	**1624174**	**836210**	**787964**	**23626**	**12431**	**11195**
兴义市	354635	185416	169219	4911	2595	2316
兴仁市	256560	132137	124423	3581	1903	1678
普安县	167700	86732	80968	2526	1342	1184
晴隆县	157225	81016	76209	2323	1210	1113
贞丰县	189399	96483	92916	2850	1503	1347
望谟县	146539	74435	72104	1996	1008	988
册亨县	128038	65332	62706	1935	1028	907
安龙县	224078	114659	109419	3504	1842	1662
黔东南苗族侗族自治州	**2046619**	**1073572**	**973047**	**29469**	**15771**	**13698**
凯里市	189814	101370	88444	2332	1228	1104
黄平县	150133	77203	72930	1680	905	775
施秉县	74760	38821	35939	901	482	419
三穗县	84243	44333	39910	1135	595	540
镇远县	95498	49995	45503	1194	668	526
岑巩县	94075	49582	44493	1267	655	612
天柱县	157695	82758	74937	2093	1127	966
锦屏县	85319	44627	40692	1138	588	550
剑河县	113966	60992	52974	1422	760	662
台江县	77307	40413	36894	975	506	469
黎平县	250291	129136	121155	4096	2174	1922
榕江县	195473	103286	92187	3114	1669	1445
从江县	241668	124541	117127	4993	2702	2291
雷山县	75034	40820	34214	1002	562	440
麻江县	79964	42245	37719	1142	619	523
丹寨县	81379	43450	37929	985	531	454
黔南布依族苗族自治州	**1693849**	**884211**	**809638**	**23174**	**12342**	**10832**
都匀市	180734	95987	84747	2123	1155	968
福泉市	144136	76968	67168	1924	1006	918
荔波县	88751	47237	41514	1284	705	579
贵定县	119233	59708	59525	1529	763	766
瓮安县	153650	81278	72372	2017	1066	951
独山县	137521	71587	65934	1712	911	801
平塘县	155238	79057	76181	2064	1117	947
罗甸县	115007	59239	55768	1646	863	783
长顺县	114887	59933	54954	1776	931	845
龙里县	108330	57232	51098	1553	827	726
惠水县	202006	104840	97166	3068	1600	1468
三都水族自治县	174356	91145	83211	2478	1398	1080

1-5c 续表 2

单位：人

地　区	1-4岁			5-9岁			10-14岁		
	小计	男	女	小计	男	女	小计	男	女
贵　州	**1156299**	**611657**	**544642**	**1587275**	**848922**	**738353**	**1566426**	**838129**	**728297**
贵阳市	**79926**	**42128**	**37798**	**99202**	**52498**	**46704**	**73744**	**38625**	**35119**
南明区	3152	1664	1488	3721	1996	1725	2982	1566	1416
云岩区									
花溪区	14004	7493	6511	17106	9058	8048	12237	6369	5868
乌当区	6823	3631	3192	8286	4355	3931	5883	3111	2772
白云区	2265	1174	1091	2987	1613	1374	2271	1170	1101
观山湖区	5735	2990	2745	6701	3634	3067	4820	2529	2291
开阳县	9484	4981	4503	10486	5540	4946	8180	4233	3947
息烽县	7366	3883	3483	9189	4847	4342	8267	4348	3919
修文县	10886	5713	5173	14010	7405	6605	10405	5454	4951
清镇市	20211	10599	9612	26716	14050	12666	18699	9845	8854
六盘水市	**122837**	**65411**	**57426**	**143987**	**78167**	**65820**	**116920**	**63417**	**53503**
钟山区	4342	2277	2065	5177	2717	2460	4772	2528	2244
六枝特区	22117	11658	10459	32312	17371	14941	36196	19376	16820
水城县	36686	19350	17336	46445	24804	21641	38746	21014	17732
盘州市	59692	32126	27566	60053	33275	26778	37206	20499	16707
遵义市	**155854**	**81976**	**73878**	**202219**	**107065**	**95154**	**216697**	**115717**	**100980**
红花岗区	10680	5677	5003	11903	6282	5621	11245	5991	5254
汇川区	7927	4205	3722	10188	5388	4800	9959	5303	4656
播州区	21935	11557	10378	26225	13961	12264	24858	13113	11745
桐梓县	15788	8285	7503	21756	11345	10411	23410	12359	11051
绥阳县	12181	6403	5778	15745	8390	7355	15520	8346	7174
正安县	11174	5975	5199	15298	8255	7043	19213	10469	8744
道真仡佬族苗族自治县	4299	2240	2059	5717	3055	2662	8066	4317	3749
务川仡佬族苗族自治县	7105	3816	3289	8851	4689	4162	10486	5789	4697
凤冈县	8239	4353	3886	10604	5609	4995	11954	6429	5525
湄潭县	9785	5046	4739	11506	6059	5447	14165	7495	6670
余庆县	5450	2870	2580	7172	3842	3330	9933	5411	4522
习水县	20058	10448	9610	29001	15311	13690	28968	15427	13541
赤水市	4481	2351	2130	6825	3627	3198	9078	4792	4286
仁怀市	16752	8750	8002	21428	11252	10176	19842	10476	9366
安顺市	**87254**	**46570**	**40684**	**126019**	**67290**	**58729**	**121368**	**64714**	**56654**
西秀区	23331	12456	10875	32776	17359	15417	29490	15486	14004
平坝区	11495	6156	5339	16009	8629	7380	14024	7431	6593
普定县	15813	8413	7400	22808	12111	10697	20274	10790	9484
镇宁布依族苗族自治县	10968	5915	5053	16429	8842	7587	16850	9113	7737
关岭布依族苗族自治县	11779	6306	5473	18140	9658	8482	19566	10445	9121
紫云苗族布依族自治县	13868	7324	6544	19857	10691	9166	21164	11449	9715
毕节市	**279205**	**146046**	**133159**	**404355**	**212047**	**192308**	**427779**	**223444**	**204335**
七星关区	46418	24295	22123	65052	34020	31032	70447	36362	34085
大方县	37099	19421	17678	55931	29570	26361	57531	30322	27209
黔西县	25945	13616	12329	36706	19103	17603	34070	17896	16174
金沙县	13534	7067	6467	21953	11541	10412	28256	14845	13411
织金县	32557	17103	15454	48857	25591	23266	49364	25761	23603
纳雍县	31016	16224	14792	46997	24527	22470	50718	26633	24085
威宁彝族回族苗族自治县	57477	30056	27421	78304	41079	37225	84922	44355	40567
赫章县	35159	18264	16895	50555	26616	23939	52471	27270	25201

1-5c　续表 3

单位：人

地　区	1-4岁			5-9岁			10-14岁		
	小计	男	女	小计	男	女	小计	男	女
铜仁市	**98263**	**52130**	**46133**	**143813**	**77796**	**66017**	**148579**	**80619**	**67960**
碧江区	4804	2549	2255	7249	3938	3311	6178	3262	2916
万山区	4882	2618	2264	7481	4072	3409	6900	3773	3127
江口县	5635	2965	2670	7937	4283	3654	7349	4045	3304
玉屏侗族自治县	4267	2292	1975	6246	3474	2772	4959	2759	2200
石阡县	10408	5545	4863	14564	7837	6727	13949	7673	6276
思南县	13819	7271	6548	20030	10758	9272	20956	11468	9488
印江土家族苗族自治县	8191	4392	3799	12418	6769	5649	13456	7287	6169
德江县	10971	5796	5175	16727	9095	7632	17405	9414	7991
沿河土家族自治县	14799	7873	6926	22025	11924	10101	29327	15755	13572
松桃苗族自治县	20487	10829	9658	29136	15646	13490	28100	15183	12917
黔西南布依族苗族自治州	**105025**	**55446**	**49579**	**148670**	**79694**	**68976**	**154305**	**82550**	**71755**
兴义市	22270	11753	10517	29597	16096	13501	29724	16163	13561
兴仁市	16912	8891	8021	24541	13086	11455	27228	14398	12830
普安县	10974	5841	5133	15421	8278	7143	17002	9068	7934
晴隆县	9779	5209	4570	15176	8119	7057	18372	9779	8593
贞丰县	12157	6472	5685	17073	9194	7879	19921	10778	9143
望谟县	8971	4790	4181	12806	6905	5901	11468	6103	5365
册亨县	8400	4405	3995	12203	6488	5715	11250	6024	5226
安龙县	15562	8085	7477	21853	11528	10325	19340	10237	9103
黔东南苗族侗族自治州	**126773**	**67919**	**58854**	**176930**	**97506**	**79424**	**173792**	**96865**	**76927**
凯里市	9495	5119	4376	12748	7103	5645	13982	7895	6087
黄平县	7486	3951	3535	10441	5579	4862	12698	6715	5983
施秉县	4169	2288	1881	6022	3200	2822	6695	3611	3084
三穗县	4798	2590	2208	7820	4289	3531	8310	4537	3773
镇远县	5037	2688	2349	7660	4158	3502	8133	4501	3632
岑巩县	5258	2819	2439	7096	3994	3102	7558	4335	3223
天柱县	9395	5031	4364	13808	7637	6171	13131	7384	5747
锦屏县	4675	2500	2175	6633	3635	2998	6925	3845	3080
剑河县	6199	3493	2706	10725	6106	4619	11869	6875	4994
台江县	4587	2442	2145	6926	3826	3100	7169	3975	3194
黎平县	18328	9719	8609	22802	12523	10279	20694	11359	9335
榕江县	13055	6894	6161	18711	10189	8522	17060	9590	7470
从江县	21210	11202	10008	25962	14258	11704	19379	10771	8608
雷山县	3936	2154	1782	5732	3144	2588	6139	3430	2709
麻江县	4768	2541	2227	6529	3636	2893	5677	3129	2548
丹寨县	4377	2488	1889	7315	4229	3086	8373	4913	3460
黔南布依族苗族自治州	**101162**	**54031**	**47131**	**142080**	**76859**	**65221**	**133242**	**72178**	**61064**
都匀市	9470	5105	4365	12206	6749	5457	10460	5787	4673
福泉市	8353	4425	3928	12049	6376	5673	10257	5344	4913
荔波县	5350	2883	2467	7283	3926	3357	6513	3655	2858
贵定县	6911	3626	3285	9818	5268	4550	9033	4836	4197
瓮安县	8401	4379	4022	10764	5651	5113	10288	5485	4803
独山县	8146	4387	3759	11195	6151	5044	10163	5648	4515
平塘县	9717	5155	4562	13107	7080	6027	13012	7124	5888
罗甸县	6617	3530	3087	10315	5699	4616	9922	5410	4512
长顺县	7577	4055	3522	10605	5721	4884	9362	5107	4255
龙里县	6264	3321	2943	8563	4518	4045	7759	4017	3742
惠水县	13095	6931	6164	17643	9434	8209	17076	9141	7935
三都水族自治县	11261	6234	5027	18532	10286	8246	19397	10624	8773

1-5c 续表 4

单位：人

地区	15-19岁			20-24岁			25-29岁		
	小计	男	女	小计	男	女	小计	男	女
贵　州	**978165**	**527116**	**451049**	**1004329**	**524598**	**479731**	**972171**	**523010**	**449161**
贵阳市	**56227**	**31238**	**24989**	**78233**	**43463**	**34770**	**77063**	**41721**	**35342**
南明区	2238	1245	993	3970	2219	1751	4390	2402	1988
云岩区									
花溪区	7737	4141	3596	11758	6396	5362	14348	7625	6723
乌当区	7955	4446	3509	6871	3686	3185	7599	4098	3501
白云区	4708	2347	2361	2547	1433	1114	2371	1265	1106
观山湖区	9327	4961	4366	13455	6956	6499	8009	4435	3574
开阳县	3587	1944	1643	7536	4127	3409	8440	4678	3762
息烽县	3342	1845	1497	4651	2528	2123	5815	3170	2645
修文县	6548	3816	2732	7375	3899	3476	8623	4558	4065
清镇市	10785	6493	4292	20070	12219	7851	17468	9490	7978
六盘水市	**78815**	**42573**	**36242**	**97877**	**51519**	**46358**	**83347**	**44173**	**39174**
钟山区	10874	5443	5431	5495	3011	2484	3671	2043	1628
六枝特区	17605	9354	8251	17351	8984	8367	14209	7536	6673
水城县	34361	18846	15515	35848	19510	16338	27155	14915	12240
盘州市	15975	8930	7045	39183	20014	19169	38312	19679	18633
遵义市	**133271**	**72908**	**60363**	**139474**	**74128**	**65346**	**154885**	**84646**	**70239**
红花岗区	5380	3150	2230	9526	5195	4331	11450	6326	5124
汇川区	4612	2626	1986	6576	3552	3024	7415	4112	3303
播州区	13943	7809	6134	18775	9983	8792	22068	11941	10127
桐梓县	13204	7143	6061	13521	7284	6237	16017	8869	7148
绥阳县	7709	4332	3377	10354	5347	5007	11055	5930	5125
正安县	14834	7887	6947	10158	5347	4811	10501	5628	4873
道真仡佬族苗族自治县	5966	3179	2787	5016	2710	2306	5042	2774	2268
务川仡佬族苗族自治县	7344	4071	3273	8453	4385	4068	7354	4106	3248
凤冈县	8880	4841	4039	7378	3798	3580	8201	4472	3729
湄潭县	7170	4003	3167	8207	4161	4046	9216	4754	4462
余庆县	5090	2707	2383	4554	2397	2157	4604	2475	2129
习水县	16189	8877	7312	13755	7253	6502	19617	10723	8894
赤水市	5573	2985	2588	3563	1890	1673	4173	2247	1926
仁怀市	17377	9298	8079	19638	10826	8812	18172	10289	7883
安顺市	**64280**	**35119**	**29161**	**72925**	**38264**	**34661**	**79933**	**42369**	**37564**
西秀区	15624	8452	7172	20024	10476	9548	24229	12655	11574
平坝区	6608	3666	2942	9163	4693	4470	10192	5275	4917
普定县	13119	7047	6072	13835	7277	6558	13969	7369	6600
镇宁布依族苗族自治县	9569	5229	4340	10601	5742	4859	10429	5844	4585
关岭布依族苗族自治县	9553	5229	4324	8696	4614	4082	9821	5402	4419
紫云苗族布依族自治县	9807	5496	4311	10606	5462	5144	11293	5824	5469
毕节市	**260379**	**136298**	**124081**	**242975**	**124520**	**118455**	**207599**	**111087**	**96512**
七星关区	40070	20878	19192	34335	17248	17087	26556	13751	12805
大方县	27903	14914	12989	28041	14364	13677	28134	14773	13361
黔西县	17871	9379	8492	20292	10628	9664	19630	10592	9038
金沙县	13375	7130	6245	12537	6662	5875	10607	5743	4864
织金县	27644	14387	13257	27154	14097	13057	20863	11422	9441
纳雍县	31243	16281	14962	26040	12950	13090	20600	11014	9586
威宁彝族回族苗族自治县	64555	34185	30370	63096	32755	30341	53709	29194	24515
赫章县	37718	19144	18574	31480	15816	15664	27500	14598	12902

1-5c　续表 5

单位：人

地　区	15-19岁			20-24岁			25-29岁		
	小计	男	女	小计	男	女	小计	男	女
铜仁市	**102485**	**54622**	**47863**	**99675**	**50835**	**48840**	**95666**	**51417**	**44249**
碧江区	5550	2278	3272	8440	3378	5062	6071	3340	2731
万山区	3669	2074	1595	4196	2271	1925	4529	2474	2055
江口县	4385	2504	1881	4998	2683	2315	5653	3090	2563
玉屏侗族自治县	4208	2388	1820	3423	1870	1553	3832	2110	1722
石阡县	7803	4145	3658	10968	5796	5172	10878	6089	4789
思南县	12749	6872	5877	14941	7753	7188	13831	7461	6370
印江土家族苗族自治县	11220	6070	5150	8887	4773	4114	8630	4676	3954
德江县	16382	8552	7830	11477	5801	5676	10932	5729	5203
沿河土家族自治县	20572	10979	9593	14386	7318	7068	12034	6385	5649
松桃苗族自治县	15947	8760	7187	17959	9192	8767	19276	10063	9213
黔西南布依族苗族自治州	**94193**	**49999**	**44194**	**89558**	**46280**	**43278**	**86123**	**46047**	**40076**
兴义市	18660	10697	7963	20175	10813	9362	22502	12278	10224
兴仁市	14494	7559	6935	13920	7038	6882	12389	6577	5812
普安县	11287	5757	5530	9367	4739	4628	8565	4523	4042
晴隆县	9611	4961	4650	8686	4437	4249	8189	4414	3775
贞丰县	11096	5891	5205	10277	5264	5013	9142	4873	4269
望谟县	10894	5493	5401	8473	4393	4080	6968	3788	3180
册亨县	8948	4615	4333	6869	3578	3291	6238	3304	2934
安龙县	9203	5026	4177	11791	6018	5773	12130	6290	5840
黔东南苗族侗族自治州	**106600**	**60378**	**46222**	**95702**	**50561**	**45141**	**97168**	**52676**	**44492**
凯里市	13513	7657	5856	13113	6867	6246	9386	5504	3882
黄平县	10285	5229	5056	7871	4228	3643	6789	3761	3028
施秉县	3700	2052	1648	3478	1819	1659	3294	1800	1494
三穗县	3926	2193	1733	3329	1683	1646	3393	1868	1525
镇远县	3887	2235	1652	3662	1861	1801	3333	1755	1578
岑巩县	4907	2853	2054	4541	2438	2103	4526	2427	2099
天柱县	4785	2837	1948	4878	2676	2202	6899	3699	3200
锦屏县	4563	2688	1875	3157	1699	1458	4359	2357	2002
剑河县	6257	3733	2524	5140	2843	2297	5035	2837	2198
台江县	6524	3505	3019	4113	2210	1903	3491	1905	1586
黎平县	11213	6339	4874	10241	5196	5045	12248	6265	5983
榕江县	11992	6814	5178	9579	5110	4469	10367	5531	4836
从江县	10611	5998	4613	11556	5776	5780	12668	6498	6170
雷山县	3367	2030	1337	3923	2256	1667	3969	2366	1603
麻江县	2810	1599	1211	3480	1862	1618	3798	2010	1788
丹寨县	4260	2616	1644	3641	2037	1604	3613	2093	1520
黔南布依族苗族自治州	**81915**	**43981**	**37934**	**87910**	**45028**	**42882**	**90387**	**48874**	**41513**
都匀市	10137	5803	4334	9001	5183	3818	10736	6103	4633
福泉市	3404	1922	1482	6591	3518	3073	9223	5063	4160
荔波县	3528	2110	1418	4278	2329	1949	4576	2489	2087
贵定县	6732	2816	3916	10090	3525	6565	6185	3324	2861
瓮安县	6200	3657	2543	6853	3785	3068	8309	4552	3757
独山县	5583	3057	2526	6406	3439	2967	7909	4203	3706
平塘县	10690	5615	5075	7034	3632	3402	7253	3655	3598
罗甸县	5962	3153	2809	4578	2333	2245	4079	2218	1861
长顺县	4401	2441	1960	5918	3047	2871	5870	3088	2782
龙里县	6697	3324	3373	6052	3152	2900	6722	3666	3056
惠水县	9324	4906	4418	12829	6637	6192	11087	6009	5078
三都水族自治县	9257	5177	4080	8280	4448	3832	8438	4504	3934

1-5c 续表 6

单位：人

地区	30-34岁			35-39岁			40-44岁		
	小计	男	女	小计	男	女	小计	男	女
贵州	**1002649**	**547164**	**455485**	**896552**	**486621**	**409931**	**1089837**	**576779**	**513058**
贵阳市	**84287**	**46142**	**38145**	**68452**	**37841**	**30611**	**79147**	**43133**	**36014**
南明区	4547	2538	2009	3720	2088	1632	4154	2337	1817
云岩区									
花溪区	15725	8677	7048	12038	6722	5316	13437	7330	6107
乌当区	8562	4835	3727	6509	3587	2922	7917	4358	3559
白云区	3100	1686	1414	2381	1285	1096	2571	1397	1174
观山湖区	7594	4196	3398	5762	3227	2535	5879	3181	2698
开阳县	8105	4473	3632	7683	4354	3329	7812	4171	3641
息烽县	6040	3284	2756	5499	2934	2565	7729	4210	3519
修文县	11131	5964	5167	9110	4990	4120	10483	5693	4790
清镇市	19483	10489	8994	15750	8654	7096	19165	10456	8709
六盘水市	**98698**	**53994**	**44704**	**86761**	**47407**	**39354**	**102550**	**54648**	**47902**
钟山区	3997	2383	1614	3336	1934	1402	4625	2537	2088
六枝特区	17002	9104	7898	16729	8794	7935	19146	10037	9109
水城县	29760	16774	12986	26681	14798	11883	34201	18297	15904
盘州市	47939	25733	22206	40015	21881	18134	44578	23777	20801
遵义市	**144062**	**78411**	**65651**	**116030**	**61755**	**54275**	**162126**	**83772**	**78354**
红花岗区	10950	5924	5026	8187	4499	3688	10760	5632	5128
汇川区	7252	3972	3280	6008	3265	2743	8118	4306	3812
播州区	21743	11869	9874	16978	9128	7850	21302	11078	10224
桐梓县	14769	8164	6605	12006	6470	5536	17345	9245	8100
绥阳县	10770	5766	5004	9099	4701	4398	10844	5580	5264
正安县	9828	5202	4626	9318	4940	4378	12731	6436	6295
道真仡佬族苗族自治县	4796	2637	2159	4419	2367	2052	7256	3661	3595
务川仡佬族苗族自治县	5506	3058	2448	4823	2579	2244	7406	3844	3562
凤冈县	5336	2847	2489	4886	2405	2481	8780	4348	4432
湄潭县	8012	4079	3933	6345	3113	3232	10811	5287	5524
余庆县	4916	2525	2391	4047	1901	2146	6193	2997	3196
习水县	19140	10598	8542	12996	7167	5829	17558	9325	8233
赤水市	4935	2666	2269	3477	1871	1606	5466	2820	2646
仁怀市	16109	9104	7005	13441	7349	6092	17556	9213	8343
安顺市	**76021**	**41273**	**34748**	**69497**	**37552**	**31945**	**85153**	**45380**	**39773**
西秀区	21660	11762	9898	18086	9809	8277	21981	11887	10094
平坝区	10925	5698	5227	9517	5031	4486	12458	6567	5891
普定县	13062	7110	5952	12166	6412	5754	15302	7945	7357
镇宁布依族苗族自治县	10799	6071	4728	10579	6061	4518	12885	7088	5797
关岭布依族苗族自治县	9262	5120	4142	8851	4779	4072	10546	5587	4959
紫云苗族布依族自治县	10313	5512	4801	10298	5460	4838	11981	6306	5675
毕节市	**217206**	**119313**	**97893**	**192973**	**105952**	**87021**	**246303**	**129492**	**116811**
七星关区	28673	15404	13269	26838	14296	12542	33166	17128	16038
大方县	32006	17200	14806	29062	15999	13063	33377	18269	15108
黔西县	21042	11299	9743	21694	11792	9902	27061	14211	12850
金沙县	15378	8565	6813	12931	7152	5779	18596	10198	8398
织金县	23402	12944	10458	24549	13382	11167	31319	16306	15013
纳雍县	21561	11786	9775	19668	10750	8918	25460	13346	12114
威宁彝族回族苗族自治县	49364	27734	21630	38575	21488	17087	52178	27136	25042
赫章县	25780	14381	11399	19656	11093	8563	25146	12898	12248

1-5c　续表 7　　　　单位：人

地　区	30-34岁			35-39岁			40-44岁		
	小计	男	女	小计	男	女	小计	男	女
铜仁市	**89348**	**47949**	**41399**	**83916**	**44473**	**39443**	**90351**	**46286**	**44065**
碧江区	5992	3271	2721	4876	2762	2114	4538	2438	2100
万山区	4443	2359	2084	3821	2058	1763	3964	2077	1887
江口县	6204	3391	2813	5152	2737	2415	5468	2812	2656
玉屏侗族自治县	4771	2560	2211	3810	2056	1754	3865	2047	1818
石阡县	8890	4820	4070	8593	4385	4208	11092	5743	5349
思南县	10753	5667	5086	10660	5481	5179	12944	6389	6555
印江土家族苗族自治县	8002	4201	3801	7879	4074	3805	7987	3946	4041
德江县	9769	5173	4596	9749	5242	4507	11511	5768	5743
沿河土家族自治县	11415	6319	5096	11776	6223	5553	12749	6411	6338
松桃苗族自治县	19109	10188	8921	17600	9455	8145	16233	8655	7578
黔西南布依族苗族自治州	**93333**	**50073**	**43260**	**88714**	**47886**	**40828**	**100373**	**53172**	**47201**
兴义市	22441	12061	10380	20140	10964	9176	21541	11461	10080
兴仁市	14217	7524	6693	14081	7542	6539	16362	8556	7806
普安县	9626	5121	4505	8733	4800	3933	9739	5207	4532
晴隆县	8736	4824	3912	8429	4541	3888	9141	4837	4304
贞丰县	9472	5051	4421	9129	4780	4349	10663	5534	5129
望谟县	7252	3972	3280	8488	4674	3814	9872	5315	4557
册亨县	7758	4212	3546	8016	4428	3588	9134	4901	4233
安龙县	13831	7308	6523	11698	6157	5541	13921	7361	6560
黔东南苗族侗族自治州	**108425**	**59289**	**49136**	**103533**	**56285**	**47248**	**115860**	**61989**	**53871**
凯里市	10504	6273	4231	10712	6216	4496	12039	6799	5240
黄平县	6317	3594	2723	6542	3659	2883	6571	3437	3134
施秉县	3507	1905	1602	3723	1995	1728	3605	1841	1764
三穗县	4213	2271	1942	4093	2234	1859	4305	2344	1961
镇远县	4485	2351	2134	4629	2456	2173	5079	2702	2377
岑巩县	4681	2537	2144	4102	2218	1884	4552	2423	2129
天柱县	8708	4659	4049	7927	4254	3673	8580	4762	3818
锦屏县	4329	2335	1994	3633	1919	1714	4145	2261	1884
剑河县	6220	3363	2857	5984	3089	2895	7443	3923	3520
台江县	3639	1921	1718	4219	2196	2023	5463	3007	2456
黎平县	13448	7119	6329	12054	6235	5819	13250	6836	6414
榕江县	11430	6292	5138	11250	6243	5007	11072	5728	5344
从江县	13476	7117	6359	12507	6674	5833	14574	7565	7009
雷山县	4619	2676	1943	4157	2385	1772	4977	2738	2239
麻江县	4291	2329	1962	3933	2229	1704	5201	2980	2221
丹寨县	4558	2547	2011	4068	2283	1785	5004	2643	2361
黔南布依族苗族自治州	**91269**	**50720**	**40549**	**86676**	**47470**	**39206**	**107974**	**58907**	**49067**
都匀市	11543	6714	4829	8312	4708	3604	10526	5780	4746
福泉市	9236	5206	4030	8528	4728	3800	10564	5936	4628
荔波县	4865	2635	2230	5243	2908	2335	6749	3759	2990
贵定县	5618	3120	2498	5677	3150	2527	7038	3832	3206
瓮安县	8672	4951	3721	7910	4439	3471	8844	4871	3973
独山县	7714	4248	3466	6777	3740	3037	7466	3973	3493
平塘县	6252	3232	3020	5960	2995	2965	8675	4454	4221
罗甸县	4301	2333	1968	4855	2623	2232	7713	4222	3491
长顺县	6234	3233	3001	6760	3702	3058	7985	4512	3473
龙里县	6799	3964	2835	5496	3049	2447	7156	3928	3228
惠水县	10141	5732	4409	10529	5894	4635	13321	7416	5905
三都水族自治县	9894	5352	4542	10629	5534	5095	11937	6224	5713

1-5c 续表 8

单位：人

地区	45-49岁			50-54岁			55-59岁		
	小计	男	女	小计	男	女	小计	男	女
贵州	**1429603**	**752032**	**677571**	**1483037**	**758397**	**724640**	**1155553**	**585602**	**569951**
贵阳市	**103542**	**57005**	**46537**	**103806**	**56211**	**47595**	**71991**	**38273**	**33718**
南明区	5429	3048	2381	4645	2595	2050	2815	1543	1272
云岩区									
花溪区	15868	8744	7124	14790	7935	6855	9734	5136	4598
乌当区	10586	5911	4675	9974	5519	4455	7011	3839	3172
白云区	3284	1825	1459	2858	1581	1277	1819	933	886
观山湖区	7183	3960	3223	6334	3427	2907	3847	1999	1848
开阳县	13936	7504	6432	16753	8983	7770	12975	6946	6029
息烽县	10459	5852	4607	11259	6065	5194	8094	4328	3766
修文县	13655	7624	6031	13897	7687	6210	9974	5377	4597
清镇市	23142	12537	10605	23296	12419	10877	15722	8172	7550
六盘水市	**123378**	**64778**	**58600**	**119020**	**59557**	**59463**	**91698**	**45521**	**46177**
钟山区	5316	2882	2434	4666	2290	2376	2759	1389	1370
六枝特区	23772	12332	11440	24508	12361	12147	19743	9944	9799
水城县	41610	21746	19864	39595	19854	19741	26672	13169	13503
盘州市	52680	27818	24862	50251	25052	25199	42524	21019	21505
遵义市	**251691**	**129918**	**121773**	**268222**	**136430**	**131792**	**216548**	**108985**	**107563**
红花岗区	15781	8280	7501	16749	8637	8112	13716	6955	6761
汇川区	12462	6647	5815	12513	6704	5809	9825	4967	4858
播州区	32449	16963	15486	35567	18324	17243	27637	13717	13920
桐梓县	24432	12801	11631	25384	13184	12200	20684	10711	9973
绥阳县	17398	8883	8515	19195	9651	9544	16037	8093	7944
正安县	18665	9065	9600	19724	9754	9970	17703	8733	8970
道真仡佬族苗族自治县	11645	5810	5835	11734	5767	5967	9173	4709	4464
务川仡佬族苗族自治县	11247	5596	5651	12219	6022	6197	10067	4870	5197
凤冈县	14764	7256	7508	16088	7831	8257	13395	6630	6765
湄潭县	17404	8764	8640	18803	9167	9636	16200	8042	8158
余庆县	11674	5869	5805	12011	6077	5934	10357	5140	5217
习水县	28018	14816	13202	31257	15755	15502	24007	12086	11921
赤水市	10878	5792	5086	10994	5765	5229	8615	4601	4014
仁怀市	24874	13376	11498	25984	13792	12192	19132	9731	9401
安顺市	**100465**	**52669**	**47796**	**102698**	**52763**	**49935**	**77311**	**39380**	**37931**
西秀区	28265	14732	13533	29559	14938	14621	21890	10802	11088
平坝区	14668	7770	6898	14567	7368	7199	10200	5122	5078
普定县	16775	8798	7977	17382	8993	8389	12989	6707	6282
镇宁布依族苗族自治县	13925	7390	6535	13795	7245	6550	10535	5462	5073
关岭布依族苗族自治县	13079	6704	6375	12924	6721	6203	10286	5413	4873
紫云苗族布依族自治县	13753	7275	6478	14471	7498	6973	11411	5874	5537
毕节市	**297183**	**156253**	**140930**	**299956**	**152086**	**147870**	**218257**	**110317**	**107940**
七星关区	43077	22408	20669	45665	22710	22955	34524	17426	17098
大方县	38686	20716	17970	40197	20557	19640	29327	14741	14586
黔西县	33114	17544	15570	34142	17708	16434	23939	12454	11485
金沙县	24718	13905	10813	26051	14035	12016	18157	9606	8551
织金县	34299	18310	15989	34203	17804	16399	26180	13369	12811
纳雍县	28451	14952	13499	28660	14100	14560	20737	10348	10389
威宁彝族回族苗族自治县	60021	30714	29307	55845	27675	28170	40468	20070	20398
赫章县	34817	17704	17113	35193	17497	17696	24925	12303	12622

1-5c　续表 9

单位：人

地　区	45-49岁			50-54岁			55-59岁		
	小计	男	女	小计	男	女	小计	男	女
铜仁市	**134336**	**69276**	**65060**	**138692**	**69434**	**69258**	**117183**	**58150**	**59033**
碧江区	7468	4019	3449	7578	3989	3589	6694	3422	3272
万山区	6631	3501	3130	7279	3866	3413	6439	3378	3061
江口县	8476	4439	4037	8774	4553	4221	7919	4045	3874
玉屏侗族自治县	5778	3053	2725	5896	3108	2788	5222	2621	2601
石阡县	17102	8681	8421	18057	8747	9310	14599	7171	7428
思南县	21662	10732	10930	23301	11257	12044	18796	9007	9789
印江土家族苗族自治县	13201	6735	6466	13610	6735	6875	11876	5813	6063
德江县	15225	7715	7510	15354	7613	7741	12523	6152	6371
沿河土家族自治县	16916	8691	8225	17328	8490	8838	14697	7250	7447
松桃苗族自治县	21877	11710	10167	21515	11076	10439	18418	9291	9127
黔西南布依族苗族自治州	**119317**	**62392**	**56925**	**127961**	**65296**	**62665**	**103182**	**51819**	**51363**
兴义市	27196	14231	12965	28860	14864	13996	23855	11997	11858
兴仁市	18167	9467	8700	19645	10057	9588	15970	8088	7882
普安县	12114	6452	5662	13006	6529	6477	10062	5020	5042
晴隆县	10968	5761	5207	11186	5552	5634	9454	4754	4700
贞丰县	13514	6827	6687	15331	7777	7554	12254	6045	6209
望谟县	11331	5938	5393	12042	6240	5802	8836	4455	4381
册亨县	9334	4870	4464	9945	5088	4857	7552	3685	3867
安龙县	16693	8846	7847	17946	9189	8757	15199	7775	7424
黔东南苗族侗族自治州	**162136**	**85467**	**76669**	**176406**	**89084**	**87322**	**145639**	**73738**	**71901**
凯里市	15772	8578	7194	15611	7897	7714	11095	5736	5359
黄平县	12543	6555	5988	13638	6844	6794	10363	5319	5044
施秉县	6371	3295	3076	7116	3610	3506	5498	2841	2657
三穗县	6191	3312	2879	7101	3632	3469	6497	3251	3246
镇远县	7458	4075	3383	9174	4667	4507	8011	4169	3842
岑巩县	7165	3691	3474	8044	3994	4050	7212	3569	3643
天柱县	11134	6168	4966	13441	6918	6523	12517	6249	6268
锦屏县	6199	3311	2888	7528	3835	3693	7391	3726	3665
剑河县	8990	4688	4302	9959	4922	5037	7670	3981	3689
台江县	5807	3017	2790	5865	2903	2962	4093	2070	2023
黎平县	19647	10101	9546	21825	10866	10959	19861	9911	9950
榕江县	15559	8035	7524	16462	8420	8042	13217	6769	6448
从江县	19995	10044	9951	20189	9915	10274	15421	7656	7765
雷山县	6751	3668	3083	6463	3377	3086	5317	2747	2570
麻江县	6684	3790	2894	7364	3989	3375	5835	3024	2811
丹寨县	5870	3139	2731	6626	3295	3331	5641	2720	2921
黔南布依族苗族自治州	**137555**	**74274**	**63281**	**146276**	**77536**	**68740**	**113744**	**59419**	**54325**
都匀市	15760	8565	7195	16810	9043	7767	13844	7264	6580
福泉市	12538	6987	5551	13333	7211	6122	9444	5117	4327
荔波县	7825	4393	3432	8180	4475	3705	5779	3026	2753
贵定县	9139	4953	4186	10172	5519	4653	7251	3840	3411
瓮安县	13010	6941	6069	14093	7327	6766	11670	6062	5608
独山县	11717	6230	5487	12668	6596	6072	9874	5062	4812
平塘县	12221	6395	5826	13476	6981	6495	10675	5556	5119
罗甸县	9709	5195	4514	10515	5505	5010	8098	4243	3855
长顺县	8326	4491	3835	9047	4776	4271	7492	3921	3571
龙里县	9239	5130	4109	9408	5191	4217	6691	3554	3137
惠水县	15718	8502	7216	15709	8265	7444	12435	6438	5997
三都水族自治县	12353	6492	5861	12865	6647	6218	10491	5336	5155

1-5c 续表 10 单位：人

地区	60-64岁			65-69岁			70-74岁		
	小计	男	女	小计	男	女	小计	男	女
贵州	**806289**	**407655**	**398634**	**974890**	**484201**	**490689**	**714515**	**346871**	**367644**
贵阳市	**51724**	**27179**	**24545**	**56490**	**28111**	**28379**	**39091**	**19215**	**19876**
南明区	1596	839	757	1487	707	780	980	472	508
云岩区									
花溪区	7119	3537	3582	6944	3149	3795	4974	2347	2627
乌当区	4361	2320	2041	4738	2274	2464	3323	1530	1793
白云区	1171	640	531	1259	609	650	774	385	389
观山湖区	2674	1355	1319	2514	1168	1346	1699	822	877
开阳县	9858	5408	4450	11292	5827	5465	8512	4312	4200
息烽县	5832	3151	2681	7835	4070	3765	5421	2754	2667
修文县	6917	3630	3287	8426	4298	4128	5639	2784	2855
清镇市	12196	6299	5897	11995	6009	5986	7769	3809	3960
六盘水市	**66286**	**32894**	**33392**	**67249**	**33215**	**34034**	**48058**	**23583**	**24475**
钟山区	1960	1016	944	1951	917	1034	1470	689	781
六枝特区	15469	7799	7670	16325	8055	8270	10709	5215	5494
水城县	17258	8466	8792	21247	10428	10819	16346	7922	8424
盘州市	31599	15613	15986	27726	13815	13911	19533	9757	9776
遵义市	**129059**	**66727**	**62332**	**201484**	**101592**	**99892**	**148395**	**73816**	**74579**
红花岗区	8307	4246	4061	12579	6215	6364	8603	4174	4429
汇川区	5692	2835	2857	9604	4577	5027	6904	3488	3416
播州区	16919	8609	8310	24186	11972	12214	18471	9104	9367
桐梓县	12233	6336	5897	18437	9370	9067	12534	6298	6236
绥阳县	10381	5342	5039	14712	7374	7338	10732	5346	5386
正安县	11604	6032	5572	16869	8700	8169	13275	6486	6789
道真仡佬族苗族自治县	5660	3090	2570	9255	4837	4418	7465	3793	3672
务川仡佬族苗族自治县	6438	3294	3144	10631	5510	5121	8854	4515	4339
凤冈县	6144	3202	2942	12277	6303	5974	9835	4823	5012
湄潭县	8104	4232	3872	13970	7137	6833	10301	5099	5202
余庆县	5502	2809	2693	9128	4641	4487	7100	3477	3623
习水县	13909	7175	6734	23024	11486	11538	15509	7623	7886
赤水市	5151	2719	2432	9320	4676	4644	6188	3183	3005
仁怀市	13015	6806	6209	17492	8794	8698	12624	6407	6217
安顺市	**62882**	**30887**	**31995**	**64469**	**30964**	**33505**	**46812**	**21946**	**24866**
西秀区	16332	7899	8433	17183	8114	9069	12731	6012	6719
平坝区	8481	4084	4397	9087	4353	4734	6256	2935	3321
普定县	10278	5061	5217	11087	5439	5648	7712	3859	3853
镇宁布依族苗族自治县	9502	4665	4837	8945	4198	4747	6828	3067	3761
关岭布依族苗族自治县	9173	4678	4495	8569	4287	4282	6131	2868	3263
紫云苗族布依族自治县	9116	4500	4616	9598	4573	5025	7154	3205	3949
毕节市	**157310**	**79581**	**77729**	**179907**	**89834**	**90073**	**122044**	**59805**	**62239**
七星关区	24138	12118	12020	28853	14286	14567	20244	9970	10274
大方县	20218	10023	10195	26360	13110	13250	16638	8279	8359
黔西县	17087	8824	8263	20212	10185	10027	13125	6418	6707
金沙县	9429	4945	4484	14716	7568	7148	10932	5605	5327
织金县	20392	10355	10037	24022	11693	12329	14804	7101	7703
纳雍县	16056	8055	8001	18869	9389	9480	13371	6390	6981
威宁彝族回族苗族自治县	31459	15789	15670	26809	13448	13361	19613	9658	9955
赫章县	18531	9472	9059	20066	10155	9911	13317	6384	6933

1–5c　续表 11

单位：人

地　　区	60–64岁			65–69岁			70–74岁		
	小计	男	女	小计	男	女	小计	男	女
铜仁市	**81441**	**41581**	**39860**	**120311**	**60711**	**59600**	**92867**	**45916**	**46951**
碧江区	4260	2232	2028	5381	2638	2743	4104	2011	2093
万山区	4046	2126	1920	4900	2430	2470	4072	2061	2011
江口县	5498	2855	2643	6564	3384	3180	4939	2513	2426
玉屏侗族自治县	3299	1570	1729	4292	1976	2316	2880	1497	1383
石阡县	9135	4666	4469	13351	6844	6507	10394	5142	5252
思南县	11963	6006	5957	22194	11180	11014	17045	8355	8690
印江土家族苗族自治县	7856	4048	3808	13420	6892	6528	10624	5245	5379
德江县	9535	4786	4749	14008	6962	7046	10546	5155	5391
沿河土家族自治县	10603	5470	5133	16080	8135	7945	12930	6261	6669
松桃苗族自治县	15246	7822	7424	20121	10270	9851	15333	7676	7657
黔西南布依族苗族自治州	**78824**	**38964**	**39860**	**73694**	**35544**	**38150**	**54812**	**25101**	**29711**
兴义市	16987	8653	8334	15278	7490	7788	11684	5494	6190
兴仁市	12083	5986	6097	11846	5895	5951	8494	4039	4455
普安县	8621	4272	4349	7717	3797	3920	5329	2597	2732
晴隆县	7774	3804	3970	7244	3532	3712	4929	2262	2667
贞丰县	9703	4746	4957	9458	4480	4978	6791	3055	3736
望谟县	6772	3249	3523	6848	3035	3813	5591	2280	3311
册亨县	5801	2718	3083	5168	2335	2833	3764	1543	2221
安龙县	11083	5536	5547	10135	4980	5155	8230	3831	4399
黔东南苗族侗族自治州	**94947**	**47515**	**47432**	**117464**	**58364**	**59100**	**90810**	**44291**	**46519**
凯里市	7995	3921	4074	11235	5449	5786	8369	3966	4403
黄平县	6996	3545	3451	10815	5246	5569	8051	3834	4217
施秉县	3361	1703	1658	4741	2410	2331	3640	1767	1873
三穗县	4241	2171	2070	5346	2707	2639	4293	2166	2127
镇远县	5399	2697	2702	6565	3339	3226	4974	2546	2428
岑巩县	4929	2494	2435	6411	3232	3179	4819	2476	2343
天柱县	9403	4690	4713	11059	5381	5678	8767	4238	4529
锦屏县	5294	2747	2547	5606	2864	2742	4262	2060	2202
剑河县	4550	2307	2243	5890	3005	2885	4501	2257	2244
台江县	3184	1491	1693	4110	2051	2059	3117	1579	1538
黎平县	12636	6316	6320	13277	6749	6528	10086	4911	5175
榕江县	8281	4299	3982	8348	4229	4119	6597	3248	3349
从江县	8111	3901	4210	9553	4648	4905	8459	4046	4413
雷山县	3081	1489	1592	4212	2115	2097	3327	1721	1606
麻江县	3782	1944	1838	5289	2484	2805	3997	1869	2128
丹寨县	3704	1800	1904	5007	2455	2552	3551	1607	1944
黔南布依族苗族自治州	**83816**	**42327**	**41489**	**93822**	**45866**	**47956**	**71626**	**33198**	**38428**
都匀市	10309	5248	5061	10863	5205	5658	7836	3518	4318
福泉市	6700	3516	3184	8386	4305	4081	5979	2966	3013
荔波县	3282	1617	1665	4719	2286	2433	3651	1698	1953
贵定县	6091	3126	2965	6337	3080	3257	4834	2182	2652
瓮安县	8742	4538	4204	10820	5485	5335	7948	3850	4098
独山县	6956	3596	3360	8005	3902	4103	6021	2802	3219
平塘县	7594	3758	3836	8961	4336	4625	7465	3485	3980
罗甸县	5538	2753	2785	6768	3232	3536	5719	2598	3121
长顺县	6198	3070	3128	5966	2953	3013	4535	2088	2447
龙里县	5082	2598	2484	5383	2713	2670	3934	1904	2030
惠水县	10544	5193	5351	10173	4813	5360	7829	3433	4396
三都水族自治县	6780	3314	3466	7441	3556	3885	5875	2674	3201

1-5c 续表 12

单位：人

地区	75-79岁			80-84岁			85-89岁		
	小计	男	女	小计	男	女	小计	男	女
贵州	**503003**	**233916**	**269087**	**309465**	**137222**	**172243**	**128762**	**52633**	**76129**
贵阳市	**26510**	**12626**	**13884**	**16480**	**7435**	**9045**	**7356**	**3099**	**4257**
南明区	652	294	358	375	165	210	203	70	133
云岩区									
花溪区	3199	1445	1754	2221	925	1296	980	405	575
乌当区	2219	1056	1163	1501	699	802	698	274	424
白云区	591	284	307	328	145	183	155	59	96
观山湖区	1181	590	591	726	328	398	308	123	185
开阳县	5670	2770	2900	3244	1503	1741	1486	643	843
息烽县	3552	1737	1815	2134	976	1158	940	410	530
修文县	3663	1795	1868	2184	1019	1165	1008	446	562
清镇市	5783	2655	3128	3767	1675	2092	1578	669	909
六盘水市	**34744**	**16568**	**18176**	**24752**	**11199**	**13553**	**9575**	**4140**	**5435**
钟山区	1022	467	555	646	284	362	243	95	148
六枝特区	7832	3587	4245	5727	2484	3243	2311	962	1349
水城县	11210	5390	5820	7575	3405	4170	2855	1183	1672
盘州市	14680	7124	7556	10804	5026	5778	4166	1900	2266
遵义市	**101264**	**48729**	**52535**	**54270**	**25201**	**29069**	**23269**	**9983**	**13286**
红花岗区	5834	2795	3039	3249	1407	1842	1446	566	880
汇川区	4683	2266	2417	2652	1271	1381	1190	496	694
播州区	12356	5878	6478	6530	3048	3482	2813	1164	1649
桐梓县	9225	4408	4817	5022	2333	2689	2269	1016	1253
绥阳县	6933	3354	3579	3776	1728	2048	1615	709	906
正安县	8692	4152	4540	4506	2137	2369	1759	739	1020
道真仡佬族苗族自治县	5251	2567	2684	2644	1261	1383	827	425	402
务川仡佬族苗族自治县	6448	3208	3240	3364	1646	1718	1342	644	698
凤冈县	6199	2927	3272	3175	1469	1706	1245	531	714
湄潭县	6813	3342	3471	3505	1609	1896	1659	693	966
余庆县	4617	2227	2390	2702	1236	1466	1247	519	728
习水县	11011	5245	5766	5812	2637	3175	2620	1118	1502
赤水市	4976	2399	2577	2487	1170	1317	1076	462	614
仁怀市	8226	3961	4265	4846	2249	2597	2161	901	1260
安顺市	**34239**	**15293**	**18946**	**21216**	**9032**	**12184**	**8479**	**3301**	**5178**
西秀区	9451	4402	5049	5775	2574	3201	2307	940	1367
平坝区	4517	2134	2383	2777	1255	1522	1182	472	710
普定县	5423	2526	2897	3844	1698	2146	1485	616	869
镇宁布依族苗族自治县	5109	2128	2981	3131	1296	1835	1136	395	741
关岭布依族苗族自治县	4676	2012	2664	2751	1137	1614	1193	452	741
紫云苗族布依族自治县	5063	2091	2972	2938	1072	1866	1176	426	750
毕节市	**87273**	**41089**	**46184**	**59847**	**26782**	**33065**	**22211**	**9432**	**12779**
七星关区	14900	7231	7669	11095	5055	6040	4235	1774	2461
大方县	11852	5530	6322	8437	3783	4654	3398	1471	1927
黔西县	9617	4449	5168	6665	2986	3679	2670	1138	1532
金沙县	7807	3772	4035	4984	2300	2684	2145	950	1195
织金县	10487	4759	5728	6891	2968	3923	2551	1037	1514
纳雍县	9030	4170	4860	6126	2697	3429	2192	877	1315
威宁彝族回族苗族自治县	13927	6633	7294	9049	4200	4849	2984	1343	1641
赫章县	9653	4545	5108	6600	2793	3807	2036	842	1194

1－5c　续表 13

单位：人

地　区	75－79岁			80－84岁			85－89岁		
	小计	男	女	小计	男	女	小计	男	女
铜仁市	**64514**	**30534**	**33980**	**35025**	**16533**	**18492**	**15611**	**6722**	**8889**
碧江区	2525	1237	1288	1556	729	827	828	396	432
万山区	2727	1357	1370	1919	953	966	908	437	471
江口县	3426	1615	1811	2024	955	1069	938	411	527
玉屏侗族自治县	1921	1016	905	1371	716	655	690	295	395
石阡县	6982	3298	3684	3840	1774	2066	1525	637	888
思南县	11567	5421	6146	5292	2414	2878	2310	934	1376
印江土家族苗族自治县	7724	3755	3969	3963	1909	2054	1669	703	966
德江县	7924	3569	4355	3980	1847	2133	1630	668	962
沿河土家族自治县	9530	4359	5171	5202	2465	2737	2179	969	1210
松桃苗族自治县	10188	4907	5281	5878	2771	3107	2934	1272	1662
黔西南布依族苗族自治州	**41415**	**17867**	**23548**	**25978**	**10496**	**15482**	**10557**	**3825**	**6732**
兴义市	9109	3986	5123	5984	2542	3442	2631	967	1664
兴仁市	6204	2795	3409	4140	1848	2292	1636	662	974
普安县	3783	1761	2022	2501	1097	1404	971	387	584
晴隆县	3787	1674	2113	2264	928	1336	815	300	515
贞丰县	5046	2132	2914	3483	1363	2120	1426	530	896
望谟县	4348	1717	2631	2284	732	1552	905	260	645
册亨县	3104	1229	1875	1598	581	1017	671	211	460
安龙县	6034	2573	3461	3724	1405	2319	1502	508	994
黔东南苗族侗族自治州	**61236**	**28738**	**32498**	**40826**	**18177**	**22649**	**17695**	**7111**	**10584**
凯里市	5764	2690	3074	3768	1601	2167	1777	670	1107
黄平县	5332	2426	2906	3705	1610	2095	1589	621	968
施秉县	2457	1132	1325	1636	742	894	649	256	393
三穗县	2570	1261	1309	1770	838	932	693	308	385
镇远县	3420	1588	1832	2241	1056	1185	951	400	551
岑巩县	3500	1782	1718	2257	1092	1165	964	441	523
天柱县	5173	2454	2719	3849	1755	2094	1640	666	974
锦屏县	2684	1207	1477	1874	748	1126	736	245	491
剑河县	3067	1459	1608	2030	935	1095	784	325	459
台江县	2050	938	1112	1342	608	734	512	215	297
黎平县	7284	3408	3876	4889	2158	2731	1916	772	1144
榕江县	4645	2200	2445	3022	1347	1675	1349	547	802
从江县	5989	2777	3212	4083	1782	2301	2131	906	1225
雷山县	2175	1092	1083	1254	611	643	490	207	283
麻江县	2786	1246	1540	1554	625	929	805	277	528
丹寨县	2340	1078	1262	1552	669	883	709	255	454
黔南布依族苗族自治州	**51808**	**22472**	**29336**	**31071**	**12367**	**18704**	**14009**	**5020**	**8989**
都匀市	5551	2263	3288	3319	1190	2129	1450	474	976
福泉市	3997	1898	2099	2213	934	1279	1081	397	684
荔波县	2576	1153	1423	1879	783	1096	909	324	585
贵定县	3663	1565	2098	2009	792	1217	885	328	557
瓮安县	4782	2331	2451	2645	1240	1405	1296	526	770
独山县	4474	1889	2585	2945	1167	1778	1395	474	921
平塘县	5856	2492	3364	3358	1352	2006	1441	509	932
罗甸县	4522	1898	2624	2671	993	1678	1112	346	766
长顺县	3469	1470	1999	2121	863	1258	891	346	545
龙里县	2824	1269	1555	1695	703	992	777	313	464
惠水县	6015	2489	3526	3508	1327	2181	1502	532	970
三都水族自治县	4079	1755	2324	2708	1023	1685	1270	451	819

1−5c 续表 14

单位：人

地　区	90−94岁			95−99岁			100岁及以上		
	小计	男	女	小计	男	女	小计	男	女
贵　州	**36733**	**13531**	**23202**	**6567**	**2134**	**4433**	**1400**	**431**	**969**
贵阳市	**1895**	**753**	**1142**	**387**	**141**	**246**	**105**	**45**	**60**
南明区	48	19	29	9	4	5	4	3	1
云岩区									
花溪区	292	114	178	72	30	42	24	10	14
乌当区	198	75	123	47	16	31	8	4	4
白云区	49	15	34	8	3	5	5	4	1
观山湖区	89	37	52	17	6	11	8	2	6
开阳县	373	137	236	64	23	41	20	7	13
息烽县	247	96	151	48	15	33	3	1	2
修文县	234	103	131	45	22	23	15	7	8
清镇市	365	157	208	77	22	55	18	7	11
六盘水市	**3119**	**1220**	**1899**	**576**	**195**	**381**	**152**	**46**	**106**
钟山区	72	30	42	9	5	4	2	1	1
六枝特区	803	305	498	150	56	94	39	11	28
水城县	950	346	604	209	61	148	74	20	54
盘州市	1294	539	755	208	73	135	37	14	23
遵义市	**6205**	**2402**	**3803**	**920**	**325**	**595**	**179**	**62**	**117**
红花岗区	403	143	260	47	13	34	12	3	9
汇川区	324	127	197	45	17	28	9	5	4
播州区	704	269	435	109	43	66	29	6	23
桐梓县	614	233	381	77	28	49	16	7	9
绥阳县	432	151	281	59	24	35	8	3	5
正安县	462	192	270	74	32	42	12	4	8
道真仡佬族苗族自治县	228	104	124	38	12	26	8	4	4
务川仡佬族苗族自治县	302	121	181	34	12	22	10	2	8
凤冈县	266	108	158	31	8	23	4	1	3
湄潭县	371	142	229	66	25	41	10	4	6
余庆县	290	112	178	41	13	28	4	2	2
习水县	761	290	471	119	35	84	18	3	15
赤水市	339	127	212	50	15	35	4	1	3
仁怀市	709	283	426	130	48	82	35	17	18
安顺市	**2683**	**944**	**1739**	**522**	**147**	**375**	**80**	**26**	**54**
西秀区	682	252	430	108	34	74	22	8	14
平坝区	339	137	202	73	21	52	9	1	8
普定县	520	192	328	85	29	56	9	3	6
镇宁布依族苗族自治县	418	145	273	107	26	81	23	8	15
关岭布依族苗族自治县	352	118	234	82	21	61	7	2	5
紫云苗族布依族自治县	372	100	272	67	16	51	10	4	6
毕节市	**6947**	**2670**	**4277**	**1238**	**432**	**806**	**264**	**89**	**175**
七星关区	1388	516	872	263	91	172	52	15	37
大方县	1064	421	643	168	64	104	42	10	32
黔西县	868	323	545	151	48	103	42	18	24
金沙县	566	227	339	108	35	73	29	12	17
织金县	778	289	489	147	54	93	28	9	19
纳雍县	806	262	544	134	46	88	28	8	20
威宁彝族回族苗族自治县	861	373	488	152	55	97	21	6	15
赫章县	616	259	357	115	39	76	22	11	11

1-5c 续表 15

单位：人

地 区	90-94岁			95-99岁			100岁及以上		
	小计	男	女	小计	男	女	小计	男	女
铜仁市	**4449**	**1780**	**2669**	**775**	**259**	**516**	**149**	**42**	**107**
碧江区	319	128	191	81	34	47	9	4	5
万山区	270	124	146	45	16	29	6	2	4
江口县	278	105	173	57	26	31	10	4	6
玉屏侗族自治县	207	94	113	19	5	14	3		3
石阡县	340	134	206	53	21	32	34	11	23
思南县	527	211	316	73	21	52	5	1	4
印江土家族苗族自治县	487	186	301	58	13	45	13	3	10
德江县	435	177	258	85	29	56	19	4	15
沿河土家族自治县	585	229	356	115	32	83	26	6	20
松桃苗族自治县	1001	392	609	189	62	127	24	7	17
黔西南布依族苗族自治州	**3611**	**1099**	**2512**	**744**	**194**	**550**	**159**	**35**	**124**
兴义市	873	266	607	168	37	131	49	8	41
兴仁市	518	183	335	110	35	75	22	8	14
普安县	295	124	171	50	18	32	11	2	9
晴隆县	283	95	188	68	20	48	11	3	8
贞丰县	504	155	349	93	30	63	16	3	13
望谟县	308	69	239	71	17	54	15	2	13
册亨县	283	77	206	46	8	38	21	4	17
安龙县	547	130	417	138	29	109	14	5	9
黔东南苗族侗族自治州	**4258**	**1543**	**2715**	**783**	**254**	**529**	**167**	**51**	**116**
凯里市	474	158	316	97	33	64	33	10	23
黄平县	353	130	223	52	11	41	16	4	12
施秉县	160	63	97	33	7	26	4	2	2
三穗县	190	73	117	25	9	16	4	1	3
镇远县	170	71	99	29	12	17	7		7
岑巩县	238	92	146	40	16	24	8	4	4
天柱县	435	150	285	66	21	45	7	2	5
锦屏县	163	50	113	22	7	15	3		3
剑河县	190	73	117	34	15	19	7	3	4
台江县	104	43	61	14	4	10	3	1	2
黎平县	403	148	255	80	27	53	13	4	9
榕江县	309	111	198	46	17	29	8	4	4
从江县	613	247	366	155	50	105	33	8	25
雷山县	117	42	75	22	7	15	4	3	1
麻江县	192	53	139	35	7	28	12	3	9
丹寨县	147	39	108	33	11	22	5	2	3
黔南布依族苗族自治州	**3566**	**1120**	**2446**	**622**	**187**	**435**	**145**	**35**	**110**
都匀市	387	103	284	75	20	55	16	7	9
福泉市	280	89	191	46	19	27	10	5	5
荔波县	245	68	177	29	14	15	8	1	7
贵定县	186	57	129	28	6	22	7		7
瓮安县	322	118	204	56	23	33	8	1	7
独山县	342	101	241	44	10	34	9	1	8
平塘县	345	110	235	69	19	50	13	5	8
罗甸县	276	77	199	70	13	57	21	2	19
长顺县	281	97	184	61	17	44	12	4	8
龙里县	190	77	113	38	11	27	8	3	5
惠水县	391	126	265	53	18	35	16	4	12
三都水族自治县	321	97	224	53	17	36	17	2	15

1–6 各地区分性别、受教育程度的3岁及以上人口

单位：人

地区	3岁及以上人口			未上过学		
	合计	男	女	小计	男	女
贵州	**36839875**	**18792138**	**18047737**	**2951819**	**789029**	**2162790**
贵阳市	**5747887**	**2934707**	**2813180**	**172040**	**52102**	**119938**
南明区	1012401	508354	504047	20966	6903	14063
云岩区	1016554	510110	506444	22847	7471	15376
花溪区	930684	473363	457321	27051	8050	19001
乌当区	321865	162666	159199	11418	3454	7964
白云区	438039	226662	211377	11484	3566	7918
观山湖区	614848	316745	298103	13354	4104	9250
开阳县	327843	168386	159457	17965	4787	13178
息烽县	209484	107824	101660	10176	2662	7514
修文县	274017	143079	130938	12282	3680	8602
清镇市	602152	317518	284634	24497	7425	17072
六盘水市	**2864469**	**1467548**	**1396921**	**255877**	**69990**	**185887**
钟山区	642661	322456	320205	35398	10386	25012
六枝特区	511757	259219	252538	58318	13737	44581
水城县	705740	367415	338325	87604	26694	60910
盘州市	1004311	518458	485853	74557	19173	55384
遵义市	**6328959**	**3195554**	**3133405**	**377183**	**91393**	**285790**
红花岗区	932287	464259	468028	30681	8729	21952
汇川区	602144	302559	299585	30262	7197	23065
播州区	725501	368746	356755	35781	9698	26083
桐梓县	508331	259733	248598	40340	8894	31446
绥阳县	363786	184513	179273	27045	6752	20293
正安县	380924	191712	189212	25795	5135	20660
道真仡佬族苗族自治县	235501	115999	119502	14629	3100	11529
务川仡佬族苗族自治县	294525	147940	146585	27594	6382	21212
凤冈县	291010	144808	146202	24570	5631	18939
湄潭县	357740	177649	180091	17886	4460	13426
余庆县	215340	107271	108069	15723	4064	11659
习水县	559716	286785	272931	35106	8606	26500
赤水市	239166	119921	119245	13687	4083	9604
仁怀市	622988	323659	299329	38084	8662	29422
安顺市	**2360883**	**1204079**	**1156804**	**222099**	**51237**	**170862**
西秀区	834768	419150	415618	59118	13162	45956
平坝区	331762	171676	160086	20810	4800	16010
普定县	358828	183996	174832	29285	7422	21863
镇宁布依族苗族自治县	286736	147850	138886	32870	7740	25130
关岭布依族苗族自治县	270275	139090	131185	28657	5484	23173
紫云苗族布依族自治县	278514	142317	136197	51359	12629	38730
毕节市	**6565229**	**3367655**	**3197574**	**833543**	**260588**	**572955**
七星关区	1238416	627437	610979	118710	36150	82560
大方县	816270	420310	395960	86157	26603	59554
黔西县	698013	357815	340198	70891	21332	49559
金沙县	523586	272114	251472	37211	10332	26879
织金县	775833	398761	377072	118895	32757	86138
纳雍县	681869	348931	332938	108184	31440	76744
威宁彝族回族苗族自治县	1215202	627537	587665	215289	77959	137330
赫章县	616040	314750	301290	78206	24015	54191

1-6　续表 1

单位：人

地　区	3岁及以上人口			未上过学		
	合计	男	女	小计	男	女
铜仁市	**3164388**	**1604359**	**1560029**	**237661**	**59376**	**178285**
碧江区	425753	211081	214672	15995	5184	10811
万山区	154271	81007	73264	8713	2738	5975
江口县	177346	91477	85869	14245	3933	10312
玉屏侗族自治县	144354	74406	69948	6133	1663	4470
石阡县	284857	144880	139977	22514	5130	17384
思南县	440746	220837	219909	41525	9281	32244
印江土家族苗族自治县	283256	142457	140799	22931	5844	17087
德江县	376759	189934	186825	31156	6317	24839
沿河土家族自治县	411200	208750	202450	41200	9578	31622
松桃苗族自治县	465846	239530	226316	33249	9708	23541
黔西南布依族苗族自治州	**2875967**	**1465044**	**1410923**	**215904**	**52864**	**163040**
兴义市	959898	488990	470908	44606	12575	32031
兴仁市	405796	207160	198636	29268	6376	22892
普安县	231183	118865	112318	23357	5166	18191
晴隆县	223489	114415	109074	24131	5573	18558
贞丰县	292686	147965	144721	17449	3493	13956
望谟县	224850	114270	110580	35534	9299	26235
册亨县	180448	91812	88636	21426	5740	15686
安龙县	357617	181567	176050	20133	4642	15491
黔东南苗族侗族自治州	**3587468**	**1846860**	**1740608**	**366481**	**87254**	**279227**
凯里市	678886	347564	331322	38053	8217	29836
黄平县	235001	119608	115393	20327	4659	15668
施秉县	120169	61043	59126	11071	2703	8368
三穗县	155816	79605	76211	10569	2418	8151
镇远县	181899	92624	89275	14246	3085	11161
岑巩县	160693	82326	78367	17073	3792	13281
天柱县	261899	135519	126380	13339	3114	10225
锦屏县	148522	75789	72733	12562	2282	10280
剑河县	180696	94738	85958	27957	6236	21721
台江县	117557	61039	56518	16590	4063	12527
黎平县	391058	199012	192046	46244	10271	35973
榕江县	283065	147718	135347	38123	9712	28411
从江县	294525	151651	142874	62278	18229	44049
雷山县	119437	64058	55379	16237	3535	12702
麻江县	125079	64945	60134	10487	2623	7864
丹寨县	133166	69621	63545	11325	2315	9010
黔南布依族苗族自治州	**3344625**	**1706332**	**1638293**	**271031**	**64225**	**206806**
都匀市	510879	258981	251898	25638	6910	18728
福泉市	284748	148241	136507	14821	4322	10499
荔波县	147452	76618	70834	9437	2310	7127
贵定县	240402	118420	121982	19116	4661	14455
瓮安县	378128	192472	185656	17565	4747	12818
独山县	252899	129768	123131	19812	4602	15210
平塘县	223896	112774	111122	22226	5047	17179
罗甸县	246207	124865	121342	36901	7419	29482
长顺县	191889	98995	92894	25335	5325	20010
龙里县	225993	118756	107237	14446	3983	10463
惠水县	378299	189896	188403	42821	9367	33454
三都水族自治县	263833	136546	127287	22913	5532	17381

1-6 续表 2

单位：人

地 区	学前教育			小 学		
	小计	男	女	小计	男	女
贵 州	**1770475**	**941148**	**829327**	**12309291**	**6121540**	**6187751**
贵阳市	**246915**	**130265**	**116650**	**1306870**	**639802**	**667068**
南明区	35877	18723	17154	173086	81307	91779
云岩区	39969	21128	18841	180459	86267	94192
花溪区	37145	19651	17494	180248	88197	92051
乌当区	15527	8166	7361	70443	34922	35521
白云区	19198	10215	8983	96853	48621	48232
观山湖区	29150	15481	13669	115887	56854	59033
开阳县	16936	8744	8192	126318	61965	64353
息烽县	9933	5220	4713	79287	39020	40267
修文县	14802	7833	6969	101960	51990	49970
清镇市	28378	15104	13274	182329	90659	91670
六盘水市	**164922**	**88602**	**76320**	**1004927**	**499706**	**505221**
钟山区	31927	17266	14661	169972	83111	86861
六枝特区	27443	14593	12850	188509	97547	90962
水城县	37884	20206	17678	290834	149021	141813
盘州市	67668	36537	31131	355612	170027	185585
遵义市	**291362**	**153749**	**137613**	**2074662**	**986091**	**1088571**
红花岗区	40439	21286	19153	215572	100360	115212
汇川区	27869	14845	13024	155704	74777	80927
播州区	33937	17951	15986	218964	103560	115404
桐梓县	21603	11254	10349	181493	89220	92273
绥阳县	18885	9913	8972	126657	61102	65555
正安县	18195	9826	8369	156913	72204	84709
道真仡佬族苗族自治县	8692	4451	4241	88358	40351	48007
务川仡佬族苗族自治县	15116	8098	7018	114252	55480	58772
凤冈县	11626	6132	5494	105177	49036	56141
湄潭县	15183	7883	7300	119242	55860	63382
余庆县	9002	4790	4212	77672	37050	40622
习水县	30149	15826	14323	215522	102605	112917
赤水市	9859	5085	4774	87620	42698	44922
仁怀市	30807	16409	14398	211516	101788	109728
安顺市	**120252**	**64195**	**56057**	**812610**	**411335**	**401275**
西秀区	39700	20934	18766	236910	114617	122293
平坝区	16801	9025	7776	108391	52496	55895
普定县	20115	10691	9424	138471	69955	68516
镇宁布依族苗族自治县	14032	7611	6421	112518	58099	54419
关岭布依族苗族自治县	15304	8253	7051	110562	57308	53254
紫云苗族布依族自治县	14300	7681	6619	105758	58860	46898
毕节市	**306680**	**161676**	**145004**	**2491892**	**1297893**	**1193999**
七星关区	60320	31966	28354	430591	217725	212866
大方县	37721	19872	17849	311619	161422	150197
黔西县	34971	18446	16525	291635	151655	139980
金沙县	20796	10850	9946	196276	98724	97552
织金县	38901	20811	18090	308203	167252	140951
纳雍县	34420	18089	16331	247252	131695	115557
威宁彝族回族苗族自治县	49119	25470	23649	453425	240719	212706
赫章县	30432	16172	14260	252891	128701	124190

1-6 续表 3

单位：人

地 区	学前教育			小 学		
	小计	男	女	小计	男	女
铜仁市	**150650**	**80063**	**70587**	**1083565**	**523052**	**560513**
碧江区	19339	10410	8929	110001	53216	56785
万山区	7405	3922	3483	53549	26599	26950
江口县	8202	4359	3843	65881	32828	33053
玉屏侗族自治县	7179	3858	3321	46842	22256	24586
石阡县	12703	6584	6119	105541	49411	56130
思南县	19031	10037	8994	157188	75419	81769
印江土家族苗族自治县	12648	6631	6017	100162	47433	52729
德江县	20089	10649	9440	121773	58070	63703
沿河土家族自治县	20298	10908	9390	148157	72746	75411
松桃苗族自治县	23756	12705	11051	174471	85074	89397
黔西南布依族苗族自治州	**150756**	**80112**	**70644**	**1094042**	**532441**	**561601**
兴义市	49461	26752	22709	318091	153828	164263
兴仁市	21550	11277	10273	159050	76079	82971
普安县	12395	6625	5770	87252	43567	43685
晴隆县	11175	5820	5355	94157	47158	46999
贞丰县	16093	8548	7545	123578	57068	66510
望谟县	10081	5323	4758	86214	45352	40862
册亨县	9969	5109	4860	77849	39508	38341
安龙县	20032	10658	9374	147851	69881	77970
黔东南苗族侗族自治州	**170630**	**92372**	**78258**	**1272483**	**640954**	**631529**
凯里市	29528	16030	13498	178470	85958	92512
黄平县	9352	4866	4486	91786	45287	46499
施秉县	5800	3156	2644	43556	21471	22085
三穗县	6823	3720	3103	62150	29888	32262
镇远县	7396	3943	3453	71481	35140	36341
岑巩县	7263	3974	3289	56292	28519	27773
天柱县	11983	6530	5453	95543	44030	51513
锦屏县	6880	3730	3150	51979	24808	27171
剑河县	8589	4764	3825	65762	35504	30258
台江县	5393	2930	2463	38473	19903	18570
黎平县	21596	11542	10054	150714	75376	75338
榕江县	14441	7832	6609	105728	56386	49342
从江县	16737	8931	7806	115912	63786	52126
雷山县	5336	2906	2430	39936	21611	18325
麻江县	6359	3483	2876	52541	27118	25423
丹寨县	7154	4035	3119	52160	26169	25991
黔南布依族苗族自治州	**168308**	**90114**	**78194**	**1168240**	**590266**	**577974**
都匀市	19015	10225	8790	131400	64410	66990
福泉市	13906	7415	6491	101424	50612	50812
荔波县	8082	4494	3588	55632	26657	28975
贵定县	11796	6090	5706	83935	43145	40790
瓮安县	19271	10085	9186	132477	64988	67489
独山县	12501	6867	5634	89468	44097	45371
平塘县	13344	7065	6279	90031	45089	44942
罗甸县	13972	7630	6342	94690	50999	43691
长顺县	10983	5871	5112	68398	36382	32016
龙里县	10946	5849	5097	81850	42034	39816
惠水县	19154	10098	9056	125271	64925	60346
三都水族自治县	15338	8425	6913	113664	56928	56736

1-6 续表 4

单位：人

地区	初中			高中			大学专科		
	小计	男	女	小计	男	女	小计	男	女
贵州	**11747605**	**6680427**	**5067178**	**3837415**	**2091886**	**1745529**	**2150649**	**1119230**	**1031419**
贵阳市	**1736937**	**942714**	**794223**	**881787**	**461079**	**420708**	**645892**	**333813**	**312079**
南明区	301622	157730	143892	197669	102486	95183	137683	69081	68602
云岩区	284304	148014	136290	182870	93202	89668	132358	64838	67520
花溪区	279372	153489	125883	129535	68647	60888	85834	45182	40652
乌当区	99396	53710	45686	52521	27419	25102	32409	16328	16081
白云区	145687	80673	65014	81670	43890	37780	37854	19357	18497
观山湖区	152722	82930	69792	95666	50074	45592	94931	46997	47934
开阳县	107362	60871	46491	31731	17588	14143	16280	8653	7627
息烽县	72533	40850	31683	19444	10753	8691	9970	5229	4741
修文县	102861	57315	45546	25102	13838	11264	8986	4524	4462
清镇市	191078	107132	83946	65579	33182	32397	89587	53624	35963
六盘水市	**899914**	**520700**	**379214**	**274502**	**152644**	**121858**	**142239**	**74189**	**68050**
钟山区	193714	103664	90050	95252	50794	44458	57981	29114	28867
六枝特区	161614	92288	69326	41808	22996	18812	18187	9913	8274
水城县	208497	127737	80760	48368	26878	21490	19106	9855	9251
盘州市	336089	197011	139078	89074	51976	37098	46965	25307	21658
遵义市	**2302384**	**1280020**	**1022364**	**666107**	**367425**	**298682**	**316565**	**164796**	**151769**
红花岗区	351124	185518	165606	127133	68653	58480	85829	41977	43852
汇川区	213867	116280	97587	76398	40451	35947	44985	22639	22346
播州区	297558	162191	135367	83471	46159	37312	31216	16541	14675
桐梓县	196567	113159	83408	40822	22352	18470	13933	7679	6254
绥阳县	135371	75528	59843	35423	20022	15401	11502	6380	5122
正安县	123008	72962	50046	30970	17197	13773	13191	7302	5889
道真仡佬族苗族自治县	79168	43541	35627	25175	14007	11168	10434	5709	4725
务川仡佬族苗族自治县	88367	50507	37860	25739	14532	11207	11646	6482	5164
凤冈县	97522	55617	41905	27467	15298	12169	13344	7061	6283
湄潭县	141873	75911	65962	34348	18700	15648	16577	8491	8086
余庆县	72882	38976	33906	20823	11908	8915	11571	6269	5302
习水县	195503	113500	82003	49911	28254	21657	17320	9548	7772
赤水市	81953	43288	38665	25658	14181	11477	12037	6324	5713
仁怀市	227621	133042	94579	62769	35711	27058	22980	12394	10586
安顺市	**788592**	**457744**	**330848**	**208334**	**111808**	**96526**	**112695**	**60262**	**52433**
西秀区	287107	162997	124110	96735	50906	45829	57323	28785	28538
平坝区	123473	70480	52993	30602	16681	13921	20837	12589	8248
普定县	126953	72548	54405	26203	14095	12108	9998	5393	4605
镇宁布依族苗族自治县	92950	55895	37055	18922	10260	8662	9132	4995	4137
关岭布依族苗族自治县	80830	48820	32010	19485	10835	8650	7954	4418	3536
紫云苗族布依族自治县	77279	47004	30275	16387	9031	7356	7451	4082	3369
毕节市	**1948747**	**1123570**	**825177**	**537729**	**288343**	**249386**	**239201**	**126029**	**113172**
七星关区	386321	216892	169429	118287	62978	55309	57390	27521	29869
大方县	256234	146637	109597	71263	38378	32885	31401	15977	15424
黔西县	205749	116447	89302	52937	27981	24956	23030	12263	10767
金沙县	186751	107119	79632	48415	26613	21802	19058	10659	8399
织金县	209292	123718	85574	55445	29977	25468	24772	13363	11409
纳雍县	201262	118006	83256	50897	27711	23186	21974	12199	9775
威宁彝族回族苗族自治县	332640	194441	138199	95020	50242	44778	40048	22220	17828
赫章县	170498	100310	70188	45465	24463	21002	21528	11827	9701

1–6　续表 5　　　　单位：人

地　区	初　中			高　中			大学专科		
	小计	男	女	小计	男	女	小计	男	女
铜仁市	**1020945**	**578623**	**442322**	**352265**	**196745**	**155520**	**187496**	**95469**	**92027**
碧江区	127691	67761	59930	62843	32909	29934	52544	22862	29682
万山区	51106	29462	21644	20124	11490	8634	7309	3726	3583
江口县	57729	32300	25429	16256	9568	6688	8707	4900	3807
玉屏侗族自治县	54668	30278	24390	16177	9191	6986	7945	4299	3646
石阡县	87449	50774	36675	29901	17873	12028	15111	8577	6534
思南县	137116	78733	58383	47375	26642	20733	21733	11535	10198
印江土家族苗族自治县	93852	52871	40981	29549	16531	13018	13791	7556	6235
德江县	123574	71331	52243	44091	24452	19639	24695	12632	12063
沿河土家族自治县	133204	77321	55883	37553	20990	16563	17215	9369	7846
松桃苗族自治县	154556	87792	66764	48396	27099	21297	18446	10013	8433
黔西南布依族苗族自治州	**893318**	**520563**	**372755**	**256052**	**140676**	**115376**	**142010**	**74214**	**67796**
兴义市	296131	166131	130000	120974	65826	55148	66107	32137	33970
兴仁市	136291	80470	55821	30215	16721	13494	15983	8840	7143
普安县	72578	43631	28947	17487	9998	7489	9831	5329	4502
晴隆县	62950	38271	24679	14905	8200	6705	8781	5114	3667
贞丰县	99553	58923	40630	17281	9585	7696	10835	5981	4854
望谟县	58969	35729	23240	16490	8879	7611	10599	5976	4623
册亨县	46648	28025	18623	12461	6768	5693	6760	3768	2992
安龙县	120198	69383	50815	26239	14699	11540	13114	7069	6045
黔东南苗族侗族自治州	**1095770**	**642633**	**453137**	**347994**	**201755**	**146239**	**180262**	**99388**	**80874**
凯里市	214145	120420	93725	102493	57637	44856	60919	31207	29712
黄平县	77093	44835	32258	20775	11318	9457	8335	4665	3670
施秉县	39002	22207	16795	10947	6163	4784	5566	3058	2508
三穗县	50033	28637	21396	13332	7809	5523	6693	3746	2947
镇远县	57132	32812	24320	17233	9806	7427	7783	4265	3518
岑巩县	50330	29215	21115	15245	8827	6418	6949	3837	3112
天柱县	97874	56273	41601	25070	15008	10062	9966	5868	4098
锦屏县	49081	28455	20626	14252	8576	5676	6671	4022	2649
剑河县	48955	30649	18306	14484	8850	5634	7592	4603	2989
台江县	35722	21601	14121	11962	6909	5053	5439	3313	2126
黎平县	117886	70485	47401	28032	16633	11399	14163	8010	6153
榕江县	82252	49334	32918	23401	13615	9786	11963	6855	5108
从江县	67827	41522	26305	16398	10248	6150	9905	5896	4009
雷山县	36237	22845	13392	10877	6762	4115	5947	3580	2367
麻江县	34166	19921	14245	11053	6261	4792	5256	2833	2423
丹寨县	38035	23422	14613	12440	7333	5107	7115	3630	3485
黔南布依族苗族自治州	**1060998**	**613860**	**447138**	**312645**	**171411**	**141234**	**184289**	**91070**	**93219**
都匀市	159757	89604	70153	70815	38226	32589	53481	25877	27604
福泉市	99586	56433	43153	24345	13584	10761	18638	9644	8994
荔波县	44658	26891	17767	13961	8039	5922	7633	4255	3378
贵定县	74885	43076	31809	21396	10649	10747	20919	6701	14218
瓮安县	138161	74664	63497	39073	21442	17631	18309	9536	8773
独山县	91146	52656	38490	22437	12768	9669	9632	5024	4608
平塘县	67283	39086	28197	15382	8455	6927	7910	4249	3661
罗甸县	62564	38059	24505	18972	10566	8406	9869	5349	4520
长顺县	58568	35853	22715	16363	9029	7334	5746	3162	2584
龙里县	78409	45346	33063	22031	12169	9862	9836	5260	4576
惠水县	112561	68169	44392	27635	14905	12730	13304	6908	6396
三都水族自治县	73420	44023	29397	20235	11579	8656	9012	5105	3907

1-6 续表 6

单位：人

地 区	大学本科			硕士研究生			博士研究生		
	小计	男	女	小计	男	女	小计	男	女
贵 州	**1976937**	**1002236**	**974701**	**86551**	**41087**	**45464**	**9133**	**5555**	**3578**
贵阳市	**695250**	**344980**	**350270**	**55880**	**26152**	**29728**	**6316**	**3800**	**2516**
南明区	135674	67370	68304	8891	4204	4687	933	550	383
云岩区	157873	81695	76178	14180	6543	7637	1694	952	742
花溪区	172054	81365	90689	17156	7308	9848	2289	1474	815
乌当区	37970	17561	20409	1910	941	969	271	165	106
白云区	43825	19566	24259	1335	701	634	133	73	60
观山湖区	101146	53936	47210	11090	5831	5259	902	538	364
开阳县	10993	5653	5340	241	118	123	17	7	10
息烽县	7951	3999	3952	180	84	96	10	7	3
修文县	7838	3815	4023	166	73	93	20	11	9
清镇市	19926	10020	9906	731	349	382	47	23	24
六盘水市	**118887**	**60108**	**58779**	**2922**	**1450**	**1472**	**279**	**159**	**120**
钟山区	56524	27175	29349	1749	876	873	144	70	74
六枝特区	15653	8028	7625	211	107	104	14	10	4
水城县	12902	6743	6159	487	238	249	58	43	15
盘州市	33808	18162	15646	475	229	246	63	36	27
遵义市	**289823**	**146960**	**142863**	**9862**	**4491**	**5371**	**1011**	**629**	**382**
红花岗区	77760	36048	41712	3381	1450	1931	368	238	130
汇川区	49181	24460	24721	3471	1645	1826	407	265	142
播州区	24075	12422	11653	463	204	259	36	20	16
桐梓县	13318	7044	6274	239	120	119	16	11	5
绥阳县	8729	4736	3993	166	76	90	8	4	4
正安县	12626	6960	5666	217	122	95	9	4	5
道真仡佬族苗族自治县	8943	4793	4150	98	43	55	4	4	
务川仡佬族苗族自治县	11646	6377	5269	156	77	79	9	5	4
凤冈县	11101	5940	5161	191	89	102	12	4	8
湄潭县	12369	6234	6135	249	104	145	13	6	7
余庆县	7572	4167	3405	89	43	46	6	4	2
习水县	15877	8289	7588	309	146	163	19	11	8
赤水市	8189	4192	3997	149	65	84	14	5	9
仁怀市	28437	15298	13139	684	307	377	90	48	42
安顺市	**93517**	**46107**	**47410**	**2572**	**1262**	**1310**	**212**	**129**	**83**
西秀区	55818	26731	29087	1905	922	983	152	96	56
平坝区	10551	5447	5104	271	145	126	26	13	13
普定县	7686	3844	3842	112	45	67	5	3	2
镇宁布依族苗族自治县	6206	3194	3012	92	50	42	14	6	8
关岭布依族苗族自治县	7365	3911	3454	110	55	55	8	6	2
紫云苗族布依族自治县	5891	2980	2911	82	45	37	7	5	2
毕节市	**203718**	**107577**	**96141**	**3436**	**1793**	**1643**	**283**	**186**	**97**
七星关区	64806	33159	31647	1852	947	905	139	99	40
大方县	21563	11256	10307	294	156	138	18	9	9
黔西县	18555	9571	8984	221	105	116	24	15	9
金沙县	14907	7731	7176	148	72	76	24	14	10
织金县	20052	10736	9316	257	136	121	16	11	5
纳雍县	17667	9679	7988	197	101	96	16	11	5
威宁彝族回族苗族自治县	29370	16306	13064	264	165	99	27	15	12
赫章县	16798	9139	7659	203	111	92	19	12	7

1-6　续表 7

单位：人

地　区	大学本科			硕士研究生			博士研究生		
	小计	男	女	小计	男	女	小计	男	女
铜仁市	**128703**	**69415**	**59288**	**2811**	**1427**	**1384**	**292**	**189**	**103**
碧江区	35627	17863	17764	1541	759	782	172	117	55
万山区	5933	3000	2933	128	67	61	4	3	1
江口县	6235	3545	2690	83	39	44	8	5	3
玉屏侗族自治县	5324	2808	2516	77	45	32	9	8	1
石阡县	11465	6429	5036	163	96	67	10	6	4
思南县	16524	9060	7464	232	118	114	22	12	10
印江土家族苗族自治县	10179	5528	4651	135	57	78	9	6	3
德江县	11243	6408	4835	114	62	52	24	13	11
沿河土家族自治县	13417	7751	5666	148	83	65	8	4	4
松桃苗族自治县	12756	7023	5733	190	101	89	26	15	11
黔西南布依族苗族自治州	**121301**	**62901**	**58400**	**2379**	**1153**	**1226**	**205**	**120**	**85**
兴义市	62543	30788	31755	1827	865	962	158	88	70
兴仁市	13286	7326	5960	137	58	79	16	13	3
普安县	8215	4508	3707	67	41	26	1		1
晴隆县	7317	4238	3079	68	40	28	5	1	4
贞丰县	7813	4318	3495	82	48	34	2	1	1
望谟县	6909	3685	3224	52	25	27	2	2	
册亨县	5286	2861	2425	40	26	14	9	7	2
安龙县	9932	5177	4755	106	50	56	12	8	4
黔东南苗族侗族自治州	**150881**	**80867**	**70014**	**2695**	**1450**	**1245**	**272**	**187**	**85**
凯里市	53345	27031	26314	1734	924	810	199	140	59
黄平县	7268	3945	3323	56	27	29	9	6	3
施秉县	4168	2256	1912	55	27	28	4	2	2
三穗县	6154	3345	2809	60	40	20	2	2	
镇远县	6557	3543	3014	63	25	38	8	5	3
岑巩县	7460	4112	3348	78	49	29	3	1	2
天柱县	8045	4657	3388	74	36	38	5	3	2
锦屏县	7010	3871	3139	77	39	38	10	6	4
剑河县	7295	4099	3196	62	33	29			
台江县	3927	2285	1642	45	31	14	6	4	2
黎平县	12288	6626	5662	131	68	63	4	1	3
榕江县	7099	3951	3148	56	31	25	2	2	
从江县	5416	3008	2408	49	28	21	3	3	
雷山县	4805	2776	2029	56	38	18	6	5	1
麻江县	5154	2673	2481	55	28	27	8	5	3
丹寨县	4890	2689	2201	44	26	18	3	2	1
黔南布依族苗族自治州	**174857**	**83321**	**91536**	**3994**	**1909**	**2085**	**263**	**156**	**107**
都匀市	48508	22623	25885	2109	1001	1108	156	105	51
福泉市	11789	6120	5669	228	104	124	11	7	4
荔波县	7965	3927	4038	80	42	38	4	3	1
贵定县	8140	3995	4145	202	98	104	13	5	8
瓮安县	12976	6879	6097	273	121	152	23	10	13
独山县	7758	3690	4068	136	58	78	9	6	3
平塘县	7623	3731	3892	88	49	39	9	3	6
罗甸县	9109	4770	4339	128	73	55	2		2
长顺县	6400	3324	3076	91	47	44	5	2	3
龙里县	8279	4010	4269	178	97	81	18	8	10
惠水县	37178	15361	21817	363	156	207	12	7	5
三都水族自治县	9132	4891	4241	118	63	55	1		1

1-6a 各地区分性别、受教育程度的3岁及以上人口(城市)

单位：人

地区	3岁及以上人口			未上过学		
	合计	男	女	小计	男	女
贵 州	**9703128**	**4861875**	**4841253**	**268273**	**80800**	**187473**
贵阳市	**3946466**	**1995944**	**1950522**	**79245**	**25416**	**53829**
南明区	962783	481351	481432	18934	6267	12667
云岩区	1016554	510110	506444	22847	7471	15376
花溪区	611602	312658	298944	10803	3385	7418
乌当区	192005	93207	98798	3419	1033	2386
白云区	399232	206219	193013	9755	3040	6715
观山湖区	499013	255473	243540	8764	2639	6125
开阳县						
息烽县						
修文县						
清镇市	265277	136926	128351	4723	1581	3142
六盘水市	**929900**	**463853**	**466047**	**38498**	**10602**	**27896**
钟山区	520688	258688	262000	20447	6135	14312
六枝特区	153902	75359	78543	8088	1727	6361
水城县						
盘州市	255310	129806	125504	9963	2740	7223
遵义市	**1791399**	**888938**	**902461**	**45439**	**13753**	**31686**
红花岗区	701627	345022	356605	16758	5142	11616
汇川区	418598	207405	211193	10715	3054	7661
播州区	285363	142085	143278	7545	2584	4961
桐梓县						
绥阳县						
正安县						
道真仡佬族苗族自治县						
务川仡佬族苗族自治县						
凤冈县						
湄潭县						
余庆县						
习水县						
赤水市	100475	48732	51743	2691	796	1895
仁怀市	285336	145694	139642	7730	2177	5553
安顺市	**515763**	**252835**	**262928**	**17554**	**4272**	**13282**
西秀区	444475	217231	227244	15222	3705	11517
平坝区	71288	35604	35684	2332	567	1765
普定县						
镇宁布依族苗族自治县						
关岭布依族苗族自治县						
紫云苗族布依族自治县						
毕节市	**579791**	**291825**	**287966**	**32252**	**10859**	**21393**
七星关区	579791	291825	287966	32252	10859	21393
大方县						
黔西县						
金沙县						
织金县						
纳雍县						
威宁彝族回族苗族自治县						
赫章县						

1－6a　续表 1　　　　单位：人

地　区	3岁及以上人口			未上过学		
	合计	男	女	小计	男	女
铜仁市	**401814**	**199664**	**202150**	**10960**	**3418**	**7542**
碧江区	328338	161464	166874	8816	2757	6059
万山区	73476	38200	35276	2144	661	1483
江口县						
玉屏侗族自治县						
石阡县						
思南县						
印江土家族苗族自治县						
德江县						
沿河土家族自治县						
松桃苗族自治县						
黔西南布依族苗族自治州	**661857**	**331235**	**330622**	**19598**	**5689**	**13909**
兴义市	544514	272211	272303	15417	4658	10759
兴仁市	117343	59024	58319	4181	1031	3150
普安县						
晴隆县						
贞丰县						
望谟县						
册亨县						
安龙县						
黔东南苗族侗族自治州	**465741**	**234249**	**231492**	**14566**	**3570**	**10996**
凯里市	465741	234249	231492	14566	3570	10996
黄平县						
施秉县						
三穗县						
镇远县						
岑巩县						
天柱县						
锦屏县						
剑河县						
台江县						
黎平县						
榕江县						
从江县						
雷山县						
麻江县						
丹寨县						
黔南布依族苗族自治州	**410397**	**203332**	**207065**	**10161**	**3221**	**6940**
都匀市	308371	152498	155873	7353	2376	4977
福泉市	102026	50834	51192	2808	845	1963
荔波县						
贵定县						
瓮安县						
独山县						
平塘县						
罗甸县						
长顺县						
龙里县						
惠水县						
三都水族自治县						

1−6a 续表 2

单位：人

地　　区	学前教育			小　　学		
	小计	男	女	小计	男	女
贵　州	**444466**	**237401**	**207065**	**2035430**	**963764**	**1071666**
贵阳市	**160693**	**84983**	**75710**	**699204**	**334379**	**364825**
南明区	33636	17575	16061	158736	73921	84815
云岩区	39969	21128	18841	180459	86267	94192
花溪区	24585	12987	11598	105333	50244	55089
乌当区	9319	4924	4395	31163	14401	16762
白云区	17462	9325	8137	85782	42927	42855
观山湖区	24290	12895	11395	84591	41057	43534
开阳县						
息烽县						
修文县						
清镇市	11432	6149	5283	53140	25562	27578
六盘水市	**52106**	**28180**	**23926**	**229390**	**108646**	**120744**
钟山区	26252	14276	11976	128739	61506	67233
六枝特区	7804	4195	3609	39378	18754	20624
水城县						
盘州市	18050	9709	8341	61273	28386	32887
遵义市	**87921**	**46741**	**41180**	**388663**	**178245**	**210418**
红花岗区	31008	16380	14628	139979	64270	75709
汇川区	20018	10689	9329	87109	39966	47143
播州区	15240	8087	7153	60996	28223	32773
桐梓县						
绥阳县						
正安县						
道真仡佬族苗族自治县						
务川仡佬族苗族自治县						
凤冈县						
湄潭县						
余庆县						
习水县						
赤水市	4603	2367	2236	26040	11798	14242
仁怀市	17052	9218	7834	74539	33988	40551
安顺市	**22263**	**11812**	**10451**	**114197**	**53146**	**61051**
西秀区	18696	9831	8865	96303	44645	51658
平坝区	3567	1981	1586	17894	8501	9393
普定县						
镇宁布依族苗族自治县						
关岭布依族苗族自治县						
紫云苗族布依族自治县						
毕节市	**29736**	**16032**	**13704**	**154246**	**77199**	**77047**
七星关区	29736	16032	13704	154246	77199	77047
大方县						
黔西县						
金沙县						
织金县						
纳雍县						
威宁彝族回族苗族自治县						
赫章县						

1-6a 续表 3 单位：人

地区	学前教育			小学		
	小计	男	女	小计	男	女
铜仁市	**18590**	**10055**	**8535**	**96977**	**46062**	**50915**
碧江区	15149	8230	6919	76167	36125	40042
万山区	3441	1825	1616	20810	9937	10873
江口县						
玉屏侗族自治县						
石阡县						
思南县						
印江土家族苗族自治县						
德江县						
沿河土家族自治县						
松桃苗族自治县						
黔西南布依族苗族自治州	**35454**	**19190**	**16264**	**170921**	**81240**	**89681**
兴义市	29168	15831	13337	135724	64658	71066
兴仁市	6286	3359	2927	35197	16582	18615
普安县						
晴隆县						
贞丰县						
望谟县						
册亨县						
安龙县						
黔东南苗族侗族自治州	**21743**	**11828**	**9915**	**98725**	**45415**	**53310**
凯里市	21743	11828	9915	98725	45415	53310
黄平县						
施秉县						
三穗县						
镇远县						
岑巩县						
天柱县						
锦屏县						
剑河县						
台江县						
黎平县						
榕江县						
从江县						
雷山县						
麻江县						
丹寨县						
黔南布依族苗族自治州	**15960**	**8580**	**7380**	**83107**	**39432**	**43675**
都匀市	10882	5831	5051	57168	27188	29980
福泉市	5078	2749	2329	25939	12244	13695
荔波县						
贵定县						
瓮安县						
独山县						
平塘县						
罗甸县						
长顺县						
龙里县						
惠水县						
三都水族自治县						

1-6a 续表 4 单位：人

地区	初中			高中			大学专科		
	小计	男	女	小计	男	女	小计	男	女
贵州	**2964729**	**1547306**	**1417423**	**1666983**	**872420**	**794563**	**1108359**	**555579**	**552780**
贵阳市	**1126011**	**592229**	**533782**	**723025**	**373046**	**349979**	**526426**	**267720**	**258706**
南明区	280063	145016	135047	191913	99254	92659	135304	67867	67437
云岩区	284304	148014	136290	182870	93202	89668	132358	64838	67520
花溪区	186859	99307	87552	112233	59625	52608	65553	33534	32019
乌当区	48317	23974	24343	35879	18040	17839	26915	13622	13293
白云区	129646	71604	58042	75445	40649	34796	36712	18748	17964
观山湖区	112367	60098	52269	79880	40588	39292	79085	39509	39576
开阳县									
息烽县									
修文县									
清镇市	84455	44216	40239	44805	21688	23117	50499	29602	20897
六盘水市	**286744**	**147681**	**139063**	**149805**	**81309**	**68496**	**88747**	**45489**	**43258**
钟山区	153021	79262	73759	80520	42853	37667	55057	27432	27625
六枝特区	49463	24936	24527	27382	14329	13053	11236	6039	5197
水城县									
盘州市	84260	43483	40777	41903	24127	17776	22454	12018	10436
遵义市	**644944**	**332023**	**312921**	**285571**	**151295**	**134276**	**168887**	**84254**	**84633**
红花岗区	248098	127420	120678	108981	57818	51163	79608	38516	41092
汇川区	142719	73793	68926	66956	34526	32430	41248	20630	20618
播州区	111011	56052	54959	51949	27190	24759	21166	10963	10203
桐梓县									
绥阳县									
正安县									
道真仡佬族苗族自治县									
务川仡佬族苗族自治县									
凤冈县									
湄潭县									
余庆县									
习水县									
赤水市	35640	17228	18412	16238	8660	7578	8984	4633	4351
仁怀市	107476	57530	49946	41447	23101	18346	17881	9512	8369
安顺市	**164549**	**85573**	**78976**	**84913**	**43153**	**41760**	**54810**	**27220**	**27590**
西秀区	138770	72207	66563	74814	37796	37018	48617	24115	24502
平坝区	25779	13366	12413	10099	5357	4742	6193	3105	3088
普定县									
镇宁布依族苗族自治县									
关岭布依族苗族自治县									
紫云苗族布依族自治县									
毕节市	**177301**	**93573**	**83728**	**83911**	**43842**	**40069**	**45502**	**21354**	**24148**
七星关区	177301	93573	83728	83911	43842	40069	45502	21354	24148
大方县									
黔西县									
金沙县									
织金县									
纳雍县									
威宁彝族回族苗族自治县									
赫章县									

1−6a　续表 5　　单位：人

地　　区	初　　中			高　　中			大学专科		
	小计	男	女	小计	男	女	小计	男	女
铜仁市	**113315**	**58949**	**54366**	**71877**	**37844**	**34033**	**49779**	**23088**	**26691**
碧江区	90632	46311	44321	57414	29690	27724	44543	20478	24065
万山区	22683	12638	10045	14463	8154	6309	5236	2610	2626
江口县									
玉屏侗族自治县									
石阡县									
思南县									
印江土家族苗族自治县									
德江县									
沿河土家族自治县									
松桃苗族自治县									
黔西南布依族苗族自治州	**191723**	**101948**	**89775**	**111403**	**58432**	**52971**	**66616**	**32084**	**34532**
兴义市	154120	81601	72519	94645	49955	44690	57585	27320	30265
兴仁市	37603	20347	17256	16758	8477	8281	9031	4764	4267
普安县									
晴隆县									
贞丰县									
望谟县									
册亨县									
安龙县									
黔东南苗族侗族自治州	**141012**	**73564**	**67448**	**87904**	**47826**	**40078**	**49740**	**25752**	**23988**
凯里市	141012	73564	67448	87904	47826	40078	49740	25752	23988
黄平县									
施秉县									
三穗县									
镇远县									
岑巩县									
天柱县									
锦屏县									
剑河县									
台江县									
黎平县									
榕江县									
从江县									
雷山县									
麻江县									
丹寨县									
黔南布依族苗族自治州	**119130**	**61766**	**57364**	**68574**	**35673**	**32901**	**57852**	**28618**	**29234**
都匀市	87120	45145	41975	53975	28024	25951	44288	21880	22408
福泉市	32010	16621	15389	14599	7649	6950	13564	6738	6826
荔波县									
贵定县									
瓮安县									
独山县									
平塘县									
罗甸县									
长顺县									
龙里县									
惠水县									
三都水族自治县									

1－6a 续表 6

单位：人

地 区	大学本科			硕士研究生			博士研究生		
	小计	男	女	小计	男	女	小计	男	女
贵 州	**1136731**	**565935**	**570796**	**70609**	**34088**	**36521**	**7548**	**4582**	**2966**
贵阳市	**576447**	**290727**	**285720**	**49846**	**24120**	**25726**	**5569**	**3324**	**2245**
南明区	134419	66723	67696	8848	4180	4668	930	548	382
云岩区	157873	81695	76178	14180	6543	7637	1694	952	742
花溪区	92310	46718	45592	12287	5806	6481	1639	1052	587
乌当区	35017	16206	18811	1730	860	870	246	147	99
白云区	43048	19189	23859	1252	666	586	130	71	59
观山湖区	98176	52370	45806	10968	5782	5186	892	535	357
开阳县									
息烽县									
修文县									
清镇市	15604	7826	7778	581	283	298	38	19	19
六盘水市	**82328**	**40801**	**41527**	**2111**	**1061**	**1050**	**171**	**84**	**87**
钟山区	54829	26312	28517	1684	846	838	139	66	73
六枝特区	10390	5292	5098	153	81	72	8	6	2
水城县									
盘州市	17109	9197	7912	274	134	140	24	12	12
遵义市	**161419**	**78592**	**82827**	**7705**	**3492**	**4213**	**850**	**543**	**307**
红花岗区	73528	33817	39711	3305	1424	1881	362	235	127
汇川区	46012	22863	23149	3419	1622	1797	402	262	140
播州区	17073	8807	8266	359	166	193	24	13	11
桐梓县									
绥阳县									
正安县									
道真仡佬族苗族自治县									
务川仡佬族苗族自治县									
凤冈县									
湄潭县									
余庆县									
习水县									
赤水市	6163	3198	2965	106	48	58	10	4	6
仁怀市	18643	9907	8736	516	232	284	52	29	23
安顺市	**55361**	**26602**	**28759**	**1958**	**959**	**999**	**158**	**98**	**60**
西秀区	50092	23957	26135	1815	883	932	146	92	54
平坝区	5269	2645	2624	143	76	67	12	6	6
普定县									
镇宁布依族苗族自治县									
关岭布依族苗族自治县									
紫云苗族布依族自治县									
毕节市	**55013**	**27990**	**27023**	**1704**	**886**	**818**	**126**	**90**	**36**
七星关区	55013	27990	27023	1704	886	818	126	90	36
大方县									
黔西县									
金沙县									
织金县									
纳雍县									
威宁彝族回族苗族自治县									
赫章县									

1-6a　续表 7　　　　单位：人

地　区	大学本科			硕士研究生			博士研究生		
	小计	男	女	小计	男	女	小计	男	女
铜仁市	**38571**	**19352**	**19219**	**1582**	**784**	**798**	**163**	**112**	**51**
碧江区	33989	17042	16947	1469	722	747	159	109	50
万山区	4582	2310	2272	113	62	51	4	3	1
江口县									
玉屏侗族自治县									
石阡县									
思南县									
印江土家族苗族自治县									
德江县									
沿河土家族自治县									
松桃苗族自治县									
黔西南布依族苗族自治州	**64155**	**31697**	**32458**	**1826**	**862**	**964**	**161**	**93**	**68**
兴义市	55962	27282	28680	1744	823	921	149	83	66
兴仁市	8193	4415	3778	82	39	43	12	10	2
普安县									
晴隆县									
贞丰县									
望谟县									
册亨县									
安龙县									
黔东南苗族侗族自治州	**50168**	**25260**	**24908**	**1691**	**901**	**790**	**192**	**133**	**59**
凯里市	50168	25260	24908	1691	901	790	192	133	59
黄平县									
施秉县									
三穗县									
镇远县									
岑巩县									
天柱县									
锦屏县									
剑河县									
台江县									
黎平县									
榕江县									
从江县									
雷山县									
麻江县									
丹寨县									
黔南布依族苗族自治州	**53269**	**24914**	**28355**	**2186**	**1023**	**1163**	**158**	**105**	**53**
都匀市	45394	20985	24409	2040	967	1073	151	102	49
福泉市	7875	3929	3946	146	56	90	7	3	4
荔波县									
贵定县									
瓮安县									
独山县									
平塘县									
罗甸县									
长顺县									
龙里县									
惠水县									
三都水族自治县									

1–6b 各地区分性别、受教育程度的3岁及以上人口(镇)

单位：人

地区	3岁及以上人口			未上过学		
	合计	男	女	小计	男	女
贵州	**9897130**	**4968829**	**4928301**	**603033**	**165298**	**437735**
贵阳市	**664470**	**332273**	**332197**	**18318**	**5373**	**12945**
南明区						
云岩区						
花溪区	141163	66720	74443	2737	905	1832
乌当区	22087	11592	10495	989	308	681
白云区	2383	1173	1210	118	25	93
观山湖区	24779	12797	11982	1127	344	783
开阳县	177109	88327	88782	5172	1339	3833
息烽县	99341	49219	50122	2967	821	2146
修文县	125083	63571	61512	3355	1051	2304
清镇市	72525	38874	33651	1853	580	1273
六盘水市	**474343**	**241363**	**232980**	**39481**	**10994**	**28487**
钟山区	57784	29991	27793	6172	1505	4667
六枝特区	48374	24120	24254	5478	1385	4093
水城县	228713	116843	111870	19638	6037	13601
盘州市	139472	70409	69063	8193	2067	6126
遵义市	**1788013**	**882123**	**905890**	**85031**	**20973**	**64058**
红花岗区	59325	30045	29280	2377	693	1684
汇川区	53478	27071	26407	4438	1015	3423
播州区	85481	42841	42640	4264	1210	3054
桐梓县	237312	117850	119462	11562	3032	8530
绥阳县	165044	82146	82898	7403	1857	5546
正安县	159905	78360	81545	6214	1452	4762
道真仡佬族苗族自治县	123219	57826	65393	5697	1215	4482
务川仡佬族苗族自治县	159774	78045	81729	9977	2192	7785
凤冈县	137495	66838	70657	6727	1535	5192
湄潭县	180212	87903	92309	5895	1597	4298
余庆县	101469	49471	51998	5138	1407	3731
习水县	235763	118244	117519	8753	2328	6425
赤水市	33124	16105	17019	1917	513	1404
仁怀市	56412	29378	27034	4669	927	3742
安顺市	**583068**	**297953**	**285115**	**39444**	**10059**	**29385**
西秀区	50000	26878	23122	4242	1233	3009
平坝区	93509	50248	43261	4156	1091	3065
普定县	138493	69679	68814	7292	1966	5326
镇宁布依族苗族自治县	109531	54788	54743	6516	1652	4864
关岭布依族苗族自治县	100486	50559	49927	6067	1202	4865
紫云苗族布依族自治县	91049	45801	45248	11171	2915	8256
毕节市	**2188712**	**1109498**	**1079214**	**203799**	**64383**	**139416**
七星关区	81074	40365	40709	7895	2397	5498
大方县	308657	156157	152500	21131	6936	14195
黔西县	324500	163712	160788	22687	7380	15307
金沙县	263216	133587	129629	13470	4170	9300
织金县	331043	168177	162866	36181	10076	26105
纳雍县	278791	141854	136937	30906	8647	22259
威宁彝族回族苗族自治县	440091	224350	215741	57810	20418	37392
赫章县	161340	81296	80044	13719	4359	9360

1−6b　续表 1　　　　单位：人

地　区	3岁及以上人口			未上过学		
	合计	男	女	小计	男	女
铜仁市	**1052932**	**522952**	**529980**	**41514**	**11134**	**30380**
碧江区	5101	2733	2368	423	119	304
万山区						
江口县	78406	39515	38891	3972	1097	2875
玉屏侗族自治县	75439	37991	37448	2489	689	1800
石阡县	97533	48559	48974	3261	701	2560
思南县	182045	89669	92376	7637	2001	5636
印江土家族苗族自治县	116069	56386	59683	4059	1019	3040
德江县	175955	87526	88429	6022	1424	4598
沿河土家族自治县	163125	81015	82110	7953	2180	5773
松桃苗族自治县	159259	79558	79701	5698	1904	3794
黔西南布依族苗族自治州	**664829**	**337011**	**327818**	**39764**	**10013**	**29751**
兴义市	76712	39721	36991	4445	1241	3204
兴仁市	43693	22240	21453	3108	651	2457
普安县	71344	36269	35075	4887	1044	3843
晴隆县	73312	37164	36148	5461	1496	3965
贞丰县	112007	56094	55913	3739	880	2859
望谟县	84721	43191	41530	6355	1620	4735
册亨县	58472	29673	28799	5345	1513	3832
安龙县	144568	72659	71909	6424	1568	4856
黔东南苗族侗族自治州	**1167462**	**588200**	**579262**	**66836**	**15686**	**51150**
凯里市	30575	15769	14806	2102	394	1708
黄平县	90199	45233	44966	4601	1252	3349
施秉县	48415	23854	24561	2684	664	2020
三穗县	75026	37080	37946	3164	699	2465
镇远县	90142	44639	45503	4116	908	3208
岑巩县	70611	34876	35735	4091	919	3172
天柱县	110925	56369	54556	3261	1004	2257
锦屏县	66679	33001	33678	3624	720	2904
剑河县	71056	36145	34911	6159	1282	4877
台江县	43478	22331	21147	3329	804	2525
黎平县	154050	76888	77162	10518	2101	8417
榕江县	97260	49504	47756	5512	1445	4067
从江县	68135	35212	32923	6255	1788	4467
雷山县	47384	24877	22507	3582	792	2790
麻江县	48679	24570	24109	1756	492	1264
丹寨县	54848	27852	26996	2082	422	1660
黔南布依族苗族自治州	**1313301**	**657456**	**655845**	**68846**	**16683**	**52163**
都匀市	28705	14212	14493	1084	319	765
福泉市	44845	23741	21104	1827	594	1233
荔波县	62660	31503	31157	1641	454	1187
贵定县	126003	61177	64826	5924	1597	4327
瓮安县	230626	114419	116207	7074	2003	5071
独山县	121092	61189	59903	5533	1287	4246
平塘县	75392	37310	38082	4248	1008	3240
罗甸县	136064	68184	67880	13494	2457	11037
长顺县	82463	41923	40540	7154	1572	5582
龙里县	122304	63979	58325	4101	1286	2815
惠水县	185873	90074	95799	11278	2744	8534
三都水族自治县	97274	49745	47529	5488	1362	4126

1-6b 续表 2

单位：人

地区	学前教育			小学		
	小计	男	女	小计	男	女
贵州	**521961**	**278603**	**243358**	**3056895**	**1471914**	**1584981**
贵阳市	**29689**	**15566**	**14123**	**157208**	**74926**	**82282**
南明区						
云岩区						
花溪区	2208	1166	1042	12550	6270	6280
乌当区	1160	595	565	5603	2744	2859
白云区	80	46	34	744	327	417
观山湖区	823	422	401	5477	2467	3010
开阳县	10507	5440	5067	54078	25063	29015
息烽县	5352	2842	2510	27105	12619	14486
修文县	7199	3827	3372	36879	18121	18758
清镇市	2360	1228	1132	14772	7315	7457
六盘水市	**29500**	**15874**	**13626**	**167132**	**82472**	**84660**
钟山区	2888	1574	1314	19458	9765	9693
六枝特区	2865	1545	1320	18957	9642	9315
水城县	14101	7578	6523	84080	42340	41740
盘州市	9646	5177	4469	44637	20725	23912
遵义市	**94256**	**49653**	**44603**	**554125**	**254211**	**299914**
红花岗区	2599	1354	1245	15514	7321	8193
汇川区	2587	1375	1212	18337	8885	9452
播州区	4336	2259	2077	26595	12544	14051
桐梓县	10739	5549	5190	70191	32905	37286
绥阳县	9403	4969	4434	47663	22134	25529
正安县	9454	5078	4376	57663	25115	32548
道真仡佬族苗族自治县	5863	2989	2874	39504	16929	22575
务川仡佬族苗族自治县	10047	5440	4607	54174	24969	29205
凤冈县	6460	3428	3032	40007	17632	22375
湄潭县	8302	4271	4031	48651	22397	26254
余庆县	5219	2775	2444	30391	13890	16501
习水县	14698	7802	6896	71692	33270	38422
赤水市	1633	827	806	13744	6489	7255
仁怀市	2916	1537	1379	19999	9731	10268
安顺市	**31437**	**16960**	**14477**	**188150**	**93722**	**94428**
西秀区	2382	1227	1155	16471	8684	7787
平坝区	4267	2251	2016	27019	13315	13704
普定县	8402	4498	3904	44666	21796	22870
镇宁布依族苗族自治县	5724	3110	2614	36150	17450	18700
关岭布依族苗族自治县	5663	3136	2527	34388	17026	17362
紫云苗族布依族自治县	4999	2738	2261	29456	15451	14005
毕节市	**108214**	**57570**	**50644**	**710095**	**361911**	**348184**
七星关区	4014	2120	1894	30190	14704	15486
大方县	15312	8103	7209	95578	48659	46919
黔西县	17504	9342	8162	112093	56393	55700
金沙县	11200	5915	5285	81259	39700	41559
织金县	17205	9300	7905	114551	59930	54621
纳雍县	14959	7915	7044	88506	45947	42559
威宁彝族回族苗族自治县	19616	10277	9339	135919	70915	65004
赫章县	8404	4598	3806	51999	25663	26336

1-6b　续表 3　　　　单位：人

地　区	学前教育			小　学		
	小计	男	女	小计	男	女
铜仁市	**56512**	**30284**	**26228**	**294908**	**133756**	**161152**
碧江区	223	104	119	1749	909	840
万山区						
江口县	3823	2059	1764	24267	11517	12750
玉屏侗族自治县	3971	2148	1823	21136	9832	11304
石阡县	4931	2548	2383	26270	11399	14871
思南县	8774	4649	4125	49285	22154	27131
印江土家族苗族自治县	6235	3307	2928	33683	14616	19067
德江县	11003	5867	5136	45238	20390	24848
沿河土家族自治县	9449	5184	4265	47821	21792	26029
松桃苗族自治县	8103	4418	3685	45459	21147	24312
黔西南布依族苗族自治州	**37850**	**20234**	**17616**	**230646**	**109750**	**120896**
兴义市	4201	2332	1869	30560	14778	15782
兴仁市	2496	1303	1193	15458	7358	8100
普安县	4293	2266	2027	21928	10607	11321
晴隆县	4209	2173	2036	26168	12696	13472
贞丰县	6805	3637	3168	37829	17164	20665
望谟县	3829	2027	1802	27296	13042	14254
册亨县	3615	1891	1724	22523	10997	11526
安龙县	8402	4605	3797	48884	23108	25776
黔东南苗族侗族自治州	**62213**	**33715**	**28498**	**358816**	**168752**	**190064**
凯里市	1528	820	708	10654	5024	5630
黄平县	4317	2254	2063	29081	13796	15285
施秉县	2725	1510	1215	13668	6393	7275
三穗县	3624	1949	1675	25099	11393	13706
镇远县	4054	2195	1859	27879	12873	15006
岑巩县	3796	2092	1704	20029	9310	10719
天柱县	5415	2974	2441	32007	14437	17570
锦屏县	3507	1917	1590	19897	8865	11032
剑河县	3888	2132	1756	21422	10356	11066
台江县	2236	1221	1015	12851	6132	6719
黎平县	9137	4850	4287	51760	23973	27787
榕江县	5819	3156	2663	29092	14178	14914
从江县	4119	2129	1990	21471	10748	10723
雷山县	2417	1392	1025	12266	6012	6254
麻江县	2609	1410	1199	14939	7219	7720
丹寨县	3022	1714	1308	16701	8043	8658
黔南布依族苗族自治州	**72290**	**38747**	**33543**	**395815**	**192414**	**203401**
都匀市	1109	594	515	7039	3392	3647
福泉市	2446	1314	1132	15050	7475	7575
荔波县	3803	2132	1671	15956	7051	8905
贵定县	5721	2928	2793	37018	18133	18885
瓮安县	12987	6829	6158	69107	33014	36093
独山县	6170	3394	2776	35627	16806	18821
平塘县	5133	2735	2398	24843	11630	13213
罗甸县	8532	4691	3841	47501	23977	23524
长顺县	4784	2557	2227	24598	12516	12082
龙里县	6172	3316	2856	37396	18531	18865
惠水县	9359	4942	4417	47745	23299	24446
三都水族自治县	6074	3315	2759	33935	16590	17345

1−6b　续表 4　　　　单位：人

地　　区	初　　中			高　　中			大学专科		
	小计	男	女	小计	男	女	小计	男	女
贵　州	**3238651**	**1747228**	**1491423**	**1240662**	**660228**	**580434**	**636853**	**340860**	**295993**
贵阳市	**199977**	**106849**	**93128**	**80059**	**42433**	**37626**	**72002**	**39526**	**32476**
南明区									
云岩区									
花溪区	19809	11224	8585	5521	2587	2934	16272	9614	6658
乌当区	9217	5171	4046	3751	2151	1600	945	419	526
白云区	1094	574	520	248	150	98	66	40	26
观山湖区	9034	4892	4142	6492	3745	2747	1177	602	575
开阳县	61113	32174	28939	23972	12753	11219	12982	6794	6188
息烽县	34613	17743	16870	14358	7528	6830	8054	4193	3861
修文县	47693	25176	22517	16821	8893	7928	6674	3370	3304
清镇市	17404	9895	7509	8896	4626	4270	25832	14494	11338
六盘水市	**154150**	**87525**	**66625**	**47221**	**25667**	**21554**	**21316**	**10671**	**10645**
钟山区	21941	12880	9061	4371	2649	1722	1879	1078	801
六枝特区	15955	8815	7140	2456	1400	1056	1489	790	699
水城县	68071	39060	29011	23458	12532	10926	11350	5159	6191
盘州市	48183	26770	21413	16936	9086	7850	6598	3644	2954
遵义市	**657109**	**343831**	**313278**	**216159**	**116849**	**99310**	**95723**	**51414**	**44309**
红花岗区	27585	14523	13062	7016	3874	3142	2399	1314	1085
汇川区	21693	12149	9544	3356	2045	1311	1621	901	720
播州区	36707	19252	17455	8098	4700	3398	3062	1629	1433
桐梓县	95837	50393	45444	28203	14877	13326	10398	5666	4732
绥阳县	59969	31146	28823	25153	13705	11448	8892	4859	4033
正安县	53810	28929	24881	15932	8623	7309	8377	4560	3817
道真仡佬族苗族自治县	42325	20746	21579	16104	8555	7549	7155	3856	3299
务川仡佬族苗族自治县	49149	25625	23524	18731	10155	8576	8777	4824	3953
凤冈县	48053	24938	23115	17516	9402	8114	9958	5223	4735
湄潭县	70628	35627	35001	24438	12683	11755	12383	6337	6046
余庆县	33745	16940	16805	13894	7492	6402	7540	3987	3553
习水县	83387	44131	39256	31716	17123	14593	12856	6966	5890
赤水市	12221	6278	5943	1960	1135	825	1035	569	466
仁怀市	22000	13154	8846	4042	2480	1562	1270	723	547
安顺市	**195853**	**108418**	**87435**	**68057**	**35321**	**32736**	**35754**	**20930**	**14824**
西秀区	19153	11537	7616	4916	2665	2251	1760	988	772
平坝区	31879	17911	13968	12113	6431	5682	10887	7481	3406
普定县	51329	27454	23875	14088	7328	6760	7028	3802	3226
镇宁布依族苗族自治县	36949	20079	16870	12742	6463	6279	6433	3470	2963
关岭布依族苗族自治县	30181	16486	13695	13461	6995	6466	5245	2855	2390
紫云苗族布依族自治县	26362	14951	11411	10737	5439	5298	4401	2334	2067
毕节市	**668161**	**367522**	**300639**	**284237**	**145336**	**138901**	**116021**	**61266**	**54755**
七星关区	26857	14986	11871	7990	3990	4000	2153	1126	1027
大方县	96264	51829	44435	46003	23408	22595	20231	9894	10337
黔西县	101412	54237	47175	39161	19968	19193	16654	8748	7906
金沙县	95046	50964	44082	36386	19161	17225	13738	7472	6266
织金县	93249	52407	40842	38352	19848	18504	16374	8669	7705
纳雍县	85766	48353	37413	33808	17570	16238	13294	7215	6079
威宁彝族回族苗族自治县	122878	69226	53652	61346	30447	30899	23480	12754	10726
赫章县	46689	25520	21169	21191	10944	10247	10097	5388	4709

1-6b　续表 5

单位：人

地　　区	初　　中			高　　中			大学专科		
	小计	男	女	小计	男	女	小计	男	女
铜仁市	**346833**	**178988**	**167845**	**167087**	**90083**	**77004**	**84765**	**44885**	**39880**
碧江区	2325	1361	964	230	148	82	101	63	38
万山区									
江口县	26092	13507	12585	9897	5611	4286	5892	3261	2631
玉屏侗族自治县	27064	14160	12904	10263	5598	4665	6058	3219	2839
石阡县	28592	14424	14168	18201	10517	7684	8735	4802	3933
思南县	59656	30641	29015	31687	16945	14742	13959	7275	6684
印江土家族苗族自治县	38950	19634	19316	15816	8388	7428	9500	5170	4330
德江县	59103	30868	28235	27298	14721	12577	19136	9619	9517
沿河土家族自治县	54507	28404	26103	23298	12346	10952	11019	5918	5101
松桃苗族自治县	50544	25989	24555	30397	15809	14588	10365	5558	4807
黔西南布依族苗族自治州	**213829**	**119909**	**93920**	**66240**	**35473**	**30767**	**41459**	**22841**	**18618**
兴义市	27163	15540	11623	5715	3255	2460	2326	1348	978
兴仁市	16329	9293	7036	2884	1661	1223	1884	1132	752
普安县	22064	12473	9591	7745	4266	3479	5481	2955	2526
晴隆县	20589	11692	8897	7919	4041	3878	4591	2614	1977
贞丰县	38707	21220	17487	11279	5814	5465	7512	4069	3443
望谟县	26335	15068	11267	9589	5200	4389	6574	3725	2849
册亨县	15218	8725	6493	3988	2186	1802	4076	2295	1781
安龙县	47424	25898	21526	17121	9050	8071	9015	4703	4312
黔东南苗族侗族自治州	**373372**	**199923**	**173449**	**153024**	**84839**	**68185**	**81399**	**45485**	**35914**
凯里市	11899	6801	5098	2159	1391	768	1352	847	505
黄平县	30541	16305	14236	11076	5747	5329	5537	3081	2456
施秉县	15189	7773	7416	6886	3548	3338	4054	2222	1832
三穗县	24360	12716	11644	8858	4844	4014	4998	2778	2220
镇远县	30033	15663	14370	12667	6800	5867	5909	3219	2690
岑巩县	21569	10968	10601	10472	5725	4747	4938	2701	2237
天柱县	40748	21135	19613	16941	9546	7395	6699	3875	2824
锦屏县	21893	11457	10436	8192	4574	3618	4464	2617	1847
剑河县	19723	10961	8762	9246	5319	3927	5101	3036	2065
台江县	13890	7651	6239	5391	3048	2343	3414	2080	1334
黎平县	50793	28204	22589	16029	9057	6972	8322	4630	3692
榕江县	30956	16561	14395	13398	7237	6161	7739	4261	3478
从江县	17912	9761	8151	8783	5369	3414	6010	3441	2569
雷山县	14495	8166	6329	7051	4096	2955	3908	2298	1610
麻江县	14108	7410	6698	7365	3885	3480	3711	1957	1754
丹寨县	15263	8391	6872	8510	4653	3857	5243	2442	2801
黔南布依族苗族自治州	**429367**	**234263**	**195104**	**158578**	**84227**	**74351**	**88414**	**43842**	**44572**
都匀市	9709	5473	4236	3330	2097	1233	6023	2134	3889
福泉市	17238	9588	7650	3798	2165	1633	2401	1389	1012
荔波县	19512	10462	9050	9415	4977	4438	5847	3186	2661
贵定县	41032	22264	18768	16650	7974	8676	12516	4740	7776
瓮安县	85883	43724	42159	29216	15245	13971	15069	7688	7381
独山县	45547	24777	20770	14794	8203	6591	7336	3771	3565
平塘县	24528	13198	11330	6250	3463	2787	5097	2681	2416
罗甸县	37365	21578	15787	14146	7689	6457	7677	4032	3645
长顺县	25345	14543	10802	11792	6049	5743	3941	2188	1753
龙里县	44867	24918	19949	14571	8151	6420	7949	4253	3696
惠水县	52245	29065	23180	21238	11070	10168	8987	4694	4293
三都水族自治县	26096	14673	11423	13378	7144	6234	5571	3086	2485

1—6b 续表 6

单位：人

地 区	大学本科			硕士研究生			博士研究生		
	小计	男	女	小计	男	女	小计	男	女
贵 州	**586310**	**299079**	**287231**	**11636**	**4923**	**6713**	**1129**	**696**	**433**
贵阳市	**101264**	**45475**	**55789**	**5302**	**1708**	**3594**	**651**	**417**	**234**
南明区									
云岩区									
花溪区	76772	33139	43633	4692	1422	3270	602	393	209
乌当区	413	203	210	7	1	6	2		2
白云区	32	11	21	1		1			
观山湖区	631	319	312	14	6	8	4		4
开阳县	9057	4654	4403	212	103	109	16	7	9
息烽县	6724	3392	3332	161	75	86	7	6	1
修文县	6299	3055	3244	144	68	76	19	10	9
清镇市	1336	702	634	71	33	38	1	1	
六盘水市	**15005**	**7890**	**7115**	**473**	**223**	**250**	**65**	**47**	**18**
钟山区	1056	531	525	16	7	9	3	2	1
六枝特区	1169	541	628	4	1	3	1	1	
水城县	7563	3903	3660	400	194	206	52	40	12
盘州市	5217	2915	2302	53	21	32	9	4	5
遵义市	**84206**	**44524**	**39682**	**1333**	**632**	**701**	**71**	**36**	**35**
红花岗区	1810	955	855	23	10	13	2	1	1
汇川区	1432	692	740	10	7	3	4	2	2
播州区	2384	1233	1151	31	10	21	4	4	
桐梓县	10197	5339	4858	175	82	93	10	7	3
绥阳县	6433	3421	3012	126	54	72	2	1	1
正安县	8317	4518	3799	134	85	49	4		4
道真仡佬族苗族自治县	6506	3507	2999	63	27	36	2	2	
务川仡佬族苗族自治县	8789	4775	4014	125	62	63	5	3	2
凤冈县	8625	4609	4016	142	70	72	7	1	6
湄潭县	9701	4904	4797	202	81	121	12	6	6
余庆县	5485	2950	2535	53	28	25	4	2	2
习水县	12424	6509	5915	225	108	117	12	7	5
赤水市	604	292	312	10	2	8			
仁怀市	1499	820	679	14	6	8	3		3
安顺市	**23943**	**12324**	**11619**	**402**	**204**	**198**	**28**	**15**	**13**
西秀区	1057	533	524	19	11	8			
平坝区	3090	1710	1380	93	56	37	5	2	3
普定县	5604	2798	2806	80	35	45	4	2	2
镇宁布依族苗族自治县	4938	2525	2413	72	37	35	7	2	5
关岭布依族苗族自治县	5382	2810	2572	91	43	48	8	6	2
紫云苗族布依族自治县	3872	1948	1924	47	22	25	4	3	1
毕节市	**97027**	**50882**	**46145**	**1069**	**576**	**493**	**89**	**52**	**37**
七星关区	1956	1033	923	15	6	9	4	3	1
大方县	13922	7208	6714	207	116	91	9	4	5
黔西县	14809	7547	7262	165	89	76	15	8	7
金沙县	11990	6138	5852	108	56	52	19	11	8
织金县	14935	7846	7089	185	93	92	11	8	3
纳雍县	11415	6134	5281	128	67	61	9	6	3
威宁彝族回族苗族自治县	18872	10210	8662	155	94	61	15	9	6
赫章县	9128	4766	4362	106	55	51	7	3	4

1-6b　续表 7　　　　单位：人

地　　区	大学本科			硕士研究生			博士研究生		
	小计	男	女	小计	男	女	小计	男	女
铜仁市	**60528**	**33411**	**27117**	**712**	**366**	**346**	**73**	**45**	**28**
碧江区	50	29	21						
万山区									
江口县	4412	2437	1975	48	24	24	3	2	1
玉屏侗族自治县	4388	2303	2085	63	36	27	7	6	1
石阡县	7430	4102	3328	106	62	44	7	4	3
思南县	10904	5933	4971	129	62	67	14	9	5
印江土家族苗族自治县	7729	4211	3518	92	38	54	5	3	2
德江县	8075	4593	3482	64	35	29	16	9	7
沿河土家族自治县	8983	5143	3840	90	46	44	5	2	3
松桃苗族自治县	8557	4660	3897	120	63	57	16	10	6
黔西南布依族苗族自治州	**34727**	**18628**	**16099**	**290**	**150**	**140**	**24**	**13**	**11**
兴义市	2279	1213	1066	18	12	6	5	2	3
兴仁市	1517	838	679	17	4	13			
普安县	4914	2640	2274	31	18	13	1		1
晴隆县	4341	2435	1906	33	17	16	1		1
贞丰县	6078	3280	2798	57	30	27	1		1
望谟县	4711	2496	2215	30	11	19	2	2	
册亨县	3674	2042	1632	27	19	8	6	5	1
安龙县	7213	3684	3529	77	39	38	8	4	4
黔东南苗族侗族自治州	**71120**	**39410**	**31710**	**633**	**359**	**274**	**49**	**31**	**18**
凯里市	873	489	384	8	3	5			
黄平县	5002	2773	2229	37	20	17	7	5	2
施秉县	3164	1721	1443	42	21	21	3	2	1
三穗县	4873	2666	2207	49	34	15	1	1	
镇远县	5432	2959	2473	50	21	29	2	1	1
岑巩县	5655	3125	2530	58	35	23	3	1	2
天柱县	5814	3376	2438	40	22	18			
锦屏县	5052	2825	2227	43	22	21	7	4	3
剑河县	5468	3035	2433	49	24	25			
台江县	2338	1377	961	24	15	9	5	3	2
黎平县	7414	4026	3388	74	47	27	3		3
榕江县	4718	2650	2068	24	14	10	2	2	
从江县	3558	1961	1597	25	13	12	2	2	
雷山县	3624	2091	1533	37	27	10	4	3	1
麻江县	4147	2172	1975	37	20	17	7	5	2
丹寨县	3988	2164	1824	36	21	15	3	2	1
黔南布依族苗族自治州	**98490**	**46535**	**51955**	**1422**	**705**	**717**	**79**	**40**	**39**
都匀市	397	195	202	14	8	6			
福泉市	2046	1186	860	36	27	9	3	3	
荔波县	6423	3206	3217	60	33	27	3	2	1
贵定县	6944	3446	3498	186	90	96	12	5	7
瓮安县	11031	5801	5230	237	105	132	22	10	12
独山县	5963	2897	3066	114	49	65	8	5	3
平塘县	5243	2565	2678	45	29	16	5	1	4
罗甸县	7240	3699	3541	108	61	47	1		1
长顺县	4785	2462	2323	61	34	27	3	2	1
龙里县	7078	3431	3647	157	86	71	13	7	6
惠水县	34687	14118	20569	325	137	188	9	5	4
三都水族自治县	6653	3529	3124	79	46	33			

1-6c 各地区分性别、受教育程度的3岁及以上人口(乡村)

单位：人

地区	3岁及以上人口			未上过学		
	合计	男	女	小计	男	女
贵州	**17239617**	**8961434**	**8278183**	**2080513**	**542931**	**1537582**
贵阳市	**1136951**	**606490**	**530461**	**74477**	**21313**	**53164**
南明区	49618	27003	22615	2032	636	1396
云岩区						
花溪区	177919	93985	83934	13511	3760	9751
乌当区	107773	57867	49906	7010	2113	4897
白云区	36424	19270	17154	1611	501	1110
观山湖区	91056	48475	42581	3463	1121	2342
开阳县	150734	80059	70675	12793	3448	9345
息烽县	110143	58605	51538	7209	1841	5368
修文县	148934	79508	69426	8927	2629	6298
清镇市	264350	141718	122632	17921	5264	12657
六盘水市	**1460226**	**762332**	**697894**	**177898**	**48394**	**129504**
钟山区	64189	33777	30412	8779	2746	6033
六枝特区	309481	159740	149741	44752	10625	34127
水城县	477027	250572	226455	67966	20657	47309
盘州市	609529	318243	291286	56401	14366	42035
遵义市	**2749547**	**1424493**	**1325054**	**246713**	**56667**	**190046**
红花岗区	171335	89192	82143	11546	2894	8652
汇川区	130068	68083	61985	15109	3128	11981
播州区	354657	183820	170837	23972	5904	18068
桐梓县	271019	141883	129136	28778	5862	22916
绥阳县	198742	102367	96375	19642	4895	14747
正安县	221019	113352	107667	19581	3683	15898
道真仡佬族苗族自治县	112282	58173	54109	8932	1885	7047
务川仡佬族苗族自治县	134751	69895	64856	17617	4190	13427
凤冈县	153515	77970	75545	17843	4096	13747
湄潭县	177528	89746	87782	11991	2863	9128
余庆县	113871	57800	56071	10585	2657	7928
习水县	323953	168541	155412	26353	6278	20075
赤水市	105567	55084	50483	9079	2774	6305
仁怀市	281240	148587	132653	25685	5558	20127
安顺市	**1262052**	**653291**	**608761**	**165101**	**36906**	**128195**
西秀区	340293	175041	165252	39654	8224	31430
平坝区	166965	85824	81141	14322	3142	11180
普定县	220335	114317	106018	21993	5456	16537
镇宁布依族苗族自治县	177205	93062	84143	26354	6088	20266
关岭布依族苗族自治县	169789	88531	81258	22590	4282	18308
紫云苗族布依族自治县	187465	96516	90949	40188	9714	30474
毕节市	**3796726**	**1966332**	**1830394**	**597492**	**185346**	**412146**
七星关区	577551	295247	282304	78563	22894	55669
大方县	507613	264153	243460	65026	19667	45359
黔西县	373513	194103	179410	48204	13952	34252
金沙县	260370	138527	121843	23741	6162	17579
织金县	444790	230584	214206	82714	22681	60033
纳雍县	403078	207077	196001	77278	22793	54485
威宁彝族回族苗族自治县	775111	403187	371924	157479	57541	99938
赫章县	454700	233454	221246	64487	19656	44831

1-6c　续表 1

单位：人

地　区	3岁及以上人口			未上过学		
	合计	男	女	小计	男	女
铜仁市	**1709642**	**881743**	**827899**	**185187**	**44824**	**140363**
碧江区	92314	46884	45430	6756	2308	4448
万山区	80795	42807	37988	6569	2077	4492
江口县	98940	51962	46978	10273	2836	7437
玉屏侗族自治县	68915	36415	32500	3644	974	2670
石阡县	187324	96321	91003	19253	4429	14824
思南县	258701	131168	127533	33888	7280	26608
印江土家族苗族自治县	167187	86071	81116	18872	4825	14047
德江县	200804	102408	98396	25134	4893	20241
沿河土家族自治县	248075	127735	120340	33247	7398	25849
松桃苗族自治县	306587	159972	146615	27551	7804	19747
黔西南布依族苗族自治州	**1549281**	**796798**	**752483**	**156542**	**37162**	**119380**
兴义市	338672	177058	161614	24744	6676	18068
兴仁市	244760	125896	118864	21979	4694	17285
普安县	159839	82596	77243	18470	4122	14348
晴隆县	150177	77251	72926	18670	4077	14593
贞丰县	180679	91871	88808	13710	2613	11097
望谟县	140129	71079	69050	29179	7679	21500
册亨县	121976	62139	59837	16081	4227	11854
安龙县	213049	108908	104141	13709	3074	10635
黔东南苗族侗族自治州	**1954265**	**1024411**	**929854**	**285079**	**67998**	**217081**
凯里市	182570	97546	85024	21385	4253	17132
黄平县	144802	74375	70427	15726	3407	12319
施秉县	71754	37189	34565	8387	2039	6348
三穗县	80790	42525	38265	7405	1719	5686
镇远县	91757	47985	43772	10130	2177	7953
岑巩县	90082	47450	42632	12982	2873	10109
天柱县	150974	79150	71824	10078	2110	7968
锦屏县	81843	42788	39055	8938	1562	7376
剑河县	109640	58593	51047	21798	4954	16844
台江县	74079	38708	35371	13261	3259	10002
黎平县	237008	122124	114884	35726	8170	27556
榕江县	185805	98214	87591	32611	8267	24344
从江县	226390	116439	109951	56023	16441	39582
雷山县	72053	39181	32872	12655	2743	9912
麻江县	76400	40375	36025	8731	2131	6600
丹寨县	78318	41769	36549	9243	1893	7350
黔南布依族苗族自治州	**1620927**	**845544**	**775383**	**192024**	**44321**	**147703**
都匀市	173803	92271	81532	17201	4215	12986
福泉市	137877	73666	64211	10186	2883	7303
荔波县	84792	45115	39677	7796	1856	5940
贵定县	114399	57243	57156	13192	3064	10128
瓮安县	147502	78053	69449	10491	2744	7747
独山县	131807	68579	63228	14279	3315	10964
平塘县	148504	75464	73040	17978	4039	13939
罗甸县	110143	56681	53462	23407	4962	18445
长顺县	109426	57072	52354	18181	3753	14428
龙里县	103689	54777	48912	10345	2697	7648
惠水县	192426	99822	92604	31543	6623	24920
三都水族自治县	166559	86801	79758	17425	4170	13255

1－6c　续表 2　　　　单位：人

地　区	学前教育			小　学		
	小计	男	女	小计	男	女
贵　州	**804048**	**425144**	**378904**	**7216966**	**3685862**	**3531104**
贵阳市	**56533**	**29716**	**26817**	**450458**	**230497**	**219961**
南明区	2241	1148	1093	14350	7386	6964
云岩区						
花溪区	10352	5498	4854	62365	31683	30682
乌当区	5048	2647	2401	33677	17777	15900
白云区	1656	844	812	10327	5367	4960
观山湖区	4037	2164	1873	25819	13330	12489
开阳县	6429	3304	3125	72240	36902	35338
息烽县	4581	2378	2203	52182	26401	25781
修文县	7603	4006	3597	65081	33869	31212
清镇市	14586	7727	6859	114417	57782	56635
六盘水市	**83316**	**44548**	**38768**	**608405**	**308588**	**299817**
钟山区	2787	1416	1371	21775	11840	9935
六枝特区	16774	8853	7921	130174	69151	61023
水城县	23783	12628	11155	206754	106681	100073
盘州市	39972	21651	18321	249702	120916	128786
遵义市	**109185**	**57355**	**51830**	**1131874**	**553635**	**578239**
红花岗区	6832	3552	3280	60079	28769	31310
汇川区	5264	2781	2483	50258	25926	24332
播州区	14361	7605	6756	131373	62793	68580
桐梓县	10864	5705	5159	111302	56315	54987
绥阳县	9482	4944	4538	78994	38968	40026
正安县	8741	4748	3993	99250	47089	52161
道真仡佬族苗族自治县	2829	1462	1367	48854	23422	25432
务川仡佬族苗族自治县	5069	2658	2411	60078	30511	29567
凤冈县	5166	2704	2462	65170	31404	33766
湄潭县	6881	3612	3269	70591	33463	37128
余庆县	3783	2015	1768	47281	23160	24121
习水县	15451	8024	7427	143830	69335	74495
赤水市	3623	1891	1732	47836	24411	23425
仁怀市	10839	5654	5185	116978	58069	58909
安顺市	**66552**	**35423**	**31129**	**510263**	**264467**	**245796**
西秀区	18622	9876	8746	124136	61288	62848
平坝区	8967	4793	4174	63478	30680	32798
普定县	11713	6193	5520	93805	48159	45646
镇宁布依族苗族自治县	8308	4501	3807	76368	40649	35719
关岭布依族苗族自治县	9641	5117	4524	76174	40282	35892
紫云苗族布依族自治县	9301	4943	4358	76302	43409	32893
毕节市	**168730**	**88074**	**80656**	**1627551**	**858783**	**768768**
七星关区	26570	13814	12756	246155	125822	120333
大方县	22409	11769	10640	216041	112763	103278
黔西县	17467	9104	8363	179542	95262	84280
金沙县	9596	4935	4661	115017	59024	55993
织金县	21696	11511	10185	193652	107322	86330
纳雍县	19461	10174	9287	158746	85748	72998
威宁彝族回族苗族自治县	29503	15193	14310	317506	169804	147702
赫章县	22028	11574	10454	200892	103038	97854

1-6c　续表 3　　　　单位：人

地　区	学前教育			小　学		
	小计	男	女	小计	男	女
铜仁市	**75548**	**39724**	**35824**	**691680**	**343234**	**348446**
碧江区	3967	2076	1891	32085	16182	15903
万山区	3964	2097	1867	32739	16662	16077
江口县	4379	2300	2079	41614	21311	20303
玉屏侗族自治县	3208	1710	1498	25706	12424	13282
石阡县	7772	4036	3736	79271	38012	41259
思南县	10257	5388	4869	107903	53265	54638
印江土家族苗族自治县	6413	3324	3089	66479	32817	33662
德江县	9086	4782	4304	76535	37680	38855
沿河土家族自治县	10849	5724	5125	100336	50954	49382
松桃苗族自治县	15653	8287	7366	129012	63927	65085
黔西南布依族苗族自治州	**77452**	**40688**	**36764**	**692475**	**341451**	**351024**
兴义市	16092	8589	7503	151807	74392	77415
兴仁市	12768	6615	6153	108395	52139	56256
普安县	8102	4359	3743	65324	32960	32364
晴隆县	6966	3647	3319	67989	34462	33527
贞丰县	9288	4911	4377	85749	39904	45845
望谟县	6252	3296	2956	58918	32310	26608
册亨县	6354	3218	3136	55326	28511	26815
安龙县	11630	6053	5577	98967	46773	52194
黔东南苗族侗族自治州	**86674**	**46829**	**39845**	**814942**	**426787**	**388155**
凯里市	6257	3382	2875	69091	35519	33572
黄平县	5035	2612	2423	62705	31491	31214
施秉县	3075	1646	1429	29888	15078	14810
三穗县	3199	1771	1428	37051	18495	18556
镇远县	3342	1748	1594	43602	22267	21335
岑巩县	3467	1882	1585	36263	19209	17054
天柱县	6568	3556	3012	63536	29593	33943
锦屏县	3373	1813	1560	32082	15943	16139
剑河县	4701	2632	2069	44340	25148	19192
台江县	3157	1709	1448	25622	13771	11851
黎平县	12459	6692	5767	98954	51403	47551
榕江县	8622	4676	3946	76636	42208	34428
从江县	12618	6802	5816	94441	53038	41403
雷山县	2919	1514	1405	27670	15599	12071
麻江县	3750	2073	1677	37602	19899	17703
丹寨县	4132	2321	1811	35459	18126	17333
黔南布依族苗族自治州	**80058**	**42787**	**37271**	**689318**	**358420**	**330898**
都匀市	7024	3800	3224	67193	33830	33363
福泉市	6382	3352	3030	60435	30893	29542
荔波县	4279	2362	1917	39676	19606	20070
贵定县	6075	3162	2913	46917	25012	21905
瓮安县	6284	3256	3028	63370	31974	31396
独山县	6331	3473	2858	53841	27291	26550
平塘县	8211	4330	3881	65188	33459	31729
罗甸县	5440	2939	2501	47189	27022	20167
长顺县	6199	3314	2885	43800	23866	19934
龙里县	4774	2533	2241	44454	23503	20951
惠水县	9795	5156	4639	77526	41626	35900
三都水族自治县	9264	5110	4154	79729	40338	39391

1-6c 续表 4 单位：人

地区	初中			高中			大学专科		
	小计	男	女	小计	男	女	小计	男	女
贵州	**5544225**	**3385893**	**2158332**	**929770**	**559238**	**370532**	**405437**	**222791**	**182646**
贵阳市	**410949**	**243636**	**167313**	**78703**	**45600**	**33103**	**47464**	**26567**	**20897**
南明区	21559	12714	8845	5756	3232	2524	2379	1214	1165
云岩区									
花溪区	72704	42958	29746	11781	6435	5346	4009	2034	1975
乌当区	41862	24565	17297	12891	7228	5663	4549	2287	2262
白云区	14947	8495	6452	5977	3091	2886	1076	569	507
观山湖区	31321	17940	13381	9294	5741	3553	14669	6886	7783
开阳县	46249	28697	17552	7759	4835	2924	3298	1859	1439
息烽县	37920	23107	14813	5086	3225	1861	1916	1036	880
修文县	55168	32139	23029	8281	4945	3336	2312	1154	1158
清镇市	89219	53021	36198	11878	6868	5010	13256	9528	3728
六盘水市	**459020**	**285494**	**173526**	**77476**	**45668**	**31808**	**32176**	**18029**	**14147**
钟山区	18752	11522	7230	10361	5292	5069	1045	604	441
六枝特区	96196	58537	37659	11970	7267	4703	5462	3084	2378
水城县	140426	88677	51749	24910	14346	10564	7756	4696	3060
盘州市	203646	126758	76888	30235	18763	11472	17913	9645	8268
遵义市	**1000331**	**604166**	**396165**	**164377**	**99281**	**65096**	**51955**	**29128**	**22827**
红花岗区	75441	43575	31866	11136	6961	4175	3822	2147	1675
汇川区	49455	30338	19117	6086	3880	2206	2116	1108	1008
播州区	149840	86887	62953	23424	14269	9155	6988	3949	3039
桐梓县	100730	62766	37964	12619	7475	5144	3535	2013	1522
绥阳县	75402	44382	31020	10270	6317	3953	2610	1521	1089
正安县	69198	44033	25165	15038	8574	6464	4814	2742	2072
道真仡佬族苗族自治县	36843	22795	14048	9071	5452	3619	3279	1853	1426
务川仡佬族苗族自治县	39218	24882	14336	7008	4377	2631	2869	1658	1211
凤冈县	49469	30679	18790	9951	5896	4055	3386	1838	1548
湄潭县	71245	40284	30961	9910	6017	3893	4194	2154	2040
余庆县	39137	22036	17101	6929	4416	2513	4031	2282	1749
习水县	112116	69369	42747	18195	11131	7064	4464	2582	1882
赤水市	34092	19782	14310	7460	4386	3074	2018	1122	896
仁怀市	98145	62358	35787	17280	10130	7150	3829	2159	1670
安顺市	**428190**	**263753**	**164437**	**55364**	**33334**	**22030**	**22131**	**12112**	**10019**
西秀区	129184	79253	49931	17005	10445	6560	6946	3682	3264
平坝区	65815	39203	26612	8390	4893	3497	3757	2003	1754
普定县	75624	45094	30530	12115	6767	5348	2970	1591	1379
镇宁布依族苗族自治县	56001	35816	20185	6180	3797	2383	2699	1525	1174
关岭布依族苗族自治县	50649	32334	18315	6024	3840	2184	2709	1563	1146
紫云苗族布依族自治县	50917	32053	18864	5650	3592	2058	3050	1748	1302
毕节市	**1103285**	**662475**	**440810**	**169581**	**99165**	**70416**	**77678**	**43409**	**34269**
七星关区	182163	108333	73830	26386	15146	11240	9735	5041	4694
大方县	159970	94808	65162	25260	14970	10290	11170	6083	5087
黔西县	104337	62210	42127	13776	8013	5763	6376	3515	2861
金沙县	91705	56155	35550	12029	7452	4577	5320	3187	2133
织金县	116043	71311	44732	17093	10129	6964	8398	4694	3704
纳雍县	115496	69653	45843	17089	10141	6948	8680	4984	3696
威宁彝族回族苗族自治县	209762	125215	84547	33674	19795	13879	16568	9466	7102
赫章县	123809	74790	49019	24274	13519	10755	11431	6439	4992

1－6c　续表 5

单位：人

地　区	初　中			高　中			大学专科		
	小计	男	女	小计	男	女	小计	男	女
铜仁市	**560797**	**340686**	**220111**	**113301**	**68818**	**44483**	**52952**	**27496**	**25456**
碧江区	34734	20089	14645	5199	3071	2128	7900	2321	5579
万山区	28423	16824	11599	5661	3336	2325	2073	1116	957
江口县	31637	18793	12844	6359	3957	2402	2815	1639	1176
玉屏侗族自治县	27604	16118	11486	5914	3593	2321	1887	1080	807
石阡县	58857	36350	22507	11700	7356	4344	6376	3775	2601
思南县	77460	48092	29368	15688	9697	5991	7774	4260	3514
印江土家族苗族自治县	54902	33237	21665	13733	8143	5590	4291	2386	1905
德江县	64471	40463	24008	16793	9731	7062	5559	3013	2546
沿河土家族自治县	78697	48917	29780	14255	8644	5611	6196	3451	2745
松桃苗族自治县	104012	61803	42209	17999	11290	6709	8081	4455	3626
黔西南布依族苗族自治州	**487766**	**298706**	**189060**	**78409**	**46771**	**31638**	**33935**	**19289**	**14646**
兴义市	114848	68990	45858	20614	12616	7998	6196	3469	2727
兴仁市	82359	50830	31529	10573	6583	3990	5068	2944	2124
普安县	50514	31158	19356	9742	5732	4010	4350	2374	1976
晴隆县	42361	26579	15782	6986	4159	2827	4190	2500	1690
贞丰县	60846	37703	23143	6002	3771	2231	3323	1912	1411
望谟县	32634	20661	11973	6901	3679	3222	4025	2251	1774
册亨县	31430	19300	12130	8473	4582	3891	2684	1473	1211
安龙县	72774	43485	29289	9118	5649	3469	4099	2366	1733
黔东南苗族侗族自治州	**581386**	**369146**	**212240**	**107066**	**69090**	**37976**	**49123**	**28151**	**20972**
凯里市	61234	40055	21179	12430	8420	4010	9827	4608	5219
黄平县	46552	28530	18022	9699	5571	4128	2798	1584	1214
施秉县	23813	14434	9379	4061	2615	1446	1512	836	676
三穗县	25673	15921	9752	4474	2965	1509	1695	968	727
镇远县	27099	17149	9950	4566	3006	1560	1874	1046	828
岑巩县	28761	18247	10514	4773	3102	1671	2011	1136	875
天柱县	57126	35138	21988	8129	5462	2667	3267	1993	1274
锦屏县	27188	16998	10190	6060	4002	2058	2207	1405	802
剑河县	29232	19688	9544	5238	3531	1707	2491	1567	924
台江县	21832	13950	7882	6571	3861	2710	2025	1233	792
黎平县	67093	42281	24812	12003	7576	4427	5841	3380	2461
榕江县	51296	32773	18523	10003	6378	3625	4224	2594	1630
从江县	49915	31761	18154	7615	4879	2736	3895	2455	1440
雷山县	21742	14679	7063	3826	2666	1160	2039	1282	757
麻江县	20058	12511	7547	3688	2376	1312	1545	876	669
丹寨县	22772	15031	7741	3930	2680	1250	1872	1188	684
黔南布依族苗族自治州	**512501**	**317831**	**194670**	**85493**	**51511**	**33982**	**38023**	**18610**	**19413**
都匀市	62928	38986	23942	13510	8105	5405	3170	1863	1307
福泉市	50338	30224	20114	5948	3770	2178	2673	1517	1156
荔波县	25146	16429	8717	4546	3062	1484	1786	1069	717
贵定县	33853	20812	13041	4746	2675	2071	8403	1961	6442
瓮安县	52278	30940	21338	9857	6197	3660	3240	1848	1392
独山县	45599	27879	17720	7643	4565	3078	2296	1253	1043
平塘县	42755	25888	16867	9132	4992	4140	2813	1568	1245
罗甸县	25199	16481	8718	4826	2877	1949	2192	1317	875
长顺县	33223	21310	11913	4571	2980	1591	1805	974	831
龙里县	33542	20428	13114	7460	4018	3442	1887	1007	880
惠水县	60316	39104	21212	6397	3835	2562	4317	2214	2103
三都水族自治县	47324	29350	17974	6857	4435	2422	3441	2019	1422

1-6c 续表 6

单位：人

地　　区	大学本科			硕士研究生			博士研究生		
	小计	男	女	小计	男	女	小计	男	女
贵　州	**253896**	**137222**	**116674**	**4306**	**2076**	**2230**	**456**	**277**	**179**
贵阳市	**17539**	**8778**	**8761**	**732**	**324**	**408**	**96**	**59**	**37**
南明区	1255	647	608	43	24	19	3	2	1
云岩区									
花溪区	2972	1508	1464	177	80	97	48	29	19
乌当区	2540	1152	1388	173	80	93	23	18	5
白云区	745	366	379	82	35	47	3	2	1
观山湖区	2339	1247	1092	108	43	65	6	3	3
开阳县	1936	999	937	29	15	14	1		1
息烽县	1227	607	620	19	9	10	3	1	2
修文县	1539	760	779	22	5	17	1	1	
清镇市	2986	1492	1494	79	33	46	8	3	5
六盘水市	**21554**	**11417**	**10137**	**338**	**166**	**172**	**43**	**28**	**15**
钟山区	639	332	307	49	23	26	2	2	
六枝特区	4094	2195	1899	54	25	29	5	3	2
水城县	5339	2840	2499	87	44	43	6	3	3
盘州市	11482	6050	5432	148	74	74	30	20	10
遵义市	**44198**	**23844**	**20354**	**824**	**367**	**457**	**90**	**50**	**40**
红花岗区	2422	1276	1146	53	16	37	4	2	2
汇川区	1737	905	832	42	16	26	1	1	
播州区	4618	2382	2236	73	28	45	8	3	5
桐梓县	3121	1705	1416	64	38	26	6	4	2
绥阳县	2296	1315	981	40	22	18	6	3	3
正安县	4309	2442	1867	83	37	46	5	4	1
道真仡佬族苗族自治县	2437	1286	1151	35	16	19	2	2	
务川仡佬族苗族自治县	2857	1602	1255	31	15	16	4	2	2
凤冈县	2476	1331	1145	49	19	30	5	3	2
湄潭县	2668	1330	1338	47	23	24	1		1
余庆县	2087	1217	870	36	15	21	2	2	
习水县	3453	1780	1673	84	38	46	7	4	3
赤水市	1422	702	720	33	15	18	4	1	3
仁怀市	8295	4571	3724	154	69	85	35	19	16
安顺市	**14213**	**7181**	**7032**	**212**	**99**	**113**	**26**	**16**	**10**
西秀区	4669	2241	2428	71	28	43	6	4	2
平坝区	2192	1092	1100	35	13	22	9	5	4
普定县	2082	1046	1036	32	10	22	1	1	
镇宁布依族苗族自治县	1268	669	599	20	13	7	7	4	3
关岭布依族苗族自治县	1983	1101	882	19	12	7			
紫云苗族布依族自治县	2019	1032	987	35	23	12	3	2	1
毕节市	**51678**	**28705**	**22973**	**663**	**331**	**332**	**68**	**44**	**24**
七星关区	7837	4136	3701	133	55	78	9	6	3
大方县	7641	4048	3593	87	40	47	9	5	4
黔西县	3746	2024	1722	56	16	40	9	7	2
金沙县	2917	1593	1324	40	16	24	5	3	2
织金县	5117	2890	2227	72	43	29	5	3	2
纳雍县	6252	3545	2707	69	34	35	7	5	2
威宁彝族回族苗族自治县	10498	6096	4402	109	71	38	12	6	6
赫章县	7670	4373	3297	97	56	41	12	9	3

1-6c 续表 7

单位：人

地 区	大学本科			硕士研究生			博士研究生		
	小计	男	女	小计	男	女	小计	男	女
铜仁市	**29604**	**16652**	**12952**	**517**	**277**	**240**	**56**	**32**	**24**
碧江区	1588	792	796	72	37	35	13	8	5
万山区	1351	690	661	15	5	10			
江口县	1823	1108	715	35	15	20	5	3	2
玉屏侗族自治县	936	505	431	14	9	5	2	2	
石阡县	4035	2327	1708	57	34	23	3	2	1
思南县	5620	3127	2493	103	56	47	8	3	5
印江土家族苗族自治县	2450	1317	1133	43	19	24	4	3	1
德江县	3168	1815	1353	50	27	23	8	4	4
沿河土家族自治县	4434	2608	1826	58	37	21	3	2	1
松桃苗族自治县	4199	2363	1836	70	38	32	10	5	5
黔西南布依族苗族自治州	**22419**	**12576**	**9843**	**263**	**141**	**122**	**20**	**14**	**6**
兴义市	4302	2293	2009	65	30	35	4	3	1
兴仁市	3576	2073	1503	38	15	23	4	3	1
普安县	3301	1868	1433	36	23	13			
晴隆县	2976	1803	1173	35	23	12	4	1	3
贞丰县	1735	1038	697	25	18	7	1	1	
望谟县	2198	1189	1009	22	14	8			
册亨县	1612	819	793	13	7	6	3	2	1
安龙县	2719	1493	1226	29	11	18	4	4	
黔东南苗族侗族自治州	**29593**	**16197**	**13396**	**371**	**190**	**181**	**31**	**23**	**8**
凯里市	2304	1282	1022	35	20	15	7	7	
黄平县	2266	1172	1094	19	7	12	2	1	1
施秉县	1004	535	469	13	6	7	1		1
三穗县	1281	679	602	11	6	5	1	1	
镇远县	1125	584	541	13	4	9	6	4	2
岑巩县	1805	987	818	20	14	6			
天柱县	2231	1281	950	34	14	20	5	3	2
锦屏县	1958	1046	912	34	17	17	3	2	1
剑河县	1827	1064	763	13	9	4			
台江县	1589	908	681	21	16	5	1	1	
黎平县	4874	2600	2274	57	21	36	1	1	
榕江县	2381	1301	1080	32	17	15			
从江县	1858	1047	811	24	15	9	1	1	
雷山县	1181	685	496	19	11	8	2	2	
麻江县	1007	501	506	18	8	10	1		1
丹寨县	902	525	377	8	5	3			
黔南布依族苗族自治州	**23098**	**11872**	**11226**	**386**	**181**	**205**	**26**	**11**	**15**
都匀市	2717	1443	1274	55	26	29	5	3	2
福泉市	1868	1005	863	46	21	25	1	1	
荔波县	1542	721	821	20	9	11	1	1	
贵定县	1196	549	647	16	8	8	1		1
瓮安县	1945	1078	867	36	16	20	1		1
独山县	1795	793	1002	22	9	13	1	1	
平塘县	2380	1166	1214	43	20	23	4	2	2
罗甸县	1869	1071	798	20	12	8	1		1
长顺县	1615	862	753	30	13	17	2		2
龙里县	1201	579	622	21	11	10	5	1	4
惠水县	2491	1243	1248	38	19	19	3	2	1
三都水族自治县	2479	1362	1117	39	17	22	1		1

1-7 各地区分性别的15岁及以上文盲人口

单位：人、%

地区	15岁及以上人口			文盲人口			文盲人口占15岁及以上人口比重		
	合计	男	女	合计	男	女	合计	男	女
贵州	**29320110**	**14772958**	**14547152**	**2570789**	**602982**	**1967807**	**8.77**	**4.08**	**13.53**
贵阳市	**4875748**	**2472209**	**2403539**	**140479**	**35769**	**104710**	**2.88**	**1.45**	**4.36**
南明区	880863	438614	442249	14142	3508	10634	1.61	0.80	2.40
云岩区	877055	435936	441119	15464	3881	11583	1.76	0.89	2.63
花溪区	804785	406428	398357	24074	6471	17603	2.99	1.59	4.42
乌当区	271107	135935	135172	9880	2686	7194	3.64	1.98	5.32
白云区	369836	190147	179689	8965	2323	6642	2.42	1.22	3.70
观山湖区	520106	266144	253962	10821	2753	8068	2.08	1.03	3.18
开阳县	267330	136698	130632	16274	3773	12501	6.09	2.76	9.57
息烽县	168630	86148	82482	7515	1457	6058	4.46	1.69	7.34
修文县	218185	113727	104458	11081	2939	8142	5.08	2.58	7.79
清镇市	497851	262432	235419	22263	5978	16285	4.47	2.28	6.92
六盘水市	**2234448**	**1126686**	**1107762**	**217719**	**53239**	**164480**	**9.74**	**4.73**	**14.85**
钟山区	510549	250772	259777	27613	6677	20936	5.41	2.66	8.06
六枝特区	384495	191130	193365	52223	11365	40858	13.58	5.95	21.13
水城县	545339	281470	263869	77406	21959	55447	14.19	7.80	21.01
盘州市	794065	403314	390751	60477	13238	47239	7.62	3.28	12.09
遵义市	**5132318**	**2560818**	**2571500**	**311392**	**60594**	**250798**	**6.07**	**2.37**	**9.75**
红花岗区	783715	385427	398288	22789	4434	18355	2.91	1.15	4.61
汇川区	497350	246949	250401	25131	4567	20564	5.05	1.85	8.21
播州区	589693	296487	293206	27348	5362	21986	4.64	1.81	7.50
桐梓县	405590	206138	199452	34707	6458	28249	8.56	3.13	14.16
绥阳县	291112	145805	145307	23489	5116	18373	8.07	3.51	12.64
正安县	302517	149554	152963	19400	2896	16504	6.41	1.94	10.79
道真仡佬族苗族自治县	192021	93058	98963	11928	2117	9811	6.21	2.27	9.91
务川仡佬族苗族自治县	232125	114580	117545	24770	5245	19525	10.67	4.58	16.61
凤冈县	235898	115547	120351	22466	4556	17910	9.52	3.94	14.88
湄潭县	294404	144280	150124	14447	2927	11520	4.91	2.03	7.67
余庆县	173883	85046	88837	12570	2680	9890	7.23	3.15	11.13
习水县	433199	219845	213354	29467	5653	23814	6.80	2.57	11.16
赤水市	196205	97493	98712	10834	2944	7890	5.52	3.02	7.99
仁怀市	504606	260609	243997	32046	5639	26407	6.35	2.16	10.82
安顺市	**1849894**	**931926**	**917968**	**201898**	**42460**	**159438**	**10.91**	**4.56**	**17.37**
西秀区	679401	337181	342220	52590	10286	42304	7.74	3.05	12.36
平坝区	265873	136488	129385	18931	3874	15057	7.12	2.84	11.64
普定县	271246	137439	133807	25405	5971	19434	9.37	4.34	14.52
镇宁布依族苗族自治县	223599	113853	109746	30839	6793	24046	13.79	5.97	21.91
关岭布依族苗族自治县	201050	102109	98941	26825	4593	22232	13.34	4.50	22.47
紫云苗族布依族自治县	208725	104856	103869	47308	10943	36365	22.67	10.44	35.01
毕节市	**4945246**	**2513823**	**2431423**	**700033**	**197194**	**502839**	**14.16**	**7.84**	**20.68**
七星关区	928703	464384	464319	90600	22278	68322	9.76	4.80	14.71
大方县	609398	310841	298557	65612	16977	48635	10.77	5.46	16.29
黔西县	541627	275309	266318	59200	15594	43606	10.93	5.66	16.37
金沙县	410115	212218	197897	32550	7816	24734	7.94	3.68	12.50
织金县	580517	295346	285171	106198	27742	78456	18.29	9.39	27.51
纳雍县	495308	250469	244839	93704	24717	68987	18.92	9.87	28.18
威宁彝族回族苗族自治县	924495	475005	449490	188497	64868	123629	20.39	13.66	27.50
赫章县	455083	230251	224832	63672	17202	46470	13.99	7.47	20.67

1-7　续表

单位：人、%

地　区	15岁及以上人口			文盲人口			文盲人口占15岁及以上人口比重		
	合计	男	女	合计	男	女	合计	男	女
铜仁市	**2513259**	**1253269**	**1259990**	**223287**	**50302**	**172985**	**8.88**	**4.01**	**13.73**
碧江区	349163	169811	179352	14316	4039	10277	4.10	2.38	5.73
万山区	123895	64689	59206	8574	2505	6069	6.92	3.87	10.25
江口县	141548	72156	69392	13946	3780	10166	9.85	5.24	14.65
玉屏侗族自治县	114628	58117	56511	5612	1287	4325	4.90	2.21	7.65
石阡县	232177	116577	115600	23972	5273	18699	10.32	4.52	16.18
思南县	353585	173905	179680	39528	7999	31529	11.18	4.60	17.55
印江土家族苗族自治县	226095	111617	114478	21499	5049	16450	9.51	4.52	14.37
德江县	295359	145906	149453	29028	5326	23702	9.83	3.65	15.86
沿河土家族自治县	311080	154655	156425	37486	7506	29980	12.05	4.85	19.17
松桃苗族自治县	365729	185836	179893	29326	7538	21788	8.02	4.06	12.11
黔西南布依族苗族自治州	**2239360**	**1124205**	**1115155**	**204743**	**45859**	**158884**	**9.14**	**4.08**	**14.25**
兴义市	769321	385641	383680	39332	9523	29809	5.11	2.47	7.77
兴仁市	309890	156087	153803	26961	5367	21594	8.70	3.44	14.04
普安县	176484	89643	86841	21579	4367	17212	12.23	4.87	19.82
晴隆县	166339	84123	82216	24281	5317	18964	14.60	6.32	23.07
贞丰县	223095	110545	112550	15675	2754	12921	7.03	2.49	11.48
望谟县	177466	89026	88440	35921	9093	26828	20.24	10.21	30.33
册亨县	139864	70292	69572	20561	5154	15407	14.70	7.33	22.15
安龙县	276901	138848	138053	20433	4284	16149	7.38	3.09	11.70
黔东南苗族侗族自治州	**2836939**	**1434416**	**1402523**	**331460**	**66629**	**264831**	**11.68**	**4.65**	**18.88**
凯里市	560274	282665	277609	33287	5674	27613	5.94	2.01	9.95
黄平县	189213	95197	94016	19510	3920	15590	10.31	4.12	16.58
施秉县	94817	47380	47437	10394	2288	8106	10.96	4.83	17.09
三穗县	119161	59605	59556	9388	1786	7602	7.88	3.00	12.76
镇远县	144679	72238	72441	13040	2391	10649	9.01	3.31	14.70
岑巩县	127924	63997	63927	15203	3106	12097	11.88	4.85	18.92
天柱县	205952	104576	101376	11455	2026	9429	5.56	1.94	9.30
锦屏县	117577	58891	58686	11545	1601	9944	9.82	2.72	16.94
剑河县	137799	70194	67605	25685	4896	20789	18.64	6.97	30.75
台江县	90432	46032	44400	15051	3056	11995	16.64	6.64	27.02
黎平县	303875	151873	152002	42821	7912	34909	14.09	5.21	22.97
榕江县	219346	112759	106587	36004	7752	28252	16.41	6.87	26.51
从江县	223945	113124	110821	51241	12668	38573	22.88	11.20	34.81
雷山县	96255	51105	45150	16105	3348	12757	16.73	6.55	28.25
麻江县	101331	51791	49540	9637	2233	7404	9.51	4.31	14.95
丹寨县	104359	52989	51370	11094	1972	9122	10.63	3.72	17.76
黔南布依族苗族自治州	**2692898**	**1355606**	**1337292**	**239778**	**50936**	**188842**	**8.90**	**3.76**	**14.12**
都匀市	439832	220194	219638	22667	5068	17599	5.15	2.30	8.01
福泉市	229481	119173	110308	13460	3521	9939	5.87	2.95	9.01
荔波县	118926	60923	58003	5092	997	4095	4.28	1.64	7.06
贵定县	197205	95770	101435	17955	4061	13894	9.10	4.24	13.70
瓮安县	301734	152088	149646	14856	3465	11391	4.92	2.28	7.61
独山县	205756	103907	101849	18981	4048	14933	9.23	3.90	14.66
平塘县	175886	86768	89118	20858	4273	16585	11.86	4.92	18.61
罗甸县	187626	92891	94735	32315	6152	26163	17.22	6.62	27.62
长顺县	150906	76898	74008	23347	4517	18830	15.47	5.87	25.44
龙里县	184498	96903	87595	14053	3763	10290	7.62	3.88	11.75
惠水县	303924	150260	153664	39999	7930	32069	13.16	5.28	20.87
三都水族自治县	197124	99831	97293	16195	3141	13054	8.22	3.15	13.42

1-7a 各地区分性别的15岁及以上文盲人口(城市)

单位：人、%

地区	15岁及以上人口			文盲人口			文盲人口占15岁及以上人口比重		
	合计	男	女	合计	男	女	合计	男	女
贵州	**8096873**	**4001908**	**4094965**	**198509**	**44269**	**154240**	**2.45**	**1.11**	**3.77**
贵阳市	**3393806**	**1701740**	**1692066**	**56516**	**13977**	**42539**	**1.67**	**0.82**	**2.51**
南明区	839601	416026	423575	12373	3037	9336	1.47	0.73	2.20
云岩区	877055	435936	441119	15464	3881	11583	1.76	0.89	2.63
花溪区	529643	268954	260689	8596	2210	6386	1.62	0.82	2.45
乌当区	162698	77755	84943	2525	574	1951	1.55	0.74	2.30
白云区	337783	173236	164547	7455	1903	5552	2.21	1.10	3.37
观山湖区	421804	214169	207635	6606	1515	5091	1.57	0.71	2.45
开阳县									
息烽县									
修文县									
清镇市	225222	115664	109558	3497	857	2640	1.55	0.74	2.41
六盘水市	**737706**	**359354**	**378352**	**28363**	**5931**	**22432**	**3.84**	**1.65**	**5.93**
钟山区	413770	200404	213366	14158	3091	11067	3.42	1.54	5.19
六枝特区	120618	57451	63167	6985	1297	5688	5.79	2.26	9.00
水城县									
盘州市	203318	101499	101819	7220	1543	5677	3.55	1.52	5.58
遵义市	**1483434**	**724981**	**758453**	**32163**	**6106**	**26057**	**2.17**	**0.84**	**3.44**
红花岗区	592267	286924	305343	11606	2209	9397	1.96	0.77	3.08
汇川区	348973	170451	178522	8108	1417	6691	2.32	0.83	3.75
播州区	229979	112473	117506	4690	923	3767	2.04	0.82	3.21
桐梓县									
绥阳县									
正安县									
道真仡佬族苗族自治县									
务川仡佬族苗族自治县									
凤冈县									
湄潭县									
余庆县									
习水县									
赤水市	83834	40116	43718	1782	423	1359	2.13	1.05	3.11
仁怀市	228381	115017	113364	5977	1134	4843	2.62	0.99	4.27
安顺市	**430661**	**207839**	**222822**	**14093**	**2669**	**11424**	**3.27**	**1.28**	**5.13**
西秀区	373118	179659	193459	12265	2335	9930	3.29	1.30	5.13
平坝区	57543	28180	29363	1828	334	1494	3.18	1.19	5.09
普定县									
镇宁布依族苗族自治县									
关岭布依族苗族自治县									
紫云苗族布依族自治县									
毕节市	**451772**	**223370**	**228402**	**23665**	**6207**	**17458**	**5.24**	**2.78**	**7.64**
七星关区	451772	223370	228402	23665	6207	17458	5.24	2.78	7.64
大方县									
黔西县									
金沙县									
织金县									
纳雍县									
威宁彝族回族苗族自治县									
赫章县									

1-7a 续表

单位：人、%

地区	15岁及以上人口			文盲人口			文盲人口占15岁及以上人口比重		
	合计	男	女	合计	男	女	合计	男	女
铜仁市	**328787**	**160416**	**168371**	**8918**	**2150**	**6768**	**2.71**	**1.34**	**4.02**
碧江区	268756	129291	139465	6695	1536	5159	2.49	1.19	3.70
万山区	60031	31125	28906	2223	614	1609	3.70	1.97	5.57
江口县									
玉屏侗族自治县									
石阡县									
思南县									
印江土家族苗族自治县									
德江县									
沿河土家族自治县									
松桃苗族自治县									
黔西南布依族苗族自治州	**533932**	**261969**	**271963**	**16505**	**3760**	**12745**	**3.09**	**1.44**	**4.69**
兴义市	441569	216405	225164	12859	3030	9829	2.91	1.40	4.37
兴仁市	92363	45564	46799	3646	730	2916	3.95	1.60	6.23
普安县									
晴隆县									
贞丰县									
望谟县									
册亨县									
安龙县									
黔东南苗族侗族自治州	**385202**	**190486**	**194716**	**10788**	**1700**	**9088**	**2.80**	**0.89**	**4.67**
凯里市	385202	190486	194716	10788	1700	9088	2.80	0.89	4.67
黄平县									
施秉县									
三穗县									
镇远县									
岑巩县									
天柱县									
锦屏县									
剑河县									
台江县									
黎平县									
榕江县									
从江县									
雷山县									
麻江县									
丹寨县									
黔南布依族苗族自治州	**351573**	**171753**	**179820**	**7498**	**1769**	**5729**	**2.13**	**1.03**	**3.19**
都匀市	268750	131062	137688	5233	1227	4006	1.95	0.94	2.91
福泉市	82823	40691	42132	2265	542	1723	2.73	1.33	4.09
荔波县									
贵定县									
瓮安县									
独山县									
平塘县									
罗甸县									
长顺县									
龙里县									
惠水县									
三都水族自治县									

1-7b 各地区分性别的15岁及以上文盲人口(镇)

单位：人、%

地区	15岁及以上人口			文盲人口			文盲人口占15岁及以上人口比重		
	合计	男	女	合计	男	女	合计	男	女
贵州	**7729717**	**3811137**	**3918580**	**513175**	**121049**	**392126**	**6.64**	**3.18**	**10.01**
贵阳市	**559156**	**276838**	**282318**	**15845**	**3953**	**11892**	**2.83**	**1.43**	**4.21**
南明区									
云岩区									
花溪区	133882	62806	71076	2564	799	1765	1.92	1.27	2.48
乌当区	18332	9653	8679	928	280	648	5.06	2.90	7.47
白云区	2074	1015	1059	91	15	76	4.39	1.48	7.18
观山湖区	21696	11202	10494	981	259	722	4.52	2.31	6.88
开阳县	139984	68888	71096	4475	942	3533	3.20	1.37	4.97
息烽县	79730	38722	41008	2136	406	1730	2.68	1.05	4.22
修文县	99258	50015	49243	2769	683	2086	2.79	1.37	4.24
清镇市	64200	34537	29663	1901	569	1332	2.96	1.65	4.49
六盘水市	**360087**	**180102**	**179985**	**33651**	**8362**	**25289**	**9.35**	**4.64**	**14.05**
钟山区	44665	22952	21713	5406	1191	4215	12.10	5.19	19.41
六枝特区	34447	16759	17688	4875	1109	3766	14.15	6.62	21.29
水城县	171732	86340	85392	16902	4709	12193	9.84	5.45	14.28
盘州市	109243	54051	55192	6468	1353	5115	5.92	2.50	9.27
遵义市	**1397530**	**676047**	**721483**	**69047**	**13298**	**55749**	**4.94**	**1.97**	**7.73**
红花岗区	48469	24343	24126	1778	402	1376	3.67	1.65	5.70
汇川区	42493	21265	21228	3988	765	3223	9.39	3.60	15.18
播州区	67135	33109	34026	3286	681	2605	4.89	2.06	7.66
桐梓县	187801	92238	95563	9591	2082	7509	5.11	2.26	7.86
绥阳县	130003	63491	66512	6332	1268	5064	4.87	2.00	7.61
正安县	121802	58088	63714	4322	672	3650	3.55	1.16	5.73
道真仡佬族苗族自治县	95598	43351	52247	4430	681	3749	4.63	1.57	7.18
务川仡佬族苗族自治县	120283	57097	63186	8586	1665	6921	7.14	2.92	10.95
凤冈县	109014	51747	57267	5913	1066	4847	5.42	2.06	8.46
湄潭县	147437	70627	76810	4605	956	3649	3.12	1.35	4.75
余庆县	79806	37922	41884	3913	792	3121	4.90	2.09	7.45
习水县	177879	87633	90246	6774	1251	5523	3.81	1.43	6.12
赤水市	25106	11988	13118	1601	395	1206	6.38	3.29	9.19
仁怀市	44704	23148	21556	3928	622	3306	8.79	2.69	15.34
安顺市	**449568**	**226778**	**222790**	**35185**	**8028**	**27157**	**7.83**	**3.54**	**12.19**
西秀区	40374	21774	18600	3779	961	2818	9.36	4.41	15.15
平坝区	77311	41726	35585	3735	877	2858	4.83	2.10	8.03
普定县	102204	50358	51846	6389	1580	4809	6.25	3.14	9.28
镇宁布依族苗族自治县	85283	41793	43490	6058	1407	4651	7.10	3.37	10.69
关岭布依族苗族自治县	75098	36965	38133	5509	942	4567	7.34	2.55	11.98
紫云苗族布依族自治县	69298	34162	35136	9715	2261	7454	14.02	6.62	21.21
毕节市	**1673602**	**835421**	**838181**	**168963**	**47871**	**121092**	**10.10**	**5.73**	**14.45**
七星关区	58859	28709	30150	5564	1307	4257	9.45	4.55	14.12
大方县	234488	116617	117871	14949	3938	11011	6.38	3.38	9.34
黔西县	252405	125313	127092	18109	5015	13094	7.17	4.00	10.30
金沙县	207049	103808	103241	11402	3031	8371	5.51	2.92	8.11
织金县	250804	125060	125744	31611	8212	23399	12.60	6.57	18.61
纳雍县	206276	103048	103228	26699	6673	20026	12.94	6.48	19.40
威宁彝族回族苗族自治县	341809	172549	169260	49265	16532	32733	14.41	9.58	19.34
赫章县	121912	60317	61595	11364	3163	8201	9.32	5.24	13.31

1-7b　续表

单位：人、%

地　　区	15岁及以上人口			文盲人口			文盲人口占15岁及以上人口比重		
	合计	男	女	合计	男	女	合计	男	女
铜仁市	**817678**	**396333**	**421345**	**35291**	**7507**	**27784**	**4.32**	**1.89**	**6.59**
碧江区	4137	2214	1923	335	75	260	8.10	3.39	13.52
万山区									
江口县	60785	30034	30751	3820	989	2831	6.28	3.29	9.21
玉屏侗族自治县	59141	29135	30006	2041	438	1603	3.45	1.50	5.34
石阡县	78541	38473	40068	3036	527	2509	3.87	1.37	6.26
思南县	142972	68743	74229	6591	1386	5205	4.61	2.02	7.01
印江土家族苗族自治县	88989	41840	47149	3649	754	2895	4.10	1.80	6.14
德江县	134275	64964	69311	5212	985	4227	3.88	1.52	6.10
沿河土家族自治县	121957	58663	63294	6374	1282	5092	5.23	2.19	8.04
松桃苗族自治县	126881	62267	64614	4233	1071	3162	3.34	1.72	4.89
黔西南布依族苗族自治州	**512880**	**256147**	**256733**	**38130**	**8961**	**29169**	**7.43**	**3.50**	**11.36**
兴义市	59619	30427	29192	4045	1040	3005	6.78	3.42	10.29
兴仁市	33229	16664	16565	3094	681	2413	9.31	4.09	14.57
普安县	54707	27440	27267	4492	884	3608	8.21	3.22	13.23
晴隆县	54764	27424	27340	4939	1272	3667	9.02	4.64	13.41
贞丰县	85697	42009	43688	3328	688	2640	3.88	1.64	6.04
望谟县	66168	33397	32771	6682	1630	5052	10.10	4.88	15.42
册亨县	45614	22905	22709	4617	1166	3451	10.12	5.09	15.20
安龙县	113082	55881	57201	6933	1600	5333	6.13	2.86	9.32
黔东南苗族侗族自治州	**912082**	**448419**	**463663**	**58043**	**10480**	**47563**	**6.36**	**2.34**	**10.26**
凯里市	23815	12154	11661	1921	302	1619	8.07	2.48	13.88
黄平县	71385	35144	36241	3903	855	3048	5.47	2.43	8.41
施秉县	37844	18140	19704	2400	496	1904	6.34	2.73	9.66
三穗县	56981	27283	29698	2627	421	2206	4.61	1.54	7.43
镇远县	71205	34258	36947	3640	620	3020	5.11	1.81	8.17
岑巩县	55028	26218	28810	3318	608	2710	6.03	2.32	9.41
天柱县	86684	42997	43687	2357	542	1815	2.72	1.26	4.15
锦屏县	51629	24832	26797	3086	366	2720	5.98	1.47	10.15
剑河县	54048	26436	27612	5190	744	4446	9.60	2.81	16.10
台江县	32782	16368	16414	2837	469	2368	8.65	2.87	14.43
黎平县	119504	58512	60992	9504	1415	8089	7.95	2.42	13.26
榕江县	75813	37815	37998	5016	1072	3944	6.62	2.83	10.38
从江县	53821	27516	26305	5303	1198	4105	9.85	4.35	15.61
雷山县	38030	19575	18455	3435	686	2749	9.03	3.50	14.90
麻江县	39483	19471	20012	1510	352	1158	3.82	1.81	5.79
丹寨县	44030	21700	22330	1996	334	1662	4.53	1.54	7.44
黔南布依族苗族自治州	**1047134**	**515052**	**532082**	**59020**	**12589**	**46431**	**5.64**	**2.44**	**8.73**
都匀市	24607	11941	12666	1066	278	788	4.33	2.33	6.22
福泉市	35105	18665	16440	1643	505	1138	4.68	2.71	6.92
荔波县	50605	24855	25750	960	200	760	1.90	0.80	2.95
贵定县	105263	50555	54708	5353	1302	4051	5.09	2.58	7.40
瓮安县	179554	87391	92163	5761	1275	4486	3.21	1.46	4.87
独山县	99451	49417	50034	5279	1118	4161	5.31	2.26	8.32
平塘县	58548	28187	30361	3855	783	3072	6.58	2.78	10.12
罗甸县	101119	49154	51965	10838	1796	9042	10.72	3.65	17.40
长顺县	65339	32779	32560	6383	1243	5140	9.77	3.79	15.79
龙里县	100307	52354	47953	3625	1047	2578	3.61	2.00	5.38
惠水县	152800	72526	80274	10641	2319	8322	6.96	3.20	10.37
三都水族自治县	74436	37228	37208	3616	723	2893	4.86	1.94	7.78

1–7c 各地区分性别的15岁及以上文盲人口(乡村)

单位：人、%

地区	15岁及以上人口			文盲人口			文盲人口占15岁及以上人口比重		
	合计	男	女	合计	男	女	合计	男	女
贵 州	**13493520**	**6959913**	**6533607**	**1859105**	**437664**	**1421441**	**13.78**	**6.29**	**21.76**
贵阳市	**922786**	**493631**	**429155**	**68118**	**17839**	**50279**	**7.38**	**3.61**	**11.72**
南明区	41262	22588	18674	1769	471	1298	4.29	2.09	6.95
云岩区									
花溪区	141260	74668	66592	12914	3462	9452	9.14	4.64	14.19
乌当区	90077	48527	41550	6427	1832	4595	7.14	3.78	11.06
白云区	29979	15896	14083	1419	405	1014	4.73	2.55	7.20
观山湖区	76606	40773	35833	3234	979	2255	4.22	2.40	6.29
开阳县	127346	67810	59536	11799	2831	8968	9.27	4.17	15.06
息烽县	88900	47426	41474	5379	1051	4328	6.05	2.22	10.44
修文县	118927	63712	55215	8312	2256	6056	6.99	3.54	10.97
清镇市	208429	112231	96198	16865	4552	12313	8.09	4.06	12.80
六盘水市	**1136655**	**587230**	**549425**	**155705**	**38946**	**116759**	**13.70**	**6.63**	**21.25**
钟山区	52114	27416	24698	8049	2395	5654	15.44	8.74	22.89
六枝特区	229430	116920	112510	40363	8959	31404	17.59	7.66	27.91
水城县	373607	195130	178477	60504	17250	43254	16.19	8.84	24.24
盘州市	481504	247764	233740	46789	10342	36447	9.72	4.17	15.59
遵义市	**2251354**	**1159790**	**1091564**	**210182**	**41190**	**168992**	**9.34**	**3.55**	**15.48**
红花岗区	142979	74160	68819	9405	1823	7582	6.58	2.46	11.02
汇川区	105884	55233	50651	13035	2385	10650	12.31	4.32	21.03
播州区	292579	150905	141674	19372	3758	15614	6.62	2.49	11.02
桐梓县	217789	113900	103889	25116	4376	20740	11.53	3.84	19.96
绥阳县	161109	82314	78795	17157	3848	13309	10.65	4.67	16.89
正安县	180715	91466	89249	15078	2224	12854	8.34	2.43	14.40
道真仡佬族苗族自治县	96423	49707	46716	7498	1436	6062	7.78	2.89	12.98
务川仡佬族苗族自治县	111842	57483	54359	16184	3580	12604	14.47	6.23	23.19
凤冈县	126884	63800	63084	16553	3490	13063	13.05	5.47	20.71
湄潭县	146967	73653	73314	9842	1971	7871	6.70	2.68	10.74
余庆县	94077	47124	46953	8657	1888	6769	9.20	4.01	14.42
习水县	255320	132212	123108	22693	4402	18291	8.89	3.33	14.86
赤水市	87265	45389	41876	7451	2126	5325	8.54	4.68	12.72
仁怀市	231521	122444	109077	22141	3883	18258	9.56	3.17	16.74
安顺市	**969665**	**497309**	**472356**	**152620**	**31763**	**120857**	**15.74**	**6.39**	**25.59**
西秀区	265909	135748	130161	36546	6990	29556	13.74	5.15	22.71
平坝区	131019	66582	64437	13368	2663	10705	10.20	4.00	16.61
普定县	169042	87081	81961	19016	4391	14625	11.25	5.04	17.84
镇宁布依族苗族自治县	138316	72060	66256	24781	5386	19395	17.92	7.47	29.27
关岭布依族苗族自治县	125952	65144	60808	21316	3651	17665	16.92	5.60	29.05
紫云苗族布依族自治县	139427	70694	68733	37593	8682	28911	26.96	12.28	42.06
毕节市	**2819872**	**1455032**	**1364840**	**507405**	**143116**	**364289**	**17.99**	**9.84**	**26.69**
七星关区	418072	212305	205767	61371	14764	46607	14.68	6.95	22.65
大方县	374910	194224	180686	50663	13039	37624	13.51	6.71	20.82
黔西县	289222	149996	139226	41091	10579	30512	14.21	7.05	21.92
金沙县	203066	108410	94656	21148	4785	16363	10.41	4.41	17.29
织金县	329713	170286	159427	74587	19530	55057	22.62	11.47	34.53
纳雍县	289032	147421	141611	67005	18044	48961	23.18	12.24	34.57
威宁彝族回族苗族自治县	582686	302456	280230	139232	48336	90896	23.89	15.98	32.44
赫章县	333171	169934	163237	52308	14039	38269	15.70	8.26	23.44

1－7c　续表　　　　　　　　　　　　　　　　　　　　　单位：人、%

地　区	15岁及以上人口			文盲人口			文盲人口占15岁及以上人口比重		
	合计	男	女	合计	男	女	合计	男	女
铜仁市	**1366794**	**696520**	**670274**	**179078**	**40645**	**138433**	**13.10**	**5.84**	**20.65**
碧江区	76270	38306	37964	7286	2428	4858	9.55	6.34	12.80
万山区	63864	33564	30300	6351	1891	4460	9.94	5.63	14.72
江口县	80763	42122	38641	10126	2791	7335	12.54	6.63	18.98
玉屏侗族自治县	55487	28982	26505	3571	849	2722	6.44	2.93	10.27
石阡县	153636	78104	75532	20936	4746	16190	13.63	6.08	21.43
思南县	210613	105162	105451	32937	6613	26324	15.64	6.29	24.96
印江土家族苗族自治县	137106	69777	67329	17850	4295	13555	13.02	6.16	20.13
德江县	161084	80942	80142	23816	4341	19475	14.78	5.36	24.30
沿河土家族自治县	189123	95992	93131	31112	6224	24888	16.45	6.48	26.72
松桃苗族自治县	238848	123569	115279	25093	6467	18626	10.51	5.23	16.16
黔西南布依族苗族自治州	**1192548**	**606089**	**586459**	**150108**	**33138**	**116970**	**12.59**	**5.47**	**19.95**
兴义市	268133	138809	129324	22428	5453	16975	8.36	3.93	13.13
兴仁市	184298	93859	90439	20221	3956	16265	10.97	4.21	17.98
普安县	121777	62203	59574	17087	3483	13604	14.03	5.60	22.84
晴隆县	111575	56699	54876	19342	4045	15297	17.34	7.13	27.88
贞丰县	137398	68536	68862	12347	2066	10281	8.99	3.01	14.93
望谟县	111298	55629	55669	29239	7463	21776	26.27	13.42	39.12
册亨县	94250	47387	46863	15944	3988	11956	16.92	8.42	25.51
安龙县	163819	82967	80852	13500	2684	10816	8.24	3.24	13.38
黔东南苗族侗族自治州	**1539655**	**795511**	**744144**	**262629**	**54449**	**208180**	**17.06**	**6.84**	**27.98**
凯里市	151257	80025	71232	20578	3672	16906	13.60	4.59	23.73
黄平县	117828	60053	57775	15607	3065	12542	13.25	5.10	21.71
施秉县	56973	29240	27733	7994	1792	6202	14.03	6.13	22.36
三穗县	62180	32322	29858	6761	1365	5396	10.87	4.22	18.07
镇远县	73474	37980	35494	9400	1771	7629	12.79	4.66	21.49
岑巩县	72896	37779	35117	11885	2498	9387	16.30	6.61	26.73
天柱县	119268	61579	57689	9098	1484	7614	7.63	2.41	13.20
锦屏县	65948	34059	31889	8459	1235	7224	12.83	3.63	22.65
剑河县	83751	43758	39993	20495	4152	16343	24.47	9.49	40.86
台江县	57650	29664	27986	12214	2587	9627	21.19	8.72	34.40
黎平县	184371	93361	91010	33317	6497	26820	18.07	6.96	29.47
榕江县	143533	74944	68589	30988	6680	24308	21.59	8.91	35.44
从江县	170124	85608	84516	45938	11470	34468	27.00	13.40	40.78
雷山县	58225	31530	26695	12670	2662	10008	21.76	8.44	37.49
麻江县	61848	32320	29528	8127	1881	6246	13.14	5.82	21.15
丹寨县	60329	31289	29040	9098	1638	7460	15.08	5.24	25.69
黔南布依族苗族自治州	**1294191**	**668801**	**625390**	**173260**	**36578**	**136682**	**13.39**	**5.47**	**21.86**
都匀市	146475	77191	69284	16368	3563	12805	11.17	4.62	18.48
福泉市	111553	59817	51736	9552	2474	7078	8.56	4.14	13.68
荔波县	68321	36068	32253	4132	797	3335	6.05	2.21	10.34
贵定县	91942	45215	46727	12602	2759	9843	13.71	6.10	21.06
瓮安县	122180	64697	57483	9095	2190	6905	7.44	3.39	12.01
独山县	106305	54490	51815	13702	2930	10772	12.89	5.38	20.79
平塘县	117338	58581	58757	17003	3490	13513	14.49	5.96	23.00
罗甸县	86507	43737	42770	21477	4356	17121	24.83	9.96	40.03
长顺县	85567	44119	41448	16964	3274	13690	19.83	7.42	33.03
龙里县	84191	44549	39642	10428	2716	7712	12.39	6.10	19.45
惠水县	151124	77734	73390	29358	5611	23747	19.43	7.22	32.36
三都水族自治县	122688	62603	60085	12579	2418	10161	10.25	3.86	16.91

1-8 各地区家庭户规模

单位：户、%

地区	家庭户户数	一人户		二人户		三人户	
		户数	比重	户数	比重	户数	比重
贵州	**12696585**	**3032510**	**23.88**	**3313502**	**26.10**	**2580003**	**20.32**
贵阳市	**1921740**	**493363**	**25.67**	**524746**	**27.31**	**407523**	**21.21**
南明区	381212	110648	29.03	110823	29.07	81944	21.50
云岩区	396147	122680	30.97	114679	28.95	82091	20.72
花溪区	263982	61628	23.35	69778	26.43	56264	21.31
乌当区	105625	22215	21.03	28971	27.43	24673	23.36
白云区	133670	31311	23.42	34688	25.95	28320	21.19
观山湖区	189349	45644	24.11	48266	25.49	41085	21.70
开阳县	124020	30894	24.91	35177	28.36	25141	20.27
息烽县	75687	16568	21.89	21172	27.97	15896	21.00
修文县	87391	16906	19.35	21799	24.94	18402	21.06
清镇市	164657	34869	21.18	39393	23.92	33707	20.47
六盘水市	**994221**	**214348**	**21.56**	**261938**	**26.35**	**201135**	**20.23**
钟山区	211592	43169	20.40	52238	24.69	46055	21.77
六枝特区	173152	38588	22.29	44483	25.69	33213	19.18
水城县	226233	45502	20.11	53125	23.48	43712	19.32
盘州市	383244	87089	22.72	112092	29.25	78155	20.39
遵义市	**2204049**	**496017**	**22.50**	**600916**	**27.26**	**464488**	**21.07**
红花岗区	309277	67537	21.84	82669	26.73	69469	22.46
汇川区	205822	42191	20.50	55362	26.90	46123	22.41
播州区	242439	47754	19.70	62268	25.68	53794	22.19
桐梓县	173444	38407	22.14	44963	25.92	36035	20.78
绥阳县	128255	32350	25.22	35973	28.05	24674	19.24
正安县	145580	38221	26.25	43478	29.87	29254	20.09
道真仡佬族苗族自治县	89548	20496	22.89	27180	30.35	20061	22.40
务川仡佬族苗族自治县	108580	26834	24.71	30639	28.22	21298	19.62
凤冈县	109142	25349	23.23	32171	29.48	23290	21.34
湄潭县	133596	31563	23.63	42163	31.56	28126	21.05
余庆县	79463	17577	22.12	24834	31.25	17163	21.60
习水县	187792	42697	22.74	47335	25.21	36711	19.55
赤水市	93203	25815	27.70	26970	28.94	18781	20.15
仁怀市	197908	39226	19.82	44911	22.69	39709	20.06
安顺市	**786839**	**173387**	**22.04**	**197766**	**25.13**	**161162**	**20.48**
西秀区	271514	57317	21.11	68971	25.40	57431	21.15
平坝区	107597	23777	22.10	26698	24.81	21333	19.83
普定县	130485	33847	25.94	35232	27.00	25489	19.53
镇宁布依族苗族自治县	97837	22099	22.59	24007	24.54	20408	20.86
关岭布依族苗族自治县	87599	17939	20.48	21035	24.01	17529	20.01
紫云苗族布依族自治县	91807	18408	20.05	21823	23.77	18972	20.67
毕节市	**2217051**	**508887**	**22.95**	**550456**	**24.83**	**412137**	**18.59**
七星关区	405728	88569	21.83	102205	25.19	75532	18.62
大方县	301416	79737	26.45	83155	27.59	55613	18.45
黔西县	242513	55650	22.95	59542	24.55	48993	20.20
金沙县	180255	40913	22.70	47665	26.44	37248	20.66
织金县	284639	72235	25.38	77665	27.29	53601	18.83
纳雍县	234386	59262	25.28	59540	25.40	39539	16.87
威宁彝族回族苗族自治县	369591	70495	19.07	75054	20.31	66175	17.90
赫章县	198523	42026	21.17	45630	22.98	35436	17.85

1-8　续表 1　　　　单位：户、%

地　区	家庭户户　数	一人户		二人户		三人户	
		户数	比重	户数	比重	户数	比重
铜仁市	**1154583**	**319647**	**27.69**	**319575**	**27.68**	**225377**	**19.52**
碧江区	124893	28641	22.93	30795	24.66	27595	22.09
万山区	54523	15755	28.90	14361	26.34	10462	19.19
江口县	67726	19637	28.99	18782	27.73	13454	19.87
玉屏侗族自治县	51422	13795	26.83	12513	24.33	10049	19.54
石阡县	106691	27244	25.54	30411	28.50	21945	20.57
思南县	168624	48775	28.93	50578	29.99	31887	18.91
印江土家族苗族自治县	110448	31264	28.31	32708	29.61	21327	19.31
德江县	139487	38408	27.54	39397	28.24	27062	19.40
沿河土家族自治县	164636	50686	30.79	48248	29.31	29831	18.12
松桃苗族自治县	166133	45442	27.35	41782	25.15	31765	19.12
黔西南布依族苗族自治州	**969274**	**209256**	**21.59**	**239892**	**24.75**	**202624**	**20.90**
兴义市	309545	69934	22.59	71282	23.03	62730	20.27
兴仁市	139631	26619	19.06	37805	27.07	30421	21.79
普安县	80107	17610	21.98	21500	26.84	15764	19.68
晴隆县	80262	19956	24.86	21681	27.01	15207	18.95
贞丰县	101075	21173	20.95	26213	25.93	21356	21.13
望谟县	75804	17106	22.57	17368	22.91	16721	22.06
册亨县	65945	15300	23.20	16043	24.33	14975	22.71
安龙县	116905	21558	18.44	28000	23.95	25450	21.77
黔东南苗族侗族自治州	**1283501**	**322623**	**25.14**	**323411**	**25.20**	**263630**	**20.54**
凯里市	240281	66811	27.81	57680	24.01	50366	20.96
黄平县	88384	23568	26.67	24673	27.92	17957	20.32
施秉县	43067	9527	22.12	11724	27.22	9046	21.00
三穗县	58934	16270	27.61	15010	25.47	11464	19.45
镇远县	69938	18178	25.99	19636	28.08	14603	20.88
岑巩县	61315	16883	27.53	16758	27.33	12494	20.38
天柱县	110409	37755	34.20	29436	26.66	19830	17.96
锦屏县	56918	15864	27.87	15327	26.93	11129	19.55
剑河县	65911	16804	25.49	16965	25.74	13065	19.82
台江县	41010	10807	26.35	10094	24.61	7851	19.14
黎平县	134847	28511	21.14	33238	24.65	28667	21.26
榕江县	90385	16171	17.89	21088	23.33	19909	22.03
从江县	89803	14338	15.97	18277	20.35	18765	20.90
雷山县	41806	10006	23.93	10288	24.61	9059	21.67
麻江县	44795	10330	23.06	11635	25.97	9795	21.87
丹寨县	45698	10800	23.63	11582	25.34	9630	21.07
黔南布依族苗族自治州	**1165327**	**294982**	**25.31**	**294802**	**25.30**	**241927**	**20.76**
都匀市	170064	44983	26.45	45835	26.95	37188	21.87
福泉市	101032	25356	25.10	25506	25.25	20888	20.67
荔波县	52329	12176	23.27	12763	24.39	11502	21.98
贵定县	83237	22386	26.89	21851	26.25	16694	20.06
瓮安县	141738	36133	25.49	39795	28.08	29408	20.75
独山县	92856	25968	27.97	22823	24.58	18522	19.95
平塘县	82827	21779	26.29	20680	24.97	16757	20.23
罗甸县	88848	22333	25.14	22464	25.28	18726	21.08
长顺县	65354	13994	21.41	15893	24.32	14532	22.24
龙里县	75308	20276	26.92	16945	22.50	14792	19.64
惠水县	120488	28712	23.83	28262	23.46	24716	20.51
三都水族自治县	91246	20886	22.89	21985	24.09	18202	19.95

1-8 续表 2

单位：户、%

地　区	四人户		五人户		六人户	
	户数	比重	户数	比重	户数	比重
贵　州	**1942394**	**15.30**	**998508**	**7.86**	**507951**	**4.00**
贵阳市	**274165**	**14.27**	**125276**	**6.52**	**60193**	**3.13**
南明区	47173	12.37	19530	5.12	7622	2.00
云岩区	46999	11.86	19105	4.82	7414	1.87
花溪区	39693	15.04	19191	7.27	10309	3.91
乌当区	16979	16.07	7663	7.25	3468	3.28
白云区	21682	16.22	9801	7.33	4803	3.59
观山湖区	29168	15.40	14295	7.55	6947	3.67
开阳县	18271	14.73	8415	6.79	4019	3.24
息烽县	11282	14.91	5849	7.73	3218	4.25
修文县	15272	17.48	7431	8.50	4327	4.95
清镇市	27646	16.79	13996	8.50	8066	4.90
六盘水市	**166880**	**16.79**	**80819**	**8.13**	**39766**	**4.00**
钟山区	37186	17.57	18245	8.62	8726	4.12
六枝特区	26461	15.28	15213	8.79	8295	4.79
水城县	36566	16.16	22639	10.01	13256	5.86
盘州市	66667	17.40	24722	6.45	9489	2.48
遵义市	**339177**	**15.39**	**168522**	**7.65**	**88646**	**4.02**
红花岗区	49632	16.05	22764	7.36	12098	3.91
汇川区	33124	16.09	16464	8.00	8460	4.11
播州区	41981	17.32	20031	8.26	11195	4.62
桐梓县	26821	15.46	14323	8.26	8028	4.63
绥阳县	17889	13.95	9707	7.57	4937	3.85
正安县	19497	13.39	9143	6.28	4292	2.95
道真仡佬族苗族自治县	12630	14.10	5702	6.37	2615	2.92
务川仡佬族苗族自治县	15837	14.59	7954	7.33	3929	3.62
凤冈县	15804	14.48	7605	6.97	3480	3.19
湄潭县	18043	13.51	8101	6.06	3953	2.96
余庆县	10940	13.77	5293	6.66	2661	3.35
习水县	28730	15.30	16528	8.80	9287	4.95
赤水市	11658	12.51	6071	6.51	2935	3.15
仁怀市	36591	18.49	18836	9.52	10776	5.44
安顺市	**126773**	**16.11**	**66245**	**8.42**	**35897**	**4.56**
西秀区	43783	16.13	22150	8.16	12535	4.62
平坝区	17863	16.60	8932	8.30	5406	5.02
普定县	19252	14.75	9630	7.38	4176	3.20
镇宁布依族苗族自治县	15852	16.20	8145	8.33	4316	4.41
关岭布依族苗族自治县	14100	16.10	8582	9.80	4797	5.48
紫云苗族布依族自治县	15923	17.34	8806	9.59	4667	5.08
毕节市	**341225**	**15.39**	**209644**	**9.46**	**108813**	**4.91**
七星关区	62601	15.43	38541	9.50	20709	5.10
大方县	43333	14.38	23294	7.73	9863	3.27
黔西县	39345	16.22	20735	8.55	10688	4.41
金沙县	28320	15.71	14069	7.81	7357	4.08
织金县	40271	14.15	22484	7.90	10447	3.67
纳雍县	33016	14.09	22118	9.44	11440	4.88
威宁彝族回族苗族自治县	63801	17.26	46601	12.61	25911	7.01
赫章县	30538	15.38	21802	10.98	12398	6.25

1-8　续表 3　　　　单位：户、%

地　区	四人户		五人户		六人户	
	户数	比重	户数	比重	户数	比重
铜仁市	**161608**	**14.00**	**76167**	**6.60**	**34212**	**2.96**
碧江区	20999	16.81	10031	8.03	4595	3.68
万山区	7403	13.58	3762	6.90	1799	3.30
江口县	9033	13.34	4088	6.04	1907	2.82
玉屏侗族自治县	7852	15.27	3960	7.70	2132	4.15
石阡县	14827	13.90	7224	6.77	3552	3.33
思南县	21216	12.58	10013	5.94	4334	2.57
印江土家族苗族自治县	14690	13.30	6415	5.81	2811	2.55
德江县	20530	14.72	8835	6.33	3524	2.53
沿河土家族自治县	21503	13.06	9518	5.78	3329	2.02
松桃苗族自治县	23555	14.18	12321	7.42	6229	3.75
黔西南布依族苗族自治州	**165025**	**17.03**	**83237**	**8.59**	**43438**	**4.48**
兴义市	54672	17.66	26716	8.63	14832	4.79
兴仁市	24572	17.60	11474	8.22	5494	3.93
普安县	12475	15.57	6793	8.48	3549	4.43
晴隆县	11598	14.45	6479	8.07	3273	4.08
贞丰县	16652	16.47	8665	8.57	4369	4.32
望谟县	13109	17.29	6813	8.99	3133	4.13
册亨县	11336	17.19	5356	8.12	2198	3.33
安龙县	20611	17.63	10941	9.36	6590	5.64
黔东南苗族侗族自治州	**192189**	**14.97**	**100228**	**7.81**	**52187**	**4.07**
凯里市	36648	15.25	16912	7.04	7898	3.29
黄平县	11836	13.39	5879	6.65	3007	3.40
施秉县	6635	15.41	3394	7.88	1758	4.08
三穗县	8464	14.36	4351	7.38	2259	3.83
镇远县	9475	13.55	4688	6.70	2347	3.36
岑巩县	8455	13.79	3988	6.50	1921	3.13
天柱县	13382	12.12	6211	5.63	2785	2.52
锦屏县	7836	13.77	3999	7.03	1959	3.44
剑河县	9647	14.64	5324	8.08	2664	4.04
台江县	5903	14.39	3389	8.26	1769	4.31
黎平县	21534	15.97	12398	9.19	6708	4.97
榕江县	15656	17.32	8649	9.57	5004	5.54
从江县	16140	17.97	10509	11.70	6690	7.45
雷山县	6168	14.75	3505	8.38	1833	4.38
麻江县	7058	15.76	3353	7.49	1768	3.95
丹寨县	7352	16.09	3679	8.05	1817	3.98
黔南布依族苗族自治州	**175352**	**15.05**	**88370**	**7.58**	**44799**	**3.84**
都匀市	23341	13.72	11157	6.56	5220	3.07
福泉市	16238	16.07	7152	7.08	3782	3.74
荔波县	8523	16.29	4284	8.19	2103	4.02
贵定县	11531	13.85	5945	7.14	3022	3.63
瓮安县	21280	15.01	8793	6.20	4409	3.11
独山县	13005	14.01	7107	7.65	3643	3.92
平塘县	12214	14.75	6542	7.90	3122	3.77
罗甸县	13442	15.13	6942	7.81	3214	3.62
长顺县	10916	16.70	5555	8.50	2858	4.37
龙里县	11867	15.76	5962	7.92	3198	4.25
惠水县	18453	15.32	10345	8.59	5873	4.87
三都水族自治县	14542	15.94	8586	9.41	4355	4.77

1-8 续表 4 单位：户、%

地 区	七人户		八人户		九人户		十人及以上户	
	户数	比重	户数	比重	户数	比重	户数	比重
贵 州	**192247**	**1.51**	**71429**	**0.56**	**29649**	**0.23**	**28392**	**0.22**
贵阳市	**20496**	**1.07**	**7764**	**0.40**	**3672**	**0.19**	**4542**	**0.24**
南明区	1954	0.51	763	0.20	284	0.07	471	0.12
云岩区	1863	0.47	632	0.16	304	0.08	380	0.10
花溪区	3851	1.46	1580	0.60	765	0.29	923	0.35
乌当区	1009	0.96	325	0.31	164	0.16	158	0.15
白云区	1736	1.30	618	0.46	289	0.22	422	0.32
观山湖区	2122	1.12	801	0.42	419	0.22	602	0.32
开阳县	1377	1.11	402	0.32	195	0.16	129	0.10
息烽县	1064	1.41	377	0.50	143	0.19	118	0.16
修文县	1806	2.07	713	0.82	340	0.39	395	0.45
清镇市	3714	2.26	1553	0.94	769	0.47	944	0.57
六盘水市	**16871**	**1.70**	**6887**	**0.69**	**2924**	**0.29**	**2653**	**0.27**
钟山区	3461	1.64	1381	0.65	624	0.29	507	0.24
六枝特区	3800	2.19	1630	0.94	758	0.44	711	0.41
水城县	6451	2.85	2841	1.26	1134	0.50	1007	0.45
盘州市	3159	0.82	1035	0.27	408	0.11	428	0.11
遵义市	**28866**	**1.31**	**9659**	**0.44**	**3986**	**0.18**	**3772**	**0.17**
红花岗区	3245	1.05	1016	0.33	451	0.15	396	0.13
汇川区	2497	1.21	832	0.40	387	0.19	382	0.19
播州区	3518	1.45	1080	0.45	438	0.18	380	0.16
桐梓县	2912	1.68	1037	0.60	501	0.29	417	0.24
绥阳县	1654	1.29	571	0.45	238	0.19	262	0.20
正安县	1147	0.79	359	0.25	120	0.08	69	0.05
道真仡佬族苗族自治县	583	0.65	180	0.20	56	0.06	45	0.05
务川仡佬族苗族自治县	1349	1.24	419	0.39	173	0.16	148	0.14
凤冈县	998	0.91	281	0.26	83	0.08	81	0.07
湄潭县	1000	0.75	295	0.22	149	0.11	203	0.15
余庆县	694	0.87	193	0.24	59	0.07	49	0.06
习水县	3917	2.09	1431	0.76	549	0.29	607	0.32
赤水市	746	0.80	167	0.18	42	0.05	18	0.02
仁怀市	4606	2.33	1798	0.91	740	0.37	715	0.36
安顺市	**15024**	**1.91**	**5693**	**0.72**	**2441**	**0.31**	**2451**	**0.31**
西秀区	5326	1.96	2062	0.76	993	0.37	946	0.35
平坝区	2133	1.98	782	0.73	343	0.32	330	0.31
普定县	1688	1.29	620	0.48	246	0.19	305	0.23
镇宁布依族苗族自治县	1820	1.86	668	0.68	270	0.28	252	0.26
关岭布依族苗族自治县	2171	2.48	817	0.93	309	0.35	320	0.37
紫云苗族布依族自治县	1886	2.05	744	0.81	280	0.30	298	0.32
毕节市	**49400**	**2.23**	**20632**	**0.93**	**8459**	**0.38**	**7398**	**0.33**
七星关区	9521	2.35	4221	1.04	1909	0.47	1920	0.47
大方县	3813	1.27	1457	0.48	588	0.20	563	0.19
黔西县	4425	1.82	1777	0.73	732	0.30	626	0.26
金沙县	2918	1.62	1002	0.56	418	0.23	345	0.19
织金县	4450	1.56	1886	0.66	809	0.28	791	0.28
纳雍县	5338	2.28	2339	1.00	980	0.42	814	0.35
威宁彝族回族苗族自治县	12698	3.44	5265	1.42	1990	0.54	1601	0.43
赫章县	6237	3.14	2685	1.35	1033	0.52	738	0.37

1-8　续表 5　　　　单位：户、%

地　区	七人户		八人户		九人户		十人及以上户	
	户数	比重	户数	比重	户数	比重	户数	比重
铜仁市	**11264**	**0.98**	**3543**	**0.31**	**1398**	**0.12**	**1792**	**0.16**
碧江区	1411	1.13	406	0.33	173	0.14	247	0.20
万山区	636	1.17	190	0.35	78	0.14	77	0.14
江口县	546	0.81	152	0.22	56	0.08	71	0.10
玉屏侗族自治县	714	1.39	214	0.42	90	0.18	103	0.20
石阡县	1033	0.97	298	0.28	86	0.08	71	0.07
思南县	1291	0.77	334	0.20	110	0.07	86	0.05
印江土家族苗族自治县	858	0.78	232	0.21	81	0.07	62	0.06
德江县	1174	0.84	355	0.25	110	0.08	92	0.07
沿河土家族自治县	1031	0.63	305	0.19	84	0.05	101	0.06
松桃苗族自治县	2570	1.55	1057	0.64	530	0.32	882	0.53
黔西南布依族苗族自治州	**15953**	**1.65**	**5743**	**0.59**	**2186**	**0.23**	**1920**	**0.20**
兴义市	5517	1.78	2111	0.68	885	0.29	866	0.28
兴仁市	2033	1.46	755	0.54	264	0.19	194	0.14
普安县	1545	1.93	542	0.68	177	0.22	152	0.19
晴隆县	1254	1.56	468	0.58	180	0.22	166	0.21
贞丰县	1658	1.64	565	0.56	233	0.23	191	0.19
望谟县	974	1.28	355	0.47	120	0.16	105	0.14
册亨县	556	0.84	112	0.17	40	0.06	29	0.04
安龙县	2416	2.07	835	0.71	287	0.25	217	0.19
黔东南苗族侗族自治州	**18598**	**1.45**	**6178**	**0.48**	**2435**	**0.19**	**2022**	**0.16**
凯里市	2480	1.03	845	0.35	353	0.15	288	0.12
黄平县	998	1.13	315	0.36	100	0.11	51	0.06
施秉县	625	1.45	213	0.49	88	0.20	57	0.13
三穗县	731	1.24	228	0.39	93	0.16	64	0.11
镇远县	684	0.98	185	0.26	70	0.10	72	0.10
岑巩县	518	0.84	144	0.23	62	0.10	92	0.15
天柱县	758	0.69	164	0.15	55	0.05	33	0.03
锦屏县	549	0.96	147	0.26	67	0.12	41	0.07
剑河县	962	1.46	329	0.50	94	0.14	57	0.09
台江县	806	1.97	249	0.61	80	0.20	62	0.15
黎平县	2438	1.81	789	0.59	333	0.25	231	0.17
榕江县	2148	2.38	941	1.04	397	0.44	422	0.47
从江县	3143	3.50	1105	1.23	444	0.49	392	0.44
雷山县	633	1.51	181	0.43	73	0.17	60	0.14
麻江县	564	1.26	186	0.42	66	0.15	40	0.09
丹寨县	561	1.23	157	0.34	60	0.13	60	0.13
黔南布依族苗族自治州	**15775**	**1.35**	**5330**	**0.46**	**2148**	**0.18**	**1842**	**0.16**
都匀市	1518	0.89	483	0.28	171	0.10	168	0.10
福泉市	1253	1.24	446	0.44	200	0.20	211	0.21
荔波县	650	1.24	184	0.35	71	0.14	73	0.14
贵定县	1124	1.35	414	0.50	153	0.18	117	0.14
瓮安县	1293	0.91	365	0.26	137	0.10	125	0.09
独山县	1163	1.25	385	0.41	153	0.16	87	0.09
平塘县	1120	1.35	356	0.43	155	0.19	102	0.12
罗甸县	1136	1.28	340	0.38	121	0.14	130	0.15
长顺县	1041	1.59	343	0.52	123	0.19	99	0.15
龙里县	1335	1.77	482	0.64	247	0.33	204	0.27
惠水县	2379	1.97	954	0.79	399	0.33	395	0.33
三都水族自治县	1763	1.93	578	0.63	218	0.24	131	0.14

1-8a 各地区家庭户规模(城市)

单位：户、%

地区	家庭户户数	一人户		二人户		三人户	
		户数	比重	户数	比重	户数	比重
贵 州	**3252662**	**798364**	**24.54**	**849998**	**26.13**	**705806**	**21.70**
贵阳市	**1380052**	**374771**	**27.16**	**389306**	**28.21**	**298759**	**21.65**
南明区	365573	106828	29.22	107114	29.30	78942	21.59
云岩区	396147	122680	30.97	114679	28.95	82091	20.72
花溪区	200432	49732	24.81	57496	28.69	44157	22.03
乌当区	65168	13405	20.57	18264	28.03	16230	24.90
白云区	123140	28878	23.45	32458	26.36	26390	21.43
观山湖区	158979	37764	23.75	41393	26.04	35706	22.46
开阳县							
息烽县							
修文县							
清镇市	70613	15484	21.93	17902	25.35	15243	21.59
六盘水市	**316020**	**66399**	**21.01**	**80439**	**25.45**	**69231**	**21.91**
钟山区	176569	36633	20.75	44591	25.25	39385	22.31
六枝特区	49693	10260	20.65	12523	25.20	10568	21.27
水城县							
盘州市	89758	19506	21.73	23325	25.99	19278	21.48
遵义市	**581897**	**116760**	**20.07**	**145333**	**24.98**	**133127**	**22.88**
红花岗区	227547	48825	21.46	60325	26.51	52744	23.18
汇川区	140066	27217	19.43	38037	27.16	32718	23.36
播州区	89060	14764	16.58	20315	22.81	21795	24.47
桐梓县							
绥阳县							
正安县							
道真仡佬族苗族自治县							
务川仡佬族苗族自治县							
凤冈县							
湄潭县							
余庆县							
习水县							
赤水市	37714	9376	24.86	10272	27.24	8264	21.91
仁怀市	87510	16578	18.94	16384	18.72	17606	20.12
安顺市	**172609**	**40120**	**23.24**	**46262**	**26.80**	**37591**	**21.78**
西秀区	147584	33816	22.91	40206	27.24	32433	21.98
平坝区	25025	6304	25.19	6056	24.20	5158	20.61
普定县							
镇宁布依族苗族自治县							
关岭布依族苗族自治县							
紫云苗族布依族自治县							
毕节市	**169353**	**32583**	**19.24**	**37528**	**22.16**	**33285**	**19.65**
七星关区	169353	32583	19.24	37528	22.16	33285	19.65
大方县							
黔西县							
金沙县							
织金县							
纳雍县							
威宁彝族回族苗族自治县							
赫章县							

1-8a　续表 1　　单位：户、%

地　区	家庭户户　数	一人户		二人户		三人户	
		户数	比重	户数	比重	户数	比重
铜仁市	**113714**	**26084**	**22.94**	**26775**	**23.55**	**25475**	**22.40**
碧江区	91821	20263	22.07	21974	23.93	20845	22.70
万山区	21893	5821	26.59	4801	21.93	4630	21.15
江口县							
玉屏侗族自治县							
石阡县							
思南县							
印江土家族苗族自治县							
德江县							
沿河土家族自治县							
松桃苗族自治县							
黔西南布依族苗族自治州	**213870**	**53270**	**24.91**	**48144**	**22.51**	**43467**	**20.32**
兴义市	175876	46131	26.23	38581	21.94	34876	19.83
兴仁市	37994	7139	18.79	9563	25.17	8591	22.61
普安县							
晴隆县							
贞丰县							
望谟县							
册亨县							
安龙县							
黔东南苗族侗族自治州	**168125**	**50450**	**30.01**	**39697**	**23.61**	**34792**	**20.69**
凯里市	168125	50450	30.01	39697	23.61	34792	20.69
黄平县							
施秉县							
三穗县							
镇远县							
岑巩县							
天柱县							
锦屏县							
剑河县							
台江县							
黎平县							
榕江县							
从江县							
雷山县							
麻江县							
丹寨县							
黔南布依族苗族自治州	**137022**	**37927**	**27.68**	**36514**	**26.65**	**30079**	**21.95**
都匀市	102959	29201	28.36	28692	27.87	22803	22.15
福泉市	34063	8726	25.62	7822	22.96	7276	21.36
荔波县							
贵定县							
瓮安县							
独山县							
平塘县							
罗甸县							
长顺县							
龙里县							
惠水县							
三都水族自治县							

1-8a 续表 2 单位：户、%

地区	四人户		五人户		六人户	
	户数	比重	户数	比重	户数	比重
贵　州	**511894**	**15.74**	**224983**	**6.92**	**104785**	**3.22**
贵阳市	**187349**	**13.58**	**79955**	**5.79**	**33564**	**2.43**
南明区	44501	12.17	18247	4.99	6952	1.90
云岩区	46999	11.86	19105	4.82	7414	1.87
花溪区	28247	14.09	12370	6.17	5522	2.76
乌当区	10574	16.23	4419	6.78	1689	2.59
白云区	19964	16.21	8785	7.13	4154	3.37
观山湖区	24767	15.58	11841	7.45	5277	3.32
开阳县						
息烽县						
修文县						
清镇市	12297	17.41	5188	7.35	2556	3.62
六盘水市	**58797**	**18.61**	**24272**	**7.68**	**10735**	**3.40**
钟山区	31397	17.78	14445	8.18	6430	3.64
六枝特区	8775	17.66	4110	8.27	2060	4.15
水城县						
盘州市	18625	20.75	5717	6.37	2245	2.50
遵义市	**104853**	**18.02**	**46864**	**8.05**	**24227**	**4.16**
红花岗区	37743	16.59	16467	7.24	8297	3.65
汇川区	23303	16.64	10938	7.81	5411	3.86
播州区	19091	21.44	7615	8.55	4043	4.54
桐梓县						
绥阳县						
正安县						
道真仡佬族苗族自治县						
务川仡佬族苗族自治县						
凤冈县						
湄潭县						
余庆县						
习水县						
赤水市	5241	13.90	2812	7.46	1373	3.64
仁怀市	19475	22.25	9032	10.32	5103	5.83
安顺市	**26380**	**15.28**	**11703**	**6.78**	**6180**	**3.58**
西秀区	22201	15.04	9970	6.76	5206	3.53
平坝区	4179	16.70	1733	6.93	974	3.89
普定县						
镇宁布依族苗族自治县						
关岭布依族苗族自治县						
紫云苗族布依族自治县						
毕节市	**30690**	**18.12**	**17493**	**10.33**	**9427**	**5.57**
七星关区	30690	18.12	17493	10.33	9427	5.57
大方县						
黔西县						
金沙县						
织金县						
纳雍县						
威宁彝族回族苗族自治县						
赫章县						

1-8a　续表 3

单位：户、%

地　　区	四人户		五人户		六人户	
	户数	比重	户数	比重	户数	比重
铜仁市	**19774**	**17.39**	**9410**	**8.28**	**4222**	**3.71**
碧江区	16228	17.67	7569	8.24	3370	3.67
万山区	3546	16.20	1841	8.41	852	3.89
江口县						
玉屏侗族自治县						
石阡县						
思南县						
印江土家族苗族自治县						
德江县						
沿河土家族自治县						
松桃苗族自治县						
黔西南布依族苗族自治州	**38743**	**18.12**	**16475**	**7.70**	**8435**	**3.94**
兴义市	30847	17.54	13609	7.74	7185	4.09
兴仁市	7896	20.78	2866	7.54	1250	3.29
普安县						
晴隆县						
贞丰县						
望谟县						
册亨县						
安龙县						
黔东南苗族侗族自治州	**25568**	**15.21**	**10846**	**6.45**	**4598**	**2.73**
凯里市	25568	15.21	10846	6.45	4598	2.73
黄平县						
施秉县						
三穗县						
镇远县						
岑巩县						
天柱县						
锦屏县						
剑河县						
台江县						
黎平县						
榕江县						
从江县						
雷山县						
麻江县						
丹寨县						
黔南布依族苗族自治州	**19740**	**14.41**	**7965**	**5.81**	**3397**	**2.48**
都匀市	13563	13.17	5546	5.39	2276	2.21
福泉市	6177	18.13	2419	7.10	1121	3.29
荔波县						
贵定县						
瓮安县						
独山县						
平塘县						
罗甸县						
长顺县						
龙里县						
惠水县						
三都水族自治县						

1-8a 续表 4　　单位：户、%

地区	七人户		八人户		九人户		十人及以上户	
	户数	比重	户数	比重	户数	比重	户数	比重
贵　州	**32687**	**1.00**	**11976**	**0.37**	**5727**	**0.18**	**6442**	**0.20**
贵阳市	**9334**	**0.68**	**3316**	**0.24**	**1545**	**0.11**	**2153**	**0.16**
南明区	1713	0.47	644	0.18	236	0.06	396	0.11
云岩区	1863	0.47	632	0.16	304	0.08	380	0.10
花溪区	1667	0.83	614	0.31	270	0.13	357	0.18
乌当区	383	0.59	94	0.14	56	0.09	54	0.08
白云区	1433	1.16	493	0.40	236	0.19	349	0.28
观山湖区	1279	0.80	427	0.27	212	0.13	313	0.20
开阳县								
息烽县								
修文县								
清镇市	996	1.41	412	0.58	231	0.33	304	0.43
六盘水市	**3548**	**1.12**	**1391**	**0.44**	**641**	**0.20**	**567**	**0.18**
钟山区	2186	1.24	843	0.48	369	0.21	290	0.16
六枝特区	745	1.50	311	0.63	173	0.35	168	0.34
水城县								
盘州市	617	0.69	237	0.26	99	0.11	109	0.12
遵义市	**6754**	**1.16**	**2109**	**0.36**	**954**	**0.16**	**916**	**0.16**
红花岗区	2016	0.89	618	0.27	269	0.12	243	0.11
汇川区	1451	1.04	472	0.34	244	0.17	275	0.20
播州区	976	1.10	264	0.30	98	0.11	99	0.11
桐梓县								
绥阳县								
正安县								
道真仡佬族苗族自治县								
务川仡佬族苗族自治县								
凤冈县								
湄潭县								
余庆县								
习水县								
赤水市	299	0.79	54	0.14	18	0.05	5	0.01
仁怀市	2012	2.30	701	0.80	325	0.37	294	0.34
安顺市	**2382**	**1.38**	**950**	**0.55**	**519**	**0.30**	**522**	**0.30**
西秀区	2048	1.39	804	0.54	443	0.30	457	0.31
平坝区	334	1.33	146	0.58	76	0.30	65	0.26
普定县								
镇宁布依族苗族自治县								
关岭布依族苗族自治县								
紫云苗族布依族自治县								
毕节市	**4279**	**2.53**	**1960**	**1.16**	**970**	**0.57**	**1138**	**0.67**
七星关区	4279	2.53	1960	1.16	970	0.57	1138	0.67
大方县								
黔西县								
金沙县								
织金县								
纳雍县								
威宁彝族回族苗族自治县								
赫章县								

1−8a　续表 5　　　　单位：户、%

地　区	七人户		八人户		九人户		十人及以上户	
	户数	比重	户数	比重	户数	比重	户数	比重
铜仁市	**1229**	**1.08**	**348**	**0.31**	**147**	**0.13**	**250**	**0.22**
碧江区	971	1.06	269	0.29	121	0.13	211	0.23
万山区	258	1.18	79	0.36	26	0.12	39	0.18
江口县								
玉屏侗族自治县								
石阡县								
思南县								
印江土家族苗族自治县								
德江县								
沿河土家族自治县								
松桃苗族自治县								
黔西南布依族苗族自治州	**2988**	**1.40**	**1164**	**0.54**	**593**	**0.28**	**591**	**0.28**
兴义市	2572	1.46	1018	0.58	522	0.30	535	0.30
兴仁市	416	1.09	146	0.38	71	0.19	56	0.15
普安县								
晴隆县								
贞丰县								
望谟县								
册亨县								
安龙县								
黔东南苗族侗族自治州	**1316**	**0.78**	**465**	**0.28**	**222**	**0.13**	**171**	**0.10**
凯里市	1316	0.78	465	0.28	222	0.13	171	0.10
黄平县								
施秉县								
三穗县								
镇远县								
岑巩县								
天柱县								
锦屏县								
剑河县								
台江县								
黎平县								
榕江县								
从江县								
雷山县								
麻江县								
丹寨县								
黔南布依族苗族自治州	**857**	**0.63**	**273**	**0.20**	**136**	**0.10**	**134**	**0.10**
都匀市	550	0.53	167	0.16	89	0.09	72	0.07
福泉市	307	0.90	106	0.31	47	0.14	62	0.18
荔波县								
贵定县								
瓮安县								
独山县								
平塘县								
罗甸县								
长顺县								
龙里县								
惠水县								
三都水族自治县								

1-8b 各地区家庭户规模(镇)

单位：户、%

地　　区	家庭户户　数	一人户		二人户		三人户	
		户数	比重	户数	比重	户数	比重
贵　州	**3226651**	**764233**	**23.69**	**763174**	**23.65**	**665076**	**20.61**
贵阳市	**177372**	**40529**	**22.85**	**44581**	**25.13**	**36814**	**20.76**
南明区							
云岩区							
花溪区	13195	3910	29.63	2788	21.13	2205	16.71
乌当区	6666	1555	23.33	1735	26.03	1375	20.63
白云区	1113	405	36.39	394	35.40	188	16.89
观山湖区	8039	2684	33.39	2406	29.93	1403	17.45
开阳县	62311	13611	21.84	15589	25.02	13639	21.89
息烽县	35150	7599	21.62	9466	26.93	7693	21.89
修文县	38483	7633	19.83	9299	24.16	8172	21.24
清镇市	12415	3132	25.23	2904	23.39	2139	17.23
六盘水市	**154618**	**33159**	**21.45**	**36099**	**23.35**	**30586**	**19.78**
钟山区	18726	3968	21.19	4359	23.28	3521	18.80
六枝特区	16200	3715	22.93	3674	22.68	3042	18.78
水城县	69321	13245	19.11	14674	21.17	13745	19.83
盘州市	50371	12231	24.28	13392	26.59	10278	20.40
遵义市	**592433**	**120864**	**20.40**	**150981**	**25.48**	**131312**	**22.16**
红花岗区	19243	4025	20.92	4827	25.08	4147	21.55
汇川区	18746	4299	22.93	4787	25.54	3827	20.42
播州区	28453	5702	20.04	7211	25.34	6313	22.19
桐梓县	75973	15059	19.82	18256	24.03	16699	21.98
绥阳县	51736	11662	22.54	13296	25.70	10374	20.05
正安县	55230	11919	21.58	14378	26.03	12494	22.62
道真仡佬族苗族自治县	42391	6749	15.92	11692	27.58	11012	25.98
务川仡佬族苗族自治县	51493	9516	18.48	12007	23.32	11604	22.54
凤冈县	48438	9964	20.57	12690	26.20	11448	23.63
湄潭县	62871	13996	22.26	18687	29.72	14048	22.34
余庆县	34670	6397	18.45	9832	28.36	8286	23.90
习水县	72173	14612	20.25	15373	21.30	14705	20.37
赤水市	12594	3176	25.22	3533	28.05	2767	21.97
仁怀市	18422	3788	20.56	4412	23.95	3588	19.48
安顺市	**182403**	**43111**	**23.64**	**42478**	**23.29**	**36498**	**20.01**
西秀区	14666	3281	22.37	3284	22.39	2705	18.44
平坝区	26657	6727	25.24	6824	25.60	4678	17.55
普定县	47019	12218	25.99	11089	23.58	9404	20.00
镇宁布依族苗族自治县	35933	8715	24.25	8432	23.47	7611	21.18
关岭布依族苗族自治县	30720	6610	21.52	6845	22.28	6292	20.48
紫云苗族布依族自治县	27408	5560	20.29	6004	21.91	5808	21.19
毕节市	**710190**	**173628**	**24.45**	**160815**	**22.64**	**132768**	**18.69**
七星关区	27336	6857	25.08	6905	25.26	4784	17.50
大方县	100723	26295	26.11	23855	23.68	18679	18.54
黔西县	108938	25207	23.14	25030	22.98	21941	20.14
金沙县	85530	18294	21.39	21251	24.85	18304	21.40
织金县	116780	30439	26.07	28879	24.73	22224	19.03
纳雍县	90580	22708	25.07	21658	23.91	16199	17.88
威宁彝族回族苗族自治县	128384	30930	24.09	22581	17.59	21450	16.71
赫章县	51919	12898	24.84	10656	20.52	9187	17.69

1-8b　续表 1　　单位：户、%

地　区	家庭户	一人户		二人户		三人户	
	户　数	户数	比重	户数	比重	户数	比重
铜仁市	**353039**	**93209**	**26.40**	**83719**	**23.71**	**74175**	**21.01**
碧江区	1888	531	28.13	472	25.00	395	20.92
万山区							
江口县	26375	6407	24.29	6452	24.46	5713	21.66
玉屏侗族自治县	27261	8036	29.48	6306	23.13	5388	19.76
石阡县	32294	7643	23.67	7935	24.57	7080	21.92
思南县	59179	16013	27.06	15002	25.35	12283	20.76
印江土家族苗族自治县	38356	7515	19.59	9163	23.89	9200	23.99
德江县	59940	16192	27.01	13921	23.22	12475	20.81
沿河土家族自治县	56987	16299	28.60	13672	23.99	11736	20.59
松桃苗族自治县	50759	14573	28.71	10796	21.27	9905	19.51
黔西南布依族苗族自治州	**216176**	**48288**	**22.34**	**50372**	**23.30**	**45052**	**20.84**
兴义市	23990	4732	19.72	5836	24.33	4819	20.09
兴仁市	14589	3192	21.88	3758	25.76	2901	19.88
普安县	23645	5507	23.29	5732	24.24	4655	19.69
晴隆县	24176	6495	26.87	5714	23.64	4382	18.13
贞丰县	37152	8465	22.78	8703	23.43	7953	21.41
望谟县	25592	5643	22.05	5391	21.07	5600	21.88
册亨县	21721	5315	24.47	4976	22.91	4956	22.82
安龙县	45311	8939	19.73	10262	22.65	9786	21.60
黔东南苗族侗族自治州	**399706**	**98125**	**24.55**	**91497**	**22.89**	**85357**	**21.35**
凯里市	10723	2558	23.86	2460	22.94	2225	20.75
黄平县	32262	7858	24.36	8669	26.87	6973	21.61
施秉县	16396	3574	21.80	3924	23.93	3548	21.64
三穗县	26667	6988	26.20	5772	21.64	5523	20.71
镇远县	32351	7945	24.56	8086	24.99	7101	21.95
岑巩县	24675	6378	25.85	5788	23.46	5528	22.40
天柱县	44951	16647	37.03	9856	21.93	8157	18.15
锦屏县	23693	5808	24.51	5580	23.55	5174	21.84
剑河县	24040	5581	23.22	5350	22.25	5254	21.86
台江县	14823	4047	27.30	3394	22.90	2816	19.00
黎平县	50894	10454	20.54	11558	22.71	11085	21.78
榕江县	29276	4816	16.45	6248	21.34	6683	22.83
从江县	20763	4280	20.61	3959	19.07	4475	21.55
雷山县	15456	3615	23.39	3302	21.36	3435	22.22
麻江县	16443	3833	23.31	3960	24.08	3790	23.05
丹寨县	16293	3743	22.97	3591	22.04	3590	22.03
黔南布依族苗族自治州	**440714**	**113320**	**25.71**	**102632**	**23.29**	**92514**	**20.99**
都匀市	6516	1494	22.93	1316	20.20	1249	19.17
福泉市	16467	4720	28.66	3862	23.45	3177	19.29
荔波县	21833	5198	23.81	4814	22.05	4976	22.79
贵定县	44401	13224	29.78	11434	25.75	8814	19.85
瓮安县	82001	18827	22.96	20686	25.23	18303	22.32
独山县	43741	12652	28.92	10448	23.89	8674	19.83
平塘县	28674	8541	29.79	6332	22.08	5847	20.39
罗甸县	44207	9083	20.55	9818	22.21	10061	22.76
长顺县	26491	5923	22.36	6154	23.23	5896	22.26
龙里县	40387	11914	29.50	8683	21.50	7874	19.50
惠水县	54352	14492	26.66	12195	22.44	10983	20.21
三都水族自治县	31644	7252	22.92	6890	21.77	6660	21.05

1-8b 续表 2

单位：户、%

地 区	四人户		五人户		六人户	
	户数	比重	户数	比重	户数	比重
贵 州	**542667**	**16.82**	**269998**	**8.37**	**135415**	**4.20**
贵阳市	**30065**	**16.95**	**13670**	**7.71**	**7030**	**3.96**
南明区						
云岩区						
花溪区	1935	14.66	1011	7.66	682	5.17
乌当区	1059	15.89	552	8.28	252	3.78
白云区	83	7.46	32	2.88	5	0.45
观山湖区	807	10.04	369	4.59	196	2.44
开阳县	11275	18.09	4861	7.80	2233	3.58
息烽县	5744	16.34	2646	7.53	1358	3.86
修文县	7242	18.82	3149	8.18	1693	4.40
清镇市	1920	15.47	1050	8.46	611	4.92
六盘水市	**27588**	**17.84**	**14205**	**9.19**	**7190**	**4.65**
钟山区	2903	15.50	1867	9.97	1060	5.66
六枝特区	2676	16.52	1572	9.70	853	5.27
水城县	12886	18.59	7449	10.75	4047	5.84
盘州市	9123	18.11	3317	6.59	1230	2.44
遵义市	**100962**	**17.04**	**49319**	**8.32**	**25653**	**4.33**
红花岗区	3284	17.07	1575	8.18	941	4.89
汇川区	2918	15.57	1567	8.36	869	4.64
播州区	4944	17.38	2304	8.10	1332	4.68
桐梓县	13152	17.31	6802	8.95	3874	5.10
绥阳县	8289	16.02	4601	8.89	2260	4.37
正安县	9327	16.89	4262	7.72	2050	3.71
道真仡佬族苗族自治县	7592	17.91	3292	7.77	1563	3.69
务川仡佬族苗族自治县	9825	19.08	4771	9.27	2451	4.76
凤冈县	8250	17.03	3751	7.74	1677	3.46
湄潭县	9419	14.98	3967	6.31	1885	3.00
余庆县	5655	16.31	2651	7.65	1326	3.82
习水县	13359	18.51	7189	9.96	4126	5.72
赤水市	1793	14.24	834	6.62	334	2.65
仁怀市	3155	17.13	1753	9.52	965	5.24
安顺市	**31269**	**17.14**	**15191**	**8.33**	**7984**	**4.38**
西秀区	2496	17.02	1390	9.48	822	5.60
平坝区	4111	15.42	2052	7.70	1322	4.96
普定县	7920	16.84	3700	7.87	1589	3.38
镇宁布依族苗族自治县	6107	17.00	2675	7.44	1386	3.86
关岭布依族苗族自治县	5436	17.70	2827	9.20	1521	4.95
紫云苗族布依族自治县	5199	18.97	2547	9.29	1344	4.90
毕节市	**117360**	**16.53**	**66669**	**9.39**	**32981**	**4.64**
七星关区	3865	14.14	2614	9.56	1289	4.72
大方县	16516	16.40	8747	8.68	3798	3.77
黔西县	19187	17.61	9483	8.70	4766	4.37
金沙县	14830	17.34	6987	8.17	3565	4.17
织金县	18413	15.77	9523	8.15	4181	3.58
纳雍县	14199	15.68	8507	9.39	4017	4.43
威宁彝族回族苗族自治县	21830	17.00	15499	12.07	8505	6.62
赫章县	8520	16.41	5309	10.23	2860	5.51

1－8b　续表 3

单位：户、%

地　区	四人户		五人户		六人户	
	户数	比重	户数	比重	户数	比重
铜仁市	**59596**	**16.88**	**25252**	**7.15**	**10994**	**3.11**
碧江区	254	13.45	136	7.20	63	3.34
万山区						
江口县	4533	17.19	1938	7.35	938	3.56
玉屏侗族自治县	4198	15.40	1915	7.02	949	3.48
石阡县	5457	16.90	2497	7.73	1191	3.69
思南县	9289	15.70	4027	6.80	1810	3.06
印江土家族苗族自治县	7442	19.40	3082	8.04	1384	3.61
德江县	10970	18.30	4163	6.95	1498	2.50
沿河土家族自治县	9653	16.94	3772	6.62	1256	2.20
松桃苗族自治县	7800	15.37	3722	7.33	1905	3.75
黔西南布依族苗族自治州	**38243**	**17.69**	**18757**	**8.68**	**9789**	**4.53**
兴义市	4306	17.95	2296	9.57	1278	5.33
兴仁市	2491	17.07	1187	8.14	600	4.11
普安县	4071	17.22	1940	8.20	1044	4.42
晴隆县	3845	15.90	1948	8.06	1040	4.30
贞丰县	6607	17.78	3081	8.29	1476	3.97
望谟县	4695	18.35	2498	9.76	1179	4.61
册亨县	3717	17.11	1772	8.16	759	3.49
安龙县	8511	18.78	4035	8.91	2413	5.33
黔东南苗族侗族自治州	**66334**	**16.60**	**32580**	**8.15**	**16646**	**4.16**
凯里市	1777	16.57	900	8.39	528	4.92
黄平县	5042	15.63	2199	6.82	1085	3.36
施秉县	2909	17.74	1367	8.34	684	4.17
三穗县	4482	16.81	2169	8.13	1138	4.27
镇远县	5003	15.46	2375	7.34	1272	3.93
岑巩县	3987	16.16	1793	7.27	805	3.26
天柱县	5887	13.10	2694	5.99	1241	2.76
锦屏县	3857	16.28	1937	8.18	932	3.93
剑河县	4196	17.45	2139	8.90	1045	4.35
台江县	2362	15.93	1283	8.66	557	3.76
黎平县	8819	17.33	4879	9.59	2643	5.19
榕江县	5645	19.28	2795	9.55	1612	5.51
从江县	3887	18.72	2100	10.11	1206	5.81
雷山县	2653	17.16	1388	8.98	690	4.46
麻江县	2844	17.30	1183	7.19	549	3.34
丹寨县	2984	18.31	1379	8.46	659	4.04
黔南布依族苗族自治州	**71250**	**16.17**	**34355**	**7.80**	**17148**	**3.89**
都匀市	1051	16.13	718	11.02	413	6.34
福泉市	2639	16.03	1151	6.99	580	3.52
荔波县	3863	17.69	1763	8.07	828	3.79
贵定县	5906	13.30	2859	6.44	1391	3.13
瓮安县	14376	17.53	5716	6.97	2882	3.51
独山县	6277	14.35	3274	7.48	1649	3.77
平塘县	4232	14.76	2098	7.32	996	3.47
罗甸县	7909	17.89	4265	9.65	1918	4.34
长顺县	4617	17.43	2199	8.30	1106	4.18
龙里县	6493	16.08	3015	7.47	1545	3.83
惠水县	8364	15.39	4332	7.97	2389	4.40
三都水族自治县	5523	17.45	2965	9.37	1451	4.59

1-8b 续表 4 单位：户、%

地区	七人户		八人户		九人户		十人及以上户	
	户数	比重	户数	比重	户数	比重	户数	比重
贵　州	**49965**	**1.55**	**18850**	**0.58**	**8097**	**0.25**	**9176**	**0.28**
贵阳市	**2551**	**1.44**	**961**	**0.54**	**494**	**0.28**	**677**	**0.38**
南明区								
云岩区								
花溪区	292	2.21	145	1.10	90	0.68	137	1.04
乌当区	75	1.13	33	0.50	16	0.24	14	0.21
白云区	5	0.45	1	0.09				
观山湖区	81	1.01	34	0.42	21	0.26	38	0.47
开阳县	745	1.20	190	0.30	98	0.16	70	0.11
息烽县	385	1.10	144	0.41	61	0.17	54	0.15
修文县	676	1.76	284	0.74	135	0.35	200	0.52
清镇市	292	2.35	130	1.05	73	0.59	164	1.32
六盘水市	**3241**	**2.10**	**1381**	**0.89**	**568**	**0.37**	**601**	**0.39**
钟山区	581	3.10	240	1.28	116	0.62	111	0.59
六枝特区	362	2.23	159	0.98	71	0.44	76	0.47
水城县	1857	2.68	813	1.17	305	0.44	300	0.43
盘州市	441	0.88	169	0.34	76	0.15	114	0.23
遵义市	**8104**	**1.37**	**2751**	**0.46**	**1163**	**0.20**	**1324**	**0.22**
红花岗区	284	1.48	94	0.49	35	0.18	31	0.16
汇川区	301	1.61	101	0.54	36	0.19	41	0.22
播州区	411	1.44	128	0.45	59	0.21	49	0.17
桐梓县	1295	1.70	418	0.55	210	0.28	208	0.27
绥阳县	730	1.41	272	0.53	112	0.22	140	0.27
正安县	545	0.99	162	0.29	53	0.10	40	0.07
道真仡佬族苗族自治县	311	0.73	114	0.27	30	0.07	36	0.08
务川仡佬族苗族自治县	800	1.55	279	0.54	124	0.24	116	0.23
凤冈县	442	0.91	125	0.26	43	0.09	48	0.10
湄潭县	458	0.73	144	0.23	97	0.15	170	0.27
余庆县	361	1.04	100	0.29	38	0.11	24	0.07
习水县	1618	2.24	596	0.83	246	0.34	349	0.48
赤水市	120	0.95	24	0.19	6	0.05	7	0.06
仁怀市	428	2.32	194	1.05	74	0.40	65	0.35
安顺市	**3293**	**1.81**	**1294**	**0.71**	**552**	**0.30**	**733**	**0.40**
西秀区	370	2.52	166	1.13	76	0.52	76	0.52
平坝区	542	2.03	214	0.80	84	0.32	103	0.39
普定县	614	1.31	226	0.48	88	0.19	171	0.36
镇宁布依族苗族自治县	570	1.59	212	0.59	104	0.29	121	0.34
关岭布依族苗族自治县	678	2.21	258	0.84	113	0.37	140	0.46
紫云苗族布依族自治县	519	1.89	218	0.80	87	0.32	122	0.45
毕节市	**14447**	**2.03**	**6194**	**0.87**	**2563**	**0.36**	**2765**	**0.39**
七星关区	584	2.14	251	0.92	95	0.35	92	0.34
大方县	1579	1.57	644	0.64	287	0.28	323	0.32
黔西县	1885	1.73	794	0.73	325	0.30	320	0.29
金沙县	1379	1.61	484	0.57	217	0.25	219	0.26
织金县	1715	1.47	732	0.63	324	0.28	350	0.30
纳雍县	1850	2.04	785	0.87	301	0.33	356	0.39
威宁彝族回族苗族自治县	4082	3.18	1858	1.45	769	0.60	880	0.69
赫章县	1373	2.64	646	1.24	245	0.47	225	0.43

1-8b　续表 5　　　　单位：户、%

地　　区	七人户		八人户		九人户		十人及以上户	
	户数	比重	户数	比重	户数	比重	户数	比重
铜仁市	**3426**	**0.97**	**1165**	**0.33**	**558**	**0.16**	**945**	**0.27**
碧江区	28	1.48	5	0.26	2	0.11	2	0.11
万山区								
江口县	252	0.96	66	0.25	32	0.12	44	0.17
玉屏侗族自治县	302	1.11	77	0.28	38	0.14	52	0.19
石阡县	313	0.97	101	0.31	37	0.11	40	0.12
思南县	493	0.83	142	0.24	57	0.10	63	0.11
印江土家族苗族自治县	386	1.01	109	0.28	38	0.10	37	0.10
德江县	461	0.77	160	0.27	51	0.09	49	0.08
沿河土家族自治县	381	0.67	108	0.19	42	0.07	68	0.12
松桃苗族自治县	810	1.60	397	0.78	261	0.51	590	1.16
黔西南布依族苗族自治州	**3462**	**1.60**	**1250**	**0.58**	**482**	**0.22**	**481**	**0.22**
兴义市	440	1.83	169	0.70	48	0.20	66	0.28
兴仁市	270	1.85	115	0.79	40	0.27	35	0.24
普安县	436	1.84	138	0.58	62	0.26	60	0.25
晴隆县	440	1.82	154	0.64	72	0.30	86	0.36
贞丰县	514	1.38	183	0.49	84	0.23	86	0.23
望谟县	343	1.34	135	0.53	50	0.20	58	0.23
册亨县	153	0.70	36	0.17	23	0.11	14	0.06
安龙县	866	1.91	320	0.71	103	0.23	76	0.17
黔东南苗族侗族自治州	**5593**	**1.40**	**1877**	**0.47**	**865**	**0.22**	**832**	**0.21**
凯里市	196	1.83	45	0.42	20	0.19	14	0.13
黄平县	299	0.93	87	0.27	34	0.11	16	0.05
施秉县	241	1.47	78	0.48	41	0.25	30	0.18
三穗县	359	1.35	127	0.48	62	0.23	47	0.18
镇远县	368	1.14	99	0.31	44	0.14	58	0.18
岑巩县	219	0.89	64	0.26	30	0.12	83	0.34
天柱县	341	0.76	75	0.17	34	0.08	19	0.04
锦屏县	274	1.16	72	0.30	36	0.15	23	0.10
剑河县	309	1.29	97	0.40	41	0.17	28	0.12
台江县	241	1.63	71	0.48	30	0.20	22	0.15
黎平县	906	1.78	318	0.62	128	0.25	104	0.20
榕江县	685	2.34	378	1.29	180	0.61	234	0.80
从江县	536	2.58	173	0.83	87	0.42	60	0.29
雷山县	235	1.52	70	0.45	39	0.25	29	0.19
麻江县	165	1.00	65	0.40	30	0.18	24	0.15
丹寨县	219	1.34	58	0.36	29	0.18	41	0.25
黔南布依族苗族自治州	**5848**	**1.33**	**1977**	**0.45**	**852**	**0.19**	**818**	**0.19**
都匀市	156	2.39	71	1.09	21	0.32	27	0.41
福泉市	188	1.14	71	0.43	37	0.22	42	0.26
荔波县	241	1.10	81	0.37	35	0.16	34	0.16
贵定县	475	1.07	175	0.39	71	0.16	52	0.12
瓮安县	803	0.98	227	0.28	90	0.11	91	0.11
独山县	485	1.11	168	0.38	72	0.16	42	0.10
平塘县	368	1.28	136	0.47	73	0.25	51	0.18
罗甸县	753	1.70	215	0.49	79	0.18	106	0.24
长顺县	386	1.46	121	0.46	42	0.16	47	0.18
龙里县	542	1.34	159	0.39	85	0.21	77	0.19
惠水县	900	1.66	359	0.66	153	0.28	185	0.34
三都水族自治县	551	1.74	194	0.61	94	0.30	64	0.20

1-8c 各地区家庭户规模(乡村)

单位：户、%

地区	家庭户户数	一人户		二人户		三人户	
		户数	比重	户数	比重	户数	比重
贵州	**6217272**	**1469913**	**23.64**	**1700330**	**27.35**	**1209121**	**19.45**
贵阳市	**364316**	**78063**	**21.43**	**90859**	**24.94**	**71950**	**19.75**
南明区	15639	3820	24.43	3709	23.72	3002	19.20
云岩区							
花溪区	50355	7986	15.86	9494	18.85	9902	19.66
乌当区	33791	7255	21.47	8972	26.55	7068	20.92
白云区	9417	2028	21.54	1836	19.50	1742	18.50
观山湖区	22331	5196	23.27	4467	20.00	3976	17.80
开阳县	61709	17283	28.01	19588	31.74	11502	18.64
息烽县	40537	8969	22.13	11706	28.88	8203	20.24
修文县	48908	9273	18.96	12500	25.56	10230	20.92
清镇市	81629	16253	19.91	18587	22.77	16325	20.00
六盘水市	**523583**	**114790**	**21.92**	**145400**	**27.77**	**101318**	**19.35**
钟山区	16297	2568	15.76	3288	20.18	3149	19.32
六枝特区	107259	24613	22.95	28286	26.37	19603	18.28
水城县	156912	32257	20.56	38451	24.50	29967	19.10
盘州市	243115	55352	22.77	75375	31.00	48599	19.99
遵义市	**1029719**	**258393**	**25.09**	**304602**	**29.58**	**200049**	**19.43**
红花岗区	62487	14687	23.50	17517	28.03	12578	20.13
汇川区	47010	10675	22.71	12538	26.67	9578	20.37
播州区	124926	27288	21.84	34742	27.81	25686	20.56
桐梓县	97471	23348	23.95	26707	27.40	19336	19.84
绥阳县	76519	20688	27.04	22677	29.64	14300	18.69
正安县	90350	26302	29.11	29100	32.21	16760	18.55
道真仡佬族苗族自治县	47157	13747	29.15	15488	32.84	9049	19.19
务川仡佬族苗族自治县	57087	17318	30.34	18632	32.64	9694	16.98
凤冈县	60704	15385	25.34	19481	32.09	11842	19.51
湄潭县	70725	17567	24.84	23476	33.19	14078	19.91
余庆县	44793	11180	24.96	15002	33.49	8877	19.82
习水县	115619	28085	24.29	31962	27.64	22006	19.03
赤水市	42895	13263	30.92	13165	30.69	7750	18.07
仁怀市	91976	18860	20.51	24115	26.22	18515	20.13
安顺市	**431827**	**90156**	**20.88**	**109026**	**25.25**	**87073**	**20.16**
西秀区	109264	20220	18.51	25481	23.32	22293	20.40
平坝区	55915	10746	19.22	13818	24.71	11497	20.56
普定县	83466	21629	25.91	24143	28.93	16085	19.27
镇宁布依族苗族自治县	61904	13384	21.62	15575	25.16	12797	20.67
关岭布依族苗族自治县	56879	11329	19.92	14190	24.95	11237	19.76
紫云苗族布依族自治县	64399	12848	19.95	15819	24.56	13164	20.44
毕节市	**1337508**	**302676**	**22.63**	**352113**	**26.33**	**246084**	**18.40**
七星关区	209039	49129	23.50	57772	27.64	37463	17.92
大方县	200693	53442	26.63	59300	29.55	36934	18.40
黔西县	133575	30443	22.79	34512	25.84	27052	20.25
金沙县	94725	22619	23.88	26414	27.88	18944	20.00
织金县	167859	41796	24.90	48786	29.06	31377	18.69
纳雍县	143806	36554	25.42	37882	26.34	23340	16.23
威宁彝族回族苗族自治县	241207	39565	16.40	52473	21.75	44725	18.54
赫章县	146604	29128	19.87	34974	23.86	26249	17.90

1-8c　续表 1

单位：户、%

地　　区	家庭户户　数	一人户		二人户		三人户	
		户数	比重	户数	比重	户数	比重
铜仁市	**687830**	**200354**	**29.13**	**209081**	**30.40**	**125727**	**18.28**
碧江区	31184	7847	25.16	8349	26.77	6355	20.38
万山区	32630	9934	30.44	9560	29.30	5832	17.87
江口县	41351	13230	31.99	12330	29.82	7741	18.72
玉屏侗族自治县	24161	5759	23.84	6207	25.69	4661	19.29
石阡县	74397	19601	26.35	22476	30.21	14865	19.98
思南县	109445	32762	29.93	35576	32.51	19604	17.91
印江土家族苗族自治县	72092	23749	32.94	23545	32.66	12127	16.82
德江县	79547	22216	27.93	25476	32.03	14587	18.34
沿河土家族自治县	107649	34387	31.94	34576	32.12	18095	16.81
松桃苗族自治县	115374	30869	26.76	30986	26.86	21860	18.95
黔西南布依族苗族自治州	**539228**	**107698**	**19.97**	**141376**	**26.22**	**114105**	**21.16**
兴义市	109679	19071	17.39	26865	24.49	23035	21.00
兴仁市	87048	16288	18.71	24484	28.13	18929	21.75
普安县	56462	12103	21.44	15768	27.93	11109	19.68
晴隆县	56086	13461	24.00	15967	28.47	10825	19.30
贞丰县	63923	12708	19.88	17510	27.39	13403	20.97
望谟县	50212	11463	22.83	11977	23.85	11121	22.15
册亨县	44224	9985	22.58	11067	25.02	10019	22.66
安龙县	71594	12619	17.63	17738	24.78	15664	21.88
黔东南苗族侗族自治州	**715670**	**174048**	**24.32**	**192217**	**26.86**	**143481**	**20.05**
凯里市	61433	13803	22.47	15523	25.27	13349	21.73
黄平县	56122	15710	27.99	16004	28.52	10984	19.57
施秉县	26671	5953	22.32	7800	29.25	5498	20.61
三穗县	32267	9282	28.77	9238	28.63	5941	18.41
镇远县	37587	10233	27.22	11550	30.73	7502	19.96
岑巩县	36640	10505	28.67	10970	29.94	6966	19.01
天柱县	65458	21108	32.25	19580	29.91	11673	17.83
锦屏县	33225	10056	30.27	9747	29.34	5955	17.92
剑河县	41871	11223	26.80	11615	27.74	7811	18.65
台江县	26187	6760	25.81	6700	25.59	5035	19.23
黎平县	83953	18057	21.51	21680	25.82	17582	20.94
榕江县	61109	11355	18.58	14840	24.28	13226	21.64
从江县	69040	10058	14.57	14318	20.74	14290	20.70
雷山县	26350	6391	24.25	6986	26.51	5624	21.34
麻江县	28352	6497	22.92	7675	27.07	6005	21.18
丹寨县	29405	7057	24.00	7991	27.18	6040	20.54
黔南布依族苗族自治州	**587591**	**143735**	**24.46**	**155656**	**26.49**	**119334**	**20.31**
都匀市	60589	14288	23.58	15827	26.12	13136	21.68
福泉市	50502	11910	23.58	13822	27.37	10435	20.66
荔波县	30496	6978	22.88	7949	26.07	6526	21.40
贵定县	38836	9162	23.59	10417	26.82	7880	20.29
瓮安县	59737	17306	28.97	19109	31.99	11105	18.59
独山县	49115	13316	27.11	12375	25.20	9848	20.05
平塘县	54153	13238	24.45	14348	26.50	10910	20.15
罗甸县	44641	13250	29.68	12646	28.33	8665	19.41
长顺县	38863	8071	20.77	9739	25.06	8636	22.22
龙里县	34921	8362	23.95	8262	23.66	6918	19.81
惠水县	66136	14220	21.50	16067	24.29	13733	20.76
三都水族自治县	59602	13634	22.88	15095	25.33	11542	19.37

1–8c 续表 2

单位：户、%

地区	四人户		五人户		六人户	
	户数	比重	户数	比重	户数	比重
贵州	**887833**	**14.28**	**503527**	**8.10**	**267751**	**4.31**
贵阳市	**56751**	**15.58**	**31651**	**8.69**	**19599**	**5.38**
南明区	2672	17.09	1283	8.20	670	4.28
云岩区						
花溪区	9511	18.89	5810	11.54	4105	8.15
乌当区	5346	15.82	2692	7.97	1527	4.52
白云区	1635	17.36	984	10.45	644	6.84
观山湖区	3594	16.09	2085	9.34	1474	6.60
开阳县	6996	11.34	3554	5.76	1786	2.89
息烽县	5538	13.66	3203	7.90	1860	4.59
修文县	8030	16.42	4282	8.76	2634	5.39
清镇市	13429	16.45	7758	9.50	4899	6.00
六盘水市	**80495**	**15.37**	**42342**	**8.09**	**21841**	**4.17**
钟山区	2886	17.71	1933	11.86	1236	7.58
六枝特区	15010	13.99	9531	8.89	5382	5.02
水城县	23680	15.09	15190	9.68	9209	5.87
盘州市	38919	16.01	15688	6.45	6014	2.47
遵义市	**133362**	**12.95**	**72339**	**7.03**	**38766**	**3.76**
红花岗区	8605	13.77	4722	7.56	2860	4.58
汇川区	6903	14.68	3959	8.42	2180	4.64
播州区	17946	14.37	10112	8.09	5820	4.66
桐梓县	13669	14.02	7521	7.72	4154	4.26
绥阳县	9600	12.55	5106	6.67	2677	3.50
正安县	10170	11.26	4881	5.40	2242	2.48
道真仡佬族苗族自治县	5038	10.68	2410	5.11	1052	2.23
务川仡佬族苗族自治县	6012	10.53	3183	5.58	1478	2.59
凤冈县	7554	12.44	3854	6.35	1803	2.97
湄潭县	8624	12.19	4134	5.85	2068	2.92
余庆县	5285	11.80	2642	5.90	1335	2.98
习水县	15371	13.29	9339	8.08	5161	4.46
赤水市	4624	10.78	2425	5.65	1228	2.86
仁怀市	13961	15.18	8051	8.75	4708	5.12
安顺市	**69124**	**16.01**	**39351**	**9.11**	**21733**	**5.03**
西秀区	19086	17.47	10790	9.88	6507	5.96
平坝区	9573	17.12	5147	9.21	3110	5.56
普定县	11332	13.58	5930	7.10	2587	3.10
镇宁布依族苗族自治县	9745	15.74	5470	8.84	2930	4.73
关岭布依族苗族自治县	8664	15.23	5755	10.12	3276	5.76
紫云苗族布依族自治县	10724	16.65	6259	9.72	3323	5.16
毕节市	**193175**	**14.44**	**125482**	**9.38**	**66405**	**4.96**
七星关区	28046	13.42	18434	8.82	9993	4.78
大方县	26817	13.36	14547	7.25	6065	3.02
黔西县	20158	15.09	11252	8.42	5922	4.43
金沙县	13490	14.24	7082	7.48	3792	4.00
织金县	21858	13.02	12961	7.72	6266	3.73
纳雍县	18817	13.08	13611	9.46	7423	5.16
威宁彝族回族苗族自治县	41971	17.40	31102	12.89	17406	7.22
赫章县	22018	15.02	16493	11.25	9538	6.51

1−8c　续表 3

单位：户、%

地　区	四人户		五人户		六人户	
	户数	比重	户数	比重	户数	比重
铜仁市	**82238**	**11.96**	**41505**	**6.03**	**18996**	**2.76**
碧江区	4517	14.48	2326	7.46	1162	3.73
万山区	3857	11.82	1921	5.89	947	2.90
江口县	4500	10.88	2150	5.20	969	2.34
玉屏侗族自治县	3654	15.12	2045	8.46	1183	4.90
石阡县	9370	12.59	4727	6.35	2361	3.17
思南县	11927	10.90	5986	5.47	2524	2.31
印江土家族苗族自治县	7248	10.05	3333	4.62	1427	1.98
德江县	9560	12.02	4672	5.87	2026	2.55
沿河土家族自治县	11850	11.01	5746	5.34	2073	1.93
松桃苗族自治县	15755	13.66	8599	7.45	4324	3.75
黔西南布依族苗族自治州	**88039**	**16.33**	**48005**	**8.90**	**25214**	**4.68**
兴义市	19519	17.80	10811	9.86	6369	5.81
兴仁市	14185	16.30	7421	8.53	3644	4.19
普安县	8404	14.88	4853	8.60	2505	4.44
晴隆县	7753	13.82	4531	8.08	2233	3.98
贞丰县	10045	15.71	5584	8.74	2893	4.53
望谟县	8414	16.76	4315	8.59	1954	3.89
册亨县	7619	17.23	3584	8.10	1439	3.25
安龙县	12100	16.90	6906	9.65	4177	5.83
黔东南苗族侗族自治州	**100287**	**14.01**	**56802**	**7.94**	**30943**	**4.32**
凯里市	9303	15.14	5166	8.41	2772	4.51
黄平县	6794	12.11	3680	6.56	1922	3.42
施秉县	3726	13.97	2027	7.60	1074	4.03
三穗县	3982	12.34	2182	6.76	1121	3.47
镇远县	4472	11.90	2313	6.15	1075	2.86
岑巩县	4468	12.19	2195	5.99	1116	3.05
天柱县	7495	11.45	3517	5.37	1544	2.36
锦屏县	3979	11.98	2062	6.21	1027	3.09
剑河县	5451	13.02	3185	7.61	1619	3.87
台江县	3541	13.52	2106	8.04	1212	4.63
黎平县	12715	15.15	7519	8.96	4065	4.84
榕江县	10011	16.38	5854	9.58	3392	5.55
从江县	12253	17.75	8409	12.18	5484	7.94
雷山县	3515	13.34	2117	8.03	1143	4.34
麻江县	4214	14.86	2170	7.65	1219	4.30
丹寨县	4368	14.85	2300	7.82	1158	3.94
黔南布依族苗族自治州	**84362**	**14.36**	**46050**	**7.84**	**24254**	**4.13**
都匀市	8727	14.40	4893	8.08	2531	4.18
福泉市	7422	14.70	3582	7.09	2081	4.12
荔波县	4660	15.28	2521	8.27	1275	4.18
贵定县	5625	14.48	3086	7.95	1631	4.20
瓮安县	6904	11.56	3077	5.15	1527	2.56
独山县	6728	13.70	3833	7.80	1994	4.06
平塘县	7982	14.74	4444	8.21	2126	3.93
罗甸县	5533	12.39	2677	6.00	1296	2.90
长顺县	6299	16.21	3356	8.64	1752	4.51
龙里县	5374	15.39	2947	8.44	1653	4.73
惠水县	10089	15.25	6013	9.09	3484	5.27
三都水族自治县	9019	15.13	5621	9.43	2904	4.87

1-8c 续表 4

单位：户、%

地区	七人户		八人户		九人户		十人及以上户	
	户数	比重	户数	比重	户数	比重	户数	比重
贵州	**109595**	**1.76**	**40603**	**0.65**	**15825**	**0.25**	**12774**	**0.21**
贵阳市	**8611**	**2.36**	**3487**	**0.96**	**1633**	**0.45**	**1712**	**0.47**
南明区	241	1.54	119	0.76	48	0.31	75	0.48
云岩区								
花溪区	1892	3.76	821	1.63	405	0.80	429	0.85
乌当区	551	1.63	198	0.59	92	0.27	90	0.27
白云区	298	3.16	124	1.32	53	0.56	73	0.78
观山湖区	762	3.41	340	1.52	186	0.83	251	1.12
开阳县	632	1.02	212	0.34	97	0.16	59	0.10
息烽县	679	1.68	233	0.57	82	0.20	64	0.16
修文县	1130	2.31	429	0.88	205	0.42	195	0.40
清镇市	2426	2.97	1011	1.24	465	0.57	476	0.58
六盘水市	**10082**	**1.93**	**4115**	**0.79**	**1715**	**0.33**	**1485**	**0.28**
钟山区	694	4.26	298	1.83	139	0.85	106	0.65
六枝特区	2693	2.51	1160	1.08	514	0.48	467	0.44
水城县	4594	2.93	2028	1.29	829	0.53	707	0.45
盘州市	2101	0.86	629	0.26	233	0.10	205	0.08
遵义市	**14008**	**1.36**	**4799**	**0.47**	**1869**	**0.18**	**1532**	**0.15**
红花岗区	945	1.51	304	0.49	147	0.24	122	0.20
汇川区	745	1.58	259	0.55	107	0.23	66	0.14
播州区	2131	1.71	688	0.55	281	0.22	232	0.19
桐梓县	1617	1.66	619	0.64	291	0.30	209	0.21
绥阳县	924	1.21	299	0.39	126	0.16	122	0.16
正安县	602	0.67	197	0.22	67	0.07	29	0.03
道真仡佬族苗族自治县	272	0.58	66	0.14	26	0.06	9	0.02
务川仡佬族苗族自治县	549	0.96	140	0.25	49	0.09	32	0.06
凤冈县	556	0.92	156	0.26	40	0.07	33	0.05
湄潭县	542	0.77	151	0.21	52	0.07	33	0.05
余庆县	333	0.74	93	0.21	21	0.05	25	0.06
习水县	2299	1.99	835	0.72	303	0.26	258	0.22
赤水市	327	0.76	89	0.21	18	0.04	6	0.01
仁怀市	2166	2.35	903	0.98	341	0.37	356	0.39
安顺市	**9349**	**2.16**	**3449**	**0.80**	**1370**	**0.32**	**1196**	**0.28**
西秀区	2908	2.66	1092	1.00	474	0.43	413	0.38
平坝区	1257	2.25	422	0.75	183	0.33	162	0.29
普定县	1074	1.29	394	0.47	158	0.19	134	0.16
镇宁布依族苗族自治县	1250	2.02	456	0.74	166	0.27	131	0.21
关岭布依族苗族自治县	1493	2.62	559	0.98	196	0.34	180	0.32
紫云苗族布依族自治县	1367	2.12	526	0.82	193	0.30	176	0.27
毕节市	**30674**	**2.29**	**12478**	**0.93**	**4926**	**0.37**	**3495**	**0.26**
七星关区	4658	2.23	2010	0.96	844	0.40	690	0.33
大方县	2234	1.11	813	0.41	301	0.15	240	0.12
黔西县	2540	1.90	983	0.74	407	0.30	306	0.23
金沙县	1539	1.62	518	0.55	201	0.21	126	0.13
织金县	2735	1.63	1154	0.69	485	0.29	441	0.26
纳雍县	3488	2.43	1554	1.08	679	0.47	458	0.32
威宁彝族回族苗族自治县	8616	3.57	3407	1.41	1221	0.51	721	0.30
赫章县	4864	3.32	2039	1.39	788	0.54	513	0.35

1-8c　续表 5

单位：户、%

地　区	七人户		八人户		九人户		十人及以上户	
	户数	比重	户数	比重	户数	比重	户数	比重
铜仁市	**6609**	**0.96**	**2030**	**0.30**	**693**	**0.10**	**597**	**0.09**
碧江区	412	1.32	132	0.42	50	0.16	34	0.11
万山区	378	1.16	111	0.34	52	0.16	38	0.12
江口县	294	0.71	86	0.21	24	0.06	27	0.07
玉屏侗族自治县	412	1.71	137	0.57	52	0.22	51	0.21
石阡县	720	0.97	197	0.26	49	0.07	31	0.04
思南县	798	0.73	192	0.18	53	0.05	23	0.02
印江土家族苗族自治县	472	0.65	123	0.17	43	0.06	25	0.03
德江县	713	0.90	195	0.25	59	0.07	43	0.05
沿河土家族自治县	650	0.60	197	0.18	42	0.04	33	0.03
松桃苗族自治县	1760	1.53	660	0.57	269	0.23	292	0.25
黔西南布依族苗族自治州	**9503**	**1.76**	**3329**	**0.62**	**1111**	**0.21**	**848**	**0.16**
兴义市	2505	2.28	924	0.84	315	0.29	265	0.24
兴仁市	1347	1.55	494	0.57	153	0.18	103	0.12
普安县	1109	1.96	404	0.72	115	0.20	92	0.16
晴隆县	814	1.45	314	0.56	108	0.19	80	0.14
贞丰县	1144	1.79	382	0.60	149	0.23	105	0.16
望谟县	631	1.26	220	0.44	70	0.14	47	0.09
册亨县	403	0.91	76	0.17	17	0.04	15	0.03
安龙县	1550	2.16	515	0.72	184	0.26	141	0.20
黔东南苗族侗族自治州	**11689**	**1.63**	**3836**	**0.54**	**1348**	**0.19**	**1019**	**0.14**
凯里市	968	1.58	335	0.55	111	0.18	103	0.17
黄平县	699	1.25	228	0.41	66	0.12	35	0.06
施秉县	384	1.44	135	0.51	47	0.18	27	0.10
三穗县	372	1.15	101	0.31	31	0.10	17	0.05
镇远县	316	0.84	86	0.23	26	0.07	14	0.04
岑巩县	299	0.82	80	0.22	32	0.09	9	0.02
天柱县	417	0.64	89	0.14	21	0.03	14	0.02
锦屏县	275	0.83	75	0.23	31	0.09	18	0.05
剑河县	653	1.56	232	0.55	53	0.13	29	0.07
台江县	565	2.16	178	0.68	50	0.19	40	0.15
黎平县	1532	1.82	471	0.56	205	0.24	127	0.15
榕江县	1463	2.39	563	0.92	217	0.36	188	0.31
从江县	2607	3.78	932	1.35	357	0.52	332	0.48
雷山县	398	1.51	111	0.42	34	0.13	31	0.12
麻江县	399	1.41	121	0.43	36	0.13	16	0.06
丹寨县	342	1.16	99	0.34	31	0.11	19	0.06
黔南布依族苗族自治州	**9070**	**1.54**	**3080**	**0.52**	**1160**	**0.20**	**890**	**0.15**
都匀市	812	1.34	245	0.40	61	0.10	69	0.11
福泉市	758	1.50	269	0.53	116	0.23	107	0.21
荔波县	409	1.34	103	0.34	36	0.12	39	0.13
贵定县	649	1.67	239	0.62	82	0.21	65	0.17
瓮安县	490	0.82	138	0.23	47	0.08	34	0.06
独山县	678	1.38	217	0.44	81	0.16	45	0.09
平塘县	752	1.39	220	0.41	82	0.15	51	0.09
罗甸县	383	0.86	125	0.28	42	0.09	24	0.05
长顺县	655	1.69	222	0.57	81	0.21	52	0.13
龙里县	793	2.27	323	0.92	162	0.46	127	0.36
惠水县	1479	2.24	595	0.90	246	0.37	210	0.32
三都水族自治县	1212	2.03	384	0.64	124	0.21	67	0.11

1-9 各地区家庭户类别

单位：户、%

地 区	家庭户户 数	一代户		二代户	
		户数	比重	户数	比重
贵 州	**12696585**	**5605224**	**44.15**	**5153180**	**40.59**
贵阳市	**1921740**	**934778**	**48.64**	**727414**	**37.85**
南明区	381212	210333	55.17	134896	35.39
云岩区	396147	216114	54.55	140406	35.44
花溪区	263982	122066	46.24	100826	38.19
乌当区	105625	46199	43.74	43695	41.37
白云区	133670	60338	45.14	54485	40.76
观山湖区	189349	88425	46.70	71460	37.74
开阳县	124020	57521	46.38	48058	38.75
息烽县	75687	32598	43.07	29331	38.75
修文县	87391	34259	39.20	36786	42.09
清镇市	164657	66925	40.65	67471	40.98
六盘水市	**994221**	**422633**	**42.51**	**440516**	**44.31**
钟山区	211592	82854	39.16	98966	46.77
六枝特区	173152	74914	43.26	71353	41.21
水城县	226233	86908	38.42	98109	43.37
盘州市	383244	177957	46.43	172088	44.90
遵义市	**2204049**	**950696**	**43.13**	**872614**	**39.59**
红花岗区	309277	130139	42.08	125710	40.65
汇川区	205822	86240	41.90	82047	39.86
播州区	242439	94159	38.84	101194	41.74
桐梓县	173444	72298	41.68	68446	39.46
绥阳县	128255	60274	47.00	46623	36.35
正安县	145580	69835	47.97	55728	38.28
道真仡佬族苗族自治县	89548	37577	41.96	37412	41.78
务川仡佬族苗族自治县	108580	50083	46.13	42730	39.35
凤冈县	109142	50247	46.04	41930	38.42
湄潭县	133596	63377	47.44	50314	37.66
余庆县	79463	35813	45.07	30635	38.55
习水县	187792	79308	42.23	73478	39.13
赤水市	93203	45030	48.31	32906	35.31
仁怀市	197908	76316	38.56	83461	42.17
安顺市	**786839**	**324366**	**41.22**	**330406**	**41.99**
西秀区	271514	110274	40.61	112707	41.51
平坝区	107597	44072	40.96	43381	40.32
普定县	130485	62182	47.65	55038	42.18
镇宁布依族苗族自治县	97837	39478	40.35	41872	42.80
关岭布依族苗族自治县	87599	34319	39.18	37325	42.61
紫云苗族布依族自治县	91807	34041	37.08	40083	43.66
毕节市	**2217051**	**968823**	**43.70**	**948263**	**42.77**
七星关区	405728	177454	43.74	171716	42.32
大方县	301416	148801	49.37	127384	42.26
黔西县	242513	103446	42.66	101553	41.88
金沙县	180255	77239	42.85	75767	42.03
织金县	284639	138188	48.55	117354	41.23
纳雍县	234386	112862	48.15	94322	40.24
威宁彝族回族苗族自治县	369591	130690	35.36	176277	47.70
赫章县	198523	80143	40.37	83890	42.26

1-9　续表 1　　单位：户、%

地　区	家庭户	一代户		二代户	
	户　数	户数	比重	户数	比重
铜仁市	**1154583**	**558166**	**48.34**	**451847**	**39.14**
碧江区	124893	50834	40.70	54569	43.69
万山区	54523	26130	47.92	20985	38.49
江口县	67726	32821	48.46	26098	38.53
玉屏侗族自治县	51422	22837	44.41	20186	39.26
石阡县	106691	48997	45.92	40833	38.27
思南县	168624	87210	51.72	60444	35.85
印江土家族苗族自治县	110448	54604	49.44	42810	38.76
德江县	139487	70611	50.62	54748	39.25
沿河土家族自治县	164636	89783	54.53	63980	38.86
松桃苗族自治县	166133	74339	44.75	67194	40.45
黔西南布依族苗族自治州	**969274**	**392404**	**40.48**	**408530**	**42.15**
兴义市	309545	124463	40.21	128945	41.66
兴仁市	139631	57983	41.53	62079	44.46
普安县	80107	35307	44.07	33151	41.38
晴隆县	80262	38807	48.35	32108	40.00
贞丰县	101075	41087	40.65	43107	42.65
望谟县	75804	28127	37.10	31223	41.19
册亨县	65945	25350	38.44	27758	42.09
安龙县	116905	41280	35.31	50159	42.91
黔东南苗族侗族自治州	**1283501**	**552937**	**43.08**	**510994**	**39.81**
凯里市	240281	109179	45.44	95633	39.80
黄平县	88384	40866	46.24	34407	38.93
施秉县	43067	18022	41.85	17774	41.27
三穗县	58934	26599	45.13	23007	39.04
镇远县	69938	31861	45.56	27123	38.78
岑巩县	61315	28647	46.72	23467	38.27
天柱县	110409	57033	51.66	38474	34.85
锦屏县	56918	26600	46.73	21283	37.39
剑河县	65911	29323	44.49	27237	41.32
台江县	41010	18462	45.02	16722	40.78
黎平县	134847	51405	38.12	54640	40.52
榕江县	90385	33653	37.23	38984	43.13
从江县	89803	27644	30.78	37750	42.04
雷山县	41806	17142	41.00	17256	41.28
麻江县	44795	18150	40.52	18252	40.75
丹寨县	45698	18351	40.16	18985	41.54
黔南布依族苗族自治州	**1165327**	**500421**	**42.94**	**462596**	**39.70**
都匀市	170064	77681	45.68	64498	37.93
福泉市	101032	44243	43.79	41124	40.70
荔波县	52329	20768	39.69	21743	41.55
贵定县	83237	37413	44.95	31854	38.27
瓮安县	141738	65255	46.04	56925	40.16
独山县	92856	40546	43.67	33867	36.47
平塘县	82827	34632	41.81	32109	38.77
罗甸县	88848	36506	41.09	36098	40.63
长顺县	65354	24927	38.14	27651	42.31
龙里县	75308	33347	44.28	29066	38.60
惠水县	120488	47953	39.80	48005	39.84
三都水族自治县	91246	37150	40.71	39656	43.46

1-9 续表 2

单位：户、%

地区	三代户		四代户		五代及以上户	
	户数	比重	户数	比重	户数	比重
贵州	**1857870**	**14.63**	**80205**	**0.63**	**106**	
贵阳市	**252630**	**13.15**	**6913**	**0.36**	**5**	
南明区	35406	9.29	577	0.15		
云岩区	39055	9.86	570	0.14	2	
花溪区	39864	15.10	1226	0.46		
乌当区	15297	14.48	434	0.41		
白云区	18347	13.73	499	0.37	1	
观山湖区	28830	15.23	634	0.33		
开阳县	17686	14.26	755	0.61		
息烽县	13180	17.41	577	0.76	1	
修文县	15758	18.03	587	0.67	1	
清镇市	29207	17.74	1054	0.64		
六盘水市	**126348**	**12.71**	**4716**	**0.47**	**8**	
钟山区	29092	13.75	678	0.32	2	
六枝特区	26096	15.07	789	0.46		
水城县	39314	17.38	1900	0.84	2	
盘州市	31846	8.31	1349	0.35	4	
遵义市	**362023**	**16.43**	**18691**	**0.85**	**25**	
红花岗区	50987	16.49	2436	0.79	5	
汇川区	35629	17.31	1905	0.93	1	
播州区	44586	18.39	2499	1.03	1	
桐梓县	31086	17.92	1610	0.93	4	
绥阳县	20219	15.76	1136	0.89	3	
正安县	19235	13.21	782	0.54		
道真仡佬族苗族自治县	14037	15.68	522	0.58		
务川仡佬族苗族自治县	15047	13.86	720	0.66		
凤冈县	16224	14.87	740	0.68	1	
湄潭县	19032	14.25	872	0.65	1	
余庆县	12374	15.57	639	0.80	2	
习水县	33148	17.65	1857	0.99	1	
赤水市	14567	15.63	698	0.75	2	
仁怀市	35852	18.12	2275	1.15	4	
安顺市	**126457**	**16.07**	**5604**	**0.71**	**6**	
西秀区	46424	17.10	2106	0.78	3	
平坝区	19325	17.96	818	0.76	1	
普定县	12910	9.89	355	0.27		
镇宁布依族苗族自治县	15959	16.31	528	0.54		
关岭布依族苗族自治县	15183	17.33	771	0.88	1	
紫云苗族布依族自治县	16656	18.14	1026	1.12	1	
毕节市	**289470**	**13.06**	**10487**	**0.47**	**8**	
七星关区	54863	13.52	1694	0.42	1	
大方县	24721	8.20	509	0.17	1	
黔西县	36160	14.91	1353	0.56	1	
金沙县	26150	14.51	1098	0.61	1	
织金县	28137	9.89	960	0.34		
纳雍县	26508	11.31	693	0.30	1	
威宁彝族回族苗族自治县	60327	16.32	2296	0.62	1	
赫章县	32604	16.42	1884	0.95	2	

1-9　续表 3

单位：户、%

地　　区	三代户		四代户		五代及以上户	
	户数	比重	户数	比重	户数	比重
铜仁市	**139562**	**12.09**	**5005**	**0.43**	**3**	
碧江区	18881	15.12	608	0.49	1	
万山区	7129	13.08	279	0.51		
江口县	8531	12.60	276	0.41		
玉屏侗族自治县	8063	15.68	336	0.65		
石阡县	16206	15.19	655	0.61		
思南县	20188	11.97	782	0.46		
印江土家族苗族自治县	12596	11.40	437	0.40	1	
德江县	13615	9.76	512	0.37	1	
沿河土家族自治县	10629	6.46	244	0.15		
松桃苗族自治县	23724	14.28	876	0.53		
黔西南布依族苗族自治州	**159608**	**16.47**	**8718**	**0.90**	**14**	
兴义市	52882	17.08	3249	1.05	6	
兴仁市	18792	13.46	777	0.56		
普安县	11251	14.04	398	0.50		
晴隆县	8979	11.19	367	0.46	1	
贞丰县	16051	15.88	830	0.82		
望谟县	15404	20.32	1048	1.38	2	
册亨县	12268	18.60	567	0.86	2	
安龙县	23981	20.51	1482	1.27	3	
黔东南苗族侗族自治州	**209445**	**16.32**	**10104**	**0.79**	**21**	
凯里市	34369	14.30	1099	0.46	1	
黄平县	12642	14.30	468	0.53	1	
施秉县	6980	16.21	291	0.68		
三穗县	8880	15.07	446	0.76	2	
镇远县	10510	15.03	443	0.63	1	
岑巩县	8791	14.34	410	0.67		
天柱县	14292	12.94	609	0.55	1	
锦屏县	8705	15.29	330	0.58		
剑河县	9062	13.75	289	0.44		
台江县	5679	13.85	147	0.36		
黎平县	27080	20.08	1717	1.27	5	
榕江县	16915	18.71	833	0.92		
从江县	22536	25.09	1864	2.08	9	0.01
雷山县	7157	17.12	251	0.60		
麻江县	7880	17.59	513	1.15		
丹寨县	7967	17.43	394	0.86	1	
黔南布依族苗族自治州	**192327**	**16.50**	**9967**	**0.86**	**16**	
都匀市	26406	15.53	1477	0.87	2	
福泉市	14994	14.84	668	0.66	3	
荔波县	9336	17.84	482	0.92		
贵定县	13291	15.97	678	0.81	1	
瓮安县	18905	13.34	653	0.46		
独山县	17321	18.65	1121	1.21	1	
平塘县	15105	18.24	980	1.18	1	
罗甸县	15356	17.28	884	0.99	4	
长顺县	12192	18.66	582	0.89	2	
龙里县	12287	16.32	607	0.81	1	
惠水县	23338	19.37	1191	0.99	1	
三都水族自治县	13796	15.12	644	0.71		

1-9a　各地区家庭户类别(城市)

单位：户、%

地　区	家庭户户数	一代户		二代户	
		户数	比重	户数	比重
贵　州	**3252662**	**1481260**	**45.54**	**1337854**	**41.13**
贵阳市	**1380052**	**708362**	**51.33**	**515688**	**37.37**
南明区	365573	203308	55.61	128666	35.20
云岩区	396147	216114	54.55	140406	35.44
花溪区	200432	99619	49.70	76413	38.12
乌当区	65168	28414	43.60	28128	43.16
白云区	123140	56016	45.49	50534	41.04
观山湖区	158979	74536	46.88	60966	38.35
开阳县					
息烽县					
修文县					
清镇市	70613	30355	42.99	30575	43.30
六盘水市	**316020**	**129311**	**40.92**	**149710**	**47.37**
钟山区	176569	70592	39.98	83955	47.55
六枝特区	49693	20360	40.97	22042	44.36
水城县					
盘州市	89758	38359	42.74	43713	48.70
遵义市	**581897**	**228550**	**39.28**	**254625**	**43.76**
红花岗区	227547	94113	41.36	96433	42.38
汇川区	140066	57913	41.35	58334	41.65
播州区	89060	29608	33.25	44188	49.62
桐梓县					
绥阳县					
正安县					
道真仡佬族苗族自治县					
务川仡佬族苗族自治县					
凤冈县					
湄潭县					
余庆县					
习水县					
赤水市	37714	16998	45.07	14048	37.25
仁怀市	87510	29918	34.19	41622	47.56
安顺市	**172609**	**75140**	**43.53**	**72316**	**41.90**
西秀区	147584	64404	43.64	61698	41.81
平坝区	25025	10736	42.90	10618	42.43
普定县					
镇宁布依族苗族自治县					
关岭布依族苗族自治县					
紫云苗族布依族自治县					
毕节市	**169353**	**61630**	**36.39**	**79341**	**46.85**
七星关区	169353	61630	36.39	79341	46.85
大方县					
黔西县					
金沙县					
织金县					
纳雍县					
威宁彝族回族苗族自治县					
赫章县					

1-9a　续表 1　　　　单位：户、%

地　　区	家庭户	一代户		二代户	
	户　数	户数	比重	户数	比重
铜仁市	**113714**	**44822**	**39.42**	**51344**	**45.15**
碧江区	91821	35814	39.00	41896	45.63
万山区	21893	9008	41.15	9448	43.16
江口县					
玉屏侗族自治县					
石阡县					
思南县					
印江土家族苗族自治县					
德江县					
沿河土家族自治县					
松桃苗族自治县					
黔西南布依族苗族自治州	**213870**	**89248**	**41.73**	**93064**	**43.51**
兴义市	175876	74982	42.63	74119	42.14
兴仁市	37994	14266	37.55	18945	49.86
普安县					
晴隆县					
贞丰县					
望谟县					
册亨县					
安龙县					
黔东南苗族侗族自治州	**168125**	**79721**	**47.42**	**66765**	**39.71**
凯里市	168125	79721	47.42	66765	39.71
黄平县					
施秉县					
三穗县					
镇远县					
岑巩县					
天柱县					
锦屏县					
剑河县					
台江县					
黎平县					
榕江县					
从江县					
雷山县					
麻江县					
丹寨县					
黔南布依族苗族自治州	**137022**	**64476**	**47.06**	**55001**	**40.14**
都匀市	102959	50139	48.70	40032	38.88
福泉市	34063	14337	42.09	14969	43.95
荔波县					
贵定县					
瓮安县					
独山县					
平塘县					
罗甸县					
长顺县					
龙里县					
惠水县					
三都水族自治县					

1-9a 续表 2

单位：户、%

地　区	三代户		四代户		五代及以上户	
	户数	比重	户数	比重	户数	比重
贵　州	**421708**	**12.97**	**11825**	**0.36**	**15**	
贵阳市	**153240**	**11.10**	**2759**	**0.20**	**3**	
南明区	33117	9.06	482	0.13		
云岩区	39055	9.86	570	0.14	2	
花溪区	23885	11.92	515	0.26		
乌当区	8507	13.05	119	0.18		
白云区	16172	13.13	417	0.34	1	
观山湖区	23071	14.51	406	0.26		
开阳县						
息烽县						
修文县						
清镇市	9433	13.36	250	0.35		
六盘水市	**36304**	**11.49**	**693**	**0.22**	**2**	
钟山区	21637	12.25	384	0.22	1	
六枝特区	7157	14.40	134	0.27		
水城县						
盘州市	7510	8.37	175	0.19	1	
遵义市	**94742**	**16.28**	**3974**	**0.68**	**6**	
红花岗区	35515	15.61	1481	0.65	5	
汇川区	22796	16.28	1023	0.73		
播州区	14755	16.57	509	0.57		
桐梓县						
绥阳县						
正安县						
道真仡佬族苗族自治县						
务川仡佬族苗族自治县						
凤冈县						
湄潭县						
余庆县						
习水县						
赤水市	6420	17.02	247	0.65	1	
仁怀市	15256	17.43	714	0.82		
安顺市	**24375**	**14.12**	**778**	**0.45**		
西秀区	20799	14.09	683	0.46		
平坝区	3576	14.29	95	0.38		
普定县						
镇宁布依族苗族自治县						
关岭布依族苗族自治县						
紫云苗族布依族自治县						
毕节市	**27587**	**16.29**	**795**	**0.47**		
七星关区	27587	16.29	795	0.47		
大方县						
黔西县						
金沙县						
织金县						
纳雍县						
威宁彝族回族苗族自治县						
赫章县						

1-9a　续表 3　　　　单位：户、%

地　区	三代户		四代户		五代及以上户	
	户数	比重	户数	比重	户数	比重
铜仁市	**17045**	**14.99**	**502**	**0.44**	**1**	
碧江区	13725	14.95	385	0.42	1	
万山区	3320	15.16	117	0.53		
江口县						
玉屏侗族自治县						
石阡县						
思南县						
印江土家族苗族自治县						
德江县						
沿河土家族自治县						
松桃苗族自治县						
黔西南布依族苗族自治州	**30190**	**14.12**	**1367**	**0.64**	**1**	
兴义市	25555	14.53	1219	0.69	1	
兴仁市	4635	12.20	148	0.39		
普安县						
晴隆县						
贞丰县						
望谟县						
册亨县						
安龙县						
黔东南苗族侗族自治州	**21177**	**12.60**	**461**	**0.27**	**1**	
凯里市	21177	12.60	461	0.27	1	
黄平县						
施秉县						
三穗县						
镇远县						
岑巩县						
天柱县						
锦屏县						
剑河县						
台江县						
黎平县						
榕江县						
从江县						
雷山县						
麻江县						
丹寨县						
黔南布依族苗族自治州	**17048**	**12.44**	**496**	**0.36**	**1**	
都匀市	12445	12.09	343	0.33		
福泉市	4603	13.51	153	0.45	1	
荔波县						
贵定县						
瓮安县						
独山县						
平塘县						
罗甸县						
长顺县						
龙里县						
惠水县						
三都水族自治县						

1-9b 各地区家庭户类别(镇)

单位：户、%

地 区	家庭户 户 数	一代户		二代户	
		户数	比重	户数	比重
贵 州	**3226651**	**1320350**	**40.92**	**1402889**	**43.48**
贵阳市	**177372**	**74473**	**41.99**	**73968**	**41.70**
南明区					
云岩区					
花溪区	13195	6606	50.06	4242	32.15
乌当区	6666	3015	45.23	2612	39.18
白云区	1113	667	59.93	360	32.35
观山湖区	8039	4516	56.18	2592	32.24
开阳县	62311	24815	39.82	27676	44.42
息烽县	35150	14689	41.79	14486	41.21
修文县	38483	14705	38.21	17329	45.03
清镇市	12415	5460	43.98	4671	37.62
六盘水市	**154618**	**60351**	**39.03**	**71958**	**46.54**
钟山区	18726	7050	37.65	7993	42.68
六枝特区	16200	6458	39.86	7100	43.83
水城县	69321	24140	34.82	33321	48.07
盘州市	50371	22703	45.07	23544	46.74
遵义市	**592433**	**230749**	**38.95**	**256387**	**43.28**
红花岗区	19243	7554	39.26	7851	40.80
汇川区	18746	7713	41.14	7207	38.45
播州区	28453	10671	37.50	12193	42.85
桐梓县	75973	28305	37.26	32657	42.99
绥阳县	51736	22481	43.45	20298	39.23
正安县	55230	21613	39.13	24757	44.83
道真仡佬族苗族自治县	42391	13084	30.87	21287	50.22
务川仡佬族苗族自治县	51493	18444	35.82	24261	47.12
凤冈县	48438	20317	41.94	20639	42.61
湄潭县	62871	27867	44.32	25802	41.04
余庆县	34670	13279	38.30	15255	44.00
习水县	72173	26642	36.91	31606	43.79
赤水市	12594	5401	42.89	5080	40.34
仁怀市	18422	7378	40.05	7494	40.68
安顺市	**182403**	**74148**	**40.65**	**80305**	**44.03**
西秀区	14666	5674	38.69	6075	41.42
平坝区	26657	11983	44.95	9982	37.45
普定县	47019	20701	44.03	21340	45.39
镇宁布依族苗族自治县	35933	14515	40.39	16091	44.78
关岭布依族苗族自治县	30720	11663	37.97	13973	45.49
紫云苗族布依族自治县	27408	9612	35.07	12844	46.86
毕节市	**710190**	**297540**	**41.90**	**317856**	**44.76**
七星关区	27336	12634	46.22	11525	42.16
大方县	100723	44060	43.74	46117	45.79
黔西县	108938	44524	40.87	47843	43.92
金沙县	85530	33925	39.66	38066	44.51
织金县	116780	52551	45.00	51523	44.12
纳雍县	90580	41098	45.37	39065	43.13
威宁彝族回族苗族自治县	128384	47904	37.31	60858	47.40
赫章县	51919	20844	40.15	22859	44.03

1-9b 续表 1　　　　单位：户、%

地　区	家庭户	一代户		二代户	
	户　数	户数	比重	户数	比重
铜仁市	**353039**	**155352**	**44.00**	**155120**	**43.94**
碧江区	1888	837	44.33	762	40.36
万山区					
江口县	26375	10885	41.27	11600	43.98
玉屏侗族自治县	27261	12433	45.61	10955	40.19
石阡县	32294	13217	40.93	13769	42.64
思南县	59179	28286	47.80	23476	39.67
印江土家族苗族自治县	38356	13584	35.42	19045	49.65
德江县	59940	27560	45.98	27151	45.30
沿河土家族自治县	56987	26240	46.05	26648	46.76
松桃苗族自治县	50759	22310	43.95	21714	42.78
黔西南布依族苗族自治州	**216176**	**84104**	**38.91**	**94225**	**43.59**
兴义市	23990	9166	38.21	10105	42.12
兴仁市	14589	6174	42.32	6272	42.99
普安县	23645	9887	41.81	10297	43.55
晴隆县	24176	10904	45.10	10190	42.15
贞丰县	37152	14791	39.81	16836	45.32
望谟县	25592	8964	35.03	10918	42.66
册亨县	21721	8426	38.79	9258	42.62
安龙县	45311	15792	34.85	20349	44.91
黔东南苗族侗族自治州	**399706**	**160655**	**40.19**	**170056**	**42.55**
凯里市	10723	4127	38.49	4539	42.33
黄平县	32262	13807	42.80	13649	42.31
施秉县	16396	6293	38.38	7286	44.44
三穗县	26667	10628	39.85	11369	42.63
镇远县	32351	13404	41.43	13390	41.39
岑巩县	24675	10416	42.21	10511	42.60
天柱县	44951	22591	50.26	16231	36.11
锦屏县	23693	9515	40.16	9977	42.11
剑河县	24040	9343	38.86	10771	44.80
台江县	14823	6633	44.75	6258	42.22
黎平县	50894	18130	35.62	21902	43.03
榕江县	29276	10389	35.49	13645	46.61
从江县	20763	7039	33.90	9207	44.34
雷山县	15456	5762	37.28	6857	44.43
麻江县	16443	6545	39.80	7137	43.40
丹寨县	16293	6033	37.03	7317	44.91
黔南布依族苗族自治州	**440714**	**182978**	**41.52**	**183014**	**41.53**
都匀市	6516	2327	35.71	2312	35.48
福泉市	16467	7479	45.42	6625	40.23
荔波县	21833	8648	39.61	9575	43.86
贵定县	44401	21141	47.61	16826	37.90
瓮安县	82001	33238	40.53	36750	44.82
独山县	43741	19526	44.64	16017	36.62
平塘县	28674	12487	43.55	11198	39.05
罗甸县	44207	15481	35.02	19665	44.48
长顺县	26491	9943	37.53	11652	43.98
龙里县	40387	17992	44.55	16150	39.99
惠水县	54352	22649	41.67	21903	40.30
三都水族自治县	31644	12067	38.13	14341	45.32

1-9b 续表 2

单位：户、%

地区	三代户		四代户		五代及以上户	
	户数	比重	户数	比重	户数	比重
贵州	**484018**	**15.00**	**19372**	**0.60**	**22**	
贵阳市	**27975**	**15.77**	**955**	**0.54**	**1**	
南明区						
云岩区						
花溪区	2273	17.23	74	0.56		
乌当区	996	14.94	43	0.65		
白云区	86	7.73				
观山湖区	906	11.27	25	0.31		
开阳县	9492	15.23	328	0.53		
息烽县	5767	16.41	208	0.59		
修文县	6265	16.28	183	0.48	1	
清镇市	2190	17.64	94	0.76		
六盘水市	**21539**	**13.93**	**770**	**0.50**		
钟山区	3539	18.90	144	0.77		
六枝特区	2563	15.82	79	0.49		
水城县	11446	16.51	414	0.60		
盘州市	3991	7.92	133	0.26		
遵义市	**100584**	**16.98**	**4706**	**0.79**	**7**	
红花岗区	3625	18.84	213	1.11		
汇川区	3605	19.23	220	1.17	1	0.01
播州区	5266	18.51	323	1.14		
桐梓县	14322	18.85	687	0.90	2	
绥阳县	8547	16.52	409	0.79	1	
正安县	8546	15.47	314	0.57		
道真仡佬族苗族自治县	7756	18.30	264	0.62		
务川仡佬族苗族自治县	8416	16.34	372	0.72		
凤冈县	7188	14.84	294	0.61		
湄潭县	8815	14.02	386	0.61	1	
余庆县	5853	16.88	282	0.81	1	
习水县	13280	18.40	645	0.89		
赤水市	2030	16.12	83	0.66		
仁怀市	3335	18.10	214	1.16	1	0.01
安顺市	**26911**	**14.75**	**1038**	**0.57**	**1**	
西秀区	2768	18.87	149	1.02		
平坝区	4487	16.83	204	0.77	1	
普定县	4863	10.34	115	0.24		
镇宁布依族苗族自治县	5176	14.40	151	0.42		
关岭布依族苗族自治县	4888	15.91	196	0.64		
紫云苗族布依族自治县	4729	17.25	223	0.81		
毕节市	**91738**	**12.92**	**3054**	**0.43**	**2**	
七星关区	3054	11.17	123	0.45		
大方县	10313	10.24	232	0.23	1	
黔西县	16015	14.70	555	0.51	1	
金沙县	13024	15.23	515	0.60		
织金县	12331	10.56	375	0.32		
纳雍县	10167	11.22	250	0.28		
威宁彝族回族苗族自治县	18972	14.78	650	0.51		
赫章县	7862	15.14	354	0.68		

1-9b　续表 3　　　　单位：户、%

地　区	三代户		四代户		五代及以上户	
	户数	比重	户数	比重	户数	比重
铜仁市	**41308**	**11.70**	**1258**	**0.36**	**1**	
碧江区	274	14.51	15	0.79		
万山区						
江口县	3790	14.37	100	0.38		
玉屏侗族自治县	3753	13.77	120	0.44		
石阡县	5134	15.90	174	0.54		
思南县	7174	12.12	243	0.41		
印江土家族苗族自治县	5571	14.52	156	0.41		
德江县	5078	8.47	150	0.25	1	
沿河土家族自治县	4008	7.03	91	0.16		
松桃苗族自治县	6526	12.86	209	0.41		
黔西南布依族苗族自治州	**36076**	**16.69**	**1768**	**0.82**	**3**	
兴义市	4438	18.50	281	1.17		
兴仁市	2045	14.02	98	0.67		
普安县	3350	14.17	111	0.47		
晴隆县	2948	12.19	134	0.55		
贞丰县	5326	14.34	199	0.54		
望谟县	5395	21.08	314	1.23	1	
册亨县	3894	17.93	142	0.65	1	
安龙县	8680	19.16	489	1.08	1	
黔东南苗族侗族自治州	**66313**	**16.59**	**2678**	**0.67**	**4**	
凯里市	1970	18.37	87	0.81		
黄平县	4661	14.45	144	0.45	1	
施秉县	2717	16.57	100	0.61		
三穗县	4471	16.77	199	0.75		
镇远县	5364	16.58	192	0.59	1	
岑巩县	3601	14.59	147	0.60		
天柱县	5916	13.16	212	0.47	1	
锦屏县	4066	17.16	135	0.57		
剑河县	3808	15.84	118	0.49		
台江县	1894	12.78	38	0.26		
黎平县	10345	20.33	516	1.01	1	
榕江县	5066	17.30	176	0.60		
从江县	4231	20.38	286	1.38		
雷山县	2734	17.69	93	0.60		
麻江县	2635	16.03	126	0.77		
丹寨县	2834	17.39	109	0.67		
黔南布依族苗族自治州	**71574**	**16.24**	**3145**	**0.71**	**3**	
都匀市	1720	26.40	157	2.41		
福泉市	2271	13.79	91	0.55	1	0.01
荔波县	3479	15.93	131	0.60		
贵定县	6187	13.93	247	0.56		
瓮安县	11670	14.23	343	0.42		
独山县	7728	17.67	469	1.07	1	
平塘县	4750	16.57	239	0.83		
罗甸县	8625	19.51	435	0.98	1	
长顺县	4701	17.75	195	0.74		
龙里县	6020	14.91	225	0.56		
惠水县	9394	17.28	406	0.75		
三都水族自治县	5029	15.89	207	0.65		

1-9c 各地区家庭户类别(乡村)

单位：户、%

地 区	家庭户户数	一代户		二代户	
		户数	比重	户数	比重
贵 州	**6217272**	**2803614**	**45.09**	**2412437**	**38.80**
贵阳市	**364316**	**151943**	**41.71**	**137758**	**37.81**
南明区	15639	7025	44.92	6230	39.84
云岩区					
花溪区	50355	15841	31.46	20171	40.06
乌当区	33791	14770	43.71	12955	38.34
白云区	9417	3655	38.81	3591	38.13
观山湖区	22331	9373	41.97	7902	35.39
开阳县	61709	32706	53.00	20382	33.03
息烽县	40537	17909	44.18	14845	36.62
修文县	48908	19554	39.98	19457	39.78
清镇市	81629	31110	38.11	32225	39.48
六盘水市	**523583**	**232971**	**44.50**	**218848**	**41.80**
钟山区	16297	5212	31.98	7018	43.06
六枝特区	107259	48096	44.84	42211	39.35
水城县	156912	62768	40.00	64788	41.29
盘州市	243115	116895	48.08	104831	43.12
遵义市	**1029719**	**491397**	**47.72**	**361602**	**35.12**
红花岗区	62487	28472	45.56	21426	34.29
汇川区	47010	20614	43.85	16506	35.11
播州区	124926	53880	43.13	44813	35.87
桐梓县	97471	43993	45.13	35789	36.72
绥阳县	76519	37793	49.39	26325	34.40
正安县	90350	48222	53.37	30971	34.28
道真仡佬族苗族自治县	47157	24493	51.94	16125	34.19
务川仡佬族苗族自治县	57087	31639	55.42	18469	32.35
凤冈县	60704	29930	49.30	21291	35.07
湄潭县	70725	35510	50.21	24512	34.66
余庆县	44793	22534	50.31	15380	34.34
习水县	115619	52666	45.55	41872	36.22
赤水市	42895	22631	52.76	13778	32.12
仁怀市	91976	39020	42.42	34345	37.34
安顺市	**431827**	**175078**	**40.54**	**177785**	**41.17**
西秀区	109264	40196	36.79	44934	41.12
平坝区	55915	21353	38.19	22781	40.74
普定县	83466	41481	49.70	33698	40.37
镇宁布依族苗族自治县	61904	24963	40.33	25781	41.65
关岭布依族苗族自治县	56879	22656	39.83	23352	41.06
紫云苗族布依族自治县	64399	24429	37.93	27239	42.30
毕节市	**1337508**	**609653**	**45.58**	**551066**	**41.20**
七星关区	209039	103190	49.36	80850	38.68
大方县	200693	104741	52.19	81267	40.49
黔西县	133575	58922	44.11	53710	40.21
金沙县	94725	43314	45.73	37701	39.80
织金县	167859	85637	51.02	65831	39.22
纳雍县	143806	71764	49.90	55257	38.42
威宁彝族回族苗族自治县	241207	82786	34.32	115419	47.85
赫章县	146604	59299	40.45	61031	41.63

1−9c　续表 1　　　　　　　　　　　　　　　　　　　　　　　　　单位：户、%

地　区	家庭户	一代户		二代户	
	户　数	户数	比重	户数	比重
铜仁市	**687830**	**357992**	**52.05**	**245383**	**35.67**
碧江区	31184	14183	45.48	11911	38.20
万山区	32630	17122	52.47	11537	35.36
江口县	41351	21936	53.05	14498	35.06
玉屏侗族自治县	24161	10404	43.06	9231	38.21
石阡县	74397	35780	48.09	27064	36.38
思南县	109445	58924	53.84	36968	33.78
印江土家族苗族自治县	72092	41020	56.90	23765	32.96
德江县	79547	43051	54.12	27597	34.69
沿河土家族自治县	107649	63543	59.03	37332	34.68
松桃苗族自治县	115374	52029	45.10	45480	39.42
黔西南布依族苗族自治州	**539228**	**219052**	**40.62**	**221241**	**41.03**
兴义市	109679	40315	36.76	44721	40.77
兴仁市	87048	37543	43.13	36862	42.35
普安县	56462	25420	45.02	22854	40.48
晴隆县	56086	27903	49.75	21918	39.08
贞丰县	63923	26296	41.14	26271	41.10
望谟县	50212	19163	38.16	20305	40.44
册亨县	44224	16924	38.27	18500	41.83
安龙县	71594	25488	35.60	29810	41.64
黔东南苗族侗族自治州	**715670**	**312561**	**43.67**	**274173**	**38.31**
凯里市	61433	25331	41.23	24329	39.60
黄平县	56122	27059	48.21	20758	36.99
施秉县	26671	11729	43.98	10488	39.32
三穗县	32267	15971	49.50	11638	36.07
镇远县	37587	18457	49.10	13733	36.54
岑巩县	36640	18231	49.76	12956	35.36
天柱县	65458	34442	52.62	22243	33.98
锦屏县	33225	17085	51.42	11306	34.03
剑河县	41871	19980	47.72	16466	39.33
台江县	26187	11829	45.17	10464	39.96
黎平县	83953	33275	39.64	32738	39.00
榕江县	61109	23264	38.07	25339	41.47
从江县	69040	20605	29.85	28543	41.34
雷山县	26350	11380	43.19	10389	39.43
麻江县	28352	11605	40.93	11115	39.20
丹寨县	29405	12318	41.89	11668	39.68
黔南布依族苗族自治州	**587591**	**252967**	**43.05**	**224581**	**38.22**
都匀市	60589	25215	41.62	22154	36.56
福泉市	50502	22427	44.41	19530	38.67
荔波县	30496	12120	39.74	12168	39.90
贵定县	38836	16272	41.90	15028	38.70
瓮安县	59737	32017	53.60	20175	33.77
独山县	49115	21020	42.80	17850	36.34
平塘县	54153	22145	40.89	20911	38.61
罗甸县	44641	21025	47.10	16433	36.81
长顺县	38863	14984	38.56	15999	41.17
龙里县	34921	15355	43.97	12916	36.99
惠水县	66136	25304	38.26	26102	39.47
三都水族自治县	59602	25083	42.08	25315	42.47

1-9c 续表 2

单位：户、%

地区	三代户		四代户		五代及以上户	
	户数	比重	户数	比重	户数	比重
贵州	**952144**	**15.31**	**49008**	**0.79**	**69**	
贵阳市	**71415**	**19.60**	**3199**	**0.88**	**1**	
南明区	2289	14.64	95	0.61		
云岩区						
花溪区	13706	27.22	637	1.27		
乌当区	5794	17.15	272	0.80		
白云区	2089	22.18	82	0.87		
观山湖区	4853	21.73	203	0.91		
开阳县	8194	13.28	427	0.69		
息烽县	7413	18.29	369	0.91	1	
修文县	9493	19.41	404	0.83		
清镇市	17584	21.54	710	0.87		
六盘水市	**68505**	**13.08**	**3253**	**0.62**	**6**	
钟山区	3916	24.03	150	0.92	1	0.01
六枝特区	16376	15.27	576	0.54		
水城县	27868	17.76	1486	0.95	2	
盘州市	20345	8.37	1041	0.43	3	
遵义市	**166697**	**16.19**	**10011**	**0.97**	**12**	
红花岗区	11847	18.96	742	1.19		
汇川区	9228	19.63	662	1.41		
播州区	24565	19.66	1667	1.33	1	
桐梓县	16764	17.20	923	0.95	2	
绥阳县	11672	15.25	727	0.95	2	
正安县	10689	11.83	468	0.52		
道真仡佬族苗族自治县	6281	13.32	258	0.55		
务川仡佬族苗族自治县	6631	11.62	348	0.61		
凤冈县	9036	14.89	446	0.73	1	
湄潭县	10217	14.45	486	0.69		
余庆县	6521	14.56	357	0.80	1	
习水县	19868	17.18	1212	1.05	1	
赤水市	6117	14.26	368	0.86	1	
仁怀市	17261	18.77	1347	1.46	3	
安顺市	**75171**	**17.41**	**3788**	**0.88**	**5**	
西秀区	22857	20.92	1274	1.17	3	
平坝区	11262	20.14	519	0.93		
普定县	8047	9.64	240	0.29		
镇宁布依族苗族自治县	10783	17.42	377	0.61		
关岭布依族苗族自治县	10295	18.10	575	1.01	1	
紫云苗族布依族自治县	11927	18.52	803	1.25	1	
毕节市	**170145**	**12.72**	**6638**	**0.50**	**6**	
七星关区	24222	11.59	776	0.37	1	
大方县	14408	7.18	277	0.14		
黔西县	20145	15.08	798	0.60		
金沙县	13126	13.86	583	0.62	1	
织金县	15806	9.42	585	0.35		
纳雍县	16341	11.36	443	0.31	1	
威宁彝族回族苗族自治县	41355	17.15	1646	0.68	1	
赫章县	24742	16.88	1530	1.04	2	

1-9c 续表 3

单位：户、%

地 区	三代户		四代户		五代及以上户	
	户数	比重	户数	比重	户数	比重
铜仁市	**81209**	**11.81**	**3245**	**0.47**	**1**	
碧江区	4882	15.66	208	0.67		
万山区	3809	11.67	162	0.50		
江口县	4741	11.47	176	0.43		
玉屏侗族自治县	4310	17.84	216	0.89		
石阡县	11072	14.88	481	0.65		
思南县	13014	11.89	539	0.49		
印江土家族苗族自治县	7025	9.74	281	0.39	1	
德江县	8537	10.73	362	0.46		
沿河土家族自治县	6621	6.15	153	0.14		
松桃苗族自治县	17198	14.91	667	0.58		
黔西南布依族苗族自治州	**93342**	**17.31**	**5583**	**1.04**	**10**	
兴义市	22889	20.87	1749	1.59	5	
兴仁市	12112	13.91	531	0.61		
普安县	7901	13.99	287	0.51		
晴隆县	6031	10.75	233	0.42	1	
贞丰县	10725	16.78	631	0.99		
望谟县	10009	19.93	734	1.46	1	
册亨县	8374	18.94	425	0.96	1	
安龙县	15301	21.37	993	1.39	2	
黔东南苗族侗族自治州	**121955**	**17.04**	**6965**	**0.97**	**16**	
凯里市	11222	18.27	551	0.90		
黄平县	7981	14.22	324	0.58		
施秉县	4263	15.98	191	0.72		
三穗县	4409	13.66	247	0.77	2	0.01
镇远县	5146	13.69	251	0.67		
岑巩县	5190	14.16	263	0.72		
天柱县	8376	12.80	397	0.61		
锦屏县	4639	13.96	195	0.59		
剑河县	5254	12.55	171	0.41		
台江县	3785	14.45	109	0.42		
黎平县	16735	19.93	1201	1.43	4	
榕江县	11849	19.39	657	1.08		
从江县	18305	26.51	1578	2.29	9	0.01
雷山县	4423	16.79	158	0.60		
麻江县	5245	18.50	387	1.36		
丹寨县	5133	17.46	285	0.97	1	
黔南布依族苗族自治州	**103705**	**17.65**	**6326**	**1.08**	**12**	
都匀市	12241	20.20	977	1.61	2	
福泉市	8120	16.08	424	0.84	1	
荔波县	5857	19.21	351	1.15		
贵定县	7104	18.29	431	1.11	1	
瓮安县	7235	12.11	310	0.52		
独山县	9593	19.53	652	1.33		
平塘县	10355	19.12	741	1.37	1	
罗甸县	6731	15.08	449	1.01	3	0.01
长顺县	7491	19.28	387	1.00	2	0.01
龙里县	6267	17.95	382	1.09	1	
惠水县	13944	21.08	785	1.19	1	
三都水族自治县	8767	14.71	437	0.73		

1-10 各地区分性别、月份的出生人口
(2019.11.1-2020.10.31)

单位：人

地区	出生人口			2019年11月		
	合计	男	女	小计	男	女
贵州	**526610**	**279552**	**247058**	**51866**	**27349**	**24517**
贵阳市	**72585**	**38314**	**34271**	**7083**	**3726**	**3357**
南明区	10993	5795	5198	1114	570	544
云岩区	12596	6568	6028	1212	620	592
花溪区	10676	5646	5030	989	519	470
乌当区	4273	2225	2048	442	235	207
白云区	5597	2966	2631	570	311	259
观山湖区	8294	4401	3893	878	452	426
开阳县	4645	2448	2197	451	256	195
息烽县	3111	1670	1441	290	164	126
修文县	4296	2320	1976	396	223	173
清镇市	8104	4275	3829	741	376	365
六盘水市	**52601**	**27985**	**24616**	**5008**	**2626**	**2382**
钟山区	9306	5037	4269	893	466	427
六枝特区	7693	4067	3626	748	400	348
水城县	13022	6899	6123	1319	670	649
盘州市	22580	11982	10598	2048	1090	958
遵义市	**83673**	**44109**	**39564**	**8419**	**4433**	**3986**
红花岗区	11472	6065	5407	1206	613	593
汇川区	7513	3938	3575	759	415	344
播州区	10703	5734	4969	1103	601	502
桐梓县	6303	3336	2967	645	326	319
绥阳县	4668	2495	2173	490	261	229
正安县	4560	2435	2125	446	241	205
道真仡佬族苗族自治县	2567	1289	1278	240	122	118
务川仡佬族苗族自治县	4334	2249	2085	454	234	220
凤冈县	4168	2206	1962	378	205	173
湄潭县	4567	2409	2158	477	246	231
余庆县	2574	1346	1228	231	120	111
习水县	7639	3914	3725	799	413	386
赤水市	2460	1285	1175	251	135	116
仁怀市	10145	5408	4737	940	501	439
安顺市	**33842**	**18030**	**15812**	**3291**	**1725**	**1566**
西秀区	10735	5717	5018	1070	565	505
平坝区	4803	2562	2241	448	216	232
普定县	5315	2818	2497	529	282	247
镇宁布依族苗族自治县	4034	2142	1892	403	202	201
关岭布依族苗族自治县	4146	2180	1966	413	219	194
紫云苗族布依族自治县	4809	2611	2198	428	241	187
毕节市	**103234**	**54430**	**48804**	**10180**	**5319**	**4861**
七星关区	20034	10659	9375	1985	1089	896
大方县	12709	6670	6039	1239	640	599
黔西县	10421	5431	4990	972	508	464
金沙县	6401	3381	3020	614	325	289
织金县	12432	6676	5756	1137	594	543
纳雍县	10915	5812	5103	1044	553	491
威宁彝族回族苗族自治县	20136	10463	9673	2159	1107	1052
赫章县	10186	5338	4848	1030	503	527

1-10 续表 1

单位：人

地区	出生人口			2019年11月		
	合计	男	女	小计	男	女
铜仁市	**40235**	**21623**	**18612**	**4134**	**2199**	**1935**
碧江区	4628	2456	2172	505	250	255
万山区	1819	972	847	163	86	77
江口县	2210	1212	998	215	120	95
玉屏侗族自治县	1775	972	803	189	103	86
石阡县	3734	2041	1693	361	204	157
思南县	5085	2731	2354	557	300	257
印江土家族苗族自治县	3400	1818	1582	343	185	158
德江县	5095	2706	2389	544	287	257
沿河土家族自治县	5829	3159	2670	620	338	282
松桃苗族自治县	6660	3556	3104	637	326	311
黔西南布依族苗族自治州	**42282**	**22406**	**19876**	**4303**	**2259**	**2044**
兴义市	13186	7015	6171	1346	731	615
兴仁市	5950	3197	2753	608	310	298
普安县	3632	1964	1668	366	192	174
晴隆县	3426	1803	1623	349	179	170
贞丰县	4531	2387	2144	502	275	227
望谟县	3174	1612	1562	307	152	155
册亨县	2812	1494	1318	297	155	142
安龙县	5571	2934	2637	528	265	263
黔东南苗族侗族自治州	**52478**	**28378**	**24100**	**5049**	**2738**	**2311**
凯里市	9235	5001	4234	882	484	398
黄平县	2746	1497	1249	290	158	132
施秉县	1509	817	692	161	91	70
三穗县	2193	1179	1014	198	113	85
镇远县	2316	1267	1049	202	104	98
岑巩县	2352	1220	1132	190	91	99
天柱县	3458	1895	1563	343	190	153
锦屏县	2082	1100	982	214	106	108
剑河县	2433	1300	1133	238	137	101
台江县	1565	833	732	176	95	81
黎平县	6642	3591	3051	658	350	308
榕江县	4474	2404	2070	462	249	213
从江县	6220	3366	2854	593	313	280
雷山县	1696	956	740	143	87	56
麻江县	1863	1020	843	150	81	69
丹寨县	1694	932	762	149	89	60
黔南布依族苗族自治州	**45680**	**24277**	**21403**	**4399**	**2324**	**2075**
都匀市	5629	2998	2631	574	316	258
福泉市	3931	2042	1889	347	167	180
荔波县	2278	1222	1056	216	117	99
贵定县	3006	1525	1481	267	140	127
瓮安县	5151	2729	2422	518	288	230
独山县	3326	1796	1530	318	157	161
平塘县	3158	1689	1469	282	136	146
罗甸县	3616	1882	1734	362	200	162
长顺县	3024	1594	1430	302	158	144
龙里县	3288	1752	1536	302	146	156
惠水县	5444	2904	2540	540	290	250
三都水族自治县	3829	2144	1685	371	209	162

1-10 续表 2

单位：人

地区	2019年12月			2020年1月		
	小计	男	女	小计	男	女
贵州	**48534**	**25731**	**22803**	**47250**	**24869**	**22381**
贵阳市	**6893**	**3630**	**3263**	**6655**	**3505**	**3150**
南明区	1060	523	537	971	524	447
云岩区	1217	640	577	1152	640	512
花溪区	1029	542	487	962	528	434
乌当区	419	226	193	388	200	188
白云区	552	295	257	482	258	224
观山湖区	812	445	367	822	401	421
开阳县	404	224	180	449	234	215
息烽县	261	143	118	270	147	123
修文县	374	191	183	385	194	191
清镇市	765	401	364	774	379	395
六盘水市	**4639**	**2517**	**2122**	**4621**	**2454**	**2167**
钟山区	858	474	384	873	473	400
六枝特区	682	375	307	703	383	320
水城县	1141	636	505	1098	565	533
盘州市	1958	1032	926	1947	1033	914
遵义市	**7978**	**4171**	**3807**	**7475**	**3820**	**3655**
红花岗区	1124	599	525	1035	541	494
汇川区	732	375	357	740	374	366
播州区	1052	558	494	965	495	470
桐梓县	602	306	296	541	274	267
绥阳县	424	230	194	428	226	202
正安县	413	228	185	373	198	175
道真仡佬族苗族自治县	230	127	103	228	116	112
务川仡佬族苗族自治县	379	181	198	369	171	198
凤冈县	386	199	187	361	181	180
湄潭县	457	245	212	398	191	207
余庆县	258	135	123	226	119	107
习水县	723	368	355	715	355	360
赤水市	226	120	106	205	100	105
仁怀市	972	500	472	891	479	412
安顺市	**3060**	**1617**	**1443**	**3130**	**1624**	**1506**
西秀区	981	531	450	1016	534	482
平坝区	426	220	206	425	221	204
普定县	486	264	222	499	263	236
镇宁布依族苗族自治县	373	194	179	393	202	191
关岭布依族苗族自治县	360	181	179	368	188	180
紫云苗族布依族自治县	434	227	207	429	216	213
毕节市	**9488**	**5032**	**4456**	**9307**	**4875**	**4432**
七星关区	1877	993	884	1850	983	867
大方县	1150	586	564	1185	624	561
黔西县	971	505	466	959	511	448
金沙县	597	314	283	552	279	273
织金县	1139	638	501	1143	598	545
纳雍县	999	541	458	948	517	431
威宁彝族回族苗族自治县	1863	979	884	1759	876	883
赫章县	892	476	416	911	487	424

1-10　续表 3

单位：人

地　区	2019年12月			2020年1月		
	小计	男	女	小计	男	女
铜仁市	**3669**	**1963**	**1706**	**3532**	**1888**	**1644**
碧江区	435	229	206	398	219	179
万山区	187	98	89	166	85	81
江口县	203	117	86	208	116	92
玉屏侗族自治县	148	69	79	168	102	66
石阡县	307	163	144	320	156	164
思南县	474	257	217	471	254	217
印江土家族苗族自治县	306	162	144	299	158	141
德江县	451	255	196	473	248	225
沿河土家族自治县	528	274	254	489	267	222
松桃苗族自治县	630	339	291	540	283	257
黔西南布依族苗族自治州	**3905**	**2024**	**1881**	**3737**	**2002**	**1735**
兴义市	1242	653	589	1239	669	570
兴仁市	575	317	258	487	261	226
普安县	321	144	177	314	165	149
晴隆县	281	148	133	303	161	142
贞丰县	386	185	201	424	230	194
望谟县	309	147	162	262	120	142
册亨县	276	152	124	253	145	108
安龙县	515	278	237	455	251	204
黔东南苗族侗族自治州	**4758**	**2566**	**2192**	**4729**	**2527**	**2202**
凯里市	879	476	403	835	456	379
黄平县	263	131	132	247	135	112
施秉县	130	69	61	148	86	62
三穗县	207	94	113	198	106	92
镇远县	197	107	90	209	110	99
岑巩县	201	114	87	239	105	134
天柱县	307	166	141	300	155	145
锦屏县	181	101	80	160	91	69
剑河县	234	118	116	215	106	109
台江县	132	75	57	151	72	79
黎平县	565	294	271	587	332	255
榕江县	423	216	207	417	211	206
从江县	558	317	241	560	307	253
雷山县	146	78	68	129	64	65
麻江县	170	102	68	178	100	78
丹寨县	165	108	57	156	91	65
黔南布依族苗族自治州	**4144**	**2211**	**1933**	**4064**	**2174**	**1890**
都匀市	535	279	256	548	298	250
福泉市	337	166	171	357	196	161
荔波县	188	101	87	182	101	81
贵定县	269	134	135	293	147	146
瓮安县	459	245	214	452	234	218
独山县	300	166	134	294	153	141
平塘县	264	151	113	296	156	140
罗甸县	318	170	148	285	156	129
长顺县	280	154	126	245	135	110
龙里县	312	167	145	296	165	131
惠水县	508	268	240	487	258	229
三都水族自治县	374	210	164	329	175	154

1－10 续表 4

单位：人

地　　区	2020年2月			2020年3月			2020年4月		
	小计	男	女	小计	男	女	小计	男	女
贵　州	**42686**	**22482**	**20204**	**43910**	**23379**	**20531**	**41487**	**22103**	**19384**
贵阳市	**5928**	**3114**	**2814**	**6084**	**3221**	**2863**	**5768**	**3047**	**2721**
南明区	834	462	372	950	525	425	891	463	428
云岩区	1066	560	506	1029	540	489	986	523	463
花溪区	896	467	429	939	493	446	790	417	373
乌当区	321	160	161	334	189	145	337	173	164
白云区	435	218	217	421	211	210	423	236	187
观山湖区	682	358	324	688	358	330	677	375	302
开阳县	396	192	204	375	188	187	397	194	203
息烽县	256	132	124	279	153	126	256	131	125
修文县	366	197	169	345	196	149	354	175	179
清镇市	676	368	308	724	368	356	657	360	297
六盘水市	**4245**	**2249**	**1996**	**4349**	**2269**	**2080**	**4076**	**2167**	**1909**
钟山区	744	413	331	784	412	372	742	412	330
六枝特区	664	331	333	597	311	286	591	328	263
水城县	1032	555	477	1130	596	534	1049	580	469
盘州市	1805	950	855	1838	950	888	1694	847	847
遵义市	**6827**	**3530**	**3297**	**7009**	**3745**	**3264**	**6812**	**3643**	**3169**
红花岗区	903	470	433	987	543	444	921	509	412
汇川区	638	338	300	626	343	283	623	317	306
播州区	845	431	414	905	494	411	894	489	405
桐梓县	525	260	265	524	285	239	550	307	243
绥阳县	384	197	187	375	198	177	380	193	187
正安县	370	190	180	386	218	168	347	190	157
道真仡佬族苗族自治县	183	95	88	225	107	118	206	99	107
务川仡佬族苗族自治县	311	167	144	365	207	158	387	214	173
凤冈县	368	190	178	329	175	154	314	151	163
湄潭县	370	202	168	371	170	201	345	186	159
余庆县	216	94	122	229	128	101	202	115	87
习水县	631	335	296	623	296	327	635	332	303
赤水市	209	104	105	176	102	74	201	103	98
仁怀市	874	457	417	888	479	409	807	438	369
安顺市	**2818**	**1487**	**1331**	**2840**	**1546**	**1294**	**2592**	**1395**	**1197**
西秀区	947	493	454	897	484	413	848	465	383
平坝区	405	219	186	421	237	184	337	178	159
普定县	417	203	214	432	223	209	410	227	183
镇宁布依族苗族自治县	343	186	157	372	210	162	314	176	138
关岭布依族苗族自治县	336	177	159	347	182	165	316	167	149
紫云苗族布依族自治县	370	209	161	371	210	161	367	182	185
毕节市	**8145**	**4262**	**3883**	**8733**	**4584**	**4149**	**8174**	**4320**	**3854**
七星关区	1632	856	776	1671	886	785	1654	843	811
大方县	1017	553	464	1117	590	527	1028	539	489
黔西县	770	382	388	891	457	434	844	460	384
金沙县	534	297	237	526	283	243	494	248	246
织金县	1001	523	478	1010	522	488	966	538	428
纳雍县	850	450	400	932	492	440	861	458	403
威宁彝族回族苗族自治县	1587	819	768	1718	905	813	1576	831	745
赫章县	754	382	372	868	449	419	751	403	348

1-10　续表 5　　　　单位：人

地　　区	2020年2月			2020年3月			2020年4月		
	小计	男	女	小计	男	女	小计	男	女
铜仁市	**3308**	**1782**	**1526**	**3378**	**1814**	**1564**	**3153**	**1637**	**1516**
碧江区	419	221	198	386	186	200	369	192	177
万山区	132	75	57	143	78	65	176	91	85
江口县	188	92	96	168	88	80	179	88	91
玉屏侗族自治县	153	81	72	162	88	74	135	73	62
石阡县	291	150	141	333	182	151	276	151	125
思南县	422	241	181	421	237	184	377	197	180
印江土家族苗族自治县	271	147	124	283	146	137	274	150	124
德江县	422	239	183	433	228	205	416	204	212
沿河土家族自治县	455	250	205	461	255	206	434	217	217
松桃苗族自治县	555	286	269	588	326	262	517	274	243
黔西南布依族苗族自治州	**3378**	**1816**	**1562**	**3440**	**1848**	**1592**	**3261**	**1749**	**1512**
兴义市	1112	591	521	1062	590	472	1010	536	474
兴仁市	463	256	207	495	262	233	468	257	211
普安县	271	146	125	294	160	134	270	165	105
晴隆县	250	135	115	272	144	128	253	131	122
贞丰县	364	208	156	357	178	179	347	185	162
望谟县	259	138	121	276	146	130	257	146	111
册亨县	238	119	119	224	125	99	204	100	104
安龙县	421	223	198	460	243	217	452	229	223
黔东南苗族侗族自治州	**4325**	**2358**	**1967**	**4318**	**2353**	**1965**	**4083**	**2241**	**1842**
凯里市	781	436	345	767	432	335	713	394	319
黄平县	215	118	97	199	115	84	226	128	98
施秉县	105	48	57	126	63	63	123	65	58
三穗县	191	111	80	168	99	69	173	90	83
镇远县	211	120	91	190	102	88	182	98	84
岑巩县	226	116	110	201	100	101	174	100	74
天柱县	290	173	117	332	195	137	277	151	126
锦屏县	175	92	83	188	94	94	177	88	89
剑河县	208	109	99	201	88	113	202	124	78
台江县	151	84	67	128	65	63	131	69	62
黎平县	508	268	240	552	304	248	490	253	237
榕江县	366	202	164	367	211	156	318	171	147
从江县	475	237	238	488	262	226	471	266	205
雷山县	137	86	51	139	79	60	138	81	57
麻江县	149	86	63	150	77	73	147	82	65
丹寨县	137	72	65	122	67	55	141	81	60
黔南布依族苗族自治州	**3712**	**1884**	**1828**	**3759**	**1999**	**1760**	**3568**	**1904**	**1664**
都匀市	444	225	219	476	263	213	434	223	211
福泉市	310	161	149	304	155	149	321	167	154
荔波县	191	109	82	165	92	73	170	90	80
贵定县	266	124	142	258	121	137	217	104	113
瓮安县	417	205	212	446	228	218	398	209	189
独山县	285	148	137	286	165	121	293	170	123
平塘县	261	125	136	292	161	131	216	122	94
罗甸县	271	130	141	284	135	149	299	158	141
长顺县	243	117	126	232	111	121	232	124	108
龙里县	269	142	127	272	144	128	292	155	137
惠水县	455	241	214	438	246	192	395	216	179
三都水族自治县	300	157	143	306	178	128	301	166	135

1-10 续表 6

单位：人

地　区	2020年5月			2020年6月			2020年7月		
	小计	男	女	小计	男	女	小计	男	女
贵　州	**42263**	**22485**	**19778**	**42238**	**22402**	**19836**	**42058**	**22271**	**19787**
贵阳市	**5859**	**3129**	**2730**	**5874**	**3060**	**2814**	**6036**	**3169**	**2867**
南明区	870	466	404	864	468	396	952	480	472
云岩区	943	470	473	1057	565	492	1047	540	507
花溪区	922	478	444	829	444	385	850	444	406
乌当区	354	181	173	341	154	187	354	207	147
白云区	445	252	193	488	237	251	471	261	210
观山湖区	671	391	280	658	335	323	703	353	350
开阳县	390	210	180	401	211	190	379	211	168
息烽县	245	134	111	236	114	122	264	137	127
修文县	366	197	169	363	191	172	363	201	162
清镇市	653	350	303	637	341	296	653	335	318
六盘水市	**4183**	**2241**	**1942**	**4188**	**2215**	**1973**	**4183**	**2218**	**1965**
钟山区	755	388	367	736	396	340	759	434	325
六枝特区	585	313	272	612	307	305	635	332	303
水城县	1006	535	471	1066	550	516	1013	522	491
盘州市	1837	1005	832	1774	962	812	1776	930	846
遵义市	**6593**	**3512**	**3081**	**6491**	**3446**	**3045**	**6603**	**3405**	**3198**
红花岗区	942	525	417	894	489	405	906	437	469
汇川区	574	299	275	568	291	277	576	303	273
播州区	831	442	389	854	442	412	818	428	390
桐梓县	514	281	233	480	252	228	481	269	212
绥阳县	389	211	178	370	192	178	364	187	177
正安县	373	204	169	340	178	162	366	186	180
道真仡佬族苗族自治县	196	101	95	206	96	110	204	105	99
务川仡佬族苗族自治县	306	163	143	334	186	148	364	176	188
凤冈县	341	190	151	294	159	135	343	180	163
湄潭县	335	163	172	372	219	153	339	180	159
余庆县	194	106	88	201	108	93	201	97	104
习水县	599	299	300	571	303	268	577	309	268
赤水市	185	91	94	188	89	99	202	109	93
仁怀市	814	437	377	819	442	377	862	439	423
安顺市	**2711**	**1460**	**1251**	**2741**	**1470**	**1271**	**2712**	**1460**	**1252**
西秀区	910	494	416	875	468	407	854	457	397
平坝区	359	193	166	387	211	176	413	219	194
普定县	409	222	187	417	208	209	423	226	197
镇宁布依族苗族自治县	321	157	164	334	179	155	322	168	154
关岭布依族苗族自治县	316	179	137	341	188	153	318	179	139
紫云苗族布依族自治县	396	215	181	387	216	171	382	211	171
毕节市	**8294**	**4425**	**3869**	**8342**	**4352**	**3990**	**8124**	**4316**	**3808**
七星关区	1611	873	738	1625	850	775	1627	865	762
大方县	994	518	476	1054	547	507	984	514	470
黔西县	793	417	376	835	431	404	838	451	387
金沙县	538	288	250	491	252	239	538	281	257
织金县	1004	555	449	1038	579	459	935	504	431
纳雍县	862	464	398	826	425	401	895	494	401
威宁彝族回族苗族自治县	1621	856	765	1641	827	814	1526	783	743
赫章县	871	454	417	832	441	391	781	424	357

1−10　续表 7　　　　单位：人

地　区	2020年5月			2020年6月			2020年7月		
	小计	男	女	小计	男	女	小计	男	女
铜仁市	**3275**	**1786**	**1489**	**3351**	**1816**	**1535**	**3260**	**1753**	**1507**
碧江区	404	221	183	380	218	162	359	185	174
万山区	155	84	71	150	80	70	158	84	74
江口县	189	103	86	177	91	86	186	105	81
玉屏侗族自治县	134	77	57	132	75	57	139	79	60
石阡县	305	180	125	365	206	159	297	157	140
思南县	406	210	196	397	215	182	411	223	188
印江土家族苗族自治县	291	160	131	300	162	138	283	155	128
德江县	397	208	189	409	213	196	394	230	164
沿河土家族自治县	467	249	218	504	290	214	469	235	234
松桃苗族自治县	527	294	233	537	266	271	564	300	264
黔西南布依族苗族自治州	**3386**	**1760**	**1626**	**3323**	**1775**	**1548**	**3286**	**1714**	**1572**
兴义市	1053	548	505	1030	537	493	1064	554	510
兴仁市	499	253	246	485	249	236	452	247	205
普安县	310	164	146	267	156	111	267	147	120
晴隆县	263	141	122	283	156	127	283	145	138
贞丰县	377	190	187	352	201	151	309	154	155
望谟县	246	122	124	261	133	128	218	108	110
册亨县	203	118	85	228	121	107	231	111	120
安龙县	435	224	211	417	222	195	462	248	214
黔东南苗族侗族自治州	**4195**	**2218**	**1977**	**4165**	**2260**	**1905**	**4179**	**2221**	**1958**
凯里市	732	371	361	708	365	343	720	365	355
黄平县	238	133	105	211	121	90	214	121	93
施秉县	104	48	56	146	80	66	117	73	44
三穗县	166	92	74	149	81	68	195	99	96
镇远县	172	92	80	197	119	78	164	82	82
岑巩县	197	95	102	167	79	88	198	116	82
天柱县	284	149	135	278	157	121	276	143	133
锦屏县	176	94	82	148	77	71	167	89	78
剑河县	195	101	94	193	100	93	221	117	104
台江县	127	63	64	121	63	58	112	64	48
黎平县	517	275	242	575	337	238	516	262	254
榕江县	340	178	162	362	198	164	353	183	170
从江县	545	296	249	492	262	230	475	262	213
雷山县	147	76	71	124	69	55	165	94	71
麻江县	124	73	51	171	91	80	153	81	72
丹寨县	131	82	49	123	61	62	133	70	63
黔南布依族苗族自治州	**3767**	**1954**	**1813**	**3763**	**2008**	**1755**	**3675**	**2015**	**1660**
都匀市	446	225	221	465	248	217	459	240	219
福泉市	340	169	171	317	186	131	330	173	157
荔波县	194	107	87	170	91	79	202	110	92
贵定县	252	142	110	251	126	125	226	120	106
瓮安县	437	229	208	426	235	191	421	226	195
独山县	255	131	124	300	152	148	242	143	99
平塘县	223	118	105	241	126	115	284	158	126
罗甸县	307	160	147	279	144	135	274	140	134
长顺县	286	144	142	270	138	132	208	119	89
龙里县	280	145	135	271	151	120	276	149	127
惠水县	443	214	229	433	223	210	414	241	173
三都水族自治县	304	170	134	340	188	152	339	196	143

1-10 续表 8 单位：人

地　区	2020年8月			2020年9月			2020年10月		
	小计	男	女	小计	男	女	小计	男	女
贵　州	**41820**	**22315**	**19505**	**39588**	**21124**	**18464**	**42910**	**23042**	**19868**
贵阳市	**5987**	**3162**	**2825**	**5270**	**2792**	**2478**	**5148**	**2759**	**2389**
南明区	901	484	417	834	435	399	752	395	357
云岩区	1074	526	548	952	478	474	861	466	395
花溪区	900	481	419	773	420	353	797	413	384
乌当区	360	177	183	313	169	144	310	154	156
白云区	478	238	240	412	223	189	420	226	194
观山湖区	659	362	297	550	297	253	494	274	220
开阳县	389	196	193	319	177	142	295	155	140
息烽县	255	156	99	213	108	105	286	151	135
修文县	356	196	160	314	178	136	314	181	133
清镇市	615	346	269	590	307	283	619	344	275
六盘水市	**4232**	**2246**	**1986**	**4064**	**2188**	**1876**	**4813**	**2595**	**2218**
钟山区	766	415	351	704	381	323	692	373	319
六枝特区	599	303	296	598	328	270	679	356	323
水城县	996	547	449	1001	529	472	1171	614	557
盘州市	1871	981	890	1761	950	811	2271	1252	1019
遵义市	**6550**	**3528**	**3022**	**6293**	**3373**	**2920**	**6623**	**3503**	**3120**
红花岗区	900	484	416	813	421	392	841	434	407
汇川区	596	320	276	562	296	266	519	267	252
播州区	790	456	334	832	452	380	814	446	368
桐梓县	493	250	243	435	250	185	513	276	237
绥阳县	364	200	164	321	192	129	379	208	171
正安县	378	202	176	387	212	175	381	188	193
道真仡佬族苗族自治县	217	107	110	192	100	92	240	114	126
务川仡佬族苗族自治县	321	161	160	342	180	162	402	209	193
凤冈县	335	178	157	344	189	155	375	209	166
湄潭县	359	197	162	363	200	163	381	210	171
余庆县	220	119	101	199	107	92	197	98	99
习水县	606	319	287	553	271	282	607	314	293
赤水市	200	106	94	201	97	104	216	129	87
仁怀市	771	429	342	749	406	343	758	401	357
安顺市	**2659**	**1406**	**1253**	**2574**	**1344**	**1230**	**2714**	**1496**	**1218**
西秀区	830	428	402	765	388	377	742	410	332
平坝区	388	220	168	364	198	166	430	230	200
普定县	413	221	192	417	213	204	463	266	197
镇宁布依族苗族自治县	288	152	136	278	152	126	293	164	129
关岭布依族苗族自治县	316	159	157	343	174	169	372	187	185
紫云苗族布依族自治县	424	226	198	407	219	188	414	239	175
毕节市	**7976**	**4221**	**3755**	**7818**	**4122**	**3696**	**8653**	**4602**	**4051**
七星关区	1436	790	646	1499	781	718	1567	850	717
大方县	972	500	472	958	517	441	1011	542	469
黔西县	820	419	401	832	429	403	896	461	435
金沙县	535	292	243	493	255	238	489	267	222
织金县	1016	548	468	1002	523	479	1041	554	487
纳雍县	865	443	422	810	429	381	1023	546	477
威宁彝族回族苗族自治县	1548	810	738	1422	774	648	1716	896	820
赫章县	784	419	365	802	414	388	910	486	424

1-10 续表 9

单位：人

地区	2020年8月			2020年9月			2020年10月		
	小计	男	女	小计	男	女	小计	男	女
铜仁市	**3099**	**1676**	**1423**	**2814**	**1514**	**1300**	**3262**	**1795**	**1467**
碧江区	384	210	174	292	167	125	297	158	139
万山区	134	66	68	124	62	62	131	83	48
江口县	157	93	64	162	95	67	178	104	74
玉屏侗族自治县	142	69	73	137	78	59	136	78	58
石阡县	287	150	137	261	146	115	331	196	135
思南县	362	196	166	346	168	178	441	233	208
印江土家族苗族自治县	275	148	127	229	115	114	246	130	116
德江县	392	198	194	356	184	172	408	212	196
沿河土家族自治县	470	274	196	442	232	210	490	278	212
松桃苗族自治县	496	272	224	465	267	198	604	323	281
黔西南布依族苗族自治州	**3482**	**1871**	**1611**	**3290**	**1746**	**1544**	**3491**	**1842**	**1649**
兴义市	1065	574	491	977	509	468	986	523	463
兴仁市	485	269	216	456	237	219	477	279	198
普安县	282	162	120	320	175	145	350	188	162
晴隆县	311	161	150	265	138	127	313	164	149
贞丰县	344	177	167	341	192	149	428	212	216
望谟县	291	159	132	247	116	131	241	125	116
册亨县	229	124	105	211	109	102	218	115	103
安龙县	475	245	230	473	270	203	478	236	242
黔东南苗族侗族自治州	**4111**	**2232**	**1879**	**3979**	**2186**	**1793**	**4587**	**2478**	**2109**
凯里市	767	422	345	718	382	336	733	418	315
黄平县	200	101	99	221	131	90	222	105	117
施秉县	112	64	48	114	68	46	123	62	61
三穗县	168	84	84	172	98	74	208	112	96
镇远县	189	108	81	191	107	84	212	118	94
岑巩县	175	103	72	167	94	73	217	107	110
天柱县	280	157	123	235	126	109	256	133	123
锦屏县	158	85	73	137	78	59	201	105	96
剑河县	169	91	78	167	100	67	190	109	81
台江县	116	59	57	105	64	41	115	60	55
黎平县	514	288	226	510	282	228	650	346	304
榕江县	340	173	167	333	183	150	393	229	164
从江县	500	266	234	472	255	217	591	323	268
雷山县	136	80	56	139	75	64	153	87	66
麻江县	143	80	63	165	85	80	163	82	81
丹寨县	144	71	73	133	58	75	160	82	78
黔南布依族苗族自治州	**3724**	**1973**	**1751**	**3486**	**1859**	**1627**	**3619**	**1972**	**1647**
都匀市	441	231	210	415	233	182	392	217	175
福泉市	350	190	160	326	161	165	292	151	141
荔波县	186	87	99	193	105	88	221	112	109
贵定县	230	122	108	234	120	114	243	125	118
瓮安县	439	231	208	380	200	180	358	199	159
独山县	249	141	108	247	140	107	257	130	127
平塘县	255	138	117	254	128	126	290	170	120
罗甸县	323	167	156	300	154	146	314	168	146
长顺县	250	135	115	236	121	115	240	138	102
龙里县	239	127	112	227	126	101	252	135	117
惠水县	446	221	225	412	218	194	473	268	205
三都水族自治县	316	183	133	262	153	109	287	159	128

1-10a 各地区分性别、月份的出生人口 (2019.11.1-2020.10.31)(城市)

单位：人

地区	出生人口			2019年11月		
	合计	男	女	小计	男	女
贵州	**125598**	**66601**	**58997**	**12530**	**6619**	**5911**
贵阳市	**47679**	**25005**	**22674**	**4773**	**2474**	**2299**
南明区	10312	5440	4872	1048	536	512
云岩区	12596	6568	6028	1212	620	592
花溪区	7253	3822	3431	693	370	323
乌当区	2524	1275	1249	268	140	128
白云区	5178	2756	2422	529	288	241
观山湖区	6742	3537	3205	726	372	354
开阳县						
息烽县						
修文县						
清镇市	3074	1607	1467	297	148	149
六盘水市	**14436**	**7699**	**6737**	**1385**	**713**	**672**
钟山区	7446	4046	3400	718	380	338
六枝特区	2077	1057	1020	199	102	97
水城县						
盘州市	4913	2596	2317	468	231	237
遵义市	**24337**	**12924**	**11413**	**2472**	**1321**	**1151**
红花岗区	8349	4444	3905	885	460	425
汇川区	5038	2677	2361	516	295	221
播州区	4564	2411	2153	472	248	224
桐梓县						
绥阳县						
正安县						
道真仡佬族苗族自治县						
务川仡佬族苗族自治县						
凤冈县						
湄潭县						
余庆县						
习水县						
赤水市	1197	612	585	118	64	54
仁怀市	5189	2780	2409	481	254	227
安顺市	**6005**	**3165**	**2840**	**606**	**315**	**291**
西秀区	5014	2652	2362	504	271	233
平坝区	991	513	478	102	44	58
普定县						
镇宁布依族苗族自治县						
关岭布依族苗族自治县						
紫云苗族布依族自治县						
毕节市	**8867**	**4830**	**4037**	**840**	**492**	**348**
七星关区	8867	4830	4037	840	492	348
大方县						
黔西县						
金沙县						
织金县						
纳雍县						
威宁彝族回族苗族自治县						
赫章县						

1-10a　续表 1

单位：人

地　　区	出生人口			2019年11月		
	合计	男	女	小计	男	女
铜仁市	**4397**	**2342**	**2055**	**483**	**239**	**244**
碧江区	3552	1883	1669	395	195	200
万山区	845	459	386	88	44	44
江口县						
玉屏侗族自治县						
石阡县						
思南县						
印江土家族苗族自治县						
德江县						
沿河土家族自治县						
松桃苗族自治县						
黔西南布依族苗族自治州	**8905**	**4794**	**4111**	**937**	**506**	**431**
兴义市	7181	3828	3353	756	406	350
兴仁市	1724	966	758	181	100	81
普安县						
晴隆县						
贞丰县						
望谟县						
册亨县						
安龙县						
黔东南苗族侗族自治州	**6430**	**3488**	**2942**	**610**	**339**	**271**
凯里市	6430	3488	2942	610	339	271
黄平县						
施秉县						
三穗县						
镇远县						
岑巩县						
天柱县						
锦屏县						
剑河县						
台江县						
黎平县						
榕江县						
从江县						
雷山县						
麻江县						
丹寨县						
黔南布依族苗族自治州	**4542**	**2354**	**2188**	**424**	**220**	**204**
都匀市	3184	1671	1513	308	168	140
福泉市	1358	683	675	116	52	64
荔波县						
贵定县						
瓮安县						
独山县						
平塘县						
罗甸县						
长顺县						
龙里县						
惠水县						
三都水族自治县						

1-10a 续表 2

单位：人

地区	2019年12月			2020年1月		
	小计	男	女	小计	男	女
贵州	**12179**	**6461**	**5718**	**11597**	**6139**	**5458**
贵阳市	**4658**	**2428**	**2230**	**4364**	**2319**	**2045**
南明区	992	492	500	916	494	422
云岩区	1217	640	577	1152	640	512
花溪区	707	366	341	637	352	285
乌当区	246	130	116	244	127	117
白云区	503	266	237	440	230	210
观山湖区	679	369	310	683	335	348
开阳县						
息烽县						
修文县						
清镇市	314	165	149	292	141	151
六盘水市	**1325**	**715**	**610**	**1330**	**699**	**631**
钟山区	694	389	305	708	379	329
六枝特区	160	86	74	204	107	97
水城县						
盘州市	471	240	231	418	213	205
遵义市	**2458**	**1320**	**1138**	**2276**	**1172**	**1104**
红花岗区	855	456	399	758	384	374
汇川区	484	253	231	497	261	236
播州区	491	278	213	439	223	216
桐梓县						
绥阳县						
正安县						
道真仡佬族苗族自治县						
务川仡佬族苗族自治县						
凤冈县						
湄潭县						
余庆县						
习水县						
赤水市	126	69	57	101	54	47
仁怀市	502	264	238	481	250	231
安顺市	**540**	**302**	**238**	**597**	**321**	**276**
西秀区	454	258	196	491	263	228
平坝区	86	44	42	106	58	48
普定县						
镇宁布依族苗族自治县						
关岭布依族苗族自治县						
紫云苗族布依族自治县						
毕节市	**830**	**456**	**374**	**822**	**442**	**380**
七星关区	830	456	374	822	442	380
大方县						
黔西县						
金沙县						
织金县						
纳雍县						
威宁彝族回族苗族自治县						
赫章县						

1-10a 续表 3

单位：人

地区	2019年12月			2020年1月		
	小计	男	女	小计	男	女
铜仁市	**416**	**219**	**197**	**398**	**216**	**182**
碧江区	338	176	162	306	168	138
万山区	78	43	35	92	48	44
江口县						
玉屏侗族自治县						
石阡县						
思南县						
印江土家族苗族自治县						
德江县						
沿河土家族自治县						
松桃苗族自治县						
黔西南布依族苗族自治州	**842**	**452**	**390**	**804**	**440**	**364**
兴义市	703	370	333	662	363	299
兴仁市	139	82	57	142	77	65
普安县						
晴隆县						
贞丰县						
望谟县						
册亨县						
安龙县						
黔东南苗族侗族自治州	**639**	**344**	**295**	**563**	**304**	**259**
凯里市	639	344	295	563	304	259
黄平县						
施秉县						
三穗县						
镇远县						
岑巩县						
天柱县						
锦屏县						
剑河县						
台江县						
黎平县						
榕江县						
从江县						
雷山县						
麻江县						
丹寨县						
黔南布依族苗族自治州	**471**	**225**	**246**	**443**	**226**	**217**
都匀市	347	171	176	316	154	162
福泉市	124	54	70	127	72	55
荔波县						
贵定县						
瓮安县						
独山县						
平塘县						
罗甸县						
长顺县						
龙里县						
惠水县						
三都水族自治县						

1-10a 续表 4

单位：人

地区	2020年2月			2020年3月			2020年4月		
	小计	男	女	小计	男	女	小计	男	女
贵州	**10338**	**5489**	**4849**	**10418**	**5618**	**4800**	**9952**	**5327**	**4625**
贵阳市	**3828**	**2016**	**1812**	**3975**	**2097**	**1878**	**3729**	**1991**	**1738**
南明区	789	438	351	880	482	398	832	432	400
云岩区	1066	560	506	1029	540	489	986	523	463
花溪区	612	328	284	643	345	298	503	257	246
乌当区	193	89	104	196	110	86	200	106	94
白云区	402	203	199	385	197	188	398	223	175
观山湖区	523	267	256	555	282	273	550	304	246
开阳县									
息烽县									
修文县									
清镇市	243	131	112	287	141	146	260	146	114
六盘水市	**1182**	**618**	**564**	**1175**	**628**	**547**	**1142**	**611**	**531**
钟山区	599	332	267	614	326	288	581	324	257
六枝特区	191	95	96	170	82	88	172	97	75
水城县									
盘州市	392	191	201	391	220	171	389	190	199
遵义市	**1966**	**1043**	**923**	**2014**	**1113**	**901**	**1928**	**1029**	**899**
红花岗区	652	348	304	720	397	323	660	373	287
汇川区	428	231	197	404	232	172	415	204	211
播州区	342	177	165	370	199	171	359	181	178
桐梓县									
绥阳县									
正安县									
道真仡佬族苗族自治县									
务川仡佬族苗族自治县									
凤冈县									
湄潭县									
余庆县									
习水县									
赤水市	102	43	59	93	46	47	104	57	47
仁怀市	442	244	198	427	239	188	390	214	176
安顺市	**540**	**269**	**271**	**506**	**281**	**225**	**469**	**259**	**210**
西秀区	461	227	234	418	225	193	398	223	175
平坝区	79	42	37	88	56	32	71	36	35
普定县									
镇宁布依族苗族自治县									
关岭布依族苗族自治县									
紫云苗族布依族自治县									
毕节市	**733**	**390**	**343**	**734**	**387**	**347**	**771**	**417**	**354**
七星关区	733	390	343	734	387	347	771	417	354
大方县									
黔西县									
金沙县									
织金县									
纳雍县									
威宁彝族回族苗族自治县									
赫章县									

1-10a　续表 5

单位：人

地　区	2020年2月			2020年3月			2020年4月		
	小计	男	女	小计	男	女	小计	男	女
铜仁市	**396**	**212**	**184**	**355**	**186**	**169**	**366**	**195**	**171**
碧江区	329	172	157	295	154	141	274	140	134
万山区	67	40	27	60	32	28	92	55	37
江口县									
玉屏侗族自治县									
石阡县									
思南县									
印江土家族苗族自治县									
德江县									
沿河土家族自治县									
松桃苗族自治县									
黔西南布依族苗族自治州	**769**	**423**	**346**	**745**	**424**	**321**	**685**	**366**	**319**
兴义市	623	337	286	588	333	255	547	286	261
兴仁市	146	86	60	157	91	66	138	80	58
普安县									
晴隆县									
贞丰县									
望谟县									
册亨县									
安龙县									
黔东南苗族侗族自治州	**561**	**319**	**242**	**542**	**308**	**234**	**486**	**270**	**216**
凯里市	561	319	242	542	308	234	486	270	216
黄平县									
施秉县									
三穗县									
镇远县									
岑巩县									
天柱县									
锦屏县									
剑河县									
台江县									
黎平县									
榕江县									
从江县									
雷山县									
麻江县									
丹寨县									
黔南布依族苗族自治州	**363**	**199**	**164**	**372**	**194**	**178**	**376**	**189**	**187**
都匀市	249	139	110	265	140	125	268	139	129
福泉市	114	60	54	107	54	53	108	50	58
荔波县									
贵定县									
瓮安县									
独山县									
平塘县									
罗甸县									
长顺县									
龙里县									
惠水县									
三都水族自治县									

1-10a 续表 6

单位：人

地区	2020年5月			2020年6月			2020年7月		
	小计	男	女	小计	男	女	小计	男	女
贵州	**9967**	**5322**	**4645**	**10009**	**5252**	**4757**	**10316**	**5356**	**4960**
贵阳市	**3779**	**1994**	**1785**	**3878**	**2020**	**1858**	**4000**	**2064**	**1936**
南明区	818	441	377	810	439	371	892	447	445
云岩区	943	470	473	1057	565	492	1047	540	507
花溪区	616	313	303	580	300	280	580	286	294
乌当区	213	105	108	190	86	104	217	122	95
白云区	408	232	176	457	222	235	440	249	191
观山湖区	542	305	237	535	272	263	574	286	288
开阳县									
息烽县									
修文县									
清镇市	239	128	111	249	136	113	250	134	116
六盘水市	**1167**	**639**	**528**	**1125**	**587**	**538**	**1188**	**663**	**525**
钟山区	580	295	285	600	328	272	619	354	265
六枝特区	155	86	69	165	66	99	152	83	69
水城县									
盘州市	432	258	174	360	193	167	417	226	191
遵义市	**1909**	**1027**	**882**	**1884**	**981**	**903**	**1977**	**997**	**980**
红花岗区	676	387	289	653	350	303	673	327	346
汇川区	380	191	189	392	199	193	405	208	197
播州区	363	197	166	347	174	173	354	185	169
桐梓县									
绥阳县									
正安县									
道真仡佬族苗族自治县									
务川仡佬族苗族自治县									
凤冈县									
湄潭县									
余庆县									
习水县									
赤水市	89	42	47	81	37	44	95	47	48
仁怀市	401	210	191	411	221	190	450	230	220
安顺市	**502**	**263**	**239**	**479**	**246**	**233**	**494**	**251**	**243**
西秀区	435	233	202	405	212	193	423	212	211
平坝区	67	30	37	74	34	40	71	39	32
普定县									
镇宁布依族苗族自治县									
关岭布依族苗族自治县									
紫云苗族布依族自治县									
毕节市	**706**	**400**	**306**	**741**	**392**	**349**	**743**	**394**	**349**
七星关区	706	400	306	741	392	349	743	394	349
大方县									
黔西县									
金沙县									
织金县									
纳雍县									
威宁彝族回族苗族自治县									
赫章县									

1-10a　续表 7

单位：人

地　　区	2020年5月			2020年6月			2020年7月		
	小计	男	女	小计	男	女	小计	男	女
铜仁市	**375**	**202**	**173**	**359**	**208**	**151**	**354**	**183**	**171**
碧江区	307	167	140	301	172	129	281	142	139
万山区	68	35	33	58	36	22	73	41	32
江口县									
玉屏侗族自治县									
石阡县									
思南县									
印江土家族苗族自治县									
德江县									
沿河土家族自治县									
松桃苗族自治县									
黔西南布依族苗族自治州	**687**	**365**	**322**	**700**	**372**	**328**	**684**	**366**	**318**
兴义市	553	293	260	543	291	252	565	294	271
兴仁市	134	72	62	157	81	76	119	72	47
普安县									
晴隆县									
贞丰县									
望谟县									
册亨县									
安龙县									
黔东南苗族侗族自治州	**494**	**260**	**234**	**463**	**236**	**227**	**507**	**259**	**248**
凯里市	494	260	234	463	236	227	507	259	248
黄平县									
施秉县									
三穗县									
镇远县									
岑巩县									
天柱县									
锦屏县									
剑河县									
台江县									
黎平县									
榕江县									
从江县									
雷山县									
麻江县									
丹寨县									
黔南布依族苗族自治州	**348**	**172**	**176**	**380**	**210**	**170**	**369**	**179**	**190**
都匀市	237	117	120	262	137	125	247	121	126
福泉市	111	55	56	118	73	45	122	58	64
荔波县									
贵定县									
瓮安县									
独山县									
平塘县									
罗甸县									
长顺县									
龙里县									
惠水县									
三都水族自治县									

1-10a 续表 8 单位：人

地 区	2020年8月			2020年9月			2020年10月		
	小计	男	女	小计	男	女	小计	男	女
贵 州	**10267**	**5445**	**4822**	**9149**	**4815**	**4334**	**8876**	**4758**	**4118**
贵阳市	**3944**	**2044**	**1900**	**3473**	**1807**	**1666**	**3278**	**1751**	**1527**
南明区	839	453	386	793	415	378	703	371	332
云岩区	1074	526	548	952	478	474	861	466	395
花溪区	591	324	267	526	283	243	565	298	267
乌当区	204	92	112	183	91	92	170	77	93
白云区	446	225	221	384	213	171	386	208	178
观山湖区	545	293	252	438	232	206	392	220	172
开阳县									
息烽县									
修文县									
清镇市	245	131	114	197	95	102	201	111	90
六盘水市	**1222**	**623**	**599**	**1061**	**581**	**480**	**1134**	**622**	**512**
钟山区	621	335	286	566	304	262	546	300	246
六枝特区	189	79	110	163	93	70	157	81	76
水城县									
盘州市	412	209	203	332	184	148	431	241	190
遵义市	**1925**	**1057**	**868**	**1842**	**973**	**869**	**1686**	**891**	**795**
红花岗区	636	345	291	613	321	292	568	296	272
汇川区	411	221	190	372	195	177	334	187	147
播州区	369	199	170	346	188	158	312	162	150
桐梓县									
绥阳县									
正安县									
道真仡佬族苗族自治县									
务川仡佬族苗族自治县									
凤冈县									
湄潭县									
余庆县									
习水县									
赤水市	87	49	38	102	48	54	99	56	43
仁怀市	422	243	179	409	221	188	373	190	183
安顺市	**479**	**245**	**234**	**411**	**209**	**202**	**382**	**204**	**178**
西秀区	392	196	196	347	177	170	286	155	131
平坝区	87	49	38	64	32	32	96	49	47
普定县									
镇宁布依族苗族自治县									
关岭布依族苗族自治县									
紫云苗族布依族自治县									
毕节市	**668**	**386**	**282**	**610**	**316**	**294**	**669**	**358**	**311**
七星关区	668	386	282	610	316	294	669	358	311
大方县									
黔西县									
金沙县									
织金县									
纳雍县									
威宁彝族回族苗族自治县									
赫章县									

1-10a 续表 9 单位：人

地区	2020年8月			2020年9月			2020年10月		
	小计	男	女	小计	男	女	小计	男	女
铜仁市	**350**	**192**	**158**	**284**	**156**	**128**	**261**	**134**	**127**
碧江区	292	162	130	217	126	91	217	109	108
万山区	58	30	28	67	30	37	44	25	19
江口县									
玉屏侗族自治县									
石阡县									
思南县									
印江土家族苗族自治县									
德江县									
沿河土家族自治县									
松桃苗族自治县									
黔西南布依族苗族自治州	**747**	**391**	**356**	**645**	**343**	**302**	**660**	**346**	**314**
兴义市	594	310	284	518	272	246	529	273	256
兴仁市	153	81	72	127	71	56	131	73	58
普安县									
晴隆县									
贞丰县									
望谟县									
册亨县									
安龙县									
黔东南苗族侗族自治州	**549**	**307**	**242**	**512**	**256**	**256**	**504**	**286**	**218**
凯里市	549	307	242	512	256	256	504	286	218
黄平县									
施秉县									
三穗县									
镇远县									
岑巩县									
天柱县									
锦屏县									
剑河县									
台江县									
黎平县									
榕江县									
从江县									
雷山县									
麻江县									
丹寨县									
黔南布依族苗族自治州	**383**	**200**	**183**	**311**	**174**	**137**	**302**	**166**	**136**
都匀市	251	133	118	213	129	84	221	123	98
福泉市	132	67	65	98	45	53	81	43	38
荔波县									
贵定县									
瓮安县									
独山县									
平塘县									
罗甸县									
长顺县									
龙里县									
惠水县									
三都水族自治县									

1-10b 各地区分性别、月份的出生人口（2019.11.1-2020.10.31）（镇）

单位：人

地区	出生人口			2019年11月		
	合计	男	女	小计	男	女
贵州	**137577**	**73429**	**64148**	**13762**	**7294**	**6468**
贵阳市	**7566**	**4078**	**3488**	**713**	**397**	**316**
南明区						
云岩区						
花溪区	565	324	241	51	29	22
乌当区	286	156	130	23	12	11
白云区	24	12	12	2	2	
观山湖区	236	137	99	15	8	7
开阳县	2511	1321	1190	258	143	115
息烽县	1486	792	694	140	82	58
修文县	1810	984	826	157	89	68
清镇市	648	352	296	67	32	35
六盘水市	**8447**	**4523**	**3924**	**822**	**454**	**368**
钟山区	809	414	395	72	36	36
六枝特区	742	408	334	81	53	28
水城县	3987	2150	1837	398	216	182
盘州市	2909	1551	1358	271	149	122
遵义市	**23916**	**12588**	**11328**	**2484**	**1292**	**1192**
红花岗区	785	393	392	87	42	45
汇川区	754	408	346	72	39	33
播州区	1229	701	528	124	70	54
桐梓县	2865	1513	1352	312	153	159
绥阳县	2081	1109	972	218	118	100
正安县	2006	1057	949	199	111	88
道真仡佬族苗族自治县	1497	751	746	134	65	69
务川仡佬族苗族自治县	2489	1279	1210	289	145	144
凤冈县	2104	1119	985	192	108	84
湄潭县	2342	1249	1093	268	132	136
余庆县	1277	677	600	115	56	59
习水县	3255	1700	1555	353	195	158
赤水市	322	154	168	41	23	18
仁怀市	910	478	432	80	35	45
安顺市	**8077**	**4347**	**3730**	**776**	**404**	**372**
西秀区	626	324	302	46	21	25
平坝区	1098	615	483	113	54	59
普定县	1851	986	865	185	107	78
镇宁布依族苗族自治县	1540	818	722	133	61	72
关岭布依族苗族自治县	1526	825	701	156	82	74
紫云苗族布依族自治县	1436	779	657	143	79	64
毕节市	**32094**	**16963**	**15131**	**3116**	**1611**	**1505**
七星关区	1241	648	593	138	79	59
大方县	4473	2327	2146	428	212	216
黔西县	4692	2422	2270	439	220	219
金沙县	3284	1737	1547	322	163	159
织金县	5175	2798	2377	461	250	211
纳雍县	4040	2182	1858	375	193	182
威宁彝族回族苗族自治县	6935	3618	3317	700	359	341
赫章县	2254	1231	1023	253	135	118

1—10b　续表 1　　单位：人

地　区	出生人口			2019年11月		
	合计	男	女	小计	男	女
铜仁市	**13441**	**7197**	**6244**	**1470**	**801**	**669**
碧江区	53	28	25	4	2	2
万山区						
江口县	995	533	462	95	52	43
玉屏侗族自治县	865	463	402	90	51	39
石阡县	1274	686	588	114	68	46
思南县	2015	1066	949	250	135	115
印江土家族苗族自治县	1489	789	700	173	96	77
德江县	2428	1297	1131	290	149	141
沿河土家族自治县	2265	1245	1020	259	150	109
松桃苗族自治县	2057	1090	967	195	98	97
黔西南布依族苗族自治州	**9670**	**5134**	**4536**	**996**	**513**	**483**
兴义市	1078	583	495	105	53	52
兴仁市	635	323	312	75	32	43
普安县	1098	615	483	107	63	44
晴隆县	1094	587	507	106	53	53
贞丰县	1665	874	791	188	102	86
望谟县	1174	602	572	121	59	62
册亨县	873	465	408	81	40	41
安龙县	2053	1085	968	213	111	102
黔东南苗族侗族自治州	**16464**	**9056**	**7408**	**1648**	**902**	**746**
凯里市	469	282	187	46	29	17
黄平县	1066	592	474	102	52	50
施秉县	606	335	271	77	37	40
三穗县	1053	581	472	109	61	48
镇远县	1116	595	521	104	50	54
岑巩县	1084	565	519	92	45	47
天柱县	1357	762	595	143	89	54
锦屏县	942	511	431	93	51	42
剑河县	1005	537	468	98	50	48
台江县	589	326	263	72	41	31
黎平县	2534	1413	1121	242	131	111
榕江县	1347	728	619	166	83	83
从江县	1191	644	547	118	63	55
雷山县	691	391	300	57	40	17
麻江县	713	395	318	62	39	23
丹寨县	701	399	302	67	41	26
黔南布依族苗族自治州	**17902**	**9543**	**8359**	**1737**	**920**	**817**
都匀市	315	167	148	39	19	20
福泉市	644	349	295	47	24	23
荔波县	990	515	475	95	48	47
贵定县	1475	761	714	131	77	54
瓮安县	3125	1658	1467	317	174	143
独山县	1613	885	728	138	71	67
平塘县	1088	566	522	98	44	54
罗甸县	1966	1017	949	197	108	89
长顺县	1244	660	584	130	73	57
龙里县	1735	925	810	167	79	88
惠水县	2366	1299	1067	242	122	120
三都水族自治县	1341	741	600	136	81	55

1-10b 续表 2

单位：人

地区	2019年12月			2020年1月		
	小计	男	女	小计	男	女
贵州	**13030**	**6875**	**6155**	**12672**	**6650**	**6022**
贵阳市	**682**	**348**	**334**	**734**	**382**	**352**
南明区						
云岩区						
花溪区	57	33	24	58	26	32
乌当区	40	21	19	30	15	15
白云区	3	1	2	2	1	1
观山湖区	27	16	11	17	7	10
开阳县	205	106	99	243	129	114
息烽县	111	55	56	136	73	63
修文县	182	87	95	172	91	81
清镇市	57	29	28	76	40	36
六盘水市	**722**	**405**	**317**	**775**	**394**	**381**
钟山区	72	36	36	73	39	34
六枝特区	67	39	28	59	37	22
水城县	339	199	140	348	167	181
盘州市	244	131	113	295	151	144
遵义市	**2370**	**1215**	**1155**	**2111**	**1077**	**1034**
红花岗区	80	42	38	59	29	30
汇川区	82	45	37	74	35	39
播州区	112	60	52	111	57	54
桐梓县	279	133	146	252	124	128
绥阳县	206	113	93	188	107	81
正安县	211	111	100	170	85	85
道真仡佬族苗族自治县	134	73	61	134	70	64
务川仡佬族苗族自治县	228	106	122	209	98	111
凤冈县	216	103	113	192	94	98
湄潭县	240	131	109	205	98	107
余庆县	125	62	63	117	67	50
习水县	339	181	158	298	152	146
赤水市	32	16	16	24	10	14
仁怀市	86	39	47	78	51	27
安顺市	**751**	**397**	**354**	**752**	**384**	**368**
西秀区	65	36	29	51	18	33
平坝区	99	56	43	106	50	56
普定县	168	91	77	179	93	86
镇宁布依族苗族自治县	151	76	75	151	79	72
关岭布依族苗族自治县	127	67	60	132	70	62
紫云苗族布依族自治县	141	71	70	133	74	59
毕节市	**2999**	**1545**	**1454**	**2945**	**1541**	**1404**
七星关区	106	50	56	114	56	58
大方县	399	205	194	426	214	212
黔西县	442	214	228	449	247	202
金沙县	307	153	154	292	142	150
织金县	479	263	216	481	249	232
纳雍县	389	224	165	356	202	154
威宁彝族回族苗族自治县	669	334	335	627	317	310
赫章县	208	102	106	200	114	86

1－10b　续表 3

单位：人

地　区	2019年12月			2020年1月		
	小计	男	女	小计	男	女
铜仁市	**1316**	**702**	**614**	**1290**	**669**	**621**
碧江区	4	3	1	3	3	
万山区						
江口县	105	56	49	91	48	43
玉屏侗族自治县	71	31	40	89	48	41
石阡县	112	58	54	127	62	65
思南县	218	121	97	213	114	99
印江土家族苗族自治县	137	69	68	143	74	69
德江县	238	138	100	235	118	117
沿河土家族自治县	223	117	106	208	108	100
松桃苗族自治县	208	109	99	181	94	87
黔西南布依族苗族自治州	**939**	**503**	**436**	**863**	**473**	**390**
兴义市	97	52	45	112	74	38
兴仁市	72	38	34	52	33	19
普安县	101	51	50	102	51	51
晴隆县	102	58	44	95	52	43
贞丰县	140	73	67	161	83	78
望谟县	135	69	66	90	39	51
册亨县	95	54	41	82	52	30
安龙县	197	108	89	169	89	80
黔东南苗族侗族自治州	**1566**	**871**	**695**	**1554**	**860**	**694**
凯里市	47	28	19	48	26	22
黄平县	111	53	58	110	68	42
施秉县	57	31	26	64	38	26
三穗县	94	42	52	102	53	49
镇远县	101	50	51	105	58	47
岑巩县	93	52	41	115	48	67
天柱县	124	67	57	122	62	60
锦屏县	93	56	37	77	46	31
剑河县	106	54	52	91	58	33
台江县	48	33	15	56	29	27
黎平县	231	128	103	226	126	100
榕江县	145	79	66	142	85	57
从江县	106	66	40	120	75	45
雷山县	55	31	24	43	17	26
麻江县	76	44	32	70	34	36
丹寨县	79	57	22	63	37	26
黔南布依族苗族自治州	**1685**	**889**	**796**	**1648**	**870**	**778**
都匀市	24	12	12	26	16	10
福泉市	57	31	26	67	38	29
荔波县	85	38	47	82	41	41
贵定县	140	66	74	152	73	79
瓮安县	297	157	140	299	160	139
独山县	148	81	67	159	81	78
平塘县	106	59	47	106	57	49
罗甸县	185	94	91	178	93	85
长顺县	126	73	53	102	53	49
龙里县	165	89	76	156	87	69
惠水县	217	118	99	205	113	92
三都水族自治县	135	71	64	116	58	58

1-10b 续表 4　　单位：人

地区	2020年2月			2020年3月			2020年4月		
	小计	男	女	小计	男	女	小计	男	女
贵州	**11430**	**6058**	**5372**	**11575**	**6145**	**5430**	**10956**	**5881**	**5075**
贵阳市	**646**	**334**	**312**	**616**	**335**	**281**	**585**	**299**	**286**
南明区									
云岩区									
花溪区	50	28	22	38	23	15	53	31	22
乌当区	20	10	10	18	14	4	14	6	8
白云区	1		1	3		3	1	1	
观山湖区	33	21	12	16	4	12	16	11	5
开阳县	229	117	112	210	110	100	197	96	101
息烽县	117	56	61	132	66	66	113	57	56
修文县	142	77	65	143	85	58	135	63	72
清镇市	54	25	29	56	33	23	56	34	22
六盘水市	**656**	**372**	**284**	**746**	**377**	**369**	**660**	**365**	**295**
钟山区	61	37	24	68	29	39	69	36	33
六枝特区	77	40	37	66	36	30	52	31	21
水城县	296	175	121	358	180	178	337	196	141
盘州市	222	120	102	254	132	122	202	102	100
遵义市	**2005**	**1050**	**955**	**2019**	**1037**	**982**	**1951**	**1025**	**926**
红花岗区	67	41	26	70	32	38	72	33	39
汇川区	76	39	37	64	31	33	57	32	25
播州区	84	48	36	116	65	51	93	53	40
桐梓县	257	123	134	216	122	94	246	150	96
绥阳县	175	94	81	166	78	88	183	83	100
正安县	163	77	86	176	88	88	141	84	57
道真仡佬族苗族自治县	106	63	43	142	64	78	127	58	69
务川仡佬族苗族自治县	185	104	81	223	126	97	208	106	102
凤冈县	191	103	88	177	89	88	154	73	81
湄潭县	187	96	91	189	99	90	178	92	86
余庆县	111	53	58	119	65	54	106	57	49
习水县	278	145	133	259	126	133	283	145	138
赤水市	30	17	13	14	8	6	21	8	13
仁怀市	95	47	48	88	44	44	82	51	31
安顺市	**672**	**343**	**329**	**681**	**397**	**284**	**622**	**348**	**274**
西秀区	50	24	26	59	36	23	40	25	15
平坝区	103	62	41	96	55	41	83	42	41
普定县	151	67	84	134	74	60	154	92	62
镇宁布依族苗族自治县	148	83	65	144	87	57	110	64	46
关岭布依族苗族自治县	110	59	51	143	82	61	112	64	48
紫云苗族布依族自治县	110	48	62	105	63	42	123	61	62
毕节市	**2610**	**1403**	**1207**	**2752**	**1437**	**1315**	**2514**	**1350**	**1164**
七星关区	108	58	50	101	50	51	88	43	45
大方县	382	202	180	387	203	184	356	181	175
黔西县	363	176	187	379	210	169	371	191	180
金沙县	272	153	119	275	147	128	231	115	116
织金县	425	236	189	444	237	207	400	230	170
纳雍县	320	181	139	351	174	177	315	176	139
威宁彝族回族苗族自治县	586	320	266	619	321	298	575	315	260
赫章县	154	77	77	196	95	101	178	99	79

1−10b　续表 5　　　　单位：人

地　区	2020年2月			2020年3月			2020年4月		
	小计	男	女	小计	男	女	小计	男	女
铜仁市	**1124**	**601**	**523**	**1141**	**615**	**526**	**1059**	**568**	**491**
碧江区	2		2	5	1	4	5	2	3
万山区									
江口县	98	48	50	77	40	37	84	46	38
玉屏侗族自治县	75	37	38	79	47	32	61	36	25
石阡县	101	58	43	110	52	58	112	68	44
思南县	176	98	78	161	81	80	158	81	77
印江土家族苗族自治县	118	66	52	114	59	55	113	64	49
德江县	209	115	94	212	115	97	192	94	98
沿河土家族自治县	169	89	80	196	115	81	164	88	76
松桃苗族自治县	176	90	86	187	105	82	170	89	81
黔西南布依族苗族自治州	**815**	**431**	**384**	**793**	**409**	**384**	**768**	**415**	**353**
兴义市	86	47	39	75	42	33	88	52	36
兴仁市	41	14	27	38	13	25	50	28	22
普安县	88	48	40	93	53	40	76	50	26
晴隆县	89	47	42	79	40	39	80	42	38
贞丰县	145	82	63	138	66	72	132	72	60
望谟县	110	62	48	118	61	57	97	48	49
册亨县	81	44	37	74	41	33	76	40	36
安龙县	175	87	88	178	93	85	169	83	86
黔东南苗族侗族自治州	**1455**	**793**	**662**	**1368**	**751**	**617**	**1334**	**738**	**596**
凯里市	37	23	14	39	25	14	44	27	17
黄平县	85	52	33	82	44	38	107	64	43
施秉县	41	22	19	53	30	23	40	22	18
三穗县	88	49	39	89	56	33	82	51	31
镇远县	102	58	44	96	52	44	87	47	40
岑巩县	115	62	53	87	43	44	76	37	39
天柱县	124	76	48	128	82	46	110	66	44
锦屏县	89	47	42	84	42	42	90	41	49
剑河县	96	48	48	83	39	44	81	54	27
台江县	61	30	31	45	25	20	51	22	29
黎平县	222	115	107	209	118	91	199	103	96
榕江县	130	80	50	120	64	56	95	54	41
从江县	100	42	58	93	43	50	91	45	46
雷山县	56	29	27	48	24	24	53	34	19
麻江县	53	32	21	64	38	26	65	36	29
丹寨县	56	28	28	48	26	22	63	35	28
黔南布依族苗族自治州	**1447**	**731**	**716**	**1459**	**787**	**672**	**1463**	**773**	**690**
都匀市	21	8	13	20	13	7	26	12	14
福泉市	37	19	18	49	29	20	62	33	29
荔波县	91	56	35	79	43	36	73	39	34
贵定县	131	61	70	122	60	62	111	49	62
瓮安县	244	117	127	269	140	129	236	121	115
独山县	130	70	60	137	80	57	166	94	72
平塘县	90	44	46	121	71	50	72	41	31
罗甸县	154	73	81	145	73	72	176	90	86
长顺县	105	47	58	99	46	53	93	58	35
龙里县	148	76	72	144	70	74	164	84	80
惠水县	200	116	84	173	103	70	170	97	73
三都水族自治县	96	44	52	101	59	42	114	55	59

1-10b 续表 6 单位：人

地区	2020年5月			2020年6月			2020年7月		
	小计	男	女	小计	男	女	小计	男	女
贵州	**10859**	**5747**	**5112**	**10986**	**5908**	**5078**	**10953**	**5922**	**5031**
贵阳市	**622**	**345**	**277**	**628**	**339**	**289**	**672**	**372**	**300**
南明区									
云岩区									
花溪区	47	28	19	50	32	18	44	27	17
乌当区	17	7	10	27	16	11	30	21	9
白云区	2	2		2	2		4	1	3
观山湖区	19	14	5	17	10	7	25	13	12
开阳县	206	107	99	223	119	104	214	116	98
息烽县	129	76	53	109	54	55	148	76	72
修文县	162	87	75	164	86	78	152	89	63
清镇市	40	24	16	36	20	16	55	29	26
六盘水市	**658**	**372**	**286**	**686**	**345**	**341**	**676**	**345**	**331**
钟山区	79	42	37	56	22	34	66	34	32
六枝特区	52	29	23	55	26	29	59	29	30
水城县	292	157	135	328	171	157	327	168	159
盘州市	235	144	91	247	126	121	224	114	110
遵义市	**1793**	**958**	**835**	**1828**	**988**	**840**	**1804**	**958**	**846**
红花岗区	70	37	33	53	31	22	47	19	28
汇川区	61	34	27	52	29	23	56	35	21
播州区	80	42	38	118	70	48	96	54	42
桐梓县	197	99	98	228	116	112	217	122	95
绥阳县	164	96	68	151	84	67	158	70	88
正安县	145	81	64	152	76	76	156	85	71
道真仡佬族苗族自治县	112	57	55	111	53	58	125	68	57
务川仡佬族苗族自治县	179	97	82	182	101	81	175	94	81
凤冈县	175	102	73	148	79	69	177	96	81
湄潭县	163	79	84	179	116	63	162	90	72
余庆县	96	50	46	109	61	48	93	50	43
习水县	265	143	122	242	118	124	235	126	109
赤水市	22	11	11	20	9	11	29	14	15
仁怀市	64	30	34	83	45	38	78	35	43
安顺市	**638**	**349**	**289**	**651**	**367**	**284**	**675**	**365**	**310**
西秀区	57	33	24	53	28	25	56	33	23
平坝区	70	42	28	76	51	25	103	56	47
普定县	137	73	64	146	72	74	159	87	72
镇宁布依族苗族自治县	129	56	73	145	81	64	116	57	59
关岭布依族苗族自治县	125	74	51	118	68	50	128	75	53
紫云苗族布依族自治县	120	71	49	113	67	46	113	57	56
毕节市	**2533**	**1310**	**1223**	**2613**	**1364**	**1249**	**2554**	**1395**	**1159**
七星关区	103	55	48	110	53	57	101	59	42
大方县	328	169	159	391	207	184	337	183	154
黔西县	356	179	177	364	174	190	395	211	184
金沙县	301	161	140	253	137	116	265	142	123
织金县	405	213	192	432	237	195	413	231	182
纳雍县	303	154	149	307	156	151	346	190	156
威宁彝族回族苗族自治县	533	272	261	571	299	272	513	267	246
赫章县	204	107	97	185	101	84	184	112	72

1-10b　续表 7　　单位：人

地　区	2020年5月			2020年6月			2020年7月		
	小计	男	女	小计	男	女	小计	男	女
铜仁市	**989**	**529**	**460**	**1098**	**611**	**487**	**1071**	**574**	**497**
碧江区	4	3	1	6	4	2	4	2	2
万山区									
江口县	67	33	34	74	37	37	91	48	43
玉屏侗族自治县	65	36	29	67	38	29	84	44	40
石阡县	95	49	46	128	77	51	93	44	49
思南县	138	70	68	151	86	65	148	82	66
印江土家族苗族自治县	118	64	54	141	78	63	128	63	65
德江县	178	94	84	184	95	89	176	105	71
沿河土家族自治县	176	90	86	184	113	71	184	94	90
松桃苗族自治县	148	90	58	163	83	80	163	92	71
黔西南布依族苗族自治州	**767**	**378**	**389**	**737**	**402**	**335**	**779**	**400**	**379**
兴义市	88	41	47	86	43	43	98	45	53
兴仁市	60	27	33	50	28	22	55	29	26
普安县	87	43	44	85	50	35	88	47	41
晴隆县	92	47	45	86	47	39	87	46	41
贞丰县	144	66	78	111	62	49	122	69	53
望谟县	90	46	44	83	48	35	73	36	37
册亨县	58	32	26	75	42	33	73	33	40
安龙县	148	76	72	161	82	79	183	95	88
黔东南苗族侗族自治州	**1352**	**710**	**642**	**1275**	**710**	**565**	**1295**	**714**	**581**
凯里市	39	21	18	43	25	18	28	18	10
黄平县	94	53	41	77	44	33	77	49	28
施秉县	46	23	23	52	26	26	48	34	14
三穗县	73	44	29	79	44	35	91	48	43
镇远县	85	41	44	81	50	31	74	33	41
岑巩县	92	40	52	79	37	42	91	61	30
天柱县	110	55	55	93	53	40	102	48	54
锦屏县	75	41	34	71	44	27	81	42	39
剑河县	72	33	39	78	42	36	89	45	44
台江县	54	30	24	53	34	19	43	26	17
黎平县	208	118	90	219	129	90	188	97	91
榕江县	122	60	62	106	50	56	97	48	49
从江县	99	56	43	94	47	47	100	61	39
雷山县	70	33	37	44	26	18	77	48	29
麻江县	47	20	27	63	33	30	54	29	25
丹寨县	66	42	24	43	26	17	55	27	28
黔南布依族苗族自治州	**1507**	**796**	**711**	**1470**	**782**	**688**	**1427**	**799**	**628**
都匀市	32	16	16	27	19	8	34	15	19
福泉市	57	37	20	57	32	25	58	31	27
荔波县	71	38	33	83	40	43	88	51	37
贵定县	127	72	55	118	66	52	118	63	55
瓮安县	273	143	130	256	136	120	249	127	122
独山县	134	73	61	135	71	64	103	61	42
平塘县	87	42	45	86	43	43	95	51	44
罗甸县	162	80	82	144	77	67	142	75	67
长顺县	118	56	62	115	60	55	98	57	41
龙里县	153	87	66	130	72	58	157	90	67
惠水县	199	101	98	203	98	105	175	108	67
三都水族自治县	94	51	43	116	68	48	110	70	40

1-10b 续表 8 单位：人

地区	2020年8月			2020年9月			2020年10月		
	小计	男	女	小计	男	女	小计	男	女
贵 州	**10760**	**5879**	**4881**	**10020**	**5431**	**4589**	**10574**	**5639**	**4935**
贵阳市	**638**	**355**	**283**	**504**	**274**	**230**	**526**	**298**	**228**
南明区									
云岩区									
花溪区	55	32	23	34	21	13	28	14	14
乌当区	18	9	9	26	12	14	23	13	10
白云区				1		1	3	2	1
观山湖区	16	11	5	19	14	5	16	8	8
开阳县	217	115	102	148	77	71	161	86	75
息烽县	135	85	50	93	45	48	123	67	56
修文县	150	78	72	133	78	55	118	74	44
清镇市	47	25	22	50	27	23	54	34	20
六盘水市	**668**	**374**	**294**	**641**	**330**	**311**	**737**	**390**	**347**
钟山区	65	39	26	65	38	27	63	26	37
六枝特区	52	25	27	55	27	28	67	36	31
水城县	328	188	140	304	154	150	332	179	153
盘州市	223	122	101	217	111	106	275	149	126
遵义市	**1862**	**1004**	**858**	**1822**	**1006**	**816**	**1867**	**978**	**889**
红花岗区	65	28	37	48	30	18	67	29	38
汇川区	51	32	19	61	38	23	48	19	29
播州区	92	63	29	110	63	47	93	56	37
桐梓县	234	125	109	205	123	82	222	123	99
绥阳县	164	90	74	147	91	56	161	85	76
正安县	159	85	74	169	92	77	165	82	83
道真仡佬族苗族自治县	123	59	64	114	62	52	135	59	76
务川仡佬族苗族自治县	188	87	101	199	102	97	224	113	111
凤冈县	163	94	69	160	86	74	159	92	67
湄潭县	188	105	83	186	104	82	197	107	90
余庆县	93	51	42	110	61	49	83	44	39
习水县	256	141	115	228	113	115	219	115	104
赤水市	21	7	14	34	13	21	34	18	16
仁怀市	65	37	28	51	28	23	60	36	24
安顺市	**650**	**354**	**296**	**593**	**301**	**292**	**616**	**338**	**278**
西秀区	48	24	24	48	21	27	53	25	28
平坝区	96	53	43	69	40	29	84	54	30
普定县	148	79	69	149	72	77	141	79	62
镇宁布依族苗族自治县	119	70	49	88	47	41	106	57	49
关岭布依族苗族自治县	120	59	61	127	62	65	128	63	65
紫云苗族布依族自治县	119	69	50	112	59	53	104	60	44
毕节市	**2501**	**1352**	**1149**	**2378**	**1270**	**1108**	**2579**	**1385**	**1194**
七星关区	69	40	29	95	50	45	108	55	53
大方县	350	186	164	346	187	159	343	178	165
黔西县	382	195	187	379	204	175	373	201	172
金沙县	285	157	128	254	137	117	227	130	97
织金县	394	214	180	411	210	201	430	228	202
纳雍县	333	180	153	305	162	143	340	190	150
威宁彝族回族苗族自治县	524	284	240	435	238	197	583	292	291
赫章县	164	96	68	153	82	71	175	111	64

1-10b　续表 9　　　　单位：人

地　区	2020年8月			2020年9月			2020年10月		
	小计	男	女	小计	男	女	小计	男	女
铜仁市	**1028**	**567**	**461**	**850**	**426**	**424**	**1005**	**534**	**471**
碧江区	6	2	4	5	4	1	5	2	3
万山区									
江口县	72	42	30	60	32	28	81	51	30
玉屏侗族自治县	72	40	32	55	27	28	57	28	29
石阡县	106	59	47	78	37	41	98	54	44
思南县	136	71	65	120	55	65	146	72	74
印江土家族苗族自治县	124	62	62	86	39	47	94	55	39
德江县	183	101	82	159	78	81	172	95	77
沿河土家族自治县	176	104	72	159	91	68	167	86	81
松桃苗族自治县	153	86	67	128	63	65	185	91	94
黔西南布依族苗族自治州	**775**	**426**	**349**	**704**	**411**	**293**	**734**	**373**	**361**
兴义市	75	44	31	87	51	36	81	39	42
兴仁市	46	27	19	46	24	22	50	30	20
普安县	90	54	36	82	50	32	99	55	44
晴隆县	113	64	49	80	47	33	85	44	41
贞丰县	134	72	62	94	52	42	156	75	81
望谟县	101	52	49	90	46	44	66	36	30
册亨县	61	28	33	62	33	29	55	26	29
安龙县	155	85	70	163	108	55	142	68	74
黔东南苗族侗族自治州	**1174**	**659**	**515**	**1201**	**694**	**507**	**1242**	**654**	**588**
凯里市	33	19	14	35	23	12	30	18	12
黄平县	73	32	41	88	59	29	60	22	38
施秉县	39	21	18	45	28	17	44	23	21
三穗县	70	32	38	84	48	36	92	53	39
镇远县	98	51	47	91	54	37	92	51	41
岑巩县	73	43	30	73	45	28	98	52	46
天柱县	109	65	44	96	51	45	96	48	48
锦屏县	59	35	24	47	28	19	83	38	45
剑河县	67	36	31	73	43	30	71	35	36
台江县	41	24	17	34	18	16	31	14	17
黎平县	174	111	63	204	114	90	212	123	89
榕江县	84	48	36	70	42	28	70	35	35
从江县	95	50	45	86	43	43	89	53	36
雷山县	62	40	22	65	40	25	61	29	32
麻江县	47	26	21	61	33	28	51	31	20
丹寨县	50	26	24	49	25	24	62	29	33
黔南布依族苗族自治州	**1464**	**788**	**676**	**1327**	**719**	**608**	**1268**	**689**	**579**
都匀市	28	17	11	17	11	6	21	9	12
福泉市	55	33	22	52	20	32	46	22	24
荔波县	85	37	48	81	46	35	77	38	39
贵定县	116	66	50	107	52	55	102	56	46
瓮安县	267	154	113	223	123	100	195	106	89
独山县	118	66	52	125	75	50	120	62	58
平塘县	73	34	39	78	37	41	76	43	33
罗甸县	177	95	82	155	85	70	151	74	77
长顺县	91	45	46	87	47	40	80	45	35
龙里县	125	69	56	121	65	56	105	57	48
惠水县	224	115	109	175	96	79	183	112	71
三都水族自治县	105	57	48	106	62	44	112	65	47

1-10c 各地区分性别、月份的出生人口 (2019.11.1-2020.10.31)(乡村)

单位：人

地　区	出生人口			2019年11月		
	合计	男	女	小计	男	女
贵　州	**263435**	**139522**	**123913**	**25574**	**13436**	**12138**
贵阳市	**17340**	**9231**	**8109**	**1597**	**855**	**742**
南明区	681	355	326	66	34	32
云岩区						
花溪区	2858	1500	1358	245	120	125
乌当区	1463	794	669	151	83	68
白云区	395	198	197	39	21	18
观山湖区	1316	727	589	137	72	65
开阳县	2134	1127	1007	193	113	80
息烽县	1625	878	747	150	82	68
修文县	2486	1336	1150	239	134	105
清镇市	4382	2316	2066	377	196	181
六盘水市	**29718**	**15763**	**13955**	**2801**	**1459**	**1342**
钟山区	1051	577	474	103	50	53
六枝特区	4874	2602	2272	468	245	223
水城县	9035	4749	4286	921	454	467
盘州市	14758	7835	6923	1309	710	599
遵义市	**35420**	**18597**	**16823**	**3463**	**1820**	**1643**
红花岗区	2338	1228	1110	234	111	123
汇川区	1721	853	868	171	81	90
播州区	4910	2622	2288	507	283	224
桐梓县	3438	1823	1615	333	173	160
绥阳县	2587	1386	1201	272	143	129
正安县	2554	1378	1176	247	130	117
道真仡佬族苗族自治县	1070	538	532	106	57	49
务川仡佬族苗族自治县	1845	970	875	165	89	76
凤冈县	2064	1087	977	186	97	89
湄潭县	2225	1160	1065	209	114	95
余庆县	1297	669	628	116	64	52
习水县	4384	2214	2170	446	218	228
赤水市	941	519	422	92	48	44
仁怀市	4046	2150	1896	379	212	167
安顺市	**19760**	**10518**	**9242**	**1909**	**1006**	**903**
西秀区	5095	2741	2354	520	273	247
平坝区	2714	1434	1280	233	118	115
普定县	3464	1832	1632	344	175	169
镇宁布依族苗族自治县	2494	1324	1170	270	141	129
关岭布依族苗族自治县	2620	1355	1265	257	137	120
紫云苗族布依族自治县	3373	1832	1541	285	162	123
毕节市	**62273**	**32637**	**29636**	**6224**	**3216**	**3008**
七星关区	9926	5181	4745	1007	518	489
大方县	8236	4343	3893	811	428	383
黔西县	5729	3009	2720	533	288	245
金沙县	3117	1644	1473	292	162	130
织金县	7257	3878	3379	676	344	332
纳雍县	6875	3630	3245	669	360	309
威宁彝族回族苗族自治县	13201	6845	6356	1459	748	711
赫章县	7932	4107	3825	777	368	409

1－10c　续表 1

单位：人

地　　区	出生人口			2019年11月		
	合计	男	女	小计	男	女
铜仁市	**22397**	**12084**	**10313**	**2181**	**1159**	**1022**
碧江区	1023	545	478	106	53	53
万山区	974	513	461	75	42	33
江口县	1215	679	536	120	68	52
玉屏侗族自治县	910	509	401	99	52	47
石阡县	2460	1355	1105	247	136	111
思南县	3070	1665	1405	307	165	142
印江土家族苗族自治县	1911	1029	882	170	89	81
德江县	2667	1409	1258	254	138	116
沿河土家族自治县	3564	1914	1650	361	188	173
松桃苗族自治县	4603	2466	2137	442	228	214
黔西南布依族苗族自治州	**23707**	**12478**	**11229**	**2370**	**1240**	**1130**
兴义市	4927	2604	2323	485	272	213
兴仁市	3591	1908	1683	352	178	174
普安县	2534	1349	1185	259	129	130
晴隆县	2332	1216	1116	243	126	117
贞丰县	2866	1513	1353	314	173	141
望谟县	2000	1010	990	186	93	93
册亨县	1939	1029	910	216	115	101
安龙县	3518	1849	1669	315	154	161
黔东南苗族侗族自治州	**29584**	**15834**	**13750**	**2791**	**1497**	**1294**
凯里市	2336	1231	1105	226	116	110
黄平县	1680	905	775	188	106	82
施秉县	903	482	421	84	54	30
三穗县	1140	598	542	89	52	37
镇远县	1200	672	528	98	54	44
岑巩县	1268	655	613	98	46	52
天柱县	2101	1133	968	200	101	99
锦屏县	1140	589	551	121	55	66
剑河县	1428	763	665	140	87	53
台江县	976	507	469	104	54	50
黎平县	4108	2178	1930	416	219	197
榕江县	3127	1676	1451	296	166	130
从江县	5029	2722	2307	475	250	225
雷山县	1005	565	440	86	47	39
麻江县	1150	625	525	88	42	46
丹寨县	993	533	460	82	48	34
黔南布依族苗族自治州	**23236**	**12380**	**10856**	**2238**	**1184**	**1054**
都匀市	2130	1160	970	227	129	98
福泉市	1929	1010	919	184	91	93
荔波县	1288	707	581	121	69	52
贵定县	1531	764	767	136	63	73
瓮安县	2026	1071	955	201	114	87
独山县	1713	911	802	180	86	94
平塘县	2070	1123	947	184	92	92
罗甸县	1650	865	785	165	92	73
长顺县	1780	934	846	172	85	87
龙里县	1553	827	726	135	67	68
惠水县	3078	1605	1473	298	168	130
三都水族自治县	2488	1403	1085	235	128	107

1-10c 续表 2 单位：人

地区	2019年12月			2020年1月		
	小计	男	女	小计	男	女
贵州	**23325**	**12395**	**10930**	**22981**	**12080**	**10901**
贵阳市	**1553**	**854**	**699**	**1557**	**804**	**753**
南明区	68	31	37	55	30	25
云岩区						
花溪区	265	143	122	267	150	117
乌当区	133	75	58	114	58	56
白云区	46	28	18	40	27	13
观山湖区	106	60	46	122	59	63
开阳县	199	118	81	206	105	101
息烽县	150	88	62	134	74	60
修文县	192	104	88	213	103	110
清镇市	394	207	187	406	198	208
六盘水市	**2592**	**1397**	**1195**	**2516**	**1361**	**1155**
钟山区	92	49	43	92	55	37
六枝特区	455	250	205	440	239	201
水城县	802	437	365	750	398	352
盘州市	1243	661	582	1234	669	565
遵义市	**3150**	**1636**	**1514**	**3088**	**1571**	**1517**
红花岗区	189	101	88	218	128	90
汇川区	166	77	89	169	78	91
播州区	449	220	229	415	215	200
桐梓县	323	173	150	289	150	139
绥阳县	218	117	101	240	119	121
正安县	202	117	85	203	113	90
道真仡佬族苗族自治县	96	54	42	94	46	48
务川仡佬族苗族自治县	151	75	76	160	73	87
凤冈县	170	96	74	169	87	82
湄潭县	217	114	103	193	93	100
余庆县	133	73	60	109	52	57
习水县	384	187	197	417	203	214
赤水市	68	35	33	80	36	44
仁怀市	384	197	187	332	178	154
安顺市	**1769**	**918**	**851**	**1781**	**919**	**862**
西秀区	462	237	225	474	253	221
平坝区	241	120	121	213	113	100
普定县	318	173	145	320	170	150
镇宁布依族苗族自治县	222	118	104	242	123	119
关岭布依族苗族自治县	233	114	119	236	118	118
紫云苗族布依族自治县	293	156	137	296	142	154
毕节市	**5659**	**3031**	**2628**	**5540**	**2892**	**2648**
七星关区	941	487	454	914	485	429
大方县	751	381	370	759	410	349
黔西县	529	291	238	510	264	246
金沙县	290	161	129	260	137	123
织金县	660	375	285	662	349	313
纳雍县	610	317	293	592	315	277
威宁彝族回族苗族自治县	1194	645	549	1132	559	573
赫章县	684	374	310	711	373	338

1－10c　续表 3　　单位：人

地　区	2019年12月			2020年1月		
	小计	男	女	小计	男	女
铜仁市	**1937**	**1042**	**895**	**1844**	**1003**	**841**
碧江区	93	50	43	89	48	41
万山区	109	55	54	74	37	37
江口县	98	61	37	117	68	49
玉屏侗族自治县	77	38	39	79	54	25
石阡县	195	105	90	193	94	99
思南县	256	136	120	258	140	118
印江土家族苗族自治县	169	93	76	156	84	72
德江县	213	117	96	238	130	108
沿河土家族自治县	305	157	148	281	159	122
松桃苗族自治县	422	230	192	359	189	170
黔西南布依族苗族自治州	**2124**	**1069**	**1055**	**2070**	**1089**	**981**
兴义市	442	231	211	465	232	233
兴仁市	364	197	167	293	151	142
普安县	220	93	127	212	114	98
晴隆县	179	90	89	208	109	99
贞丰县	246	112	134	263	147	116
望谟县	174	78	96	172	81	91
册亨县	181	98	83	171	93	78
安龙县	318	170	148	286	162	124
黔东南苗族侗族自治州	**2553**	**1351**	**1202**	**2612**	**1363**	**1249**
凯里市	193	104	89	224	126	98
黄平县	152	78	74	137	67	70
施秉县	73	38	35	84	48	36
三穗县	113	52	61	96	53	43
镇远县	96	57	39	104	52	52
岑巩县	108	62	46	124	57	67
天柱县	183	99	84	178	93	85
锦屏县	88	45	43	83	45	38
剑河县	128	64	64	124	48	76
台江县	84	42	42	95	43	52
黎平县	334	166	168	361	206	155
榕江县	278	137	141	275	126	149
从江县	452	251	201	440	232	208
雷山县	91	47	44	86	47	39
麻江县	94	58	36	108	66	42
丹寨县	86	51	35	93	54	39
黔南布依族苗族自治州	**1988**	**1097**	**891**	**1973**	**1078**	**895**
都匀市	164	96	68	206	128	78
福泉市	156	81	75	163	86	77
荔波县	103	63	40	100	60	40
贵定县	129	68	61	141	74	67
瓮安县	162	88	74	153	74	79
独山县	152	85	67	135	72	63
平塘县	158	92	66	190	99	91
罗甸县	133	76	57	107	63	44
长顺县	154	81	73	143	82	61
龙里县	147	78	69	140	78	62
惠水县	291	150	141	282	145	137
三都水族自治县	239	139	100	213	117	96

1-10c 续表 4

单位：人

地 区	2020年2月			2020年3月			2020年4月		
	小计	男	女	小计	男	女	小计	男	女
贵 州	**20918**	**10935**	**9983**	**21917**	**11616**	**10301**	**20579**	**10895**	**9684**
贵阳市	**1454**	**764**	**690**	**1493**	**789**	**704**	**1454**	**757**	**697**
南明区	45	24	21	70	43	27	59	31	28
云岩区									
花溪区	234	111	123	258	125	133	234	129	105
乌当区	108	61	47	120	65	55	123	61	62
白云区	32	15	17	33	14	19	24	12	12
观山湖区	126	70	56	117	72	45	111	60	51
开阳县	167	75	92	165	78	87	200	98	102
息烽县	139	76	63	147	87	60	143	74	69
修文县	224	120	104	202	111	91	219	112	107
清镇市	379	212	167	381	194	187	341	180	161
六盘水市	**2407**	**1259**	**1148**	**2428**	**1264**	**1164**	**2274**	**1191**	**1083**
钟山区	84	44	40	102	57	45	92	52	40
六枝特区	396	196	200	361	193	168	367	200	167
水城县	736	380	356	772	416	356	712	384	328
盘州市	1191	639	552	1193	598	595	1103	555	548
遵义市	**2856**	**1437**	**1419**	**2976**	**1595**	**1381**	**2933**	**1589**	**1344**
红花岗区	184	81	103	197	114	83	189	103	86
汇川区	134	68	66	158	80	78	151	81	70
播州区	419	206	213	419	230	189	442	255	187
桐梓县	268	137	131	308	163	145	304	157	147
绥阳县	209	103	106	209	120	89	197	110	87
正安县	207	113	94	210	130	80	206	106	100
道真仡佬族苗族自治县	77	32	45	83	43	40	79	41	38
务川仡佬族苗族自治县	126	63	63	142	81	61	179	108	71
凤冈县	177	87	90	152	86	66	160	78	82
湄潭县	183	106	77	182	71	111	167	94	73
余庆县	105	41	64	110	63	47	96	58	38
习水县	353	190	163	364	170	194	352	187	165
赤水市	77	44	33	69	48	21	76	38	38
仁怀市	337	166	171	373	196	177	335	173	162
安顺市	**1606**	**875**	**731**	**1653**	**868**	**785**	**1501**	**788**	**713**
西秀区	436	242	194	420	223	197	410	217	193
平坝区	223	115	108	237	126	111	183	100	83
普定县	266	136	130	298	149	149	256	135	121
镇宁布依族苗族自治县	195	103	92	228	123	105	204	112	92
关岭布依族苗族自治县	226	118	108	204	100	104	204	103	101
紫云苗族布依族自治县	260	161	99	266	147	119	244	121	123
毕节市	**4802**	**2469**	**2333**	**5247**	**2760**	**2487**	**4889**	**2553**	**2336**
七星关区	791	408	383	836	449	387	795	383	412
大方县	635	351	284	730	387	343	672	358	314
黔西县	407	206	201	512	247	265	473	269	204
金沙县	262	144	118	251	136	115	263	133	130
织金县	576	287	289	566	285	281	566	308	258
纳雍县	530	269	261	581	318	263	546	282	264
威宁彝族回族苗族自治县	1001	499	502	1099	584	515	1001	516	485
赫章县	600	305	295	672	354	318	573	304	269

1-10c　续表 5　　　　单位：人

地　区	2020年2月			2020年3月			2020年4月		
	小计	男	女	小计	男	女	小计	男	女
铜仁市	**1788**	**969**	**819**	**1882**	**1013**	**869**	**1728**	**874**	**854**
碧江区	88	49	39	86	31	55	90	50	40
万山区	65	35	30	83	46	37	84	36	48
江口县	90	44	46	91	48	43	95	42	53
玉屏侗族自治县	78	44	34	83	41	42	74	37	37
石阡县	190	92	98	223	130	93	164	83	81
思南县	246	143	103	260	156	104	219	116	103
印江土家族苗族自治县	153	81	72	169	87	82	161	86	75
德江县	213	124	89	221	113	108	224	110	114
沿河土家族自治县	286	161	125	265	140	125	270	129	141
松桃苗族自治县	379	196	183	401	221	180	347	185	162
黔西南布依族苗族自治州	**1794**	**962**	**832**	**1902**	**1015**	**887**	**1808**	**968**	**840**
兴义市	403	207	196	399	215	184	375	198	177
兴仁市	276	156	120	300	158	142	280	149	131
普安县	183	98	85	201	107	94	194	115	79
晴隆县	161	88	73	193	104	89	173	89	84
贞丰县	219	126	93	219	112	107	215	113	102
望谟县	149	76	73	158	85	73	160	98	62
册亨县	157	75	82	150	84	66	128	60	68
安龙县	246	136	110	282	150	132	283	146	137
黔东南苗族侗族自治州	**2309**	**1246**	**1063**	**2408**	**1294**	**1114**	**2263**	**1233**	**1030**
凯里市	183	94	89	186	99	87	183	97	86
黄平县	130	66	64	117	71	46	119	64	55
施秉县	64	26	38	73	33	40	83	43	40
三穗县	103	62	41	79	43	36	91	39	52
镇远县	109	62	47	94	50	44	95	51	44
岑巩县	111	54	57	114	57	57	98	63	35
天柱县	166	97	69	204	113	91	167	85	82
锦屏县	86	45	41	104	52	52	87	47	40
剑河县	112	61	51	118	49	69	121	70	51
台江县	90	54	36	83	40	43	80	47	33
黎平县	286	153	133	343	186	157	291	150	141
榕江县	236	122	114	247	147	100	223	117	106
从江县	375	195	180	395	219	176	380	221	159
雷山县	81	57	24	91	55	36	85	47	38
麻江县	96	54	42	86	39	47	82	46	36
丹寨县	81	44	37	74	41	33	78	46	32
黔南布依族苗族自治州	**1902**	**954**	**948**	**1928**	**1018**	**910**	**1729**	**942**	**787**
都匀市	174	78	96	191	110	81	140	72	68
福泉市	159	82	77	148	72	76	151	84	67
荔波县	100	53	47	86	49	37	97	51	46
贵定县	135	63	72	136	61	75	106	55	51
瓮安县	173	88	85	177	88	89	162	88	74
独山县	155	78	77	149	85	64	127	76	51
平塘县	171	81	90	171	90	81	144	81	63
罗甸县	117	57	60	139	62	77	123	68	55
长顺县	138	70	68	133	65	68	139	66	73
龙里县	121	66	55	128	74	54	128	71	57
惠水县	255	125	130	265	143	122	225	119	106
三都水族自治县	204	113	91	205	119	86	187	111	76

1—10c 续表 6 单位：人

地 区	2020年5月			2020年6月			2020年7月		
	小计	男	女	小计	男	女	小计	男	女
贵 州	**21437**	**11416**	**10021**	**21243**	**11242**	**10001**	**20789**	**10993**	**9796**
贵阳市	**1458**	**790**	**668**	**1368**	**701**	**667**	**1364**	**733**	**631**
南明区	52	25	27	54	29	25	60	33	27
云岩区									
花溪区	259	137	122	199	112	87	226	131	95
乌当区	124	69	55	124	52	72	107	64	43
白云区	35	18	17	29	13	16	27	11	16
观山湖区	110	72	38	106	53	53	104	54	50
开阳县	184	103	81	178	92	86	165	95	70
息烽县	116	58	58	127	60	67	116	61	55
修文县	204	110	94	199	105	94	211	112	99
清镇市	374	198	176	352	185	167	348	172	176
六盘水市	**2358**	**1230**	**1128**	**2377**	**1283**	**1094**	**2319**	**1210**	**1109**
钟山区	96	51	45	80	46	34	74	46	28
六枝特区	378	198	180	392	215	177	424	220	204
水城县	714	378	336	738	379	359	686	354	332
盘州市	1170	603	567	1167	643	524	1135	590	545
遵义市	**2891**	**1527**	**1364**	**2779**	**1477**	**1302**	**2822**	**1450**	**1372**
红花岗区	196	101	95	188	108	80	186	91	95
汇川区	133	74	59	124	63	61	115	60	55
播州区	388	203	185	389	198	191	368	189	179
桐梓县	317	182	135	252	136	116	264	147	117
绥阳县	225	115	110	219	108	111	206	117	89
正安县	228	123	105	188	102	86	210	101	109
道真仡佬族苗族自治县	84	44	40	95	43	52	79	37	42
务川仡佬族苗族自治县	127	66	61	152	85	67	189	82	107
凤冈县	166	88	78	146	80	66	166	84	82
湄潭县	172	84	88	193	103	90	177	90	87
余庆县	98	56	42	92	47	45	108	47	61
习水县	334	156	178	329	185	144	342	183	159
赤水市	74	38	36	87	43	44	78	48	30
仁怀市	349	197	152	325	176	149	334	174	160
安顺市	**1571**	**848**	**723**	**1611**	**857**	**754**	**1543**	**844**	**699**
西秀区	418	228	190	417	228	189	375	212	163
平坝区	222	121	101	237	126	111	239	124	115
普定县	272	149	123	271	136	135	264	139	125
镇宁布依族苗族自治县	192	101	91	189	98	91	206	111	95
关岭布依族苗族自治县	191	105	86	223	120	103	190	104	86
紫云苗族布依族自治县	276	144	132	274	149	125	269	154	115
毕节市	**5055**	**2715**	**2340**	**4988**	**2596**	**2392**	**4827**	**2527**	**2300**
七星关区	802	418	384	774	405	369	783	412	371
大方县	666	349	317	663	340	323	647	331	316
黔西县	437	238	199	471	257	214	443	240	203
金沙县	237	127	110	238	115	123	273	139	134
织金县	599	342	257	606	342	264	522	273	249
纳雍县	559	310	249	519	269	250	549	304	245
威宁彝族回族苗族自治县	1088	584	504	1070	528	542	1013	516	497
赫章县	667	347	320	647	340	307	597	312	285

1-10c　续表 7　　　　单位：人

地　区	2020年5月			2020年6月			2020年7月		
	小计	男	女	小计	男	女	小计	男	女
铜仁市	**1911**	**1055**	**856**	**1894**	**997**	**897**	**1835**	**996**	**839**
碧江区	93	51	42	73	42	31	74	41	33
万山区	87	49	38	92	44	48	85	43	42
江口县	122	70	52	103	54	49	95	57	38
玉屏侗族自治县	69	41	28	65	37	28	55	35	20
石阡县	210	131	79	237	129	108	204	113	91
思南县	268	140	128	246	129	117	263	141	122
印江土家族苗族自治县	173	96	77	159	84	75	155	92	63
德江县	219	114	105	225	118	107	218	125	93
沿河土家族自治县	291	159	132	320	177	143	285	141	144
松桃苗族自治县	379	204	175	374	183	191	401	208	193
黔西南布依族苗族自治州	**1932**	**1017**	**915**	**1886**	**1001**	**885**	**1823**	**948**	**875**
兴义市	412	214	198	401	203	198	401	215	186
兴仁市	305	154	151	278	140	138	278	146	132
普安县	223	121	102	182	106	76	179	100	79
晴隆县	171	94	77	197	109	88	196	99	97
贞丰县	233	124	109	241	139	102	187	85	102
望谟县	156	76	80	178	85	93	145	72	73
册亨县	145	86	59	153	79	74	158	78	80
安龙县	287	148	139	256	140	116	279	153	126
黔东南苗族侗族自治州	**2349**	**1248**	**1101**	**2427**	**1314**	**1113**	**2377**	**1248**	**1129**
凯里市	199	90	109	202	104	98	185	88	97
黄平县	144	80	64	134	77	57	137	72	65
施秉县	58	25	33	94	54	40	69	39	30
三穗县	93	48	45	70	37	33	104	51	53
镇远县	87	51	36	116	69	47	90	49	41
岑巩县	105	55	50	88	42	46	107	55	52
天柱县	174	94	80	185	104	81	174	95	79
锦屏县	101	53	48	77	33	44	86	47	39
剑河县	123	68	55	115	58	57	132	72	60
台江县	73	33	40	68	29	39	69	38	31
黎平县	309	157	152	356	208	148	328	165	163
榕江县	218	118	100	256	148	108	256	135	121
从江县	446	240	206	398	215	183	375	201	174
雷山县	77	43	34	80	43	37	88	46	42
麻江县	77	53	24	108	58	50	99	52	47
丹寨县	65	40	25	80	35	45	78	43	35
黔南布依族苗族自治州	**1912**	**986**	**926**	**1913**	**1016**	**897**	**1879**	**1037**	**842**
都匀市	177	92	85	176	92	84	178	104	74
福泉市	172	77	95	142	81	61	150	84	66
荔波县	123	69	54	87	51	36	114	59	55
贵定县	125	70	55	133	60	73	108	57	51
瓮安县	164	86	78	170	99	71	172	99	73
独山县	121	58	63	165	81	84	139	82	57
平塘县	136	76	60	155	83	72	189	107	82
罗甸县	145	80	65	135	67	68	132	65	67
长顺县	168	88	80	155	78	77	110	62	48
龙里县	127	58	69	141	79	62	119	59	60
惠水县	244	113	131	230	125	105	239	133	106
三都水族自治县	210	119	91	224	120	104	229	126	103

1−10c 续表 8 单位：人

地 区	2020年8月			2020年9月			2020年10月		
	小计	男	女	小计	男	女	小计	男	女
贵 州	**20793**	**10991**	**9802**	**20419**	**10878**	**9541**	**23460**	**12645**	**10815**
贵阳市	**1405**	**763**	**642**	**1293**	**711**	**582**	**1344**	**710**	**634**
南明区	62	31	31	41	20	21	49	24	25
云岩区									
花溪区	254	125	129	213	116	97	204	101	103
乌当区	138	76	62	104	66	38	117	64	53
白云区	32	13	19	27	10	17	31	16	15
观山湖区	98	58	40	93	51	42	86	46	40
开阳县	172	81	91	171	100	71	134	69	65
息烽县	120	71	49	120	63	57	163	84	79
修文县	206	118	88	181	100	81	196	107	89
清镇市	323	190	133	343	185	158	364	199	165
六盘水市	**2342**	**1249**	**1093**	**2362**	**1277**	**1085**	**2942**	**1583**	**1359**
钟山区	80	41	39	73	39	34	83	47	36
六枝特区	358	199	159	380	208	172	455	239	216
水城县	668	359	309	697	375	322	839	435	404
盘州市	1236	650	586	1212	655	557	1565	862	703
遵义市	**2763**	**1467**	**1296**	**2629**	**1394**	**1235**	**3070**	**1634**	**1436**
红花岗区	199	111	88	152	70	82	206	109	97
汇川区	134	67	67	129	63	66	137	61	76
播州区	329	194	135	376	201	175	409	228	181
桐梓县	259	125	134	230	127	103	291	153	138
绥阳县	200	110	90	174	101	73	218	123	95
正安县	219	117	102	218	120	98	216	106	110
道真仡佬族苗族自治县	94	48	46	78	38	40	105	55	50
务川仡佬族苗族自治县	133	74	59	143	78	65	178	96	82
凤冈县	172	84	88	184	103	81	216	117	99
湄潭县	171	92	79	177	96	81	184	103	81
余庆县	127	68	59	89	46	43	114	54	60
习水县	350	178	172	325	158	167	388	199	189
赤水市	92	50	42	65	36	29	83	55	28
仁怀市	284	149	135	289	157	132	325	175	150
安顺市	**1530**	**807**	**723**	**1570**	**834**	**736**	**1716**	**954**	**762**
西秀区	390	208	182	370	190	180	403	230	173
平坝区	205	118	87	231	126	105	250	127	123
普定县	265	142	123	268	141	127	322	187	135
镇宁布依族苗族自治县	169	82	87	190	105	85	187	107	80
关岭布依族苗族自治县	196	100	96	216	112	104	244	124	120
紫云苗族布依族自治县	305	157	148	295	160	135	310	179	131
毕节市	**4807**	**2483**	**2324**	**4830**	**2536**	**2294**	**5405**	**2859**	**2546**
七星关区	699	364	335	794	415	379	790	437	353
大方县	622	314	308	612	330	282	668	364	304
黔西县	438	224	214	453	225	228	523	260	263
金沙县	250	135	115	239	118	121	262	137	125
织金县	622	334	288	591	313	278	611	326	285
纳雍县	532	263	269	505	267	238	683	356	327
威宁彝族回族苗族自治县	1024	526	498	987	536	451	1133	604	529
赫章县	620	323	297	649	332	317	735	375	360

1－10c　续表 9　　　　单位：人

地　区	2020年8月			2020年9月			2020年10月		
	小计	男	女	小计	男	女	小计	男	女
铜仁市	**1721**	**917**	**804**	**1680**	**932**	**748**	**1996**	**1127**	**869**
碧江区	86	46	40	70	37	33	75	47	28
万山区	76	36	40	57	32	25	87	58	29
江口县	85	51	34	102	63	39	97	53	44
玉屏侗族自治县	70	29	41	82	51	31	79	50	29
石阡县	181	91	90	183	109	74	233	142	91
思南县	226	125	101	226	113	113	295	161	134
印江土家族苗族自治县	151	86	65	143	76	67	152	75	77
德江县	209	97	112	197	106	91	236	117	119
沿河土家族自治县	294	170	124	283	141	142	323	192	131
松桃苗族自治县	343	186	157	337	204	133	419	232	187
黔西南布依族苗族自治州	**1960**	**1054**	**906**	**1941**	**992**	**949**	**2097**	**1123**	**974**
兴义市	396	220	176	372	186	186	376	211	165
兴仁市	286	161	125	283	142	141	296	176	120
普安县	192	108	84	238	125	113	251	133	118
晴隆县	198	97	101	185	91	94	228	120	108
贞丰县	210	105	105	247	140	107	272	137	135
望谟县	190	107	83	157	70	87	175	89	86
册亨县	168	96	72	149	76	73	163	89	74
安龙县	320	160	160	310	162	148	336	168	168
黔东南苗族侗族自治州	**2388**	**1266**	**1122**	**2266**	**1236**	**1030**	**2841**	**1538**	**1303**
凯里市	185	96	89	171	103	68	199	114	85
黄平县	127	69	58	133	72	61	162	83	79
施秉县	73	43	30	69	40	29	79	39	40
三穗县	98	52	46	88	50	38	116	59	57
镇远县	91	57	34	100	53	47	120	67	53
岑巩县	102	60	42	94	49	45	119	55	64
天柱县	171	92	79	139	75	64	160	85	75
锦屏县	99	50	49	90	50	40	118	67	51
剑河县	102	55	47	94	57	37	119	74	45
台江县	75	35	40	71	46	25	84	46	38
黎平县	340	177	163	306	168	138	438	223	215
榕江县	256	125	131	263	141	122	323	194	129
从江县	405	216	189	386	212	174	502	270	232
雷山县	74	40	34	74	35	39	92	58	34
麻江县	96	54	42	104	52	52	112	51	61
丹寨县	94	45	49	84	33	51	98	53	45
黔南布依族苗族自治州	**1877**	**985**	**892**	**1848**	**966**	**882**	**2049**	**1117**	**932**
都匀市	162	81	81	185	93	92	150	85	65
福泉市	163	90	73	176	96	80	165	86	79
荔波县	101	50	51	112	59	53	144	74	70
贵定县	114	56	58	127	68	59	141	69	72
瓮安县	172	77	95	157	77	80	163	93	70
独山县	131	75	56	122	65	57	137	68	69
平塘县	182	104	78	176	91	85	214	127	87
罗甸县	146	72	74	145	69	76	163	94	69
长顺县	159	90	69	149	74	75	160	93	67
龙里县	114	58	56	106	61	45	147	78	69
惠水县	222	106	116	237	122	115	290	156	134
三都水族自治县	211	126	85	156	91	65	175	94	81

1-11 各地区分性别、月份的死亡人口
(2019.11.1-2020.10.31)

单位：人

地区	死亡人口			2019年11月		
	合计	男	女	小计	男	女
贵　州	**229156**	**135949**	**93207**	**16852**	**10108**	**6744**
贵阳市	**27123**	**16272**	**10851**	**2156**	**1322**	**834**
南明区	4906	2927	1979	425	263	162
云岩区	4902	2848	2054	385	231	154
花溪区	3365	2051	1314	258	155	103
乌当区	1496	903	593	113	71	42
白云区	1691	1027	664	123	71	52
观山湖区	1321	810	511	99	68	31
开阳县	2578	1567	1011	189	129	60
息烽县	1760	1042	718	145	71	74
修文县	1890	1162	728	144	92	52
清镇市	3214	1935	1279	275	171	104
六盘水市	**18834**	**11522**	**7312**	**1450**	**893**	**557**
钟山区	2858	1762	1096	239	148	91
六枝特区	3696	2259	1437	255	171	84
水城县	4734	2940	1794	316	201	115
盘州市	7546	4561	2985	640	373	267
遵义市	**42656**	**24652**	**18004**	**3093**	**1854**	**1239**
红花岗区	4387	2560	1827	317	191	126
汇川区	3199	1832	1367	242	145	97
播州区	4901	2791	2110	361	210	151
桐梓县	3818	2221	1597	300	178	122
绥阳县	2602	1494	1108	194	122	72
正安县	3305	1929	1376	194	129	65
道真仡佬族苗族自治县	1794	1082	712	100	66	34
务川仡佬族苗族自治县	2204	1256	948	125	76	49
凤冈县	2544	1464	1080	226	139	87
湄潭县	2723	1544	1179	188	102	86
余庆县	2008	1107	901	151	83	68
习水县	3903	2281	1622	297	174	123
赤水市	2355	1409	946	184	109	75
仁怀市	2913	1682	1231	214	130	84
安顺市	**17549**	**10475**	**7074**	**1413**	**846**	**567**
西秀区	5677	3306	2371	458	253	205
平坝区	2553	1529	1024	221	136	85
普定县	2582	1518	1064	244	158	86
镇宁布依族苗族自治县	2336	1411	925	180	112	68
关岭布依族苗族自治县	2119	1288	831	133	81	52
紫云苗族布依族自治县	2282	1423	859	177	106	71
毕节市	**36171**	**21989**	**14182**	**2488**	**1499**	**989**
七星关区	5718	3383	2335	326	189	137
大方县	4718	2919	1799	332	205	127
黔西县	4163	2501	1662	279	177	102
金沙县	3598	2140	1458	242	144	98
织金县	4277	2587	1690	240	126	114
纳雍县	3840	2433	1407	268	169	99
威宁彝族回族苗族自治县	5676	3545	2131	423	251	172
赫章县	4181	2481	1700	378	238	140

1-11　续表 1　　　　　　　　　　　　　　　　　　　　　　　　　　　　　　单位：人

地　　区	死亡人口			2019年11月		
	合计	男	女	小计	男	女
铜仁市	**19523**	**11418**	**8105**	**1405**	**811**	**594**
碧江区	766	457	309	43	23	20
万山区	883	537	346	59	36	23
江口县	1293	747	546	108	56	52
玉屏侗族自治县	879	505	374	83	47	36
石阡县	2245	1303	942	161	93	68
思南县	3261	1863	1398	246	148	98
印江土家族苗族自治县	2188	1319	869	163	94	69
德江县	2463	1437	1026	182	107	75
沿河土家族自治县	2722	1599	1123	184	105	79
松桃苗族自治县	2823	1651	1172	176	102	74
黔西南布依族苗族自治州	**17729**	**10578**	**7151**	**1307**	**766**	**541**
兴义市	4421	2621	1800	355	211	144
兴仁市	2280	1350	930	160	93	67
普安县	1428	842	586	91	51	40
晴隆县	1591	977	614	112	67	45
贞丰县	2276	1346	930	165	95	70
望谟县	1751	1032	719	116	68	48
册亨县	1445	903	542	114	65	49
安龙县	2537	1507	1030	194	116	78
黔东南苗族侗族自治州	**26981**	**15799**	**11182**	**2004**	**1205**	**799**
凯里市	3053	1842	1211	190	120	70
黄平县	2152	1231	921	170	96	74
施秉县	849	483	366	67	38	29
三穗县	1324	799	525	107	69	38
镇远县	1779	1002	777	141	80	61
岑巩县	1400	808	592	97	57	40
天柱县	2277	1280	997	204	121	83
锦屏县	1323	749	574	89	52	37
剑河县	1540	906	634	132	75	57
台江县	961	576	385	92	59	33
黎平县	3122	1868	1254	248	163	85
榕江县	1767	1054	713	113	68	45
从江县	2121	1242	879	129	77	52
雷山县	1119	676	443	75	40	35
麻江县	1088	627	461	68	43	25
丹寨县	1106	656	450	82	47	35
黔南布依族苗族自治州	**22590**	**13244**	**9346**	**1536**	**912**	**624**
都匀市	2820	1621	1199	180	105	75
福泉市	1425	841	584	83	48	35
荔波县	1362	786	576	94	54	40
贵定县	1750	1082	668	148	92	56
瓮安县	2299	1332	967	174	106	68
独山县	1795	1020	775	117	68	49
平塘县	2003	1200	803	150	88	62
罗甸县	1960	1097	863	110	64	46
长顺县	1337	827	510	95	50	45
龙里县	1372	822	550	106	67	39
惠水县	2382	1401	981	133	83	50
三都水族自治县	2085	1215	870	146	87	59

1－11 续表 2

单位：人

地区	2019年12月			2020年1月		
	小计	男	女	小计	男	女
贵　州	**18141**	**10814**	**7327**	**18035**	**10660**	**7375**
贵阳市	**2276**	**1367**	**909**	**2296**	**1373**	**923**
南明区	459	273	186	439	265	174
云岩区	417	251	166	414	250	164
花溪区	269	160	109	278	170	108
乌当区	132	81	51	115	59	56
白云区	137	86	51	131	79	52
观山湖区	92	61	31	108	61	47
开阳县	178	112	66	199	119	80
息烽县	152	90	62	176	110	66
修文县	153	88	65	187	110	77
清镇市	287	165	122	249	150	99
六盘水市	**1623**	**979**	**644**	**1519**	**902**	**617**
钟山区	230	152	78	228	140	88
六枝特区	299	180	119	263	150	113
水城县	365	208	157	333	195	138
盘州市	729	439	290	695	417	278
遵义市	**3377**	**1986**	**1391**	**3526**	**1997**	**1529**
红花岗区	368	223	145	391	222	169
汇川区	248	155	93	240	129	111
播州区	399	223	176	426	243	183
桐梓县	309	185	124	343	188	155
绥阳县	197	103	94	201	119	82
正安县	244	142	102	275	171	104
道真仡佬族苗族自治县	152	91	61	143	90	53
务川仡佬族苗族自治县	183	105	78	171	87	84
凤冈县	193	107	86	226	128	98
湄潭县	208	127	81	209	108	101
余庆县	179	106	73	173	77	96
习水县	284	167	117	284	181	103
赤水市	222	130	92	201	116	85
仁怀市	191	122	69	243	138	105
安顺市	**1401**	**873**	**528**	**1387**	**855**	**532**
西秀区	430	265	165	457	273	184
平坝区	208	134	74	202	140	62
普定县	228	146	82	188	109	79
镇宁布依族苗族自治县	189	110	79	185	121	64
关岭布依族苗族自治县	169	102	67	187	112	75
紫云苗族布依族自治县	177	116	61	168	100	68
毕节市	**2690**	**1616**	**1074**	**2636**	**1613**	**1023**
七星关区	438	266	172	430	254	176
大方县	300	179	121	351	208	143
黔西县	338	222	116	301	187	114
金沙县	275	160	115	260	151	109
织金县	283	168	115	313	194	119
纳雍县	264	161	103	243	159	84
威宁彝族回族苗族自治县	410	244	166	337	223	114
赫章县	382	216	166	401	237	164

1-11　续表 3　　单位：人

地　区	2019年12月			2020年1月		
	小计	男	女	小计	男	女
铜仁市	**1404**	**791**	**613**	**1422**	**856**	**566**
碧江区	53	36	17	49	27	22
万山区	62	29	33	62	41	21
江口县	85	49	36	90	48	42
玉屏侗族自治县	72	40	32	68	36	32
石阡县	177	90	87	170	114	56
思南县	244	141	103	233	146	87
印江土家族苗族自治县	163	104	59	162	96	66
德江县	193	107	86	212	126	86
沿河土家族自治县	176	106	70	187	112	75
松桃苗族自治县	179	89	90	189	110	79
黔西南布依族苗族自治州	**1424**	**882**	**542**	**1282**	**771**	**511**
兴义市	357	208	149	342	205	137
兴仁市	175	120	55	154	91	63
普安县	133	85	48	79	46	33
晴隆县	135	95	40	113	72	41
贞丰县	175	106	69	172	103	69
望谟县	137	90	47	101	64	37
册亨县	90	53	37	105	59	46
安龙县	222	125	97	216	131	85
黔东南苗族侗族自治州	**2109**	**1250**	**859**	**2140**	**1243**	**897**
凯里市	223	130	93	260	142	118
黄平县	162	96	66	177	93	84
施秉县	59	30	29	59	30	29
三穗县	123	60	63	83	57	26
镇远县	150	89	61	174	104	70
岑巩县	106	64	42	118	74	44
天柱县	179	109	70	199	113	86
锦屏县	115	63	52	100	61	39
剑河县	125	73	52	120	74	46
台江县	64	44	20	87	48	39
黎平县	266	169	97	233	129	104
榕江县	121	76	45	134	81	53
从江县	168	93	75	171	103	68
雷山县	99	69	30	75	45	30
麻江县	73	39	34	74	45	29
丹寨县	76	46	30	76	44	32
黔南布依族苗族自治州	**1837**	**1070**	**767**	**1827**	**1050**	**777**
都匀市	245	150	95	233	133	100
福泉市	107	55	52	111	67	44
荔波县	125	64	61	112	59	53
贵定县	131	77	54	143	96	47
瓮安县	166	106	60	199	116	83
独山县	146	89	57	151	85	66
平塘县	187	113	74	169	102	67
罗甸县	150	86	64	159	86	73
长顺县	117	72	45	104	58	46
龙里县	124	68	56	104	54	50
惠水县	184	105	79	166	95	71
三都水族自治县	155	85	70	176	99	77

1-11 续表 4

单位：人

地区	2020年2月			2020年3月			2020年4月		
	小计	男	女	小计	男	女	小计	男	女
贵州	**19635**	**11365**	**8270**	**19280**	**11314**	**7966**	**18482**	**11002**	**7480**
贵阳市	**2322**	**1374**	**948**	**2275**	**1367**	**908**	**2169**	**1300**	**869**
南明区	397	220	177	374	239	135	404	227	177
云岩区	430	236	194	433	252	181	358	214	144
花溪区	279	161	118	296	174	122	281	177	104
乌当区	132	86	46	107	65	42	104	60	44
白云区	148	96	52	157	88	69	150	92	58
观山湖区	114	78	36	123	75	48	111	71	40
开阳县	223	145	78	231	141	90	217	135	82
息烽县	159	91	68	140	84	56	143	89	54
修文县	158	103	55	150	93	57	159	91	68
清镇市	282	158	124	264	156	108	242	144	98
六盘水市	**1449**	**872**	**577**	**1570**	**946**	**624**	**1512**	**899**	**613**
钟山区	219	130	89	218	126	92	243	146	97
六枝特区	267	164	103	304	191	113	316	176	140
水城县	361	220	141	409	250	159	392	239	153
盘州市	602	358	244	639	379	260	561	338	223
遵义市	**3760**	**2125**	**1635**	**3646**	**2082**	**1564**	**3474**	**2011**	**1463**
红花岗区	361	212	149	361	192	169	340	206	134
汇川区	266	141	125	286	157	129	264	159	105
播州区	434	246	188	410	236	174	397	228	169
桐梓县	324	197	127	349	190	159	302	175	127
绥阳县	215	115	100	234	138	96	210	128	82
正安县	315	180	135	304	164	140	270	162	108
道真仡佬族苗族自治县	160	89	71	157	94	63	147	81	66
务川仡佬族苗族自治县	219	122	97	188	106	82	178	107	71
凤冈县	217	115	102	193	114	79	227	122	105
湄潭县	257	149	108	232	145	87	213	113	100
余庆县	175	93	82	156	85	71	150	88	62
习水县	342	196	146	338	205	133	352	209	143
赤水市	234	142	92	193	120	73	194	113	81
仁怀市	241	128	113	245	136	109	230	120	110
安顺市	**1525**	**882**	**643**	**1486**	**875**	**611**	**1428**	**859**	**569**
西秀区	464	275	189	491	285	206	440	266	174
平坝区	223	112	111	219	119	100	231	148	83
普定县	213	123	90	203	120	83	186	103	83
镇宁布依族苗族自治县	221	131	90	170	102	68	211	125	86
关岭布依族苗族自治县	203	115	88	163	99	64	183	111	72
紫云苗族布依族自治县	201	126	75	240	150	90	177	106	71
毕节市	**3067**	**1800**	**1267**	**2960**	**1749**	**1211**	**2988**	**1825**	**1163**
七星关区	537	307	230	442	276	166	493	292	201
大方县	384	234	150	402	246	156	387	239	148
黔西县	325	184	141	335	198	137	350	202	148
金沙县	348	196	152	294	163	131	281	177	104
织金县	361	215	146	353	206	147	355	224	131
纳雍县	286	183	103	311	173	138	326	216	110
威宁彝族回族苗族自治县	450	267	183	482	298	184	451	275	176
赫章县	376	214	162	341	189	152	345	200	145

1-11 续表 5

单位：人

地区	2020年2月			2020年3月			2020年4月		
	小计	男	女	小计	男	女	小计	男	女
铜仁市	**1650**	**938**	**712**	**1610**	**963**	**647**	**1562**	**920**	**642**
碧江区	66	39	27	65	37	28	57	35	22
万山区	65	41	24	68	44	24	72	39	33
江口县	123	72	51	117	68	49	105	53	52
玉屏侗族自治县	63	35	28	88	51	37	61	35	26
石阡县	193	98	95	192	117	75	170	101	69
思南县	279	158	121	259	139	120	277	164	113
印江土家族苗族自治县	172	99	73	180	109	71	189	116	73
德江县	196	115	81	194	114	80	182	96	86
沿河土家族自治县	241	134	107	214	138	76	211	134	77
松桃苗族自治县	252	147	105	233	146	87	238	147	91
黔西南布依族苗族自治州	**1594**	**938**	**656**	**1557**	**900**	**657**	**1407**	**848**	**559**
兴义市	377	223	154	358	205	153	345	200	145
兴仁市	199	125	74	213	118	95	173	104	74
普安县	127	64	63	129	74	55	108	62	46
晴隆县	125	68	57	153	93	60	112	74	38
贞丰县	227	132	95	222	123	99	209	118	91
望谟县	151	94	57	142	78	64	151	95	56
册亨县	121	79	42	127	81	46	116	78	38
安龙县	267	153	114	213	128	85	188	117	71
黔东南苗族侗族自治州	**2304**	**1328**	**976**	**2405**	**1380**	**1025**	**2168**	**1295**	**873**
凯里市	232	151	81	255	152	103	231	145	86
黄平县	192	105	87	196	112	84	166	101	65
施秉县	66	35	31	85	43	42	62	40	22
三穗县	125	76	49	107	73	34	111	73	38
镇远县	165	86	79	163	91	72	152	87	65
岑巩县	130	79	51	133	72	61	112	68	44
天柱县	165	89	76	187	99	88	180	99	81
锦屏县	108	59	49	156	94	62	117	63	54
剑河县	121	63	58	155	95	60	105	61	44
台江县	62	36	26	94	53	41	87	51	36
黎平县	296	169	127	260	158	102	260	164	96
榕江县	173	112	61	148	74	74	163	105	58
从江县	183	108	75	179	96	83	176	103	73
雷山县	94	56	38	84	54	30	95	56	39
麻江县	115	59	56	93	52	41	82	44	38
丹寨县	77	45	32	110	62	48	69	35	34
黔南布依族苗族自治州	**1964**	**1108**	**856**	**1771**	**1052**	**719**	**1774**	**1045**	**729**
都匀市	225	124	101	231	130	101	223	132	91
福泉市	116	67	49	96	62	34	108	61	47
荔波县	131	71	60	117	77	40	124	70	54
贵定县	165	99	66	133	82	51	128	86	42
瓮安县	190	99	91	146	89	57	188	96	92
独山县	142	82	60	163	87	76	137	83	54
平塘县	165	100	65	163	107	56	155	87	68
罗甸县	163	86	77	188	102	86	156	97	59
长顺县	114	60	54	79	55	24	117	77	40
龙里县	114	62	52	104	60	44	104	61	43
惠水县	226	132	94	177	109	68	196	111	85
三都水族自治县	213	126	87	174	92	82	138	84	54

1-11 续表 6

单位：人

地区	2020年5月			2020年6月			2020年7月		
	小计	男	女	小计	男	女	小计	男	女
贵州	**20120**	**11918**	**8202**	**18446**	**10898**	**7548**	**17526**	**10530**	**6996**
贵阳市	**2352**	**1384**	**968**	**2084**	**1286**	**798**	**2064**	**1239**	**825**
南明区	424	253	171	342	207	135	381	227	154
云岩区	413	220	193	378	234	144	361	218	143
花溪区	305	179	126	273	175	98	272	170	102
乌当区	134	75	59	118	67	51	124	80	44
白云区	149	91	58	120	79	41	133	72	61
观山湖区	108	64	44	96	53	43	100	61	39
开阳县	213	135	78	210	129	81	193	110	83
息烽县	160	83	77	142	90	52	133	80	53
修文县	162	101	61	153	105	48	136	81	55
清镇市	284	183	101	252	147	105	231	140	91
六盘水市	**1654**	**1000**	**654**	**1557**	**957**	**600**	**1476**	**957**	**519**
钟山区	243	151	92	222	137	85	225	154	71
六枝特区	322	189	133	320	186	134	292	204	88
水城县	453	271	182	404	248	156	392	250	142
盘州市	636	389	247	611	386	225	567	349	218
遵义市	**3789**	**2197**	**1592**	**3536**	**2021**	**1515**	**3252**	**1920**	**1332**
红花岗区	378	229	149	411	236	175	365	223	142
汇川区	272	148	124	315	186	129	236	140	96
播州区	447	243	204	387	218	169	342	196	146
桐梓县	332	189	143	297	154	143	293	180	113
绥阳县	210	121	89	240	133	107	231	132	99
正安县	297	171	126	294	163	131	216	138	78
道真仡佬族苗族自治县	162	105	57	120	70	50	136	80	56
务川仡佬族苗族自治县	187	115	72	186	107	79	161	89	72
凤冈县	234	139	95	211	125	86	227	128	99
湄潭县	247	143	104	231	130	101	225	123	102
余庆县	202	118	84	149	84	65	148	81	67
习水县	337	183	154	277	168	109	304	176	128
赤水市	194	118	76	183	102	81	160	108	52
仁怀市	290	175	115	235	145	90	208	126	82
安顺市	**1566**	**914**	**652**	**1497**	**887**	**610**	**1352**	**788**	**564**
西秀区	498	284	214	486	286	200	451	252	199
平坝区	222	126	96	192	106	86	211	123	88
普定县	234	130	104	207	126	81	213	110	103
镇宁布依族苗族自治县	211	128	83	200	118	82	166	111	55
关岭布依族苗族自治县	202	121	81	191	109	82	155	99	56
紫云苗族布依族自治县	199	125	74	221	142	79	156	93	63
毕节市	**3319**	**2045**	**1274**	**3022**	**1814**	**1208**	**2745**	**1690**	**1055**
七星关区	478	281	197	449	260	189	453	260	193
大方县	430	265	165	407	238	169	339	220	119
黔西县	394	244	150	334	195	139	299	189	110
金沙县	340	209	131	309	196	113	266	154	112
织金县	392	248	144	350	200	150	347	210	137
纳雍县	366	223	143	330	213	117	307	205	102
威宁彝族回族苗族自治县	548	348	200	505	305	200	419	261	158
赫章县	371	227	144	338	207	131	315	191	124

1-11　续表 7　　单位：人

地　区	2020年5月			2020年6月			2020年7月		
	小计	男	女	小计	男	女	小计	男	女
铜仁市	**1710**	**988**	**722**	**1573**	**906**	**667**	**1492**	**905**	**587**
碧江区	59	36	23	55	38	17	67	46	21
万山区	90	42	48	78	44	34	67	38	29
江口县	103	57	46	106	64	42	97	64	33
玉屏侗族自治县	84	56	28	58	31	27	68	44	24
石阡县	189	115	74	193	103	90	156	99	57
思南县	293	161	132	267	157	110	245	141	104
印江土家族苗族自治县	184	110	74	167	100	67	149	93	56
德江县	205	122	83	186	100	86	183	101	82
沿河土家族自治县	241	151	90	236	130	106	229	136	93
松桃苗族自治县	262	138	124	227	139	88	231	143	88
黔西南布依族苗族自治州	**1512**	**883**	**629**	**1496**	**924**	**572**	**1304**	**791**	**513**
兴义市	354	218	136	364	222	142	338	190	148
兴仁市	183	97	86	212	133	79	171	101	70
普安县	108	61	47	133	78	55	106	71	35
晴隆县	152	88	64	134	89	45	102	65	37
贞丰县	186	105	81	160	93	67	144	95	49
望谟县	189	108	81	150	93	57	157	89	68
册亨县	131	85	46	140	88	52	114	77	37
安龙县	209	121	88	203	128	75	172	103	69
黔东南苗族侗族自治州	**2220**	**1319**	**901**	**1976**	**1135**	**841**	**2065**	**1204**	**861**
凯里市	261	156	105	232	139	93	261	158	103
黄平县	185	105	80	173	92	81	180	118	62
施秉县	69	42	27	58	36	22	61	39	22
三穗县	104	62	42	118	74	44	105	60	45
镇远县	161	106	55	127	66	61	132	72	60
岑巩县	104	68	36	107	57	50	95	51	44
天柱县	174	104	70	161	90	71	175	96	79
锦屏县	85	50	35	79	33	46	101	63	38
剑河县	124	75	49	115	66	49	105	55	50
台江县	73	45	28	77	46	31	85	45	40
黎平县	271	155	116	207	122	85	227	130	97
榕江县	156	91	65	119	61	58	139	83	56
从江县	170	98	72	139	93	46	164	97	67
雷山县	101	60	41	86	52	34	73	42	31
麻江县	88	54	34	100	56	44	77	40	37
丹寨县	94	48	46	78	52	26	85	55	30
黔南布依族苗族自治州	**1998**	**1188**	**810**	**1705**	**968**	**737**	**1776**	**1036**	**740**
都匀市	259	155	104	200	111	89	216	127	89
福泉市	123	72	51	107	55	52	116	65	51
荔波县	119	69	50	109	66	43	80	42	38
贵定县	160	106	54	143	82	61	114	71	43
瓮安县	209	111	98	193	114	79	186	103	83
独山县	149	86	63	120	62	58	131	80	51
平塘县	157	100	57	156	88	68	146	92	54
罗甸县	176	103	73	131	65	66	176	107	69
长顺县	111	71	40	94	59	35	121	70	51
龙里县	123	78	45	91	47	44	116	72	44
惠水县	230	132	98	190	113	77	188	112	76
三都水族自治县	182	105	77	171	106	65	186	95	91

1-11　续表 8　　单位：人

地　区	2020年8月			2020年9月			2020年10月		
	小计	男	女	小计	男	女	小计	男	女
贵　州	**18378**	**11020**	**7358**	**18565**	**11114**	**7451**	**25696**	**15206**	**10490**
贵阳市	**2193**	**1316**	**877**	**2224**	**1344**	**880**	**2712**	**1600**	**1112**
南明区	439	267	172	366	226	140	456	260	196
云岩区	404	227	177	447	259	188	462	256	206
花溪区	240	139	101	268	169	99	346	222	124
乌当区	120	79	41	133	81	52	164	99	65
白云区	145	89	56	136	85	51	162	99	63
观山湖区	116	66	50	117	73	44	137	79	58
开阳县	206	127	79	210	109	101	309	176	133
息烽县	111	67	44	140	93	47	159	94	65
修文县	153	93	60	142	84	58	193	121	72
清镇市	259	162	97	265	165	100	324	194	130
六盘水市	**1482**	**911**	**571**	**1520**	**951**	**569**	**2022**	**1255**	**767**
钟山区	241	144	97	258	153	105	292	181	111
六枝特区	316	192	124	316	197	119	426	259	167
水城县	397	254	143	381	251	130	531	353	178
盘州市	528	321	207	565	350	215	773	462	311
遵义市	**3460**	**1956**	**1504**	**3228**	**1926**	**1302**	**4515**	**2577**	**1938**
红花岗区	378	213	165	317	190	127	400	223	177
汇川区	267	152	115	250	151	99	313	169	144
播州区	378	218	160	400	242	158	520	288	232
桐梓县	310	184	126	278	172	106	381	229	152
绥阳县	198	115	83	186	104	82	286	164	122
正安县	264	141	123	269	149	120	363	219	144
道真仡佬族苗族自治县	146	94	52	151	93	58	220	129	91
务川仡佬族苗族自治县	159	86	73	162	89	73	285	167	118
凤冈县	199	112	87	182	123	59	209	112	97
湄潭县	216	124	92	197	103	94	300	177	123
余庆县	196	98	98	122	71	51	207	123	84
习水县	308	175	133	308	177	131	472	270	202
赤水市	182	108	74	177	114	63	231	129	102
仁怀市	259	136	123	229	148	81	328	178	150
安顺市	**1364**	**819**	**545**	**1310**	**797**	**513**	**1820**	**1080**	**740**
西秀区	458	262	196	443	258	185	601	347	254
平坝区	201	125	76	179	118	61	244	142	102
普定县	187	109	78	186	102	84	293	182	111
镇宁布依族苗族自治县	173	104	69	178	107	71	252	142	110
关岭布依族苗族自治县	169	110	59	152	99	53	212	130	82
紫云苗族布依族自治县	176	109	67	172	113	59	218	137	81
毕节市	**2843**	**1820**	**1023**	**3085**	**1884**	**1201**	**4328**	**2634**	**1694**
七星关区	471	287	184	512	303	209	689	408	281
大方县	356	238	118	375	237	138	655	410	245
黔西县	313	193	120	382	208	174	513	302	211
金沙县	285	174	111	279	177	102	419	239	180
织金县	370	251	119	358	205	153	555	340	215
纳雍县	313	203	110	363	224	139	463	304	159
威宁彝族回族苗族自治县	474	308	166	527	361	166	650	404	246
赫章县	261	166	95	289	169	120	384	227	157

1—11　续表 9　　　　单位：人

地　区	2020年8月			2020年9月			2020年10月		
	小计	男	女	小计	男	女	小计	男	女
铜仁市	**1609**	**957**	**652**	**1641**	**956**	**685**	**2445**	**1427**	**1018**
碧江区	63	29	34	70	41	29	119	70	49
万山区	68	47	21	68	51	17	124	85	39
江口县	83	56	27	110	65	45	166	95	71
玉屏侗族自治县	72	40	32	63	33	30	99	57	42
石阡县	186	98	88	186	117	69	272	158	114
思南县	255	150	105	274	151	123	389	207	182
印江土家族苗族自治县	192	120	72	195	104	91	272	174	98
德江县	198	132	66	211	114	97	321	203	118
沿河土家族自治县	246	138	108	253	150	103	304	165	139
松桃苗族自治县	246	147	99	211	130	81	379	213	166
黔西南布依族苗族自治州	**1450**	**880**	**570**	**1350**	**772**	**578**	**2046**	**1223**	**823**
兴义市	341	205	136	355	205	150	535	329	206
兴仁市	187	119	68	154	81	73	294	168	126
普安县	120	73	47	109	64	45	185	113	72
晴隆县	140	84	56	120	70	50	193	112	81
贞丰县	216	133	83	174	105	69	226	138	88
望谟县	132	80	52	141	70	71	184	103	81
册亨县	122	70	52	102	60	42	163	108	55
安龙县	192	116	76	195	117	78	266	152	114
黔东南苗族侗族自治州	**2133**	**1284**	**849**	**2330**	**1353**	**977**	**3127**	**1803**	**1324**
凯里市	257	155	102	287	177	110	364	217	147
黄平县	160	93	67	176	105	71	215	115	100
施秉县	78	49	29	73	38	35	112	63	49
三穗县	99	51	48	118	71	47	124	73	51
镇远县	114	62	52	139	74	65	161	85	76
岑巩县	126	72	54	124	63	61	148	83	65
天柱县	178	93	85	190	100	90	285	167	118
锦屏县	108	62	46	100	58	42	165	91	74
剑河县	120	76	44	120	70	50	198	123	75
台江县	59	37	22	78	48	30	103	64	39
黎平县	239	151	88	252	148	104	363	210	153
榕江县	145	93	52	156	99	57	200	111	89
从江县	184	121	63	210	126	84	248	127	121
雷山县	77	45	32	112	71	41	148	86	62
麻江县	89	56	33	88	47	41	141	92	49
丹寨县	100	68	32	107	58	49	152	96	56
黔南布依族苗族自治州	**1844**	**1077**	**767**	**1877**	**1131**	**746**	**2681**	**1607**	**1074**
都匀市	260	146	114	214	104	110	334	204	130
福泉市	124	81	43	138	85	53	196	123	73
荔波县	91	51	40	120	79	41	140	84	56
贵定县	149	87	62	137	85	52	199	119	80
瓮安县	182	110	72	174	103	71	292	179	113
独山县	139	71	68	153	85	68	247	142	105
平塘县	163	103	60	160	88	72	232	132	100
罗甸县	156	80	76	164	97	67	231	124	107
长顺县	113	70	43	117	77	40	155	108	47
龙里县	101	58	43	128	97	31	157	98	59
惠水县	209	123	86	218	134	84	265	152	113
三都水族自治县	157	97	60	154	97	57	233	142	91

1-11a 各地区分性别、月份的死亡人口 (2019.11.1-2020.10.31)(城市)

单位：人

地区	死亡人口			2019年11月		
	合计	男	女	小计	男	女
贵州	**37896**	**22728**	**15168**	**2941**	**1780**	**1161**
贵阳市	**15603**	**9353**	**6250**	**1232**	**757**	**475**
南明区	4804	2872	1932	420	260	160
云岩区	4902	2848	2054	385	231	154
花溪区	2201	1366	835	163	105	58
乌当区	653	411	242	46	28	18
白云区	1527	927	600	108	63	45
观山湖区	762	459	303	52	39	13
开阳县						
息烽县	6	3	3			
修文县						
清镇市	748	467	281	58	31	27
六盘水市	**4627**	**2903**	**1724**	**366**	**231**	**135**
钟山区	1980	1211	769	169	103	66
六枝特区	900	584	316	74	52	22
水城县	96	58	38	3	2	1
盘州市	1651	1050	601	120	74	46
遵义市	**6833**	**4014**	**2819**	**532**	**317**	**215**
红花岗区	2521	1509	1012	192	116	76
汇川区	1449	841	608	104	66	38
播州区	1526	879	647	130	79	51
桐梓县						
绥阳县						
正安县						
道真仡佬族苗族自治县						
务川仡佬族苗族自治县						
凤冈县						
湄潭县						
余庆县						
习水县						
赤水市	610	367	243	52	28	24
仁怀市	727	418	309	54	28	26
安顺市	**3692**	**2204**	**1488**	**340**	**195**	**145**
西秀区	2877	1715	1162	260	146	114
平坝区	815	489	326	80	49	31
普定县						
镇宁布依族苗族自治县						
关岭布依族苗族自治县						
紫云苗族布依族自治县						
毕节市	**1806**	**1078**	**728**	**103**	**63**	**40**
七星关区	1806	1078	728	103	63	40
大方县						
黔西县						
金沙县						
织金县						
纳雍县						
威宁彝族回族苗族自治县						
赫章县						

1-11a　续表 1

单位：人

地　区	死亡人口			2019年11月		
	合计	男	女	小计	男	女
铜仁市	**662**	**393**	**269**	**39**	**22**	**17**
碧江区	337	208	129	18	10	8
万山区	325	185	140	21	12	9
江口县						
玉屏侗族自治县						
石阡县						
思南县						
印江土家族苗族自治县						
德江县						
沿河土家族自治县						
松桃苗族自治县						
黔西南布依族苗族自治州	**2222**	**1302**	**920**	**179**	**106**	**73**
兴义市	1786	1044	742	143	88	55
兴仁市	436	258	178	36	18	18
普安县						
晴隆县						
贞丰县						
望谟县						
册亨县						
安龙县						
黔东南苗族侗族自治州	**1272**	**793**	**479**	**79**	**52**	**27**
凯里市	1234	770	464	77	50	27
黄平县						
施秉县						
三穗县						
镇远县						
岑巩县						
天柱县						
锦屏县						
剑河县	38	23	15	2	2	
台江县						
黎平县						
榕江县						
从江县						
雷山县						
麻江县						
丹寨县						
黔南布依族苗族自治州	**1179**	**688**	**491**	**71**	**37**	**34**
都匀市	964	554	410	57	26	31
福泉市	215	134	81	14	11	3
荔波县						
贵定县						
瓮安县						
独山县						
平塘县						
罗甸县						
长顺县						
龙里县						
惠水县						
三都水族自治县						

1-11a 续表 2

单位：人

地区	2019年12月			2020年1月		
	小计	男	女	小计	男	女
贵州	**3216**	**1971**	**1245**	**3223**	**1916**	**1307**
贵阳市	**1340**	**805**	**535**	**1335**	**800**	**535**
南明区	451	269	182	436	264	172
云岩区	417	251	166	414	250	164
花溪区	176	102	74	181	110	71
乌当区	55	36	19	56	28	28
白云区	121	75	46	119	71	48
观山湖区	51	29	22	61	35	26
开阳县						
息烽县	1	1				
修文县						
清镇市	68	42	26	68	42	26
六盘水市	**427**	**278**	**149**	**390**	**239**	**151**
钟山区	166	111	55	174	106	68
六枝特区	87	56	31	53	35	18
水城县	15	10	5	5	3	2
盘州市	159	101	58	158	95	63
遵义市	**561**	**337**	**224**	**607**	**346**	**261**
红花岗区	210	136	74	222	127	95
汇川区	111	66	45	133	72	61
播州区	132	69	63	134	82	52
桐梓县						
绥阳县						
正安县						
道真仡佬族苗族自治县						
务川仡佬族苗族自治县						
凤冈县						
湄潭县						
余庆县						
习水县						
赤水市	51	33	18	50	25	25
仁怀市	57	33	24	68	40	28
安顺市	**330**	**212**	**118**	**329**	**209**	**120**
西秀区	249	163	86	251	153	98
平坝区	81	49	32	78	56	22
普定县						
镇宁布依族苗族自治县						
关岭布依族苗族自治县						
紫云苗族布依族自治县						
毕节市	**144**	**87**	**57**	**136**	**76**	**60**
七星关区	144	87	57	136	76	60
大方县						
黔西县						
金沙县						
织金县						
纳雍县						
威宁彝族回族苗族自治县						
赫章县						

1-11a　续表 3

单位：人

地　区	2019年12月			2020年1月		
	小计	男	女	小计	男	女
铜仁市	**50**	**28**	**22**	**43**	**27**	**16**
碧江区	23	16	7	17	10	7
万山区	27	12	15	26	17	9
江口县						
玉屏侗族自治县						
石阡县						
思南县						
印江土家族苗族自治县						
德江县						
沿河土家族自治县						
松桃苗族自治县						
黔西南布依族苗族自治州	**175**	**111**	**64**	**182**	**109**	**73**
兴义市	151	92	59	150	87	63
兴仁市	24	19	5	32	22	10
普安县						
晴隆县						
贞丰县						
望谟县						
册亨县						
安龙县						
黔东南苗族侗族自治州	**96**	**58**	**38**	**104**	**55**	**49**
凯里市	96	58	38	97	51	46
黄平县						
施秉县						
三穗县						
镇远县						
岑巩县						
天柱县						
锦屏县						
剑河县				7	4	3
台江县						
黎平县						
榕江县						
从江县						
雷山县						
麻江县						
丹寨县						
黔南布依族苗族自治州	**93**	**55**	**38**	**97**	**55**	**42**
都匀市	77	47	30	81	45	36
福泉市	16	8	8	16	10	6
荔波县						
贵定县						
瓮安县						
独山县						
平塘县						
罗甸县						
长顺县						
龙里县						
惠水县						
三都水族自治县						

1-11a 续表 4

单位：人

地　　区	2020年2月			2020年3月			2020年4月		
	小计	男	女	小计	男	女	小计	男	女
贵　州	**3115**	**1801**	**1314**	**3188**	**1924**	**1264**	**2980**	**1811**	**1169**
贵阳市	**1322**	**753**	**569**	**1331**	**810**	**521**	**1222**	**734**	**488**
南明区	386	212	174	366	235	131	390	220	170
云岩区	430	236	194	433	252	181	358	214	144
花溪区	187	109	78	203	123	80	180	119	61
乌当区	64	40	24	46	30	16	48	30	18
白云区	134	82	52	143	80	63	136	86	50
观山湖区	66	42	24	79	46	33	53	30	23
开阳县									
息烽县									
修文县									
清镇市	55	32	23	61	44	17	57	35	22
六盘水市	**331**	**190**	**141**	**358**	**221**	**137**	**384**	**240**	**144**
钟山区	141	79	62	140	77	63	178	102	76
六枝特区	66	43	23	70	50	20	72	43	29
水城县	6	3	3	3	1	2	8	6	2
盘州市	118	65	53	145	93	52	126	89	37
遵义市	**578**	**343**	**235**	**576**	**334**	**242**	**518**	**298**	**220**
红花岗区	200	127	73	213	118	95	186	108	78
汇川区	120	64	56	131	72	59	112	68	44
播州区	129	71	58	116	76	40	123	75	48
桐梓县									
绥阳县									
正安县									
道真仡佬族苗族自治县									
务川仡佬族苗族自治县									
凤冈县									
湄潭县									
余庆县									
习水县									
赤水市	71	45	26	58	35	23	43	22	21
仁怀市	58	36	22	58	33	25	54	25	29
安顺市	**316**	**181**	**135**	**304**	**177**	**127**	**275**	**176**	**99**
西秀区	245	146	99	239	145	94	202	125	77
平坝区	71	35	36	65	32	33	73	51	22
普定县									
镇宁布依族苗族自治县									
关岭布依族苗族自治县									
紫云苗族布依族自治县									
毕节市	**154**	**82**	**72**	**149**	**99**	**50**	**153**	**96**	**57**
七星关区	154	82	72	149	99	50	153	96	57
大方县									
黔西县									
金沙县									
织金县									
纳雍县									
威宁彝族回族苗族自治县									
赫章县									

1−11a　续表 5　　　单位：人

地　区	2020年2月			2020年3月			2020年4月		
	小计	男	女	小计	男	女	小计	男	女
铜仁市	**40**	**25**	**15**	**53**	**35**	**18**	**54**	**29**	**25**
碧江区	24	15	9	26	17	9	19	12	7
万山区	16	10	6	27	18	9	35	17	18
江口县									
玉屏侗族自治县									
石阡县									
思南县									
印江土家族苗族自治县									
德江县									
沿河土家族自治县									
松桃苗族自治县									
黔西南布依族苗族自治州	**190**	**111**	**79**	**212**	**117**	**95**	**167**	**98**	**69**
兴义市	160	90	70	151	86	65	135	80	55
兴仁市	30	21	9	61	31	30	32	18	14
普安县									
晴隆县									
贞丰县									
望谟县									
册亨县									
安龙县									
黔东南苗族侗族自治州	**94**	**58**	**36**	**115**	**68**	**47**	**99**	**64**	**35**
凯里市	90	56	34	111	66	45	96	62	34
黄平县									
施秉县									
三穗县									
镇远县									
岑巩县									
天柱县									
锦屏县									
剑河县	4	2	2	4	2	2	3	2	1
台江县									
黎平县									
榕江县									
从江县									
雷山县									
麻江县									
丹寨县									
黔南布依族苗族自治州	**90**	**58**	**32**	**90**	**63**	**27**	**108**	**76**	**32**
都匀市	76	48	28	73	50	23	91	63	28
福泉市	14	10	4	17	13	4	17	13	4
荔波县									
贵定县									
瓮安县									
独山县									
平塘县									
罗甸县									
长顺县									
龙里县									
惠水县									
三都水族自治县									

1-11a 续表 6

单位：人

地 区	2020年5月			2020年6月			2020年7月		
	小计	男	女	小计	男	女	小计	男	女
贵 州	**3278**	**1931**	**1347**	**2972**	**1808**	**1164**	**2966**	**1839**	**1127**
贵阳市	**1352**	**798**	**554**	**1141**	**713**	**428**	**1211**	**741**	**470**
南明区	416	248	168	334	202	132	369	222	147
云岩区	413	220	193	378	234	144	361	218	143
花溪区	206	125	81	169	115	54	180	115	65
乌当区	53	35	18	47	29	18	64	43	21
白云区	138	88	50	108	72	36	117	66	51
观山湖区	53	34	19	52	27	25	66	42	24
开阳县									
息烽县							1		1
修文县									
清镇市	73	48	25	53	34	19	53	35	18
六盘水市	**397**	**255**	**142**	**374**	**225**	**149**	**371**	**259**	**112**
钟山区	167	103	64	150	88	62	148	100	48
六枝特区	86	53	33	78	46	32	72	57	15
水城县	9	7	2	9	4	5	4	2	2
盘州市	135	92	43	137	87	50	147	100	47
遵义市	**596**	**335**	**261**	**619**	**376**	**243**	**527**	**325**	**202**
红花岗区	223	131	92	249	155	94	206	128	78
汇川区	119	66	53	147	86	61	118	73	45
播州区	131	66	65	118	68	50	113	65	48
桐梓县									
绥阳县									
正安县									
道真仡佬族苗族自治县									
务川仡佬族苗族自治县									
凤冈县									
湄潭县									
余庆县									
习水县									
赤水市	50	27	23	44	25	19	38	28	10
仁怀市	73	45	28	61	42	19	52	31	21
安顺市	**319**	**182**	**137**	**306**	**183**	**123**	**292**	**168**	**124**
西秀区	254	148	106	242	150	92	220	128	92
平坝区	65	34	31	64	33	31	72	40	32
普定县									
镇宁布依族苗族自治县									
关岭布依族苗族自治县									
紫云苗族布依族自治县									
毕节市	**140**	**86**	**54**	**130**	**79**	**51**	**134**	**81**	**53**
七星关区	140	86	54	130	79	51	134	81	53
大方县									
黔西县									
金沙县									
织金县									
纳雍县									
威宁彝族回族苗族自治县									
赫章县									

1-11a　续表 7　　单位：人

地　　区	2020年5月			2020年6月			2020年7月		
	小计	男	女	小计	男	女	小计	男	女
铜仁市	**64**	**33**	**31**	**53**	**31**	**22**	**54**	**35**	**19**
碧江区	32	21	11	25	19	6	28	19	9
万山区	32	12	20	28	12	16	26	16	10
江口县									
玉屏侗族自治县									
石阡县									
思南县									
印江土家族苗族自治县									
德江县									
沿河土家族自治县									
松桃苗族自治县									
黔西南布依族苗族自治州	**175**	**101**	**74**	**169**	**99**	**70**	**181**	**108**	**73**
兴义市	139	78	61	130	75	55	155	90	65
兴仁市	36	23	13	39	24	15	26	18	8
普安县									
晴隆县									
贞丰县									
望谟县									
册亨县									
安龙县									
黔东南苗族侗族自治州	**113**	**71**	**42**	**102**	**60**	**42**	**100**	**62**	**38**
凯里市	107	69	38	97	58	39	96	58	38
黄平县									
施秉县									
三穗县									
镇远县									
岑巩县									
天柱县									
锦屏县									
剑河县	6	2	4	5	2	3	4	4	
台江县									
黎平县									
榕江县									
从江县									
雷山县									
麻江县									
丹寨县									
黔南布依族苗族自治州	**122**	**70**	**52**	**78**	**42**	**36**	**96**	**60**	**36**
都匀市	97	52	45	61	34	27	74	45	29
福泉市	25	18	7	17	8	9	22	15	7
荔波县									
贵定县									
瓮安县									
独山县									
平塘县									
罗甸县									
长顺县									
龙里县									
惠水县									
三都水族自治县									

1-11a 续表 8 单位：人

地区	2020年8月			2020年9月			2020年10月		
	小计	男	女	小计	男	女	小计	男	女
贵州	**3123**	**1879**	**1244**	**3157**	**1862**	**1295**	**3737**	**2206**	**1531**
贵阳市	**1313**	**781**	**532**	**1299**	**778**	**521**	**1505**	**883**	**622**
南明区	430	262	168	359	221	138	447	257	190
云岩区	404	227	177	447	259	188	462	256	206
花溪区	171	100	71	173	104	69	212	139	73
乌当区	51	35	16	58	35	23	65	42	23
白云区	130	77	53	123	75	48	150	92	58
观山湖区	63	40	23	80	48	32	86	47	39
开阳县									
息烽县	1		1	2	1	1	1	1	
修文县									
清镇市	63	40	23	57	35	22	82	49	33
六盘水市	**363**	**224**	**139**	**417**	**258**	**159**	**449**	**283**	**166**
钟山区	164	100	64	182	109	73	201	133	68
六枝特区	80	49	31	75	50	25	87	50	37
水城县	8	4	4	12	7	5	14	9	5
盘州市	111	71	40	148	92	56	147	91	56
遵义市	**563**	**336**	**227**	**504**	**303**	**201**	**652**	**364**	**288**
红花岗区	214	132	82	179	107	72	227	124	103
汇川区	125	71	54	107	66	41	122	71	51
播州区	118	74	44	116	59	57	166	95	71
桐梓县									
绥阳县									
正安县									
道真仡佬族苗族自治县									
务川仡佬族苗族自治县									
凤冈县									
湄潭县									
余庆县									
习水县									
赤水市	40	26	14	50	36	14	63	37	26
仁怀市	66	33	33	52	35	17	74	37	37
安顺市	**302**	**181**	**121**	**297**	**171**	**126**	**282**	**169**	**113**
西秀区	233	138	95	239	129	110	243	144	99
平坝区	69	43	26	58	42	16	39	25	14
普定县									
镇宁布依族苗族自治县									
关岭布依族苗族自治县									
紫云苗族布依族自治县									
毕节市	**166**	**95**	**71**	**182**	**107**	**75**	**215**	**127**	**88**
七星关区	166	95	71	182	107	75	215	127	88
大方县									
黔西县									
金沙县									
织金县									
纳雍县									
威宁彝族回族苗族自治县									
赫章县									

1-11a　续表 9　　　　　　　　　　　　　　　　　　　　　　　　　　　　　单位：人

地　　区	2020年8月			2020年9月			2020年10月		
	小计	男	女	小计	男	女	小计	男	女
铜仁市	**50**	**29**	**21**	**56**	**36**	**20**	**106**	**63**	**43**
碧江区	28	14	14	34	18	16	63	37	26
万山区	22	15	7	22	18	4	43	26	17
江口县									
玉屏侗族自治县									
石阡县									
思南县									
印江土家族苗族自治县									
德江县									
沿河土家族自治县									
松桃苗族自治县									
黔西南布依族苗族自治州	**168**	**111**	**57**	**174**	**83**	**91**	**250**	**148**	**102**
兴义市	130	85	45	143	74	69	199	119	80
兴仁市	38	26	12	31	9	22	51	29	22
普安县									
晴隆县									
贞丰县									
望谟县									
册亨县									
安龙县									
黔东南苗族侗族自治州	**109**	**75**	**34**	**128**	**79**	**49**	**133**	**91**	**42**
凯里市	108	74	34	128	79	49	131	89	42
黄平县									
施秉县									
三穗县									
镇远县									
岑巩县									
天柱县									
锦屏县									
剑河县	1	1					2	2	
台江县									
黎平县									
榕江县									
从江县									
雷山县									
麻江县									
丹寨县									
黔南布依族苗族自治州	**89**	**47**	**42**	**100**	**47**	**53**	**145**	**78**	**67**
都匀市	78	42	36	79	36	43	120	66	54
福泉市	11	5	6	21	11	10	25	12	13
荔波县									
贵定县									
瓮安县									
独山县									
平塘县									
罗甸县									
长顺县									
龙里县									
惠水县									
三都水族自治县									

1−11b 各地区分性别、月份的死亡人口
(2019.11.1−2020.10.31)(镇)

单位：人

地　区	死亡人口			2019年11月		
	合计	男	女	小计	男	女
贵　州	**58469**	**34696**	**23773**	**4280**	**2578**	**1702**
贵阳市	**3334**	**2025**	**1309**	**250**	**162**	**88**
南明区	11	5	6			
云岩区						
花溪区	274	154	120	22	13	9
乌当区	175	101	74	17	12	5
白云区	70	43	27	5	2	3
观山湖区	237	157	80	21	14	7
开阳县	970	593	377	62	48	14
息烽县	599	371	228	48	22	26
修文县	618	371	247	38	24	14
清镇市	380	230	150	37	27	10
六盘水市	**3330**	**2063**	**1267**	**255**	**153**	**102**
钟山区	505	324	181	43	29	14
六枝特区	456	292	164	35	22	13
水城县	1271	778	493	81	53	28
盘州市	1098	669	429	96	49	47
遵义市	**11532**	**6693**	**4839**	**818**	**495**	**323**
红花岗区	447	264	183	34	20	14
汇川区	380	221	159	28	14	14
播州区	1049	583	466	68	42	26
桐梓县	1181	691	490	85	50	35
绥阳县	898	518	380	68	42	26
正安县	1109	646	463	67	47	20
道真仡佬族苗族自治县	673	410	263	40	26	14
务川仡佬族苗族自治县	597	327	270	27	18	9
凤冈县	985	586	399	92	59	33
湄潭县	1208	706	502	76	42	34
余庆县	750	414	336	66	40	26
习水县	1280	772	508	98	52	46
赤水市	471	275	196	34	20	14
仁怀市	504	280	224	35	23	12
安顺市	**4554**	**2737**	**1817**	**392**	**252**	**140**
西秀区	333	170	163	19	9	10
平坝区	527	312	215	39	23	16
普定县	1206	723	483	127	87	40
镇宁布依族苗族自治县	888	527	361	77	44	33
关岭布依族苗族自治县	750	462	288	61	43	18
紫云苗族布依族自治县	850	543	307	69	46	23
毕节市	**11126**	**6711**	**4415**	**788**	**473**	**315**
七星关区	498	286	212	27	15	12
大方县	1435	865	570	103	58	45
黔西县	1593	957	636	105	63	42
金沙县	1501	881	620	99	60	39
织金县	1662	987	675	94	53	41
纳雍县	1613	1026	587	115	78	37
威宁彝族回族苗族自治县	1783	1091	692	151	91	60
赫章县	1041	618	423	94	55	39

1−11b　续表 1　　　　单位：人

地　区	死亡人口			2019年11月		
	合计	男	女	小计	男	女
铜仁市	**6013**	**3590**	**2423**	**449**	**262**	**187**
碧江区	76	37	39	5	1	4
万山区	47	34	13	7	6	1
江口县	441	259	182	33	16	17
玉屏侗族自治县	406	251	155	35	19	16
石阡县	671	389	282	45	25	20
思南县	1017	609	408	85	50	35
印江土家族苗族自治县	948	566	382	83	46	37
德江县	662	401	261	45	27	18
沿河土家族自治县	1046	621	425	65	43	22
松桃苗族自治县	699	423	276	46	29	17
黔西南布依族苗族自治州	**4483**	**2733**	**1750**	**330**	**194**	**136**
兴义市	598	349	249	50	26	24
兴仁市	254	149	105	9	5	4
普安县	327	210	117	20	12	8
晴隆县	467	288	179	39	21	18
贞丰县	834	508	326	64	38	26
望谟县	445	276	169	28	18	10
册亨县	579	358	221	44	27	17
安龙县	979	595	384	76	47	29
黔东南苗族侗族自治州	**7469**	**4265**	**3204**	**537**	**310**	**227**
凯里市	223	128	95	9	5	4
黄平县	751	425	326	58	33	25
施秉县	236	134	102	19	11	8
三穗县	495	316	179	40	27	13
镇远县	619	330	289	50	25	25
岑巩县	508	292	216	35	16	19
天柱县	694	370	324	53	29	24
锦屏县	355	201	154	25	18	7
剑河县	431	258	173	39	25	14
台江县	282	161	121	24	16	8
黎平县	1023	599	424	75	46	29
榕江县	446	259	187	27	15	12
从江县	394	223	171	20	8	12
雷山县	367	211	156	22	9	13
麻江县	344	199	145	21	13	8
丹寨县	301	159	142	20	14	6
黔南布依族苗族自治州	**6628**	**3879**	**2749**	**461**	**277**	**184**
都匀市	217	123	94	14	11	3
福泉市	192	129	63	7	6	1
荔波县	595	356	239	43	23	20
贵定县	772	456	316	58	33	25
瓮安县	945	548	397	72	47	25
独山县	835	462	373	53	32	21
平塘县	504	295	209	35	15	20
罗甸县	734	405	329	44	28	16
长顺县	382	236	146	24	9	15
龙里县	343	218	125	32	24	8
惠水县	650	377	273	43	28	15
三都水族自治县	459	274	185	36	21	15

1-11b 续表 2 单位：人

地区	2019年12月			2020年1月		
	小计	男	女	小计	男	女
贵州	**4513**	**2704**	**1809**	**4550**	**2701**	**1849**
贵阳市	**280**	**181**	**99**	**291**	**173**	**118**
南明区	2	1	1			
云岩区						
花溪区	17	11	6	24	15	9
乌当区	15	9	6	10	5	5
白云区	9	6	3	7	4	3
观山湖区	20	16	4	20	13	7
开阳县	75	50	25	80	47	33
息烽县	46	30	16	67	43	24
修文县	60	38	22	49	27	22
清镇市	36	20	16	34	19	15
六盘水市	**289**	**174**	**115**	**263**	**160**	**103**
钟山区	38	26	12	29	20	9
六枝特区	34	19	15	39	27	12
水城县	112	58	54	84	53	31
盘州市	105	71	34	111	60	51
遵义市	**888**	**518**	**370**	**946**	**538**	**408**
红花岗区	39	23	16	43	24	19
汇川区	31	24	7	19	9	10
播州区	76	40	36	99	50	49
桐梓县	85	43	42	99	57	42
绥阳县	66	35	31	60	35	25
正安县	70	39	31	111	72	39
道真仡佬族苗族自治县	46	28	18	56	31	25
务川仡佬族苗族自治县	55	28	27	47	24	23
凤冈县	81	49	32	96	64	32
湄潭县	92	53	39	93	49	44
余庆县	64	41	23	56	26	30
习水县	102	66	36	91	56	35
赤水市	49	26	23	34	22	12
仁怀市	32	23	9	42	19	23
安顺市	**378**	**238**	**140**	**379**	**241**	**138**
西秀区	25	17	8	30	16	14
平坝区	44	32	12	43	30	13
普定县	100	66	34	100	62	38
镇宁布依族苗族自治县	77	39	38	82	55	27
关岭布依族苗族自治县	64	35	29	62	43	19
紫云苗族布依族自治县	68	49	19	62	35	27
毕节市	**777**	**467**	**310**	**820**	**487**	**333**
七星关区	32	14	18	38	27	11
大方县	92	51	41	102	56	46
黔西县	123	83	40	133	80	53
金沙县	108	58	50	116	64	52
织金县	111	70	41	119	66	53
纳雍县	96	65	31	100	67	33
威宁彝族回族苗族自治县	125	71	54	103	68	35
赫章县	90	55	35	109	59	50

1-11b　续表 3　　　　单位：人

地　区	2019年12月			2020年1月		
	小计	男	女	小计	男	女
铜仁市	**434**	**248**	**186**	**445**	**264**	**181**
碧江区	5	3	2	4	1	3
万山区	4	3	1	6	4	2
江口县	31	16	15	22	10	12
玉屏侗族自治县	31	19	12	27	15	12
石阡县	46	25	21	55	36	19
思南县	85	51	34	79	53	26
印江土家族苗族自治县	89	52	37	74	42	32
德江县	42	25	17	59	37	22
沿河土家族自治县	66	37	29	81	48	33
松桃苗族自治县	35	17	18	38	18	20
黔西南布依族苗族自治州	**349**	**226**	**123**	**301**	**181**	**120**
兴义市	53	31	22	47	24	23
兴仁市	20	13	7	11	6	5
普安县	23	13	10	16	13	3
晴隆县	40	32	8	34	22	12
贞丰县	60	40	20	51	29	22
望谟县	41	28	13	14	9	5
册亨县	40	23	17	50	29	21
安龙县	72	46	26	78	49	29
黔东南苗族侗族自治州	**606**	**353**	**253**	**577**	**348**	**229**
凯里市	18	10	8	17	7	10
黄平县	53	26	27	72	35	37
施秉县	18	8	10	14	5	9
三穗县	43	24	19	31	22	9
镇远县	56	32	24	63	45	18
岑巩县	43	29	14	43	26	17
天柱县	62	37	25	60	39	21
锦屏县	29	14	15	28	19	9
剑河县	42	24	18	34	26	8
台江县	19	14	5	29	15	14
黎平县	85	53	32	69	39	30
榕江县	29	17	12	26	15	11
从江县	27	16	11	36	19	17
雷山县	34	26	8	20	12	8
麻江县	22	12	10	18	14	4
丹寨县	26	11	15	17	10	7
黔南布依族苗族自治州	**512**	**299**	**213**	**528**	**309**	**219**
都匀市	26	16	10	17	11	6
福泉市	18	10	8	11	8	3
荔波县	46	19	27	49	29	20
贵定县	53	27	26	72	48	24
瓮安县	59	42	17	78	39	39
独山县	64	37	27	68	39	29
平塘县	42	25	17	40	24	16
罗甸县	54	31	23	64	37	27
长顺县	33	20	13	29	18	11
龙里县	28	18	10	22	13	9
惠水县	54	30	24	43	22	21
三都水族自治县	35	24	11	35	21	14

1-11b 续表 4 单位：人

地 区	2020年2月			2020年3月			2020年4月		
	小计	男	女	小计	男	女	小计	男	女
贵 州	**4920**	**2836**	**2084**	**5012**	**2933**	**2079**	**4683**	**2775**	**1908**
贵阳市	**289**	**174**	**115**	**281**	**165**	**116**	**270**	**151**	**119**
南明区							2	1	1
云岩区									
花溪区	24	6	18	18	12	6	24	12	12
乌当区	18	14	4	15	5	10	10	5	5
白云区	5	5		7	5	2	4		4
观山湖区	20	15	5	18	10	8	28	17	11
开阳县	80	52	28	92	56	36	77	43	34
息烽县	60	36	24	54	32	22	44	28	16
修文县	48	32	16	51	28	23	57	34	23
清镇市	34	14	20	26	17	9	24	11	13
六盘水市	**266**	**162**	**104**	**283**	**170**	**113**	**252**	**153**	**99**
钟山区	38	27	11	46	24	22	37	27	10
六枝特区	43	25	18	31	27	4	47	22	25
水城县	97	54	43	104	57	47	98	61	37
盘州市	88	56	32	102	62	40	70	43	27
遵义市	**978**	**557**	**421**	**1000**	**599**	**401**	**950**	**547**	**403**
红花岗区	25	15	10	38	23	15	34	23	11
汇川区	36	26	10	32	17	15	41	24	17
播州区	90	49	41	100	55	45	86	47	39
桐梓县	95	55	40	126	78	48	100	57	43
绥阳县	73	42	31	80	44	36	81	51	30
正安县	101	57	44	92	54	38	88	49	39
道真仡佬族苗族自治县	59	32	27	56	34	22	57	35	22
务川仡佬族苗族自治县	64	31	33	53	29	24	48	28	20
凤冈县	79	45	34	76	51	25	73	34	39
湄潭县	96	62	34	100	66	34	103	59	44
余庆县	61	27	34	60	36	24	57	34	23
习水县	126	80	46	111	67	44	107	66	41
赤水市	41	24	17	33	23	10	35	20	15
仁怀市	32	12	20	43	22	21	40	20	20
安顺市	**401**	**239**	**162**	**400**	**222**	**178**	**375**	**210**	**165**
西秀区	26	14	12	34	16	18	30	18	12
平坝区	40	21	19	43	20	23	44	27	17
普定县	97	52	45	107	64	43	84	46	38
镇宁布依族苗族自治县	84	53	31	60	33	27	94	51	43
关岭布依族苗族自治县	69	45	24	64	34	30	61	35	26
紫云苗族布依族自治县	85	54	31	92	55	37	62	33	29
毕节市	**897**	**514**	**383**	**946**	**545**	**401**	**909**	**549**	**360**
七星关区	46	24	22	41	23	18	37	21	16
大方县	121	68	53	118	77	41	123	66	57
黔西县	117	64	53	126	70	56	146	86	60
金沙县	145	76	69	130	69	61	123	78	45
织金县	124	76	48	149	89	60	125	72	53
纳雍县	124	80	44	142	73	69	115	80	35
威宁彝族回族苗族自治县	144	81	63	151	88	63	156	96	60
赫章县	76	45	31	89	56	33	84	50	34

1-11b　续表 5　　　　单位：人

地区	2020年2月			2020年3月			2020年4月		
	小计	男	女	小计	男	女	小计	男	女
铜仁市	**499**	**283**	**216**	**502**	**311**	**191**	**473**	**296**	**177**
碧江区	10	7	3	6	1	5	8	3	5
万山区	7	5	2	5	3	2	1		1
江口县	41	24	17	35	21	14	44	26	18
玉屏侗族自治县	34	19	15	35	23	12	26	16	10
石阡县	58	27	31	63	38	25	46	31	15
思南县	82	48	34	78	45	33	81	53	28
印江土家族苗族自治县	77	48	29	82	54	28	72	43	29
德江县	49	25	24	42	25	17	47	28	19
沿河土家族自治县	89	50	39	94	58	36	82	54	28
松桃苗族自治县	52	30	22	62	43	19	66	42	24
黔西南布依族苗族自治州	**381**	**233**	**148**	**426**	**234**	**192**	**351**	**229**	**122**
兴义市	43	25	18	48	27	21	48	27	21
兴仁市	24	16	8	21	12	9	22	13	9
普安县	23	10	13	36	25	11	18	12	6
晴隆县	39	25	14	41	26	15	28	19	9
贞丰县	83	51	32	82	40	42	71	44	27
望谟县	29	17	12	36	17	19	33	26	7
册亨县	47	33	14	61	33	28	48	35	13
安龙县	93	56	37	101	54	47	83	53	30
黔东南苗族侗族自治州	**644**	**377**	**267**	**644**	**362**	**282**	**597**	**347**	**250**
凯里市	16	10	6	22	15	7	22	10	12
黄平县	71	41	30	74	42	32	58	39	19
施秉县	24	15	9	22	8	14	17	13	4
三穗县	40	24	16	41	33	8	48	32	16
镇远县	58	31	27	49	22	27	38	17	21
岑巩县	43	29	14	42	22	20	47	33	14
天柱县	50	24	26	53	23	30	56	25	31
锦屏县	38	23	15	44	30	14	33	17	16
剑河县	31	17	14	38	22	16	30	17	13
台江县	17	9	8	24	12	12	25	14	11
黎平县	104	65	39	89	56	33	80	50	30
榕江县	36	24	12	35	20	15	36	22	14
从江县	30	16	14	23	13	10	36	23	13
雷山县	35	23	12	27	14	13	29	12	17
麻江县	31	17	14	26	12	14	27	14	13
丹寨县	20	9	11	35	18	17	15	9	6
黔南布依族苗族自治州	**565**	**297**	**268**	**530**	**325**	**205**	**506**	**293**	**213**
都匀市	10	4	6	15	8	7	15	7	8
福泉市	14	6	8	11	10	1	9	5	4
荔波县	51	34	17	52	32	20	50	31	19
贵定县	73	36	37	59	33	26	60	38	22
瓮安县	78	42	36	57	37	20	82	45	37
独山县	65	35	30	72	37	35	60	33	27
平塘县	48	32	16	40	27	13	36	22	14
罗甸县	63	26	37	83	48	35	55	34	21
长顺县	23	9	14	33	26	7	34	22	12
龙里县	25	11	14	25	16	9	25	16	9
惠水县	63	36	27	45	29	16	43	16	27
三都水族自治县	52	26	26	38	22	16	37	24	13

1－11b 续表 6

单位：人

地 区	2020年5月			2020年6月			2020年7月		
	小计	男	女	小计	男	女	小计	男	女
贵 州	**5145**	**3069**	**2076**	**4691**	**2782**	**1909**	**4442**	**2640**	**1802**
贵阳市	**281**	**177**	**104**	**246**	**155**	**91**	**250**	**142**	**108**
南明区				1	1		1	1	
云岩区									
花溪区	26	15	11	18	7	11	22	15	7
乌当区	11	4	7	13	4	9	14	10	4
白云区	5	2	3	4	3	1	7	2	5
观山湖区	21	16	5	21	13	8	15	7	8
开阳县	85	59	26	73	43	30	74	39	35
息烽县	45	27	18	39	29	10	46	27	19
修文县	52	29	23	48	32	16	45	26	19
清镇市	36	25	11	29	23	6	26	15	11
六盘水市	**285**	**190**	**95**	**252**	**164**	**88**	**267**	**172**	**95**
钟山区	40	29	11	44	33	11	52	36	16
六枝特区	34	23	11	28	19	9	34	26	8
水城县	117	67	50	99	61	38	103	68	35
盘州市	94	71	23	81	51	30	78	42	36
遵义市	**1070**	**620**	**450**	**941**	**545**	**396**	**872**	**499**	**373**
红花岗区	33	20	13	42	21	21	33	17	16
汇川区	30	17	13	33	16	17	21	14	7
播州区	99	53	46	89	46	43	70	33	37
桐梓县	98	52	46	89	55	34	104	62	42
绥阳县	88	52	36	77	39	38	74	48	26
正安县	107	63	44	98	55	43	65	42	23
道真仡佬族苗族自治县	56	35	21	49	31	18	56	38	18
务川仡佬族苗族自治县	52	30	22	52	29	23	34	17	17
凤冈县	95	55	40	72	40	32	92	54	38
湄潭县	124	74	50	115	72	43	94	49	45
余庆县	79	46	33	48	26	22	64	32	32
习水县	120	68	52	81	58	23	97	54	43
赤水市	37	23	14	59	31	28	33	21	12
仁怀市	52	32	20	37	26	11	35	18	17
安顺市	**405**	**235**	**170**	**416**	**259**	**157**	**307**	**174**	**133**
西秀区	27	14	13	29	14	15	27	9	18
平坝区	54	32	22	41	24	17	30	19	11
普定县	108	61	47	100	66	34	97	48	49
镇宁布依族苗族自治县	84	50	34	85	52	33	57	41	16
关岭布依族苗族自治县	55	28	27	64	39	25	60	36	24
紫云苗族布依族自治县	77	50	27	97	64	33	36	21	15
毕节市	**1025**	**638**	**387**	**911**	**547**	**364**	**835**	**514**	**321**
七星关区	43	23	20	53	31	22	40	20	20
大方县	137	86	51	105	58	47	115	78	37
黔西县	152	96	56	128	79	49	125	76	49
金沙县	136	84	52	124	78	46	92	58	34
织金县	147	95	52	132	73	59	130	78	52
纳雍县	164	101	63	123	77	46	135	91	44
威宁彝族回族苗族自治县	151	94	57	153	95	58	126	72	54
赫章县	95	59	36	93	56	37	72	41	31

1-11b　续表 7　　单位：人

地　区	2020年5月			2020年6月			2020年7月		
	小计	男	女	小计	男	女	小计	男	女
铜仁市	**487**	**292**	**195**	**459**	**275**	**184**	**474**	**300**	**174**
碧江区	6	3	3	1	1		5	3	2
万山区	1		1	4	2	2	4	4	
江口县	31	15	16	33	23	10	36	23	13
玉屏侗族自治县	39	29	10	21	10	11	40	29	11
石阡县	48	22	26	54	35	19	49	33	16
思南县	94	57	37	85	53	32	74	50	24
印江土家族苗族自治县	63	44	19	65	34	31	65	40	26
德江县	53	39	14	49	31	18	47	27	20
沿河土家族自治县	90	51	39	93	50	43	88	48	40
松桃苗族自治县	62	32	30	54	36	18	65	43	22
黔西南布依族苗族自治州	**406**	**249**	**157**	**389**	**234**	**155**	**326**	**205**	**121**
兴义市	54	39	15	51	31	20	43	19	24
兴仁市	23	13	10	23	10	13	20	12	8
普安县	27	16	11	41	25	16	31	24	7
晴隆县	31	19	12	45	29	16	29	17	12
贞丰县	82	47	35	56	37	19	58	39	19
望谟县	49	31	18	45	27	18	42	26	16
册亨县	53	28	25	55	32	23	38	28	10
安龙县	87	56	31	73	43	30	65	40	25
黔东南苗族侗族自治州	**598**	**332**	**266**	**566**	**314**	**252**	**594**	**334**	**260**
凯里市	18	14	4	16	10	6	18	11	7
黄平县	61	30	31	56	32	24	62	43	19
施秉县	11	5	6	12	7	5	16	12	4
三穗县	40	25	15	45	29	16	42	28	14
镇远县	60	35	25	52	28	24	49	24	25
岑巩县	41	23	18	37	20	17	35	18	17
天柱县	52	26	26	49	26	23	47	27	20
锦屏县	22	12	10	18	4	14	23	12	11
剑河县	24	13	11	32	19	13	28	17	11
台江县	13	6	7	23	9	14	32	15	17
黎平县	88	52	36	68	39	29	82	39	43
榕江县	43	24	19	45	23	22	39	24	15
从江县	37	22	15	27	18	9	36	17	19
雷山县	36	17	19	27	16	11	32	19	13
麻江县	30	19	11	39	25	14	25	11	14
丹寨县	22	9	13	20	9	11	28	17	11
黔南布依族苗族自治州	**588**	**336**	**252**	**511**	**289**	**222**	**517**	**300**	**217**
都匀市	20	11	9	17	7	10	23	17	6
福泉市	19	13	6	16	9	7	13	6	7
荔波县	58	37	21	42	27	15	42	20	22
贵定县	68	42	26	63	33	30	49	33	16
瓮安县	85	43	42	77	41	36	70	45	25
独山县	71	34	37	63	30	33	65	38	27
平塘县	39	23	16	38	28	10	37	17	20
罗甸县	58	35	23	56	29	27	57	36	21
长顺县	35	18	17	27	18	9	38	25	13
龙里县	34	25	9	26	13	13	33	20	13
惠水县	65	38	27	53	35	18	46	22	24
三都水族自治县	36	17	19	33	19	14	44	21	23

1－11b 续表 8

单位：人

地　　区	2020年8月			2020年9月			2020年10月		
	小计	男	女	小计	男	女	小计	男	女
贵　州	**4639**	**2748**	**1891**	**4806**	**2879**	**1927**	**6788**	**4051**	**2737**
贵阳市	**262**	**161**	**101**	**288**	**179**	**109**	**346**	**205**	**141**
南明区	4	1	3				1		1
云岩区									
花溪区	21	12	9	27	18	9	31	18	13
乌当区	9	4	5	20	16	4	23	13	10
白云区	4	4		7	6	1	6	4	2
观山湖区	27	18	9	13	9	4	13	9	4
开阳县	74	47	27	80	41	39	118	68	50
息烽县	49	31	18	47	32	15	54	34	20
修文县	49	29	20	60	34	26	61	38	23
清镇市	25	15	10	34	23	11	39	21	18
六盘水市	**253**	**156**	**97**	**281**	**162**	**119**	**384**	**247**	**137**
钟山区	38	19	19	46	25	21	54	29	25
六枝特区	40	27	13	36	19	17	55	36	19
水城县	99	62	37	115	72	43	162	112	50
盘州市	76	48	28	84	46	38	113	70	43
遵义市	**945**	**513**	**432**	**878**	**537**	**341**	**1246**	**725**	**521**
红花岗区	41	24	17	36	21	15	49	33	16
汇川区	31	16	15	35	23	12	43	21	22
播州区	76	46	30	90	57	33	106	65	41
桐梓县	105	63	42	94	64	30	101	55	46
绥阳县	64	36	28	59	33	26	108	61	47
正安县	96	44	52	84	43	41	130	81	49
道真仡佬族苗族自治县	58	41	17	59	35	24	81	44	37
务川仡佬族苗族自治县	42	20	22	45	29	16	78	44	34
凤冈县	73	38	35	73	50	23	83	47	36
湄潭县	98	59	39	84	45	39	133	76	57
余庆县	74	28	46	41	27	14	80	51	29
习水县	106	59	47	105	62	43	136	84	52
赤水市	33	18	15	33	22	11	50	25	25
仁怀市	48	21	27	40	26	14	68	38	30
安顺市	**334**	**201**	**133**	**320**	**197**	**123**	**447**	**269**	**178**
西秀区	21	8	13	29	14	15	36	21	15
平坝区	38	20	18	41	24	17	70	40	30
普定县	82	51	31	75	45	30	129	75	54
镇宁布依族苗族自治县	59	36	23	72	41	31	57	32	25
关岭布依族苗族自治县	71	47	24	50	33	17	69	44	25
紫云苗族布依族自治县	63	39	24	53	40	13	86	57	29
毕节市	**880**	**547**	**333**	**956**	**577**	**379**	**1382**	**853**	**529**
七星关区	39	24	15	32	15	17	70	49	21
大方县	120	86	34	125	84	41	174	97	77
黔西县	121	73	48	140	78	62	177	109	68
金沙县	112	59	53	123	80	43	193	117	76
织金县	150	93	57	141	79	62	240	143	97
纳雍县	142	82	60	156	94	62	201	138	63
威宁彝族回族苗族自治县	131	84	47	164	107	57	228	144	84
赫章县	65	46	19	75	40	35	99	56	43

1-11b　续表 9　　单位：人

地　区	2020年8月			2020年9月			2020年10月		
	小计	男	女	小计	男	女	小计	男	女
铜仁市	**515**	**316**	**199**	**545**	**318**	**227**	**731**	**425**	**306**
碧江区	7	3	4	6	4	2	13	7	6
万山区	2	2		4	4		2	1	1
江口县	40	28	12	42	27	15	53	30	23
玉屏侗族自治县	36	24	12	35	22	13	47	26	21
石阡县	63	36	27	57	39	18	87	42	45
思南县	73	44	29	89	40	49	112	65	47
印江土家族苗族自治县	82	53	29	87	45	42	108	65	43
德江县	65	38	27	73	36	37	91	63	28
沿河土家族自治县	87	53	34	101	69	32	110	60	50
松桃苗族自治县	60	35	25	51	32	19	108	66	42
黔西南布依族苗族自治州	**363**	**216**	**147**	**332**	**208**	**124**	**529**	**324**	**205**
兴义市	42	24	18	40	26	14	79	50	29
兴仁市	28	17	11	12	7	5	41	25	16
普安县	24	14	10	23	17	6	45	29	16
晴隆县	35	18	17	46	28	18	60	32	28
贞丰县	78	47	31	69	47	22	80	49	31
望谟县	42	26	16	34	16	18	52	35	17
册亨县	46	28	18	33	20	13	64	42	22
安龙县	68	42	26	75	47	28	108	62	46
黔东南苗族侗族自治州	**576**	**343**	**233**	**631**	**350**	**281**	**899**	**495**	**404**
凯里市	29	16	13	13	6	7	25	14	11
黄平县	53	30	23	57	32	25	76	42	34
施秉县	20	13	7	19	11	8	44	26	18
三穗县	34	14	20	39	25	14	52	33	19
镇远县	33	19	14	50	25	25	61	27	34
岑巩县	42	21	21	41	20	21	59	35	24
天柱县	63	31	32	66	32	34	83	51	32
锦屏县	29	17	12	18	11	7	48	24	24
剑河县	34	24	10	45	23	22	54	31	23
台江县	13	10	3	25	16	9	38	25	13
黎平县	67	43	24	94	59	35	122	58	64
榕江县	44	29	15	35	23	12	51	23	28
从江县	39	29	10	36	18	18	47	24	23
雷山县	24	15	9	31	17	14	50	31	19
麻江县	24	16	8	36	19	17	45	27	18
丹寨县	28	16	12	26	13	13	44	24	20
黔南布依族苗族自治州	**511**	**295**	**216**	**575**	**351**	**224**	**824**	**508**	**316**
都匀市	22	10	12	11	4	7	27	17	10
福泉市	25	20	5	16	10	6	33	26	7
荔波县	39	22	17	59	41	18	64	41	23
贵定县	64	36	28	61	39	22	92	58	34
瓮安县	73	43	30	81	43	38	133	81	52
独山县	60	28	32	70	44	26	124	75	49
平塘县	37	25	12	43	19	24	69	38	31
罗甸县	51	23	28	68	35	33	81	43	38
长顺县	31	18	13	29	21	8	46	32	14
龙里县	19	11	8	32	25	7	42	26	16
惠水县	55	34	21	68	41	27	72	46	26
三都水族自治县	35	25	10	37	29	8	41	25	16

1-11c 各地区分性别、月份的死亡人口 (2019.11.1-2020.10.31)(乡村)

单位：人

地区	死亡人口			2019年11月		
	合计	男	女	小计	男	女
贵州	**132791**	**78525**	**54266**	**9631**	**5750**	**3881**
贵阳市	**8186**	**4894**	**3292**	**674**	**403**	**271**
南明区	91	50	41	5	3	2
云岩区						
花溪区	890	531	359	73	37	36
乌当区	668	391	277	50	31	19
白云区	94	57	37	10	6	4
观山湖区	322	194	128	26	15	11
开阳县	1608	974	634	127	81	46
息烽县	1155	668	487	97	49	48
修文县	1272	791	481	106	68	38
清镇市	2086	1238	848	180	113	67
六盘水市	**10877**	**6556**	**4321**	**829**	**509**	**320**
钟山区	373	227	146	27	16	11
六枝特区	2340	1383	957	146	97	49
水城县	3367	2104	1263	232	146	86
盘州市	4797	2842	1955	424	250	174
遵义市	**24291**	**13945**	**10346**	**1743**	**1042**	**701**
红花岗区	1419	787	632	91	55	36
汇川区	1370	770	600	110	65	45
播州区	2326	1329	997	163	89	74
桐梓县	2637	1530	1107	215	128	87
绥阳县	1704	976	728	126	80	46
正安县	2196	1283	913	127	82	45
道真仡佬族苗族自治县	1121	672	449	60	40	20
务川仡佬族苗族自治县	1607	929	678	98	58	40
凤冈县	1559	878	681	134	80	54
湄潭县	1515	838	677	112	60	52
余庆县	1258	693	565	85	43	42
习水县	2623	1509	1114	199	122	77
赤水市	1274	767	507	98	61	37
仁怀市	1682	984	698	125	79	46
安顺市	**9303**	**5534**	**3769**	**681**	**399**	**282**
西秀区	2467	1421	1046	179	98	81
平坝区	1211	728	483	102	64	38
普定县	1376	795	581	117	71	46
镇宁布依族苗族自治县	1448	884	564	103	68	35
关岭布依族苗族自治县	1369	826	543	72	38	34
紫云苗族布依族自治县	1432	880	552	108	60	48
毕节市	**23239**	**14200**	**9039**	**1597**	**963**	**634**
七星关区	3414	2019	1395	196	111	85
大方县	3283	2054	1229	229	147	82
黔西县	2570	1544	1026	174	114	60
金沙县	2097	1259	838	143	84	59
织金县	2615	1600	1015	146	73	73
纳雍县	2227	1407	820	153	91	62
威宁彝族回族苗族自治县	3893	2454	1439	272	160	112
赫章县	3140	1863	1277	284	183	101

1-11c　续表 1　　　　单位：人

地　区	死亡人口			2019年11月		
	合计	男	女	小计	男	女
铜仁市	**12848**	**7435**	**5413**	**917**	**527**	**390**
碧江区	353	212	141	20	12	8
万山区	511	318	193	31	18	13
江口县	852	488	364	75	40	35
玉屏侗族自治县	473	254	219	48	28	20
石阡县	1574	914	660	116	68	48
思南县	2244	1254	990	161	98	63
印江土家族苗族自治县	1240	753	487	80	48	32
德江县	1801	1036	765	137	80	57
沿河土家族自治县	1676	978	698	119	62	57
松桃苗族自治县	2124	1228	896	130	73	57
黔西南布依族苗族自治州	**11024**	**6543**	**4481**	**798**	**466**	**332**
兴义市	2037	1228	809	162	97	65
兴仁市	1590	943	647	115	70	45
普安县	1101	632	469	71	39	32
晴隆县	1124	689	435	73	46	27
贞丰县	1442	838	604	101	57	44
望谟县	1306	756	550	88	50	38
册亨县	866	545	321	70	38	32
安龙县	1558	912	646	118	69	49
黔东南苗族侗族自治州	**18240**	**10741**	**7499**	**1388**	**843**	**545**
凯里市	1596	944	652	104	65	39
黄平县	1401	806	595	112	63	49
施秉县	613	349	264	48	27	21
三穗县	829	483	346	67	42	25
镇远县	1160	672	488	91	55	36
岑巩县	892	516	376	62	41	21
天柱县	1583	910	673	151	92	59
锦屏县	968	548	420	64	34	30
剑河县	1071	625	446	91	48	43
台江县	679	415	264	68	43	25
黎平县	2099	1269	830	173	117	56
榕江县	1321	795	526	86	53	33
从江县	1727	1019	708	109	69	40
雷山县	752	465	287	53	31	22
麻江县	744	428	316	47	30	17
丹寨县	805	497	308	62	33	29
黔南布依族苗族自治州	**14783**	**8677**	**6106**	**1004**	**598**	**406**
都匀市	1639	944	695	109	68	41
福泉市	1018	578	440	62	31	31
荔波县	767	430	337	51	31	20
贵定县	978	626	352	90	59	31
瓮安县	1354	784	570	102	59	43
独山县	960	558	402	64	36	28
平塘县	1499	905	594	115	73	42
罗甸县	1226	692	534	66	36	30
长顺县	955	591	364	71	41	30
龙里县	1029	604	425	74	43	31
惠水县	1732	1024	708	90	55	35
三都水族自治县	1626	941	685	110	66	44

1-11c 续表 2 单位：人

地区	2019年12月			2020年1月		
	小计	男	女	小计	男	女
贵　州	**10412**	**6139**	**4273**	**10262**	**6043**	**4219**
贵阳市	**656**	**381**	**275**	**670**	**400**	**270**
南明区	6	3	3	3	1	2
云岩区						
花溪区	76	47	29	73	45	28
乌当区	62	36	26	49	26	23
白云区	7	5	2	5	4	1
观山湖区	21	16	5	27	13	14
开阳县	103	62	41	119	72	47
息烽县	105	59	46	109	67	42
修文县	93	50	43	138	83	55
清镇市	183	103	80	147	89	58
六盘水市	**907**	**527**	**380**	**866**	**503**	**363**
钟山区	26	15	11	25	14	11
六枝特区	178	105	73	171	88	83
水城县	238	140	98	244	139	105
盘州市	465	267	198	426	262	164
遵义市	**1928**	**1131**	**797**	**1973**	**1113**	**860**
红花岗区	119	64	55	126	71	55
汇川区	106	65	41	88	48	40
播州区	191	114	77	193	111	82
桐梓县	224	142	82	244	131	113
绥阳县	131	68	63	141	84	57
正安县	174	103	71	164	99	65
道真仡佬族苗族自治县	106	63	43	87	59	28
务川仡佬族苗族自治县	128	77	51	124	63	61
凤冈县	112	58	54	130	64	66
湄潭县	116	74	42	116	59	57
余庆县	115	65	50	117	51	66
习水县	182	101	81	193	125	68
赤水市	122	71	51	117	69	48
仁怀市	102	66	36	133	79	54
安顺市	**693**	**423**	**270**	**679**	**405**	**274**
西秀区	156	85	71	176	104	72
平坝区	83	53	30	81	54	27
普定县	128	80	48	88	47	41
镇宁布依族苗族自治县	112	71	41	103	66	37
关岭布依族苗族自治县	105	67	38	125	69	56
紫云苗族布依族自治县	109	67	42	106	65	41
毕节市	**1769**	**1062**	**707**	**1680**	**1050**	**630**
七星关区	262	165	97	256	151	105
大方县	208	128	80	249	152	97
黔西县	215	139	76	168	107	61
金沙县	167	102	65	144	87	57
织金县	172	98	74	194	128	66
纳雍县	168	96	72	143	92	51
威宁彝族回族苗族自治县	285	173	112	234	155	79
赫章县	292	161	131	292	178	114

1-11c　续表 3

单位：人

地　　区	2019年12月			2020年1月		
	小计	男	女	小计	男	女
铜仁市	**920**	**515**	**405**	**934**	**565**	**369**
碧江区	25	17	8	28	16	12
万山区	31	14	17	30	20	10
江口县	54	33	21	68	38	30
玉屏侗族自治县	41	21	20	41	21	20
石阡县	131	65	66	115	78	37
思南县	159	90	69	154	93	61
印江土家族苗族自治县	74	52	22	88	54	34
德江县	151	82	69	153	89	64
沿河土家族自治县	110	69	41	106	64	42
松桃苗族自治县	144	72	72	151	92	59
黔西南布依族苗族自治州	**900**	**545**	**355**	**799**	**481**	**318**
兴义市	153	85	68	145	94	51
兴仁市	131	88	43	111	63	48
普安县	110	72	38	63	33	30
晴隆县	95	63	32	79	50	29
贞丰县	115	66	49	121	74	47
望谟县	96	62	34	87	55	32
册亨县	50	30	20	55	30	25
安龙县	150	79	71	138	82	56
黔东南苗族侗族自治州	**1407**	**839**	**568**	**1459**	**840**	**619**
凯里市	109	62	47	146	84	62
黄平县	109	70	39	105	58	47
施秉县	41	22	19	45	25	20
三穗县	80	36	44	52	35	17
镇远县	94	57	37	111	59	52
岑巩县	63	35	28	75	48	27
天柱县	117	72	45	139	74	65
锦屏县	86	49	37	72	42	30
剑河县	83	49	34	79	44	35
台江县	45	30	15	58	33	25
黎平县	181	116	65	164	90	74
榕江县	92	59	33	108	66	42
从江县	141	77	64	135	84	51
雷山县	65	43	22	55	33	22
麻江县	51	27	24	56	31	25
丹寨县	50	35	15	59	34	25
黔南布依族苗族自治州	**1232**	**716**	**516**	**1202**	**686**	**516**
都匀市	142	87	55	135	77	58
福泉市	73	37	36	84	49	35
荔波县	79	45	34	63	30	33
贵定县	78	50	28	71	48	23
瓮安县	107	64	43	121	77	44
独山县	82	52	30	83	46	37
平塘县	145	88	57	129	78	51
罗甸县	96	55	41	95	49	46
长顺县	84	52	32	75	40	35
龙里县	96	50	46	82	41	41
惠水县	130	75	55	123	73	50
三都水族自治县	120	61	59	141	78	63

1–11c 续表 4 单位：人

地区	2020年2月			2020年3月			2020年4月		
	小计	男	女	小计	男	女	小计	男	女
贵州	**11600**	**6728**	**4872**	**11080**	**6457**	**4623**	**10819**	**6416**	**4403**
贵阳市	**711**	**447**	**264**	**663**	**392**	**271**	**677**	**415**	**262**
南明区	11	8	3	8	4	4	12	6	6
云岩区									
花溪区	68	46	22	75	39	36	77	46	31
乌当区	50	32	18	46	30	16	46	25	21
白云区	9	9		7	3	4	10	6	4
观山湖区	28	21	7	26	19	7	30	24	6
开阳县	143	93	50	139	85	54	140	92	48
息烽县	99	55	44	86	52	34	99	61	38
修文县	110	71	39	99	65	34	102	57	45
清镇市	193	112	81	177	95	82	161	98	63
六盘水市	**852**	**520**	**332**	**929**	**555**	**374**	**876**	**506**	**370**
钟山区	40	24	16	32	25	7	28	17	11
六枝特区	158	96	62	203	114	89	197	111	86
水城县	258	163	95	302	192	110	286	172	114
盘州市	396	237	159	392	224	168	365	206	159
遵义市	**2204**	**1225**	**979**	**2070**	**1149**	**921**	**2006**	**1166**	**840**
红花岗区	136	70	66	110	51	59	120	75	45
汇川区	110	51	59	123	68	55	111	67	44
播州区	215	126	89	194	105	89	188	106	82
桐梓县	229	142	87	223	112	111	202	118	84
绥阳县	142	73	69	154	94	60	129	77	52
正安县	214	123	91	212	110	102	182	113	69
道真仡佬族苗族自治县	101	57	44	101	60	41	90	46	44
务川仡佬族苗族自治县	155	91	64	135	77	58	130	79	51
凤冈县	138	70	68	117	63	54	154	88	66
湄潭县	161	87	74	132	79	53	110	54	56
余庆县	114	66	48	96	49	47	93	54	39
习水县	216	116	100	227	138	89	245	143	102
赤水市	122	73	49	102	62	40	116	71	45
仁怀市	151	80	71	144	81	63	136	75	61
安顺市	**808**	**462**	**346**	**782**	**476**	**306**	**778**	**473**	**305**
西秀区	193	115	78	218	124	94	208	123	85
平坝区	112	56	56	111	67	44	114	70	44
普定县	116	71	45	96	56	40	102	57	45
镇宁布依族苗族自治县	137	78	59	110	69	41	117	74	43
关岭布依族苗族自治县	134	70	64	99	65	34	122	76	46
紫云苗族布依族自治县	116	72	44	148	95	53	115	73	42
毕节市	**2016**	**1204**	**812**	**1865**	**1105**	**760**	**1926**	**1180**	**746**
七星关区	337	201	136	252	154	98	303	175	128
大方县	263	166	97	284	169	115	264	173	91
黔西县	208	120	88	209	128	81	204	116	88
金沙县	203	120	83	164	94	70	158	99	59
织金县	237	139	98	204	117	87	230	152	78
纳雍县	162	103	59	169	100	69	211	136	75
威宁彝族回族苗族自治县	306	186	120	331	210	121	295	179	116
赫章县	300	169	131	252	133	119	261	150	111

1-11c　续表 5　　　　单位：人

地　区	2020年2月			2020年3月			2020年4月		
	小计	男	女	小计	男	女	小计	男	女
铜仁市	**1111**	**630**	**481**	**1055**	**617**	**438**	**1035**	**595**	**440**
碧江区	32	17	15	33	19	14	30	20	10
万山区	42	26	16	36	23	13	36	22	14
江口县	82	48	34	82	47	35	61	27	34
玉屏侗族自治县	29	16	13	53	28	25	35	19	16
石阡县	135	71	64	129	79	50	124	70	54
思南县	197	110	87	181	94	87	196	111	85
印江土家族苗族自治县	95	51	44	98	55	43	117	73	44
德江县	147	90	57	152	89	63	135	68	67
沿河土家族自治县	152	84	68	120	80	40	129	80	49
松桃苗族自治县	200	117	83	171	103	68	172	105	67
黔西南布依族苗族自治州	**1023**	**594**	**429**	**919**	**549**	**370**	**889**	**521**	**368**
兴义市	174	108	66	159	92	67	162	93	69
兴仁市	145	88	57	131	75	56	124	73	51
普安县	104	54	50	93	49	44	90	50	40
晴隆县	86	43	43	112	67	45	84	55	29
贞丰县	144	81	63	140	83	57	138	74	64
望谟县	122	77	45	106	61	45	118	69	49
册亨县	74	46	28	66	48	18	68	43	25
安龙县	174	97	77	112	74	38	105	64	41
黔东南苗族侗族自治州	**1566**	**893**	**673**	**1646**	**950**	**696**	**1472**	**884**	**588**
凯里市	126	85	41	122	71	51	113	73	40
黄平县	121	64	57	122	70	52	108	62	46
施秉县	42	20	22	63	35	28	45	27	18
三穗县	85	52	33	66	40	26	63	41	22
镇远县	107	55	52	114	69	45	114	70	44
岑巩县	87	50	37	91	50	41	65	35	30
天柱县	115	65	50	134	76	58	124	74	50
锦屏县	70	36	34	112	64	48	84	46	38
剑河县	86	44	42	113	71	42	72	42	30
台江县	45	27	18	70	41	29	62	37	25
黎平县	192	104	88	171	102	69	180	114	66
榕江县	137	88	49	113	54	59	127	83	44
从江县	153	92	61	156	83	73	140	80	60
雷山县	59	33	26	57	40	17	66	44	22
麻江县	84	42	42	67	40	27	55	30	25
丹寨县	57	36	21	75	44	31	54	26	28
黔南布依族苗族自治州	**1309**	**753**	**556**	**1151**	**664**	**487**	**1160**	**676**	**484**
都匀市	139	72	67	143	72	71	117	62	55
福泉市	88	51	37	68	39	29	82	43	39
荔波县	80	37	43	65	45	20	74	39	35
贵定县	92	63	29	74	49	25	68	48	20
瓮安县	112	57	55	89	52	37	106	51	55
独山县	77	47	30	91	50	41	77	50	27
平塘县	117	68	49	123	80	43	119	65	54
罗甸县	100	60	40	105	54	51	101	63	38
长顺县	91	51	40	46	29	17	83	55	28
龙里县	89	51	38	79	44	35	79	45	34
惠水县	163	96	67	132	80	52	153	95	58
三都水族自治县	161	100	61	136	70	66	101	60	41

1-11c 续表 6

单位：人

地　区	2020年5月			2020年6月			2020年7月		
	小计	男	女	小计	男	女	小计	男	女
贵　州	**11697**	**6918**	**4779**	**10783**	**6308**	**4475**	**10118**	**6051**	**4067**
贵阳市	**719**	**409**	**310**	**697**	**418**	**279**	**603**	**356**	**247**
南明区	8	5	3	7	4	3	11	4	7
云岩区									
花溪区	73	39	34	86	53	33	70	40	30
乌当区	70	36	34	58	34	24	46	27	19
白云区	6	1	5	8	4	4	9	4	5
观山湖区	34	14	20	23	13	10	19	12	7
开阳县	128	76	52	137	86	51	119	71	48
息烽县	115	56	59	103	61	42	86	53	33
修文县	110	72	38	105	73	32	91	55	36
清镇市	175	110	65	170	90	80	152	90	62
六盘水市	**972**	**555**	**417**	**931**	**568**	**363**	**838**	**526**	**312**
钟山区	36	19	17	28	16	12	25	18	7
六枝特区	202	113	89	214	121	93	186	121	65
水城县	327	197	130	296	183	113	285	180	105
盘州市	407	226	181	393	248	145	342	207	135
遵义市	**2123**	**1242**	**881**	**1976**	**1100**	**876**	**1853**	**1096**	**757**
红花岗区	122	78	44	120	60	60	126	78	48
汇川区	123	65	58	135	84	51	97	53	44
播州区	217	124	93	180	104	76	159	98	61
桐梓县	234	137	97	208	99	109	189	118	71
绥阳县	122	69	53	163	94	69	157	84	73
正安县	190	108	82	196	108	88	151	96	55
道真仡佬族苗族自治县	106	70	36	71	39	32	80	42	38
务川仡佬族苗族自治县	135	85	50	134	78	56	127	72	55
凤冈县	139	84	55	139	85	54	135	74	61
湄潭县	123	69	54	116	58	58	131	74	57
余庆县	123	72	51	101	58	43	84	49	35
习水县	217	115	102	196	110	86	207	122	85
赤水市	107	68	39	80	46	34	89	59	30
仁怀市	165	98	67	137	77	60	121	77	44
安顺市	**842**	**497**	**345**	**775**	**445**	**330**	**753**	**446**	**307**
西秀区	217	122	95	215	122	93	204	115	89
平坝区	103	60	43	87	49	38	109	64	45
普定县	126	69	57	107	60	47	116	62	54
镇宁布依族苗族自治县	127	78	49	115	66	49	109	70	39
关岭布依族苗族自治县	147	93	54	127	70	57	95	63	32
紫云苗族布依族自治县	122	75	47	124	78	46	120	72	48
毕节市	**2154**	**1321**	**833**	**1981**	**1188**	**793**	**1776**	**1095**	**681**
七星关区	295	172	123	266	150	116	279	159	120
大方县	293	179	114	302	180	122	224	142	82
黔西县	242	148	94	206	116	90	174	113	61
金沙县	204	125	79	185	118	67	174	96	78
织金县	245	153	92	218	127	91	217	132	85
纳雍县	202	122	80	207	136	71	172	114	58
威宁彝族回族苗族自治县	397	254	143	352	210	142	293	189	104
赫章县	276	168	108	245	151	94	243	150	93

1-11c　续表 7　　单位：人

地　区	2020年5月			2020年6月			2020年7月		
	小计	男	女	小计	男	女	小计	男	女
铜仁市	**1159**	**663**	**496**	**1061**	**600**	**461**	**964**	**570**	**394**
碧江区	21	12	9	29	18	11	34	24	10
万山区	57	30	27	46	30	16	37	18	19
江口县	72	42	30	73	41	32	61	41	20
玉屏侗族自治县	45	27	18	37	21	16	28	15	13
石阡县	141	93	48	139	68	71	107	66	41
思南县	199	104	95	182	104	78	171	91	80
印江土家族苗族自治县	121	66	55	102	66	36	83	53	30
德江县	152	83	69	137	69	68	136	74	62
沿河土家族自治县	151	100	51	143	80	63	141	88	53
松桃苗族自治县	200	106	94	173	103	70	166	100	66
黔西南布依族苗族自治州	**931**	**533**	**398**	**938**	**591**	**347**	**797**	**478**	**319**
兴义市	161	101	60	183	116	67	140	81	59
兴仁市	124	61	63	150	99	51	125	71	54
普安县	81	45	36	92	53	39	75	47	28
晴隆县	121	69	52	89	60	29	73	48	25
贞丰县	104	58	46	104	56	48	85	56	30
望谟县	140	77	63	105	66	39	115	63	52
册亨县	78	57	21	85	56	29	76	49	27
安龙县	122	65	57	130	85	45	107	63	44
黔东南苗族侗族自治州	**1509**	**916**	**593**	**1308**	**761**	**547**	**1371**	**808**	**563**
凯里市	136	73	63	119	71	48	147	89	58
黄平县	124	75	49	117	60	57	118	75	43
施秉县	58	37	21	46	29	17	45	27	18
三穗县	64	37	27	73	45	28	63	32	31
镇远县	101	71	30	75	38	37	83	48	35
岑巩县	63	45	18	70	37	33	60	33	27
天柱县	122	78	44	112	64	48	128	69	59
锦屏县	63	38	25	61	29	32	78	51	27
剑河县	94	60	34	78	45	33	73	34	39
台江县	60	39	21	54	37	17	53	30	23
黎平县	183	103	80	139	83	56	145	91	54
榕江县	113	67	46	74	38	36	100	59	41
从江县	133	76	57	112	75	37	128	80	48
雷山县	65	43	22	59	36	23	41	23	18
麻江县	58	35	23	61	31	30	52	29	23
丹寨县	72	39	33	58	43	15	57	38	19
黔南布依族苗族自治州	**1288**	**782**	**506**	**1116**	**637**	**479**	**1163**	**676**	**487**
都匀市	142	92	50	122	70	52	119	65	54
福泉市	79	41	38	74	38	36	81	44	37
荔波县	61	32	29	67	39	28	38	22	16
贵定县	92	64	28	80	49	31	65	38	27
瓮安县	124	68	56	116	73	43	116	58	58
独山县	78	52	26	57	32	25	66	42	24
平塘县	118	77	41	118	60	58	109	75	34
罗甸县	118	68	50	75	36	39	119	71	48
长顺县	76	53	23	67	41	26	83	45	38
龙里县	89	53	36	65	34	31	83	52	31
惠水县	165	94	71	137	78	59	142	90	52
三都水族自治县	146	88	58	138	87	51	142	74	68

1-11c 续表 8

单位：人

地　区	2020年8月			2020年9月			2020年10月		
	小计	男	女	小计	男	女	小计	男	女
贵　州	**10616**	**6393**	**4223**	**10602**	**6373**	**4229**	**15171**	**8949**	**6222**
贵阳市	**618**	**374**	**244**	**637**	**387**	**250**	**861**	**512**	**349**
南明区	5	4	1	7	5	2	8	3	5
云岩区									
花溪区	48	27	21	68	47	21	103	65	38
乌当区	60	40	20	55	30	25	76	44	32
白云区	11	8	3	6	4	2	6	3	3
观山湖区	26	8	18	24	16	8	38	23	15
开阳县	132	80	52	130	68	62	191	108	83
息烽县	61	36	25	91	60	31	104	59	45
修文县	104	64	40	82	50	32	132	83	49
清镇市	171	107	64	174	107	67	203	124	79
六盘水市	**866**	**531**	**335**	**822**	**531**	**291**	**1189**	**725**	**464**
钟山区	39	25	14	30	19	11	37	19	18
六枝特区	196	116	80	205	128	77	284	173	111
水城县	290	188	102	254	172	82	355	232	123
盘州市	341	202	139	333	212	121	513	301	212
遵义市	**1952**	**1107**	**845**	**1846**	**1086**	**760**	**2617**	**1488**	**1129**
红花岗区	123	57	66	102	62	40	124	66	58
汇川区	111	65	46	108	62	46	148	77	71
播州区	184	98	86	194	126	68	248	128	120
桐梓县	205	121	84	184	108	76	280	174	106
绥阳县	134	79	55	127	71	56	178	103	75
正安县	168	97	71	185	106	79	233	138	95
道真仡佬族苗族自治县	88	53	35	92	58	34	139	85	54
务川仡佬族苗族自治县	117	66	51	117	60	57	207	123	84
凤冈县	126	74	52	109	73	36	126	65	61
湄潭县	118	65	53	113	58	55	167	101	66
余庆县	122	70	52	81	44	37	127	72	55
习水县	202	116	86	203	115	88	336	186	150
赤水市	109	64	45	94	56	38	118	67	51
仁怀市	145	82	63	137	87	50	186	103	83
安顺市	**728**	**437**	**291**	**693**	**429**	**264**	**1091**	**642**	**449**
西秀区	204	116	88	175	115	60	322	182	140
平坝区	94	62	32	80	52	28	135	77	58
普定县	105	58	47	111	57	54	164	107	57
镇宁布依族苗族自治县	114	68	46	106	66	40	195	110	85
关岭布依族苗族自治县	98	63	35	102	66	36	143	86	57
紫云苗族布依族自治县	113	70	43	119	73	46	132	80	52
毕节市	**1797**	**1178**	**619**	**1947**	**1200**	**747**	**2731**	**1654**	**1077**
七星关区	266	168	98	298	181	117	404	232	172
大方县	236	152	84	250	153	97	481	313	168
黔西县	192	120	72	242	130	112	336	193	143
金沙县	173	115	58	156	97	59	226	122	104
织金县	220	158	62	217	126	91	315	197	118
纳雍县	171	121	50	207	130	77	262	166	96
威宁彝族回族苗族自治县	343	224	119	363	254	109	422	260	162
赫章县	196	120	76	214	129	85	285	171	114

1-11c　续表 9　　　　单位：人

地　区	2020年8月			2020年9月			2020年10月		
	小计	男	女	小计	男	女	小计	男	女
铜仁市	**1044**	**612**	**432**	**1040**	**602**	**438**	**1608**	**939**	**669**
碧江区	28	12	16	30	19	11	43	26	17
万山区	44	30	14	42	29	13	79	58	21
江口县	43	28	15	68	38	30	113	65	48
玉屏侗族自治县	36	16	20	28	11	17	52	31	21
石阡县	123	62	61	129	78	51	185	116	69
思南县	182	106	76	185	111	74	277	142	135
印江土家族苗族自治县	110	67	43	108	59	49	164	109	55
德江县	133	94	39	138	78	60	230	140	90
沿河土家族自治县	159	85	74	152	81	71	194	105	89
松桃苗族自治县	186	112	74	160	98	62	271	147	124
黔西南布依族苗族自治州	**919**	**553**	**366**	**844**	**481**	**363**	**1267**	**751**	**516**
兴义市	169	96	73	172	105	67	257	160	97
兴仁市	121	76	45	111	65	46	202	114	88
普安县	96	59	37	86	47	39	140	84	56
晴隆县	105	66	39	74	42	32	133	80	53
贞丰县	138	86	52	105	58	47	146	89	57
望谟县	90	54	36	107	54	53	132	68	64
册亨县	76	42	34	69	40	29	99	66	33
安龙县	124	74	50	120	70	50	158	90	68
黔东南苗族侗族自治州	**1448**	**866**	**582**	**1571**	**924**	**647**	**2095**	**1217**	**878**
凯里市	120	65	55	146	92	54	208	114	94
黄平县	107	63	44	119	73	46	139	73	66
施秉县	58	36	22	54	27	27	68	37	31
三穗县	65	37	28	79	46	33	72	40	32
镇远县	81	43	38	89	49	40	100	58	42
岑巩县	84	51	33	83	43	40	89	48	41
天柱县	115	62	53	124	68	56	202	116	86
锦屏县	79	45	34	82	47	35	117	67	50
剑河县	85	51	34	75	47	28	142	90	52
台江县	46	27	19	53	32	21	65	39	26
黎平县	172	108	64	158	89	69	241	152	89
榕江县	101	64	37	121	76	45	149	88	61
从江县	145	92	53	174	108	66	201	103	98
雷山县	53	30	23	81	54	27	98	55	43
麻江县	65	40	25	52	28	24	96	65	31
丹寨县	72	52	20	81	45	36	108	72	36
黔南布依族苗族自治州	**1244**	**735**	**509**	**1202**	**733**	**469**	**1712**	**1021**	**691**
都匀市	160	94	66	124	64	60	187	121	66
福泉市	88	56	32	101	64	37	138	85	53
荔波县	52	29	23	61	38	23	76	43	33
贵定县	85	51	34	76	46	30	107	61	46
瓮安县	109	67	42	93	60	33	159	98	61
独山县	79	43	36	83	41	42	123	67	56
平塘县	126	78	48	117	69	48	163	94	69
罗甸县	105	57	48	96	62	34	150	81	69
长顺县	82	52	30	88	56	32	109	76	33
龙里县	82	47	35	96	72	24	115	72	43
惠水县	154	89	65	150	93	57	193	106	87
三都水族自治县	122	72	50	117	68	49	192	117	75

1-12 各地区家庭户的住房间数和面积

地　区	家庭户 户　数 （户）	家庭户 人　数 （人）	平均每户住 房建筑面积 （平方米/户）	平均每户 住房间数 （间/户）	人均住房 建筑面积 （平方米/人）	人　均 住房间数 （间/人）
贵　州	**12004270**	**34394601**	**123.49**	**3.97**	**43.10**	**1.38**
贵阳市	**1846732**	**4989876**	**107.75**	**3.15**	**39.88**	**1.16**
南明区	370276	916105	83.00	2.53	33.55	1.02
云岩区	385478	932773	77.77	2.36	32.14	0.98
花溪区	251130	717455	120.36	3.35	42.13	1.17
乌当区	101833	286172	124.29	3.38	44.23	1.20
白云区	128022	363733	107.95	3.09	38.00	1.09
观山湖区	181619	510538	120.42	3.01	42.84	1.07
开阳县	119179	323637	125.39	4.32	46.17	1.59
息烽县	73045	208265	136.35	3.91	47.82	1.37
修文县	82422	254447	149.42	4.27	48.40	1.38
清镇市	153728	476751	146.28	4.46	47.17	1.44
六盘水市	**948929**	**2792283**	**120.18**	**3.61**	**40.84**	**1.23**
钟山区	203703	608207	108.14	3.08	36.22	1.03
六枝特区	164905	497754	129.01	3.89	42.74	1.29
水城县	214337	686878	132.24	4.62	41.27	1.44
盘州市	365984	999444	115.83	3.19	42.42	1.17
遵义市	**2095198**	**5969989**	**124.10**	**4.00**	**43.55**	**1.40**
红花岗区	293330	834683	110.73	3.36	38.92	1.18
汇川区	196775	570543	122.97	3.74	42.41	1.29
播州区	232612	690804	133.43	4.24	44.93	1.43
桐梓县	162260	479217	131.69	4.42	44.59	1.50
绥阳县	120922	333958	120.87	3.93	43.76	1.42
正安县	139587	364478	120.31	3.74	46.08	1.43
道真仡佬族苗族自治县	86101	230141	112.10	3.53	41.94	1.32
务川仡佬族苗族自治县	103612	285595	120.03	4.09	43.54	1.48
凤冈县	104075	283212	121.07	4.34	44.49	1.60
湄潭县	127004	337290	120.71	4.22	45.45	1.59
余庆县	76752	207670	160.63	4.30	59.37	1.59
习水县	176999	529503	118.71	4.38	39.68	1.46
赤水市	86961	228826	116.50	3.12	44.27	1.19
仁怀市	188208	594069	138.34	4.57	43.83	1.45
安顺市	**741003**	**2217911**	**136.19**	**3.86**	**45.50**	**1.29**
西秀区	259920	777355	138.97	3.68	46.47	1.23
平坝区	98382	300924	142.11	3.95	46.46	1.29
普定县	122786	340381	119.02	3.47	42.93	1.25
镇宁布依族苗族自治县	90375	270433	134.31	3.85	44.89	1.29
关岭布依族苗族自治县	83133	259828	141.16	4.11	45.16	1.31
紫云苗族布依族自治县	86407	268990	142.68	4.64	45.83	1.49
毕节市	**2068492**	**6294017**	**116.07**	**4.43**	**38.15**	**1.46**
七星关区	386597	1182916	117.97	4.12	38.55	1.35
大方县	281462	774236	101.97	4.57	37.07	1.66
黔西县	225015	671249	120.54	4.22	40.41	1.42
金沙县	167271	486769	131.45	4.73	45.17	1.63
织金县	264704	748514	108.58	3.98	38.40	1.41
纳雍县	216562	648300	112.42	4.69	37.55	1.57
威宁彝族回族苗族自治县	342532	1180338	115.65	4.45	33.56	1.29
赫章县	184349	601695	130.09	5.18	39.86	1.59

注：本表数据为居住在普通住宅的家庭户。

1-12　续表

地　　区	家庭户户　数（户）	家庭户人　数（人）	平均每户住房建筑面积（平方米/户）	平均每户住房间数（间/户）	人均住房建筑面积（平方米/人）	人　均住房间数（间/人）
铜仁市	**1084661**	**2880835**	**128.83**	**4.28**	**48.51**	**1.61**
碧江区	117690	338070	116.33	3.31	40.50	1.15
万山区	51997	138231	114.55	3.63	43.09	1.36
江口县	63807	164673	122.74	4.03	47.56	1.56
玉屏侗族自治县	47458	134674	133.73	4.30	47.12	1.51
石阡县	100285	270929	138.67	4.68	51.33	1.73
思南县	159112	403901	130.88	4.41	51.56	1.74
印江土家族苗族自治县	105567	268526	114.71	3.90	45.10	1.53
德江县	129926	341777	131.55	5.01	50.01	1.91
沿河土家族自治县	153068	381495	139.40	4.69	55.93	1.88
松桃苗族自治县	155751	438559	132.52	4.19	47.06	1.49
黔西南布依族苗族自治州	**917611**	**2729597**	**136.09**	**4.24**	**45.75**	**1.43**
兴义市	297542	890256	132.35	3.68	44.23	1.23
兴仁市	132924	393219	135.53	4.08	45.82	1.38
普安县	75685	222286	127.32	4.60	43.35	1.56
晴隆县	73230	210116	127.97	4.85	44.60	1.69
贞丰县	96381	284977	131.76	4.46	44.56	1.51
望谟县	70126	208008	157.80	5.30	53.20	1.79
册亨县	61747	175497	118.02	3.87	41.53	1.36
安龙县	109976	345238	158.45	4.67	50.47	1.49
黔东南苗族侗族自治州	**1214215**	**3442084**	**124.65**	**3.92**	**43.97**	**1.38**
凯里市	229250	622415	104.90	3.23	38.64	1.19
黄平县	82742	222762	121.31	4.12	45.06	1.53
施秉县	41180	117735	120.56	4.33	42.17	1.51
三穗县	56378	154087	133.87	4.22	48.98	1.55
镇远县	65474	176749	148.64	4.72	55.06	1.75
岑巩县	57452	152870	131.19	4.03	49.30	1.52
天柱县	102958	252954	119.22	3.73	48.53	1.52
锦屏县	53471	143716	140.00	4.15	52.09	1.54
剑河县	62798	176460	124.92	3.74	44.46	1.33
台江县	37791	108048	118.44	4.09	41.43	1.43
黎平县	128205	386027	136.17	4.33	45.22	1.44
榕江县	85139	273477	125.13	4.09	38.96	1.27
从江县	84763	294173	149.78	4.04	43.16	1.17
雷山县	39572	113881	106.17	3.96	36.89	1.38
麻江县	43103	122151	125.50	3.73	44.29	1.32
丹寨县	43939	124579	113.50	3.64	40.03	1.28
黔南布依族苗族自治州	**1087429**	**3078009**	**140.11**	**4.29**	**49.50**	**1.51**
都匀市	161809	431639	130.60	3.83	48.96	1.44
福泉市	92104	263400	123.96	4.36	43.35	1.52
荔波县	49703	143216	161.29	4.25	55.98	1.48
贵定县	77908	215285	122.91	4.33	44.48	1.57
瓮安县	134064	360386	116.80	3.60	43.45	1.34
独山县	86281	239861	142.00	4.64	51.08	1.67
平塘县	75765	215706	180.12	4.98	63.26	1.75
罗甸县	84230	236609	148.48	4.33	52.86	1.54
长顺县	61287	182188	163.95	4.92	55.15	1.65
龙里县	65676	194287	138.02	4.57	46.65	1.54
惠水县	112124	336711	157.46	4.57	52.44	1.52
三都水族自治县	86478	258721	131.66	4.06	44.01	1.36

1-12a 各地区家庭户的住房间数和面积(城市)

地　　区	家庭户户　数(户)	家庭户人　数(人)	平均每户住房建筑面积(平方米/户)	平均每户住房间数(间/户)	人均住房建筑面积(平方米/人)	人　　均住房间数(间/人)
贵　州	**3129186**	**8632762**	**100.03**	**2.87**	**36.26**	**1.04**
贵阳市	**1336630**	**3447188**	**90.16**	**2.62**	**34.96**	**1.01**
南明区	355555	872887	81.40	2.48	33.15	1.01
云岩区	385478	932773	77.77	2.36	32.14	0.98
花溪区	192197	512898	95.66	2.76	35.85	1.04
乌当区	63849	175223	96.98	2.71	35.34	0.99
白云区	118536	332317	100.69	2.94	35.92	1.05
观山湖区	154311	425840	112.60	2.83	40.80	1.03
开阳县						
息烽县						
修文县						
清镇市	66704	195250	115.46	3.22	39.45	1.10
六盘水市	**302391**	**877655**	**100.61**	**2.86**	**34.66**	**0.99**
钟山区	170489	496690	98.44	2.83	33.79	0.97
六枝特区	47405	141774	102.85	2.91	34.39	0.97
水城县						
盘州市	84497	239191	103.71	2.90	36.64	1.02
遵义市	**560421**	**1649424**	**105.89**	**3.00**	**35.98**	**1.02**
红花岗区	217355	616475	99.59	2.87	35.11	1.01
汇川区	135891	392448	108.36	3.08	37.52	1.07
播州区	87013	266237	106.91	2.99	34.94	0.98
桐梓县						
绥阳县						
正安县						
道真仡佬族苗族自治县						
务川仡佬族苗族自治县						
凤冈县						
湄潭县						
余庆县						
习水县						
赤水市	35513	97837	106.68	2.74	38.72	1.00
仁怀市	84649	276427	116.71	3.35	35.74	1.02
安顺市	**164514**	**466132**	**114.48**	**3.09**	**40.40**	**1.09**
西秀区	142862	401923	114.39	3.09	40.66	1.10
平坝区	21652	64209	115.08	3.11	38.81	1.05
普定县						
镇宁布依族苗族自治县						
关岭布依族苗族自治县						
紫云苗族布依族自治县						
毕节市	**161385**	**523295**	**113.53**	**3.59**	**35.01**	**1.11**
七星关区	161385	523295	113.53	3.59	35.01	1.11
大方县						
黔西县						
金沙县						
织金县						
纳雍县						
威宁彝族回族苗族自治县						
赫章县						

注：本表数据为居住在普通住宅的家庭户。

1-12a　续表

地　　区	家庭户户　数（户）	家庭户人　数（人）	平均每户住房建筑面积（平方米/户）	平均每户住房间数（间/户）	人均住房建筑面积（平方米/人）	人　　均住房间数（间/人）
铜仁市	**107710**	**312194**	**107.44**	**3.03**	**37.07**	**1.04**
碧江区	86627	252525	109.21	3.02	37.46	1.04
万山区	21083	59669	100.17	3.04	35.39	1.07
江口县						
玉屏侗族自治县						
石阡县						
思南县						
印江土家族苗族自治县						
德江县						
沿河土家族自治县						
松桃苗族自治县						
黔西南布依族苗族自治州	**205948**	**594481**	**118.87**	**3.16**	**41.18**	**1.09**
兴义市	169955	487914	117.72	3.12	41.01	1.09
兴仁市	35993	106567	124.27	3.36	41.97	1.13
普安县						
晴隆县						
贞丰县						
望谟县						
册亨县						
安龙县						
黔东南苗族侗族自治州	**161560**	**424554**	**93.83**	**2.78**	**35.71**	**1.06**
凯里市	161560	424554	93.83	2.78	35.71	1.06
黄平县						
施秉县						
三穗县						
镇远县						
岑巩县						
天柱县						
锦屏县						
剑河县						
台江县						
黎平县						
榕江县						
从江县						
雷山县						
麻江县						
丹寨县						
黔南布依族苗族自治州	**128627**	**337839**	**111.65**	**3.18**	**42.51**	**1.21**
都匀市	98176	250079	112.64	3.12	44.22	1.23
福泉市	30451	87760	108.46	3.35	37.63	1.16
荔波县						
贵定县						
瓮安县						
独山县						
平塘县						
罗甸县						
长顺县						
龙里县						
惠水县						
三都水族自治县						

1-12b 各地区家庭户的住房间数和面积(镇)

地区	家庭户户数(户)	家庭户人数(人)	平均每户住房建筑面积(平方米/户)	平均每户住房间数(间/户)	人均住房建筑面积(平方米/人)	人均住房间数(间/人)
贵州	**2967906**	**8820378**	**122.31**	**3.80**	**41.15**	**1.28**
贵阳市	**166449**	**487510**	**124.54**	**3.59**	**42.52**	**1.22**
南明区						
云岩区						
花溪区	11119	34383	165.19	3.95	53.42	1.28
乌当区	5979	17503	149.93	4.15	51.22	1.42
白云区	1097	2298	47.56	2.38	22.70	1.13
观山湖区	7344	18120	92.85	2.75	37.63	1.11
开阳县	59942	173251	116.36	3.62	40.26	1.25
息烽县	33906	96525	120.77	3.12	42.42	1.10
修文县	36154	111119	128.01	3.66	41.65	1.19
清镇市	10908	34311	143.48	4.66	45.62	1.48
六盘水市	**145235**	**447486**	**115.02**	**3.42**	**37.33**	**1.11**
钟山区	17846	56817	126.50	3.33	39.73	1.05
六枝特区	14956	46860	119.68	3.72	38.20	1.19
水城县	65662	214208	116.91	3.62	35.84	1.11
盘州市	46771	129601	106.50	3.07	38.43	1.11
遵义市	**557013**	**1656817**	**118.67**	**3.67**	**39.90**	**1.23**
红花岗区	17723	53085	127.87	3.86	42.69	1.29
汇川区	16905	50687	149.71	4.91	49.93	1.64
播州区	26668	80057	132.10	4.30	44.00	1.43
桐梓县	70939	218825	120.33	3.73	39.01	1.21
绥阳县	48095	141344	113.99	3.49	38.79	1.19
正安县	52528	150061	111.85	3.37	39.15	1.18
道真仡佬族苗族自治县	40847	120052	104.93	3.20	35.70	1.09
务川仡佬族苗族自治县	48922	151174	114.74	3.63	37.13	1.17
凤冈县	45751	131236	111.10	3.57	38.73	1.24
湄潭县	59186	162540	108.47	3.50	39.50	1.27
余庆县	33677	96798	164.25	4.00	57.14	1.39
习水县	67069	215338	106.98	3.47	33.32	1.08
赤水市	11555	31340	112.03	3.13	41.30	1.15
仁怀市	17148	54280	145.00	5.03	45.81	1.59
安顺市	**164618**	**500564**	**130.95**	**3.60**	**43.06**	**1.18**
西秀区	13293	42526	147.09	3.83	45.98	1.20
平坝区	23821	71539	143.62	3.88	47.82	1.29
普定县	42644	124074	118.20	3.31	40.63	1.14
镇宁布依族苗族自治县	31735	94835	127.94	3.46	42.81	1.16
关岭布依族苗族自治县	28070	88298	133.94	3.49	42.58	1.11
紫云苗族布依族自治县	25055	79292	132.49	4.03	41.86	1.27
毕节市	**644829**	**1978846**	**117.09**	**4.13**	**38.16**	**1.35**
七星关区	25223	75002	119.01	4.25	40.02	1.43
大方县	91145	267441	107.14	4.27	36.51	1.45
黔西县	101580	306373	124.80	3.78	41.38	1.25
金沙县	78484	235971	134.68	4.09	44.79	1.36
织金县	107498	308227	106.60	3.62	37.18	1.26
纳雍县	83005	248844	111.94	4.28	37.34	1.43
威宁彝族回族苗族自治县	111890	388350	120.05	4.60	34.59	1.33
赫章县	46004	148638	115.33	4.43	35.69	1.37

注：本表数据为居住在普通住宅的家庭户。

1-12b　续表

地　　区	家庭户户　数（户）	家庭户人　数（人）	平均每户住房建筑面积（平方米/户）	平均每户住房间数（间/户）	人均住房建筑面积（平方米/人）	人　　均住房间数（间/人）
铜仁市	**322016**	**906059**	**123.48**	**3.80**	**43.88**	**1.35**
碧江区	1773	4822	120.46	3.48	44.29	1.28
万山区						
江口县	24820	69921	123.21	3.74	43.74	1.33
玉屏侗族自治县	24506	68039	121.98	3.58	43.94	1.29
石阡县	29527	85306	135.85	4.13	47.02	1.43
思南县	53725	146862	125.44	3.86	45.89	1.41
印江土家族苗族自治县	35545	105789	115.08	3.38	38.67	1.14
德江县	54967	152093	114.06	3.97	41.22	1.43
沿河土家族自治县	51229	138019	129.16	4.05	47.94	1.50
松桃苗族自治县	45924	135208	125.73	3.52	42.70	1.20
黔西南布依族苗族自治州	**196505**	**596482**	**135.87**	**4.14**	**44.76**	**1.36**
兴义市	22241	69632	156.00	4.41	49.83	1.41
兴仁市	13054	39482	150.11	4.28	49.63	1.41
普安县	21217	63457	126.27	4.05	42.22	1.35
晴隆县	20849	62311	117.43	4.09	39.29	1.37
贞丰县	34839	102843	119.65	3.75	40.53	1.27
望谟县	23334	71980	161.11	5.09	52.23	1.65
册亨县	19454	56406	106.62	3.35	36.77	1.15
安龙县	41517	130371	147.89	4.20	47.09	1.34
黔东南苗族侗族自治州	**369808**	**1082683**	**117.70**	**3.54**	**40.20**	**1.21**
凯里市	9836	29564	124.88	4.11	41.55	1.37
黄平县	29618	82523	115.34	3.58	41.40	1.29
施秉县	15348	45417	119.63	3.79	40.43	1.28
三穗县	25423	73157	124.35	3.61	43.21	1.25
镇远县	29418	84275	151.37	4.32	52.84	1.51
岑巩县	22681	64138	119.28	3.44	42.18	1.22
天柱县	40502	102086	107.93	3.24	42.82	1.29
锦屏县	22330	63911	119.61	3.51	41.79	1.23
剑河县	22460	66464	108.43	3.12	36.64	1.05
台江县	12874	37098	114.29	3.49	39.66	1.21
黎平县	47832	147949	123.66	3.81	39.98	1.23
榕江县	27718	91776	103.70	3.28	31.32	0.99
从江县	18732	61864	113.61	3.22	34.40	0.98
雷山县	14153	42795	102.18	3.52	33.79	1.16
麻江县	15602	44511	116.93	3.32	40.99	1.16
丹寨县	15281	45155	103.93	3.19	35.17	1.08
黔南布依族苗族自治州	**401433**	**1163931**	**130.56**	**3.81**	**45.03**	**1.31**
都匀市	5873	19245	189.65	4.99	57.88	1.52
福泉市	14174	40829	110.88	3.95	38.49	1.37
荔波县	20469	59540	143.18	3.61	49.22	1.24
贵定县	40988	109427	113.86	3.78	42.65	1.42
瓮安县	77631	220180	107.52	3.23	37.91	1.14
独山县	39595	110415	135.87	4.17	48.72	1.50
平塘县	24636	70934	160.31	4.25	55.68	1.48
罗甸县	41758	127774	135.16	3.79	44.17	1.24
长顺县	24298	72560	147.28	4.32	49.32	1.45
龙里县	33950	99544	118.88	3.72	40.54	1.27
惠水县	48598	143677	153.04	3.99	51.77	1.35
三都水族自治县	29463	89806	127.45	3.78	41.81	1.24

1-12c 各地区家庭户的住房间数和面积(乡村)

地区	家庭户户数(户)	家庭户人数(人)	平均每户住房建筑面积(平方米/户)	平均每户住房间数(间/户)	人均住房建筑面积(平方米/人)	人均住房间数(间/人)
贵州	**5907178**	**16941461**	**136.51**	**4.63**	**47.60**	**1.62**
贵阳市	**343653**	**1055178**	**168.05**	**4.99**	**54.73**	**1.63**
南明区	14721	43218	121.79	3.62	41.48	1.23
云岩区						
花溪区	47814	170174	209.20	5.57	58.78	1.57
乌当区	32005	93446	173.98	4.57	59.59	1.56
白云区	8389	29118	218.45	5.23	62.94	1.51
观山湖区	19964	66578	190.99	4.46	57.27	1.34
开阳县	59237	150386	134.53	5.02	52.99	1.98
息烽县	39139	111740	149.84	4.60	52.49	1.61
修文县	46268	143328	166.15	4.75	53.63	1.53
清镇市	76116	247190	173.69	5.51	53.48	1.70
六盘水市	**501303**	**1467142**	**133.48**	**4.12**	**45.61**	**1.41**
钟山区	15368	54700	194.42	5.61	54.62	1.58
六枝特区	102544	309120	142.46	4.36	47.26	1.45
水城县	148675	472670	139.01	5.07	43.73	1.59
盘州市	234716	630652	122.05	3.32	45.43	1.23
遵义市	**977764**	**2663748**	**137.63**	**4.76**	**50.52**	**1.75**
红花岗区	58252	165123	147.09	5.06	51.89	1.78
汇川区	43979	127408	157.82	5.35	54.48	1.85
播州区	118931	344510	153.13	5.14	52.86	1.77
桐梓县	91321	260392	140.52	4.95	49.28	1.74
绥阳县	72827	192614	125.41	4.23	47.42	1.60
正安县	87059	214417	125.42	3.97	50.92	1.61
道真仡佬族苗族自治县	45254	110089	118.58	3.84	48.75	1.58
务川仡佬族苗族自治县	54690	134421	124.76	4.50	50.76	1.83
凤冈县	58324	151976	128.89	4.95	49.46	1.90
湄潭县	67818	174750	131.39	4.85	50.99	1.88
余庆县	43075	110872	157.80	4.54	61.31	1.76
习水县	109930	314165	125.86	4.94	44.04	1.73
赤水市	39893	99649	126.54	3.46	50.66	1.38
仁怀市	86411	263362	158.20	5.68	51.91	1.86
安顺市	**411871**	**1251215**	**146.96**	**4.27**	**48.38**	**1.41**
西秀区	103765	332906	171.78	4.46	53.54	1.39
平坝区	52909	165176	152.50	4.32	48.85	1.38
普定县	80142	216307	119.45	3.56	44.26	1.32
镇宁布依族苗族自治县	58640	175598	137.76	4.06	46.00	1.36
关岭布依族苗族自治县	55063	171530	144.84	4.42	46.49	1.42
紫云苗族布依族自治县	61352	189698	146.85	4.88	47.49	1.58
毕节市	**1262278**	**3791876**	**115.88**	**4.70**	**38.58**	**1.56**
七星关区	199989	584619	121.42	4.54	41.54	1.55
大方县	190317	506795	99.50	4.71	37.37	1.77
黔西县	123435	364876	117.03	4.59	39.59	1.55
金沙县	88787	250798	128.60	5.30	45.53	1.88
织金县	157206	440287	109.94	4.22	39.25	1.51
纳雍县	133557	399456	112.72	4.94	37.69	1.65
威宁彝族回族苗族自治县	230642	791988	113.51	4.38	33.06	1.28
赫章县	138345	453057	135.00	5.43	41.22	1.66

注：本表数据为居住在普通住宅的家庭户。

1-12c　续表

地　区	家庭户户　数（户）	家庭户人　数（人）	平均每户住房建筑面积（平方米/户）	平均每户住房间数（间/户）	人均住房建筑面积（平方米/人）	人　均住房间数（间/人）
铜仁市	**654935**	**1662582**	**134.98**	**4.72**	**53.17**	**1.86**
碧江区	29290	80723	137.12	4.16	49.75	1.51
万山区	30914	78562	124.36	4.03	48.94	1.58
江口县	38987	94752	122.43	4.21	50.38	1.73
玉屏侗族自治县	22952	66635	146.26	5.06	50.38	1.74
石阡县	70758	185623	139.85	4.91	53.31	1.87
思南县	105387	257039	133.65	4.68	54.80	1.92
印江土家族苗族自治县	70022	162737	114.52	4.16	49.27	1.79
德江县	74959	189684	144.38	5.78	57.05	2.28
沿河土家族自治县	101839	243476	144.54	5.02	60.46	2.10
松桃苗族自治县	109827	303351	135.36	4.47	49.01	1.62
黔西南布依族苗族自治州	**515158**	**1538634**	**143.06**	**4.72**	**47.90**	**1.58**
兴义市	105346	332710	150.94	4.43	47.79	1.40
兴仁市	83877	247170	138.10	4.36	46.86	1.48
普安县	54468	158829	127.73	4.81	43.80	1.65
晴隆县	52381	147805	132.16	5.16	46.84	1.83
贞丰县	61542	182134	138.62	4.87	46.84	1.65
望谟县	46792	136028	156.15	5.40	53.71	1.86
册亨县	42293	119091	123.27	4.11	43.78	1.46
安龙县	68459	214867	164.85	4.95	52.52	1.58
黔东南苗族侗族自治州	**682847**	**1934847**	**135.71**	**4.39**	**47.89**	**1.55**
凯里市	57854	168297	132.43	4.37	45.53	1.50
黄平县	53124	140239	124.63	4.42	47.21	1.67
施秉县	25832	72318	121.12	4.65	43.26	1.66
三穗县	30955	80930	141.68	4.73	54.19	1.81
镇远县	36056	92474	146.41	5.05	57.08	1.97
岑巩县	34771	88732	138.95	4.41	54.45	1.73
天柱县	62456	150868	126.55	4.05	52.39	1.68
锦屏县	31141	79805	154.62	4.61	60.34	1.80
剑河县	40338	109996	134.11	4.08	49.18	1.50
台江县	24917	70950	120.58	4.40	42.35	1.54
黎平县	80373	238078	143.62	4.64	48.48	1.57
榕江县	57421	181701	135.47	4.48	42.81	1.42
从江县	66031	232309	160.03	4.28	45.49	1.22
雷山县	25419	71086	108.39	4.21	38.76	1.50
麻江县	27501	77640	130.37	3.96	46.18	1.40
丹寨县	28658	79424	118.61	3.88	42.80	1.40
黔南布依族苗族自治州	**557369**	**1576239**	**153.56**	**4.89**	**54.30**	**1.73**
都匀市	57760	162315	155.13	4.92	55.20	1.75
福泉市	47479	134811	137.81	5.13	48.53	1.81
荔波县	29234	83676	173.97	4.71	60.78	1.64
贵定县	36920	105858	132.96	4.93	46.37	1.72
瓮安县	56433	140206	129.58	4.12	52.15	1.66
独山县	46686	129446	147.19	5.04	53.09	1.82
平塘县	51129	144772	189.66	5.32	66.98	1.88
罗甸县	42472	108835	161.58	4.87	63.05	1.90
长顺县	36989	109628	174.89	5.31	59.01	1.79
龙里县	31726	94743	158.50	5.47	53.08	1.83
惠水县	63526	193034	160.85	5.01	52.93	1.65
三都水族自治县	57015	168915	133.84	4.21	45.17	1.42

第一部分　全部数据资料

第二卷　民族

2-1　全省各民族人口及比重

单位：人、%

民　族	人口数	男	女	各民族人口占总人口的比重
总　计	**38562148**	**19705293**	**18856855**	**100.00**
汉　族	24511882	12533161	11978721	63.56
蒙古族	49780	27024	22756	0.13
回　族	204962	104295	100667	0.53
藏　族	2901	1360	1541	0.01
维吾尔族	877	509	368	
苗　族	4506912	2290519	2216393	11.69
彝　族	959302	486529	472773	2.49
壮　族	67845	31525	36320	0.18
布依族	2710606	1367517	1343089	7.03
朝鲜族	931	478	453	
满　族	26817	13900	12917	0.07
侗　族	1650871	856037	794834	4.28
瑶　族	46759	23801	22958	0.12
白　族	214802	112979	101823	0.56
土家族	1696664	865330	831334	4.40
哈尼族	2539	938	1601	0.01
哈萨克族	42	16	26	
傣　族	2097	792	1305	0.01
黎　族	144558	74809	69749	0.37
傈僳族	961	350	611	
佤　族	883	326	557	
畲　族	41794	21557	20237	0.11
高山族	249	156	93	
拉祜族	607	188	419	
水　族	371367	192167	179200	0.96
东乡族	1442	727	715	
纳西族	473	206	267	
景颇族	788	349	439	
柯尔克孜族	18	9	9	
土　族	7085	3754	3331	0.02
达斡尔族	72	34	38	
仫佬族	46066	23798	22268	0.12
羌　族	2089	1128	961	0.01
布朗族	268	86	182	
撒拉族	126	65	61	
毛南族	29766	15112	14654	0.08
仡佬族	550322	285682	264640	1.43
锡伯族	265	131	134	
阿昌族	76	28	48	
普米族	71	36	35	
塔吉克族	10	8	2	
怒　族	69	28	41	
乌孜别克族	9	7	2	
俄罗斯族	39	20	19	
鄂温克族	6	2	4	
德昂族	40	18	22	
保安族	9	7	2	
裕固族	4	2	2	
京　族	1506	816	690	
塔塔尔族	11	1	10	
独龙族	105	63	42	
鄂伦春族	28	14	14	
赫哲族	8	4	4	
门巴族	6	2	4	
珞巴族	113	57	56	
基诺族	65	29	36	
未定族称人口	698234	363838	334396	1.81
入　籍	5951	2969	2982	0.02

2-1a 全省各民族人口及比重(城市)

单位：人、%

民　族	人口数	男	女	各民族人口占总人口的比重
总　计	**10126125**	**5086734**	**5039391**	**100.00**
汉　族	7755581	3902393	3853188	76.59
蒙古族	13522	7080	6442	0.13
回　族	51020	25158	25862	0.50
藏　族	1159	526	633	0.01
维吾尔族	482	292	190	
苗　族	733636	367702	365934	7.24
彝　族	180320	89089	91231	1.78
壮　族	19483	9349	10134	0.19
布依族	433954	211528	222426	4.29
朝鲜族	647	315	332	0.01
满　族	14592	7377	7215	0.14
侗　族	245373	124213	121160	2.42
瑶　族	7139	3578	3561	0.07
白　族	56944	28683	28261	0.56
土家族	307162	155095	152067	3.03
哈尼族	902	378	524	0.01
哈萨克族	26	9	17	
傣　族	884	360	524	0.01
黎　族	22952	11443	11509	0.23
傈僳族	308	129	179	
佤　族	213	84	129	
畲　族	6219	3031	3188	0.06
高山族	85	46	39	
拉祜族	168	76	92	
水　族	35782	17766	18016	0.35
东乡族	532	243	289	0.01
纳西族	298	144	154	
景颇族	558	259	299	0.01
柯尔克孜族	5	2	3	
土　族	2930	1550	1380	0.03
达斡尔族	45	21	24	
仫佬族	15646	7993	7653	0.15
羌　族	700	380	320	0.01
布朗族	95	29	66	
撒拉族	55	27	28	
毛南族	2047	919	1128	0.02
仡佬族	99149	50577	48572	0.98
锡伯族	229	116	113	
阿昌族	26	9	17	
普米族	21	12	9	
塔吉克族	3	2	1	
怒　族	23	11	12	
乌孜别克族				
俄罗斯族	25	11	14	
鄂温克族	2	2		
德昂族	7	3	4	
保安族	6	5	1	
裕固族	1	1		
京　族	434	210	224	
塔塔尔族	2	1	1	
独龙族	32	16	16	
鄂伦春族	8	2	6	
赫哲族	4	2	2	
门巴族	5	2	3	
珞巴族	28	12	16	
基诺族	20	5	15	
未定族称人口	112696	57510	55186	1.11
入　籍	1940	958	982	0.02

2-1b　全省各民族人口及比重(镇)

单位：人、%

民　族	人口数	男	女	各民族人口占总人口的比重
总　计	**10369821**	**5220851**	**5148970**	**100.00**
汉　族	6341696	3199157	3142539	61.16
蒙古族	15617	8183	7434	0.15
回　族	55759	28432	27327	0.54
藏　族	865	435	430	0.01
维吾尔族	288	160	128	
苗　族	1105405	554860	550545	10.66
彝　族	200953	99561	101392	1.94
壮　族	19746	8947	10799	0.19
布依族	741748	366846	374902	7.15
朝鲜族	153	82	71	
满　族	5020	2600	2420	0.05
侗　族	539521	273494	266027	5.20
瑶　族	10295	5208	5087	0.10
白　族	59413	30905	28508	0.57
土家族	621332	311120	310212	5.99
哈尼族	681	237	444	0.01
哈萨克族	12	6	6	
傣　族	595	225	370	0.01
黎　族	48615	24784	23831	0.47
傈僳族	254	87	167	
佤　族	256	105	151	
畲　族	9099	4491	4608	0.09
高山族	81	45	36	
拉祜族	159	41	118	
水　族	117117	60027	57090	1.13
东乡族	98	47	51	
纳西族	79	29	50	
景颇族	123	49	74	
柯尔克孜族	5	3	2	
土　族	2112	1137	975	0.02
达斡尔族	14	8	6	
仫佬族	9797	4808	4989	0.09
羌　族	886	470	416	0.01
布朗族	64	20	44	
撒拉族	52	27	25	
毛南族	8716	4404	4312	0.08
仡佬族	208924	104613	104311	2.01
锡伯族	26	11	15	
阿昌族	17	7	10	
普米族	21	12	9	
塔吉克族	5	4	1	
怒　族	18	6	12	
乌孜别克族	3	3		
俄罗斯族	8	7	1	
鄂温克族	2		2	
德昂族	16	7	9	
保安族	3	2	1	
裕固族	2	1	1	
京　族	513	282	231	
塔塔尔族	4		4	
独龙族	7	4	3	
鄂伦春族	13	7	6	
赫哲族	3	2	1	
门巴族				
珞巴族	12	6	6	
基诺族	7	5	2	
未定族称人口	241520	123758	117762	2.33
入　籍	2071	1074	997	0.02

2-1c 全省各民族人口及比重(乡村)

单位：人、%

民　族	人口数	男	女	各民族人口占总人口的比重
总　计	**18066202**	**9397708**	**8668494**	**100.00**
汉　族	10414605	5431611	4982994	57.65
蒙古族	20641	11761	8880	0.11
回　族	98183	50705	47478	0.54
藏　族	877	399	478	
维吾尔族	107	57	50	
苗　族	2667871	1367957	1299914	14.77
彝　族	578029	297879	280150	3.20
壮　族	28616	13229	15387	0.16
布依族	1534904	789143	745761	8.50
朝鲜族	131	81	50	
满　族	7205	3923	3282	0.04
侗　族	865977	458330	407647	4.79
瑶　族	29325	15015	14310	0.16
白　族	98445	53391	45054	0.54
土家族	768170	399115	369055	4.25
哈尼族	956	323	633	0.01
哈萨克族	4	1	3	
傣　族	618	207	411	
黎　族	72991	38582	34409	0.40
傈僳族	399	134	265	
佤　族	414	137	277	
畲　族	26476	14035	12441	0.15
高山族	83	65	18	
拉祜族	280	71	209	
水　族	218468	114374	104094	1.21
东乡族	812	437	375	
纳西族	96	33	63	
景颇族	107	41	66	
柯尔克孜族	8	4	4	
土　族	2043	1067	976	0.01
达斡尔族	13	5	8	
仫佬族	20623	10997	9626	0.11
羌　族	503	278	225	
布朗族	109	37	72	
撒拉族	19	11	8	
毛南族	19003	9789	9214	0.11
仡佬族	242249	130492	111757	1.34
锡伯族	10	4	6	
阿昌族	33	12	21	
普米族	29	12	17	
塔吉克族	2	2		
怒　族	28	11	17	
乌孜别克族	6	4	2	
俄罗斯族	6	2	4	
鄂温克族	2		2	
德昂族	17	8	9	
保安族				
裕固族	1		1	
京　族	559	324	235	
塔塔尔族	5		5	
独龙族	66	43	23	
鄂伦春族	7	5	2	
赫哲族	1		1	
门巴族	1		1	
珞巴族	73	39	34	
基诺族	38	19	19	
未定族称人口	344018	182570	161448	1.90
入　籍	1940	937	1003	0.01

2-2 全省各民族分年龄、性别的人口

单位：人

年龄组	合计			汉族		
	合计	男	女	小计	男	女
总　计	**38562148**	**19705293**	**18856855**	**24511882**	**12533161**	**11978721**
0-4岁	3005562	1597069	1408493	1696655	900525	796130
5-9岁	3205476	1717039	1488437	1791935	957135	834800
10-14岁	3031000	1618227	1412773	1717992	912578	805414
15-19岁	2561363	1339162	1222201	1469451	767220	702231
20-24岁	2551037	1267001	1284036	1595975	797228	798747
25-29岁	2493525	1260744	1232781	1643252	834620	808632
30-34岁	2757831	1410885	1346946	1857355	953216	904139
35-39岁	2296590	1193618	1102972	1500905	781846	719059
40-44岁	2497952	1292129	1205823	1648119	853461	794658
45-49岁	3061958	1586586	1475372	2076486	1079999	996487
50-54岁	2922288	1477676	1444612	1985940	1010893	975047
55-59岁	2246209	1120672	1125537	1531167	767733	763434
60-64岁	1474902	735777	739125	999987	502036	497951
65-69岁	1631217	792295	838922	1095972	533129	562843
70-74岁	1183292	567595	615697	790421	381774	408647
75-79岁	822323	379584	442739	549887	257197	292690
80-84岁	519398	227533	291865	353176	156647	196529
85-89岁	221565	91509	130056	151679	63678	88001
90-94岁	64332	25234	39098	45307	18539	26768
95-99岁	11815	4105	7710	8364	3053	5311
100岁及以上	2513	853	1660	1857	654	1203

2-2 续表 1

单位：人

年龄组	蒙古族			回族			藏族		
	小计	男	女	小计	男	女	小计	男	女
总　计	**49780**	**27024**	**22756**	**204962**	**104295**	**100667**	**2901**	**1360**	**1541**
0-4岁	5791	3091	2700	19867	10454	9413	272	129	143
5-9岁	6014	3248	2766	18458	9833	8625	243	124	119
10-14岁	5552	3004	2548	16540	8624	7916	158	84	74
15-19岁	4457	2381	2076	17069	8671	8398	383	200	183
20-24岁	4021	2084	1937	18218	9003	9215	343	158	185
25-29岁	3449	1814	1635	16428	8180	8248	228	91	137
30-34岁	3515	1851	1664	15388	7905	7483	237	100	137
35-39岁	2887	1571	1316	10967	5642	5325	200	94	106
40-44岁	2771	1501	1270	12170	6050	6120	164	78	86
45-49岁	2902	1654	1248	13894	7123	6771	168	70	98
50-54岁	2431	1377	1054	12648	6313	6335	147	79	68
55-59岁	1724	982	742	9724	4850	4874	128	54	74
60-64岁	1150	669	481	7177	3560	3617	81	34	47
65-69岁	1264	728	536	5987	2999	2988	48	23	25
70-74岁	845	511	334	4165	2064	2101	35	18	17
75-79岁	508	289	219	3033	1470	1563	29	13	16
80-84岁	322	180	142	2089	1026	1063	19	3	16
85-89岁	125	65	60	822	386	436	12	6	6
90-94岁	44	20	24	252	122	130	4	2	2
95-99岁	8	4	4	53	17	36	2		2
100岁及以上				13	3	10			

2-2 续表 2

单位：人

年龄组	维吾尔族			苗族			彝族		
	小计	男	女	小计	男	女	小计	男	女
总　计	**877**	**509**	**368**	**4506912**	**2290519**	**2216393**	**959302**	**486529**	**472773**
0–4岁	49	29	20	429532	227959	201573	101588	53931	47657
5–9岁	77	34	43	477820	255853	221967	108645	57680	50965
10–14岁	49	24	25	438892	235800	203092	99194	52062	47132
15–19岁	114	57	57	349437	182706	166731	79212	40320	38892
20–24岁	135	78	57	302119	147168	154951	72141	35669	36472
25–29岁	104	70	34	265281	132704	132577	56333	28347	27986
30–34岁	106	57	49	280714	142909	137805	62848	32247	30601
35–39岁	62	44	18	253134	130194	122940	52881	27725	25156
40–44岁	50	28	22	271877	139606	132271	59252	30475	28777
45–49岁	48	34	14	314088	159837	154251	63796	32631	31165
50–54岁	35	26	9	298562	146032	152530	57149	27958	29191
55–59岁	18	11	7	224007	109034	114973	40864	19623	21241
60–64岁	5	2	3	145456	70456	75000	29256	14070	15186
65–69岁	10	7	3	169240	81231	88009	29686	13909	15777
70–74岁	6	4	2	123130	57908	65222	19647	9009	10638
75–79岁	4	3	1	83120	37709	45411	13492	5824	7668
80–84岁	4	1	3	51613	22165	29448	8817	3408	5409
85–89岁				21739	8727	13012	3353	1266	2087
90–94岁	1		1	5852	2115	3737	968	319	649
95–99岁				1096	343	753	146	45	101
100岁及以上				203	63	140	34	11	23

2-2 续表 3

单位：人

年龄组	壮族			布依族			朝鲜族		
	小计	男	女	小计	男	女	小计	男	女
总　计	**67845**	**31525**	**36320**	**2710606**	**1367517**	**1343089**	**931**	**478**	**453**
0–4岁	6539	3510	3029	242415	128972	113443	84	41	43
5–9岁	6985	3658	3327	261818	141233	120585	85	43	42
10–14岁	5594	2895	2699	238898	128314	110584	66	37	29
15–19岁	4140	2125	2015	193878	100718	93160	55	29	26
20–24岁	4084	1737	2347	168297	82765	85532	52	34	18
25–29岁	4403	1634	2769	158891	79087	79804	59	33	26
30–34岁	6283	2293	3990	166910	84403	82507	94	48	46
35–39岁	5814	2158	3656	151403	78592	72811	86	39	47
40–44岁	4955	2094	2861	169252	88313	80939	62	28	34
45–49岁	4776	2366	2410	192320	99109	93211	64	30	34
50–54岁	4257	2150	2107	192906	97048	95858	64	35	29
55–59岁	3178	1581	1597	145784	72057	73727	49	26	23
60–64岁	1623	796	827	110866	53025	57841	30	16	14
65–69岁	1617	759	858	112273	51561	60712	36	18	18
70–74岁	1455	754	701	84337	36806	47531	12	8	4
75–79岁	927	425	502	62687	25447	37240	14	8	6
80–84岁	741	369	372	36600	13401	23199	12	3	9
85–89岁	349	173	176	15468	5206	10262	7	2	5
90–94岁	98	38	60	4593	1232	3361			
95–99岁	19	6	13	849	187	662			
100岁及以上	8	4	4	161	41	120			

2-2　续表 4　　单位：人

年龄组	满族			侗族			瑶族		
	小计	男	女	小计	男	女	小计	男	女
总　计	**26817**	**13900**	**12917**	**1650871**	**856037**	**794834**	**46759**	**23801**	**22958**
0—4岁	2665	1368	1297	145741	77967	67774	4381	2356	2025
5—9岁	2343	1226	1117	152240	83034	69206	4635	2422	2213
10—14岁	1803	951	852	134161	73113	61048	3874	2067	1807
15—19岁	1357	704	653	106641	58747	47894	3124	1659	1465
20—24岁	1689	875	814	97373	49068	48305	2674	1254	1420
25—29岁	1942	1049	893	99695	51279	48416	2648	1298	1350
30—34岁	2355	1255	1100	112773	57847	54926	3574	1712	1862
35—39岁	1792	943	849	95185	49669	45516	3273	1642	1631
40—44岁	1598	878	720	94353	49216	45137	2951	1557	1394
45—49岁	1846	993	853	124866	64672	60194	3283	1743	1540
50—54岁	1894	977	917	124523	62555	61968	3225	1652	1573
55—59岁	1777	869	908	105801	52715	53086	2569	1279	1290
60—64岁	1308	658	650	62866	31627	31239	1610	799	811
65—69岁	823	418	405	69573	34834	34739	1770	858	912
70—74岁	584	276	308	53008	26472	26536	1335	671	664
75—79岁	409	158	251	34596	16514	18082	926	441	485
80—84岁	392	188	204	23882	11037	12845	552	245	307
85—89岁	178	80	98	10464	4456	6008	267	111	156
90—94岁	55	30	25	2633	1023	1610	67	29	38
95—99岁	5	2	3	433	168	265	16	5	11
100岁及以上	2	2		64	24	40	5	1	4

2-2　续表 5　　单位：人

年龄组	白族			土家族			哈尼族		
	小计	男	女	小计	男	女	小计	男	女
总　计	**214802**	**112979**	**101823**	**1696664**	**865330**	**831334**	**2539**	**938**	**1601**
0—4岁	26028	13896	12132	143216	76288	66928	348	173	175
5—9岁	25302	13562	11740	153131	82598	70533	364	203	161
10—14岁	22290	11927	10363	159141	86236	72905	237	120	117
15—19岁	17897	9393	8504	157655	82166	75489	168	81	87
20—24岁	16813	8501	8312	128470	62423	66047	209	64	145
25—29岁	13512	6851	6661	110075	54330	55745	250	71	179
30—34岁	14883	7619	7264	108814	54293	54521	294	60	234
35—39岁	12334	6606	5728	98412	50162	48250	250	41	209
40—44岁	13150	7049	6101	97018	48608	48410	160	39	121
45—49岁	13566	7295	6271	117533	59664	57869	113	26	87
50—54岁	11367	5961	5406	104977	52338	52639	64	24	40
55—59岁	7916	4149	3767	81017	39888	41129	38	19	19
60—64岁	5427	2920	2507	49565	25277	24288	15	6	9
65—69岁	5605	2922	2683	69030	34707	34323	13	4	9
70—74岁	3604	1860	1744	51615	25327	26288	5	2	3
75—79岁	2550	1244	1306	36741	17252	19489	6	1	5
80—84岁	1694	817	877	19214	9072	10142	5	4	1
85—89岁	640	301	339	8307	3629	4678			
90—94岁	185	90	95	2188	899	1289			
95—99岁	36	14	22	441	140	301			
100岁及以上	3	2	1	104	33	71			

2-2 续表 6

单位：人

年龄组	哈萨克族			傣族			黎族		
	小计	男	女	小计	男	女	小计	男	女
总　计	**42**	**16**	**26**	**2097**	**792**	**1305**	**144558**	**74809**	**69749**
0-4岁	6	5	1	263	122	141	15520	8413	7107
5-9岁	4	2	2	262	151	111	16100	8729	7371
10-14岁	4		4	177	110	67	15654	8249	7405
15-19岁				124	51	73	11991	6127	5864
20-24岁	6	2	4	176	55	121	9937	4994	4943
25-29岁	4	3	1	178	49	129	9566	4925	4641
30-34岁	6	1	5	257	62	195	9556	4968	4588
35-39岁	6	1	5	198	40	158	8306	4424	3882
40-44岁	2	2		139	38	101	8564	4506	4058
45-49岁	3		3	121	40	81	8664	4435	4229
50-54岁				82	28	54	8019	4004	4015
55-59岁	1		1	56	20	36	6115	3130	2985
60-64岁				23	9	14	4876	2468	2408
65-69岁				14	5	9	4325	2101	2224
70-74岁				10	6	4	2973	1397	1576
75-79岁				12	5	7	2234	994	1240
80-84岁				5	1	4	1395	621	774
85-89岁							574	256	318
90-94岁							144	53	91
95-99岁							42	15	27
100岁及以上							3		3

2-2 续表 7

单位：人

年龄组	傈僳族			佤族			畲族		
	小计	男	女	小计	男	女	小计	男	女
总　计	**961**	**350**	**611**	**883**	**326**	**557**	**41794**	**21557**	**20237**
0-4岁	146	71	75	143	72	71	3630	1959	1671
5-9岁	120	54	66	97	52	45	4013	2182	1831
10-14岁	86	44	42	86	46	40	3208	1739	1469
15-19岁	102	56	46	50	24	26	2621	1365	1256
20-24岁	85	21	64	64	17	47	2502	1247	1255
25-29岁	107	22	85	108	24	84	2466	1196	1270
30-34岁	113	24	89	109	18	91	2655	1366	1289
35-39岁	72	16	56	67	17	50	2493	1299	1194
40-44岁	48	13	35	48	14	34	2949	1630	1319
45-49岁	37	12	25	43	11	32	3235	1755	1480
50-54岁	15	8	7	25	10	15	3028	1596	1432
55-59岁	7	1	6	16	6	10	2329	1223	1106
60-64岁	2	1	1	13	8	5	1344	690	654
65-69岁	8	2	6	3	2	1	1987	940	1047
70-74岁	7	4	3	3	1	2	1461	646	815
75-79岁	4	1	3	3	1	2	953	401	552
80-84岁	1		1	4	2	2	555	210	345
85-89岁	1		1	1	1		280	94	186
90-94岁							71	15	56
95-99岁							13	3	10
100岁及以上							1	1	

2-2　续表 8

单位：人

年龄组	高山族			拉祜族			水族		
	小计	男	女	小计	男	女	小计	男	女
总　计	**249**	**156**	**93**	**607**	**188**	**419**	**371367**	**192167**	**179200**
0–4岁	22	15	7	86	46	40	32078	17529	14549
5–9岁	26	16	10	89	54	35	38420	21125	17295
10–14岁	10	4	6	55	24	31	36185	19836	16349
15–19岁	10	5	5	31	10	21	29136	15647	13489
20–24岁	16	8	8	60	8	52	24130	12108	12022
25–29岁	29	19	10	66	9	57	21814	10827	10987
30–34岁	23	15	8	83	11	72	24617	12786	11831
35–39岁	22	17	5	68	13	55	23180	12051	11129
40–44岁	13	6	7	24	5	19	24358	12713	11645
45–49岁	18	12	6	21	2	19	25273	13159	12114
50–54岁	18	10	8	8	3	5	24676	12519	12157
55–59岁	14	11	3	5	1	4	19394	9694	9700
60–64岁	9	9		3		3	11984	5845	6139
65–69岁	9	6	3	3	1	2	12713	6173	6540
70–74岁	2	1	1	3		3	9624	4531	5093
75–79岁	2		2				6663	2907	3756
80–84岁	2	2		2	1	1	4518	1779	2739
85–89岁	3		3				2022	754	1268
90–94岁	1		1				488	157	331
95–99岁							76	23	53
100岁及以上							18	4	14

2-2　续表 9

单位：人

年龄组	东乡族			纳西族			景颇族		
	小计	男	女	小计	男	女	小计	男	女
总　计	**1442**	**727**	**715**	**473**	**206**	**267**	**788**	**349**	**439**
0–4岁	138	76	62	46	25	21	82	43	39
5–9岁	102	49	53	46	22	24	60	34	26
10–14岁	86	45	41	31	19	12	57	33	24
15–19岁	63	41	22	31	13	18	37	18	19
20–24岁	74	42	32	37	16	21	61	22	39
25–29岁	134	79	55	40	13	27	82	30	52
30–34岁	109	53	56	50	17	33	70	28	42
35–39岁	68	37	31	39	13	26	42	14	28
40–44岁	72	41	31	22	5	17	72	30	42
45–49岁	123	56	67	24	8	16	55	27	28
50–54岁	142	69	73	27	15	12	64	22	42
55–59岁	103	47	56	28	11	17	78	31	47
60–64岁	59	25	34	15	7	8	5	5	
65–69岁	52	20	32	8	4	4	1		1
70–74岁	49	21	28	10	6	4	7	2	5
75–79岁	33	12	21	5	1	4	5	1	4
80–84岁	25	9	16	10	8	2	1		1
85–89岁	8	3	5	4	3	1	4	4	
90–94岁	2	2					3	3	
95–99岁							2	2	
100岁及以上									

2-2 续表 10

单位：人

年龄组	柯尔克孜族			土　族			达斡尔族		
	小计	男	女	小计	男	女	小计	男	女
总　计	**18**	**9**	**9**	**7085**	**3754**	**3331**	**72**	**34**	**38**
0–4岁	2	1	1	602	337	265	9	4	5
5–9岁	2	2		591	338	253	10	6	4
10–14岁	1		1	525	305	220	2	2	
15–19岁	2		2	526	286	240	3		3
20–24岁	4	3	1	601	301	300	6	5	1
25–29岁				553	274	279	6		6
30–34岁				555	284	271	9	5	4
35–39岁	1		1	403	220	183	10	7	3
40–44岁				423	228	195	3		3
45–49岁	1	1		564	293	271	2	2	
50–54岁	1	1		480	271	209	8	2	6
55–59岁				345	183	162	1		1
60–64岁	3	1	2	199	89	110	1	1	
65–69岁	1		1	280	139	141			
70–74岁				182	92	90	2		2
75–79岁				136	66	70			
80–84岁				73	26	47			
85–89岁				36	19	17			
90–94岁				11	3	8			
95–99岁									
100岁及以上									

2-2 续表 11

单位：人

年龄组	仫佬族			羌　族			布朗族		
	小计	男	女	小计	男	女	小计	男	女
总　计	**46066**	**23798**	**22268**	**2089**	**1128**	**961**	**268**	**86**	**182**
0–4岁	4227	2236	1991	247	121	126	34	12	22
5–9岁	4303	2334	1969	217	124	93	32	15	17
10–14岁	3527	1907	1620	150	70	80	15	9	6
15–19岁	3073	1678	1395	123	77	46	17	7	10
20–24岁	3392	1690	1702	128	63	65	23	6	17
25–29岁	3198	1621	1577	180	98	82	32	6	26
30–34岁	3224	1574	1650	217	107	110	23	2	21
35–39岁	2980	1530	1450	141	74	67	19	2	17
40–44岁	2970	1544	1426	116	74	42	18	4	14
45–49岁	3435	1829	1606	141	74	67	18	7	11
50–54岁	3184	1664	1520	125	66	59	17	6	11
55–59岁	2328	1186	1142	104	61	43	8	3	5
60–64岁	1406	721	685	48	24	24	5	4	1
65–69岁	1843	914	929	60	42	18	2		2
70–74岁	1349	657	692	47	31	16	2	1	1
75–79岁	880	401	479	20	15	5	2	1	1
80–84岁	475	216	259	16	4	12	1	1	
85–89岁	216	78	138	8	2	6			
90–94岁	49	18	31	1	1				
95–99岁	6		6						
100岁及以上	1		1						

2-2　续表 12　　　　单位：人

年龄组	撒拉族			毛南族			仡佬族		
	小计	男	女	小计	男	女	小计	男	女
总　计	**126**	**65**	**61**	**29766**	**15112**	**14654**	**550322**	**285682**	**264640**
0-4岁	16	8	8	2633	1363	1270	51299	27312	23987
5-9岁	9	5	4	2671	1441	1230	50749	26746	24003
10-14岁	10	5	5	2247	1181	1066	49606	26631	22975
15-19岁	9	7	2	2040	1072	968	43678	23152	20526
20-24岁	11	4	7	1894	954	940	39488	19446	20042
25-29岁	18	8	10	1944	923	1021	35797	18118	17679
30-34岁	16	9	7	1651	797	854	34137	17346	16791
35-39岁	9	3	6	1372	655	717	29200	15364	13836
40-44岁	2		2	1579	818	761	34301	17964	16337
45-49岁	6	4	2	2237	1214	1023	42048	21813	20235
50-54岁	9	4	5	2321	1247	1074	37182	18928	18254
55-59岁	7	5	2	1814	969	845	27721	14014	13707
60-64岁	2	2		1244	657	587	16126	8509	7617
65-69岁				1398	671	727	22033	11560	10473
70-74岁	1		1	1084	520	564	16744	8720	8024
75-79岁				892	358	534	11324	5740	5584
80-84岁	1	1		482	181	301	6043	2962	3081
85-89岁				208	71	137	2263	1087	1176
90-94岁				49	19	30	516	238	278
95-99岁				6	1	5	53	26	27
100岁及以上							14	6	8

2-2　续表 13　　　　单位：人

年龄组	锡伯族			阿昌族			普米族		
	小计	男	女	小计	男	女	小计	男	女
总　计	**265**	**131**	**134**	**76**	**28**	**48**	**71**	**36**	**35**
0-4岁	28	10	18	8	5	3	5	2	3
5-9岁	20	7	13	9	4	5	9	5	4
10-14岁	13	9	4	6	2	4	11	7	4
15-19岁	10	7	3	2		2	5	3	2
20-24岁	20	13	7	5	3	2	4	2	2
25-29岁	18	11	7	9	3	6	7	3	4
30-34岁	21	11	10	10	2	8	5	2	3
35-39岁	19	6	13	8	2	6	7	1	6
40-44岁	11	5	6	4	1	3	8	4	4
45-49岁	20	10	10	5	3	2	4	2	2
50-54岁	14	8	6	2	1	1			
55-59岁	21	11	10	4	1	3	3	2	1
60-64岁	16	7	9	1		1			
65-69岁	15	9	6	2	1	1	2	2	
70-74岁	4	3	1						
75-79岁	5	1	4	1		1	1	1	
80-84岁	6	2	4						
85-89岁	4	1	3						
90-94岁									
95-99岁									
100岁及以上									

2-2　续表 14　　单位：人

年龄组	塔吉克族			怒　族			乌孜别克族		
	小计	男	女	小计	男	女	小计	男	女
总　计	**10**	**8**	**2**	**69**	**28**	**41**	**9**	**7**	**2**
0-4岁	1	1		10	5	5			
5-9岁				14	9	5	1	1	
10-14岁				11	5	6	1	1	
15-19岁				2	1	1			
20-24岁	3	3		4	1	3	2	2	
25-29岁				3		3			
30-34岁	1	1		7	4	3	1	1	
35-39岁	2	1	1	6	1	5			
40-44岁	1		1	2		2	1	1	
45-49岁				2		2	1		1
50-54岁				5	2	3			
55-59岁	1	1		2		2			
60-64岁				1		1	1	1	
65-69岁	1	1							
70-74岁									
75-79岁							1		1
80-84岁									
85-89岁									
90-94岁									
95-99岁									
100岁及以上									

2-2　续表 15　　单位：人

年龄组	俄罗斯族			鄂温克族			德 昂 族		
	小计	男	女	小计	男	女	小计	男	女
总　计	**39**	**20**	**19**	**6**	**2**	**4**	**40**	**18**	**22**
0-4岁	4	1	3				5	3	2
5-9岁	5	2	3	1		1	8	5	3
10-14岁	2	2					3	1	2
15-19岁	4	1	3	1		1	2	1	1
20-24岁	1		1				5	1	4
25-29岁	1		1	2	1	1	4	2	2
30-34岁	5	4	1	2	1	1	4	2	2
35-39岁	3	2	1				2		2
40-44岁	5	3	2				3		3
45-49岁	2	1	1				3	2	1
50-54岁	1		1				1	1	
55-59岁	1	1							
60-64岁	1		1						
65-69岁	1		1						
70-74岁	2	2							
75-79岁	1	1							
80-84岁									
85-89岁									
90-94岁									
95-99岁									
100岁及以上									

2−2　续表 16　　　单位：人

年龄组	保安族			裕固族			京族		
	小计	男	女	小计	男	女	小计	男	女
总　计	**9**	**7**	**2**	**4**	**2**	**2**	**1506**	**816**	**690**
0−4岁							154	86	68
5−9岁							170	96	74
10−14岁							139	81	58
15−19岁	3	2	1	1		1	97	52	45
20−24岁	1	1					100	54	46
25−29岁	2	1	1				89	50	39
30−34岁	2	2					98	48	50
35−39岁	1	1					78	45	33
40−44岁				1	1		86	53	33
45−49岁							112	70	42
50−54岁				1		1	105	61	44
55−59岁				1	1		82	31	51
60−64岁							40	22	18
65−69岁							52	24	28
70−74岁							36	13	23
75−79岁							37	11	26
80−84岁							21	11	10
85−89岁							10	8	2
90−94岁									
95−99岁									
100岁及以上									

2−2　续表 17　　　单位：人

年龄组	塔塔尔族			独龙族			鄂伦春族		
	小计	男	女	小计	男	女	小计	男	女
总　计	**11**	**1**	**10**	**105**	**63**	**42**	**28**	**14**	**14**
0−4岁				14	5	9	1		1
5−9岁	1	1		14	10	4	3	1	2
10−14岁				12	5	7	5	2	3
15−19岁				13	9	4	3	1	2
20−24岁				6	3	3	2	1	1
25−29岁	1		1	4	2	2	1		1
30−34岁				6	5	1	1	1	
35−39岁	1		1	7	6	1	1	1	
40−44岁				4	3	1	1		1
45−49岁				5	3	2	2	2	
50−54岁	4		4	4	4		1	1	
55−59岁	1		1	8	5	3			
60−64岁				1		1			
65−69岁	1		1	2	2		2		2
70−74岁	1		1	1		1	3	2	1
75−79岁									
80−84岁	1		1	1		1	2	2	
85−89岁				3	1	2			
90−94岁									
95−99岁									
100岁及以上									

2-2 续表 18 单位：人

年龄组	赫哲族			门巴族			珞巴族		
	小计	男	女	小计	男	女	小计	男	女
总 计	**8**	**4**	**4**	**6**	**2**	**4**	**113**	**57**	**56**
0-4岁	2	1	1				12	4	8
5-9岁							11	4	7
10-14岁							16	10	6
15-19岁	1	1		2		2	10	2	8
20-24岁				1	1		9	6	3
25-29岁							9	6	3
30-34岁	2		2				12	6	6
35-39岁				1		1	7	4	3
40-44岁				1		1	7	4	3
45-49岁							4	3	1
50-54岁	2	2					2		2
55-59岁	1		1				4	2	2
60-64岁							2	2	
65-69岁				1	1		3	1	2
70-74岁							3	2	1
75-79岁									
80-84岁							2	1	1
85-89岁									
90-94岁									
95-99岁									
100岁及以上									

2-2 续表 19 单位：人

年龄组	基诺族			未定族称人口			入 籍		
	小计	男	女	小计	男	女	小计	男	女
总 计	**65**	**29**	**36**	**698234**	**363838**	**334396**	**5951**	**2969**	**2982**
0-4岁	7	4	3	68195	36127	32068	716	356	360
5-9岁	8	3	5	76575	41194	35381	609	330	279
10-14岁	4	2	2	74073	39708	34365	541	297	244
15-19岁	2		2	61964	31998	29966	536	271	265
20-24岁	4	1	3	54798	27433	27365	764	355	409
25-29岁	7	4	3	40025	20769	19256	471	190	281
30-34岁	7	1	6	43561	23292	20269	463	214	249
35-39岁	4	3	1	37762	20578	17184	400	202	198
40-44岁	1		1	43847	23268	20579	344	170	174
45-49岁	9	5	4	45666	24317	21349	305	168	137
50-54岁	4	1	3	42253	21568	20685	269	136	133
55-59岁	4	2	2	29670	15059	14611	171	90	81
60-64岁	1		1	20942	10661	10281	107	58	49
65-69岁	1	1		23329	11502	11827	118	64	54
70-74岁				15405	7436	7969	73	37	36
75-79岁	2	2		10146	4653	5493	32	16	16
80-84岁				6599	2916	3683	25	11	14
85-89岁				2505	1038	1467	5	3	2
90-94岁				749	266	483	1	1	
95-99岁				148	51	97	1		1
100岁及以上				22	4	18			

2-2a　全省各民族分年龄、性别的人口(城市)

单位：人

年龄组	合　计			汉　族		
	合计	男	女	小计	男	女
总　计	**10126125**	**5086734**	**5039391**	**7755581**	**3902393**	**3853188**
0-4岁	746116	397464	348652	511803	273091	238712
5-9岁	697917	374815	323102	489290	262527	226763
10-14岁	585219	312547	272672	417377	222602	194775
15-19岁	725783	376383	349400	484824	252341	232483
20-24岁	870730	414140	456590	603582	291429	312153
25-29岁	832470	407817	424653	630907	312189	318718
30-34岁	959886	477512	482374	746547	374246	372301
35-39岁	734481	373297	361184	567480	289277	278203
40-44岁	705568	358586	346982	554154	281953	272201
45-49岁	820300	419357	400943	665488	340406	325082
50-54岁	709584	352960	356624	588431	293891	294540
55-59岁	552232	269272	282960	466381	228933	237448
60-64岁	346508	168574	177934	299069	146365	152704
65-69岁	307372	141338	166034	264829	121756	143073
70-74岁	220512	103743	116769	190683	89326	101357
75-79岁	147539	67853	79686	128935	59033	69902
80-84岁	101151	43613	57538	89695	38431	51264
85-89岁	45687	19738	25949	40658	17523	23135
90-94岁	13914	6425	7489	12598	5887	6711
95-99岁	2630	1077	1553	2375	984	1391
100岁及以上	526	223	303	475	203	272

2-2a　续表 1

单位：人

年龄组	蒙古族			回　族			藏　族		
	小计	男	女	小计	男	女	小计	男	女
总　计	**13522**	**7080**	**6442**	**51020**	**25158**	**25862**	**1159**	**526**	**633**
0-4岁	1666	872	794	5236	2792	2444	111	54	57
5-9岁	1397	769	628	4271	2276	1995	92	44	48
10-14岁	1086	600	486	3303	1746	1557	44	20	24
15-19岁	1174	629	545	4057	2061	1996	164	78	86
20-24岁	1513	751	762	5250	2374	2876	198	88	110
25-29岁	1211	612	599	3978	1925	2053	98	42	56
30-34岁	1331	697	634	4460	2203	2257	114	48	66
35-39岁	1039	547	492	3255	1565	1690	77	39	38
40-44岁	834	433	401	3146	1549	1597	51	25	26
45-49岁	698	388	310	3412	1666	1746	47	25	22
50-54岁	519	270	249	2845	1379	1466	53	26	27
55-59岁	394	183	211	2379	1163	1216	46	15	31
60-64岁	244	128	116	1790	807	983	26	5	21
65-69岁	174	87	87	1363	623	740	14	7	7
70-74岁	100	50	50	978	453	525	7	5	2
75-79岁	65	28	37	659	284	375	3	2	1
80-84岁	47	22	25	400	191	209	7	1	6
85-89岁	20	9	11	172	69	103	5	1	4
90-94岁	9	4	5	50	26	24	1	1	
95-99岁	1	1		13	4	9	1		1
100岁及以上				3	2	1			

2−2a 续表 2

单位：人

年龄组	维吾尔族			苗族			彝族		
	小计	男	女	小计	男	女	小计	男	女
总　计	**482**	**292**	**190**	**733636**	**367702**	**365934**	**180320**	**89089**	**91231**
0−4岁	25	15	10	69282	36842	32440	20837	11140	9697
5−9岁	38	14	24	64063	34534	29529	18860	10149	8711
10−14岁	27	12	15	52144	27879	24265	15185	8165	7020
15−19岁	30	15	15	75117	39194	35923	18694	9486	9208
20−24岁	89	56	33	79443	36894	42549	20332	9137	11195
25−29岁	66	46	20	61739	29291	32448	14096	6550	7546
30−34岁	58	32	26	64442	31479	32963	15701	7317	8384
35−39岁	39	32	7	52781	26604	26177	12021	5845	6176
40−44岁	34	20	14	48599	24646	23953	11883	5835	6048
45−49岁	27	19	8	50090	25582	24508	10871	5457	5414
50−54岁	21	15	6	39255	19103	20152	8040	3743	4297
55−59岁	13	8	5	27254	12815	14439	5204	2388	2816
60−64岁	3	1	2	14215	6653	7562	2972	1368	1604
65−69岁	6	5	1	13778	6354	7424	2371	1030	1341
70−74岁	2	1	1	9708	4582	5126	1503	712	791
75−79岁	1	1		5976	2806	3170	861	394	467
80−84岁	3		3	3625	1604	2021	562	226	336
85−89岁				1595	648	947	249	104	145
90−94岁				426	152	274	61	34	27
95−99岁				87	32	55	14	7	7
100岁及以上				17	8	9	3	2	1

2−2a 续表 3

单位：人

年龄组	壮族			布依族			朝鲜族		
	小计	男	女	小计	男	女	小计	男	女
总　计	**19483**	**9349**	**10134**	**433954**	**211528**	**222426**	**647**	**315**	**332**
0−4岁	1827	983	844	42667	22568	20099	59	23	36
5−9岁	1672	879	793	38597	20775	17822	58	29	29
10−14岁	1259	657	602	30416	16047	14369	43	21	22
15−19岁	1308	648	660	44937	22619	22318	36	21	15
20−24岁	1546	687	859	43950	19590	24360	35	22	13
25−29岁	1473	621	852	34931	15976	18955	44	23	21
30−34岁	2035	827	1208	38286	17885	20401	71	34	37
35−39岁	1785	762	1023	29633	14236	15397	67	30	37
40−44岁	1481	660	821	27780	13578	14202	42	19	23
45−49岁	1342	681	661	28669	14242	14427	45	21	24
50−54岁	1183	594	589	23312	11044	12268	40	20	20
55−59岁	853	422	431	16370	7625	8745	30	14	16
60−64岁	480	222	258	10421	4746	5675	26	13	13
65−69岁	351	164	187	8805	3856	4949	23	12	11
70−74岁	376	243	133	6567	3063	3504	10	6	4
75−79岁	202	102	100	4429	2013	2416	9	5	4
80−84岁	213	135	78	2562	1031	1531	5	1	4
85−89岁	82	53	29	1219	509	710	4	1	3
90−94岁	11	6	5	332	109	223			
95−99岁	2	2		62	14	48			
100岁及以上	2	1	1	9	2	7			

2-2a　续表 4　　　　单位：人

年龄组	满　族			侗　族			瑶　族		
	小计	男	女	小计	男	女	小计	男	女
总　计	**14592**	**7377**	**7215**	**245373**	**124213**	**121160**	**7139**	**3578**	**3561**
0–4岁	1428	721	707	23064	12304	10760	745	391	354
5–9岁	1109	589	520	19417	10438	8979	656	363	293
10–14岁	731	394	337	15074	8050	7024	495	276	219
15–19岁	605	309	296	23106	12353	10753	594	300	294
20–24岁	882	462	420	27712	12978	14734	715	336	379
25–29岁	1154	604	550	21890	10711	11179	644	297	347
30–34岁	1463	768	695	24118	11770	12348	818	357	461
35–39岁	1058	521	537	17584	9156	8428	615	290	325
40–44岁	808	420	388	14420	7508	6912	403	212	191
45–49岁	977	504	473	16285	8324	7961	394	205	189
50–54岁	992	468	524	13746	6718	7028	333	178	155
55–59岁	1110	517	593	11103	5202	5901	269	135	134
60–64岁	864	423	441	5490	2563	2927	153	74	79
65–69岁	483	241	242	4656	2208	2448	136	70	66
70–74岁	309	151	158	3395	1777	1618	72	38	34
75–79岁	230	86	144	2008	1034	974	48	31	17
80–84岁	248	124	124	1491	717	774	28	16	12
85–89岁	106	52	54	641	315	326	15	5	10
90–94岁	32	21	11	141	71	70	4	2	2
95–99岁	2	1	1	28	15	13	2	2	
100岁及以上	1	1		4	1	3			

2-2a　续表 5　　　　单位：人

年龄组	白　族			土家族			哈尼族		
	小计	男	女	小计	男	女	小计	男	女
总　计	**56944**	**28683**	**28261**	**307162**	**155095**	**152067**	**902**	**378**	**524**
0–4岁	7039	3708	3331	28866	15198	13668	108	54	54
5–9岁	5993	3245	2748	24875	13321	11554	96	51	45
10–14岁	4675	2549	2126	21396	11601	9795	64	31	33
15–19岁	5554	2867	2687	34093	17226	16867	62	36	26
20–24岁	6180	2911	3269	38990	18032	20958	102	38	64
25–29岁	4587	2147	2440	28079	13644	14435	110	43	67
30–34岁	5105	2410	2695	27687	13753	13934	95	30	65
35–39岁	3937	1957	1980	21782	11505	10277	87	21	66
40–44岁	3694	1876	1818	18238	9410	8828	51	19	32
45–49岁	3504	1778	1726	19679	10247	9432	48	15	33
50–54岁	2406	1172	1234	14572	7353	7219	34	15	19
55–59岁	1572	757	815	10268	4825	5443	21	13	8
60–64岁	928	459	469	5392	2605	2787	9	5	4
65–69岁	747	344	403	5574	2680	2894	7	2	5
70–74岁	471	223	248	3642	1754	1888	3	2	1
75–79岁	284	142	142	2190	1071	1119	2		2
80–84岁	177	93	84	1168	553	615	3	3	
85–89岁	69	38	31	498	241	257			
90–94岁	18	6	12	144	65	79			
95–99岁	4	1	3	20	8	12			
100岁及以上				9	3	6			

2-2a 续表 6

单位：人

年龄组	哈萨克族			傣族			黎族		
	小计	男	女	小计	男	女	小计	男	女
总计	**26**	**9**	**17**	**884**	**360**	**524**	**22952**	**11443**	**11509**
0-4岁	4	4		107	53	54	2518	1368	1150
5-9岁	3	2	1	103	67	36	2015	1081	934
10-14岁	2		2	63	39	24	1807	975	832
15-19岁				50	27	23	3150	1610	1540
20-24岁	5	2	3	83	28	55	2719	1217	1502
25-29岁	1		1	74	20	54	2067	955	1112
30-34岁	5		5	109	29	80	2039	924	1115
35-39岁	3	1	2	83	22	61	1560	788	772
40-44岁				67	18	49	1444	754	690
45-49岁	2		2	60	22	38	1151	582	569
50-54岁				31	14	17	829	393	436
55-59岁	1		1	26	9	17	585	280	305
60-64岁				12	5	7	368	176	192
65-69岁				4	2	2	253	114	139
70-74岁				4	3	1	207	97	110
75-79岁				5	1	4	134	68	66
80-84岁				3	1	2	70	39	31
85-89岁							28	17	11
90-94岁							5	3	2
95-99岁							2	2	
100岁及以上							1		1

2-2a 续表 7

单位：人

年龄组	傈僳族			佤族			畲族		
	小计	男	女	小计	男	女	小计	男	女
总计	**308**	**129**	**179**	**213**	**84**	**129**	**6219**	**3031**	**3188**
0-4岁	35	16	19	25	10	15	588	319	269
5-9岁	30	17	13	25	11	14	584	319	265
10-14岁	23	15	8	22	11	11	386	205	181
15-19岁	38	18	20	14	6	8	639	313	326
20-24岁	30	8	22	13	4	9	668	287	381
25-29岁	44	12	32	25	12	13	578	240	338
30-34岁	45	14	31	27	8	19	602	301	301
35-39岁	19	9	10	17	7	10	509	261	248
40-44岁	14	5	9	12	3	9	428	195	233
45-49岁	15	7	8	19	7	12	419	209	210
50-54岁	6	4	2	8	4	4	263	135	128
55-59岁	4	1	3	1		1	221	98	123
60-64岁				3	1	2	119	56	63
65-69岁	2		2				90	32	58
70-74岁	3	3		2		2	60	30	30
75-79岁							28	15	13
80-84岁							24	12	12
85-89岁							9	4	5
90-94岁							3		3
95-99岁							1		1
100岁及以上									

2-2a 续表 8

单位：人

年龄组	高山族			拉祜族			水族		
	小计	男	女	小计	男	女	小计	男	女
总 计	**85**	**46**	**39**	**168**	**76**	**92**	**35782**	**17766**	**18016**
0–4岁	11	8	3	23	16	7	3156	1684	1472
5–9岁	14	8	6	25	15	10	2685	1470	1215
10–14岁	4	1	3	13	9	4	2079	1148	931
15–19岁	4	3	1	11	4	7	4380	2222	2158
20–24岁	4	1	3	16	3	13	5578	2555	3023
25–29岁	8	3	5	12	5	7	3127	1434	1693
30–34岁	8	5	3	20	5	15	3316	1618	1698
35–39岁	7	3	4	28	12	16	2474	1214	1260
40–44岁	5	2	3	8	4	4	2213	1130	1083
45–49岁	4	3	1	2		2	1960	1008	952
50–54岁	3	1	2	4	2	2	1581	745	836
55–59岁	4	3	1				1201	544	657
60–64岁	2	2		2		2	614	296	318
65–69岁	2	1	1	1		1	564	252	312
70–74岁	2	1	1	2		2	362	193	169
75–79岁	1		1				233	119	114
80–84岁	1	1		1	1		169	90	79
85–89岁	1		1				70	35	35
90–94岁							16	9	7
95–99岁							4		4
100岁及以上									

2-2a 续表 9

单位：人

年龄组	东乡族			纳西族			景颇族		
	小计	男	女	小计	男	女	小计	男	女
总 计	**532**	**243**	**289**	**298**	**144**	**154**	**558**	**259**	**299**
0–4岁	59	33	26	28	13	15	39	22	17
5–9岁	38	15	23	29	15	14	35	21	14
10–14岁	34	15	19	13	9	4	42	21	21
15–19岁	30	20	10	20	10	10	29	15	14
20–24岁	32	18	14	17	8	9	39	14	25
25–29岁	65	34	31	23	8	15	57	25	32
30–34岁	51	20	31	31	13	18	43	24	19
35–39岁	32	16	16	27	11	16	23	8	15
40–44岁	28	14	14	13	4	9	62	27	35
45–49岁	44	17	27	12	7	5	46	24	22
50–54岁	49	22	27	21	12	9	54	18	36
55–59岁	28	8	20	22	9	13	69	26	43
60–64岁	13	3	10	14	7	7	5	5	
65–69岁	8	1	7	5	3	2			
70–74岁	8	3	5	7	4	3	3	1	2
75–79岁	5	2	3	3	1	2	3		3
80–84岁	6	2	4	9	7	2	1		1
85–89岁	2		2	4	3	1	3	3	
90–94岁							3	3	
95–99岁							2	2	
100岁及以上									

2−2a 续表 10

单位：人

年龄组	柯尔克孜族			土族			达斡尔族		
	小计	男	女	小计	男	女	小计	男	女
总　计	**5**	**2**	**3**	**2930**	**1550**	**1380**	**45**	**21**	**24**
0−4岁	1		1	261	158	103	5	2	3
5−9岁				230	140	90	6	4	2
10−14岁				180	108	72	2	2	
15−19岁	2		2	254	129	125	3		3
20−24岁	2	2		314	151	163	3	3	
25−29岁				273	129	144	5		5
30−34岁				278	135	143	6	4	2
35−39岁				179	99	80	6	3	3
40−44岁				170	93	77	2		2
45−49岁				215	113	102	1	1	
50−54岁				179	98	81	4	2	2
55−59岁				122	67	55			
60−64岁				68	31	37			
65−69岁				90	44	46			
70−74岁				53	29	24	2		2
75−79岁				40	15	25			
80−84岁				12	6	6			
85−89岁				8	4	4			
90−94岁				4	1	3			
95−99岁									
100岁及以上									

2−2a 续表 11

单位：人

年龄组	仫佬族			羌族			布朗族		
	小计	男	女	小计	男	女	小计	男	女
总　计	**15646**	**7993**	**7653**	**700**	**380**	**320**	**95**	**29**	**66**
0−4岁	1528	801	727	96	46	50	11	2	9
5−9岁	1423	775	648	64	41	23	12	4	8
10−14岁	1034	553	481	35	18	17	4	2	2
15−19岁	1257	664	593	39	24	15	11	5	6
20−24岁	1555	763	792	62	29	33	9	4	5
25−29岁	1349	662	687	78	44	34	12	3	9
30−34岁	1357	671	686	99	49	50	7	1	6
35−39岁	1254	647	607	52	30	22	4	1	3
40−44岁	1117	564	553	39	24	15	6	1	5
45−49岁	1168	595	573	39	22	17	8	1	7
50−54岁	932	465	467	29	16	13	6	2	4
55−59岁	597	292	305	28	14	14			
60−64岁	284	151	133	15	9	6	2	2	
65−69岁	338	174	164	8	7	1	1		1
70−74岁	218	105	113	4	2	2	1		1
75−79岁	128	61	67	5	3	2			
80−84岁	63	33	30	3		3	1	1	
85−89岁	36	12	24	5	2	3			
90−94岁	8	5	3						
95−99岁									
100岁及以上									

2-2a　续表 12　　　　　　　　　　　　　　　　　　单位：人

年龄组	撒拉族			毛南族			仡佬族		
	小计	男	女	小计	男	女	小计	男	女
总　计	**55**	**27**	**28**	**2047**	**919**	**1128**	**99149**	**50577**	**48572**
0-4岁	9	3	6	215	115	100	10679	5690	4989
5-9岁	1	1		145	76	69	8530	4508	4022
10-14岁	3	3		91	46	45	6824	3606	3218
15-19岁	6	4	2	249	135	114	9196	4746	4450
20-24岁	6	2	4	388	154	234	12509	5720	6789
25-29岁	11	5	6	226	86	140	9278	4491	4787
30-34岁	7	4	3	194	82	112	9036	4523	4513
35-39岁	4	1	3	148	57	91	6873	3629	3244
40-44岁	2		2	103	46	57	6460	3552	2908
45-49岁	1	1		79	31	48	6439	3492	2947
50-54岁	3	1	2	71	28	43	4672	2448	2224
55-59岁	2	2		60	24	36	3281	1530	1751
60-64岁				25	10	15	1609	784	825
65-69岁				25	15	10	1646	788	858
70-74岁				16	9	7	1051	534	517
75-79岁				6	3	3	624	324	300
80-84岁				3	1	2	315	152	163
85-89岁				2	1	1	102	51	51
90-94岁				1		1	20	8	12
95-99岁							4	1	3
100岁及以上							1		1

2-2a　续表 13　　　　　　　　　　　　　　　　　　单位：人

年龄组	锡伯族			阿昌族			普米族		
	小计	男	女	小计	男	女	小计	男	女
总　计	**229**	**116**	**113**	**26**	**9**	**17**	**21**	**12**	**9**
0-4岁	27	10	17	4	1	3	2	1	1
5-9岁	19	7	12				2	1	1
10-14岁	11	7	4				1	1	
15-19岁	8	6	2				1		1
20-24岁	14	9	5	1		1	2	2	
25-29岁	16	10	6	4	2	2	2	2	
30-34岁	20	10	10	6	2	4	4	2	2
35-39岁	18	6	12	2		2	2	1	1
40-44岁	8	4	4	2		2	5	2	3
45-49岁	17	9	8	1	1				
50-54岁	7	6	1	1	1				
55-59岁	20	10	10	2	1	1			
60-64岁	16	7	9	1		1			
65-69岁	11	8	3	1	1				
70-74岁	4	3	1						
75-79岁	4	1	3	1		1			
80-84岁	5	2	3						
85-89岁	4	1	3						
90-94岁									
95-99岁									
100岁及以上									

2-2a 续表 14 单位：人

年龄组	塔吉克族			怒　族			乌孜别克族		
	小计	男	女	小计	男	女	小计	男	女
总　计	**3**	**2**	**1**	**23**	**11**	**12**			
0-4岁				5	2	3			
5-9岁				1	1				
10-14岁				1	1				
15-19岁									
20-24岁				3		3			
25-29岁				1		1			
30-34岁				4	4				
35-39岁	2	1	1	2	1	1			
40-44岁									
45-49岁				1		1			
50-54岁				3	2	1			
55-59岁				1		1			
60-64岁				1		1			
65-69岁	1	1							
70-74岁									
75-79岁									
80-84岁									
85-89岁									
90-94岁									
95-99岁									
100岁及以上									

2-2a 续表 15 单位：人

年龄组	俄罗斯族			鄂温克族			德 昂 族		
	小计	男	女	小计	男	女	小计	男	女
总　计	**25**	**11**	**14**	**2**	**2**		**7**	**3**	**4**
0-4岁	3	1	2						
5-9岁	4	2	2				2	1	1
10-14岁							1	1	
15-19岁	2		2						
20-24岁	1		1						
25-29岁	1		1	1	1		1		1
30-34岁	4	3	1	1	1		2	1	1
35-39岁	1	1							
40-44岁	3	1	2				1		1
45-49岁	2	1	1						
50-54岁									
55-59岁	1	1							
60-64岁	1		1						
65-69岁	1		1						
70-74岁	1	1							
75-79岁									
80-84岁									
85-89岁									
90-94岁									
95-99岁									
100岁及以上									

2-2a 续表 16

单位：人

年龄组	保安族			裕固族			京族		
	小计	男	女	小计	男	女	小计	男	女
总计	**6**	**5**	**1**	**1**	**1**		**434**	**210**	**224**
0-4岁							38	23	15
5-9岁							32	17	15
10-14岁							36	23	13
15-19岁	2	2					22	11	11
20-24岁							36	18	18
25-29岁	2	1	1				27	15	12
30-34岁	2	2					26	12	14
35-39岁							28	11	17
40-44岁				1	1		31	14	17
45-49岁							37	17	20
50-54岁							39	21	18
55-59岁							25	8	17
60-64岁							11	6	5
65-69岁							12	2	10
70-74岁							10	3	7
75-79岁							13	3	10
80-84岁							9	5	4
85-89岁							2	1	1
90-94岁									
95-99岁									
100岁及以上									

2-2a 续表 17

单位：人

年龄组	塔塔尔族			独龙族			鄂伦春族		
	小计	男	女	小计	男	女	小计	男	女
总计	**2**	**1**	**1**	**32**	**16**	**16**	**8**	**2**	**6**
0-4岁				7	3	4			
5-9岁	1	1		2	2		1		1
10-14岁				5	2	3	1		1
15-19岁				3	2	1	2	1	1
20-24岁				3	1	2	1		1
25-29岁				3	2	1			
30-34岁				3	2	1			
35-39岁	1		1	1		1	1	1	
40-44岁							1		1
45-49岁				1		1			
50-54岁									
55-59岁				2	1	1			
60-64岁				1		1			
65-69岁				1	1				
70-74岁							1		1
75-79岁									
80-84岁									
85-89岁									
90-94岁									
95-99岁									
100岁及以上									

2-2a 续表 18　　单位：人

年龄组	赫哲族			门巴族			珞巴族		
	小计	男	女	小计	男	女	小计	男	女
总　计	**4**	**2**	**2**	**5**	**2**	**3**	**28**	**12**	**16**
0-4岁	2	1	1				1	1	
5-9岁							2		2
10-14岁							2	1	1
15-19岁				2		2	2		2
20-24岁				1	1		5	3	2
25-29岁							6	3	3
30-34岁	1		1				5	2	3
35-39岁									
40-44岁				1		1	1	1	
45-49岁							1		1
50-54岁	1	1					1		1
55-59岁									
60-64岁									
65-69岁				1	1		1		1
70-74岁									
75-79岁									
80-84岁							1	1	
85-89岁									
90-94岁									
95-99岁									
100岁及以上									

2-2a 续表 19　　单位：人

年龄组	基诺族			未定族称人口			入籍		
	小计	男	女	小计	男	女	小计	男	女
总　计	**20**	**5**	**15**	**112696**	**57510**	**55186**	**1940**	**958**	**982**
0-4岁				11661	6207	5454	205	95	110
5-9岁	2		2	11211	6102	5109	157	88	69
10-14岁	1		1	9056	5005	4051	124	70	54
15-19岁	2		2	11797	6118	5679	203	105	98
20-24岁	4	1	3	15713	7182	8531	375	165	210
25-29岁	2	1	1	9900	4814	5086	184	77	107
30-34岁	2		2	10028	5112	4916	167	73	94
35-39岁				7747	3994	3753	134	75	59
40-44岁				7587	3907	3680	116	57	59
45-49岁	4	3	1	6866	3556	3310	110	68	42
50-54岁	3		3	4932	2493	2439	70	37	33
55-59岁				2624	1312	1312	38	17	21
60-64岁				1221	575	646	19	11	8
65-69岁				972	443	529	17	9	8
70-74岁				653	330	323	12	6	6
75-79岁				401	203	198	3	2	1
80-84岁				215	108	107	6	3	3
85-89岁				78	36	42			
90-94岁				27	12	15			
95-99岁				6	1	5			
100岁及以上				1		1			

2-2b 全省各民族分年龄、性别的人口(镇)

单位：人

年龄组	合计			汉族		
	合计	男	女	小计	男	女
总 计	**10369821**	**5220851**	**5148970**	**6341696**	**3199157**	**3142539**
0-4岁	840465	448861	391604	447722	238038	209684
5-9岁	920284	493302	426982	499178	266463	232715
10-14岁	879355	467551	411804	487998	257884	230114
15-19岁	857415	435663	421752	469148	237218	231930
20-24岁	675978	328263	347715	410811	200962	209849
25-29岁	688884	329917	358967	430141	208861	221280
30-34岁	795296	386209	409087	503339	247330	256009
35-39岁	665557	333700	331857	411343	208098	203245
40-44岁	702547	356764	345783	444833	226795	218038
45-49岁	812055	415197	396858	534898	275305	259593
50-54岁	729667	366319	363348	486920	246876	240044
55-59岁	538424	265798	272626	359702	179148	180554
60-64岁	322105	159548	162557	215645	108194	107451
65-69岁	348955	166756	182199	235987	113754	122233
70-74岁	248265	116981	131284	168090	80002	88088
75-79岁	171781	77815	93966	116793	53812	62981
80-84岁	108782	46698	62084	74693	32513	42180
85-89岁	47116	19138	27978	32510	13295	19215
90-94岁	13685	5278	8407	9642	3804	5838
95-99岁	2618	894	1724	1879	660	1219
100岁及以上	587	199	388	424	145	279

2-2b 续表 1

单位：人

年龄组	蒙古族			回族			藏族		
	小计	男	女	小计	男	女	小计	男	女
总 计	**15617**	**8183**	**7434**	**55759**	**28432**	**27327**	**865**	**435**	**430**
0-4岁	1811	951	860	5418	2897	2521	80	41	39
5-9岁	1935	1024	911	5056	2741	2315	65	35	30
10-14岁	1808	975	833	4309	2236	2073	60	39	21
15-19岁	1833	967	866	6185	2992	3193	116	57	59
20-24岁	1154	593	561	4922	2514	2408	82	46	36
25-29岁	1054	520	534	4845	2330	2515	71	31	40
30-34岁	1182	586	596	4670	2340	2330	69	30	39
35-39岁	929	492	437	3175	1690	1485	56	27	29
40-44岁	884	458	426	3174	1572	1602	57	25	32
45-49岁	842	456	386	3456	1832	1624	54	23	31
50-54岁	691	374	317	3125	1572	1553	46	26	20
55-59岁	478	236	242	2349	1211	1138	44	22	22
60-64岁	317	174	143	1653	814	839	25	15	10
65-69岁	311	159	152	1248	632	616	17	7	10
70-74岁	181	107	74	836	421	415	8	5	3
75-79岁	100	60	40	591	275	316	9	3	6
80-84岁	66	33	33	475	233	242	5	2	3
85-89岁	26	10	16	193	93	100	1	1	
90-94岁	12	7	5	65	33	32			
95-99岁	3	1	2	9	3	6			
100岁及以上				5	1	4			

2-2b 续表 2 单位：人

年龄组	维吾尔族			苗族			彝族		
	小计	男	女	小计	男	女	小计	男	女
总 计	**288**	**160**	**128**	**1105405**	**554860**	**550545**	**200953**	**99561**	**101392**
0-4岁	18	13	5	108322	58100	50222	22279	11864	10415
5-9岁	33	17	16	117963	63437	54526	23989	12764	11225
10-14岁	20	11	9	108197	58009	50188	21139	11086	10053
15-19岁	53	27	26	108196	54802	53394	23105	11165	11940
20-24岁	32	14	18	74023	35025	38998	15963	7624	8339
25-29岁	25	15	10	69821	32688	37133	12070	5611	6459
30-34岁	39	23	16	77976	37234	40742	14458	6767	7691
35-39岁	21	11	10	68574	33794	34780	11728	5897	5831
40-44岁	13	6	7	69454	35192	34262	12013	5994	6019
45-49岁	13	12	1	75623	38388	37235	12033	6010	6023
50-54岁	9	6	3	66711	32728	33983	9763	4682	5081
55-59岁	2		2	48648	23611	25037	6785	3175	3610
60-64岁	2	1	1	28117	13548	14569	4659	2193	2466
65-69岁	3	2	1	31276	14783	16493	4345	1934	2411
70-74岁	1		1	22345	10426	11919	2778	1235	1543
75-79岁	2	1	1	15159	6779	8380	1921	813	1108
80-84岁	1	1		9601	4116	5485	1280	493	787
85-89岁				4063	1675	2388	466	191	275
90-94岁	1		1	1110	444	666	146	53	93
95-99岁				179	62	117	27	9	18
100岁及以上				47	19	28	6	1	5

2-2b 续表 3 单位：人

年龄组	壮族			布依族			朝鲜族		
	小计	男	女	小计	男	女	小计	男	女
总 计	**19746**	**8947**	**10799**	**741748**	**366846**	**374902**	**153**	**82**	**71**
0-4岁	1911	1048	863	71234	38178	33056	13	11	2
5-9岁	2095	1116	979	75146	40580	34566	17	8	9
10-14岁	1683	863	820	68330	36559	31771	17	11	6
15-19岁	1369	658	711	65176	32927	32249	12	3	9
20-24岁	1200	521	679	46226	21972	24254	6	5	1
25-29岁	1369	496	873	48203	22351	25852	10	6	4
30-34岁	2069	725	1344	51836	24408	27428	14	8	6
35-39岁	1896	654	1242	46274	22776	23498	11	4	7
40-44岁	1477	610	867	48542	24642	23900	11	4	7
45-49岁	1335	669	666	50143	25104	25039	6	3	3
50-54岁	1035	517	518	47012	22902	24110	10	6	4
55-59岁	797	384	413	34335	16435	17900	13	9	4
60-64岁	431	212	219	23901	11105	12796	3	2	1
65-69岁	381	160	221	23602	10508	13094	2		2
70-74岁	302	151	151	17420	7354	10066	1	1	
75-79岁	165	63	102	12758	5052	7706	1		1
80-84岁	154	68	86	7260	2579	4681	5	1	4
85-89岁	52	25	27	3156	1080	2076	1		1
90-94岁	22	7	15	963	280	683			
95-99岁	3		3	196	43	153			
100岁及以上				35	11	24			

2-2b　续表 4　　　　单位：人

年龄组	满族			侗族			瑶族		
	小计	男	女	小计	男	女	小计	男	女
总　计	**5020**	**2600**	**2420**	**539521**	**273494**	**266027**	**10295**	**5208**	**5087**
0-4岁	572	300	272	50543	27328	23215	994	555	439
5-9岁	505	252	253	53151	28977	24174	1065	578	487
10-14岁	388	209	179	46277	25017	21260	885	475	410
15-19岁	421	209	212	41842	22551	19291	950	527	423
20-24岁	340	156	184	29716	14688	15028	647	298	349
25-29岁	359	198	161	33900	16379	17521	685	318	367
30-34岁	446	223	223	42617	20445	22172	943	429	514
35-39岁	330	180	150	36246	17953	18293	803	353	450
40-44岁	279	157	122	34851	17398	17453	695	339	356
45-49岁	296	172	124	41383	20946	20437	707	355	352
50-54岁	308	171	137	37080	18308	18772	599	321	278
55-59岁	288	151	137	30396	14793	15603	442	217	225
60-64岁	181	89	92	16496	7999	8497	240	121	119
65-69岁	106	56	50	16522	7848	8674	241	120	121
70-74岁	77	33	44	12017	5735	6282	178	97	81
75-79岁	53	17	36	7727	3489	4238	108	45	63
80-84岁	44	15	29	5540	2374	3166	67	39	28
85-89岁	19	6	13	2457	1004	1453	30	13	17
90-94岁	7	5	2	638	221	417	13	6	7
95-99岁	1	1		99	32	67	3	2	1
100岁及以上				23	9	14			

2-2b　续表 5　　　　单位：人

年龄组	白族			土家族			哈尼族		
	小计	男	女	小计	男	女	小计	男	女
总　计	**59413**	**30905**	**28508**	**621332**	**311120**	**310212**	**681**	**237**	**444**
0-4岁	7341	3970	3371	56626	30427	26199	83	46	37
5-9岁	7082	3839	3243	61321	33015	28306	106	57	49
10-14岁	6521	3439	3082	64307	34714	29593	70	35	35
15-19岁	6425	3305	3120	66281	34364	31917	46	22	24
20-24岁	4540	2339	2201	43005	20401	22604	36	13	23
25-29岁	3631	1809	1822	41667	19032	22635	65	15	50
30-34岁	4281	2074	2207	45677	21357	24320	90	15	75
35-39岁	3384	1808	1576	41654	20049	21605	82	11	71
40-44岁	3594	1890	1704	40399	19919	20480	45	9	36
45-49岁	3420	1775	1645	43796	21733	22063	24	4	20
50-54岁	2931	1493	1438	35654	17576	18078	18	6	12
55-59岁	1864	947	917	25530	12411	13119	8	2	6
60-64岁	1304	679	625	13298	6564	6734	1		1
65-69岁	1297	665	632	16197	7772	8425	2	1	1
70-74岁	737	363	374	11214	5278	5936	2		2
75-79岁	548	269	279	7791	3496	4295	2		2
80-84岁	355	157	198	4267	1934	2333	1	1	
85-89岁	122	68	54	1977	820	1157			
90-94岁	34	15	19	499	202	297			
95-99岁	2	1	1	138	46	92			
100岁及以上				34	10	24			

2-2b 续表 6 单位：人

年龄组	哈萨克族			傣族			黎族		
	小计	男	女	小计	男	女	小计	男	女
总 计	**12**	**6**	**6**	**595**	**225**	**370**	**48615**	**24784**	**23831**
0-4岁	2	1	1	69	28	41	5460	2967	2493
5-9岁	1		1	68	36	32	5839	3169	2670
10-14岁	2		2	48	29	19	5147	2645	2502
15-19岁				43	17	26	4548	2199	2349
20-24岁	1		1	42	17	25	3115	1590	1525
25-29岁	3	3		55	16	39	3386	1694	1692
30-34岁	1	1		81	24	57	3543	1820	1723
35-39岁	1		1	52	11	41	3101	1621	1480
40-44岁	1	1		33	8	25	2952	1534	1418
45-49岁				31	12	19	2830	1424	1406
50-54岁				28	10	18	2529	1242	1287
55-59岁				21	7	14	1822	885	937
60-64岁				7	2	5	1407	683	724
65-69岁				7	3	4	1159	542	617
70-74岁				3	1	2	742	332	410
75-79岁				5	4	1	509	216	293
80-84岁				2		2	333	141	192
85-89岁							141	63	78
90-94岁							43	15	28
95-99岁							8	2	6
100岁及以上							1		1

2-2b 续表 7 单位：人

年龄组	傈僳族			佤族			畲族		
	小计	男	女	小计	男	女	小计	男	女
总 计	**254**	**87**	**167**	**256**	**105**	**151**	**9099**	**4491**	**4608**
0-4岁	38	17	21	38	20	18	859	484	375
5-9岁	27	11	16	18	10	8	869	491	378
10-14岁	23	9	14	39	21	18	689	366	323
15-19岁	34	20	14	19	10	9	905	429	476
20-24岁	22	6	16	19	8	11	590	273	317
25-29岁	24	2	22	28	6	22	620	267	353
30-34岁	25	4	21	32	6	26	722	331	391
35-39岁	21	5	16	19	4	15	652	314	338
40-44岁	13	4	9	14	6	8	706	372	334
45-49岁	12	3	9	10	3	7	619	298	321
50-54岁	6	3	3	3	1	2	567	279	288
55-59岁	2		2	6	4	2	385	185	200
60-64岁				6	4	2	195	97	98
65-69岁	2	1	1	3	2	1	302	127	175
70-74岁	2	1	1				192	88	104
75-79岁	2	1	1	1		1	110	52	58
80-84岁	1		1	1		1	66	23	43
85-89岁							34	12	22
90-94岁							15	2	13
95-99岁							2	1	1
100岁及以上									

2−2b　续表 8　　单位：人

年龄组	高山族			拉祜族			水族		
	小计	男	女	小计	男	女	小计	男	女
总　计	**81**	**45**	**36**	**159**	**41**	**118**	**117117**	**60027**	**57090**
0−4岁	7	4	3	18	10	8	10874	5941	4933
5−9岁	9	6	3	22	11	11	12542	6864	5678
10−14岁	5	3	2	16	6	10	11025	6042	4983
15−19岁	4	1	3	9	3	6	12099	6247	5852
20−24岁	6	2	4	15	4	11	7491	3631	3860
25−29岁	14	9	5	23	3	20	7859	3601	4258
30−34岁	4	1	3	26	1	25	8947	4442	4505
35−39岁	5	5		7		7	7845	4109	3736
40−44岁	3		3	9		9	7664	4059	3605
45−49岁	3		3	4		4	7512	3942	3570
50−54岁	6	4	2	3	1	2	7117	3619	3498
55−59岁	5	3	2	3	1	2	5258	2594	2664
60−64岁	4	4		1		1	2871	1384	1487
65−69岁	4	3	1	1	1		2863	1349	1514
70−74岁				1		1	2179	992	1187
75−79岁	1		1				1431	630	801
80−84岁				1		1	986	390	596
85−89岁							426	152	274
90−94岁	1		1				108	33	75
95−99岁							16	4	12
100岁及以上							4	2	2

2−2b　续表 9　　单位：人

年龄组	东乡族			纳西族			景颇族		
	小计	男	女	小计	男	女	小计	男	女
总　计	**98**	**47**	**51**	**79**	**29**	**50**	**123**	**49**	**74**
0−4岁	10	7	3	7	4	3	21	7	14
5−9岁	7	1	6	8	4	4	12	7	5
10−14岁	4	2	2	8	5	3	9	6	3
15−19岁	10	5	5	4		4	8	3	5
20−24岁	8	3	5	8	4	4	12	5	7
25−29岁	12	7	5	5	2	3	12	4	8
30−34岁	10	4	6	10	2	8	9	1	8
35−39岁	5	3	2	4		4	12	4	8
40−44岁	3	3		7	1	6	6	2	4
45−49岁	8	1	7	4		4	7	3	4
50−54岁	9	4	5	5	3	2	6	1	5
55−59岁	6	4	2	4	1	3	7	4	3
60−64岁	2	2							
65−69岁	2		2	1		1			
70−74岁	1	1		2	2		1	1	
75−79岁	1		1	1		1			
80−84岁				1	1				
85−89岁							1	1	
90−94岁									
95−99岁									
100岁及以上									

2-2b 续表 10 单位：人

年龄组	柯尔克孜族			土族			达斡尔族		
	小计	男	女	小计	男	女	小计	男	女
总　计	**5**	**3**	**2**	**2112**	**1137**	**975**	**14**	**8**	**6**
0-4岁				177	88	89			
5-9岁	1	1		206	117	89	2	1	1
10-14岁				198	113	85			
15-19岁				162	91	71			
20-24岁	2	1	1	169	88	81	2	1	1
25-29岁				158	84	74	1		1
30-34岁				158	76	82	2	1	1
35-39岁				125	70	55	4	4	
40-44岁				123	65	58			
45-49岁				177	98	79			
50-54岁				138	79	59	2		2
55-59岁				93	55	38			
60-64岁	1	1		43	22	21	1	1	
65-69岁	1		1	65	33	32			
70-74岁				45	20	25			
75-79岁				35	20	15			
80-84岁				26	8	18			
85-89岁				11	8	3			
90-94岁				3	2	1			
95-99岁									
100岁及以上									

2-2b 续表 11 单位：人

年龄组	仫佬族			羌族			布朗族		
	小计	男	女	小计	男	女	小计	男	女
总　计	**9797**	**4808**	**4989**	**886**	**470**	**416**	**64**	**20**	**44**
0-4岁	1045	561	484	97	50	47	6	4	2
5-9岁	1047	548	499	88	48	40	6	4	2
10-14岁	904	473	431	82	39	43	4	2	2
15-19岁	835	452	383	58	38	20	2	2	
20-24岁	750	352	398	43	24	19	6	2	4
25-29岁	676	304	372	64	28	36	10	1	9
30-34岁	782	326	456	73	35	38	8	1	7
35-39岁	672	310	362	64	31	33	7		7
40-44岁	679	335	344	53	33	20	5	1	4
45-49岁	703	366	337	69	36	33	1	1	
50-54岁	542	259	283	64	34	30	5	1	4
55-59岁	382	186	196	46	25	21	2		2
60-64岁	200	97	103	18	7	11	1	1	
65-69岁	232	92	140	28	20	8			
70-74岁	157	66	91	23	14	9			
75-79岁	115	54	61	9	7	2	1		1
80-84岁	50	19	31	5		5			
85-89岁	24	7	17	1		1			
90-94岁	2	1	1	1	1				
95-99岁									
100岁及以上									

2-2b　续表 12　　　　单位：人

年龄组	撒拉族			毛南族			仡佬族		
	小计	男	女	小计	男	女	小计	男	女
总　计	**52**	**27**	**25**	**8716**	**4404**	**4312**	**208924**	**104613**	**104311**
0–4岁	5	3	2	996	522	474	21107	11132	9975
5–9岁	7	4	3	980	522	458	21480	11219	10261
10–14岁	5	2	3	723	389	334	21106	11232	9874
15–19岁	3	3		503	265	238	20606	10892	9714
20–24岁	5	2	3	568	274	294	12896	6105	6791
25–29岁	6	2	4	776	364	412	13380	6118	7262
30–34岁	8	4	4	705	310	395	14225	6656	7569
35–39岁	4	2	2	518	238	280	12242	5963	6279
40–44岁				532	264	268	14151	7020	7131
45–49岁	2		2	617	340	277	16103	7893	8210
50–54岁	4	2	2	531	300	231	12748	6236	6512
55–59岁	1	1		397	209	188	8971	4299	4672
60–64岁	1	1		236	133	103	4576	2325	2251
65–69岁				238	118	120	5852	2890	2962
70–74岁				179	77	102	4241	2142	2099
75–79岁				121	43	78	2897	1400	1497
80–84岁	1	1		62	23	39	1547	711	836
85–89岁				27	8	19	622	300	322
90–94岁				7	5	2	155	69	86
95–99岁							16	10	6
100岁及以上							3	1	2

2-2b　续表 13　　　　单位：人

年龄组	锡伯族			阿昌族			普米族		
	小计	男	女	小计	男	女	小计	男	女
总　计	**26**	**11**	**15**	**17**	**7**	**10**	**21**	**12**	**9**
0–4岁	1		1	2	2		1		1
5–9岁	1		1				2	2	
10–14岁	1	1		4	2	2	4	2	2
15–19岁				2		2	1	1	
20–24岁	5	4	1	1	1		1		1
25–29岁	2	1	1	1		1	3	1	2
30–34岁	1	1		1		1	1		1
35–39岁				1		1	1		1
40–44岁	1		1	1	1		2	2	
45–49岁	1	1		2	1	1	2	1	1
50–54岁	6	1	5	1		1			
55–59岁	1	1					1	1	
60–64岁									
65–69岁	4	1	3	1		1	2	2	
70–74岁									
75–79岁	1		1						
80–84岁	1		1						
85–89岁									
90–94岁									
95–99岁									
100岁及以上									

2-2b 续表 14 单位：人

年龄组	塔吉克族			怒　族			乌孜别克族		
	小计	男	女	小计	男	女	小计	男	女
总　计	**5**	**4**	**1**	**18**	**6**	**12**	**3**	**3**	
0-4岁	1	1		1	1				
5-9岁				2	1	1	1	1	
10-14岁				5	2	3			
15-19岁				2	1	1			
20-24岁	2	2		1	1		2	2	
25-29岁									
30-34岁	1	1		2		2			
35-39岁				3		3			
40-44岁	1		1	1		1			
45-49岁									
50-54岁				1		1			
55-59岁									
60-64岁									
65-69岁									
70-74岁									
75-79岁									
80-84岁									
85-89岁									
90-94岁									
95-99岁									
100岁及以上									

2-2b 续表 15 单位：人

年龄组	俄罗斯族			鄂温克族			德 昂 族		
	小计	男	女	小计	男	女	小计	男	女
总　计	**8**	**7**	**1**	**2**		**2**	**16**	**7**	**9**
0-4岁	1		1				2	1	1
5-9岁							1	1	
10-14岁	2	2							
15-19岁				1		1	2	1	1
20-24岁							4	1	3
25-29岁							1		1
30-34岁				1		1	2	1	1
35-39岁	1	1					1		1
40-44岁	2	2							
45-49岁							2	1	1
50-54岁							1	1	
55-59岁									
60-64岁									
65-69岁									
70-74岁	1	1							
75-79岁	1	1							
80-84岁									
85-89岁									
90-94岁									
95-99岁									
100岁及以上									

2–2b　续表 16　　　　单位：人

年龄组	保安族			裕固族			京族		
	小计	男	女	小计	男	女	小计	男	女
总　计	**3**	**2**	**1**	**2**	**1**	**1**	**513**	**282**	**231**
0–4岁							52	28	24
5–9岁							54	31	23
10–14岁							42	27	15
15–19岁	1		1	1		1	48	23	25
20–24岁	1	1					40	25	15
25–29岁							37	18	19
30–34岁							40	17	23
35–39岁	1	1					26	14	12
40–44岁							31	22	9
45–49岁							40	30	10
50–54岁							27	13	14
55–59岁				1	1		21	9	12
60–64岁							14	6	8
65–69岁							10	6	4
70–74岁							13	4	9
75–79岁							13	5	8
80–84岁							3	2	1
85–89岁							2	2	
90–94岁									
95–99岁									
100岁及以上									

2–2b　续表 17　　　　单位：人

年龄组	塔塔尔族			独龙族			鄂伦春族		
	小计	男	女	小计	男	女	小计	男	女
总　计	**4**		**4**	**7**	**4**	**3**	**13**	**7**	**6**
0–4岁							1		1
5–9岁							1	1	
10–14岁				1		1	4	2	2
15–19岁				1	1		1		1
20–24岁							1	1	
25–29岁	1		1				1		1
30–34岁				1	1		1	1	
35–39岁				1	1				
40–44岁									
45–49岁				2	1	1	2	2	
50–54岁	1		1						
55–59岁									
60–64岁									
65–69岁							1		1
70–74岁	1		1						
75–79岁									
80–84岁	1		1						
85–89岁				1		1			
90–94岁									
95–99岁									
100岁及以上									

2-2b 续表 18

单位：人

年龄组	赫哲族			门巴族			珞巴族		
	小计	男	女	小计	男	女	小计	男	女
总 计	**3**	**2**	**1**				**12**	**6**	**6**
0-4岁									
5-9岁							1	1	
10-14岁							2	1	1
15-19岁	1	1					4	1	3
20-24岁							2	1	1
25-29岁							1	1	
30-34岁									
35-39岁									
40-44岁							2	1	1
45-49岁									
50-54岁	1	1							
55-59岁	1		1						
60-64岁									
65-69岁									
70-74岁									
75-79岁									
80-84岁									
85-89岁									
90-94岁									
95-99岁									
100岁及以上									

2-2b 续表 19

单位：人

年龄组	基诺族			未定族称人口			入 籍		
	小计	男	女	小计	男	女	小计	男	女
总 计	**7**	**5**	**2**	**241520**	**123758**	**117762**	**2071**	**1074**	**997**
0-4岁	1	1		24344	13065	11279	255	145	110
5-9岁				28026	15155	12871	249	132	117
10-14岁	1	1		27034	14453	12581	209	112	97
15-19岁				26150	13058	13092	190	105	85
20-24岁				17246	8556	8690	199	105	94
25-29岁				13653	6656	6997	156	65	91
30-34岁	2	1	1	15994	8068	7926	172	78	94
35-39岁	1		1	13516	7118	6398	139	74	65
40-44岁				15121	7957	7164	110	61	49
45-49岁	1	1		15159	7896	7263	103	56	47
50-54岁				13304	6616	6688	100	45	55
55-59岁	1	1		9248	4537	4711	58	33	25
60-64岁				6214	3049	3165	34	19	15
65-69岁				6599	3147	3452	41	18	23
70-74岁				4267	2016	2251	28	15	13
75-79岁				2783	1201	1582	16	7	9
80-84岁				1871	817	1054	10	3	7
85-89岁				751	303	448	2	1	1
90-94岁				198	73	125			
95-99岁				37	17	20			
100岁及以上				5		5			

2–2c　全省各民族分年龄、性别的人口(乡村)

单位：人

年龄组	合　计			汉　族		
	合计	男	女	小计	男	女
总　计	**18066202**	**9397708**	**8668494**	**10414605**	**5431611**	**4982994**
0–4岁	1418981	750744	668237	737130	389396	347734
5–9岁	1587275	848922	738353	803467	428145	375322
10–14岁	1566426	838129	728297	812617	432092	380525
15–19岁	978165	527116	451049	515479	277661	237818
20–24岁	1004329	524598	479731	581582	304837	276745
25–29岁	972171	523010	449161	582204	313570	268634
30–34岁	1002649	547164	455485	607469	331640	275829
35–39岁	896552	486621	409931	522082	284471	237611
40–44岁	1089837	576779	513058	649132	344713	304419
45–49岁	1429603	752032	677571	876100	464288	411812
50–54岁	1483037	758397	724640	910589	470126	440463
55–59岁	1155553	585602	569951	705084	359652	345432
60–64岁	806289	407655	398634	485273	247477	237796
65–69岁	974890	484201	490689	595156	297619	297537
70–74岁	714515	346871	367644	431648	212446	219202
75–79岁	503003	233916	269087	304159	144352	159807
80–84岁	309465	137222	172243	188788	85703	103085
85–89岁	128762	52633	76129	78511	32860	45651
90–94岁	36733	13531	23202	23067	8848	14219
95–99岁	6567	2134	4433	4110	1409	2701
100岁及以上	1400	431	969	958	306	652

2–2c　续表 1

单位：人

年龄组	蒙古族			回　族			藏　族		
	小计	男	女	小计	男	女	小计	男	女
总　计	**20641**	**11761**	**8880**	**98183**	**50705**	**47478**	**877**	**399**	**478**
0–4岁	2314	1268	1046	9213	4765	4448	81	34	47
5–9岁	2682	1455	1227	9131	4816	4315	86	45	41
10–14岁	2658	1429	1229	8928	4642	4286	54	25	29
15–19岁	1450	785	665	6827	3618	3209	103	65	38
20–24岁	1354	740	614	8046	4115	3931	63	24	39
25–29岁	1184	682	502	7605	3925	3680	59	18	41
30–34岁	1002	568	434	6258	3362	2896	54	22	32
35–39岁	919	532	387	4537	2387	2150	67	28	39
40–44岁	1053	610	443	5850	2929	2921	56	28	28
45–49岁	1362	810	552	7026	3625	3401	67	22	45
50–54岁	1221	733	488	6678	3362	3316	48	27	21
55–59岁	852	563	289	4996	2476	2520	38	17	21
60–64岁	589	367	222	3734	1939	1795	30	14	16
65–69岁	779	482	297	3376	1744	1632	17	9	8
70–74岁	564	354	210	2351	1190	1161	20	8	12
75–79岁	343	201	142	1783	911	872	17	8	9
80–84岁	209	125	84	1214	602	612	7		7
85–89岁	79	46	33	457	224	233	6	4	2
90–94岁	23	9	14	137	63	74	3	1	2
95–99岁	4	2	2	31	10	21	1		1
100岁及以上				5		5			

2-2c 续表 2

单位：人

年龄组	维吾尔族			苗族			彝族		
	小计	男	女	小计	男	女	小计	男	女
总 计	**107**	**57**	**50**	**2667871**	**1367957**	**1299914**	**578029**	**297879**	**280150**
0-4岁	6	1	5	251928	133017	118911	58472	30927	27545
5-9岁	6	3	3	295794	157882	137912	65796	34767	31029
10-14岁	2	1	1	278551	149912	128639	62870	32811	30059
15-19岁	31	15	16	166124	88710	77414	37413	19669	17744
20-24岁	14	8	6	148653	75249	73404	35846	18908	16938
25-29岁	13	9	4	133721	70725	62996	30167	16186	13981
30-34岁	9	2	7	138296	74196	64100	32689	18163	14526
35-39岁	2	1	1	131779	69796	61983	29132	15983	13149
40-44岁	3	2	1	153824	79768	74056	35356	18646	16710
45-49岁	8	3	5	188375	95867	92508	40892	21164	19728
50-54岁	5	5		192596	94201	98395	39346	19533	19813
55-59岁	3	3		148105	72608	75497	28875	14060	14815
60-64岁				103124	50255	52869	21625	10509	11116
65-69岁	1		1	124186	60094	64092	22970	10945	12025
70-74岁	3	3		91077	42900	48177	15366	7062	8304
75-79岁	1	1		61985	28124	33861	10710	4617	6093
80-84岁				38387	16445	21942	6975	2689	4286
85-89岁				16081	6404	9677	2638	971	1667
90-94岁				4316	1519	2797	761	232	529
95-99岁				830	249	581	105	29	76
100岁及以上				139	36	103	25	8	17

2-2c 续表 3

单位：人

年龄组	壮族			布依族			朝鲜族		
	小计	男	女	小计	男	女	小计	男	女
总 计	**28616**	**13229**	**15387**	**1534904**	**789143**	**745761**	**131**	**81**	**50**
0-4岁	2801	1479	1322	128514	68226	60288	12	7	5
5-9岁	3218	1663	1555	148075	79878	68197	10	6	4
10-14岁	2652	1375	1277	140152	75708	64444	6	5	1
15-19岁	1463	819	644	83765	45172	38593	7	5	2
20-24岁	1338	529	809	78121	41203	36918	11	7	4
25-29岁	1561	517	1044	75757	40760	34997	5	4	1
30-34岁	2179	741	1438	76788	42110	34678	9	6	3
35-39岁	2133	742	1391	75496	41580	33916	8	5	3
40-44岁	1997	824	1173	92930	50093	42837	9	5	4
45-49岁	2099	1016	1083	113508	59763	53745	13	6	7
50-54岁	2039	1039	1000	122582	63102	59480	14	9	5
55-59岁	1528	775	753	95079	47997	47082	6	3	3
60-64岁	712	362	350	76544	37174	39370	1	1	
65-69岁	885	435	450	79866	37197	42669	11	6	5
70-74岁	777	360	417	60350	26389	33961	1	1	
75-79岁	560	260	300	45500	18382	27118	4	3	1
80-84岁	374	166	208	26778	9791	16987	2	1	1
85-89岁	215	95	120	11093	3617	7476	2	1	1
90-94岁	65	25	40	3298	843	2455			
95-99岁	14	4	10	591	130	461			
100岁及以上	6	3	3	117	28	89			

2-2c　续表 4　　单位：人

年龄组	满族			侗族			瑶族		
	小计	男	女	小计	男	女	小计	男	女
总　计	**7205**	**3923**	**3282**	**865977**	**458330**	**407647**	**29325**	**15015**	**14310**
0–4岁	665	347	318	72134	38335	33799	2642	1410	1232
5–9岁	729	385	344	79672	43619	36053	2914	1481	1433
10–14岁	684	348	336	72810	40046	32764	2494	1316	1178
15–19岁	331	186	145	41693	23843	17850	1580	832	748
20–24岁	467	257	210	39945	21402	18543	1312	620	692
25–29岁	429	247	182	43905	24189	19716	1319	683	636
30–34岁	446	264	182	46038	25632	20406	1813	926	887
35–39岁	404	242	162	41355	22560	18795	1855	999	856
40–44岁	511	301	210	45082	24310	20772	1853	1006	847
45–49岁	573	317	256	67198	35402	31796	2182	1183	999
50–54岁	594	338	256	73697	37529	36168	2293	1153	1140
55–59岁	379	201	178	64302	32720	31582	1858	927	931
60–64岁	263	146	117	40880	21065	19815	1217	604	613
65–69岁	234	121	113	48395	24778	23617	1393	668	725
70–74岁	198	92	106	37596	18960	18636	1085	536	549
75–79岁	126	55	71	24861	11991	12870	770	365	405
80–84岁	100	49	51	16851	7946	8905	457	190	267
85–89岁	53	22	31	7366	3137	4229	222	93	129
90–94岁	16	4	12	1854	731	1123	50	21	29
95–99岁	2		2	306	121	185	11	1	10
100岁及以上	1	1		37	14	23	5	1	4

2-2c　续表 5　　单位：人

年龄组	白族			土家族			珞巴族		
	小计	男	女	小计	男	女	小计	男	女
总　计	**98445**	**53391**	**45054**	**768170**	**399115**	**369055**	**956**	**323**	**633**
0–4岁	11648	6218	5430	57724	30663	27061	157	73	84
5–9岁	12227	6478	5749	66935	36262	30673	162	95	67
10–14岁	11094	5939	5155	73438	39921	33517	103	54	49
15–19岁	5918	3221	2697	57281	30576	26705	60	23	37
20–24岁	6093	3251	2842	46475	23990	22485	71	13	58
25–29岁	5294	2895	2399	40329	21654	18675	75	13	62
30–34岁	5497	3135	2362	35450	19183	16267	109	15	94
35–39岁	5013	2841	2172	34976	18608	16368	81	9	72
40–44岁	5862	3283	2579	38381	19279	19102	64	11	53
45–49岁	6642	3742	2900	54058	27684	26374	41	7	34
50–54岁	6030	3296	2734	54751	27409	27342	12	3	9
55–59岁	4480	2445	2035	45219	22652	22567	9	4	5
60–64岁	3195	1782	1413	30875	16108	14767	5	1	4
65–69岁	3561	1913	1648	47259	24255	23004	4	1	3
70–74岁	2396	1274	1122	36759	18295	18464			
75–79岁	1718	833	885	26760	12685	14075	2	1	1
80–84岁	1162	567	595	13779	6585	7194	1		1
85–89岁	449	195	254	5832	2568	3264			
90–94岁	133	69	64	1545	632	913			
95–99岁	30	12	18	283	86	197			
100岁及以上	3	2	1	61	20	41			

2-2c 续表 6 单位：人

年龄组	哈萨克族			傣族			黎族		
	小计	男	女	小计	男	女	小计	男	女
总计	**4**	**1**	**3**	**618**	**207**	**411**	**72991**	**38582**	**34409**
0-4岁				87	41	46	7542	4078	3464
5-9岁				91	48	43	8246	4479	3767
10-14岁				66	42	24	8700	4629	4071
15-19岁				31	7	24	4293	2318	1975
20-24岁				51	10	41	4103	2187	1916
25-29岁				49	13	36	4113	2276	1837
30-34岁				67	9	58	3974	2224	1750
35-39岁	2		2	63	7	56	3645	2015	1630
40-44岁	1	1		39	12	27	4168	2218	1950
45-49岁	1		1	30	6	24	4683	2429	2254
50-54岁				23	4	19	4661	2369	2292
55-59岁				9	4	5	3708	1965	1743
60-64岁				4	2	2	3101	1609	1492
65-69岁				3		3	2913	1445	1468
70-74岁				3	2	1	2024	968	1056
75-79岁				2		2	1591	710	881
80-84岁							992	441	551
85-89岁							405	176	229
90-94岁							96	35	61
95-99岁							32	11	21
100岁及以上							1		1

2-2c 续表 7 单位：人

年龄组	傈僳族			佤族			畲族		
	小计	男	女	小计	男	女	小计	男	女
总计	**399**	**134**	**265**	**414**	**137**	**277**	**26476**	**14035**	**12441**
0-4岁	73	38	35	80	42	38	2183	1156	1027
5-9岁	63	26	37	54	31	23	2560	1372	1188
10-14岁	40	20	20	25	14	11	2133	1168	965
15-19岁	30	18	12	17	8	9	1077	623	454
20-24岁	33	7	26	32	5	27	1244	687	557
25-29岁	39	8	31	55	6	49	1268	689	579
30-34岁	43	6	37	50	4	46	1331	734	597
35-39岁	32	2	30	31	6	25	1332	724	608
40-44岁	21	4	17	22	5	17	1815	1063	752
45-49岁	10	2	8	14	1	13	2197	1248	949
50-54岁	3	1	2	14	5	9	2198	1182	1016
55-59岁	1		1	9	2	7	1723	940	783
60-64岁	2	1	1	4	3	1	1030	537	493
65-69岁	4	1	3				1595	781	814
70-74岁	2		2	1	1		1209	528	681
75-79岁	2		2	2	1	1	815	334	481
80-84岁				3	2	1	465	175	290
85-89岁	1		1	1	1		237	78	159
90-94岁							53	13	40
95-99岁							10	2	8
100岁及以上							1	1	

2-2c　续表 8

单位：人

年龄组	高山族			拉祜族			水族		
	小计	男	女	小计	男	女	小计	男	女
总　计	**83**	**65**	**18**	**280**	**71**	**209**	**218468**	**114374**	**104094**
0–4岁	4	3	1	45	20	25	18048	9904	8144
5–9岁	3	2	1	42	28	14	23193	12791	10402
10–14岁	1		1	26	9	17	23081	12646	10435
15–19岁	2	1	1	11	3	8	12657	7178	5479
20–24岁	6	5	1	29	1	28	11061	5922	5139
25–29岁	7	7		31	1	30	10828	5792	5036
30–34岁	11	9	2	37	5	32	12354	6726	5628
35–39岁	10	9	1	33	1	32	12861	6728	6133
40–44岁	5	4	1	7	1	6	14481	7524	6957
45–49岁	11	9	2	15	2	13	15801	8209	7592
50–54岁	9	5	4	1		1	15978	8155	7823
55–59岁	5	5		2		2	12935	6556	6379
60–64岁	3	3					8499	4165	4334
65–69岁	3	2	1	1		1	9286	4572	4714
70–74岁							7083	3346	3737
75–79岁							4999	2158	2841
80–84岁	1	1					3363	1299	2064
85–89岁	2		2				1526	567	959
90–94岁							364	115	249
95–99岁							56	19	37
100岁及以上							14	2	12

2-2c　续表 9

单位：人

年龄组	东乡族			纳西族			景颇族		
	小计	男	女	小计	男	女	小计	男	女
总　计	**812**	**437**	**375**	**96**	**33**	**63**	**107**	**41**	**66**
0–4岁	69	36	33	11	8	3	22	14	8
5–9岁	57	33	24	9	3	6	13	6	7
10–14岁	48	28	20	10	5	5	6	6	
15–19岁	23	16	7	7	3	4			
20–24岁	34	21	13	12	4	8	10	3	7
25–29岁	57	38	19	12	3	9	13	1	12
30–34岁	48	29	19	9	2	7	18	3	15
35–39岁	31	18	13	8	2	6	7	2	5
40–44岁	41	24	17	2		2	4	1	3
45–49岁	71	38	33	8	1	7	2		2
50–54岁	84	43	41	1		1	4	3	1
55–59岁	69	35	34	2	1	1	2	1	1
60–64岁	44	20	24	1		1			
65–69岁	42	19	23	2	1	1	1		1
70–74岁	40	17	23	1		1	3		3
75–79岁	27	10	17	1		1	2	1	1
80–84岁	19	7	12						
85–89岁	6	3	3						
90–94岁	2	2							
95–99岁									
100岁及以上									

2-2c　续表 10　　　　单位：人

年龄组	柯尔克孜族			土　族			达斡尔族		
	小计	男	女	小计	男	女	小计	男	女
总　计	**8**	**4**	**4**	**2043**	**1067**	**976**	**13**	**5**	**8**
0-4岁	1	1		164	91	73	4	2	2
5-9岁	1	1		155	81	74	2	1	1
10-14岁	1		1	147	84	63			
15-19岁				110	66	44			
20-24岁				118	62	56	1	1	
25-29岁				122	61	61			
30-34岁				119	73	46	1		1
35-39岁	1		1	99	51	48			
40-44岁				130	70	60	1		1
45-49岁	1	1		172	82	90	1	1	
50-54岁	1	1		163	94	69	2		2
55-59岁				130	61	69	1		1
60-64岁	2		2	88	36	52			
65-69岁				125	62	63			
70-74岁				84	43	41			
75-79岁				61	31	30			
80-84岁				35	12	23			
85-89岁				17	7	10			
90-94岁				4		4			
95-99岁									
100岁及以上									

2-2c　续表 11　　　　单位：人

年龄组	仫佬族			羌　族			布朗族		
	小计	男	女	小计	男	女	小计	男	女
总　计	**20623**	**10997**	**9626**	**503**	**278**	**225**	**109**	**37**	**72**
0-4岁	1654	874	780	54	25	29	17	6	11
5-9岁	1833	1011	822	65	35	30	14	7	7
10-14岁	1589	881	708	33	13	20	7	5	2
15-19岁	981	562	419	26	15	11	4		4
20-24岁	1087	575	512	23	10	13	8		8
25-29岁	1173	655	518	38	26	12	10	2	8
30-34岁	1085	577	508	45	23	22	8		8
35-39岁	1054	573	481	25	13	12	8	1	7
40-44岁	1174	645	529	24	17	7	7	2	5
45-49岁	1564	868	696	33	16	17	9	5	4
50-54岁	1710	940	770	32	16	16	6	3	3
55-59岁	1349	708	641	30	22	8	6	3	3
60-64岁	922	473	449	15	8	7	2	1	1
65-69岁	1273	648	625	24	15	9	1		1
70-74岁	974	486	488	20	15	5	1	1	
75-79岁	637	286	351	6	5	1	1	1	
80-84岁	362	164	198	8	4	4			
85-89岁	156	59	97	2		2			
90-94岁	39	12	27						
95-99岁	6		6						
100岁及以上	1		1						

2-2c　续表 12　　　　单位：人

年龄组	撒拉族			毛南族			仡佬族		
	小计	男	女	小计	男	女	小计	男	女
总　计	**19**	**11**	**8**	**19003**	**9789**	**9214**	**242249**	**130492**	**111757**
0–4岁	2	2		1422	726	696	19513	10490	9023
5–9岁	1		1	1546	843	703	20739	11019	9720
10–14岁	2		2	1433	746	687	21676	11793	9883
15–19岁				1288	672	616	13876	7514	6362
20–24岁				938	526	412	14083	7621	6462
25–29岁	1	1		942	473	469	13139	7509	5630
30–34岁	1	1		752	405	347	10876	6167	4709
35–39岁	1		1	706	360	346	10085	5772	4313
40–44岁				944	508	436	13690	7392	6298
45–49岁	3	3		1541	843	698	19506	10428	9078
50–54岁	2	1	1	1719	919	800	19762	10244	9518
55–59岁	4	2	2	1357	736	621	15469	8185	7284
60–64岁	1	1		983	514	469	9941	5400	4541
65–69岁				1135	538	597	14535	7882	6653
70–74岁	1		1	889	434	455	11452	6044	5408
75–79岁				765	312	453	7803	4016	3787
80–84岁				417	157	260	4181	2099	2082
85–89岁				179	62	117	1539	736	803
90–94岁				41	14	27	341	161	180
95–99岁				6	1	5	33	15	18
100岁及以上							10	5	5

2-2c　续表 13　　　　单位：人

年龄组	锡伯族			阿昌族			普米族		
	小计	男	女	小计	男	女	小计	男	女
总　计	**10**	**4**	**6**	**33**	**12**	**21**	**29**	**12**	**17**
0–4岁				2	2		2	1	1
5–9岁				9	4	5	5	2	3
10–14岁	1	1		2		2	6	4	2
15–19岁	2	1	1				3	2	1
20–24岁	1		1	3	2	1	1		1
25–29岁				4	1	3	2		2
30–34岁				3		3			
35–39岁	1		1	5	2	3	4		4
40–44岁	2	1	1	1		1	1		1
45–49岁	2		2	2	1	1	2	1	1
50–54岁	1	1							
55–59岁				2		2	2	1	1
60–64岁									
65–69岁									
70–74岁									
75–79岁							1	1	
80–84岁									
85–89岁									
90–94岁									
95–99岁									
100岁及以上									

2-2c 续表 14　　　　单位：人

年龄组	塔吉克族			怒　族			乌孜别克族		
	小计	男	女	小计	男	女	小计	男	女
总　计	**2**	**2**		**28**	**11**	**17**	**6**	**4**	**2**
0-4岁				4	2	2			
5-9岁				11	7	4			
10-14岁				5	2	3	1	1	
15-19岁									
20-24岁	1	1							
25-29岁				2		2			
30-34岁				1		1	1	1	
35-39岁				1		1			
40-44岁				1		1	1	1	
45-49岁				1		1	1		1
50-54岁				1		1			
55-59岁	1	1		1		1			
60-64岁							1	1	
65-69岁									
70-74岁									
75-79岁							1		1
80-84岁									
85-89岁									
90-94岁									
95-99岁									
100岁及以上									

2-2c 续表 15　　　　单位：人

年龄组	俄罗斯族			鄂温克族			德 昂 族		
	小计	男	女	小计	男	女	小计	男	女
总　计	**6**	**2**	**4**	**2**		**2**	**17**	**8**	**9**
0-4岁							3	2	1
5-9岁	1		1	1		1	5	3	2
10-14岁							2		2
15-19岁	2	1	1						
20-24岁							1		1
25-29岁				1		1	2	2	
30-34岁	1	1							
35-39岁	1		1				1		1
40-44岁							2		2
45-49岁							1	1	
50-54岁	1		1						
55-59岁									
60-64岁									
65-69岁									
70-74岁									
75-79岁									
80-84岁									
85-89岁									
90-94岁									
95-99岁									
100岁及以上									

2−2c　续表 16　　　　单位：人

年龄组	保安族			裕固族			京　族		
	小计	男	女	小计	男	女	小计	男	女
总　计				**1**		**1**	**559**	**324**	**235**
0−4岁							64	35	29
5−9岁							84	48	36
10−14岁							61	31	30
15−19岁							27	18	9
20−24岁							24	11	13
25−29岁							25	17	8
30−34岁							32	19	13
35−39岁							24	20	4
40−44岁							24	17	7
45−49岁							35	23	12
50−54岁				1		1	39	27	12
55−59岁							36	14	22
60−64岁							15	10	5
65−69岁							30	16	14
70−74岁							13	6	7
75−79岁							11	3	8
80−84岁							9	4	5
85−89岁							6	5	1
90−94岁									
95−99岁									
100岁及以上									

2−2c　续表 17　　　　单位：人

年龄组	塔塔尔族			独龙族			鄂伦春族		
	小计	男	女	小计	男	女	小计	男	女
总　计	**5**		**5**	**66**	**43**	**23**	**7**	**5**	**2**
0−4岁				7	2	5			
5−9岁				12	8	4	1		1
10−14岁				6	3	3			
15−19岁				9	6	3			
20−24岁				3	2	1			
25−29岁				1		1			
30−34岁				2	2				
35−39岁				5	5				
40−44岁				4	3	1			
45−49岁				2	2				
50−54岁	3		3	4	4		1	1	
55−59岁	1		1	6	4	2			
60−64岁									
65−69岁	1		1	1	1		1		1
70−74岁				1		1	2	2	
75−79岁									
80−84岁				1		1	2	2	
85−89岁				2	1	1			
90−94岁									
95−99岁									
100岁及以上									

2–2c 续表 18 单位：人

年龄组	赫哲族			门巴族			珞巴族		
	小计	男	女	小计	男	女	小计	男	女
总　计	**1**		**1**	**1**		**1**	**73**	**39**	**34**
0–4岁							11	3	8
5–9岁							8	3	5
10–14岁							12	8	4
15–19岁							4	1	3
20–24岁							2	2	
25–29岁							2	2	
30–34岁	1		1				7	4	3
35–39岁				1		1	7	4	3
40–44岁							4	2	2
45–49岁							3	3	
50–54岁							1		1
55–59岁							4	2	2
60–64岁							2	2	
65–69岁							2	1	1
70–74岁							3	2	1
75–79岁									
80–84岁							1		1
85–89岁									
90–94岁									
95–99岁									
100岁及以上									

2–2c 续表 19 单位：人

年龄组	基诺族			未定族称人口			入籍		
	小计	男	女	小计	男	女	小计	男	女
总　计	**38**	**19**	**19**	**344018**	**182570**	**161448**	**1940**	**937**	**1003**
0–4岁	6	3	3	32190	16855	15335	256	116	140
5–9岁	6	3	3	37338	19937	17401	203	110	93
10–14岁	2	1	1	37983	20250	17733	208	115	93
15–19岁				24017	12822	11195	143	61	82
20–24岁				21839	11695	10144	190	85	105
25–29岁	5	3	2	16472	9299	7173	131	48	83
30–34岁	3		3	17539	10112	7427	124	63	61
35–39岁	3	3		16499	9466	7033	127	53	74
40–44岁	1		1	21139	11404	9735	118	52	66
45–49岁	4	1	3	23641	12865	10776	92	44	48
50–54岁	1	1		24017	12459	11558	99	54	45
55–59岁	3	1	2	17798	9210	8588	75	40	35
60–64岁	1		1	13507	7037	6470	54	28	26
65–69岁	1	1		15758	7912	7846	60	37	23
70–74岁				10485	5090	5395	33	16	17
75–79岁	2	2		6962	3249	3713	13	7	6
80–84岁				4513	1991	2522	9	5	4
85–89岁				1676	699	977	3	2	1
90–94岁				524	181	343	1	1	
95–99岁				105	33	72	1		1
100岁及以上				16	4	12			

2-3　全省各民族分性别、受教育程度的3岁及以上人口

单位：人

民　族	3岁及以上人口			未上过学		
	合计	男	女	小计	男	女
总　计	**36839875**	**18792138**	**18047737**	**2951819**	**789029**	**2162790**
汉　族	23545428	12021378	11524050	1702012	466283	1235729
蒙古族	46443	25291	21152	2551	1046	1505
回　族	193506	98263	95243	22458	8456	14002
藏　族	2749	1293	1456	152	43	109
维吾尔族	854	497	357	20	8	12
苗　族	4259167	2159325	2099842	478312	125149	353163
彝　族	900843	455454	445389	87058	25484	61574
壮　族	64079	29519	34560	5161	1459	3702
布依族	2570474	1293234	1277240	246669	56604	190065
朝鲜族	888	459	429	22	9	13
满　族	25258	13117	12141	942	312	630
侗　族	1565899	810672	755227	118602	29436	89166
瑶　族	44193	22413	21780	5418	1551	3867
白　族	199834	104952	94882	12166	4051	8115
土家族	1614795	821742	793053	111812	27513	84299
哈尼族	2329	838	1491	87	30	57
哈萨克族	38	13	25	1	1	
傣　族	1934	712	1222	50	14	36
黎　族	135598	69944	65654	10909	2510	8399
傈僳族	877	309	568	47	14	33
佤　族	801	288	513	42	17	25
畲　族	39668	20417	19251	2822	696	2126
高山族	234	146	88	8	3	5
拉祜族	555	163	392	37	8	29
水　族	352996	182181	170815	32574	7813	24761
东乡族	1353	680	673	64	18	46
纳西族	449	192	257	14	3	11
景颇族	743	325	418	15	8	7
柯尔克孜族	17	9	8	1		1
土　族	6714	3551	3163	235	70	165
达斡尔族	67	31	36	2	1	1
仫佬族	43563	22486	21077	2815	803	2012
羌　族	1946	1063	883	68	21	47
布朗族	250	82	168	7	4	3
撒拉族	117	61	56	5	2	3
毛南族	28227	14323	13904	2042	471	1571
仡佬族	520858	270032	250826	31996	8432	23564
锡伯族	247	125	122	4		4
阿昌族	72	26	46	6	2	4
普米族	67	35	32	1	1	
塔吉克族	9	7	2	2	1	1
怒　族	66	27	39	4	2	2
乌孜别克族	9	7	2	1		1
俄罗斯族	37	20	17	1		1
鄂温克族	6	2	4			
德昂族	35	15	20	1		1
保安族	9	7	2			
裕固族	4	2	2			
京　族	1411	761	650	88	23	65
塔塔尔族	11	1	10			
独龙族	97	60	37	9	2	7
鄂伦春族	28	14	14	2		2
赫哲族	7	4	3	2	1	1
门巴族	6	2	4			
珞巴族	106	54	52	9	2	7
基诺族	62	27	35	5	1	4
未定族称人口	658360	342748	315612	74126	20537	53589
入　籍	5482	2739	2743	362	114	248

2-3 续表 1 单位：人

民族	学前教育			小学		
	小计	男	女	小计	男	女
总计	**1770475**	**941148**	**829327**	**12309291**	**6121540**	**6187751**
汉族	997742	529452	468290	7594345	3751516	3842829
蒙古族	3198	1718	1480	13992	7618	6374
回族	10408	5459	4949	57561	29423	28138
藏族	135	69	66	638	304	334
维吾尔族	43	27	16	169	93	76
苗族	249382	132784	116598	1585105	802821	782284
彝族	55028	29081	25947	338715	171235	167480
壮族	4023	2136	1887	17996	8749	9247
布依族	151517	80685	70832	943077	470194	472883
朝鲜族	57	28	29	150	75	75
满族	1484	765	719	5676	2942	2734
侗族	85659	45858	39801	526078	260745	265333
瑶族	2603	1374	1229	16875	8983	7892
白族	14190	7557	6633	62874	32707	30167
土家族	88716	47074	41642	504327	245472	258855
哈尼族	192	110	82	688	248	440
哈萨克族	1	1		8	2	6
傣族	153	74	79	494	225	269
黎族	9261	5020	4241	47087	24241	22846
傈僳族	70	32	38	248	77	171
佤族	68	38	30	276	100	176
畲族	2250	1235	1015	16827	8482	8345
高山族	15	10	5	51	25	26
拉祜族	47	32	15	185	66	119
水族	21235	11627	9608	138988	70137	68851
东乡族	75	41	34	511	218	293
纳西族	33	16	17	77	38	39
景颇族	41	22	19	187	91	96
柯尔克孜族	2	2		6	3	3
土族	358	207	151	1937	972	965
达斡尔族	7	3	4	7	4	3
仫佬族	2372	1277	1095	14348	7181	7167
羌族	139	75	64	526	290	236
布朗族	20	10	10	83	28	55
撒拉族	8	5	3	46	17	29
毛南族	1838	950	888	10732	5376	5356
仡佬族	30514	16161	14353	170251	83932	86319
锡伯族	17	8	9	26	11	15
阿昌族	5	3	2	22	7	15
普米族	3	3		18	9	9
塔吉克族				2	1	1
怒族	7	4	3	17	9	8
乌孜别克族	1	1		3	2	1
俄罗斯族	3	2	1	7	3	4
鄂温克族				1		1
德昂族	2	2		14	5	9
保安族	1	1		2	1	1
裕固族				1		1
京族	82	43	39	424	240	184
塔塔尔族	1	1		8		8
独龙族	7	4	3	33	19	14
鄂伦春族	1		1	9	7	2
赫哲族				1	1	
门巴族						
珞巴族	3	1	2	31	15	16
基诺族	5	3	2	16	7	9
未定族称人口	37145	19894	17251	235868	125730	110138
入籍	308	163	145	1647	843	804

2-3 续表 2

单位：人

民族	初中			高中			大学专科		
	小计	男	女	小计	男	女	小计	男	女
总计	**11747605**	**6680427**	**5067178**	**3837415**	**2091886**	**1745529**	**2150649**	**1119230**	**1031419**
汉族	7911854	4461814	3450040	2579895	1399922	1179973	1424130	736456	687674
蒙古族	13236	7811	5425	5563	3036	2527	3464	1848	1616
回族	49163	27715	21448	21078	10924	10154	15362	7804	7558
藏族	663	304	359	436	230	206	381	176	205
维吾尔族	286	186	100	190	107	83	70	37	33
苗族	1193111	690833	502278	360341	200371	159970	198198	106584	91614
彝族	253784	144527	109257	78538	41602	36936	44338	22616	21722
壮族	18234	7907	10327	7552	3787	3765	5461	2785	2676
布依族	756536	443371	313165	224840	121004	103836	126556	64719	61837
朝鲜族	189	108	81	161	80	81	126	62	64
满族	5491	3092	2399	3570	1853	1717	3148	1665	1483
侗族	474582	275647	198935	158052	91280	66772	99696	54407	45289
瑶族	11160	6267	4893	3715	2001	1714	2224	1166	1058
白族	58630	33696	24934	22204	12060	10144	13648	7084	6564
土家族	487752	275899	211853	194954	106686	88268	113872	59090	54782
哈尼族	781	216	565	268	98	170	155	69	86
哈萨克族	8	1	7	5	2	3	7	4	3
傣族	634	179	455	267	85	182	171	63	108
黎族	38226	22306	15920	13550	7306	6244	7954	4112	3842
傈僳族	263	77	186	114	55	59	76	36	40
佤族	287	72	215	67	29	38	36	19	17
畲族	10929	6431	4498	3443	1900	1543	1621	832	789
高山族	45	21	24	64	56	8	22	11	11
拉祜族	201	28	173	39	9	30	28	11	17
水族	95735	57486	38249	30982	17502	13480	16223	8828	7395
东乡族	459	277	182	125	65	60	71	37	34
纳西族	101	41	60	70	30	40	65	27	38
景颇族	249	92	157	103	45	58	81	38	43
柯尔克孜族	2	1	1	1	1		5	2	3
土族	2121	1209	912	842	464	378	619	315	304
达斡尔族	16	6	10	7	2	5	9	5	4
仫佬族	12581	7136	5445	4768	2638	2130	3156	1639	1517
羌族	479	287	192	247	148	99	200	105	95
布朗族	79	19	60	25	7	18	18	7	11
撒拉族	35	21	14	13	9	4	4	3	1
毛南族	8354	4960	3394	2344	1257	1087	1339	677	662
仡佬族	151122	87444	63678	58127	32600	25527	35968	19067	16901
锡伯族	42	21	21	45	22	23	44	27	17
阿昌族	22	7	15	4	1	3	5	2	3
普米族	26	14	12	6	1	5	4	3	1
塔吉克族	1	1		3	3		1	1	
怒族	23	6	17	7	3	4	4		4
乌孜别克族	2	2		1	1				
俄罗斯族	10	5	5	4	2	2	8	5	3
鄂温克族	2		2				1	1	
德昂族	9	4	5	4	2	2	1		1
保安族	2	2		2	1	1	1	1	
裕固族	1	1		2	1	1			
京族	367	215	152	177	93	84	119	61	58
塔塔尔族	1		1						
独龙族	33	25	8	9	7	2	4	2	2
鄂伦春族	7	4	3	4	2	2	2		2
赫哲族	1		1	1	1				
门巴族	2		2	1	1		3	1	2
珞巴族	31	17	14	9	4	5	12	9	3
基诺族	24	11	13	7	3	4	3		3
未定族称人口	188139	111834	76305	59992	32181	27811	31364	16423	14941
入籍	1482	771	711	577	306	271	571	288	283

2-3 续表 3

单位：人

民 族	大学本科			硕士研究生			博士研究生		
	小计	男	女	小计	男	女	小计	男	女
总 计	**1976937**	**1002236**	**974701**	**86551**	**41087**	**45464**	**9133**	**5555**	**3578**
汉 族	1264119	640753	623366	64186	30814	33372	7145	4368	2777
蒙古族	4164	2075	2089	242	118	124	33	21	12
回 族	16733	8127	8606	671	315	356	72	40	32
藏 族	315	154	161	27	12	15	2	1	1
维吾尔族	69	36	33	5	1	4	2	2	
苗 族	188873	97911	90962	5424	2599	2825	421	273	148
彝 族	41931	20259	21672	1333	590	743	118	60	58
壮 族	5308	2553	2755	299	126	173	45	17	28
布依族	117725	55195	62530	3290	1318	1972	264	144	120
朝鲜族	147	77	70	27	16	11	9	4	5
满 族	4400	2238	2162	496	225	271	51	25	26
侗 族	100098	51799	48299	2887	1340	1547	245	160	85
瑶 族	2091	1019	1072	86	42	44	21	10	11
白 族	15456	7498	7958	611	267	344	55	32	23
土家族	109155	57946	51209	3813	1812	2001	394	250	144
哈尼族	150	65	85	6	1	5	2	1	1
哈萨克族	6	1	5	2	1	1			
傣 族	152	65	87	11	5	6	2	2	
黎 族	8345	4324	4021	246	112	134	20	13	7
傈僳族	57	17	40	1		1	1	1	
佤 族	23	11	12	1	1		1	1	
畲 族	1732	824	908	39	14	25	5	3	2
高山族	28	20	8	1		1			
拉祜族	18	9	9						
水 族	16865	8606	8259	374	169	205	20	13	7
东乡族	45	22	23	3	2	1			
纳西族	80	34	46	7	2	5	2	1	1
景颇族	65	28	37	2	1	1			
柯尔克孜族									
土 族	577	302	275	19	9	10	6	3	3
达斡尔族	19	10	9						
仫佬族	3352	1736	1616	160	73	87	11	3	8
羌 族	272	129	143	12	6	6	3	2	1
布朗族	17	7	10	1		1			
撒拉族	6	4	2						
毛南族	1536	621	915	38	11	27	4		4
仡佬族	41316	21634	19682	1446	702	744	118	60	58
锡伯族	62	34	28	4	1	3	3	1	2
阿昌族	8	4	4						
普米族	9	4	5						
塔吉克族									
怒 族	3	2	1	1	1				
乌孜别克族	1	1							
俄罗斯族	4	3	1						
鄂温克族	2	1	1						
德昂族	4	2	2						
保安族	1	1							
裕固族									
京 族	145	80	65	9	6	3			
塔塔尔族	1		1						
独龙族	2	1	1						
鄂伦春族	2	1	1				1		1
赫哲族	2	1	1						
门巴族									
珞巴族	10	5	5	1	1				
基诺族	2	2							
未定族称人口	30916	15740	15176	753	365	388	57	44	13
入 籍	518	245	273	17	9	8			

2–3a　全省各民族分性别、受教育程度的3岁及以上人口(城市)

单位：人

民　族	3岁及以上人口			未上过学		
	合计	男	女	小计	男	女
总　计	**9703128**	**4861875**	**4841253**	**268273**	**80800**	**187473**
汉　族	7467167	3748947	3718220	202842	60944	141898
蒙古族	12553	6582	5971	248	108	140
回　族	48099	23598	24501	1247	421	826
藏　族	1093	495	598	33	10	23
维吾尔族	473	286	187	10	4	6
苗　族	693665	346404	347261	26359	7227	19132
彝　族	168464	82757	85707	5743	1902	3841
壮　族	18458	8797	9661	282	101	181
布依族	409696	198684	211012	10930	3415	7515
朝鲜族	619	306	313	9	6	3
满　族	13765	6966	6799	138	59	79
侗　族	232060	117100	114960	4564	1541	3023
瑶　族	6720	3351	3369	145	53	92
白　族	53023	26618	26405	1248	467	781
土家族	290591	146405	144186	6449	2032	4417
哈尼族	846	352	494	22	8	14
哈萨克族	24	7	17	1	1	
傣　族	815	326	489	21	9	12
黎　族	21552	10671	10881	550	188	362
傈僳族	286	119	167	5	4	1
佤　族	198	78	120	6	1	5
畲　族	5870	2847	3023	150	51	99
高山族	77	41	36	5	3	2
拉祜族	155	69	86	7	2	5
水　族	33942	16801	17141	906	264	642
东乡族	492	223	269	24	7	17
纳西族	284	139	145	4	2	2
景颇族	536	248	288	6	5	1
柯尔克孜族	4	2	2			
土　族	2769	1452	1317	75	24	51
达斡尔族	42	19	23	1		1
仫佬族	14715	7506	7209	382	126	256
羌　族	642	355	287	14	6	8
布朗族	88	28	60	1		1
撒拉族	51	26	25	3	1	2
毛南族	1924	856	1068	29	15	14
仡佬族	93063	47339	45724	1958	639	1319
锡伯族	212	110	102	2		2
阿昌族	23	8	15	2	1	1
普米族	20	12	8			
塔吉克族	3	2	1	1		1
怒　族	21	10	11	1		1
乌孜别克族						
俄罗斯族	24	11	13	1		1
鄂温克族	2	2				
德昂族	7	3	4			
保安族	6	5	1			
裕固族	1	1				
京　族	409	195	214	7	1	6
塔塔尔族	2	1	1			
独龙族	28	14	14	1		1
鄂伦春族	8	2	6			
赫哲族	3	2	1	1	1	
门巴族	5	2	3			
珞巴族	27	11	16	1		1
基诺族	20	5	15			
未定族称人口	105682	53781	51901	3795	1136	2659
入　籍	1804	898	906	44	15	29

2-3a 续表 1

单位：人

民族	学前教育			小学		
	小计	男	女	小计	男	女
总计	**444466**	**237401**	**207065**	**2035430**	**963764**	**1071666**
汉族	308078	164721	143357	1554026	731880	822146
蒙古族	955	506	449	2436	1288	1148
回族	3049	1624	1425	9148	4414	4734
藏族	50	26	24	167	74	93
维吾尔族	23	13	10	89	48	41
苗族	40687	21799	18888	160203	76679	83524
彝族	11828	6247	5581	40962	20041	20921
壮族	1090	565	525	2901	1380	1521
布依族	25400	13416	11984	90158	42464	47694
朝鲜族	41	19	22	82	37	45
满族	799	411	388	1688	861	827
侗族	13372	7145	6227	42145	20062	22083
瑶族	461	242	219	1298	669	629
白族	4016	2152	1864	11212	5706	5506
土家族	16829	8953	7876	56601	27240	29361
哈尼族	65	34	31	182	71	111
哈萨克族	1	1		5	2	3
傣族	61	36	25	155	81	74
黎族	1449	780	669	4083	2006	2077
傈僳族	17	7	10	52	24	28
佤族	13	7	6	56	21	35
畲族	342	194	148	1424	654	770
高山族	6	5	1	22	10	12
拉祜族	17	14	3	38	22	16
水族	1826	983	843	6403	3069	3334
东乡族	31	14	17	121	46	75
纳西族	17	10	7	43	23	20
景颇族	21	13	8	130	67	63
柯尔克孜族						
土族	150	94	56	598	306	292
达斡尔族	5	3	2	2	2	
仫佬族	830	431	399	3351	1656	1695
羌族	49	28	21	108	64	44
布朗族	5	2	3	20	6	14
撒拉族	4	1	3	13	6	7
毛南族	113	61	52	262	116	146
仡佬族	6237	3342	2895	17582	8602	8980
锡伯族	17	8	9	22	9	13
阿昌族	1		1	3	1	2
普米族	1	1		4	3	1
塔吉克族				1	1	
怒族	2	1	1	2	2	
乌孜别克族						
俄罗斯族	3	2	1	3	1	2
鄂温克族						
德昂族				2	1	1
保安族				2	1	1
裕固族						
京族	20	14	6	75	32	43
塔塔尔族	1	1				
独龙族	4	2	2	6	2	4
鄂伦春族				1		1
赫哲族						
门巴族						
珞巴族				6	2	4
基诺族	2		2	1		1
未定族称人口	6379	3424	2955	27160	13810	13350
入籍	99	49	50	376	202	174

2-3a　续表 2　　　　单位：人

民　族	初　中			高　中			大学专科		
	小计	男	女	小计	男	女	小计	男	女
总　计	**2964729**	**1547306**	**1417423**	**1666983**	**872420**	**794563**	**1108359**	**555579**	**552780**
汉　族	2404565	1255819	1148746	1299293	680924	618369	831869	419285	412584
蒙古族	2740	1516	1224	1961	1043	918	1681	860	821
回　族	10258	5284	4974	7460	3828	3632	7017	3421	3596
藏　族	195	76	119	146	77	69	247	113	134
维吾尔族	160	115	45	86	49	37	43	22	21
苗　族	185072	97245	87827	110483	58540	51943	77674	38947	38727
彝　族	42590	21543	21047	26513	13681	12832	18703	8990	9713
壮　族	4331	1980	2351	3324	1622	1702	2783	1385	1398
布依族	108637	55581	53056	70336	35550	34786	48443	23059	25384
朝鲜族	116	63	53	119	59	60	94	42	52
满　族	2355	1200	1155	2361	1189	1172	2342	1190	1152
侗　族	52773	27433	25340	39399	20865	18534	34401	17518	16883
瑶　族	1683	866	817	1133	565	568	857	413	444
白　族	12990	6629	6361	8554	4459	4095	6265	3128	3137
土家族	65912	34659	31253	50590	26386	24204	40623	19866	20757
哈尼族	217	85	132	152	59	93	95	46	49
哈萨克族	3		3	4	1	3	3	1	2
傣　族	216	67	149	147	50	97	100	31	69
黎　族	4484	2260	2224	4232	2147	2085	2914	1390	1524
傈僳族	71	26	45	57	27	30	42	19	23
佤　族	74	24	50	20	6	14	16	9	7
畲　族	1555	794	761	991	488	503	587	293	294
高山族	14	6	8	8	4	4	7	5	2
拉祜族	47	13	34	18	5	13	14	6	8
水　族	7551	3909	3642	5896	3006	2890	4747	2410	2337
东乡族	164	79	85	71	35	36	44	24	20
纳西族	44	26	18	57	28	29	50	19	31
景颇族	174	67	107	79	35	44	70	36	34
柯尔克孜族				1	1		3	1	2
土　族	790	458	332	466	233	233	316	153	163
达斡尔族	9	4	5	6	2	4	6	3	3
仫佬族	3877	2093	1784	2308	1208	1100	1778	892	886
羌　族	99	61	38	90	52	38	103	57	46
布朗族	26	6	20	15	4	11	11	5	6
撒拉族	17	10	7	6	3	3	2	1	1
毛南族	386	175	211	322	158	164	302	140	162
仡佬族	20635	10982	9653	14505	7688	6817	12988	6436	6552
锡伯族	35	19	16	36	17	19	39	24	15
阿昌族	7	3	4	4	1	3	2	1	1
普米族	5	3	2				3	2	1
塔吉克族				1	1				
怒　族	7	3	4	4	1	3	1		1
乌孜别克族									
俄罗斯族	7	3	4	1		1	6	3	3
鄂温克族							1	1	
德昂族	2	1	1	2	1	1			
保安族	2	2		1	1				
裕固族				1	1				
京　族	82	38	44	65	29	36	56	26	30
塔塔尔族	1		1						
独龙族	7	4	3	6	4	2	2	1	1
鄂伦春族	4	2	2				2		2
赫哲族									
门巴族	1		1	1	1		3	1	2
珞巴族	8	4	4	2		2	3	2	1
基诺族	11	3	8	3	1	2	2		2
未定族称人口	29244	15833	13411	15384	8140	7244	10744	5180	5564
入　籍	476	234	242	263	145	118	255	122	133

2-3a　续表 3　　　　单位：人

民　族	大学本科			硕士研究生			博士研究生		
	小计	男	女	小计	男	女	小计	男	女
总　计	**1136731**	**565935**	**570796**	**70609**	**34088**	**36521**	**7548**	**4582**	**2966**
汉　族	807080	405536	401544	53429	26187	27242	5985	3651	2334
蒙古族	2301	1142	1159	206	102	104	25	17	8
回　族	9281	4305	4976	579	268	311	60	33	27
藏　族	231	109	122	23	10	13	1		1
维吾尔族	56	32	24	4	1	3	2	2	
苗　族	88705	43779	44926	4163	1980	2183	319	208	111
彝　族	21023	9849	11174	1007	452	555	95	52	43
壮　族	3461	1649	1812	245	100	145	41	15	26
布依族	53138	24112	29026	2452	977	1475	202	110	92
朝鲜族	127	64	63	22	12	10	9	4	5
满　族	3612	1837	1775	422	195	227	48	24	24
侗　族	42968	21372	21596	2246	1039	1207	192	125	67
瑶　族	1053	502	551	74	34	40	16	7	9
白　族	8222	3844	4378	475	212	263	41	21	20
土家族	50292	25627	24665	2991	1446	1545	304	196	108
哈尼族	106	47	59	5	1	4	2	1	1
哈萨克族	6	1	5	1		1			
傣　族	104	46	58	10	5	5	1	1	
黎　族	3644	1808	1836	180	83	97	16	9	7
傈僳族	41	12	29	1		1			
佤　族	12	9	3	1	1				
畲　族	788	359	429	30	12	18	3	2	1
高山族	14	8	6	1		1			
拉祜族	14	7	7						
水　族	6342	3035	3307	253	113	140	18	12	6
东乡族	34	16	18	3	2	1			
纳西族	60	28	32	7	2	5	2	1	1
景颇族	54	24	30	2	1	1			
柯尔克孜族									
土　族	352	173	179	17	9	8	5	2	3
达斡尔族	13	5	8						
仫佬族	2047	1034	1013	134	63	71	8	3	5
羌　族	170	81	89	7	5	2	2	1	1
布朗族	9	5	4	1		1			
撒拉族	6	4	2						
毛南族	479	185	294	29	6	23	2		2
仡佬族	17983	9086	8897	1072	514	558	103	50	53
锡伯族	54	31	23	4	1	3	3	1	2
阿昌族	4	1	3						
普米族	7	3	4						
塔吉克族									
怒　族	3	2	1	1	1				
乌孜别克族									
俄罗斯族	3	2	1						
鄂温克族	1	1							
德昂族	1		1						
保安族	1	1							
裕固族									
京　族	96	50	46	8	5	3			
塔塔尔族									
独龙族	2	1	1						
鄂伦春族	1		1						
赫哲族	2	1	1						
门巴族									
珞巴族	7	3	4						
基诺族	1	1							
未定族称人口	12440	5982	6458	493	242	251	43	34	9
入　籍	280	124	156	11	7	4			

2-3b 全省各民族分性别、受教育程度的3岁及以上人口(镇)

单位：人

民 族	3岁及以上人口			未上过学		
	合计	男	女	小计	男	女
总 计	**9897130**	**4968829**	**4928301**	**603033**	**165298**	**437735**
汉 族	6091440	3066295	3025145	375842	105862	269980
蒙古族	14582	7665	6917	609	246	363
回 族	52659	26768	25891	4538	1564	2974
藏 族	827	418	409	40	13	27
维吾尔族	279	154	125	7	2	5
苗 族	1043941	521987	521954	70029	18454	51575
彝 族	188393	92830	95563	12976	3983	8993
壮 族	18659	8353	10306	663	202	461
布依族	701209	345309	355900	47852	10892	36960
朝鲜族	147	77	70	5	1	4
满 族	4695	2433	2262	167	59	108
侗 族	510425	257733	252692	23749	5942	17807
瑶 族	9726	4885	4841	354	124	230
白 族	55226	28627	26599	2884	981	1903
土家族	589938	294225	295713	22851	6159	16692
哈尼族	628	210	418	21	7	14
哈萨克族	10	5	5			
傣 族	555	206	349	12	2	10
黎 族	45504	23112	22392	2617	575	2042
傈僳族	233	80	153	10	3	7
佤 族	234	96	138	6	4	2
畲 族	8642	4224	4418	321	83	238
高山族	76	42	34			
拉祜族	149	35	114	8	2	6
水 族	110998	56694	54304	6556	1661	4895
东乡族	92	43	49	4	3	1
纳西族	76	26	50	6	1	5
景颇族	112	45	67	3	1	2
柯尔克孜族	5	3	2			
土 族	2006	1087	919	38	13	25
达斡尔族	14	8	6			
仫佬族	9211	4494	4717	404	136	268
羌 族	836	446	390	24	8	16
布朗族	60	18	42	1		1
撒拉族	48	25	23			
毛南族	8153	4120	4033	368	109	259
仡佬族	197101	98403	98698	8239	2162	6077
锡伯族	25	11	14	2		2
阿昌族	16	6	10	1		1
普米族	20	12	8			
塔吉克族	4	3	1			
怒 族	18	6	12			
乌孜别克族	3	3				
俄罗斯族	7	7				
鄂温克族	2		2			
德昂族	14	6	8			
保安族	3	2	1			
裕固族	2	1	1			
京 族	480	260	220	30	7	23
塔塔尔族	4		4			
独龙族	7	4	3			
鄂伦春族	13	7	6	1		1
赫哲族	3	2	1	1		1
门巴族						
珞巴族	12	6	6			
基诺族	6	4	2	1	1	
未定族称人口	227692	116324	111368	21695	6007	15688
入 籍	1910	984	926	98	29	69

2-3b 续表 1 单位：人

民 族	学前教育			小 学		
	小计	男	女	小计	男	女
总 计	**521961**	**278603**	**243358**	**3056895**	**1471914**	**1584981**
汉 族	277733	147411	130322	1889605	912761	976844
蒙古族	1052	560	492	4005	2069	1936
回 族	3000	1600	1400	14193	7176	7017
藏 族	48	25	23	188	102	86
维吾尔族	19	13	6	61	35	26
苗 族	67072	36008	31064	333508	160679	172829
彝 族	12881	6886	5995	61172	30056	31116
壮 族	1238	677	561	4960	2172	2788
布依族	46159	24933	21226	225484	107730	117754
朝鲜族	11	6	5	25	14	11
满 族	330	174	156	1119	553	566
侗 族	30672	16467	14205	146930	68587	78343
瑶 族	650	344	306	2861	1390	1471
白 族	4038	2182	1856	15895	8173	7722
土家族	36718	19644	17074	162044	74453	87591
哈尼族	55	32	23	197	64	133
哈萨克族				1		1
傣 族	47	18	29	138	63	75
黎 族	3324	1848	1476	14411	7168	7243
傈僳族	17	8	9	69	19	50
佤 族	17	9	8	78	33	45
畲 族	559	311	248	2811	1291	1520
高山族	5	2	3	18	10	8
拉祜族	13	6	7	50	14	36
水 族	7578	4137	3441	38519	18822	19697
东乡族	5	3	2	18	3	15
纳西族	7	3	4	13	7	6
景颇族	10	3	7	31	15	16
柯尔克孜族	1	1		1		1
土 族	110	58	52	571	297	274
达斡尔族				3	1	2
仫佬族	602	315	287	2514	1136	1378
羌 族	55	28	27	226	117	109
布朗族	3	2	1	17	6	11
撒拉族	3	3		26	9	17
毛南族	678	367	311	2600	1322	1278
仡佬族	13080	6902	6178	57415	26619	30796
锡伯族				1		1
阿昌族	1	1		3	1	2
普米族	2	2		2	2	
塔吉克族				1		1
怒 族	1	1		4	1	3
乌孜别克族	1	1				
俄罗斯族				2	2	
鄂温克族						
德昂族	1	1		1		1
保安族	1	1				
裕固族						
京 族	23	9	14	113	73	40
塔塔尔族				3		3
独龙族				3	1	2
鄂伦春族				4	3	1
赫哲族				1	1	
门巴族						
珞巴族				2	2	
基诺族				2	1	1
未定族称人口	14011	7527	6484	74380	38559	35821
入 籍	130	74	56	596	302	294

2-3b　续表 2　　　　单位：人

民　族	初　中			高　中			大学专科		
	小计	男	女	小计	男	女	小计	男	女
总　计	**3238651**	**1747228**	**1491423**	**1240662**	**660228**	**580434**	**636853**	**340860**	**295993**
汉　族	2126345	1153276	973069	736792	393420	343372	362909	192614	170295
蒙古族	4083	2269	1814	2316	1222	1094	1127	623	504
回　族	13545	7619	5926	7986	3923	4063	4571	2412	2159
藏　族	215	115	100	181	86	95	85	40	45
维吾尔族	103	57	46	63	34	29	17	12	5
苗　族	298588	159685	138903	133950	70849	63101	69793	38518	31275
彝　族	50157	26551	23606	25478	12549	12929	12529	6485	6044
壮　族	5929	2434	3495	2546	1230	1316	1811	924	887
布依族	205674	112078	93596	82091	42502	39589	47590	25025	22565
朝鲜族	31	17	14	31	15	16	28	16	12
满　族	1146	632	514	774	408	366	525	294	231
侗　族	155832	82167	73665	69501	38845	30656	41399	23176	18223
瑶　族	2871	1429	1442	1399	759	640	829	454	375
白　族	15545	8606	6939	7812	4084	3728	4068	2143	1925
土家族	185746	96168	89578	89082	47585	41497	48877	26040	22837
哈尼族	213	49	164	72	27	45	37	18	19
哈萨克族	3		3	1	1		4	3	1
傣　族	192	59	133	77	23	54	50	24	26
黎　族	12546	6824	5722	5843	3045	2798	3262	1782	1480
傈僳族	69	15	54	30	17	13	24	13	11
佤　族	78	26	52	30	14	16	14	7	7
畲　族	2402	1246	1156	1293	661	632	581	299	282
高山族	18	9	9	9	6	3	15	6	9
拉祜族	52	6	46	13	2	11	10	4	6
水　族	29360	16534	12826	14862	7909	6953	6656	3679	2977
东乡族	26	14	12	18	10	8	13	7	6
纳西族	23	8	15	6	1	5	6	2	4
景颇族	31	12	19	18	9	9	10	2	8
柯尔克孜族	1	1					2	1	1
土　族	655	358	297	231	140	91	212	117	95
达斡尔族	3	1	2				3	2	1
仫佬族	2606	1255	1351	1275	692	583	832	436	396
羌　族	249	147	102	121	69	52	74	36	38
布朗族	24	5	19	4	2	2	4	2	2
撒拉族	12	7	5	6	5	1	1	1	
毛南族	2424	1322	1102	759	400	359	591	303	288
仡佬族	57401	29724	27677	27938	15278	12660	15328	8326	7002
锡伯族	5	2	3	5	3	2	4	3	1
阿昌族	8	4	4				2		2
普米族	8	5	3	5	1	4	1	1	
塔吉克族	1	1		2	2				
怒　族	7	2	5	3	2	1	3		3
乌孜别克族				1	1				
俄罗斯族	1	1		2	2		1	1	
鄂温克族	1		1						
德昂族	6	2	4	2	1	1	1		1
保安族				1		1	1	1	
裕固族	1	1		1		1			
京　族	139	71	68	78	44	34	51	28	23
塔塔尔族									
独龙族	2	1	1	2	2				
鄂伦春族	2	1	1	4	2	2			
赫哲族				1	1				
门巴族									
珞巴族	4	1	3	4	1	3	1	1	
基诺族	2	1	1						
未定族称人口	63787	36152	27635	27745	14248	13497	12694	6860	5834
入　籍	479	258	221	198	96	102	207	119	88

2－3b 续表 3

单位：人

民族	大学本科			硕士研究生			博士研究生		
	小计	男	女	小计	男	女	小计	男	女
总　计	**586310**	**299079**	**287231**	**11636**	**4923**	**6713**	**1129**	**696**	**433**
汉　族	313359	157120	156239	8004	3303	4701	851	528	323
蒙古族	1355	660	695	30	13	17	5	3	2
回　族	4754	2442	2312	63	28	35	9	4	5
藏　族	67	35	32	2	1	1	1	1	
维吾尔族	9	1	8						
苗　族	70070	37345	32725	867	409	458	64	40	24
彝　族	12982	6230	6752	208	86	122	10	4	6
壮　族	1463	689	774	45	23	22	4	2	2
布依族	45742	21898	23844	575	227	348	42	24	18
朝鲜族	12	5	7	4	3	1			
满　族	574	286	288	58	26	32	2	1	1
侗　族	41876	22319	19557	431	206	225	35	24	11
瑶　族	750	377	373	7	5	2	5	3	2
白　族	4875	2411	2464	104	43	61	5	4	1
土家族	43980	23897	20083	578	245	333	62	34	28
哈尼族	32	13	19	1		1			
哈萨克族				1	1				
傣　族	38	16	22				1	1	
黎　族	3447	1843	1604	50	23	27	4	4	
傈僳族	13	4	9				1	1	
佤　族	10	2	8				1	1	
畲　族	668	331	337	7	2	5			
高山族	11	9	2						
拉祜族	3	1	2						
水　族	7382	3913	3469	84	38	46	1	1	
东乡族	8	3	5						
纳西族	15	4	11						
景颇族	9	3	6						
柯尔克孜族									
土　族	186	103	83	2		2	1	1	
达斡尔族	5	4	1						
仫佬族	955	519	436	20	5	15	3		3
羌　族	81	39	42	5	1	4	1	1	
布朗族	7	1	6						
撒拉族									
毛南族	725	292	433	7	5	2	1		1
仡佬族	17415	9251	8164	275	134	141	10	7	3
锡伯族	8	3	5						
阿昌族	1		1						
普米族	2	1	1						
塔吉克族									
怒　族									
乌孜别克族	1	1							
俄罗斯族	1	1							
鄂温克族	1		1						
德昂族	3	2	1						
保安族									
裕固族									
京　族	45	27	18	1	1				
塔塔尔族	1		1						
独龙族									
鄂伦春族	1	1					1		1
赫哲族									
门巴族									
珞巴族	1	1							
基诺族	1	1							
未定族称人口	13170	6871	6299	201	93	108	9	7	2
入　籍	196	104	92	6	2	4			

2–3c　全省各民族分性别、受教育程度的3岁及以上人口(乡村)

单位：人

民　族	3岁及以上人口			未上过学		
	合计	男	女	小计	男	女
总　计	**17239617**	**8961434**	**8278183**	**2080513**	**542931**	**1537582**
汉　族	9986821	5206136	4780685	1123328	299477	823851
蒙古族	19308	11044	8264	1694	692	1002
回　族	92748	47897	44851	16673	6471	10202
藏　族	829	380	449	79	20	59
维吾尔族	102	57	45	3	2	1
苗　族	2521561	1290934	1230627	381924	99468	282456
彝　族	543986	279867	264119	68339	19599	48740
壮　族	26962	12369	14593	4216	1156	3060
布依族	1459569	749241	710328	187887	42297	145590
朝鲜族	122	76	46	8	2	6
满　族	6798	3718	3080	637	194	443
侗　族	823414	435839	387575	90289	21953	68336
瑶　族	27747	14177	13570	4919	1374	3545
白　族	91585	49707	41878	8034	2603	5431
土家族	734266	381112	353154	82512	19322	63190
哈尼族	855	276	579	44	15	29
哈萨克族	4	1	3			
傣　族	564	180	384	17	3	14
黎　族	68542	36161	32381	7742	1747	5995
傈僳族	358	110	248	32	7	25
佤　族	369	114	255	30	12	18
畲　族	25156	13346	11810	2351	562	1789
高山族	81	63	18	3		3
拉祜族	251	59	192	22	4	18
水　族	208056	108686	99370	25112	5888	19224
东乡族	769	414	355	36	8	28
纳西族	89	27	62	4		4
景颇族	95	32	63	6	2	4
柯尔克孜族	8	4	4	1		1
土　族	1939	1012	927	122	33	89
达斡尔族	11	4	7	1	1	
仫佬族	19637	10486	9151	2029	541	1488
羌　族	468	262	206	30	7	23
布朗族	102	36	66	5	4	1
撒拉族	18	10	8	2	1	1
毛南族	18150	9347	8803	1645	347	1298
仡佬族	230694	124290	106404	21799	5631	16168
锡伯族	10	4	6			
阿昌族	33	12	21	3	1	2
普米族	27	11	16	1	1	
塔吉克族	2	2		1	1	
怒　族	27	11	16	3	2	1
乌孜别克族	6	4	2	1		1
俄罗斯族	6	2	4			
鄂温克族	2		2			
德昂族	14	6	8	1		1
保安族						
裕固族	1		1			
京　族	522	306	216	51	15	36
塔塔尔族	5		5			
独龙族	62	42	20	8	2	6
鄂伦春族	7	5	2	1		1
赫哲族	1		1			
门巴族	1		1			
珞巴族	67	37	30	8	2	6
基诺族	36	18	18	4		4
未定族称人口	324986	172643	152343	48636	13394	35242
入　籍	1768	857	911	220	70	150

2-3c 续表 1

单位：人

民族	学前教育			小学		
	小计	男	女	小计	男	女
总计	**804048**	**425144**	**378904**	**7216966**	**3685862**	**3531104**
汉族	411931	217320	194611	4150714	2106875	2043839
蒙古族	1191	652	539	7551	4261	3290
回族	4359	2235	2124	34220	17833	16387
藏族	37	18	19	283	128	155
维吾尔族	1	1		19	10	9
苗族	141623	74977	66646	1091394	565463	525931
彝族	30319	15948	14371	236581	121138	115443
壮族	1695	894	801	10135	5197	4938
布依族	79958	42336	37622	627435	320000	307435
朝鲜族	5	3	2	43	24	19
满族	355	180	175	2869	1528	1341
侗族	41615	22246	19369	337003	172096	164907
瑶族	1492	788	704	12716	6924	5792
白族	6136	3223	2913	35767	18828	16939
土家族	35169	18477	16692	285682	143779	141903
哈尼族	72	44	28	309	113	196
哈萨克族				2		2
傣族	45	20	25	201	81	120
黎族	4488	2392	2096	28593	15067	13526
傈僳族	36	17	19	127	34	93
佤族	38	22	16	142	46	96
畲族	1349	730	619	12592	6537	6055
高山族	4	3	1	11	5	6
拉祜族	17	12	5	97	30	67
水族	11831	6507	5324	94066	48246	45820
东乡族	39	24	15	372	169	203
纳西族	9	3	6	21	8	13
景颇族	10	6	4	26	9	17
柯尔克孜族	1	1		5	3	2
土族	98	55	43	768	369	399
达斡尔族	2		2	2	1	1
仫佬族	940	531	409	8483	4389	4094
羌族	35	19	16	192	109	83
布朗族	12	6	6	46	16	30
撒拉族	1	1		7	2	5
毛南族	1047	522	525	7870	3938	3932
仡佬族	11197	5917	5280	95254	48711	46543
锡伯族				3	2	1
阿昌族	3	2	1	16	5	11
普米族				12	4	8
塔吉克族						
怒族	4	2	2	11	6	5
乌孜别克族				3	2	1
俄罗斯族				2		2
鄂温克族				1		1
德昂族	1	1		11	4	7
保安族						
裕固族				1		1
京族	39	20	19	236	135	101
塔塔尔族				5		5
独龙族	3	2	1	24	16	8
鄂伦春族	1		1	4	4	
赫哲族						
门巴族						
珞巴族	3	1	2	23	11	12
基诺族	3	3		13	6	7
未定族称人口	16755	8943	7812	134328	73361	60967
入籍	79	40	39	675	339	336

2-3c 续表 2

单位：人

民 族	初 中			高 中			大学专科		
	小计	男	女	小计	男	女	小计	男	女
总 计	**5544225**	**3385893**	**2158332**	**929770**	**559238**	**370532**	**405437**	**222791**	**182646**
汉 族	3380944	2052719	1328225	543810	325578	218232	229352	124557	104795
蒙古族	6413	4026	2387	1286	771	515	656	365	291
回 族	25360	14812	10548	5632	3173	2459	3774	1971	1803
藏 族	253	113	140	109	67	42	49	23	26
维吾尔族	23	14	9	41	24	17	10	3	7
苗 族	709451	433903	275548	115908	70982	44926	50731	29119	21612
彝 族	161037	96433	64604	26547	15372	11175	13106	7141	5965
壮 族	7974	3493	4481	1682	935	747	867	476	391
布依族	442225	275712	166513	72413	42952	29461	30523	16635	13888
朝鲜族	42	28	14	11	6	5	4	4	
满 族	1990	1260	730	435	256	179	281	181	100
侗 族	265977	166047	99930	49152	31570	17582	23896	13713	10183
瑶 族	6606	3972	2634	1183	677	506	538	299	239
白 族	30095	18461	11634	5838	3517	2321	3315	1813	1502
土家族	236094	145072	91022	55282	32715	22567	24372	13184	11188
哈尼族	351	82	269	44	12	32	23	5	18
哈萨克族	2	1	1						
傣 族	226	53	173	43	12	31	21	8	13
黎 族	21196	13222	7974	3475	2114	1361	1778	940	838
傈僳族	123	36	87	27	11	16	10	4	6
佤 族	135	22	113	17	9	8	6	3	3
畲 族	6972	4391	2581	1159	751	408	453	240	213
高山族	13	6	7	47	46	1			
拉祜族	102	9	93	8	2	6	4	1	3
水 族	58824	37043	21781	10224	6587	3637	4820	2739	2081
东乡族	269	184	85	36	20	16	14	6	8
纳西族	34	7	27	7	1	6	9	6	3
景颇族	44	13	31	6	1	5	1		1
柯尔克孜族	1		1						
土 族	676	393	283	145	91	54	91	45	46
达斡尔族	4	1	3	1		1			
仫佬族	6098	3788	2310	1185	738	447	546	311	235
羌 族	131	79	52	36	27	9	23	12	11
布朗族	29	8	21	6	1	5	3		3
撒拉族	6	4	2	1	1		1	1	
毛南族	5544	3463	2081	1263	699	564	446	234	212
仡佬族	73086	46738	26348	15684	9634	6050	7652	4305	3347
锡伯族	2		2	4	2	2	1		1
阿昌族	7		7				1	1	
普米族	13	6	7	1		1			
塔吉克族							1	1	
怒 族	9	1	8						
乌孜别克族	2	2							
俄罗斯族	2	1	1	1		1	1	1	
鄂温克族	1		1						
德昂族	1	1							
保安族									
裕固族									
京 族	146	106	40	34	20	14	12	7	5
塔塔尔族									
独龙族	24	20	4	1	1		2	1	1
鄂伦春族	1	1							
赫哲族	1		1						
门巴族	1		1						
珞巴族	19	12	7	3	3		8	6	2
基诺族	11	7	4	4	2	2	1		1
未定族称人口	95108	59849	35259	16863	9793	7070	7926	4383	3543
入 籍	527	279	248	116	65	51	109	47	62

2−3c 续表 3

单位：人

民族	大学本科			硕士研究生			博士研究生		
	小计	男	女	小计	男	女	小计	男	女
总 计	**253896**	**137222**	**116674**	**4306**	**2076**	**2230**	**456**	**277**	**179**
汉 族	143680	78097	65583	2753	1324	1429	309	189	120
蒙古族	508	273	235	6	3	3	3	1	2
回 族	2698	1380	1318	29	19	10	3	3	
藏 族	17	10	7	2	1	1			
维吾尔族	4	3	1	1		1			
苗 族	30098	16787	13311	394	210	184	38	25	13
彝 族	7926	4180	3746	118	52	66	13	4	9
壮 族	384	215	169	9	3	6			
布依族	18845	9185	9660	263	114	149	20	10	10
朝鲜族	8	8		1	1				
满 族	214	115	99	16	4	12	1		1
侗 族	15254	8108	7146	210	95	115	18	11	7
瑶 族	288	140	148	5	3	2			
白 族	2359	1243	1116	32	12	20	9	7	2
土家族	14883	8422	6461	244	121	123	28	20	8
哈尼族	12	5	7						
哈萨克族									
傣 族	10	3	7	1		1			
黎 族	1254	673	581	16	6	10			
傈僳族	3	1	2						
佤 族	1		1						
畲 族	276	134	142	2		2	2	1	1
高山族	3	3							
拉祜族	1	1							
水 族	3141	1658	1483	37	18	19	1		1
东乡族	3	3							
纳西族	5	2	3						
景颇族	2	1	1						
柯尔克孜族									
土 族	39	26	13						
达斡尔族	1	1							
仫佬族	350	183	167	6	5	1			
羌 族	21	9	12						
布朗族	1	1							
撒拉族									
毛南族	332	144	188	2		2	1		1
仡佬族	5918	3297	2621	99	54	45	5	3	2
锡伯族									
阿昌族	3	3							
普米族									
塔吉克族									
怒 族									
乌孜别克族									
俄罗斯族									
鄂温克族									
德昂族									
保安族									
裕固族									
京 族	4	3	1						
塔塔尔族									
独龙族									
鄂伦春族									
赫哲族									
门巴族									
珞巴族	2	1	1	1	1				
基诺族									
未定族称人口	5306	2887	2419	59	30	29	5	3	2
入 籍	42	17	25						

2-4　全省各民族按户口登记地、性别分的户口登记地在外乡镇街道的人口

单位：人

民　族	户口登记地					
	合　计			省　内		
	合计	男	女	小计	男	女
总　计	**11694763**	**5828497**	**5866266**	**10548217**	**5172043**	**5376174**
汉　族	8082370	4063024	4019346	7026990	3450316	3576674
蒙古族	16784	8769	8015	15363	7930	7433
回　族	54796	26604	28192	50920	24565	26355
藏　族	1485	735	750	720	352	368
维吾尔族	674	414	260	68	33	35
苗　族	1070861	519222	551639	1053692	511361	542331
彝　族	245651	118336	127315	238027	114945	123082
壮　族	27461	12623	14838	15488	7174	8314
布依族	587488	277012	310476	581541	274305	307236
朝鲜族	474	244	230	237	114	123
满　族	10597	5416	5181	8090	3944	4146
侗　族	462109	232036	230073	453237	227896	225341
瑶　族	12102	5803	6299	9594	4632	4962
白　族	66279	32959	33320	64492	32158	32334
土家族	512378	255444	256934	494279	245741	248538
哈尼族	1304	461	843	491	186	305
哈萨克族	26	10	16	9	4	5
傣　族	1137	393	744	475	191	284
黎　族	39060	19199	19861	38436	18970	19466
傈僳族	480	165	315	176	77	99
佤　族	378	120	258	144	60	84
畲　族	8924	4376	4548	8177	3925	4252
高山族	121	92	29	64	40	24
拉祜族	299	77	222	73	32	41
水　族	85843	42813	43030	85094	42492	42602
东乡族	270	127	143	222	99	123
纳西族	238	100	138	111	56	55
景颇族	371	168	203	273	138	135
柯尔克孜族	7	3	4	4	3	1
土　族	2525	1270	1255	2328	1163	1165
达斡尔族	49	28	21	14	10	4
仫佬族	15951	8008	7943	15658	7384	7774
羌　族	745	405	340	508	275	233
布朗族	127	32	95	75	25	50
撒拉族	95	50	45	8	7	1
毛南族	6307	2935	3372	6111	2829	3282
仡佬族	174963	87473	87490	173889	86981	86908
锡伯族	134	73	61	72	40	32
阿昌族	41	14	27	16	5	11
普米族	27	14	13	13	6	7
塔吉克族	7	6	1	7	6	1
怒　族	27	10	17	18	9	9
乌孜别克族	2	2		2	2	
俄罗斯族	14	6	8	11	5	6
鄂温克族	5	2	3	1		1
德昂族	17	8	9	12	5	7
保安族	7	6	1	2	2	
裕固族	2	1	1	2	1	1
京　族	443	211	232	426	202	224
塔塔尔族	3	1	2	3	1	2
独龙族	31	15	16	31	15	16
鄂伦春族	7	2	5	5	2	3
赫哲族	7	3	4	4	2	2
门巴族	6	2	4	2	1	1
珞巴族	28	16	12	25	14	11
基诺族	29	11	18	11	3	8
未定族称人口	200333	99725	100608	199633	99394	100239
入　籍	2864	1423	1441	2843	1415	1428

2-4 续表

单位：人

民 族	户口登记地					
	省 内			省 外		
	其中市辖区内人户分离					
	小计	男	女	小计	男	女
总 计	**2104710**	**1012462**	**1092248**	**1146546**	**656454**	**490092**
汉 族	1783753	857984	925769	1055380	612708	442672
蒙古族	2223	1135	1088	1421	839	582
回 族	9983	4854	5129	3876	2039	1837
藏 族	140	67	73	765	383	382
维吾尔族	23	12	11	606	381	225
苗 族	79633	37031	42602	17169	7861	9308
彝 族	33057	15896	17161	7624	3391	4233
壮 族	2790	1366	1424	11973	5449	6524
布依族	59410	27382	32028	5947	2707	3240
朝鲜族	105	40	65	237	130	107
满 族	3408	1674	1734	2507	1472	1035
侗 族	44827	23010	21817	8872	4140	4732
瑶 族	888	458	430	2508	1171	1337
白 族	10085	4769	5316	1787	801	986
土家族	41085	20678	20407	18099	9703	8396
哈尼族	125	52	73	813	275	538
哈萨克族	2	1	1	17	6	11
傣 族	132	62	70	662	202	460
黎 族	2455	1176	1279	624	229	395
傈僳族	30	13	17	304	88	216
佤 族	28	10	18	234	60	174
畲 族	192	97	95	747	451	296
高山族	12	9	3	57	52	5
拉祜族	15	9	6	226	45	181
水 族	1517	733	784	749	321	428
东乡族	15	7	8	48	28	20
纳西族	47	22	25	127	44	83
景颇族	24	14	10	98	30	68
柯尔克孜族				3		3
土 族	308	172	136	197	107	90
达斡尔族	7	4	3	35	18	17
仫佬族	1301	606	695	293	124	169
羌 族	120	71	49	237	130	107
布朗族	14	3	11	52	7	45
撒拉族	1	1		87	43	44
毛南族	107	36	71	196	106	90
仡佬族	14166	6847	7319	1074	492	582
锡伯族	53	29	24	62	33	29
阿昌族	1		1	25	9	16
普米族	1		1	14	8	6
塔吉克族						
怒 族	3	2	1	9	1	8
乌孜别克族						
俄罗斯族	4	3	1	3	1	2
鄂温克族				4	2	2
德昂族	3	1	2	5	3	2
保安族				5	4	1
裕固族						
京 族	109	50	59	17	9	8
塔塔尔族	2	1	1			
独龙族	18	11	7			
鄂伦春族	1		1	2		2
赫哲族	1	1		3	1	2
门巴族	1		1	4	1	3
珞巴族	3		3	3	2	1
基诺族	4		4	18	8	10
未定族称人口	12301	5989	6312	700	331	369
入 籍	177	74	103	21	8	13

2-4a 全省各民族按户口登记地、性别分的户口登记地在外乡镇街道的人口(城市)

单位：人

民 族	户口登记地					
	合 计			省 内		
	合计	男	女	小计	男	女
总 计	**6179364**	**3111466**	**3067898**	**5507862**	**2728720**	**2779142**
汉 族	4664008	2359297	2304711	4031034	1995704	2035330
蒙古族	8817	4648	4169	7906	4112	3794
回 族	28534	13803	14731	26513	12724	13789
藏 族	815	391	424	392	192	200
维吾尔族	400	252	148	41	22	19
苗 族	468062	232552	235510	461534	229442	232092
彝 族	122401	59973	62428	119262	58557	60705
壮 族	11530	5429	6101	6827	3201	3626
布依族	248218	118210	130008	246461	117483	128978
朝鲜族	367	179	188	183	81	102
满 族	7195	3664	3531	5438	2682	2756
侗 族	153433	77704	75729	150697	76368	74329
瑶 族	4629	2303	2326	3642	1786	1856
白 族	36269	18118	18151	35312	17673	17639
土家族	202361	102321	100040	193608	97527	96081
哈尼族	643	263	380	283	113	170
哈萨克族	18	6	12	6	2	4
傣 族	592	221	371	298	129	169
黎 族	16274	8158	8116	15975	8047	7928
傈僳族	232	96	136	108	48	60
佤 族	128	45	83	66	28	38
畲 族	4194	2097	2097	3837	1886	1951
高山族	36	22	14	33	22	11
拉祜族	110	47	63	39	23	16
水 族	24003	11749	12254	23773	11648	12125
东乡族	193	90	103	158	68	90
纳西族	162	77	85	93	48	45
景颇族	276	133	143	233	120	113
柯尔克孜族	5	2	3	3	2	1
土 族	1446	725	721	1347	670	677
达斡尔族	35	19	16	12	8	4
仫佬族	10160	5200	4960	10002	5134	4868
羌 族	447	253	194	308	175	133
布朗族	74	20	54	48	15	33
撒拉族	54	26	28	3	2	1
毛南族	1412	627	785	1359	596	763
仡佬族	68959	35325	33634	68552	35140	33412
锡伯族	116	65	51	65	37	28
阿昌族	21	6	15	6	2	4
普米族	10	7	3	2	1	1
塔吉克族	1	1		1	1	
怒 族	12	4	8	8	4	4
乌孜别克族						
俄罗斯族	12	4	8	9	3	6
鄂温克族	2	2				
德昂族	7	3	4	7	3	4
保安族	6	5	1	1	1	
裕固族	1	1		1	1	
京 族	237	107	130	227	102	125
塔塔尔族	2	1	1	2	1	1
独龙族	27	13	14	27	13	14
鄂伦春族	5	2	3	5	2	3
赫哲族	4	2	2	1	1	
门巴族	5	2	3	2	1	1
珞巴族	18	9	9	16	8	8
基诺族	16	4	12	10	2	8
未定族称人口	90885	46437	44448	90617	46320	44297
入 籍	1485	746	739	1469	739	730

2－4a 续表

单位：人

民族	户口登记地					
	省内			省外		
	其中市辖区内人户分离					
	小计	男	女	小计	男	女
总计	**1914286**	**926461**	**987825**	**671502**	**382746**	**288756**
汉族	1629379	787535	841844	632974	363593	269381
蒙古族	2088	1077	1011	911	536	375
回族	8042	3891	4151	2021	1079	942
藏族	128	63	65	423	199	224
维吾尔族	22	11	11	359	230	129
苗族	67117	32225	34892	6528	3110	3418
彝族	29372	14245	15127	3139	1416	1723
壮族	2702	1320	1382	4703	2228	2475
布依族	51197	23890	27307	1757	727	1030
朝鲜族	102	39	63	184	98	86
满族	3331	1641	1690	1757	982	775
侗族	40553	20900	19653	2736	1336	1400
瑶族	841	435	406	987	517	470
白族	9361	4451	4910	957	445	512
土家族	39168	19717	19451	8753	4794	3959
哈尼族	116	50	66	360	150	210
哈萨克族	2	1	1	12	4	8
傣族	128	59	69	294	92	202
黎族	2274	1087	1187	299	111	188
傈僳族	30	13	17	124	48	76
佤族	25	10	15	62	17	45
畲族	188	95	93	357	211	146
高山族	12	9	3	3		3
拉祜族	13	9	4	71	24	47
水族	1409	688	721	230	101	129
东乡族	15	7	8	35	22	13
纳西族	46	21	25	69	29	40
景颇族	23	13	10	43	13	30
柯尔克孜族				2		2
土族	294	167	127	99	55	44
达斡尔族	7	4	3	23	11	12
仫佬族	1197	559	638	158	66	92
羌族	114	69	45	139	78	61
布朗族	13	3	10	26	5	21
撒拉族	1	1		51	24	27
毛南族	105	35	70	53	31	22
仡佬族	13306	6458	6848	407	185	222
锡伯族	53	29	24	51	28	23
阿昌族	1		1	15	4	11
普米族	1		1	8	6	2
塔吉克族						
怒族	3	2	1	4		4
乌孜别克族						
俄罗斯族	4	3	1	3	1	2
鄂温克族				2	2	
德昂族	3	1	2			
保安族				5	4	1
裕固族						
京族	100	47	53	10	5	5
塔塔尔族	2	1	1			
独龙族	18	11	7			
鄂伦春族	1		1			
赫哲族	1	1		3	1	2
门巴族	1		1	3	1	2
珞巴族	3		3	2	1	1
基诺族	4		4	6	2	4
未定族称人口	11224	5508	5716	268	117	151
入籍	146	60	86	16	7	9

2-4b 全省各民族按户口登记地、性别分的户口登记地在外乡镇街道的人口(镇)

单位：人

民 族	户口登记地					
	合 计			省 内		
	合计	男	女	小计	男	女
总 计	**3849786**	**1895151**	**1954635**	**3574517**	**1740811**	**1833706**
汉 族	2325816	1151124	1174692	2077997	1009750	1068247
蒙古族	6126	3152	2974	5813	2968	2845
回 族	19440	9482	9958	18377	8918	9459
藏 族	366	186	180	235	121	114
维吾尔族	196	112	84	17	4	13
苗 族	417811	203373	214438	412651	200995	211656
彝 族	83008	39722	43286	81346	39023	42323
壮 族	10379	4712	5667	6710	3057	3653
布依族	236430	112122	124308	234613	111302	123311
朝鲜族	68	37	31	27	15	12
满 族	2350	1165	1185	1929	916	1013
侗 族	229005	114523	114482	225220	112743	112477
瑶 族	4380	2100	2280	3680	1795	1885
白 族	21846	10862	10984	21453	10677	10776
土家族	241222	118607	122615	235420	115632	119788
哈尼族	368	122	246	167	60	107
哈萨克族	5	3	2	3	2	1
傣 族	306	107	199	137	50	87
黎 族	17714	8653	9061	17560	8599	8961
傈僳族	117	36	81	52	25	27
佤 族	116	40	76	57	23	34
畲 族	3473	1746	1727	3242	1604	1638
高山族	23	13	10	21	12	9
拉祜族	85	16	69	28	8	20
水 族	47401	24033	23368	47087	23891	23196
东乡族	43	20	23	36	17	19
纳西族	47	16	31	12	6	6
景颇族	46	20	26	26	14	12
柯尔克孜族	2	1	1	1	1	
土 族	851	439	412	790	406	384
达斡尔族	10	7	3	2	2	
仫佬族	4162	2040	2122	4085	2012	2073
羌 族	226	111	115	164	83	81
布朗族	23	7	16	17	6	11
撒拉族	39	22	17	3	3	
毛南族	3192	1492	1700	3121	1458	1663
仡佬族	86973	42633	44340	86544	42442	44102
锡伯族	13	5	8	5	1	4
阿昌族	8	2	6	6	1	5
普米族	13	6	7	10	5	5
塔吉克族	5	4	1	5	4	1
怒 族	8	2	6	6	2	4
乌孜别克族	2	2		2	2	
俄罗斯族	2	2		2	2	
鄂温克族	1		1			
德昂族	7	2	5	5	2	3
保安族	1	1		1	1	
裕固族	1		1	1		1
京 族	174	94	80	167	90	77
塔塔尔族	1		1	1		1
独龙族	2	1	1	2	1	1
鄂伦春族	1		1			
赫哲族	2	1	1	2	1	1
门巴族						
珞巴族	1	1		1	1	
基诺族	5	3	2			
未定族称人口	84891	41653	43238	84677	41543	43134
入 籍	983	516	467	981	515	466

2-4b 续表 单位：人

民族	户口登记地					
	省内			省外		
	其中市辖区内人户分离					
	小计	男	女	小计	男	女
总计	**64820**	**30522**	**34298**	**275269**	**154340**	**120929**
汉族	55758	26442	29316	247819	141374	106445
蒙古族	60	25	35	313	184	129
回族	449	222	227	1063	564	499
藏族	5	1	4	131	65	66
维吾尔族				179	108	71
苗族	3107	1346	1761	5160	2378	2782
彝族	1472	681	791	1662	699	963
壮族	28	11	17	3669	1655	2014
布依族	2135	941	1194	1817	820	997
朝鲜族	3	1	2	41	22	19
满族	41	19	22	421	249	172
侗族	224	102	122	3785	1780	2005
瑶族	9	4	5	700	305	395
白族	252	116	136	393	185	208
土家族	354	170	184	5802	2975	2827
哈尼族	3	2	1	201	62	139
哈萨克族				2	1	1
傣族	2	2		169	57	112
黎族	70	38	32	154	54	100
傈僳族				65	11	54
佤族				59	17	42
畲族	2	1	1	231	142	89
高山族				2	1	1
拉祜族	1		1	57	8	49
水族	41	14	27	314	142	172
东乡族				7	3	4
纳西族				35	10	25
景颇族				20	6	14
柯尔克孜族				1		1
土族	4		4	61	33	28
达斡尔族				8	5	3
仫佬族	48	20	28	77	28	49
羌族	2	1	1	62	28	34
布朗族				6	1	5
撒拉族				36	19	17
毛南族	1	1		71	34	37
仡佬族	344	173	171	429	191	238
锡伯族				8	4	4
阿昌族				2	1	1
普米族				3	1	2
塔吉克族						
怒族				2		2
乌孜别克族						
俄罗斯族						
鄂温克族				1		1
德昂族				2		2
保安族						
裕固族						
京族	7	2	5	7	4	3
塔塔尔族						
独龙族						
鄂伦春族				1		1
赫哲族						
门巴族						
珞巴族						
基诺族				5	3	2
未定族称人口	390	183	207	214	110	104
入籍	8	4	4	2	1	1

2–4c　全省各民族按户口登记地、性别分的户口登记地在外乡镇街道的人口(乡村)

单位：人

民　族	户口登记地					
	合　　计			省　　内		
	合计	男	女	小计	男	女
总　计	**1665613**	**821880**	**843733**	**1465838**	**702512**	**763326**
汉　族	1092546	552603	539943	917959	444862	473097
蒙古族	1841	969	872	1644	850	794
回　族	6822	3319	3503	6030	2923	3107
藏　族	304	158	146	93	39	54
维吾尔族	78	50	28	10	7	3
苗　族	184988	83297	101691	179507	80924	98583
彝　族	40242	18641	21601	37419	17365	20054
壮　族	5552	2482	3070	1951	916	1035
布依族	102840	46680	56160	100467	45520	54947
朝鲜族	39	28	11	27	18	9
满　族	1052	587	465	723	346	377
侗　族	79671	39809	39862	77320	38785	38535
瑶　族	3093	1400	1693	2272	1051	1221
白　族	8164	3979	4185	7727	3808	3919
土家族	68795	34516	34279	65251	32582	32669
哈尼族	293	76	217	41	13	28
哈萨克族	3	1	2			
傣　族	239	65	174	40	12	28
黎　族	5072	2388	2684	4901	2324	2577
傈僳族	131	33	98	16	4	12
佤　族	134	35	99	21	9	12
畲　族	1257	533	724	1098	435	663
高山族	62	57	5	10	6	4
拉祜族	104	14	90	6	1	5
水　族	14439	7031	7408	14234	6953	7281
东乡族	34	17	17	28	14	14
纳西族	29	7	22	6	2	4
景颇族	49	15	34	14	4	10
柯尔克孜族						
土　族	228	106	122	191	87	104
达斡尔族	4	2	2			
仫佬族	1629	768	861	1571	738	833
羌　族	72	41	31	36	17	19
布朗族	30	5	25	10	4	6
撒拉族	2	2		2	2	
毛南族	1703	816	887	1631	775	856
仡佬族	19031	9515	9516	18793	9399	9394
锡伯族	5	3	2	2	2	
阿昌族	12	6	6	4	2	2
普米族	4	1	3	1		1
塔吉克族	1	1		1	1	
怒　族	7	4	3	4	3	1
乌孜别克族						
俄罗斯族						
鄂温克族	2		2	1		1
德昂族	3	3				
保安族						
裕固族						
京　族	32	10	22	32	10	22
塔塔尔族						
独龙族	2	1	1	2	1	1
鄂伦春族	1		1			
赫哲族	1		1	1		1
门巴族	1		1			
珞巴族	9	6	3	8	5	3
基诺族	8	4	4	1	1	
未定族称人口	24557	11635	12922	24339	11531	12808
入　籍	396	161	235	393	161	232

2—4c 续表

单位：人

民族	户口登记地					
	省内			省外		
	其中市辖区内人户分离					
	小计	男	女	小计	男	女
总计	**125604**	**55479**	**70125**	**199775**	**119368**	**80407**
汉族	98616	44007	54609	174587	107741	66846
蒙古族	75	33	42	197	119	78
回族	1492	741	751	792	396	396
藏族	7	3	4	211	119	92
维吾尔族	1	1		68	43	25
苗族	9409	3460	5949	5481	2373	3108
彝族	2213	970	1243	2823	1276	1547
壮族	60	35	25	3601	1566	2035
布依族	6078	2551	3527	2373	1160	1213
朝鲜族				12	10	2
满族	36	14	22	329	241	88
侗族	4050	2008	2042	2351	1024	1327
瑶族	38	19	19	821	349	472
白族	472	202	270	437	171	266
土家族	1563	791	772	3544	1934	1610
哈尼族	6		6	252	63	189
哈萨克族				3	1	2
傣族	2	1	1	199	53	146
黎族	111	51	60	171	64	107
傈僳族				115	29	86
佤族	3		3	113	26	87
畲族	2	1	1	159	98	61
高山族				52	51	1
拉祜族	1		1	98	13	85
水族	67	31	36	205	78	127
东乡族				6	3	3
纳西族	1	1		23	5	18
景颇族	1	1		35	11	24
柯尔克孜族						
土族	10	5	5	37	19	18
达斡尔族				4	2	2
仫佬族	56	27	29	58	30	28
羌族	4	1	3	36	24	12
布朗族	1		1	20	1	19
撒拉族						
毛南族	1		1	72	41	31
仡佬族	516	216	300	238	116	122
锡伯族				3	1	2
阿昌族				8	4	4
普米族				3	1	2
塔吉克族						
怒族				3	1	2
乌孜别克族						
俄罗斯族						
鄂温克族				1		1
德昂族				3	3	
保安族						
裕固族						
京族	2	1	1			
塔塔尔族						
独龙族						
鄂伦春族				1		1
赫哲族						
门巴族				1		1
珞巴族				1	1	
基诺族				7	3	4
未定族称人口	687	298	389	218	104	114
入籍	23	10	13	3		3

第一部分　全部数据资料

第三卷　年龄

3-1　全省分年龄、性别的人口

单位：人、%

年　龄	人　口　数			占总人口比重			性别比
	合计	男	女	合计	男	女	(女=100)
总　计	**38562148**	**19705293**	**18856855**	**100.00**	**51.10**	**48.90**	**104.50**
0-4岁	**3005562**	**1597069**	**1408493**	**7.79**	**4.14**	**3.65**	**113.39**
0	525380	278841	246539	1.36	0.72	0.64	113.10
1	583881	309085	274796	1.51	0.80	0.71	112.48
2	613012	325229	287783	1.59	0.84	0.75	113.01
3	679988	361515	318473	1.76	0.94	0.83	113.52
4	603301	322399	280902	1.56	0.84	0.73	114.77
5-9岁	**3205476**	**1717039**	**1488437**	**8.31**	**4.45**	**3.86**	**115.36**
5	579311	310390	268921	1.50	0.80	0.70	115.42
6	630539	338193	292346	1.64	0.88	0.76	115.68
7	644036	345022	299014	1.67	0.89	0.78	115.39
8	692536	370960	321576	1.80	0.96	0.83	115.36
9	659054	352474	306580	1.71	0.91	0.80	114.97
10-14岁	**3031000**	**1618227**	**1412773**	**7.86**	**4.20**	**3.66**	**114.54**
10	639278	340835	298443	1.66	0.88	0.77	114.20
11	644787	344020	300767	1.67	0.89	0.78	114.38
12	602462	321785	280677	1.56	0.83	0.73	114.65
13	572491	305543	266948	1.48	0.79	0.69	114.46
14	571982	306044	265938	1.48	0.79	0.69	115.08
15-19岁	**2561363**	**1339162**	**1222201**	**6.64**	**3.47**	**3.17**	**109.57**
15	526799	281406	245393	1.37	0.73	0.64	114.68
16	542589	287585	255004	1.41	0.75	0.66	112.78
17	509153	265247	243906	1.32	0.69	0.63	108.75
18	488376	252143	236233	1.27	0.65	0.61	106.73
19	494446	252781	241665	1.28	0.66	0.63	104.60
20-24岁	**2551037**	**1267001**	**1284036**	**6.62**	**3.29**	**3.33**	**98.67**
20	483810	243620	240190	1.25	0.63	0.62	101.43
21	479430	238721	240709	1.24	0.62	0.62	99.17
22	550715	272506	278209	1.43	0.71	0.72	97.95
23	524273	258226	266047	1.36	0.67	0.69	97.06
24	512809	253928	258881	1.33	0.66	0.67	98.09
25-29岁	**2493525**	**1260744**	**1232781**	**6.47**	**3.27**	**3.20**	**102.27**
25	523418	261153	262265	1.36	0.68	0.68	99.58
26	486924	244879	242045	1.26	0.64	0.63	101.17
27	507607	256473	251134	1.32	0.67	0.65	102.13
28	495041	252073	242968	1.28	0.65	0.63	103.75
29	480535	246166	234369	1.25	0.64	0.61	105.03

3-1 续表 1

单位：人、%

年龄	人口数			占总人口比重			性别比
	合计	男	女	合计	男	女	(女=100)
30-34岁	**2757831**	**1410885**	**1346946**	**7.15**	**3.66**	**3.49**	**104.75**
30	569220	290585	278635	1.48	0.75	0.72	104.29
31	557204	283310	273894	1.44	0.73	0.71	103.44
32	546829	279568	267261	1.42	0.72	0.69	104.60
33	581638	298100	283538	1.51	0.77	0.74	105.14
34	502940	259322	243618	1.30	0.67	0.63	106.45
35-39岁	**2296590**	**1193618**	**1102972**	**5.96**	**3.10**	**2.86**	**108.22**
35	450309	233391	216918	1.17	0.61	0.56	107.59
36	451663	235150	216513	1.17	0.61	0.56	108.61
37	427063	222224	204839	1.11	0.58	0.53	108.49
38	505629	263359	242270	1.31	0.68	0.63	108.70
39	461926	239494	222432	1.20	0.62	0.58	107.67
40-44岁	**2497952**	**1292129**	**1205823**	**6.48**	**3.35**	**3.13**	**107.16**
40	446991	229326	217665	1.16	0.59	0.56	105.36
41	478499	249051	229448	1.24	0.65	0.60	108.54
42	493055	254710	238345	1.28	0.66	0.62	106.87
43	500263	260314	239949	1.30	0.68	0.62	108.49
44	579144	298728	280416	1.50	0.77	0.73	106.53
45-49岁	**3061958**	**1586586**	**1475372**	**7.94**	**4.11**	**3.83**	**107.54**
45	612393	317290	295103	1.59	0.82	0.77	107.52
46	657413	340896	316517	1.70	0.88	0.82	107.70
47	609817	316765	293052	1.58	0.82	0.76	108.09
48	587206	302514	284692	1.52	0.78	0.74	106.26
49	595129	309121	286008	1.54	0.80	0.74	108.08
50-54岁	**2922288**	**1477676**	**1444612**	**7.58**	**3.83**	**3.75**	**102.29**
50	627616	319588	308028	1.63	0.83	0.80	103.75
51	578506	293347	285159	1.50	0.76	0.74	102.87
52	649487	326935	322552	1.68	0.85	0.84	101.36
53	494920	248582	246338	1.28	0.64	0.64	100.91
54	571759	289224	282535	1.48	0.75	0.73	102.37
55-59岁	**2246209**	**1120672**	**1125537**	**5.82**	**2.91**	**2.92**	**99.57**
55	554476	278373	276103	1.44	0.72	0.72	100.82
56	543063	269501	273562	1.41	0.70	0.71	98.52
57	566695	284503	282192	1.47	0.74	0.73	100.82
58	400684	199650	201034	1.04	0.52	0.52	99.31
59	181291	88645	92646	0.47	0.23	0.24	95.68
60-64岁	**1474902**	**735777**	**739125**	**3.82**	**1.91**	**1.92**	**99.55**
60	229598	114462	115136	0.60	0.30	0.30	99.41
61	234443	118093	116350	0.61	0.31	0.30	101.50
62	321478	161807	159671	0.83	0.42	0.41	101.34
63	357653	178660	178993	0.93	0.46	0.46	99.81
64	331730	162755	168975	0.86	0.42	0.44	96.32

3-1　续表 2　　　　单位：人、%

年　龄	人　口　数			占总人口比重			性别比
	合计	男	女	合计	男	女	(女=100)
65—69岁	**1631217**	**792295**	**838922**	**4.23**	**2.05**	**2.18**	**94.44**
65	356446	175507	180939	0.92	0.46	0.47	97.00
66	365332	177402	187930	0.95	0.46	0.49	94.40
67	336969	162725	174244	0.87	0.42	0.45	93.39
68	326400	159019	167381	0.85	0.41	0.43	95.00
69	246070	117642	128428	0.64	0.31	0.33	91.60
70—74岁	**1183292**	**567595**	**615697**	**3.07**	**1.47**	**1.60**	**92.19**
70	248704	119057	129647	0.64	0.31	0.34	91.83
71	264076	129828	134248	0.68	0.34	0.35	96.71
72	227693	107808	119885	0.59	0.28	0.31	89.93
73	230751	110513	120238	0.60	0.29	0.31	91.91
74	212068	100389	111679	0.55	0.26	0.29	89.89
75—79岁	**822323**	**379584**	**442739**	**2.13**	**0.98**	**1.15**	**85.74**
75	166489	76752	89737	0.43	0.20	0.23	85.53
76	179311	85380	93931	0.46	0.22	0.24	90.90
77	171433	78977	92456	0.44	0.20	0.24	85.42
78	159619	72598	87021	0.41	0.19	0.23	83.43
79	145471	65877	79594	0.38	0.17	0.21	82.77
80—84岁	**519398**	**227533**	**291865**	**1.35**	**0.59**	**0.76**	**77.96**
80	124765	55918	68847	0.32	0.15	0.18	81.22
81	108109	47399	60710	0.28	0.12	0.16	78.07
82	114867	50953	63914	0.30	0.13	0.17	79.72
83	93800	40448	53352	0.24	0.10	0.14	75.81
84	77857	32815	45042	0.20	0.09	0.12	72.85
85—89岁	**221565**	**91509**	**130056**	**0.57**	**0.24**	**0.34**	**70.36**
85	60622	25070	35552	0.16	0.07	0.09	70.52
86	50032	20646	29386	0.13	0.05	0.08	70.26
87	46265	19431	26834	0.12	0.05	0.07	72.41
88	35884	14583	21301	0.09	0.04	0.06	68.46
89	28762	11779	16983	0.07	0.03	0.04	69.36
90—94岁	**64332**	**25234**	**39098**	**0.17**	**0.07**	**0.10**	**64.54**
90	23724	9523	14201	0.06	0.02	0.04	67.06
91	14623	5719	8904	0.04	0.01	0.02	64.23
92	12806	4902	7904	0.03	0.01	0.02	62.02
93	8309	3229	5080	0.02	0.01	0.01	63.56
94	4870	1861	3009	0.01		0.01	61.85
95—99岁	**11815**	**4105**	**7710**	**0.03**	**0.01**	**0.02**	**53.24**
95	3793	1362	2431	0.01		0.01	56.03
96	2852	972	1880	0.01			51.70
97	2159	719	1440	0.01			49.93
98	1641	578	1063				54.37
99	1370	474	896				52.90
100岁及以上	**2513**	**853**	**1660**	**0.01**			**51.39**

3－1a 全省分年龄、性别的人口(城市)

单位：人、%

年 龄	人口数			占总人口比重			性别比
	合计	男	女	合计	男	女	(女=100)
总 计	**10126125**	**5086734**	**5039391**	**100.00**	**50.23**	**49.77**	**100.94**
0–4岁	**746116**	**397464**	**348652**	**7.37**	**3.93**	**3.44**	**114.00**
0	125418	66493	58925	1.24	0.66	0.58	112.84
1	144935	77346	67589	1.43	0.76	0.67	114.44
2	152644	81020	71624	1.51	0.80	0.71	113.12
3	174730	93356	81374	1.73	0.92	0.80	114.72
4	148389	79249	69140	1.47	0.78	0.68	114.62
5–9岁	**697917**	**374815**	**323102**	**6.89**	**3.70**	**3.19**	**116.01**
5	130409	70049	60360	1.29	0.69	0.60	116.05
6	143056	76879	66177	1.41	0.76	0.65	116.17
7	141286	75909	65377	1.40	0.75	0.65	116.11
8	149389	80243	69146	1.48	0.79	0.68	116.05
9	133777	71735	62042	1.32	0.71	0.61	115.62
10–14岁	**585219**	**312547**	**272672**	**5.78**	**3.09**	**2.69**	**114.62**
10	127712	68395	59317	1.26	0.68	0.59	115.30
11	123286	66168	57118	1.22	0.65	0.56	115.84
12	117453	62678	54775	1.16	0.62	0.54	114.43
13	110282	58508	51774	1.09	0.58	0.51	113.01
14	106486	56798	49688	1.05	0.56	0.49	114.31
15–19岁	**725783**	**376383**	**349400**	**7.17**	**3.72**	**3.45**	**107.72**
15	118297	62835	55462	1.17	0.62	0.55	113.29
16	147449	78794	68655	1.46	0.78	0.68	114.77
17	151514	79065	72449	1.50	0.78	0.72	109.13
18	146665	75303	71362	1.45	0.74	0.70	105.52
19	161858	80386	81472	1.60	0.79	0.80	98.67
20–24岁	**870730**	**414140**	**456590**	**8.60**	**4.09**	**4.51**	**90.70**
20	171881	82237	89644	1.70	0.81	0.89	91.74
21	169722	79970	89752	1.68	0.79	0.89	89.10
22	189105	89293	99812	1.87	0.88	0.99	89.46
23	173350	82514	90836	1.71	0.81	0.90	90.84
24	166672	80126	86546	1.65	0.79	0.85	92.58
25–29岁	**832470**	**407817**	**424653**	**8.22**	**4.03**	**4.19**	**96.04**
25	171312	83020	88292	1.69	0.82	0.87	94.03
26	161439	78676	82763	1.59	0.78	0.82	95.06
27	168854	82620	86234	1.67	0.82	0.85	95.81
28	165274	81268	84006	1.63	0.80	0.83	96.74
29	165591	82233	83358	1.64	0.81	0.82	98.65

3-1a 续表 1

单位：人、%

年 龄	人口数			占总人口比重			性别比
	合计	男	女	合计	男	女	(女=100)
30-34岁	**959886**	**477512**	**482374**	**9.48**	**4.72**	**4.76**	**98.99**
30	195801	97116	98685	1.93	0.96	0.97	98.41
31	194076	95908	98168	1.92	0.95	0.97	97.70
32	191051	95147	95904	1.89	0.94	0.95	99.21
33	202640	101083	101557	2.00	1.00	1.00	99.53
34	176318	88258	88060	1.74	0.87	0.87	100.22
35-39岁	**734481**	**373297**	**361184**	**7.25**	**3.69**	**3.57**	**103.35**
35	151840	76549	75291	1.50	0.76	0.74	101.67
36	148309	75169	73140	1.46	0.74	0.72	102.77
37	137578	70428	67150	1.36	0.70	0.66	104.88
38	157904	80511	77393	1.56	0.80	0.76	104.03
39	138850	70640	68210	1.37	0.70	0.67	103.56
40-44岁	**705568**	**358586**	**346982**	**6.97**	**3.54**	**3.43**	**103.34**
40	128695	64902	63793	1.27	0.64	0.63	101.74
41	138949	70932	68017	1.37	0.70	0.67	104.29
42	139774	71277	68497	1.38	0.70	0.68	104.06
43	140395	71410	68985	1.39	0.71	0.68	103.52
44	157755	80065	77690	1.56	0.79	0.77	103.06
45-49岁	**820300**	**419357**	**400943**	**8.10**	**4.14**	**3.96**	**104.59**
45	167763	85648	82115	1.66	0.85	0.81	104.30
46	177752	90562	87190	1.76	0.89	0.86	103.87
47	164947	84538	80409	1.63	0.83	0.79	105.13
48	154759	79159	75600	1.53	0.78	0.75	104.71
49	155079	79450	75629	1.53	0.78	0.75	105.05
50-54岁	**709584**	**352960**	**356624**	**7.01**	**3.49**	**3.52**	**98.97**
50	160998	81065	79933	1.59	0.80	0.79	101.42
51	145327	72747	72580	1.44	0.72	0.72	100.23
52	155341	76891	78450	1.53	0.76	0.77	98.01
53	115111	56737	58374	1.14	0.56	0.58	97.20
54	132807	65520	67287	1.31	0.65	0.66	97.37
55-59岁	**552232**	**269272**	**282960**	**5.45**	**2.66**	**2.79**	**95.16**
55	132461	65272	67189	1.31	0.64	0.66	97.15
56	132286	64409	67877	1.31	0.64	0.67	94.89
57	143027	69739	73288	1.41	0.69	0.72	95.16
58	96202	46444	49758	0.95	0.46	0.49	93.34
59	48256	23408	24848	0.48	0.23	0.25	94.20
60-64岁	**346508**	**168574**	**177934**	**3.42**	**1.66**	**1.76**	**94.74**
60	61284	30194	31090	0.61	0.30	0.31	97.12
61	59514	29249	30265	0.59	0.29	0.30	96.64
62	75426	37085	38341	0.74	0.37	0.38	96.72
63	79748	38545	41203	0.79	0.38	0.41	93.55
64	70536	33501	37035	0.70	0.33	0.37	90.46

3-1a 续表 2

单位：人、%

年 龄	人 口 数			占总人口比重			性别比
	合计	男	女	合计	男	女	(女=100)
65-69岁	**307372**	**141338**	**166034**	**3.04**	**1.40**	**1.64**	**85.13**
65	71191	33664	37527	0.70	0.33	0.37	89.71
66	71053	32883	38170	0.70	0.32	0.38	86.15
67	61551	28052	33499	0.61	0.28	0.33	83.74
68	58414	26518	31896	0.58	0.26	0.31	83.14
69	45163	20221	24942	0.45	0.20	0.25	81.07
70-74岁	**220512**	**103743**	**116769**	**2.18**	**1.02**	**1.15**	**88.84**
70	46505	21379	25126	0.46	0.21	0.25	85.09
71	48622	22857	25765	0.48	0.23	0.25	88.71
72	42279	19805	22474	0.42	0.20	0.22	88.12
73	43596	20856	22740	0.43	0.21	0.22	91.72
74	39510	18846	20664	0.39	0.19	0.20	91.20
75-79岁	**147539**	**67853**	**79686**	**1.46**	**0.67**	**0.79**	**85.15**
75	30601	14308	16293	0.30	0.14	0.16	87.82
76	31896	15203	16693	0.31	0.15	0.16	91.07
77	30128	13799	16329	0.30	0.14	0.16	84.51
78	28981	12987	15994	0.29	0.13	0.16	81.20
79	25933	11556	14377	0.26	0.11	0.14	80.38
80-84岁	**101151**	**43613**	**57538**	**1.00**	**0.43**	**0.57**	**75.80**
80	24255	10658	13597	0.24	0.11	0.13	78.38
81	21567	9261	12306	0.21	0.09	0.12	75.26
82	21807	9375	12432	0.22	0.09	0.12	75.41
83	18106	7845	10261	0.18	0.08	0.10	76.45
84	15416	6474	8942	0.15	0.06	0.09	72.40
85-89岁	**45687**	**19738**	**25949**	**0.45**	**0.19**	**0.26**	**76.06**
85	12370	5104	7266	0.12	0.05	0.07	70.24
86	10436	4422	6014	0.10	0.04	0.06	73.53
87	9751	4290	5461	0.10	0.04	0.05	78.56
88	7246	3223	4023	0.07	0.03	0.04	80.11
89	5884	2699	3185	0.06	0.03	0.03	84.74
90-94岁	**13914**	**6425**	**7489**	**0.14**	**0.06**	**0.07**	**85.79**
90	5084	2373	2711	0.05	0.02	0.03	87.53
91	3204	1479	1725	0.03	0.01	0.02	85.74
92	2701	1240	1461	0.03	0.01	0.01	84.87
93	1791	832	959	0.02	0.01	0.01	86.76
94	1134	501	633	0.01		0.01	79.15
95-99岁	**2630**	**1077**	**1553**	**0.03**	**0.01**	**0.02**	**69.35**
95	886	406	480	0.01			84.58
96	619	235	384	0.01			61.20
97	495	177	318				55.66
98	341	151	190				79.47
99	289	108	181				59.67
100岁及以上	**526**	**223**	**303**	**0.01**			**73.60**

3-1b 全省分年龄、性别的人口(镇)

单位：人、%

年 龄	人口数			占总人口比重			性别比
	合计	男	女	合计	男	女	(女=100)
总 计	**10369821**	**5220851**	**5148970**	**100.00**	**50.35**	**49.65**	**101.40**
0-4岁	**840465**	**448861**	**391604**	**8.10**	**4.33**	**3.78**	**114.62**
0	137280	73261	64019	1.32	0.71	0.62	114.44
1	161650	85976	75674	1.56	0.83	0.73	113.61
2	173761	92785	80976	1.68	0.89	0.78	114.58
3	198321	105866	92455	1.91	1.02	0.89	114.51
4	169453	90973	78480	1.63	0.88	0.76	115.92
5-9岁	**920284**	**493302**	**426982**	**8.87**	**4.76**	**4.12**	**115.53**
5	163146	87419	75727	1.57	0.84	0.73	115.44
6	179070	96208	82862	1.73	0.93	0.80	116.11
7	185344	99547	85797	1.79	0.96	0.83	116.03
8	200983	107394	93589	1.94	1.04	0.90	114.75
9	191741	102734	89007	1.85	0.99	0.86	115.42
10-14岁	**879355**	**467551**	**411804**	**8.48**	**4.51**	**3.97**	**113.54**
10	185833	98907	86926	1.79	0.95	0.84	113.78
11	186778	99495	87283	1.80	0.96	0.84	113.99
12	173765	92767	80998	1.68	0.89	0.78	114.53
13	166413	88181	78232	1.60	0.85	0.75	112.72
14	166566	88201	78365	1.61	0.85	0.76	112.55
15-19岁	**857415**	**435663**	**421752**	**8.27**	**4.20**	**4.07**	**103.30**
15	161633	84742	76891	1.56	0.82	0.74	110.21
16	187073	95700	91373	1.80	0.92	0.88	104.74
17	187701	94205	93496	1.81	0.91	0.90	100.76
18	172583	86139	86444	1.66	0.83	0.83	99.65
19	148425	74877	73548	1.43	0.72	0.71	101.81
20-24岁	**675978**	**328263**	**347715**	**6.52**	**3.17**	**3.35**	**94.41**
20	133204	66688	66516	1.28	0.64	0.64	100.26
21	128509	63260	65249	1.24	0.61	0.63	96.95
22	144676	70225	74451	1.40	0.68	0.72	94.32
23	135765	64648	71117	1.31	0.62	0.69	90.90
24	133824	63442	70382	1.29	0.61	0.68	90.14
25-29岁	**688884**	**329917**	**358967**	**6.64**	**3.18**	**3.46**	**91.91**
25	139488	66203	73285	1.35	0.64	0.71	90.34
26	131851	63196	68655	1.27	0.61	0.66	92.05
27	141450	67383	74067	1.36	0.65	0.71	90.98
28	139549	67083	72466	1.35	0.65	0.70	92.57
29	136546	66052	70494	1.32	0.64	0.68	93.70

3-1b 续表 1

单位：人、%

年龄	人口数			占总人口比重			性别比
	合计	男	女	合计	男	女	(女=100)
30-34岁	**795296**	**386209**	**409087**	**7.67**	**3.72**	**3.94**	**94.41**
30	162760	78411	84349	1.57	0.76	0.81	92.96
31	160132	76810	83322	1.54	0.74	0.80	92.18
32	158352	76949	81403	1.53	0.74	0.78	94.53
33	168759	82323	86436	1.63	0.79	0.83	95.24
34	145293	71716	73577	1.40	0.69	0.71	97.47
35-39岁	**665557**	**333700**	**331857**	**6.42**	**3.22**	**3.20**	**100.56**
35	130642	65223	65419	1.26	0.63	0.63	99.70
36	131459	65904	65555	1.27	0.64	0.63	100.53
37	124533	62396	62137	1.20	0.60	0.60	100.42
38	146287	73608	72679	1.41	0.71	0.70	101.28
39	132636	66569	66067	1.28	0.64	0.64	100.76
40-44岁	**702547**	**356764**	**345783**	**6.77**	**3.44**	**3.33**	**103.18**
40	128346	64387	63959	1.24	0.62	0.62	100.67
41	136855	69444	67411	1.32	0.67	0.65	103.02
42	139322	70884	68438	1.34	0.68	0.66	103.57
43	138644	71118	67526	1.34	0.69	0.65	105.32
44	159380	80931	78449	1.54	0.78	0.76	103.16
45-49岁	**812055**	**415197**	**396858**	**7.83**	**4.00**	**3.83**	**104.62**
45	166990	85407	81583	1.61	0.82	0.79	104.69
46	177390	90475	86915	1.71	0.87	0.84	104.10
47	161710	82918	78792	1.56	0.80	0.76	105.24
48	154298	78484	75814	1.49	0.76	0.73	103.52
49	151667	77913	73754	1.46	0.75	0.71	105.64
50-54岁	**729667**	**366319**	**363348**	**7.04**	**3.53**	**3.50**	**100.82**
50	159192	80866	78326	1.54	0.78	0.76	103.24
51	145022	73077	71945	1.40	0.70	0.69	101.57
52	161865	80876	80989	1.56	0.78	0.78	99.86
53	121689	60586	61103	1.17	0.58	0.59	99.15
54	141899	70914	70985	1.37	0.68	0.68	99.90
55-59岁	**538424**	**265798**	**272626**	**5.19**	**2.56**	**2.63**	**97.50**
55	135547	67196	68351	1.31	0.65	0.66	98.31
56	131191	64205	66986	1.27	0.62	0.65	95.85
57	135511	67405	68106	1.31	0.65	0.66	98.97
58	95667	47202	48465	0.92	0.46	0.47	97.39
59	40508	19790	20718	0.39	0.19	0.20	95.52
60-64岁	**322105**	**159548**	**162557**	**3.11**	**1.54**	**1.57**	**98.15**
60	48726	24257	24469	0.47	0.23	0.24	99.13
61	51972	26144	25828	0.50	0.25	0.25	101.22
62	71993	35940	36053	0.69	0.35	0.35	99.69
63	77883	38500	39383	0.75	0.37	0.38	97.76
64	71531	34707	36824	0.69	0.33	0.36	94.25

3-1b　续表 2

单位：人、%

年　龄	人　口　数			占总人口比重			性别比
	合计	男	女	合计	男	女	(女=100)
65-69岁	**348955**	**166756**	**182199**	**3.37**	**1.61**	**1.76**	**91.52**
65	76984	37321	39663	0.74	0.36	0.38	94.10
66	78498	37567	40931	0.76	0.36	0.39	91.78
67	71772	33879	37893	0.69	0.33	0.37	89.41
68	69831	33516	36315	0.67	0.32	0.35	92.29
69	51870	24473	27397	0.50	0.24	0.26	89.33
70-74岁	**248265**	**116981**	**131284**	**2.39**	**1.13**	**1.27**	**89.11**
70	52290	24592	27698	0.50	0.24	0.27	88.79
71	55993	26953	29040	0.54	0.26	0.28	92.81
72	47712	22215	25497	0.46	0.21	0.25	87.13
73	47966	22576	25390	0.46	0.22	0.24	88.92
74	44304	20645	23659	0.43	0.20	0.23	87.26
75-79岁	**171781**	**77815**	**93966**	**1.66**	**0.75**	**0.91**	**82.81**
75	34734	15685	19049	0.33	0.15	0.18	82.34
76	37664	17609	20055	0.36	0.17	0.19	87.80
77	35761	16185	19576	0.34	0.16	0.19	82.68
78	33609	15086	18523	0.32	0.15	0.18	81.44
79	30013	13250	16763	0.29	0.13	0.16	79.04
80-84岁	**108782**	**46698**	**62084**	**1.05**	**0.45**	**0.60**	**75.22**
80	26131	11585	14546	0.25	0.11	0.14	79.64
81	22390	9654	12736	0.22	0.09	0.12	75.80
82	24263	10475	13788	0.23	0.10	0.13	75.97
83	19809	8364	11445	0.19	0.08	0.11	73.08
84	16189	6620	9569	0.16	0.06	0.09	69.18
85-89岁	**47116**	**19138**	**27978**	**0.45**	**0.18**	**0.27**	**68.40**
85	12738	5137	7601	0.12	0.05	0.07	67.58
86	10478	4174	6304	0.10	0.04	0.06	66.21
87	10014	4211	5803	0.10	0.04	0.06	72.57
88	7656	3054	4602	0.07	0.03	0.04	66.36
89	6230	2562	3668	0.06	0.02	0.04	69.85
90-94岁	**13685**	**5278**	**8407**	**0.13**	**0.05**	**0.08**	**62.78**
90	5016	2001	3015	0.05	0.02	0.03	66.37
91	3074	1146	1928	0.03	0.01	0.02	59.44
92	2755	1040	1715	0.03	0.01	0.02	60.64
93	1801	685	1116	0.02	0.01	0.01	61.38
94	1039	406	633	0.01		0.01	64.14
95-99岁	**2618**	**894**	**1724**	**0.03**	**0.01**	**0.02**	**51.86**
95	816	295	521	0.01		0.01	56.62
96	612	197	415	0.01			47.47
97	462	145	317				45.74
98	388	135	253				53.36
99	340	122	218				55.96
100岁及以上	**587**	**199**	**388**	**0.01**			**51.29**

3–1c 全省分年龄、性别的人口(乡村)

单位：人、%

年 龄	人口数			占总人口比重			性别比
	合计	男	女	合计	男	女	(女=100)
总 计	**18066202**	**9397708**	**8668494**	**100.00**	**52.02**	**47.98**	**108.41**
0—4岁	**1418981**	**750744**	**668237**	**7.85**	**4.16**	**3.70**	**112.35**
0	262682	139087	123595	1.45	0.77	0.68	112.53
1	277296	145763	131533	1.53	0.81	0.73	110.82
2	286607	151424	135183	1.59	0.84	0.75	112.01
3	306937	162293	144644	1.70	0.90	0.80	112.20
4	285459	152177	133282	1.58	0.84	0.74	114.18
5—9岁	**1587275**	**848922**	**738353**	**8.79**	**4.70**	**4.09**	**114.98**
5	285756	152922	132834	1.58	0.85	0.74	115.12
6	308413	165106	143307	1.71	0.91	0.79	115.21
7	317406	169566	147840	1.76	0.94	0.82	114.70
8	342164	183323	158841	1.89	1.01	0.88	115.41
9	333536	178005	155531	1.85	0.99	0.86	114.45
10—14岁	**1566426**	**838129**	**728297**	**8.67**	**4.64**	**4.03**	**115.08**
10	325733	173533	152200	1.80	0.96	0.84	114.02
11	334723	178357	156366	1.85	0.99	0.87	114.06
12	311244	166340	144904	1.72	0.92	0.80	114.79
13	295796	158854	136942	1.64	0.88	0.76	116.00
14	298930	161045	137885	1.65	0.89	0.76	116.80
15—19岁	**978165**	**527116**	**451049**	**5.41**	**2.92**	**2.50**	**116.86**
15	246869	133829	113040	1.37	0.74	0.63	118.39
16	208067	113091	94976	1.15	0.63	0.53	119.07
17	169938	91977	77961	0.94	0.51	0.43	117.98
18	169128	90701	78427	0.94	0.50	0.43	115.65
19	184163	97518	86645	1.02	0.54	0.48	112.55
20—24岁	**1004329**	**524598**	**479731**	**5.56**	**2.90**	**2.66**	**109.35**
20	178725	94695	84030	0.99	0.52	0.47	112.69
21	181199	95491	85708	1.00	0.53	0.47	111.41
22	216934	112988	103946	1.20	0.63	0.58	108.70
23	215158	111064	104094	1.19	0.61	0.58	106.70
24	212313	110360	101953	1.18	0.61	0.56	108.25
25—29岁	**972171**	**523010**	**449161**	**5.38**	**2.89**	**2.49**	**116.44**
25	212618	111930	100688	1.18	0.62	0.56	111.17
26	193634	103007	90627	1.07	0.57	0.50	113.66
27	197303	106470	90833	1.09	0.59	0.50	117.22
28	190218	103722	86496	1.05	0.57	0.48	119.92
29	178398	97881	80517	0.99	0.54	0.45	121.57

3-1c　续表 1　　　　单位：人、%

年　龄	人　口　数			占总人口比重			性别比
	合计	男	女	合计	男	女	(女=100)
30—34岁	**1002649**	**547164**	**455485**	**5.55**	**3.03**	**2.52**	**120.13**
30	210659	115058	95601	1.17	0.64	0.53	120.35
31	202996	110592	92404	1.12	0.61	0.51	119.68
32	197426	107472	89954	1.09	0.59	0.50	119.47
33	210239	114694	95545	1.16	0.63	0.53	120.04
34	181329	99348	81981	1.00	0.55	0.45	121.18
35—39岁	**896552**	**486621**	**409931**	**4.96**	**2.69**	**2.27**	**118.71**
35	167827	91619	76208	0.93	0.51	0.42	120.22
36	171895	94077	77818	0.95	0.52	0.43	120.89
37	164952	89400	75552	0.91	0.49	0.42	118.33
38	201438	109240	92198	1.11	0.60	0.51	118.48
39	190440	102285	88155	1.05	0.57	0.49	116.03
40—44岁	**1089837**	**576779**	**513058**	**6.03**	**3.19**	**2.84**	**112.42**
40	189950	100037	89913	1.05	0.55	0.50	111.26
41	202695	108675	94020	1.12	0.60	0.52	115.59
42	213959	112549	101410	1.18	0.62	0.56	110.98
43	221224	117786	103438	1.22	0.65	0.57	113.87
44	262009	137732	124277	1.45	0.76	0.69	110.83
45—49岁	**1429603**	**752032**	**677571**	**7.91**	**4.16**	**3.75**	**110.99**
45	277640	146235	131405	1.54	0.81	0.73	111.29
46	302271	159859	142412	1.67	0.88	0.79	112.25
47	283160	149309	133851	1.57	0.83	0.74	111.55
48	278149	144871	133278	1.54	0.80	0.74	108.70
49	288383	151758	136625	1.60	0.84	0.76	111.08
50—54岁	**1483037**	**758397**	**724640**	**8.21**	**4.20**	**4.01**	**104.66**
50	307426	157657	149769	1.70	0.87	0.83	105.27
51	288157	147523	140634	1.60	0.82	0.78	104.90
52	332281	169168	163113	1.84	0.94	0.90	103.71
53	258120	131259	126861	1.43	0.73	0.70	103.47
54	297053	152790	144263	1.64	0.85	0.80	105.91
55—59岁	**1155553**	**585602**	**569951**	**6.40**	**3.24**	**3.15**	**102.75**
55	286468	145905	140563	1.59	0.81	0.78	103.80
56	279586	140887	138699	1.55	0.78	0.77	101.58
57	288157	147359	140798	1.60	0.82	0.78	104.66
58	208815	106004	102811	1.16	0.59	0.57	103.11
59	92527	45447	47080	0.51	0.25	0.26	96.53
60—64岁	**806289**	**407655**	**398634**	**4.46**	**2.26**	**2.21**	**102.26**
60	119588	60011	59577	0.66	0.33	0.33	100.73
61	122957	62700	60257	0.68	0.35	0.33	104.05
62	174059	88782	85277	0.96	0.49	0.47	104.11
63	200022	101615	98407	1.11	0.56	0.54	103.26
64	189663	94547	95116	1.05	0.52	0.53	99.40

3-1c 续表 2 单位：人、%

年龄	人口数			占总人口比重			性别比
	合计	男	女	合计	男	女	(女=100)
65-69岁	**974890**	**484201**	**490689**	**5.40**	**2.68**	**2.72**	**98.68**
65	208271	104522	103749	1.15	0.58	0.57	100.75
66	215781	106952	108829	1.19	0.59	0.60	98.28
67	203646	100794	102852	1.13	0.56	0.57	98.00
68	198155	98985	99170	1.10	0.55	0.55	99.81
69	149037	72948	76089	0.82	0.40	0.42	95.87
70-74岁	**714515**	**346871**	**367644**	**3.95**	**1.92**	**2.03**	**94.35**
70	149909	73086	76823	0.83	0.40	0.43	95.14
71	159461	80018	79443	0.88	0.44	0.44	100.72
72	137702	65788	71914	0.76	0.36	0.40	91.48
73	139189	67081	72108	0.77	0.37	0.40	93.03
74	128254	60898	67356	0.71	0.34	0.37	90.41
75-79岁	**503003**	**233916**	**269087**	**2.78**	**1.29**	**1.49**	**86.93**
75	101154	46759	54395	0.56	0.26	0.30	85.96
76	109751	52568	57183	0.61	0.29	0.32	91.93
77	105544	48993	56551	0.58	0.27	0.31	86.64
78	97029	44525	52504	0.54	0.25	0.29	84.80
79	89525	41071	48454	0.50	0.23	0.27	84.76
80-84岁	**309465**	**137222**	**172243**	**1.71**	**0.76**	**0.95**	**79.67**
80	74379	33675	40704	0.41	0.19	0.23	82.73
81	64152	28484	35668	0.36	0.16	0.20	79.86
82	68797	31103	37694	0.38	0.17	0.21	82.51
83	55885	24239	31646	0.31	0.13	0.18	76.59
84	46252	19721	26531	0.26	0.11	0.15	74.33
85-89岁	**128762**	**52633**	**76129**	**0.71**	**0.29**	**0.42**	**69.14**
85	35514	14829	20685	0.20	0.08	0.11	71.69
86	29118	12050	17068	0.16	0.07	0.09	70.60
87	26500	10930	15570	0.15	0.06	0.09	70.20
88	20982	8306	12676	0.12	0.05	0.07	65.53
89	16648	6518	10130	0.09	0.04	0.06	64.34
90-94岁	**36733**	**13531**	**23202**	**0.20**	**0.07**	**0.13**	**58.32**
90	13624	5149	8475	0.08	0.03	0.05	60.76
91	8345	3094	5251	0.05	0.02	0.03	58.92
92	7350	2622	4728	0.04	0.01	0.03	55.46
93	4717	1712	3005	0.03	0.01	0.02	56.97
94	2697	954	1743	0.01	0.01	0.01	54.73
95-99岁	**6567**	**2134**	**4433**	**0.04**	**0.01**	**0.02**	**48.14**
95	2091	661	1430	0.01		0.01	46.22
96	1621	540	1081	0.01		0.01	49.95
97	1202	397	805	0.01			49.32
98	912	292	620	0.01			47.10
99	741	244	497				49.09
100岁及以上	**1400**	**431**	**969**	**0.01**		**0.01**	**44.48**

3-2　各地区人口年龄构成(一)

单位：人、%

地　区	人口数				比重			
	合计	0-14岁	15-64岁	65岁及以上	合计	0-14岁	15-64岁	65岁及以上
贵　州	**38562148**	**9242038**	**24863655**	**4456455**	**100.00**	**23.97**	**64.48**	**11.56**
贵阳市	**5987018**	**1111270**	**4308816**	**566932**	**100.00**	**18.56**	**71.97**	**9.47**
南明区	1047792	166929	773100	107763	100.00	15.93	73.78	10.28
云岩区	1056819	179764	771070	105985	100.00	17.01	72.96	10.03
花溪区	966276	161491	724021	80764	100.00	16.71	74.93	8.36
乌当区	336363	65256	237580	33527	100.00	19.40	70.63	9.97
白云区	456250	86414	337819	32017	100.00	18.94	74.04	7.02
观山湖区	642634	122528	474658	45448	100.00	19.07	73.86	7.07
开阳县	343871	76541	220253	47077	100.00	22.26	64.05	13.69
息烽县	219835	51205	138490	30140	100.00	23.29	63.00	13.71
修文县	288090	69905	186298	31887	100.00	24.26	64.67	11.07
清镇市	629088	131237	445527	52324	100.00	20.86	70.82	8.32
六盘水市	**3031602**	**797154**	**1934336**	**300112**	**100.00**	**26.29**	**63.81**	**9.90**
钟山区	674249	163700	460403	50146	100.00	24.28	68.28	7.44
六枝特区	536873	152378	319879	64616	100.00	28.38	59.58	12.04
水城县	746407	201068	466980	78359	100.00	26.94	62.56	10.50
盘州市	1074073	280008	687074	106991	100.00	26.07	63.97	9.96
遵义市	**6606675**	**1474357**	**4245836**	**886482**	**100.00**	**22.32**	**64.27**	**13.42**
红花岗区	971337	187622	681381	102334	100.00	19.32	70.15	10.54
汇川区	627721	130371	422268	75082	100.00	20.77	67.27	11.96
播州区	761491	171798	494109	95584	100.00	22.56	64.89	12.55
桐梓县	529471	123881	331223	74367	100.00	23.40	62.56	14.05
绥阳县	379677	88565	234669	56443	100.00	23.33	61.81	14.87
正安县	396159	93642	237877	64640	100.00	23.64	60.05	16.32
道真仡佬族苗族自治县	243846	51825	151197	40824	100.00	21.25	62.01	16.74
务川仡佬族苗族自治县	308466	76341	185986	46139	100.00	24.75	60.29	14.96
凤冈县	304156	68258	189108	46790	100.00	22.44	62.17	15.38
湄潭县	372865	78461	236339	58065	100.00	21.04	63.38	15.57
余庆县	223952	50069	136734	37149	100.00	22.36	61.06	16.59
习水县	584947	151748	356025	77174	100.00	25.94	60.86	13.19
赤水市	247287	51082	153755	42450	100.00	20.66	62.18	17.17
仁怀市	655300	150694	435165	69441	100.00	23.00	66.41	10.60
安顺市	**2470630**	**620736**	**1562932**	**286962**	**100.00**	**25.12**	**63.26**	**11.61**
西秀区	870441	191040	578820	100581	100.00	21.95	66.50	11.56
平坝区	347060	81187	224811	41062	100.00	23.39	64.78	11.83
普定县	376285	105039	228402	42844	100.00	27.91	60.70	11.39
镇宁布依族苗族自治县	299696	76097	187833	35766	100.00	25.39	62.67	11.93
关岭布依族苗族自治县	283497	82447	168859	32191	100.00	29.08	59.56	11.35
紫云苗族布依族自治县	293651	84926	174207	34518	100.00	28.92	59.32	11.75
毕节市	**6899636**	**1954390**	**4234135**	**711111**	**100.00**	**28.33**	**61.37**	**10.31**
七星关区	1305066	376363	795195	133508	100.00	28.84	60.93	10.23
大方县	857578	248180	515409	93989	100.00	28.94	60.10	10.96
黔西县	732008	190381	459310	82317	100.00	26.01	62.75	11.25
金沙县	544033	133918	342023	68092	100.00	24.62	62.87	12.52
织金县	815661	235144	491458	89059	100.00	28.83	60.25	10.92
纳雍县	716703	221395	419998	75310	100.00	30.89	58.60	10.51
威宁彝族回族苗族自治县	1280116	355621	822081	102414	100.00	27.78	64.22	8.00
赫章县	648471	193388	388661	66422	100.00	29.82	59.93	10.24

3-2 续表

单位：人、%

地 区	人口数				比重			
	合计	0-14岁	15-64岁	65岁及以上	合计	0-14岁	15-64岁	65岁及以上
铜仁市	**3298468**	**785209**	**2056408**	**456851**	**100.00**	**23.81**	**62.34**	**13.85**
碧江区	442076	92913	309711	39452	100.00	21.02	70.06	8.92
万山区	160624	36729	103372	20523	100.00	22.87	64.36	12.78
江口县	184764	43216	115679	25869	100.00	23.39	62.61	14.00
玉屏侗族自治县	150457	35829	95393	19235	100.00	23.81	63.40	12.78
石阡县	297086	64909	186360	45817	100.00	21.85	62.73	15.42
思南县	457745	104160	276960	76625	100.00	22.76	60.51	16.74
印江土家族苗族自治县	294490	68395	177141	48954	100.00	23.22	60.15	16.62
德江县	393596	98237	245492	49867	100.00	24.96	62.37	12.67
沿河土家族自治县	429893	118813	251048	60032	100.00	27.64	58.40	13.96
松桃苗族自治县	487737	122008	295252	70477	100.00	25.02	60.54	14.45
黔西南布依族苗族自治州	**3015112**	**775752**	**1922431**	**316929**	**100.00**	**25.73**	**63.76**	**10.51**
兴义市	1004132	234811	680495	88826	100.00	23.38	67.77	8.85
兴仁市	425770	115880	263766	46124	100.00	27.22	61.95	10.83
普安县	242958	66474	149448	27036	100.00	27.36	61.51	11.13
晴隆县	234162	67823	140478	25861	100.00	28.96	59.99	11.04
贞丰县	307313	84218	187110	35985	100.00	27.40	60.89	11.71
望谟县	235243	57777	149239	28227	100.00	24.56	63.44	12.00
册亨县	189709	49845	119499	20365	100.00	26.27	62.99	10.73
安龙县	375825	98924	232396	44505	100.00	26.32	61.84	11.84
黔东南苗族侗族自治州	**3758622**	**921683**	**2344650**	**492289**	**100.00**	**24.52**	**62.38**	**13.10**
凯里市	709057	148783	486813	73461	100.00	20.98	68.66	10.36
黄平县	244125	54912	147986	41227	100.00	22.49	60.62	16.89
施秉县	125518	30701	76371	18446	100.00	24.46	60.84	14.70
三穗县	162798	43637	96362	22799	100.00	26.80	59.19	14.00
镇远县	189715	45036	116390	28289	100.00	23.74	61.35	14.91
岑巩县	168441	40517	102857	25067	100.00	24.05	61.06	14.88
天柱县	273588	67636	162258	43694	100.00	24.72	59.31	15.97
锦屏县	155182	37605	95150	22427	100.00	24.23	61.32	14.45
剑河县	188507	50708	114603	23196	100.00	26.90	60.80	12.31
台江县	122861	32429	75460	14972	100.00	26.39	61.42	12.19
黎平县	412813	108938	249367	54508	100.00	26.39	60.41	13.20
榕江县	297572	78226	186685	32661	100.00	26.29	62.74	10.98
从江县	313887	89942	186827	37118	100.00	28.65	59.52	11.83
雷山县	124835	28580	80026	16229	100.00	22.89	64.11	13.00
麻江县	131081	29750	81548	19783	100.00	22.70	62.21	15.09
丹寨县	138642	34283	85947	18412	100.00	24.73	61.99	13.28
黔南布依族苗族自治州	**3494385**	**801487**	**2254111**	**438787**	**100.00**	**22.94**	**64.51**	**12.56**
都匀市	529688	89856	372677	67155	100.00	16.96	70.36	12.68
福泉市	297899	68418	195202	34279	100.00	22.97	65.53	11.51
荔波县	154896	35970	99906	19020	100.00	23.22	64.50	12.28
贵定县	250146	52941	164764	32441	100.00	21.16	65.87	12.97
瓮安县	395536	93802	252109	49625	100.00	23.72	63.74	12.55
独山县	264266	58510	166906	38850	100.00	22.14	63.16	14.70
平塘县	234417	58531	139637	36249	100.00	24.97	59.57	15.46
罗甸县	257551	69925	152299	35327	100.00	27.15	59.13	13.72
长顺县	201540	50634	124867	26039	100.00	25.12	61.96	12.92
龙里县	236221	51723	159849	24649	100.00	21.90	67.67	10.43
惠水县	395878	91954	258639	45285	100.00	23.23	65.33	11.44
三都水族自治县	276347	79223	167256	29868	100.00	28.67	60.52	10.81

3−2a　各地区人口年龄构成(一)(城市)

单位：人、%

地　区	人口数				比重			
	合计	0−14岁	15−64岁	65岁及以上	合计	0−14岁	15−64岁	65岁及以上
贵　州	**10126125**	**2029252**	**7257542**	**839331**	**100.00**	**20.04**	**71.67**	**8.29**
贵阳市	**4102936**	**709130**	**3026650**	**367156**	**100.00**	**17.28**	**73.77**	**8.95**
南明区	995995	156394	735596	104005	100.00	15.70	73.86	10.44
云岩区	1056819	179764	771070	105985	100.00	17.01	72.96	10.03
花溪区	635526	105883	471189	58454	100.00	16.66	74.14	9.20
乌当区	200830	38132	144219	18479	100.00	18.99	71.81	9.20
白云区	415894	78111	309515	28268	100.00	18.78	74.42	6.80
观山湖区	521841	100037	386485	35319	100.00	19.17	74.06	6.77
开阳县								
息烽县								
修文县								
清镇市	276031	50809	208576	16646	100.00	18.41	75.56	6.03
六盘水市	**979413**	**241707**	**667875**	**69831**	**100.00**	**24.68**	**68.19**	**7.13**
钟山区	546319	132549	374843	38927	100.00	24.26	68.61	7.13
六枝特区	161070	40452	105472	15146	100.00	25.11	65.48	9.40
水城县								
盘州市	272024	68706	187560	15758	100.00	25.26	68.95	5.79
遵义市	**1874238**	**390804**	**1331298**	**152136**	**100.00**	**20.85**	**71.03**	**8.12**
红花岗区	730096	137829	529341	62926	100.00	18.88	72.50	8.62
汇川区	436044	87071	308000	40973	100.00	19.97	70.64	9.40
播州区	301268	71289	210470	19509	100.00	23.66	69.86	6.48
桐梓县								
绥阳县								
正安县								
道真仡佬族苗族自治县								
务川仡佬族苗族自治县								
凤冈县								
湄潭县								
余庆县								
习水县								
赤水市	104454	20620	71381	12453	100.00	19.74	68.34	11.92
仁怀市	302376	73995	212106	16275	100.00	24.47	70.15	5.38
安顺市	**536236**	**105575**	**377054**	**53607**	**100.00**	**19.69**	**70.31**	**10.00**
西秀区	461738	88620	326216	46902	100.00	19.19	70.65	10.16
平坝区	74498	16955	50838	6705	100.00	22.76	68.24	9.00
普定县								
镇宁布依族苗族自治县								
关岭布依族苗族自治县								
紫云苗族布依族自治县								
毕节市	**609901**	**158129**	**408104**	**43668**	**100.00**	**25.93**	**66.91**	**7.16**
七星关区	609901	158129	408104	43668	100.00	25.93	66.91	7.16
大方县								
黔西县								
金沙县								
织金县								
纳雍县								
威宁彝族回族苗族自治县								
赫章县								

3-2a 续表

单位：人、%

地区	人口数				比重			
	合计	0-14岁	15-64岁	65岁及以上	合计	0-14岁	15-64岁	65岁及以上
铜仁市	**417810**	**89023**	**299380**	**29407**	**100.00**	**21.31**	**71.65**	**7.04**
碧江区	341286	72530	245025	23731	100.00	21.25	71.79	6.95
万山区	76524	16493	54355	5676	100.00	21.55	71.03	7.42
江口县								
玉屏侗族自治县								
石阡县								
思南县								
印江土家族苗族自治县								
德江县								
沿河土家族自治县								
松桃苗族自治县								
黔西南布依族苗族自治州	**692525**	**158593**	**490611**	**43321**	**100.00**	**22.90**	**70.84**	**6.26**
兴义市	569150	127581	406946	34623	100.00	22.42	71.50	6.08
兴仁市	123375	31012	83665	8698	100.00	25.14	67.81	7.05
普安县								
晴隆县								
贞丰县								
望谟县								
册亨县								
安龙县								
黔东南苗族侗族自治州	**487109**	**101907**	**347440**	**37762**	**100.00**	**20.92**	**71.33**	**7.75**
凯里市	487109	101907	347440	37762	100.00	20.92	71.33	7.75
黄平县								
施秉县								
三穗县								
镇远县								
岑巩县								
天柱县								
锦屏县								
剑河县								
台江县								
黎平县								
榕江县								
从江县								
雷山县								
麻江县								
丹寨县								
黔南布依族苗族自治州	**425957**	**74384**	**309130**	**42443**	**100.00**	**17.46**	**72.57**	**9.96**
都匀市	319239	50489	234167	34583	100.00	15.82	73.35	10.83
福泉市	106718	23895	74963	7860	100.00	22.39	70.24	7.37
荔波县								
贵定县								
瓮安县								
独山县								
平塘县								
罗甸县								
长顺县								
龙里县								
惠水县								
三都水族自治县								

3-2b　各地区人口年龄构成(一)(镇)

单位：人、%

地　区	人　口　数				比　重			
	合计	0-14岁	15-64岁	65岁及以上	合计	0-14岁	15-64岁	65岁及以上
贵　州	**10369821**	**2640104**	**6787928**	**941789**	**100.00**	**25.46**	**65.46**	**9.08**
贵阳市	**691135**	**131979**	**507694**	**51462**	**100.00**	**19.10**	**73.46**	**7.45**
南明区								
云岩区								
花溪区	143287	9405	130278	3604	100.00	6.56	90.92	2.52
乌当区	23006	4674	16016	2316	100.00	20.32	69.62	10.07
白云区	2460	386	1494	580	100.00	15.69	60.73	23.58
观山湖区	25617	3921	18109	3587	100.00	15.31	70.69	14.00
开阳县	186254	46270	123568	16416	100.00	24.84	66.34	8.81
息烽县	104498	24768	69770	9960	100.00	23.70	66.77	9.53
修文县	131379	32121	88585	10673	100.00	24.45	67.43	8.12
清镇市	74634	10434	59874	4326	100.00	13.98	80.22	5.80
六盘水市	**502142**	**142055**	**318031**	**42056**	**100.00**	**28.29**	**63.33**	**8.38**
钟山区	60478	15813	38861	5804	100.00	26.15	64.26	9.60
六枝特区	50886	16439	28873	5574	100.00	32.31	56.74	10.95
水城县	241908	70176	153839	17893	100.00	29.01	63.59	7.40
盘州市	148870	39627	96458	12785	100.00	26.62	64.79	8.59
遵义市	**1870984**	**473454**	**1199170**	**198360**	**100.00**	**25.31**	**64.09**	**10.60**
红花岗区	62101	13632	41234	7235	100.00	21.95	66.40	11.65
汇川区	56002	13509	33795	8698	100.00	24.12	60.35	15.53
播州区	89734	22599	56258	10877	100.00	25.18	62.69	12.12
桐梓县	247297	59496	161628	26173	100.00	24.06	65.36	10.58
绥阳县	172541	42538	111827	18176	100.00	24.65	64.81	10.53
正安县	167211	45409	102811	18991	100.00	27.16	61.49	11.36
道真仡佬族苗族自治县	128274	32676	80490	15108	100.00	25.47	62.75	11.78
务川仡佬族苗族自治县	168349	48066	105129	15154	100.00	28.55	62.45	9.00
凤冈县	144414	35400	95256	13758	100.00	24.51	65.96	9.53
湄潭县	188220	40783	126067	21370	100.00	21.67	66.98	11.35
余庆县	106030	26224	67786	12020	100.00	24.73	63.93	11.34
习水县	247219	69340	159579	18300	100.00	28.05	64.55	7.40
赤水市	34245	9139	19549	5557	100.00	26.69	57.09	16.23
仁怀市	59347	14643	37761	6943	100.00	24.67	63.63	11.70
安顺市	**610379**	**160811**	**394713**	**54855**	**100.00**	**26.35**	**64.67**	**8.99**
西秀区	52112	11738	34954	5420	100.00	22.52	67.07	10.40
平坝区	97306	19995	67194	10117	100.00	20.55	69.05	10.40
普定县	144892	42688	89525	12679	100.00	29.46	61.79	8.75
镇宁布依族苗族自治县	114644	29361	75214	10069	100.00	25.61	65.61	8.78
关岭布依族苗族自治县	105448	30350	66668	8430	100.00	28.78	63.22	7.99
紫云苗族布依族自治县	95977	26679	61158	8140	100.00	27.80	63.72	8.48
毕节市	**2296431**	**622829**	**1485890**	**187712**	**100.00**	**27.12**	**64.70**	**8.17**
七星关区	85273	26414	50049	8810	100.00	30.98	58.69	10.33
大方县	323897	89409	208458	26030	100.00	27.60	64.36	8.04
黔西县	340348	87943	223438	28967	100.00	25.84	65.65	8.51
金沙县	274114	67065	180244	26805	100.00	24.47	65.76	9.78
织金县	347931	97127	221453	29351	100.00	27.92	63.65	8.44
纳雍县	292089	85813	181522	24754	100.00	29.38	62.15	8.47
威宁彝族回族苗族自治县	463564	121755	312811	28998	100.00	26.26	67.48	6.26
赫章县	169215	47303	107915	13997	100.00	27.95	63.77	8.27

3－2b 续表　　　　单位：人、%

地区	人口数				比重			
	合计	0－14岁	15－64岁	65岁及以上	合计	0－14岁	15－64岁	65岁及以上
铜仁市	**1100864**	**283186**	**723935**	**93743**	**100.00**	**25.72**	**65.76**	**8.52**
碧江区	5268	1131	3219	918	100.00	21.47	61.10	17.43
万山区								
江口县	81867	21082	53152	7633	100.00	25.75	64.92	9.32
玉屏侗族自治县	78588	19447	51289	7852	100.00	24.75	65.26	9.99
石阡县	102074	23533	69243	9298	100.00	23.05	67.84	9.11
思南县	189270	46298	125360	17612	100.00	24.46	66.23	9.31
印江土家族苗族自治县	121416	32427	77993	10996	100.00	26.71	64.24	9.06
德江县	184746	50471	123035	11240	100.00	27.32	66.60	6.08
沿河土家族自治县	171066	49109	108572	13385	100.00	28.71	63.47	7.82
松桃苗族自治县	166569	39688	112072	14809	100.00	23.83	67.28	8.89
黔西南布依族苗族自治州	**698413**	**185533**	**450242**	**62638**	**100.00**	**26.56**	**64.47**	**8.97**
兴义市	80347	20728	51192	8427	100.00	25.80	63.71	10.49
兴仁市	45835	12606	28773	4456	100.00	27.50	62.78	9.72
普安县	75258	20551	48328	6379	100.00	27.31	64.22	8.48
晴隆县	76937	22173	48304	6460	100.00	28.82	62.78	8.40
贞丰县	117914	32217	76529	9168	100.00	27.32	64.90	7.78
望谟县	88704	22536	58311	7857	100.00	25.41	65.74	8.86
册亨县	61671	16057	39904	5710	100.00	26.04	64.70	9.26
安龙县	151747	38665	98901	14181	100.00	25.48	65.17	9.35
黔东南苗族侗族自治州	**1224894**	**312812**	**790794**	**121288**	**100.00**	**25.54**	**64.56**	**9.90**
凯里市	32134	8319	19633	4182	100.00	25.89	61.10	13.01
黄平县	93992	22607	60071	11314	100.00	24.05	63.91	12.04
施秉县	50758	12914	32718	5126	100.00	25.44	64.46	10.10
三穗县	78555	21574	49073	7908	100.00	27.46	62.47	10.07
镇远县	94217	23012	61273	9932	100.00	24.42	65.03	10.54
岑巩县	74366	19338	48198	6830	100.00	26.00	64.81	9.18
天柱县	115893	29209	73986	12698	100.00	25.20	63.84	10.96
锦屏县	69863	18234	44552	7077	100.00	26.10	63.77	10.13
剑河县	74541	20493	47355	6693	100.00	27.49	63.53	8.98
台江县	45554	12772	29062	3720	100.00	28.04	63.80	8.17
黎平县	162522	43018	102944	16560	100.00	26.47	63.34	10.19
榕江县	102099	26286	67476	8337	100.00	25.75	66.09	8.17
从江县	72219	18398	47719	6102	100.00	25.48	66.08	8.45
雷山县	49801	11771	33402	4628	100.00	23.64	67.07	9.29
麻江县	51117	11634	34370	5113	100.00	22.76	67.24	10.00
丹寨县	57263	13233	38962	5068	100.00	23.11	68.04	8.85
黔南布依族苗族自治州	**1374579**	**327445**	**917459**	**129675**	**100.00**	**23.82**	**66.74**	**9.43**
都匀市	29715	5108	21532	3075	100.00	17.19	72.46	10.35
福泉市	47045	11940	30678	4427	100.00	25.38	65.21	9.41
荔波县	66145	15540	45601	5004	100.00	23.49	68.94	7.57
贵定县	130913	25650	90771	14492	100.00	19.59	69.34	11.07
瓮安县	241886	62332	157806	21748	100.00	25.77	65.24	8.99
独山县	126745	27294	83836	15615	100.00	21.53	66.15	12.32
平塘县	79179	20631	49807	8741	100.00	26.06	62.90	11.04
罗甸县	142544	41425	86951	14168	100.00	29.06	61.00	9.94
长顺县	86653	21314	56636	8703	100.00	24.60	65.36	10.04
龙里县	127891	27584	90507	9800	100.00	21.57	70.77	7.66
惠水县	193872	41072	137002	15798	100.00	21.19	70.67	8.15
三都水族自治县	101991	27555	66332	8104	100.00	27.02	65.04	7.95

3-2c 各地区人口年龄构成(一)(乡村)

单位：人、%

地区	人口数				比重			
	合计	0-14岁	15-64岁	65岁及以上	合计	0-14岁	15-64岁	65岁及以上
贵州	**18066202**	**4572682**	**10818185**	**2675335**	**100.00**	**25.31**	**59.88**	**14.81**
贵阳市	**1192947**	**270161**	**774472**	**148314**	**100.00**	**22.65**	**64.92**	**12.43**
南明区	51797	10535	37504	3758	100.00	20.34	72.41	7.26
云岩区								
花溪区	187463	46203	122554	18706	100.00	24.65	65.38	9.98
乌当区	112527	22450	77345	12732	100.00	19.95	68.73	11.31
白云区	37896	7917	26810	3169	100.00	20.89	70.75	8.36
观山湖区	95176	18570	70064	6542	100.00	19.51	73.62	6.87
开阳县	157617	30271	96685	30661	100.00	19.21	61.34	19.45
息烽县	115337	26437	68720	20180	100.00	22.92	59.58	17.50
修文县	156711	37784	97713	21214	100.00	24.11	62.35	13.54
清镇市	278423	69994	177077	31352	100.00	25.14	63.60	11.26
六盘水市	**1550047**	**413392**	**948430**	**188225**	**100.00**	**26.67**	**61.19**	**12.14**
钟山区	67452	15338	46699	5415	100.00	22.74	69.23	8.03
六枝特区	324917	95487	185534	43896	100.00	29.39	57.10	13.51
水城县	504499	130892	313141	60466	100.00	25.94	62.07	11.99
盘州市	653179	171675	403056	78448	100.00	26.28	61.71	12.01
遵义市	**2861453**	**610099**	**1715368**	**535986**	**100.00**	**21.32**	**59.95**	**18.73**
红花岗区	179140	36161	110806	32173	100.00	20.19	61.85	17.96
汇川区	135675	29791	80473	25411	100.00	21.96	59.31	18.73
播州区	370489	77910	227381	65198	100.00	21.03	61.37	17.60
桐梓县	282174	64385	169595	48194	100.00	22.82	60.10	17.08
绥阳县	207136	46027	122842	38267	100.00	22.22	59.30	18.47
正安县	228948	48233	135066	45649	100.00	21.07	58.99	19.94
道真仡佬族苗族自治县	115572	19149	70707	25716	100.00	16.57	61.18	22.25
务川仡佬族苗族自治县	140117	28275	80857	30985	100.00	20.18	57.71	22.11
凤冈县	159742	32858	93852	33032	100.00	20.57	58.75	20.68
湄潭县	184645	37678	110272	36695	100.00	20.41	59.72	19.87
余庆县	117922	23845	68948	25129	100.00	20.22	58.47	21.31
习水县	337728	82408	196446	58874	100.00	24.40	58.17	17.43
赤水市	108588	21323	62825	24440	100.00	19.64	57.86	22.51
仁怀市	293577	62056	185298	46223	100.00	21.14	63.12	15.74
安顺市	**1324015**	**354350**	**791165**	**178500**	**100.00**	**26.76**	**59.75**	**13.48**
西秀区	356591	90682	217650	48259	100.00	25.43	61.04	13.53
平坝区	175256	44237	106779	24240	100.00	25.24	60.93	13.83
普定县	231393	62351	138877	30165	100.00	26.95	60.02	13.04
镇宁布依族苗族自治县	185052	46736	112619	25697	100.00	25.26	60.86	13.89
关岭布依族苗族自治县	178049	52097	102191	23761	100.00	29.26	57.39	13.35
紫云苗族布依族自治县	197674	58247	113049	26378	100.00	29.47	57.19	13.34
毕节市	**3993304**	**1173432**	**2340141**	**479731**	**100.00**	**29.38**	**58.60**	**12.01**
七星关区	609892	191820	337042	81030	100.00	31.45	55.26	13.29
大方县	533681	158771	306951	67959	100.00	29.75	57.52	12.73
黔西县	391660	102438	235872	53350	100.00	26.15	60.22	13.62
金沙县	269919	66853	161779	41287	100.00	24.77	59.94	15.30
织金县	467730	138017	270005	59708	100.00	29.51	57.73	12.77
纳雍县	424614	135582	238476	50556	100.00	31.93	56.16	11.91
威宁彝族回族苗族自治县	816552	233866	509270	73416	100.00	28.64	62.37	8.99
赫章县	479256	146085	280746	52425	100.00	30.48	58.58	10.94

3-2c 续表 单位：人、%

地区	人口数				比重			
	合计	0-14岁	15-64岁	65岁及以上	合计	0-14岁	15-64岁	65岁及以上
铜仁市	**1779794**	**413000**	**1033093**	**333701**	**100.00**	**23.20**	**58.05**	**18.75**
碧江区	95522	19252	61467	14803	100.00	20.15	64.35	15.50
万山区	84100	20236	49017	14847	100.00	24.06	58.28	17.65
江口县	102897	22134	62527	18236	100.00	21.51	60.77	17.72
玉屏侗族自治县	71869	16382	44104	11383	100.00	22.79	61.37	15.84
石阡县	195012	41376	117117	36519	100.00	21.22	60.06	18.73
思南县	268475	57862	151600	59013	100.00	21.55	56.47	21.98
印江土家族苗族自治县	173074	35968	99148	37958	100.00	20.78	57.29	21.93
德江县	208850	47766	122457	38627	100.00	22.87	58.63	18.50
沿河土家族自治县	258827	69704	142476	46647	100.00	26.93	55.05	18.02
松桃苗族自治县	321168	82320	183180	55668	100.00	25.63	57.04	17.33
黔西南布依族苗族自治州	**1624174**	**431626**	**981578**	**210970**	**100.00**	**26.58**	**60.44**	**12.99**
兴义市	354635	86502	222357	45776	100.00	24.39	62.70	12.91
兴仁市	256560	72262	151328	32970	100.00	28.17	58.98	12.85
普安县	167700	45923	101120	20657	100.00	27.38	60.30	12.32
晴隆县	157225	45650	92174	19401	100.00	29.03	58.63	12.34
贞丰县	189399	52001	110581	26817	100.00	27.46	58.39	14.16
望谟县	146539	35241	90928	20370	100.00	24.05	62.05	13.90
册亨县	128038	33788	79595	14655	100.00	26.39	62.17	11.45
安龙县	224078	60259	133495	30324	100.00	26.89	59.58	13.53
黔东南苗族侗族自治州	**2046619**	**506964**	**1206416**	**333239**	**100.00**	**24.77**	**58.95**	**16.28**
凯里市	189814	38557	119740	31517	100.00	20.31	63.08	16.60
黄平县	150133	32305	87915	29913	100.00	21.52	58.56	19.92
施秉县	74760	17787	43653	13320	100.00	23.79	58.39	17.82
三穗县	84243	22063	47289	14891	100.00	26.19	56.13	17.68
镇远县	95498	22024	55117	18357	100.00	23.06	57.72	19.22
岑巩县	94075	21179	54659	18237	100.00	22.51	58.10	19.39
天柱县	157695	38427	88272	30996	100.00	24.37	55.98	19.66
锦屏县	85319	19371	50598	15350	100.00	22.70	59.30	17.99
剑河县	113966	30215	67248	16503	100.00	26.51	59.01	14.48
台江县	77307	19657	46398	11252	100.00	25.43	60.02	14.55
黎平县	250291	65920	146423	37948	100.00	26.34	58.50	15.16
榕江县	195473	51940	119209	24324	100.00	26.57	60.98	12.44
从江县	241668	71544	139108	31016	100.00	29.60	57.56	12.83
雷山县	75034	16809	46624	11601	100.00	22.40	62.14	15.46
麻江县	79964	18116	47178	14670	100.00	22.66	59.00	18.35
丹寨县	81379	21050	46985	13344	100.00	25.87	57.74	16.40
黔南布依族苗族自治州	**1693849**	**399658**	**1027522**	**266669**	**100.00**	**23.59**	**60.66**	**15.74**
都匀市	180734	34259	116978	29497	100.00	18.96	64.72	16.32
福泉市	144136	32583	89561	21992	100.00	22.61	62.14	15.26
荔波县	88751	20430	54305	14016	100.00	23.02	61.19	15.79
贵定县	119233	27291	73993	17949	100.00	22.89	62.06	15.05
瓮安县	153650	31470	94303	27877	100.00	20.48	61.38	18.14
独山县	137521	31216	83070	23235	100.00	22.70	60.41	16.90
平塘县	155238	37900	89830	27508	100.00	24.41	57.87	17.72
罗甸县	115007	28500	65348	21159	100.00	24.78	56.82	18.40
长顺县	114887	29320	68231	17336	100.00	25.52	59.39	15.09
龙里县	108330	24139	69342	14849	100.00	22.28	64.01	13.71
惠水县	202006	50882	121637	29487	100.00	25.19	60.21	14.60
三都水族自治县	174356	51668	100924	21764	100.00	29.63	57.88	12.48

3-3　各地区人口年龄构成(二)

单位：人、%

地　　区	人　口　数				比　　重			
	合计	0-15岁	16-59岁	60岁及以上	合计	0-15岁	16-59岁	60岁及以上
贵　州	**38562148**	**9768837**	**22861954**	**5931357**	**100.00**	**25.33**	**59.29**	**15.38**
贵阳市	**5987018**	**1167847**	**4022946**	**796225**	**100.00**	**19.51**	**67.19**	**13.30**
南明区	1047792	174462	719495	153835	100.00	16.65	68.67	14.68
云岩区	1056819	188260	716012	152547	100.00	17.81	67.75	14.43
花溪区	966276	169441	685570	111265	100.00	17.54	70.95	11.51
乌当区	336363	68974	221020	46369	100.00	20.51	65.71	13.79
白云区	456250	93230	317896	45124	100.00	20.43	69.68	9.89
观山湖区	642634	129419	445335	67880	100.00	20.14	69.30	10.56
开阳县	343871	79528	201169	63174	100.00	23.13	58.50	18.37
息烽县	219835	53455	126852	39528	100.00	24.32	57.70	17.98
修文县	288090	73481	171759	42850	100.00	25.51	59.62	14.87
清镇市	629088	137597	417838	73653	100.00	21.87	66.42	11.71
六盘水市	**3031602**	**834006**	**1787708**	**409888**	**100.00**	**27.51**	**58.97**	**13.52**
钟山区	674249	172233	432781	69235	100.00	25.54	64.19	10.27
六枝特区	536873	161614	287810	87449	100.00	30.10	53.61	16.29
水城县	746407	211211	433857	101339	100.00	28.30	58.13	13.58
盘州市	1074073	288948	633260	151865	100.00	26.90	58.96	14.14
遵义市	**6606675**	**1557195**	**3922955**	**1126525**	**100.00**	**23.57**	**59.38**	**17.05**
红花岗区	971337	197641	637550	136146	100.00	20.35	65.64	14.02
汇川区	627721	137299	393185	97237	100.00	21.87	62.64	15.49
播州区	761491	180841	457742	122908	100.00	23.75	60.11	16.14
桐梓县	529471	131134	303899	94438	100.00	24.77	57.40	17.84
绥阳县	379677	93313	213402	72962	100.00	24.58	56.21	19.22
正安县	396159	99950	214530	81679	100.00	25.23	54.15	20.62
道真仡佬族苗族自治县	243846	55633	138302	49911	100.00	22.81	56.72	20.47
务川仡佬族苗族自治县	308466	80871	170943	56652	100.00	26.22	55.42	18.37
凤冈县	304156	72518	175395	56243	100.00	23.84	57.67	18.49
湄潭县	372865	83161	217711	71993	100.00	22.30	58.39	19.31
余庆县	223952	53393	124892	45667	100.00	23.84	55.77	20.39
习水县	584947	159527	328561	96859	100.00	27.27	56.17	16.56
赤水市	247287	54320	139995	52972	100.00	21.97	56.61	21.42
仁怀市	655300	157594	406848	90858	100.00	24.05	62.09	13.87
安顺市	**2470630**	**654999**	**1422680**	**392951**	**100.00**	**26.51**	**57.58**	**15.90**
西秀区	870441	202114	530483	137844	100.00	23.22	60.94	15.84
平坝区	347060	85163	206139	55758	100.00	24.54	59.40	16.07
普定县	376285	110372	208264	57649	100.00	29.33	55.35	15.32
镇宁布依族苗族自治县	299696	80587	169526	49583	100.00	26.89	56.57	16.54
关岭布依族苗族自治县	283497	87320	150928	45249	100.00	30.80	53.24	15.96
紫云苗族布依族自治县	293651	89443	157340	46868	100.00	30.46	53.58	15.96
毕节市	**6899636**	**2072918**	**3871955**	**954763**	**100.00**	**30.04**	**56.12**	**13.84**
七星关区	1305066	398353	728866	177847	100.00	30.52	55.85	13.63
大方县	857578	262154	472788	122636	100.00	30.57	55.13	14.30
黔西县	732008	200124	420769	111115	100.00	27.34	57.48	15.18
金沙县	544033	143252	316068	84713	100.00	26.33	58.10	15.57
织金县	815661	247977	446787	120897	100.00	30.40	54.78	14.82
纳雍县	716703	235438	380935	100330	100.00	32.85	53.15	14.00
威宁彝族回族苗族自治县	1280116	379848	753310	146958	100.00	29.67	58.85	11.48
赫章县	648471	205772	352432	90267	100.00	31.73	54.35	13.92

3-3 续表 单位：人、%

地 区	人口数				比重			
	合计	0-15岁	16-59岁	60岁及以上	合计	0-15岁	16-59岁	60岁及以上
铜仁市	**3298468**	**838796**	**1880526**	**579146**	**100.00**	**25.43**	**57.01**	**17.56**
碧江区	442076	98917	289334	53825	100.00	22.38	65.45	12.18
万山区	160624	39330	94902	26392	100.00	24.49	59.08	16.43
江口县	184764	45546	104988	34230	100.00	24.65	56.82	18.53
玉屏侗族自治县	150457	37780	87521	25156	100.00	25.11	58.17	16.72
石阡县	297086	69048	170109	57929	100.00	23.24	57.26	19.50
思南县	457745	111964	252547	93234	100.00	24.46	55.17	20.37
印江土家族苗族自治县	294490	72982	161567	59941	100.00	24.78	54.86	20.35
德江县	393596	105636	224841	63119	100.00	26.84	57.12	16.04
沿河土家族自治县	429893	128336	226953	74604	100.00	29.85	52.79	17.35
松桃苗族自治县	487737	129257	267764	90716	100.00	26.50	54.90	18.60
黔西南布依族苗族自治州	**3015112**	**823264**	**1748222**	**443626**	**100.00**	**27.30**	**57.98**	**14.71**
兴义市	1004132	249653	627374	127105	100.00	24.86	62.48	12.66
兴仁市	425770	122951	238969	63850	100.00	28.88	56.13	15.00
普安县	242958	70515	133920	38523	100.00	29.02	55.12	15.86
晴隆县	234162	72175	125653	36334	100.00	30.82	53.66	15.52
贞丰县	307313	89827	167751	49735	100.00	29.23	54.59	16.18
望谟县	235243	62215	134829	38199	100.00	26.45	57.31	16.24
册亨县	189709	52403	108673	28633	100.00	27.62	57.28	15.09
安龙县	375825	103525	211053	61247	100.00	27.55	56.16	16.30
黔东南苗族侗族自治州	**3758622**	**974893**	**2141220**	**642509**	**100.00**	**25.94**	**56.97**	**17.09**
凯里市	709057	158091	454231	96735	100.00	22.30	64.06	13.64
黄平县	244125	58805	134024	51296	100.00	24.09	54.90	21.01
施秉县	125518	32590	69484	23444	100.00	25.96	55.36	18.68
三穗县	162798	46143	86826	29829	100.00	28.34	53.33	18.32
镇远县	189715	47674	104567	37474	100.00	25.13	55.12	19.75
岑巩县	168441	42870	93158	32413	100.00	25.45	55.31	19.24
天柱县	273588	71489	144591	57508	100.00	26.13	52.85	21.02
锦屏县	155182	39825	84848	30509	100.00	25.66	54.68	19.66
剑河县	188507	53803	105069	29635	100.00	28.54	55.74	15.72
台江县	122861	34706	68758	19397	100.00	28.25	55.96	15.79
黎平县	412813	114398	225117	73298	100.00	27.71	54.53	17.76
榕江县	297572	82490	170718	44364	100.00	27.72	57.37	14.91
从江县	313887	93836	172964	47087	100.00	29.89	55.10	15.00
雷山县	124835	30275	73985	20575	100.00	24.25	59.27	16.48
麻江县	131081	31235	74748	25098	100.00	23.83	57.02	19.15
丹寨县	138642	36663	78132	23847	100.00	26.44	56.36	17.20
黔南布依族苗族自治州	**3494385**	**844919**	**2063742**	**585724**	**100.00**	**24.18**	**59.06**	**16.76**
都匀市	529688	95819	341798	92071	100.00	18.09	64.53	17.38
福泉市	297899	71534	180971	45394	100.00	24.01	60.75	15.24
荔波县	154896	37813	93061	24022	100.00	24.41	60.08	15.51
贵定县	250146	56052	150060	44034	100.00	22.41	59.99	17.60
瓮安县	395536	98597	230878	66061	100.00	24.93	58.37	16.70
独山县	264266	61478	151951	50837	100.00	23.26	57.50	19.24
平塘县	234417	62116	125585	46716	100.00	26.50	53.57	19.93
罗甸县	257551	73694	138465	45392	100.00	28.61	53.76	17.62
长顺县	201540	53118	112875	35547	100.00	26.36	56.01	17.64
龙里县	236221	54403	147877	33941	100.00	23.03	62.60	14.37
惠水县	395878	96614	237034	62230	100.00	24.40	59.88	15.72
三都水族自治县	276347	83681	153187	39479	100.00	30.28	55.43	14.29

3-3a　各地区人口年龄构成(二)(城市)

单位：人、%

地　区	人口数				比重			
	合计	0-15岁	16-59岁	60岁及以上	合计	0-15岁	16-59岁	60岁及以上
贵　州	**10126125**	**2147549**	**6792737**	**1185839**	**100.00**	**21.21**	**67.08**	**11.71**
贵阳市	**4102936**	**747215**	**2830018**	**525703**	**100.00**	**18.21**	**68.98**	**12.81**
南明区	995995	163448	684066	148481	100.00	16.41	68.68	14.91
云岩区	1056819	188260	716012	152547	100.00	17.81	67.75	14.43
花溪区	635526	111967	443220	80339	100.00	17.62	69.74	12.64
乌当区	200830	39915	134773	26142	100.00	19.88	67.11	13.02
白云区	415894	84085	291732	40077	100.00	20.22	70.15	9.64
观山湖区	521841	105015	362774	54052	100.00	20.12	69.52	10.36
开阳县								
息烽县								
修文县								
清镇市	276031	54525	197441	24065	100.00	19.75	71.53	8.72
六盘水市	**979413**	**254393**	**626581**	**98439**	**100.00**	**25.97**	**63.98**	**10.05**
钟山区	546319	138906	353213	54200	100.00	25.43	64.65	9.92
六枝特区	161070	43350	97199	20521	100.00	26.91	60.35	12.74
水城县								
盘州市	272024	72137	176169	23718	100.00	26.52	64.76	8.72
遵义市	**1874238**	**412387**	**1253991**	**207860**	**100.00**	**22.00**	**66.91**	**11.09**
红花岗区	730096	145692	497940	86464	100.00	19.96	68.20	11.84
汇川区	436044	92264	288225	55555	100.00	21.16	66.10	12.74
播州区	301268	75553	198980	26735	100.00	25.08	66.05	8.87
桐梓县								
绥阳县								
正安县								
道真仡佬族苗族自治县								
务川仡佬族苗族自治县								
凤冈县								
湄潭县								
余庆县								
习水县								
赤水市	104454	21891	66023	16540	100.00	20.96	63.21	15.83
仁怀市	302376	76987	202823	22566	100.00	25.46	67.08	7.46
安顺市	**536236**	**112597**	**348154**	**75485**	**100.00**	**21.00**	**64.93**	**14.08**
西秀区	461738	94827	301048	65863	100.00	20.54	65.20	14.26
平坝区	74498	17770	47106	9622	100.00	23.85	63.23	12.92
普定县								
镇宁布依族苗族自治县								
关岭布依族苗族自治县								
紫云苗族布依族自治县								
毕节市	**609901**	**167332**	**381537**	**61032**	**100.00**	**27.44**	**62.56**	**10.01**
七星关区	609901	167332	381537	61032	100.00	27.44	62.56	10.01
大方县								
黔西县								
金沙县								
织金县								
纳雍县								
威宁彝族回族苗族自治县								
赫章县								

3-3a 续表 单位：人、%

地区	人口数				比重			
	合计	0-15岁	16-59岁	60岁及以上	合计	0-15岁	16-59岁	60岁及以上
铜仁市	**417810**	**95797**	**280911**	**41102**	**100.00**	**22.93**	**67.23**	**9.84**
碧江区	341286	77673	230010	33603	100.00	22.76	67.40	9.85
万山区	76524	18124	50901	7499	100.00	23.68	66.52	9.80
江口县								
玉屏侗族自治县								
石阡县								
思南县								
印江土家族苗族自治县								
德江县								
沿河土家族自治县								
松桃苗族自治县								
黔西南布依族苗族自治州	**692525**	**170100**	**457174**	**65251**	**100.00**	**24.56**	**66.02**	**9.42**
兴义市	569150	136911	379646	52593	100.00	24.06	66.70	9.24
兴仁市	123375	33189	77528	12658	100.00	26.90	62.84	10.26
普安县								
晴隆县								
贞丰县								
望谟县								
册亨县								
安龙县								
黔东南苗族侗族自治州	**487109**	**108271**	**326859**	**51979**	**100.00**	**22.23**	**67.10**	**10.67**
凯里市	487109	108271	326859	51979	100.00	22.23	67.10	10.67
黄平县								
施秉县								
三穗县								
镇远县								
岑巩县								
天柱县								
锦屏县								
剑河县								
台江县								
黎平县								
榕江县								
从江县								
雷山县								
麻江县								
丹寨县								
黔南布依族苗族自治州	**425957**	**79457**	**287512**	**58988**	**100.00**	**18.65**	**67.50**	**13.85**
都匀市	319239	53840	217192	48207	100.00	16.87	68.03	15.10
福泉市	106718	25617	70320	10781	100.00	24.00	65.89	10.10
荔波县								
贵定县								
瓮安县								
独山县								
平塘县								
罗甸县								
长顺县								
龙里县								
惠水县								
三都水族自治县								

3–3b　各地区人口年龄构成(二)(镇)

单位：人、%

地　区	人口数				比重			
	合计	0–15岁	16–59岁	60岁及以上	合计	0–15岁	16–59岁	60岁及以上
贵　州	**10369821**	**2801737**	**6304190**	**1263894**	**100.00**	**27.02**	**60.79**	**12.19**
贵阳市	**691135**	**139659**	**480992**	**70484**	**100.00**	**20.21**	**69.59**	**10.20**
南明区								
云岩区								
花溪区	143287	9682	128504	5101	100.00	6.76	89.68	3.56
乌当区	23006	5205	14667	3134	100.00	22.62	63.75	13.62
白云区	2460	403	1350	707	100.00	16.38	54.88	28.74
观山湖区	25617	4884	16121	4612	100.00	19.07	62.93	18.00
开阳县	186254	48380	115219	22655	100.00	25.98	61.86	12.16
息烽县	104498	25995	64987	13516	100.00	24.88	62.19	12.93
修文县	131379	33968	82692	14719	100.00	25.85	62.94	11.20
清镇市	74634	11142	57452	6040	100.00	14.93	76.98	8.09
六盘水市	**502142**	**149121**	**296083**	**56938**	**100.00**	**29.70**	**58.96**	**11.34**
钟山区	60478	16577	36241	7660	100.00	27.41	59.92	12.67
六枝特区	50886	17215	26108	7563	100.00	33.83	51.31	14.86
水城县	241908	73836	144457	23615	100.00	30.52	59.72	9.76
盘州市	148870	41493	89277	18100	100.00	27.87	59.97	12.16
遵义市	**1870984**	**501135**	**1116229**	**253620**	**100.00**	**26.78**	**59.66**	**13.56**
红花岗区	62101	14481	38418	9202	100.00	23.32	61.86	14.82
汇川区	56002	13970	31453	10579	100.00	24.95	56.16	18.89
播州区	89734	23623	52055	14056	100.00	26.33	58.01	15.66
桐梓县	247297	63470	149816	34011	100.00	25.67	60.58	13.75
绥阳县	172541	45138	103089	24314	100.00	26.16	59.75	14.09
正安县	167211	48108	94677	24426	100.00	28.77	56.62	14.61
道真仡佬族苗族自治县	128274	35052	74687	18535	100.00	27.33	58.22	14.45
务川仡佬族苗族自治县	168349	50624	98496	19229	100.00	30.07	58.51	11.42
凤冈县	144414	37527	89820	17067	100.00	25.99	62.20	11.82
湄潭县	188220	43415	117611	27194	100.00	23.07	62.49	14.45
余庆县	106030	28015	62979	15036	100.00	26.42	59.40	14.18
习水县	247219	72840	150303	24076	100.00	29.46	60.80	9.74
赤水市	34245	9543	17861	6841	100.00	27.87	52.16	19.98
仁怀市	59347	15329	34964	9054	100.00	25.83	58.91	15.26
安顺市	**610379**	**170782**	**363513**	**76084**	**100.00**	**27.98**	**59.56**	**12.47**
西秀区	52112	12501	32221	7390	100.00	23.99	61.83	14.18
平坝区	97306	21443	62448	13415	100.00	22.04	64.18	13.79
普定县	144892	45190	82496	17206	100.00	31.19	56.94	11.88
镇宁布依族苗族自治县	114644	31221	69039	14384	100.00	27.23	60.22	12.55
关岭布依族苗族自治县	105448	32149	60984	12315	100.00	30.49	57.83	11.68
紫云苗族布依族自治县	95977	28278	56325	11374	100.00	29.46	58.69	11.85
毕节市	**2296431**	**663873**	**1375868**	**256690**	**100.00**	**28.91**	**59.91**	**11.18**
七星关区	85273	28038	45588	11647	100.00	32.88	53.46	13.66
大方县	323897	95856	193582	34459	100.00	29.59	59.77	10.64
黔西县	340348	92899	206771	40678	100.00	27.30	60.75	11.95
金沙县	274114	72232	167885	33997	100.00	26.35	61.25	12.40
织金县	347931	102733	204401	40797	100.00	29.53	58.75	11.73
纳雍县	292089	91414	166957	33718	100.00	31.30	57.16	11.54
威宁彝族回族苗族自治县	463564	130273	291208	42083	100.00	28.10	62.82	9.08
赫章县	169215	50428	99476	19311	100.00	29.80	58.79	11.41

3-3b 续表

单位：人、%

地区	人口数				比重			
	合计	0-15岁	16-59岁	60岁及以上	合计	0-15岁	16-59岁	60岁及以上
铜仁市	**1100864**	**303962**	**674000**	**122902**	**100.00**	**27.61**	**61.22**	**11.16**
碧江区	5268	1171	2938	1159	100.00	22.23	55.77	22.00
万山区								
江口县	81867	22325	49046	10496	100.00	27.27	59.91	12.82
玉屏侗族自治县	78588	20365	47749	10474	100.00	25.91	60.76	13.33
石阡县	102074	25585	64214	12275	100.00	25.07	62.91	12.03
思南县	189270	50703	116309	22258	100.00	26.79	61.45	11.76
印江土家族苗族自治县	121416	34498	72791	14127	100.00	28.41	59.95	11.64
德江县	184746	54190	115599	14957	100.00	29.33	62.57	8.10
沿河土家族自治县	171066	52594	101118	17354	100.00	30.74	59.11	10.14
松桃苗族自治县	166569	42531	104236	19802	100.00	25.53	62.58	11.89
黔西南布依族苗族自治州	**698413**	**196812**	**413020**	**88581**	**100.00**	**28.18**	**59.14**	**12.68**
兴义市	80347	21705	46893	11749	100.00	27.01	58.36	14.62
兴仁市	45835	13371	26325	6139	100.00	29.17	57.43	13.39
普安县	75258	21588	44425	9245	100.00	28.69	59.03	12.28
晴隆县	76937	23699	44079	9159	100.00	30.80	57.29	11.90
贞丰县	117914	34471	70228	13215	100.00	29.23	59.56	11.21
望谟县	88704	24536	53111	11057	100.00	27.66	59.87	12.47
册亨县	61671	16652	36842	8177	100.00	27.00	59.74	13.26
安龙县	151747	40790	91117	19840	100.00	26.88	60.05	13.07
黔东南苗族侗族自治州	**1224894**	**331232**	**731318**	**162344**	**100.00**	**27.04**	**59.70**	**13.25**
凯里市	32134	8622	18268	5244	100.00	26.83	56.85	16.32
黄平县	93992	23972	55633	14387	100.00	25.50	59.19	15.31
施秉县	50758	13668	30327	6763	100.00	26.93	59.75	13.32
三穗县	78555	22779	45079	10697	100.00	29.00	57.39	13.62
镇远县	94217	24511	55988	13718	100.00	26.02	59.42	14.56
岑巩县	74366	20388	44731	9247	100.00	27.42	60.15	12.43
天柱县	115893	31496	67288	17109	100.00	27.18	58.06	14.76
锦屏县	69863	19222	40776	9865	100.00	27.51	58.37	14.12
剑河县	74541	21719	44240	8582	100.00	29.14	59.35	11.51
台江县	45554	13599	26994	4961	100.00	29.85	59.26	10.89
黎平县	162522	45137	94671	22714	100.00	27.77	58.25	13.98
榕江县	102099	27623	62717	11759	100.00	27.06	61.43	11.52
从江县	72219	19615	44644	7960	100.00	27.16	61.82	11.02
雷山县	49801	12424	31484	5893	100.00	24.95	63.22	11.83
麻江县	51117	12204	32267	6646	100.00	23.87	63.12	13.00
丹寨县	57263	14253	36211	6799	100.00	24.89	63.24	11.87
黔南布依族苗族自治州	**1374579**	**345161**	**853167**	**176251**	**100.00**	**25.11**	**62.07**	**12.82**
都匀市	29715	5622	20035	4058	100.00	18.92	67.42	13.66
福泉市	47045	12300	28824	5921	100.00	26.15	61.27	12.59
荔波县	66145	16319	43102	6724	100.00	24.67	65.16	10.17
贵定县	130913	27423	83496	19994	100.00	20.95	63.78	15.27
瓮安县	241886	65458	146986	29442	100.00	27.06	60.77	12.17
独山县	126745	28657	77442	20646	100.00	22.61	61.10	16.29
平塘县	79179	21646	45919	11614	100.00	27.34	57.99	14.67
罗甸县	142544	43742	80107	18695	100.00	30.69	56.20	13.12
长顺县	86653	22578	52062	12013	100.00	26.06	60.08	13.86
龙里县	127891	28809	85072	14010	100.00	22.53	66.52	10.95
惠水县	193872	43398	128275	22199	100.00	22.38	66.16	11.45
三都水族自治县	101991	29209	61847	10935	100.00	28.64	60.64	10.72

3–3c　各地区人口年龄构成(二)(乡村)

单位：人、%

地　区	人口数				比重			
	合计	0–15岁	16–59岁	60岁及以上	合计	0–15岁	16–59岁	60岁及以上
贵　州	**18066202**	**4819551**	**9765027**	**3481624**	**100.00**	**26.68**	**54.05**	**19.27**
贵阳市	**1192947**	**280973**	**711936**	**200038**	**100.00**	**23.55**	**59.68**	**16.77**
南明区	51797	11014	35429	5354	100.00	21.26	68.40	10.34
云岩区								
花溪区	187463	47792	113846	25825	100.00	25.49	60.73	13.78
乌当区	112527	23854	71580	17093	100.00	21.20	63.61	15.19
白云区	37896	8742	24814	4340	100.00	23.07	65.48	11.45
观山湖区	95176	19520	66440	9216	100.00	20.51	69.81	9.68
开阳县	157617	31148	85950	40519	100.00	19.76	54.53	25.71
息烽县	115337	27460	61865	26012	100.00	23.81	53.64	22.55
修文县	156711	39513	89067	28131	100.00	25.21	56.84	17.95
清镇市	278423	71930	162945	43548	100.00	25.83	58.52	15.64
六盘水市	**1550047**	**430492**	**865044**	**254511**	**100.00**	**27.77**	**55.81**	**16.42**
钟山区	67452	16750	43327	7375	100.00	24.83	64.23	10.93
六枝特区	324917	101049	164503	59365	100.00	31.10	50.63	18.27
水城县	504499	137375	289400	77724	100.00	27.23	57.36	15.41
盘州市	653179	175318	367814	110047	100.00	26.84	56.31	16.85
遵义市	**2861453**	**643673**	**1552735**	**665045**	**100.00**	**22.49**	**54.26**	**23.24**
红花岗区	179140	37468	101192	40480	100.00	20.92	56.49	22.60
汇川区	135675	31065	73507	31103	100.00	22.90	54.18	22.92
播州区	370489	81665	206707	82117	100.00	22.04	55.79	22.16
桐梓县	282174	67664	154083	60427	100.00	23.98	54.61	21.41
绥阳县	207136	48175	110313	48648	100.00	23.26	53.26	23.49
正安县	228948	51842	119853	57253	100.00	22.64	52.35	25.01
道真仡佬族苗族自治县	115572	20581	63615	31376	100.00	17.81	55.04	27.15
务川仡佬族苗族自治县	140117	30247	72447	37423	100.00	21.59	51.70	26.71
凤冈县	159742	34991	85575	39176	100.00	21.90	53.57	24.52
湄潭县	184645	39746	100100	44799	100.00	21.53	54.21	24.26
余庆县	117922	25378	61913	30631	100.00	21.52	52.50	25.98
习水县	337728	86687	178258	72783	100.00	25.67	52.78	21.55
赤水市	108588	22886	56111	29591	100.00	21.08	51.67	27.25
仁怀市	293577	65278	169061	59238	100.00	22.24	57.59	20.18
安顺市	**1324015**	**371620**	**711013**	**241382**	**100.00**	**28.07**	**53.70**	**18.23**
西秀区	356591	94786	197214	64591	100.00	26.58	55.31	18.11
平坝区	175256	45950	96585	32721	100.00	26.22	55.11	18.67
普定县	231393	65182	125768	40443	100.00	28.17	54.35	17.48
镇宁布依族苗族自治县	185052	49366	100487	35199	100.00	26.68	54.30	19.02
关岭布依族苗族自治县	178049	55171	89944	32934	100.00	30.99	50.52	18.50
紫云苗族布依族自治县	197674	61165	101015	35494	100.00	30.94	51.10	17.96
毕节市	**3993304**	**1241713**	**2114550**	**637041**	**100.00**	**31.09**	**52.95**	**15.95**
七星关区	609892	202983	301741	105168	100.00	33.28	49.47	17.24
大方县	533681	166298	279206	88177	100.00	31.16	52.32	16.52
黔西县	391660	107225	213998	70437	100.00	27.38	54.64	17.98
金沙县	269919	71020	148183	50716	100.00	26.31	54.90	18.79
织金县	467730	145244	242386	80100	100.00	31.05	51.82	17.13
纳雍县	424614	144024	213978	66612	100.00	33.92	50.39	15.69
威宁彝族回族苗族自治县	816552	249575	462102	104875	100.00	30.56	56.59	12.84
赫章县	479256	155344	252956	70956	100.00	32.41	52.78	14.81

3-3c 续表

单位：人、%

地　区	人口数				比重			
	合计	0-15岁	16-59岁	60岁及以上	合计	0-15岁	16-59岁	60岁及以上
铜仁市	**1779794**	**439037**	**925615**	**415142**	**100.00**	**24.67**	**52.01**	**23.33**
碧江区	95522	20073	56386	19063	100.00	21.01	59.03	19.96
万山区	84100	21206	44001	18893	100.00	25.22	52.32	22.46
江口县	102897	23221	55942	23734	100.00	22.57	54.37	23.07
玉屏侗族自治县	71869	17415	39772	14682	100.00	24.23	55.34	20.43
石阡县	195012	43463	105895	45654	100.00	22.29	54.30	23.41
思南县	268475	61261	136238	70976	100.00	22.82	50.75	26.44
印江土家族苗族自治县	173074	38484	88776	45814	100.00	22.24	51.29	26.47
德江县	208850	51446	109242	48162	100.00	24.63	52.31	23.06
沿河土家族自治县	258827	75742	125835	57250	100.00	29.26	48.62	22.12
松桃苗族自治县	321168	86726	163528	70914	100.00	27.00	50.92	22.08
黔西南布依族苗族自治州	**1624174**	**456352**	**878028**	**289794**	**100.00**	**28.10**	**54.06**	**17.84**
兴义市	354635	91037	200835	62763	100.00	25.67	56.63	17.70
兴仁市	256560	76391	135116	45053	100.00	29.78	52.66	17.56
普安县	167700	48927	89495	29278	100.00	29.18	53.37	17.46
晴隆县	157225	48476	81574	27175	100.00	30.83	51.88	17.28
贞丰县	189399	55356	97523	36520	100.00	29.23	51.49	19.28
望谟县	146539	37679	81718	27142	100.00	25.71	55.77	18.52
册亨县	128038	35751	71831	20456	100.00	27.92	56.10	15.98
安龙县	224078	62735	119936	41407	100.00	28.00	53.52	18.48
黔东南苗族侗族自治州	**2046619**	**535390**	**1083043**	**428186**	**100.00**	**26.16**	**52.92**	**20.92**
凯里市	189814	41198	109104	39512	100.00	21.70	57.48	20.82
黄平县	150133	34833	78391	36909	100.00	23.20	52.21	24.58
施秉县	74760	18922	39157	16681	100.00	25.31	52.38	22.31
三穗县	84243	23364	41747	19132	100.00	27.73	49.56	22.71
镇远县	95498	23163	48579	23756	100.00	24.25	50.87	24.88
岑巩县	94075	22482	48427	23166	100.00	23.90	51.48	24.63
天柱县	157695	39993	77303	40399	100.00	25.36	49.02	25.62
锦屏县	85319	20603	44072	20644	100.00	24.15	51.66	24.20
剑河县	113966	32084	60829	21053	100.00	28.15	53.37	18.47
台江县	77307	21107	41764	14436	100.00	27.30	54.02	18.67
黎平县	250291	69261	130446	50584	100.00	27.67	52.12	20.21
榕江县	195473	54867	108001	32605	100.00	28.07	55.25	16.68
从江县	241668	74221	128320	39127	100.00	30.71	53.10	16.19
雷山县	75034	17851	42501	14682	100.00	23.79	56.64	19.57
麻江县	79964	19031	42481	18452	100.00	23.80	53.13	23.08
丹寨县	81379	22410	41921	17048	100.00	27.54	51.51	20.95
黔南布依族苗族自治州	**1693849**	**420301**	**923063**	**350485**	**100.00**	**24.81**	**54.49**	**20.69**
都匀市	180734	36357	104571	39806	100.00	20.12	57.86	22.02
福泉市	144136	33617	81827	28692	100.00	23.32	56.77	19.91
荔波县	88751	21494	49959	17298	100.00	24.22	56.29	19.49
贵定县	119233	28629	66564	24040	100.00	24.01	55.83	20.16
瓮安县	153650	33139	83892	36619	100.00	21.57	54.60	23.83
独山县	137521	32821	74509	30191	100.00	23.87	54.18	21.95
平塘县	155238	40470	79666	35102	100.00	26.07	51.32	22.61
罗甸县	115007	29952	58358	26697	100.00	26.04	50.74	23.21
长顺县	114887	30540	60813	23534	100.00	26.58	52.93	20.48
龙里县	108330	25594	62805	19931	100.00	23.63	57.98	18.40
惠水县	202006	53216	108759	40031	100.00	26.34	53.84	19.82
三都水族自治县	174356	54472	91340	28544	100.00	31.24	52.39	16.37

第一部分　全部数据资料

第四卷　教育

4-1　全省分年龄、性别、受教育程度的3岁及以上人口

单位：人

年　龄	3岁及以上人口			未上过学		
	合计	男	女	小计	男	女
总　计	**36839875**	**18792138**	**18047737**	**2951819**	**789029**	**2162790**
3	679988	361515	318473	246362	131123	115239
4	603301	322399	280902	82842	43358	39484
5—9岁	**3205476**	**1717039**	**1488437**	**47750**	**24731**	**23019**
5	579311	310390	268921	31039	16102	14937
6	630539	338193	292346	9722	5059	4663
7	644036	345022	299014	2839	1396	1443
8	692536	370960	321576	2261	1175	1086
9	659054	352474	306580	1889	999	890
10—14岁	**3031000**	**1618227**	**1412773**	**10210**	**5434**	**4776**
10	639278	340835	298443	1971	1077	894
11	644787	344020	300767	2274	1208	1066
12	602462	321785	280677	2327	1191	1136
13	572491	305543	266948	2007	1076	931
14	571982	306044	265938	1631	882	749
15—19岁	**2561363**	**1339162**	**1222201**	**6203**	**3421**	**2782**
15	526799	281406	245393	1142	625	517
16	542589	287585	255004	1028	580	448
17	509153	265247	243906	1118	607	511
18	488376	252143	236233	1360	754	606
19	494446	252781	241665	1555	855	700
20—24岁	**2551037**	**1267001**	**1284036**	**10351**	**5136**	**5215**
20	483810	243620	240190	1924	978	946
21	479430	238721	240709	1876	962	914
22	550715	272506	278209	2266	1182	1084
23	524273	258226	266047	2179	1052	1127
24	512809	253928	258881	2106	962	1144
25—29岁	**2493525**	**1260744**	**1232781**	**12013**	**5031**	**6982**
25	523418	261153	262265	2275	1040	1235
26	486924	244879	242045	2182	970	1212
27	507607	256473	251134	2389	1001	1388
28	495041	252073	242968	2523	1030	1493
29	480535	246166	234369	2644	990	1654
30—34岁	**2757831**	**1410885**	**1346946**	**24052**	**7881**	**16171**
30	569220	290585	278635	3596	1332	2264
31	557204	283310	273894	4197	1421	2776
32	546829	279568	267261	4796	1568	3228
33	581638	298100	283538	5629	1779	3850
34	502940	259322	243618	5834	1781	4053
35—39岁	**2296590**	**1193618**	**1102972**	**41103**	**11092**	**30011**
35	450309	233391	216918	6119	1763	4356
36	451663	235150	216513	6831	1907	4924
37	427063	222224	204839	7376	1966	5410
38	505629	263359	242270	10057	2673	7384
39	461926	239494	222432	10720	2783	7937
40—44岁	**2497952**	**1292129**	**1205823**	**94012**	**22115**	**71897**
40	446991	229326	217665	12665	2915	9750
41	478499	249051	229448	15474	3681	11793
42	493055	254710	238345	18557	4293	14264
43	500263	260314	239949	20956	5045	15911
44	579144	298728	280416	26360	6181	20179

4-1 续表 1

单位：人

年 龄	3岁及以上人口			未上过学		
	合计	男	女	小计	男	女
45-49岁	**3061958**	**1586586**	**1475372**	**178081**	**40529**	**137552**
45	612393	317290	295103	29057	6682	22375
46	657413	340896	316517	34204	7795	26409
47	609817	316765	293052	35450	7983	27467
48	587206	302514	284692	37989	8366	29623
49	595129	309121	286008	41381	9703	31678
50-54岁	**2922288**	**1477676**	**1444612**	**256686**	**53530**	**203156**
50	627616	319588	308028	48443	10296	38147
51	578506	293347	285159	48397	10380	38017
52	649487	326935	322552	57724	11885	45839
53	494920	248582	246338	47010	9573	37437
54	571759	289224	282535	55112	11396	43716
55-59岁	**2246209**	**1120672**	**1125537**	**248150**	**45317**	**202833**
55	554476	278373	276103	57076	11536	45540
56	543063	269501	273562	58067	10983	47084
57	566695	284503	282192	60776	10904	49872
58	400684	199650	201034	46936	7739	39197
59	181291	88645	92646	25295	4155	21140
60-64岁	**1474902**	**735777**	**739125**	**274877**	**54720**	**220157**
60	229598	114462	115136	36246	6687	29559
61	234443	118093	116350	40348	8005	32343
62	321478	161807	159671	59447	12082	47365
63	357653	178660	178993	70007	14382	55625
64	331730	162755	168975	68829	13564	55265
65-69岁	**1631217**	**792295**	**838922**	**390383**	**80785**	**309598**
65	356446	175507	180939	77670	15786	61884
66	365332	177402	187930	83995	17030	66965
67	336969	162725	174244	83025	17076	65949
68	326400	159019	167381	81608	17175	64433
69	246070	117642	128428	64085	13718	50367
70-74岁	**1183292**	**567595**	**615697**	**349036**	**82008**	**267028**
70	248704	119057	129647	68128	15209	52919
71	264076	129828	134248	76180	18808	57372
72	227693	107808	119885	68683	15897	52786
73	230751	110513	120238	70224	16787	53437
74	212068	100389	111679	65821	15307	50514
75-79岁	**822323**	**379584**	**442739**	**297134**	**72905**	**224229**
75	166489	76752	89737	55186	12672	42514
76	179311	85380	93931	61218	15041	46177
77	171433	78977	92456	62640	15312	47328
78	159619	72598	87021	60392	15062	45330
79	145471	65877	79594	57698	14818	42880
80-84岁	**519398**	**227533**	**291865**	**231190**	**61772**	**169418**
80	124765	55918	68847	51684	13590	38094
81	108109	47399	60710	47725	12770	34955
82	114867	50953	63914	51558	14178	37380
83	93800	40448	53352	43560	11586	31974
84	77857	32815	45042	36663	9648	27015
85岁及以上	**300225**	**121701**	**178524**	**151384**	**38141**	**113243**

4-1 续表 2

单位：人

年龄	学前教育			小学		
	小计	男	女	小计	男	女
总计	**1770475**	**941148**	**829327**	**12309291**	**6121540**	**6187751**
3	433626	230392	203234			
4	520459	279041	241418			
5-9岁	**763405**	**409515**	**353890**	**2363125**	**1264971**	**1098154**
5	489490	262014	227476	58782	32274	26508
6	232940	126286	106654	382434	203773	178661
7	23275	12165	11110	611065	327486	283579
8	10790	5414	5376	670720	359409	311311
9	6910	3636	3274	640124	342029	298095
10-14岁	**21518**	**11083**	**10435**	**1679764**	**896383**	**783381**
10	5560	2917	2643	615724	327861	287863
11	4468	2320	2148	598029	318893	279136
12	3422	1782	1640	334278	180463	153815
13	3686	1845	1841	94747	50082	44665
14	4382	2219	2163	36986	19084	17902
15-19岁	**5340**	**2770**	**2570**	**64347**	**33555**	**30792**
15	2810	1458	1352	16147	8455	7692
16	1244	652	592	10825	5649	5176
17	482	252	230	10282	5461	4821
18	438	226	212	11990	6234	5756
19	366	182	184	15103	7756	7347
20-24岁	**1298**	**591**	**707**	**108101**	**53031**	**55070**
20	345	167	178	16166	8162	8004
21	274	120	154	17551	8758	8793
22	230	99	131	22796	11294	11502
23	201	92	109	24517	11830	12687
24	248	113	135	27071	12987	14084
25-29岁	**787**	**364**	**423**	**173754**	**80571**	**93183**
25	254	131	123	30020	14571	15449
26	169	77	92	30450	14335	16115
27	142	68	74	35168	16308	18860
28	108	46	62	38134	17279	20855
29	114	42	72	39982	18078	21904
30-34岁	**727**	**288**	**439**	**328445**	**141469**	**186976**
30	130	62	68	53105	23398	29707
31	156	57	99	59525	25660	33865
32	138	51	87	64517	27680	36837
33	158	57	101	76874	32881	43993
34	145	61	84	74424	31850	42574
35-39岁	**681**	**275**	**406**	**473499**	**205017**	**268482**
35	95	42	53	76064	32870	43194
36	142	61	81	83882	36183	47699
37	125	56	69	86473	37128	49345
38	164	63	101	112843	49124	63719
39	155	53	102	114237	49712	64525
40-44岁	**1172**	**383**	**789**	**781874**	**345971**	**435903**
40	187	55	132	121335	51883	69452
41	203	66	137	140031	62153	77878
42	214	71	143	153581	67360	86221
43	255	92	163	165748	75107	90641
44	313	99	214	201179	89468	111711

4-1 续表 3

单位：人

年 龄	学前教育			小 学		
	小计	男	女	小计	男	女
45—49岁	**1912**	**571**	**1341**	**1165801**	**529265**	**636536**
45	346	101	245	218110	98143	119967
46	372	116	256	243110	109788	133322
47	369	106	263	232504	106011	126493
48	382	111	271	229082	103186	125896
49	443	137	306	242995	112137	130858
50—54岁	**2934**	**834**	**2100**	**1320265**	**599921**	**720344**
50	535	149	386	263684	118712	144972
51	534	150	384	259713	118220	141493
52	668	199	469	300517	136521	163996
53	552	145	407	232317	105757	126560
54	645	191	454	264034	120711	143323
55—59岁	**2574**	**667**	**1907**	**970672**	**435199**	**535473**
55	580	156	424	248472	112445	136027
56	582	157	425	236469	105069	131400
57	634	153	481	240327	107990	132337
58	528	129	399	169911	75647	94264
59	250	72	178	75493	34048	41445
60—64岁	**2426**	**690**	**1736**	**688509**	**345958**	**342551**
60	312	85	227	98191	46888	51303
61	372	98	274	104351	51907	52444
62	527	150	377	148648	75005	73643
63	594	193	401	172070	87703	84367
64	621	164	457	165249	84455	80794
65—69岁	**3531**	**1020**	**2511**	**866778**	**462712**	**404066**
65	703	201	502	184194	96329	87865
66	736	203	533	192848	101505	91343
67	707	196	511	180648	97114	83534
68	793	243	550	177062	96601	80461
69	592	177	415	132026	71163	60863
70—74岁	**3054**	**999**	**2055**	**614645**	**338815**	**275830**
70	594	191	403	130765	70801	59964
71	696	240	456	138368	77652	60716
72	582	170	412	118125	64678	53447
73	651	212	439	119134	66055	53079
74	531	186	345	108253	59629	48624
75—79岁	**2247**	**747**	**1500**	**384844**	**213435**	**171409**
75	429	139	290	81753	44543	37210
76	470	182	288	86474	48983	37491
77	509	169	340	79556	44269	35287
78	457	139	318	72108	39641	32467
79	382	118	264	64953	35999	28954
80—84岁	**1684**	**533**	**1151**	**214207**	**117272**	**96935**
80	366	127	239	53003	29136	23867
81	362	102	260	44627	24419	20208
82	394	135	259	47609	26350	21259
83	316	103	213	37906	20760	17146
84	246	66	180	31062	16607	14455
85岁及以上	**1100**	**385**	**715**	**110661**	**57995**	**52666**

4-1 续表 4

单位：人

年 龄	初中			高中			大学专科		
	小计	男	女	小计	男	女	小计	男	女
总 计	**11747605**	**6680427**	**5067178**	**3837415**	**2091886**	**1745529**	**2150649**	**1119230**	**1031419**
3									
4									
5—9岁	**31143**	**17792**	**13351**	**53**	**30**	**23**			
5									
6	5443	3075	2368						
7	6857	3975	2882						
8	8741	4949	3792	24	13	11			
9	10102	5793	4309	29	17	12			
10—14岁	**1287578**	**689344**	**598234**	**31766**	**15898**	**15868**	**104**	**52**	**52**
10	15972	8955	7017	36	17	19	6	2	4
11	39955	21566	18389	42	25	17	12	4	8
12	262242	138247	123995	171	94	77	12	4	8
13	465602	249169	216433	6423	3356	3067	19	11	8
14	503807	271407	232400	25094	12406	12688	55	31	24
15—19岁	**867773**	**491042**	**376731**	**1324520**	**675286**	**649234**	**171948**	**81258**	**90690**
15	328143	181023	147120	175385	88270	87115	2751	1356	1395
16	177995	100802	77193	343898	176158	167740	6570	3256	3314
17	118500	68363	50137	360022	181880	178142	13143	6387	6756
18	113728	66138	47590	277670	141087	136583	46143	22008	24135
19	129407	74716	54691	167545	87891	79654	103341	48251	55090
20—24岁	**938689**	**510788**	**427901**	**441446**	**237647**	**203799**	**539519**	**243720**	**295799**
20	145674	82690	62984	104701	56191	48510	121634	55979	65655
21	165226	91446	73780	82475	44798	37677	113334	51193	62141
22	204481	111368	93113	89379	48256	41123	114704	51577	63127
23	207433	110892	96541	83858	44962	38896	99669	44286	55383
24	215875	114392	101483	81033	43440	37593	90178	40685	49493
25—29岁	**1170721**	**614543**	**556178**	**372904**	**200760**	**172144**	**340697**	**164778**	**175919**
25	231658	121409	110249	80782	43427	37355	83615	38572	45043
26	223707	117378	106329	73231	39467	33764	70952	33939	37013
27	240227	125549	114678	75188	40463	34725	68203	33291	34912
28	240065	126365	113700	73261	39481	33780	60936	30143	30793
29	235064	123842	111222	70442	37922	32520	56991	28833	28158
30—34岁	**1383980**	**726590**	**657390**	**366871**	**199417**	**167454**	**287287**	**147315**	**139972**
30	284550	149211	135339	81687	43792	37895	63357	31784	31573
31	281191	146762	134429	75953	40774	35179	58872	29856	29016
32	275529	144470	131059	72673	39539	33134	57142	29352	27790
33	293316	154050	139266	74946	40968	33978	58182	30222	27960
34	249394	132097	117297	61612	34344	27268	49734	26101	23633
35—39岁	**1134599**	**614801**	**519798**	**232244**	**130083**	**102161**	**186860**	**103726**	**83134**
35	222932	118995	103937	51208	28699	22509	41955	22539	19416
36	223628	120225	103403	47757	26916	20841	39781	21971	17810
37	209393	113268	96125	43016	24175	18841	35902	20211	15691
38	250952	137380	113572	48510	26915	21595	38009	21319	16690
39	227694	124933	102761	41753	23378	18375	31213	17686	13527
40—44岁	**1119779**	**632864**	**486915**	**204300**	**115438**	**88862**	**152549**	**88522**	**64027**
40	211347	116378	94969	39132	21893	17239	29782	17127	12655
41	219247	123202	96045	40541	22862	17679	31306	18183	13123
42	219847	124040	95807	40818	23159	17659	30734	17896	12838
43	219730	125678	94052	39837	22620	17217	28666	16665	12001
44	249608	143566	106042	43972	24904	19068	32061	18651	13410

4-1 续表 5　　单位：人

年龄	初中			高中			大学专科		
	小计	男	女	小计	男	女	小计	男	女
45-49岁	**1236719**	**732402**	**504317**	**219923**	**128320**	**91603**	**152658**	**89085**	**63573**
45	261863	151854	110009	45746	26383	19363	32589	18844	13745
46	275196	161385	113811	47675	27636	20039	33232	19481	13751
47	245260	145757	99503	44208	25732	18476	30698	17907	12791
48	229475	137029	92446	41706	24627	17079	29067	17061	12006
49	224925	136377	88548	40588	23942	16646	27072	15792	11280
50-54岁	**975533**	**600382**	**375151**	**177509**	**104948**	**72561**	**116212**	**70086**	**46126**
50	225766	136894	88872	42284	24957	17327	28531	16936	11595
51	192814	117928	74886	36758	21811	14947	24515	14651	9864
52	212976	130865	82111	37950	22511	15439	24059	14598	9461
53	159540	99125	60415	27328	16147	11181	17415	10636	6779
54	184437	115570	68867	33189	19522	13667	21692	13265	8427
55-59岁	**696629**	**440147**	**256482**	**185468**	**108031**	**77437**	**94537**	**58092**	**36445**
55	177160	110805	66355	36579	21353	15226	22349	13565	8784
56	171541	107108	64433	41074	23721	17353	23182	14125	9057
57	177317	112329	64988	50206	29228	20978	24795	15189	9606
58	121213	78035	43178	37905	22380	15525	16533	10389	6144
59	49398	31870	17528	19704	11349	8355	7678	4824	2854
60-64岁	**321752**	**216601**	**105151**	**123768**	**75723**	**48045**	**45781**	**29937**	**15844**
60	57764	38267	19497	24492	14394	10098	8949	5666	3283
61	53892	36085	17807	23847	14394	9453	8466	5442	3024
62	70529	47753	22776	28370	17467	10903	10187	6742	3445
63	74046	50355	23691	27073	16806	10267	9966	6584	3382
64	65521	44141	21380	19986	12662	7324	8213	5503	2710
65-69岁	**273123**	**183817**	**89306**	**59770**	**38323**	**21447**	**26812**	**18207**	**8605**
65	66507	45093	21414	16962	11090	5872	7418	5008	2410
66	64389	43287	21102	14383	9284	5099	6420	4338	2082
67	54761	36719	18042	10986	6977	4009	4865	3267	1598
68	50627	34259	16368	9909	6283	3626	4604	3184	1420
69	36839	24459	12380	7530	4689	2841	3505	2410	1095
70-74岁	**150825**	**102776**	**48049**	**41719**	**26195**	**15524**	**16861**	**11598**	**5263**
70	35766	23961	11805	8044	5106	2938	3879	2671	1208
71	34278	23564	10714	9150	5714	3436	3856	2682	1174
72	27192	18550	8642	8613	5358	3255	3340	2303	1037
73	27653	19023	8630	8647	5360	3287	3180	2167	1013
74	25936	17678	8258	7265	4657	2608	2606	1775	831
75-79岁	**92937**	**62919**	**30018**	**29322**	**18776**	**10546**	**9248**	**6179**	**3069**
75	19922	13447	6475	5784	3617	2167	1992	1357	635
76	21639	14834	6805	6172	4004	2168	1979	1341	638
77	19345	13160	6185	6205	3942	2263	1930	1254	676
78	17522	11794	5728	6038	3907	2131	1811	1180	631
79	14509	9684	4825	5123	3306	1817	1536	1047	489
80-84岁	**43465**	**28640**	**14825**	**16976**	**10998**	**5978**	**6301**	**4353**	**1948**
80	12219	8122	4097	4529	2874	1655	1610	1106	504
81	9148	5960	3188	3654	2353	1301	1306	899	407
82	9106	6027	3079	3638	2428	1210	1328	939	389
83	7133	4720	2413	2830	1851	979	1116	752	364
84	5859	3811	2048	2325	1492	833	941	657	284
85岁及以上	**22360**	**14979**	**7381**	**8856**	**6013**	**2843**	**3275**	**2322**	**953**

4-1　续表 6

单位：人

年　龄	大学本科			硕士研究生			博士研究生		
	小计	男	女	小计	男	女	小计	男	女
总　计	**1976937**	**1002236**	**974701**	**86551**	**41087**	**45464**	**9133**	**5555**	**3578**
3									
4									
5—9岁									
5									
6									
7									
8									
9									
10—14岁	**54**	**30**	**24**	**5**	**3**	**2**	**1**		**1**
10	9	6	3						
11	7	4	3						
12	10	4	6						
13	7	4	3						
14	21	12	9	5	3	2	1		1
15—19岁	**121146**	**51779**	**69367**	**69**	**38**	**31**	**17**	**13**	**4**
15	419	217	202				2	2	
16	1028	487	541				1	1	
17	5596	2293	3303	9	3	6	1	1	
18	37021	15679	21342	23	14	9	3	3	
19	77082	33103	43979	37	21	16	10	6	4
20—24岁	**497997**	**211348**	**286649**	**13303**	**4601**	**8702**	**333**	**139**	**194**
20	93240	39398	53842	114	49	65	12	6	6
21	98157	41271	56886	516	163	353	21	10	11
22	114352	47870	66482	2459	836	1623	48	24	24
23	101696	43534	58162	4618	1535	3083	102	43	59
24	90552	39275	51277	5596	2018	3578	150	56	94
25—29岁	**398679**	**185323**	**213356**	**22694**	**8759**	**13935**	**1276**	**615**	**661**
25	88905	39776	49129	5715	2140	3575	194	87	107
26	81089	36785	44304	4892	1808	3084	252	120	132
27	81722	37941	43781	4312	1730	2582	256	122	134
28	75918	36126	39792	3807	1449	2358	289	154	135
29	71045	34695	36350	3968	1632	2336	285	132	153
30—34岁	**343500**	**177056**	**166444**	**20701**	**9585**	**11116**	**2268**	**1284**	**984**
30	78079	38964	39115	4331	1841	2490	385	201	184
31	72499	36589	35910	4382	1966	2416	429	225	204
32	67387	34740	32647	4179	1898	2281	468	270	198
33	67794	35762	32032	4245	2079	2166	494	302	192
34	57741	31001	26740	3564	1801	1763	492	286	206
35—39岁	**212831**	**120452**	**92379**	**12783**	**6926**	**5857**	**1990**	**1246**	**744**
35	48677	26802	21875	2881	1458	1423	378	223	155
36	46414	26130	20284	2796	1492	1304	432	265	167
37	41867	23750	18117	2515	1420	1095	396	250	146
38	42155	24238	17917	2526	1367	1159	413	280	133
39	33718	19532	14186	2065	1189	876	371	228	143
40—44岁	**135852**	**81761**	**54091**	**7009**	**4168**	**2841**	**1405**	**907**	**498**
40	30561	17937	12624	1657	945	712	325	193	132
41	29788	17796	11992	1561	886	675	348	222	126
42	27574	16838	10736	1457	871	586	273	182	91
43	23654	14235	9419	1185	721	464	232	151	81
44	24275	14955	9320	1149	745	404	227	159	68

4－1 续表 7 单位：人

年 龄	大学本科			硕士研究生			博士研究生		
	小计	男	女	小计	男	女	小计	男	女
45－49岁	**101347**	**62782**	**38565**	**4624**	**3011**	**1613**	**893**	**621**	**272**
45	23442	14482	8960	1038	661	377	202	140	62
46	22381	13859	8522	1052	695	357	191	141	50
47	20182	12509	7673	959	635	324	187	125	62
48	18495	11469	7026	845	550	295	165	115	50
49	16847	10463	6384	730	470	260	148	100	48
50－54岁	**69969**	**45696**	**24273**	**2723**	**1932**	**791**	**457**	**347**	**110**
50	17511	11051	6460	743	503	240	119	90	29
51	15044	9691	5353	609	423	186	122	93	29
52	14938	9883	5055	563	403	160	92	70	22
53	10317	6874	3443	390	285	105	51	40	11
54	12159	8197	3962	418	318	100	73	54	19
55－59岁	**46230**	**31712**	**14518**	**1625**	**1258**	**367**	**324**	**249**	**75**
55	11782	8148	3634	400	299	101	78	66	12
56	11651	7966	3685	412	315	97	85	57	28
57	12092	8284	3808	462	358	104	86	68	18
58	7367	5097	2270	233	191	42	58	43	15
59	3338	2217	1121	118	95	23	17	15	2
60－64岁	**17168**	**11650**	**5518**	**548**	**439**	**109**	**73**	**59**	**14**
60	3507	2362	1145	122	100	22	15	13	2
61	3076	2093	983	78	60	18	13	9	4
62	3622	2490	1132	131	104	27	17	14	3
63	3759	2530	1229	123	95	28	15	12	3
64	3204	2175	1029	94	80	14	13	11	2
65－69岁	**10560**	**7232**	**3328**	**219**	**168**	**51**	**41**	**31**	**10**
65	2904	1934	970	73	55	18	15	11	4
66	2503	1710	793	47	36	11	11	9	2
67	1932	1342	590	39	30	9	6	4	2
68	1762	1245	517	31	25	6	4	4	
69	1459	1001	458	29	22	7	5	3	2
70－74岁	**7025**	**5106**	**1919**	**104**	**81**	**23**	**23**	**17**	**6**
70	1506	1099	407	18	15	3	4	4	
71	1519	1145	374	22	18	4	7	5	2
72	1131	836	295	23	14	9	4	2	2
73	1240	891	349	18	15	3	4	3	1
74	1629	1135	494	23	19	4	4	3	1
75－79岁	**6517**	**4560**	**1957**	**66**	**56**	**10**	**8**	**7**	**1**
75	1401	958	443	22	19	3			
76	1343	979	364	14	14		2	2	
77	1231	858	373	14	10	4	3	3	
78	1284	869	415	6	6		1		1
79	1258	896	362	10	7	3	2	2	
80－84岁	**5524**	**3922**	**1602**	**46**	**38**	**8**	**5**	**5**	
80	1339	950	389	13	11	2	2	2	
81	1278	889	389	8	6	2	1	1	
82	1226	888	338	7	7		1	1	
83	930	671	259	9	5	4			
84	751	524	227	9	9		1	1	
85岁及以上	**2538**	**1827**	**711**	**32**	**24**	**8**	**19**	**15**	**4**

4—1a　全省分年龄、性别、受教育程度的3岁及以上人口(城市)

单位：人

年龄	3岁及以上人口			未上过学		
	合计	男	女	小计	男	女
总　计	**9703128**	**4861875**	**4841253**	**268273**	**80800**	**187473**
3	174730	93356	81374	45339	24434	20905
4	148389	79249	69140	13719	7184	6535
5—9岁	**697917**	**374815**	**323102**	**9814**	**5233**	**4581**
5	130409	70049	60360	6057	3235	2822
6	143056	76879	66177	2222	1193	1029
7	141286	75909	65377	639	319	320
8	149389	80243	69146	486	260	226
9	133777	71735	62042	410	226	184
10—14岁	**585219**	**312547**	**272672**	**2344**	**1225**	**1119**
10	127712	68395	59317	454	236	218
11	123286	66168	57118	535	288	247
12	117453	62678	54775	531	262	269
13	110282	58508	51774	464	258	206
14	106486	56798	49688	360	181	179
15—19岁	**725783**	**376383**	**349400**	**1264**	**716**	**548**
15	118297	62835	55462	250	136	114
16	147449	78794	68655	227	127	100
17	151514	79065	72449	253	134	119
18	146665	75303	71362	254	142	112
19	161858	80386	81472	280	177	103
20—24岁	**870730**	**414140**	**456590**	**1665**	**879**	**786**
20	171881	82237	89644	349	177	172
21	169722	79970	89752	290	154	136
22	189105	89293	99812	357	188	169
23	173350	82514	90836	369	199	170
24	166672	80126	86546	300	161	139
25—29岁	**832470**	**407817**	**424653**	**1498**	**744**	**754**
25	171312	83020	88292	323	172	151
26	161439	78676	82763	272	143	129
27	168854	82620	86234	294	144	150
28	165274	81268	84006	298	144	154
29	165591	82233	83358	311	141	170
30—34岁	**959886**	**477512**	**482374**	**2810**	**1130**	**1680**
30	195801	97116	98685	427	200	227
31	194076	95908	98168	519	224	295
32	191051	95147	95904	580	227	353
33	202640	101083	101557	638	246	392
34	176318	88258	88060	646	233	413
35—39岁	**734481**	**373297**	**361184**	**4184**	**1336**	**2848**
35	151840	76549	75291	685	251	434
36	148309	75169	73140	723	226	497
37	137578	70428	67150	716	232	484
38	157904	80511	77393	1017	323	694
39	138850	70640	68210	1043	304	739
40—44岁	**705568**	**358586**	**346982**	**8589**	**2310**	**6279**
40	128695	64902	63793	1164	311	853
41	138949	70932	68017	1473	407	1066
42	139774	71277	68497	1684	449	1235
43	140395	71410	68985	1927	517	1410
44	157755	80065	77690	2341	626	1715

4-1a 续表 1　　单位：人

年龄	3岁及以上人口			未上过学		
	合计	男	女	小计	男	女
45-49岁	**820300**	**419357**	**400943**	**15609**	**3782**	**11827**
45	167763	85648	82115	2550	648	1902
46	177752	90562	87190	3153	745	2408
47	164947	84538	80409	3074	766	2308
48	154759	79159	75600	3312	764	2548
49	155079	79450	75629	3520	859	2661
50-54岁	**709584**	**352960**	**356624**	**20365**	**4470**	**15895**
50	160998	81065	79933	4102	940	3162
51	145327	72747	72580	3856	866	2990
52	155341	76891	78450	4606	1032	3574
53	115111	56737	58374	3619	777	2842
54	132807	65520	67287	4182	855	3327
55-59岁	**552232**	**269272**	**282960**	**18181**	**3143**	**15038**
55	132461	65272	67189	4162	774	3388
56	132286	64409	67877	4178	776	3402
57	143027	69739	73288	4483	731	3752
58	96202	46444	49758	3475	556	2919
59	48256	23408	24848	1883	306	1577
60-64岁	**346508**	**168574**	**177934**	**19889**	**3644**	**16245**
60	61284	30194	31090	2553	433	2120
61	59514	29249	30265	2988	529	2459
62	75426	37085	38341	4349	827	3522
63	79748	38545	41203	5024	959	4065
64	70536	33501	37035	4975	896	4079
65-69岁	**307372**	**141338**	**166034**	**26963**	**4612**	**22351**
65	71191	33664	37527	5579	977	4602
66	71053	32883	38170	5966	959	5007
67	61551	28052	33499	5630	1004	4626
68	58414	26518	31896	5636	931	4705
69	45163	20221	24942	4152	741	3411
70-74岁	**220512**	**103743**	**116769**	**22212**	**4584**	**17628**
70	46505	21379	25126	4372	844	3528
71	48622	22857	25765	4896	1079	3817
72	42279	19805	22474	4261	833	3428
73	43596	20856	22740	4500	954	3546
74	39510	18846	20664	4183	874	3309
75-79岁	**147539**	**67853**	**79686**	**19885**	**4321**	**15564**
75	30601	14308	16293	3491	732	2759
76	31896	15203	16693	3980	907	3073
77	30128	13799	16329	4162	902	3260
78	28981	12987	15994	4128	873	3255
79	25933	11556	14377	4124	907	3217
80-84岁	**101151**	**43613**	**57538**	**18971**	**4049**	**14922**
80	24255	10658	13597	3883	844	3039
81	21567	9261	12306	3982	881	3101
82	21807	9375	12432	4196	916	3280
83	18106	7845	10261	3706	790	2916
84	15416	6474	8942	3204	618	2586
85岁及以上	**62757**	**27463**	**35294**	**14972**	**3004**	**11968**

4-1a　续表 2

单位：人

年　龄	学前教育			小　学		
	小计	男	女	小计	男	女
总　计	**444466**	**237401**	**207065**	**2035430**	**963764**	**1071666**
3	129391	68922	60469			
4	134670	72065	62605			
5-9岁	**167787**	**90621**	**77166**	**511687**	**274163**	**237524**
5	112161	60150	52011	12191	6664	5527
6	45908	25360	20548	93371	49478	43893
7	4708	2483	2225	134019	72028	61991
8	2900	1479	1421	143535	77128	66407
9	2110	1149	961	128571	68865	59706
10-14岁	**6761**	**3509**	**3252**	**302984**	**162905**	**140079**
10	1795	932	863	121550	65029	56521
11	1494	786	708	111923	60056	51867
12	1103	568	535	51921	28506	23415
13	1119	568	551	12119	6472	5647
14	1250	655	595	5471	2842	2629
15-19岁	**1565**	**824**	**741**	**12442**	**6896**	**5546**
15	763	417	346	2646	1456	1190
16	361	191	170	2115	1143	972
17	162	88	74	2181	1214	967
18	145	70	75	2557	1412	1145
19	134	58	76	2943	1671	1272
20-24岁	**516**	**231**	**285**	**17962**	**10210**	**7752**
20	133	60	73	2848	1646	1202
21	111	48	63	2799	1572	1227
22	99	44	55	3732	2161	1571
23	68	27	41	3983	2247	1736
24	105	52	53	4600	2584	2016
25-29岁	**260**	**114**	**146**	**31198**	**16471**	**14727**
25	108	51	57	5173	2892	2281
26	45	20	25	5298	2911	2387
27	44	18	26	6338	3270	3068
28	30	12	18	6929	3586	3343
29	33	13	20	7460	3812	3648
30-34岁	**209**	**87**	**122**	**57453**	**26543**	**30910**
30	37	17	20	9560	4718	4842
31	46	15	31	10453	4851	5602
32	37	19	18	11205	5175	6030
33	42	15	27	13391	6141	7250
34	47	21	26	12844	5658	7186
35-39岁	**153**	**76**	**77**	**75308**	**32780**	**42528**
35	29	18	11	12677	5569	7108
36	35	13	22	13493	5830	7663
37	25	12	13	13542	5877	7665
38	36	21	15	17703	7786	9917
39	28	12	16	17893	7718	10175
40-44岁	**226**	**80**	**146**	**119291**	**51908**	**67383**
40	38	13	25	18135	7642	10493
41	44	18	26	22013	9665	12348
42	40	15	25	23411	10176	13235
43	42	13	29	25487	11304	14183
44	62	21	41	30245	13121	17124

4-1a 续表 3

单位：人

年龄	学前教育			小学		
	小计	男	女	小计	男	女
45-49岁	**305**	**105**	**200**	**178325**	**79002**	**99323**
45	55	22	33	33832	14995	18837
46	48	15	33	37953	16615	21338
47	64	23	41	36102	16129	19973
48	64	26	38	34162	14983	19179
49	74	19	55	36276	16280	19996
50-54岁	**469**	**148**	**321**	**189574**	**80035**	**109539**
50	90	25	65	38727	16600	22127
51	90	30	60	38593	16476	22117
52	109	39	70	43353	18223	25130
53	83	27	56	32552	13612	18940
54	97	27	70	36349	15124	21225
55-59岁	**386**	**111**	**275**	**126033**	**50302**	**75731**
55	91	25	66	33260	13682	19578
56	80	30	50	30764	12297	18467
57	91	21	70	31226	12353	18873
58	80	19	61	21245	8170	13075
59	44	16	28	9538	3800	5738
60-64岁	**281**	**87**	**194**	**89084**	**37096**	**51988**
60	45	14	31	12928	5291	7637
61	51	17	34	14183	5990	8193
62	46	15	31	18982	8021	10961
63	69	22	47	22002	9231	12771
64	70	19	51	20989	8563	12426
65-69岁	**430**	**120**	**310**	**109633**	**45177**	**64456**
65	94	29	65	23042	9510	13532
66	90	24	66	24569	10180	14389
67	85	24	61	22635	9392	13243
68	90	22	68	22145	9127	13018
69	71	21	50	17242	6968	10274
70-74岁	**339**	**100**	**239**	**89081**	**38434**	**50647**
70	61	22	39	17686	7238	10448
71	81	28	53	19767	8444	11323
72	61	15	46	17377	7489	9888
73	75	17	58	18012	8009	10003
74	61	18	43	16239	7254	8985
75-79岁	**247**	**62**	**185**	**58814**	**25277**	**33537**
75	48	10	38	12172	5254	6918
76	48	15	33	12756	5753	7003
77	53	11	42	11924	5158	6766
78	58	14	44	11593	4808	6785
79	40	12	28	10369	4304	6065
80-84岁	**264**	**66**	**198**	**41264**	**16127**	**25137**
80	56	18	38	9714	3858	5856
81	54	11	43	8858	3457	5401
82	58	15	43	9055	3464	5591
83	51	15	36	7385	2937	4448
84	45	7	38	6252	2411	3841
85岁及以上	**207**	**73**	**134**	**25297**	**10438**	**14859**

4-1a　续表 4

单位：人

年　龄	初　中			高　中			大学专科		
	小计	男	女	小计	男	女	小计	男	女
总　计	**2964729**	**1547306**	**1417423**	**1666983**	**872420**	**794563**	**1108359**	**555579**	**552780**
3									
4									
5-9岁	**8604**	**4785**	**3819**	**25**	**13**	**12**			
5									
6	1555	848	707						
7	1920	1079	841						
8	2455	1368	1087	13	8	5			
9	2674	1490	1184	12	5	7			
10-14岁	**263077**	**139895**	**123182**	**9961**	**4963**	**4998**	**59**	**32**	**27**
10	3885	2182	1703	20	11	9	3	1	2
11	9304	5021	4283	17	11	6	9	4	5
12	63824	33299	30525	63	39	24	5	2	3
13	94523	50131	44392	2041	1069	972	10	6	4
14	91541	49262	42279	7820	3833	3987	32	19	13
15-19岁	**141692**	**81537**	**60155**	**432436**	**225519**	**206917**	**76835**	**36054**	**40781**
15	49567	27891	21676	63970	32423	31547	923	425	498
16	26464	15190	11274	115525	60831	54694	2362	1127	1235
17	21344	12305	9039	119664	61857	57807	5312	2507	2805
18	20920	12331	8589	83600	43720	39880	20740	9997	10743
19	23397	13820	9577	49677	26688	22989	47498	21998	25500
20-24岁	**180346**	**98347**	**81999**	**158309**	**84211**	**74098**	**241536**	**108150**	**133386**
20	26502	15408	11094	34010	18244	15766	57585	25878	31707
21	30904	17357	13547	28921	15357	13564	51950	22933	29017
22	38869	21283	17586	32693	17382	15311	50225	22457	27768
23	40781	21630	19151	31577	16775	14802	42545	19098	23447
24	43290	22669	20621	31108	16453	14655	39231	17784	21447
25-29岁	**252670**	**128349**	**124321**	**156965**	**82033**	**74932**	**163218**	**78015**	**85203**
25	47862	24623	23239	32283	17008	15275	37327	17242	20085
26	47433	24249	23184	30058	15741	14317	33244	15751	17493
27	51430	25916	25514	31934	16678	15256	32730	15739	16991
28	52586	26718	25868	31313	16241	15072	30183	14591	15592
29	53359	26843	26516	31377	16365	15012	29734	14692	15042
30-34岁	**340759**	**169515**	**171244**	**173845**	**89773**	**84072**	**160173**	**78786**	**81387**
30	66481	33283	33198	36953	19166	17787	33871	16528	17343
31	67695	33530	34165	35633	18293	17340	32467	15877	16590
32	67906	33797	34109	34684	17994	16690	32122	15832	16290
33	74121	36751	37370	36181	18531	17650	33091	16386	16705
34	64556	32154	32402	30394	15789	14605	28622	14163	14459
35-39岁	**287802**	**144864**	**142938**	**117835**	**61361**	**56474**	**105416**	**55008**	**50408**
35	56732	28305	28427	25185	13049	12136	23739	11982	11757
36	56500	28106	28394	23844	12468	11376	22335	11626	10709
37	52883	26671	26212	21828	11480	10348	20209	10709	9500
38	63992	32456	31536	25220	13056	12164	21515	11324	10191
39	57695	29326	28369	21758	11308	10450	17618	9367	8251
40-44岁	**292428**	**149882**	**142546**	**111746**	**58854**	**52892**	**84275**	**45220**	**39055**
40	52648	26497	26151	20521	10679	9842	16364	8759	7605
41	57225	29254	27971	21945	11586	10359	16947	9108	7839
42	57514	29520	27994	22418	11859	10559	16803	9043	7760
43	58570	30215	28355	22284	11784	10500	16267	8674	7593
44	66471	34396	32075	24578	12946	11632	17894	9636	8258

4-1a 续表 5 单位：人

年 龄	初 中			高 中			大学专科		
	小计	男	女	小计	男	女	小计	男	女
45—49岁	**342426**	**180375**	**162051**	**125749**	**68045**	**57704**	**86840**	**46381**	**40459**
45	71030	36992	34038	25856	13898	11958	18602	9859	8743
46	75393	39583	35810	26888	14520	12368	18912	10070	8842
47	68443	36101	32342	25453	13719	11734	17422	9308	8114
48	63884	33846	30038	23919	13050	10869	16311	8791	7520
49	63676	33853	29823	23633	12858	10775	15593	8353	7240
50—54岁	**282442**	**148066**	**134376**	**103741**	**55170**	**48571**	**62911**	**34217**	**28694**
50	64655	34055	30600	24763	13359	11404	16005	8594	7411
51	56512	29663	26849	21711	11701	10010	13697	7390	6307
52	61587	32163	29424	21995	11599	10396	13020	7166	5854
53	46558	24420	22138	15955	8396	7559	9053	4948	4105
54	53130	27765	25365	19317	10115	9202	11136	6119	5017
55—59岁	**207775**	**108038**	**99737**	**109742**	**54948**	**54794**	**54044**	**29192**	**24852**
55	52506	27405	25101	21784	11274	10510	12065	6479	5586
56	50761	26194	24567	24481	12326	12155	12989	6911	6078
57	53088	27541	25547	29900	14895	15005	14567	7885	6682
58	34459	17987	16472	21457	10594	10863	9552	5220	4332
59	16961	8911	8050	12120	5859	6261	4871	2697	2174
60—64岁	**121357**	**64477**	**56880**	**70825**	**35739**	**35086**	**30049**	**17617**	**12432**
60	21664	11498	10166	15144	7606	7538	5893	3348	2545
61	20432	10929	9503	13629	6817	6812	5557	3205	2352
62	26454	14224	12230	15843	7983	7860	6592	3894	2698
63	27574	14636	12938	15196	7627	7569	6576	3913	2663
64	25233	13190	12043	11013	5706	5307	5431	3257	2174
65—69岁	**109643**	**56660**	**52983**	**33634**	**17594**	**16040**	**17866**	**11065**	**6801**
65	25956	13642	12314	9075	4838	4237	4892	3027	1865
66	26082	13516	12566	7968	4208	3760	4203	2547	1656
67	22064	11328	10736	6194	3185	3009	3262	1989	1273
68	20130	10387	9743	5798	3024	2774	3085	1966	1119
69	15411	7787	7624	4599	2339	2260	2424	1536	888
70—74岁	**64049**	**34495**	**29554**	**26857**	**14307**	**12550**	**11807**	**7457**	**4350**
70	15501	8061	7440	4977	2670	2307	2632	1634	998
71	14138	7656	6482	5787	3004	2783	2645	1694	951
72	11524	6226	5298	5666	2999	2667	2387	1524	863
73	11853	6586	5267	5770	3074	2696	2275	1429	846
74	11033	5966	5067	4657	2560	2097	1868	1176	692
75—79岁	**38156**	**20512**	**17644**	**18110**	**9741**	**8369**	**6403**	**3872**	**2531**
75	8430	4556	3874	3765	2012	1753	1408	880	528
76	8694	4718	3976	3828	2090	1738	1368	839	529
77	7752	4173	3579	3785	2014	1771	1340	783	557
78	7154	3823	3331	3641	1976	1665	1242	723	519
79	6126	3242	2884	3091	1649	1442	1045	647	398
80—84岁	**20088**	**10730**	**9358**	**11072**	**6258**	**4814**	**4488**	**2866**	**1622**
80	5500	2920	2580	2805	1495	1310	1078	663	415
81	4213	2205	2008	2355	1303	1052	939	601	338
82	4132	2221	1911	2309	1341	968	960	630	330
83	3365	1845	1520	1952	1144	808	816	522	294
84	2878	1539	1339	1651	975	676	695	450	245
85岁及以上	**11415**	**6779**	**4636**	**6131**	**3891**	**2240**	**2439**	**1647**	**792**

4-1a　续表 6

单位：人

年　龄	大学本科			硕士研究生			博士研究生		
	小计	男	女	小计	男	女	小计	男	女
总　计	**1136731**	**565935**	**570796**	**70609**	**34088**	**36521**	**7548**	**4582**	**2966**
3									
4									
5-9岁									
5									
6									
7									
8									
9									
10-14岁	**30**	**17**	**13**	**2**	**1**	**1**	**1**		**1**
10	5	4	1						
11	4	2	2						
12	6	2	4						
13	6	4	2						
14	9	5	4	2	1	1	1		1
15-19岁	**59490**	**24802**	**34688**	**46**	**24**	**22**	**13**	**11**	**2**
15	176	85	91				2	2	
16	395	185	210						
17	2593	957	1636	4	2	2	1	1	
18	18432	7620	10812	14	8	6	3	3	
19	37894	15955	21939	28	14	14	7	5	2
20-24岁	**261314**	**108723**	**152591**	**8876**	**3307**	**5569**	**206**	**82**	**124**
20	50377	20790	29587	70	31	39	7	3	4
21	54423	22444	31979	315	101	214	9	4	5
22	61456	25154	36302	1646	613	1033	28	11	17
23	50943	21432	29511	3015	1077	1938	69	29	40
24	44115	18903	25212	3830	1485	2345	93	35	58
25-29岁	**208634**	**94931**	**113703**	**17088**	**6706**	**10382**	**939**	**454**	**485**
25	44025	19358	24667	4065	1610	2455	146	64	82
26	41395	18425	22970	3519	1352	2167	175	84	91
27	42662	19451	23211	3234	1313	1921	188	91	97
28	40695	18748	21947	3026	1115	1911	214	113	101
29	39857	18949	20908	3244	1316	1928	216	102	114
30-34岁	**205136**	**102655**	**102481**	**17689**	**8010**	**9679**	**1812**	**1013**	**799**
30	44600	21565	23035	3579	1488	2091	293	151	142
31	43153	21286	21867	3771	1657	2114	339	175	164
32	40572	20327	20245	3578	1567	2011	367	209	158
33	41133	21027	20106	3638	1747	1891	405	239	166
34	35678	18450	17228	3123	1551	1572	408	239	169
35-39岁	**130666**	**70811**	**59855**	**11421**	**6021**	**5400**	**1696**	**1040**	**656**
35	29958	15958	14000	2520	1231	1289	315	186	129
36	28518	15385	13133	2503	1305	1198	358	210	148
37	25780	14001	11779	2258	1236	1022	337	210	127
38	25785	14106	11679	2274	1199	1075	362	240	122
39	20625	11361	9264	1866	1050	816	324	194	130
40-44岁	**81338**	**45798**	**35540**	**6426**	**3744**	**2682**	**1249**	**790**	**459**
40	17991	9962	8029	1543	869	674	291	170	121
41	17566	9906	7660	1431	795	636	305	193	112
42	16334	9282	7052	1329	776	553	241	157	84
43	14528	8127	6401	1079	644	435	211	132	79
44	14919	8521	6398	1044	660	384	201	138	63

4—1a 续表 7 单位：人

年 龄	大学本科			硕士研究生			博士研究生		
	小计	男	女	小计	男	女	小计	男	女
45—49岁	**66025**	**38415**	**27610**	**4214**	**2694**	**1520**	**807**	**558**	**249**
45	14718	8521	6197	934	587	347	186	126	60
46	14271	8264	6007	957	618	339	177	132	45
47	13345	7814	5531	878	569	309	166	109	57
48	12180	7092	5088	771	498	273	156	109	47
49	11511	6724	4787	674	422	252	122	82	40
50—54岁	**47228**	**28839**	**18389**	**2454**	**1712**	**742**	**400**	**303**	**97**
50	11880	6966	4914	669	443	226	107	83	24
51	10210	6168	4042	556	377	179	102	76	26
52	10081	6245	3836	508	361	147	82	63	19
53	6899	4273	2626	349	252	97	43	32	11
54	8158	5187	2971	372	279	93	66	49	17
55—59岁	**34330**	**22196**	**12134**	**1457**	**1126**	**331**	**284**	**216**	**68**
55	8168	5310	2858	355	263	92	70	60	10
56	8598	5550	3048	361	276	85	74	49	25
57	9176	5925	3251	422	330	92	74	58	16
58	5675	3693	1982	207	168	39	52	37	15
59	2713	1718	995	112	89	23	14	12	2
60—64岁	**14459**	**9466**	**4993**	**501**	**397**	**104**	**63**	**51**	**12**
60	2937	1906	1031	110	89	21	10	9	1
61	2590	1699	891	71	54	17	13	9	4
62	3027	2017	1010	117	90	27	16	14	2
63	3179	2059	1120	116	89	27	12	9	3
64	2726	1785	941	87	75	12	12	10	2
65—69岁	**8969**	**5927**	**3042**	**200**	**155**	**45**	**34**	**28**	**6**
65	2471	1578	893	69	52	17	13	11	2
66	2125	1408	717	41	32	9	9	9	
67	1638	1096	542	37	30	7	6	4	2
68	1501	1038	463	27	21	6	2	2	
69	1234	807	427	26	20	6	4	2	2
70—74岁	**6053**	**4277**	**1776**	**98**	**77**	**21**	**16**	**12**	**4**
70	1258	895	363	17	14	3	1	1	
71	1282	931	351	20	16	4	6	5	1
72	979	703	276	21	14	7	3	2	1
73	1090	770	320	18	15	3	3	2	1
74	1444	978	466	22	18	4	3	2	1
75—79岁	**5851**	**4005**	**1846**	**65**	**56**	**9**	**8**	**7**	**1**
75	1265	845	420	22	19	3			
76	1206	865	341	14	14		2	2	
77	1095	745	350	14	10	4	3	3	
78	1158	764	394	6	6		1		1
79	1127	786	341	9	7	2	2	2	
80—84岁	**4956**	**3476**	**1480**	**43**	**36**	**7**	**5**	**5**	
80	1205	848	357	12	10	2	2	2	
81	1158	797	361	7	5	2	1	1	
82	1089	780	309	7	7		1	1	
83	823	587	236	8	5	3			
84	681	464	217	9	9		1	1	
85岁及以上	**2252**	**1597**	**655**	**29**	**22**	**7**	**15**	**12**	**3**

4-1b　全省分年龄、性别、受教育程度的3岁及以上人口(镇)

单位：人

年　龄	3岁及以上人口			未上过学		
	合计	男	女	小计	男	女
总　计	**9897130**	**4968829**	**4928301**	**603033**	**165298**	**437735**
3	198321	105866	92455	62531	33667	28864
4	169453	90973	78480	16362	8641	7721
5-9岁	**920284**	**493302**	**426982**	**9956**	**5191**	**4765**
5	163146	87419	75727	6004	3106	2898
6	179070	96208	82862	2114	1129	985
7	185344	99547	85797	739	373	366
8	200983	107394	93589	572	306	266
9	191741	102734	89007	527	277	250
10-14岁	**879355**	**467551**	**411804**	**3057**	**1653**	**1404**
10	185833	98907	86926	599	337	262
11	186778	99495	87283	648	337	311
12	173765	92767	80998	719	367	352
13	166413	88181	78232	626	343	283
14	166566	88201	78365	465	269	196
15-19岁	**857415**	**435663**	**421752**	**1607**	**904**	**703**
15	161633	84742	76891	331	183	148
16	187073	95700	91373	261	143	118
17	187701	94205	93496	268	155	113
18	172583	86139	86444	377	226	151
19	148425	74877	73548	370	197	173
20-24岁	**675978**	**328263**	**347715**	**2567**	**1338**	**1229**
20	133204	66688	66516	498	265	233
21	128509	63260	65249	455	241	214
22	144676	70225	74451	558	318	240
23	135765	64648	71117	535	265	270
24	133824	63442	70382	521	249	272
25-29岁	**688884**	**329917**	**358967**	**2893**	**1273**	**1620**
25	139488	66203	73285	505	241	264
26	131851	63196	68655	546	256	290
27	141450	67383	74067	602	261	341
28	139549	67083	72466	595	255	340
29	136546	66052	70494	645	260	385
30-34岁	**795296**	**386209**	**409087**	**5605**	**1852**	**3753**
30	162760	78411	84349	848	323	525
31	160132	76810	83322	996	336	660
32	158352	76949	81403	1138	372	766
33	168759	82323	86436	1266	412	854
34	145293	71716	73577	1357	409	948
35-39岁	**665557**	**333700**	**331857**	**9058**	**2510**	**6548**
35	130642	65223	65419	1344	393	951
36	131459	65904	65555	1550	452	1098
37	124533	62396	62137	1636	461	1175
38	146287	73608	72679	2210	573	1637
39	132636	66569	66067	2318	631	1687
40-44岁	**702547**	**356764**	**345783**	**19792**	**4818**	**14974**
40	128346	64387	63959	2639	631	2008
41	136855	69444	67411	3412	836	2576
42	139322	70884	68438	3927	962	2965
43	138644	71118	67526	4410	1072	3338
44	159380	80931	78449	5404	1317	4087

4-1b 续表 1

单位：人

年 龄	3岁及以上人口			未上过学		
	合计	男	女	小计	男	女
45—49岁	**812055**	**415197**	**396858**	**35748**	**8248**	**27500**
45	166990	85407	81583	5919	1416	4503
46	177390	90475	86915	6906	1631	5275
47	161710	82918	78792	7168	1590	5578
48	154298	78484	75814	7587	1668	5919
49	151667	77913	73754	8168	1943	6225
50—54岁	**729667**	**366319**	**363348**	**50632**	**10493**	**40139**
50	159192	80866	78326	9371	1972	7399
51	145022	73077	71945	9588	2044	7544
52	161865	80876	80989	11469	2365	9104
53	121689	60586	61103	9271	1831	7440
54	141899	70914	70985	10933	2281	8652
55—59岁	**538424**	**265798**	**272626**	**49190**	**8648**	**40542**
55	135547	67196	68351	11223	2246	8977
56	131191	64205	66986	11387	2037	9350
57	135511	67405	68106	12140	2108	10032
58	95667	47202	48465	9400	1458	7942
59	40508	19790	20718	5040	799	4241
60—64岁	**322105**	**159548**	**162557**	**55240**	**11070**	**44170**
60	48726	24257	24469	7085	1338	5747
61	51972	26144	25828	8216	1605	6611
62	71993	35940	36053	12178	2485	9693
63	77883	38500	39383	14178	2956	11222
64	71531	34707	36824	13583	2686	10897
65—69岁	**348955**	**166756**	**182199**	**76633**	**15723**	**60910**
65	76984	37321	39663	15361	3111	12250
66	78498	37567	40931	16492	3315	13177
67	71772	33879	37893	16354	3275	13079
68	69831	33516	36315	16025	3422	12603
69	51870	24473	27397	12401	2600	9801
70—74岁	**248265**	**116981**	**131284**	**67904**	**16027**	**51877**
70	52290	24592	27698	13242	2927	10315
71	55993	26953	29040	15051	3754	11297
72	47712	22215	25497	13304	3058	10246
73	47966	22576	25390	13570	3308	10262
74	44304	20645	23659	12737	2980	9757
75—79岁	**171781**	**77815**	**93966**	**57237**	**13747**	**43490**
75	34734	15685	19049	10543	2383	8160
76	37664	17609	20055	11713	2845	8868
77	35761	16185	19576	12088	2884	9204
78	33609	15086	18523	11722	2864	8858
79	30013	13250	16763	11171	2771	8400
80—84岁	**108782**	**46698**	**62084**	**45823**	**11847**	**33976**
80	26131	11585	14546	10024	2555	7469
81	22390	9654	12736	9389	2429	6960
82	24263	10475	13788	10399	2775	7624
83	19809	8364	11445	8760	2256	6504
84	16189	6620	9569	7251	1832	5419
85岁及以上	**64006**	**25509**	**38497**	**31198**	**7648**	**23550**

4-1b 续表 2

单位：人

年 龄	学前教育			小 学		
	小计	男	女	小计	男	女
总 计	**521961**	**278603**	**243358**	**3056895**	**1471914**	**1584981**
3	135790	72199	63591			
4	153091	82332	70759			
5—9岁	**219289**	**117987**	**101302**	**680599**	**364061**	**316538**
5	141778	75961	65817	15364	8352	7012
6	66425	36278	30147	108678	57734	50944
7	6095	3192	2903	176239	94673	81566
8	3012	1514	1498	194471	103904	90567
9	1979	1042	937	185847	99398	86449
10—14岁	**6418**	**3341**	**3077**	**481316**	**256657**	**224659**
10	1606	864	742	178594	94915	83679
11	1225	656	569	173047	92090	80957
12	1029	550	479	94242	51149	43093
13	1155	564	591	25061	13097	11964
14	1403	707	696	10372	5406	4966
15—19岁	**1773**	**915**	**858**	**17708**	**9462**	**8246**
15	919	466	453	4617	2416	2201
16	393	219	174	3076	1618	1458
17	181	95	86	2862	1596	1266
18	154	76	78	3206	1717	1489
19	126	59	67	3947	2115	1832
20—24岁	**379**	**169**	**210**	**26046**	**13315**	**12731**
20	115	58	57	3886	2093	1793
21	74	30	44	4111	2169	1942
22	67	28	39	5347	2862	2485
23	55	23	32	5954	2964	2990
24	68	30	38	6748	3227	3521
25—29岁	**255**	**113**	**142**	**45747**	**21024**	**24723**
25	74	37	37	7659	3718	3941
26	60	24	36	7858	3702	4156
27	41	21	20	9358	4381	4977
28	34	16	18	10239	4565	5674
29	46	15	31	10633	4658	5975
30—34岁	**214**	**83**	**131**	**86266**	**35406**	**50860**
30	43	25	18	13939	5886	8053
31	46	16	30	15688	6489	9199
32	36	10	26	16959	6962	9997
33	52	16	36	20197	8208	11989
34	37	16	21	19483	7861	11622
35—39岁	**201**	**91**	**110**	**120044**	**49222**	**70822**
35	25	12	13	19626	8048	11578
36	51	27	24	21891	8995	12896
37	41	19	22	21957	8944	13013
38	46	18	28	28271	11616	16655
39	38	15	23	28299	11619	16680
40—44岁	**270**	**91**	**179**	**190394**	**80455**	**109939**
40	41	15	26	29847	12131	17716
41	46	12	34	34369	14511	19858
42	50	18	32	37653	15924	21729
43	62	25	37	40098	17316	22782
44	71	21	50	48427	20573	27854

4-1b 续表 3 单位：人

年 龄	学前教育			小 学		
	小计	男	女	小计	男	女
45-49岁	**412**	**135**	**277**	**270778**	**117117**	**153661**
45	61	22	39	51793	22257	29536
46	99	29	70	57614	24751	32863
47	80	25	55	54053	23505	30548
48	72	20	52	52634	22598	30036
49	100	39	61	54684	24006	30678
50-54岁	**608**	**163**	**445**	**297733**	**127978**	**169755**
50	112	32	80	59298	25553	33745
51	89	22	67	58983	25560	33423
52	156	42	114	68031	29197	38834
53	119	28	91	52033	22282	29751
54	132	39	93	59388	25386	34002
55-59岁	**534**	**147**	**387**	**216107**	**89399**	**126708**
55	128	31	97	55364	23309	32055
56	118	36	82	52851	21580	31271
57	123	31	92	53659	22174	31485
58	120	35	85	37930	15551	22379
59	45	14	31	16303	6785	9518
60-64岁	**474**	**136**	**338**	**149171**	**69309**	**79862**
60	58	14	44	20577	9096	11481
61	69	18	51	22740	10452	12288
62	99	32	67	32908	15273	17635
63	119	39	80	37344	17703	19641
64	129	33	96	35602	16785	18817
65-69岁	**669**	**195**	**474**	**187961**	**93074**	**94887**
65	129	43	86	40155	19464	20691
66	147	36	111	42025	20473	21552
67	140	41	99	38943	19384	19559
68	143	44	99	38453	19508	18945
69	110	31	79	28385	14245	14140
70-74岁	**575**	**194**	**381**	**132228**	**67145**	**65083**
70	97	38	59	28094	14020	14074
71	126	41	85	29830	15310	14520
72	117	40	77	25613	12999	12614
73	124	36	88	25470	13040	12430
74	111	39	72	23221	11776	11445
75-79岁	**452**	**138**	**314**	**82897**	**42208**	**40689**
75	92	25	67	17690	8835	8855
76	94	35	59	18716	9701	9015
77	112	34	78	16960	8690	8270
78	84	23	61	15730	7990	7740
79	70	21	49	13801	6992	6809
80-84岁	**336**	**106**	**230**	**47130**	**23928**	**23202**
80	79	30	49	11682	5951	5731
81	72	24	48	9737	4984	4753
82	73	22	51	10435	5342	5093
83	62	16	46	8432	4310	4122
84	50	14	36	6844	3341	3503
85岁及以上	**221**	**68**	**153**	**24770**	**12154**	**12616**

4-1b　续表 4　　　　　　　　　　　　　　　　　　　　　　　　　　单位：人

年　龄	初　中			高　中			大学专科		
	小计	男	女	小计	男	女	小计	男	女
总　计	**3238651**	**1747228**	**1491423**	**1240662**	**660228**	**580434**	**636853**	**340860**	**295993**
3									
4									
5−9岁	**10422**	**6050**	**4372**	**18**	**13**	**5**			
5									
6	1853	1067	786						
7	2271	1309	962						
8	2922	1667	1255	6	3	3			
9	3376	2007	1369	12	10	2			
10−14岁	**377100**	**200379**	**176721**	**11419**	**5503**	**5916**	**27**	**10**	**17**
10	5018	2785	2233	10	4	6	3	1	2
11	11841	6403	5438	11	7	4	3		3
12	77693	40661	37032	74	36	38	5	2	3
13	137396	73082	64314	2169	1092	1077	5	3	2
14	145152	77448	67704	9155	4364	4791	11	4	7
15−19岁	**222260**	**124645**	**97615**	**531538**	**261794**	**269744**	**44556**	**21679**	**22877**
15	90301	49568	40733	64643	31729	32914	714	317	397
16	45014	25328	19686	136414	67492	68922	1594	754	840
17	28828	16525	12303	150520	73487	77033	3342	1652	1690
18	27591	15731	11860	117915	57718	60197	11996	5803	6193
19	30526	17493	13033	62046	31368	30678	26910	13153	13757
20−24岁	**220573**	**115695**	**104878**	**126115**	**66231**	**59884**	**147838**	**68006**	**79832**
20	33343	18831	14512	32591	16942	15649	32503	15857	16646
21	37693	20340	17353	23008	12379	10629	31307	14782	16525
22	47773	25087	22686	24527	12942	11585	31340	14372	16968
23	49133	25062	24071	23142	12081	11061	27469	11963	15506
24	52631	26375	26256	22847	11887	10960	25219	11032	14187
25−29岁	**310531**	**150994**	**159537**	**110584**	**57565**	**53019**	**100019**	**46597**	**53422**
25	58436	28574	29862	23387	12145	11242	23969	10697	13272
26	57508	28216	29292	21509	11293	10216	20688	9587	11101
27	64436	31082	33354	22215	11515	10700	20198	9448	10750
28	64970	31503	33467	22153	11515	10638	18281	8649	9632
29	65181	31619	33562	21320	11097	10223	16883	8216	8667
30−34岁	**398061**	**192518**	**205543**	**112564**	**59381**	**53183**	**85120**	**42705**	**42415**
30	79431	38393	41038	25062	12841	12221	18996	9136	9860
31	80265	38526	41739	23385	12044	11341	17387	8525	8862
32	79841	38594	41247	22245	11778	10467	16949	8571	8378
33	85740	41441	44299	22940	12292	10648	17156	8803	8353
34	72784	35564	37220	18932	10426	8506	14632	7670	6962
35−39岁	**337368**	**169497**	**167871**	**71385**	**39585**	**31800**	**58271**	**32514**	**25757**
35	65518	32537	32981	15811	8743	7068	12740	6848	5892
36	66041	32827	33214	14739	8230	6509	12269	6770	5499
37	62738	31386	31352	13287	7332	5955	11292	6337	4955
38	75101	38186	36915	14799	8125	6674	11923	6763	5160
39	67970	34561	33409	12749	7155	5594	10047	5796	4251
40−44岁	**333163**	**176049**	**157114**	**60411**	**34108**	**26303**	**51545**	**30966**	**20579**
40	62922	32293	30629	12094	6771	5323	10004	5883	4121
41	65788	34337	31451	12093	6764	5329	10677	6392	4285
42	65459	34519	30940	12023	6809	5214	10500	6297	4203
43	65237	35141	30096	11513	6579	4934	9429	5789	3640
44	73757	39759	33998	12688	7185	5503	10935	6605	4330

4－1b 续表 5

单位：人

年龄	初中			高中			大学专科		
	小计	男	女	小计	男	女	小计	男	女
45－49岁	**360992**	**200878**	**160114**	**62410**	**36655**	**25755**	**51029**	**31384**	**19645**
45	77628	42369	35259	13181	7626	5555	10832	6622	4210
46	80918	44417	36501	13835	8070	5765	10956	6824	4132
47	71644	40088	31556	12447	7319	5128	10319	6331	3988
48	66818	37364	29454	11811	7013	4798	9962	6140	3822
49	63984	36640	27344	11136	6627	4509	8960	5467	3493
50－54岁	**271865**	**157756**	**114109**	**47377**	**28884**	**18493**	**41674**	**26571**	**15103**
50	64332	36802	27530	11469	6894	4575	9732	6136	3596
51	54039	31157	22882	9676	5903	3773	8461	5383	3078
52	59207	34314	24893	10162	6342	3820	8617	5491	3126
53	43537	25614	17923	7235	4410	2825	6507	4174	2333
54	50750	29869	20881	8835	5335	3500	8357	5387	2970
55－59岁	**185211**	**109734**	**75477**	**45272**	**28073**	**17199**	**31809**	**21625**	**10184**
55	48150	28125	20025	9366	5698	3668	8146	5316	2830
56	45935	26792	19143	10167	6221	3946	8062	5445	2617
57	47048	28098	18950	11998	7489	4509	8038	5494	2544
58	32037	19313	12724	9383	5892	3491	5370	3778	1592
59	12041	7406	4635	4358	2773	1585	2193	1592	601
60－64岁	**75311**	**50168**	**25143**	**27969**	**18350**	**9619**	**11757**	**8775**	**2982**
60	13041	8511	4530	5161	3244	1917	2327	1678	649
61	12830	8596	4234	5531	3552	1979	2190	1606	584
62	16912	11260	5652	6696	4443	2253	2718	2065	653
63	17305	11583	5722	5967	3978	1989	2517	1879	638
64	15223	10218	5005	4614	3133	1481	2005	1547	458
65－69岁	**62553**	**42507**	**20046**	**13725**	**9647**	**4078**	**6161**	**4602**	**1559**
65	15192	10299	4893	4006	2792	1214	1797	1333	464
66	14659	10013	4646	3336	2342	994	1538	1153	385
67	12510	8414	4096	2546	1792	754	1054	787	267
68	11740	8043	3697	2243	1581	662	1023	762	261
69	8452	5738	2714	1594	1140	454	749	567	182
70－74岁	**34802**	**24147**	**10655**	**8565**	**6160**	**2405**	**3432**	**2663**	**769**
70	8085	5562	2523	1741	1230	511	854	672	182
71	8002	5608	2394	1944	1410	534	845	652	193
72	6231	4304	1927	1691	1213	478	638	501	137
73	6357	4391	1966	1713	1231	482	609	469	140
74	6127	4282	1845	1476	1076	400	486	369	117
75－79岁	**22731**	**15467**	**7264**	**6186**	**4506**	**1680**	**1775**	**1333**	**442**
75	4810	3272	1538	1115	797	318	376	281	95
76	5363	3695	1668	1296	958	338	377	287	90
77	4757	3237	1520	1366	978	388	374	275	99
78	4329	2914	1415	1303	959	344	348	262	86
79	3472	2349	1123	1106	814	292	300	228	72
80－84岁	**10429**	**7049**	**3380**	**3407**	**2488**	**919**	**1226**	**941**	**285**
80	2968	2040	928	943	676	267	334	256	78
81	2120	1419	701	738	542	196	248	190	58
82	2235	1482	753	767	574	193	257	202	55
83	1711	1158	553	544	406	138	211	150	61
84	1395	950	445	415	290	125	176	143	33
85岁及以上	**5279**	**3695**	**1584**	**1717**	**1285**	**432**	**614**	**489**	**125**

4-1b　续表 6

单位：人

年　龄	大学本科			硕士研究生			博士研究生		
	小计	男	女	小计	男	女	小计	男	女
总　计	**586310**	**299079**	**287231**	**11636**	**4923**	**6713**	**1129**	**696**	**433**
3									
4									
5-9岁									
5									
6									
7									
8									
9									
10-14岁	**17**	**8**	**9**	**1**		**1**			
10	3	1	2						
11	3	2	1						
12	3	2	1						
13	1		1						
14	7	3	4	1		1			
15-19岁	**37957**	**16257**	**21700**	**15**	**7**	**8**	**1**		**1**
15	108	63	45						
16	321	146	175						
17	1696	695	1001	4		4			
18	11338	4865	6473	6	3	3			
19	24494	10488	14006	5	4	1	1		1
20-24岁	**148987**	**62559**	**86428**	**3409**	**922**	**2487**	**64**	**28**	**36**
20	30246	12633	17613	19	7	12	3	2	1
21	31705	13275	18430	152	42	110	4	2	2
22	34418	14442	19976	633	166	467	13	8	5
23	28227	11948	16279	1233	335	898	17	7	10
24	24391	10261	14130	1372	372	1000	27	9	18
25-29岁	**114894**	**50957**	**63937**	**3757**	**1299**	**2458**	**204**	**95**	**109**
25	24213	10399	13814	1222	381	841	23	11	12
26	22711	9810	12901	920	281	639	51	27	24
27	23890	10402	13488	668	257	411	42	16	26
28	22750	10375	12375	482	182	300	45	23	22
29	21330	9971	11359	465	198	267	43	18	25
30-34岁	**104890**	**52953**	**51937**	**2218**	**1107**	**1111**	**358**	**204**	**154**
30	23870	11547	12323	505	227	278	66	33	33
31	21851	10628	11223	448	213	235	66	33	33
32	20654	10383	10271	444	229	215	86	50	36
33	20871	10863	10008	469	240	229	68	48	20
34	17644	9532	8112	352	198	154	72	40	32
35-39岁	**67921**	**39418**	**28503**	**1069**	**694**	**375**	**240**	**169**	**71**
35	15237	8440	6797	293	175	118	48	27	21
36	14619	8411	6208	236	144	92	63	48	15
37	13341	7745	5596	197	143	54	44	29	15
38	13696	8161	5535	196	130	66	45	36	9
39	11028	6661	4367	147	102	45	40	29	11
40-44岁	**46396**	**29859**	**16537**	**455**	**326**	**129**	**121**	**92**	**29**
40	10681	6588	4093	91	57	34	27	18	9
41	10331	6497	3834	105	71	34	34	24	10
42	9581	6260	3321	106	77	29	23	18	5
43	7803	5126	2677	73	53	20	19	17	2
44	8000	5388	2612	80	68	12	18	15	3

4-1b 续表 7

单位：人

年 龄	大学本科			硕士研究生			博士研究生		
	小计	男	女	小计	男	女	小计	男	女
45—49岁	**30286**	**20473**	**9813**	**337**	**260**	**77**	**63**	**47**	**16**
45	7476	5022	2454	87	62	25	13	11	2
46	6976	4685	2291	77	62	15	9	6	3
47	5917	3993	1924	66	55	11	16	12	4
48	5347	3636	1711	60	40	20	7	5	2
49	4570	3137	1433	47	41	6	18	13	5
50—54岁	**19536**	**14273**	**5263**	**203**	**171**	**32**	**39**	**30**	**9**
50	4815	3428	1387	55	45	10	8	4	4
51	4130	2960	1170	39	34	5	17	14	3
52	4175	3086	1089	42	35	7	6	4	2
53	2953	2218	735	29	24	5	5	5	
54	3463	2581	882	38	33	5	3	3	
55—59岁	**10160**	**8057**	**2103**	**123**	**99**	**24**	**18**	**16**	**2**
55	3132	2442	690	34	26	8	4	3	1
56	2627	2059	568	39	31	8	5	4	1
57	2469	1981	488	31	25	6	5	5	
58	1410	1160	250	14	12	2	3	3	
59	522	415	107	5	5		1	1	
60—64岁	**2144**	**1707**	**437**	**33**	**29**	**4**	**6**	**4**	**2**
60	465	365	100	8	8		4	3	1
61	392	312	80	4	3	1			
62	471	372	99	10	10		1		1
63	447	357	90	5	4	1	1	1	
64	369	301	68	6	4	2			
65—69岁	**1238**	**1000**	**238**	**9**	**5**	**4**	**6**	**3**	**3**
65	340	278	62	2	1	1	2		2
66	298	234	64	2	1	1	1		1
67	224	186	38	1		1			
68	200	152	48	2	2		2	2	
69	176	150	26	2	1	1	1	1	
70—74岁	**751**	**638**	**113**	**3**	**2**	**1**	**5**	**5**	
70	174	140	34				3	3	
71	194	177	17	1	1				
72	117	100	17	1		1			
73	122	100	22				1	1	
74	144	121	23	1	1		1	1	
75—79岁	**502**	**416**	**86**	**1**		**1**			
75	108	92	16						
76	105	88	17						
77	104	87	17						
78	93	74	19						
79	92	75	17	1		1			
80—84岁	**429**	**338**	**91**	**2**	**1**	**1**			
80	100	76	24	1	1				
81	86	66	20						
82	97	78	19						
83	88	68	20	1		1			
84	58	50	8						
85岁及以上	**202**	**166**	**36**	**1**	**1**		**4**	**3**	**1**

4－1c　全省分年龄、性别、受教育程度的3岁及以上人口(乡村)

单位：人

年　龄	3岁及以上人口			未上过学		
	合计	男	女	小计	男	女
总　计	**17239617**	**8961434**	**8278183**	**2080513**	**542931**	**1537582**
3	306937	162293	144644	138492	73022	65470
4	285459	152177	133282	52761	27533	25228
5—9岁	**1587275**	**848922**	**738353**	**27980**	**14307**	**13673**
5	285756	152922	132834	18978	9761	9217
6	308413	165106	143307	5386	2737	2649
7	317406	169566	147840	1461	704	757
8	342164	183323	158841	1203	609	594
9	333536	178005	155531	952	496	456
10—14岁	**1566426**	**838129**	**728297**	**4809**	**2556**	**2253**
10	325733	173533	152200	918	504	414
11	334723	178357	156366	1091	583	508
12	311244	166340	144904	1077	562	515
13	295796	158854	136942	917	475	442
14	298930	161045	137885	806	432	374
15—19岁	**978165**	**527116**	**451049**	**3332**	**1801**	**1531**
15	246869	133829	113040	561	306	255
16	208067	113091	94976	540	310	230
17	169938	91977	77961	597	318	279
18	169128	90701	78427	729	386	343
19	184163	97518	86645	905	481	424
20—24岁	**1004329**	**524598**	**479731**	**6119**	**2919**	**3200**
20	178725	94695	84030	1077	536	541
21	181199	95491	85708	1131	567	564
22	216934	112988	103946	1351	576	675
23	215158	111064	104094	1275	588	687
24	212313	110360	101953	1285	552	733
25—29岁	**972171**	**523010**	**449161**	**7622**	**3014**	**4608**
25	212618	111930	100688	1447	627	820
26	193634	103007	90627	1364	571	793
27	197303	106470	90833	1493	596	897
28	190218	103722	86496	1630	631	999
29	178398	97881	80517	1688	589	1099
30—34岁	**1002649**	**547164**	**455485**	**15637**	**4899**	**10738**
30	210659	115058	95601	2321	809	1512
31	202996	110592	92404	2682	861	1821
32	197426	107472	89954	3078	969	2109
33	210239	114694	95545	3725	1121	2604
34	181329	99348	81981	3831	1139	2692
35—39岁	**896552**	**486621**	**409931**	**27861**	**7246**	**20615**
35	167827	91619	76208	4090	1119	2971
36	171895	94077	77818	4558	1229	3329
37	164952	89400	75552	5024	1273	3751
38	201438	109240	92198	6830	1777	5053
39	190440	102285	88155	7359	1848	5511
40—44岁	**1089837**	**576779**	**513058**	**65631**	**14987**	**50644**
40	189950	100037	89913	8862	1973	6889
41	202695	108675	94020	10589	2438	8151
42	213959	112549	101410	12946	2882	10064
43	221224	117786	103438	14619	3456	11163
44	262009	137732	124277	18615	4238	14377

4-1c 续表 1 单位：人

年龄	3岁及以上人口			未上过学		
	合计	男	女	小计	男	女
45-49岁	**1429603**	**752032**	**677571**	**126724**	**28499**	**98225**
45	277640	146235	131405	20588	4618	15970
46	302271	159859	142412	24145	5419	18726
47	283160	149309	133851	25208	5627	19581
48	278149	144871	133278	27090	5934	21156
49	288383	151758	136625	29693	6901	22792
50-54岁	**1483037**	**758397**	**724640**	**185689**	**38567**	**147122**
50	307426	157657	149769	34970	7384	27586
51	288157	147523	140634	34953	7470	27483
52	332281	169168	163113	41649	8488	33161
53	258120	131259	126861	34120	6965	27155
54	297053	152790	144263	39997	8260	31737
55-59岁	**1155553**	**585602**	**569951**	**180779**	**33526**	**147253**
55	286468	145905	140563	41691	8516	33175
56	279586	140887	138699	42502	8170	34332
57	288157	147359	140798	44153	8065	36088
58	208815	106004	102811	34061	5725	28336
59	92527	45447	47080	18372	3050	15322
60-64岁	**806289**	**407655**	**398634**	**199748**	**40006**	**159742**
60	119588	60011	59577	26608	4916	21692
61	122957	62700	60257	29144	5871	23273
62	174059	88782	85277	42920	8770	34150
63	200022	101615	98407	50805	10467	40338
64	189663	94547	95116	50271	9982	40289
65-69岁	**974890**	**484201**	**490689**	**286787**	**60450**	**226337**
65	208271	104522	103749	56730	11698	45032
66	215781	106952	108829	61537	12756	48781
67	203646	100794	102852	61041	12797	48244
68	198155	98985	99170	59947	12822	47125
69	149037	72948	76089	47532	10377	37155
70-74岁	**714515**	**346871**	**367644**	**258920**	**61397**	**197523**
70	149909	73086	76823	50514	11438	39076
71	159461	80018	79443	56233	13975	42258
72	137702	65788	71914	51118	12006	39112
73	139189	67081	72108	52154	12525	39629
74	128254	60898	67356	48901	11453	37448
75-79岁	**503003**	**233916**	**269087**	**220012**	**54837**	**165175**
75	101154	46759	54395	41152	9557	31595
76	109751	52568	57183	45525	11289	34236
77	105544	48993	56551	46390	11526	34864
78	97029	44525	52504	44542	11325	33217
79	89525	41071	48454	42403	11140	31263
80-84岁	**309465**	**137222**	**172243**	**166396**	**45876**	**120520**
80	74379	33675	40704	37777	10191	27586
81	64152	28484	35668	34354	9460	24894
82	68797	31103	37694	36963	10487	26476
83	55885	24239	31646	31094	8540	22554
84	46252	19721	26531	26208	7198	19010
85岁及以上	**173462**	**68729**	**104733**	**105214**	**27489**	**77725**

4-1c　续表 2

单位：人

年　龄	学前教育			小　学		
	小计	男	女	小计	男	女
总　计	**804048**	**425144**	**378904**	**7216966**	**3685862**	**3531104**
3	168445	89271	79174			
4	232698	124644	108054			
5-9岁	**376329**	**200907**	**175422**	**1170839**	**626747**	**544092**
5	235551	125903	109648	31227	17258	13969
6	120607	64648	55959	180385	96561	83824
7	12472	6490	5982	300807	160785	140022
8	4878	2421	2457	332714	178377	154337
9	2821	1445	1376	325706	173766	151940
10-14岁	**8339**	**4233**	**4106**	**895464**	**476821**	**418643**
10	2159	1121	1038	315580	167917	147663
11	1749	878	871	313059	166747	146312
12	1290	664	626	188115	100808	87307
13	1412	713	699	57567	30513	27054
14	1729	857	872	21143	10836	10307
15-19岁	**2002**	**1031**	**971**	**34197**	**17197**	**17000**
15	1128	575	553	8884	4583	4301
16	490	242	248	5634	2888	2746
17	139	69	70	5239	2651	2588
18	139	80	59	6227	3105	3122
19	106	65	41	8213	3970	4243
20-24岁	**403**	**191**	**212**	**64093**	**29506**	**34587**
20	97	49	48	9432	4423	5009
21	89	42	47	10641	5017	5624
22	64	27	37	13717	6271	7446
23	78	42	36	14580	6619	7961
24	75	31	44	15723	7176	8547
25-29岁	**272**	**137**	**135**	**96809**	**43076**	**53733**
25	72	43	29	17188	7961	9227
26	64	33	31	17294	7722	9572
27	57	29	28	19472	8557	10815
28	44	18	26	20966	9128	11838
29	35	14	21	21889	9508	12281
30-34岁	**304**	**118**	**186**	**184726**	**79520**	**105206**
30	50	20	30	29606	12794	16812
31	64	26	38	33384	14320	19064
32	65	22	43	36353	15543	20810
33	64	26	38	43286	18532	24754
34	61	24	37	42097	18331	23766
35-39岁	**327**	**108**	**219**	**278147**	**123015**	**155132**
35	41	12	29	43761	19253	24508
36	56	21	35	48498	21358	27140
37	59	25	34	50974	22307	28667
38	82	24	58	66869	29722	37147
39	89	26	63	68045	30375	37670
40-44岁	**676**	**212**	**464**	**472189**	**213608**	**258581**
40	108	27	81	73353	32110	41243
41	113	36	77	83649	37977	45672
42	124	38	86	92517	41260	51257
43	151	54	97	100163	46487	53676
44	180	57	123	122507	55774	66733

4–1c 续表 3

单位：人

年 龄	学前教育			小 学		
	小计	男	女	小计	男	女
45–49岁	**1195**	**331**	**864**	**716698**	**333146**	**383552**
45	230	57	173	132485	60891	71594
46	225	72	153	147543	68422	79121
47	225	58	167	142349	66377	75972
48	246	65	181	142286	65605	76681
49	269	79	190	152035	71851	80184
50–54岁	**1857**	**523**	**1334**	**832958**	**391908**	**441050**
50	333	92	241	165659	76559	89100
51	355	98	257	162137	76184	85953
52	403	118	285	189133	89101	100032
53	350	90	260	147732	69863	77869
54	416	125	291	168297	80201	88096
55–59岁	**1654**	**409**	**1245**	**628532**	**295498**	**333034**
55	361	100	261	159848	75454	84394
56	384	91	293	152854	71192	81662
57	420	101	319	155442	73463	81979
58	328	75	253	110736	51926	58810
59	161	42	119	49652	23463	26189
60–64岁	**1671**	**467**	**1204**	**450254**	**239553**	**210701**
60	209	57	152	64686	32501	32185
61	252	63	189	67428	35465	31963
62	382	103	279	96758	51711	45047
63	406	132	274	112724	60769	51955
64	422	112	310	108658	59107	49551
65–69岁	**2432**	**705**	**1727**	**569184**	**324461**	**244723**
65	480	129	351	120997	67355	53642
66	499	143	356	126254	70852	55402
67	482	131	351	119070	68338	50732
68	560	177	383	116464	67966	48498
69	411	125	286	86399	49950	36449
70–74岁	**2140**	**705**	**1435**	**393336**	**233236**	**160100**
70	436	131	305	84985	49543	35442
71	489	171	318	88771	53898	34873
72	404	115	289	75135	44190	30945
73	452	159	293	75652	45006	30646
74	359	129	230	68793	40599	28194
75–79岁	**1548**	**547**	**1001**	**243133**	**145950**	**97183**
75	289	104	185	51891	30454	21437
76	328	132	196	55002	33529	21473
77	344	124	220	50672	30421	20251
78	315	102	213	44785	26843	17942
79	272	85	187	40783	24703	16080
80–84岁	**1084**	**361**	**723**	**125813**	**77217**	**48596**
80	231	79	152	31607	19327	12280
81	236	67	169	26032	15978	10054
82	263	98	165	28119	17544	10575
83	203	72	131	22089	13513	8576
84	151	45	106	17966	10855	7111
85岁及以上	**672**	**244**	**428**	**60594**	**35403**	**25191**

4—1c　续表 4

单位：人

年　龄	初　中			高　中			大学专科		
	小计	男	女	小计	男	女	小计	男	女
总　计	**5544225**	**3385893**	**2158332**	**929770**	**559238**	**370532**	**405437**	**222791**	**182646**
3									
4									
5—9岁	**12117**	**6957**	**5160**	**10**	**4**	**6**			
5									
6	2035	1160	875						
7	2666	1587	1079						
8	3364	1914	1450	5	2	3			
9	4052	2296	1756	5	2	3			
10—14岁	**647401**	**349070**	**298331**	**10386**	**5432**	**4954**	**18**	**10**	**8**
10	7069	3988	3081	6	2	4			
11	18810	10142	8668	14	7	7			
12	120725	64287	56438	34	19	15	2		2
13	233683	125956	107727	2213	1195	1018	4	2	2
14	267114	144697	122417	8119	4209	3910	12	8	4
15—19岁	**503821**	**284860**	**218961**	**360546**	**187973**	**172573**	**50557**	**23525**	**27032**
15	188275	103564	84711	46772	24118	22654	1114	614	500
16	106517	60284	46233	91959	47835	44124	2614	1375	1239
17	68328	39533	28795	89838	46536	43302	4489	2228	2261
18	65217	38076	27141	76155	39649	36506	13407	6208	7199
19	75484	43403	32081	55822	29835	25987	28933	13100	15833
20—24岁	**537770**	**296746**	**241024**	**157022**	**87205**	**69817**	**150145**	**67564**	**82581**
20	85829	48451	37378	38100	21005	17095	31546	14244	17302
21	96629	53749	42880	30546	17062	13484	30077	13478	16599
22	117839	64998	52841	32159	17932	14227	33139	14748	18391
23	117519	64200	53319	29139	16106	13033	29655	13225	16430
24	119954	65348	54606	27078	15100	11978	25728	11869	13859
25—29岁	**607520**	**335200**	**272320**	**105355**	**61162**	**44193**	**77460**	**40166**	**37294**
25	125360	68212	57148	25112	14274	10838	22319	10633	11686
26	118766	64913	53853	21664	12433	9231	17020	8601	8419
27	124361	68551	55810	21039	12270	8769	15275	8104	7171
28	122509	68144	54365	19795	11725	8070	12472	6903	5569
29	116524	65380	51144	17745	10460	7285	10374	5925	4449
30—34岁	**645160**	**364557**	**280603**	**80462**	**50263**	**30199**	**41994**	**25824**	**16170**
30	138638	77535	61103	19672	11785	7887	10490	6120	4370
31	133231	74706	58525	16935	10437	6498	9018	5454	3564
32	127782	72079	55703	15744	9767	5977	8071	4949	3122
33	133455	75858	57597	15825	10145	5680	7935	5033	2902
34	112054	64379	47675	12286	8129	4157	6480	4268	2212
35—39岁	**509429**	**300440**	**208989**	**43024**	**29137**	**13887**	**23173**	**16204**	**6969**
35	100682	58153	42529	10212	6907	3305	5476	3709	1767
36	101087	59292	41795	9174	6218	2956	5177	3575	1602
37	93772	55211	38561	7901	5363	2538	4401	3165	1236
38	111859	66738	45121	8491	5734	2757	4571	3232	1339
39	102029	61046	40983	7246	4915	2331	3548	2523	1025
40—44岁	**494188**	**306933**	**187255**	**32143**	**22476**	**9667**	**16729**	**12336**	**4393**
40	95777	57588	38189	6517	4443	2074	3414	2485	929
41	96234	59611	36623	6503	4512	1991	3682	2683	999
42	96874	60001	36873	6377	4491	1886	3431	2556	875
43	95923	60322	35601	6040	4257	1783	2970	2202	768
44	109380	69411	39969	6706	4773	1933	3232	2410	822

4−1c 续表 5　　单位：人

年龄	初中			高中			大学专科		
	小计	男	女	小计	男	女	小计	男	女
45−49岁	**533301**	**351149**	**182152**	**31764**	**23620**	**8144**	**14789**	**11320**	**3469**
45	113205	72493	40712	6709	4859	1850	3155	2363	792
46	118885	77385	41500	6952	5046	1906	3364	2587	777
47	105173	69568	35605	6308	4694	1614	2957	2268	689
48	98773	65819	32954	5976	4564	1412	2794	2130	664
49	97265	65884	31381	5819	4457	1362	2519	1972	547
50−54岁	**421226**	**294560**	**126666**	**26391**	**20894**	**5497**	**11627**	**9298**	**2329**
50	96779	66037	30742	6052	4704	1348	2794	2206	588
51	82263	57108	25155	5371	4207	1164	2357	1878	479
52	92182	64388	27794	5793	4570	1223	2422	1941	481
53	69445	49091	20354	4138	3341	797	1855	1514	341
54	80557	57936	22621	5037	4072	965	2199	1759	440
55−59岁	**303643**	**222375**	**81268**	**30454**	**25010**	**5444**	**8684**	**7275**	**1409**
55	76504	55275	21229	5429	4381	1048	2138	1770	368
56	74845	54122	20723	6426	5174	1252	2131	1769	362
57	77181	56690	20491	8308	6844	1464	2190	1810	380
58	54717	40735	13982	7065	5894	1171	1611	1391	220
59	20396	15553	4843	3226	2717	509	614	535	79
60−64岁	**125084**	**101956**	**23128**	**24974**	**21634**	**3340**	**3975**	**3545**	**430**
60	23059	18258	4801	4187	3544	643	729	640	89
61	20630	16560	4070	4687	4025	662	719	631	88
62	27163	22269	4894	5831	5041	790	877	783	94
63	29167	24136	5031	5910	5201	709	873	792	81
64	25065	20733	4332	4359	3823	536	777	699	78
65−69岁	**100927**	**84650**	**16277**	**12411**	**11082**	**1329**	**2785**	**2540**	**245**
65	25359	21152	4207	3881	3460	421	729	648	81
66	23648	19758	3890	3079	2734	345	679	638	41
67	20187	16977	3210	2246	2000	246	549	491	58
68	18757	15829	2928	1868	1678	190	496	456	40
69	12976	10934	2042	1337	1210	127	332	307	25
70−74岁	**51974**	**44134**	**7840**	**6297**	**5728**	**569**	**1622**	**1478**	**144**
70	12180	10338	1842	1326	1206	120	393	365	28
71	12138	10300	1838	1419	1300	119	366	336	30
72	9437	8020	1417	1256	1146	110	315	278	37
73	9443	8046	1397	1164	1055	109	296	269	27
74	8776	7430	1346	1132	1021	111	252	230	22
75−79岁	**32050**	**26940**	**5110**	**5026**	**4529**	**497**	**1070**	**974**	**96**
75	6682	5619	1063	904	808	96	208	196	12
76	7582	6421	1161	1048	956	92	234	215	19
77	6836	5750	1086	1054	950	104	216	196	20
78	6039	5057	982	1094	972	122	221	195	26
79	4911	4093	818	926	843	83	191	172	19
80−84岁	**12948**	**10861**	**2087**	**2497**	**2252**	**245**	**587**	**546**	**41**
80	3751	3162	589	781	703	78	198	187	11
81	2815	2336	479	561	508	53	119	108	11
82	2739	2324	415	562	513	49	111	107	4
83	2057	1717	340	334	301	33	89	80	9
84	1586	1322	264	259	227	32	70	64	6
85岁及以上	**5666**	**4505**	**1161**	**1008**	**837**	**171**	**222**	**186**	**36**

4-1c　续表 6

单位：人

年　龄	大学本科			硕士研究生			博士研究生		
	小计	男	女	小计	男	女	小计	男	女
总　计	**253896**	**137222**	**116674**	**4306**	**2076**	**2230**	**456**	**277**	**179**
3									
4									
5—9岁									
5									
6									
7									
8									
9									
10—14岁	**7**	**5**	**2**	**2**	**2**				
10	1	1							
11									
12	1		1						
13									
14	5	4	1	2	2				
15—19岁	**23699**	**10720**	**12979**	**8**	**7**	**1**	**3**	**2**	**1**
15	135	69	66						
16	312	156	156				1	1	
17	1307	641	666	1	1				
18	7251	3194	4057	3	3				
19	14694	6660	8034	4	3	1	2	1	1
20—24岁	**87696**	**40066**	**47630**	**1018**	**372**	**646**	**63**	**29**	**34**
20	12617	5975	6642	25	11	14	2	1	1
21	12029	5552	6477	49	20	29	8	4	4
22	18478	8274	10204	180	57	123	7	5	2
23	22526	10154	12372	370	123	247	16	7	9
24	22046	10111	11935	394	161	233	30	12	18
25—29岁	**75151**	**39435**	**35716**	**1849**	**754**	**1095**	**133**	**66**	**67**
25	20667	10019	10648	428	149	279	25	12	13
26	16983	8550	8433	453	175	278	26	9	17
27	15170	8088	7082	410	160	250	26	15	11
28	12473	7003	5470	299	152	147	30	18	12
29	9858	5775	4083	259	118	141	26	12	14
30—34岁	**33474**	**21448**	**12026**	**794**	**468**	**326**	**98**	**67**	**31**
30	9609	5852	3757	247	126	121	26	17	9
31	7495	4675	2820	163	96	67	24	17	7
32	6161	4030	2131	157	102	55	15	11	4
33	5790	3872	1918	138	92	46	21	15	6
34	4419	3019	1400	89	52	37	12	7	5
35—39岁	**14244**	**10223**	**4021**	**293**	**211**	**82**	**54**	**37**	**17**
35	3482	2404	1078	68	52	16	15	10	5
36	3277	2334	943	57	43	14	11	7	4
37	2746	2004	742	60	41	19	15	11	4
38	2674	1971	703	56	38	18	6	4	2
39	2065	1510	555	52	37	15	7	5	2
40—44岁	**8118**	**6104**	**2014**	**128**	**98**	**30**	**35**	**25**	**10**
40	1889	1387	502	23	19	4	7	5	2
41	1891	1393	498	25	20	5	9	5	4
42	1659	1296	363	22	18	4	9	7	2
43	1323	982	341	33	24	9	2	2	
44	1356	1046	310	25	17	8	8	6	2

4-1c　续表 7　　　　单位：人

年　龄	大学本科			硕士研究生			博士研究生		
	小计	男	女	小计	男	女	小计	男	女
45—49岁	**5036**	**3894**	**1142**	**73**	**57**	**16**	**23**	**16**	**7**
45	1248	939	309	17	12	5	3	3	
46	1134	910	224	18	15	3	5	3	2
47	920	702	218	15	11	4	5	4	1
48	968	741	227	14	12	2	2	1	1
49	766	602	164	9	7	2	8	5	3
50—54岁	**3205**	**2584**	**621**	**66**	**49**	**17**	**18**	**14**	**4**
50	816	657	159	19	15	4	4	3	1
51	704	563	141	14	12	2	3	3	
52	682	552	130	13	7	6	4	3	1
53	465	383	82	12	9	3	3	3	
54	538	429	109	8	6	2	4	2	2
55—59岁	**1740**	**1459**	**281**	**45**	**33**	**12**	**22**	**17**	**5**
55	482	396	86	11	10	1	4	3	1
56	426	357	69	12	8	4	6	4	2
57	447	378	69	9	3	6	7	5	2
58	282	244	38	12	11	1	3	3	
59	103	84	19	1	1		2	2	
60—64岁	**565**	**477**	**88**	**14**	**13**	**1**	**4**	**4**	
60	105	91	14	4	3	1	1	1	
61	94	82	12	3	3				
62	124	101	23	4	4				
63	133	114	19	2	2		2	2	
64	109	89	20	1	1		1	1	
65—69岁	**353**	**305**	**48**	**10**	**8**	**2**	**1**		**1**
65	93	78	15	2	2				
66	80	68	12	4	3	1	1		1
67	70	60	10	1		1			
68	61	55	6	2	2				
69	49	44	5	1	1				
70—74岁	**221**	**191**	**30**	**3**	**2**	**1**	**2**		**2**
70	74	64	10	1	1				
71	43	37	6	1	1		1		1
72	35	33	2	1		1	1		1
73	28	21	7						
74	41	36	5						
75—79岁	**164**	**139**	**25**						
75	28	21	7						
76	32	26	6						
77	32	26	6						
78	33	31	2						
79	39	35	4						
80—84岁	**139**	**108**	**31**	**1**	**1**				
80	34	26	8						
81	34	26	8	1	1				
82	40	30	10						
83	19	16	3						
84	12	10	2						
85岁及以上	**84**	**64**	**20**	**2**	**1**	**1**			

4-2　各地区分性别、受教育程度的15岁及以上人口

单位：人

地　区	15岁及以上人口			未上过学		
	合计	男	女	小计	男	女
贵　州	**29320110**	**14772958**	**14547152**	**2564655**	**584383**	**1980272**
贵阳市	**4875748**	**2472209**	**2403539**	**137368**	**33825**	**103543**
南明区	880863	438614	442249	14315	3418	10897
云岩区	877055	435936	441119	16580	4189	12391
花溪区	804785	406428	398357	23227	5992	17235
乌当区	271107	135935	135172	9615	2512	7103
白云区	369836	190147	179689	9301	2420	6881
观山湖区	520106	266144	253962	10472	2562	7910
开阳县	267330	136698	130632	15871	3662	12209
息烽县	168630	86148	82482	8081	1559	6522
修文县	218185	113727	104458	10003	2500	7503
清镇市	497851	262432	235419	19903	5011	14892
六盘水市	**2234448**	**1126686**	**1107762**	**226544**	**54445**	**172099**
钟山区	510549	250772	259777	28795	6823	21972
六枝特区	384495	191130	193365	54220	11624	42596
水城县	545339	281470	263869	78485	21928	56557
盘州市	794065	403314	390751	65044	14070	50974
遵义市	**5132318**	**2560818**	**2571500**	**318765**	**60500**	**258265**
红花岗区	783715	385427	398288	22441	4299	18142
汇川区	497350	246949	250401	24454	4075	20379
播州区	589693	296487	293206	27286	5156	22130
桐梓县	405590	206138	199452	35308	6238	29070
绥阳县	291112	145805	145307	23936	5114	18822
正安县	302517	149554	152963	22788	3536	19252
道真仡佬族苗族自治县	192021	93058	98963	12933	2223	10710
务川仡佬族苗族自治县	232125	114580	117545	25593	5321	20272
凤冈县	235898	115547	120351	22007	4325	17682
湄潭县	294404	144280	150124	15224	3101	12123
余庆县	173883	85046	88837	13719	3005	10714
习水县	433199	219845	213354	29153	5444	23709
赤水市	196205	97493	98712	12016	3207	8809
仁怀市	504606	260609	243997	31907	5456	26451
安顺市	**1849894**	**931926**	**917968**	**203522**	**41356**	**162166**
西秀区	679401	337181	342220	54200	10462	43738
平坝区	265873	136488	129385	18799	3716	15083
普定县	271246	137439	133807	26681	6090	20591
镇宁布依族苗族自治县	223599	113853	109746	30338	6424	23914
关岭布依族苗族自治县	201050	102109	98941	26494	4326	22168
紫云苗族布依族自治县	208725	104856	103869	47010	10338	36672
毕节市	**4945246**	**2513823**	**2431423**	**700500**	**191270**	**509230**
七星关区	928703	464384	464319	89375	20817	68558
大方县	609398	310841	298557	68205	17248	50957
黔西县	541627	275309	266318	57985	14530	43455
金沙县	410115	212218	197897	30945	6992	23953
织金县	580517	295346	285171	106542	26271	80271
纳雍县	495308	250469	244839	94300	24293	70007
威宁彝族回族苗族自治县	924495	475005	449490	188254	63907	124347
赫章县	455083	230251	224832	64894	17212	47682

4-2 续表 1 单位：人

地区	15岁及以上人口			未上过学		
	合计	男	女	小计	男	女
铜仁市	**2513259**	**1253269**	**1259990**	**214021**	**46727**	**167294**
碧江区	349163	169811	179352	12895	3515	9380
万山区	123895	64689	59206	7734	2210	5524
江口县	141548	72156	69392	13003	3248	9755
玉屏侗族自治县	114628	58117	56511	5160	1128	4032
石阡县	232177	116577	115600	21126	4403	16723
思南县	353585	173905	179680	38414	7615	30799
印江土家族苗族自治县	226095	111617	114478	21372	5030	16342
德江县	295359	145906	149453	29164	5262	23902
沿河土家族自治县	311080	154655	156425	36725	7167	29558
松桃苗族自治县	365729	185836	179893	28428	7149	21279
黔西南布依族苗族自治州	**2239360**	**1124205**	**1115155**	**195360**	**41949**	**153411**
兴义市	769321	385641	383680	37449	8792	28657
兴仁市	309890	156087	153803	26479	4896	21583
普安县	176484	89643	86841	21583	4206	17377
晴隆县	166339	84123	82216	22194	4542	17652
贞丰县	223095	110545	112550	15790	2608	13182
望谟县	177466	89026	88440	33887	8431	25456
册亨县	139864	70292	69572	20002	4965	15037
安龙县	276901	138848	138053	17976	3509	14467
黔东南苗族侗族自治州	**2836939**	**1434416**	**1402523**	**321691**	**63083**	**258608**
凯里市	560274	282665	277609	32475	5177	27298
黄平县	189213	95197	94016	18154	3494	14660
施秉县	94817	47380	47437	9867	2062	7805
三穗县	119161	59605	59556	8820	1472	7348
镇远县	144679	72238	72441	12562	2155	10407
岑巩县	127924	63997	63927	15599	3024	12575
天柱县	205952	104576	101376	10921	1850	9071
锦屏县	117577	58891	58686	11052	1428	9624
剑河县	137799	70194	67605	25216	4660	20556
台江县	90432	46032	44400	14830	3072	11758
黎平县	303875	151873	152002	40691	7326	33365
榕江县	219346	112759	106587	33267	7102	26165
从江县	223945	113124	110821	53029	13363	39666
雷山县	96255	51105	45150	15047	2875	12172
麻江县	101331	51791	49540	9693	2179	7514
丹寨县	104359	52989	51370	10468	1844	8624
黔南布依族苗族自治州	**2692898**	**1355606**	**1337292**	**246884**	**51228**	**195656**
都匀市	439832	220194	219638	21814	4799	17015
福泉市	229481	119173	110308	13071	3387	9684
荔波县	118926	60923	58003	8358	1745	6613
贵定县	197205	95770	101435	17995	4071	13924
瓮安县	301734	152088	149646	15185	3506	11679
独山县	205756	103907	101849	18177	3710	14467
平塘县	175886	86768	89118	20538	4169	16369
罗甸县	187626	92891	94735	35150	6441	28709
长顺县	150906	76898	74008	23880	4538	19342
龙里县	184498	96903	87595	12996	3262	9734
惠水县	303924	150260	153664	39698	7658	32040
三都水族自治县	197124	99831	97293	20022	3942	16080

4–2　续表 2　　　　单位：人

地　区	学前教育			小　学		
	小计	男	女	小计	男	女
贵　州	**31467**	**11117**	**20350**	**8266402**	**3960186**	**4306216**
贵阳市	**3807**	**1552**	**2255**	**861196**	**402973**	**458223**
南明区	504	187	317	107670	46353	61317
云岩区	738	277	461	111252	49297	61955
花溪区	645	305	340	115726	53870	61856
乌当区	222	94	128	45025	21580	23445
白云区	247	104	143	61739	29819	31920
观山湖区	395	174	221	68405	31418	36987
开阳县	363	129	234	94636	45287	49349
息烽县	124	40	84	57846	27587	30259
修文县	198	88	110	71833	36130	35703
清镇市	371	154	217	127064	61632	65432
六盘水市	**1644**	**597**	**1047**	**664927**	**315216**	**349711**
钟山区	585	238	347	98948	44491	54457
六枝特区	268	96	172	117481	59344	58137
水城县	316	117	199	200146	100661	99485
盘州市	475	146	329	248352	110720	137632
遵义市	**5387**	**1953**	**3434**	**1449446**	**655037**	**794409**
红花岗区	557	174	383	141789	61220	80569
汇川区	398	153	245	103009	46895	56114
播州区	521	200	321	148716	66177	82539
桐梓县	486	163	323	125081	59902	65179
绥阳县	412	146	266	88025	40501	47524
正安县	342	141	201	115837	50297	65540
道真仡佬族苗族自治县	177	39	138	65762	28267	37495
务川仡佬族苗族自治县	386	123	263	81385	38075	43310
凤冈县	156	62	94	75734	33505	42229
湄潭县	260	90	170	86928	38779	48149
余庆县	385	157	228	56055	25466	30589
习水县	539	185	354	146397	66149	80248
赤水市	315	130	185	65199	30853	34346
仁怀市	453	190	263	149529	68951	80578
安顺市	**1755**	**641**	**1114**	**533367**	**262787**	**270580**
西秀区	644	210	434	154907	71414	83493
平坝区	205	68	137	72970	33574	39396
普定县	232	91	141	90395	44385	46010
镇宁布依族苗族自治县	252	118	134	76786	38892	37894
关岭布依族苗族自治县	109	29	80	71826	36650	35176
紫云苗族布依族自治县	313	125	188	66483	37872	28611
毕节市	**4843**	**1867**	**2976**	**1591520**	**823873**	**767647**
七星关区	626	261	365	265583	130918	134665
大方县	483	174	309	195080	99704	95376
黔西县	470	204	266	207100	107202	99898
金沙县	456	152	304	134694	66149	68545
织金县	498	183	315	197785	108997	88788
纳雍县	816	301	515	141881	76221	65660
威宁彝族回族苗族自治县	1013	405	608	287300	153586	133714
赫章县	481	187	294	162097	81096	81001

4—2 续表 3

单位：人

地　区	学前教育			小　学		
	小计	男	女	小计	男	女
铜仁市	**4263**	**1420**	**2843**	**736814**	**336070**	**400744**
碧江区	539	209	330	70268	31777	38491
万山区	280	88	192	37018	17731	19287
江口县	224	94	130	46205	22216	23989
玉屏侗族自治县	189	65	124	30571	13386	17185
石阡县	351	102	249	77473	34347	43126
思南县	420	129	291	111173	50716	60457
印江土家族苗族自治县	563	139	424	70027	31208	38819
德江县	321	125	196	79423	34938	44485
沿河土家族自治县	366	125	241	94221	43507	50714
松桃苗族自治县	1010	344	666	120435	56244	64191
黔西南布依族苗族自治州	**2633**	**818**	**1815**	**750343**	**347935**	**402408**
兴义市	674	255	419	217211	98847	118364
兴仁市	388	110	278	106995	48176	58819
普安县	163	46	117	58657	28319	30338
晴隆县	127	53	74	62105	30123	31982
贞丰县	244	62	182	86238	36899	49339
望谟县	296	70	226	61247	31992	29255
册亨县	434	119	315	54977	27355	27622
安龙县	307	103	204	102913	46224	56689
黔东南苗族侗族自治州	**3531**	**1075**	**2456**	**863845**	**416005**	**447840**
凯里市	566	185	381	115886	51610	64276
黄平县	149	38	111	67072	32016	35056
施秉县	153	49	104	29764	14118	15646
三穗县	125	38	87	40760	18198	22562
镇远县	253	67	186	50216	23424	26792
岑巩县	108	23	85	38450	18542	19908
天柱县	244	90	154	64704	26911	37793
锦屏县	90	36	54	35086	15603	19483
剑河县	121	33	88	41432	21536	19896
台江县	111	32	79	23278	11546	11732
黎平县	356	100	256	103641	49841	53800
榕江县	169	65	104	69877	36693	33184
从江县	332	116	216	80419	44281	36138
雷山县	243	57	186	27076	14468	12608
麻江县	154	54	100	39814	20098	19716
丹寨县	357	92	265	36370	17120	19250
黔南布依族苗族自治州	**3604**	**1194**	**2410**	**814944**	**400290**	**414654**
都匀市	619	213	406	94729	44448	50281
福泉市	223	77	146	70064	34182	35882
荔波县	121	31	90	40531	18429	22102
贵定县	328	94	234	60935	30995	29940
瓮安县	358	160	198	92011	43527	48484
独山县	168	52	116	64711	30534	34177
平塘县	284	87	197	64853	31398	33455
罗甸县	212	61	151	61428	32857	28571
长顺县	231	58	173	45713	24145	21568
龙里县	213	106	107	59448	30250	29198
惠水县	411	150	261	85265	43614	41651
三都水族自治县	436	105	331	75256	35911	39345

4-2　续表 4

单位：人

地　　区	初　　中			高　　中			大学专科		
	小计	男	女	小计	男	女	小计	男	女
贵　州	**10428884**	**5973291**	**4455593**	**3805596**	**2075958**	**1729638**	**2150545**	**1119178**	**1031367**
贵阳市	**1593412**	**866687**	**726725**	**876660**	**458446**	**418214**	**645872**	**333801**	**312071**
南明区	278361	145419	132942	196840	102036	94804	137675	69078	68598
云岩区	260430	135405	125025	181953	92741	89212	132357	64838	67519
花溪区	258984	142658	116326	128877	68278	60599	85831	45180	40651
乌当区	91517	49517	42000	52170	27239	24931	32403	16327	16081
白云区	134249	74490	59759	81156	43619	37537	37853	19356	18497
观山湖区	137671	74884	62787	95100	49808	45292	94927	46994	47933
开阳县	97532	55758	41774	31398	17431	13967	16280	8653	7627
息烽县	65170	36960	28210	19298	10683	8615	9970	5229	4741
修文县	94375	52933	41442	24766	13653	11113	8986	4524	4462
清镇市	175123	98663	76460	65102	32958	32144	89584	53622	35962
六盘水市	**804938**	**469085**	**335853**	**272076**	**151444**	**120632**	**142232**	**74183**	**68049**
钟山区	171129	91475	79654	94694	50510	44184	57981	29114	28867
六枝特区	137136	79265	57871	41326	22744	18582	18186	9912	8274
水城县	186087	115331	70756	47755	26557	21198	19103	9852	9251
盘州市	310586	183014	127572	88301	51633	36668	46962	25305	21657
遵义市	**2080170**	**1161494**	**918676**	**661326**	**364978**	**296348**	**316545**	**164786**	**151759**
红花岗区	325140	171735	153405	126472	68298	58174	85813	41969	43844
汇川区	195419	106543	88876	76030	40276	35754	44984	22638	22346
播州区	274537	149905	124632	82844	45863	36981	31216	16541	14675
桐梓县	176825	102830	73995	40386	22152	18234	13933	7679	6254
绥阳县	123163	68963	54200	35171	19885	15286	11502	6380	5122
正安县	106817	64140	42677	30692	17053	13639	13191	7302	5889
道真仡佬族苗族自治县	68661	38052	30609	25010	13929	11081	10434	5709	4725
务川仡佬族苗族自治县	75743	43688	32055	25561	14432	11129	11646	6482	5164
凤冈县	86110	49388	36722	27244	15174	12070	13344	7061	6283
湄潭县	128703	68897	59806	34081	18578	15503	16577	8491	8086
余庆县	63830	34114	29716	20657	11822	8835	11570	6268	5302
习水县	174158	102078	72080	49430	27995	21435	17318	9548	7770
赤水市	72780	38611	34169	25506	14106	11400	12037	6324	5713
仁怀市	208284	122550	85734	62242	35415	26827	22980	12394	10586
安顺市	**695840**	**408457**	**287383**	**206422**	**110926**	**95496**	**112689**	**60261**	**52428**
西秀区	258442	147994	110448	96014	50568	45446	57320	28784	28536
平坝区	111945	64402	47543	30269	16534	13735	20837	12589	8248
普定县	110318	63676	46642	25820	13912	11908	9997	5393	4604
镇宁布依族苗族自治县	82027	49985	32042	18754	10189	8565	9130	4995	4135
关岭布依族苗族自治县	67848	41946	25902	19337	10768	8569	7954	4418	3536
紫云苗族布依族自治县	65260	40454	24806	16228	8955	7273	7451	4082	3369
毕节市	**1669750**	**975651**	**694099**	**532009**	**285585**	**246424**	**239193**	**126025**	**113168**
七星关区	331735	188229	143506	117205	62438	54767	57385	27518	29867
大方县	222179	128436	93743	70177	37882	32295	31400	15976	15424
黔西县	181763	103648	78115	52479	27771	24708	23030	12263	10767
金沙县	161976	94088	67888	47908	26361	21547	19057	10659	8398
织金县	175756	105962	69794	54839	29687	25152	24772	13363	11409
纳雍县	168220	100276	67944	50239	27389	22850	21973	12199	9774
威宁彝族回族苗族自治县	284191	168619	115572	94029	49783	44246	40048	22220	17828
赫章县	143930	86393	57537	45133	24274	20859	21528	11827	9701

4-2 续表 5

单位：人

地区	初中			高中			大学专科		
	小计	男	女	小计	男	女	小计	男	女
铜仁市	**890629**	**507878**	**382751**	**348252**	**194682**	**153570**	**187479**	**95463**	**92016**
碧江区	113308	60078	53230	62277	32634	29643	52539	22860	29679
万山区	45589	26487	19102	19901	11377	8524	7308	3726	3582
江口县	51001	28642	22359	16083	9468	6615	8706	4899	3807
玉屏侗族自治县	49311	27250	22061	16042	9128	6914	7945	4299	3646
石阡县	77002	44989	32013	29480	17630	11850	15108	8576	6532
思南县	118300	68394	49906	46769	26326	20443	21731	11535	10196
印江土家族苗族自治县	80891	45775	35116	29131	16319	12812	13788	7555	6233
德江县	106676	62212	44464	43699	24254	19445	24695	12632	12063
沿河土家族自治县	111816	65869	45947	37166	20781	16385	17214	9368	7846
松桃苗族自治县	136735	78182	58553	47704	26765	20939	18445	10013	8432
黔西南布依族苗族自治州	**772267**	**456029**	**316238**	**252876**	**139092**	**113784**	**142002**	**74211**	**67791**
兴义市	263819	148740	115079	119543	65133	54410	66102	32136	33966
兴仁市	116845	70169	46676	29763	16500	13263	15981	8839	7142
普安县	60780	37355	23425	17189	9840	7349	9830	5328	4502
晴隆县	51132	31953	19179	14610	8059	6551	8781	5114	3667
贞丰县	85016	51150	33866	17075	9478	7597	10835	5981	4854
望谟县	48131	30050	18081	16343	8795	7548	10599	5976	4623
册亨县	40002	24479	15523	12354	6712	5642	6760	3768	2992
安龙县	106542	62133	44409	25999	14575	11424	13114	7069	6045
黔东南苗族侗族自治州	**968163**	**571858**	**396305**	**345606**	**200507**	**145099**	**180259**	**99387**	**80872**
凯里市	193164	109008	84156	101988	57384	44604	60919	31207	29712
黄平县	67559	39769	27790	20614	11238	9376	8333	4665	3668
施秉县	34380	19698	14682	10860	6110	4750	5566	3058	2508
三穗县	43269	24988	18281	13279	7777	5502	6693	3746	2947
镇远县	50157	29021	21136	17080	9733	7347	7783	4265	3518
岑巩县	44168	25650	18518	15109	8759	6350	6949	3837	3112
天柱县	87306	50356	36950	24687	14805	9882	9966	5868	4098
锦屏县	43402	25351	18051	14179	8535	5644	6671	4022	2649
剑河县	41692	26433	15259	14389	8797	5592	7592	4603	2989
台江县	30975	18910	12065	11821	6839	4982	5439	3313	2126
黎平县	104715	63332	41383	27886	16569	11317	14163	8010	6153
榕江县	73605	44489	29116	23308	13571	9737	11963	6855	5108
从江县	58528	36266	22262	16264	10163	6101	9905	5896	4009
雷山县	32254	20571	11683	10822	6736	4086	5946	3579	2367
麻江县	30195	17682	12513	11002	6239	4763	5256	2833	2423
丹寨县	32794	20334	12460	12318	7252	5066	7115	3630	3485
黔南布依族苗族自治州	**953715**	**556152**	**397563**	**310369**	**170298**	**140071**	**184274**	**91061**	**93213**
都匀市	147961	83086	64875	70460	38043	32417	53476	25876	27600
福泉市	91228	52128	39100	24239	13532	10707	18629	9637	8992
荔波县	40333	24488	15845	13902	8004	5898	7633	4255	3378
贵定县	67516	39267	28249	21157	10544	10613	20919	6701	14218
瓮安县	123942	67115	56827	38658	21235	17423	18308	9535	8773
独山县	82844	48122	34722	22321	12711	9610	9632	5024	4608
平塘县	59301	34679	24622	15280	8403	6877	7910	4249	3661
罗甸县	52866	32839	20027	18862	10501	8361	9869	5349	4520
长顺县	52608	32656	19952	16233	8966	7267	5746	3162	2584
龙里县	71675	41822	29853	21855	12088	9767	9836	5260	4576
惠水县	100298	61609	38689	27397	14797	12600	13304	6908	6396
三都水族自治县	63143	38341	24802	20005	11474	8531	9012	5105	3907

4-2　续表 6　　　　单位：人

地　区	大学本科			硕士研究生			博士研究生		
	小计	男	女	小计	男	女	小计	男	女
贵　州	**1976883**	**1002206**	**974677**	**86546**	**41084**	**45462**	**9132**	**5555**	**3577**
贵阳市	**695238**	**344973**	**350265**	**55879**	**26152**	**29727**	**6316**	**3800**	**2516**
南明区	135673	67369	68304	8891	4204	4687	933	550	383
云岩区	157872	81694	76178	14179	6543	7636	1694	952	742
花溪区	172050	81363	90687	17156	7308	9848	2289	1474	815
乌当区	37969	17560	20409	1910	941	969	271	165	106
白云区	43823	19565	24258	1335	701	634	133	73	60
观山湖区	101144	53935	47209	11090	5831	5259	902	538	364
开阳县	10992	5653	5339	241	118	123	17	7	10
息烽县	7951	3999	3952	180	84	96	10	7	3
修文县	7838	3815	4023	166	73	93	20	11	9
清镇市	19926	10020	9906	731	349	382	47	23	24
六盘水市	**118886**	**60107**	**58779**	**2922**	**1450**	**1472**	**279**	**159**	**120**
钟山区	56524	27175	29349	1749	876	873	144	70	74
六枝特区	15653	8028	7625	211	107	104	14	10	4
水城县	12902	6743	6159	487	238	249	58	43	15
盘州市	33807	18161	15646	475	229	246	63	36	27
遵义市	**289808**	**146951**	**142857**	**9861**	**4490**	**5371**	**1010**	**629**	**381**
红花岗区	77754	36044	41710	3381	1450	1931	368	238	130
汇川区	49180	24460	24720	3470	1644	1826	406	265	141
播州区	24074	12421	11653	463	204	259	36	20	16
桐梓县	13316	7043	6273	239	120	119	16	11	5
绥阳县	8729	4736	3993	166	76	90	8	4	4
正安县	12624	6959	5665	217	122	95	9	4	5
道真仡佬族苗族自治县	8942	4792	4150	98	43	55	4	4	
务川仡佬族苗族自治县	11646	6377	5269	156	77	79	9	5	4
凤冈县	11100	5939	5161	191	89	102	12	4	8
湄潭县	12369	6234	6135	249	104	145	13	6	7
余庆县	7572	4167	3405	89	43	46	6	4	2
习水县	15876	8289	7587	309	146	163	19	11	8
赤水市	8189	4192	3997	149	65	84	14	5	9
仁怀市	28437	15298	13139	684	307	377	90	48	42
安顺市	**93516**	**46107**	**47409**	**2571**	**1262**	**1309**	**212**	**129**	**83**
西秀区	55817	26731	29086	1905	922	983	152	96	56
平坝区	10551	5447	5104	271	145	126	26	13	13
普定县	7686	3844	3842	112	45	67	5	3	2
镇宁布依族苗族自治县	6206	3194	3012	92	50	42	14	6	8
关岭布依族苗族自治县	7365	3911	3454	109	55	54	8	6	2
紫云苗族布依族自治县	5891	2980	2911	82	45	37	7	5	2
毕节市	**203713**	**107574**	**96139**	**3435**	**1792**	**1643**	**283**	**186**	**97**
七星关区	64803	33157	31646	1852	947	905	139	99	40
大方县	21562	11256	10306	294	156	138	18	9	9
黔西县	18555	9571	8984	221	105	116	24	15	9
金沙县	14907	7731	7176	148	72	76	24	14	10
织金县	20052	10736	9316	257	136	121	16	11	5
纳雍县	17667	9679	7988	196	100	96	16	11	5
威宁彝族回族苗族自治县	29369	16305	13064	264	165	99	27	15	12
赫章县	16798	9139	7659	203	111	92	19	12	7

4-2 续表 7

单位：人

地区	大学本科			硕士研究生			博士研究生		
	小计	男	女	小计	男	女	小计	男	女
铜仁市	**128698**	**69413**	**59285**	**2811**	**1427**	**1384**	**292**	**189**	**103**
碧江区	35624	17862	17762	1541	759	782	172	117	55
万山区	5933	3000	2933	128	67	61	4	3	1
江口县	6235	3545	2690	83	39	44	8	5	3
玉屏侗族自治县	5324	2808	2516	77	45	32	9	8	1
石阡县	11464	6428	5036	163	96	67	10	6	4
思南县	16524	9060	7464	232	118	114	22	12	10
印江土家族苗族自治县	10179	5528	4651	135	57	78	9	6	3
德江县	11243	6408	4835	114	62	52	24	13	11
沿河土家族自治县	13416	7751	5665	148	83	65	8	4	4
松桃苗族自治县	12756	7023	5733	190	101	89	26	15	11
黔西南布依族苗族自治州	**121295**	**62898**	**58397**	**2379**	**1153**	**1226**	**205**	**120**	**85**
兴义市	62538	30785	31753	1827	865	962	158	88	70
兴仁市	13286	7326	5960	137	58	79	16	13	3
普安县	8214	4508	3706	67	41	26	1		1
晴隆县	7317	4238	3079	68	40	28	5	1	4
贞丰县	7813	4318	3495	82	48	34	2	1	1
望谟县	6909	3685	3224	52	25	27	2	2	
册亨县	5286	2861	2425	40	26	14	9	7	2
安龙县	9932	5177	4755	106	50	56	12	8	4
黔东南苗族侗族自治州	**150877**	**80864**	**70013**	**2695**	**1450**	**1245**	**272**	**187**	**85**
凯里市	53343	27030	26313	1734	924	810	199	140	59
黄平县	7267	3944	3323	56	27	29	9	6	3
施秉县	4168	2256	1912	55	27	28	4	2	2
三穗县	6153	3344	2809	60	40	20	2	2	
镇远县	6557	3543	3014	63	25	38	8	5	3
岑巩县	7460	4112	3348	78	49	29	3	1	2
天柱县	8045	4657	3388	74	36	38	5	3	2
锦屏县	7010	3871	3139	77	39	38	10	6	4
剑河县	7295	4099	3196	62	33	29			
台江县	3927	2285	1642	45	31	14	6	4	2
黎平县	12288	6626	5662	131	68	63	4	1	3
榕江县	7099	3951	3148	56	31	25	2	2	
从江县	5416	3008	2408	49	28	21	3	3	
雷山县	4805	2776	2029	56	38	18	6	5	1
麻江县	5154	2673	2481	55	28	27	8	5	3
丹寨县	4890	2689	2201	44	26	18	3	2	1
黔南布依族苗族自治州	**174852**	**83319**	**91533**	**3993**	**1908**	**2085**	**263**	**156**	**107**
都匀市	48508	22623	25885	2109	1001	1108	156	105	51
福泉市	11789	6120	5669	227	103	124	11	7	4
荔波县	7964	3926	4038	80	42	38	4	3	1
贵定县	8140	3995	4145	202	98	104	13	5	8
瓮安县	12976	6879	6097	273	121	152	23	10	13
独山县	7758	3690	4068	136	58	78	9	6	3
平塘县	7623	3731	3892	88	49	39	9	3	6
罗甸县	9109	4770	4339	128	73	55	2		2
长顺县	6399	3324	3075	91	47	44	5	2	3
龙里县	8279	4010	4269	178	97	81	18	8	10
惠水县	37176	15361	21815	363	156	207	12	7	5
三都水族自治县	9131	4890	4241	118	63	55	1		1

4-2a 各地区分性别、受教育程度的15岁及以上人口(城市)

单位：人

地区	15岁及以上人口			未上过学		
	合计	男	女	小计	男	女
贵州	**8096873**	**4001908**	**4094965**	**197057**	**42724**	**154333**
贵阳市	**3393806**	**1701740**	**1692066**	**57907**	**14171**	**43736**
南明区	839601	416026	423575	12647	2989	9658
云岩区	877055	435936	441119	16580	4189	12391
花溪区	529643	268954	260689	8637	2211	6426
乌当区	162698	77755	84943	2493	545	1948
白云区	337783	173236	164547	7803	2014	5789
观山湖区	421804	214169	207635	6579	1465	5114
开阳县						
息烽县						
修文县						
清镇市	225222	115664	109558	3168	758	2410
六盘水市	**737706**	**359354**	**378352**	**30038**	**6071**	**23967**
钟山区	413770	200404	213366	15108	3232	11876
六枝特区	120618	57451	63167	7178	1255	5923
水城县						
盘州市	203318	101499	101819	7752	1584	6168
遵义市	**1483434**	**724981**	**758453**	**30042**	**5468**	**24574**
红花岗区	592267	286924	305343	11074	2068	9006
汇川区	348973	170451	178522	7285	1186	6099
播州区	229979	112473	117506	4087	708	3379
桐梓县						
绥阳县						
正安县						
道真仡佬族苗族自治县						
务川仡佬族苗族自治县						
凤冈县						
湄潭县						
余庆县						
习水县						
赤水市	83834	40116	43718	2078	490	1588
仁怀市	228381	115017	113364	5518	1016	4502
安顺市	**430661**	**207839**	**222822**	**14570**	**2633**	**11937**
西秀区	373118	179659	193459	12703	2309	10394
平坝区	57543	28180	29363	1867	324	1543
普定县						
镇宁布依族苗族自治县						
关岭布依族苗族自治县						
紫云苗族布依族自治县						
毕节市	**451772**	**223370**	**228402**	**21974**	**5380**	**16594**
七星关区	451772	223370	228402	21974	5380	16594
大方县						
黔西县						
金沙县						
织金县						
纳雍县						
威宁彝族回族苗族自治县						
赫章县						

4-2a 续表 1

单位：人

地　　区	15岁及以上人口			未上过学		
	合计	男	女	小计	男	女
铜仁市	**328787**	**160416**	**168371**	**8455**	**2062**	**6393**
碧江区	268756	129291	139465	6659	1584	5075
万山区	60031	31125	28906	1796	478	1318
江口县						
玉屏侗族自治县						
石阡县						
思南县						
印江土家族苗族自治县						
德江县						
沿河土家族自治县						
松桃苗族自治县						
黔西南布依族苗族自治州	**533932**	**261969**	**271963**	**15480**	**3493**	**11987**
兴义市	441569	216405	225164	11877	2780	9097
兴仁市	92363	45564	46799	3603	713	2890
普安县						
晴隆县						
贞丰县						
望谟县						
册亨县						
安龙县						
黔东南苗族侗族自治州	**385202**	**190486**	**194716**	**10981**	**1646**	**9335**
凯里市	385202	190486	194716	10981	1646	9335
黄平县						
施秉县						
三穗县						
镇远县						
岑巩县						
天柱县						
锦屏县						
剑河县						
台江县						
黎平县						
榕江县						
从江县						
雷山县						
麻江县						
丹寨县						
黔南布依族苗族自治州	**351573**	**171753**	**179820**	**7610**	**1800**	**5810**
都匀市	268750	131062	137688	5311	1243	4068
福泉市	82823	40691	42132	2299	557	1742
荔波县						
贵定县						
瓮安县						
独山县						
平塘县						
罗甸县						
长顺县						
龙里县						
惠水县						
三都水族自治县						

4-2a　续表 2

单位：人

地　区	学前教育			小　学		
	小计	男	女	小计	男	女
贵　州	**5857**	**2284**	**3573**	**1220759**	**526696**	**694063**
贵阳市	**2349**	**941**	**1408**	**423574**	**187284**	**236290**
南明区	483	180	303	97539	41236	56303
云岩区	738	277	461	111252	49297	61955
花溪区	389	175	214	64410	28395	36015
乌当区	83	35	48	16787	6868	9919
白云区	230	96	134	54238	26018	28220
观山湖区	269	112	157	46241	20476	25765
开阳县						
息烽县						
修文县						
清镇市	157	66	91	33107	14994	18113
六盘水市	**572**	**211**	**361**	**129134**	**53832**	**75302**
钟山区	401	157	244	71663	30327	41336
六枝特区	62	20	42	21585	9118	12467
水城县						
盘州市	109	34	75	35886	14387	21499
遵义市	**1031**	**393**	**638**	**236569**	**97316**	**139253**
红花岗区	355	109	246	86563	35887	50676
汇川区	243	93	150	52951	21869	31082
播州区	150	59	91	33722	13629	20093
桐梓县						
绥阳县						
正安县						
道真仡佬族苗族自治县						
务川仡佬族苗族自治县						
凤冈县						
湄潭县						
余庆县						
习水县						
赤水市	98	43	55	17761	7423	10338
仁怀市	185	89	96	45572	18508	27064
安顺市	**287**	**97**	**190**	**69977**	**29752**	**40225**
西秀区	273	93	180	59356	25163	34193
平坝区	14	4	10	10621	4589	6032
普定县						
镇宁布依族苗族自治县						
关岭布依族苗族自治县						
紫云苗族布依族自治县						
毕节市	**309**	**136**	**173**	**87952**	**41821**	**46131**
七星关区	309	136	173	87952	41821	46131
大方县						
黔西县						
金沙县						
织金县						
纳雍县						
威宁彝族回族苗族自治县						
赫章县						

4-2a 续表 3

单位：人

地区	学前教育			小学		
	小计	男	女	小计	男	女
铜仁市	**395**	**155**	**240**	**59001**	**25655**	**33346**
碧江区	326	137	189	45445	19497	25948
万山区	69	18	51	13556	6158	7398
江口县						
玉屏侗族自治县						
石阡县						
思南县						
印江土家族苗族自治县						
德江县						
沿河土家族自治县						
松桃苗族自治县						
黔西南布依族苗族自治州	**334**	**141**	**193**	**104249**	**44802**	**59447**
兴义市	302	130	172	82405	35521	46884
兴仁市	32	11	21	21844	9281	12563
普安县						
晴隆县						
贞丰县						
望谟县						
册亨县						
安龙县						
黔东南苗族侗族自治州	**292**	**107**	**185**	**57306**	**22865**	**34441**
凯里市	292	107	185	57306	22865	34441
黄平县						
施秉县						
三穗县						
镇远县						
岑巩县						
天柱县						
锦屏县						
剑河县						
台江县						
黎平县						
榕江县						
从江县						
雷山县						
麻江县						
丹寨县						
黔南布依族苗族自治州	**288**	**103**	**185**	**52997**	**23369**	**29628**
都匀市	214	76	138	37498	16560	20938
福泉市	74	27	47	15499	6809	8690
荔波县						
贵定县						
瓮安县						
独山县						
平塘县						
罗甸县						
长顺县						
龙里县						
惠水县						
三都水族自治县						

4-2a　续表 4

单位：人

地　区	初　中			高　中			大学专科		
	小计	男	女	小计	男	女	小计	男	女
贵　州	**2693048**	**1402626**	**1290422**	**1656997**	**867444**	**789553**	**1108300**	**555547**	**552753**
贵阳市	**1032265**	**542262**	**490003**	**719448**	**371204**	**348244**	**526410**	**267712**	**258698**
南明区	258307	133473	124834	191132	98834	92298	135297	67864	67433
云岩区	260430	135405	125025	181953	92741	89212	132357	64838	67519
花溪区	172751	91759	80992	111670	59305	52365	65552	33534	32018
乌当区	43726	21522	22204	35702	17951	17751	26914	13621	13293
白云区	119362	66025	53337	75011	40411	34600	36711	18747	17964
观山湖区	100080	53498	46582	79519	40425	39094	79082	39507	39575
开阳县									
息烽县									
修文县									
清镇市	77609	40580	37029	44461	21537	22924	50497	29601	20896
六盘水市	**255806**	**131001**	**124805**	**148800**	**80805**	**67995**	**88747**	**45489**	**43258**
钟山区	134767	69379	65388	80122	42653	37469	55057	27432	27625
六枝特区	42909	21453	21456	27097	14187	12910	11236	6039	5197
水城县									
盘州市	78130	40169	37961	41581	23965	17616	22454	12018	10436
遵义市	**592878**	**304414**	**288464**	**284078**	**150522**	**133556**	**168871**	**84246**	**84625**
红花岗区	228977	117311	111666	108516	57568	50948	79593	38509	41084
汇川区	130754	67538	63216	66663	34390	32273	41247	20629	20618
播州区	101829	51118	50711	51569	27010	24559	21166	10963	10203
桐梓县									
绥阳县									
正安县									
道真仡佬族苗族自治县									
务川仡佬族苗族自治县									
凤冈县									
湄潭县									
余庆县									
习水县									
赤水市	32478	15661	16817	16156	8616	7540	8984	4633	4351
仁怀市	98840	52786	46054	41174	22938	18236	17881	9512	8369
安顺市	**149239**	**77600**	**71639**	**84305**	**42879**	**41426**	**54807**	**27219**	**27588**
西秀区	125821	65485	60336	74299	37563	36736	48614	24114	24500
平坝区	23418	12115	11303	10006	5316	4690	6193	3105	3088
普定县									
镇宁布依族苗族自治县									
关岭布依族苗族自治县									
紫云苗族布依族自治县									
毕节市	**155966**	**82215**	**73751**	**83234**	**43503**	**39731**	**45497**	**21351**	**24146**
七星关区	155966	82215	73751	83234	43503	39731	45497	21351	24146
大方县									
黔西县									
金沙县									
织金县									
纳雍县									
威宁彝族回族苗族自治县									
赫章县									

4－2a 续表 5

单位：人

地区	初中			高中			大学专科		
	小计	男	女	小计	男	女	小计	男	女
铜仁市	**99637**	**51693**	**47944**	**71211**	**37518**	**33693**	**49775**	**23086**	**26689**
碧江区	79269	40282	38987	56904	29443	27461	44539	20476	24063
万山区	20368	11411	8957	14307	8075	6232	5236	2610	2626
江口县									
玉屏侗族自治县									
石阡县									
思南县									
印江土家族苗族自治县									
德江县									
沿河土家族自治县									
松桃苗族自治县									
黔西南布依族苗族自治州	**170961**	**90935**	**80026**	**110160**	**57867**	**52293**	**66611**	**32082**	**34529**
兴义市	137933	72991	64942	93620	49479	44141	57582	27319	30263
兴仁市	33028	17944	15084	16540	8388	8152	9029	4763	4266
普安县									
晴隆县									
贞丰县									
望谟县									
册亨县									
安龙县									
黔东南苗族侗族自治州	**127321**	**66179**	**61142**	**87513**	**47644**	**39869**	**49740**	**25752**	**23988**
凯里市	127321	66179	61142	87513	47644	39869	49740	25752	23988
黄平县									
施秉县									
三穗县									
镇远县									
岑巩县									
天柱县									
锦屏县									
剑河县									
台江县									
黎平县									
榕江县									
从江县									
雷山县									
麻江县									
丹寨县									
黔南布依族苗族自治州	**108975**	**56327**	**52648**	**68248**	**35502**	**32746**	**57842**	**28610**	**29232**
都匀市	80143	41365	38778	53712	27885	25827	44287	21879	22408
福泉市	28832	14962	13870	14536	7617	6919	13555	6731	6824
荔波县									
贵定县									
瓮安县									
独山县									
平塘县									
罗甸县									
长顺县									
龙里县									
惠水县									
三都水族自治县									

4-2a 续表 6

单位：人

地区	大学本科			硕士研究生			博士研究生		
	小计	男	女	小计	男	女	小计	男	女
贵州	**1136701**	**565918**	**570783**	**70607**	**34087**	**36520**	**7547**	**4582**	**2965**
贵阳市	**576439**	**290722**	**285717**	**49845**	**24120**	**25725**	**5569**	**3324**	**2245**
南明区	134418	66722	67696	8848	4180	4668	930	548	382
云岩区	157872	81694	76178	14179	6543	7636	1694	952	742
花溪区	92308	46717	45591	12287	5806	6481	1639	1052	587
乌当区	35017	16206	18811	1730	860	870	246	147	99
白云区	43046	19188	23858	1252	666	586	130	71	59
观山湖区	98174	52369	45805	10968	5782	5186	892	535	357
开阳县									
息烽县									
修文县									
清镇市	15604	7826	7778	581	283	298	38	19	19
六盘水市	**82327**	**40800**	**41527**	**2111**	**1061**	**1050**	**171**	**84**	**87**
钟山区	54829	26312	28517	1684	846	838	139	66	73
六枝特区	10390	5292	5098	153	81	72	8	6	2
水城县									
盘州市	17108	9196	7912	274	134	140	24	12	12
遵义市	**161412**	**78588**	**82824**	**7704**	**3491**	**4213**	**849**	**543**	**306**
红花岗区	73522	33813	39709	3305	1424	1881	362	235	127
汇川区	46011	22863	23148	3418	1621	1797	401	262	139
播州区	17073	8807	8266	359	166	193	24	13	11
桐梓县									
绥阳县									
正安县									
道真仡佬族苗族自治县									
务川仡佬族苗族自治县									
凤冈县									
湄潭县									
余庆县									
习水县									
赤水市	6163	3198	2965	106	48	58	10	4	6
仁怀市	18643	9907	8736	516	232	284	52	29	23
安顺市	**55360**	**26602**	**28758**	**1958**	**959**	**999**	**158**	**98**	**60**
西秀区	50091	23957	26134	1815	883	932	146	92	54
平坝区	5269	2645	2624	143	76	67	12	6	6
普定县									
镇宁布依族苗族自治县									
关岭布依族苗族自治县									
紫云苗族布依族自治县									
毕节市	**55010**	**27988**	**27022**	**1704**	**886**	**818**	**126**	**90**	**36**
七星关区	55010	27988	27022	1704	886	818	126	90	36
大方县									
黔西县									
金沙县									
织金县									
纳雍县									
威宁彝族回族苗族自治县									
赫章县									

4-2a 续表 7

单位：人

地区	大学本科			硕士研究生			博士研究生		
	小计	男	女	小计	男	女	小计	男	女
铜仁市	**38568**	**19351**	**19217**	**1582**	**784**	**798**	**163**	**112**	**51**
碧江区	33986	17041	16945	1469	722	747	159	109	50
万山区	4582	2310	2272	113	62	51	4	3	1
江口县									
玉屏侗族自治县									
石阡县									
思南县									
印江土家族苗族自治县									
德江县									
沿河土家族自治县									
松桃苗族自治县									
黔西南布依族苗族自治州	**64150**	**31694**	**32456**	**1826**	**862**	**964**	**161**	**93**	**68**
兴义市	55957	27279	28678	1744	823	921	149	83	66
兴仁市	8193	4415	3778	82	39	43	12	10	2
普安县									
晴隆县									
贞丰县									
望谟县									
册亨县									
安龙县									
黔东南苗族侗族自治州	**50166**	**25259**	**24907**	**1691**	**901**	**790**	**192**	**133**	**59**
凯里市	50166	25259	24907	1691	901	790	192	133	59
黄平县									
施秉县									
三穗县									
镇远县									
岑巩县									
天柱县									
锦屏县									
剑河县									
台江县									
黎平县									
榕江县									
从江县									
雷山县									
麻江县									
丹寨县									
黔南布依族苗族自治州	**53269**	**24914**	**28355**	**2186**	**1023**	**1163**	**158**	**105**	**53**
都匀市	45394	20985	24409	2040	967	1073	151	102	49
福泉市	7875	3929	3946	146	56	90	7	3	4
荔波县									
贵定县									
瓮安县									
独山县									
平塘县									
罗甸县									
长顺县									
龙里县									
惠水县									
三都水族自治县									

4-2b　各地区分性别、受教育程度的15岁及以上人口(镇)

单位：人

地　区	15岁及以上人口			未上过学		
	合计	男	女	小计	男	女
贵　州	**7729717**	**3811137**	**3918580**	**511127**	**116146**	**394981**
贵阳市	**559156**	**276838**	**282318**	**14771**	**3480**	**11291**
南明区						
云岩区						
花溪区	133882	62806	71076	2440	733	1707
乌当区	18332	9653	8679	854	239	615
白云区	2074	1015	1059	106	19	87
观山湖区	21696	11202	10494	985	264	721
开阳县	139984	68888	71096	4141	776	3365
息烽县	79730	38722	41008	2216	418	1798
修文县	99258	50015	49243	2473	597	1876
清镇市	64200	34537	29663	1556	434	1122
六盘水市	**360087**	**180102**	**179985**	**34602**	**8406**	**26196**
钟山区	44665	22952	21713	5633	1240	4393
六枝特区	34447	16759	17688	5014	1143	3871
水城县	171732	86340	85392	16914	4562	12352
盘州市	109243	54051	55192	7041	1461	5580
遵义市	**1397530**	**676047**	**721483**	**69755**	**12862**	**56893**
红花岗区	48469	24343	24126	1703	336	1367
汇川区	42493	21265	21228	3766	662	3104
播州区	67135	33109	34026	3255	661	2594
桐梓县	187801	92238	95563	9372	1867	7505
绥阳县	130003	63491	66512	6230	1247	4983
正安县	121802	58088	63714	4955	781	4174
道真仡佬族苗族自治县	95598	43351	52247	4725	696	4029
务川仡佬族苗族自治县	120283	57097	63186	8912	1639	7273
凤冈县	109014	51747	57267	5639	964	4675
湄潭县	147437	70627	76810	4729	988	3741
余庆县	79806	37922	41884	4121	854	3267
习水县	177879	87633	90246	6571	1140	5431
赤水市	25106	11988	13118	1657	385	1272
仁怀市	44704	23148	21556	4120	642	3478
安顺市	**449568**	**226778**	**222790**	**35086**	**7708**	**27378**
西秀区	40374	21774	18600	3971	1091	2880
平坝区	77311	41726	35585	3688	841	2847
普定县	102204	50358	51846	6475	1532	4943
镇宁布依族苗族自治县	85283	41793	43490	5730	1235	4495
关岭布依族苗族自治县	75098	36965	38133	5407	839	4568
紫云苗族布依族自治县	69298	34162	35136	9815	2170	7645
毕节市	**1673602**	**835421**	**838181**	**170068**	**46535**	**123533**
七星关区	58859	28709	30150	5730	1269	4461
大方县	234488	116617	117871	15624	4032	11592
黔西县	252405	125313	127092	17436	4559	12877
金沙县	207049	103808	103241	10729	2676	8053
织金县	250804	125060	125744	32297	7995	24302
纳雍县	206276	103048	103228	26918	6541	20377
威宁彝族回族苗族自治县	341809	172549	169260	50145	16450	33695
赫章县	121912	60317	61595	11189	3013	8176

4-2b 续表 1 单位：人

地 区	15岁及以上人口			未上过学		
	合计	男	女	小计	男	女
铜仁市	**817678**	**396333**	**421345**	**34169**	**7189**	**26980**
碧江区	4137	2214	1923	342	79	263
万山区						
江口县	60785	30034	30751	3461	808	2653
玉屏侗族自治县	59141	29135	30006	2020	439	1581
石阡县	78541	38473	40068	2870	502	2368
思南县	142972	68743	74229	6414	1330	5084
印江土家族苗族自治县	88989	41840	47149	3472	724	2748
德江县	134275	64964	69311	5130	954	4176
沿河土家族自治县	121957	58663	63294	6225	1243	4982
松桃苗族自治县	126881	62267	64614	4235	1110	3125
黔西南布依族苗族自治州	**512880**	**256147**	**256733**	**36032**	**7936**	**28096**
兴义市	59619	30427	29192	3876	939	2937
兴仁市	33229	16664	16565	2813	477	2336
普安县	54707	27440	27267	4482	819	3663
晴隆县	54764	27424	27340	4944	1194	3750
贞丰县	85697	42009	43688	3266	607	2659
望谟县	66168	33397	32771	5926	1402	4524
册亨县	45614	22905	22709	4919	1275	3644
安龙县	113082	55881	57201	5806	1223	4583
黔东南苗族侗族自治州	**912082**	**448419**	**463663**	**55828**	**9701**	**46127**
凯里市	23815	12154	11661	1837	245	1592
黄平县	71385	35144	36241	3825	837	2988
施秉县	37844	18140	19704	2286	458	1828
三穗县	56981	27283	29698	2472	334	2138
镇远县	71205	34258	36947	3383	509	2874
岑巩县	55028	26218	28810	3493	592	2901
天柱县	86684	42997	43687	2338	525	1813
锦屏县	51629	24832	26797	3012	363	2649
剑河县	54048	26436	27612	5249	753	4496
台江县	32782	16368	16414	2735	452	2283
黎平县	119504	58512	60992	8970	1280	7690
榕江县	75813	37815	37998	4601	950	3651
从江县	53821	27516	26305	5069	1169	3900
雷山县	38030	19575	18455	3222	606	2616
麻江县	39483	19471	20012	1466	321	1145
丹寨县	44030	21700	22330	1870	307	1563
黔南布依族苗族自治州	**1047134**	**515052**	**532082**	**60816**	**12329**	**48487**
都匀市	24607	11941	12666	890	223	667
福泉市	35105	18665	16440	1576	463	1113
荔波县	50605	24855	25750	1271	259	1012
贵定县	105263	50555	54708	5301	1267	4034
瓮安县	179554	87391	92163	5529	1200	4329
独山县	99451	49417	50034	4899	942	3957
平塘县	58548	28187	30361	3742	734	3008
罗甸县	101119	49154	51965	12745	2016	10729
长顺县	65339	32779	32560	6633	1287	5346
龙里县	100307	52354	47953	3413	941	2472
惠水县	152800	72526	80274	10106	2078	8028
三都水族自治县	74436	37228	37208	4711	919	3792

4-2b　续表 2

单位：人

地　区	学前教育			小　学		
	小计	男	女	小计	男	女
贵　州	**7373**	**2744**	**4629**	**1894980**	**851196**	**1043784**
贵阳市	**439**	**186**	**253**	**102612**	**46058**	**56554**
南明区						
云岩区						
花溪区	103	42	61	8821	4272	4549
乌当区	37	18	19	3723	1791	1932
白云区				586	249	337
观山湖区	15	4	11	3967	1683	2284
开阳县	109	43	66	34825	14900	19925
息烽县	57	21	36	17088	7234	9854
修文县	65	28	37	23285	10959	12326
清镇市	53	30	23	10317	4970	5347
六盘水市	**204**	**78**	**126**	**103963**	**48671**	**55292**
钟山区	37	17	20	12099	5831	6268
六枝特区	43	19	24	10860	5371	5489
水城县	62	23	39	52081	25358	26723
盘州市	62	19	43	28923	12111	16812
遵义市	**1114**	**411**	**703**	**347050**	**145036**	**202014**
红花岗区	44	18	26	9985	4408	5577
汇川区	20	8	12	12652	5887	6765
播州区	35	17	18	16743	7292	9451
桐梓县	158	49	109	43217	18968	24249
绥阳县	117	39	78	29002	12170	16832
正安县	100	41	59	37828	14659	23169
道真仡佬族苗族自治县	69	15	54	25317	9401	15916
务川仡佬族苗族自治县	118	44	74	33052	13849	19203
凤冈县	56	20	36	24890	9707	15183
湄潭县	110	48	62	31895	13517	18378
余庆县	75	23	52	19215	7931	11284
习水县	116	48	68	40187	16666	23521
赤水市	62	25	37	9289	4160	5129
仁怀市	34	16	18	13778	6421	7357
安顺市	**441**	**163**	**278**	**115797**	**55146**	**60651**
西秀区	59	10	49	11352	5946	5406
平坝区	54	21	33	18477	8790	9687
普定县	96	37	59	25883	11781	14102
镇宁布依族苗族自治县	109	61	48	22559	10138	12421
关岭布依族苗族自治县	25	6	19	19854	9247	10607
紫云苗族布依族自治县	98	28	70	17672	9244	8428
毕节市	**1736**	**669**	**1067**	**428591**	**212234**	**216357**
七星关区	63	26	37	18077	8376	9701
大方县	196	77	119	54976	26977	27999
黔西县	237	109	128	74103	36277	37826
金沙县	176	71	105	51482	23878	27604
织金县	169	56	113	69830	35874	33956
纳雍县	413	152	261	48241	24437	23804
威宁彝族回族苗族自治县	340	125	215	81490	42207	39283
赫章县	142	53	89	30392	14208	16184

4-2b 续表 3

单位：人

地区	学前教育			小学		
	小计	男	女	小计	男	女
铜仁市	**1076**	**386**	**690**	**172313**	**67903**	**104410**
碧江区	41	13	28	1215	613	602
万山区						
江口县	19	9	10	14458	6235	8223
玉屏侗族自治县	81	35	46	12267	5060	7207
石阡县	75	29	46	16366	6098	10268
思南县	163	49	114	29140	11464	17676
印江土家族苗族自治县	109	31	78	19640	7076	12564
德江县	227	86	141	24416	9025	15391
沿河土家族自治县	128	51	77	26294	10157	16137
松桃苗族自治县	233	83	150	28517	12175	16342
黔西南布依族苗族自治州	**528**	**178**	**350**	**150898**	**67385**	**83513**
兴义市	64	23	41	21197	9688	11509
兴仁市	78	21	57	10082	4483	5599
普安县	20	5	15	13261	6030	7231
晴隆县	66	35	31	15908	7296	8612
贞丰县	49	14	35	23837	9603	14234
望谟县	104	24	80	19389	8860	10529
册亨县	57	17	40	15543	7347	8196
安龙县	90	39	51	31681	14078	17603
黔东南苗族侗族自治州	**787**	**266**	**521**	**220002**	**92473**	**127529**
凯里市	8	4	4	6897	3017	3880
黄平县	55	13	42	19057	8362	10695
施秉县	30	9	21	8018	3370	4648
三穗县	52	12	40	14750	5731	9019
镇远县	50	15	35	17194	6944	10250
岑巩县	23	7	16	11600	4633	6967
天柱县	77	31	46	18879	7155	11724
锦屏县	39	23	16	11646	4392	7254
剑河县	32	11	21	11938	4869	7069
台江县	69	18	51	6848	2815	4033
黎平县	101	37	64	32957	13942	19015
榕江县	75	36	39	17284	7721	9563
从江县	41	15	26	14477	6920	7557
雷山县	39	9	30	7222	3174	4048
麻江县	42	12	30	10192	4578	5614
丹寨县	54	14	40	11043	4850	6193
黔南布依族苗族自治州	**1048**	**407**	**641**	**253754**	**116290**	**137464**
都匀市	50	23	27	4890	2208	2682
福泉市	17	7	10	9470	4586	4884
荔波县	59	16	43	9802	3658	6144
贵定县	77	28	49	26268	12605	13663
瓮安县	182	85	97	42318	18759	23559
独山县	73	24	49	24477	10737	13740
平塘县	49	22	27	16146	6878	9268
罗甸县	62	15	47	27698	13207	14491
长顺县	27	10	17	15365	7547	7818
龙里县	133	68	65	25899	12470	13429
惠水县	165	68	97	30331	14075	16256
三都水族自治县	154	41	113	21090	9560	11530

4-2b　续表 4

单位：人

地　区	初　中			高　中			大学专科		
	小计	男	女	小计	男	女	小计	男	女
贵　州	**2851129**	**1540799**	**1310330**	**1229225**	**654712**	**574513**	**636826**	**340850**	**295976**
贵阳市	**182823**	**97927**	**84896**	**79297**	**42065**	**37232**	**71999**	**39523**	**32476**
南明区									
云岩区									
花溪区	18700	10631	8069	5484	2563	2921	16270	9612	6658
乌当区	8630	4849	3781	3721	2133	1588	945	419	526
白云区	1035	546	489	248	150	98	66	40	26
观山湖区	8538	4637	3901	6365	3687	2678	1177	602	575
开阳县	54929	28977	25952	23713	12634	11079	12982	6794	6188
息烽县	31162	15899	15263	14261	7484	6777	8054	4193	3861
修文县	43653	23124	20529	16646	8804	7842	6674	3370	3304
清镇市	16176	9264	6912	8859	4610	4249	25831	14493	11338
六盘水市	**137802**	**78697**	**59105**	**46659**	**25421**	**21238**	**21314**	**10669**	**10645**
钟山区	19592	11607	7985	4350	2639	1711	1879	1078	801
六枝特区	13430	7503	5927	2437	1390	1047	1489	790	699
水城县	60156	34724	25432	23156	12379	10777	11348	5157	6191
盘州市	44624	24863	19761	16716	9013	7703	6598	3644	2954
遵义市	**583756**	**305090**	**278666**	**214531**	**116046**	**98485**	**95720**	**51413**	**44307**
红花岗区	25584	13477	12107	6919	3824	3095	2399	1314	1085
汇川区	19656	11071	8585	3332	2035	1297	1621	901	720
播州区	33575	17591	15984	8047	4673	3374	3062	1629	1433
桐梓县	86349	45509	40840	27927	14752	13175	10398	5666	4732
绥阳县	54193	28072	26121	25008	13628	11380	8892	4859	4033
正安县	46285	24883	21402	15803	8561	7242	8377	4560	3817
道真仡佬族苗族自治县	35757	17333	18424	16004	8514	7490	7155	3856	3299
务川仡佬族苗族自治县	41884	21805	20079	18621	10096	8525	8777	4824	3953
凤冈县	42315	21832	20483	17383	9322	8061	9958	5223	4735
湄潭县	64119	32131	31988	24286	12615	11671	12383	6337	6046
余庆县	29532	14719	14813	13782	7429	6353	7539	3986	3553
习水县	74019	39182	34837	31472	17007	14465	12854	6966	5888
赤水市	10499	5423	5076	1950	1132	818	1035	569	466
仁怀市	19989	12062	7927	3997	2458	1539	1270	723	547
安顺市	**170672**	**95238**	**75434**	**67448**	**35050**	**32398**	**35752**	**20930**	**14822**
西秀区	17285	10552	6733	4871	2643	2228	1760	988	772
平坝区	29061	16462	12599	11956	6363	5593	10887	7481	3406
普定县	43086	23120	19966	13948	7251	6697	7028	3802	3226
镇宁布依族苗族自治县	32794	17895	14899	12643	6430	6213	6431	3470	2961
关岭布依族苗族自治县	25709	14202	11507	13378	6957	6421	5245	2855	2390
紫云苗族布依族自治县	22737	13007	9730	10652	5406	5246	4401	2334	2067
毕节市	**577759**	**319265**	**258494**	**281244**	**143942**	**137302**	**116019**	**61266**	**54753**
七星关区	22952	12923	10029	7909	3947	3962	2153	1126	1027
大方县	84046	45226	38820	45277	23083	22194	20231	9894	10337
黔西县	90134	48156	41978	38852	19820	19032	16654	8748	7906
金沙县	82793	44524	38269	36015	18982	17033	13737	7472	6265
织金县	79052	44847	34205	37951	19672	18279	16374	8669	7705
纳雍县	72451	41117	31334	33408	17379	16029	13293	7215	6078
威宁彝族回族苗族自治县	106511	60494	46017	60801	30206	30595	23480	12754	10726
赫章县	39820	21978	17842	21031	10853	10178	10097	5388	4709

4-2b 续表 5 单位：人

地区	初中			高中			大学专科		
	小计	男	女	小计	男	女	小计	男	女
铜仁市	**298761**	**152967**	**145794**	**165290**	**89184**	**76106**	**84758**	**44883**	**39875**
碧江区	2159	1269	890	229	148	81	101	63	38
万山区									
江口县	22689	11703	10986	9803	5555	4248	5892	3261	2631
玉屏侗族自治县	24074	12478	11596	10183	5559	4624	6058	3219	2839
石阡县	25006	12498	12508	17950	10378	7572	8732	4801	3931
思南县	50989	25892	25097	31261	16729	14532	13958	7275	6683
印江土家族苗族自治县	32821	16295	16526	15623	8293	7330	9498	5169	4329
德江县	50132	26029	24103	27079	14614	12465	19136	9619	9517
沿河土家族自治县	46114	23862	22252	23100	12241	10859	11019	5918	5101
松桃苗族自治县	44777	22941	21836	30062	15667	14395	10364	5558	4806
黔西南布依族苗族自治州	**183412**	**103919**	**79493**	**65512**	**35098**	**30414**	**41458**	**22840**	**18618**
兴义市	24208	13979	10229	5646	3223	2423	2326	1348	978
兴仁市	13993	8073	5920	2845	1636	1209	1884	1132	752
普安县	18895	10772	8123	7624	4202	3422	5480	2954	2526
晴隆县	17111	9861	7250	7769	3972	3797	4591	2614	1977
贞丰县	33705	18630	15075	11192	5776	5416	7512	4069	3443
望谟县	19939	11735	8204	9493	5142	4351	6574	3725	2849
册亨县	13343	7734	5609	3969	2171	1798	4076	2295	1781
安龙县	42218	23135	19083	16974	8976	7998	9015	4703	4312
黔东南苗族侗族自治州	**330331**	**176423**	**153908**	**151936**	**84272**	**67664**	**81397**	**45485**	**35912**
凯里市	10690	6166	4524	2150	1383	767	1352	847	505
黄平县	26860	14344	12516	11007	5709	5298	5535	3081	2454
施秉县	13413	6823	6590	6834	3514	3320	4054	2222	1832
三穗县	20956	10900	10056	8831	4828	4003	4998	2778	2220
镇远县	26617	13834	12783	12568	6756	5812	5909	3219	2690
岑巩县	18865	9436	9429	10393	5688	4705	4938	2701	2237
天柱县	36155	18597	17558	16682	9416	7266	6699	3875	2824
锦屏县	19227	10039	9188	8139	4547	3592	4464	2617	1847
剑河县	17031	9425	7606	9180	5283	3897	5101	3036	2065
台江县	12015	6588	5427	5334	3020	2314	3414	2080	1334
黎平县	45703	25523	20180	15960	9027	6933	8322	4630	3692
榕江县	28017	14964	13053	13353	7217	6136	7739	4261	3478
从江县	15922	8669	7253	8717	5326	3391	6010	3441	2569
雷山县	12947	7282	5665	7027	4085	2942	3908	2298	1610
麻江县	12551	6537	6014	7330	3869	3461	3711	1957	1754
丹寨县	13362	7296	6066	8431	4604	3827	5243	2442	2801
黔南布依族苗族自治州	**385813**	**211273**	**174540**	**157308**	**83634**	**73674**	**88409**	**43841**	**44568**
都匀市	9038	5063	3975	3309	2087	1222	6019	2134	3885
福泉市	15769	8843	6926	3787	2161	1626	2401	1389	1012
荔波县	17761	9536	8225	9380	4960	4420	5847	3186	2661
贵定县	37481	20471	17010	16478	7903	8575	12516	4740	7776
瓮安县	76269	38651	37618	28898	15093	13805	15068	7687	7381
独山县	41852	22814	19038	14729	8178	6551	7336	3771	3565
平塘县	22013	11829	10184	6208	3448	2760	5097	2681	2416
罗甸县	31532	18488	13044	14056	7636	6420	7677	4032	3645
长顺县	22826	13248	9578	11699	6001	5698	3941	2188	1753
龙里县	41197	22994	18203	14468	8104	6364	7949	4253	3696
惠水县	47129	26364	20765	21063	10987	10076	8987	4694	4293
三都水族自治县	22946	12972	9974	13233	7076	6157	5571	3086	2485

4-2b　续表 6　　　单位：人

地　区	大学本科			硕士研究生			博士研究生		
	小计	男	女	小计	男	女	小计	男	女
贵　州	**586293**	**299071**	**287222**	**11635**	**4923**	**6712**	**1129**	**696**	**433**
贵阳市	**101262**	**45474**	**55788**	**5302**	**1708**	**3594**	**651**	**417**	**234**
南明区									
云岩区									
花溪区	76770	33138	43632	4692	1422	3270	602	393	209
乌当区	413	203	210	7	1	6	2		2
白云区	32	11	21	1		1			
观山湖区	631	319	312	14	6	8	4		4
开阳县	9057	4654	4403	212	103	109	16	7	9
息烽县	6724	3392	3332	161	75	86	7	6	1
修文县	6299	3055	3244	144	68	76	19	10	9
清镇市	1336	702	634	71	33	38	1	1	
六盘水市	**15005**	**7890**	**7115**	**473**	**223**	**250**	**65**	**47**	**18**
钟山区	1056	531	525	16	7	9	3	2	1
六枝特区	1169	541	628	4	1	3	1	1	
水城县	7563	3903	3660	400	194	206	52	40	12
盘州市	5217	2915	2302	53	21	32	9	4	5
遵义市	**84200**	**44521**	**39679**	**1333**	**632**	**701**	**71**	**36**	**35**
红花岗区	1810	955	855	23	10	13	2	1	1
汇川区	1432	692	740	10	7	3	4	2	2
播州区	2383	1232	1151	31	10	21	4	4	
桐梓县	10195	5338	4857	175	82	93	10	7	3
绥阳县	6433	3421	3012	126	54	72	2	1	1
正安县	8316	4518	3798	134	85	49	4		4
道真仡佬族苗族自治县	6506	3507	2999	63	27	36	2	2	
务川仡佬族苗族自治县	8789	4775	4014	125	62	63	5	3	2
凤冈县	8624	4608	4016	142	70	72	7	1	6
湄潭县	9701	4904	4797	202	81	121	12	6	6
余庆县	5485	2950	2535	53	28	25	4	2	2
习水县	12423	6509	5914	225	108	117	12	7	5
赤水市	604	292	312	10	2	8			
仁怀市	1499	820	679	14	6	8	3		3
安顺市	**23943**	**12324**	**11619**	**401**	**204**	**197**	**28**	**15**	**13**
西秀区	1057	533	524	19	11	8			
平坝区	3090	1710	1380	93	56	37	5	2	3
普定县	5604	2798	2806	80	35	45	4	2	2
镇宁布依族苗族自治县	4938	2525	2413	72	37	35	7	2	5
关岭布依族苗族自治县	5382	2810	2572	90	43	47	8	6	2
紫云苗族布依族自治县	3872	1948	1924	47	22	25	4	3	1
毕节市	**97027**	**50882**	**46145**	**1069**	**576**	**493**	**89**	**52**	**37**
七星关区	1956	1033	923	15	6	9	4	3	1
大方县	13922	7208	6714	207	116	91	9	4	5
黔西县	14809	7547	7262	165	89	76	15	8	7
金沙县	11990	6138	5852	108	56	52	19	11	8
织金县	14935	7846	7089	185	93	92	11	8	3
纳雍县	11415	6134	5281	128	67	61	9	6	3
威宁彝族回族苗族自治县	18872	10210	8662	155	94	61	15	9	6
赫章县	9128	4766	4362	106	55	51	7	3	4

4-2b 续表 7 单位：人

地区	大学本科			硕士研究生			博士研究生		
	小计	男	女	小计	男	女	小计	男	女
铜仁市	**60526**	**33410**	**27116**	**712**	**366**	**346**	**73**	**45**	**28**
碧江区	50	29	21						
万山区									
江口县	4412	2437	1975	48	24	24	3	2	1
玉屏侗族自治县	4388	2303	2085	63	36	27	7	6	1
石阡县	7429	4101	3328	106	62	44	7	4	3
思南县	10904	5933	4971	129	62	67	14	9	5
印江土家族苗族自治县	7729	4211	3518	92	38	54	5	3	2
德江县	8075	4593	3482	64	35	29	16	9	7
沿河土家族自治县	8982	5143	3839	90	46	44	5	2	3
松桃苗族自治县	8557	4660	3897	120	63	57	16	10	6
黔西南布依族苗族自治州	**34726**	**18628**	**16098**	**290**	**150**	**140**	**24**	**13**	**11**
兴义市	2279	1213	1066	18	12	6	5	2	3
兴仁市	1517	838	679	17	4	13			
普安县	4913	2640	2273	31	18	13	1		1
晴隆县	4341	2435	1906	33	17	16	1		1
贞丰县	6078	3280	2798	57	30	27	1		1
望谟县	4711	2496	2215	30	11	19	2	2	
册亨县	3674	2042	1632	27	19	8	6	5	1
安龙县	7213	3684	3529	77	39	38	8	4	4
黔东南苗族侗族自治州	**71119**	**39409**	**31710**	**633**	**359**	**274**	**49**	**31**	**18**
凯里市	873	489	384	8	3	5			
黄平县	5002	2773	2229	37	20	17	7	5	2
施秉县	3164	1721	1443	42	21	21	3	2	1
三穗县	4872	2665	2207	49	34	15	1	1	
镇远县	5432	2959	2473	50	21	29	2	1	1
岑巩县	5655	3125	2530	58	35	23	3	1	2
天柱县	5814	3376	2438	40	22	18			
锦屏县	5052	2825	2227	43	22	21	7	4	3
剑河县	5468	3035	2433	49	24	25			
台江县	2338	1377	961	24	15	9	5	3	2
黎平县	7414	4026	3388	74	47	27	3		3
榕江县	4718	2650	2068	24	14	10	2	2	
从江县	3558	1961	1597	25	13	12	2	2	
雷山县	3624	2091	1533	37	27	10	4	3	1
麻江县	4147	2172	1975	37	20	17	7	5	2
丹寨县	3988	2164	1824	36	21	15	3	2	1
黔南布依族苗族自治州	**98485**	**46533**	**51952**	**1422**	**705**	**717**	**79**	**40**	**39**
都匀市	397	195	202	14	8	6			
福泉市	2046	1186	860	36	27	9	3	3	
荔波县	6422	3205	3217	60	33	27	3	2	1
贵定县	6944	3446	3498	186	90	96	12	5	7
瓮安县	11031	5801	5230	237	105	132	22	10	12
独山县	5963	2897	3066	114	49	65	8	5	3
平塘县	5243	2565	2678	45	29	16	5	1	4
罗甸县	7240	3699	3541	108	61	47	1		1
长顺县	4784	2462	2322	61	34	27	3	2	1
龙里县	7078	3431	3647	157	86	71	13	7	6
惠水县	34685	14118	20567	325	137	188	9	5	4
三都水族自治县	6652	3528	3124	79	46	33			

4-2c　各地区分性别、受教育程度的15岁及以上人口(乡村)

单位：人

地　区	15岁及以上人口			未上过学		
	合计	男	女	小计	男	女
贵　州	**13493520**	**6959913**	**6533607**	**1856471**	**425513**	**1430958**
贵阳市	**922786**	**493631**	**429155**	**64690**	**16174**	**48516**
南明区	41262	22588	18674	1668	429	1239
云岩区						
花溪区	141260	74668	66592	12150	3048	9102
乌当区	90077	48527	41550	6268	1728	4540
白云区	29979	15896	14083	1392	387	1005
观山湖区	76606	40773	35833	2908	833	2075
开阳县	127346	67810	59536	11730	2886	8844
息烽县	88900	47426	41474	5865	1141	4724
修文县	118927	63712	55215	7530	1903	5627
清镇市	208429	112231	96198	15179	3819	11360
六盘水市	**1136655**	**587230**	**549425**	**161904**	**39968**	**121936**
钟山区	52114	27416	24698	8054	2351	5703
六枝特区	229430	116920	112510	42028	9226	32802
水城县	373607	195130	178477	61571	17366	44205
盘州市	481504	247764	233740	50251	11025	39226
遵义市	**2251354**	**1159790**	**1091564**	**218968**	**42170**	**176798**
红花岗区	142979	74160	68819	9664	1895	7769
汇川区	105884	55233	50651	13403	2227	11176
播州区	292579	150905	141674	19944	3787	16157
桐梓县	217789	113900	103889	25936	4371	21565
绥阳县	161109	82314	78795	17706	3867	13839
正安县	180715	91466	89249	17833	2755	15078
道真仡佬族苗族自治县	96423	49707	46716	8208	1527	6681
务川仡佬族苗族自治县	111842	57483	54359	16681	3682	12999
凤冈县	126884	63800	63084	16368	3361	13007
湄潭县	146967	73653	73314	10495	2113	8382
余庆县	94077	47124	46953	9598	2151	7447
习水县	255320	132212	123108	22582	4304	18278
赤水市	87265	45389	41876	8281	2332	5949
仁怀市	231521	122444	109077	22269	3798	18471
安顺市	**969665**	**497309**	**472356**	**153866**	**31015**	**122851**
西秀区	265909	135748	130161	37526	7062	30464
平坝区	131019	66582	64437	13244	2551	10693
普定县	169042	87081	81961	20206	4558	15648
镇宁布依族苗族自治县	138316	72060	66256	24608	5189	19419
关岭布依族苗族自治县	125952	65144	60808	21087	3487	17600
紫云苗族布依族自治县	139427	70694	68733	37195	8168	29027
毕节市	**2819872**	**1455032**	**1364840**	**508458**	**139355**	**369103**
七星关区	418072	212305	205767	61671	14168	47503
大方县	374910	194224	180686	52581	13216	39365
黔西县	289222	149996	139226	40549	9971	30578
金沙县	203066	108410	94656	20216	4316	15900
织金县	329713	170286	159427	74245	18276	55969
纳雍县	289032	147421	141611	67382	17752	49630
威宁彝族回族苗族自治县	582686	302456	280230	138109	47457	90652
赫章县	333171	169934	163237	53705	14199	39506

4-2c 续表 1 单位：人

地　区	15岁及以上人口			未上过学		
	合计	男	女	小计	男	女
铜仁市	**1366794**	**696520**	**670274**	**171397**	**37476**	**133921**
碧江区	76270	38306	37964	5894	1852	4042
万山区	63864	33564	30300	5938	1732	4206
江口县	80763	42122	38641	9542	2440	7102
玉屏侗族自治县	55487	28982	26505	3140	689	2451
石阡县	153636	78104	75532	18256	3901	14355
思南县	210613	105162	105451	32000	6285	25715
印江土家族苗族自治县	137106	69777	67329	17900	4306	13594
德江县	161084	80942	80142	24034	4308	19726
沿河土家族自治县	189123	95992	93131	30500	5924	24576
松桃苗族自治县	238848	123569	115279	24193	6039	18154
黔西南布依族苗族自治州	**1192548**	**606089**	**586459**	**143848**	**30520**	**113328**
兴义市	268133	138809	129324	21696	5073	16623
兴仁市	184298	93859	90439	20063	3706	16357
普安县	121777	62203	59574	17101	3387	13714
晴隆县	111575	56699	54876	17250	3348	13902
贞丰县	137398	68536	68862	12524	2001	10523
望谟县	111298	55629	55669	27961	7029	20932
册亨县	94250	47387	46863	15083	3690	11393
安龙县	163819	82967	80852	12170	2286	9884
黔东南苗族侗族自治州	**1539655**	**795511**	**744144**	**254882**	**51736**	**203146**
凯里市	151257	80025	71232	19657	3286	16371
黄平县	117828	60053	57775	14329	2657	11672
施秉县	56973	29240	27733	7581	1604	5977
三穗县	62180	32322	29858	6348	1138	5210
镇远县	73474	37980	35494	9179	1646	7533
岑巩县	72896	37779	35117	12106	2432	9674
天柱县	119268	61579	57689	8583	1325	7258
锦屏县	65948	34059	31889	8040	1065	6975
剑河县	83751	43758	39993	19967	3907	16060
台江县	57650	29664	27986	12095	2620	9475
黎平县	184371	93361	91010	31721	6046	25675
榕江县	143533	74944	68589	28666	6152	22514
从江县	170124	85608	84516	47960	12194	35766
雷山县	58225	31530	26695	11825	2269	9556
麻江县	61848	32320	29528	8227	1858	6369
丹寨县	60329	31289	29040	8598	1537	7061
黔南布依族苗族自治州	**1294191**	**668801**	**625390**	**178458**	**37099**	**141359**
都匀市	146475	77191	69284	15613	3333	12280
福泉市	111553	59817	51736	9196	2367	6829
荔波县	68321	36068	32253	7087	1486	5601
贵定县	91942	45215	46727	12694	2804	9890
瓮安县	122180	64697	57483	9656	2306	7350
独山县	106305	54490	51815	13278	2768	10510
平塘县	117338	58581	58757	16796	3435	13361
罗甸县	86507	43737	42770	22405	4425	17980
长顺县	85567	44119	41448	17247	3251	13996
龙里县	84191	44549	39642	9583	2321	7262
惠水县	151124	77734	73390	29592	5580	24012
三都水族自治县	122688	62603	60085	15311	3023	12288

4-2c　续表 2　　单位：人

地　区	学前教育			小　学		
	小计	男	女	小计	男	女
贵　州	**18237**	**6089**	**12148**	**5150663**	**2582294**	**2568369**
贵阳市	**1019**	**425**	**594**	**335010**	**169631**	**165379**
南明区	21	7	14	10131	5117	5014
云岩区						
花溪区	153	88	65	42495	21203	21292
乌当区	102	41	61	24515	12921	11594
白云区	17	8	9	6915	3552	3363
观山湖区	111	58	53	18197	9259	8938
开阳县	254	86	168	59811	30387	29424
息烽县	67	19	48	40758	20353	20405
修文县	133	60	73	48548	25171	23377
清镇市	161	58	103	83640	41668	41972
六盘水市	**868**	**308**	**560**	**431830**	**212713**	**219117**
钟山区	147	64	83	15186	8333	6853
六枝特区	163	57	106	85036	44855	40181
水城县	254	94	160	148065	75303	72762
盘州市	304	93	211	183543	84222	99321
遵义市	**3242**	**1149**	**2093**	**865827**	**412685**	**453142**
红花岗区	158	47	111	45241	20925	24316
汇川区	135	52	83	37406	19139	18267
播州区	336	124	212	98251	45256	52995
桐梓县	328	114	214	81864	40934	40930
绥阳县	295	107	188	59023	28331	30692
正安县	242	100	142	78009	35638	42371
道真仡佬族苗族自治县	108	24	84	40445	18866	21579
务川仡佬族苗族自治县	268	79	189	48333	24226	24107
凤冈县	100	42	58	50844	23798	27046
湄潭县	150	42	108	55033	25262	29771
余庆县	310	134	176	36840	17535	19305
习水县	423	137	286	106210	49483	56727
赤水市	155	62	93	38149	19270	18879
仁怀市	234	85	149	90179	44022	46157
安顺市	**1027**	**381**	**646**	**347593**	**177889**	**169704**
西秀区	312	107	205	84199	40305	43894
平坝区	137	43	94	43872	20195	23677
普定县	136	54	82	64512	32604	31908
镇宁布依族苗族自治县	143	57	86	54227	28754	25473
关岭布依族苗族自治县	84	23	61	51972	27403	24569
紫云苗族布依族自治县	215	97	118	48811	28628	20183
毕节市	**2798**	**1062**	**1736**	**1074977**	**569818**	**505159**
七星关区	254	99	155	159554	80721	78833
大方县	287	97	190	140104	72727	67377
黔西县	233	95	138	132997	70925	62072
金沙县	280	81	199	83212	42271	40941
织金县	329	127	202	127955	73123	54832
纳雍县	403	149	254	93640	51784	41856
威宁彝族回族苗族自治县	673	280	393	205810	111379	94431
赫章县	339	134	205	131705	66888	64817

4-2c 续表 3

单位：人

地区	学前教育			小学		
	小计	男	女	小计	男	女
铜仁市	**2792**	**879**	**1913**	**505500**	**242512**	**262988**
碧江区	172	59	113	23608	11667	11941
万山区	211	70	141	23462	11573	11889
江口县	205	85	120	31747	15981	15766
玉屏侗族自治县	108	30	78	18304	8326	9978
石阡县	276	73	203	61107	28249	32858
思南县	257	80	177	82033	39252	42781
印江土家族苗族自治县	454	108	346	50387	24132	26255
德江县	94	39	55	55007	25913	29094
沿河土家族自治县	238	74	164	67927	33350	34577
松桃苗族自治县	777	261	516	91918	44069	47849
黔西南布依族苗族自治州	**1771**	**499**	**1272**	**495196**	**235748**	**259448**
兴义市	308	102	206	113609	53638	59971
兴仁市	278	78	200	75069	34412	40657
普安县	143	41	102	45396	22289	23107
晴隆县	61	18	43	46197	22827	23370
贞丰县	195	48	147	62401	27296	35105
望谟县	192	46	146	41858	23132	18726
册亨县	377	102	275	39434	20008	19426
安龙县	217	64	153	71232	32146	39086
黔东南苗族侗族自治州	**2452**	**702**	**1750**	**586537**	**300667**	**285870**
凯里市	266	74	192	51683	25728	25955
黄平县	94	25	69	48015	23654	24361
施秉县	123	40	83	21746	10748	10998
三穗县	73	26	47	26010	12467	13543
镇远县	203	52	151	33022	16480	16542
岑巩县	85	16	69	26850	13909	12941
天柱县	167	59	108	45825	19756	26069
锦屏县	51	13	38	23440	11211	12229
剑河县	89	22	67	29494	16667	12827
台江县	42	14	28	16430	8731	7699
黎平县	255	63	192	70684	35899	34785
榕江县	94	29	65	52593	28972	23621
从江县	291	101	190	65942	37361	28581
雷山县	204	48	156	19854	11294	8560
麻江县	112	42	70	29622	15520	14102
丹寨县	303	78	225	25327	12270	13057
黔南布依族苗族自治州	**2268**	**684**	**1584**	**508193**	**260631**	**247562**
都匀市	355	114	241	52341	25680	26661
福泉市	132	43	89	45095	22787	22308
荔波县	62	15	47	30729	14771	15958
贵定县	251	66	185	34667	18390	16277
瓮安县	176	75	101	49693	24768	24925
独山县	95	28	67	40234	19797	20437
平塘县	235	65	170	48707	24520	24187
罗甸县	150	46	104	33730	19650	14080
长顺县	204	48	156	30348	16598	13750
龙里县	80	38	42	33549	17780	15769
惠水县	246	82	164	54934	29539	25395
三都水族自治县	282	64	218	54166	26351	27815

4-2c 续表 4

单位：人

地区	初中			高中			大学专科		
	小计	男	女	小计	男	女	小计	男	女
贵州	**4884707**	**3029866**	**1854841**	**919374**	**553802**	**365572**	**405419**	**222781**	**182638**
贵阳市	**378324**	**226498**	**151826**	**77915**	**45177**	**32738**	**47463**	**26566**	**20897**
南明区	20054	11946	8108	5708	3202	2506	2379	1214	1165
云岩区									
花溪区	67533	40268	27265	11723	6410	5313	4009	2034	1975
乌当区	39161	23146	16015	12747	7155	5592	4549	2287	2262
白云区	13852	7919	5933	5897	3058	2839	1076	569	507
观山湖区	29053	16749	12304	9216	5696	3520	14668	6885	7783
开阳县	42603	26781	15822	7685	4797	2888	3298	1859	1439
息烽县	34008	21061	12947	5037	3199	1838	1916	1036	880
修文县	50722	29809	20913	8120	4849	3271	2312	1154	1158
清镇市	81338	48819	32519	11782	6811	4971	13256	9528	3728
六盘水市	**411330**	**259387**	**151943**	**76617**	**45218**	**31399**	**32171**	**18025**	**14146**
钟山区	16770	10489	6281	10222	5218	5004	1045	604	441
六枝特区	80797	50309	30488	11792	7167	4625	5461	3083	2378
水城县	125931	80607	45324	24599	14178	10421	7755	4695	3060
盘州市	187832	117982	69850	30004	18655	11349	17910	9643	8267
遵义市	**903536**	**551990**	**351546**	**162717**	**98410**	**64307**	**51954**	**29127**	**22827**
红花岗区	70579	40947	29632	11037	6906	4131	3821	2146	1675
汇川区	45009	27934	17075	6035	3851	2184	2116	1108	1008
播州区	139133	81196	57937	23228	14180	9048	6988	3949	3039
桐梓县	90476	57321	33155	12459	7400	5059	3535	2013	1522
绥阳县	68970	40891	28079	10163	6257	3906	2610	1521	1089
正安县	60532	39257	21275	14889	8492	6397	4814	2742	2072
道真仡佬族苗族自治县	32904	20719	12185	9006	5415	3591	3279	1853	1426
务川仡佬族苗族自治县	33859	21883	11976	6940	4336	2604	2869	1658	1211
凤冈县	43795	27556	16239	9861	5852	4009	3386	1838	1548
湄潭县	64584	36766	27818	9795	5963	3832	4194	2154	2040
余庆县	34298	19395	14903	6875	4393	2482	4031	2282	1749
习水县	100139	62896	37243	17958	10988	6970	4464	2582	1882
赤水市	29803	17527	12276	7400	4358	3042	2018	1122	896
仁怀市	89455	57702	31753	17071	10019	7052	3829	2159	1670
安顺市	**375929**	**235619**	**140310**	**54669**	**32997**	**21672**	**22130**	**12112**	**10018**
西秀区	115336	71957	43379	16844	10362	6482	6946	3682	3264
平坝区	59466	35825	23641	8307	4855	3452	3757	2003	1754
普定县	67232	40556	26676	11872	6661	5211	2969	1591	1378
镇宁布依族苗族自治县	49233	32090	17143	6111	3759	2352	2699	1525	1174
关岭布依族苗族自治县	42139	27744	14395	5959	3811	2148	2709	1563	1146
紫云苗族布依族自治县	42523	27447	15076	5576	3549	2027	3050	1748	1302
毕节市	**936025**	**574171**	**361854**	**167531**	**98140**	**69391**	**77677**	**43408**	**34269**
七星关区	152817	93091	59726	26062	14988	11074	9735	5041	4694
大方县	138133	83210	54923	24900	14799	10101	11169	6082	5087
黔西县	91629	55492	36137	13627	7951	5676	6376	3515	2861
金沙县	79183	49564	29619	11893	7379	4514	5320	3187	2133
织金县	96704	61115	35589	16888	10015	6873	8398	4694	3704
纳雍县	95769	59159	36610	16831	10010	6821	8680	4984	3696
威宁彝族回族苗族自治县	177680	108125	69555	33228	19577	13651	16568	9466	7102
赫章县	104110	64415	39695	24102	13421	10681	11431	6439	4992

4-2c 续表 5 单位：人

地区	初中			高中			大学专科		
	小计	男	女	小计	男	女	小计	男	女
铜仁市	**492231**	**303218**	**189013**	**111751**	**67980**	**43771**	**52946**	**27494**	**25452**
碧江区	31880	18527	13353	5144	3043	2101	7899	2321	5578
万山区	25221	15076	10145	5594	3302	2292	2072	1116	956
江口县	28312	16939	11373	6280	3913	2367	2814	1638	1176
玉屏侗族自治县	25237	14772	10465	5859	3569	2290	1887	1080	807
石阡县	51996	32491	19505	11530	7252	4278	6376	3775	2601
思南县	67311	42502	24809	15508	9597	5911	7773	4260	3513
印江土家族苗族自治县	48070	29480	18590	13508	8026	5482	4290	2386	1904
德江县	56544	36183	20361	16620	9640	6980	5559	3013	2546
沿河土家族自治县	65702	42007	23695	14066	8540	5526	6195	3450	2745
松桃苗族自治县	91958	55241	36717	17642	11098	6544	8081	4455	3626
黔西南布依族苗族自治州	**417894**	**261175**	**156719**	**77204**	**46127**	**31077**	**33933**	**19289**	**14644**
兴义市	101678	61770	39908	20277	12431	7846	6194	3469	2725
兴仁市	69824	44152	25672	10378	6476	3902	5068	2944	2124
普安县	41885	26583	15302	9565	5638	3927	4350	2374	1976
晴隆县	34021	22092	11929	6841	4087	2754	4190	2500	1690
贞丰县	51311	32520	18791	5883	3702	2181	3323	1912	1411
望谟县	28192	18315	9877	6850	3653	3197	4025	2251	1774
册亨县	26659	16745	9914	8385	4541	3844	2684	1473	1211
安龙县	64324	38998	25326	9025	5599	3426	4099	2366	1733
黔东南苗族侗族自治州	**510511**	**329256**	**181255**	**106157**	**68591**	**37566**	**49122**	**28150**	**20972**
凯里市	55153	36663	18490	12325	8357	3968	9827	4608	5219
黄平县	40699	25425	15274	9607	5529	4078	2798	1584	1214
施秉县	20967	12875	8092	4026	2596	1430	1512	836	676
三穗县	22313	14088	8225	4448	2949	1499	1695	968	727
镇远县	23540	15187	8353	4512	2977	1535	1874	1046	828
岑巩县	25303	16214	9089	4716	3071	1645	2011	1136	875
天柱县	51151	31759	19392	8005	5389	2616	3267	1993	1274
锦屏县	24175	15312	8863	6040	3988	2052	2207	1405	802
剑河县	24661	17008	7653	5209	3514	1695	2491	1567	924
台江县	18960	12322	6638	6487	3819	2668	2025	1233	792
黎平县	59012	37809	21203	11926	7542	4384	5841	3380	2461
榕江县	45588	29525	16063	9955	6354	3601	4224	2594	1630
从江县	42606	27597	15009	7547	4837	2710	3895	2455	1440
雷山县	19307	13289	6018	3795	2651	1144	2038	1281	757
麻江县	17644	11145	6499	3672	2370	1302	1545	876	669
丹寨县	19432	13038	6394	3887	2648	1239	1872	1188	684
黔南布依族苗族自治州	**458927**	**288552**	**170375**	**84813**	**51162**	**33651**	**38023**	**18610**	**19413**
都匀市	58780	36658	22122	13439	8071	5368	3170	1863	1307
福泉市	46627	28323	18304	5916	3754	2162	2673	1517	1156
荔波县	22572	14952	7620	4522	3044	1478	1786	1069	717
贵定县	30035	18796	11239	4679	2641	2038	8403	1961	6442
瓮安县	47673	28464	19209	9760	6142	3618	3240	1848	1392
独山县	40992	25308	15684	7592	4533	3059	2296	1253	1043
平塘县	37288	22850	14438	9072	4955	4117	2813	1568	1245
罗甸县	21334	14351	6983	4806	2865	1941	2192	1317	875
长顺县	29782	19408	10374	4534	2965	1569	1805	974	831
龙里县	30478	18828	11650	7387	3984	3403	1887	1007	880
惠水县	53169	35245	17924	6334	3810	2524	4317	2214	2103
三都水族自治县	40197	25369	14828	6772	4398	2374	3441	2019	1422

4–2c　续表 6　　　　单位：人

地　区	大学本科			硕士研究生			博士研究生		
	小计	男	女	小计	男	女	小计	男	女
贵　州	**253889**	**137217**	**116672**	**4304**	**2074**	**2230**	**456**	**277**	**179**
贵阳市	**17537**	**8777**	**8760**	**732**	**324**	**408**	**96**	**59**	**37**
南明区	1255	647	608	43	24	19	3	2	1
云岩区									
花溪区	2972	1508	1464	177	80	97	48	29	19
乌当区	2539	1151	1388	173	80	93	23	18	5
白云区	745	366	379	82	35	47	3	2	1
观山湖区	2339	1247	1092	108	43	65	6	3	3
开阳县	1935	999	936	29	15	14	1		1
息烽县	1227	607	620	19	9	10	3	1	2
修文县	1539	760	779	22	5	17	1	1	
清镇市	2986	1492	1494	79	33	46	8	3	5
六盘水市	**21554**	**11417**	**10137**	**338**	**166**	**172**	**43**	**28**	**15**
钟山区	639	332	307	49	23	26	2	2	
六枝特区	4094	2195	1899	54	25	29	5	3	2
水城县	5339	2840	2499	87	44	43	6	3	3
盘州市	11482	6050	5432	148	74	74	30	20	10
遵义市	**44196**	**23842**	**20354**	**824**	**367**	**457**	**90**	**50**	**40**
红花岗区	2422	1276	1146	53	16	37	4	2	2
汇川区	1737	905	832	42	16	26	1	1	
播州区	4618	2382	2236	73	28	45	8	3	5
桐梓县	3121	1705	1416	64	38	26	6	4	2
绥阳县	2296	1315	981	40	22	18	6	3	3
正安县	4308	2441	1867	83	37	46	5	4	1
道真仡佬族苗族自治县	2436	1285	1151	35	16	19	2	2	
务川仡佬族苗族自治县	2857	1602	1255	31	15	16	4	2	2
凤冈县	2476	1331	1145	49	19	30	5	3	2
湄潭县	2668	1330	1338	47	23	24	1		1
余庆县	2087	1217	870	36	15	21	2	2	
习水县	3453	1780	1673	84	38	46	7	4	3
赤水市	1422	702	720	33	15	18	4	1	3
仁怀市	8295	4571	3724	154	69	85	35	19	16
安顺市	**14213**	**7181**	**7032**	**212**	**99**	**113**	**26**	**16**	**10**
西秀区	4669	2241	2428	71	28	43	6	4	2
平坝区	2192	1092	1100	35	13	22	9	5	4
普定县	2082	1046	1036	32	10	22	1	1	
镇宁布依族苗族自治县	1268	669	599	20	13	7	7	4	3
关岭布依族苗族自治县	1983	1101	882	19	12	7			
紫云苗族布依族自治县	2019	1032	987	35	23	12	3	2	1
毕节市	**51676**	**28704**	**22972**	**662**	**330**	**332**	**68**	**44**	**24**
七星关区	7837	4136	3701	133	55	78	9	6	3
大方县	7640	4048	3592	87	40	47	9	5	4
黔西县	3746	2024	1722	56	16	40	9	7	2
金沙县	2917	1593	1324	40	16	24	5	3	2
织金县	5117	2890	2227	72	43	29	5	3	2
纳雍县	6252	3545	2707	68	33	35	7	5	2
威宁彝族回族苗族自治县	10497	6095	4402	109	71	38	12	6	6
赫章县	7670	4373	3297	97	56	41	12	9	3

4—2c 续表 7 单位：人

地区	大学本科			硕士研究生			博士研究生		
	小计	男	女	小计	男	女	小计	男	女
铜仁市	**29604**	**16652**	**12952**	**517**	**277**	**240**	**56**	**32**	**24**
碧江区	1588	792	796	72	37	35	13	8	5
万山区	1351	690	661	15	5	10			
江口县	1823	1108	715	35	15	20	5	3	2
玉屏侗族自治县	936	505	431	14	9	5	2	2	
石阡县	4035	2327	1708	57	34	23	3	2	1
思南县	5620	3127	2493	103	56	47	8	3	5
印江土家族苗族自治县	2450	1317	1133	43	19	24	4	3	1
德江县	3168	1815	1353	50	27	23	8	4	4
沿河土家族自治县	4434	2608	1826	58	37	21	3	2	1
松桃苗族自治县	4199	2363	1836	70	38	32	10	5	5
黔西南布依族苗族自治州	**22419**	**12576**	**9843**	**263**	**141**	**122**	**20**	**14**	**6**
兴义市	4302	2293	2009	65	30	35	4	3	1
兴仁市	3576	2073	1503	38	15	23	4	3	1
普安县	3301	1868	1433	36	23	13			
晴隆县	2976	1803	1173	35	23	12	4	1	3
贞丰县	1735	1038	697	25	18	7	1	1	
望谟县	2198	1189	1009	22	14	8			
册亨县	1612	819	793	13	7	6	3	2	1
安龙县	2719	1493	1226	29	11	18	4	4	
黔东南苗族侗族自治州	**29592**	**16196**	**13396**	**371**	**190**	**181**	**31**	**23**	**8**
凯里市	2304	1282	1022	35	20	15	7	7	
黄平县	2265	1171	1094	19	7	12	2	1	1
施秉县	1004	535	469	13	6	7	1		1
三穗县	1281	679	602	11	6	5	1	1	
镇远县	1125	584	541	13	4	9	6	4	2
岑巩县	1805	987	818	20	14	6			
天柱县	2231	1281	950	34	14	20	5	3	2
锦屏县	1958	1046	912	34	17	17	3	2	1
剑河县	1827	1064	763	13	9	4			
台江县	1589	908	681	21	16	5	1	1	
黎平县	4874	2600	2274	57	21	36	1	1	
榕江县	2381	1301	1080	32	17	15			
从江县	1858	1047	811	24	15	9	1	1	
雷山县	1181	685	496	19	11	8	2	2	
麻江县	1007	501	506	18	8	10	1		1
丹寨县	902	525	377	8	5	3			
黔南布依族苗族自治州	**23098**	**11872**	**11226**	**385**	**180**	**205**	**26**	**11**	**15**
都匀市	2717	1443	1274	55	26	29	5	3	2
福泉市	1868	1005	863	45	20	25	1	1	
荔波县	1542	721	821	20	9	11	1	1	
贵定县	1196	549	647	16	8	8	1		1
瓮安县	1945	1078	867	36	16	20	1		1
独山县	1795	793	1002	22	9	13	1	1	
平塘县	2380	1166	1214	43	20	23	4	2	2
罗甸县	1869	1071	798	20	12	8	1		1
长顺县	1615	862	753	30	13	17	2		2
龙里县	1201	579	622	21	11	10	5	1	4
惠水县	2491	1243	1248	38	19	19	3	2	1
三都水族自治县	2479	1362	1117	39	17	22	1		1

4-3　各地区分性别、受教育程度的16-59岁人口

单位：人

地　　区	16-59岁人口			未上过学		
	合计	男	女	小计	男	女
贵　州	**22861954**	**11667067**	**11194887**	**869509**	**193427**	**676082**
贵阳市	**4022946**	**2063727**	**1959219**	**46734**	**14087**	**32647**
南明区	719495	362320	357175	6233	1789	4444
云岩区	716012	359815	356197	8182	2409	5773
花溪区	685570	350450	335120	8187	2493	5694
乌当区	221020	111930	109090	2636	912	1724
白云区	317896	165249	152647	3435	1110	2325
观山湖区	445335	230587	214748	3619	1029	2590
开阳县	201169	103804	97365	3665	1083	2582
息烽县	126852	65361	61491	1648	491	1157
修文县	171759	90569	81190	2724	864	1860
清镇市	417838	223642	194196	6405	1907	4498
六盘水市	**1787708**	**911418**	**876290**	**84847**	**17266**	**67581**
钟山区	432781	214309	218472	13169	2880	10289
六枝特区	287810	145101	142709	18853	3389	15464
水城县	433857	227348	206509	30681	6968	23713
盘州市	633260	324660	308600	22144	4029	18115
遵义市	**3922955**	**1970142**	**1952813**	**76570**	**13263**	**63307**
红花岗区	637550	315605	321945	5239	1243	3996
汇川区	393185	197216	195969	6483	1015	5468
播州区	457742	232611	225131	4910	1075	3835
桐梓县	303899	156008	147891	9570	1390	8180
绥阳县	213402	107566	105836	5401	971	4430
正安县	214530	105971	108559	5212	590	4622
道真仡佬族苗族自治县	138302	66228	72074	2644	356	2288
务川仡佬族苗族自治县	170943	84070	86873	7658	1098	6560
凤冈县	175395	85888	89507	5299	813	4486
湄潭县	217711	106337	111374	2694	614	2080
余庆县	124892	61253	63639	2128	513	1615
习水县	328561	168797	159764	8105	1440	6665
赤水市	139995	70249	69746	1911	655	1256
仁怀市	406848	212343	194505	9316	1490	7826
安顺市	**1422680**	**731342**	**691338**	**69578**	**13988**	**55590**
西秀区	530483	267339	263144	16439	3064	13375
平坝区	206139	108327	97812	4461	970	3491
普定县	208264	107045	101219	7117	1461	5656
镇宁布依族苗族自治县	169526	89114	80412	11965	2861	9104
关岭布依族苗族自治县	150928	78189	72739	9314	1366	7948
紫云苗族布依族自治县	157340	81328	76012	20282	4266	16016
毕节市	**3871955**	**1989723**	**1882232**	**286240**	**72979**	**213261**
七星关区	728866	367122	361744	28117	6017	22100
大方县	472788	244544	228244	21361	5027	16334
黔西县	420769	216248	204521	19328	5147	14181
金沙县	316068	165256	150812	7791	2032	5759
织金县	446787	231168	215619	44081	9773	34308
纳雍县	380935	195208	185727	37398	7696	29702
威宁彝族回族苗族自治县	753310	390086	363224	102256	31629	70627
赫章县	352432	180091	172341	25908	5658	20250

4-3 续表 1

单位：人

地区	16-59岁人口			未上过学		
	合计	男	女	小计	男	女
铜仁市	**1880526**	**944134**	**936392**	**52500**	**11525**	**40975**
碧江区	289334	141092	148242	3938	1143	2795
万山区	94902	50271	44631	1703	484	1219
江口县	104988	54001	50987	3424	975	2449
玉屏侗族自治县	87521	45029	42492	1037	288	749
石阡县	170109	86135	83974	5266	1150	4116
思南县	252547	125101	127446	8117	1538	6579
印江土家族苗族自治县	161567	79843	81724	4191	1092	3099
德江县	224841	111903	112938	7838	1283	6555
沿河土家族自治县	226953	113554	113399	10354	1659	8695
松桃苗族自治县	267764	137205	130559	6632	1913	4719
黔西南布依族苗族自治州	**1748222**	**895403**	**852819**	**67934**	**14490**	**53444**
兴义市	627374	318624	308750	11769	2835	8934
兴仁市	238969	122153	116816	9031	1612	7419
普安县	133920	69114	64806	7445	1196	6249
晴隆县	125653	64921	60732	8343	1423	6920
贞丰县	167751	84999	82752	5500	926	4574
望谟县	134829	70599	64230	13976	3776	10200
册亨县	108673	56706	51967	7138	1542	5596
安龙县	211053	108287	102766	4732	1180	3552
黔东南苗族侗族自治州	**2141220**	**1099377**	**1041843**	**111804**	**18621**	**93183**
凯里市	454231	232706	221525	10301	1646	8655
黄平县	134024	68894	65130	4277	936	3341
施秉县	69484	35150	34334	2757	530	2227
三穗县	86826	43803	43023	2326	459	1867
镇远县	104567	52691	51876	3595	820	2775
岑巩县	93158	46752	46406	3498	577	2921
天柱县	144591	75059	69532	1970	484	1486
锦屏县	84848	43333	41515	2107	291	1816
剑河县	105069	54111	50958	11584	1515	10069
台江县	68758	35565	33193	5564	994	4570
黎平县	225117	113890	111227	13764	1640	12124
榕江县	170718	88786	81932	13993	2307	11686
从江县	172964	88724	84240	24481	4487	19994
雷山县	73985	39966	34019	5585	713	4872
麻江县	74748	39392	35356	2629	734	1895
丹寨县	78132	40555	37577	3373	488	2885
黔南布依族苗族自治州	**2063742**	**1061801**	**1001941**	**73302**	**17208**	**56094**
都匀市	341798	174665	167133	5325	1710	3615
福泉市	180971	95355	85616	3343	1107	2236
荔波县	93061	48924	44137	1799	363	1436
贵定县	150060	73831	76229	5321	1601	3720
瓮安县	230878	117535	113343	2803	822	1981
独山县	151951	78932	73019	3047	722	2325
平塘县	125585	63612	61973	4714	1228	3486
罗甸县	138465	71142	67323	13390	2667	10723
长顺县	112875	59141	53734	7885	1532	6353
龙里县	147877	79132	68745	4950	1433	3517
惠水县	237034	119929	117105	14126	2974	11152
三都水族自治县	153187	79603	73584	6599	1049	5550

4—3　续表 2

单位：人

地　区	学前教育			小　学		
	小计	男	女	小计	男	女
贵　州	**14615**	**5285**	**9330**	**5370611**	**2415544**	**2955067**
贵阳市	**2018**	**891**	**1127**	**551240**	**261236**	**290004**
南明区	316	125	191	66635	30078	36557
云岩区	411	173	238	74775	34734	40041
花溪区	357	176	181	74302	35566	38736
乌当区	85	46	39	27257	13170	14087
白云区	141	67	74	42272	21196	21076
观山湖区	241	110	131	47030	22349	24681
开阳县	113	40	73	54755	24739	30016
息烽县	49	17	32	33046	15111	17935
修文县	85	42	43	44559	22137	22422
清镇市	220	95	125	86609	42156	44453
六盘水市	**900**	**339**	**561**	**471134**	**209986**	**261148**
钟山区	314	139	175	72357	32430	39927
六枝特区	125	50	75	79217	36656	42561
水城县	194	75	119	153895	73269	80626
盘州市	267	75	192	165665	67631	98034
遵义市	**2082**	**718**	**1364**	**816729**	**328552**	**488177**
红花岗区	271	81	190	78436	32595	45841
汇川区	198	85	113	59470	25067	34403
播州区	173	73	100	74772	29928	44844
桐梓县	181	66	115	74787	31704	43083
绥阳县	117	35	82	46474	18415	28059
正安县	147	52	95	62621	21996	40625
道真仡佬族苗族自治县	52	11	41	34632	12057	22575
务川仡佬族苗族自治县	171	41	130	49423	19860	29563
凤冈县	72	24	48	44737	16551	28186
湄潭县	73	22	51	43634	17119	26515
余庆县	98	37	61	28598	10924	17674
习水县	210	72	138	86989	35712	51277
赤水市	102	45	57	34386	15480	18906
仁怀市	217	74	143	97770	41144	56626
安顺市	**891**	**339**	**552**	**361877**	**167980**	**193897**
西秀区	317	101	216	101164	43715	57449
平坝区	89	36	53	45658	20076	25582
普定县	103	48	55	60685	27915	32770
镇宁布依族苗族自治县	134	65	69	52858	25701	27157
关岭布依族苗族自治县	55	17	38	50145	23525	26620
紫云苗族布依族自治县	193	72	121	51367	27048	24319
毕节市	**2553**	**970**	**1583**	**1172958**	**573428**	**599530**
七星关区	353	132	221	182093	83143	98950
大方县	225	81	144	135262	65179	70083
黔西县	265	109	156	149988	73963	76025
金沙县	183	74	109	86715	39335	47380
织金县	263	88	175	152492	78669	73823
纳雍县	370	128	242	108173	53242	54931
威宁彝族回族苗族自治县	658	270	388	238278	123382	114896
赫章县	236	88	148	119957	56515	63442

4-3 续表 3

单位：人

地区	学前教育			小学		
	小计	男	女	小计	男	女
铜仁市	**1592**	**569**	**1023**	**428816**	**170125**	**258691**
碧江区	296	127	169	47075	21003	26072
万山区	79	35	44	21686	9849	11837
江口县	89	30	59	28832	12527	16305
玉屏侗族自治县	52	20	32	16137	6587	9550
石阡县	120	31	89	44261	16303	27958
思南县	133	35	98	61667	22912	38755
印江土家族苗族自治县	139	39	100	36577	13125	23452
德江县	161	60	101	48298	17549	30749
沿河土家族自治县	152	46	106	56871	21859	35012
松桃苗族自治县	371	146	225	67412	28411	39001
黔西南布依族苗族自治州	**1273**	**402**	**871**	**505895**	**224422**	**281473**
兴义市	342	137	205	144846	64309	80537
兴仁市	166	57	109	70513	29327	41186
普安县	57	13	44	38928	16740	22188
晴隆县	81	35	46	43342	19455	23887
贞丰县	108	25	83	54359	22242	32117
望谟县	157	30	127	46251	23149	23102
册亨县	210	51	159	41564	20277	21287
安龙县	152	54	98	66092	28923	37169
黔东南苗族侗族自治州	**1571**	**440**	**1131**	**545723**	**239625**	**306098**
凯里市	244	83	161	73343	30436	42907
黄平县	47	13	34	36518	15675	20843
施秉县	49	18	31	17827	7625	10202
三穗县	41	14	27	23511	9537	13974
镇远县	87	18	69	28819	11982	16837
岑巩县	49	7	42	23012	8997	14015
天柱县	82	34	48	29411	11036	18375
锦屏县	34	20	14	18548	6524	12024
剑河县	74	16	58	29578	13855	15723
台江县	50	12	38	15954	6721	9233
黎平县	192	47	145	67005	28479	38526
榕江县	109	42	67	49957	23913	26044
从江县	180	51	129	64804	33276	31528
雷山县	119	19	100	18930	8888	10042
麻江县	52	17	35	25179	12447	12732
丹寨县	162	29	133	23327	10234	13093
黔南布依族苗族自治州	**1735**	**617**	**1118**	**516239**	**240190**	**276049**
都匀市	283	111	172	53897	25296	28601
福泉市	104	46	58	43619	20620	22999
荔波县	57	13	44	26933	11585	15348
贵定县	158	42	116	38711	19083	19628
瓮安县	142	74	68	50069	22248	27821
独山县	77	22	55	37850	16322	21528
平塘县	131	54	77	39194	17241	21953
罗甸县	89	23	66	42465	20702	21763
长顺县	108	27	81	31206	14792	16414
龙里县	148	76	72	40327	20312	20015
惠水县	245	91	154	58656	27857	30799
三都水族自治县	193	38	155	53312	24132	29180

4-3 续表 4

单位：人

地区	初中			高中			大学专科		
	小计	男	女	小计	男	女	小计	男	女
贵州	**9196279**	**5182536**	**4013743**	**3349800**	**1811660**	**1538140**	**2039516**	**1045226**	**994290**
贵阳市	**1346250**	**732137**	**614113**	**744660**	**390361**	**354299**	**604227**	**309399**	**294828**
南明区	217152	114628	102524	165436	86223	79213	126635	62768	63867
云岩区	201389	105747	95642	147774	76130	71644	120026	57942	62084
花溪区	222236	123101	99135	111695	59179	52516	80871	42171	38700
乌当区	77993	42159	35834	44261	23068	21193	30013	14853	15160
白云区	119747	66290	53457	71580	38497	33083	36182	18275	17907
观山湖区	118070	64524	53546	79578	42160	37418	88180	43139	45041
开阳县	87571	48594	38977	28200	15426	12774	15729	8229	7500
息烽县	57753	31738	26015	16672	9024	7648	9617	4949	4668
修文县	86570	47789	38781	21364	11692	9672	8563	4246	4317
清镇市	157769	87567	70202	58100	28962	29138	88411	52827	35584
六盘水市	**728608**	**418065**	**310543**	**245582**	**135506**	**110076**	**136444**	**69972**	**66472**
钟山区	149567	79128	70439	85113	45301	39812	55109	27234	27875
六枝特区	120474	68163	52311	36065	19537	16528	17382	9300	8082
水城县	173082	106421	66661	44030	24236	19794	18629	9440	9189
盘州市	285485	164353	121132	80374	46432	33942	45324	23998	21326
遵义市	**1843483**	**1004383**	**839100**	**587482**	**320898**	**266584**	**301497**	**154380**	**147117**
红花岗区	282257	146810	135447	110305	59367	50938	81602	39253	42349
汇川区	169423	91316	78107	65466	34607	30859	41037	20168	20869
播州区	248736	132425	116311	74784	41011	33773	30062	15675	14387
桐梓县	157045	89277	67768	35539	19270	16269	13360	7245	6115
绥阳县	109839	59729	50110	31792	17705	14087	10957	5962	4995
正安县	93719	54527	39192	27429	14924	12505	12639	6869	5770
道真仡佬族苗族自治县	59601	31351	28250	22262	12212	10050	10119	5446	4673
务川仡佬族苗族自治县	67658	37779	29879	23007	12714	10293	11274	6167	5107
凤冈县	76681	42472	34209	24444	13318	11126	12946	6751	6195
湄潭县	113131	58368	54763	29807	15999	13808	15918	8011	7907
余庆县	56801	29266	27535	18420	10335	8085	11243	6016	5227
习水县	156039	89250	66789	44381	24846	19535	16752	9122	7630
赤水市	61761	31849	29912	22380	12287	10093	11293	5821	5472
仁怀市	190792	109964	80828	57466	32303	25163	22295	11874	10421
安顺市	**613495**	**353843**	**259652**	**177119**	**93795**	**83324**	**105905**	**55723**	**50182**
西秀区	223346	126138	97208	80301	41925	38376	52981	26042	26939
平坝区	99385	55867	43518	25987	13992	11995	19957	11977	7980
普定县	100425	56753	43672	22699	12014	10685	9519	5025	4494
镇宁布依族苗族自治县	72840	43633	29207	16825	9009	7816	8693	4679	4014
关岭布依族苗族自治县	59518	36102	23416	16886	9115	7771	7590	4141	3449
紫云苗族布依族自治县	57981	35350	22631	14421	7740	6681	7165	3859	3306
毕节市	**1490440**	**858805**	**631635**	**483664**	**256000**	**227664**	**230700**	**119581**	**111119**
七星关区	292137	163061	129076	105479	55557	49922	54847	25742	29105
大方县	200936	114169	86767	62857	33582	29275	30422	15212	15210
黔西县	163331	91356	71975	47126	24553	22573	22146	11595	10551
金沙县	145540	82811	62729	42657	23250	19407	18238	10045	8193
织金县	156482	92970	63512	49330	26187	23143	23981	12730	11251
纳雍县	149841	88096	61745	46024	24650	21374	21335	11672	9663
威宁彝族回族苗族自治县	255548	151009	104539	88169	46109	42060	38943	21357	17586
赫章县	126625	75333	51292	42022	22112	19910	20788	11228	9560

4-3 续表 5

单位：人

地区	初中			高中			大学专科		
	小计	男	女	小计	男	女	小计	男	女
铜仁市	**779850**	**433025**	**346825**	**307791**	**169375**	**138416**	**179915**	**89847**	**90068**
碧江区	97262	51059	46203	54052	28231	25821	50248	21434	28814
万山区	40800	23355	17445	17589	10000	7589	7029	3520	3509
江口县	43979	24181	19798	14183	8224	5959	8225	4535	3690
玉屏侗族自治县	43231	23380	19851	14126	7915	6211	7594	4036	3558
石阡县	68348	38796	29552	26072	15315	10757	14477	8070	6407
思南县	103722	57831	45891	41292	22771	18521	20949	10917	10032
印江土家族苗族自治县	71907	39060	32847	25334	13947	11387	13198	7078	6120
德江县	93501	52911	40590	39749	21608	18141	24030	12102	11928
沿河土家族自治县	96081	55117	40964	33504	18336	15168	16505	8769	7736
松桃苗族自治县	121019	67335	53684	41890	23028	18862	17660	9386	8274
黔西南布依族苗族自治州	**691714**	**402146**	**289568**	**223954**	**121754**	**102200**	**135328**	**69370**	**65958**
兴义市	239409	133506	105903	105116	57161	47955	62592	29848	32744
兴仁市	104138	61176	42962	26490	14382	12108	15320	8304	7016
普安县	54371	32897	21474	15483	8769	6714	9410	4997	4413
晴隆县	45348	28034	17314	12740	6904	5836	8465	4837	3628
贞丰县	74413	43691	30722	15203	8206	6997	10340	5601	4739
望谟县	42643	26629	16014	14747	7753	6994	10163	5609	4554
册亨县	36601	22301	14300	11314	6089	5225	6554	3590	2964
安龙县	94791	53912	40879	22861	12490	10371	12484	6584	5900
黔东南苗族侗族自治州	**853822**	**492585**	**361237**	**306169**	**175330**	**130839**	**170892**	**92341**	**78551**
凯里市	169570	94474	75096	89947	50496	39451	57181	28701	28480
黄平县	59715	34229	25486	18230	9745	8485	7972	4380	3592
施秉县	29679	16524	13155	9691	5343	4348	5294	2858	2436
三穗县	36974	20464	16510	11436	6514	4922	6381	3483	2898
镇远县	43398	24153	19245	14802	8298	6504	7315	3912	3403
岑巩县	39096	21823	17273	13372	7641	5731	6639	3585	3054
天柱县	74871	41329	33542	20833	12172	8661	9406	5401	4005
锦屏县	38202	21462	16740	12561	7422	5139	6355	3748	2607
剑河县	36582	22699	13883	12703	7630	5073	7253	4322	2931
台江县	27485	16385	11100	10561	6053	4508	5212	3120	2092
黎平县	93358	55196	38162	25028	14526	10502	13448	7394	6054
榕江县	66590	39777	26813	21580	12405	9175	11439	6447	4992
从江县	54002	33286	20716	14501	8999	5502	9569	5620	3949
雷山县	29051	18179	10872	9817	6038	3779	5672	3357	2315
麻江县	26796	15367	11429	9933	5528	4405	4996	2638	2358
丹寨县	28453	17238	11215	11174	6520	4654	6760	3375	3385
黔南布依族苗族自治州	**848617**	**487547**	**361070**	**273379**	**148641**	**124738**	**174608**	**84613**	**89995**
都匀市	124874	69741	55133	59052	31946	27106	49542	23515	26027
福泉市	82282	46240	36042	21730	11992	9738	17992	9223	8769
荔波县	36546	21940	14606	12551	7154	5397	7216	3961	3255
贵定县	59325	33868	25457	18125	8961	9164	20234	6297	13937
瓮安县	112416	59579	52837	34745	18918	15827	17571	8997	8574
独山县	73993	42241	31752	20050	11289	8761	9133	4659	4474
平塘县	52602	30037	22565	13779	7374	6405	7511	3952	3559
罗甸县	46901	28701	18200	17035	9279	7756	9437	5003	4434
长顺县	47238	28656	18582	14530	7867	6663	5453	2928	2525
龙里县	65276	37673	27603	19501	10721	8780	9394	4949	4445
惠水县	89991	54489	35502	24131	12824	11307	12550	6340	6210
三都水族自治县	57173	34382	22791	18150	10316	7834	8575	4789	3786

4-3 续表 6

单位：人

地区	大学本科			硕士研究生			博士研究生		
	小计	男	女	小计	男	女	小计	男	女
贵 州	**1927132**	**967692**	**959440**	**85531**	**40278**	**45253**	**8961**	**5419**	**3542**
贵阳市	**666474**	**326347**	**340127**	**55146**	**25568**	**29578**	**6197**	**3701**	**2496**
南明区	127481	62130	65351	8700	4051	4649	907	528	379
云岩区	147907	75436	72471	13900	6330	7570	1648	914	734
花溪区	168581	79074	89507	17078	7239	9839	2263	1451	812
乌当区	36637	16649	19988	1871	911	960	267	162	105
白云区	43085	19051	24034	1323	692	631	131	71	60
观山湖区	96763	51021	45742	10964	5727	5237	890	528	362
开阳县	10879	5569	5310	241	118	123	16	6	10
息烽县	7878	3941	3937	179	83	96	10	7	3
修文县	7708	3715	3993	166	73	93	20	11	9
清镇市	19555	9761	9794	724	344	380	45	23	22
六盘水市	**117016**	**58694**	**58322**	**2900**	**1433**	**1467**	**277**	**157**	**120**
钟山区	55277	26265	29012	1733	864	869	142	68	74
六枝特区	15471	7890	7581	209	106	103	14	10	4
水城县	12805	6662	6143	483	234	249	58	43	15
盘州市	33463	17877	15586	475	229	246	63	36	27
遵义市	**284351**	**142916**	**141435**	**9766**	**4412**	**5354**	**995**	**620**	**375**
红花岗区	75733	34602	41131	3348	1422	1926	359	232	127
汇川区	47276	23082	24194	3430	1613	1817	402	263	139
播州区	23809	12203	11606	460	201	259	36	20	16
桐梓县	13165	6927	6238	236	118	118	16	11	5
绥阳县	8648	4669	3979	166	76	90	8	4	4
正安县	12539	6889	5650	215	120	95	9	4	5
道真仡佬族苗族自治县	8890	4748	4142	98	43	55	4	4	
务川仡佬族苗族自治县	11587	6329	5258	156	77	79	9	5	4
凤冈县	11016	5869	5147	188	86	102	12	4	8
湄潭县	12192	6094	6098	249	104	145	13	6	7
余庆县	7510	4116	3394	88	42	46	6	4	2
习水县	15761	8201	7560	305	143	162	19	11	8
赤水市	8003	4046	3957	146	62	84	13	4	9
仁怀市	28222	15141	13081	681	305	376	89	48	41
安顺市	**91058**	**44304**	**46754**	**2547**	**1243**	**1304**	**210**	**127**	**83**
西秀区	53900	25354	28546	1885	906	979	150	94	56
平坝区	10306	5252	5054	270	144	126	26	13	13
普定县	7601	3782	3819	110	44	66	5	3	2
镇宁布依族苗族自治县	6106	3111	2995	91	49	42	14	6	8
关岭布依族苗族自治县	7303	3862	3441	109	55	54	8	6	2
紫云苗族布依族自治县	5842	2943	2899	82	45	37	7	5	2
毕节市	**201722**	**106015**	**95707**	**3402**	**1764**	**1638**	**276**	**181**	**95**
七星关区	63870	32443	31427	1833	930	903	137	97	40
大方县	21415	11130	10285	292	155	137	18	9	9
黔西县	18344	9407	8937	219	104	115	22	14	8
金沙县	14776	7627	7149	145	69	76	23	13	10
织金县	19888	10607	9281	254	133	121	16	11	5
纳雍县	17582	9613	7969	196	100	96	16	11	5
威宁彝族回族苗族自治县	29170	16153	13017	262	163	99	26	14	12
赫章县	16677	9035	7642	201	110	91	18	12	6

4-3 续表 7 单位：人

地　　区	大学本科			硕士研究生			博士研究生		
	小计	男	女	小计	男	女	小计	男	女
铜仁市	**126986**	**68071**	**58915**	**2793**	**1414**	**1379**	**283**	**183**	**100**
碧江区	34766	17229	17537	1529	751	778	168	115	53
万山区	5884	2958	2926	128	67	61	4	3	1
江口县	6166	3486	2680	82	38	44	8	5	3
玉屏侗族自治县	5258	2750	2508	77	45	32	9	8	1
石阡县	11392	6368	5024	163	96	67	10	6	4
思南县	16414	8968	7446	232	118	114	21	11	10
印江土家族苗族自治县	10077	5439	4638	135	57	78	9	6	3
德江县	11130	6318	4812	112	60	52	22	12	10
沿河土家族自治县	13330	7681	5649	148	83	65	8	4	4
松桃苗族自治县	12569	6874	5695	187	99	88	24	13	11
黔西南布依族苗族自治州	**119566**	**61565**	**58001**	**2361**	**1140**	**1221**	**197**	**114**	**83**
兴义市	61334	29889	31445	1812	853	959	154	86	68
兴仁市	13160	7225	5935	136	58	78	15	12	3
普安县	8158	4461	3697	67	41	26	1		1
晴隆县	7262	4192	3070	67	40	27	5	1	4
贞丰县	7744	4259	3485	82	48	34	2	1	1
望谟县	6838	3626	3212	52	25	27	2	2	
册亨县	5245	2825	2420	40	26	14	7	5	2
安龙县	9825	5088	4737	105	49	56	11	7	4
黔东南苗族侗族自治州	**148297**	**78821**	**69476**	**2674**	**1430**	**1244**	**268**	**184**	**84**
凯里市	51731	25824	25907	1718	908	810	196	138	58
黄平县	7200	3883	3317	56	27	29	9	6	3
施秉县	4128	2223	1905	55	27	28	4	2	2
三穗县	6095	3290	2805	60	40	20	2	2	
镇远县	6481	3478	3003	62	25	37	8	5	3
岑巩县	7411	4072	3339	78	49	29	3	1	2
天柱县	7939	4564	3375	74	36	38	5	3	2
锦屏县	6955	3822	3133	76	38	38	10	6	4
剑河县	7233	4041	3192	62	33	29			
台江县	3881	2245	1636	45	31	14	6	4	2
黎平县	12188	6540	5648	130	67	63	4	1	3
榕江县	6993	3863	3130	55	30	25	2	2	
从江县	5376	2975	2401	48	27	21	3	3	
雷山县	4749	2729	2020	56	38	18	6	5	1
麻江县	5100	2628	2472	55	28	27	8	5	3
丹寨县	4837	2644	2193	44	26	18	2	1	1
黔南布依族苗族自治州	**171662**	**80959**	**90703**	**3942**	**1874**	**2068**	**258**	**152**	**106**
都匀市	46594	21263	25331	2077	980	1097	154	103	51
福泉市	11666	6019	5647	225	102	123	10	6	4
荔波县	7876	3864	4012	80	42	38	3	2	1
贵定县	7974	3879	4095	199	95	104	13	5	8
瓮安县	12838	6768	6070	271	119	152	23	10	13
独山县	7658	3613	4045	134	58	76	9	6	3
平塘县	7558	3674	3884	87	49	38	9	3	6
罗甸县	9020	4696	4324	126	71	55	2		2
长顺县	6359	3290	3069	91	47	44	5	2	3
龙里县	8090	3865	4225	174	95	79	17	8	9
惠水县	36962	15193	21769	361	154	207	12	7	5
三都水族自治县	9067	4835	4232	117	62	55	1		1

4–3a　各地区分性别、受教育程度的16–59岁人口(城市)

单位：人

地　区	16–59岁人口			未上过学		
	合计	男	女	小计	男	女
贵　州	**6792737**	**3386489**	**3406248**	**73915**	**18374**	**55541**
贵阳市	**2830018**	**1435188**	**1394830**	**24740**	**7388**	**17352**
南明区	684066	342548	341518	5648	1606	4042
云岩区	716012	359815	356197	8182	2409	5773
花溪区	443220	228341	214879	3219	1077	2142
乌当区	134773	64582	70191	833	235	598
白云区	291732	151184	140548	3001	981	2020
观山湖区	362774	186172	176602	2692	707	1985
开阳县						
息烽县						
修文县						
清镇市	197441	102546	94895	1165	373	792
六盘水市	**626581**	**307228**	**319353**	**12345**	**2395**	**9950**
钟山区	353213	172046	181167	7360	1575	5785
六枝特区	97199	46808	50391	2236	348	1888
水城县						
盘州市	176169	88374	87795	2749	472	2277
遵义市	**1253991**	**616779**	**637212**	**9429**	**1904**	**7525**
红花岗区	497940	242316	255624	3414	769	2645
汇川区	288225	141811	146414	2487	415	2072
播州区	198980	97931	101049	993	208	785
桐梓县						
绥阳县						
正安县						
道真仡佬族苗族自治县						
务川仡佬族苗族自治县						
凤冈县						
湄潭县						
余庆县						
习水县						
赤水市	66023	31890	34133	383	122	261
仁怀市	202823	102831	99992	2152	390	1762
安顺市	**348154**	**169489**	**178665**	**4498**	**945**	**3553**
西秀区	301048	146173	154875	3971	828	3143
平坝区	47106	23316	23790	527	117	410
普定县						
镇宁布依族苗族自治县						
关岭布依族苗族自治县						
紫云苗族布依族自治县						
毕节市	**381537**	**189384**	**192153**	**7463**	**2048**	**5415**
七星关区	381537	189384	192153	7463	2048	5415
大方县						
黔西县						
金沙县						
织金县						
纳雍县						
威宁彝族回族苗族自治县						
赫章县						

4-3a 续表 1

单位：人

地区	16-59岁人口			未上过学		
	合计	男	女	小计	男	女
铜仁市	**280911**	**137769**	**143142**	**3074**	**806**	**2268**
碧江区	230010	111012	118998	2552	687	1865
万山区	50901	26757	24144	522	119	403
江口县						
玉屏侗族自治县						
石阡县						
思南县						
印江土家族苗族自治县						
德江县						
沿河土家族自治县						
松桃苗族自治县						
黔西南布依族苗族自治州	**457174**	**225990**	**231184**	**6005**	**1489**	**4516**
兴义市	379646	187385	192261	4726	1187	3539
兴仁市	77528	38605	38923	1279	302	977
普安县						
晴隆县						
贞丰县						
望谟县						
册亨县						
安龙县						
黔东南苗族侗族自治州	**326859**	**163154**	**163705**	**4171**	**670**	**3501**
凯里市	326859	163154	163705	4171	670	3501
黄平县						
施秉县						
三穗县						
镇远县						
岑巩县						
天柱县						
锦屏县						
剑河县						
台江县						
黎平县						
榕江县						
从江县						
雷山县						
麻江县						
丹寨县						
黔南布依族苗族自治州	**287512**	**141508**	**146004**	**2190**	**729**	**1461**
都匀市	217192	106857	110335	1523	539	984
福泉市	70320	34651	35669	667	190	477
荔波县						
贵定县						
瓮安县						
独山县						
平塘县						
罗甸县						
长顺县						
龙里县						
惠水县						
三都水族自治县						

4-3a 续表 2

单位：人

地区	学前教育			小学		
	小计	男	女	小计	男	女
贵州	**3326**	**1359**	**1967**	**804940**	**352691**	**452249**
贵阳市	**1346**	**581**	**765**	**275068**	**127795**	**147273**
南明区	301	119	182	59278	26321	32957
云岩区	411	173	238	74775	34734	40041
花溪区	185	84	101	38541	18085	20456
乌当区	30	17	13	9721	4018	5703
白云区	133	62	71	37641	18833	18808
观山湖区	172	75	97	32288	14916	17372
开阳县						
息烽县						
修文县						
清镇市	114	51	63	22824	10888	11936
六盘水市	**313**	**118**	**195**	**89395**	**36691**	**52704**
钟山区	214	90	124	50589	21650	28939
六枝特区	31	10	21	13368	5444	7924
水城县						
盘州市	68	18	50	25438	9597	15841
遵义市	**574**	**220**	**354**	**148968**	**61037**	**87931**
红花岗区	211	62	149	52889	22028	30861
汇川区	136	58	78	32365	13417	18948
播州区	87	34	53	20114	8025	12089
桐梓县						
绥阳县						
正安县						
道真仡佬族苗族自治县						
务川仡佬族苗族自治县						
凤冈县						
湄潭县						
余庆县						
习水县						
赤水市	44	24	20	9766	4053	5713
仁怀市	96	42	54	33834	13514	20320
安顺市	**155**	**54**	**101**	**43970**	**18625**	**25345**
西秀区	150	52	98	37176	15654	21522
平坝区	5	2	3	6794	2971	3823
普定县						
镇宁布依族苗族自治县						
关岭布依族苗族自治县						
紫云苗族布依族自治县						
毕节市	**194**	**77**	**117**	**63034**	**29501**	**33533**
七星关区	194	77	117	63034	29501	33533
大方县						
黔西县						
金沙县						
织金县						
纳雍县						
威宁彝族回族苗族自治县						
赫章县						

4-3a 续表 3

单位：人

地区	学前教育			小学		
	小计	男	女	小计	男	女
铜仁市	**242**	**101**	**141**	**41865**	**18246**	**23619**
碧江区	207	90	117	32590	14030	18560
万山区	35	11	24	9275	4216	5059
江口县						
玉屏侗族自治县						
石阡县						
思南县						
印江土家族苗族自治县						
德江县						
沿河土家族自治县						
松桃苗族自治县						
黔西南布依族苗族自治州	**190**	**83**	**107**	**72533**	**31116**	**41417**
兴义市	174	76	98	57648	24980	32668
兴仁市	16	7	9	14885	6136	8749
普安县						
晴隆县						
贞丰县						
望谟县						
册亨县						
安龙县						
黔东南苗族侗族自治州	**146**	**61**	**85**	**38342**	**15144**	**23198**
凯里市	146	61	85	38342	15144	23198
黄平县						
施秉县						
三穗县						
镇远县						
岑巩县						
天柱县						
锦屏县						
剑河县						
台江县						
黎平县						
榕江县						
从江县						
雷山县						
麻江县						
丹寨县						
黔南布依族苗族自治州	**166**	**64**	**102**	**31765**	**14536**	**17229**
都匀市	128	47	81	21537	10168	11369
福泉市	38	17	21	10228	4368	5860
荔波县						
贵定县						
瓮安县						
独山县						
平塘县						
罗甸县						
长顺县						
龙里县						
惠水县						
三都水族自治县						

4-3a 续表 4

单位：人

地区	初中			高中			大学专科		
	小计	男	女	小计	男	女	小计	男	女
贵州	**2278773**	**1181082**	**1097691**	**1426398**	**747491**	**678907**	**1034325**	**510598**	**523727**
贵阳市	**833870**	**441411**	**392459**	**605290**	**313871**	**291419**	**486860**	**244847**	**242013**
南明区	198542	103595	94947	160190	83269	76921	124299	61584	62715
云岩区	201389	105747	95642	147774	76130	71644	120026	57942	62084
花溪区	141982	76220	65762	95771	50978	44793	60776	30655	30121
乌当区	33995	16760	17235	29773	14938	14835	24722	12292	12430
白云区	105984	58555	47429	66220	35660	30560	35070	17687	17383
观山湖区	83649	45142	38507	65980	33923	32057	72451	35727	36724
开阳县									
息烽县									
修文县									
清镇市	68329	35392	32937	39582	18973	20609	49516	28960	20556
六盘水市	**223937**	**112654**	**111283**	**133191**	**72062**	**61129**	**84426**	**42572**	**41854**
钟山区	115778	58806	56972	71625	38010	33615	52244	25603	26641
六枝特区	36950	17933	19017	23617	12228	11389	10608	5584	5024
水城县									
盘州市	71209	35915	35294	37949	21824	16125	21574	11385	10189
遵义市	**519802**	**263852**	**255950**	**250596**	**132391**	**118205**	**159142**	**78005**	**81137**
红花岗区	196649	99677	96972	94016	49777	44239	75594	35972	39622
汇川区	110903	56914	53989	56981	29375	27606	37440	18271	19169
播州区	93168	45959	47209	47005	24500	22505	20377	10398	9979
桐梓县									
绥阳县									
正安县									
道真仡佬族苗族自治县									
务川仡佬族苗族自治县									
凤冈县									
湄潭县									
余庆县									
习水县									
赤水市	27129	12793	14336	14206	7538	6668	8375	4233	4142
仁怀市	91953	48509	43444	38388	21201	17187	17356	9131	8225
安顺市	**123529**	**63583**	**59946**	**70134**	**35579**	**34555**	**50382**	**24474**	**25908**
西秀区	103496	53405	50091	61464	30997	30467	44611	21648	22963
平坝区	20033	10178	9855	8670	4582	4088	5771	2826	2945
普定县									
镇宁布依族苗族自治县									
关岭布依族苗族自治县									
紫云苗族布依族自治县									
毕节市	**137225**	**71030**	**66195**	**74417**	**38611**	**35806**	**43261**	**19838**	**23423**
七星关区	137225	71030	66195	74417	38611	35806	43261	19838	23423
大方县									
黔西县									
金沙县									
织金县									
纳雍县									
威宁彝族回族苗族自治县									
赫章县									

4-3a 续表 5

单位：人

地区	初中			高中			大学专科		
	小计	男	女	小计	男	女	小计	男	女
铜仁市	**86869**	**44770**	**42099**	**62054**	**32665**	**29389**	**47392**	**21598**	**25794**
碧江区	68380	34460	33920	49210	25400	23810	42322	19108	23214
万山区	18489	10310	8179	12844	7265	5579	5070	2490	2580
江口县									
玉屏侗族自治县									
石阡县									
思南县									
印江土家族苗族自治县									
德江县									
沿河土家族自治县									
松桃苗族自治县									
黔西南布依族苗族自治州	**153842**	**81076**	**72766**	**96728**	**50768**	**45960**	**63002**	**29753**	**33249**
兴义市	124069	65197	58872	82018	43371	38647	54345	25269	29076
兴仁市	29773	15879	13894	14710	7397	7313	8657	4484	4173
普安县									
晴隆县									
贞丰县									
望谟县									
册亨县									
安龙县									
黔东南苗族侗族自治州	**110463**	**56779**	**53684**	**77097**	**41987**	**35110**	**46191**	**23416**	**22775**
凯里市	110463	56779	53684	77097	41987	35110	46191	23416	22775
黄平县									
施秉县									
三穗县									
镇远县									
岑巩县									
天柱县									
锦屏县									
剑河县									
台江县									
黎平县									
榕江县									
从江县									
雷山县									
麻江县									
丹寨县									
黔南布依族苗族自治州	**89236**	**45927**	**43309**	**56891**	**29557**	**27334**	**53669**	**26095**	**27574**
都匀市	63645	32828	30817	44072	22904	21168	40623	19679	20944
福泉市	25591	13099	12492	12819	6653	6166	13046	6416	6630
荔波县									
贵定县									
瓮安县									
独山县									
平塘县									
罗甸县									
长顺县									
龙里县									
惠水县									
三都水族自治县									

4-3a　续表 6

单位：人

地　　区	大学本科			硕士研究生			博士研究生		
	小计	男	女	小计	男	女	小计	男	女
贵　州	**1093985**	**537085**	**556900**	**69671**	**33344**	**36327**	**7404**	**4465**	**2939**
贵阳市	**548267**	**272523**	**275744**	**49121**	**23544**	**25577**	**5456**	**3228**	**2228**
南明区	126246	61500	64746	8658	4028	4630	904	526	378
云岩区	147907	75436	72471	13900	6330	7570	1648	914	734
花溪区	88921	44474	44447	12210	5738	6472	1615	1030	585
乌当区	33760	15343	18417	1696	834	862	243	145	98
白云区	42315	18680	23635	1240	657	583	128	69	59
观山湖区	93820	49479	44341	10842	5678	5164	880	525	355
开阳县									
息烽县									
修文县									
清镇市	15298	7611	7687	575	279	296	38	19	19
六盘水市	**80712**	**39606**	**41106**	**2093**	**1048**	**1045**	**169**	**82**	**87**
钟山区	53598	25414	28184	1668	834	834	137	64	73
六枝特区	10230	5175	5055	151	80	71	8	6	2
水城县									
盘州市	16884	9017	7867	274	134	140	24	12	12
遵义市	**157020**	**75409**	**81611**	**7625**	**3427**	**4198**	**835**	**534**	**301**
红花岗区	71542	32406	39136	3272	1396	1876	353	229	124
汇川区	44137	21510	22627	3379	1591	1788	397	260	137
播州区	16856	8631	8225	356	163	193	24	13	11
桐梓县									
绥阳县									
正安县									
道真仡佬族苗族自治县									
务川仡佬族苗族自治县									
凤冈县									
湄潭县									
余庆县									
习水县									
赤水市	6007	3078	2929	104	46	58	9	3	6
仁怀市	18478	9784	8694	514	231	283	52	29	23
安顺市	**53392**	**25190**	**28202**	**1938**	**943**	**995**	**156**	**96**	**60**
西秀区	48241	22632	25609	1795	867	928	144	90	54
平坝区	5151	2558	2593	143	76	67	12	6	6
普定县									
镇宁布依族苗族自治县									
关岭布依族苗族自治县									
紫云苗族布依族自治县									
毕节市	**54132**	**27320**	**26812**	**1685**	**869**	**816**	**126**	**90**	**36**
七星关区	54132	27320	26812	1685	869	816	126	90	36
大方县									
黔西县									
金沙县									
织金县									
纳雍县									
威宁彝族回族苗族自治县									
赫章县									

4-3a 续表 7

单位：人

地　区	大学本科			硕士研究生			博士研究生		
	小计	男	女	小计	男	女	小计	男	女
铜仁市	**37686**	**18697**	**18989**	**1570**	**776**	**794**	**159**	**110**	**49**
碧江区	33137	16416	16721	1457	714	743	155	107	48
万山区	4549	2281	2268	113	62	51	4	3	1
江口县									
玉屏侗族自治县									
石阡县									
思南县									
印江土家族苗族自治县									
德江县									
沿河土家族自治县									
松桃苗族自治县									
黔西南布依族苗族自治州	**62904**	**30763**	**32141**	**1811**	**850**	**961**	**159**	**92**	**67**
兴义市	54790	26412	28378	1729	811	918	147	82	65
兴仁市	8114	4351	3763	82	39	43	12	10	2
普安县									
晴隆县									
贞丰县									
望谟县									
册亨县									
安龙县									
黔东南苗族侗族自治州	**48584**	**24080**	**24504**	**1676**	**886**	**790**	**189**	**131**	**58**
凯里市	48584	24080	24504	1676	886	790	189	131	58
黄平县									
施秉县									
三穗县									
镇远县									
岑巩县									
天柱县									
锦屏县									
剑河县									
台江县									
黎平县									
榕江县									
从江县									
雷山县									
麻江县									
丹寨县									
黔南布依族苗族自治州	**51288**	**23497**	**27791**	**2152**	**1001**	**1151**	**155**	**102**	**53**
都匀市	43507	19646	23861	2008	946	1062	149	100	49
福泉市	7781	3851	3930	144	55	89	6	2	4
荔波县									
贵定县									
瓮安县									
独山县									
平塘县									
罗甸县									
长顺县									
龙里县									
惠水县									
三都水族自治县									

4–3b　各地区分性别、受教育程度的16–59岁人口(镇)

单位：人

地　区	16–59岁人口			未上过学		
	合计	男	女	小计	男	女
贵　州	**6304190**	**3133088**	**3171102**	**176761**	**39901**	**136860**
贵阳市	**480992**	**239362**	**241630**	**4108**	**1258**	**2850**
南明区						
云岩区						
花溪区	128504	60241	68263	1127	389	738
乌当区	14667	7833	6834	178	54	124
白云区	1350	690	660	20	9	11
观山湖区	16121	8637	7484	107	40	67
开阳县	115219	57083	58136	934	216	718
息烽县	64987	31694	33293	437	108	329
修文县	82692	41952	40740	734	237	497
清镇市	57452	31232	26220	571	205	366
六盘水市	**296083**	**149343**	**146740**	**13659**	**2704**	**10955**
钟山区	36241	19052	17189	2160	379	1781
六枝特区	26108	12826	13282	1754	295	1459
水城县	144457	73018	71439	7256	1587	5669
盘州市	89277	44447	44830	2489	443	2046
遵义市	**1116229**	**540722**	**575507**	**17783**	**2751**	**15032**
红花岗区	38418	19455	18963	322	91	231
汇川区	31453	15935	15518	873	138	735
播州区	52055	25887	26168	553	128	425
桐梓县	149816	73924	75892	2608	448	2160
绥阳县	103089	50483	52606	1502	237	1265
正安县	94677	44921	49756	1101	122	979
道真仡佬族苗族自治县	74687	33353	41334	1023	113	910
务川仡佬族苗族自治县	98496	46645	51851	3193	396	2797
凤冈县	89820	42692	47128	1466	183	1283
湄潭县	117611	56097	61514	900	190	710
余庆县	62979	29965	33014	709	172	537
习水县	150303	74508	75795	2047	300	1747
赤水市	17861	8585	9276	289	71	218
仁怀市	34964	18272	16692	1197	162	1035
安顺市	**363513**	**186487**	**177026**	**12415**	**2783**	**9632**
西秀区	32221	17843	14378	1275	433	842
平坝区	62448	34752	27696	984	272	712
普定县	82496	40908	41588	1743	363	1380
镇宁布依族苗族自治县	69039	34416	34623	2037	471	1566
关岭布依族苗族自治县	60984	30283	30701	1934	259	1675
紫云苗族布依族自治县	56325	28285	28040	4442	985	3457
毕节市	**1375868**	**690829**	**685039**	**70959**	**18669**	**52290**
七星关区	45588	22275	23313	1705	320	1385
大方县	193582	96995	96587	4476	1166	3310
黔西县	206771	103183	103588	5920	1723	4197
金沙县	167885	84453	83432	2829	869	1960
织金县	204401	102909	101492	13798	3361	10437
纳雍县	166957	84111	82846	10027	1981	8046
威宁彝族回族苗族自治县	291208	147461	143747	27872	8196	19676
赫章县	99476	49442	50034	4332	1053	3279

4-3b 续表 1

单位：人

地　区	16-59岁人口			未上过学		
	合计	男	女	小计	男	女
铜仁市	**674000**	**328115**	**345885**	**9477**	**2042**	**7435**
碧江区	2938	1637	1301	88	25	63
万山区						
江口县	49046	24382	24664	1011	227	784
玉屏侗族自治县	47749	23827	23922	503	122	381
石阡县	64214	31754	32460	659	123	536
思南县	116309	56264	60045	1438	311	1127
印江土家族苗族自治县	72791	34202	38589	824	198	626
德江县	115599	56136	59463	1749	301	1448
沿河土家族自治县	101118	48669	52449	2007	373	1634
松桃苗族自治县	104236	51244	52992	1198	362	836
黔西南布依族苗族自治州	**413020**	**209678**	**203342**	**12309**	**2700**	**9609**
兴义市	46893	24373	22520	1137	304	833
兴仁市	26325	13328	12997	1013	159	854
普安县	44425	22565	21860	1599	266	1333
晴隆县	44079	22330	21749	1973	421	1552
贞丰县	70228	34763	35465	1235	238	997
望谟县	53111	27618	25493	2222	616	1606
册亨县	36842	19004	17838	1563	287	1276
安龙县	91117	45697	45420	1567	409	1158
黔东南苗族侗族自治州	**731318**	**363155**	**368163**	**17436**	**2637**	**14799**
凯里市	18268	9544	8724	522	86	436
黄平县	55633	27592	28041	846	210	636
施秉县	30327	14620	15707	673	133	540
三穗县	45079	21766	23313	598	94	504
镇远县	55988	27105	28883	893	176	717
岑巩县	44731	21371	23360	794	117	677
天柱县	67288	33780	33508	407	122	285
锦屏县	40776	19932	20844	585	81	504
剑河县	44240	21854	22386	2170	192	1978
台江县	26994	13634	13360	1087	150	937
黎平县	94671	46845	47826	2952	314	2638
榕江县	62717	31535	31182	1707	312	1395
从江县	44644	23077	21567	2018	286	1732
雷山县	31484	16363	15121	1153	175	978
麻江县	32267	16106	16161	389	100	289
丹寨县	36211	18031	18180	642	89	553
黔南布依族苗族自治州	**853167**	**425397**	**427770**	**18615**	**4357**	**14258**
都匀市	20035	9839	10196	143	58	85
福泉市	28824	15591	13233	439	176	263
荔波县	43102	21435	21667	263	57	206
贵定县	83496	40436	43060	1480	491	989
瓮安县	146986	71886	75100	1053	280	773
独山县	77442	39246	38196	734	197	537
平塘县	45919	22517	23402	842	223	619
罗甸县	80107	40091	40016	5046	890	4156
长顺县	52062	26602	25460	2090	466	1624
龙里县	85072	44912	40160	1255	392	863
惠水县	128275	61348	66927	3620	893	2727
三都水族自治县	61847	31494	30353	1650	234	1416

4-3b　续表 2　　　　单位：人

地　区	学前教育			小　学		
	小计	男	女	小计	男	女
贵　州	**3727**	**1441**	**2286**	**1266206**	**540962**	**725244**
贵阳市	**224**	**95**	**129**	**64178**	**28703**	**35475**
南明区						
云岩区						
花溪区	72	28	44	6548	3164	3384
乌当区	5	4	1	2090	992	1098
白云区				160	62	98
观山湖区	3	1	2	1812	789	1023
开阳县	52	18	34	21720	9066	12654
息烽县	31	11	20	9892	4060	5832
修文县	41	21	20	15049	7134	7915
清镇市	20	12	8	6907	3436	3471
六盘水市	**115**	**46**	**69**	**77031**	**34340**	**42691**
钟山区	21	12	9	9057	4096	4961
六枝特区	19	8	11	7607	3523	4084
水城县	41	16	25	41097	19287	21810
盘州市	34	10	24	19270	7434	11836
遵义市	**469**	**159**	**310**	**208819**	**78254**	**130565**
红花岗区	15	5	10	5045	2101	2944
汇川区	9	5	4	6784	2708	4076
播州区	12	6	6	8634	3424	5210
桐梓县	62	23	39	26434	10859	15575
绥阳县	48	13	35	15934	5963	9971
正安县	55	24	31	22108	7212	14896
道真仡佬族苗族自治县	30	5	25	14781	4452	10329
务川仡佬族苗族自治县	57	14	43	23044	8758	14286
凤冈县	33	9	24	16097	5523	10574
湄潭县	35	10	25	17463	6809	10654
余庆县	22	8	14	10743	3855	6888
习水县	59	24	35	27513	10848	16665
赤水市	15	7	8	5215	2199	3016
仁怀市	17	6	11	9024	3543	5481
安顺市	**229**	**97**	**132**	**80721**	**37333**	**43388**
西秀区	21	4	17	8214	4214	4000
平坝区	17	11	6	11862	5709	6153
普定县	47	22	25	17347	7532	9815
镇宁布依族苗族自治县	63	37	26	15452	6804	8648
关岭布依族苗族自治县	15	4	11	13912	6120	7792
紫云苗族布依族自治县	66	19	47	13934	6954	6980
毕节市	**982**	**384**	**598**	**319163**	**150976**	**168187**
七星关区	31	12	19	12230	5132	7098
大方县	120	48	72	38726	18378	20348
黔西县	159	70	89	54481	25889	28592
金沙县	86	45	41	33052	14344	18708
织金县	101	34	67	54877	26662	28215
纳雍县	179	57	122	36397	16878	19519
威宁彝族回族苗族自治县	224	88	136	67819	34147	33672
赫章县	82	30	52	21581	9546	12035

4-3b 续表 3

单位：人

地 区	学前教育			小 学		
	小计	男	女	小计	男	女
铜仁市	**511**	**201**	**310**	**109985**	**39786**	**70199**
碧江区	22	9	13	808	417	391
万山区						
江口县	13	7	6	9818	3968	5850
玉屏侗族自治县	30	15	15	7132	2860	4272
石阡县	35	13	22	9969	3333	6636
思南县	59	18	41	17354	6137	11217
印江土家族苗族自治县	35	12	23	12025	3807	8218
德江县	121	48	73	17174	5870	11304
沿河土家族自治县	60	19	41	17834	6183	11651
松桃苗族自治县	136	60	76	17871	7211	10660
黔西南布依族苗族自治州	**255**	**86**	**169**	**103440**	**44793**	**58647**
兴义市	26	9	17	13882	6114	7768
兴仁市	30	7	23	6816	2781	4035
普安县	8	2	6	8875	3683	5192
晴隆县	39	22	17	11327	4963	6364
贞丰县	27	6	21	15820	6249	9571
望谟县	50	10	40	13887	6254	7633
册亨县	23	5	18	11815	5543	6272
安龙县	52	25	27	21018	9206	11812
黔东南苗族侗族自治州	**372**	**138**	**234**	**137862**	**53516**	**84346**
凯里市	3	2	1	3979	1542	2437
黄平县	18	5	13	10979	4475	6504
施秉县	9	2	7	5031	1955	3076
三穗县	21	6	15	8942	3225	5717
镇远县	27	9	18	10313	3816	6497
岑巩县	16	4	12	7350	2479	4871
天柱县	27	14	13	8875	3078	5797
锦屏县	26	18	8	6633	2125	4508
剑河县	13	5	8	8633	3198	5435
台江县	29	6	23	4969	1860	3109
黎平县	52	22	30	20908	7921	12987
榕江县	51	27	24	11405	4820	6585
从江县	16	6	10	11099	5041	6058
雷山县	21	5	16	4937	1895	3042
麻江县	13	2	11	6496	2947	3549
丹寨县	30	5	25	7313	3139	4174
黔南布依族苗族自治州	**570**	**235**	**335**	**165007**	**73261**	**91746**
都匀市	30	16	14	2469	1145	1324
福泉市	11	5	6	6220	3000	3220
荔波县	32	8	24	6523	2319	4204
贵定县	34	15	19	16342	7814	8528
瓮安县	87	45	42	24999	10662	14337
独山县	26	10	16	13826	5737	8089
平塘县	24	14	10	9947	4009	5938
罗甸县	31	5	26	19592	8725	10867
长顺县	16	4	12	10350	4667	5683
龙里县	97	53	44	18437	8949	9488
惠水县	108	45	63	20997	9477	11520
三都水族自治县	74	15	59	15305	6757	8548

4-3b 续表 4 单位：人

地　区	初　中			高　中			大学专科		
	小计	男	女	小计	男	女	小计	男	女
贵　州	**2549723**	**1348198**	**1201525**	**1103013**	**580547**	**522466**	**611147**	**321730**	**289417**
贵阳市	**164619**	**86479**	**78140**	**70331**	**36913**	**33418**	**70682**	**38576**	**32106**
南明区									
云岩区									
花溪区	17340	9761	7579	5191	2399	2792	16200	9565	6635
乌当区	7830	4339	3491	3234	1846	1388	913	397	516
白云区	848	432	416	226	138	88	63	38	25
观山湖区	7195	3848	3347	5225	3068	2157	1142	576	566
开阳县	49539	25449	24090	21263	11194	10069	12527	6450	6077
息烽县	27504	13633	13871	12538	6492	6046	7762	3971	3791
修文县	39659	20720	18939	14544	7654	6890	6313	3136	3177
清镇市	14704	8297	6407	8110	4122	3988	25762	14443	11319
六盘水市	**126614**	**71052**	**55562**	**42503**	**22949**	**19554**	**20748**	**10199**	**10549**
钟山区	18001	10499	7502	4097	2488	1609	1838	1044	794
六枝特区	11932	6493	5439	2181	1217	964	1445	751	694
水城县	55735	31827	23908	21254	11243	10011	11125	4975	6150
盘州市	40946	22233	18713	14971	8001	6970	6340	3429	2911
遵义市	**521215**	**264433**	**256782**	**191296**	**102102**	**89194**	**91857**	**48486**	**43371**
红花岗区	22728	11682	11046	6175	3379	2796	2311	1243	1068
汇川区	17786	9728	8058	3011	1812	1199	1557	852	705
播州区	30310	15444	14866	7204	4120	3084	2943	1536	1407
桐梓县	76256	39231	37025	24312	12743	11569	9898	5295	4603
绥阳县	48129	24170	23959	22544	12156	10388	8432	4516	3916
正安县	40900	21270	19630	14116	7467	6649	8009	4278	3731
道真仡佬族苗族自治县	31239	14238	17001	14175	7393	6782	6909	3652	3257
务川仡佬族苗族自治县	37949	19107	18842	16897	8993	7904	8488	4580	3908
凤冈县	38341	19208	19133	15586	8202	7384	9600	4951	4649
湄潭县	56393	27377	29016	21252	10913	10339	11816	5934	5882
余庆县	26528	12744	13784	12207	6463	5744	7277	3784	3493
习水县	67262	34860	32402	28457	15283	13174	12398	6640	5758
赤水市	9070	4538	4532	1692	959	733	982	531	451
仁怀市	18324	10836	7488	3668	2219	1449	1237	694	543
安顺市	**152410**	**83695**	**68715**	**59577**	**30520**	**29057**	**34164**	**19815**	**14349**
西秀区	15724	9451	6273	4243	2283	1960	1689	932	757
平坝区	25790	14454	11336	10142	5353	4789	10569	7273	3296
普定县	38704	20365	18339	12393	6321	6072	6645	3520	3125
镇宁布依族苗族自治县	29139	15665	13474	11338	5718	5620	6082	3232	2850
关岭布依族苗族自治县	22832	12360	10472	11893	6060	5833	4968	2659	2309
紫云苗族布依族自治县	20221	11400	8821	9568	4785	4783	4211	2199	2012
毕节市	**519040**	**281922**	**237118**	**256598**	**129931**	**126667**	**111793**	**58115**	**53678**
七星关区	20352	11168	9184	7230	3553	3677	2079	1058	1021
大方县	76078	40154	35924	40500	20545	19955	19646	9466	10180
黔西县	80629	42211	38418	34838	17552	17286	15942	8241	7701
金沙县	74791	39312	35479	32018	16749	15269	13102	7016	6086
织金县	70694	39331	31363	34165	17482	16683	15777	8206	7571
纳雍县	65213	36387	28826	30795	15778	15017	12857	6872	5985
威宁彝族回族苗族自治县	96289	54381	41908	57393	28261	29132	22729	12198	10531
赫章县	34994	18978	16016	19659	10011	9648	9661	5058	4603

4-3b 续表 5

单位：人

地区	初中			高中			大学专科		
	小计	男	女	小计	男	女	小计	男	女
铜仁市	**264114**	**131715**	**132399**	**148156**	**79025**	**69131**	**81115**	**42077**	**39038**
碧江区	1686	977	709	188	121	67	96	59	37
万山区									
江口县	19592	9910	9682	8676	4860	3816	5528	2993	2535
玉屏侗族自治县	20806	10606	10200	9097	4911	4186	5777	3015	2762
石阡县	22074	10706	11368	15732	9026	6706	8262	4434	3828
思南县	45221	22287	22934	27869	14726	13143	13408	6856	6552
印江土家族苗族自治县	29526	14089	15437	13628	7130	6498	9014	4788	4226
德江县	44847	22762	22085	25007	13354	11653	18642	9241	9401
沿河土家族自治县	40594	20455	20139	21121	11025	10096	10501	5487	5014
松桃苗族自治县	39768	19923	19845	26838	13872	12966	9887	5204	4683
黔西南布依族苗族自治州	**164019**	**91166**	**72853**	**58678**	**31001**	**27677**	**39615**	**21422**	**18193**
兴义市	22245	12571	9674	5055	2873	2182	2254	1282	972
兴仁市	12543	7033	5510	2602	1456	1146	1796	1058	738
普安县	16919	9435	7484	6895	3785	3110	5221	2767	2454
晴隆县	15242	8640	6602	6746	3399	3347	4420	2468	1952
贞丰县	29795	16072	13723	10133	5140	4993	7137	3794	3343
望谟县	17466	10246	7220	8502	4528	3974	6299	3504	2795
册亨县	12138	6979	5159	3696	1979	1717	3936	2177	1759
安龙县	37671	20190	17481	15049	7841	7208	8552	4372	4180
黔东南苗族侗族自治州	**292364**	**151700**	**140664**	**135153**	**73888**	**61265**	**77139**	**42179**	**34960**
凯里市	9717	5445	4272	1877	1189	688	1297	796	501
黄平县	23681	12282	11399	9845	4988	4857	5263	2873	2390
施秉县	11583	5712	5871	6032	3047	2985	3823	2056	1767
三穗县	18190	9082	9108	7692	4119	3573	4766	2588	2178
镇远县	23072	11545	11527	10774	5724	5050	5499	2918	2581
岑巩县	16940	8129	8811	9262	5003	4259	4693	2509	2184
天柱县	31588	15716	15872	14303	7953	6350	6316	3570	2746
锦屏县	17028	8525	8503	7209	3947	3262	4240	2428	1812
剑河县	15060	8064	6996	8087	4584	3503	4818	2807	2011
台江县	10559	5619	4940	4761	2684	2077	3253	1946	1307
黎平县	40979	22287	18692	14464	8019	6445	7895	4273	3622
榕江县	25111	13172	11939	12454	6652	5802	7344	3968	3376
从江县	14433	7825	6608	7742	4705	3037	5779	3262	2517
雷山县	11680	6402	5278	6378	3676	2702	3701	2132	1569
麻江县	11096	5656	5440	6630	3436	3194	3498	1806	1692
丹寨县	11647	6239	5408	7643	4162	3481	4954	2247	2707
黔南布依族苗族自治州	**345328**	**186036**	**159292**	**140721**	**74218**	**66503**	**84034**	**40861**	**43173**
都匀市	8067	4421	3646	3031	1910	1121	5888	2090	3798
福泉市	14259	7897	6362	3495	1970	1525	2333	1343	990
荔波县	15934	8464	7470	8466	4463	4003	5482	2941	2541
贵定县	32536	17497	15039	14166	6788	7378	11956	4402	7554
瓮安县	69196	34351	34845	26084	13519	12565	14404	7216	7188
独山县	36759	19667	17092	13195	7282	5913	6911	3471	3440
平塘县	19538	10249	9289	5529	3001	2528	4798	2472	2326
罗甸县	28102	16218	11884	12738	6792	5946	7333	3771	3562
长顺县	20537	11636	8901	10543	5348	5195	3716	2015	1701
龙里县	37705	20917	16788	12957	7227	5730	7557	3988	3569
惠水县	41869	23066	18803	18487	9510	8977	8372	4252	4120
三都水族自治县	20826	11653	9173	12030	6408	5622	5284	2900	2384

4-3b　续表 6

单位：人

地　区	大学本科			硕士研究生			博士研究生		
	小计	男	女	小计	男	女	小计	男	女
贵　州	**580919**	**294743**	**286176**	**11586**	**4885**	**6701**	**1108**	**681**	**427**
贵阳市	**100901**	**45216**	**55685**	**5300**	**1706**	**3594**	**649**	**416**	**233**
南明区									
云岩区									
花溪区	76734	33121	43613	4691	1421	3270	601	393	208
乌当区	408	200	208	7	1	6	2		2
白云区	32	11	21	1		1			
观山湖区	619	309	310	14	6	8	4		4
开阳县	8957	4581	4376	212	103	109	15	6	9
息烽县	6656	3339	3317	160	74	86	7	6	1
修文县	6189	2972	3217	144	68	76	19	10	9
清镇市	1306	683	623	71	33	38	1	1	
六盘水市	**14879**	**7787**	**7092**	**469**	**219**	**250**	**65**	**47**	**18**
钟山区	1048	525	523	16	7	9	3	2	1
六枝特区	1165	537	628	4	1	3	1	1	
水城县	7501	3853	3648	396	190	206	52	40	12
盘州市	5165	2872	2293	53	21	32	9	4	5
遵义市	**83395**	**43876**	**39519**	**1325**	**625**	**700**	**70**	**36**	**34**
红花岗区	1797	943	854	23	10	13	2	1	1
汇川区	1419	683	736	10	7	3	4	2	2
播州区	2364	1215	1149	31	10	21	4	4	
桐梓县	10063	5237	4826	173	81	92	10	7	3
绥阳县	6372	3373	2999	126	54	72	2	1	1
正安县	8252	4465	3787	132	83	49	4		4
道真仡佬族苗族自治县	6465	3471	2994	63	27	36	2	2	
务川仡佬族苗族自治县	8738	4732	4006	125	62	63	5	3	2
凤冈县	8550	4547	4003	140	68	72	7	1	6
湄潭县	9538	4777	4761	202	81	121	12	6	6
余庆县	5437	2910	2527	52	27	25	4	2	2
习水县	12331	6439	5892	224	107	117	12	7	5
赤水市	588	278	310	10	2	8			
仁怀市	1481	806	675	14	6	8	2		2
安顺市	**23572**	**12028**	**11544**	**397**	**201**	**196**	**28**	**15**	**13**
西秀区	1036	515	521	19	11	8			
平坝区	2987	1623	1364	92	55	37	5	2	3
普定县	5535	2749	2786	78	34	44	4	2	2
镇宁布依族苗族自治县	4850	2451	2399	71	36	35	7	2	5
关岭布依族苗族自治县	5332	2772	2560	90	43	47	8	6	2
紫云苗族布依族自治县	3832	1918	1914	47	22	25	4	3	1
毕节市	**96189**	**50214**	**45975**	**1061**	**570**	**491**	**83**	**48**	**35**
七星关区	1943	1024	919	15	6	9	3	2	1
大方县	13822	7119	6703	205	115	90	9	4	5
黔西县	14625	7402	7223	164	88	76	13	7	6
金沙县	11883	6054	5829	106	54	52	18	10	8
织金县	14795	7734	7061	183	91	92	11	8	3
纳雍县	11352	6085	5267	128	67	61	9	6	3
威宁彝族回族苗族自治县	18713	10088	8625	155	94	61	14	8	6
赫章县	9056	4708	4348	105	55	50	6	3	3

4－3b 续表 7

单位：人

地 区	大学本科			硕士研究生			博士研究生		
	小计	男	女	小计	男	女	小计	男	女
铜仁市	**59864**	**32863**	**27001**	**710**	**365**	**345**	**68**	**41**	**27**
碧江区	50	29	21						
万山区									
江口县	4357	2391	1966	48	24	24	3	2	1
玉屏侗族自治县	4334	2256	2078	63	36	27	7	6	1
石阡县	7370	4053	3317	106	62	44	7	4	3
思南县	10818	5859	4959	129	62	67	13	8	5
印江土家族苗族自治县	7642	4137	3505	92	38	54	5	3	2
德江县	7981	4517	3464	64	35	29	14	8	6
沿河土家族自治县	8906	5079	3827	90	46	44	5	2	3
松桃苗族自治县	8406	4542	3864	118	62	56	14	8	6
黔西南布依族苗族自治州	**34396**	**18352**	**16044**	**288**	**149**	**139**	**20**	**9**	**11**
兴义市	2272	1207	1065	18	12	6	4	1	3
兴仁市	1509	830	679	16	4	12			
普安县	4876	2609	2267	31	18	13	1		1
晴隆县	4298	2400	1898	33	17	16	1		1
贞丰县	6023	3234	2789	57	30	27	1		1
望谟县	4653	2447	2206	30	11	19	2	2	
册亨县	3640	2012	1628	27	19	8	4	3	1
安龙县	7125	3613	3512	76	38	38	7	3	4
黔东南苗族侗族自治州	**70314**	**38710**	**31604**	**630**	**357**	**273**	**48**	**30**	**18**
凯里市	865	481	384	8	3	5			
黄平县	4957	2734	2223	37	20	17	7	5	2
施秉县	3131	1692	1439	42	21	21	3	2	1
三穗县	4820	2617	2203	49	34	15	1	1	
镇远县	5359	2895	2464	49	21	28	2	1	1
岑巩县	5615	3094	2521	58	35	23	3	1	2
天柱县	5732	3305	2427	40	22	18			
锦屏县	5005	2782	2223	43	22	21	7	4	3
剑河县	5410	2980	2430	49	24	25			
台江县	2307	1351	956	24	15	9	5	3	2
黎平县	7345	3963	3382	73	46	27	3		3
榕江县	4620	2569	2051	23	13	10	2	2	
从江县	3530	1937	1593	25	13	12	2	2	
雷山县	3573	2048	1525	37	27	10	4	3	1
麻江县	4101	2134	1967	37	20	17	7	5	2
丹寨县	3944	2128	1816	36	21	15	2	1	1
黔南布依族苗族自治州	**97409**	**45697**	**51712**	**1406**	**693**	**713**	**77**	**39**	**38**
都匀市	393	191	202	14	8	6			
福泉市	2028	1170	858	36	27	9	3	3	
荔波县	6340	3149	3191	60	33	27	2	1	1
贵定县	6787	3337	3450	183	87	96	12	5	7
瓮安县	10906	5700	5206	235	103	132	22	10	12
独山县	5871	2828	3043	112	49	63	8	5	3
平塘县	5191	2519	2672	45	29	16	5	1	4
罗甸县	7158	3631	3527	106	59	47	1		1
长顺县	4746	2430	2316	61	34	27	3	2	1
龙里县	6899	3295	3604	153	84	69	12	7	5
惠水县	34490	13965	20525	323	135	188	9	5	4
三都水族自治县	6600	3482	3118	78	45	33			

4-3c　各地区分性别、受教育程度的16-59岁人口(乡村)

单位：人

地　区	16-59岁人口			未上过学		
	合计	男	女	小计	男	女
贵　州	**9765027**	**5147490**	**4617537**	**618833**	**135152**	**483681**
贵阳市	**711936**	**389177**	**322759**	**17886**	**5441**	**12445**
南明区	35429	19772	15657	585	183	402
云岩区						
花溪区	113846	61868	51978	3841	1027	2814
乌当区	71580	39515	32065	1625	623	1002
白云区	24814	13375	11439	414	120	294
观山湖区	66440	35778	30662	820	282	538
开阳县	85950	46721	39229	2731	867	1864
息烽县	61865	33667	28198	1211	383	828
修文县	89067	48617	40450	1990	627	1363
清镇市	162945	89864	73081	4669	1329	3340
六盘水市	**865044**	**454847**	**410197**	**58843**	**12167**	**46676**
钟山区	43327	23211	20116	3649	926	2723
六枝特区	164503	85467	79036	14863	2746	12117
水城县	289400	154330	135070	23425	5381	18044
盘州市	367814	191839	175975	16906	3114	13792
遵义市	**1552735**	**812641**	**740094**	**49358**	**8608**	**40750**
红花岗区	101192	53834	47358	1503	383	1120
汇川区	73507	39470	34037	3123	462	2661
播州区	206707	108793	97914	3364	739	2625
桐梓县	154083	82084	71999	6962	942	6020
绥阳县	110313	57083	53230	3899	734	3165
正安县	119853	61050	58803	4111	468	3643
道真仡佬族苗族自治县	63615	32875	30740	1621	243	1378
务川仡佬族苗族自治县	72447	37425	35022	4465	702	3763
凤冈县	85575	43196	42379	3833	630	3203
湄潭县	100100	50240	49860	1794	424	1370
余庆县	61913	31288	30625	1419	341	1078
习水县	178258	94289	83969	6058	1140	4918
赤水市	56111	29774	26337	1239	462	777
仁怀市	169061	91240	77821	5967	938	5029
安顺市	**711013**	**375366**	**335647**	**52665**	**10260**	**42405**
西秀区	197214	103323	93891	11193	1803	9390
平坝区	96585	50259	46326	2950	581	2369
普定县	125768	66137	59631	5374	1098	4276
镇宁布依族苗族自治县	100487	54698	45789	9928	2390	7538
关岭布依族苗族自治县	89944	47906	42038	7380	1107	6273
紫云苗族布依族自治县	101015	53043	47972	15840	3281	12559
毕节市	**2114550**	**1109510**	**1005040**	**207818**	**52262**	**155556**
七星关区	301741	155463	146278	18949	3649	15300
大方县	279206	147549	131657	16885	3861	13024
黔西县	213998	113065	100933	13408	3424	9984
金沙县	148183	80803	67380	4962	1163	3799
织金县	242386	128259	114127	30283	6412	23871
纳雍县	213978	111097	102881	27371	5715	21656
威宁彝族回族苗族自治县	462102	242625	219477	74384	23433	50951
赫章县	252956	130649	122307	21576	4605	16971

4-3c 续表 1

单位：人

地 区	16-59岁人口			未上过学		
	合计	男	女	小计	男	女
铜仁市	**925615**	**478250**	**447365**	**39949**	**8677**	**31272**
碧江区	56386	28443	27943	1298	431	867
万山区	44001	23514	20487	1181	365	816
江口县	55942	29619	26323	2413	748	1665
玉屏侗族自治县	39772	21202	18570	534	166	368
石阡县	105895	54381	51514	4607	1027	3580
思南县	136238	68837	67401	6679	1227	5452
印江土家族苗族自治县	88776	45641	43135	3367	894	2473
德江县	109242	55767	53475	6089	982	5107
沿河土家族自治县	125835	64885	60950	8347	1286	7061
松桃苗族自治县	163528	85961	77567	5434	1551	3883
黔西南布依族苗族自治州	**878028**	**459735**	**418293**	**49620**	**10301**	**39319**
兴义市	200835	106866	93969	5906	1344	4562
兴仁市	135116	70220	64896	6739	1151	5588
普安县	89495	46549	42946	5846	930	4916
晴隆县	81574	42591	38983	6370	1002	5368
贞丰县	97523	50236	47287	4265	688	3577
望谟县	81718	42981	38737	11754	3160	8594
册亨县	71831	37702	34129	5575	1255	4320
安龙县	119936	62590	57346	3165	771	2394
黔东南苗族侗族自治州	**1083043**	**573068**	**509975**	**90197**	**15314**	**74883**
凯里市	109104	60008	49096	5608	890	4718
黄平县	78391	41302	37089	3431	726	2705
施秉县	39157	20530	18627	2084	397	1687
三穗县	41747	22037	19710	1728	365	1363
镇远县	48579	25586	22993	2702	644	2058
岑巩县	48427	25381	23046	2704	460	2244
天柱县	77303	41279	36024	1563	362	1201
锦屏县	44072	23401	20671	1522	210	1312
剑河县	60829	32257	28572	9414	1323	8091
台江县	41764	21931	19833	4477	844	3633
黎平县	130446	67045	63401	10812	1326	9486
榕江县	108001	57251	50750	12286	1995	10291
从江县	128320	65647	62673	22463	4201	18262
雷山县	42501	23603	18898	4432	538	3894
麻江县	42481	23286	19195	2240	634	1606
丹寨县	41921	22524	19397	2731	399	2332
黔南布依族苗族自治州	**923063**	**494896**	**428167**	**52497**	**12122**	**40375**
都匀市	104571	57969	46602	3659	1113	2546
福泉市	81827	45113	36714	2237	741	1496
荔波县	49959	27489	22470	1536	306	1230
贵定县	66564	33395	33169	3841	1110	2731
瓮安县	83892	45649	38243	1750	542	1208
独山县	74509	39686	34823	2313	525	1788
平塘县	79666	41095	38571	3872	1005	2867
罗甸县	58358	31051	27307	8344	1777	6567
长顺县	60813	32539	28274	5795	1066	4729
龙里县	62805	34220	28585	3695	1041	2654
惠水县	108759	58581	50178	10506	2081	8425
三都水族自治县	91340	48109	43231	4949	815	4134

4−3c　续表 2　　　　单位：人

地　　区	学前教育			小　　学		
	小计	男	女	小计	男	女
贵　州	**7562**	**2485**	**5077**	**3299465**	**1521891**	**1777574**
贵阳市	**448**	**215**	**233**	**211994**	**104738**	**107256**
南明区	15	6	9	7357	3757	3600
云岩区						
花溪区	100	64	36	29213	14317	14896
乌当区	50	25	25	15446	8160	7286
白云区	8	5	3	4471	2301	2170
观山湖区	66	34	32	12930	6644	6286
开阳县	61	22	39	33035	15673	17362
息烽县	18	6	12	23154	11051	12103
修文县	44	21	23	29510	15003	14507
清镇市	86	32	54	56878	27832	29046
六盘水市	**472**	**175**	**297**	**304708**	**138955**	**165753**
钟山区	79	37	42	12711	6684	6027
六枝特区	75	32	43	58242	27689	30553
水城县	153	59	94	112798	53982	58816
盘州市	165	47	118	120957	50600	70357
遵义市	**1039**	**339**	**700**	**458942**	**189261**	**269681**
红花岗区	45	14	31	20502	8466	12036
汇川区	53	22	31	20321	8942	11379
播州区	74	33	41	46024	18479	27545
桐梓县	119	43	76	48353	20845	27508
绥阳县	69	22	47	30540	12452	18088
正安县	92	28	64	40513	14784	25729
道真仡佬族苗族自治县	22	6	16	19851	7605	12246
务川仡佬族苗族自治县	114	27	87	26379	11102	15277
凤冈县	39	15	24	28640	11028	17612
湄潭县	38	12	26	26171	10310	15861
余庆县	76	29	47	17855	7069	10786
习水县	151	48	103	59476	24864	34612
赤水市	43	14	29	19405	9228	10177
仁怀市	104	26	78	54912	24087	30825
安顺市	**507**	**188**	**319**	**237186**	**112022**	**125164**
西秀区	146	45	101	55774	23847	31927
平坝区	67	23	44	27002	11396	15606
普定县	56	26	30	43338	20383	22955
镇宁布依族苗族自治县	71	28	43	37406	18897	18509
关岭布依族苗族自治县	40	13	27	36233	17405	18828
紫云苗族布依族自治县	127	53	74	37433	20094	17339
毕节市	**1377**	**509**	**868**	**790761**	**392951**	**397810**
七星关区	128	43	85	106829	48510	58319
大方县	105	33	72	96536	46801	49735
黔西县	106	39	67	95507	48074	47433
金沙县	97	29	68	53663	24991	28672
织金县	162	54	108	97615	52007	45608
纳雍县	191	71	120	71776	36364	35412
威宁彝族回族苗族自治县	434	182	252	170459	89235	81224
赫章县	154	58	96	98376	46969	51407

4－3c 续表 3

单位：人

地 区	学前教育			小 学		
	小计	男	女	小计	男	女
铜仁市	**839**	**267**	**572**	**276966**	**112093**	**164873**
碧江区	67	28	39	13677	6556	7121
万山区	44	24	20	12411	5633	6778
江口县	76	23	53	19014	8559	10455
玉屏侗族自治县	22	5	17	9005	3727	5278
石阡县	85	18	67	34292	12970	21322
思南县	74	17	57	44313	16775	27538
印江土家族苗族自治县	104	27	77	24552	9318	15234
德江县	40	12	28	31124	11679	19445
沿河土家族自治县	92	27	65	39037	15676	23361
松桃苗族自治县	235	86	149	49541	21200	28341
黔西南布依族苗族自治州	**828**	**233**	**595**	**329922**	**148513**	**181409**
兴义市	142	52	90	73316	33215	40101
兴仁市	120	43	77	48812	20410	28402
普安县	49	11	38	30053	13057	16996
晴隆县	42	13	29	32015	14492	17523
贞丰县	81	19	62	38539	15993	22546
望谟县	107	20	87	32364	16895	15469
册亨县	187	46	141	29749	14734	15015
安龙县	100	29	71	45074	19717	25357
黔东南苗族侗族自治州	**1053**	**241**	**812**	**369519**	**170965**	**198554**
凯里市	95	20	75	31022	13750	17272
黄平县	29	8	21	25539	11200	14339
施秉县	40	16	24	12796	5670	7126
三穗县	20	8	12	14569	6312	8257
镇远县	60	9	51	18506	8166	10340
岑巩县	33	3	30	15662	6518	9144
天柱县	55	20	35	20536	7958	12578
锦屏县	8	2	6	11915	4399	7516
剑河县	61	11	50	20945	10657	10288
台江县	21	6	15	10985	4861	6124
黎平县	140	25	115	46097	20558	25539
榕江县	58	15	43	38552	19093	19459
从江县	164	45	119	53705	28235	25470
雷山县	98	14	84	13993	6993	7000
麻江县	39	15	24	18683	9500	9183
丹寨县	132	24	108	16014	7095	8919
黔南布依族苗族自治州	**999**	**318**	**681**	**319467**	**152393**	**167074**
都匀市	125	48	77	29891	13983	15908
福泉市	55	24	31	27171	13252	13919
荔波县	25	5	20	20410	9266	11144
贵定县	124	27	97	22369	11269	11100
瓮安县	55	29	26	25070	11586	13484
独山县	51	12	39	24024	10585	13439
平塘县	107	40	67	29247	13232	16015
罗甸县	58	18	40	22873	11977	10896
长顺县	92	23	69	20856	10125	10731
龙里县	51	23	28	21890	11363	10527
惠水县	137	46	91	37659	18380	19279
三都水族自治县	119	23	96	38007	17375	20632

4-3c 续表 4

单位：人

地区	初中			高中			大学专科		
	小计	男	女	小计	男	女	小计	男	女
贵州	**4367783**	**2653256**	**1714527**	**820389**	**483622**	**336767**	**394044**	**212898**	**181146**
贵阳市	**347761**	**204247**	**143514**	**69039**	**39577**	**29462**	**46685**	**25976**	**20709**
南明区	18610	11033	7577	5246	2954	2292	2336	1184	1152
云岩区									
花溪区	62914	37120	25794	10733	5802	4931	3895	1951	1944
乌当区	36168	21060	15108	11254	6284	4970	4378	2164	2214
白云区	12915	7303	5612	5134	2699	2435	1049	550	499
观山湖区	27226	15534	11692	8373	5169	3204	14587	6836	7751
开阳县	38032	23145	14887	6937	4232	2705	3202	1779	1423
息烽县	30249	18105	12144	4134	2532	1602	1855	978	877
修文县	46911	27069	19842	6820	4038	2782	2250	1110	1140
清镇市	74736	43878	30858	10408	5867	4541	13133	9424	3709
六盘水市	**378057**	**234359**	**143698**	**69888**	**40495**	**29393**	**31270**	**17201**	**14069**
钟山区	15788	9823	5965	9391	4803	4588	1027	587	440
六枝特区	71592	43737	27855	10267	6092	4175	5329	2965	2364
水城县	117347	74594	42753	22776	12993	9783	7504	4465	3039
盘州市	173330	106205	67125	27454	16607	10847	17410	9184	8226
遵义市	**802466**	**476098**	**326368**	**145590**	**86405**	**59185**	**50498**	**27889**	**22609**
红花岗区	62880	35451	27429	10114	6211	3903	3697	2038	1659
汇川区	40734	24674	16060	5474	3420	2054	2040	1045	995
播州区	125258	71022	54236	20575	12391	8184	6742	3741	3001
桐梓县	80789	50046	30743	11227	6527	4700	3462	1950	1512
绥阳县	61710	35559	26151	9248	5549	3699	2525	1446	1079
正安县	52819	33257	19562	13313	7457	5856	4630	2591	2039
道真仡佬族苗族自治县	28362	17113	11249	8087	4819	3268	3210	1794	1416
务川仡佬族苗族自治县	29709	18672	11037	6110	3721	2389	2786	1587	1199
凤冈县	38340	23264	15076	8858	5116	3742	3346	1800	1546
湄潭县	56738	30991	25747	8555	5086	3469	4102	2077	2025
余庆县	30273	16522	13751	6213	3872	2341	3966	2232	1734
习水县	88777	54390	34387	15924	9563	6361	4354	2482	1872
赤水市	25562	14518	11044	6482	3790	2692	1936	1057	879
仁怀市	80515	50619	29896	15410	8883	6527	3702	2049	1653
安顺市	**337556**	**206565**	**130991**	**47408**	**27696**	**19712**	**21359**	**11434**	**9925**
西秀区	104126	63282	40844	14594	8645	5949	6681	3462	3219
平坝区	53562	31235	22327	7175	4057	3118	3617	1878	1739
普定县	61721	36388	25333	10306	5693	4613	2874	1505	1369
镇宁布依族苗族自治县	43701	27968	15733	5487	3291	2196	2611	1447	1164
关岭布依族苗族自治县	36686	23742	12944	4993	3055	1938	2622	1482	1140
紫云苗族布依族自治县	37760	23950	13810	4853	2955	1898	2954	1660	1294
毕节市	**834175**	**505853**	**328322**	**152649**	**87458**	**65191**	**75646**	**41628**	**34018**
七星关区	134560	80863	53697	23832	13393	10439	9507	4846	4661
大方县	124858	74015	50843	22357	13037	9320	10776	5746	5030
黔西县	82702	49145	33557	12288	7001	5287	6204	3354	2850
金沙县	70749	43499	27250	10639	6501	4138	5136	3029	2107
织金县	85788	53639	32149	15165	8705	6460	8204	4524	3680
纳雍县	84628	51709	32919	15229	8872	6357	8478	4800	3678
威宁彝族回族苗族自治县	159259	96628	62631	30776	17848	12928	16214	9159	7055
赫章县	91631	56355	35276	22363	12101	10262	11127	6170	4957

4—3c 续表 5 单位：人

地区	初中			高中			大学专科		
	小计	男	女	小计	男	女	小计	男	女
铜仁市	**428867**	**256540**	**172327**	**97581**	**57685**	**39896**	**51408**	**26172**	**25236**
碧江区	27196	15622	11574	4654	2710	1944	7830	2267	5563
万山区	22311	13045	9266	4745	2735	2010	1959	1030	929
江口县	24387	14271	10116	5507	3364	2143	2697	1542	1155
玉屏侗族自治县	22425	12774	9651	5029	3004	2025	1817	1021	796
石阡县	46274	28090	18184	10340	6289	4051	6215	3636	2579
思南县	58501	35544	22957	13423	8045	5378	7541	4061	3480
印江土家族苗族自治县	42381	24971	17410	11706	6817	4889	4184	2290	1894
德江县	48654	30149	18505	14742	8254	6488	5388	2861	2527
沿河土家族自治县	55487	34662	20825	12383	7311	5072	6004	3282	2722
松桃苗族自治县	81251	47412	33839	15052	9156	5896	7773	4182	3591
黔西南布依族苗族自治州	**373853**	**229904**	**143949**	**68548**	**39985**	**28563**	**32711**	**18195**	**14516**
兴义市	93095	55738	37357	18043	10917	7126	5993	3297	2696
兴仁市	61822	38264	23558	9178	5529	3649	4867	2762	2105
普安县	37452	23462	13990	8588	4984	3604	4189	2230	1959
晴隆县	30106	19394	10712	5994	3505	2489	4045	2369	1676
贞丰县	44618	27619	16999	5070	3066	2004	3203	1807	1396
望谟县	25177	16383	8794	6245	3225	3020	3864	2105	1759
册亨县	24463	15322	9141	7618	4110	3508	2618	1413	1205
安龙县	57120	33722	23398	7812	4649	3163	3932	2212	1720
黔东南苗族侗族自治州	**450995**	**284106**	**166889**	**93919**	**59455**	**34464**	**47562**	**26746**	**20816**
凯里市	49390	32250	17140	10973	7320	3653	9693	4489	5204
黄平县	36034	21947	14087	8385	4757	3628	2709	1507	1202
施秉县	18096	10812	7284	3659	2296	1363	1471	802	669
三穗县	18784	11382	7402	3744	2395	1349	1615	895	720
镇远县	20326	12608	7718	4028	2574	1454	1816	994	822
岑巩县	22156	13694	8462	4110	2638	1472	1946	1076	870
天柱县	43283	25613	17670	6530	4219	2311	3090	1831	1259
锦屏县	21174	12937	8237	5352	3475	1877	2115	1320	795
剑河县	21522	14635	6887	4616	3046	1570	2435	1515	920
台江县	16926	10766	6160	5800	3369	2431	1959	1174	785
黎平县	52379	32909	19470	10564	6507	4057	5553	3121	2432
榕江县	41479	26605	14874	9126	5753	3373	4095	2479	1616
从江县	39569	25461	14108	6759	4294	2465	3790	2358	1432
雷山县	17371	11777	5594	3439	2362	1077	1971	1225	746
麻江县	15700	9711	5989	3303	2092	1211	1498	832	666
丹寨县	16806	10999	5807	3531	2358	1173	1806	1128	678
黔南布依族苗族自治州	**414053**	**255584**	**158469**	**75767**	**44866**	**30901**	**36905**	**17657**	**19248**
都匀市	53162	32492	20670	11949	7132	4817	3031	1746	1285
福泉市	42432	25244	17188	5416	3369	2047	2613	1464	1149
荔波县	20612	13476	7136	4085	2691	1394	1734	1020	714
贵定县	26789	16371	10418	3959	2173	1786	8278	1895	6383
瓮安县	43220	25228	17992	8661	5399	3262	3167	1781	1386
独山县	37234	22574	14660	6855	4007	2848	2222	1188	1034
平塘县	33064	19788	13276	8250	4373	3877	2713	1480	1233
罗甸县	18799	12483	6316	4297	2487	1810	2104	1232	872
长顺县	26701	17020	9681	3987	2519	1468	1737	913	824
龙里县	27571	16756	10815	6544	3494	3050	1837	961	876
惠水县	48122	31423	16699	5644	3314	2330	4178	2088	2090
三都水族自治县	36347	22729	13618	6120	3908	2212	3291	1889	1402

4-3c　续表 6　　　　　　　　　　　　　　　　　　　　　　单位：人

地　　区	大学本科			硕士研究生			博士研究生		
	小计	男	女	小计	男	女	小计	男	女
贵　州	**252228**	**135864**	**116364**	**4274**	**2049**	**2225**	**449**	**273**	**176**
贵阳市	**17306**	**8608**	**8698**	**725**	**318**	**407**	**92**	**57**	**35**
南明区	1235	630	605	42	23	19	3	2	1
云岩区									
花溪区	2926	1479	1447	177	80	97	47	28	19
乌当区	2469	1106	1363	168	76	92	22	17	5
白云区	738	360	378	82	35	47	3	2	1
观山湖区	2324	1233	1091	108	43	65	6	3	3
开阳县	1922	988	934	29	15	14	1		1
息烽县	1222	602	620	19	9	10	3	1	2
修文县	1519	743	776	22	5	17	1	1	
清镇市	2951	1467	1484	78	32	46	6	3	3
六盘水市	**21425**	**11301**	**10124**	**338**	**166**	**172**	**43**	**28**	**15**
钟山区	631	326	305	49	23	26	2	2	
六枝特区	4076	2178	1898	54	25	29	5	3	2
水城县	5304	2809	2495	87	44	43	6	3	3
盘州市	11414	5988	5426	148	74	74	30	20	10
遵义市	**43936**	**23631**	**20305**	**816**	**360**	**456**	**90**	**50**	**40**
红花岗区	2394	1253	1141	53	16	37	4	2	2
汇川区	1720	889	831	41	15	26	1	1	
播州区	4589	2357	2232	73	28	45	8	3	5
桐梓县	3102	1690	1412	63	37	26	6	4	2
绥阳县	2276	1296	980	40	22	18	6	3	3
正安县	4287	2424	1863	83	37	46	5	4	1
道真仡佬族苗族自治县	2425	1277	1148	35	16	19	2	2	
务川仡佬族苗族自治县	2849	1597	1252	31	15	16	4	2	2
凤冈县	2466	1322	1144	48	18	30	5	3	2
湄潭县	2654	1317	1337	47	23	24	1		1
余庆县	2073	1206	867	36	15	21	2	2	
习水县	3430	1762	1668	81	36	45	7	4	3
赤水市	1408	690	718	32	14	18	4	1	3
仁怀市	8263	4551	3712	153	68	85	35	19	16
安顺市	**14094**	**7086**	**7008**	**212**	**99**	**113**	**26**	**16**	**10**
西秀区	4623	2207	2416	71	28	43	6	4	2
平坝区	2168	1071	1097	35	13	22	9	5	4
普定县	2066	1033	1033	32	10	22	1	1	
镇宁布依族苗族自治县	1256	660	596	20	13	7	7	4	3
关岭布依族苗族自治县	1971	1090	881	19	12	7			
紫云苗族布依族自治县	2010	1025	985	35	23	12	3	2	1
毕节市	**51401**	**28481**	**22920**	**656**	**325**	**331**	**67**	**43**	**24**
七星关区	7795	4099	3696	133	55	78	8	5	3
大方县	7593	4011	3582	87	40	47	9	5	4
黔西县	3719	2005	1714	55	16	39	9	7	2
金沙县	2893	1573	1320	39	15	24	5	3	2
织金县	5093	2873	2220	71	42	29	5	3	2
纳雍县	6230	3528	2702	68	33	35	7	5	2
威宁彝族回族苗族自治县	10457	6065	4392	107	69	38	12	6	6
赫章县	7621	4327	3294	96	55	41	12	9	3

4-3c 续表 7

单位：人

地区	大学本科			硕士研究生			博士研究生		
	小计	男	女	小计	男	女	小计	男	女
铜仁市	**29436**	**16511**	**12925**	**513**	**273**	**240**	**56**	**32**	**24**
碧江区	1579	784	795	72	37	35	13	8	5
万山区	1335	677	658	15	5	10			
江口县	1809	1095	714	34	14	20	5	3	2
玉屏侗族自治县	924	494	430	14	9	5	2	2	
石阡县	4022	2315	1707	57	34	23	3	2	1
思南县	5596	3109	2487	103	56	47	8	3	5
印江土家族苗族自治县	2435	1302	1133	43	19	24	4	3	1
德江县	3149	1801	1348	48	25	23	8	4	4
沿河土家族自治县	4424	2602	1822	58	37	21	3	2	1
松桃苗族自治县	4163	2332	1831	69	37	32	10	5	5
黔西南布依族苗族自治州	**22266**	**12450**	**9816**	**262**	**141**	**121**	**18**	**13**	**5**
兴义市	4272	2270	2002	65	30	35	3	3	
兴仁市	3537	2044	1493	38	15	23	3	2	1
普安县	3282	1852	1430	36	23	13			
晴隆县	2964	1792	1172	34	23	11	4	1	3
贞丰县	1721	1025	696	25	18	7	1	1	
望谟县	2185	1179	1006	22	14	8			
册亨县	1605	813	792	13	7	6	3	2	1
安龙县	2700	1475	1225	29	11	18	4	4	
黔东南苗族侗族自治州	**29399**	**16031**	**13368**	**368**	**187**	**181**	**31**	**23**	**8**
凯里市	2282	1263	1019	34	19	15	7	7	
黄平县	2243	1149	1094	19	7	12	2	1	1
施秉县	997	531	466	13	6	7	1		1
三穗县	1275	673	602	11	6	5	1	1	
镇远县	1122	583	539	13	4	9	6	4	2
岑巩县	1796	978	818	20	14	6			
天柱县	2207	1259	948	34	14	20	5	3	2
锦屏县	1950	1040	910	33	16	17	3	2	1
剑河县	1823	1061	762	13	9	4			
台江县	1574	894	680	21	16	5	1	1	
黎平县	4843	2577	2266	57	21	36	1	1	
榕江县	2373	1294	1079	32	17	15			
从江县	1846	1038	808	23	14	9	1	1	
雷山县	1176	681	495	19	11	8	2	2	
麻江县	999	494	505	18	8	10	1		1
丹寨县	893	516	377	8	5	3			
黔南布依族苗族自治州	**22965**	**11765**	**11200**	**384**	**180**	**204**	**26**	**11**	**15**
都匀市	2694	1426	1268	55	26	29	5	3	2
福泉市	1857	998	859	45	20	25	1	1	
荔波县	1536	715	821	20	9	11	1	1	
贵定县	1187	542	645	16	8	8	1		1
瓮安县	1932	1068	864	36	16	20	1		1
独山县	1787	785	1002	22	9	13	1	1	
平塘县	2367	1155	1212	42	20	22	4	2	2
罗甸县	1862	1065	797	20	12	8	1		1
长顺县	1613	860	753	30	13	17	2		2
龙里县	1191	570	621	21	11	10	5	1	4
惠水县	2472	1228	1244	38	19	19	3	2	1
三都水族自治县	2467	1353	1114	39	17	22	1		1

4-4　各地区分性别、受教育程度的25岁及以上人口

单位：人

地　区	25岁及以上人口			未上过学		
	合计	男	女	小计	男	女
贵　州	**24207710**	**12166795**	**12040915**	**2548101**	**575826**	**1972275**
贵阳市	**3900493**	**1973250**	**1927243**	**135839**	**32981**	**102858**
南明区	733642	364501	369141	14030	3265	10765
云岩区	735968	363811	372157	16309	4044	12265
花溪区	566866	289529	277337	23020	5876	17144
乌当区	223951	113062	110889	9536	2468	7068
白云区	283617	147612	136005	9201	2356	6845
观山湖区	418097	211886	206211	10364	2497	7867
开阳县	237680	121267	116413	15745	3592	12153
息烽县	150395	76802	73593	8005	1524	6481
修文县	187930	97604	90326	9913	2449	7464
清镇市	362347	187176	175171	19716	4910	14806
六盘水市	**1854675**	**932701**	**921974**	**225366**	**53825**	**171541**
钟山区	412470	202675	209795	28553	6701	21852
六枝特区	321574	158839	162735	53970	11495	42475
水城县	437806	224971	212835	78118	21730	56388
盘州市	682825	346216	336609	64725	13899	50826
遵义市	**4377949**	**2174249**	**2203700**	**316772**	**59433**	**257339**
红花岗区	641189	317074	324115	22183	4160	18023
汇川区	430428	212699	217729	24243	3985	20258
播州区	506959	253466	253493	27078	5033	22045
桐梓县	349161	176818	172343	35116	6139	28977
绥阳县	250745	124634	126111	23831	5067	18764
正安县	259594	127239	132355	22687	3479	19208
道真仡佬族苗族自治县	166586	79905	86681	12879	2186	10693
务川仡佬族苗族自治县	193434	94662	98772	25487	5270	20217
凤冈县	202180	98126	104054	21897	4263	17634
湄潭县	257162	125429	131733	15117	3043	12074
余庆县	152757	73997	78760	13668	2971	10697
习水县	374677	189414	185263	28979	5351	23628
赤水市	174279	86194	88085	11937	3156	8781
仁怀市	418798	214592	204206	31670	5330	26340
安顺市	**1544185**	**774724**	**769461**	**202133**	**40621**	**161512**
西秀区	563508	280242	283266	53830	10273	43557
平坝区	223595	112874	110721	18687	3658	15029
普定县	225971	113794	112177	26471	5977	20494
镇宁布依族苗族自治县	188758	95684	93074	30152	6331	23821
关岭布依族苗族自治县	167673	84935	82738	26373	4263	22110
紫云苗族布依族自治县	174680	87195	87485	46620	10119	36501
毕节市	**3956840**	**2013872**	**1942968**	**695200**	**188740**	**506460**
七星关区	733041	367386	365655	88571	20418	68153
大方县	495525	253344	242181	67836	17055	50781
黔西县	458488	232862	225626	57497	14271	43226
金沙县	346505	179261	167244	30656	6848	23808
织金县	475287	241752	233535	105870	25954	79916
纳雍县	391579	198209	193370	93632	23996	69636
威宁彝族回族苗族自治县	699834	360268	339566	186741	63222	123519
赫章县	356581	180790	175791	64397	16976	47421

4-4 续表 1

单位：人

地区	25岁及以上人口			未上过学		
	合计	男	女	小计	男	女
铜仁市	**2057457**	**1022125**	**1035332**	**212334**	**45804**	**166530**
碧江区	268341	133374	134967	12540	3319	9221
万山区	100035	51717	48318	7664	2161	5503
江口县	122564	61890	60674	12934	3207	9727
玉屏侗族自治县	99386	49862	49524	5103	1094	4009
石阡县	196807	97564	99243	21032	4356	16676
思南县	293062	142855	150207	38222	7512	30710
印江土家族苗族自治县	191315	93452	97863	21272	4981	16291
德江县	232952	114281	118671	28972	5157	23815
沿河土家族自治县	248360	122628	125732	36478	7038	29440
松桃苗族自治县	304635	154502	150133	28117	6979	21138
黔西南布依族苗族自治州	**1844226**	**925701**	**918525**	**194347**	**41410**	**152937**
兴义市	622390	312772	309618	37177	8635	28542
兴仁市	257100	129512	127588	26329	4821	21508
普安县	146950	74731	72219	21464	4149	17315
晴隆县	137324	69470	67854	22087	4490	17597
贞丰县	182730	90067	92663	15709	2563	13146
望谟县	144444	72243	72201	33789	8378	25411
册亨县	118612	59312	59300	19946	4934	15012
安龙县	234676	117594	117082	17846	3440	14406
黔东南苗族侗族自治州	**2418873**	**1212839**	**1206034**	**320302**	**62403**	**257899**
凯里市	457550	228957	228593	32209	5024	27185
黄平县	159179	79926	79253	18065	3443	14622
施秉县	81677	40665	41012	9819	2036	7783
三穗县	103278	51472	51806	8777	1451	7326
镇远县	126875	62993	63882	12492	2116	10376
岑巩县	109222	54028	55194	15540	2993	12547
天柱县	183123	91886	91237	10856	1817	9039
锦屏县	103321	51135	52186	11000	1406	9594
剑河县	117391	58817	58574	25155	4621	20534
台江县	74581	37615	36966	14797	3056	11741
黎平县	265844	131843	134001	40521	7269	33252
榕江县	186336	94968	91368	33161	7039	26122
从江县	191627	95966	95661	52812	13303	39509
雷山县	82596	43386	39210	15006	2849	12157
麻江县	88956	45209	43747	9662	2159	7503
丹寨县	87317	43973	43344	10430	1821	8609
黔南布依族苗族自治州	**2253012**	**1137334**	**1115678**	**245808**	**50609**	**195199**
都匀市	352959	177797	175162	21665	4714	16951
福泉市	197860	102876	94984	12992	3342	9650
荔波县	103362	52590	50772	8335	1725	6610
贵定县	160159	81184	78975	17881	4005	13876
瓮安县	263523	132112	131411	15093	3448	11645
独山县	180005	90061	89944	18122	3678	14444
平塘县	150596	73683	76913	20480	4137	16343
罗甸县	160108	78770	81338	35083	6409	28674
长顺县	128136	65210	62926	23788	4483	19305
龙里县	157622	82598	75024	12872	3194	9678
惠水县	234108	117975	116133	39527	7558	31969
三都水族自治县	164574	82478	82096	19970	3916	16054

4-4　续表 2　　　　单位：人

地　区	学前教育			小　学		
	小计	男	女	小计	男	女
贵　州	**24829**	**7756**	**17073**	**8093954**	**3873600**	**4220354**
贵阳市	**2848**	**1056**	**1792**	**844046**	**393015**	**451031**
南明区	343	117	226	105143	44897	60246
云岩区	576	199	377	108362	47680	60682
花溪区	491	212	279	113409	52526	60883
乌当区	174	64	110	44290	21136	23154
白云区	172	67	105	60258	28878	31380
观山湖区	298	124	174	66725	30393	36332
开阳县	324	109	215	93479	44662	48817
息烽县	103	33	70	57385	27344	30041
修文县	154	58	96	70682	35459	35223
清镇市	213	73	140	124313	60040	64273
六盘水市	**1268**	**413**	**855**	**651935**	**308898**	**343037**
钟山区	479	176	303	96401	43166	53235
六枝特区	194	66	128	114815	58054	56761
水城县	216	75	141	194850	98215	96635
盘州市	379	96	283	245869	109463	136406
遵义市	**4163**	**1310**	**2853**	**1430286**	**644613**	**785673**
红花岗区	348	89	259	139195	59750	79445
汇川区	239	72	167	101440	45995	55445
播州区	379	122	257	146734	65100	81634
桐梓县	409	121	288	123188	58884	64304
绥阳县	339	105	234	87067	39980	47087
正安县	262	100	162	114739	49751	64988
道真仡佬族苗族自治县	153	26	127	65218	27964	37254
务川仡佬族苗族自治县	337	106	231	80358	37546	42812
凤冈县	109	36	73	74845	33012	41833
湄潭县	205	58	147	85904	38224	47680
余庆县	373	148	225	55659	25243	30416
习水县	422	115	307	144486	65112	79374
赤水市	267	98	169	64574	30524	34050
仁怀市	321	114	207	146879	67528	79351
安顺市	**1268**	**384**	**884**	**518953**	**255388**	**263565**
西秀区	500	137	363	150993	69259	81734
平坝区	149	40	109	71614	32792	38822
普定县	154	47	107	88389	43333	45056
镇宁布依族苗族自治县	151	61	90	74403	37719	36684
关岭布依族苗族自治县	84	18	66	69817	35674	34143
紫云苗族布依族自治县	230	81	149	63737	36611	27126
毕节市	**3567**	**1259**	**2308**	**1536761**	**798229**	**738532**
七星关区	355	125	230	258123	127075	131048
大方县	315	106	209	190087	97234	92853
黔西县	287	116	171	202195	104692	97503
金沙县	363	106	257	132268	64874	67394
织金县	391	134	257	191415	105851	85564
纳雍县	706	240	466	135169	73294	61875
威宁彝族回族苗族自治县	798	316	482	271620	146740	124880
赫章县	352	116	236	155884	78469	77415

4－4 续表 3

单位：人

地区	学前教育			小学		
	小计	男	女	小计	男	女
铜仁市	**3506**	**1037**	**2469**	**723033**	**329171**	**393862**
碧江区	356	115	241	68089	30646	37443
万山区	230	62	168	36287	17342	18945
江口县	198	83	115	45436	21812	23624
玉屏侗族自治县	152	46	106	30066	13108	16958
石阡县	302	77	225	76577	33897	42680
思南县	381	111	270	109648	49922	59726
印江土家族苗族自治县	519	121	398	69391	30878	38513
德江县	181	50	131	77605	34076	43529
沿河土家族自治县	288	87	201	92229	42625	49604
松桃苗族自治县	899	285	614	117705	54865	62840
黔西南布依族苗族自治州	**2201**	**600**	**1601**	**735138**	**340548**	**394590**
兴义市	502	167	335	212836	96468	116368
兴仁市	326	78	248	104895	47196	57699
普安县	145	39	106	57414	27725	29689
晴隆县	106	41	65	60438	29392	31046
贞丰县	213	48	165	84329	36055	48274
望谟县	270	56	214	59862	31368	28494
册亨县	403	105	298	54128	26939	27189
安龙县	236	66	170	101236	45405	55831
黔东南苗族侗族自治州	**3034**	**822**	**2212**	**850645**	**409701**	**440944**
凯里市	417	105	312	113613	50366	63247
黄平县	123	30	93	66410	31656	34754
施秉县	133	40	93	29356	13904	15452
三穗县	110	28	82	40323	17964	22359
镇远县	233	58	175	49698	23156	26542
岑巩县	93	17	76	37929	18261	19668
天柱县	205	67	138	64034	26542	37492
锦屏县	59	16	43	34788	15432	19356
剑河县	104	23	81	40769	21258	19511
台江县	101	25	76	22800	11312	11488
黎平县	307	78	229	102277	49239	53038
榕江县	139	51	88	68463	36133	32330
从江县	307	103	204	78270	43536	34734
雷山县	237	53	184	26716	14270	12446
麻江县	144	47	97	39467	19908	19559
丹寨县	322	81	241	35732	16764	18968
黔南布依族苗族自治州	**2974**	**875**	**2099**	**803157**	**394037**	**409120**
都匀市	486	147	339	93161	43531	49630
福泉市	169	48	121	69342	33766	35576
荔波县	100	22	78	40141	18220	21921
贵定县	280	66	214	59766	30331	29435
瓮安县	289	121	168	90859	42863	47996
独山县	146	42	104	64244	30266	33978
平塘县	246	67	179	64241	31110	33131
罗甸县	195	50	145	60744	32558	28186
长顺县	211	47	164	44964	23763	21201
龙里县	133	59	74	58077	29530	28547
惠水县	313	111	202	83378	42691	40687
三都水族自治县	406	95	311	74240	35408	38832

4-4　续表 4

单位：人

地　区	初　中			高　中			大学专科		
	小计	男	女	小计	男	女	小计	男	女
贵　州	**8622422**	**4971461**	**3650961**	**2039630**	**1163025**	**876605**	**1439078**	**794200**	**644878**
贵阳市	**1403017**	**755823**	**647194**	**592447**	**308915**	**283532**	**426359**	**219528**	**206831**
南明区	247951	127760	120191	153928	78740	75188	105734	53935	51799
云岩区	233217	119904	113313	137955	69525	68430	104122	52283	51839
花溪区	226281	123342	102939	85043	44870	40173	53520	28131	25389
乌当区	82424	44171	38253	34510	17684	16826	26371	13531	12840
白云区	118256	64737	53519	42870	23219	19651	28472	15167	13305
观山湖区	117029	61862	55167	62573	31893	30680	60963	30770	30193
开阳县	87287	50065	37222	19768	11313	8455	12586	6906	5680
息烽县	58341	33068	25273	12121	7089	5032	7930	4322	3608
修文县	82641	46215	36426	11567	6606	4961	6736	3587	3149
清镇市	149590	84699	64891	32112	17976	14136	19925	10896	9029
六盘水市	**641475**	**379461**	**262014**	**142974**	**83316**	**59658**	**102445**	**58188**	**44257**
钟山区	141008	74597	66411	60660	32816	27844	43559	23365	20194
六枝特区	107353	62991	44362	19726	11832	7894	13435	7843	5592
水城县	127899	82365	45534	15790	10008	5782	11426	7200	4226
盘州市	265215	159508	105707	46798	28660	18138	34025	19780	14245
遵义市	**1823346**	**1020074**	**803272**	**364368**	**209209**	**155159**	**224964**	**123821**	**101143**
红花岗区	294661	154581	140080	86471	47015	39456	50893	26885	24008
汇川区	172502	93783	78719	51709	27326	24383	37043	19045	17998
播州区	246129	134202	111927	44734	26066	18668	23260	12809	10451
桐梓县	151747	89014	62733	18290	11004	7286	10135	5929	4206
绥阳县	106283	59930	46353	17655	10568	7087	8941	5211	3730
正安县	89840	54626	35214	12564	7812	4752	9610	5746	3864
道真仡佬族苗族自治县	63157	34946	28211	11103	6631	4472	7395	4320	3075
务川仡佬族苗族自治县	61185	35818	25367	8887	5756	3131	8411	5068	3343
凤冈县	75636	43610	32026	11526	6975	4551	9531	5361	4170
湄潭县	116216	62193	54023	18316	10416	7900	12026	6512	5514
余庆县	56989	30550	26439	11660	6894	4766	8313	4711	3602
习水县	151903	90099	61804	23334	14358	8976	12842	7406	5436
赤水市	65872	35014	30858	15213	8517	6696	9676	5284	4392
仁怀市	171226	101708	69518	32906	19871	13035	16888	9534	7354
安顺市	**564300**	**334305**	**229995**	**110324**	**63977**	**46347**	**76800**	**42632**	**34168**
西秀区	219689	126044	93645	56630	31267	25363	41051	21947	19104
平坝区	96105	55389	40716	17635	10253	7382	11007	6169	4838
普定县	87012	50624	36388	11112	6707	4405	7106	4078	3028
镇宁布依族苗族自治县	62988	39188	23800	9329	5705	3624	6707	3930	2777
关岭布依族苗族自治县	51532	32872	18660	8427	5503	2924	5707	3387	2320
紫云苗族布依族自治县	46974	30188	16786	7191	4542	2649	5222	3121	2101
毕节市	**1210226**	**726092**	**484134**	**207403**	**126654**	**80749**	**151671**	**88468**	**63203**
七星关区	253814	145753	108061	50071	29155	20916	35529	19728	15801
大方县	174669	102444	72225	28164	17227	10937	17952	10293	7659
黔西县	142885	82347	60538	23913	13863	10050	16712	9500	7212
金沙县	136475	79884	56591	21775	13243	8532	13383	8001	5382
织金县	124254	77748	46506	21775	13839	7936	16335	9593	6742
纳雍县	115411	72136	43275	18638	11927	6711	14917	9041	5876
威宁彝族回族苗族自治县	168240	105882	62358	28102	17736	10366	23060	13914	9146
赫章县	94478	59898	34580	14965	9664	5301	13783	8398	5385

4-4 续表 5

单位：人

地　区	初中			高中			大学专科		
	小计	男	女	小计	男	女	小计	男	女
铜仁市	**748696**	**430319**	**318377**	**160081**	**95392**	**64689**	**115301**	**65985**	**49316**
碧江区	99917	52664	47253	35051	18606	16445	25872	13598	12274
万山区	38384	22284	16100	7988	4711	3277	4900	2708	2192
江口县	44605	25037	19568	8075	4986	3089	6629	3960	2669
玉屏侗族自治县	43850	24144	19706	10113	5798	4315	5924	3357	2567
石阡县	66634	39429	27205	13430	8511	4919	10627	6423	4204
思南县	99847	58490	41357	19038	11897	7141	14661	8337	6324
印江土家族苗族自治县	70447	39822	30625	12811	7755	5056	9407	5557	3850
德江县	86850	51480	35370	17948	10985	6963	13235	7605	5630
沿河土家族自治县	84738	51402	33336	13424	8532	4892	11495	6964	4531
松桃苗族自治县	113424	65567	47857	22203	13611	8592	12551	7476	5075
黔西南布依族苗族自治州	**605057**	**364738**	**240319**	**117614**	**70766**	**46848**	**98305**	**56838**	**41467**
兴义市	218366	123396	94970	60262	33908	26354	45948	24933	21015
兴仁市	91165	56450	34715	12605	8137	4468	11711	7043	4668
普安县	47329	30064	17265	7939	5288	2651	6592	3925	2667
晴隆县	38165	24908	13257	5555	3741	1814	5656	3685	1971
贞丰县	60066	37818	22248	8158	5166	2992	7876	4733	3143
望谟县	32813	21663	11150	5428	3499	1929	7137	4347	2790
册亨县	30949	19413	11536	4768	2910	1858	4314	2654	1660
安龙县	86204	51026	35178	12899	8117	4782	9071	5518	3553
黔东南苗族侗族自治州	**818320**	**487892**	**330428**	**178314**	**108970**	**69344**	**130468**	**76140**	**54328**
凯里市	166907	94009	72898	58208	32633	25575	43577	23717	19860
黄平县	55679	33197	22482	7721	4964	2757	5998	3597	2401
施秉县	29147	16815	12332	5743	3557	2186	4304	2497	1807
三穗县	37412	21784	15628	7058	4579	2479	4831	2917	1914
镇远县	44472	25832	18640	9197	5638	3559	5713	3313	2400
岑巩县	37677	21951	15726	7377	4545	2832	4998	2992	2006
天柱县	80620	46604	34016	13892	8641	5251	7560	4578	2982
锦屏县	39257	22986	16271	7371	4805	2566	5223	3225	1998
剑河县	33620	21737	11883	6597	4430	2167	5521	3460	2061
台江县	24841	15416	9425	5227	3497	1730	3970	2562	1408
黎平县	88334	54275	34059	13895	9044	4851	10869	6425	4444
榕江县	58930	36369	22561	11723	7141	4582	8512	5042	3470
从江县	42560	27901	14659	6447	4232	2215	7041	4433	2608
雷山县	26840	17322	9518	5794	3908	1886	4081	2594	1487
麻江县	25518	15033	10485	6080	3612	2468	3862	2153	1709
丹寨县	26506	16661	9845	5984	3744	2240	4408	2635	1773
黔南布依族苗族自治州	**807985**	**472757**	**335228**	**166105**	**95826**	**70279**	**112765**	**62600**	**50165**
都匀市	131396	73084	58312	43700	23336	20364	28299	15012	13287
福泉市	80767	46298	34469	15162	8738	6424	9954	5528	4426
荔波县	34951	21274	13677	7534	4627	2907	5920	3416	2504
贵定县	56855	33006	23849	10843	6051	4792	7987	4305	3682
瓮安县	112502	60841	51661	20739	11740	8999	13798	7467	6331
独山县	71551	41564	29987	12395	7400	4995	7429	4028	3401
平塘县	47381	28003	19378	6578	4002	2576	5705	3286	2419
罗甸县	41525	26547	14978	8240	5144	3096	7024	4040	2984
长顺县	42825	27122	15703	7252	4579	2673	4224	2536	1688
龙里县	60046	35134	24912	12374	7145	5229	7447	4132	3315
惠水县	79735	49833	29902	13241	7918	5323	8804	5049	3755
三都水族自治县	48451	30051	18400	8047	5146	2901	6174	3801	2373

4-4 续表 6 单位：人

地　　区	大学本科			硕士研究生			博士研究生		
	小计	男	女	小计	男	女	小计	男	女
贵　州	**1357740**	**739079**	**618661**	**73174**	**36445**	**36729**	**8782**	**5403**	**3379**
贵阳市	**443774**	**235526**	**208248**	**45987**	**22665**	**23322**	**6176**	**3741**	**2435**
南明区	97442	51279	46163	8164	3971	4193	907	537	370
云岩区	120852	63055	57797	12920	6184	6736	1655	937	718
花溪区	52865	28426	24439	9980	4688	5292	2257	1458	799
乌当区	24569	12933	11636	1810	911	899	267	164	103
白云区	23041	12468	10573	1222	649	573	125	71	54
观山湖区	88562	48128	40434	10702	5690	5012	881	529	352
开阳县	8269	4509	3760	206	104	102	16	7	9
息烽县	6337	3341	2996	164	75	89	9	6	3
修文县	6076	3156	2920	143	63	80	18	11	7
清镇市	15761	8231	7530	676	330	346	41	21	20
六盘水市	**86358**	**47110**	**39248**	**2611**	**1345**	**1266**	**243**	**145**	**98**
钟山区	40075	20955	19120	1606	832	774	129	67	62
六枝特区	11895	6460	5435	175	91	84	11	7	4
水城县	8997	5113	3884	455	224	231	55	41	14
盘州市	25391	14582	10809	375	198	177	48	30	18
遵义市	**204378**	**111069**	**93309**	**8714**	**4112**	**4602**	**958**	**608**	**350**
红花岗区	44129	23053	21076	2946	1305	1641	363	236	127
汇川区	39649	20681	18968	3209	1552	1657	394	260	134
播州区	18245	9948	8297	372	169	203	28	17	11
桐梓县	10067	5609	4458	197	110	87	12	8	4
绥阳县	6481	3702	2779	140	67	73	8	4	4
正安县	9695	5613	4082	189	108	81	8	4	4
道真仡佬族苗族自治县	6602	3789	2813	75	39	36	4	4	
务川仡佬族苗族自治县	8633	5027	3606	128	66	62	8	5	3
凤冈县	8473	4784	3689	154	81	73	9	4	5
湄潭县	9165	4889	4276	203	90	113	10	4	6
余庆县	6017	3436	2581	74	41	33	4	3	1
习水县	12421	6829	5592	275	136	139	15	8	7
赤水市	6600	3537	3063	129	59	70	11	5	6
仁怀市	18201	10172	8029	623	289	334	84	46	38
安顺市	**67876**	**36111**	**31765**	**2335**	**1186**	**1149**	**196**	**120**	**76**
西秀区	38917	20344	18573	1755	879	876	143	92	51
平坝区	8124	4427	3697	251	135	116	23	11	12
普定县	5636	2988	2648	86	37	49	5	3	2
镇宁布依族苗族自治县	4933	2696	2237	82	48	34	13	6	7
关岭布依族苗族自治县	5635	3166	2469	91	47	44	7	5	2
紫云苗族布依族自治县	4631	2490	2141	70	40	30	5	3	2
毕节市	**148838**	**82642**	**66196**	**2920**	**1619**	**1301**	**254**	**169**	**85**
七星关区	44749	24131	20618	1696	906	790	133	95	38
大方县	16243	8840	7403	244	138	106	15	7	8
黔西县	14818	7974	6844	159	85	74	22	14	8
金沙县	11453	6231	5222	111	62	49	21	12	9
织金县	15034	8505	6529	199	118	81	14	10	4
纳雍县	12931	7474	5457	160	91	69	15	10	5
威宁彝族回族苗族自治县	21051	12318	8733	203	130	73	19	10	9
赫章县	12559	7169	5390	148	89	59	15	11	4

4-4 续表 7

单位：人

地区	大学本科			硕士研究生			博士研究生		
	小计	男	女	小计	男	女	小计	男	女
铜仁市	**91772**	**52937**	**38835**	**2463**	**1299**	**1164**	**271**	**181**	**90**
碧江区	24903	13581	11322	1446	731	715	167	114	53
万山区	4464	2386	2078	114	60	54	4	3	1
江口县	4609	2763	1846	70	37	33	8	5	3
玉屏侗族自治县	4104	2266	1838	65	41	24	9	8	1
石阡县	8056	4776	3280	140	89	51	9	6	3
思南县	11078	6483	4595	168	91	77	19	12	7
印江土家族苗族自治县	7355	4283	3072	105	49	56	8	6	2
德江县	8048	4865	3183	95	54	41	18	9	9
沿河土家族自治县	9594	5912	3682	107	64	43	7	4	3
松桃苗族自治县	9561	5622	3939	153	83	70	22	14	8
黔西南布依族苗族自治州	**89225**	**49622**	**39603**	**2149**	**1068**	**1081**	**190**	**111**	**79**
兴义市	45454	24360	21094	1697	821	876	148	84	64
兴仁市	9946	5728	4218	110	49	61	13	10	3
普安县	6017	3510	2507	49	31	18	1		1
晴隆县	5258	3179	2079	54	33	21	5	1	4
贞丰县	6304	3639	2665	73	44	29	2	1	1
望谟县	5103	2910	2193	40	20	20	2	2	
册亨县	4059	2327	1732	36	23	13	9	7	2
安龙县	7084	3969	3115	90	47	43	10	6	4
黔东南苗族侗族自治州	**115103**	**65362**	**49741**	**2439**	**1371**	**1068**	**248**	**178**	**70**
凯里市	40784	22071	18713	1647	898	749	188	134	54
黄平县	5133	3011	2122	44	23	21	6	5	1
施秉县	3124	1788	1336	48	26	22	3	2	1
三穗县	4720	2712	2008	45	35	10	2	2	
镇远县	5015	2853	2162	49	23	26	6	4	2
岑巩县	5540	3225	2315	65	43	22	3	1	2
天柱县	5894	3602	2292	58	32	26	4	3	1
锦屏县	5554	3224	2330	61	35	26	8	6	2
剑河县	5570	3258	2312	55	30	25			
台江县	2799	1714	1085	40	29	11	6	4	2
黎平县	9524	5447	4077	114	65	49	3	1	2
榕江县	5366	3166	2200	40	25	15	2	2	
从江县	4148	2431	1717	39	24	15	3	3	
雷山县	3865	2350	1515	51	35	16	6	5	1
麻江县	4171	2268	1903	47	25	22	5	4	1
丹寨县	3896	2242	1654	36	23	13	3	2	1
黔南布依族苗族自治州	**110416**	**58700**	**51716**	**3556**	**1780**	**1776**	**246**	**150**	**96**
都匀市	32205	16922	15283	1895	948	947	152	103	49
福泉市	9266	5058	4208	200	93	107	8	5	3
荔波县	6310	3269	3041	67	34	33	4	3	1
贵定县	6351	3324	3027	185	91	94	11	5	6
瓮安县	9995	5517	4478	227	106	121	21	9	12
独山县	5992	3021	2971	118	57	61	8	5	3
平塘县	5883	3035	2848	74	40	34	8	3	5
罗甸县	7178	3952	3226	118	70	48	1		1
长顺县	4788	2636	2152	80	42	38	4	2	2
龙里县	6498	3305	3193	158	91	67	17	8	9
惠水县	8766	4660	4106	333	148	185	11	7	4
三都水族自治县	7184	4001	3183	101	60	41	1		1

4-4a　各地区分性别、受教育程度的25岁及以上人口(城市)

单位：人

地　区	25岁及以上人口			未上过学		
	合计	男	女	小计	男	女
贵　州	**6500360**	**3211385**	**3288975**	**194128**	**41129**	**152999**
贵阳市	**2737474**	**1367372**	**1370102**	**57006**	**13673**	**43333**
南明区	698588	345377	353211	12373	2845	9528
云岩区	735968	363811	372157	16309	4044	12265
花溪区	408214	206486	201728	8542	2157	6385
乌当区	134101	65133	68968	2463	530	1933
白云区	258963	134553	124410	7712	1957	5755
观山湖区	347939	174846	173093	6498	1414	5084
开阳县						
息烽县						
修文县						
清镇市	153701	77166	76535	3109	726	2383
六盘水市	**604237**	**293725**	**310512**	**29757**	**5930**	**23827**
钟山区	338986	164527	174459	14930	3143	11787
六枝特区	97638	45914	51724	7134	1227	5907
水城县						
盘州市	167613	83284	84329	7693	1560	6133
遵义市	**1217512**	**594686**	**622826**	**29551**	**5218**	**24333**
红花岗区	472252	230937	241315	10893	1969	8924
汇川区	297572	144655	152917	7156	1139	6017
播州区	188129	91434	96695	4018	664	3354
桐梓县						
绥阳县						
正安县						
道真仡佬族苗族自治县						
务川仡佬族苗族自治县						
凤冈县						
湄潭县						
余庆县						
习水县						
赤水市	73175	34711	38464	2048	473	1575
仁怀市	186384	92949	93435	5436	973	4463
安顺市	**349433**	**169534**	**179899**	**14376**	**2533**	**11843**
西秀区	299735	145364	154371	12526	2219	10307
平坝区	49698	24170	25528	1850	314	1536
普定县						
镇宁布依族苗族自治县						
关岭布依族苗族自治县						
紫云苗族布依族自治县						
毕节市	**343347**	**170593**	**172754**	**21641**	**5193**	**16448**
七星关区	343347	170593	172754	21641	5193	16448
大方县						
黔西县						
金沙县						
织金县						
纳雍县						
威宁彝族回族苗族自治县						
赫章县						

4-4a 续表 1

单位：人

地区	25岁及以上人口			未上过学		
	合计	男	女	小计	男	女
铜仁市	**246391**	**121259**	**125132**	**8195**	**1911**	**6284**
碧江区	202355	98761	103594	6421	1448	4973
万山区	44036	22498	21538	1774	463	1311
江口县						
玉屏侗族自治县						
石阡县						
思南县						
印江土家族苗族自治县						
德江县						
沿河土家族自治县						
松桃苗族自治县						
黔西南布依族苗族自治州	**415637**	**205982**	**209655**	**15291**	**3389**	**11902**
兴义市	342236	169691	172545	11728	2691	9037
兴仁市	73401	36291	37110	3563	698	2865
普安县						
晴隆县						
贞丰县						
望谟县						
册亨县						
安龙县						
黔东南苗族侗族自治州	**311506**	**152600**	**158906**	**10802**	**1541**	**9261**
凯里市	311506	152600	158906	10802	1541	9261
黄平县						
施秉县						
三穗县						
镇远县						
岑巩县						
天柱县						
锦屏县						
剑河县						
台江县						
黎平县						
榕江县						
从江县						
雷山县						
麻江县						
丹寨县						
黔南布依族苗族自治州	**274823**	**135634**	**139189**	**7509**	**1741**	**5768**
都匀市	210010	103752	106258	5229	1192	4037
福泉市	64813	31882	32931	2280	549	1731
荔波县						
贵定县						
瓮安县						
独山县						
平塘县						
罗甸县						
长顺县						
龙里县						
惠水县						
三都水族自治县						

4-4a　续表 2　　　　单位：人

地　　区	学前教育			小　　学		
	小计	男	女	小计	男	女
贵　州	**3776**	**1229**	**2547**	**1190355**	**509590**	**680765**
贵阳市	**1675**	**612**	**1063**	**413133**	**181177**	**231956**
南明区	331	114	217	95207	39897	55310
云岩区	576	199	377	108362	47680	60682
花溪区	300	124	176	63143	27670	35473
乌当区	58	20	38	16432	6675	9757
白云区	162	65	97	52882	25155	27727
观山湖区	194	77	117	45004	19714	25290
开阳县						
息烽县						
修文县						
清镇市	54	13	41	32103	14386	17717
六盘水市	**419**	**131**	**288**	**126347**	**52345**	**74002**
钟山区	322	111	211	69823	29354	40469
六枝特区	27	5	22	21180	8906	12274
水城县						
盘州市	70	15	55	35344	14085	21259
遵义市	**552**	**152**	**400**	**231357**	**94422**	**136935**
红花岗区	191	42	149	84614	34794	49820
汇川区	117	25	92	51945	21288	30657
播州区	72	19	53	32811	13138	19673
桐梓县						
绥阳县						
正安县						
道真仡佬族苗族自治县						
务川仡佬族苗族自治县						
凤冈县						
湄潭县						
余庆县						
习水县						
赤水市	69	23	46	17496	7284	10212
仁怀市	103	43	60	44491	17918	26573
安顺市	**210**	**54**	**156**	**68162**	**28773**	**39389**
西秀区	201	51	150	57808	24335	33473
平坝区	9	3	6	10354	4438	5916
普定县						
镇宁布依族苗族自治县						
关岭布依族苗族自治县						
紫云苗族布依族自治县						
毕节市	**131**	**45**	**86**	**85052**	**40129**	**44923**
七星关区	131	45	86	85052	40129	44923
大方县						
黔西县						
金沙县						
织金县						
纳雍县						
威宁彝族回族苗族自治县						
赫章县						

4-4a 续表 3

单位：人

地区	学前教育			小学		
	小计	男	女	小计	男	女
铜仁市	**238**	**72**	**166**	**57004**	**24624**	**32380**
碧江区	191	65	126	43839	18678	25161
万山区	47	7	40	13165	5946	7219
江口县						
玉屏侗族自治县						
石阡县						
思南县						
印江土家族苗族自治县						
德江县						
沿河土家族自治县						
松桃苗族自治县						
黔西南布依族苗族自治州	**218**	**88**	**130**	**101630**	**43365**	**58265**
兴义市	200	85	115	80290	34349	45941
兴仁市	18	3	15	21340	9016	12324
普安县						
晴隆县						
贞丰县						
望谟县						
册亨县						
安龙县						
黔东南苗族侗族自治州	**163**	**33**	**130**	**55820**	**22063**	**33757**
凯里市	163	33	130	55820	22063	33757
黄平县						
施秉县						
三穗县						
镇远县						
岑巩县						
天柱县						
锦屏县						
剑河县						
台江县						
黎平县						
榕江县						
从江县						
雷山县						
麻江县						
丹寨县						
黔南布依族苗族自治州	**170**	**42**	**128**	**51850**	**22692**	**29158**
都匀市	127	34	93	36552	15998	20554
福泉市	43	8	35	15298	6694	8604
荔波县						
贵定县						
瓮安县						
独山县						
平塘县						
罗甸县						
长顺县						
龙里县						
惠水县						
三都水族自治县						

4-4a　续表 4

单位：人

地　区	初　中			高　中			大学专科		
	小计	男	女	小计	男	女	小计	男	女
贵　州	**2371010**	**1222742**	**1148268**	**1066252**	**557714**	**508538**	**789929**	**411343**	**378586**
贵阳市	**913900**	**473042**	**440858**	**511572**	**261766**	**249806**	**381891**	**195026**	**186865**
南明区	230347	117386	112961	150427	76716	73711	104276	53140	51136
云岩区	233217	119904	113313	137955	69525	68430	104122	52283	51839
花溪区	153657	80508	73149	75300	39196	36104	49469	25930	23539
乌当区	40067	19466	20601	27515	13706	13809	23223	11887	11336
白云区	105271	57427	47844	41310	22289	19021	27771	14760	13011
观山湖区	84410	43407	41003	56325	28268	28057	57695	28896	28799
开阳县									
息烽县									
修文县									
清镇市	66931	34944	31987	22740	12066	10674	15335	8130	7205
六盘水市	**221196**	**113136**	**108060**	**92773**	**50390**	**42383**	**69517**	**37642**	**31875**
钟山区	114778	58305	56473	56647	30160	26487	41794	22230	19564
六枝特区	37894	18720	19174	12946	7075	5871	9484	5250	4234
水城县									
盘州市	68524	36111	32413	23180	13155	10025	18239	10162	8077
遵义市	**530276**	**270168**	**260108**	**184890**	**98610**	**86280**	**119957**	**62820**	**57137**
红花岗区	208889	106090	102799	76083	40513	35570	46894	24512	22382
汇川区	116582	59741	56841	45852	23416	22436	34685	17673	17012
播州区	92413	46056	46357	27747	14977	12770	16870	8969	7901
桐梓县									
绥阳县									
正安县									
道真仡佬族苗族自治县									
务川仡佬族苗族自治县									
凤冈县									
湄潭县									
余庆县									
习水县									
赤水市	29833	14357	15476	10690	5634	5056	7613	4043	3570
仁怀市	82559	43924	38635	24518	14070	10448	13895	7623	6272
安顺市	**132673**	**68431**	**64242**	**51614**	**26819**	**24795**	**40628**	**21260**	**19368**
西秀区	111785	57711	54074	44718	23156	21562	35508	18593	16915
平坝区	20888	10720	10168	6896	3663	3233	5120	2667	2453
普定县									
镇宁布依族苗族自治县									
关岭布依族苗族自治县									
紫云苗族布依族自治县									
毕节市	**128939**	**67330**	**61609**	**37759**	**20439**	**17320**	**29193**	**15795**	**13398**
七星关区	128939	67330	61609	37759	20439	17320	29193	15795	13398
大方县									
黔西县									
金沙县									
织金县									
纳雍县									
威宁彝族回族苗族自治县									
赫章县									

4-4a 续表 5

单位：人

地 区	初 中			高 中			大学专科		
	小计	男	女	小计	男	女	小计	男	女
铜仁市	**87105**	**44841**	**42264**	**36695**	**19365**	**17330**	**28085**	**14707**	**13378**
碧江区	70176	35367	34809	31925	16671	15254	24454	12753	11701
万山区	16929	9474	7455	4770	2694	2076	3631	1954	1677
江口县									
玉屏侗族自治县									
石阡县									
思南县									
印江土家族苗族自治县									
德江县									
沿河土家族自治县									
松桃苗族自治县									
黔西南布依族苗族自治州	**145022**	**76804**	**68218**	**54995**	**29743**	**25252**	**48030**	**25659**	**22371**
兴义市	117532	61913	55619	48597	26115	22482	40548	21540	19008
兴仁市	27490	14891	12599	6398	3628	2770	7482	4119	3363
普安县									
晴隆县									
贞丰县									
望谟县									
册亨县									
安龙县									
黔东南苗族侗族自治州	**112880**	**58288**	**54592**	**50895**	**27285**	**23610**	**40364**	**21557**	**18807**
凯里市	112880	58288	54592	50895	27285	23610	40364	21557	18807
黄平县									
施秉县									
三穗县									
镇远县									
岑巩县									
天柱县									
锦屏县									
剑河县									
台江县									
黎平县									
榕江县									
从江县									
雷山县									
麻江县									
丹寨县									
黔南布依族苗族自治州	**99019**	**50702**	**48317**	**45059**	**23297**	**21762**	**32264**	**16877**	**15387**
都匀市	73215	37334	35881	36823	18896	17927	25804	13463	12341
福泉市	25804	13368	12436	8236	4401	3835	6460	3414	3046
荔波县									
贵定县									
瓮安县									
独山县									
平塘县									
罗甸县									
长顺县									
龙里县									
惠水县									
三都水族自治县									

4-4a　续表 6

单位：人

地　区	大学本科			硕士研究生			博士研究生		
	小计	男	女	小计	男	女	小计	男	女
贵　州	**815897**	**432393**	**383504**	**61685**	**30756**	**30929**	**7328**	**4489**	**2839**
贵阳市	**410196**	**217472**	**192724**	**42662**	**21334**	**21328**	**5439**	**3270**	**2169**
南明区	96594	50793	45801	8128	3950	4178	905	536	369
云岩区	120852	63055	57797	12920	6184	6736	1655	937	718
花溪区	48525	26032	22493	7668	3830	3838	1610	1039	571
乌当区	22457	11871	10586	1644	832	812	242	146	96
白云区	22563	12202	10361	1170	629	541	122	69	53
观山湖区	86354	46902	39452	10586	5642	4944	873	526	347
开阳县									
息烽县									
修文县									
清镇市	12851	6617	6234	546	267	279	32	17	15
六盘水市	**62164**	**33065**	**29099**	**1912**	**1007**	**905**	**152**	**79**	**73**
钟山区	39021	20355	18666	1545	805	740	126	64	62
六枝特区	8827	4651	4176	140	76	64	6	4	2
水城县									
盘州市	14316	8059	6257	227	126	101	20	11	9
遵义市	**113176**	**59536**	**53640**	**6930**	**3228**	**3702**	**823**	**532**	**291**
红花岗区	41441	21500	19941	2890	1284	1606	357	233	124
汇川区	37668	19579	18089	3177	1537	1640	390	257	133
播州区	13876	7456	6420	303	144	159	19	11	8
桐梓县									
绥阳县									
正安县									
道真仡佬族苗族自治县									
务川仡佬族苗族自治县									
凤冈县									
湄潭县									
余庆县									
习水县									
赤水市	5321	2847	2474	95	46	49	10	4	6
仁怀市	14870	8154	6716	465	217	248	47	27	20
安顺市	**39801**	**20655**	**19146**	**1821**	**915**	**906**	**148**	**94**	**54**
西秀区	35366	18366	17000	1686	845	841	137	88	49
平坝区	4435	2289	2146	135	70	65	11	6	5
普定县									
镇宁布依族苗族自治县									
关岭布依族苗族自治县									
紫云苗族布依族自治县									
毕节市	**38911**	**20719**	**18192**	**1598**	**855**	**743**	**123**	**88**	**35**
七星关区	38911	20719	18192	1598	855	743	123	88	35
大方县									
黔西县									
金沙县									
织金县									
纳雍县									
威宁彝族回族苗族自治县									
赫章县									

4-4a　续表 7

单位：人

地　区	大学本科			硕士研究生			博士研究生		
	小计	男	女	小计	男	女	小计	男	女
铜仁市	**27427**	**14879**	**12548**	**1483**	**751**	**732**	**159**	**109**	**50**
碧江区	23815	12979	10836	1379	694	685	155	106	49
万山区	3612	1900	1712	104	57	47	4	3	1
江口县									
玉屏侗族自治县									
石阡县									
思南县									
印江土家族苗族自治县									
德江县									
沿河土家族自治县									
松桃苗族自治县									
黔西南布依族苗族自治州	**48606**	**26027**	**22579**	**1695**	**820**	**875**	**150**	**87**	**63**
兴义市	41576	22134	19442	1625	785	840	140	79	61
兴仁市	7030	3893	3137	70	35	35	10	8	2
普安县									
晴隆县									
贞丰县									
望谟县									
册亨县									
安龙县									
黔东南苗族侗族自治州	**38786**	**20827**	**17959**	**1614**	**878**	**736**	**182**	**128**	**54**
凯里市	38786	20827	17959	1614	878	736	182	128	54
黄平县									
施秉县									
三穗县									
镇远县									
岑巩县									
天柱县									
锦屏县									
剑河县									
台江县									
黎平县									
榕江县									
从江县									
雷山县									
麻江县									
丹寨县									
黔南布依族苗族自治州	**36830**	**19213**	**17617**	**1970**	**968**	**1002**	**152**	**102**	**50**
都匀市	30277	15818	14459	1836	917	919	147	100	47
福泉市	6553	3395	3158	134	51	83	5	2	3
荔波县									
贵定县									
瓮安县									
独山县									
平塘县									
罗甸县									
长顺县									
龙里县									
惠水县									
三都水族自治县									

4-4b　各地区分性别、受教育程度的25岁及以上人口(镇)

单位：人

地　区	25岁及以上人口			未上过学		
	合计	男	女	小计	男	女
贵　州	**6196324**	**3047211**	**3149113**	**506953**	**113904**	**393049**
贵阳市	**374693**	**186948**	**187745**	**14606**	**3398**	**11208**
南明区						
云岩区						
花溪区	36887	18912	17975	2405	716	1689
乌当区	14599	7534	7065	836	228	608
白云区	1930	943	987	105	18	87
观山湖区	16334	8184	8150	980	261	719
开阳县	121457	59528	61929	4099	759	3340
息烽县	69488	33749	35739	2197	410	1787
修文县	82926	41607	41319	2442	578	1864
清镇市	31072	16491	14581	1542	428	1114
六盘水市	**290475**	**145838**	**144637**	**34416**	**8303**	**26113**
钟山区	37739	19186	18553	5613	1228	4385
六枝特区	29462	14343	15119	4995	1134	3861
水城县	134408	68197	66211	16799	4500	12299
盘州市	88866	44112	44754	7009	1441	5568
遵义市	**1181828**	**566809**	**615019**	**69291**	**12616**	**56675**
红花岗区	40864	20322	20542	1676	321	1355
汇川区	38160	18989	19171	3746	650	3096
播州区	58969	28919	30050	3234	648	2586
桐梓县	158097	77345	80752	9297	1831	7466
绥阳县	107699	51999	55700	6199	1232	4967
正安县	103871	49007	54864	4925	763	4162
道真仡佬族苗族自治县	81145	36087	45058	4706	681	4025
务川仡佬族苗族自治县	97389	45635	51754	8862	1618	7244
凤冈县	91554	42965	48589	5604	945	4659
湄潭县	125572	59940	65632	4679	962	3717
余庆县	68324	31977	36347	4102	844	3258
习水县	149301	73332	75969	6516	1112	5404
赤水市	22975	10969	12006	1649	380	1269
仁怀市	37908	19323	18585	4096	629	3467
安顺市	**362292**	**181264**	**181028**	**34654**	**7460**	**27194**
西秀区	33512	18058	15454	3944	1076	2868
平坝区	58649	30481	28168	3660	820	2840
普定县	83883	41037	42846	6399	1499	4900
镇宁布依族苗族自治县	70612	34595	36017	5668	1203	4465
关岭布依族苗族自治县	59970	29634	30336	5378	822	4556
紫云苗族布依族自治县	55666	27459	28207	9605	2040	7565
毕节市	**1296975**	**649065**	**647910**	**168490**	**45715**	**122775**
七星关区	46027	22614	23413	5687	1249	4438
大方县	176559	88398	88161	15510	3965	11545
黔西县	207429	102873	104556	17236	4451	12785
金沙县	169351	84643	84708	10599	2609	7990
织金县	200372	99950	100422	32048	7855	24193
纳雍县	159830	80019	79811	26701	6439	20262
威宁彝族回族苗族自治县	244799	124752	120047	49657	16209	33448
赫章县	92608	45816	46792	11052	2938	8114

4−4b 续表 1

单位：人

地 区	25岁及以上人口			未上过学		
	合计	男	女	小计	男	女
铜仁市	**646432**	**309803**	**336629**	**33772**	**6972**	**26800**
碧江区	3706	1963	1743	312	65	247
万山区						
江口县	51184	24955	26229	3441	794	2647
玉屏侗族自治县	51530	25138	26392	1995	424	1571
石阡县	61942	29401	32541	2849	491	2358
思南县	110139	52318	57821	6365	1299	5066
印江土家族苗族自治县	74316	34518	39798	3438	708	2730
德江县	99727	47692	52035	5072	922	4150
沿河土家族自治县	94195	44933	49262	6150	1201	4949
松桃苗族自治县	99693	48885	50808	4150	1068	3082
黔西南布依族苗族自治州	**419792**	**209909**	**209883**	**35804**	**7816**	**27988**
兴义市	50856	25782	25074	3845	923	2922
兴仁市	27815	13959	13856	2802	472	2330
普安县	45827	23024	22803	4448	799	3649
晴隆县	44046	22169	21877	4908	1176	3732
贞丰县	66705	32686	34019	3231	584	2647
望谟县	52513	26500	26013	5905	1393	4512
册亨县	40179	20118	20061	4905	1269	3636
安龙县	91851	45671	46180	5760	1200	4560
黔东南苗族侗族自治州	**770014**	**375667**	**394347**	**55503**	**9540**	**45963**
凯里市	21413	10856	10557	1825	239	1586
黄平县	59507	29330	30177	3800	820	2980
施秉县	31882	15296	16586	2268	446	1822
三穗县	48353	23026	25327	2458	327	2131
镇远县	60950	29109	31841	3360	496	2864
岑巩县	45774	21540	24234	3475	581	2894
天柱县	73518	35820	37698	2322	516	1806
锦屏县	45093	21463	23630	2989	352	2637
剑河县	45037	21635	23402	5237	745	4492
台江县	27568	13666	13902	2725	449	2276
黎平县	102927	50017	52910	8898	1266	7632
榕江县	64374	31948	32426	4576	933	3643
从江县	43670	22132	21538	5043	1154	3889
雷山县	31661	16142	15519	3210	598	2612
麻江县	33398	16350	17048	1458	317	1141
丹寨县	34889	17337	17552	1859	301	1558
黔南布依族苗族自治州	**853823**	**421908**	**431915**	**60417**	**12084**	**48333**
都匀市	15612	7840	7772	880	218	662
福泉市	31489	16617	14872	1565	456	1109
荔波县	42847	20961	21886	1263	251	1012
贵定县	85039	42310	42729	5239	1228	4011
瓮安县	154396	74857	79539	5468	1162	4306
独山县	85689	42067	43622	4875	925	3950
平塘县	50982	24349	26633	3726	724	3002
罗甸县	84141	40519	43622	12720	2002	10718
长顺县	52888	26579	26309	6603	1267	5336
龙里县	86180	44525	41655	3355	907	2448
惠水县	105137	51784	53353	10025	2029	7996
三都水族自治县	59423	29500	29923	4698	915	3783

4-4b　续表 2

单位：人

地　　区	学前教育			小　　学		
	小计	男	女	小计	男	女
贵　州	**5221**	**1660**	**3561**	**1851226**	**828419**	**1022807**
贵阳市	**322**	**119**	**203**	**100823**	**45044**	**55779**
南明区						
云岩区						
花溪区	67	18	49	8568	4105	4463
乌当区	35	17	18	3661	1757	1904
白云区				584	248	336
观山湖区	10	1	9	3909	1651	2258
开阳县	86	33	53	34271	14599	19672
息烽县	43	16	27	16932	7158	9774
修文县	40	12	28	22819	10691	12128
清镇市	41	22	19	10079	4835	5244
六盘水市	**139**	**45**	**94**	**101751**	**47581**	**54170**
钟山区	23	10	13	11870	5735	6135
六枝特区	39	17	22	10609	5252	5357
水城县	30	9	21	50641	24642	25999
盘州市	47	9	38	28631	11952	16679
遵义市	**780**	**240**	**540**	**341481**	**142029**	**199452**
红花岗区	27	10	17	9773	4290	5483
汇川区	13	4	9	12484	5797	6687
播州区	23	10	13	16492	7159	9333
桐梓县	124	34	90	42379	18524	23855
绥阳县	83	20	63	28593	11928	16665
正安县	55	16	39	37319	14396	22923
道真仡佬族苗族自治县	52	6	46	24981	9216	15765
务川仡佬族苗族自治县	84	36	48	32500	13558	18942
凤冈县	33	9	24	24473	9482	14991
湄潭县	80	29	51	31330	13213	18117
余庆县	69	20	49	19005	7809	11196
习水县	58	17	41	39411	16242	23169
赤水市	59	24	35	9212	4125	5087
仁怀市	20	5	15	13529	6290	7239
安顺市	**269**	**68**	**201**	**112521**	**53337**	**59184**
西秀区	50	6	44	10990	5702	5288
平坝区	36	9	27	18169	8598	9571
普定县	57	18	39	25317	11475	13842
镇宁布依族苗族自治县	42	19	23	21933	9793	12140
关岭布依族苗族自治县	17	2	15	19257	8944	10313
紫云苗族布依族自治县	67	14	53	16855	8825	8030
毕节市	**1218**	**432**	**786**	**413919**	**204894**	**209025**
七星关区	49	22	27	17571	8112	9459
大方县	94	37	57	53390	26126	27264
黔西县	116	50	66	72086	35220	36866
金沙县	122	43	79	50464	23333	27131
织金县	127	40	87	67807	34781	33026
纳雍县	357	121	236	46294	23509	22785
威宁彝族回族苗族自治县	248	85	163	77045	40111	36934
赫章县	105	34	71	29262	13702	15560

4—4b 续表 3

单位：人

地区	学前教育			小学		
	小计	男	女	小计	男	女
铜仁市	**766**	**232**	**534**	**167578**	**65454**	**102124**
碧江区	29	5	24	1168	585	583
万山区						
江口县	10	4	6	14103	6043	8060
玉屏侗族自治县	54	22	32	11973	4904	7069
石阡县	50	16	34	16058	5934	10124
思南县	136	37	99	28493	11123	17370
印江土家族苗族自治县	91	23	68	19397	6951	12446
德江县	115	28	87	23509	8578	14931
沿河土家族自治县	93	36	57	25450	9752	15698
松桃苗族自治县	188	61	127	27427	11584	15843
黔西南布依族苗族自治州	**417**	**113**	**304**	**147594**	**65766**	**81828**
兴义市	53	14	39	20804	9472	11332
兴仁市	65	13	52	9883	4381	5502
普安县	15	4	11	12948	5877	7071
晴隆县	56	29	27	15398	7047	8351
贞丰县	42	9	33	23256	9353	13903
望谟县	89	16	73	18898	8628	10270
册亨县	49	15	34	15341	7254	8087
安龙县	48	13	35	31066	13754	17312
黔东南苗族侗族自治州	**581**	**169**	**412**	**216583**	**90688**	**125895**
凯里市	6	3	3	6793	2962	3831
黄平县	37	8	29	18809	8222	10587
施秉县	21	5	16	7866	3292	4574
三穗县	44	8	36	14576	5635	8941
镇远县	39	9	30	16983	6841	10142
岑巩县	13	4	9	11408	4537	6871
天柱县	54	19	35	18577	6989	11588
锦屏县	13	5	8	11506	4308	7198
剑河县	25	7	18	11741	4783	6958
台江县	66	16	50	6652	2715	3937
黎平县	78	28	50	32569	13743	18826
榕江县	57	31	26	16977	7581	9396
从江县	25	6	19	14175	6768	7407
雷山县	34	6	28	7105	3105	4000
麻江县	36	9	27	10079	4517	5562
丹寨县	33	5	28	10767	4690	6077
黔南布依族苗族自治州	**729**	**242**	**487**	**248976**	**113626**	**135350**
都匀市	20	6	14	4787	2145	2642
福泉市	9	4	5	9319	4489	4830
荔波县	40	8	32	9662	3573	6089
贵定县	44	11	33	25607	12192	13415
瓮安县	133	59	74	41570	18345	23225
独山县	62	20	42	24232	10599	13633
平塘县	28	8	20	15889	6767	9122
罗甸县	52	7	45	27303	13019	14284
长顺县	21	6	15	15086	7378	7708
龙里县	69	30	39	25269	12110	13159
惠水县	108	45	63	29512	13622	15890
三都水族自治县	143	38	105	20740	9387	11353

4-4b 续表 4

单位：人

地　区	初　中			高　中			大学专科		
	小计	男	女	小计	男	女	小计	男	女
贵　州	**2408296**	**1300459**	**1107837**	**571572**	**326687**	**244885**	**444432**	**251165**	**193267**
贵阳市	**164379**	**87491**	**76888**	**41889**	**23185**	**18704**	**27263**	**14546**	**12717**
南明区									
云岩区									
花溪区	16310	9130	7180	3021	1713	1308	1465	789	676
乌当区	7664	4262	3402	1466	817	649	645	310	335
白云区	970	509	461	198	126	72	49	33	16
观山湖区	7754	4208	3546	2352	1353	999	840	454	386
开阳县	50080	26368	23712	14942	8107	6835	10593	5676	4917
息烽县	28570	14467	14103	9055	4975	4080	6836	3658	3178
修文县	38838	20378	18460	8157	4454	3703	5327	2793	2534
清镇市	14193	8169	6024	2698	1640	1058	1508	833	675
六盘水市	**108688**	**63084**	**45604**	**19806**	**11928**	**7878**	**13820**	**8254**	**5566**
钟山区	15476	9245	6231	2819	1800	1019	1243	778	465
六枝特区	10537	5998	4539	1449	922	527	1027	610	417
水城县	44865	26351	18514	9039	5287	3752	6728	3953	2775
盘州市	37810	21490	16320	6499	3919	2580	4822	2913	1909
遵义市	**518724**	**270474**	**248250**	**105919**	**60295**	**45624**	**75635**	**42523**	**33112**
红花岗区	22873	11956	10917	3473	1995	1478	1713	998	715
汇川区	17491	9898	7593	2221	1409	812	1160	678	482
播州区	30385	15923	14462	4762	2899	1863	2270	1279	991
桐梓县	76393	40189	36204	13209	7455	5754	8230	4695	3535
绥阳县	47859	24815	23044	12213	6886	5327	7363	4148	3215
正安县	39783	21345	18438	7992	4602	3390	6722	3879	2843
道真仡佬族苗族自治县	33114	15906	17208	7383	4066	3317	5623	3202	2421
务川仡佬族苗族自治县	35090	18296	16794	6479	3868	2611	7011	4080	2931
凤冈县	37909	19446	18463	8160	4560	3600	7938	4373	3565
湄潭县	58510	29204	29306	13240	7129	6111	9781	5224	4557
余庆县	27370	13541	13829	7074	3883	3191	5962	3261	2701
习水县	66076	35038	31038	16300	9400	6900	10254	5719	4535
赤水市	9459	4905	4554	1405	847	558	765	461	304
仁怀市	16412	10012	6400	2008	1296	712	843	526	317
安顺市	**140119**	**78066**	**62053**	**31639**	**18297**	**13342**	**23167**	**13277**	**9890**
西秀区	14220	8653	5567	2251	1402	849	1299	789	510
平坝区	25081	14129	10952	5868	3445	2423	3425	2063	1362
普定县	34706	18461	16245	7259	4057	3202	5545	3128	2417
镇宁布依族苗族自治县	26992	14696	12296	6444	3637	2807	5275	2978	2297
关岭布依族苗族自治县	21214	11780	9434	5331	3189	2142	4181	2383	1798
紫云苗族布依族自治县	17906	10347	7559	4486	2567	1919	3442	1936	1506
毕节市	**448502**	**249413**	**199089**	**103827**	**59593**	**44234**	**80633**	**45351**	**35282**
七星关区	17820	10155	7665	2125	1441	684	1357	822	535
大方县	68819	37035	31784	15690	8797	6893	11265	6161	5104
黔西县	74911	39854	35057	17416	9458	7958	12978	7157	5821
金沙县	72059	38588	33471	15782	8869	6913	10408	5928	4480
织金县	61262	35052	26210	14686	8706	5980	12043	6727	5316
纳雍县	54943	31778	23165	12155	7240	4915	10009	5722	4287
威宁彝族回族苗族自治县	69376	40594	28782	18286	10683	7603	15007	8534	6473
赫章县	29312	16357	12955	7687	4399	3288	7566	4300	3266

4-4b 续表 5 单位：人

地区	初中			高中			大学专科		
	小计	男	女	小计	男	女	小计	男	女
铜仁市	**256921**	**131064**	**125857**	**75155**	**42330**	**32825**	**62359**	**35073**	**27286**
碧江区	1969	1158	811	138	89	49	55	39	16
万山区									
江口县	20193	10358	9835	5009	2896	2113	4856	2817	2039
玉屏侗族自治县	21592	11105	10487	7420	4028	3392	4844	2670	2174
石阡县	22189	11098	11091	7218	4126	3092	7274	4126	3148
思南县	43332	22008	21324	12041	6903	5138	11008	5958	5050
印江土家族苗族自治县	29506	14490	15016	8222	4509	3713	7395	4246	3149
德江县	41422	21363	20059	12772	7201	5571	10244	5708	4536
沿河土家族自治县	37777	19570	18207	8912	5110	3802	8468	4874	3594
松桃苗族自治县	38941	19914	19027	13423	7468	5955	8215	4635	3580
黔西南布依族苗族自治州	**144692**	**82982**	**61710**	**31230**	**18666**	**12564**	**31734**	**18752**	**12982**
兴义市	20240	11727	8513	2955	1912	1043	1620	1009	611
兴仁市	11086	6527	4559	1501	998	503	1385	943	442
普安县	15675	8988	6687	4301	2588	1713	4308	2446	1862
晴隆县	13590	7914	5676	3025	1814	1211	3517	2141	1376
贞丰县	23389	13241	10148	5303	3022	2281	6090	3490	2600
望谟县	14986	9092	5894	3603	2184	1419	5074	2988	2086
册亨县	10866	6364	4502	2711	1530	1181	3105	1851	1254
安龙县	34860	19129	15731	7831	4618	3213	6635	3884	2751
黔东南苗族侗族自治州	**291615**	**155741**	**135874**	**79160**	**46127**	**33033**	**66189**	**38654**	**27535**
凯里市	9444	5470	3974	1609	1066	543	1052	704	348
黄平县	23474	12508	10966	4666	2686	1980	4636	2693	1943
施秉县	11886	6013	5873	3668	2051	1617	3496	1981	1515
三穗县	18588	9659	8929	4615	2711	1904	3979	2341	1638
镇远县	24290	12542	11748	6872	3912	2960	4831	2730	2101
岑巩县	17112	8525	8587	4914	2776	2138	4058	2354	1704
天柱县	33591	17234	16357	8739	4966	3773	5548	3270	2278
锦屏县	17677	9187	8490	4604	2738	1866	3861	2318	1543
剑河县	14846	8243	6603	4210	2588	1622	4285	2607	1678
台江县	10065	5497	4568	3332	2054	1278	2779	1750	1029
黎平县	40091	22459	17632	8235	5042	3193	6827	3932	2895
榕江县	24220	12935	11285	8244	4587	3657	6272	3520	2752
从江县	12532	7180	5352	3830	2294	1536	4971	2973	1998
雷山县	11277	6331	4946	3698	2279	1419	3118	1895	1223
麻江县	11156	5746	5410	3927	2130	1797	3061	1647	1414
丹寨县	11366	6212	5154	3997	2247	1750	3415	1939	1476
黔南布依族苗族自治州	**334656**	**182144**	**152512**	**82947**	**46266**	**36681**	**63632**	**34735**	**28897**
都匀市	7826	4304	3522	1290	725	565	502	278	224
福泉市	14061	7838	6223	2993	1698	1295	1902	1117	785
荔波县	16100	8564	7536	5149	2884	2265	5004	2781	2223
贵定县	32644	17553	15091	8608	4598	4010	6904	3620	3284
瓮安县	69944	35327	34617	16181	8709	7472	11935	6296	5639
独山县	36594	19783	16811	8800	4984	3816	6038	3197	2841
平塘县	18543	9947	8596	4085	2319	1766	4181	2304	1877
罗甸县	25414	15115	10299	6639	3920	2719	5865	3200	2665
长顺县	19204	11176	8028	4672	2677	1995	3257	1900	1357
龙里县	35560	19693	15867	9651	5344	4307	6293	3433	2860
惠水县	40152	22294	17858	10033	5621	4412	7316	4023	3293
三都水族自治县	18614	10550	8064	4846	2787	2059	4435	2586	1849

4-4b　续表 6　　　　单位：人

地　区	大学本科			硕士研究生			博士研究生		
	小计	男	女	小计	男	女	小计	男	女
贵　州	**399349**	**220255**	**179094**	**8211**	**3994**	**4217**	**1064**	**668**	**396**
贵阳市	**22076**	**11713**	**10363**	**2691**	**1038**	**1653**	**644**	**414**	**230**
南明区									
云岩区									
花溪区	2307	1270	1037	2144	780	1364	600	391	209
乌当区	284	142	142	6	1	5	2		2
白云区	23	9	14	1		1			
观山湖区	473	251	222	13	5	8	3		3
开阳县	7188	3887	3301	183	92	91	15	7	8
息烽县	5696	2990	2706	153	70	83	6	5	1
修文县	5157	2632	2525	129	59	70	17	10	7
清镇市	948	532	416	62	31	31	1	1	
六盘水市	**11348**	**6384**	**4964**	**447**	**214**	**233**	**60**	**45**	**15**
钟山区	679	382	297	14	6	8	2	2	
六枝特区	803	409	394	3	1	2			
水城县	5870	3227	2643	384	188	196	52	40	12
盘州市	3996	2366	1630	46	19	27	6	3	3
遵义市	**68792**	**38020**	**30772**	**1148**	**580**	**568**	**58**	**32**	**26**
红花岗区	1310	743	567	17	8	9	2	1	1
汇川区	1036	547	489	6	4	2	3	2	1
播州区	1781	992	789	18	5	13	4	4	
桐梓县	8309	4533	3776	148	78	70	8	6	2
绥阳县	5276	2920	2356	111	49	62	2	1	1
正安县	6948	3927	3021	124	79	45	3		3
道真仡佬族苗族自治县	5235	2983	2252	49	25	24	2	2	
务川仡佬族苗族自治县	7252	4118	3134	107	58	49	4	3	1
凤冈县	7311	4085	3226	121	64	57	5	1	4
湄潭县	7775	4105	3670	168	70	98	9	4	5
余庆县	4690	2589	2101	49	28	21	3	2	1
习水县	10465	5693	4772	210	105	105	11	6	5
赤水市	419	226	193	7	1	6			
仁怀市	985	559	426	13	6	7	2		2
安顺市	**19550**	**10562**	**8988**	**349**	**185**	**164**	**24**	**12**	**12**
西秀区	744	421	323	14	9	5			
平坝区	2324	1364	960	82	52	30	4	1	3
普定县	4527	2365	2162	69	32	37	4	2	2
镇宁布依族苗族自治县	4187	2232	1955	65	35	30	6	2	4
关岭布依族苗族自治县	4508	2472	2036	77	37	40	7	5	2
紫云苗族布依族自治县	3260	1708	1552	42	20	22	3	2	1
毕节市	**79434**	**43120**	**36314**	**874**	**502**	**372**	**78**	**45**	**33**
七星关区	1404	805	599	10	5	5	4	3	1
大方县	11602	6172	5430	181	102	79	8	3	5
黔西县	12550	6603	5947	122	72	50	14	8	6
金沙县	9819	5218	4601	82	46	36	16	9	7
织金县	12232	6694	5538	157	88	69	10	7	3
纳雍县	9247	5141	4106	115	63	52	9	6	3
威宁彝族回族苗族自治县	15039	8447	6592	129	82	47	12	7	5
赫章县	7541	4040	3501	78	44	34	5	2	3

4−4b 续表 7 单位：人

地区	大学本科			硕士研究生			博士研究生		
	小计	男	女	小计	男	女	小计	男	女
铜仁市	**49226**	**28307**	**20919**	**591**	**330**	**261**	**64**	**41**	**23**
碧江区	35	22	13						
万山区									
江口县	3527	2017	1510	42	24	18	3	2	1
玉屏侗族自治县	3590	1945	1645	55	34	21	7	6	1
石阡县	6201	3548	2653	96	58	38	7	4	3
思南县	8647	4928	3719	103	53	50	14	9	5
印江土家族苗族自治县	6189	3554	2635	74	34	40	4	3	1
德江县	6528	3853	2675	54	33	21	11	6	5
沿河土家族自治县	7273	4349	2924	68	39	29	4	2	2
松桃苗族自治县	7236	4091	3145	99	55	44	14	9	5
黔西南布依族苗族自治州	**28038**	**15661**	**12377**	**261**	**141**	**120**	**22**	**12**	**10**
兴义市	1320	714	606	15	9	6	4	2	2
兴仁市	1080	622	458	13	3	10			
普安县	4104	2306	1798	27	16	11	1		1
晴隆县	3522	2031	1491	29	17	12	1		1
贞丰县	5338	2957	2381	55	30	25	1		1
望谟县	3932	2188	1744	24	9	15	2	2	
册亨县	3169	1811	1358	27	19	8	6	5	1
安龙县	5573	3032	2541	71	38	33	7	3	4
黔东南苗族侗族自治州	**59796**	**34382**	**25414**	**546**	**337**	**209**	**41**	**29**	**12**
凯里市	676	409	267	8	3	5			
黄平县	4048	2370	1678	32	19	13	5	4	1
施秉县	2638	1485	1153	37	21	16	2	2	
三穗县	4052	2312	1740	40	32	8	1	1	
镇远县	4531	2558	1973	42	20	22	2	1	1
岑巩县	4741	2730	2011	50	32	18	3	1	2
天柱县	4653	2806	1847	34	20	14			
锦屏县	4403	2532	1871	34	19	15	6	4	2
剑河县	4649	2639	2010	44	23	21			
台江县	1923	1167	756	21	15	6	5	3	2
黎平县	6161	3502	2659	66	45	21	2		2
榕江县	4007	2347	1660	19	12	7	2	2	
从江县	3071	1742	1329	21	13	8	2	2	
雷山县	3180	1900	1280	35	25	10	4	3	1
麻江县	3644	1961	1683	33	19	14	4	4	
丹寨县	3419	1922	1497	30	19	11	3	2	1
黔南布依族苗族自治州	**61089**	**32106**	**28983**	**1304**	**667**	**637**	**73**	**38**	**35**
都匀市	294	156	138	13	8	5			
福泉市	1603	986	617	34	26	8	3	3	
荔波县	5569	2868	2701	57	30	27	3	2	1
贵定县	5811	3020	2791	172	83	89	10	5	5
瓮安县	8944	4857	4087	201	93	108	20	9	11
独山县	4981	2506	2475	100	49	51	7	4	3
平塘县	4483	2252	2231	42	27	15	5	1	4
罗甸县	6044	3196	2848	103	60	43	1		1
长顺县	3988	2143	1845	54	30	24	3	2	1
龙里县	5825	2917	2908	145	84	61	13	7	6
惠水县	7674	4012	3662	309	133	176	8	5	3
三都水族自治县	5873	3193	2680	74	44	30			

4-4c　各地区分性别、受教育程度的25岁及以上人口(乡村)

单位：人

地　区	25岁及以上人口			未上过学		
	合计	男	女	小计	男	女
贵　州	**11511026**	**5908199**	**5602827**	**1847020**	**420793**	**1426227**
贵阳市	**788326**	**418930**	**369396**	**64227**	**15910**	**48317**
南明区	35054	19124	15930	1657	420	1237
云岩区						
花溪区	121765	64131	57634	12073	3003	9070
乌当区	75251	40395	34856	6237	1710	4527
白云区	22724	12116	10608	1384	381	1003
观山湖区	53824	28856	24968	2886	822	2064
开阳县	116223	61739	54484	11646	2833	8813
息烽县	80907	43053	37854	5808	1114	4694
修文县	105004	55997	49007	7471	1871	5600
清镇市	177574	93519	84055	15065	3756	11309
六盘水市	**959963**	**493138**	**466825**	**161193**	**39592**	**121601**
钟山区	35745	18962	16783	8010	2330	5680
六枝特区	194474	98582	95892	41841	9134	32707
水城县	303398	156774	146624	61319	17230	44089
盘州市	426346	218820	207526	50023	10898	39125
遵义市	**1978609**	**1012754**	**965855**	**217930**	**41599**	**176331**
红花岗区	128073	65815	62258	9614	1870	7744
汇川区	94696	49055	45641	13341	2196	11145
播州区	259861	133113	126748	19826	3721	16105
桐梓县	191064	99473	91591	25819	4308	21511
绥阳县	143046	72635	70411	17632	3835	13797
正安县	155723	78232	77491	17762	2716	15046
道真仡佬族苗族自治县	85441	43818	41623	8173	1505	6668
务川仡佬族苗族自治县	96045	49027	47018	16625	3652	12973
凤冈县	110626	55161	55465	16293	3318	12975
湄潭县	131590	65489	66101	10438	2081	8357
余庆县	84433	42020	42413	9566	2127	7439
习水县	225376	116082	109294	22463	4239	18224
赤水市	78129	40514	37615	8240	2303	5937
仁怀市	194506	102320	92186	22138	3728	18410
安顺市	**832460**	**423926**	**408534**	**153103**	**30628**	**122475**
西秀区	230261	116820	113441	37360	6978	30382
平坝区	115248	58223	57025	13177	2524	10653
普定县	142088	72757	69331	20072	4478	15594
镇宁布依族苗族自治县	118146	61089	57057	24484	5128	19356
关岭布依族苗族自治县	107703	55301	52402	20995	3441	17554
紫云苗族布依族自治县	119014	59736	59278	37015	8079	28936
毕节市	**2316518**	**1194214**	**1122304**	**505069**	**137832**	**367237**
七星关区	343667	174179	169488	61243	13976	47267
大方县	318966	164946	154020	52326	13090	39236
黔西县	251059	129989	121070	40261	9820	30441
金沙县	177154	94618	82536	20057	4239	15818
织金县	274915	141802	133113	73822	18099	55723
纳雍县	231749	118190	113559	66931	17557	49374
威宁彝族回族苗族自治县	455035	235516	219519	137084	47013	90071
赫章县	263973	134974	128999	53345	14038	39307

4-4c 续表 1

单位：人

地区	25岁及以上人口			未上过学		
	合计	男	女	小计	男	女
铜仁市	**1164634**	**591063**	**573571**	**170367**	**36921**	**133446**
碧江区	62280	32650	29630	5807	1806	4001
万山区	55999	29219	26780	5890	1698	4192
江口县	71380	36935	34445	9493	2413	7080
玉屏侗族自治县	47856	24724	23132	3108	670	2438
石阡县	134865	68163	66702	18183	3865	14318
思南县	182923	90537	92386	31857	6213	25644
印江土家族苗族自治县	116999	58934	58065	17834	4273	13561
德江县	133225	66589	66636	23900	4235	19665
沿河土家族自治县	154165	77695	76470	30328	5837	24491
松桃苗族自治县	204942	105617	99325	23967	5911	18056
黔西南布依族苗族自治州	**1008797**	**509810**	**498987**	**143252**	**30205**	**113047**
兴义市	229298	117299	111999	21604	5021	16583
兴仁市	155884	79262	76622	19964	3651	16313
普安县	101123	51707	49416	17016	3350	13666
晴隆县	93278	47301	45977	17179	3314	13865
贞丰县	116025	57381	58644	12478	1979	10499
望谟县	91931	45743	46188	27884	6985	20899
册亨县	78433	39194	39239	15041	3665	11376
安龙县	142825	71923	70902	12086	2240	9846
黔东南苗族侗族自治州	**1337353**	**684572**	**652781**	**253997**	**51322**	**202675**
凯里市	124631	65501	59130	19582	3244	16338
黄平县	99672	50596	49076	14265	2623	11642
施秉县	49795	25369	24426	7551	1590	5961
三穗县	54925	28446	26479	6319	1124	5195
镇远县	65925	33884	32041	9132	1620	7512
岑巩县	63448	32488	30960	12065	2412	9653
天柱县	109605	56066	53539	8534	1301	7233
锦屏县	58228	29672	28556	8011	1054	6957
剑河县	72354	37182	35172	19918	3876	16042
台江县	47013	23949	23064	12072	2607	9465
黎平县	162917	81826	81091	31623	6003	25620
榕江县	121962	63020	58942	28585	6106	22479
从江县	147957	73834	74123	47769	12149	35620
雷山县	50935	27244	23691	11796	2251	9545
麻江县	55558	28859	26699	8204	1842	6362
丹寨县	52428	26636	25792	8571	1520	7051
黔南布依族苗族自治州	**1124366**	**579792**	**544574**	**177882**	**36784**	**141098**
都匀市	127337	66205	61132	15556	3304	12252
福泉市	101558	54377	47181	9147	2337	6810
荔波县	60515	31629	28886	7072	1474	5598
贵定县	75120	38874	36246	12642	2777	9865
瓮安县	109127	57255	51872	9625	2286	7339
独山县	94316	47994	46322	13247	2753	10494
平塘县	99614	49334	50280	16754	3413	13341
罗甸县	75967	38251	37716	22363	4407	17956
长顺县	75248	38631	36617	17185	3216	13969
龙里县	71442	38073	33369	9517	2287	7230
惠水县	128971	66191	62780	29502	5529	23973
三都水族自治县	105151	52978	52173	15272	3001	12271

4-4c　续表 2　　　　　　　　　　　　　　　　　　　　　　单位：人

地　　区	学前教育			小　　学		
	小计	男	女	小计	男	女
贵　州	**15832**	**4867**	**10965**	**5052373**	**2535591**	**2516782**
贵阳市	**851**	**325**	**526**	**330090**	**166794**	**163296**
南明区	12	3	9	9936	5000	4936
云岩区						
花溪区	124	70	54	41698	20751	20947
乌当区	81	27	54	24197	12704	11493
白云区	10	2	8	6792	3475	3317
观山湖区	94	46	48	17812	9028	8784
开阳县	238	76	162	59208	30063	29145
息烽县	60	17	43	40453	20186	20267
修文县	114	46	68	47863	24768	23095
清镇市	118	38	80	82131	40819	41312
六盘水市	**710**	**237**	**473**	**423837**	**208972**	**214865**
钟山区	134	55	79	14708	8077	6631
六枝特区	128	44	84	83026	43896	39130
水城县	186	66	120	144209	73573	70636
盘州市	262	72	190	181894	83426	98468
遵义市	**2831**	**918**	**1913**	**857448**	**408162**	**449286**
红花岗区	130	37	93	44808	20666	24142
汇川区	109	43	66	37011	18910	18101
播州区	284	93	191	97431	44803	52628
桐梓县	285	87	198	80809	40360	40449
绥阳县	256	85	171	58474	28052	30422
正安县	207	84	123	77420	35355	42065
道真仡佬族苗族自治县	101	20	81	40237	18748	21489
务川仡佬族苗族自治县	253	70	183	47858	23988	23870
凤冈县	76	27	49	50372	23530	26842
湄潭县	125	29	96	54574	25011	29563
余庆县	304	128	176	36654	17434	19220
习水县	364	98	266	105075	48870	56205
赤水市	139	51	88	37866	19115	18751
仁怀市	198	66	132	88859	43320	45539
安顺市	**789**	**262**	**527**	**338270**	**173278**	**164992**
西秀区	249	80	169	82195	39222	42973
平坝区	104	28	76	43091	19756	23335
普定县	97	29	68	63072	31858	31214
镇宁布依族苗族自治县	109	42	67	52470	27926	24544
关岭布依族苗族自治县	67	16	51	50560	26730	23830
紫云苗族布依族自治县	163	67	96	46882	27786	19096
毕节市	**2218**	**782**	**1436**	**1037790**	**553206**	**484584**
七星关区	175	58	117	155500	78834	76666
大方县	221	69	152	136697	71108	65589
黔西县	171	66	105	130109	69472	60637
金沙县	241	63	178	81804	41541	40263
织金县	264	94	170	123608	71070	52538
纳雍县	349	119	230	88875	49785	39090
威宁彝族回族苗族自治县	550	231	319	194575	106629	87946
赫章县	247	82	165	126622	64767	61855

4-4c 续表 3 单位：人

地区	学前教育			小学		
	小计	男	女	小计	男	女
铜仁市	**2502**	**733**	**1769**	**498451**	**239093**	**259358**
碧江区	136	45	91	23082	11383	11699
万山区	183	55	128	23122	11396	11726
江口县	188	79	109	31333	15769	15564
玉屏侗族自治县	98	24	74	18093	8204	9889
石阡县	252	61	191	60519	27963	32556
思南县	245	74	171	81155	38799	42356
印江土家族苗族自治县	428	98	330	49994	23927	26067
德江县	66	22	44	54096	25498	28598
沿河土家族自治县	195	51	144	66779	32873	33906
松桃苗族自治县	711	224	487	90278	43281	46997
黔西南布依族苗族自治州	**1566**	**399**	**1167**	**485914**	**231417**	**254497**
兴义市	249	68	181	111742	52647	59095
兴仁市	243	62	181	73672	33799	39873
普安县	130	35	95	44466	21848	22618
晴隆县	50	12	38	45040	22345	22695
贞丰县	171	39	132	61073	26702	34371
望谟县	181	40	141	40964	22740	18224
册亨县	354	90	264	38787	19685	19102
安龙县	188	53	135	70170	31651	38519
黔东南苗族侗族自治州	**2290**	**620**	**1670**	**578242**	**296950**	**281292**
凯里市	248	69	179	51000	25341	25659
黄平县	86	22	64	47601	23434	24167
施秉县	112	35	77	21490	10612	10878
三穗县	66	20	46	25747	12329	13418
镇远县	194	49	145	32715	16315	16400
岑巩县	80	13	67	26521	13724	12797
天柱县	151	48	103	45457	19553	25904
锦屏县	46	11	35	23282	11124	12158
剑河县	79	16	63	29028	16475	12553
台江县	35	9	26	16148	8597	7551
黎平县	229	50	179	69708	35496	34212
榕江县	82	20	62	51486	28552	22934
从江县	282	97	185	64095	36768	27327
雷山县	203	47	156	19611	11165	8446
麻江县	108	38	70	29388	15391	13997
丹寨县	289	76	213	24965	12074	12891
黔南布依族苗族自治州	**2075**	**591**	**1484**	**502331**	**257719**	**244612**
都匀市	339	107	232	51822	25388	26434
福泉市	117	36	81	44725	22583	22142
荔波县	60	14	46	30479	14647	15832
贵定县	236	55	181	34159	18139	16020
瓮安县	156	62	94	49289	24518	24771
独山县	84	22	62	40012	19667	20345
平塘县	218	59	159	48352	24343	24009
罗甸县	143	43	100	33441	19539	13902
长顺县	190	41	149	29878	16385	13493
龙里县	64	29	35	32808	17420	15388
惠水县	205	66	139	53866	29069	24797
三都水族自治县	263	57	206	53500	26021	27479

4-4c 续表 4 单位：人

地区	初中			高中			大学专科		
	小计	男	女	小计	男	女	小计	男	女
贵 州	**3843116**	**2448260**	**1394856**	**401806**	**278624**	**123182**	**204717**	**131692**	**73025**
贵阳市	**324738**	**195290**	**129448**	**38986**	**23964**	**15022**	**17205**	**9956**	**7249**
南明区	17604	10374	7230	3501	2024	1477	1458	795	663
云岩区									
花溪区	56314	33704	22610	6722	3961	2761	2586	1412	1174
乌当区	34693	20443	14250	5529	3161	2368	2503	1334	1169
白云区	12015	6801	5214	1362	804	558	652	374	278
观山湖区	24865	14247	10618	3896	2272	1624	2428	1420	1008
开阳县	37207	23697	13510	4826	3206	1620	1993	1230	763
息烽县	29771	18601	11170	3066	2114	952	1094	664	430
修文县	43803	25837	17966	3410	2152	1258	1409	794	615
清镇市	68466	41586	26880	6674	4270	2404	3082	1933	1149
六盘水市	**311591**	**203241**	**108350**	**30395**	**20998**	**9397**	**19108**	**12292**	**6816**
钟山区	10754	7047	3707	1194	856	338	522	357	165
六枝特区	58922	38273	20649	5331	3835	1496	2924	1983	941
水城县	83034	56014	27020	6751	4721	2030	4698	3247	1451
盘州市	158881	101907	56974	17119	11586	5533	10964	6705	4259
遵义市	**774346**	**479432**	**294914**	**73559**	**50304**	**23255**	**29372**	**18478**	**10894**
红花岗区	62899	36535	26364	6915	4507	2408	2286	1375	911
汇川区	38429	24144	14285	3636	2501	1135	1198	694	504
播州区	123331	72223	51108	12225	8190	4035	4120	2561	1559
桐梓县	75354	48825	26529	5081	3549	1532	1905	1234	671
绥阳县	58424	35115	23309	5442	3682	1760	1578	1063	515
正安县	50057	33281	16776	4572	3210	1362	2888	1867	1021
道真仡佬族苗族自治县	30043	19040	11003	3720	2565	1155	1772	1118	654
务川仡佬族苗族自治县	26095	17522	8573	2408	1888	520	1400	988	412
凤冈县	37727	24164	13563	3366	2415	951	1593	988	605
湄潭县	57706	32989	24717	5076	3287	1789	2245	1288	957
余庆县	29619	17009	12610	4586	3011	1575	2351	1450	901
习水县	85827	55061	30766	7034	4958	2076	2588	1687	901
赤水市	26580	15752	10828	3118	2036	1082	1298	780	518
仁怀市	72255	47772	24483	6380	4505	1875	2150	1385	765
安顺市	**291508**	**187808**	**103700**	**27071**	**18861**	**8210**	**13005**	**8095**	**4910**
西秀区	93684	59680	34004	9661	6709	2952	4244	2565	1679
平坝区	50136	30540	19596	4871	3145	1726	2462	1439	1023
普定县	52306	32163	20143	3853	2650	1203	1561	950	611
镇宁布依族苗族自治县	35996	24492	11504	2885	2068	817	1432	952	480
关岭布依族苗族自治县	30318	21092	9226	3096	2314	782	1526	1004	522
紫云苗族布依族自治县	29068	19841	9227	2705	1975	730	1780	1185	595
毕节市	**632785**	**409349**	**223436**	**65817**	**46622**	**19195**	**41845**	**27322**	**14523**
七星关区	107055	68268	38787	10187	7275	2912	4979	3111	1868
大方县	105850	65409	40441	12474	8430	4044	6687	4132	2555
黔西县	67974	42493	25481	6497	4405	2092	3734	2343	1391
金沙县	64416	41296	23120	5993	4374	1619	2975	2073	902
织金县	62992	42696	20296	7089	5133	1956	4292	2866	1426
纳雍县	60468	40358	20110	6483	4687	1796	4908	3319	1589
威宁彝族回族苗族自治县	98864	65288	33576	9816	7053	2763	8053	5380	2673
赫章县	65166	43541	21625	7278	5265	2013	6217	4098	2119

4-4c 续表 5

单位：人

地区	初中			高中			大学专科		
	小计	男	女	小计	男	女	小计	男	女
铜仁市	**404670**	**254414**	**150256**	**48231**	**33697**	**14534**	**24857**	**16205**	**8652**
碧江区	27772	16139	11633	2988	1846	1142	1363	806	557
万山区	21455	12810	8645	3218	2017	1201	1269	754	515
江口县	24412	14679	9733	3066	2090	976	1773	1143	630
玉屏侗族自治县	22258	13039	9219	2693	1770	923	1080	687	393
石阡县	44445	28331	16114	6212	4385	1827	3353	2297	1056
思南县	56515	36482	20033	6997	4994	2003	3653	2379	1274
印江土家族苗族自治县	40941	25332	15609	4589	3246	1343	2012	1311	701
德江县	45428	30117	15311	5176	3784	1392	2991	1897	1094
沿河土家族自治县	46961	31832	15129	4512	3422	1090	3027	2090	937
松桃苗族自治县	74483	45653	28830	8780	6143	2637	4336	2841	1495
黔西南布依族苗族自治州	**315343**	**204952**	**110391**	**31389**	**22357**	**9032**	**18541**	**12427**	**6114**
兴义市	80594	49756	30838	8710	5881	2829	3780	2384	1396
兴仁市	52589	35032	17557	4706	3511	1195	2844	1981	863
普安县	31654	21076	10578	3638	2700	938	2284	1479	805
晴隆县	24575	16994	7581	2530	1927	603	2139	1544	595
贞丰县	36677	24577	12100	2855	2144	711	1786	1243	543
望谟县	17827	12571	5256	1825	1315	510	2063	1359	704
册亨县	20083	13049	7034	2057	1380	677	1209	803	406
安龙县	51344	31897	19447	5068	3499	1569	2436	1634	802
黔东南苗族侗族自治州	**413825**	**273863**	**139962**	**48259**	**35558**	**12701**	**23915**	**15929**	**7986**
凯里市	44583	30251	14332	5704	4282	1422	2161	1456	705
黄平县	32205	20689	11516	3055	2278	777	1362	904	458
施秉县	17261	10802	6459	2075	1506	569	808	516	292
三穗县	18824	12125	6699	2443	1868	575	852	576	276
镇远县	20182	13290	6892	2325	1726	599	882	583	299
岑巩县	20565	13426	7139	2463	1769	694	940	638	302
天柱县	47029	29370	17659	5153	3675	1478	2012	1308	704
锦屏县	21580	13799	7781	2767	2067	700	1362	907	455
剑河县	18774	13494	5280	2387	1842	545	1236	853	383
台江县	14776	9919	4857	1895	1443	452	1191	812	379
黎平县	48243	31816	16427	5660	4002	1658	4042	2493	1549
榕江县	34710	23434	11276	3479	2554	925	2240	1522	718
从江县	30028	20721	9307	2617	1938	679	2070	1460	610
雷山县	15563	10991	4572	2096	1629	467	963	699	264
麻江县	14362	9287	5075	2153	1482	671	801	506	295
丹寨县	15140	10449	4691	1987	1497	490	993	696	297
黔南布依族苗族自治州	**374310**	**239911**	**134399**	**38099**	**26263**	**11836**	**16869**	**10988**	**5881**
都匀市	50355	31446	18909	5587	3715	1872	1993	1271	722
福泉市	40902	25092	15810	3933	2639	1294	1592	997	595
荔波县	18851	12710	6141	2385	1743	642	916	635	281
贵定县	24211	15453	8758	2235	1453	782	1083	685	398
瓮安县	42558	25514	17044	4558	3031	1527	1863	1171	692
独山县	34957	21781	13176	3595	2416	1179	1391	831	560
平塘县	28838	18056	10782	2493	1683	810	1524	982	542
罗甸县	16111	11432	4679	1601	1224	377	1159	840	319
长顺县	23621	15946	7675	2580	1902	678	967	636	331
龙里县	24486	15441	9045	2723	1801	922	1154	699	455
惠水县	39583	27539	12044	3208	2297	911	1488	1026	462
三都水族自治县	29837	19501	10336	3201	2359	842	1739	1215	524

4-4c　续表 6

单位：人

地　区	大学本科			硕士研究生			博士研究生		
	小计	男	女	小计	男	女	小计	男	女
贵　州	**142494**	**86431**	**56063**	**3278**	**1695**	**1583**	**390**	**246**	**144**
贵阳市	**11502**	**6341**	**5161**	**634**	**293**	**341**	**93**	**57**	**36**
南明区	848	486	362	36	21	15	2	1	1
云岩区									
花溪区	2033	1124	909	168	78	90	47	28	19
乌当区	1828	920	908	160	78	82	23	18	5
白云区	455	257	198	51	20	31	3	2	1
观山湖区	1735	975	760	103	43	60	5	3	2
开阳县	1081	622	459	23	12	11	1		1
息烽县	641	351	290	11	5	6	3	1	2
修文县	919	524	395	14	4	10	1	1	
清镇市	1962	1082	880	68	32	36	8	3	5
六盘水市	**12846**	**7661**	**5185**	**252**	**124**	**128**	**31**	**21**	**10**
钟山区	375	218	157	47	21	26	1	1	
六枝特区	2265	1400	865	32	14	18	5	3	2
水城县	3127	1886	1241	71	36	35	3	1	2
盘州市	7079	4157	2922	102	53	49	22	16	6
遵义市	**22410**	**13513**	**8897**	**636**	**304**	**332**	**77**	**44**	**33**
红花岗区	1378	810	568	39	13	26	4	2	2
汇川区	945	555	390	26	11	15	1	1	
播州区	2588	1500	1088	51	20	31	5	2	3
桐梓县	1758	1076	682	49	32	17	4	2	2
绥阳县	1205	782	423	29	18	11	6	3	3
正安县	2747	1686	1061	65	29	36	5	4	1
道真仡佬族苗族自治县	1367	806	561	26	14	12	2	2	
务川仡佬族苗族自治县	1381	909	472	21	8	13	4	2	2
凤冈县	1162	699	463	33	17	16	4	3	1
湄潭县	1390	784	606	35	20	15	1		1
余庆县	1327	847	480	25	13	12	1	1	
习水县	1956	1136	820	65	31	34	4	2	2
赤水市	860	464	396	27	12	15	1	1	
仁怀市	2346	1459	887	145	66	79	35	19	16
安顺市	**8525**	**4894**	**3631**	**165**	**86**	**79**	**24**	**14**	**10**
西秀区	2807	1557	1250	55	25	30	6	4	2
平坝区	1365	774	591	34	13	21	8	4	4
普定县	1109	623	486	17	5	12	1	1	
镇宁布依族苗族自治县	746	464	282	17	13	4	7	4	3
关岭布依族苗族自治县	1127	694	433	14	10	4			
紫云苗族布依族自治县	1371	782	589	28	20	8	2	1	1
毕节市	**30493**	**18803**	**11690**	**448**	**262**	**186**	**53**	**36**	**17**
七星关区	4434	2607	1827	88	46	42	6	4	2
大方县	4641	2668	1973	63	36	27	7	4	3
黔西县	2268	1371	897	37	13	24	8	6	2
金沙县	1634	1013	621	29	16	13	5	3	2
织金县	2802	1811	991	42	30	12	4	3	1
纳雍县	3684	2333	1351	45	28	17	6	4	2
威宁彝族回族苗族自治县	6012	3871	2141	74	48	26	7	3	4
赫章县	5018	3129	1889	70	45	25	10	9	1

4-4c 续表 7　　　　单位：人

地区	大学本科			硕士研究生			博士研究生		
	小计	男	女	小计	男	女	小计	男	女
铜仁市	**15119**	**9751**	**5368**	**389**	**218**	**171**	**48**	**31**	**17**
碧江区	1053	580	473	67	37	30	12	8	4
万山区	852	486	366	10	3	7			
江口县	1082	746	336	28	13	15	5	3	2
玉屏侗族自治县	514	321	193	10	7	3	2	2	
石阡县	1855	1228	627	44	31	13	2	2	
思南县	2431	1555	876	65	38	27	5	3	2
印江土家族苗族自治县	1166	729	437	31	15	16	4	3	1
德江县	1520	1012	508	41	21	20	7	3	4
沿河土家族自治县	2321	1563	758	39	25	14	3	2	1
松桃苗族自治县	2325	1531	794	54	28	26	8	5	3
黔西南布依族苗族自治州	**12581**	**7934**	**4647**	**193**	**107**	**86**	**18**	**12**	**6**
兴义市	2558	1512	1046	57	27	30	4	3	1
兴仁市	1836	1213	623	27	11	16	3	2	1
普安县	1913	1204	709	22	15	7			
晴隆县	1736	1148	588	25	16	9	4	1	3
贞丰县	966	682	284	18	14	4	1	1	
望谟县	1171	722	449	16	11	5			
册亨县	890	516	374	9	4	5	3	2	1
安龙县	1511	937	574	19	9	10	3	3	
黔东南苗族侗族自治州	**16521**	**10153**	**6368**	**279**	**156**	**123**	**25**	**21**	**4**
凯里市	1322	835	487	25	17	8	6	6	
黄平县	1085	641	444	12	4	8	1	1	
施秉县	486	303	183	11	5	6	1		1
三穗县	668	400	268	5	3	2	1	1	
镇远县	484	295	189	7	3	4	4	3	1
岑巩县	799	495	304	15	11	4			
天柱县	1241	796	445	24	12	12	4	3	1
锦屏县	1151	692	459	27	16	11	2	2	
剑河县	921	619	302	11	7	4			
台江县	876	547	329	19	14	5	1	1	
黎平县	3363	1945	1418	48	20	28	1	1	
榕江县	1359	819	540	21	13	8			
从江县	1077	689	388	18	11	7	1	1	
雷山县	685	450	235	16	10	6	2	2	
麻江县	527	307	220	14	6	8	1		1
丹寨县	477	320	157	6	4	2			
黔南布依族苗族自治州	**12497**	**7381**	**5116**	**282**	**145**	**137**	**21**	**10**	**11**
都匀市	1634	948	686	46	23	23	5	3	2
福泉市	1110	677	433	32	16	16			
荔波县	741	401	340	10	4	6	1	1	
贵定县	540	304	236	13	8	5	1		1
瓮安县	1051	660	391	26	13	13	1		1
独山县	1011	515	496	18	8	10	1	1	
平塘县	1400	783	617	32	13	19	3	2	1
罗甸县	1134	756	378	15	10	5			
长顺县	800	493	307	26	12	14	1		1
龙里县	673	388	285	13	7	6	4	1	3
惠水县	1092	648	444	24	15	9	3	2	1
三都水族自治县	1311	808	503	27	16	11	1		1

4—5　全省分年龄、性别的15岁及以上文盲人口

单位：人、%

年　龄	15岁及以上人口			文盲人口			文盲人口占15岁及以上人口比重		
	合计	男	女	合计	男	女	合计	男	女
总　计	**29320110**	**14772958**	**14547152**	**2570789**	**602982**	**1967807**	**8.77**	**4.08**	**13.53**
15—19岁	**2561363**	**1339162**	**1222201**	**7179**	**3876**	**3303**	**0.28**	**0.29**	**0.27**
15	526799	281406	245393	1777	911	866	0.34	0.32	0.35
16	542589	287585	255004	1272	713	559	0.23	0.25	0.22
17	509153	265247	243906	1180	633	547	0.23	0.24	0.22
18	488376	252143	236233	1360	756	604	0.28	0.30	0.26
19	494446	252781	241665	1590	863	727	0.32	0.34	0.30
20—24岁	**2551037**	**1267001**	**1284036**	**10611**	**5234**	**5377**	**0.42**	**0.41**	**0.42**
20	483810	243620	240190	1974	999	975	0.41	0.41	0.41
21	479430	238721	240709	1962	997	965	0.41	0.42	0.40
22	550715	272506	278209	2286	1178	1108	0.42	0.43	0.40
23	524273	258226	266047	2179	1056	1123	0.42	0.41	0.42
24	512809	253928	258881	2210	1004	1206	0.43	0.40	0.47
25—29岁	**2493525**	**1260744**	**1232781**	**12762**	**5324**	**7438**	**0.51**	**0.42**	**0.60**
25	523418	261153	262265	2430	1126	1304	0.46	0.43	0.50
26	486924	244879	242045	2287	1017	1270	0.47	0.42	0.52
27	507607	256473	251134	2515	1023	1492	0.50	0.40	0.59
28	495041	252073	242968	2651	1067	1584	0.54	0.42	0.65
29	480535	246166	234369	2879	1091	1788	0.60	0.44	0.76
30—34岁	**2757831**	**1410885**	**1346946**	**26506**	**8695**	**17811**	**0.96**	**0.62**	**1.32**
30	569220	290585	278635	3948	1463	2485	0.69	0.50	0.89
31	557204	283310	273894	4533	1513	3020	0.81	0.53	1.10
32	546829	279568	267261	5274	1706	3568	0.96	0.61	1.34
33	581638	298100	283538	6274	2004	4270	1.08	0.67	1.51
34	502940	259322	243618	6477	2009	4468	1.29	0.77	1.83
35—39岁	**2296590**	**1193618**	**1102972**	**45292**	**12693**	**32599**	**1.97**	**1.06**	**2.96**
35	450309	233391	216918	6766	2058	4708	1.50	0.88	2.17
36	451663	235150	216513	7600	2179	5421	1.68	0.93	2.50
37	427063	222224	204839	8112	2231	5881	1.90	1.00	2.87
38	505629	263359	242270	11120	3072	8048	2.20	1.17	3.32
39	461926	239494	222432	11694	3153	8541	2.53	1.32	3.84
40—44岁	**2497952**	**1292129**	**1205823**	**102417**	**25434**	**76983**	**4.10**	**1.97**	**6.38**
40	446991	229326	217665	13863	3364	10499	3.10	1.47	4.82
41	478499	249051	229448	16979	4290	12689	3.55	1.72	5.53
42	493055	254710	238345	20317	4978	15339	4.12	1.95	6.44
43	500263	260314	239949	22724	5774	16950	4.54	2.22	7.06
44	579144	298728	280416	28534	7028	21506	4.93	2.35	7.67

4—5 续表

单位：人、%

年龄	15岁及以上人口			文盲人口			文盲人口占15岁及以上人口比重		
	合计	男	女	合计	男	女	合计	男	女
45—49岁	**3061958**	**1586586**	**1475372**	**191067**	**45799**	**145268**	**6.24**	**2.89**	**9.85**
45	612393	317290	295103	31557	7641	23916	5.15	2.41	8.10
46	657413	340896	316517	36897	8938	27959	5.61	2.62	8.83
47	609817	316765	293052	37995	8996	28999	6.23	2.84	9.90
48	587206	302514	284692	40573	9382	31191	6.91	3.10	10.96
49	595129	309121	286008	44045	10842	33203	7.40	3.51	11.61
50—54岁	**2922288**	**1477676**	**1444612**	**271828**	**60002**	**211826**	**9.30**	**4.06**	**14.66**
50	627616	319588	308028	51462	11619	39843	8.20	3.64	12.93
51	578506	293347	285159	51444	11652	39792	8.89	3.97	13.95
52	649487	326935	322552	61128	13321	47807	9.41	4.07	14.82
53	494920	248582	246338	49491	10682	38809	10.00	4.30	15.75
54	571759	289224	282535	58303	12728	45575	10.20	4.40	16.13
55—59岁	**2246209**	**1120672**	**1125537**	**257426**	**49864**	**207562**	**11.46**	**4.45**	**18.44**
55	554476	278373	276103	59699	12699	47000	10.77	4.56	17.02
56	543063	269501	273562	60511	12196	48315	11.14	4.53	17.66
57	566695	284503	282192	63137	12076	51061	11.14	4.24	18.09
58	400684	199650	201034	48432	8491	39941	12.09	4.25	19.87
59	181291	88645	92646	25647	4402	21245	14.15	4.97	22.93
60—64岁	**1474902**	**735777**	**739125**	**275013**	**56857**	**218156**	**18.65**	**7.73**	**29.52**
60	229598	114462	115136	36567	7054	29513	15.93	6.16	25.63
61	234443	118093	116350	40325	8297	32028	17.20	7.03	27.53
62	321478	161807	159671	59521	12567	46954	18.51	7.77	29.41
63	357653	178660	178993	70029	14935	55094	19.58	8.36	30.78
64	331730	162755	168975	68571	14004	54567	20.67	8.60	32.29
65—69岁	**1631217**	**792295**	**838922**	**385534**	**82743**	**302791**	**23.63**	**10.44**	**36.09**
65	356446	175507	180939	77090	16354	60736	21.63	9.32	33.57
66	365332	177402	187930	83303	17470	65833	22.80	9.85	35.03
67	336969	162725	174244	81857	17498	64359	24.29	10.75	36.94
68	326400	159019	167381	80228	17498	62730	24.58	11.00	37.48
69	246070	117642	128428	63056	13923	49133	25.63	11.84	38.26
70—74岁	**1183292**	**567595**	**615697**	**339000**	**81150**	**257850**	**28.65**	**14.30**	**41.88**
70	248704	119057	129647	66520	15283	51237	26.75	12.84	39.52
71	264076	129828	134248	73711	18513	55198	27.91	14.26	41.12
72	227693	107808	119885	66803	15780	51023	29.34	14.64	42.56
73	230751	110513	120238	68203	16539	51664	29.56	14.97	42.97
74	212068	100389	111679	63763	15035	48728	30.07	14.98	43.63
75—79岁	**822323**	**379584**	**442739**	**284869**	**70703**	**214166**	**34.64**	**18.63**	**48.37**
75	166489	76752	89737	53213	12398	40815	31.96	16.15	45.48
76	179311	85380	93931	58819	14654	44165	32.80	17.16	47.02
77	171433	78977	92456	60061	14830	45231	35.03	18.78	48.92
78	159619	72598	87021	57854	14578	43276	36.25	20.08	49.73
79	145471	65877	79594	54922	14243	40679	37.75	21.62	51.11
80—84岁	**519398**	**227533**	**291865**	**218944**	**58729**	**160215**	**42.15**	**25.81**	**54.89**
80	124765	55918	68847	49103	12933	36170	39.36	23.13	52.54
81	108109	47399	60710	45290	12152	33138	41.89	25.64	54.58
82	114867	50953	63914	48762	13446	35316	42.45	26.39	55.26
83	93800	40448	53352	41223	11039	30184	43.95	27.29	56.58
84	77857	32815	45042	34566	9159	25407	44.40	27.91	56.41
85岁及以上	**300225**	**121701**	**178524**	**142341**	**35879**	**106462**	**47.41**	**29.48**	**59.63**

4-5a　全省分年龄、性别的15岁及以上文盲人口(城市)

单位：人、%

年　龄	15岁及以上人口			文盲人口			文盲人口占15岁及以上人口比重		
	合计	男	女	合计	男	女	合计	男	女
总　计	**8096873**	**4001908**	**4094965**	**198509**	**44269**	**154240**	**2.45**	**1.11**	**3.77**
15-19岁	**725783**	**376383**	**349400**	**1378**	**779**	**599**	**0.19**	**0.21**	**0.17**
15	118297	62835	55462	357	200	157	0.30	0.32	0.28
16	147449	78794	68655	274	155	119	0.19	0.20	0.17
17	151514	79065	72449	225	115	110	0.15	0.15	0.15
18	146665	75303	71362	251	139	112	0.17	0.18	0.16
19	161858	80386	81472	271	170	101	0.17	0.21	0.12
20-24岁	**870730**	**414140**	**456590**	**1503**	**802**	**701**	**0.17**	**0.19**	**0.15**
20	171881	82237	89644	330	178	152	0.19	0.22	0.17
21	169722	79970	89752	282	144	138	0.17	0.18	0.15
22	189105	89293	99812	318	170	148	0.17	0.19	0.15
23	173350	82514	90836	313	174	139	0.18	0.21	0.15
24	166672	80126	86546	260	136	124	0.16	0.17	0.14
25-29岁	**832470**	**407817**	**424653**	**1375**	**661**	**714**	**0.17**	**0.16**	**0.17**
25	171312	83020	88292	319	162	157	0.19	0.20	0.18
26	161439	78676	82763	247	126	121	0.15	0.16	0.15
27	168854	82620	86234	253	112	141	0.15	0.14	0.16
28	165274	81268	84006	260	127	133	0.16	0.16	0.16
29	165591	82233	83358	296	134	162	0.18	0.16	0.19
30-34岁	**959886**	**477512**	**482374**	**2729**	**1024**	**1705**	**0.28**	**0.21**	**0.35**
30	195801	97116	98685	417	187	230	0.21	0.19	0.23
31	194076	95908	98168	500	195	305	0.26	0.20	0.31
32	191051	95147	95904	534	199	335	0.28	0.21	0.35
33	202640	101083	101557	625	224	401	0.31	0.22	0.39
34	176318	88258	88060	653	219	434	0.37	0.25	0.49
35-39岁	**734481**	**373297**	**361184**	**4271**	**1356**	**2915**	**0.58**	**0.36**	**0.81**
35	151840	76549	75291	693	267	426	0.46	0.35	0.57
36	148309	75169	73140	739	217	522	0.50	0.29	0.71
37	137578	70428	67150	731	226	505	0.53	0.32	0.75
38	157904	80511	77393	1035	324	711	0.66	0.40	0.92
39	138850	70640	68210	1073	322	751	0.77	0.46	1.10
40-44岁	**705568**	**358586**	**346982**	**9032**	**2489**	**6543**	**1.28**	**0.69**	**1.89**
40	128695	64902	63793	1212	332	880	0.94	0.51	1.38
41	138949	70932	68017	1580	441	1139	1.14	0.62	1.67
42	139774	71277	68497	1774	504	1270	1.27	0.71	1.85
43	140395	71410	68985	2038	544	1494	1.45	0.76	2.17
44	157755	80065	77690	2428	668	1760	1.54	0.83	2.27

4－5a 续表

单位：人、%

年龄	15岁及以上人口			文盲人口			文盲人口占15岁及以上人口比重		
	合计	男	女	合计	男	女	合计	男	女
45－49岁	**820300**	**419357**	**400943**	**16564**	**4185**	**12379**	**2.02**	**1.00**	**3.09**
45	167763	85648	82115	2772	713	2059	1.65	0.83	2.51
46	177752	90562	87190	3308	829	2479	1.86	0.92	2.84
47	164947	84538	80409	3298	855	2443	2.00	1.01	3.04
48	154759	79159	75600	3549	871	2678	2.29	1.10	3.54
49	155079	79450	75629	3637	917	2720	2.35	1.15	3.60
50－54岁	**709584**	**352960**	**356624**	**21939**	**5027**	**16912**	**3.09**	**1.42**	**4.74**
50	160998	81065	79933	4360	1037	3323	2.71	1.28	4.16
51	145327	72747	72580	4192	975	3217	2.88	1.34	4.43
52	155341	76891	78450	5012	1197	3815	3.23	1.56	4.86
53	115111	56737	58374	3851	844	3007	3.35	1.49	5.15
54	132807	65520	67287	4524	974	3550	3.41	1.49	5.28
55－59岁	**552232**	**269272**	**282960**	**19250**	**3561**	**15689**	**3.49**	**1.32**	**5.54**
55	132461	65272	67189	4433	895	3538	3.35	1.37	5.27
56	132286	64409	67877	4504	890	3614	3.40	1.38	5.32
57	143027	69739	73288	4762	834	3928	3.33	1.20	5.36
58	96202	46444	49758	3650	624	3026	3.79	1.34	6.08
59	48256	23408	24848	1901	318	1583	3.94	1.36	6.37
60－64岁	**346508**	**168574**	**177934**	**20205**	**3856**	**16349**	**5.83**	**2.29**	**9.19**
60	61284	30194	31090	2612	447	2165	4.26	1.48	6.96
61	59514	29249	30265	3048	558	2490	5.12	1.91	8.23
62	75426	37085	38341	4415	879	3536	5.85	2.37	9.22
63	79748	38545	41203	5122	1033	4089	6.42	2.68	9.92
64	70536	33501	37035	5008	939	4069	7.10	2.80	10.99
65－69岁	**307372**	**141338**	**166034**	**27116**	**4900**	**22216**	**8.82**	**3.47**	**13.38**
65	71191	33664	37527	5630	1064	4566	7.91	3.16	12.17
66	71053	32883	38170	6022	1033	4989	8.48	3.14	13.07
67	61551	28052	33499	5664	1053	4611	9.20	3.75	13.76
68	58414	26518	31896	5620	989	4631	9.62	3.73	14.52
69	45163	20221	24942	4180	761	3419	9.26	3.76	13.71
70－74岁	**220512**	**103743**	**116769**	**21969**	**4716**	**17253**	**9.96**	**4.55**	**14.78**
70	46505	21379	25126	4335	885	3450	9.32	4.14	13.73
71	48622	22857	25765	4821	1098	3723	9.92	4.80	14.45
72	42279	19805	22474	4267	874	3393	10.09	4.41	15.10
73	43596	20856	22740	4442	980	3462	10.19	4.70	15.22
74	39510	18846	20664	4104	879	3225	10.39	4.66	15.61
75－79岁	**147539**	**67853**	**79686**	**19231**	**4241**	**14990**	**13.03**	**6.25**	**18.81**
75	30601	14308	16293	3442	747	2695	11.25	5.22	16.54
76	31896	15203	16693	3830	901	2929	12.01	5.93	17.55
77	30128	13799	16329	3983	846	3137	13.22	6.13	19.21
78	28981	12987	15994	4020	871	3149	13.87	6.71	19.69
79	25933	11556	14377	3956	876	3080	15.25	7.58	21.42
80－84岁	**101151**	**43613**	**57538**	**17890**	**3813**	**14077**	**17.69**	**8.74**	**24.47**
80	24255	10658	13597	3647	796	2851	15.04	7.47	20.97
81	21567	9261	12306	3732	806	2926	17.30	8.70	23.78
82	21807	9375	12432	3968	857	3111	18.20	9.14	25.02
83	18106	7845	10261	3525	763	2762	19.47	9.73	26.92
84	15416	6474	8942	3018	591	2427	19.58	9.13	27.14
85岁及以上	**62757**	**27463**	**35294**	**14057**	**2859**	**11198**	**22.40**	**10.41**	**31.73**

4–5b　全省分年龄、性别的15岁及以上文盲人口(镇)

单位：人、%

年　龄	15岁及以上人口			文盲人口			文盲人口占15岁及以上人口比重		
	合计	男	女	合计	男	女	合计	男	女
总　计	**7729717**	**3811137**	**3918580**	**513175**	**121049**	**392126**	**6.64**	**3.18**	**10.01**
15–19岁	**857415**	**435663**	**421752**	**1773**	**949**	**824**	**0.21**	**0.22**	**0.20**
15	161633	84742	76891	499	232	267	0.31	0.27	0.35
16	187073	95700	91373	307	170	137	0.16	0.18	0.15
17	187701	94205	93496	274	154	120	0.15	0.16	0.13
18	172583	86139	86444	335	203	132	0.19	0.24	0.15
19	148425	74877	73548	358	190	168	0.24	0.25	0.23
20–24岁	**675978**	**328263**	**347715**	**2491**	**1308**	**1183**	**0.37**	**0.40**	**0.34**
20	133204	66688	66516	482	252	230	0.36	0.38	0.35
21	128509	63260	65249	453	249	204	0.35	0.39	0.31
22	144676	70225	74451	532	307	225	0.37	0.44	0.30
23	135765	64648	71117	505	248	257	0.37	0.38	0.36
24	133824	63442	70382	519	252	267	0.39	0.40	0.38
25–29岁	**688884**	**329917**	**358967**	**2951**	**1315**	**1636**	**0.43**	**0.40**	**0.46**
25	139488	66203	73285	516	256	260	0.37	0.39	0.35
26	131851	63196	68655	533	254	279	0.40	0.40	0.41
27	141450	67383	74067	611	270	341	0.43	0.40	0.46
28	139549	67083	72466	607	258	349	0.43	0.38	0.48
29	136546	66052	70494	684	277	407	0.50	0.42	0.58
30–34岁	**795296**	**386209**	**409087**	**6032**	**2018**	**4014**	**0.76**	**0.52**	**0.98**
30	162760	78411	84349	893	337	556	0.55	0.43	0.66
31	160132	76810	83322	1038	363	675	0.65	0.47	0.81
32	158352	76949	81403	1232	396	836	0.78	0.51	1.03
33	168759	82323	86436	1401	474	927	0.83	0.58	1.07
34	145293	71716	73577	1468	448	1020	1.01	0.62	1.39
35–39岁	**665557**	**333700**	**331857**	**9877**	**2872**	**7005**	**1.48**	**0.86**	**2.11**
35	130642	65223	65419	1480	453	1027	1.13	0.69	1.57
36	131459	65904	65555	1747	543	1204	1.33	0.82	1.84
37	124533	62396	62137	1760	504	1256	1.41	0.81	2.02
38	146287	73608	72679	2389	664	1725	1.63	0.90	2.37
39	132636	66569	66067	2501	708	1793	1.89	1.06	2.71
40–44岁	**702547**	**356764**	**345783**	**21372**	**5544**	**15828**	**3.04**	**1.55**	**4.58**
40	128346	64387	63959	2844	703	2141	2.22	1.09	3.35
41	136855	69444	67411	3650	958	2692	2.67	1.38	3.99
42	139322	70884	68438	4236	1121	3115	3.04	1.58	4.55
43	138644	71118	67526	4763	1255	3508	3.44	1.76	5.20
44	159380	80931	78449	5879	1507	4372	3.69	1.86	5.57

4-5b 续表 单位：人、%

年 龄	15岁及以上人口			文盲人口			文盲人口占15岁及以上人口比重		
	合计	男	女	合计	男	女	合计	男	女
45–49岁	**812055**	**415197**	**396858**	**38478**	**9350**	**29128**	**4.74**	**2.25**	**7.34**
45	166990	85407	81583	6386	1603	4783	3.82	1.88	5.86
46	177390	90475	86915	7536	1877	5659	4.25	2.07	6.51
47	161710	82918	78792	7723	1825	5898	4.78	2.20	7.49
48	154298	78484	75814	8112	1869	6243	5.26	2.38	8.23
49	151667	77913	73754	8721	2176	6545	5.75	2.79	8.87
50–54岁	**729667**	**366319**	**363348**	**54109**	**11937**	**42172**	**7.42**	**3.26**	**11.61**
50	159192	80866	78326	10005	2273	7732	6.28	2.81	9.87
51	145022	73077	71945	10252	2348	7904	7.07	3.21	10.99
52	161865	80876	80989	12286	2683	9603	7.59	3.32	11.86
53	121689	60586	61103	9880	2077	7803	8.12	3.43	12.77
54	141899	70914	70985	11686	2556	9130	8.24	3.60	12.86
55–59岁	**538424**	**265798**	**272626**	**51346**	**9722**	**41624**	**9.54**	**3.66**	**15.27**
55	135547	67196	68351	11872	2507	9365	8.76	3.73	13.70
56	131191	64205	66986	11944	2333	9611	9.10	3.63	14.35
57	135511	67405	68106	12660	2367	10293	9.34	3.51	15.11
58	95667	47202	48465	9760	1671	8089	10.20	3.54	16.69
59	40508	19790	20718	5110	844	4266	12.61	4.26	20.59
60–64岁	**322105**	**159548**	**162557**	**55492**	**11667**	**43825**	**17.23**	**7.31**	**26.96**
60	48726	24257	24469	7204	1433	5771	14.78	5.91	23.58
61	51972	26144	25828	8312	1709	6603	15.99	6.54	25.57
62	71993	35940	36053	12252	2625	9627	17.02	7.30	26.70
63	77883	38500	39383	14159	3104	11055	18.18	8.06	28.07
64	71531	34707	36824	13565	2796	10769	18.96	8.06	29.24
65–69岁	**348955**	**166756**	**182199**	**75797**	**16354**	**59443**	**21.72**	**9.81**	**32.63**
65	76984	37321	39663	15271	3272	11999	19.84	8.77	30.25
66	78498	37567	40931	16427	3488	12939	20.93	9.28	31.61
67	71772	33879	37893	16171	3416	12755	22.53	10.08	33.66
68	69831	33516	36315	15775	3543	12232	22.59	10.57	33.68
69	51870	24473	27397	12153	2635	9518	23.43	10.77	34.74
70–74岁	**248265**	**116981**	**131284**	**66077**	**16086**	**49991**	**26.62**	**13.75**	**38.08**
70	52290	24592	27698	12911	2970	9941	24.69	12.08	35.89
71	55993	26953	29040	14530	3700	10830	25.95	13.73	37.29
72	47712	22215	25497	12954	3071	9883	27.15	13.82	38.76
73	47966	22576	25390	13286	3341	9945	27.70	14.80	39.17
74	44304	20645	23659	12396	3004	9392	27.98	14.55	39.70
75–79岁	**171781**	**77815**	**93966**	**54882**	**13435**	**41447**	**31.95**	**17.27**	**44.11**
75	34734	15685	19049	10128	2335	7793	29.16	14.89	40.91
76	37664	17609	20055	11268	2788	8480	29.92	15.83	42.28
77	35761	16185	19576	11612	2846	8766	32.47	17.58	44.78
78	33609	15086	18523	11284	2789	8495	33.57	18.49	45.86
79	30013	13250	16763	10590	2677	7913	35.28	20.20	47.21
80–84岁	**108782**	**46698**	**62084**	**43320**	**11364**	**31956**	**39.82**	**24.34**	**51.47**
80	26131	11585	14546	9535	2483	7052	36.49	21.43	48.48
81	22390	9654	12736	8874	2324	6550	39.63	24.07	51.43
82	24263	10475	13788	9801	2645	7156	40.39	25.25	51.90
83	19809	8364	11445	8287	2162	6125	41.83	25.85	53.52
84	16189	6620	9569	6823	1750	5073	42.15	26.44	53.01
85岁及以上	**64006**	**25509**	**38497**	**29178**	**7128**	**22050**	**45.59**	**27.94**	**57.28**

4—5c 全省分年龄、性别的15岁及以上文盲人口(乡村)

单位：人、%

年 龄	15岁及以上人口			文盲人口			文盲人口占15岁及以上人口比重		
	合计	男	女	合计	男	女	合计	男	女
总 计	**13493520**	**6959913**	**6533607**	**1859105**	**437664**	**1421441**	**13.78**	**6.29**	**21.76**
15—19岁	**978165**	**527116**	**451049**	**4028**	**2148**	**1880**	**0.41**	**0.41**	**0.42**
15	246869	133829	113040	921	479	442	0.37	0.36	0.39
16	208067	113091	94976	691	388	303	0.33	0.34	0.32
17	169938	91977	77961	681	364	317	0.40	0.40	0.41
18	169128	90701	78427	774	414	360	0.46	0.46	0.46
19	184163	97518	86645	961	503	458	0.52	0.52	0.53
20—24岁	**1004329**	**524598**	**479731**	**6617**	**3124**	**3493**	**0.66**	**0.60**	**0.73**
20	178725	94695	84030	1162	569	593	0.65	0.60	0.71
21	181199	95491	85708	1227	604	623	0.68	0.63	0.73
22	216934	112988	103946	1436	701	735	0.66	0.62	0.71
23	215158	111064	104094	1361	634	727	0.63	0.57	0.70
24	212313	110360	101953	1431	616	815	0.67	0.56	0.80
25—29岁	**972171**	**523010**	**449161**	**8436**	**3348**	**5088**	**0.87**	**0.64**	**1.13**
25	212618	111930	100688	1595	708	887	0.75	0.63	0.88
26	193634	103007	90627	1507	637	870	0.78	0.62	0.96
27	197303	106470	90833	1651	641	1010	0.84	0.60	1.11
28	190218	103722	86496	1784	682	1102	0.94	0.66	1.27
29	178398	97881	80517	1899	680	1219	1.06	0.69	1.51
30—34岁	**1002649**	**547164**	**455485**	**17745**	**5653**	**12092**	**1.77**	**1.03**	**2.65**
30	210659	115058	95601	2638	939	1699	1.25	0.82	1.78
31	202996	110592	92404	2995	955	2040	1.48	0.86	2.21
32	197426	107472	89954	3508	1111	2397	1.78	1.03	2.66
33	210239	114694	95545	4248	1306	2942	2.02	1.14	3.08
34	181329	99348	81981	4356	1342	3014	2.40	1.35	3.68
35—39岁	**896552**	**486621**	**409931**	**31144**	**8465**	**22679**	**3.47**	**1.74**	**5.53**
35	167827	91619	76208	4593	1338	3255	2.74	1.46	4.27
36	171895	94077	77818	5114	1419	3695	2.98	1.51	4.75
37	164952	89400	75552	5621	1501	4120	3.41	1.68	5.45
38	201438	109240	92198	7696	2084	5612	3.82	1.91	6.09
39	190440	102285	88155	8120	2123	5997	4.26	2.08	6.80
40—44岁	**1089837**	**576779**	**513058**	**72013**	**17401**	**54612**	**6.61**	**3.02**	**10.64**
40	189950	100037	89913	9807	2329	7478	5.16	2.33	8.32
41	202695	108675	94020	11749	2891	8858	5.80	2.66	9.42
42	213959	112549	101410	14307	3353	10954	6.69	2.98	10.80
43	221224	117786	103438	15923	3975	11948	7.20	3.37	11.55
44	262009	137732	124277	20227	4853	15374	7.72	3.52	12.37

4—5c 续表 单位：人、%

年 龄	15岁及以上人口			文盲人口			文盲人口占15岁及以上人口比重		
	合计	男	女	合计	男	女	合计	男	女
45—49岁	**1429603**	**752032**	**677571**	**136025**	**32264**	**103761**	**9.51**	**4.29**	**15.31**
45	277640	146235	131405	22399	5325	17074	8.07	3.64	12.99
46	302271	159859	142412	26053	6232	19821	8.62	3.90	13.92
47	283160	149309	133851	26974	6316	20658	9.53	4.23	15.43
48	278149	144871	133278	28912	6642	22270	10.39	4.58	16.71
49	288383	151758	136625	31687	7749	23938	10.99	5.11	17.52
50—54岁	**1483037**	**758397**	**724640**	**195780**	**43038**	**152742**	**13.20**	**5.67**	**21.08**
50	307426	157657	149769	37097	8309	28788	12.07	5.27	19.22
51	288157	147523	140634	37000	8329	28671	12.84	5.65	20.39
52	332281	169168	163113	43830	9441	34389	13.19	5.58	21.08
53	258120	131259	126861	35760	7761	27999	13.85	5.91	22.07
54	297053	152790	144263	42093	9198	32895	14.17	6.02	22.80
55—59岁	**1155553**	**585602**	**569951**	**186830**	**36581**	**150249**	**16.17**	**6.25**	**26.36**
55	286468	145905	140563	43394	9297	34097	15.15	6.37	24.26
56	279586	140887	138699	44063	8973	35090	15.76	6.37	25.30
57	288157	147359	140798	45715	8875	36840	15.86	6.02	26.17
58	208815	106004	102811	35022	6196	28826	16.77	5.85	28.04
59	92527	45447	47080	18636	3240	15396	20.14	7.13	32.70
60—64岁	**806289**	**407655**	**398634**	**199316**	**41334**	**157982**	**24.72**	**10.14**	**39.63**
60	119588	60011	59577	26751	5174	21577	22.37	8.62	36.22
61	122957	62700	60257	28965	6030	22935	23.56	9.62	38.06
62	174059	88782	85277	42854	9063	33791	24.62	10.21	39.62
63	200022	101615	98407	50748	10798	39950	25.37	10.63	40.60
64	189663	94547	95116	49998	10269	39729	26.36	10.86	41.77
65—69岁	**974890**	**484201**	**490689**	**282621**	**61489**	**221132**	**28.99**	**12.70**	**45.07**
65	208271	104522	103749	56189	12018	44171	26.98	11.50	42.57
66	215781	106952	108829	60854	12949	47905	28.20	12.11	44.02
67	203646	100794	102852	60022	13029	46993	29.47	12.93	45.69
68	198155	98985	99170	58833	12966	45867	29.69	13.10	46.25
69	149037	72948	76089	46723	10527	36196	31.35	14.43	47.57
70—74岁	**714515**	**346871**	**367644**	**250954**	**60348**	**190606**	**35.12**	**17.40**	**51.85**
70	149909	73086	76823	49274	11428	37846	32.87	15.64	49.26
71	159461	80018	79443	54360	13715	40645	34.09	17.14	51.16
72	137702	65788	71914	49582	11835	37747	36.01	17.99	52.49
73	139189	67081	72108	50475	12218	38257	36.26	18.21	53.06
74	128254	60898	67356	47263	11152	36111	36.85	18.31	53.61
75—79岁	**503003**	**233916**	**269087**	**210756**	**53027**	**157729**	**41.90**	**22.67**	**58.62**
75	101154	46759	54395	39643	9316	30327	39.19	19.92	55.75
76	109751	52568	57183	43721	10965	32756	39.84	20.86	57.28
77	105544	48993	56551	44466	11138	33328	42.13	22.73	58.93
78	97029	44525	52504	42550	10918	31632	43.85	24.52	60.25
79	89525	41071	48454	40376	10690	29686	45.10	26.03	61.27
80—84岁	**309465**	**137222**	**172243**	**157734**	**43552**	**114182**	**50.97**	**31.74**	**66.29**
80	74379	33675	40704	35921	9654	26267	48.29	28.67	64.53
81	64152	28484	35668	32684	9022	23662	50.95	31.67	66.34
82	68797	31103	37694	34993	9944	25049	50.86	31.97	66.45
83	55885	24239	31646	29411	8114	21297	52.63	33.47	67.30
84	46252	19721	26531	24725	6818	17907	53.46	34.57	67.49
85岁及以上	**173462**	**68729**	**104733**	**99106**	**25892**	**73214**	**57.13**	**37.67**	**69.91**

第一部分　全部数据资料

第五卷　家庭

5-1　全省不同规模的家庭户类别

单位：户

家庭户规模	家庭户户数	一代户	二代户	三代户	四代户	五代及以上户
总　计	**12696585**	**5605224**	**5153180**	**1857870**	**80205**	**106**
一人户	3032510	3032510				
二人户	3313502	2288901	1024601			
三人户	2580003	183684	2240866	155453		
四人户	1942394	55251	1377080	506057	4006	
五人户	998508	20801	379538	582232	15930	7
六人户	507951	8552	94883	381269	23232	15
七人户	192247	4329	24894	143074	19923	27
八人户	71429	2898	7215	51349	9935	32
九人户	29649	1875	2299	21370	4091	14
十人及以上户	28392	6423	1804	17066	3088	11

5-1a　全省不同规模的家庭户类别(城市)

单位：户

家庭户规模	家庭户户数	一代户	二代户	三代户	四代户	五代及以上户
总　计	**3252662**	**1481260**	**1337854**	**421708**	**11825**	**15**
一人户	798364	798364				
二人户	849998	606404	243594			
三人户	705806	43752	627609	34445		
四人户	511894	16414	372260	122563	657	
五人户	224983	7883	73684	141039	2376	1
六人户	104785	3519	15083	82726	3454	3
七人户	32687	1643	3772	24297	2972	3
八人户	11976	978	1126	8608	1259	5
九人户	5727	538	381	4263	545	
十人及以上户	6442	1765	345	3767	562	3

5-1b 全省不同规模的家庭户类别(镇)

单位：户

家庭户规模	家庭户户数	一代户	二代户	三代户	四代户	五代及以上户
总计	**3226651**	**1320350**	**1402889**	**484018**	**19372**	**22**
一人户	764233	764233				
二人户	763174	495569	267605			
三人户	665076	32027	593565	39484		
四人户	542667	11725	402298	127690	954	
五人户	269998	6963	104420	154878	3735	2
六人户	135415	2887	25134	101703	5687	4
七人户	49965	1646	6571	36866	4874	8
八人户	18850	1295	1967	13238	2346	4
九人户	8097	904	656	5514	1020	3
十人及以上户	9176	3101	673	4645	756	1

5-1c 全省不同规模的家庭户类别(乡村)

单位：户

家庭户规模	家庭户户数	一代户	二代户	三代户	四代户	五代及以上户
总计	**6217272**	**2803614**	**2412437**	**952144**	**49008**	**69**
一人户	1469913	1469913				
二人户	1700330	1186928	513402			
三人户	1209121	107905	1019692	81524		
四人户	887833	27112	602522	255804	2395	
五人户	503527	5955	201434	286315	9819	4
六人户	267751	2146	54666	196840	14091	8
七人户	109595	1040	14551	81911	12077	16
八人户	40603	625	4122	29503	6330	23
九人户	15825	433	1262	11593	2526	11
十人及以上户	12774	1557	786	8654	1770	7

5–2　各地区分年龄、性别的一人户

单位：户

地　区	合　计			14岁及以下		
	合计	男	女	小计	男	女
贵　州	**3032510**	**1627723**	**1404787**	**232379**	**133038**	**99341**
贵阳市	**493363**	**268652**	**224711**	**16327**	**8914**	**7413**
南明区	110648	57841	52807	2757	1464	1293
云岩区	122680	66511	56169	2714	1421	1293
花溪区	61628	34462	27166	1606	876	730
乌当区	22215	11776	10439	958	529	429
白云区	31311	17579	13732	706	407	299
观山湖区	45644	25108	20536	1441	789	652
开阳县	30894	17432	13462	1971	1107	864
息烽县	16568	9488	7080	1031	550	481
修文县	16906	9364	7542	1214	669	545
清镇市	34869	19091	15778	1929	1102	827
六盘水市	**214348**	**112973**	**101375**	**18092**	**10304**	**7788**
钟山区	43169	21866	21303	1707	910	797
六枝特区	38588	20079	18509	3435	1992	1443
水城县	45502	24701	20801	3977	2274	1703
盘州市	87089	46327	40762	8973	5128	3845
遵义市	**496017**	**264942**	**231075**	**34106**	**19364**	**14742**
红花岗区	67537	34290	33247	3179	1713	1466
汇川区	42191	21632	20559	2077	1144	933
播州区	47754	25332	22422	3245	1874	1371
桐梓县	38407	21348	17059	3202	1810	1392
绥阳县	32350	17629	14721	2574	1550	1024
正安县	38221	20752	17469	3415	1966	1449
道真仡佬族苗族自治县	20496	11551	8945	1028	561	467
务川仡佬族苗族自治县	26834	14480	12354	2357	1348	1009
凤冈县	25349	13113	12236	2070	1190	880
湄潭县	31563	16002	15561	2571	1455	1116
余庆县	17577	9128	8449	1296	748	548
习水县	42697	23475	19222	3241	1851	1390
赤水市	25815	14246	11569	1300	728	572
仁怀市	39226	21964	17262	2551	1426	1125
安顺市	**173387**	**90275**	**83112**	**15899**	**9203**	**6696**
西秀区	57317	29017	28300	3631	2044	1587
平坝区	23777	12165	11612	1550	897	653
普定县	33847	17324	16523	4139	2464	1675
镇宁布依族苗族自治县	22099	11938	10161	2231	1298	933
关岭布依族苗族自治县	17939	9974	7965	1994	1128	866
紫云苗族布依族自治县	18408	9857	8551	2354	1372	982
毕节市	**508887**	**269359**	**239528**	**48168**	**27486**	**20682**
七星关区	88569	46098	42471	7400	4193	3207
大方县	79737	41417	38320	8644	5019	3625
黔西县	55650	30485	25165	5110	2954	2156
金沙县	40913	23279	17634	3495	1956	1539
织金县	72235	37512	34723	7530	4376	3154
纳雍县	59262	29997	29265	5718	3265	2453
威宁彝族回族苗族自治县	70495	38148	32347	6765	3746	3019
赫章县	42026	22423	19603	3506	1977	1529

5-2 续表 1

单位：户

地区	合计			14岁及以下		
	合计	男	女	小计	男	女
铜仁市	**319647**	**169752**	**149895**	**28942**	**16577**	**12365**
碧江区	28641	14896	13745	1599	873	726
万山区	15755	8945	6810	1374	796	578
江口县	19637	10867	8770	1667	942	725
玉屏侗族自治县	13795	7192	6603	995	543	452
石阡县	27244	14353	12891	2217	1247	970
思南县	48775	24862	23913	4121	2400	1721
印江土家族苗族自治县	31264	16681	14583	2381	1373	1008
德江县	38408	19601	18807	4588	2612	1976
沿河土家族自治县	50686	26279	24407	5383	3077	2306
松桃苗族自治县	45442	26076	19366	4617	2714	1903
黔西南布依族苗族自治州	**209256**	**110353**	**98903**	**20238**	**11462**	**8776**
兴义市	69934	36766	33168	4688	2627	2061
兴仁市	26619	13959	12660	3055	1746	1309
普安县	17610	9174	8436	1852	1056	796
晴隆县	19956	10409	9547	2341	1304	1037
贞丰县	21173	10995	10178	2382	1377	1005
望谟县	17106	9316	7790	1872	1054	818
册亨县	15300	8303	6997	1976	1101	875
安龙县	21558	11431	10127	2072	1197	875
黔东南苗族侗族自治州	**322623**	**181006**	**141617**	**27055**	**16140**	**10915**
凯里市	66811	35947	30864	2992	1722	1270
黄平县	23568	12779	10789	1907	1060	847
施秉县	9527	5168	4359	787	466	321
三穗县	16270	9328	6942	1470	874	596
镇远县	18178	10269	7909	1614	966	648
岑巩县	16883	9553	7330	1344	824	520
天柱县	37755	20980	16775	4668	2807	1861
锦屏县	15864	9082	6782	1338	807	531
剑河县	16804	9864	6940	1349	806	543
台江县	10807	6081	4726	908	517	391
黎平县	28511	16246	12265	2637	1587	1050
榕江县	16171	9390	6781	1711	1044	667
从江县	14338	8101	6237	1599	969	630
雷山县	10006	5998	4008	798	462	336
麻江县	10330	5968	4362	821	523	298
丹寨县	10800	6252	4548	1112	706	406
黔南布依族苗族自治州	**294982**	**160411**	**134571**	**23552**	**13588**	**9964**
都匀市	44983	23093	21890	2053	1162	891
福泉市	25356	14291	11065	1887	1014	873
荔波县	12176	6905	5271	951	574	377
贵定县	22386	12039	10347	1741	953	788
瓮安县	36133	19104	17029	2982	1751	1231
独山县	25968	13917	12051	2113	1227	886
平塘县	21779	11898	9881	2028	1212	816
罗甸县	22333	12357	9976	2122	1242	880
长顺县	13994	7969	6025	1458	842	616
龙里县	20276	11487	8789	1437	811	626
惠水县	28712	15679	13033	2445	1376	1069
三都水族自治县	20886	11672	9214	2335	1424	911

5-2　续表 2

单位：户

地　　区	15-19岁			20-24岁		
	小计	男	女	小计	男	女
贵　州	**125273**	**73693**	**51580**	**228140**	**121233**	**106907**
贵阳市	**10955**	**6221**	**4734**	**49759**	**26673**	**23086**
南明区	2330	1250	1080	11881	5944	5937
云岩区	2321	1282	1039	14458	7530	6928
花溪区	1811	1039	772	6037	3522	2515
乌当区	395	227	168	1687	951	736
白云区	670	393	277	3050	1768	1282
观山湖区	978	574	404	6443	3474	2969
开阳县	879	508	371	1980	1122	858
息烽县	463	279	184	913	508	405
修文县	380	229	151	947	530	417
清镇市	728	440	288	2363	1324	1039
六盘水市	**8852**	**5232**	**3620**	**16550**	**8912**	**7638**
钟山区	1538	870	668	3657	1953	1704
六枝特区	2390	1416	974	2623	1339	1284
水城县	2566	1531	1035	3813	2151	1662
盘州市	2358	1415	943	6457	3469	2988
遵义市	**17114**	**10401**	**6713**	**35345**	**18789**	**16556**
红花岗区	1470	859	611	5283	2682	2601
汇川区	1053	637	416	3418	1762	1656
播州区	1285	805	480	3275	1803	1472
桐梓县	1330	779	551	2261	1219	1042
绥阳县	1056	653	403	2012	1075	937
正安县	1960	1229	731	2526	1355	1171
道真仡佬族苗族自治县	822	480	342	1282	678	604
务川仡佬族苗族自治县	1577	1002	575	2339	1277	1062
凤冈县	1153	728	425	2033	1060	973
湄潭县	1000	623	377	1987	1022	965
余庆县	503	327	176	1222	652	570
习水县	1396	815	581	2491	1318	1173
赤水市	731	390	341	1496	782	714
仁怀市	1778	1074	704	3720	2104	1616
安顺市	**7235**	**4250**	**2985**	**11142**	**5940**	**5202**
西秀区	2069	1176	893	3811	1974	1837
平坝区	709	414	295	1459	771	688
普定县	1391	833	558	2061	1087	974
镇宁布依族苗族自治县	1066	613	453	1428	820	608
关岭布依族苗族自治县	1012	600	412	1226	679	547
紫云苗族布依族自治县	988	614	374	1157	609	548
毕节市	**32087**	**17924**	**14163**	**33867**	**18043**	**15824**
七星关区	6149	3450	2699	6096	3277	2819
大方县	3941	2279	1662	4454	2382	2072
黔西县	3447	1890	1557	3551	1915	1636
金沙县	1662	959	703	2380	1322	1058
织金县	5287	2866	2421	4769	2543	2226
纳雍县	4666	2619	2047	4345	2257	2088
威宁彝族回族苗族自治县	4034	2201	1833	5040	2647	2393
赫章县	2901	1660	1241	3232	1700	1532

5-2 续表 3

单位：户

地区	15-19岁			20-24岁		
	小计	男	女	小计	男	女
铜仁市	**13262**	**7938**	**5324**	**21763**	**11461**	**10302**
碧江区	667	374	293	2082	1046	1036
万山区	572	335	237	1240	683	557
江口县	503	320	183	1126	570	556
玉屏侗族自治县	424	253	171	908	485	423
石阡县	1095	626	469	1851	1009	842
思南县	1865	1082	783	3554	1845	1709
印江土家族苗族自治县	1354	816	538	2063	1112	951
德江县	1916	1164	752	2932	1498	1434
沿河土家族自治县	3049	1791	1258	3168	1663	1505
松桃苗族自治县	1817	1177	640	2839	1550	1289
黔西南布依族苗族自治州	**9886**	**5822**	**4064**	**16394**	**8439**	**7955**
兴义市	2262	1288	974	7037	3508	3529
兴仁市	1587	963	624	1725	962	763
普安县	904	577	327	1220	621	599
晴隆县	1059	614	445	1203	627	576
贞丰县	1460	855	605	1458	767	691
望谟县	1070	587	483	1125	592	533
册亨县	667	399	268	1190	602	588
安龙县	877	539	338	1436	760	676
黔东南苗族侗族自治州	**15342**	**9519**	**5823**	**23823**	**12602**	**11221**
凯里市	2521	1406	1115	7611	3757	3854
黄平县	1393	860	533	1608	832	776
施秉县	462	252	210	614	318	296
三穗县	977	590	387	1000	519	481
镇远县	801	485	316	1060	518	542
岑巩县	811	501	310	1306	672	634
天柱县	1475	889	586	1819	987	832
锦屏县	1178	786	392	815	462	353
剑河县	975	639	336	1172	675	497
台江县	681	435	246	754	449	305
黎平县	1050	635	415	1769	920	849
榕江县	848	577	271	988	605	383
从江县	661	452	209	1113	628	485
雷山县	449	296	153	804	447	357
麻江县	381	235	146	582	340	242
丹寨县	679	481	198	808	473	335
黔南布依族苗族自治州	**10540**	**6386**	**4154**	**19497**	**10374**	**9123**
都匀市	946	585	361	2728	1439	1289
福泉市	614	380	234	1717	941	776
荔波县	452	297	155	925	510	415
贵定县	678	378	300	1289	650	639
瓮安县	969	568	401	2238	1167	1071
独山县	795	474	321	1686	908	778
平塘县	1190	740	450	1558	798	760
罗甸县	1158	712	446	1360	732	628
长顺县	635	378	257	875	443	432
龙里县	643	390	253	1474	828	646
惠水县	1256	742	514	2183	1165	1018
三都水族自治县	1204	742	462	1464	793	671

5−2　续表 4

单位：户

地　区	25−29岁			30−34岁			35−39岁		
	小计	男	女	小计	男	女	小计	男	女
贵　州	**258289**	**144010**	**114279**	**224836**	**135255**	**89581**	**167819**	**101237**	**66582**
贵阳市	**65005**	**37158**	**27847**	**54250**	**33396**	**20854**	**35262**	**21934**	**13328**
南明区	15068	8226	6842	12566	7523	5043	8128	4947	3181
云岩区	19365	10959	8406	15643	9744	5899	9300	6010	3290
花溪区	8145	4984	3161	7039	4558	2481	4535	2927	1608
乌当区	2428	1386	1042	2314	1381	933	1574	911	663
白云区	4143	2609	1534	3569	2283	1286	2395	1513	882
观山湖区	8459	4763	3696	6134	3804	2330	3716	2332	1384
开阳县	2270	1315	955	1810	1112	698	1749	1032	717
息烽县	1149	651	498	980	599	381	776	464	312
修文县	1138	647	491	1193	659	534	936	531	405
清镇市	2840	1618	1222	3002	1733	1269	2153	1267	886
六盘水市	**15939**	**8982**	**6957**	**15419**	**9799**	**5620**	**11913**	**7615**	**4298**
钟山区	4256	2346	1910	4026	2301	1725	2908	1608	1300
六枝特区	2199	1177	1022	2011	1199	812	1776	1087	689
水城县	3425	1907	1518	3085	1951	1134	2566	1642	924
盘州市	6059	3552	2507	6297	4348	1949	4663	3278	1385
遵义市	**41025**	**22493**	**18532**	**32741**	**18596**	**14145**	**23097**	**13012**	**10085**
红花岗区	6955	3775	3180	6033	3369	2664	4069	2194	1875
汇川区	4601	2401	2200	3792	2080	1712	2499	1380	1119
播州区	3990	2192	1798	3507	1956	1551	2473	1334	1139
桐梓县	2699	1479	1220	2286	1283	1003	1774	1069	705
绥阳县	2007	1105	902	1792	1013	779	1407	777	630
正安县	2393	1323	1070	1786	1079	707	1496	889	607
道真仡佬族苗族自治县	1282	764	518	941	613	328	776	532	244
务川仡佬族苗族自治县	2194	1305	889	1245	765	480	898	510	388
凤冈县	2163	1169	994	1183	658	525	846	473	373
湄潭县	2164	1123	1041	1462	758	704	1072	539	533
余庆县	1138	632	506	703	417	286	544	280	264
习水县	3684	1940	1744	2949	1722	1227	1881	1138	743
赤水市	1675	942	733	1586	940	646	1026	611	415
仁怀市	4080	2343	1737	3476	1943	1533	2336	1286	1050
安顺市	**12391**	**6840**	**5551**	**10999**	**6447**	**4552**	**9138**	**5381**	**3757**
西秀区	4819	2608	2211	4100	2422	1678	3086	1783	1303
平坝区	1676	928	748	1576	911	665	1175	691	484
普定县	1892	1038	854	1883	1078	805	1789	1019	770
镇宁布依族苗族自治县	1485	844	641	1392	833	559	1355	850	505
关岭布依族苗族自治县	1323	764	559	1093	655	438	851	511	340
紫云苗族布依族自治县	1196	658	538	955	548	407	882	527	355
毕节市	**32566**	**18041**	**14525**	**32862**	**19614**	**13248**	**25687**	**15727**	**9960**
七星关区	5569	3073	2496	5556	3347	2209	4236	2546	1690
大方县	4498	2462	2036	4793	2869	1924	3844	2450	1394
黔西县	3645	2016	1629	3544	1999	1545	3204	1902	1302
金沙县	2257	1260	997	2767	1610	1157	2066	1265	801
织金县	4051	2277	1774	4138	2509	1629	3778	2303	1475
纳雍县	3548	1973	1575	3265	1969	1296	2827	1684	1143
威宁彝族回族苗族自治县	5815	3226	2589	5720	3468	2252	3786	2364	1422
赫章县	3183	1754	1429	3079	1843	1236	1946	1213	733

5－2 续表 5

单位：户

地区	25－29岁			30－34岁			35－39岁		
	小计	男	女	小计	男	女	小计	男	女
铜仁市	**22925**	**12642**	**10283**	**19352**	**11630**	**7722**	**16801**	**9777**	**7024**
碧江区	2927	1576	1351	2759	1617	1142	2081	1135	946
万山区	1341	760	581	1022	653	369	769	520	249
江口县	1298	743	555	1341	836	505	1142	647	495
玉屏侗族自治县	1075	572	503	1030	591	439	824	452	372
石阡县	1852	1058	794	1389	847	542	1204	678	526
思南县	3552	1939	1613	2467	1406	1061	2097	1163	934
印江土家族苗族自治县	1887	1078	809	1452	883	569	1316	839	477
德江县	2866	1496	1370	2279	1280	999	2133	1118	1015
沿河土家族自治县	3016	1680	1336	2720	1757	963	2445	1546	899
松桃苗族自治县	3111	1740	1371	2893	1760	1133	2790	1679	1111
黔西南布依族苗族自治州	**18119**	**10043**	**8076**	**16299**	**9715**	**6584**	**12478**	**7291**	**5187**
兴义市	8671	4832	3839	7517	4349	3168	5433	3086	2347
兴仁市	1638	889	749	1638	972	666	1361	762	599
普安县	1234	674	560	1088	682	406	802	482	320
晴隆县	1348	754	594	1230	801	429	983	621	362
贞丰县	1346	764	582	1248	742	506	958	572	386
望谟县	1067	603	464	1020	641	379	931	558	373
册亨县	1282	686	596	1208	764	444	906	574	332
安龙县	1533	841	692	1350	764	586	1104	636	468
黔东南苗族侗族自治州	**26292**	**14826**	**11466**	**22772**	**14162**	**8610**	**17673**	**11150**	**6523**
凯里市	8709	4835	3874	7028	4326	2702	4871	3006	1865
黄平县	1517	837	680	1184	742	442	1065	666	399
施秉县	586	332	254	528	346	182	461	292	169
三穗县	1078	605	473	1001	609	392	860	557	303
镇远县	983	559	424	999	606	393	861	555	306
岑巩县	1377	762	615	1123	719	404	817	522	295
天柱县	2170	1177	993	2329	1260	1069	1946	1083	863
锦屏县	1204	707	497	931	584	347	636	404	232
剑河县	1322	798	524	1246	830	416	899	601	298
台江县	652	385	267	688	423	265	706	441	265
黎平县	2197	1209	988	1784	1159	625	1292	815	477
榕江县	1104	615	489	902	603	299	867	582	285
从江县	1181	677	504	980	639	341	724	504	220
雷山县	812	502	310	715	480	235	575	391	184
麻江县	658	359	299	562	340	222	494	324	170
丹寨县	742	467	275	772	496	276	599	407	192
黔南布依族苗族自治州	**24027**	**12985**	**11042**	**20142**	**11896**	**8246**	**15770**	**9350**	**6420**
都匀市	4024	2139	1885	3783	2201	1582	2380	1404	976
福泉市	2370	1330	1040	1954	1198	756	1580	957	623
荔波县	1101	619	482	876	528	348	631	397	234
贵定县	1630	919	711	1483	855	628	1170	717	453
瓮安县	2603	1362	1241	2497	1415	1082	2214	1230	984
独山县	2337	1240	1097	1609	929	680	1201	692	509
平塘县	1818	938	880	1090	620	470	883	488	395
罗甸县	1495	835	660	1126	692	434	946	559	387
长顺县	880	472	408	739	437	302	722	447	275
龙里县	1885	1040	845	1807	1078	729	1333	769	564
惠水县	2187	1132	1055	1744	1006	738	1594	972	622
三都水族自治县	1697	959	738	1434	937	497	1116	718	398

5-2　续表 6　　　　单位：户

地　区	40—44岁			45—49岁			50—54岁		
	小计	男	女	小计	男	女	小计	男	女
贵　州	**202806**	**114705**	**88101**	**282558**	**159313**	**123245**	**273220**	**156457**	**116763**
贵阳市	**35898**	**20918**	**14980**	**47928**	**27283**	**20645**	**43672**	**25171**	**18501**
南明区	7775	4511	3264	10202	5677	4525	9616	5204	4412
云岩区	8333	4999	3334	10798	6006	4792	9682	5368	4314
花溪区	4881	2899	1982	6123	3513	2610	5442	3185	2257
乌当区	1666	940	726	2362	1308	1054	2078	1158	920
白云区	2642	1520	1122	3450	2000	1450	2975	1748	1227
观山湖区	3383	1975	1408	4207	2326	1881	3350	1894	1456
开阳县	1875	1021	854	3121	1790	1331	3277	2034	1243
息烽县	1261	722	539	1956	1226	730	1820	1160	660
修文县	1242	709	533	1821	1126	695	1759	1135	624
清镇市	2840	1622	1218	3888	2311	1577	3673	2285	1388
六盘水市	**15303**	**8975**	**6328**	**20596**	**11569**	**9027**	**18610**	**10295**	**8315**
钟山区	3821	1982	1839	5589	2929	2660	4480	2448	2032
六枝特区	2397	1318	1079	3544	1945	1599	3444	1953	1491
水城县	3399	2141	1258	4121	2398	1723	3679	2111	1568
盘州市	5686	3534	2152	7342	4297	3045	7007	3783	3224
遵义市	**31965**	**16725**	**15240**	**50079**	**26144**	**23935**	**48570**	**26805**	**21765**
红花岗区	4878	2469	2409	7279	3683	3596	6484	3480	3004
汇川区	3099	1535	1564	4522	2276	2246	4075	2179	1896
播州区	3300	1666	1634	5058	2701	2357	4716	2612	2104
桐梓县	2616	1484	1132	3972	2200	1772	3741	2199	1542
绥阳县	1857	974	883	3009	1624	1385	3167	1784	1383
正安县	2177	1198	979	3192	1610	1582	3446	1817	1629
道真仡佬族苗族自治县	1284	808	476	2473	1263	1210	2363	1197	1166
务川仡佬族苗族自治县	1418	765	653	2202	1098	1104	2364	1201	1163
凤冈县	1558	700	858	2639	1234	1405	2593	1343	1250
湄潭县	1889	873	1016	3379	1650	1729	3361	1729	1632
余庆县	944	444	500	1889	896	993	2051	1067	984
习水县	2579	1485	1094	4008	2272	1736	4077	2429	1648
赤水市	1440	823	617	2868	1655	1213	2971	1805	1166
仁怀市	2926	1501	1425	3589	1982	1607	3161	1963	1198
安顺市	**11902**	**6649**	**5253**	**15602**	**8679**	**6923**	**15267**	**8767**	**6500**
西秀区	3784	2065	1719	5577	2976	2601	5404	2906	2498
平坝区	1764	973	791	2410	1273	1137	2273	1271	1002
普定县	2455	1335	1120	2803	1546	1257	2508	1426	1082
镇宁布依族苗族自治县	1700	1016	684	1918	1149	769	1894	1172	722
关岭布依族苗族自治县	1129	662	467	1429	832	597	1542	983	559
紫云苗族布依族自治县	1070	598	472	1465	903	562	1646	1009	637
毕节市	**33956**	**19796**	**14160**	**43741**	**25996**	**17745**	**42336**	**24969**	**17367**
七星关区	5317	3060	2257	7387	4278	3109	7447	4319	3128
大方县	4993	3119	1874	6437	3899	2538	6543	3793	2750
黔西县	4272	2414	1858	5607	3311	2296	5315	3265	2050
金沙县	2989	1770	1219	4271	2615	1656	4322	2707	1615
织金县	5261	2962	2299	6035	3549	2486	5614	3263	2351
纳雍县	3893	2210	1683	4593	2664	1929	4257	2403	1854
威宁彝族回族苗族自治县	4799	2872	1927	5788	3522	2266	5221	3119	2102
赫章县	2432	1389	1043	3623	2158	1465	3617	2100	1517

5-2 续表 7 单位：户

地区	40-44岁			45-49岁			50-54岁		
	小计	男	女	小计	男	女	小计	男	女
铜仁市	**19300**	**10397**	**8903**	**28274**	**15597**	**12677**	**27428**	**15066**	**12362**
碧江区	2105	1069	1036	2954	1585	1369	2662	1456	1206
万山区	785	464	321	1413	851	562	1392	849	543
江口县	1233	669	564	1979	1130	849	1857	1125	732
玉屏侗族自治县	872	445	427	1341	732	609	1241	691	550
石阡县	1689	934	755	2785	1459	1326	2701	1390	1311
思南县	2896	1410	1486	4339	2229	2110	4394	2290	2104
印江土家族苗族自治县	1471	819	652	2575	1430	1145	2764	1462	1302
德江县	2683	1363	1320	3247	1673	1574	2933	1564	1369
沿河土家族自治县	2663	1505	1158	3460	1942	1518	3618	1878	1740
松桃苗族自治县	2903	1719	1184	4181	2566	1615	3866	2361	1505
黔西南布依族苗族自治州	**14762**	**8247**	**6515**	**17923**	**10174**	**7749**	**17079**	**9859**	**7220**
兴义市	5318	2910	2408	6014	3250	2764	5243	3041	2202
兴仁市	1984	1058	926	2253	1320	933	2147	1258	889
普安县	1098	631	467	1455	896	559	1373	710	663
晴隆县	1223	717	506	1540	894	646	1432	794	638
贞丰县	1336	712	624	1707	918	789	1763	1014	749
望谟县	1254	759	495	1537	925	612	1720	1063	657
册亨县	1127	668	459	1349	759	590	1346	798	548
安龙县	1422	792	630	2068	1212	856	2055	1181	874
黔东南苗族侗族自治州	**19959**	**11708**	**8251**	**30155**	**17500**	**12655**	**30732**	**17825**	**12907**
凯里市	4822	2751	2071	6553	3634	2919	5907	3235	2672
黄平县	1148	666	482	2283	1347	936	2423	1418	1005
施秉县	503	283	220	972	562	410	1067	636	431
三穗县	912	525	387	1410	801	609	1553	945	608
镇远县	1120	631	489	1865	1109	756	2005	1180	825
岑巩县	943	525	418	1478	819	659	1511	867	644
天柱县	2258	1225	1033	3281	1876	1405	3461	2040	1421
锦屏县	795	470	325	1275	740	535	1593	941	652
剑河县	1102	693	409	1523	908	615	1585	900	685
台江县	1047	678	369	1083	611	472	981	543	438
黎平县	1537	927	610	2596	1528	1068	2818	1662	1156
榕江县	957	551	406	1513	905	608	1574	908	666
从江县	771	480	291	1342	808	534	1301	728	573
雷山县	691	457	234	1035	650	385	910	562	348
麻江县	686	464	222	1023	647	376	1105	716	389
丹寨县	667	382	285	923	555	368	938	544	394
黔南布依族苗族自治州	**19761**	**11290**	**8471**	**28260**	**16371**	**11889**	**29526**	**17700**	**11826**
都匀市	2813	1502	1311	4407	2400	2007	4691	2589	2102
福泉市	2034	1177	857	2703	1633	1070	2661	1626	1035
荔波县	796	491	305	1119	694	425	1258	787	471
贵定县	1549	877	672	2329	1309	1020	2415	1474	941
瓮安县	2603	1384	1219	3667	1934	1733	3324	1900	1424
独山县	1447	791	656	2474	1401	1073	2603	1540	1063
平塘县	1219	667	552	1957	1143	814	2254	1334	920
罗甸县	1415	858	557	1934	1178	756	2220	1340	880
长顺县	1025	658	367	1259	830	429	1392	920	472
龙里县	1525	864	661	2236	1348	888	2253	1403	850
惠水县	1947	1175	772	2553	1497	1056	2796	1760	1036
三都水族自治县	1388	846	542	1622	1004	618	1659	1027	632

5-2　续表 8

单位：户

地　区	55-59岁			60-64岁			65岁及以上		
	小计	男	女	小计	男	女	小计	男	女
贵　州	**220268**	**126397**	**93871**	**151006**	**82753**	**68253**	**665916**	**279632**	**386284**
贵阳市	**35505**	**19670**	**15835**	**24200**	**12587**	**11613**	**74602**	**28727**	**45875**
南明区	8645	4478	4167	5962	2862	3100	15718	5755	9963
云岩区	8614	4458	4156	6127	3062	3065	15325	5672	9653
花溪区	4175	2308	1867	2719	1348	1371	9115	3303	5812
乌当区	1616	885	731	1131	569	562	4006	1531	2475
白云区	2223	1246	977	1283	659	624	4205	1433	2772
观山湖区	2378	1257	1121	1403	657	746	3752	1263	2489
开阳县	2605	1703	902	1881	1205	676	7476	3483	3993
息烽县	1328	890	438	924	615	309	3967	1824	2143
修文县	1300	845	455	947	572	375	4029	1712	2317
清镇市	2621	1600	1021	1823	1038	785	7009	2751	4258
六盘水市	**14693**	**7866**	**6827**	**10729**	**5260**	**5469**	**47652**	**18164**	**29488**
钟山区	2911	1484	1427	1619	794	825	6657	2241	4416
六枝特区	2749	1628	1121	2104	1160	944	9916	3865	6051
水城县	2647	1513	1134	1960	952	1008	10264	4130	6134
盘州市	6386	3241	3145	5046	2354	2692	20815	7928	12887
遵义市	**39994**	**23213**	**16781**	**23703**	**14232**	**9471**	**118278**	**55168**	**63110**
红花岗区	5614	3087	2527	3339	1801	1538	12954	5178	7776
汇川区	3190	1799	1391	1785	938	847	8080	3501	4579
播州区	3632	2117	1515	2198	1281	917	11075	4991	6084
桐梓县	3198	1944	1254	1860	1136	724	9468	4746	4722
绥阳县	2764	1657	1107	1913	1159	754	8792	4258	4534
正安县	3031	1655	1376	2042	1285	757	10757	5346	5411
道真仡佬族苗族自治县	1898	1122	776	1037	719	318	5310	2814	2496
务川仡佬族苗族自治县	1963	1102	861	1131	698	433	7146	3409	3737
凤冈县	2109	1248	861	904	534	370	6098	2776	3322
湄潭县	2767	1573	1194	1447	876	571	8464	3781	4683
余庆县	1793	1055	738	837	519	318	4657	2091	2566
习水县	3335	1981	1354	2099	1280	819	10957	5244	5713
赤水市	2352	1433	919	1422	935	487	6948	3202	3746
仁怀市	2348	1440	908	1689	1071	618	7572	3831	3741
安顺市	**12182**	**6850**	**5332**	**9667**	**5070**	**4597**	**41963**	**16199**	**25764**
西秀区	4554	2370	2184	3337	1717	1620	13145	4976	8169
平坝区	1593	890	703	1256	647	609	6336	2499	3837
普定县	1897	1075	822	1666	840	826	9363	3583	5780
镇宁布依族苗族自治县	1492	875	617	1298	665	633	4840	1803	3037
关岭布依族苗族自治县	1276	819	457	1131	679	452	3933	1662	2271
紫云苗族布依族自治县	1370	821	549	979	522	457	4346	1676	2670
毕节市	**32153**	**18700**	**13453**	**24649**	**12901**	**11748**	**126815**	**50162**	**76653**
七星关区	5774	3372	2402	4191	2206	1985	23447	8977	14470
大方县	4997	2811	2186	3825	1874	1951	22768	8460	14308
黔西县	3690	2337	1353	2643	1536	1107	11622	4946	6676
金沙县	3150	1990	1160	1746	1069	677	9808	4756	5052
织金县	4455	2488	1967	3653	1868	1785	17664	6508	11156
纳雍县	3160	1769	1391	2726	1330	1396	16264	5854	10410
威宁彝族回族苗族自治县	4261	2426	1835	3652	1793	1859	15614	6764	8850
赫章县	2666	1507	1159	2213	1225	988	9628	3897	5731

5-2 续表 9

单位：户

地区	55-59岁			60-64岁			65岁及以上		
	小计	男	女	小计	男	女	小计	男	女
铜仁市	**23219**	**13084**	**10135**	**15218**	**8687**	**6531**	**83163**	**36896**	**46267**
碧江区	2212	1229	983	1400	772	628	5193	2164	3029
万山区	1208	768	440	872	557	315	3767	1709	2058
江口县	1617	976	641	1119	675	444	4755	2234	2521
玉屏侗族自治县	1033	597	436	684	400	284	3368	1431	1937
石阡县	2185	1190	995	1327	770	557	6949	3145	3804
思南县	3654	1990	1664	1996	1090	906	13840	6018	7822
印江土家族苗族自治县	2555	1467	1088	1527	895	632	9919	4507	5412
德江县	2367	1251	1116	1553	798	755	8911	3784	5127
沿河土家族自治县	3279	1693	1586	2320	1234	1086	15565	6513	9052
松桃苗族自治县	3109	1923	1186	2420	1496	924	10896	5391	5505
黔西南布依族苗族自治州	**14081**	**7902**	**6179**	**10640**	**5441**	**5199**	**41357**	**15958**	**25399**
兴义市	4278	2343	1935	2996	1584	1412	10477	3948	6529
兴仁市	1723	961	762	1369	681	688	6139	2387	3752
普安县	1082	594	488	973	501	472	4529	1750	2779
晴隆县	1357	759	598	1194	586	608	5046	1938	3108
贞丰县	1517	830	687	1224	621	603	4774	1823	2951
望谟县	1356	836	520	848	418	430	3306	1280	2026
册亨县	1073	571	502	764	375	389	2412	1006	1406
安龙县	1695	1008	687	1272	675	597	4674	1826	2848
黔东南苗族侗族自治州	**25136**	**15090**	**10046**	**16140**	**9515**	**6625**	**67544**	**30969**	**36575**
凯里市	4386	2414	1972	2520	1310	1210	8891	3551	5340
黄平县	1912	1196	716	1097	649	448	6031	2506	3525
施秉县	771	474	297	445	254	191	2331	953	1378
三穗县	1313	838	475	947	585	362	3749	1880	1869
镇远县	1702	1071	631	1043	625	418	4125	1964	2161
岑巩县	1346	757	589	948	623	325	3879	1962	1917
天柱县	2973	1796	1177	2270	1373	897	9105	4467	4638
锦屏县	1416	882	534	1000	622	378	3683	1677	2006
剑河县	1364	856	508	804	485	319	3463	1673	1790
台江县	693	412	281	455	244	211	2159	943	1216
黎平县	2572	1607	965	1712	1060	652	6547	3137	3410
榕江县	1282	755	527	873	543	330	3552	1702	1850
从江县	1057	575	482	590	312	278	3019	1329	1690
雷山县	695	443	252	436	259	177	2086	1049	1037
麻江县	858	545	313	507	312	195	2653	1163	1490
丹寨县	796	469	327	493	259	234	2271	1013	1258
黔南布依族苗族自治州	**23305**	**14022**	**9283**	**16060**	**9060**	**7000**	**64542**	**27389**	**37153**
都匀市	4269	2325	1944	2920	1509	1411	9969	3838	6131
福泉市	1778	1161	617	1081	665	416	4977	2209	2768
荔波县	877	526	351	538	306	232	2652	1176	1476
贵定县	1867	1125	742	1377	737	640	4858	2045	2813
瓮安县	2772	1636	1136	1981	1194	787	8283	3563	4720
独山县	2015	1198	817	1412	843	569	6276	2674	3602
平塘县	1749	1066	683	1117	677	440	4916	2215	2701
罗甸县	1797	1097	700	1277	716	561	5483	2396	3087
长顺县	1095	752	343	791	436	355	3123	1354	1769
龙里县	1439	929	510	965	567	398	3279	1460	1819
惠水县	2261	1353	908	1687	935	752	6059	2566	3493
三都水族自治县	1386	854	532	914	475	439	4667	1893	2774

5-2a　各地区分年龄、性别的一人户(城市)

单位：户

地　区	合　计			14岁及以下		
	合计	男	女	小计	男	女
贵　州	**798364**	**412841**	**385523**	**25407**	**13534**	**11873**
贵阳市	**374771**	**200816**	**173955**	**9043**	**4844**	**4199**
南明区	106828	55411	51417	2635	1397	1238
云岩区	122680	66511	56169	2714	1421	1293
花溪区	49732	27463	22269	1044	572	472
乌当区	13405	6691	6714	338	178	160
白云区	28878	16160	12718	629	365	264
观山湖区	37764	20722	17042	1167	640	527
开阳县						
息烽县						
修文县						
清镇市	15484	7858	7626	516	271	245
六盘水市	**66399**	**32688**	**33711**	**2747**	**1414**	**1333**
钟山区	36633	18027	18606	1328	677	651
六枝特区	10260	4631	5629	471	234	237
水城县						
盘州市	19506	10030	9476	948	503	445
遵义市	**116760**	**57945**	**58815**	**3805**	**2004**	**1801**
红花岗区	48825	24304	24521	1648	857	791
汇川区	27217	13118	14099	844	450	394
播州区	14764	7213	7551	462	251	211
桐梓县						
绥阳县						
正安县						
道真仡佬族苗族自治县						
务川仡佬族苗族自治县						
凤冈县						
湄潭县						
余庆县						
习水县						
赤水市	9376	4568	4808	248	128	120
仁怀市	16578	8742	7836	603	318	285
安顺市	**40120**	**19507**	**20613**	**1441**	**773**	**668**
西秀区	33816	16488	17328	1189	623	566
平坝区	6304	3019	3285	252	150	102
普定县						
镇宁布依族苗族自治县						
关岭布依族苗族自治县						
紫云苗族布依族自治县						
毕节市	**32583**	**16573**	**16010**	**1547**	**838**	**709**
七星关区	32583	16573	16010	1547	838	709
大方县						
黔西县						
金沙县						
织金县						
纳雍县						
威宁彝族回族苗族自治县						
赫章县						

5-2a 续表 1

单位：户

地区	合计			14岁及以下		
	合计	男	女	小计	男	女
铜仁市	**26084**	**13153**	**12931**	**1311**	**699**	**612**
碧江区	20263	9961	10302	915	482	433
万山区	5821	3192	2629	396	217	179
江口县						
玉屏侗族自治县						
石阡县						
思南县						
印江土家族苗族自治县						
德江县						
沿河土家族自治县						
松桃苗族自治县						
黔西南布依族苗族自治州	**53270**	**27192**	**26078**	**2436**	**1289**	**1147**
兴义市	46131	23732	22399	2028	1073	955
兴仁市	7139	3460	3679	408	216	192
普安县						
晴隆县						
贞丰县						
望谟县						
册亨县						
安龙县						
黔东南苗族侗族自治州	**50450**	**26446**	**24004**	**1644**	**917**	**727**
凯里市	50450	26446	24004	1644	917	727
黄平县						
施秉县						
三穗县						
镇远县						
岑巩县						
天柱县						
锦屏县						
剑河县						
台江县						
黎平县						
榕江县						
从江县						
雷山县						
麻江县						
丹寨县						
黔南布依族苗族自治州	**37927**	**18521**	**19406**	**1433**	**756**	**677**
都匀市	29201	14147	15054	885	467	418
福泉市	8726	4374	4352	548	289	259
荔波县						
贵定县						
瓮安县						
独山县						
平塘县						
罗甸县						
长顺县						
龙里县						
惠水县						
三都水族自治县						

5–2a　续表 2

单位：户

地　区	15–19岁			20–24岁		
	小计	男	女	小计	男	女
贵　州	**21217**	**11692**	**9525**	**82278**	**42232**	**40046**
贵阳市	**8003**	**4465**	**3538**	**41679**	**21995**	**19684**
南明区	2245	1207	1038	11475	5697	5778
云岩区	2321	1282	1039	14458	7530	6928
花溪区	1498	836	662	4946	2870	2076
乌当区	181	107	74	1118	610	508
白云区	616	362	254	2815	1632	1183
观山湖区	841	489	352	5565	2938	2627
开阳县						
息烽县						
修文县						
清镇市	301	182	119	1302	718	584
六盘水市	**2260**	**1241**	**1019**	**6095**	**3069**	**3026**
钟山区	1276	712	564	3310	1741	1569
六枝特区	526	298	228	683	305	378
水城县						
盘州市	458	231	227	2102	1023	1079
遵义市	**2996**	**1706**	**1290**	**11016**	**5684**	**5332**
红花岗区	970	550	420	4045	2006	2039
汇川区	548	322	226	2549	1261	1288
播州区	364	207	157	1252	690	562
桐梓县						
绥阳县						
正安县						
道真仡佬族苗族自治县						
务川仡佬族苗族自治县						
凤冈县						
湄潭县						
余庆县						
习水县						
赤水市	270	135	135	809	404	405
仁怀市	844	492	352	2361	1323	1038
安顺市	**1132**	**630**	**502**	**2806**	**1368**	**1438**
西秀区	957	530	427	2325	1137	1188
平坝区	175	100	75	481	231	250
普定县						
镇宁布依族苗族自治县						
关岭布依族苗族自治县						
紫云苗族布依族自治县						
毕节市	**1953**	**1043**	**910**	**2768**	**1439**	**1329**
七星关区	1953	1043	910	2768	1439	1329
大方县						
黔西县						
金沙县						
织金县						
纳雍县						
威宁彝族回族苗族自治县						
赫章县						

5-2a 续表 3

单位：户

地 区	15-19岁			20-24岁		
	小计	男	女	小计	男	女
铜仁市	**704**	**372**	**332**	**2429**	**1223**	**1206**
碧江区	454	246	208	1685	822	863
万山区	250	126	124	744	401	343
江口县						
玉屏侗族自治县						
石阡县						
思南县						
印江土家族苗族自治县						
德江县						
沿河土家族自治县						
松桃苗族自治县						
黔西南布依族苗族自治州	**1643**	**870**	**773**	**6118**	**2962**	**3156**
兴义市	1394	728	666	5620	2696	2924
兴仁市	249	142	107	498	266	232
普安县						
晴隆县						
贞丰县						
望谟县						
册亨县						
安龙县						
黔东南苗族侗族自治州	**1783**	**944**	**839**	**6606**	**3148**	**3458**
凯里市	1783	944	839	6606	3148	3458
黄平县						
施秉县						
三穗县						
镇远县						
岑巩县						
天柱县						
锦屏县						
剑河县						
台江县						
黎平县						
榕江县						
从江县						
雷山县						
麻江县						
丹寨县						
黔南布依族苗族自治州	**743**	**421**	**322**	**2761**	**1344**	**1417**
都匀市	487	272	215	1999	971	1028
福泉市	256	149	107	762	373	389
荔波县						
贵定县						
瓮安县						
独山县						
平塘县						
罗甸县						
长顺县						
龙里县						
惠水县						
三都水族自治县						

5-2a　续表 4　　　　单位：户

地　区	25-29岁			30-34岁			35-39岁		
	小计	男	女	小计	男	女	小计	男	女
贵　州	**108141**	**59749**	**48392**	**92611**	**54664**	**37947**	**59837**	**34930**	**24907**
贵阳市	**55687**	**31571**	**24116**	**45819**	**28137**	**17682**	**28550**	**17748**	**10802**
南明区	14677	7957	6720	12177	7237	4940	7835	4731	3104
云岩区	19365	10959	8406	15643	9744	5899	9300	6010	3290
花溪区	6865	4225	2640	5773	3747	2026	3644	2336	1308
乌当区	1826	999	827	1687	971	716	1101	595	506
白云区	3872	2434	1438	3364	2147	1217	2234	1415	819
观山湖区	7432	4119	3313	5443	3350	2093	3235	2020	1215
开阳县									
息烽县									
修文县									
清镇市	1650	878	772	1732	941	791	1201	641	560
六盘水市	**7023**	**3780**	**3243**	**6599**	**3796**	**2803**	**4546**	**2537**	**2009**
钟山区	3896	2143	1753	3684	2074	1610	2602	1380	1222
六枝特区	899	434	465	781	426	355	525	273	252
水城县									
盘州市	2228	1203	1025	2134	1296	838	1419	884	535
遵义市	**14904**	**8053**	**6851**	**13171**	**7185**	**5986**	**8327**	**4342**	**3985**
红花岗区	5676	3062	2614	5050	2808	2242	3304	1763	1541
汇川区	3700	1906	1794	3034	1623	1411	1891	995	896
播州区	1921	1046	875	1831	965	866	1157	548	609
桐梓县									
绥阳县									
正安县									
道真仡佬族苗族自治县									
务川仡佬族苗族自治县									
凤冈县									
湄潭县									
余庆县									
习水县									
赤水市	938	517	421	893	492	401	581	316	265
仁怀市	2669	1522	1147	2363	1297	1066	1394	720	674
安顺市	**3998**	**2101**	**1897**	**3621**	**2064**	**1557**	**2551**	**1410**	**1141**
西秀区	3401	1812	1589	3047	1775	1272	2147	1210	937
平坝区	597	289	308	574	289	285	404	200	204
普定县									
镇宁布依族苗族自治县									
关岭布依族苗族自治县									
紫云苗族布依族自治县									
毕节市	**3329**	**1789**	**1540**	**3433**	**1912**	**1521**	**2247**	**1257**	**990**
七星关区	3329	1789	1540	3433	1912	1521	2247	1257	990
大方县									
黔西县									
金沙县									
织金县									
纳雍县									
威宁彝族回族苗族自治县									
赫章县									

5-2a 续表 5

单位：户

地区	25-29岁			30-34岁			35-39岁		
	小计	男	女	小计	男	女	小计	男	女
铜仁市	**3255**	**1740**	**1515**	**2922**	**1722**	**1200**	**2102**	**1141**	**961**
碧江区	2458	1292	1166	2322	1326	996	1691	857	834
万山区	797	448	349	600	396	204	411	284	127
江口县									
玉屏侗族自治县									
石阡县									
思南县									
印江土家族苗族自治县									
德江县									
沿河土家族自治县									
松桃苗族自治县									
黔西南布依族苗族自治州	**7877**	**4291**	**3586**	**6994**	**3956**	**3038**	**4860**	**2624**	**2236**
兴义市	7152	3913	3239	6251	3556	2695	4318	2356	1962
兴仁市	725	378	347	743	400	343	542	268	274
普安县									
晴隆县									
贞丰县									
望谟县									
册亨县									
安龙县									
黔东南苗族侗族自治州	**7699**	**4204**	**3495**	**6145**	**3716**	**2429**	**4091**	**2446**	**1645**
凯里市	7699	4204	3495	6145	3716	2429	4091	2446	1645
黄平县									
施秉县									
三穗县									
镇远县									
岑巩县									
天柱县									
锦屏县									
剑河县									
台江县									
黎平县									
榕江县									
从江县									
雷山县									
麻江县									
丹寨县									
黔南布依族苗族自治州	**4369**	**2220**	**2149**	**3907**	**2176**	**1731**	**2563**	**1425**	**1138**
都匀市	3171	1615	1556	2987	1676	1311	1886	1078	808
福泉市	1198	605	593	920	500	420	677	347	330
荔波县									
贵定县									
瓮安县									
独山县									
平塘县									
罗甸县									
长顺县									
龙里县									
惠水县									
三都水族自治县									

5-2a　续表 6　　　　单位：户

地　区	40-44岁			45-49岁			50-54岁		
	小计	男	女	小计	男	女	小计	男	女
贵　州	**61589**	**32892**	**28697**	**80146**	**41616**	**38530**	**69497**	**36938**	**32559**
贵阳市	**27406**	**15870**	**11536**	**35218**	**19391**	**15827**	**31363**	**17296**	**14067**
南明区	7425	4286	3139	9729	5363	4366	9196	4911	4285
云岩区	8333	4999	3334	10798	6006	4792	9682	5368	4314
花溪区	3914	2307	1607	4886	2711	2175	4348	2483	1865
乌当区	1058	564	494	1415	708	707	1167	588	579
白云区	2453	1400	1053	3174	1821	1353	2730	1582	1148
观山湖区	2848	1643	1205	3429	1866	1563	2620	1438	1182
开阳县									
息烽县									
修文县									
清镇市	1375	671	704	1787	916	871	1620	926	694
六盘水市	**5675**	**2843**	**2832**	**7876**	**3917**	**3959**	**6267**	**3248**	**3019**
钟山区	3200	1560	1640	4651	2273	2378	3622	1857	1765
六枝特区	755	336	419	1215	548	667	1034	516	518
水城县									
盘州市	1720	947	773	2010	1096	914	1611	875	736
遵义市	**9642**	**4491**	**5151**	**13245**	**6295**	**6950**	**10873**	**5544**	**5329**
红花岗区	3833	1879	1954	5587	2717	2870	4757	2479	2278
汇川区	2168	1000	1168	3042	1393	1649	2623	1284	1339
播州区	1435	624	811	1787	830	957	1390	672	718
桐梓县									
绥阳县									
正安县									
道真仡佬族苗族自治县									
务川仡佬族苗族自治县									
凤冈县									
湄潭县									
余庆县									
习水县									
赤水市	690	318	372	1215	588	627	1065	540	525
仁怀市	1516	670	846	1614	767	847	1038	569	469
安顺市	**2992**	**1541**	**1451**	**4231**	**2071**	**2160**	**3907**	**1963**	**1944**
西秀区	2429	1254	1175	3519	1754	1765	3277	1636	1641
平坝区	563	287	276	712	317	395	630	327	303
普定县									
镇宁布依族苗族自治县									
关岭布依族苗族自治县									
紫云苗族布依族自治县									
毕节市	**2520**	**1327**	**1193**	**3061**	**1617**	**1444**	**2840**	**1542**	**1298**
七星关区	2520	1327	1193	3061	1617	1444	2840	1542	1298
大方县									
黔西县									
金沙县									
织金县									
纳雍县									
威宁彝族回族苗族自治县									
赫章县									

5−2a 续表 7

单位：户

地 区	40−44岁			45−49岁			50−54岁		
	小计	男	女	小计	男	女	小计	男	女
铜仁市	**2087**	**1020**	**1067**	**2754**	**1371**	**1383**	**2339**	**1156**	**1183**
碧江区	1696	794	902	2179	1054	1125	1887	923	964
万山区	391	226	165	575	317	258	452	233	219
江口县									
玉屏侗族自治县									
石阡县									
思南县									
印江土家族苗族自治县									
德江县									
沿河土家族自治县									
松桃苗族自治县									
黔西南布依族苗族自治州	**4613**	**2342**	**2271**	**4831**	**2439**	**2392**	**3919**	**2156**	**1763**
兴义市	3945	2036	1909	4155	2088	2067	3324	1844	1480
兴仁市	668	306	362	676	351	325	595	312	283
普安县									
晴隆县									
贞丰县									
望谟县									
册亨县									
安龙县									
黔东南苗族侗族自治州	**3807**	**2060**	**1747**	**4989**	**2563**	**2426**	**4283**	**2204**	**2079**
凯里市	3807	2060	1747	4989	2563	2426	4283	2204	2079
黄平县									
施秉县									
三穗县									
镇远县									
岑巩县									
天柱县									
锦屏县									
剑河县									
台江县									
黎平县									
榕江县									
从江县									
雷山县									
麻江县									
丹寨县									
黔南布依族苗族自治州	**2847**	**1398**	**1449**	**3941**	**1952**	**1989**	**3706**	**1829**	**1877**
都匀市	2049	1016	1033	3010	1478	1532	2892	1428	1464
福泉市	798	382	416	931	474	457	814	401	413
荔波县									
贵定县									
瓮安县									
独山县									
平塘县									
罗甸县									
长顺县									
龙里县									
惠水县									
三都水族自治县									

5-2a　续表 8　　单位：户

地　区	55-59岁			60-64岁			65岁及以上		
	小计	男	女	小计	男	女	小计	男	女
贵　州	**55954**	**29064**	**26890**	**35089**	**17181**	**17908**	**106598**	**38349**	**68249**
贵阳市	**26310**	**13730**	**12580**	**17670**	**8567**	**9103**	**48023**	**17202**	**30821**
南明区	8350	4288	4062	5807	2767	3040	15277	5570	9707
云岩区	8614	4458	4156	6127	3062	3065	15325	5672	9653
花溪区	3430	1831	1599	2210	1046	1164	7174	2499	4675
乌当区	900	426	474	631	270	361	1983	675	1308
白云区	2054	1154	900	1167	592	575	3770	1256	2514
观山湖区	1828	952	876	1059	476	583	2297	791	1506
开阳县									
息烽县									
修文县									
清镇市	1134	621	513	669	354	315	2197	739	1458
六盘水市	**4538**	**2314**	**2224**	**2675**	**1243**	**1432**	**10098**	**3286**	**6812**
钟山区	2464	1223	1241	1331	659	672	5269	1728	3541
六枝特区	762	385	377	492	230	262	2117	646	1471
水城县									
盘州市	1312	706	606	852	354	498	2712	912	1800
遵义市	**8517**	**4473**	**4044**	**4603**	**2328**	**2275**	**15661**	**5840**	**9821**
红花岗区	4133	2194	1939	2295	1178	1117	7527	2811	4716
汇川区	1978	1019	959	1101	522	579	3739	1343	2396
播州区	929	483	446	449	233	216	1787	664	1123
桐梓县									
绥阳县									
正安县									
道真仡佬族苗族自治县									
务川仡佬族苗族自治县									
凤冈县									
湄潭县									
余庆县									
习水县									
赤水市	774	388	386	407	198	209	1486	544	942
仁怀市	703	389	314	351	197	154	1122	478	644
安顺市	**3405**	**1684**	**1721**	**2308**	**1122**	**1186**	**7728**	**2780**	**4948**
西秀区	2954	1447	1507	2025	978	1047	6546	2332	4214
平坝区	451	237	214	283	144	139	1182	448	734
普定县									
镇宁布依族苗族自治县									
关岭布依族苗族自治县									
紫云苗族布依族自治县									
毕节市	**2097**	**1203**	**894**	**1284**	**654**	**630**	**5504**	**1952**	**3552**
七星关区	2097	1203	894	1284	654	630	5504	1952	3552
大方县									
黔西县									
金沙县									
织金县									
纳雍县									
威宁彝族回族苗族自治县									
赫章县									

5–2a 续表 9 单位：户

地 区	55–59岁			60–64岁			65岁及以上		
	小计	男	女	小计	男	女	小计	男	女
铜仁市	**1867**	**956**	**911**	**1001**	**489**	**512**	**3313**	**1264**	**2049**
碧江区	1500	748	752	822	396	426	2654	1021	1633
万山区	367	208	159	179	93	86	659	243	416
江口县									
玉屏侗族自治县									
石阡县									
思南县									
印江土家族苗族自治县									
德江县									
沿河土家族自治县									
松桃苗族自治县									
黔西南布依族苗族自治州	**2901**	**1508**	**1393**	**1901**	**942**	**959**	**5177**	**1813**	**3364**
兴义市	2437	1267	1170	1547	781	766	3960	1394	2566
兴仁市	464	241	223	354	161	193	1217	419	798
普安县									
晴隆县									
贞丰县									
望谟县									
册亨县									
安龙县									
黔东南苗族侗族自治州	**3132**	**1601**	**1531**	**1637**	**833**	**804**	**4634**	**1810**	**2824**
凯里市	3132	1601	1531	1637	833	804	4634	1810	2824
黄平县									
施秉县									
三穗县									
镇远县									
岑巩县									
天柱县									
锦屏县									
剑河县									
台江县									
黎平县									
榕江县									
从江县									
雷山县									
麻江县									
丹寨县									
黔南布依族苗族自治州	**3187**	**1595**	**1592**	**2010**	**1003**	**1007**	**6460**	**2402**	**4058**
都匀市	2666	1310	1356	1738	845	893	5431	1991	3440
福泉市	521	285	236	272	158	114	1029	411	618
荔波县									
贵定县									
瓮安县									
独山县									
平塘县									
罗甸县									
长顺县									
龙里县									
惠水县									
三都水族自治县									

5-2b　各地区分年龄、性别的一人户(镇)

单位：户

地　　区	合　　计			14岁及以下		
	合计	男	女	小计	男	女
贵　州	**764233**	**393857**	**370376**	**57532**	**32421**	**25111**
贵阳市	**40529**	**21108**	**19421**	**1859**	**999**	**860**
南明区						
云岩区						
花溪区	3910	2197	1713	110	55	55
乌当区	1555	845	710	118	55	63
白云区	405	184	221	10	5	5
观山湖区	2684	1304	1380	87	43	44
开阳县	13611	7176	6435	718	413	305
息烽县	7599	3873	3726	314	159	155
修文县	7633	3841	3792	365	201	164
清镇市	3132	1688	1444	137	68	69
六盘水市	**33159**	**17593**	**15566**	**2519**	**1417**	**1102**
钟山区	3968	2445	1523	168	96	72
六枝特区	3715	1893	1822	374	206	168
水城县	13245	7045	6200	977	554	423
盘州市	12231	6210	6021	1000	561	439
遵义市	**120864**	**61546**	**59318**	**7859**	**4478**	**3381**
红花岗区	4025	2064	1961	281	163	118
汇川区	4299	2300	1999	294	162	132
播州区	5702	2951	2751	497	291	206
桐梓县	15059	7863	7196	955	530	425
绥阳县	11662	6048	5614	747	444	303
正安县	11919	6108	5811	868	515	353
道真仡佬族苗族自治县	6749	3375	3374	342	194	148
务川仡佬族苗族自治县	9516	4834	4682	692	397	295
凤冈县	9964	4738	5226	666	355	311
湄潭县	13996	6597	7399	767	428	339
余庆县	6397	3027	3370	403	251	152
习水县	14612	7738	6874	879	472	407
赤水市	3176	1727	1449	167	97	70
仁怀市	3788	2176	1612	301	179	122
安顺市	**43111**	**21748**	**21363**	**3599**	**2051**	**1548**
西秀区	3281	1720	1561	216	121	95
平坝区	6727	3435	3292	259	135	124
普定县	12218	5920	6298	1352	788	564
镇宁布依族苗族自治县	8715	4367	4348	686	379	307
关岭布依族苗族自治县	6610	3474	3136	542	314	228
紫云苗族布依族自治县	5560	2832	2728	544	314	230
毕节市	**173628**	**88694**	**84934**	**14437**	**8075**	**6362**
七星关区	6857	3465	3392	579	336	243
大方县	26295	13224	13071	2384	1352	1032
黔西县	25207	13015	12192	2014	1141	873
金沙县	18294	9640	8654	1209	644	565
织金县	30439	15304	15135	2460	1409	1051
纳雍县	22708	11340	11368	2012	1166	846
威宁彝族回族苗族自治县	30930	16205	14725	2850	1539	1311
赫章县	12898	6501	6397	929	488	441

5-2b 续表 1 单位：户

地 区	合 计			14岁及以下		
	合计	男	女	小计	男	女
铜仁市	**93209**	**46538**	**46671**	**7790**	**4290**	**3500**
碧江区	531	307	224	22	13	9
万山区						
江口县	6407	3297	3110	354	198	156
玉屏侗族自治县	8036	3933	4103	590	317	273
石阡县	7643	3693	3950	608	309	299
思南县	16013	7688	8325	1259	681	578
印江土家族苗族自治县	7515	3721	3794	464	257	207
德江县	16192	8004	8188	2040	1155	885
沿河土家族自治县	16299	8058	8241	1438	806	632
松桃苗族自治县	14573	7837	6736	1015	554	461
黔西南布依族苗族自治州	**48288**	**24983**	**23305**	**4102**	**2268**	**1834**
兴义市	4732	2568	2164	456	273	183
兴仁市	3192	1585	1607	306	180	126
普安县	5507	2777	2730	439	242	197
晴隆县	6495	3408	3087	577	299	278
贞丰县	8465	4259	4206	764	410	354
望谟县	5643	3112	2531	482	260	222
册亨县	5315	2858	2457	463	250	213
安龙县	8939	4416	4523	615	354	261
黔东南苗族侗族自治州	**98125**	**52429**	**45696**	**7227**	**4211**	**3016**
凯里市	2558	1490	1068	161	92	69
黄平县	7858	4116	3742	478	253	225
施秉县	3574	1797	1777	221	126	95
三穗县	6988	3623	3365	583	325	258
镇远县	7945	4207	3738	477	276	201
岑巩县	6378	3336	3042	337	199	138
天柱县	16647	8663	7984	2174	1272	902
锦屏县	5808	3081	2727	393	231	162
剑河县	5581	3047	2534	346	199	147
台江县	4047	2216	1831	241	129	112
黎平县	10454	5730	4724	689	415	274
榕江县	4816	2624	2192	362	229	133
从江县	4280	2425	1855	217	129	88
雷山县	3615	2017	1598	163	86	77
麻江县	3833	2009	1824	200	128	72
丹寨县	3743	2048	1695	185	122	63
黔南布依族苗族自治州	**113320**	**59218**	**54102**	**8140**	**4632**	**3508**
都匀市	1494	830	664	134	72	62
福泉市	4720	2753	1967	261	144	117
荔波县	5198	2774	2424	241	148	93
贵定县	13224	6678	6546	813	426	387
瓮安县	18827	9320	9507	1401	808	593
独山县	12652	6410	6242	904	512	392
平塘县	8541	4432	4109	674	397	277
罗甸县	9083	4969	4114	758	447	311
长顺县	5923	3181	2742	522	295	227
龙里县	11914	6440	5474	800	453	347
惠水县	14492	7481	7011	1088	601	487
三都水族自治县	7252	3950	3302	544	329	215

5-2b　续表 2　　　　单位：户

地　　区	15-19岁			20-24岁		
	小计	男	女	小计	男	女
贵　州	**33869**	**18963**	**14906**	**57354**	**28741**	**28613**
贵阳市	**900**	**527**	**373**	**3074**	**1627**	**1447**
南明区						
云岩区						
花溪区	82	55	27	553	291	262
乌当区	35	18	17	85	50	35
白云区	6	3	3	12	6	6
观山湖区	42	26	16	162	85	77
开阳县	372	215	157	1020	558	462
息烽县	155	86	69	533	268	265
修文县	140	85	55	536	277	259
清镇市	68	39	29	173	92	81
六盘水市	**1283**	**752**	**531**	**2577**	**1352**	**1225**
钟山区	110	69	41	167	101	66
六枝特区	195	122	73	300	131	169
水城县	681	390	291	1282	698	584
盘州市	297	171	126	828	422	406
遵义市	**3980**	**2451**	**1529**	**8976**	**4525**	**4451**
红花岗区	106	65	41	303	157	146
汇川区	114	71	43	260	128	132
播州区	153	93	60	365	184	181
桐梓县	444	262	182	957	505	452
绥阳县	285	172	113	745	412	333
正安县	598	398	200	882	443	439
道真仡佬族苗族自治县	297	175	122	492	235	257
务川仡佬族苗族自治县	463	301	162	977	503	474
凤冈县	368	226	142	908	414	494
湄潭县	358	220	138	1007	480	527
余庆县	156	99	57	540	256	284
习水县	404	229	175	1116	570	546
赤水市	86	43	43	152	74	78
仁怀市	148	97	51	272	164	108
安顺市	**1540**	**879**	**661**	**2993**	**1495**	**1498**
西秀区	103	56	47	172	83	89
平坝区	132	82	50	397	217	180
普定县	456	277	179	859	406	453
镇宁布依族苗族自治县	341	172	169	612	326	286
关岭布依族苗族自治县	293	170	123	541	269	272
紫云苗族布依族自治县	215	122	93	412	194	218
毕节市	**12967**	**6687**	**6280**	**12554**	**6324**	**6230**
七星关区	1044	493	551	434	217	217
大方县	1424	768	656	1647	818	829
黔西县	1885	965	920	1844	939	905
金沙县	734	394	340	1223	655	568
织金县	2744	1390	1354	2093	1050	1043
纳雍县	2044	1070	974	1712	865	847
威宁彝族回族苗族自治县	1854	973	881	2437	1193	1244
赫章县	1238	634	604	1164	587	577

5-2b 续表 3 单位：户

地区	15-19岁			20-24岁		
	小计	男	女	小计	男	女
铜仁市	**3427**	**2008**	**1419**	**7217**	**3457**	**3760**
碧江区	7	5	2	19	9	10
万山区						
江口县	141	84	57	416	181	235
玉屏侗族自治县	228	128	100	618	307	311
石阡县	310	185	125	598	297	301
思南县	538	306	232	1341	611	730
印江土家族苗族自治县	322	172	150	619	299	320
德江县	675	402	273	1466	714	752
沿河土家族自治县	775	433	342	1230	601	629
松桃苗族自治县	431	293	138	910	438	472
黔西南布依族苗族自治州	**1934**	**1095**	**839**	**3694**	**1811**	**1883**
兴义市	119	76	43	321	178	143
兴仁市	134	71	63	231	108	123
普安县	216	136	80	489	230	259
晴隆县	240	135	105	397	188	209
贞丰县	571	312	259	711	345	366
望谟县	227	129	98	426	235	191
册亨县	137	77	60	441	212	229
安龙县	290	159	131	678	315	363
黔东南苗族侗族自治州	**3853**	**2242**	**1611**	**7407**	**3650**	**3757**
凯里市	69	49	20	143	64	79
黄平县	235	145	90	537	254	283
施秉县	162	83	79	279	129	150
三穗县	443	243	200	579	268	311
镇远县	279	149	130	554	248	306
岑巩县	215	125	90	648	275	373
天柱县	748	423	325	986	506	480
锦屏县	245	150	95	364	184	180
剑河县	189	125	64	444	236	208
台江县	259	160	99	277	160	117
黎平县	319	174	145	872	429	443
榕江县	168	102	66	362	205	157
从江县	130	72	58	431	223	208
雷山县	103	65	38	315	146	169
麻江县	127	72	55	288	152	136
丹寨县	162	105	57	328	171	157
黔南布依族苗族自治州	**3985**	**2322**	**1663**	**8862**	**4500**	**4362**
都匀市	56	29	27	92	52	40
福泉市	81	49	32	376	214	162
荔波县	135	87	48	538	275	263
贵定县	357	180	177	825	388	437
瓮安县	517	294	223	1275	629	646
独山县	378	230	148	915	477	438
平塘县	436	251	185	795	372	423
罗甸县	551	337	214	717	388	329
长顺县	256	145	111	398	177	221
龙里县	398	234	164	1054	596	458
惠水县	526	298	228	1283	636	647
三都水族自治县	294	188	106	594	296	298

5-2b　续表 4　　单位：户

地　区	25-29岁			30-34岁			35-39岁		
	小计	男	女	小计	男	女	小计	男	女
贵　州	**74582**	**38658**	**35924**	**66200**	**36773**	**29427**	**49739**	**27612**	**22127**
贵阳市	**4129**	**2304**	**1825**	**3651**	**2103**	**1548**	**2808**	**1559**	**1249**
南明区									
云岩区									
花溪区	606	331	275	535	319	216	367	239	128
乌当区	130	80	50	139	83	56	90	58	32
白云区	20	10	10	15	7	8	13	6	7
观山湖区	164	104	60	189	126	63	125	81	44
开阳县	1417	816	601	1106	657	449	996	542	454
息烽县	801	416	385	651	377	274	509	274	235
修文县	723	389	334	763	402	361	547	272	275
清镇市	268	158	110	253	132	121	161	87	74
六盘水市	**2887**	**1498**	**1389**	**2624**	**1610**	**1014**	**2032**	**1291**	**741**
钟山区	205	114	91	204	139	65	199	157	42
六枝特区	251	117	134	217	115	102	197	116	81
水城县	1514	802	712	1241	755	486	874	517	357
盘州市	917	465	452	962	601	361	762	501	261
遵义市	**11916**	**6052**	**5864**	**9000**	**4817**	**4183**	**6628**	**3494**	**3134**
红花岗区	351	177	174	248	124	124	218	108	110
汇川区	347	156	191	282	153	129	220	117	103
播州区	421	208	213	321	183	138	340	194	146
桐梓县	1441	752	689	1240	655	585	942	517	425
绥阳县	951	492	459	956	499	457	729	365	364
正安县	1038	524	514	833	464	369	639	336	303
道真仡佬族苗族自治县	579	315	264	394	216	178	283	164	119
务川仡佬族苗族自治县	1066	564	502	633	358	275	469	243	226
凤冈县	1209	596	613	765	393	372	524	271	253
湄潭县	1299	631	668	952	465	487	700	316	384
余庆县	572	278	294	339	182	157	282	127	155
习水县	2085	1071	1014	1619	888	731	996	562	434
赤水市	194	94	100	156	97	59	106	63	43
仁怀市	363	194	169	262	140	122	180	111	69
安顺市	**4017**	**2078**	**1939**	**3527**	**1949**	**1578**	**2825**	**1573**	**1252**
西秀区	256	116	140	213	127	86	170	97	73
平坝区	577	338	239	495	316	179	360	222	138
普定县	954	474	480	954	494	460	766	385	381
镇宁布依族苗族自治县	853	439	414	799	434	365	718	400	318
关岭布依族苗族自治县	792	421	371	615	335	280	416	233	183
紫云苗族布依族自治县	585	290	295	451	243	208	395	236	159
毕节市	**14531**	**7479**	**7052**	**15290**	**8313**	**6977**	**10876**	**6105**	**4771**
七星关区	365	174	191	333	201	132	285	167	118
大方县	2097	1053	1044	2294	1254	1040	1619	909	710
黔西县	2171	1166	1005	2301	1204	1097	1812	994	818
金沙县	1355	705	650	1653	860	793	1185	658	527
织金县	2245	1158	1087	2338	1287	1051	1862	1033	829
纳雍县	1651	879	772	1572	871	701	1251	721	530
威宁彝族回族苗族自治县	3406	1705	1701	3536	1958	1578	2131	1242	889
赫章县	1241	639	602	1263	678	585	731	381	350

5-2b 续表 5 单位：户

地区	25-29岁			30-34岁			35-39岁		
	小计	男	女	小计	男	女	小计	男	女
铜仁市	**9474**	**4744**	**4730**	**8308**	**4513**	**3795**	**6825**	**3563**	**3262**
碧江区	20	15	5	29	20	9	23	20	3
万山区									
江口县	628	322	306	615	377	238	460	241	219
玉屏侗族自治县	830	421	409	739	386	353	551	278	273
石阡县	794	393	401	627	332	295	554	270	284
思南县	1780	883	897	1488	771	717	864	437	427
印江土家族苗族自治县	763	390	373	594	323	271	470	266	204
德江县	1651	800	851	1412	743	669	1237	590	647
沿河土家族自治县	1513	769	744	1296	741	555	1178	639	539
松桃苗族自治县	1495	751	744	1508	820	688	1488	822	666
黔西南布依族苗族自治州	**5142**	**2672**	**2470**	**4561**	**2609**	**1952**	**3317**	**1883**	**1434**
兴义市	503	286	217	356	220	136	279	181	98
兴仁市	290	125	165	252	139	113	210	109	101
普安县	603	305	298	533	307	226	359	194	165
晴隆县	636	329	307	579	342	237	430	249	181
贞丰县	860	457	403	806	441	365	532	294	238
望谟县	590	310	280	573	371	202	438	262	176
册亨县	720	374	346	607	355	252	418	253	165
安龙县	940	486	454	855	434	421	651	341	310
黔东南苗族侗族自治州	**9974**	**5327**	**4647**	**9076**	**5206**	**3870**	**6807**	**3915**	**2892**
凯里市	229	135	94	247	147	100	174	114	60
黄平县	717	384	333	593	353	240	515	300	215
施秉县	346	180	166	317	186	131	245	135	110
三穗县	713	385	328	620	349	271	463	269	194
镇远县	627	338	289	639	363	276	528	309	219
岑巩县	862	433	429	694	424	270	447	264	183
天柱县	1260	652	608	1400	665	735	1164	575	589
锦屏县	652	358	294	543	308	235	343	195	148
剑河县	691	380	311	636	388	248	395	229	166
台江县	322	180	142	347	201	146	332	194	138
黎平县	1221	646	575	974	594	380	647	383	264
榕江县	488	275	213	407	250	157	344	203	141
从江县	599	319	280	531	332	199	347	225	122
雷山县	446	251	195	379	235	144	291	179	112
麻江县	408	200	208	316	161	155	243	136	107
丹寨县	393	211	182	433	250	183	329	205	124
黔南布依族苗族自治州	**12512**	**6504**	**6008**	**10163**	**5653**	**4510**	**7621**	**4229**	**3392**
都匀市	138	71	67	99	49	50	66	41	25
福泉市	551	337	214	416	267	149	325	212	113
荔波县	785	421	364	608	335	273	354	199	155
贵定县	1206	662	544	1139	628	511	833	472	361
瓮安县	1749	871	878	1691	898	793	1418	717	701
独山县	1426	738	688	1007	530	477	740	403	337
平塘县	1115	527	588	683	370	313	542	286	256
罗甸县	960	537	423	718	435	283	521	296	225
长顺县	547	264	283	473	263	210	391	219	172
龙里县	1480	791	689	1308	746	562	913	504	409
惠水县	1547	743	804	1232	657	575	1020	585	435
三都水族自治县	1008	542	466	789	475	314	498	295	203

5-2b 续表 6

单位：户

地 区	40-44岁			45-49岁			50-54岁		
	小计	男	女	小计	男	女	小计	男	女
贵 州	**59853**	**30767**	**29086**	**78200**	**40478**	**37722**	**69309**	**37456**	**31853**
贵阳市	**3370**	**1706**	**1664**	**4836**	**2611**	**2225**	**4235**	**2369**	**1866**
南明区									
云岩区									
花溪区	336	199	137	364	212	152	311	184	127
乌当区	100	64	36	170	102	68	155	77	78
白云区	29	16	13	57	35	22	50	30	20
观山湖区	159	88	71	254	141	113	286	174	112
开阳县	1096	535	561	1643	825	818	1508	834	674
息烽县	747	352	395	1063	568	495	818	422	396
修文县	668	310	358	910	486	424	774	436	338
清镇市	235	142	93	375	242	133	333	212	121
六盘水市	**2726**	**1639**	**1087**	**3431**	**1982**	**1449**	**3112**	**1800**	**1312**
钟山区	439	296	143	664	476	188	616	465	151
六枝特区	267	152	115	342	186	156	326	186	140
水城县	1148	673	475	1331	714	617	1109	596	513
盘州市	872	518	354	1094	606	488	1061	553	508
遵义市	**9547**	**4554**	**4993**	**13913**	**6451**	**7462**	**11888**	**6065**	**5823**
红花岗区	303	151	152	435	213	222	370	190	180
汇川区	329	176	153	461	247	214	388	218	170
播州区	436	211	225	631	300	331	596	314	282
桐梓县	1319	656	663	1780	879	901	1453	789	664
绥阳县	933	432	501	1261	645	616	1132	600	532
正安县	934	453	481	1227	558	669	1093	539	554
道真仡佬族苗族自治县	446	230	216	983	377	606	809	330	479
务川仡佬族苗族自治县	744	356	388	1039	467	572	892	425	467
凤冈县	868	328	540	1243	503	740	936	478	458
湄潭县	1102	455	647	1654	718	936	1446	656	790
余庆县	448	179	269	894	352	542	796	373	423
习水县	1242	663	579	1562	775	787	1269	723	546
赤水市	186	114	72	366	194	172	390	237	153
仁怀市	257	150	107	377	223	154	318	193	125
安顺市	**3472**	**1749**	**1723**	**4070**	**2134**	**1936**	**3643**	**2019**	**1624**
西秀区	237	137	100	301	182	119	318	192	126
平坝区	495	258	237	716	381	335	634	379	255
普定县	1036	488	548	1139	563	576	934	490	444
镇宁布依族苗族自治县	767	394	373	814	421	393	747	395	352
关岭布依族苗族自治县	493	255	238	603	315	288	503	296	207
紫云苗族布依族自治县	444	217	227	497	272	225	507	267	240
毕节市	**13171**	**6959**	**6212**	**15869**	**8499**	**7370**	**14167**	**7778**	**6389**
七星关区	383	225	158	564	325	239	486	277	209
大方县	1886	1038	848	2259	1239	1020	2216	1211	1005
黔西县	2046	1060	986	2524	1331	1193	2184	1195	989
金沙县	1560	813	747	2082	1098	984	1906	1040	866
织金县	2452	1231	1221	2834	1518	1316	2555	1408	1147
纳雍县	1713	910	803	1973	1054	919	1724	891	833
威宁彝族回族苗族自治县	2285	1251	1034	2477	1332	1145	2084	1208	876
赫章县	846	431	415	1156	602	554	1012	548	464

5-2b 续表 7 单位：户

地　区	40-44岁			45-49岁			50-54岁		
	小计	男	女	小计	男	女	小计	男	女
铜仁市	**7519**	**3671**	**3848**	**9629**	**4791**	**4838**	**8182**	**4208**	**3974**
碧江区	27	15	12	50	38	12	58	44	14
万山区									
江口县	500	245	255	744	398	346	596	322	274
玉屏侗族自治县	595	283	312	872	437	435	765	397	368
石阡县	621	274	347	867	389	478	695	333	362
思南县	1231	549	682	1698	796	902	1527	772	755
印江土家族苗族自治县	532	263	269	800	379	421	711	340	371
德江县	1489	709	780	1609	786	823	1284	664	620
沿河土家族自治县	1263	632	631	1416	717	699	1262	621	641
松桃苗族自治县	1261	701	560	1573	851	722	1284	715	569
黔西南布依族苗族自治州	**3896**	**2110**	**1786**	**4365**	**2367**	**1998**	**4012**	**2172**	**1840**
兴义市	336	196	140	428	248	180	394	226	168
兴仁市	240	133	107	271	149	122	243	139	104
普安县	444	235	209	488	282	206	444	235	209
晴隆县	528	298	230	615	341	274	519	293	226
贞丰县	671	332	339	711	349	362	645	347	298
望谟县	504	285	219	479	275	204	511	285	226
册亨县	456	253	203	508	265	243	444	252	192
安龙县	717	378	339	865	458	407	812	395	417
黔东南苗族侗族自治州	**7450**	**3881**	**3569**	**10392**	**5503**	**4889**	**9349**	**5076**	**4273**
凯里市	181	108	73	259	181	78	248	162	86
黄平县	525	275	250	859	441	418	821	439	382
施秉县	238	104	134	416	216	200	377	193	184
三穗县	480	244	236	687	328	359	613	329	284
镇远县	636	326	310	953	506	447	879	495	384
岑巩县	465	219	246	625	318	307	510	273	237
天柱县	1207	570	637	1664	834	830	1460	781	679
锦屏县	409	204	205	598	302	296	646	350	296
剑河县	471	256	215	614	333	281	534	274	260
台江县	460	260	200	484	257	227	389	208	181
黎平县	767	415	352	1092	601	491	963	524	439
榕江县	356	185	171	475	264	211	478	248	230
从江县	302	179	123	458	264	194	379	211	168
雷山县	313	175	138	432	240	192	341	190	151
麻江县	324	196	128	403	208	195	373	209	164
丹寨县	316	165	151	373	210	163	338	190	148
黔南布依族苗族自治州	**8702**	**4498**	**4204**	**11695**	**6140**	**5555**	**10721**	**5969**	**4752**
都匀市	91	57	34	121	77	44	153	100	53
福泉市	394	209	185	583	338	245	486	292	194
荔波县	423	215	208	501	267	234	495	281	214
贵定县	1038	539	499	1434	722	712	1315	716	599
瓮安县	1562	721	841	2137	1003	1134	1764	912	852
独山县	801	395	406	1293	663	630	1217	648	569
平塘县	623	328	295	800	425	375	782	425	357
罗甸县	698	378	320	903	534	369	837	475	362
长顺县	497	302	195	552	330	222	550	340	210
龙里县	924	484	440	1344	717	627	1210	661	549
惠水县	1093	579	514	1376	700	676	1308	759	549
三都水族自治县	558	291	267	651	364	287	604	360	244

5-2b　续表 8

单位：户

地　区	55-59岁			60-64岁			65岁及以上		
	小计	男	女	小计	男	女	小计	男	女
贵　州	**51908**	**29368**	**22540**	**31415**	**16993**	**14422**	**134272**	**55627**	**78645**
贵阳市	**2997**	**1759**	**1238**	**1725**	**957**	**768**	**6945**	**2587**	**4358**
南明区									
云岩区									
花溪区	219	136	83	94	58	36	333	118	215
乌当区	121	79	42	74	45	29	338	134	204
白云区	31	16	15	20	9	11	142	41	101
观山湖区	261	134	127	134	63	71	821	239	582
开阳县	988	585	403	593	333	260	2154	863	1291
息烽县	542	318	224	308	181	127	1158	452	706
修文县	558	313	245	340	189	151	1309	481	828
清镇市	277	178	99	162	79	83	690	259	431
六盘水市	**2180**	**1176**	**1004**	**1430**	**708**	**722**	**6358**	**2368**	**3990**
钟山区	290	172	118	152	75	77	754	285	469
六枝特区	270	153	117	171	102	69	805	307	498
水城县	701	394	307	409	199	210	1978	753	1225
盘州市	919	457	462	698	332	366	2821	1023	1798
遵义市	**9080**	**5176**	**3904**	**4673**	**2762**	**1911**	**23404**	**10721**	**12683**
红花岗区	300	182	118	194	118	76	916	416	500
汇川区	314	195	119	183	109	74	1107	568	539
播州区	420	245	175	237	134	103	1285	594	691
桐梓县	1193	675	518	629	380	249	2706	1263	1443
绥阳县	939	519	420	592	324	268	2392	1144	1248
正安县	849	446	403	472	280	192	2486	1152	1334
道真仡佬族苗族自治县	538	304	234	218	141	77	1368	694	674
务川仡佬族苗族自治县	571	340	231	297	167	130	1673	713	960
凤冈县	699	415	284	257	139	118	1521	620	901
湄潭县	1185	645	540	554	319	235	2972	1264	1708
余庆县	586	327	259	217	123	94	1164	480	684
习水县	942	551	391	475	287	188	2023	947	1076
赤水市	324	199	125	160	118	42	889	397	492
仁怀市	220	133	87	188	123	65	902	469	433
安顺市	**2859**	**1569**	**1290**	**2069**	**1067**	**1002**	**8497**	**3185**	**5312**
西秀区	258	144	114	178	109	69	859	356	503
平坝区	525	284	241	351	183	168	1786	640	1146
普定县	711	377	334	539	257	282	2518	921	1597
镇宁布依族苗族自治县	550	299	251	401	193	208	1427	515	912
关岭布依族苗族自治县	426	247	179	339	187	152	1047	432	615
紫云苗族布依族自治县	389	218	171	261	138	123	860	321	539
毕节市	**10415**	**5865**	**4550**	**7227**	**3750**	**3477**	**32124**	**12860**	**19264**
七星关区	419	245	174	284	139	145	1681	666	1015
大方县	1647	949	698	1088	542	546	5734	2091	3643
黔西县	1590	913	677	1039	578	461	3797	1529	2268
金沙县	1340	796	544	685	390	295	3362	1587	1775
织金县	1803	971	832	1341	703	638	5712	2146	3566
纳雍县	1210	652	558	945	476	469	4901	1785	3116
威宁彝族回族苗族自治县	1659	939	720	1306	641	665	4905	2224	2681
赫章县	747	400	347	539	281	258	2032	832	1200

5-2b 续表 9

单位：户

地　　区	55-59岁			60-64岁			65岁及以上		
	小计	男	女	小计	男	女	小计	男	女
铜仁市	**6153**	**3301**	**2852**	**3274**	**1710**	**1564**	**15411**	**6282**	**9129**
碧江区	50	35	15	23	13	10	203	80	123
万山区									
江口县	516	288	228	318	184	134	1119	457	662
玉屏侗族自治县	574	312	262	328	184	144	1346	483	863
石阡县	503	265	238	268	139	129	1198	507	691
思南县	1135	598	537	466	236	230	2686	1048	1638
印江土家族苗族自治县	561	315	246	252	132	120	1427	585	842
德江县	854	450	404	445	218	227	2030	773	1257
沿河土家族自治县	1042	511	531	600	282	318	3286	1306	1980
松桃苗族自治县	918	527	391	574	322	252	2116	1043	1073
黔西南布依族苗族自治州	**3157**	**1787**	**1370**	**2138**	**1105**	**1033**	**7970**	**3104**	**4866**
兴义市	308	172	136	234	127	107	998	385	613
兴仁市	206	117	89	138	66	72	671	249	422
普安县	303	155	148	228	116	112	961	340	621
晴隆县	460	276	184	339	190	149	1175	468	707
贞丰县	527	286	241	366	179	187	1301	507	794
望谟县	382	236	146	236	119	117	795	345	450
册亨县	354	205	149	190	112	78	577	250	327
安龙县	617	340	277	407	196	211	1492	560	932
黔东南苗族侗族自治州	**7170**	**4228**	**2942**	**4001**	**2246**	**1755**	**15419**	**6944**	**8475**
凯里市	195	117	78	106	63	43	546	258	288
黄平县	608	348	260	342	201	141	1628	723	905
施秉县	269	157	112	127	67	60	577	221	356
三穗县	477	281	196	285	146	139	1045	456	589
镇远县	691	420	271	396	228	168	1286	549	737
岑巩县	427	238	189	250	153	97	898	415	483
天柱县	1160	648	512	709	371	338	2715	1366	1349
锦屏县	494	297	197	251	140	111	870	362	508
剑河县	361	224	137	166	89	77	734	314	420
台江县	261	159	102	138	84	54	537	224	313
黎平县	835	531	304	455	278	177	1620	740	880
榕江县	374	212	162	240	129	111	762	322	440
从江县	277	173	104	124	67	57	485	231	254
雷山县	201	124	77	115	68	47	516	258	258
麻江县	290	164	126	158	90	68	703	293	410
丹寨县	250	135	115	139	72	67	497	212	285
黔南布依族苗族自治州	**7897**	**4507**	**3390**	**4878**	**2688**	**2190**	**18144**	**7576**	**10568**
都匀市	117	72	45	80	48	32	347	162	185
福泉市	322	213	109	175	107	68	750	371	379
荔波县	307	164	143	191	110	81	620	272	348
贵定县	1059	565	494	708	345	363	2497	1035	1462
瓮安县	1313	716	597	803	449	354	3197	1302	1895
独山县	934	518	416	587	326	261	2450	970	1480
平塘县	538	298	240	331	195	136	1222	558	664
罗甸县	626	359	267	385	213	172	1409	570	839
长顺县	411	267	144	285	147	138	1041	432	609
龙里县	741	436	305	416	253	163	1326	565	761
惠水县	1062	593	469	664	367	297	2293	963	1330
三都水族自治县	467	306	161	253	128	125	992	376	616

5−2c 各地区分年龄、性别的一人户(乡村)

单位：户

地 区	合 计			14岁及以下		
	合计	男	女	小计	男	女
贵 州	**1469913**	**821025**	**648888**	**149440**	**87083**	**62357**
贵阳市	**78063**	**46728**	**31335**	**5425**	**3071**	**2354**
南明区	3820	2430	1390	122	67	55
云岩区						
花溪区	7986	4802	3184	452	249	203
乌当区	7255	4240	3015	502	296	206
白云区	2028	1235	793	67	37	30
观山湖区	5196	3082	2114	187	106	81
开阳县	17283	10256	7027	1253	694	559
息烽县	8969	5615	3354	717	391	326
修文县	9273	5523	3750	849	468	381
清镇市	16253	9545	6708	1276	763	513
六盘水市	**114790**	**62692**	**52098**	**12826**	**7473**	**5353**
钟山区	2568	1394	1174	211	137	74
六枝特区	24613	13555	11058	2590	1552	1038
水城县	32257	17656	14601	3000	1720	1280
盘州市	55352	30087	25265	7025	4064	2961
遵义市	**258393**	**145451**	**112942**	**22442**	**12882**	**9560**
红花岗区	14687	7922	6765	1250	693	557
汇川区	10675	6214	4461	939	532	407
播州区	27288	15168	12120	2286	1332	954
桐梓县	23348	13485	9863	2247	1280	967
绥阳县	20688	11581	9107	1827	1106	721
正安县	26302	14644	11658	2547	1451	1096
道真仡佬族苗族自治县	13747	8176	5571	686	367	319
务川仡佬族苗族自治县	17318	9646	7672	1665	951	714
凤冈县	15385	8375	7010	1404	835	569
湄潭县	17567	9405	8162	1804	1027	777
余庆县	11180	6101	5079	893	497	396
习水县	28085	15737	12348	2362	1379	983
赤水市	13263	7951	5312	885	503	382
仁怀市	18860	11046	7814	1647	929	718
安顺市	**90156**	**49020**	**41136**	**10859**	**6379**	**4480**
西秀区	20220	10809	9411	2226	1300	926
平坝区	10746	5711	5035	1039	612	427
普定县	21629	11404	10225	2787	1676	1111
镇宁布依族苗族自治县	13384	7571	5813	1545	919	626
关岭布依族苗族自治县	11329	6500	4829	1452	814	638
紫云苗族布依族自治县	12848	7025	5823	1810	1058	752
毕节市	**302676**	**164092**	**138584**	**32184**	**18573**	**13611**
七星关区	49129	26060	23069	5274	3019	2255
大方县	53442	28193	25249	6260	3667	2593
黔西县	30443	17470	12973	3096	1813	1283
金沙县	22619	13639	8980	2286	1312	974
织金县	41796	22208	19588	5070	2967	2103
纳雍县	36554	18657	17897	3706	2099	1607
威宁彝族回族苗族自治县	39565	21943	17622	3915	2207	1708
赫章县	29128	15922	13206	2577	1489	1088

5-2c 续表 1

单位：户

地区	合计			14岁及以下		
	合计	男	女	小计	男	女
铜仁市	**200354**	**110061**	**90293**	**19841**	**11588**	**8253**
碧江区	7847	4628	3219	662	378	284
万山区	9934	5753	4181	978	579	399
江口县	13230	7570	5660	1313	744	569
玉屏侗族自治县	5759	3259	2500	405	226	179
石阡县	19601	10660	8941	1609	938	671
思南县	32762	17174	15588	2862	1719	1143
印江土家族苗族自治县	23749	12960	10789	1917	1116	801
德江县	22216	11597	10619	2548	1457	1091
沿河土家族自治县	34387	18221	16166	3945	2271	1674
松桃苗族自治县	30869	18239	12630	3602	2160	1442
黔西南布依族苗族自治州	**107698**	**58178**	**49520**	**13700**	**7905**	**5795**
兴义市	19071	10466	8605	2204	1281	923
兴仁市	16288	8914	7374	2341	1350	991
普安县	12103	6397	5706	1413	814	599
晴隆县	13461	7001	6460	1764	1005	759
贞丰县	12708	6736	5972	1618	967	651
望谟县	11463	6204	5259	1390	794	596
册亨县	9985	5445	4540	1513	851	662
安龙县	12619	7015	5604	1457	843	614
黔东南苗族侗族自治州	**174048**	**102131**	**71917**	**18184**	**11012**	**7172**
凯里市	13803	8011	5792	1187	713	474
黄平县	15710	8663	7047	1429	807	622
施秉县	5953	3371	2582	566	340	226
三穗县	9282	5705	3577	887	549	338
镇远县	10233	6062	4171	1137	690	447
岑巩县	10505	6217	4288	1007	625	382
天柱县	21108	12317	8791	2494	1535	959
锦屏县	10056	6001	4055	945	576	369
剑河县	11223	6817	4406	1003	607	396
台江县	6760	3865	2895	667	388	279
黎平县	18057	10516	7541	1948	1172	776
榕江县	11355	6766	4589	1349	815	534
从江县	10058	5676	4382	1382	840	542
雷山县	6391	3981	2410	635	376	259
麻江县	6497	3959	2538	621	395	226
丹寨县	7057	4204	2853	927	584	343
黔南布依族苗族自治州	**143735**	**82672**	**61063**	**13979**	**8200**	**5779**
都匀市	14288	8116	6172	1034	623	411
福泉市	11910	7164	4746	1078	581	497
荔波县	6978	4131	2847	710	426	284
贵定县	9162	5361	3801	928	527	401
瓮安县	17306	9784	7522	1581	943	638
独山县	13316	7507	5809	1209	715	494
平塘县	13238	7466	5772	1354	815	539
罗甸县	13250	7388	5862	1364	795	569
长顺县	8071	4788	3283	936	547	389
龙里县	8362	5047	3315	637	358	279
惠水县	14220	8198	6022	1357	775	582
三都水族自治县	13634	7722	5912	1791	1095	696

5-2c　续表 2

单位：户

地　　区	15-19岁			20-24岁		
	小计	男	女	小计	男	女
贵　州	**70187**	**43038**	**27149**	**88508**	**50260**	**38248**
贵阳市	**2052**	**1229**	**823**	**5006**	**3051**	**1955**
南明区	85	43	42	406	247	159
云岩区						
花溪区	231	148	83	538	361	177
乌当区	179	102	77	484	291	193
白云区	48	28	20	223	130	93
观山湖区	95	59	36	716	451	265
开阳县	507	293	214	960	564	396
息烽县	308	193	115	380	240	140
修文县	240	144	96	411	253	158
清镇市	359	219	140	888	514	374
六盘水市	**5309**	**3239**	**2070**	**7878**	**4491**	**3387**
钟山区	152	89	63	180	111	69
六枝特区	1669	996	673	1640	903	737
水城县	1885	1141	744	2531	1453	1078
盘州市	1603	1013	590	3527	2024	1503
遵义市	**10138**	**6244**	**3894**	**15353**	**8580**	**6773**
红花岗区	394	244	150	935	519	416
汇川区	391	244	147	609	373	236
播州区	768	505	263	1658	929	729
桐梓县	886	517	369	1304	714	590
绥阳县	771	481	290	1267	663	604
正安县	1362	831	531	1644	912	732
道真仡佬族苗族自治县	525	305	220	790	443	347
务川仡佬族苗族自治县	1114	701	413	1362	774	588
凤冈县	785	502	283	1125	646	479
湄潭县	642	403	239	980	542	438
余庆县	347	228	119	682	396	286
习水县	992	586	406	1375	748	627
赤水市	375	212	163	535	304	231
仁怀市	786	485	301	1087	617	470
安顺市	**4563**	**2741**	**1822**	**5343**	**3077**	**2266**
西秀区	1009	590	419	1314	754	560
平坝区	402	232	170	581	323	258
普定县	935	556	379	1202	681	521
镇宁布依族苗族自治县	725	441	284	816	494	322
关岭布依族苗族自治县	719	430	289	685	410	275
紫云苗族布依族自治县	773	492	281	745	415	330
毕节市	**17167**	**10194**	**6973**	**18545**	**10280**	**8265**
七星关区	3152	1914	1238	2894	1621	1273
大方县	2517	1511	1006	2807	1564	1243
黔西县	1562	925	637	1707	976	731
金沙县	928	565	363	1157	667	490
织金县	2543	1476	1067	2676	1493	1183
纳雍县	2622	1549	1073	2633	1392	1241
威宁彝族回族苗族自治县	2180	1228	952	2603	1454	1149
赫章县	1663	1026	637	2068	1113	955

5-2c 续表 3

单位：户

地区	15-19岁			20-24岁		
	小计	男	女	小计	男	女
铜仁市	**9131**	**5558**	**3573**	**12117**	**6781**	**5336**
碧江区	206	123	83	378	215	163
万山区	322	209	113	496	282	214
江口县	362	236	126	710	389	321
玉屏侗族自治县	196	125	71	290	178	112
石阡县	785	441	344	1253	712	541
思南县	1327	776	551	2213	1234	979
印江土家族苗族自治县	1032	644	388	1444	813	631
德江县	1241	762	479	1466	784	682
沿河土家族自治县	2274	1358	916	1938	1062	876
松桃苗族自治县	1386	884	502	1929	1112	817
黔西南布依族苗族自治州	**6309**	**3857**	**2452**	**6582**	**3666**	**2916**
兴义市	749	484	265	1096	634	462
兴仁市	1204	750	454	996	588	408
普安县	688	441	247	731	391	340
晴隆县	819	479	340	806	439	367
贞丰县	889	543	346	747	422	325
望谟县	843	458	385	699	357	342
册亨县	530	322	208	749	390	359
安龙县	587	380	207	758	445	313
黔东南苗族侗族自治州	**9706**	**6333**	**3373**	**9810**	**5804**	**4006**
凯里市	669	413	256	862	545	317
黄平县	1158	715	443	1071	578	493
施秉县	300	169	131	335	189	146
三穗县	534	347	187	421	251	170
镇远县	522	336	186	506	270	236
岑巩县	596	376	220	658	397	261
天柱县	727	466	261	833	481	352
锦屏县	933	636	297	451	278	173
剑河县	786	514	272	728	439	289
台江县	422	275	147	477	289	188
黎平县	731	461	270	897	491	406
榕江县	680	475	205	626	400	226
从江县	531	380	151	682	405	277
雷山县	346	231	115	489	301	188
麻江县	254	163	91	294	188	106
丹寨县	517	376	141	480	302	178
黔南布依族苗族自治州	**5812**	**3643**	**2169**	**7874**	**4530**	**3344**
都匀市	403	284	119	637	416	221
福泉市	277	182	95	579	354	225
荔波县	317	210	107	387	235	152
贵定县	321	198	123	464	262	202
瓮安县	452	274	178	963	538	425
独山县	417	244	173	771	431	340
平塘县	754	489	265	763	426	337
罗甸县	607	375	232	643	344	299
长顺县	379	233	146	477	266	211
龙里县	245	156	89	420	232	188
惠水县	730	444	286	900	529	371
三都水族自治县	910	554	356	870	497	373

5-2c 续表 4 单位：户

地　区	25-29岁			30-34岁			35-39岁		
	小计	男	女	小计	男	女	小计	男	女
贵　州	**75566**	**45603**	**29963**	**66025**	**43818**	**22207**	**58243**	**38695**	**19548**
贵阳市	**5189**	**3283**	**1906**	**4780**	**3156**	**1624**	**3904**	**2627**	**1277**
南明区	391	269	122	389	286	103	293	216	77
云岩区									
花溪区	674	428	246	731	492	239	524	352	172
乌当区	472	307	165	488	327	161	383	258	125
白云区	251	165	86	190	129	61	148	92	56
观山湖区	863	540	323	502	328	174	356	231	125
开阳县	853	499	354	704	455	249	753	490	263
息烽县	348	235	113	329	222	107	267	190	77
修文县	415	258	157	430	257	173	389	259	130
清镇市	922	582	340	1017	660	357	791	539	252
六盘水市	**6029**	**3704**	**2325**	**6196**	**4393**	**1803**	**5335**	**3787**	**1548**
钟山区	155	89	66	138	88	50	107	71	36
六枝特区	1049	626	423	1013	658	355	1054	698	356
水城县	1911	1105	806	1844	1196	648	1692	1125	567
盘州市	2914	1884	1030	3201	2451	750	2482	1893	589
遵义市	**14205**	**8388**	**5817**	**10570**	**6594**	**3976**	**8142**	**5176**	**2966**
红花岗区	928	536	392	735	437	298	547	323	224
汇川区	554	339	215	476	304	172	388	268	120
播州区	1648	938	710	1355	808	547	976	592	384
桐梓县	1258	727	531	1046	628	418	832	552	280
绥阳县	1056	613	443	836	514	322	678	412	266
正安县	1355	799	556	953	615	338	857	553	304
道真仡佬族苗族自治县	703	449	254	547	397	150	493	368	125
务川仡佬族苗族自治县	1128	741	387	612	407	205	429	267	162
凤冈县	954	573	381	418	265	153	322	202	120
湄潭县	865	492	373	510	293	217	372	223	149
余庆县	566	354	212	364	235	129	262	153	109
习水县	1599	869	730	1330	834	496	885	576	309
赤水市	543	331	212	537	351	186	339	232	107
仁怀市	1048	627	421	851	506	345	762	455	307
安顺市	**4376**	**2661**	**1715**	**3851**	**2434**	**1417**	**3762**	**2398**	**1364**
西秀区	1162	680	482	840	520	320	769	476	293
平坝区	502	301	201	507	306	201	411	269	142
普定县	938	564	374	929	584	345	1023	634	389
镇宁布依族苗族自治县	632	405	227	593	399	194	637	450	187
关岭布依族苗族自治县	531	343	188	478	320	158	435	278	157
紫云苗族布依族自治县	611	368	243	504	305	199	487	291	196
毕节市	**14706**	**8773**	**5933**	**14139**	**9389**	**4750**	**12564**	**8365**	**4199**
七星关区	1875	1110	765	1790	1234	556	1704	1122	582
大方县	2401	1409	992	2499	1615	884	2225	1541	684
黔西县	1474	850	624	1243	795	448	1392	908	484
金沙县	902	555	347	1114	750	364	881	607	274
织金县	1806	1119	687	1800	1222	578	1916	1270	646
纳雍县	1897	1094	803	1693	1098	595	1576	963	613
威宁彝族回族苗族自治县	2409	1521	888	2184	1510	674	1655	1122	533
赫章县	1942	1115	827	1816	1165	651	1215	832	383

5–2c 续表 5

单位：户

地区	25–29岁			30–34岁			35–39岁		
	小计	男	女	小计	男	女	小计	男	女
铜仁市	**10196**	**6158**	**4038**	**8122**	**5395**	**2727**	**7874**	**5073**	**2801**
碧江区	449	269	180	408	271	137	367	258	109
万山区	544	312	232	422	257	165	358	236	122
江口县	670	421	249	726	459	267	682	406	276
玉屏侗族自治县	245	151	94	291	205	86	273	174	99
石阡县	1058	665	393	762	515	247	650	408	242
思南县	1772	1056	716	979	635	344	1233	726	507
印江土家族苗族自治县	1124	688	436	858	560	298	846	573	273
德江县	1215	696	519	867	537	330	896	528	368
沿河土家族自治县	1503	911	592	1424	1016	408	1267	907	360
松桃苗族自治县	1616	989	627	1385	940	445	1302	857	445
黔西南布依族苗族自治州	**5100**	**3080**	**2020**	**4744**	**3150**	**1594**	**4301**	**2784**	**1517**
兴义市	1016	633	383	910	573	337	836	549	287
兴仁市	623	386	237	643	433	210	609	385	224
普安县	631	369	262	555	375	180	443	288	155
晴隆县	712	425	287	651	459	192	553	372	181
贞丰县	486	307	179	442	301	141	426	278	148
望谟县	477	293	184	447	270	177	493	296	197
册亨县	562	312	250	601	409	192	488	321	167
安龙县	593	355	238	495	330	165	453	295	158
黔东南苗族侗族自治州	**8619**	**5295**	**3324**	**7551**	**5240**	**2311**	**6775**	**4789**	**1986**
凯里市	781	496	285	636	463	173	606	446	160
黄平县	800	453	347	591	389	202	550	366	184
施秉县	240	152	88	211	160	51	216	157	59
三穗县	365	220	145	381	260	121	397	288	109
镇远县	356	221	135	360	243	117	333	246	87
岑巩县	515	329	186	429	295	134	370	258	112
天柱县	910	525	385	929	595	334	782	508	274
锦屏县	552	349	203	388	276	112	293	209	84
剑河县	631	418	213	610	442	168	504	372	132
台江县	330	205	125	341	222	119	374	247	127
黎平县	976	563	413	810	565	245	645	432	213
榕江县	616	340	276	495	353	142	523	379	144
从江县	582	358	224	449	307	142	377	279	98
雷山县	366	251	115	336	245	91	284	212	72
麻江县	250	159	91	246	179	67	251	188	63
丹寨县	349	256	93	339	246	93	270	202	68
黔南布依族苗族自治州	**7146**	**4261**	**2885**	**6072**	**4067**	**2005**	**5586**	**3696**	**1890**
都匀市	715	453	262	697	476	221	428	285	143
福泉市	621	388	233	618	431	187	578	398	180
荔波县	316	198	118	268	193	75	277	198	79
贵定县	424	257	167	344	227	117	337	245	92
瓮安县	854	491	363	806	517	289	796	513	283
独山县	911	502	409	602	399	203	461	289	172
平塘县	703	411	292	407	250	157	341	202	139
罗甸县	535	298	237	408	257	151	425	263	162
长顺县	333	208	125	266	174	92	331	228	103
龙里县	405	249	156	499	332	167	420	265	155
惠水县	640	389	251	512	349	163	574	387	187
三都水族自治县	689	417	272	645	462	183	618	423	195

5–2c　续表 6

单位：户

地　区	40–44岁			45–49岁			50–54岁		
	小计	男	女	小计	男	女	小计	男	女
贵　州	**81364**	**51046**	**30318**	**124212**	**77219**	**46993**	**134414**	**82063**	**52351**
贵阳市	**5122**	**3342**	**1780**	**7874**	**5281**	**2593**	**8074**	**5506**	**2568**
南明区	350	225	125	473	314	159	420	293	127
云岩区									
花溪区	631	393	238	873	590	283	783	518	265
乌当区	508	312	196	777	498	279	756	493	263
白云区	160	104	56	219	144	75	195	136	59
观山湖区	376	244	132	524	319	205	444	282	162
开阳县	779	486	293	1478	965	513	1769	1200	569
息烽县	514	370	144	893	658	235	1002	738	264
修文县	574	399	175	911	640	271	985	699	286
清镇市	1230	809	421	1726	1153	573	1720	1147	573
六盘水市	**6902**	**4493**	**2409**	**9289**	**5670**	**3619**	**9231**	**5247**	**3984**
钟山区	182	126	56	274	180	94	242	126	116
六枝特区	1375	830	545	1987	1211	776	2084	1251	833
水城县	2251	1468	783	2790	1684	1106	2570	1515	1055
盘州市	3094	2069	1025	4238	2595	1643	4335	2355	1980
遵义市	**12776**	**7680**	**5096**	**22921**	**13398**	**9523**	**25809**	**15196**	**10613**
红花岗区	742	439	303	1257	753	504	1357	811	546
汇川区	602	359	243	1019	636	383	1064	677	387
播州区	1429	831	598	2640	1571	1069	2730	1626	1104
桐梓县	1297	828	469	2192	1321	871	2288	1410	878
绥阳县	924	542	382	1748	979	769	2035	1184	851
正安县	1243	745	498	1965	1052	913	2353	1278	1075
道真仡佬族苗族自治县	838	578	260	1490	886	604	1554	867	687
务川仡佬族苗族自治县	674	409	265	1163	631	532	1472	776	696
凤冈县	690	372	318	1396	731	665	1657	865	792
湄潭县	787	418	369	1725	932	793	1915	1073	842
余庆县	496	265	231	995	544	451	1255	694	561
习水县	1337	822	515	2446	1497	949	2808	1706	1102
赤水市	564	391	173	1287	873	414	1516	1028	488
仁怀市	1153	681	472	1598	992	606	1805	1201	604
安顺市	**5438**	**3359**	**2079**	**7301**	**4474**	**2827**	**7717**	**4785**	**2932**
西秀区	1118	674	444	1757	1040	717	1809	1078	731
平坝区	706	428	278	982	575	407	1009	565	444
普定县	1419	847	572	1664	983	681	1574	936	638
镇宁布依族苗族自治县	933	622	311	1104	728	376	1147	777	370
关岭布依族苗族自治县	636	407	229	826	517	309	1039	687	352
紫云苗族布依族自治县	626	381	245	968	631	337	1139	742	397
毕节市	**18265**	**11510**	**6755**	**24811**	**15880**	**8931**	**25329**	**15649**	**9680**
七星关区	2414	1508	906	3762	2336	1426	4121	2500	1621
大方县	3107	2081	1026	4178	2660	1518	4327	2582	1745
黔西县	2226	1354	872	3083	1980	1103	3131	2070	1061
金沙县	1429	957	472	2189	1517	672	2416	1667	749
织金县	2809	1731	1078	3201	2031	1170	3059	1855	1204
纳雍县	2180	1300	880	2620	1610	1010	2533	1512	1021
威宁彝族回族苗族自治县	2514	1621	893	3311	2190	1121	3137	1911	1226
赫章县	1586	958	628	2467	1556	911	2605	1552	1053

5−2c 续表 7

单位：户

地 区	40−44岁			45−49岁			50−54岁		
	小计	男	女	小计	男	女	小计	男	女
铜仁市	**9694**	**5706**	**3988**	**15891**	**9435**	**6456**	**16907**	**9702**	**7205**
碧江区	382	260	122	725	493	232	717	489	228
万山区	394	238	156	838	534	304	940	616	324
江口县	733	424	309	1235	732	503	1261	803	458
玉屏侗族自治县	277	162	115	469	295	174	476	294	182
石阡县	1068	660	408	1918	1070	848	2006	1057	949
思南县	1665	861	804	2641	1433	1208	2867	1518	1349
印江土家族苗族自治县	939	556	383	1775	1051	724	2053	1122	931
德江县	1194	654	540	1638	887	751	1649	900	749
沿河土家族自治县	1400	873	527	2044	1225	819	2356	1257	1099
松桃苗族自治县	1642	1018	624	2608	1715	893	2582	1646	936
黔西南布依族苗族自治州	**6253**	**3795**	**2458**	**8727**	**5368**	**3359**	**9148**	**5531**	**3617**
兴义市	1037	678	359	1431	914	517	1525	971	554
兴仁市	1076	619	457	1306	820	486	1309	807	502
普安县	654	396	258	967	614	353	929	475	454
晴隆县	695	419	276	925	553	372	913	501	412
贞丰县	665	380	285	996	569	427	1118	667	451
望谟县	750	474	276	1058	650	408	1209	778	431
册亨县	671	415	256	841	494	347	902	546	356
安龙县	705	414	291	1203	754	449	1243	786	457
黔东南苗族侗族自治州	**8702**	**5767**	**2935**	**14774**	**9434**	**5340**	**17100**	**10545**	**6555**
凯里市	834	583	251	1305	890	415	1376	869	507
黄平县	623	391	232	1424	906	518	1602	979	623
施秉县	265	179	86	556	346	210	690	443	247
三穗县	432	281	151	723	473	250	940	616	324
镇远县	484	305	179	912	603	309	1126	685	441
岑巩县	478	306	172	853	501	352	1001	594	407
天柱县	1051	655	396	1617	1042	575	2001	1259	742
锦屏县	386	266	120	677	438	239	947	591	356
剑河县	631	437	194	909	575	334	1051	626	425
台江县	587	418	169	599	354	245	592	335	257
黎平县	770	512	258	1504	927	577	1855	1138	717
榕江县	601	366	235	1038	641	397	1096	660	436
从江县	469	301	168	884	544	340	922	517	405
雷山县	378	282	96	603	410	193	569	372	197
麻江县	362	268	94	620	439	181	732	507	225
丹寨县	351	217	134	550	345	205	600	354	246
黔南布依族苗族自治州	**8212**	**5394**	**2818**	**12624**	**8279**	**4345**	**15099**	**9902**	**5197**
都匀市	673	429	244	1276	845	431	1646	1061	585
福泉市	842	586	256	1189	821	368	1361	933	428
荔波县	373	276	97	618	427	191	763	506	257
贵定县	511	338	173	895	587	308	1100	758	342
瓮安县	1041	663	378	1530	931	599	1560	988	572
独山县	646	396	250	1181	738	443	1386	892	494
平塘县	596	339	257	1157	718	439	1472	909	563
罗甸县	717	480	237	1031	644	387	1383	865	518
长顺县	528	356	172	707	500	207	842	580	262
龙里县	601	380	221	892	631	261	1043	742	301
惠水县	854	596	258	1177	797	380	1488	1001	487
三都水族自治县	830	555	275	971	640	331	1055	667	388

5-2c　续表 8　　　　单位：户

地区	55-59岁			60-64岁			65岁及以上		
	小计	男	女	小计	男	女	小计	男	女
贵　州	**112406**	**67965**	**44441**	**84502**	**48579**	**35923**	**425046**	**185656**	**239390**
贵阳市	**6198**	**4181**	**2017**	**4805**	**3063**	**1742**	**19634**	**8938**	**10696**
南明区	295	190	105	155	95	60	441	185	256
云岩区									
花溪区	526	341	185	415	244	171	1608	686	922
乌当区	595	380	215	426	254	172	1685	722	963
白云区	138	76	62	96	58	38	293	136	157
观山湖区	289	171	118	210	118	92	634	233	401
开阳县	1617	1118	499	1288	872	416	5322	2620	2702
息烽县	786	572	214	616	434	182	2809	1372	1437
修文县	742	532	210	607	383	224	2720	1231	1489
清镇市	1210	801	409	992	605	387	4122	1753	2369
六盘水市	**7975**	**4376**	**3599**	**6624**	**3309**	**3315**	**31196**	**12510**	**18686**
钟山区	157	89	68	136	60	76	634	228	406
六枝特区	1717	1090	627	1441	828	613	6994	2912	4082
水城县	1946	1119	827	1551	753	798	8286	3377	4909
盘州市	4155	2078	2077	3496	1668	1828	15282	5993	9289
遵义市	**22397**	**13564**	**8833**	**14427**	**9142**	**5285**	**79213**	**38607**	**40606**
红花岗区	1181	711	470	850	505	345	4511	1951	2560
汇川区	898	585	313	501	307	194	3234	1590	1644
播州区	2283	1389	894	1512	914	598	8003	3733	4270
桐梓县	2005	1269	736	1231	756	475	6762	3483	3279
绥阳县	1825	1138	687	1321	835	486	6400	3114	3286
正安县	2182	1209	973	1570	1005	565	8271	4194	4077
道真仡佬族苗族自治县	1360	818	542	819	578	241	3942	2120	1822
务川仡佬族苗族自治县	1392	762	630	834	531	303	5473	2696	2777
凤冈县	1410	833	577	647	395	252	4577	2156	2421
湄潭县	1582	928	654	893	557	336	5492	2517	2975
余庆县	1207	728	479	620	396	224	3493	1611	1882
习水县	2393	1430	963	1624	993	631	8934	4297	4637
赤水市	1254	846	408	855	619	236	4573	2261	2312
仁怀市	1425	918	507	1150	751	399	5548	2884	2664
安顺市	**5918**	**3597**	**2321**	**5290**	**2881**	**2409**	**25738**	**10234**	**15504**
西秀区	1342	779	563	1134	630	504	5740	2288	3452
平坝区	617	369	248	622	320	302	3368	1411	1957
普定县	1186	698	488	1127	583	544	6845	2662	4183
镇宁布依族苗族自治县	942	576	366	897	472	425	3413	1288	2125
关岭布依族苗族自治县	850	572	278	792	492	300	2886	1230	1656
紫云苗族布依族自治县	981	603	378	718	384	334	3486	1355	2131
毕节市	**19641**	**11632**	**8009**	**16138**	**8497**	**7641**	**89187**	**35350**	**53837**
七星关区	3258	1924	1334	2623	1413	1210	16262	6359	9903
大方县	3350	1862	1488	2737	1332	1405	17034	6369	10665
黔西县	2100	1424	676	1604	958	646	7825	3417	4408
金沙县	1810	1194	616	1061	679	382	6446	3169	3277
织金县	2652	1517	1135	2312	1165	1147	11952	4362	7590
纳雍县	1950	1117	833	1781	854	927	11363	4069	7294
威宁彝族回族苗族自治县	2602	1487	1115	2346	1152	1194	10709	4540	6169
赫章县	1919	1107	812	1674	944	730	7596	3065	4531

5-2c 续表 9

单位：户

地区	55-59岁			60-64岁			65岁及以上		
	小计	男	女	小计	男	女	小计	男	女
铜仁市	**15199**	**8827**	**6372**	**10943**	**6488**	**4455**	**64439**	**29350**	**35089**
碧江区	662	446	216	555	363	192	2336	1063	1273
万山区	841	560	281	693	464	229	3108	1466	1642
江口县	1101	688	413	801	491	310	3636	1777	1859
玉屏侗族自治县	459	285	174	356	216	140	2022	948	1074
石阡县	1682	925	757	1059	631	428	5751	2638	3113
思南县	2519	1392	1127	1530	854	676	11154	4970	6184
印江土家族苗族自治县	1994	1152	842	1275	763	512	8492	3922	4570
德江县	1513	801	712	1108	580	528	6881	3011	3870
沿河土家族自治县	2237	1182	1055	1720	952	768	12279	5207	7072
松桃苗族自治县	2191	1396	795	1846	1174	672	8780	4348	4432
黔西南布依族苗族自治州	**8023**	**4607**	**3416**	**6601**	**3394**	**3207**	**28210**	**11041**	**17169**
兴义市	1533	904	629	1215	676	539	5519	2169	3350
兴仁市	1053	603	450	877	454	423	4251	1719	2532
普安县	779	439	340	745	385	360	3568	1410	2158
晴隆县	897	483	414	855	396	459	3871	1470	2401
贞丰县	990	544	446	858	442	416	3473	1316	2157
望谟县	974	600	374	612	299	313	2511	935	1576
册亨县	719	366	353	574	263	311	1835	756	1079
安龙县	1078	668	410	865	479	386	3182	1266	1916
黔东南苗族侗族自治州	**14834**	**9261**	**5573**	**10502**	**6436**	**4066**	**47491**	**22215**	**25276**
凯里市	1059	696	363	777	414	363	3711	1483	2228
黄平县	1304	848	456	755	448	307	4403	1783	2620
施秉县	502	317	185	318	187	131	1754	732	1022
三穗县	836	557	279	662	439	223	2704	1424	1280
镇远县	1011	651	360	647	397	250	2839	1415	1424
岑巩县	919	519	400	698	470	228	2981	1547	1434
天柱县	1813	1148	665	1561	1002	559	6390	3101	3289
锦屏县	922	585	337	749	482	267	2813	1315	1498
剑河县	1003	632	371	638	396	242	2729	1359	1370
台江县	432	253	179	317	160	157	1622	719	903
黎平县	1737	1076	661	1257	782	475	4927	2397	2530
榕江县	908	543	365	633	414	219	2790	1380	1410
从江县	780	402	378	466	245	221	2534	1098	1436
雷山县	494	319	175	321	191	130	1570	791	779
麻江县	568	381	187	349	222	127	1950	870	1080
丹寨县	546	334	212	354	187	167	1774	801	973
黔南布依族苗族自治州	**12221**	**7920**	**4301**	**9172**	**5369**	**3803**	**39938**	**17411**	**22527**
都匀市	1486	943	543	1102	616	486	4191	1685	2506
福泉市	935	663	272	634	400	234	3198	1427	1771
荔波县	570	362	208	347	196	151	2032	904	1128
贵定县	808	560	248	669	392	277	2361	1010	1351
瓮安县	1459	920	539	1178	745	433	5086	2261	2825
独山县	1081	680	401	825	517	308	3826	1704	2122
平塘县	1211	768	443	786	482	304	3694	1657	2037
罗甸县	1171	738	433	892	503	389	4074	1826	2248
长顺县	684	485	199	506	289	217	2082	922	1160
龙里县	698	493	205	549	314	235	1953	895	1058
惠水县	1199	760	439	1023	568	455	3766	1603	2163
三都水族自治县	919	548	371	661	347	314	3675	1517	2158

5–3 各地区家庭户中民族混合户户数

单位：户、%

地区	家庭户户数	单一民族户		二个民族户		三个民族户		四个及以上民族户	
		户数	占家庭户比重	户数	占家庭户比重	户数	占家庭户比重	户数	占家庭户比重
贵　州	**12696585**	**10898621**	**85.84**	**1704726**	**13.43**	**88651**	**0.70**	**4587**	**0.04**
贵阳市	**1921740**	**1638254**	**85.25**	**268625**	**13.98**	**13558**	**0.71**	**1303**	**0.07**
南明区	381212	323452	84.85	54390	14.27	3027	0.79	343	0.09
云岩区	396147	341117	86.11	52657	13.29	2219	0.56	154	0.04
花溪区	263982	216855	82.15	44636	16.91	2222	0.84	269	0.10
乌当区	105625	87631	82.96	17210	16.29	737	0.70	47	0.04
白云区	133670	109599	81.99	22823	17.07	1144	0.86	104	0.08
观山湖区	189349	154523	81.61	32570	17.20	2039	1.08	217	0.11
开阳县	124020	117022	94.36	6772	5.46	219	0.18	7	0.01
息烽县	75687	71868	94.95	3693	4.88	120	0.16	6	0.01
修文县	87391	80713	92.36	6307	7.22	343	0.39	28	0.03
清镇市	164657	135474	82.28	27567	16.74	1488	0.90	128	0.08
六盘水市	**994221**	**854226**	**85.92**	**134726**	**13.55**	**5006**	**0.50**	**263**	**0.03**
钟山区	211592	174054	82.26	35980	17.00	1472	0.70	86	0.04
六枝特区	173152	152992	88.36	19416	11.21	699	0.40	45	0.03
水城县	226233	189966	83.97	34568	15.28	1625	0.72	74	0.03
盘州市	383244	337214	87.99	44762	11.68	1210	0.32	58	0.02
遵义市	**2204049**	**2032174**	**92.20**	**161475**	**7.33**	**9989**	**0.45**	**411**	**0.02**
红花岗区	309277	291659	94.30	16747	5.41	793	0.26	78	0.03
汇川区	205822	192886	93.71	12240	5.95	662	0.32	34	0.02
播州区	242439	235324	97.07	6722	2.77	374	0.15	19	0.01
桐梓县	173444	170816	98.48	2397	1.38	213	0.12	18	0.01
绥阳县	128255	126413	98.56	1757	1.37	84	0.07	1	
正安县	145580	134288	92.24	10954	7.52	335	0.23	3	
道真仡佬族苗族自治县	89548	50123	55.97	36319	40.56	3031	3.38	75	0.08
务川仡佬族苗族自治县	108580	68736	63.30	36754	33.85	2984	2.75	106	0.10
凤冈县	109142	90460	82.88	17986	16.48	671	0.61	25	0.02
湄潭县	133596	128181	95.95	5281	3.95	130	0.10	4	
余庆县	79463	71793	90.35	7492	9.43	172	0.22	6	0.01
习水县	187792	185310	98.68	2316	1.23	159	0.08	7	
赤水市	93203	91921	98.62	1258	1.35	24	0.03		
仁怀市	197908	194264	98.16	3252	1.64	357	0.18	35	0.02
安顺市	**786839**	**670454**	**85.21**	**111225**	**14.14**	**4939**	**0.63**	**221**	**0.03**
西秀区	271514	236851	87.23	33412	12.31	1192	0.44	59	0.02
平坝区	107597	91742	85.26	15240	14.16	588	0.55	27	0.03
普定县	130485	121638	93.22	8629	6.61	206	0.16	12	0.01
镇宁布依族苗族自治县	97837	84585	86.46	12693	12.97	541	0.55	18	0.02
关岭布依族苗族自治县	87599	64641	73.79	21446	24.48	1432	1.63	80	0.09
紫云苗族布依族自治县	91807	70997	77.33	19805	21.57	980	1.07	25	0.03
毕节市	**2217051**	**1999564**	**90.19**	**209459**	**9.45**	**7611**	**0.34**	**417**	**0.02**
七星关区	405728	382887	94.37	21787	5.37	1000	0.25	54	0.01
大方县	301416	258682	85.82	41424	13.74	1254	0.42	56	0.02
黔西县	242513	215178	88.73	26092	10.76	1169	0.48	74	0.03
金沙县	180255	172989	95.97	6987	3.88	261	0.14	18	0.01
织金县	284639	228050	80.12	54421	19.12	2088	0.73	80	0.03
纳雍县	234386	194633	83.04	38415	16.39	1250	0.53	88	0.04
威宁彝族回族苗族自治县	369591	356476	96.45	12667	3.43	410	0.11	38	0.01
赫章县	198523	190669	96.04	7666	3.86	179	0.09	9	

5–3 续表 单位：户、%

地区	家庭户户数	单一民族户		二个民族户		三个民族户		四个及以上民族户	
		户数	占家庭户比重	户数	占家庭户比重	户数	占家庭户比重	户数	占家庭户比重
铜仁市	**1154583**	**875651**	**75.84**	**262327**	**22.72**	**15972**	**1.38**	**633**	**0.05**
碧江区	124893	72832	58.32	47678	38.18	4197	3.36	186	0.15
万山区	54523	38774	71.11	14692	26.95	1011	1.85	46	0.08
江口县	67726	43414	64.10	22668	33.47	1588	2.34	56	0.08
玉屏侗族自治县	51422	39622	77.05	11371	22.11	412	0.80	17	0.03
石阡县	106691	76395	71.60	28008	26.25	2199	2.06	89	0.08
思南县	168624	103673	61.48	61007	36.18	3864	2.29	80	0.05
印江土家族苗族自治县	110448	86295	78.13	23298	21.09	846	0.77	9	0.01
德江县	139487	122804	88.04	16235	11.64	436	0.31	12	0.01
沿河土家族自治县	164636	154794	94.02	9722	5.91	120	0.07		
松桃苗族自治县	166133	137048	82.49	27648	16.64	1299	0.78	138	0.08
黔西南布依族苗族自治州	**969274**	**852913**	**88.00**	**112389**	**11.60**	**3794**	**0.39**	**178**	**0.02**
兴义市	309545	262708	84.87	45170	14.59	1559	0.50	108	0.03
兴仁市	139631	124573	89.22	14648	10.49	400	0.29	10	0.01
普安县	80107	70635	88.18	9183	11.46	283	0.35	6	0.01
晴隆县	80262	73513	91.59	6469	8.06	269	0.34	11	0.01
贞丰县	101075	92961	91.97	7910	7.83	202	0.20	2	
望谟县	75804	69805	92.09	5664	7.47	308	0.41	27	0.04
册亨县	65945	62087	94.15	3728	5.65	128	0.19	2	
安龙县	116905	96631	82.66	19617	16.78	645	0.55	12	0.01
黔东南苗族侗族自治州	**1283501**	**1034603**	**80.61**	**233192**	**18.17**	**15065**	**1.17**	**641**	**0.05**
凯里市	240281	181869	75.69	54567	22.71	3676	1.53	169	0.07
黄平县	88384	79642	90.11	8463	9.58	275	0.31	4	
施秉县	43067	36213	84.09	6558	15.23	292	0.68	4	0.01
三穗县	58934	40648	68.97	17206	29.20	1062	1.80	18	0.03
镇远县	69938	51609	73.79	17382	24.85	920	1.32	27	0.04
岑巩县	61315	41075	66.99	19051	31.07	1134	1.85	55	0.09
天柱县	110409	102082	92.46	8134	7.37	193	0.17		
锦屏县	56918	42898	75.37	13258	23.29	756	1.33	6	0.01
剑河县	65911	56048	85.04	9267	14.06	581	0.88	15	0.02
台江县	41010	39081	95.30	1845	4.50	81	0.20	3	0.01
黎平县	134847	112942	83.76	20700	15.35	1183	0.88	22	0.02
榕江县	90385	69005	76.35	19284	21.34	1901	2.10	195	0.22
从江县	89803	80514	89.66	8726	9.72	545	0.61	18	0.02
雷山县	41806	35883	85.83	5572	13.33	342	0.82	9	0.02
麻江县	44795	27424	61.22	15617	34.86	1671	3.73	83	0.19
丹寨县	45698	37670	82.43	7562	16.55	453	0.99	13	0.03
黔南布依族苗族自治州	**1165327**	**940782**	**80.73**	**211308**	**18.13**	**12717**	**1.09**	**520**	**0.04**
都匀市	170064	118293	69.56	47589	27.98	3979	2.34	203	0.12
福泉市	101032	81896	81.06	18167	17.98	926	0.92	43	0.04
荔波县	52329	41790	79.86	9786	18.70	713	1.36	40	0.08
贵定县	83237	68519	82.32	14156	17.01	546	0.66	16	0.02
瓮安县	141738	133800	94.40	7747	5.47	187	0.13	4	
独山县	92856	71321	76.81	20349	21.91	1168	1.26	18	0.02
平塘县	82827	66238	79.97	15765	19.03	797	0.96	27	0.03
罗甸县	88848	74393	83.73	13756	15.48	685	0.77	14	0.02
长顺县	65354	48092	73.59	16367	25.04	875	1.34	20	0.03
龙里县	75308	63257	84.00	11350	15.07	649	0.86	52	0.07
惠水县	120488	97172	80.65	22053	18.30	1222	1.01	41	0.03
三都水族自治县	91246	76011	83.30	14223	15.59	970	1.06	42	0.05

5-3a　各地区家庭户中民族混合户户数(城市)

单位：户、%

地　区	家庭户户数	单一民族户		二个民族户		三个民族户		四个及以上民族户	
		户数	占家庭户比重	户数	占家庭户比重	户数	占家庭户比重	户数	占家庭户比重
贵　州	**3252662**	**2737326**	**84.16**	**489683**	**15.05**	**23884**	**0.73**	**1769**	**0.05**
贵阳市	**1380052**	**1155466**	**83.73**	**213054**	**15.44**	**10499**	**0.76**	**1033**	**0.07**
南明区	365573	310721	85.00	51645	14.13	2882	0.79	325	0.09
云岩区	396147	341117	86.11	52657	13.29	2219	0.56	154	0.04
花溪区	200432	164668	82.16	34006	16.97	1560	0.78	198	0.10
乌当区	65168	52723	80.90	11937	18.32	478	0.73	30	0.05
白云区	123140	100959	81.99	21077	17.12	1015	0.82	89	0.07
观山湖区	158979	128688	80.95	28374	17.85	1744	1.10	173	0.11
开阳县									
息烽县									
修文县									
清镇市	70613	56590	80.14	13358	18.92	601	0.85	64	0.09
六盘水市	**316020**	**263755**	**83.46**	**50353**	**15.93**	**1804**	**0.57**	**108**	**0.03**
钟山区	176569	143767	81.42	31483	17.83	1245	0.71	74	0.04
六枝特区	49693	41990	84.50	7377	14.85	300	0.60	26	0.05
水城县									
盘州市	89758	77998	86.90	11493	12.80	259	0.29	8	0.01
遵义市	**581897**	**549482**	**94.43**	**31146**	**5.35**	**1174**	**0.20**	**95**	**0.02**
红花岗区	227547	212015	93.17	14900	6.55	566	0.25	66	0.03
汇川区	140066	128652	91.85	10927	7.80	467	0.33	20	0.01
播州区	89060	85376	95.86	3574	4.01	102	0.11	8	0.01
桐梓县									
绥阳县									
正安县									
道真仡佬族苗族自治县									
务川仡佬族苗族自治县									
凤冈县									
湄潭县									
余庆县									
习水县									
赤水市	37714	37130	98.45	571	1.51	13	0.03		
仁怀市	87510	86309	98.63	1174	1.34	26	0.03	1	
安顺市	**172609**	**149675**	**86.71**	**22271**	**12.90**	**626**	**0.36**	**37**	**0.02**
西秀区	147584	128496	87.07	18539	12.56	517	0.35	32	0.02
平坝区	25025	21179	84.63	3732	14.91	109	0.44	5	0.02
普定县									
镇宁布依族苗族自治县									
关岭布依族苗族自治县									
紫云苗族布依族自治县									
毕节市	**169353**	**155967**	**92.10**	**13035**	**7.70**	**335**	**0.20**	**16**	**0.01**
七星关区	169353	155967	92.10	13035	7.70	335	0.20	16	0.01
大方县									
黔西县									
金沙县									
织金县									
纳雍县									
威宁彝族回族苗族自治县									
赫章县									

5–3a 续表 单位：户、%

地区	家庭户户数	单一民族户		二个民族户		三个民族户		四个及以上民族户	
		户数	占家庭户比重	户数	占家庭户比重	户数	占家庭户比重	户数	占家庭户比重
铜仁市	**113714**	**68189**	**59.97**	**41788**	**36.75**	**3563**	**3.13**	**174**	**0.15**
碧江区	91821	53833	58.63	34836	37.94	3005	3.27	147	0.16
万山区	21893	14356	65.57	6952	31.75	558	2.55	27	0.12
江口县									
玉屏侗族自治县									
石阡县									
思南县									
印江土家族苗族自治县									
德江县									
沿河土家族自治县									
松桃苗族自治县									
黔西南布依族苗族自治州	**213870**	**176851**	**82.69**	**35989**	**16.83**	**945**	**0.44**	**85**	**0.04**
兴义市	175876	144424	82.12	30536	17.36	838	0.48	78	0.04
兴仁市	37994	32427	85.35	5453	14.35	107	0.28	7	0.02
普安县									
晴隆县									
贞丰县									
望谟县									
册亨县									
安龙县									
黔东南苗族侗族自治州	**168125**	**121052**	**72.00**	**44416**	**26.42**	**2563**	**1.52**	**94**	**0.06**
凯里市	168125	121052	72.00	44416	26.42	2563	1.52	94	0.06
黄平县									
施秉县									
三穗县									
镇远县									
岑巩县									
天柱县									
锦屏县									
剑河县									
台江县									
黎平县									
榕江县									
从江县									
雷山县									
麻江县									
丹寨县									
黔南布依族苗族自治州	**137022**	**96889**	**70.71**	**37631**	**27.46**	**2375**	**1.73**	**127**	**0.09**
都匀市	102959	69637	67.64	31098	30.20	2110	2.05	114	0.11
福泉市	34063	27252	80.00	6533	19.18	265	0.78	13	0.04
荔波县									
贵定县									
瓮安县									
独山县									
平塘县									
罗甸县									
长顺县									
龙里县									
惠水县									
三都水族自治县									

5–3b　各地区家庭户中民族混合户户数(镇)

单位：户、%

地　　区	家庭户户　数	单一民族户		二个民族户		三个民族户		四个及以上民族户	
		户数	占家庭户比重	户数	占家庭户比重	户数	占家庭户比重	户数	占家庭户比重
贵　州	**3226651**	**2679444**	**83.04**	**517382**	**16.03**	**28333**	**0.88**	**1492**	**0.05**
贵阳市	**177372**	**164034**	**92.48**	**12775**	**7.20**	**483**	**0.27**	**80**	**0.05**
南明区									
云岩区									
花溪区	13195	11498	87.14	1547	11.72	116	0.88	34	0.26
乌当区	6666	5894	88.42	747	11.21	22	0.33	3	0.05
白云区	1113	1029	92.45	84	7.55				
观山湖区	8039	7101	88.33	890	11.07	40	0.50	8	0.10
开阳县	62311	58830	94.41	3419	5.49	60	0.10	2	
息烽县	35150	33135	94.27	1949	5.54	64	0.18	2	0.01
修文县	38483	35678	92.71	2695	7.00	94	0.24	16	0.04
清镇市	12415	10869	87.55	1444	11.63	87	0.70	15	0.12
六盘水市	**154618**	**131721**	**85.19**	**22005**	**14.23**	**821**	**0.53**	**71**	**0.05**
钟山区	18726	16212	86.57	2405	12.84	105	0.56	4	0.02
六枝特区	16200	14392	88.84	1746	10.78	59	0.36	3	0.02
水城县	69321	55842	80.56	12911	18.62	531	0.77	37	0.05
盘州市	50371	45275	89.88	4943	9.81	126	0.25	27	0.05
遵义市	**592433**	**518938**	**87.59**	**68554**	**11.57**	**4778**	**0.81**	**163**	**0.03**
红花岗区	19243	18929	98.37	309	1.61	5	0.03		
汇川区	18746	18497	98.67	245	1.31	4	0.02		
播州区	28453	27937	98.19	502	1.76	13	0.05	1	
桐梓县	75973	75006	98.73	943	1.24	21	0.03	3	
绥阳县	51736	50888	98.36	831	1.61	16	0.03	1	
正安县	55230	49935	90.41	5161	9.34	132	0.24	2	
道真仡佬族苗族自治县	42391	20912	49.33	19560	46.14	1872	4.42	47	0.11
务川仡佬族苗族自治县	51493	28625	55.59	20792	40.38	1992	3.87	84	0.16
凤冈县	48438	36213	74.76	11660	24.07	546	1.13	19	0.04
湄潭县	62871	59433	94.53	3367	5.36	68	0.11	3	
余庆县	34670	30711	88.58	3862	11.14	94	0.27	3	0.01
习水县	72173	71160	98.60	1006	1.39	7	0.01		
赤水市	12594	12428	98.68	165	1.31	1	0.01		
仁怀市	18422	18264	99.14	151	0.82	7	0.04		
安顺市	**182403**	**147887**	**81.08**	**32767**	**17.96**	**1656**	**0.91**	**93**	**0.05**
西秀区	14666	13078	89.17	1539	10.49	48	0.33	1	0.01
平坝区	26657	22884	85.85	3632	13.62	132	0.50	9	0.03
普定县	47019	43297	92.08	3618	7.69	93	0.20	11	0.02
镇宁布依族苗族自治县	35933	29263	81.44	6388	17.78	269	0.75	13	0.04
关岭布依族苗族自治县	30720	20201	65.76	9797	31.89	675	2.20	47	0.15
紫云苗族布依族自治县	27408	19164	69.92	7793	28.43	439	1.60	12	0.04
毕节市	**710190**	**621236**	**87.47**	**85768**	**12.08**	**2964**	**0.42**	**222**	**0.03**
七星关区	27336	26570	97.20	753	2.75	13	0.05		
大方县	100723	84685	84.08	15531	15.42	477	0.47	30	0.03
黔西县	108938	95188	87.38	13262	12.17	461	0.42	27	0.02
金沙县	85530	82504	96.46	2969	3.47	52	0.06	5	0.01
织金县	116780	88541	75.82	27072	23.18	1114	0.95	53	0.05
纳雍县	90580	71095	78.49	18743	20.69	672	0.74	70	0.08
威宁彝族回族苗族自治县	128384	122873	95.71	5336	4.16	140	0.11	35	0.03
赫章县	51919	49780	95.88	2102	4.05	35	0.07	2	

5-3b 续表

单位：户、%

地 区	家庭户户数	单一民族户		二个民族户		三个民族户		四个及以上民族户	
		户数	占家庭户比重	户数	占家庭户比重	户数	占家庭户比重	户数	占家庭户比重
铜仁市	**353039**	**263613**	**74.67**	**83667**	**23.70**	**5469**	**1.55**	**290**	**0.08**
碧江区	1888	1074	56.89	755	39.99	59	3.13		
万山区									
江口县	26375	15332	58.13	10229	38.78	778	2.95	36	0.14
玉屏侗族自治县	27261	21390	78.46	5660	20.76	201	0.74	10	0.04
石阡县	32294	19764	61.20	11367	35.20	1097	3.40	66	0.20
思南县	59179	34341	58.03	22924	38.74	1854	3.13	60	0.10
印江土家族苗族自治县	38356	27605	71.97	10278	26.80	465	1.21	8	0.02
德江县	59940	52813	88.11	6943	11.58	175	0.29	9	0.02
沿河土家族自治县	56987	53063	93.11	3855	6.76	69	0.12		
松桃苗族自治县	50759	38231	75.32	11656	22.96	771	1.52	101	0.20
黔西南布依族苗族自治州	**216176**	**186665**	**86.35**	**28644**	**13.25**	**832**	**0.38**	**35**	**0.02**
兴义市	23990	21126	88.06	2769	11.54	90	0.38	5	0.02
兴仁市	14589	13108	89.85	1453	9.96	28	0.19		
普安县	23645	19742	83.49	3773	15.96	125	0.53	5	0.02
晴隆县	24176	21320	88.19	2760	11.42	89	0.37	7	0.03
贞丰县	37152	32669	87.93	4396	11.83	85	0.23	2	0.01
望谟县	25592	22744	88.87	2728	10.66	110	0.43	10	0.04
册亨县	21721	19748	90.92	1922	8.85	50	0.23	1	
安龙县	45311	36208	79.91	8843	19.52	255	0.56	5	0.01
黔东南苗族侗族自治州	**399706**	**296903**	**74.28**	**95979**	**24.01**	**6494**	**1.62**	**330**	**0.08**
凯里市	10723	8252	76.96	2238	20.87	220	2.05	13	0.12
黄平县	32262	27171	84.22	4979	15.43	110	0.34	2	0.01
施秉县	16396	12485	76.15	3729	22.74	179	1.09	3	0.02
三穗县	26667	17033	63.87	9022	33.83	599	2.25	13	0.05
镇远县	32351	21796	67.37	9892	30.58	636	1.97	27	0.08
岑巩县	24675	15534	62.95	8529	34.57	569	2.31	43	0.17
天柱县	44951	40208	89.45	4616	10.27	127	0.28		
锦屏县	23693	16776	70.81	6517	27.51	395	1.67	5	0.02
剑河县	24040	17777	73.95	5835	24.27	417	1.73	11	0.05
台江县	14823	13664	92.18	1127	7.60	31	0.21	1	0.01
黎平县	50894	38499	75.65	11702	22.99	681	1.34	12	0.02
榕江县	29276	18216	62.22	9817	33.53	1102	3.76	141	0.48
从江县	20763	16109	77.59	4329	20.85	317	1.53	8	0.04
雷山县	15456	12597	81.50	2699	17.46	154	1.00	6	0.04
麻江县	16443	8908	54.18	6835	41.57	666	4.05	34	0.21
丹寨县	16293	11878	72.90	4113	25.24	291	1.79	11	0.07
黔南布依族苗族自治州	**440714**	**348447**	**79.06**	**87223**	**19.79**	**4836**	**1.10**	**208**	**0.05**
都匀市	6516	3973	60.97	2241	34.39	274	4.21	28	0.43
福泉市	16467	13764	83.59	2584	15.69	112	0.68	7	0.04
荔波县	21833	15403	70.55	5915	27.09	488	2.24	27	0.12
贵定县	44401	35783	80.59	8308	18.71	298	0.67	12	0.03
瓮安县	82001	76604	93.42	5307	6.47	87	0.11	3	
独山县	43741	31471	71.95	11561	26.43	695	1.59	14	0.03
平塘县	28674	21148	73.75	7096	24.75	417	1.45	13	0.05
罗甸县	44207	34785	78.69	8906	20.15	503	1.14	13	0.03
长顺县	26491	18377	69.37	7729	29.18	373	1.41	12	0.05
龙里县	40387	33375	82.64	6773	16.77	230	0.57	9	0.02
惠水县	54352	40175	73.92	13388	24.63	753	1.39	36	0.07
三都水族自治县	31644	23589	74.54	7415	23.43	606	1.92	34	0.11

5-3c　各地区家庭户中民族混合户户数(乡村)

单位：户、%

地　区	家庭户户　数	单一民族户		二个民族户		三个民族户		四个及以上民族户	
		户数	占家庭户比重	户数	占家庭户比重	户数	占家庭户比重	户数	占家庭户比重
贵　州	**6217272**	**5481851**	**88.17**	**697661**	**11.22**	**36434**	**0.59**	**1326**	**0.02**
贵阳市	**364316**	**318754**	**87.49**	**42796**	**11.75**	**2576**	**0.71**	**190**	**0.05**
南明区	15639	12731	81.41	2745	17.55	145	0.93	18	0.12
云岩区									
花溪区	50355	40689	80.80	9083	18.04	546	1.08	37	0.07
乌当区	33791	29014	85.86	4526	13.39	237	0.70	14	0.04
白云区	9417	7611	80.82	1662	17.65	129	1.37	15	0.16
观山湖区	22331	18734	83.89	3306	14.80	255	1.14	36	0.16
开阳县	61709	58192	94.30	3353	5.43	159	0.26	5	0.01
息烽县	40537	38733	95.55	1744	4.30	56	0.14	4	0.01
修文县	48908	45035	92.08	3612	7.39	249	0.51	12	0.02
清镇市	81629	68015	83.32	12765	15.64	800	0.98	49	0.06
六盘水市	**523583**	**458750**	**87.62**	**62368**	**11.91**	**2381**	**0.45**	**84**	**0.02**
钟山区	16297	14075	86.37	2092	12.84	122	0.75	8	0.05
六枝特区	107259	96610	90.07	10293	9.60	340	0.32	16	0.01
水城县	156912	134124	85.48	21657	13.80	1094	0.70	37	0.02
盘州市	243115	213941	88.00	28326	11.65	825	0.34	23	0.01
遵义市	**1029719**	**963754**	**93.59**	**61775**	**6.00**	**4037**	**0.39**	**153**	**0.01**
红花岗区	62487	60715	97.16	1538	2.46	222	0.36	12	0.02
汇川区	47010	45737	97.29	1068	2.27	191	0.41	14	0.03
播州区	124926	122011	97.67	2646	2.12	259	0.21	10	0.01
桐梓县	97471	95810	98.30	1454	1.49	192	0.20	15	0.02
绥阳县	76519	75525	98.70	926	1.21	68	0.09		
正安县	90350	84353	93.36	5793	6.41	203	0.22	1	
道真仡佬族苗族自治县	47157	29211	61.94	16759	35.54	1159	2.46	28	0.06
务川仡佬族苗族自治县	57087	40111	70.26	15962	27.96	992	1.74	22	0.04
凤冈县	60704	54247	89.36	6326	10.42	125	0.21	6	0.01
湄潭县	70725	68748	97.20	1914	2.71	62	0.09	1	
余庆县	44793	41082	91.72	3630	8.10	78	0.17	3	0.01
习水县	115619	114150	98.73	1310	1.13	152	0.13	7	0.01
赤水市	42895	42363	98.76	522	1.22	10	0.02		
仁怀市	91976	89691	97.52	1927	2.10	324	0.35	34	0.04
安顺市	**431827**	**372892**	**86.35**	**56187**	**13.01**	**2657**	**0.62**	**91**	**0.02**
西秀区	109264	95277	87.20	13334	12.20	627	0.57	26	0.02
平坝区	55915	47679	85.27	7876	14.09	347	0.62	13	0.02
普定县	83466	78341	93.86	5011	6.00	113	0.14	1	
镇宁布依族苗族自治县	61904	55322	89.37	6305	10.19	272	0.44	5	0.01
关岭布依族苗族自治县	56879	44440	78.13	11649	20.48	757	1.33	33	0.06
紫云苗族布依族自治县	64399	51833	80.49	12012	18.65	541	0.84	13	0.02
毕节市	**1337508**	**1222361**	**91.39**	**110656**	**8.27**	**4312**	**0.32**	**179**	**0.01**
七星关区	209039	200350	95.84	7999	3.83	652	0.31	38	0.02
大方县	200693	173997	86.70	25893	12.90	777	0.39	26	0.01
黔西县	133575	119990	89.83	12830	9.61	708	0.53	47	0.04
金沙县	94725	90485	95.52	4018	4.24	209	0.22	13	0.01
织金县	167859	139509	83.11	27349	16.29	974	0.58	27	0.02
纳雍县	143806	123538	85.91	19672	13.68	578	0.40	18	0.01
威宁彝族回族苗族自治县	241207	233603	96.85	7331	3.04	270	0.11	3	
赫章县	146604	140889	96.10	5564	3.80	144	0.10	7	

5−3c 续表 单位：户、%

地 区	家庭户户 数	单一民族户		二个民族户		三个民族户		四个及以上民族户	
		户数	占家庭户比重	户数	占家庭户比重	户数	占家庭户比重	户数	占家庭户比重
铜仁市	**687830**	**543849**	**79.07**	**136872**	**19.90**	**6940**	**1.01**	**169**	**0.02**
碧江区	31184	17925	57.48	12087	38.76	1133	3.63	39	0.13
万山区	32630	24418	74.83	7740	23.72	453	1.39	19	0.06
江口县	41351	28082	67.91	12439	30.08	810	1.96	20	0.05
玉屏侗族自治县	24161	18232	75.46	5711	23.64	211	0.87	7	0.03
石阡县	74397	56631	76.12	16641	22.37	1102	1.48	23	0.03
思南县	109445	69332	63.35	38083	34.80	2010	1.84	20	0.02
印江土家族苗族自治县	72092	58690	81.41	13020	18.06	381	0.53	1	
德江县	79547	69991	87.99	9292	11.68	261	0.33	3	
沿河土家族自治县	107649	101731	94.50	5867	5.45	51	0.05		
松桃苗族自治县	115374	98817	85.65	15992	13.86	528	0.46	37	0.03
黔西南布依族苗族自治州	**539228**	**489397**	**90.76**	**47756**	**8.86**	**2017**	**0.37**	**58**	**0.01**
兴义市	109679	97158	88.58	11865	10.82	631	0.58	25	0.02
兴仁市	87048	79038	90.80	7742	8.89	265	0.30	3	
普安县	56462	50893	90.14	5410	9.58	158	0.28	1	
晴隆县	56086	52193	93.06	3709	6.61	180	0.32	4	0.01
贞丰县	63923	60292	94.32	3514	5.50	117	0.18		
望谟县	50212	47061	93.72	2936	5.85	198	0.39	17	0.03
册亨县	44224	42339	95.74	1806	4.08	78	0.18	1	
安龙县	71594	60423	84.40	10774	15.05	390	0.54	7	0.01
黔东南苗族侗族自治州	**715670**	**616648**	**86.16**	**92797**	**12.97**	**6008**	**0.84**	**217**	**0.03**
凯里市	61433	52565	85.56	7913	12.88	893	1.45	62	0.10
黄平县	56122	52471	93.49	3484	6.21	165	0.29	2	
施秉县	26671	23728	88.97	2829	10.61	113	0.42	1	
三穗县	32267	23615	73.19	8184	25.36	463	1.43	5	0.02
镇远县	37587	29813	79.32	7490	19.93	284	0.76		
岑巩县	36640	25541	69.71	10522	28.72	565	1.54	12	0.03
天柱县	65458	61874	94.52	3518	5.37	66	0.10		
锦屏县	33225	26122	78.62	6741	20.29	361	1.09	1	
剑河县	41871	38271	91.40	3432	8.20	164	0.39	4	0.01
台江县	26187	25417	97.06	718	2.74	50	0.19	2	0.01
黎平县	83953	74443	88.67	8998	10.72	502	0.60	10	0.01
榕江县	61109	50789	83.11	9467	15.49	799	1.31	54	0.09
从江县	69040	64405	93.29	4397	6.37	228	0.33	10	0.01
雷山县	26350	23286	88.37	2873	10.90	188	0.71	3	0.01
麻江县	28352	18516	65.31	8782	30.97	1005	3.54	49	0.17
丹寨县	29405	25792	87.71	3449	11.73	162	0.55	2	0.01
黔南布依族苗族自治州	**587591**	**495446**	**84.32**	**86454**	**14.71**	**5506**	**0.94**	**185**	**0.03**
都匀市	60589	44683	73.75	14250	23.52	1595	2.63	61	0.10
福泉市	50502	40880	80.95	9050	17.92	549	1.09	23	0.05
荔波县	30496	26387	86.53	3871	12.69	225	0.74	13	0.04
贵定县	38836	32736	84.29	5848	15.06	248	0.64	4	0.01
瓮安县	59737	57196	95.75	2440	4.08	100	0.17	1	
独山县	49115	39850	81.14	8788	17.89	473	0.96	4	0.01
平塘县	54153	45090	83.26	8669	16.01	380	0.70	14	0.03
罗甸县	44641	39608	88.73	4850	10.86	182	0.41	1	
长顺县	38863	29715	76.46	8638	22.23	502	1.29	8	0.02
龙里县	34921	29882	85.57	4577	13.11	419	1.20	43	0.12
惠水县	66136	56997	86.18	8665	13.10	469	0.71	5	0.01
三都水族自治县	59602	52422	87.95	6808	11.42	364	0.61	8	0.01

5-4 各地区有60岁及以上人口的家庭户户数

单位：户

地区	合计	有一个60岁及以上人口的户				有二个60岁及以上人口的户				有三个60岁及以上人口的户
		小计	独自居住	只与未成年人口共同居住	其他	小计	只有一对60岁及以上夫妇居住	只有一对60岁及以上夫妇与未成年人口共同居住	其他	
贵州	**4132065**	**2472720**	**816922**	**113050**	**1542748**	**1632288**	**758085**	**125740**	**748463**	**27057**
贵阳市	**538544**	**316684**	**98802**	**6303**	**211579**	**216949**	**102450**	**8586**	**105913**	**4911**
南明区	104378	62506	21680	806	40020	40685	20209	1152	19324	1187
云岩区	103404	62403	21452	881	40070	39994	19695	1103	19196	1007
花溪区	73864	42001	11834	628	29539	31178	14421	914	15843	685
乌当区	30985	17619	5137	239	12243	13093	6603	402	6088	273
白云区	30591	18523	5488	287	12748	11828	5671	418	5739	240
观山湖区	43599	24060	5155	364	18541	19091	7580	632	10879	448
开阳县	44199	26320	9357	1180	15783	17543	9119	1181	7243	336
息烽县	27536	15983	4891	599	10493	11359	5308	825	5226	194
修文县	29306	16921	4976	501	11444	12188	5437	694	6057	197
清镇市	50682	30348	8832	818	20698	19990	8407	1265	10318	344
六盘水市	**285917**	**168830**	**58381**	**5767**	**104682**	**115300**	**59458**	**7044**	**48798**	**1787**
钟山区	48701	30434	8276	887	21271	18058	8062	895	9101	209
六枝特区	60809	35619	12020	2212	21387	24776	11010	2748	11018	414
水城县	70988	42065	12224	1392	28449	28510	12545	1612	14353	413
盘州市	105419	60712	25861	1276	33575	43956	27841	1789	14326	751
遵义市	**772048**	**445073**	**141981**	**20992**	**282100**	**321491**	**149623**	**25918**	**145950**	**5484**
红花岗区	92647	53725	16293	1229	36203	38268	17550	1955	18763	654
汇川区	65168	36350	9865	1155	25330	28272	12653	1647	13972	546
播州区	83253	47182	13273	1991	31918	35455	15455	2859	17141	616
桐梓县	64884	37406	11328	1758	24320	26963	11270	2461	13232	515
绥阳县	49783	29190	10705	1720	16765	20205	9531	1964	8710	388
正安县	57110	34262	12799	2358	19105	22541	11829	2269	8443	307
道真仡佬族苗族自治县	34654	20124	6347	1162	12615	14340	6742	998	6600	190
务川仡佬族苗族自治县	39343	22899	8277	1762	12860	16230	8345	1456	6429	214
凤冈县	38767	21847	7002	1358	13487	16720	8134	1841	6745	200
湄潭县	48530	26818	9911	1368	15539	21428	11608	1949	7871	284
余庆县	30973	16791	5494	1023	10274	13972	6815	1437	5720	210
习水县	67489	39904	13056	1880	24968	27102	11943	2434	12725	483
赤水市	37648	23280	8370	1217	13693	14047	6700	1168	6179	321
仁怀市	61799	35295	9261	1011	25023	25948	11048	1480	13420	556
安顺市	**271387**	**159285**	**51630**	**8576**	**99079**	**110344**	**47742**	**9615**	**52987**	**1758**
西秀区	94036	53626	16482	1988	35156	39721	16814	3072	19835	689
平坝区	37820	21293	7592	713	12988	16292	7480	1198	7614	235
普定县	39542	22580	11029	788	10763	16794	9944	958	5892	168
镇宁布依族苗族自治县	34564	21009	6138	1474	13397	13338	5077	1319	6942	217
关岭布依族苗族自治县	31634	19011	5064	1479	12468	12398	4373	1497	6528	225
紫云苗族布依族自治县	33791	21766	5325	2134	14307	11801	4054	1571	6176	224
毕节市	**665173**	**390613**	**151464**	**14202**	**224947**	**271597**	**143253**	**18001**	**110343**	**2963**
七星关区	121887	70028	27638	2790	39600	51281	27642	3680	19959	578
大方县	86024	50722	26593	1416	22713	35090	23149	1614	10327	212
黔西县	77251	45192	14265	1764	29163	31539	14233	2541	14765	520
金沙县	58513	33976	11554	1252	21170	24220	12108	1700	10412	317
织金县	84131	48941	21317	1959	25665	34832	19979	2132	12721	358
纳雍县	69520	40265	18990	1728	19547	29042	17227	2314	9501	213
威宁彝族回族苗族自治县	104545	64109	19266	1723	43120	40002	17856	1963	20183	434
赫章县	63302	37380	11841	1570	23969	25591	11059	2057	12475	331

5–4 续表 单位：户

地区	合计	有一个60岁及以上人口的户				有二个60岁及以上人口的户				有三个60岁及以上人口的户
		小计	独自居住	只与未成年人口共同居住	其他	小计	只有一对60岁及以上夫妇居住	只有一对60岁及以上夫妇与未成年人口共同居住	其他	
铜仁市	**402206**	**240731**	**98381**	**11771**	**130579**	**158929**	**84503**	**12563**	**61863**	**2546**
碧江区	35905	22318	6593	742	14983	13345	5747	743	6855	242
万山区	18605	11601	4639	446	6516	6883	3520	449	2914	121
江口县	24121	14947	5874	711	8362	9052	4582	691	3779	122
玉屏侗族自治县	17423	10506	4052	348	6106	6804	3107	434	3263	113
石阡县	40780	24416	8276	1171	14969	16143	7711	1299	7133	221
思南县	64412	37580	15836	2194	19550	26309	14802	2489	9018	523
印江土家族苗族自治县	41731	24931	11446	1236	12249	16602	9878	1117	5607	198
德江县	43652	25005	10464	1331	13210	18393	10852	1493	6048	254
沿河土家族自治县	51921	30763	17885	1478	11400	20988	14871	1319	4798	170
松桃苗族自治县	63656	38664	13316	2114	23234	24410	9433	2529	12448	582
黔西南布依族苗族自治州	**312136**	**188953**	**51997**	**11588**	**125368**	**120887**	**49562**	**11438**	**59887**	**2296**
兴义市	87532	51827	13473	2048	36306	34987	13617	2335	19035	718
兴仁市	43260	23719	7508	1323	14888	19193	9145	1931	8117	348
普安县	26555	15113	5502	709	8902	11298	5527	1069	4702	144
晴隆县	25537	15284	6240	791	8253	10107	5595	730	3782	146
贞丰县	35178	21239	5998	1829	13412	13667	5683	1677	6307	272
望谟县	29328	20868	4154	1835	14879	8288	2199	1052	5037	172
册亨县	22026	15873	3176	1668	11029	6017	1937	792	3288	136
安龙县	42720	25030	5946	1385	17699	17330	5859	1852	9619	360
黔东南苗族侗族自治州	**461312**	**289696**	**83684**	**17198**	**188814**	**169020**	**62647**	**18466**	**87907**	**2596**
凯里市	68781	43411	11411	1521	30479	24968	9247	1574	14147	402
黄平县	36557	22304	7128	1404	13772	14087	5889	1606	6592	166
施秉县	16458	9737	2776	554	6407	6621	2671	694	3256	100
三穗县	21486	13489	4696	996	7797	7866	3152	1024	3690	131
镇远县	26472	15797	5168	1007	9622	10509	4424	1152	4933	166
岑巩县	22845	13803	4827	907	8069	8903	3770	1137	3996	139
天柱县	42097	27443	11375	1877	14191	14434	6605	1878	5951	220
锦屏县	21897	13604	4683	1001	7920	8190	3397	1127	3666	103
剑河县	21800	14162	4267	953	8942	7563	3240	726	3597	75
台江县	14108	9093	2614	602	5877	4951	1795	563	2593	64
黎平县	53214	33944	8259	2380	23305	18950	5924	2564	10462	320
榕江县	31669	19559	4425	935	14199	11911	3829	1129	6953	199
从江县	33892	21370	3609	1201	16560	12299	2704	1362	8233	223
雷山县	15155	10013	2522	402	7089	5090	1598	396	3096	52
麻江县	17891	11060	3160	572	7328	6694	2461	717	3516	137
丹寨县	16990	10907	2764	886	7257	5984	1941	817	3226	99
黔南布依族苗族自治州	**423342**	**272855**	**80602**	**16653**	**175600**	**147771**	**58847**	**14109**	**74815**	**2716**
都匀市	64355	40540	12889	1228	26423	23272	10189	1248	11835	543
福泉市	31875	19048	6058	679	12311	12642	5770	795	6077	185
荔波县	17825	12019	3190	673	8156	5697	2174	481	3042	109
贵定县	31832	20371	6235	1042	13094	11263	4459	1072	5732	198
瓮安县	45786	26613	10264	1527	14822	18921	10097	1576	7248	252
独山县	37268	24544	7688	1298	15558	12454	4397	1334	6723	270
平塘县	34307	22492	6033	1939	14520	11545	3642	1704	6199	270
罗甸县	35180	25501	6760	3274	15467	9487	3218	1570	4699	192
长顺县	25348	15738	3914	1028	10796	9441	3009	1178	5254	169
龙里县	24118	15540	4244	515	10781	8459	3267	526	4666	119
惠水县	46158	30981	7746	2260	20975	14924	4857	1577	8490	253
三都水族自治县	29290	19468	5581	1190	12697	9666	3768	1048	4850	156

5-4a　各地区有60岁及以上人口的家庭户户数(城市)

单位：户

地　　区	合　计	有一个60岁及以上人口的户				有二个60岁及以上人口的户				有三个60岁及以上人口的户
		小计	独自居住	只与未成年人口共同居住	其他	小计	只有一对60岁及以上夫妇居住	只有一对60岁及以上夫妇与未成年人口共同居住	其他	
贵　州	**804400**	**479719**	**141687**	**10055**	**327977**	**317996**	**147508**	**11720**	**158768**	**6685**
贵阳市	**351730**	**205849**	**65693**	**2800**	**137356**	**142328**	**69571**	**4110**	**68647**	**3553**
南明区	100756	60195	21084	777	38334	39409	19682	1111	18616	1152
云岩区	103404	62403	21452	881	40070	39994	19695	1103	19196	1007
花溪区	52946	29457	9384	375	19698	22966	12049	589	10328	523
乌当区	17244	9446	2614	103	6729	7640	3930	207	3503	158
白云区	27139	16431	4937	240	11254	10492	5151	367	4974	216
观山湖区	34145	18231	3356	250	14625	15524	6088	506	8930	390
开阳县										
息烽县										
修文县										
清镇市	16096	9686	2866	174	6646	6303	2976	227	3100	107
六盘水市	**69021**	**42581**	**12773**	**1455**	**28353**	**26052**	**12726**	**1361**	**11965**	**388**
钟山区	37924	23573	6600	699	16274	14170	6628	681	6861	181
六枝特区	14533	9114	2609	558	5947	5300	2263	410	2627	119
水城县										
盘州市	16564	9894	3564	198	6132	6582	3835	270	2477	88
遵义市	**140916**	**82865**	**20264**	**1734**	**60867**	**56961**	**25176**	**2147**	**29638**	**1090**
红花岗区	58976	35154	9822	579	24753	23404	10661	886	11857	418
汇川区	36633	20253	4840	390	15023	16059	7471	518	8070	321
播州区	18226	11040	2236	398	8406	7085	3038	387	3660	101
桐梓县										
绥阳县										
正安县										
道真仡佬族苗族自治县										
务川仡佬族苗族自治县										
凤冈县										
湄潭县										
余庆县										
习水县										
赤水市	11660	7076	1893	215	4968	4458	1924	216	2318	126
仁怀市	15421	9342	1473	152	7717	5955	2082	140	3733	124
安顺市	**51912**	**30558**	**10036**	**692**	**19830**	**20989**	**10133**	**861**	**9995**	**365**
西秀区	45208	26488	8571	586	17331	18388	8939	732	8717	332
平坝区	6704	4070	1465	106	2499	2601	1194	129	1278	33
普定县										
镇宁布依族苗族自治县										
关岭布依族苗族自治县										
紫云苗族布依族自治县										
毕节市	**41376**	**24206**	**6788**	**779**	**16639**	**16930**	**7208**	**913**	**8809**	**240**
七星关区	41376	24206	6788	779	16639	16930	7208	913	8809	240
大方县										
黔西县										
金沙县										
织金县										
纳雍县										
威宁彝族回族苗族自治县										
赫章县										

5-4a 续表

单位：户

地区	合计	有一个60岁及以上人口的户				有二个60岁及以上人口的户				有三个60岁及以上人口的户
		小计	独自居住	只与未成年人口共同居住	其他	小计	只有一对60岁及以上夫妇居住	只有一对60岁及以上夫妇与未成年人口共同居住	其他	
铜仁市	**27148**	**17385**	**4314**	**560**	**12511**	**9573**	**3614**	**481**	**5478**	**190**
碧江区	21925	13946	3476	446	10024	7819	3061	379	4379	160
万山区	5223	3439	838	114	2487	1754	553	102	1099	30
江口县										
玉屏侗族自治县										
石阡县										
思南县										
印江土家族苗族自治县										
德江县										
沿河土家族自治县										
松桃苗族自治县										
黔西南布依族苗族自治州	**44984**	**27344**	**7078**	**921**	**19345**	**17327**	**6778**	**807**	**9742**	**313**
兴义市	36172	22116	5507	724	15885	13794	5025	608	8161	262
兴仁市	8812	5228	1571	197	3460	3533	1753	199	1581	51
普安县										
晴隆县										
贞丰县										
望谟县										
册亨县										
安龙县										
黔东南苗族侗族自治州	**37027**	**24136**	**6271**	**626**	**17239**	**12674**	**4959**	**552**	**7163**	**217**
凯里市	37027	24136	6271	626	17239	12674	4959	552	7163	217
黄平县										
施秉县										
三穗县										
镇远县										
岑巩县										
天柱县										
锦屏县										
剑河县										
台江县										
黎平县										
榕江县										
从江县										
雷山县										
麻江县										
丹寨县										
黔南布依族苗族自治州	**40286**	**24795**	**8470**	**488**	**15837**	**15162**	**7343**	**488**	**7331**	**329**
都匀市	32621	20005	7169	320	12516	12332	6172	321	5839	284
福泉市	7665	4790	1301	168	3321	2830	1171	167	1492	45
荔波县										
贵定县										
瓮安县										
独山县										
平塘县										
罗甸县										
长顺县										
龙里县										
惠水县										
三都水族自治县										

5-4b　各地区有60岁及以上人口的家庭户户数(镇)

单位：户

地　区	合　计	有一个60岁及以上人口的户				有二个60岁及以上人口的户				有三个60岁及以上人口的户
		小计	独自居住	只与未成年人口共同居住	其他	小计	只有一对60岁及以上夫妇居住	只有一对60岁及以上夫妇与未成年人口共同居住	其他	
贵　州	**887931**	**556764**	**165687**	**32808**	**358269**	**325245**	**135624**	**25683**	**163938**	**5922**
贵阳市	**48165**	**29599**	**8670**	**1211**	**19718**	**18203**	**8142**	**1027**	**9034**	**363**
南明区										
云岩区										
花溪区	3006	1834	427	20	1387	1143	338	20	785	29
乌当区	2030	1213	412	28	773	797	419	28	350	20
白云区	503	317	162	11	144	185	114	12	59	1
观山湖区	3140	2034	955	41	1038	1082	648	49	385	24
开阳县	16010	10016	2747	623	6646	5882	2579	414	2889	112
息烽县	9490	5717	1466	203	4048	3703	1637	211	1855	70
修文县	9920	5945	1649	217	4079	3909	1743	193	1973	66
清镇市	4066	2523	852	68	1603	1502	664	100	738	41
六盘水市	**40085**	**24702**	**7788**	**1124**	**15790**	**15174**	**7060**	**978**	**7136**	**209**
钟山区	5452	3467	906	127	2434	1975	685	127	1163	10
六枝特区	5374	3371	976	338	2057	1967	741	253	973	36
水城县	16516	10131	2387	445	7299	6302	2521	393	3388	83
盘州市	12743	7733	3519	214	4000	4930	3113	205	1612	80
遵义市	**174861**	**106025**	**28077**	**7482**	**70466**	**67570**	**27549**	**5987**	**34034**	**1266**
红花岗区	6166	3524	1110	145	2269	2593	1106	198	1289	49
汇川区	7112	4076	1290	234	2552	2990	1189	295	1506	46
播州区	9432	5565	1522	371	3672	3801	1520	360	1921	66
桐梓县	23367	13962	3335	631	9996	9210	3386	674	5150	195
绥阳县	16178	9669	2984	636	6049	6348	2666	580	3102	161
正安县	17089	10876	2958	1077	6841	6134	2633	684	2817	79
道真仡佬族苗族自治县	13015	7915	1586	721	5608	5022	1805	432	2785	78
务川仡佬族苗族自治县	13604	8591	1970	991	5630	4924	1874	478	2572	89
凤冈县	12049	7355	1778	543	5034	4624	1912	463	2249	70
湄潭县	18214	10506	3526	565	6415	7583	3967	589	3027	125
余庆县	10382	5975	1381	475	4119	4328	1711	421	2196	79
习水县	17107	11046	2498	579	7969	5912	2021	446	3445	149
赤水市	4998	3319	1049	364	1906	1642	736	191	715	37
仁怀市	6148	3646	1090	150	2406	2459	1023	176	1260	43
安顺市	**52140**	**31950**	**10566**	**2149**	**19235**	**19833**	**8582**	**1548**	**9703**	**357**
西秀区	4952	2910	1037	98	1775	1993	838	138	1017	49
平坝区	8965	5119	2137	151	2831	3786	1988	199	1599	60
普定县	11836	7043	3057	317	3669	4720	2565	295	1860	73
镇宁布依族苗族自治县	9823	6216	1828	530	3858	3548	1373	292	1883	59
关岭布依族苗族自治县	8681	5523	1386	542	3595	3099	984	343	1772	59
紫云苗族布依族自治县	7883	5139	1121	511	3507	2687	834	281	1572	57
毕节市	**179168**	**108728**	**39351**	**4387**	**64990**	**69521**	**33841**	**4500**	**31180**	**919**
七星关区	7861	4638	1965	339	2334	3175	1858	260	1057	48
大方县	24174	14719	6822	507	7390	9375	5383	496	3496	80
黔西县	28237	16778	4836	643	11299	11247	4759	823	5665	212
金沙县	23382	13917	4047	523	9347	9326	4215	632	4479	139
织金县	28735	17504	7053	897	9554	11121	5925	715	4481	110
纳雍县	23210	13710	5846	661	7203	9407	5254	732	3421	93
威宁彝族回族苗族自治县	29874	18998	6211	443	12344	10722	4483	474	5765	154
赫章县	13695	8464	2571	374	5519	5148	1964	368	2816	83

5-4b 续表

单位：户

地区	合计	有一个60岁及以上人口的户				有二个60岁及以上人口的户				有三个60岁及以上人口的户
		小计	独自居住	只与未成年人口共同居住	其他	小计	只有一对60岁及以上夫妇居住	只有一对60岁及以上夫妇与未成年人口共同居住	其他	
铜仁市	**85251**	**54352**	**18685**	**3105**	**32562**	**30072**	**13439**	**2179**	**14454**	**827**
碧江区	818	521	226	18	277	293	120	22	151	4
万山区										
江口县	7244	4653	1437	251	2965	2549	1098	188	1263	42
玉屏侗族自治县	7273	4665	1674	168	2823	2566	1055	155	1356	42
石阡县	8732	5503	1466	285	3752	3174	1159	179	1836	55
思南县	15045	9395	3152	652	5591	5354	2503	430	2421	296
印江土家族苗族自治县	9547	5923	1679	410	3834	3568	1467	305	1796	56
德江县	10736	6857	2475	431	3951	3816	2046	284	1486	63
沿河土家族自治县	12038	7840	3886	482	3472	4151	2567	278	1306	47
松桃苗族自治县	13818	8995	2690	408	5897	4601	1424	338	2839	222
黔西南布依族苗族自治州	**62611**	**39235**	**10108**	**2435**	**26692**	**22930**	**8634**	**2019**	**12277**	**446**
兴义市	7861	4572	1232	228	3112	3211	1312	276	1623	78
兴仁市	4085	2278	809	121	1348	1778	857	148	773	29
普安县	6336	3770	1189	192	2389	2527	1070	235	1222	39
晴隆县	6390	3968	1514	190	2264	2384	1151	143	1090	38
贞丰县	9566	6161	1667	543	3951	3338	1333	348	1657	67
望谟县	8322	5819	1031	394	4394	2452	555	246	1651	51
册亨县	6201	4420	767	376	3277	1742	511	189	1042	39
安龙县	13850	8247	1899	391	5957	5498	1845	434	3219	105
黔东南苗族侗族自治州	**117467**	**76824**	**19420**	**5241**	**52163**	**39937**	**12841**	**3907**	**23189**	**706**
凯里市	3729	2363	652	142	1569	1344	466	110	768	22
黄平县	10489	6815	1970	486	4359	3629	1426	367	1836	45
施秉县	4828	3066	704	203	2159	1729	594	140	995	33
三穗县	7785	5064	1330	417	3317	2666	782	311	1573	55
镇远县	9843	6169	1682	435	4052	3604	1287	292	2025	70
岑巩县	6538	4205	1148	390	2667	2286	835	274	1177	47
天柱县	12791	8908	3424	617	4867	3814	1351	459	2004	69
锦屏县	7257	4827	1121	425	3281	2391	746	322	1323	39
剑河县	6355	4221	900	383	2938	2111	748	171	1192	23
台江县	3698	2583	675	200	1708	1093	344	125	624	22
黎平县	16357	10392	2075	744	7573	5874	1648	667	3559	91
榕江县	8434	5446	1002	210	4234	2909	791	186	1932	79
从江县	5655	3652	609	153	2890	1968	437	147	1384	35
雷山县	4342	2974	631	124	2219	1350	332	72	946	18
麻江县	4762	3096	861	130	2105	1632	593	140	899	34
丹寨县	4604	3043	636	182	2225	1537	461	124	952	24
黔南布依族苗族自治州	**128183**	**85349**	**23022**	**5674**	**56653**	**42005**	**15536**	**3538**	**22931**	**829**
都匀市	2820	1837	427	58	1352	948	284	66	598	35
福泉市	4236	2738	925	118	1695	1478	654	84	740	20
荔波县	5092	3611	811	196	2604	1445	481	90	874	36
贵定县	14403	9311	3205	308	5798	5000	2129	300	2571	92
瓮安县	20662	12638	4000	886	7752	7904	3607	672	3625	120
独山县	14965	9838	3037	419	6382	5016	1849	403	2764	111
平塘县	8700	6022	1553	523	3946	2608	761	302	1545	70
罗甸县	14523	10732	1794	1493	7445	3702	930	588	2184	89
长顺县	8553	5535	1326	366	3843	2956	916	307	1733	62
龙里县	9623	6242	1742	180	4320	3324	1318	116	1890	57
惠水县	16409	11183	2957	815	7411	5139	1747	378	3014	87
三都水族自治县	8197	5662	1245	312	4105	2485	860	232	1393	50

5-4c　各地区有60岁及以上人口的家庭户户数(乡村)

单位：户

地　　区	合　计	有一个60岁及以上人口的户				有二个60岁及以上人口的户				有三个60岁及以上人口的户
		小计	独自居住	只与未成年人口共同居住	其他	小计	只有一对60岁及以上夫妇居住	只有一对60岁及以上夫妇与未成年人口共同居住	其他	
贵　州	**2439734**	**1436237**	**509548**	**70187**	**856502**	**989047**	**474953**	**88337**	**425757**	**14450**
贵阳市	**138649**	**81236**	**24439**	**2292**	**54505**	**56418**	**24737**	**3449**	**28232**	**995**
南明区	3622	2311	596	29	1686	1276	527	41	708	35
云岩区										
花溪区	17912	10710	2023	233	8454	7069	2034	305	4730	133
乌当区	11711	6960	2111	108	4741	4656	2254	167	2235	95
白云区	2949	1775	389	36	1350	1151	406	39	706	23
观山湖区	6314	3795	844	73	2878	2485	844	77	1564	34
开阳县	28189	16304	6610	557	9137	11661	6540	767	4354	224
息烽县	18046	10266	3425	396	6445	7656	3671	614	3371	124
修文县	19386	10976	3327	284	7365	8279	3694	501	4084	131
清镇市	30520	18139	5114	576	12449	12185	4767	938	6480	196
六盘水市	**176811**	**101547**	**37820**	**3188**	**60539**	**74074**	**39672**	**4705**	**29697**	**1190**
钟山区	5325	3394	770	61	2563	1913	749	87	1077	18
六枝特区	40902	23134	8435	1316	13383	17509	8006	2085	7418	259
水城县	54472	31934	9837	947	21150	22208	10024	1219	10965	330
盘州市	76112	43085	18778	864	23443	32444	20893	1314	10237	583
遵义市	**456271**	**256183**	**93640**	**11776**	**150767**	**196960**	**96898**	**17784**	**82278**	**3128**
红花岗区	27505	15047	5361	505	9181	12271	5783	871	5617	187
汇川区	21423	12021	3735	531	7755	9223	3993	834	4396	179
播州区	55595	30577	9515	1222	19840	24569	10897	2112	11560	449
桐梓县	41517	23444	7993	1127	14324	17753	7884	1787	8082	320
绥阳县	33605	19521	7721	1084	10716	13857	6865	1384	5608	227
正安县	40021	23386	9841	1281	12264	16407	9196	1585	5626	228
道真仡佬族苗族自治县	21639	12209	4761	441	7007	9318	4937	566	3815	112
务川仡佬族苗族自治县	25739	14308	6307	771	7230	11306	6471	978	3857	125
凤冈县	26718	14492	5224	815	8453	12096	6222	1378	4496	130
湄潭县	30316	16312	6385	803	9124	13845	7641	1360	4844	159
余庆县	20591	10816	4113	548	6155	9644	5104	1016	3524	131
习水县	50382	28858	10558	1301	16999	21190	9922	1988	9280	334
赤水市	20990	12885	5428	638	6819	7947	4040	761	3146	158
仁怀市	40230	22307	6698	709	14900	17534	7943	1164	8427	389
安顺市	**167335**	**96777**	**31028**	**5735**	**60014**	**69522**	**29027**	**7206**	**33289**	**1036**
西秀区	43876	24228	6874	1304	16050	19340	7037	2202	10101	308
平坝区	22151	12104	3990	456	7658	9905	4298	870	4737	142
普定县	27706	15537	7972	471	7094	12074	7379	663	4032	95
镇宁布依族苗族自治县	24741	14793	4310	944	9539	9790	3704	1027	5059	158
关岭布依族苗族自治县	22953	13488	3678	937	8873	9299	3389	1154	4756	166
紫云苗族布依族自治县	25908	16627	4204	1623	10800	9114	3220	1290	4604	167
毕节市	**444629**	**257679**	**105325**	**9036**	**143318**	**185146**	**102204**	**12588**	**70354**	**1804**
七星关区	72650	41184	18885	1672	20627	31176	18576	2507	10093	290
大方县	61850	36003	19771	909	15323	25715	17766	1118	6831	132
黔西县	49014	28414	9429	1121	17864	20292	9474	1718	9100	308
金沙县	35131	20059	7507	729	11823	14894	7893	1068	5933	178
织金县	55396	31437	14264	1062	16111	23711	14054	1417	8240	248
纳雍县	46310	26555	13144	1067	12344	19635	11973	1582	6080	120
威宁彝族回族苗族自治县	74671	45111	13055	1280	30776	29280	13373	1489	14418	280
赫章县	49607	28916	9270	1196	18450	20443	9095	1689	9659	248

5-4c 续表 单位：户

地区	合计	有一个60岁及以上人口的户				有二个60岁及以上人口的户				有三个60岁及以上人口的户
		小计	独自居住	只与未成年人口共同居住	其他	小计	只有一对60岁及以上夫妇居住	只有一对60岁及以上夫妇与未成年人口共同居住	其他	
铜仁市	**289807**	**168994**	**75382**	**8106**	**85506**	**119284**	**67450**	**9903**	**41931**	**1529**
碧江区	13162	7851	2891	278	4682	5233	2566	342	2325	78
万山区	13382	8162	3801	332	4029	5129	2967	347	1815	91
江口县	16877	10294	4437	460	5397	6503	3484	503	2516	80
玉屏侗族自治县	10150	5841	2378	180	3283	4238	2052	279	1907	71
石阡县	32048	18913	6810	886	11217	12969	6552	1120	5297	166
思南县	49367	28185	12684	1542	13959	20955	12299	2059	6597	227
印江土家族苗族自治县	32184	19008	9767	826	8415	13034	8411	812	3811	142
德江县	32916	18148	7989	900	9259	14577	8806	1209	4562	191
沿河土家族自治县	39883	22923	13999	996	7928	16837	12304	1041	3492	123
松桃苗族自治县	49838	29669	10626	1706	17337	19809	8009	2191	9609	360
黔西南布依族苗族自治州	**204541**	**122374**	**34811**	**8232**	**79331**	**80630**	**34150**	**8612**	**37868**	**1537**
兴义市	43499	25139	6734	1096	17309	17982	7280	1451	9251	378
兴仁市	30363	16213	5128	1005	10080	13882	6535	1584	5763	268
普安县	20219	11343	4313	517	6513	8771	4457	834	3480	105
晴隆县	19147	11316	4726	601	5989	7723	4444	587	2692	108
贞丰县	25612	15078	4331	1286	9461	10329	4350	1329	4650	205
望谟县	21006	15049	3123	1441	10485	5836	1644	806	3386	121
册亨县	15825	11453	2409	1292	7752	4275	1426	603	2246	97
安龙县	28870	16783	4047	994	11742	11832	4014	1418	6400	255
黔东南苗族侗族自治州	**306818**	**188736**	**57993**	**11331**	**119412**	**116409**	**44847**	**14007**	**57555**	**1673**
凯里市	28025	16912	4488	753	11671	10950	3822	912	6216	163
黄平县	26068	15489	5158	918	9413	10458	4463	1239	4756	121
施秉县	11630	6671	2072	351	4248	4892	2077	554	2261	67
三穗县	13701	8425	3366	579	4480	5200	2370	713	2117	76
镇远县	16629	9628	3486	572	5570	6905	3137	860	2908	96
岑巩县	16307	9598	3679	517	5402	6617	2935	863	2819	92
天柱县	29306	18535	7951	1260	9324	10620	5254	1419	3947	151
锦屏县	14640	8777	3562	576	4639	5799	2651	805	2343	64
剑河县	15445	9941	3367	570	6004	5452	2492	555	2405	52
台江县	10410	6510	1939	402	4169	3858	1451	438	1969	42
黎平县	36857	23552	6184	1636	15732	13076	4276	1897	6903	229
榕江县	23235	14113	3423	725	9965	9002	3038	943	5021	120
从江县	28237	17718	3000	1048	13670	10331	2267	1215	6849	188
雷山县	10813	7039	1891	278	4870	3740	1266	324	2150	34
麻江县	13129	7964	2299	442	5223	5062	1868	577	2617	103
丹寨县	12386	7864	2128	704	5032	4447	1480	693	2274	75
黔南布依族苗族自治州	**254873**	**162711**	**49110**	**10491**	**103110**	**90604**	**35968**	**10083**	**44553**	**1558**
都匀市	28914	18698	5293	850	12555	9992	3733	861	5398	224
福泉市	19974	11520	3832	393	7295	8334	3945	544	3845	120
荔波县	12733	8408	2379	477	5552	4252	1693	391	2168	73
贵定县	17429	11060	3030	734	7296	6263	2330	772	3161	106
瓮安县	25124	13975	6264	641	7070	11017	6490	904	3623	132
独山县	22303	14706	4651	879	9176	7438	2548	931	3959	159
平塘县	25607	16470	4480	1416	10574	8937	2881	1402	4654	200
罗甸县	20657	14769	4966	1781	8022	5785	2288	982	2515	103
长顺县	16795	10203	2588	662	6953	6485	2093	871	3521	107
龙里县	14495	9298	2502	335	6461	5135	1949	410	2776	62
惠水县	29749	19798	4789	1445	13564	9785	3110	1199	5476	166
三都水族自治县	21093	13806	4336	878	8592	7181	2908	816	3457	106

5-5　各地区有65岁及以上人口的家庭户户数

单位：户

地　区	合　计	有一个65岁及以上人口的户				有二个65岁及以上人口的户				有三个65岁及以上人口的户
		小计	独自居住	只与未成年人口共同居住	其他	小计	只有一对65岁及以上夫妇居住	只有一对65岁及以上夫妇与未成年人口共同居住	其他	
贵　州	**3259047**	**2154650**	**665916**	**80218**	**1408516**	**1094049**	**533885**	**67788**	**492376**	**10348**
贵阳市	**402170**	**261311**	**74602**	**4110**	**182599**	**139176**	**69622**	**4344**	**65210**	**1683**
南明区	76514	50311	15718	492	34101	25781	13351	610	11820	422
云岩区	74834	49398	15325	550	33523	25128	13066	581	11481	308
花溪区	56020	35139	9115	421	25603	20648	10233	492	9923	233
乌当区	23643	15045	4006	150	10889	8503	4497	210	3796	95
白云区	22690	14968	4205	176	10587	7654	3931	219	3504	68
观山湖区	30876	19434	3752	235	15447	11281	4846	297	6138	161
开阳县	34501	22617	7476	786	14355	11753	6368	556	4829	131
息烽县	21988	14087	3967	415	9705	7824	3827	434	3563	77
修文县	22949	14748	4029	353	10366	8125	3825	361	3939	76
清镇市	38155	25564	7009	532	18023	12479	5678	584	6217	112
六盘水市	**219807**	**143944**	**47652**	**3940**	**92352**	**75186**	**40037**	**3575**	**31574**	**677**
钟山区	36752	24952	6657	584	17711	11731	5562	477	5692	69
六枝特区	47141	30647	9916	1508	19223	16316	7859	1363	7094	178
水城县	57343	37281	10264	991	26026	19893	9024	890	9979	169
盘州市	78571	51064	20815	857	29392	27246	17592	845	8809	261
遵义市	**635204**	**402706**	**118278**	**15398**	**269030**	**230112**	**111130**	**15207**	**103775**	**2386**
红花岗区	72782	46536	12954	870	32712	25996	12635	1042	12319	250
汇川区	52846	32825	8080	849	23896	19802	9260	930	9612	219
播州区	67912	42573	11075	1421	30077	25074	11367	1621	12086	265
桐梓县	53696	34331	9468	1330	23533	19142	8285	1446	9411	223
绥阳县	40402	26155	8792	1183	16180	14081	6868	1070	6143	166
正安县	47277	31110	10757	1748	18605	16034	8594	1328	6112	133
道真仡佬族苗族自治县	29391	18437	5310	825	12302	10878	5143	625	5110	76
务川仡佬族苗族自治县	33311	21113	7146	1324	12643	12092	6436	921	4735	106
凤冈县	33277	20175	6098	1059	13018	12990	6512	1229	5249	112
湄潭县	40642	24514	8464	1001	15049	15994	8992	1158	5844	134
余庆县	26236	15644	4657	788	10199	10483	5200	910	4373	109
习水县	56189	36413	10957	1381	24075	19546	8974	1445	9127	230
赤水市	31447	21100	6948	922	13230	10194	5002	681	4511	153
仁怀市	49796	31780	7572	697	23511	17806	7862	801	9143	210
安顺市	**209233**	**137864**	**41963**	**5817**	**90084**	**70759**	**32991**	**4696**	**33072**	**610**
西秀区	72496	46671	13145	1383	32143	25615	11690	1502	12423	210
平坝区	29506	18850	6336	470	12044	10577	5299	555	4723	79
普定县	30975	19916	9363	529	10024	10986	6931	465	3590	73
镇宁布依族苗族自治县	26235	17729	4840	1011	11878	8425	3446	660	4319	81
关岭布依族苗族自治县	23767	16002	3933	974	11095	7674	2862	735	4077	91
紫云苗族布依族自治县	26254	18696	4346	1450	12900	7482	2763	779	3940	76
毕节市	**520245**	**339567**	**126815**	**9625**	**203127**	**179548**	**100426**	**8973**	**70149**	**1130**
七星关区	96229	61960	23447	1879	36634	34047	19584	1827	12636	222
大方县	69083	45060	22768	994	21298	23947	16489	848	6610	76
黔西县	60201	39230	11622	1242	26366	20753	9959	1221	9573	218
金沙县	49028	31184	9808	954	20422	17702	9100	1047	7555	142
织金县	64935	41827	17664	1353	22810	22964	13787	1076	8101	144
纳雍县	54592	34928	16264	1134	17530	19581	12448	1183	5950	83
威宁彝族回族苗族自治县	77161	53136	15614	1089	36433	23892	11410	856	11626	133
赫章县	49016	32242	9628	980	21634	16662	7649	915	8098	112

5–5 续表

单位：户

地区	合计	有一个65岁及以上人口的户				有二个65岁及以上人口的户				有三个65岁及以上人口的户
		小计	独自居住	只与未成年人口共同居住	其他	小计	只有一对65岁及以上夫妇居住	只有一对65岁及以上夫妇与未成年人口共同居住	其他	
铜仁市	**330899**	**215814**	**83163**	**8854**	**123797**	**113846**	**63578**	**7529**	**42739**	**1239**
碧江区	27584	18808	5193	509	13106	8677	4034	414	4229	99
万山区	15090	10188	3767	348	6073	4846	2619	248	1979	56
江口县	19095	12949	4755	505	7689	6099	3234	378	2487	47
玉屏侗族自治县	14055	9423	3368	249	5806	4584	2247	246	2091	48
石阡县	33722	22126	6949	887	14290	11505	5714	743	5048	91
思南县	55073	34927	13840	1691	19396	19815	11536	1564	6715	331
印江土家族苗族自治县	35273	22649	9919	966	11764	12521	7766	716	4039	103
德江县	36020	22685	8911	994	12780	13239	8129	851	4259	96
沿河土家族自治县	43234	27607	15565	1107	10935	15551	11418	822	3311	76
松桃苗族自治县	51753	34452	10896	1598	21958	17009	6881	1547	8581	292
黔西南布依族苗族自治州	**236053**	**160241**	**41357**	**7762**	**111122**	**75015**	**32656**	**5567**	**36792**	**797**
兴义市	64805	43258	10477	1340	31441	21312	8998	1107	11207	235
兴仁市	33061	20639	6139	919	13581	12288	6145	969	5174	134
普安县	19814	12900	4529	464	7907	6870	3644	465	2761	44
晴隆县	19141	12777	5046	518	7213	6307	3677	342	2288	57
贞丰县	26956	18263	4774	1253	12236	8601	3744	851	4006	92
望谟县	22900	17793	3306	1214	13273	5047	1407	499	3141	60
册亨县	16527	12968	2412	1107	9449	3515	1172	386	1957	44
安龙县	32849	21643	4674	947	16022	11075	3869	948	6258	131
黔东南苗族侗族自治州	**371065**	**255983**	**67544**	**12692**	**175747**	**114167**	**43254**	**10520**	**60393**	**915**
凯里市	54430	37298	8891	1124	27283	16979	6456	946	9577	153
黄平县	30594	20249	6031	1087	13131	10283	4326	1008	4949	62
施秉县	13559	8834	2331	428	6075	4689	1949	417	2323	36
三穗县	17256	11903	3749	662	7492	5311	2260	531	2520	42
镇远县	20978	13837	4125	705	9007	7083	3051	629	3403	58
岑巩县	18545	12351	3879	661	7811	6142	2704	673	2765	52
天柱县	33706	24197	9105	1334	13758	9446	4470	1044	3932	63
锦屏县	16992	11748	3683	731	7334	5207	2224	597	2386	37
剑河县	17799	12523	3463	715	8345	5240	2247	423	2570	36
台江县	11465	8128	2159	482	5487	3305	1237	313	1755	32
黎平县	41860	29639	6547	1738	21354	12135	3838	1367	6930	86
榕江县	24687	17028	3552	699	12777	7596	2475	634	4487	63
从江县	28072	19444	3019	919	15506	8553	1860	820	5873	75
雷山县	12499	8963	2086	300	6577	3510	1081	231	2198	26
麻江县	14873	10187	2653	446	7088	4629	1744	408	2477	57
丹寨县	13750	9654	2271	661	6722	4059	1332	479	2248	37
黔南布依族苗族自治州	**334371**	**237220**	**64542**	**12020**	**160658**	**96240**	**40191**	**7377**	**48672**	**911**
都匀市	49522	34507	9969	836	23702	14841	6788	596	7457	174
福泉市	25333	16769	4977	495	11297	8489	4079	452	3958	75
荔波县	14821	10858	2652	513	7693	3922	1549	279	2094	41
贵定县	24793	17553	4858	750	11945	7182	2978	533	3671	58
瓮安县	36013	23100	8283	1033	13784	12816	7313	807	4696	97
独山县	29981	21610	6276	947	14387	8282	3040	720	4522	89
平塘县	28078	20241	4916	1403	13922	7739	2484	918	4337	98
罗甸县	28656	22279	5483	2469	14327	6313	2207	876	3230	64
长顺县	19690	13707	3123	721	9863	5924	1982	591	3351	59
龙里县	18553	13196	3279	345	9572	5323	2160	276	2887	34
惠水县	35517	26245	6059	1590	18596	9206	3128	784	5294	66
三都水族自治县	23414	17155	4667	918	11570	6203	2483	545	3175	56

5-5a　各地区有65岁及以上人口的家庭户户数(城市)

单位：户

地　区	合　计	有一个65岁及以上人口的户				有二个65岁及以上人口的户				有三个65岁及以上人口的户
		小计	独自居住	只与未成年人口共同居住	其他	小计	只有一对65岁及以上夫妇居住	只有一对65岁及以上夫妇与未成年人口共同居住	其他	
贵　州	**595782**	**391261**	**106598**	**6414**	**278249**	**202289**	**99648**	**5980**	**96661**	**2232**
贵阳市	**256793**	**165526**	**48023**	**1728**	**115775**	**90086**	**46627**	**2131**	**41328**	**1181**
南明区	73819	48426	15277	473	32676	24986	13011	592	11383	407
云岩区	74834	49398	15325	550	33523	25128	13066	581	11481	308
花溪区	39997	24405	7174	244	16987	15419	8544	319	6556	173
乌当区	12836	7870	1983	63	5824	4911	2680	109	2122	55
白云区	19990	13158	3770	141	9247	6771	3561	193	3017	61
观山湖区	23584	14477	2297	154	12026	8970	3768	230	4972	137
开阳县										
息烽县										
修文县										
清镇市	11733	7792	2197	103	5492	3901	1997	107	1797	40
六盘水市	**51079**	**34331**	**10098**	**951**	**23282**	**16616**	**8554**	**696**	**7366**	**132**
钟山区	28319	19050	5269	465	13316	9209	4548	372	4289	60
六枝特区	11152	7550	2117	371	5062	3555	1639	220	1696	47
水城县										
盘州市	11608	7731	2712	115	4904	3852	2367	104	1381	25
遵义市	**107957**	**69871**	**15661**	**1122**	**53088**	**37702**	**17684**	**1090**	**18928**	**384**
红花岗区	44834	29427	7527	386	21514	15265	7422	431	7412	142
汇川区	28306	17336	3739	263	13334	10862	5337	263	5262	108
播州区	13971	9208	1787	240	7181	4727	2154	214	2359	36
桐梓县										
绥阳县										
正安县										
道真仡佬族苗族自治县										
务川仡佬族苗族自治县										
凤冈县										
湄潭县										
余庆县										
习水县										
赤水市	9174	6098	1486	144	4468	3020	1341	109	1570	56
仁怀市	11672	7802	1122	89	6591	3828	1430	73	2325	42
安顺市	**38707**	**25350**	**7728**	**442**	**17180**	**13254**	**6771**	**457**	**6026**	**103**
西秀区	33748	21968	6546	377	15045	11686	5997	396	5293	94
平坝区	4959	3382	1182	65	2135	1568	774	61	733	9
普定县										
镇宁布依族苗族自治县										
关岭布依族苗族自治县										
紫云苗族布依族自治县										
毕节市	**31035**	**20258**	**5504**	**480**	**14274**	**10697**	**5009**	**433**	**5255**	**80**
七星关区	31035	20258	5504	480	14274	10697	5009	433	5255	80
大方县										
黔西县										
金沙县										
织金县										
纳雍县										
威宁彝族回族苗族自治县										
赫章县										

5–5a 续表 单位：户

地区	合计	有一个65岁及以上人口的户				有二个65岁及以上人口的户				有三个65岁及以上人口的户
		小计	独自居住	只与未成年人口共同居住	其他	小计	只有一对65岁及以上夫妇居住	只有一对65岁及以上夫妇与未成年人口共同居住	其他	
铜仁市	**20380**	**14314**	**3313**	**373**	**10628**	**5989**	**2411**	**253**	**3325**	**77**
碧江区	16239	11371	2654	284	8433	4809	2013	197	2599	59
万山区	4141	2943	659	89	2195	1180	398	56	726	18
江口县										
玉屏侗族自治县										
石阡县										
思南县										
印江土家族苗族自治县										
德江县										
沿河土家族自治县										
松桃苗族自治县										
黔西南布依族苗族自治州	**31550**	**21459**	**5177**	**562**	**15720**	**9990**	**4293**	**348**	**5349**	**101**
兴义市	25178	17242	3960	444	12838	7853	3141	251	4461	83
兴仁市	6372	4217	1217	118	2882	2137	1152	97	888	18
普安县										
晴隆县										
贞丰县										
望谟县										
册亨县										
安龙县										
黔东南苗族侗族自治州	**27886**	**19605**	**4634**	**430**	**14541**	**8210**	**3327**	**317**	**4566**	**71**
凯里市	27886	19605	4634	430	14541	8210	3327	317	4566	71
黄平县										
施秉县										
三穗县										
镇远县										
岑巩县										
天柱县										
锦屏县										
剑河县										
台江县										
黎平县										
榕江县										
从江县										
雷山县										
麻江县										
丹寨县										
黔南布依族苗族自治州	**30395**	**20547**	**6460**	**326**	**13761**	**9745**	**4972**	**255**	**4518**	**103**
都匀市	24544	16576	5431	209	10936	7877	4165	156	3556	91
福泉市	5851	3971	1029	117	2825	1868	807	99	962	12
荔波县										
贵定县										
瓮安县										
独山县										
平塘县										
罗甸县										
长顺县										
龙里县										
惠水县										
三都水族自治县										

5-5b　各地区有65岁及以上人口的家庭户户数(镇)

单位：户

地　区	合　计	有一个65岁及以上人口的户				有二个65岁及以上人口的户				有三个65岁及以上人口的户
		小计	独自居住	只与未成年人口共同居住	其他	小计	只有一对65岁及以上夫妇居住	只有一对65岁及以上夫妇与未成年人口共同居住	其他	
贵　州	**693096**	**475793**	**134272**	**22346**	**319175**	**214844**	**94883**	**13663**	**106298**	**2459**
贵阳市	**36902**	**24882**	**6945**	**798**	**17139**	**11880**	**5693**	**491**	**5696**	**140**
南明区										
云岩区										
花溪区	2282	1551	333	14	1204	719	233	9	477	12
乌当区	1589	1076	338	18	720	507	277	10	220	6
白云区	427	288	142	11	135	139	90	8	41	
观山湖区	2557	1777	821	32	924	768	486	36	246	12
开阳县	12125	8289	2154	399	5736	3794	1747	188	1859	42
息烽县	7300	4809	1158	137	3514	2466	1170	99	1197	25
修文县	7513	4937	1309	141	3487	2551	1223	96	1232	25
清镇市	3109	2155	690	46	1419	936	467	45	424	18
六盘水市	**30971**	**20989**	**6358**	**744**	**13887**	**9897**	**4798**	**506**	**4593**	**85**
钟山区	4315	3023	754	85	2184	1290	503	63	724	2
六枝特区	4138	2839	805	229	1805	1282	513	141	628	17
水城县	13042	8728	1978	301	6449	4277	1804	198	2275	37
盘州市	9476	6399	2821	129	3449	3048	1978	104	966	29
遵义市	**142705**	**94201**	**23404**	**5291**	**65506**	**47925**	**20458**	**3477**	**23990**	**579**
红花岗区	5056	3170	916	98	2156	1861	855	109	897	25
汇川区	6100	3870	1107	178	2585	2209	905	174	1130	21
播州区	7679	5008	1285	265	3458	2644	1118	189	1337	27
桐梓县	18873	12365	2706	458	9201	6423	2443	406	3574	85
绥阳县	12712	8420	2392	425	5603	4213	1852	293	2068	79
正安县	13880	9586	2486	774	6326	4258	1938	387	1933	36
道真仡佬族苗族自治县	11006	7191	1368	500	5323	3785	1420	257	2108	30
务川仡佬族苗族自治县	11112	7537	1673	712	5152	3531	1440	280	1811	44
凤冈县	10024	6544	1521	398	4625	3445	1488	298	1659	35
湄潭县	14868	9346	2972	388	5986	5461	2976	340	2145	61
余庆县	8623	5394	1164	340	3890	3185	1281	273	1631	44
习水县	13586	9504	2023	389	7092	4023	1463	266	2294	59
赤水市	4212	2981	889	268	1824	1215	555	114	546	16
仁怀市	4974	3285	902	98	2285	1672	724	91	857	17
安顺市	**39407**	**26632**	**8497**	**1381**	**16754**	**12631**	**5942**	**782**	**5907**	**144**
西秀区	3853	2530	859	70	1601	1307	598	72	637	16
平坝区	7107	4500	1786	97	2617	2583	1490	91	1002	24
普定县	9136	6016	2518	206	3292	3081	1780	149	1152	39
镇宁布依族苗族自治县	7191	5013	1427	344	3242	2159	923	145	1091	19
关岭布依族苗族自治县	6235	4380	1047	329	3004	1833	599	181	1053	22
紫云苗族布依族自治县	5885	4193	860	335	2998	1668	552	144	972	24
毕节市	**137448**	**92108**	**32124**	**2875**	**57109**	**44980**	**23457**	**2220**	**19303**	**360**
七星关区	6245	4127	1681	224	2222	2093	1280	114	699	25
大方县	19089	12715	5734	328	6653	6352	3888	276	2188	22
黔西县	21226	14112	3797	441	9874	7031	3217	372	3442	83
金沙县	19175	12457	3362	378	8717	6653	3115	381	3157	65
织金县	21656	14506	5712	597	8197	7105	4000	361	2744	45
纳雍县	17836	11616	4901	410	6305	6179	3717	358	2104	41
威宁彝族回族苗族自治县	21821	15521	4905	283	10333	6246	2880	195	3171	54
赫章县	10400	7054	2032	214	4808	3321	1360	163	1798	25

5-5b 续表

单位：户

地　区	合　计	有一个65岁及以上人口的户				有二个65岁及以上人口的户				有三个65岁及以上人口的户
		小计	独自居住	只与未成年人口共同居住	其他	小计	只有一对65岁及以上夫妇居住	只有一对65岁及以上夫妇与未成年人口共同居住	其他	
铜仁市	**67709**	**46660**	**15411**	**2202**	**29047**	**20581**	**9705**	**1275**	**9601**	**468**
碧江区	678	475	203	14	258	199	85	18	96	4
万山区										
江口县	5512	3859	1119	161	2579	1638	748	92	798	15
玉屏侗族自治县	5705	3973	1346	116	2511	1714	770	85	859	18
石阡县	6906	4734	1198	195	3341	2150	826	103	1221	22
思南县	12409	8346	2686	490	5170	3847	1884	252	1711	216
印江土家族苗族自治县	7683	5128	1427	302	3399	2525	1093	195	1237	30
德江县	8396	5785	2030	306	3449	2586	1474	159	953	25
沿河土家族自治县	9601	6705	3286	340	3079	2873	1848	169	856	23
松桃苗族自治县	10819	7655	2116	278	5261	3049	977	202	1870	115
黔西南布依族苗族自治州	**46868**	**32845**	**7970**	**1590**	**23285**	**13880**	**5543**	**963**	**7374**	**143**
兴义市	5988	3996	998	162	2836	1967	848	130	989	25
兴仁市	3143	2008	671	80	1257	1127	580	61	486	8
普安县	4638	3133	961	117	2055	1494	694	103	697	11
晴隆县	4711	3215	1175	119	1921	1480	756	72	652	16
贞丰县	7006	4991	1301	341	3349	1992	847	170	975	23
望谟县	6293	4865	795	268	3802	1413	337	116	960	15
册亨县	4587	3594	577	245	2772	983	290	88	605	10
安龙县	10502	7043	1492	258	5293	3424	1191	223	2010	35
黔东南苗族侗族自治州	**92059**	**65703**	**15419**	**3594**	**46690**	**26115**	**8665**	**2143**	**15307**	**241**
凯里市	3103	2129	546	105	1478	962	338	71	553	12
黄平县	8589	6018	1628	357	4033	2549	1027	216	1306	22
施秉县	3833	2662	577	142	1943	1159	405	76	678	12
三穗县	6056	4318	1045	255	3018	1723	555	150	1018	15
镇远县	7493	5166	1286	291	3589	2308	855	147	1306	19
岑巩县	5069	3570	898	251	2421	1477	571	149	757	22
天柱县	9962	7543	2715	412	4416	2401	859	264	1278	18
锦屏县	5498	4032	870	293	2869	1453	465	162	826	13
剑河县	5128	3627	734	270	2623	1492	534	103	855	9
台江县	2918	2204	537	150	1517	708	225	72	411	6
黎平县	12564	8804	1620	503	6681	3736	1096	364	2276	24
榕江县	6342	4547	762	136	3649	1769	512	95	1162	26
从江县	4539	3189	485	111	2593	1342	287	87	968	8
雷山县	3549	2607	516	91	2000	934	215	43	676	8
麻江县	3852	2735	703	99	1933	1102	421	79	602	15
丹寨县	3564	2552	497	128	1927	1000	300	65	635	12
黔南布依族苗族自治州	**99027**	**71773**	**18144**	**3871**	**49758**	**26955**	**10622**	**1806**	**14527**	**299**
都匀市	2260	1638	347	39	1252	611	182	32	397	11
福泉市	3319	2336	750	81	1505	975	450	47	478	8
荔波县	3969	3039	620	126	2293	915	337	45	533	15
贵定县	11022	7845	2497	212	5136	3148	1415	138	1595	29
瓮安县	15899	10575	3197	577	6801	5271	2630	335	2306	53
独山县	11915	8575	2450	308	5817	3299	1289	197	1813	41
平塘县	6860	5135	1222	352	3561	1694	521	159	1014	31
罗甸县	11508	9076	1409	1071	6596	2403	620	320	1463	29
长顺县	6487	4581	1041	230	3310	1887	605	164	1118	19
龙里县	7136	5084	1326	112	3646	2032	875	61	1096	20
惠水县	12249	9058	2293	529	6236	3167	1143	188	1836	24
三都水族自治县	6403	4831	992	234	3605	1553	555	120	878	19

5–5c　各地区有65岁及以上人口的家庭户户数(乡村)

单位：户

地　区	合　计	有一个65岁及以上人口的户				有二个65岁及以上人口的户				有三个65岁及以上人口的户
		小计	独自居住	只与未成年人口共同居住	其他	小计	只有一对65岁及以上夫妇居住	只有一对65岁及以上夫妇与未成年人口共同居住	其他	
贵　州	**1970169**	**1287596**	**425046**	**51458**	**811092**	**676916**	**339354**	**48145**	**289417**	**5657**
贵阳市	**108475**	**70903**	**19634**	**1584**	**49685**	**37210**	**17302**	**1722**	**18186**	**362**
南明区	2695	1885	441	19	1425	795	340	18	437	15
云岩区										
花溪区	13741	9183	1608	163	7412	4510	1456	164	2890	48
乌当区	9218	6099	1685	69	4345	3085	1540	91	1454	34
白云区	2273	1522	293	24	1205	744	280	18	446	7
观山湖区	4735	3180	634	49	2497	1543	592	31	920	12
开阳县	22376	14328	5322	387	8619	7959	4621	368	2970	89
息烽县	14688	9278	2809	278	6191	5358	2657	335	2366	52
修文县	15436	9811	2720	212	6879	5574	2602	265	2707	51
清镇市	23313	15617	4122	383	11112	7642	3214	432	3996	54
六盘水市	**137757**	**88624**	**31196**	**2245**	**55183**	**48673**	**26685**	**2373**	**19615**	**460**
钟山区	4118	2879	634	34	2211	1232	511	42	679	7
六枝特区	31851	20258	6994	908	12356	11479	5707	1002	4770	114
水城县	44301	28553	8286	690	19577	15616	7220	692	7704	132
盘州市	57487	36934	15282	613	21039	20346	13247	637	6462	207
遵义市	**384542**	**238634**	**79213**	**8985**	**150436**	**144485**	**72988**	**10640**	**60857**	**1423**
红花岗区	22892	13939	4511	386	9042	8870	4358	502	4010	83
汇川区	18440	11619	3234	408	7977	6731	3018	493	3220	90
播州区	46262	28357	8003	916	19438	17703	8095	1218	8390	202
桐梓县	34823	21966	6762	872	14332	12719	5842	1040	5837	138
绥阳县	27690	17735	6400	758	10577	9868	5016	777	4075	87
正安县	33397	21524	8271	974	12279	11776	6656	941	4179	97
道真仡佬族苗族自治县	18385	11246	3942	325	6979	7093	3723	368	3002	46
务川仡佬族苗族自治县	22199	13576	5473	612	7491	8561	4996	641	2924	62
凤冈县	23253	13631	4577	661	8393	9545	5024	931	3590	77
湄潭县	25774	15168	5492	613	9063	10533	6016	818	3699	73
余庆县	17613	10250	3493	448	6309	7298	3919	637	2742	65
习水县	42603	26909	8934	992	16983	15523	7511	1179	6833	171
赤水市	18061	12021	4573	510	6938	5959	3106	458	2395	81
仁怀市	33150	20693	5548	510	14635	12306	5708	637	5961	151
安顺市	**131119**	**85882**	**25738**	**3994**	**56150**	**44874**	**20278**	**3457**	**21139**	**363**
西秀区	34895	22173	5740	936	15497	12622	5095	1034	6493	100
平坝区	17440	10968	3368	308	7292	6426	3035	403	2988	46
普定县	21839	13900	6845	323	6732	7905	5151	316	2438	34
镇宁布依族苗族自治县	19044	12716	3413	667	8636	6266	2523	515	3228	62
关岭布依族苗族自治县	17532	11622	2886	645	8091	5841	2263	554	3024	69
紫云苗族布依族自治县	20369	14503	3486	1115	9902	5814	2211	635	2968	52
毕节市	**351762**	**227201**	**89187**	**6270**	**131744**	**123871**	**71960**	**6320**	**45591**	**690**
七星关区	58949	37575	16262	1175	20138	21257	13295	1280	6682	117
大方县	49994	32345	17034	666	14645	17595	12601	572	4422	54
黔西县	38975	25118	7825	801	16492	13722	6742	849	6131	135
金沙县	29853	18727	6446	576	11705	11049	5985	666	4398	77
织金县	43279	27321	11952	756	14613	15859	9787	715	5357	99
纳雍县	36756	23312	11363	724	11225	13402	8731	825	3846	42
威宁彝族回族苗族自治县	55340	37615	10709	806	26100	17646	8530	661	8455	79
赫章县	38616	25188	7596	766	16826	13341	6289	752	6300	87

5-5c 续表 单位：户

地 区	合 计	有一个65岁及以上人口的户				有二个65岁及以上人口的户				有三个65岁及以上人口的户
		小计	独自居住	只与未成年人口共同居住	其他	小计	只有一对65岁及以上夫妇居住	只有一对65岁及以上夫妇与未成年人口共同居住	其他	
铜仁市	**242810**	**154840**	**64439**	**6279**	**84122**	**87276**	**51462**	**6001**	**29813**	**694**
碧江区	10667	6962	2336	211	4415	3669	1936	199	1534	36
万山区	10949	7245	3108	259	3878	3666	2221	192	1253	38
江口县	13583	9090	3636	344	5110	4461	2486	286	1689	32
玉屏侗族自治县	8350	5450	2022	133	3295	2870	1477	161	1232	30
石阡县	26816	17392	5751	692	10949	9355	4888	640	3827	69
思南县	42664	26581	11154	1201	14226	15968	9652	1312	5004	115
印江土家族苗族自治县	27590	17521	8492	664	8365	9996	6673	521	2802	73
德江县	27624	16900	6881	688	9331	10653	6655	692	3306	71
沿河土家族自治县	33633	20902	12279	767	7856	12678	9570	653	2455	53
松桃苗族自治县	40934	26797	8780	1320	16697	13960	5904	1345	6711	177
黔西南布依族苗族自治州	**157635**	**105937**	**28210**	**5610**	**72117**	**51145**	**22820**	**4256**	**24069**	**553**
兴义市	33639	22020	5519	734	15767	11492	5009	726	5757	127
兴仁市	23546	14414	4251	721	9442	9024	4413	811	3800	108
普安县	15176	9767	3568	347	5852	5376	2950	362	2064	33
晴隆县	14430	9562	3871	399	5292	4827	2921	270	1636	41
贞丰县	19950	13272	3473	912	8887	6609	2897	681	3031	69
望谟县	16607	12928	2511	946	9471	3634	1070	383	2181	45
册亨县	11940	9374	1835	862	6677	2532	882	298	1352	34
安龙县	22347	14600	3182	689	10729	7651	2678	725	4248	96
黔东南苗族侗族自治州	**251120**	**170675**	**47491**	**8668**	**114516**	**79842**	**31262**	**8060**	**40520**	**603**
凯里市	23441	15564	3711	589	11264	7807	2791	558	4458	70
黄平县	22005	14231	4403	730	9098	7734	3299	792	3643	40
施秉县	9726	6172	1754	286	4132	3530	1544	341	1645	24
三穗县	11200	7585	2704	407	4474	3588	1705	381	1502	27
镇远县	13485	8671	2839	414	5418	4775	2196	482	2097	39
岑巩县	13476	8781	2981	410	5390	4665	2133	524	2008	30
天柱县	23744	16654	6390	922	9342	7045	3611	780	2654	45
锦屏县	11494	7716	2813	438	4465	3754	1759	435	1560	24
剑河县	12671	8896	2729	445	5722	3748	1713	320	1715	27
台江县	8547	5924	1622	332	3970	2597	1012	241	1344	26
黎平县	29296	20835	4927	1235	14673	8399	2742	1003	4654	62
榕江县	18345	12481	2790	563	9128	5827	1963	539	3325	37
从江县	23533	16255	2534	808	12913	7211	1573	733	4905	67
雷山县	8950	6356	1570	209	4577	2576	866	188	1522	18
麻江县	11021	7452	1950	347	5155	3527	1323	329	1875	42
丹寨县	10186	7102	1774	533	4795	3059	1032	414	1613	25
黔南布依族苗族自治州	**204949**	**144900**	**39938**	**7823**	**97139**	**59540**	**24597**	**5316**	**29627**	**509**
都匀市	22718	16293	4191	588	11514	6353	2441	408	3504	72
福泉市	16163	10462	3198	297	6967	5646	2822	306	2518	55
荔波县	10852	7819	2032	387	5400	3007	1212	234	1561	26
贵定县	13771	9708	2361	538	6809	4034	1563	395	2076	29
瓮安县	20114	12525	5086	456	6983	7545	4683	472	2390	44
独山县	18066	13035	3826	639	8570	4983	1751	523	2709	48
平塘县	21218	15106	3694	1051	10361	6045	1963	759	3323	67
罗甸县	17148	13203	4074	1398	7731	3910	1587	556	1767	35
长顺县	13203	9126	2082	491	6553	4037	1377	427	2233	40
龙里县	11417	8112	1953	233	5926	3291	1285	215	1791	14
惠水县	23268	17187	3766	1061	12360	6039	1985	596	3458	42
三都水族自治县	17011	12324	3675	684	7965	4650	1928	425	2297	37

5-6 各地区有80岁及以上人口的家庭户户数

单位：户

地区	合计	有一个80岁及以上人口的户				有二个80岁及以上人口的户				有三个80岁及以上人口的户
		小计	独自居住	只与未成年人口共同居住	其他	小计	只有一对80岁及以上夫妇居住	只有一对80岁及以上夫妇与未成年人口共同居住	其他	
贵州	**721556**	**645542**	**173040**	**8431**	**464071**	**75759**	**38071**	**1236**	**36452**	**255**
贵阳市	**93724**	**82197**	**20312**	**419**	**61466**	**11482**	**6271**	**65**	**5146**	**45**
南明区	19815	17279	4580	58	12641	2524	1403	11	1110	12
云岩区	19431	16851	4520	61	12270	2570	1487	8	1075	10
花溪区	13168	11368	2639	41	8688	1791	995	6	790	9
乌当区	5169	4549	968	15	3566	617	327	2	288	3
白云区	5258	4636	1238	17	3381	621	382	5	234	1
观山湖区	6095	5271	900	16	4355	818	413	2	403	6
开阳县	7047	6338	1614	71	4653	707	367	10	330	2
息烽县	4480	4014	892	48	3074	466	240	5	221	
修文县	4681	4213	1046	25	3142	468	227	9	232	
清镇市	8580	7678	1915	67	5696	900	430	7	463	2
六盘水市	**51305**	**45320**	**13791**	**483**	**31046**	**5960**	**3211**	**92**	**2657**	**25**
钟山区	7280	6567	1555	46	4966	712	363	8	341	1
六枝特区	11644	10227	3093	192	6942	1407	733	38	636	10
水城县	12993	11434	2784	120	8530	1552	715	22	815	7
盘州市	19388	17092	6359	125	10608	2289	1400	24	865	7
遵义市	**127494**	**114847**	**25769**	**1369**	**87709**	**12614**	**5819**	**208**	**6587**	**33**
红花岗区	14965	13424	3099	78	10247	1532	804	12	716	9
汇川区	11008	9741	1815	62	7864	1259	594	8	657	8
播州区	13108	11801	2296	102	9403	1302	533	26	743	5
桐梓县	11206	10104	2097	131	7876	1099	439	17	643	3
绥阳县	7756	7041	1865	95	5081	715	343	14	358	
正安县	8703	7952	2129	149	5674	750	376	15	359	1
道真仡佬族苗族自治县	5408	4883	927	43	3913	525	196	10	319	
务川仡佬族苗族自治县	6825	6108	1583	123	4402	717	352	20	345	
凤冈县	6277	5632	1263	83	4286	644	308	18	318	1
湄潭县	8221	7313	2065	97	5151	906	502	14	390	2
余庆县	5725	5037	1129	79	3829	687	318	13	356	1
习水县	11286	10293	2437	148	7708	992	445	16	531	1
赤水市	6580	6070	1440	89	4541	509	224	10	275	1
仁怀市	10426	9448	1624	90	7734	977	385	15	577	1
安顺市	**47122**	**41814**	**11946**	**641**	**29227**	**5290**	**2725**	**82**	**2483**	**18**
西秀区	16543	14606	3736	150	10720	1933	995	29	909	4
平坝区	6848	5989	1859	58	4072	858	501	7	350	1
普定县	7400	6535	3177	79	3279	861	592	8	261	4
镇宁布依族苗族自治县	5851	5243	1297	120	3826	604	258	12	334	4
关岭布依族苗族自治县	5094	4527	925	108	3494	563	203	13	347	4
紫云苗族布依族自治县	5386	4914	952	126	3836	471	176	13	282	1
毕节市	**119043**	**105412**	**37750**	**1126**	**66536**	**13596**	**7986**	**178**	**5432**	**35**
七星关区	23962	21092	7616	235	13241	2859	1740	36	1083	11
大方县	16367	14518	7523	128	6867	1849	1360	21	468	
黔西县	14137	12571	3228	145	9198	1561	767	17	777	5
金沙县	11224	9876	2526	125	7225	1341	638	23	680	7
织金县	13775	12158	5082	127	6949	1617	1036	20	561	
纳雍县	12137	10596	5137	142	5317	1541	1114	23	404	
威宁彝族回族苗族自治县	16531	14842	4130	125	10587	1679	831	21	827	10
赫章县	10910	9759	2508	99	7152	1149	500	17	632	2

5－6 续表

单位：户

地区	合计	有一个80岁及以上人口的户				有二个80岁及以上人口的户				有三个80岁及以上人口的户
		小计	独自居住	只与未成年人口共同居住	其他	小计	只有一对80岁及以上夫妇居住	只有一对80岁及以上夫妇与未成年人口共同居住	其他	
铜仁市	**68418**	**61331**	**20778**	**917**	**39636**	**7032**	**4044**	**132**	**2856**	**55**
碧江区	6036	5453	1384	41	4028	580	310	9	261	3
万山区	3767	3389	1098	48	2243	376	210	10	156	2
江口县	4105	3698	1137	62	2499	405	214	7	184	2
玉屏侗族自治县	3312	2937	1010	40	1887	373	207	4	162	2
石阡县	6726	6081	1578	86	4417	639	309	7	323	6
思南县	9685	8684	3073	112	5499	976	573	19	384	25
印江土家族苗族自治县	7023	6328	2462	97	3769	694	422	12	260	1
德江县	7176	6378	2107	101	4170	798	480	18	300	
沿河土家族自治县	9265	8198	4412	97	3689	1066	849	12	205	1
松桃苗族自治县	11323	10185	2517	233	7435	1125	470	34	621	13
黔西南布依族苗族自治州	**54322**	**48740**	**10834**	**822**	**37084**	**5563**	**2493**	**116**	**2954**	**19**
兴义市	15658	14005	2959	139	10907	1650	791	18	841	3
兴仁市	7700	6709	1667	117	4925	983	474	28	481	8
普安县	4453	3996	1366	53	2577	456	260	4	192	1
晴隆县	4149	3727	1341	73	2313	417	251	5	161	5
贞丰县	6619	5899	1268	133	4498	719	291	21	407	1
望谟县	4718	4473	622	107	3744	245	71	9	165	
册亨县	3346	3102	467	93	2542	243	76	12	155	1
安龙县	7679	6829	1144	107	5578	850	279	19	552	
黔东南苗族侗族自治州	**85664**	**77611**	**16474**	**1451**	**59686**	**8043**	**2973**	**222**	**4848**	**10**
凯里市	12722	11493	2318	107	9068	1228	525	14	689	1
黄平县	7065	6321	1569	120	4632	744	288	17	439	
施秉县	3096	2726	608	41	2077	370	147	6	217	
三穗县	3767	3401	911	62	2428	365	157	7	201	1
镇远县	4786	4258	1034	84	3140	527	219	14	294	1
岑巩县	4308	3855	971	62	2822	453	185	18	250	
天柱县	7888	7202	2179	136	4887	686	317	24	345	
锦屏县	3856	3546	873	92	2581	310	137	9	164	
剑河县	4070	3716	781	92	2843	354	141	12	201	
台江县	2453	2236	510	72	1654	216	66	4	146	1
黎平县	9559	8795	1527	193	7075	764	228	31	505	
榕江县	5749	5220	822	107	4291	527	149	16	362	2
从江县	7549	6819	862	140	5817	729	153	29	547	1
雷山县	2520	2328	398	36	1894	191	56	5	130	1
麻江县	3213	2929	601	36	2292	284	102	5	177	
丹寨县	3063	2766	510	71	2185	295	103	11	181	2
黔南布依族苗族自治州	**74464**	**68270**	**15386**	**1203**	**51681**	**6179**	**2549**	**141**	**3489**	**15**
都匀市	11825	10737	2705	88	7944	1086	528	7	551	2
福泉市	5114	4611	1117	41	3453	503	244	6	253	
荔波县	3764	3488	640	68	2780	274	89	8	177	2
贵定县	5198	4788	1156	67	3565	405	186	9	210	5
瓮安县	6835	6141	1874	97	4170	692	381	10	301	2
独山县	7137	6599	1584	106	4909	538	194	11	333	
平塘县	6512	5995	1158	139	4698	515	152	18	345	2
罗甸县	6210	5769	1024	201	4544	441	146	23	272	
长顺县	4510	4095	732	102	3261	414	138	12	264	1
龙里县	4013	3710	813	30	2867	302	124	4	174	1
惠水县	7817	7221	1399	139	5683	596	215	15	366	
三都水族自治县	5529	5116	1184	125	3807	413	152	18	243	

5–6a 各地区有80岁及以上人口的家庭户户数(城市)

单位：户

地 区	合 计	有一个80岁及以上人口的户				有二个80岁及以上人口的户				有三个80岁及以上人口的户
		小计	独自居住	只与未成年人口共同居住	其他	小计	只有一对80岁及以上夫妇居住	只有一对80岁及以上夫妇与未成年人口共同居住	其他	
贵 州	**137367**	**120700**	**29926**	**520**	**90254**	**16603**	**9268**	**100**	**7235**	**64**
贵阳市	**62646**	**54162**	**13903**	**177**	**40082**	**8449**	**4845**	**31**	**3573**	**35**
南明区	19302	16810	4506	58	12246	2481	1382	11	1088	11
云岩区	19431	16851	4520	61	12270	2570	1487	8	1075	10
花溪区	9534	8061	2126	21	5914	1465	886	4	575	8
乌当区	2724	2325	499	7	1819	397	224	2	171	2
白云区	4704	4123	1160	10	2953	581	364	5	212	
观山湖区	4344	3683	504	11	3168	657	321	1	335	4
开阳县										
息烽县										
修文县										
清镇市	2607	2309	588	9	1712	298	181		117	
六盘水市	**10811**	**9696**	**2681**	**67**	**6948**	**1113**	**594**	**11**	**508**	**2**
钟山区	5693	5090	1301	35	3754	602	322	5	275	1
六枝特区	2775	2495	668	21	1806	280	127	3	150	
水城县										
盘州市	2343	2111	712	11	1388	231	145	3	83	1
遵义市	**22140**	**19687**	**3776**	**67**	**15844**	**2442**	**1288**	**10**	**1144**	**11**
红花岗区	9300	8293	1832	30	6431	998	560	5	433	9
汇川区	5945	5169	937	9	4223	774	414	2	358	2
播州区	2578	2300	387	10	1903	278	141	1	136	
桐梓县										
绥阳县										
正安县										
道真仡佬族苗族自治县										
务川仡佬族苗族自治县										
凤冈县										
湄潭县										
余庆县										
习水县										
赤水市	1986	1809	366	7	1436	177	87	1	89	
仁怀市	2331	2116	254	11	1851	215	86	1	128	
安顺市	**9036**	**7924**	**2257**	**41**	**5626**	**1107**	**681**	**13**	**413**	**5**
西秀区	7837	6872	1887	35	4950	961	589	12	360	4
平坝区	1199	1052	370	6	676	146	92	1	53	1
普定县										
镇宁布依族苗族自治县										
关岭布依族苗族自治县										
紫云苗族布依族自治县										
毕节市	**7420**	**6532**	**1736**	**53**	**4743**	**884**	**465**	**13**	**406**	**4**
七星关区	7420	6532	1736	53	4743	884	465	13	406	4
大方县										
黔西县										
金沙县										
织金县										
纳雍县										
威宁彝族回族苗族自治县										
赫章县										

5-6a　续表

单位：户

地　　区	合　计	有一个80岁及以上人口的户				有二个80岁及以上人口的户				有三个80岁及以上人口的户
		小计	独自居住	只与未成年人口共同居住	其他	小计	只有一对80岁及以上夫妇居住	只有一对80岁及以上夫妇与未成年人口共同居住	其他	
铜仁市	**4387**	**3961**	**887**	**19**	**3055**	**422**	**208**	**9**	**205**	**4**
碧江区	3444	3118	704	11	2403	323	171	5	147	3
万山区	943	843	183	8	652	99	37	4	58	1
江口县										
玉屏侗族自治县										
石阡县										
思南县										
印江土家族苗族自治县										
德江县										
沿河土家族自治县										
松桃苗族自治县										
黔西南布依族苗族自治州	**6808**	**6112**	**1362**	**42**	**4708**	**696**	**370**	**5**	**321**	
兴义市	5426	4877	1063	31	3783	549	291	2	256	
兴仁市	1382	1235	299	11	925	147	79	3	65	
普安县										
晴隆县										
贞丰县										
望谟县										
册亨县										
安龙县										
黔东南苗族侗族自治州	**6461**	**5823**	**1308**	**33**	**4482**	**637**	**324**	**4**	**309**	**1**
凯里市	6461	5823	1308	33	4482	637	324	4	309	1
黄平县										
施秉县										
三穗县										
镇远县										
岑巩县										
天柱县										
锦屏县										
剑河县										
台江县										
黎平县										
榕江县										
从江县										
雷山县										
麻江县										
丹寨县										
黔南布依族苗族自治州	**7658**	**6803**	**2016**	**21**	**4766**	**853**	**493**	**4**	**356**	**2**
都匀市	6480	5740	1772	15	3953	738	430	4	304	2
福泉市	1178	1063	244	6	813	115	63		52	
荔波县										
贵定县										
瓮安县										
独山县										
平塘县										
罗甸县										
长顺县										
龙里县										
惠水县										
三都水族自治县										

5-6b 各地区有80岁及以上人口的家庭户户数(镇)

单位：户

地区	合计	有一个80岁及以上人口的户				有二个80岁及以上人口的户				有三个80岁及以上人口的户
		小计	独自居住	只与未成年人口共同居住	其他	小计	只有一对80岁及以上夫妇居住	只有一对80岁及以上夫妇与未成年人口共同居住	其他	
贵州	**150803**	**136388**	**35073**	**1828**	**99487**	**14320**	**6655**	**242**	**7423**	**95**
贵阳市	**7835**	**7079**	**1733**	**62**	**5284**	**751**	**416**	**7**	**328**	**5**
南明区										
云岩区										
花溪区	515	465	95	3	367	50	24		26	
乌当区	346	308	80	1	227	37	18		19	1
白云区	88	84	28	1	55	4	4			
观山湖区	757	680	245	3	432	75	59	1	15	2
开阳县	2391	2172	462	29	1681	218	117	3	98	1
息烽县	1435	1292	264	14	1014	143	83		60	
修文县	1544	1394	356	8	1030	150	71	2	77	
清镇市	759	684	203	3	478	74	40	1	33	1
六盘水市	**6743**	**6038**	**1724**	**75**	**4239**	**699**	**370**	**8**	**321**	**6**
钟山区	699	663	124	7	532	36	14	2	20	
六枝特区	991	884	228	31	625	106	48	3	55	1
水城县	2658	2359	475	27	1857	295	127	3	165	4
盘州市	2395	2132	897	10	1225	262	181		81	1
遵义市	**28970**	**26290**	**5363**	**355**	**20572**	**2670**	**1109**	**47**	**1514**	**10**
红花岗区	1018	911	215	5	691	107	49		58	
汇川区	1227	1103	238	8	857	120	44	2	74	4
播州区	1453	1327	287	17	1023	126	46	3	77	
桐梓县	4039	3687	659	47	2981	351	131	4	216	1
绥阳县	2429	2191	497	26	1668	238	105	4	129	
正安县	2508	2319	518	58	1743	188	92	4	92	1
道真仡佬族苗族自治县	2028	1838	256	17	1565	190	64	6	120	
务川仡佬族苗族自治县	2301	2096	388	43	1665	205	79	5	121	
凤冈县	2041	1865	370	18	1477	175	77	5	93	1
湄潭县	3215	2850	767	32	2051	365	200	4	161	
余庆县	1921	1695	283	27	1385	225	78	4	143	1
习水县	2813	2587	487	24	2076	225	85		140	1
赤水市	945	876	198	23	655	68	26	2	40	1
仁怀市	1032	945	200	10	735	87	33	4	50	
安顺市	**8968**	**7984**	**2566**	**112**	**5306**	**975**	**522**	**15**	**438**	**9**
西秀区	889	791	247	7	537	98	52	1	45	
平坝区	1821	1545	579	5	961	276	193	1	82	
普定县	2178	1929	863	24	1042	245	141	5	99	4
镇宁布依族苗族自治县	1591	1447	402	31	1014	142	59	2	81	2
关岭布依族苗族自治县	1275	1167	270	22	875	106	38	3	65	2
紫云苗族布依族自治县	1214	1105	205	23	877	108	39	3	66	1
毕节市	**31176**	**27799**	**9321**	**286**	**18192**	**3362**	**1823**	**49**	**1490**	**15**
七星关区	1498	1311	507	20	784	185	119		66	2
大方县	4684	4194	1945	44	2205	490	322	7	161	
黔西县	4904	4391	1061	51	3279	512	244	3	265	1
金沙县	4340	3884	852	43	2989	451	185	7	259	5
织金县	4561	4044	1551	48	2445	517	308	10	199	
纳雍县	3987	3512	1520	36	1956	475	318	12	145	
威宁彝族回族苗族自治县	4748	4284	1333	28	2923	457	214	3	240	7
赫章县	2454	2179	552	16	1611	275	113	7	155	

5-6b 续表

单位：户

地　　区	合　计	有一个80岁及以上人口的户				有二个80岁及以上人口的户				有三个80岁及以上人口的户
		小计	独自居住	只与未成年人口共同居住	其他	小计	只有一对80岁及以上夫妇居住	只有一对80岁及以上夫妇与未成年人口共同居住	其他	
铜仁市	**13949**	**12674**	**3994**	**163**	**8517**	**1241**	**641**	**25**	**575**	**34**
碧江区	145	138	51	1	86	7	4		3	
万山区										
江口县	1132	1024	268	12	744	107	47	3	57	1
玉屏侗族自治县	1297	1163	394	14	755	133	74	2	57	1
石阡县	1493	1365	318	15	1032	128	52	1	75	
思南县	2292	2074	661	31	1382	194	99	5	90	24
印江土家族苗族自治县	1451	1331	374	13	944	119	60	4	55	1
德江县	1701	1534	527	24	983	167	100	2	65	
沿河土家族自治县	2091	1902	926	21	955	188	142	2	44	1
松桃苗族自治县	2347	2143	475	32	1636	198	63	6	129	6
黔西南布依族苗族自治州	**10624**	**9566**	**2096**	**145**	**7325**	**1052**	**403**	**21**	**628**	**6**
兴义市	1607	1451	308	20	1123	155	62	5	88	1
兴仁市	721	636	184	9	443	85	47		38	
普安县	989	889	293	11	585	99	46	1	52	1
晴隆县	1036	926	310	13	603	106	53	1	52	4
贞丰县	1666	1485	351	23	1111	181	73	6	102	
望谟县	1309	1230	181	29	1020	79	22	1	56	
册亨县	934	863	116	17	730	71	18	4	49	
安龙县	2362	2086	353	23	1710	276	82	3	191	
黔东南苗族侗族自治州	**21246**	**19353**	**3850**	**325**	**15178**	**1890**	**669**	**40**	**1181**	**3**
凯里市	680	624	141	6	477	56	21		35	
黄平县	1939	1763	430	26	1307	176	68	2	106	
施秉县	887	788	175	12	601	99	41		58	
三穗县	1340	1216	252	24	940	124	46	2	76	
镇远县	1749	1576	324	26	1226	172	65	4	103	1
岑巩县	1149	1037	231	14	792	112	42	3	67	
天柱县	2426	2242	703	37	1502	184	80	6	98	
锦屏县	1281	1185	213	21	951	96	36	2	58	
剑河县	1266	1144	184	26	934	122	41	2	79	
台江县	648	594	120	23	451	54	17		37	
黎平县	2813	2577	376	45	2156	236	65	5	166	
榕江县	1448	1335	171	22	1142	112	31	5	76	1
从江县	1178	1053	129	16	908	125	31	6	88	
雷山县	775	718	109	7	602	57	19		38	
麻江县	825	747	173	3	571	78	34	2	42	
丹寨县	842	754	119	17	618	87	32	1	54	1
黔南布依族苗族自治州	**21292**	**19605**	**4426**	**305**	**14874**	**1680**	**702**	**30**	**948**	**7**
都匀市	475	438	82	3	353	37	9		28	
福泉市	637	575	147	8	420	62	30	1	31	
荔波县	934	876	137	17	722	56	26		30	2
贵定县	2336	2155	648	17	1490	178	92	2	84	3
瓮安县	2938	2656	723	37	1896	281	152	3	126	1
独山县	2745	2527	624	26	1877	218	100		118	
平塘县	1685	1543	302	26	1215	141	39	7	95	1
罗甸县	2363	2222	259	61	1902	141	38	6	97	
长顺县	1444	1325	249	31	1045	119	37	1	81	
龙里县	1519	1396	372	7	1017	123	52		71	
惠水县	2747	2528	639	39	1850	219	90	3	126	
三都水族自治县	1469	1364	244	33	1087	105	37	7	61	

5–6c　各地区有80岁及以上人口的家庭户户数(乡村)

单位：户

地　　区	合　计	有一个80岁及以上人口的户				有二个80岁及以上人口的户				有三个80岁及以上人口的户
		小计	独自居住	只与未成年人口共同居住	其他	小计	只有一对80岁及以上夫妇居住	只有一对80岁及以上夫妇与未成年人口共同居住	其他	
贵　州	**433386**	**388454**	**108041**	**6083**	**274330**	**44836**	**22148**	**894**	**21794**	**96**
贵阳市	**23243**	**20956**	**4676**	**180**	**16100**	**2282**	**1010**	**27**	**1245**	**5**
南明区	513	469	74		395	43	21		22	1
云岩区										
花溪区	3119	2842	418	17	2407	276	85	2	189	1
乌当区	2099	1916	389	7	1520	183	85		98	
白云区	466	429	50	6	373	36	14		22	1
观山湖区	994	908	151	2	755	86	33		53	
开阳县	4656	4166	1152	42	2972	489	250	7	232	1
息烽县	3045	2722	628	34	2060	323	157	5	161	
修文县	3137	2819	690	17	2112	318	156	7	155	
清镇市	5214	4685	1124	55	3506	528	209	6	313	1
六盘水市	**33751**	**29586**	**9386**	**341**	**19859**	**4148**	**2247**	**73**	**1828**	**17**
钟山区	888	814	130	4	680	74	27	1	46	
六枝特区	7878	6848	2197	140	4511	1021	558	32	431	9
水城县	10335	9075	2309	93	6673	1257	588	19	650	3
盘州市	14650	12849	4750	104	7995	1796	1074	21	701	5
遵义市	**76384**	**68870**	**16630**	**947**	**51293**	**7502**	**3422**	**151**	**3929**	**12**
红花岗区	4647	4220	1052	43	3125	427	195	7	225	
汇川区	3836	3469	640	45	2784	365	136	4	225	2
播州区	9077	8174	1622	75	6477	898	346	22	530	5
桐梓县	7167	6417	1438	84	4895	748	308	13	427	2
绥阳县	5327	4850	1368	69	3413	477	238	10	229	
正安县	6195	5633	1611	91	3931	562	284	11	267	
道真仡佬族苗族自治县	3380	3045	671	26	2348	335	132	4	199	
务川仡佬族苗族自治县	4524	4012	1195	80	2737	512	273	15	224	
凤冈县	4236	3767	893	65	2809	469	231	13	225	
湄潭县	5006	4463	1298	65	3100	541	302	10	229	2
余庆县	3804	3342	846	52	2444	462	240	9	213	
习水县	8473	7706	1950	124	5632	767	360	16	391	
赤水市	3649	3385	876	59	2450	264	111	7	146	
仁怀市	7063	6387	1170	69	5148	675	266	10	399	1
安顺市	**29118**	**25906**	**7123**	**488**	**18295**	**3208**	**1522**	**54**	**1632**	**4**
西秀区	7817	6943	1602	108	5233	874	354	16	504	
平坝区	3828	3392	910	47	2435	436	216	5	215	
普定县	5222	4606	2314	55	2237	616	451	3	162	
镇宁布依族苗族自治县	4260	3796	895	89	2812	462	199	10	253	2
关岭布依族苗族自治县	3819	3360	655	86	2619	457	165	10	282	2
紫云苗族布依族自治县	4172	3809	747	103	2959	363	137	10	216	
毕节市	**80447**	**71081**	**26693**	**787**	**43601**	**9350**	**5698**	**116**	**3536**	**16**
七星关区	15044	13249	5373	162	7714	1790	1156	23	611	5
大方县	11683	10324	5578	84	4662	1359	1038	14	307	
黔西县	9233	8180	2167	94	5919	1049	523	14	512	4
金沙县	6884	5992	1674	82	4236	890	453	16	421	2
织金县	9214	8114	3531	79	4504	1100	728	10	362	
纳雍县	8150	7084	3617	106	3361	1066	796	11	259	
威宁彝族回族苗族自治县	11783	10558	2797	97	7664	1222	617	18	587	3
赫章县	8456	7580	1956	83	5541	874	387	10	477	2

5-6c 续表

单位：户

地　　区	合　计	有一个80岁及以上人口的户				有二个80岁及以上人口的户				有三个80岁及以上人口的户
		小计	独自居住	只与未成年人口共同居住	其他	小计	只有一对80岁及以上夫妇居住	只有一对80岁及以上夫妇与未成年人口共同居住	其他	
铜仁市	**50082**	**44696**	**15897**	**735**	**28064**	**5369**	**3195**	**98**	**2076**	**17**
碧江区	2447	2197	629	29	1539	250	135	4	111	
万山区	2824	2546	915	40	1591	277	173	6	98	1
江口县	2973	2674	869	50	1755	298	167	4	127	1
玉屏侗族自治县	2015	1774	616	26	1132	240	133	2	105	1
石阡县	5233	4716	1260	71	3385	511	257	6	248	6
思南县	7393	6610	2412	81	4117	782	474	14	294	1
印江土家族苗族自治县	5572	4997	2088	84	2825	575	362	8	205	
德江县	5475	4844	1580	77	3187	631	380	16	235	
沿河土家族自治县	7174	6296	3486	76	2734	878	707	10	161	
松桃苗族自治县	8976	8042	2042	201	5799	927	407	28	492	7
黔西南布依族苗族自治州	**36890**	**33062**	**7376**	**635**	**25051**	**3815**	**1720**	**90**	**2005**	**13**
兴义市	8625	7677	1588	88	6001	946	438	11	497	2
兴仁市	5597	4838	1184	97	3557	751	348	25	378	8
普安县	3464	3107	1073	42	1992	357	214	3	140	
晴隆县	3113	2801	1031	60	1710	311	198	4	109	1
贞丰县	4953	4414	917	110	3387	538	218	15	305	1
望谟县	3409	3243	441	78	2724	166	49	8	109	
册亨县	2412	2239	351	76	1812	172	58	8	106	1
安龙县	5317	4743	791	84	3868	574	197	16	361	
黔东南苗族侗族自治州	**57957**	**52435**	**11316**	**1093**	**40026**	**5516**	**1980**	**178**	**3358**	**6**
凯里市	5581	5046	869	68	4109	535	180	10	345	
黄平县	5126	4558	1139	94	3325	568	220	15	333	
施秉县	2209	1938	433	29	1476	271	106	6	159	
三穗县	2427	2185	659	38	1488	241	111	5	125	1
镇远县	3037	2682	710	58	1914	355	154	10	191	
岑巩县	3159	2818	740	48	2030	341	143	15	183	
天柱县	5462	4960	1476	99	3385	502	237	18	247	
锦屏县	2575	2361	660	71	1630	214	101	7	106	
剑河县	2804	2572	597	66	1909	232	100	10	122	
台江县	1805	1642	390	49	1203	162	49	4	109	1
黎平县	6746	6218	1151	148	4919	528	163	26	339	
榕江县	4301	3885	651	85	3149	415	118	11	286	1
从江县	6371	5766	733	124	4909	604	122	23	459	1
雷山县	1745	1610	289	29	1292	134	37	5	92	1
麻江县	2388	2182	428	33	1721	206	68	3	135	
丹寨县	2221	2012	391	54	1567	208	71	10	127	1
黔南布依族苗族自治州	**45514**	**41862**	**8944**	**877**	**32041**	**3646**	**1354**	**107**	**2185**	**6**
都匀市	4870	4559	851	70	3638	311	89	3	219	
福泉市	3299	2973	726	27	2220	326	151	5	170	
荔波县	2830	2612	503	51	2058	218	63	8	147	
贵定县	2862	2633	508	50	2075	227	94	7	126	2
瓮安县	3897	3485	1151	60	2274	411	229	7	175	1
独山县	4392	4072	960	80	3032	320	94	11	215	
平塘县	4827	4452	856	113	3483	374	113	11	250	1
罗甸县	3847	3547	765	140	2642	300	108	17	175	
长顺县	3066	2770	483	71	2216	295	101	11	183	1
龙里县	2494	2314	441	23	1850	179	72	4	103	1
惠水县	5070	4693	760	100	3833	377	125	12	240	
三都水族自治县	4060	3752	940	92	2720	308	115	11	182	

第一部分　全部数据资料

第六卷　死亡

6-1　各地区分年龄、性别的死亡人口
(2019.11.1-2020.10.31)

单位：人

地　区	死亡人口			0岁		
	合计	男	女	小计	男	女
贵　州	**229156**	**135949**	**93207**	**1635**	**919**	**716**
贵阳市	**27123**	**16272**	**10851**	**165**	**88**	**77**
南明区	4906	2927	1979	15	7	8
云岩区	4902	2848	2054	15	10	5
花溪区	3365	2051	1314	18	10	8
乌当区	1496	903	593	14	6	8
白云区	1691	1027	664	12	6	6
观山湖区	1321	810	511	13	6	7
开阳县	2578	1567	1011	23	13	10
息烽县	1760	1042	718	18	8	10
修文县	1890	1162	728	13	5	8
清镇市	3214	1935	1279	24	17	7
六盘水市	**18834**	**11522**	**7312**	**171**	**95**	**76**
钟山区	2858	1762	1096	22	11	11
六枝特区	3696	2259	1437	26	8	18
水城县	4734	2940	1794	49	32	17
盘州市	7546	4561	2985	74	44	30
遵义市	**42656**	**24652**	**18004**	**239**	**139**	**100**
红花岗区	4387	2560	1827	23	14	9
汇川区	3199	1832	1367	12	8	4
播州区	4901	2791	2110	54	32	22
桐梓县	3818	2221	1597	17	9	8
绥阳县	2602	1494	1108	9	5	4
正安县	3305	1929	1376	17	5	12
道真仡佬族苗族自治县	1794	1082	712	5	3	2
务川仡佬族苗族自治县	2204	1256	948	17	9	8
凤冈县	2544	1464	1080	9	2	7
湄潭县	2723	1544	1179	7	6	1
余庆县	2008	1107	901	13	4	9
习水县	3903	2281	1622	15	12	3
赤水市	2355	1409	946	10	4	6
仁怀市	2913	1682	1231	31	26	5
安顺市	**17549**	**10475**	**7074**	**108**	**57**	**51**
西秀区	5677	3306	2371	21	13	8
平坝区	2553	1529	1024	13	6	7
普定县	2582	1518	1064	21	13	8
镇宁布依族苗族自治县	2336	1411	925	14	6	8
关岭布依族苗族自治县	2119	1288	831	15	8	7
紫云苗族布依族自治县	2282	1423	859	24	11	13
毕节市	**36171**	**21989**	**14182**	**363**	**207**	**156**
七星关区	5718	3383	2335	55	25	30
大方县	4718	2919	1799	36	24	12
黔西县	4163	2501	1662	26	15	11
金沙县	3598	2140	1458	13	9	4
织金县	4277	2587	1690	52	33	19
纳雍县	3840	2433	1407	58	37	21
威宁彝族回族苗族自治县	5676	3545	2131	69	36	33
赫章县	4181	2481	1700	54	28	26

6-1 续表 1

单位：人

地 区	死亡人口			0岁		
	合计	男	女	小计	男	女
铜仁市	**19523**	**11418**	**8105**	**91**	**48**	**43**
碧江区	766	457	309	6	6	
万山区	883	537	346	4	2	2
江口县	1293	747	546	8	5	3
玉屏侗族自治县	879	505	374	1		1
石阡县	2245	1303	942	9	4	5
思南县	3261	1863	1398	16	8	8
印江土家族苗族自治县	2188	1319	869	12	5	7
德江县	2463	1437	1026	8	3	5
沿河土家族自治县	2722	1599	1123	14	4	10
松桃苗族自治县	2823	1651	1172	13	11	2
黔西南布依族苗族自治州	**17729**	**10578**	**7151**	**160**	**93**	**67**
兴义市	4421	2621	1800	35	21	14
兴仁市	2280	1350	930	20	11	9
普安县	1428	842	586	14	11	3
晴隆县	1591	977	614	19	13	6
贞丰县	2276	1346	930	26	13	13
望谟县	1751	1032	719	8	4	4
册亨县	1445	903	542	8	4	4
安龙县	2537	1507	1030	30	16	14
黔东南苗族侗族自治州	**26981**	**15799**	**11182**	**207**	**113**	**94**
凯里市	3053	1842	1211	16	11	5
黄平县	2152	1231	921	6	4	2
施秉县	849	483	366	2		2
三穗县	1324	799	525	9	5	4
镇远县	1779	1002	777	9	6	3
岑巩县	1400	808	592	4	2	2
天柱县	2277	1280	997	13	8	5
锦屏县	1323	749	574	6	2	4
剑河县	1540	906	634	11	6	5
台江县	961	576	385	7	4	3
黎平县	3122	1868	1254	19	7	12
榕江县	1767	1054	713	20	12	8
从江县	2121	1242	879	59	30	29
雷山县	1119	676	443	4	4	
麻江县	1088	627	461	12	8	4
丹寨县	1106	656	450	10	4	6
黔南布依族苗族自治州	**22590**	**13244**	**9346**	**131**	**79**	**52**
都匀市	2820	1621	1199	12	7	5
福泉市	1425	841	584	11	7	4
荔波县	1362	786	576	11	7	4
贵定县	1750	1082	668	6	5	1
瓮安县	2299	1332	967	15	8	7
独山县	1795	1020	775	6	4	2
平塘县	2003	1200	803	12	9	3
罗甸县	1960	1097	863	10	6	4
长顺县	1337	827	510	7	5	2
龙里县	1372	822	550	3	1	2
惠水县	2382	1401	981	18	9	9
三都水族自治县	2085	1215	870	20	11	9

6–1 续表 2 单位：人

地 区	1–4岁			5–9岁			10–14岁		
	小计	男	女	小计	男	女	小计	男	女
贵 州	**1353**	**778**	**575**	**926**	**532**	**394**	**929**	**574**	**355**
贵阳市	**100**	**48**	**52**	**70**	**43**	**27**	**41**	**23**	**18**
南明区	5	4	1	8	1	7	5	3	2
云岩区	7	3	4	4	4		2	1	1
花溪区	10	5	5	5	3	2	7	3	4
乌当区	7	4	3	7	3	4			
白云区	12	5	7	6	4	2	6	5	1
观山湖区	9	6	3	3	3		2	2	
开阳县	14	7	7	8	5	3	4	1	3
息烽县	12	5	7	8	7	1	2		2
修文县	7	3	4	7	5	2	7	5	2
清镇市	17	6	11	14	8	6	6	3	3
六盘水市	**143**	**91**	**52**	**87**	**48**	**39**	**91**	**63**	**28**
钟山区	11	5	6	9	6	3	12	8	4
六枝特区	22	14	8	19	14	5	34	22	12
水城县	39	21	18	33	16	17	28	19	9
盘州市	71	51	20	26	12	14	17	14	3
遵义市	**184**	**115**	**69**	**109**	**66**	**43**	**140**	**83**	**57**
红花岗区	15	9	6	6	3	3	9	4	5
汇川区	11	5	6	5	3	2	8	4	4
播州区	26	19	7	14	12	2	16	9	7
桐梓县	13	5	8	18	13	5	26	17	9
绥阳县	11	10	1	4	1	3	10	4	6
正安县	16	11	5	11	3	8	7	4	3
道真仡佬族苗族自治县	5	1	4	4	2	2	8	3	5
务川仡佬族苗族自治县	5	3	2	5	4	1	3	3	
凤冈县	3	1	2	8	7	1	5	3	2
湄潭县	18	13	5	8	3	5	1	1	
余庆县	9	4	5	5	2	3	14	12	2
习水县	30	21	9	16	10	6	16	8	8
赤水市	9	6	3	1	1		7	5	2
仁怀市	13	7	6	4	2	2	10	6	4
安顺市	**109**	**57**	**52**	**84**	**49**	**35**	**60**	**38**	**22**
西秀区	21	13	8	17	7	10	15	12	3
平坝区	18	12	6	13	6	7	8	3	5
普定县	15	6	9	12	8	4	8	3	5
镇宁布依族苗族自治县	17	8	9	12	10	2	6	5	1
关岭布依族苗族自治县	11	7	4	16	10	6	16	11	5
紫云苗族布依族自治县	27	11	16	14	8	6	7	4	3
毕节市	**303**	**166**	**137**	**227**	**114**	**113**	**215**	**136**	**79**
七星关区	51	29	22	37	18	19	31	20	11
大方县	36	22	14	31	19	12	24	15	9
黔西县	28	15	13	12	4	8	14	10	4
金沙县	8	3	5	18	7	11	15	11	4
织金县	35	22	13	18	10	8	16	9	7
纳雍县	45	24	21	28	11	17	36	24	12
威宁彝族回族苗族自治县	62	34	28	54	25	29	57	33	24
赫章县	38	17	21	29	20	9	22	14	8

6-1 续表 3

单位：人

地 区	1-4岁			5-9岁			10-14岁		
	小计	男	女	小计	男	女	小计	男	女
铜仁市	**87**	**45**	**42**	**68**	**44**	**24**	**75**	**46**	**29**
碧江区	2		2	7	4	3	1	1	
万山区	4	2	2	2	1	1	2	1	1
江口县	6	4	2	3	1	2	2		2
玉屏侗族自治县	2	1	1	1	1		1	1	
石阡县	5	2	3	4	2	2	7	5	2
思南县	13	8	5	11	9	2	17	8	9
印江土家族苗族自治县	9	4	5	4	3	1	10	8	2
德江县	11	4	7	2		2	8	5	3
沿河土家族自治县	23	14	9	17	9	8	19	12	7
松桃苗族自治县	12	6	6	17	14	3	8	5	3
黔西南布依族苗族自治州	**137**	**88**	**49**	**87**	**51**	**36**	**102**	**61**	**41**
兴义市	24	17	7	15	10	5	21	12	9
兴仁市	16	10	6	11	7	4	8	2	6
普安县	15	7	8	8	7	1	9	7	2
晴隆县	8	5	3	20	9	11	21	11	10
贞丰县	25	15	10	6	4	2	17	12	5
望谟县	11	7	4	12	5	7	12	9	3
册亨县	11	7	4	4	1	3	6	3	3
安龙县	27	20	7	11	8	3	8	5	3
黔东南苗族侗族自治州	**157**	**94**	**63**	**115**	**69**	**46**	**118**	**75**	**43**
凯里市	15	9	6	13	11	2	8	6	2
黄平县	11	5	6	3	1	2	7	6	1
施秉县	3	2	1	3	2	1	2		2
三穗县	2	2		4	2	2	4	2	2
镇远县	6	2	4	5	3	2	4	2	2
岑巩县	10	8	2	8	3	5	2	2	
天柱县	12	6	6	9	4	5	7	4	3
锦屏县	5	4	1	8	5	3	4	4	
剑河县	7	5	2	10	9	1	7	4	3
台江县	8	6	2	3	2	1	7	5	2
黎平县	24	16	8	12	7	5	17	12	5
榕江县	14	7	7	6	5	1	18	9	9
从江县	25	14	11	19	10	9	17	9	8
雷山县	7	1	6	5	1	4	8	4	4
麻江县	6	6		2	2		2	2	
丹寨县	2	1	1	5	2	3	4	4	
黔南布依族苗族自治州	**133**	**74**	**59**	**79**	**48**	**31**	**87**	**49**	**38**
都匀市	13	7	6	3	1	2	6	4	2
福泉市	8	4	4	10	7	3	4	2	2
荔波县	11	6	5	3	2	1	12	10	2
贵定县	9	8	1	5	3	2	5	3	2
瓮安县	14	6	8	9	5	4	5	2	3
独山县	15	8	7	9	7	2	6	5	1
平塘县	7	4	3	7	3	4	9	3	6
罗甸县	13	5	8	10	5	5	6	2	4
长顺县	10	5	5	1		1	5	4	1
龙里县	7	5	2	2	2		5	3	2
惠水县	13	6	7	10	5	5	13	6	7
三都水族自治县	13	10	3	10	8	2	11	5	6

6-1　续表 4　　　　单位：人

地　　区	15—19岁			20—24岁			25—29岁		
	小计	男	女	小计	男	女	小计	男	女
贵　州	**1405**	**960**	**445**	**1853**	**1259**	**594**	**1905**	**1382**	**523**
贵阳市	**99**	**66**	**33**	**145**	**91**	**54**	**162**	**115**	**47**
南明区	14	11	3	10	3	7	18	15	3
云岩区	11	6	5	18	12	6	13	10	3
花溪区	11	6	5	26	12	14	25	16	9
乌当区	4	4		7	3	4	7	6	1
白云区	7	5	2	6	4	2	14	10	4
观山湖区	4	2	2	10	9	1	9	8	1
开阳县	15	10	5	20	14	6	24	13	11
息烽县	10	6	4	12	9	3	10	8	2
修文县	7	4	3	10	6	4	14	7	7
清镇市	16	12	4	26	19	7	28	22	6
六盘水市	**110**	**68**	**42**	**172**	**117**	**55**	**154**	**107**	**47**
钟山区	15	6	9	23	17	6	16	10	6
六枝特区	28	16	12	20	13	7	33	24	9
水城县	41	26	15	66	45	21	47	32	15
盘州市	26	20	6	63	42	21	58	41	17
遵义市	**185**	**117**	**68**	**263**	**170**	**93**	**307**	**208**	**99**
红花岗区	17	9	8	30	22	8	28	15	13
汇川区	10	8	2	13	7	6	13	9	4
播州区	12	9	3	35	22	13	49	29	20
桐梓县	19	11	8	29	16	13	33	26	7
绥阳县	9	7	2	16	12	4	11	10	1
正安县	16	14	2	24	13	11	25	16	9
道真仡佬族苗族自治县	4	2	2	6	2	4	9	9	
务川仡佬族苗族自治县	11	7	4	15	8	7	19	17	2
凤冈县	12	10	2	12	5	7	16	7	9
湄潭县	15	7	8	10	9	1	14	9	5
余庆县	7	3	4	8	4	4	10	10	
习水县	21	13	8	25	18	7	43	29	14
赤水市	6	4	2	11	9	2	15	7	8
仁怀市	26	13	13	29	23	6	22	15	7
安顺市	**108**	**71**	**37**	**115**	**69**	**46**	**152**	**118**	**34**
西秀区	26	14	12	33	21	12	32	23	9
平坝区	12	11	1	13	9	4	16	10	6
普定县	21	11	10	19	9	10	24	18	6
镇宁布依族苗族自治县	14	9	5	16	9	7	27	21	6
关岭布依族苗族自治县	16	9	7	14	7	7	26	19	7
紫云苗族布依族自治县	19	17	2	20	14	6	27	27	
毕节市	**378**	**262**	**116**	**477**	**328**	**149**	**393**	**287**	**106**
七星关区	67	43	24	74	48	26	57	43	14
大方县	50	38	12	50	41	9	58	35	23
黔西县	20	14	6	36	27	9	36	26	10
金沙县	28	21	7	24	14	10	22	20	2
织金县	55	41	14	68	53	15	36	26	10
纳雍县	38	20	18	59	40	19	49	34	15
威宁彝族回族苗族自治县	72	55	17	107	69	38	74	56	18
赫章县	48	30	18	59	36	23	61	47	14

6-1 续表 5

单位：人

地区	15-19岁			20-24岁			25-29岁		
	小计	男	女	小计	男	女	小计	男	女
铜仁市	**116**	**81**	**35**	**139**	**95**	**44**	**155**	**116**	**39**
碧江区	2	1	1	6	3	3	7	7	
万山区	5	3	2	6	6		8	4	4
江口县	5	5		7	5	2	8	6	2
玉屏侗族自治县	8	4	4	5	3	2	11	6	5
石阡县	15	11	4	16	13	3	21	15	6
思南县	23	17	6	23	18	5	19	14	5
印江土家族苗族自治县	11	5	6	13	9	4	10	10	
德江县	12	9	3	21	10	11	16	11	5
沿河土家族自治县	21	19	2	24	14	10	25	19	6
松桃苗族自治县	14	7	7	18	14	4	30	24	6
黔西南布依族苗族自治州	**140**	**97**	**43**	**189**	**134**	**55**	**174**	**133**	**41**
兴义市	29	16	13	41	26	15	56	43	13
兴仁市	18	17	1	28	21	7	19	14	5
普安县	16	9	7	20	14	6	17	14	3
晴隆县	9	5	4	15	10	5	17	14	3
贞丰县	27	22	5	24	20	4	11	6	5
望谟县	18	11	7	14	11	3	20	15	5
册亨县	11	6	5	17	12	5	15	11	4
安龙县	12	11	1	30	20	10	19	16	3
黔东南苗族侗族自治州	**153**	**113**	**40**	**187**	**132**	**55**	**199**	**150**	**49**
凯里市	19	14	5	24	21	3	21	18	3
黄平县	5	3	2	23	15	8	14	11	3
施秉县	6	5	1	5	3	2	6	6	
三穗县	17	13	4	9	7	2	12	11	1
镇远县	8	7	1	9	6	3	8	6	2
岑巩县	8	4	4	20	13	7	5	4	1
天柱县	10	6	4	5	2	3	17	13	4
锦屏县	5	4	1	7	6	1	5	5	
剑河县	6	3	3	11	7	4	14	11	3
台江县	8	5	3	6	5	1	12	6	6
黎平县	15	13	2	15	11	4	26	14	12
榕江县	8	5	3	17	12	5	12	10	2
从江县	16	16		13	10	3	22	18	4
雷山县	10	6	4	3	2	1	12	9	3
麻江县	4	2	2	13	6	7	6	3	3
丹寨县	8	7	1	7	6	1	7	5	2
黔南布依族苗族自治州	**116**	**85**	**31**	**166**	**123**	**43**	**209**	**148**	**61**
都匀市	13	11	2	10	8	2	24	15	9
福泉市	5	3	2	7	6	1	10	9	1
荔波县	11	9	2	15	11	4	6	5	1
贵定县	14	13	1	15	9	6	20	14	6
瓮安县	12	7	5	14	8	6	15	9	6
独山县	8	4	4	13	11	2	22	16	6
平塘县	7	6	1	20	17	3	12	10	2
罗甸县	11	5	6	22	18	4	19	9	10
长顺县	6	6		9	4	5	14	10	4
龙里县	8	4	4	12	9	3	15	13	2
惠水县	12	11	1	12	7	5	29	20	9
三都水族自治县	9	6	3	17	15	2	23	18	5

6-1 续表 6

单位：人

地区	30—34岁			35—39岁			40—44岁		
	小计	男	女	小计	男	女	小计	男	女
贵 州	**2770**	**2026**	**744**	**3716**	**2819**	**897**	**6318**	**4757**	**1561**
贵阳市	**272**	**169**	**103**	**343**	**259**	**84**	**531**	**385**	**146**
南明区	29	18	11	49	35	14	64	44	20
云岩区	37	24	13	44	34	10	56	39	17
花溪区	27	15	12	53	41	12	78	65	13
乌当区	19	12	7	17	13	4	35	21	14
白云区	20	17	3	22	15	7	27	13	14
观山湖区	11	7	4	18	13	5	23	13	10
开阳县	37	21	16	33	26	7	43	36	7
息烽县	23	16	7	22	14	8	47	33	14
修文县	24	13	11	35	28	7	59	48	11
清镇市	45	26	19	50	40	10	99	73	26
六盘水市	**289**	**227**	**62**	**434**	**348**	**86**	**658**	**541**	**117**
钟山区	35	27	8	59	48	11	99	77	22
六枝特区	35	25	10	61	49	12	106	86	20
水城县	92	74	18	153	125	28	224	188	36
盘州市	127	101	26	161	126	35	229	190	39
遵义市	**373**	**248**	**125**	**471**	**318**	**153**	**891**	**640**	**251**
红花岗区	31	18	13	57	37	20	75	53	22
汇川区	21	12	9	39	29	10	69	51	18
播州区	45	33	12	62	46	16	110	72	38
桐梓县	35	20	15	40	28	12	91	60	31
绥阳县	23	16	7	36	21	15	42	25	17
正安县	32	17	15	38	29	9	86	61	25
道真仡佬族苗族自治县	11	8	3	22	16	6	40	33	7
务川仡佬族苗族自治县	24	16	8	32	22	10	55	43	12
凤冈县	14	11	3	15	6	9	55	37	18
湄潭县	17	10	7	19	12	7	43	30	13
余庆县	17	14	3	12	6	6	27	22	5
习水县	44	32	12	38	26	12	84	65	19
赤水市	21	15	6	17	10	7	37	29	8
仁怀市	38	26	12	44	30	14	77	59	18
安顺市	**202**	**160**	**42**	**279**	**216**	**63**	**532**	**394**	**138**
西秀区	57	47	10	68	50	18	126	92	34
平坝区	19	11	8	32	21	11	62	46	16
普定县	26	20	6	47	38	9	90	65	25
镇宁布依族苗族自治县	28	25	3	53	41	12	96	77	19
关岭布依族苗族自治县	42	28	14	35	32	3	78	58	20
紫云苗族布依族自治县	30	29	1	44	34	10	80	56	24
毕节市	**596**	**461**	**135**	**789**	**618**	**171**	**1408**	**1079**	**329**
七星关区	66	52	14	95	70	25	227	161	66
大方县	82	65	17	113	91	22	179	151	28
黔西县	65	49	16	97	69	28	169	128	41
金沙县	51	34	17	66	49	17	104	77	27
织金县	65	45	20	101	82	19	191	149	42
纳雍县	76	59	17	107	89	18	149	121	28
威宁彝族回族苗族自治县	111	90	21	135	108	27	246	182	64
赫章县	80	67	13	75	60	15	143	110	33

6-1 续表 7 单位：人

地区	30-34岁			35-39岁			40-44岁		
	小计	男	女	小计	男	女	小计	男	女
铜仁市	**185**	**133**	**52**	**288**	**222**	**66**	**440**	**332**	**108**
碧江区	9	8	1	19	12	7	9	7	2
万山区	9	4	5	8	5	3	9	7	2
江口县	11	8	3	11	8	3	31	25	6
玉屏侗族自治县	6	5	1	8	6	2	27	21	6
石阡县	18	9	9	20	15	5	45	32	13
思南县	26	19	7	48	33	15	68	54	14
印江土家族苗族自治县	20	15	5	36	30	6	37	30	7
德江县	20	14	6	43	38	5	66	43	23
沿河土家族自治县	26	19	7	46	36	10	70	52	18
松桃苗族自治县	40	32	8	49	39	10	78	61	17
黔西南布依族苗族自治州	**238**	**183**	**55**	**311**	**240**	**71**	**536**	**418**	**118**
兴义市	65	49	16	63	46	17	98	75	23
兴仁市	30	26	4	38	33	5	75	54	21
普安县	8	7	1	29	27	2	46	35	11
晴隆县	27	18	9	28	22	6	48	38	10
贞丰县	24	21	3	39	28	11	62	50	12
望谟县	26	16	10	48	32	16	63	52	11
册亨县	27	24	3	26	20	6	61	51	10
安龙县	31	22	9	40	32	8	83	63	20
黔东南苗族侗族自治州	**323**	**236**	**87**	**420**	**305**	**115**	**709**	**511**	**198**
凯里市	33	29	4	46	32	14	58	40	18
黄平县	15	9	6	37	31	6	53	36	17
施秉县	10	6	4	22	13	9	20	13	7
三穗县	15	14	1	17	14	3	26	23	3
镇远县	13	5	8	19	13	6	43	27	16
岑巩县	15	11	4	15	10	5	29	17	12
天柱县	34	24	10	30	17	13	49	35	14
锦屏县	14	5	9	11	8	3	26	21	5
剑河县	23	21	2	31	20	11	54	37	17
台江县	19	14	5	18	17	1	48	32	16
黎平县	23	17	6	36	27	9	85	68	17
榕江县	26	20	6	46	33	13	51	37	14
从江县	35	21	14	38	30	8	63	48	15
雷山县	20	20		19	13	6	50	39	11
麻江县	11	6	5	17	13	4	24	15	9
丹寨县	17	14	3	18	14	4	30	23	7
黔南布依族苗族自治州	**292**	**209**	**83**	**381**	**293**	**88**	**613**	**457**	**156**
都匀市	39	26	13	34	26	8	52	38	14
福泉市	23	13	10	20	16	4	45	32	13
荔波县	13	9	4	20	14	6	40	33	7
贵定县	34	26	8	32	24	8	60	46	14
瓮安县	21	15	6	27	14	13	42	28	14
独山县	23	13	10	32	24	8	31	21	10
平塘县	31	26	5	24	16	8	59	42	17
罗甸县	21	14	7	39	34	5	79	56	23
长顺县	21	18	3	36	30	6	42	34	8
龙里县	13	11	2	22	15	7	35	26	9
惠水县	24	15	9	59	49	10	71	56	15
三都水族自治县	29	23	6	36	31	5	57	45	12

6-1　续表 8　　　　　单位：人

地　区	45-49岁			50-54岁			55-59岁		
	小计	男	女	小计	男	女	小计	男	女
贵　州	**10496**	**7857**	**2639**	**13618**	**9837**	**3781**	**13287**	**9397**	**3890**
贵阳市	**1037**	**746**	**291**	**1409**	**997**	**412**	**1629**	**1197**	**432**
南明区	142	107	35	223	147	76	305	232	73
云岩区	131	91	40	200	123	77	313	216	97
花溪区	133	93	40	181	133	48	184	136	48
乌当区	56	42	14	74	44	30	86	58	28
白云区	71	46	25	113	77	36	99	77	22
观山湖区	66	52	14	79	60	19	67	50	17
开阳县	107	76	31	134	109	25	146	103	43
息烽县	71	60	11	93	68	25	85	63	22
修文县	82	54	28	105	77	28	100	79	21
清镇市	178	125	53	207	159	48	244	183	61
六盘水市	**1014**	**798**	**216**	**1304**	**983**	**321**	**1120**	**746**	**374**
钟山区	173	129	44	188	139	49	176	108	68
六枝特区	166	138	28	272	222	50	211	162	49
水城县	289	236	53	363	270	93	253	171	82
盘州市	386	295	91	481	352	129	480	305	175
遵义市	**1786**	**1312**	**474**	**2405**	**1688**	**717**	**2426**	**1647**	**779**
红花岗区	155	120	35	215	144	71	270	179	91
汇川区	127	89	38	152	109	43	162	110	52
播州区	178	122	56	312	220	92	293	191	102
桐梓县	164	136	28	204	147	57	229	160	69
绥阳县	109	73	36	161	115	46	166	108	58
正安县	146	94	52	176	124	52	171	114	57
道真仡佬族苗族自治县	73	57	16	105	70	35	91	66	25
务川仡佬族苗族自治县	100	72	28	128	90	38	114	81	33
凤冈县	116	90	26	131	87	44	137	98	39
湄潭县	104	70	34	153	103	50	160	101	59
余庆县	73	48	25	99	69	30	116	76	40
习水县	225	183	42	259	189	70	205	145	60
赤水市	92	68	24	143	103	40	149	114	35
仁怀市	124	90	34	167	118	49	163	104	59
安顺市	**807**	**629**	**178**	**1024**	**740**	**284**	**1010**	**722**	**288**
西秀区	213	163	50	311	209	102	308	219	89
平坝区	110	86	24	149	112	37	136	99	37
普定县	133	103	30	143	104	39	120	83	37
镇宁布依族苗族自治县	122	100	22	151	113	38	146	102	44
关岭布依族苗族自治县	111	82	29	133	95	38	145	109	36
紫云苗族布依族自治县	118	95	23	137	107	30	155	110	45
毕节市	**1970**	**1553**	**417**	**2315**	**1720**	**595**	**2117**	**1531**	**586**
七星关区	281	210	71	350	274	76	277	189	88
大方县	245	202	43	312	241	71	283	211	72
黔西县	218	159	59	294	218	76	238	177	61
金沙县	159	128	31	226	164	62	226	159	67
织金县	229	177	52	293	217	76	262	191	71
纳雍县	267	225	42	243	192	51	253	187	66
威宁彝族回族苗族自治县	346	271	75	373	264	109	351	260	91
赫章县	225	181	44	224	150	74	227	157	70

6-1 续表 9 单位：人

地 区	45-49岁			50-54岁			55-59岁		
	小计	男	女	小计	男	女	小计	男	女
铜仁市	**903**	**638**	**265**	**1097**	**773**	**324**	**1068**	**728**	**340**
碧江区	32	20	12	45	36	9	51	35	16
万山区	32	26	6	55	41	14	55	41	14
江口县	57	39	18	63	33	30	70	46	24
玉屏侗族自治县	33	18	15	44	31	13	40	23	17
石阡县	95	75	20	154	103	51	115	78	37
思南县	155	105	50	194	133	61	193	132	61
印江土家族苗族自治县	112	81	31	126	90	36	130	91	39
德江县	124	87	37	123	97	26	136	91	45
沿河土家族自治县	141	98	43	125	91	34	131	87	44
松桃苗族自治县	122	89	33	168	118	50	147	104	43
黔西南布依族苗族自治州	**767**	**584**	**183**	**1089**	**813**	**276**	**1052**	**778**	**274**
兴义市	167	128	39	231	176	55	246	177	69
兴仁市	79	62	17	131	96	35	138	95	43
普安县	75	50	25	69	46	23	80	56	24
晴隆县	73	56	17	93	70	23	97	72	25
贞丰县	85	66	19	149	109	40	140	104	36
望谟县	99	71	28	137	100	37	101	88	13
册亨县	79	62	17	114	91	23	92	67	25
安龙县	110	89	21	165	125	40	158	119	39
黔东南苗族侗族自治州	**1171**	**835**	**336**	**1549**	**1095**	**454**	**1520**	**1057**	**463**
凯里市	147	105	42	178	124	54	183	134	49
黄平县	115	81	34	141	102	39	135	89	46
施秉县	30	20	10	57	43	14	42	26	16
三穗县	72	54	18	90	63	27	72	52	20
镇远县	78	54	24	102	69	33	105	73	32
岑巩县	52	38	14	71	48	23	72	53	19
天柱县	71	51	20	109	80	29	128	86	42
锦屏县	41	32	9	61	43	18	70	48	22
剑河县	71	46	25	104	78	26	73	56	17
台江县	47	32	15	46	26	20	29	24	5
黎平县	124	90	34	162	113	49	176	127	49
榕江县	82	61	21	93	69	24	102	73	29
从江县	82	57	25	119	85	34	117	75	42
雷山县	49	37	12	73	52	21	72	48	24
麻江县	51	37	14	59	45	14	71	45	26
丹寨县	59	40	19	84	55	29	73	48	25
黔南布依族苗族自治州	**1041**	**762**	**279**	**1426**	**1028**	**398**	**1345**	**991**	**354**
都匀市	124	91	33	162	115	47	182	132	50
福泉市	60	40	20	92	69	23	85	62	23
荔波县	60	42	18	81	52	29	78	59	19
贵定县	79	64	15	113	89	24	89	70	19
瓮安县	102	64	38	144	104	40	150	97	53
独山县	80	59	21	105	76	29	109	78	31
平塘县	114	90	24	132	93	39	110	86	24
罗甸县	90	62	28	126	85	41	109	87	22
长顺县	56	41	15	75	52	23	65	42	23
龙里县	75	61	14	86	65	21	74	56	18
惠水县	96	71	25	146	109	37	163	131	32
三都水族自治县	105	77	28	164	119	45	131	91	40

6-1　续表 10　　　　单位：人

地　区	60-64岁			65-69岁			70-74岁		
	小计	男	女	小计	男	女	小计	男	女
贵　州	**14525**	**10071**	**4454**	**22123**	**14138**	**7985**	**26566**	**15994**	**10572**
贵阳市	**1869**	**1345**	**524**	**2389**	**1554**	**835**	**3117**	**1970**	**1147**
南明区	313	233	80	367	234	133	548	356	192
云岩区	400	296	104	420	292	128	495	339	156
花溪区	214	153	61	309	193	116	404	257	147
乌当区	99	69	30	129	77	52	190	118	72
白云区	102	69	33	136	85	51	165	103	62
观山湖区	109	76	33	124	78	46	151	93	58
开阳县	167	123	44	257	168	89	342	204	138
息烽县	109	70	39	170	113	57	227	138	89
修文县	118	87	31	196	143	53	253	152	101
清镇市	238	169	69	281	171	110	342	210	132
六盘水市	**1302**	**883**	**419**	**1686**	**1024**	**662**	**2040**	**1193**	**847**
钟山区	202	135	67	262	139	123	403	250	153
六枝特区	243	174	69	337	212	125	381	219	162
水城县	297	207	90	439	272	167	458	258	200
盘州市	560	367	193	648	401	247	798	466	332
遵义市	**2356**	**1570**	**786**	**4491**	**2818**	**1673**	**5285**	**3136**	**2149**
红花岗区	290	198	92	458	291	167	535	316	219
汇川区	164	105	59	329	207	122	402	244	158
播州区	277	171	106	518	317	201	639	375	264
桐梓县	210	143	67	396	245	151	400	245	155
绥阳县	160	99	61	281	179	102	328	203	125
正安县	185	131	54	359	243	116	472	267	205
道真仡佬族苗族自治县	88	54	34	183	123	60	239	151	88
务川仡佬族苗族自治县	100	61	39	208	116	92	282	161	121
凤冈县	117	81	36	266	176	90	333	186	147
湄潭县	142	93	49	303	187	116	383	231	152
余庆县	86	52	34	206	124	82	246	154	92
习水县	220	150	70	419	267	152	419	238	181
赤水市	160	126	34	244	150	94	279	171	108
仁怀市	157	106	51	321	193	128	328	194	134
安顺市	**1175**	**828**	**347**	**1673**	**1076**	**597**	**2029**	**1258**	**771**
西秀区	393	280	113	517	350	167	683	421	262
平坝区	172	113	59	243	146	97	257	166	91
普定县	155	96	59	267	161	106	292	182	110
镇宁布依族苗族自治县	153	110	43	219	147	72	274	164	110
关岭布依族苗族自治县	136	101	35	211	130	81	252	143	109
紫云苗族布依族自治县	166	128	38	216	142	74	271	182	89
毕节市	**2236**	**1569**	**667**	**3408**	**2171**	**1237**	**3726**	**2245**	**1481**
七星关区	333	223	110	500	319	181	586	340	246
大方县	263	196	67	477	297	180	477	298	179
黔西县	274	189	85	384	235	149	427	252	175
金沙县	169	116	53	346	218	128	404	236	168
织金县	287	205	82	433	278	155	429	257	172
纳雍县	245	188	57	375	247	128	368	234	134
威宁彝族回族苗族自治县	395	262	133	477	303	174	603	374	229
赫章县	270	190	80	416	274	142	432	254	178

6-1 续表 11

单位：人

地 区	60-64岁			65-69岁			70-74岁		
	小计	男	女	小计	男	女	小计	男	女
铜仁市	**1104**	**760**	**344**	**2033**	**1286**	**747**	**2484**	**1471**	**1013**
碧江区	42	25	17	76	35	41	74	40	34
万山区	52	38	14	71	43	28	100	66	34
江口县	88	54	34	153	108	45	163	97	66
玉屏侗族自治县	63	41	22	105	53	52	98	63	35
石阡县	111	76	35	231	135	96	307	178	129
思南县	180	131	49	374	235	139	431	245	186
印江土家族苗族自治县	107	74	33	232	161	71	292	177	115
德江县	173	118	55	239	151	88	347	196	151
沿河土家族自治县	131	95	36	275	184	91	332	205	127
松桃苗族自治县	157	108	49	277	181	96	340	204	136
黔西南布依族苗族自治州	**1258**	**876**	**382**	**1661**	**1144**	**517**	**1919**	**1184**	**735**
兴义市	288	205	83	396	288	108	469	305	164
兴仁市	166	105	61	212	137	75	239	142	97
普安县	102	74	28	131	77	54	127	75	52
晴隆县	106	81	25	161	111	50	177	108	69
贞丰县	171	110	61	226	158	68	246	153	93
望谟县	129	89	40	182	126	56	219	131	88
册亨县	121	85	36	125	95	30	164	108	56
安龙县	175	127	48	228	152	76	278	162	116
黔东南苗族侗族自治州	**1672**	**1132**	**540**	**2606**	**1635**	**971**	**3226**	**1900**	**1326**
凯里市	196	124	72	309	195	114	355	216	139
黄平县	118	77	41	207	140	67	268	157	111
施秉县	42	24	18	77	50	27	96	52	44
三穗县	70	54	16	122	78	44	151	78	73
镇远县	110	82	28	160	100	60	207	117	90
岑巩县	84	59	25	127	65	62	152	88	64
天柱县	163	110	53	233	159	74	289	180	109
锦屏县	112	75	37	126	69	57	159	103	56
剑河县	105	68	37	153	91	62	165	87	78
台江县	58	39	19	102	62	40	129	77	52
黎平县	206	139	67	294	186	108	392	231	161
榕江县	126	87	39	170	112	58	211	116	95
从江县	88	53	35	196	121	75	230	141	89
雷山县	51	38	13	98	54	44	146	88	58
麻江县	61	41	20	119	82	37	138	85	53
丹寨县	82	62	20	113	71	42	138	84	54
黔南布依族苗族自治州	**1553**	**1108**	**445**	**2176**	**1430**	**746**	**2740**	**1637**	**1103**
都匀市	196	141	55	254	160	94	352	206	146
福泉市	94	70	24	150	89	61	173	100	73
荔波县	83	57	26	118	79	39	150	96	54
贵定县	127	101	26	158	104	54	244	153	91
瓮安县	144	104	40	284	180	104	292	177	115
独山县	113	85	28	167	107	60	212	126	86
平塘县	115	76	39	180	119	61	257	165	92
罗甸县	126	82	44	187	122	65	222	128	94
长顺县	111	89	22	119	83	36	162	100	62
龙里县	110	78	32	117	78	39	179	99	80
惠水县	191	131	60	248	177	71	240	139	101
三都水族自治县	143	94	49	194	132	62	257	148	109

6-1　续表 12　　　　单位：人

地　区	75-79岁			80-84岁			85-89岁		
	小计	男	女	小计	男	女	小计	男	女
贵　州	**33019**	**18327**	**14692**	**35192**	**17802**	**17390**	**24649**	**11400**	**13249**
贵阳市	**3821**	**2258**	**1563**	**4599**	**2406**	**2193**	**3350**	**1603**	**1747**
南明区	644	390	254	912	493	419	718	334	384
云岩区	634	358	276	841	418	423	712	329	383
花溪区	488	291	197	629	342	287	366	191	175
乌当区	234	149	85	230	133	97	182	92	90
白云区	288	194	94	297	157	140	180	80	100
观山湖区	183	115	68	236	122	114	153	74	79
开阳县	399	243	156	380	191	189	301	148	153
息烽县	260	137	123	268	138	130	213	102	111
修文县	256	153	103	302	155	147	211	105	106
清镇市	435	228	207	504	257	247	314	148	166
六盘水市	**2514**	**1409**	**1105**	**2837**	**1469**	**1368**	**1729**	**861**	**868**
钟山区	431	255	176	411	217	194	201	117	84
六枝特区	516	295	221	571	279	292	398	190	208
水城县	588	316	272	644	339	305	390	189	201
盘州市	979	543	436	1211	634	577	740	365	375
遵义市	**6748**	**3645**	**3103**	**6716**	**3430**	**3286**	**4921**	**2299**	**2622**
红花岗区	687	382	305	699	350	349	537	274	263
汇川区	541	288	253	546	302	244	371	176	195
播州区	753	412	341	770	377	393	512	223	289
桐梓县	572	304	268	603	295	308	492	235	257
绥阳县	412	216	196	392	192	200	299	150	149
正安县	566	305	261	461	261	200	356	156	200
道真仡佬族苗族自治县	327	170	157	316	177	139	173	96	77
务川仡佬族苗族自治县	380	212	168	378	172	206	230	122	108
凤冈县	460	251	209	439	219	220	298	146	152
湄潭县	403	220	183	442	219	223	332	153	179
余庆县	325	176	149	345	168	177	284	120	164
习水县	589	299	290	577	309	268	417	171	246
赤水市	328	192	136	320	178	142	308	134	174
仁怀市	405	218	187	428	211	217	312	143	169
安顺市	**2548**	**1432**	**1116**	**2612**	**1289**	**1323**	**1861**	**850**	**1011**
西秀区	862	457	405	932	450	482	682	319	363
平坝区	411	247	164	388	184	204	314	164	150
普定县	328	190	138	407	217	190	283	122	161
镇宁布依族苗族自治县	319	172	147	316	157	159	197	82	115
关岭布依族苗族自治县	310	189	121	267	139	128	178	76	102
紫云苗族布依族自治县	318	177	141	302	142	160	207	87	120
毕节市	**4545**	**2536**	**2009**	**5304**	**2680**	**2624**	**3439**	**1587**	**1852**
七星关区	695	401	294	925	504	421	641	275	366
大方县	545	293	252	721	364	357	455	214	241
黔西县	535	295	240	600	314	286	470	223	247
金沙县	544	303	241	564	276	288	409	217	192
织金县	534	291	243	554	271	283	391	152	239
纳雍县	424	224	200	500	251	249	313	143	170
威宁彝族回族苗族自治县	725	417	308	784	397	387	417	216	201
赫章县	543	312	231	656	303	353	343	147	196

6-1 续表 13 单位：人

地区	75-79岁			80-84岁			85-89岁		
	小计	男	女	小计	男	女	小计	男	女
铜仁市	**3025**	**1667**	**1358**	**2885**	**1446**	**1439**	**2212**	**1073**	**1139**
碧江区	100	65	35	127	74	53	94	49	45
万山区	124	72	52	148	69	79	118	74	44
江口县	188	93	95	201	108	93	141	74	67
玉屏侗族自治县	132	82	50	135	73	62	102	49	53
石阡县	355	202	153	380	196	184	239	109	130
思南县	569	315	254	446	194	252	333	144	189
印江土家族苗族自治县	352	197	155	321	162	159	240	116	124
德江县	407	221	186	325	167	158	284	138	146
沿河土家族自治县	416	215	201	417	206	211	313	159	154
松桃苗族自治县	382	205	177	385	197	188	348	161	187
黔西南布依族苗族自治州	**2612**	**1446**	**1166**	**2455**	**1193**	**1262**	**1778**	**738**	**1040**
兴义市	644	355	289	688	358	330	547	229	318
兴仁市	334	200	134	361	178	183	229	101	128
普安县	226	123	103	200	95	105	155	77	78
晴隆县	210	125	85	214	100	114	164	74	90
贞丰县	335	164	171	318	154	164	185	82	103
望谟县	276	149	127	178	65	113	126	35	91
册亨县	202	97	105	157	85	72	137	56	81
安龙县	385	233	152	339	158	181	235	84	151
黔东南苗族侗族自治州	**3962**	**2196**	**1766**	**4440**	**2267**	**2173**	**3000**	**1417**	**1583**
凯里市	468	238	230	456	254	202	330	179	151
黄平县	293	159	134	350	164	186	242	112	130
施秉县	117	65	52	161	88	73	117	52	65
三穗县	179	98	81	241	140	101	157	61	96
镇远县	275	146	129	320	164	156	218	93	125
岑巩县	222	137	85	230	118	112	201	101	100
天柱县	316	173	143	391	180	211	259	104	155
锦屏县	211	118	93	245	126	119	150	57	93
剑河县	243	130	113	243	126	117	156	80	76
台江县	151	90	61	143	72	71	99	49	50
黎平县	460	268	192	563	289	274	352	183	169
榕江县	240	143	97	281	124	157	172	88	84
从江县	282	157	125	348	185	163	228	111	117
雷山县	169	93	76	171	95	76	109	55	54
麻江县	180	105	75	156	68	88	111	46	65
丹寨县	156	76	80	141	74	67	99	46	53
黔南布依族苗族自治州	**3244**	**1738**	**1506**	**3344**	**1622**	**1722**	**2359**	**972**	**1387**
都匀市	423	233	190	430	201	229	352	145	207
福泉市	178	99	79	202	114	88	175	72	103
荔波县	194	101	93	226	114	112	150	61	89
贵定县	243	133	110	241	119	122	161	67	94
瓮安县	287	158	129	317	163	154	258	118	140
独山县	239	129	110	273	126	147	220	88	132
平塘县	329	182	147	291	144	147	182	83	99
罗甸县	318	162	156	291	128	163	168	61	107
长顺县	203	121	82	182	93	89	141	66	75
龙里县	196	107	89	214	114	100	147	59	88
惠水县	354	167	187	381	175	206	208	80	128
三都水族自治县	280	146	134	296	131	165	197	72	125

6-1　续表 14

单位：人

地　　区	90—94岁			95—99岁			100岁及以上		
	小计	男	女	小计	男	女	小计	男	女
贵　州	**10110**	**4168**	**5942**	**2279**	**798**	**1481**	**482**	**154**	**328**
贵阳市	**1516**	**704**	**812**	**389**	**174**	**215**	**70**	**31**	**39**
南明区	389	198	191	116	54	62	12	8	4
云岩区	406	185	221	112	46	66	31	12	19
花溪区	150	62	88	37	17	20	10	7	3
乌当区	76	37	39	23	12	11			
白云区	87	41	46	19	13	6	2	1	1
观山湖区	40	18	22	8	3	5	3		3
开阳县	106	49	57	16	7	9	2		2
息烽县	84	39	45	13	6	7	3	2	1
修文县	70	28	42	11	5	6	3		3
清镇市	108	47	61	34	11	23	4	1	3
六盘水市	**747**	**377**	**370**	**196**	**64**	**132**	**36**	**10**	**26**
钟山区	84	49	35	25	9	16	1		1
六枝特区	173	84	89	34	10	24	10	3	7
水城县	173	87	86	57	14	43	11	3	8
盘州市	317	157	160	80	31	49	14	4	10
遵义市	**1944**	**837**	**1107**	**354**	**137**	**217**	**62**	**29**	**33**
红花岗区	192	95	97	43	19	24	15	8	7
汇川区	176	56	120	26	9	17	2	1	1
播州区	187	86	101	34	11	23	5	3	2
桐梓县	190	93	97	34	12	22	3	1	2
绥阳县	95	34	61	25	14	11	3		3
正安县	119	57	62	22	4	18			
道真仡佬族苗族自治县	70	31	39	13	6	7	2	2	
务川仡佬族苗族自治县	81	31	50	12	4	8	5	2	3
凤冈县	83	36	47	13	5	8	2		2
湄潭县	124	53	71	23	12	11	2	2	
余庆县	87	33	54	13	4	9	6	2	4
习水县	205	82	123	32	12	20	4	2	2
赤水市	158	68	90	33	12	21	7	3	4
仁怀市	177	82	95	31	13	18	6	3	3
安顺市	**830**	**352**	**478**	**197**	**60**	**137**	**34**	**10**	**24**
西秀区	284	122	162	66	21	45	10	3	7
平坝区	131	64	67	32	12	20	4	1	3
普定县	131	57	74	34	11	23	6	1	5
镇宁布依族苗族自治县	126	44	82	24	7	17	6	2	4
关岭布依族苗族自治县	81	30	51	21	3	18	5	2	3
紫云苗族布依族自治县	77	35	42	20	6	14	3	1	2
毕节市	**1532**	**581**	**951**	**358**	**134**	**224**	**72**	**24**	**48**
七星关区	277	106	171	76	29	47	17	4	13
大方县	214	81	133	55	17	38	12	4	8
黔西县	188	72	116	25	10	15	7		7
金沙县	162	63	99	36	15	21	4		4
织金县	179	65	114	40	9	31	9	4	5
纳雍县	149	57	92	53	25	28	5	1	4
威宁彝族回族苗族自治县	167	69	98	39	16	23	12	8	4
赫章县	196	68	128	34	13	21	6	3	3

6-1 续表 15 单位：人

地区	90-94岁			95-99岁			100岁及以上		
	小计	男	女	小计	男	女	小计	男	女
铜仁市	**822**	**336**	**486**	**192**	**66**	**126**	**54**	**12**	**42**
碧江区	42	22	20	12	6	6	3	1	2
万山区	61	28	33	8	3	5	2	1	1
江口县	52	18	34	17	8	9	8	2	6
玉屏侗族自治县	45	20	25	7	2	5	5	2	3
石阡县	79	38	41	15	3	12	4	2	2
思南县	98	37	61	18	4	14	6		6
印江土家族苗族自治县	100	46	54	11	5	6	3		3
德江县	75	27	48	21	7	14	2		2
沿河土家族自治县	117	48	69	32	13	19	7		7
松桃苗族自治县	153	52	101	51	15	36	14	4	10
黔西南布依族苗族自治州	**798**	**262**	**536**	**214**	**49**	**165**	**52**	**13**	**39**
兴义市	229	73	156	53	10	43	16	2	14
兴仁市	94	29	65	26	7	19	8	3	5
普安县	66	26	40	13	5	8	2		2
晴隆县	56	23	33	15	5	10	13	7	6
贞丰县	122	49	73	31	6	25	7		7
望谟县	53	11	42	18	5	13	1		1
册亨县	46	16	30	21	1	20	1	1	
安龙县	132	35	97	37	10	27	4		4
黔东南苗族侗族自治州	**1004**	**397**	**607**	**197**	**59**	**138**	**46**	**11**	**35**
凯里市	142	67	75	31	15	16	5		5
黄平县	84	24	60	20	3	17	5	2	3
施秉县	24	10	14	6	2	4	1	1	
三穗县	49	26	23	5	2	3	1		1
镇远县	66	24	42	14	3	11			
岑巩县	63	25	38	8	2	6	2		2
天柱县	106	31	75	23	6	17	3	1	2
锦屏县	48	14	34	9		9			
剑河县	40	18	22	12	3	9	1		1
台江县	18	6	12	1	1		2	2	
黎平县	97	46	51	18	3	15	6	1	5
榕江县	63	28	35	5	2	3	4	1	3
从江县	89	38	51	26	11	15	9	2	7
雷山县	39	16	23	3	1	2	1		1
麻江县	35	9	26	7		7	3	1	2
丹寨县	41	15	26	9	5	4	3		3
黔南布依族苗族自治州	**917**	**322**	**595**	**182**	**55**	**127**	**56**	**14**	**42**
都匀市	104	40	64	30	12	18	5	2	3
福泉市	61	23	38	10	4	6	2		2
荔波县	66	19	47	13		13	1		1
贵定县	69	23	46	14	4	10	12	4	8
瓮安县	128	58	70	16	6	10	3	1	2
独山县	92	28	64	19	5	14	1		1
平塘县	80	20	60	17	6	11	8		8
罗甸县	74	21	53	14	3	11	5	2	3
长顺县	61	20	41	8	3	5	3	1	2
龙里县	37	13	24	11	2	9	4	1	3
惠水县	74	33	41	13	3	10	7	1	6
三都水族自治县	71	24	47	17	7	10	5	2	3

6-1a　各地区分年龄、性别的死亡人口 (2019.11.1-2020.10.31)(城市)

单位：人

地　区	死亡人口			0岁		
	合计	男	女	小计	男	女
贵　州	**37896**	**22728**	**15168**	**220**	**132**	**88**
贵阳市	**15603**	**9353**	**6250**	**70**	**37**	**33**
南明区	4804	2872	1932	14	6	8
云岩区	4902	2848	2054	15	10	5
花溪区	2201	1366	835	11	8	3
乌当区	653	411	242	6	3	3
白云区	1527	927	600	10	4	6
观山湖区	762	459	303	11	4	7
开阳县						
息烽县	6	3	3			
修文县						
清镇市	748	467	281	3	2	1
六盘水市	**4627**	**2903**	**1724**	**40**	**20**	**20**
钟山区	1980	1211	769	10	6	4
六枝特区	900	584	316	6	2	4
水城县	96	58	38			
盘州市	1651	1050	601	24	12	12
遵义市	**6833**	**4014**	**2819**	**47**	**36**	**11**
红花岗区	2521	1509	1012	10	7	3
汇川区	1449	841	608	6	5	1
播州区	1526	879	647	16	11	5
桐梓县						
绥阳县						
正安县						
道真仡佬族苗族自治县						
务川仡佬族苗族自治县						
凤冈县						
湄潭县						
余庆县						
习水县						
赤水市	610	367	243	2	1	1
仁怀市	727	418	309	13	12	1
安顺市	**3692**	**2204**	**1488**	**12**	**5**	**7**
西秀区	2877	1715	1162	9	5	4
平坝区	815	489	326	3		3
普定县						
镇宁布依族苗族自治县						
关岭布依族苗族自治县						
紫云苗族布依族自治县						
毕节市	**1806**	**1078**	**728**	**14**	**8**	**6**
七星关区	1806	1078	728	14	8	6
大方县						
黔西县						
金沙县						
织金县						
纳雍县						
威宁彝族回族苗族自治县						
赫章县						

6-1a 续表 1

单位：人

地区	死亡人口			0岁		
	合计	男	女	小计	男	女
铜仁市	**662**	**393**	**269**	**6**	**5**	**1**
碧江区	337	208	129	4	4	
万山区	325	185	140	2	1	1
江口县						
玉屏侗族自治县						
石阡县						
思南县						
印江土家族苗族自治县						
德江县						
沿河土家族自治县						
松桃苗族自治县						
黔西南布依族苗族自治州	**2222**	**1302**	**920**	**17**	**12**	**5**
兴义市	1786	1044	742	13	9	4
兴仁市	436	258	178	4	3	1
普安县						
晴隆县						
贞丰县						
望谟县						
册亨县						
安龙县						
黔东南苗族侗族自治州	**1272**	**793**	**479**	**10**	**7**	**3**
凯里市	1234	770	464	10	7	3
黄平县						
施秉县						
三穗县						
镇远县						
岑巩县						
天柱县						
锦屏县						
剑河县	38	23	15			
台江县						
黎平县						
榕江县						
从江县						
雷山县						
麻江县						
丹寨县						
黔南布依族苗族自治州	**1179**	**688**	**491**	**4**	**2**	**2**
都匀市	964	554	410	3	1	2
福泉市	215	134	81	1	1	
荔波县						
贵定县						
瓮安县						
独山县						
平塘县						
罗甸县						
长顺县						
龙里县						
惠水县						
三都水族自治县						

6-1a　续表 2　　　　单位：人

地　区	1-4岁			5-9岁			10-14岁		
	小计	男	女	小计	男	女	小计	男	女
贵　州	**139**	**81**	**58**	**91**	**57**	**34**	**99**	**56**	**43**
贵阳市	**40**	**20**	**20**	**27**	**16**	**11**	**21**	**14**	**7**
南明区	5	4	1	8	1	7	5	3	2
云岩区	7	3	4	4	4		2	1	1
花溪区	4	2	2	3	3		4	2	2
乌当区	1	1		2	1	1			
白云区	11	4	7	4	3	1	6	5	1
观山湖区	7	4	3	2	2		2	2	
开阳县									
息烽县				1	1				
修文县									
清镇市	5	2	3	3	1	2	2	1	1
六盘水市	**25**	**15**	**10**	**14**	**11**	**3**	**16**	**10**	**6**
钟山区	8	3	5	3	3		7	5	2
六枝特区	2	1	1	3	3		5	2	3
水城县				1	1				
盘州市	15	11	4	7	4	3	4	3	1
遵义市	**26**	**16**	**10**	**9**	**6**	**3**	**19**	**8**	**11**
红花岗区	7	4	3	2	1	1	5	2	3
汇川区	2	1	1	3	1	2	4	1	3
播州区	10	7	3	3	3		6	3	3
桐梓县									
绥阳县									
正安县									
道真仡佬族苗族自治县									
务川仡佬族苗族自治县									
凤冈县									
湄潭县									
余庆县									
习水县									
赤水市	2	2		1	1				
仁怀市	5	2	3				4	2	2
安顺市	**14**	**9**	**5**	**10**	**3**	**7**	**9**	**3**	**6**
西秀区	6	3	3	8	2	6	5	3	2
平坝区	8	6	2	2	1	1	4		4
普定县									
镇宁布依族苗族自治县									
关岭布依族苗族自治县									
紫云苗族布依族自治县									
毕节市	**12**	**8**	**4**	**15**	**8**	**7**	**11**	**8**	**3**
七星关区	12	8	4	15	8	7	11	8	3
大方县									
黔西县									
金沙县									
织金县									
纳雍县									
威宁彝族回族苗族自治县									
赫章县									

6-1a 续表 3 单位：人

地　　区	1-4岁			5-9岁			10-14岁		
	小计	男	女	小计	男	女	小计	男	女
铜仁市	**2**		**2**	**3**	**1**	**2**	**1**		**1**
碧江区				1		1			
万山区	2		2	2	1	1	1		1
江口县									
玉屏侗族自治县									
石阡县									
思南县									
印江土家族苗族自治县									
德江县									
沿河土家族自治县									
松桃苗族自治县									
黔西南布依族苗族自治州	**13**	**8**	**5**	**6**	**6**		**14**	**7**	**7**
兴义市	11	8	3	5	5		12	6	6
兴仁市	2		2	1	1		2	1	1
普安县									
晴隆县									
贞丰县									
望谟县									
册亨县									
安龙县									
黔东南苗族侗族自治州	**4**	**2**	**2**	**5**	**5**		**6**	**5**	**1**
凯里市	4	2	2	5	5		5	4	1
黄平县									
施秉县									
三穗县									
镇远县									
岑巩县									
天柱县									
锦屏县									
剑河县							1	1	
台江县									
黎平县									
榕江县									
从江县									
雷山县									
麻江县									
丹寨县									
黔南布依族苗族自治州	**3**	**3**		**2**	**1**	**1**	**2**	**1**	**1**
都匀市	3	3					2	1	1
福泉市				2	1	1			
荔波县									
贵定县									
瓮安县									
独山县									
平塘县									
罗甸县									
长顺县									
龙里县									
惠水县									
三都水族自治县									

6-1a　续表 4　　单位：人

地　　区	15-19岁			20-24岁			25-29岁		
	小计	男	女	小计	男	女	小计	男	女
贵　州	**159**	**99**	**60**	**179**	**120**	**59**	**237**	**167**	**70**
贵阳市	**51**	**35**	**16**	**54**	**32**	**22**	**73**	**57**	**16**
南明区	14	11	3	10	3	7	17	14	3
云岩区	11	6	5	18	12	6	13	10	3
花溪区	7	4	3	10	5	5	13	8	5
乌当区	3	3		1		1	4	4	
白云区	7	5	2	6	4	2	13	9	4
观山湖区	3	1	2	8	7	1	5	5	
开阳县									
息烽县									
修文县									
清镇市	6	5	1	1	1		8	7	1
六盘水市	**23**	**11**	**12**	**30**	**21**	**9**	**26**	**14**	**12**
钟山区	11	4	7	14	11	3	12	6	6
六枝特区	5	3	2	3	1	2	3	1	2
水城县	2		2						
盘州市	5	4	1	13	9	4	11	7	4
遵义市	**19**	**9**	**10**	**41**	**30**	**11**	**48**	**28**	**20**
红花岗区	4	2	2	13	9	4	15	7	8
汇川区	3	2	1	7	3	4	6	4	2
播州区	5	3	2	9	7	2	17	12	5
桐梓县									
绥阳县									
正安县									
道真仡佬族苗族自治县									
务川仡佬族苗族自治县									
凤冈县									
湄潭县									
余庆县									
习水县									
赤水市	1		1	5	4	1	5	2	3
仁怀市	6	2	4	7	7		5	3	2
安顺市	**20**	**12**	**8**	**11**	**8**	**3**	**24**	**16**	**8**
西秀区	16	8	8	8	5	3	16	10	6
平坝区	4	4		3	3		8	6	2
普定县									
镇宁布依族苗族自治县									
关岭布依族苗族自治县									
紫云苗族布依族自治县									
毕节市	**17**	**11**	**6**	**12**	**8**	**4**	**21**	**17**	**4**
七星关区	17	11	6	12	8	4	21	17	4
大方县									
黔西县									
金沙县									
织金县									
纳雍县									
威宁彝族回族苗族自治县									
赫章县									

6-1a 续表 5

单位：人

地 区	15-19岁			20-24岁			25-29岁		
	小计	男	女	小计	男	女	小计	男	女
铜仁市	**3**	**1**	**2**	**5**	**3**	**2**	**4**	**3**	**1**
碧江区	2	1	1	3	1	2	2	2	
万山区	1		1	2	2		2	1	1
江口县									
玉屏侗族自治县									
石阡县									
思南县									
印江土家族苗族自治县									
德江县									
沿河土家族自治县									
松桃苗族自治县									
黔西南布依族苗族自治州	**16**	**12**	**4**	**16**	**10**	**6**	**24**	**17**	**7**
兴义市	11	7	4	14	8	6	22	16	6
兴仁市	5	5		2	2		2	1	1
普安县									
晴隆县									
贞丰县									
望谟县									
册亨县									
安龙县									
黔东南苗族侗族自治州	**6**	**6**		**9**	**7**	**2**	**9**	**8**	**1**
凯里市	6	6		9	7	2	9	8	1
黄平县									
施秉县									
三穗县									
镇远县									
岑巩县									
天柱县									
锦屏县									
剑河县									
台江县									
黎平县									
榕江县									
从江县									
雷山县									
麻江县									
丹寨县									
黔南布依族苗族自治州	**4**	**2**	**2**	**1**	**1**		**8**	**7**	**1**
都匀市	4	2	2	1	1		6	5	1
福泉市							2	2	
荔波县									
贵定县									
瓮安县									
独山县									
平塘县									
罗甸县									
长顺县									
龙里县									
惠水县									
三都水族自治县									

6-1a　续表 6

单位：人

地　　区	30-34岁			35-39岁			40-44岁		
	小计	男	女	小计	男	女	小计	男	女
贵　州	**364**	**259**	**105**	**513**	**371**	**142**	**792**	**558**	**234**
贵阳市	**127**	**82**	**45**	**173**	**128**	**45**	**243**	**166**	**77**
南明区	29	18	11	48	34	14	63	44	19
云岩区	37	24	13	44	34	10	56	39	17
花溪区	18	11	7	29	21	8	43	34	9
乌当区	8	5	3	11	9	2	16	11	5
白云区	20	17	3	21	15	6	26	12	14
观山湖区	6	4	2	12	7	5	16	8	8
开阳县									
息烽县									
修文县									
清镇市	9	3	6	8	8		23	18	5
六盘水市	**55**	**43**	**12**	**104**	**80**	**24**	**142**	**108**	**34**
钟山区	22	16	6	42	34	8	65	49	16
六枝特区	1	1		10	9	1	22	16	6
水城县	1	1		4	2	2	5	3	2
盘州市	31	25	6	48	35	13	50	40	10
遵义市	**61**	**37**	**24**	**84**	**56**	**28**	**138**	**95**	**43**
红花岗区	15	10	5	37	23	14	38	27	11
汇川区	12	7	5	18	12	6	31	20	11
播州区	16	11	5	13	11	2	42	27	15
桐梓县									
绥阳县									
正安县									
道真仡佬族苗族自治县									
务川仡佬族苗族自治县									
凤冈县									
湄潭县									
余庆县									
习水县									
赤水市	8	4	4	4	3	1	11	8	3
仁怀市	10	5	5	12	7	5	16	13	3
安顺市	**35**	**30**	**5**	**44**	**33**	**11**	**81**	**57**	**24**
西秀区	29	25	4	32	24	8	58	41	17
平坝区	6	5	1	12	9	3	23	16	7
普定县									
镇宁布依族苗族自治县									
关岭布依族苗族自治县									
紫云苗族布依族自治县									
毕节市	**20**	**16**	**4**	**23**	**16**	**7**	**72**	**52**	**20**
七星关区	20	16	4	23	16	7	72	52	20
大方县									
黔西县									
金沙县									
织金县									
纳雍县									
威宁彝族回族苗族自治县									
赫章县									

6－1a 续表 7

单位：人

地 区	30－34岁			35－39岁			40－44岁		
	小计	男	女	小计	男	女	小计	男	女
铜仁市	**9**	**7**	**2**	**14**	**8**	**6**	**11**	**8**	**3**
碧江区	6	5	1	9	5	4	5	4	1
万山区	3	2	1	5	3	2	6	4	2
江口县									
玉屏侗族自治县									
石阡县									
思南县									
印江土家族苗族自治县									
德江县									
沿河土家族自治县									
松桃苗族自治县									
黔西南布依族苗族自治州	**33**	**26**	**7**	**35**	**27**	**8**	**55**	**38**	**17**
兴义市	30	24	6	25	18	7	42	30	12
兴仁市	3	2	1	10	9	1	13	8	5
普安县									
晴隆县									
贞丰县									
望谟县									
册亨县									
安龙县									
黔东南苗族侗族自治州	**11**	**11**		**21**	**12**	**9**	**24**	**17**	**7**
凯里市	10	10		21	12	9	21	15	6
黄平县									
施秉县									
三穗县									
镇远县									
岑巩县									
天柱县									
锦屏县									
剑河县	1	1					3	2	1
台江县									
黎平县									
榕江县									
从江县									
雷山县									
麻江县									
丹寨县									
黔南布依族苗族自治州	**13**	**7**	**6**	**15**	**11**	**4**	**26**	**17**	**9**
都匀市	8	3	5	9	6	3	14	9	5
福泉市	5	4	1	6	5	1	12	8	4
荔波县									
贵定县									
瓮安县									
独山县									
平塘县									
罗甸县									
长顺县									
龙里县									
惠水县									
三都水族自治县									

6-1a　续表 8

单位：人

地　　区	45-49岁			50-54岁			55-59岁		
	小计	男	女	小计	男	女	小计	男	女
贵　州	**1509**	**1085**	**424**	**2086**	**1463**	**623**	**2336**	**1633**	**703**
贵阳市	**506**	**353**	**153**	**738**	**495**	**243**	**970**	**711**	**259**
南明区	138	104	34	214	142	72	298	227	71
云岩区	131	91	40	200	123	77	313	216	97
花溪区	72	46	26	108	78	30	110	82	28
乌当区	26	16	10	26	17	9	43	30	13
白云区	64	45	19	105	69	36	93	74	19
观山湖区	36	27	9	45	33	12	38	26	12
开阳县									
息烽县									
修文县									
清镇市	39	24	15	40	33	7	75	56	19
六盘水市	**260**	**194**	**66**	**332**	**258**	**74**	**296**	**191**	**105**
钟山区	118	85	33	134	98	36	125	79	46
六枝特区	44	41	3	70	63	7	47	36	11
水城县	5	4	1	7	5	2	4	4	
盘州市	93	64	29	121	92	29	120	72	48
遵义市	**271**	**187**	**84**	**385**	**254**	**131**	**419**	**278**	**141**
红花岗区	87	70	17	121	73	48	151	100	51
汇川区	55	40	15	64	41	23	76	54	22
播州区	63	36	27	104	79	25	114	71	43
桐梓县									
绥阳县									
正安县									
道真仡佬族苗族自治县									
务川仡佬族苗族自治县									
凤冈县									
湄潭县									
余庆县									
习水县									
赤水市	25	16	9	45	32	13	35	28	7
仁怀市	41	25	16	51	29	22	43	25	18
安顺市	**144**	**117**	**27**	**212**	**153**	**59**	**213**	**149**	**64**
西秀区	103	83	20	162	112	50	165	116	49
平坝区	41	34	7	50	41	9	48	33	15
普定县									
镇宁布依族苗族自治县									
关岭布依族苗族自治县									
紫云苗族布依族自治县									
毕节市	**94**	**66**	**28**	**113**	**83**	**30**	**98**	**67**	**31**
七星关区	94	66	28	113	83	30	98	67	31
大方县									
黔西县									
金沙县									
织金县									
纳雍县									
威宁彝族回族苗族自治县									
赫章县									

6-1a 续表 9

单位：人

地区	45-49岁			50-54岁			55-59岁		
	小计	男	女	小计	男	女	小计	男	女
铜仁市	**28**	**22**	**6**	**44**	**38**	**6**	**53**	**39**	**14**
碧江区	14	9	5	22	19	3	25	19	6
万山区	14	13	1	22	19	3	28	20	8
江口县									
玉屏侗族自治县									
石阡县									
思南县									
印江土家族苗族自治县									
德江县									
沿河土家族自治县									
松桃苗族自治县									
黔西南布依族苗族自治州	**104**	**75**	**29**	**126**	**92**	**34**	**122**	**80**	**42**
兴义市	83	61	22	99	74	25	96	65	31
兴仁市	21	14	7	27	18	9	26	15	11
普安县									
晴隆县									
贞丰县									
望谟县									
册亨县									
安龙县									
黔东南苗族侗族自治州	**52**	**38**	**14**	**66**	**44**	**22**	**84**	**67**	**17**
凯里市	51	38	13	65	44	21	83	66	17
黄平县									
施秉县									
三穗县									
镇远县									
岑巩县									
天柱县									
锦屏县									
剑河县	1		1	1		1	1	1	
台江县									
黎平县									
榕江县									
从江县									
雷山县									
麻江县									
丹寨县									
黔南布依族苗族自治州	**50**	**33**	**17**	**70**	**46**	**24**	**81**	**51**	**30**
都匀市	37	24	13	59	39	20	68	43	25
福泉市	13	9	4	11	7	4	13	8	5
荔波县									
贵定县									
瓮安县									
独山县									
平塘县									
罗甸县									
长顺县									
龙里县									
惠水县									
三都水族自治县									

6-1a　续表 10　　　　单位：人

地　区	60-64岁			65-69岁			70-74岁		
	小计	男	女	小计	男	女	小计	男	女
贵　州	**2544**	**1781**	**763**	**3340**	**2128**	**1212**	**4281**	**2725**	**1556**
贵阳市	**1077**	**781**	**296**	**1262**	**815**	**447**	**1691**	**1106**	**585**
南明区	302	226	76	358	228	130	529	347	182
云岩区	400	296	104	420	292	128	495	339	156
花溪区	122	88	34	186	115	71	276	178	98
乌当区	40	29	11	48	24	24	77	47	30
白云区	93	62	31	115	72	43	145	91	54
观山湖区	66	44	22	78	52	26	81	49	32
开阳县									
息烽县				1		1	1	1	
修文县									
清镇市	54	36	18	56	32	24	87	54	33
六盘水市	**314**	**206**	**108**	**409**	**237**	**172**	**566**	**364**	**202**
钟山区	131	91	40	181	92	89	261	162	99
六枝特区	53	39	14	67	45	22	104	66	38
水城县	2	2		10	4	6	12	7	5
盘州市	128	74	54	151	96	55	189	129	60
遵义市	**449**	**301**	**148**	**688**	**440**	**248**	**819**	**486**	**333**
红花岗区	185	130	55	236	160	76	300	184	116
汇川区	80	47	33	143	91	52	192	108	84
播州区	83	57	26	160	95	65	203	111	92
桐梓县									
绥阳县									
正安县									
道真仡佬族苗族自治县									
务川仡佬族苗族自治县									
凤冈县									
湄潭县									
余庆县									
习水县									
赤水市	51	38	13	77	53	24	57	37	20
仁怀市	50	29	21	72	41	31	67	46	21
安顺市	**243**	**171**	**72**	**339**	**231**	**108**	**441**	**280**	**161**
西秀区	200	140	60	268	184	84	348	217	131
平坝区	43	31	12	71	47	24	93	63	30
普定县									
镇宁布依族苗族自治县									
关岭布依族苗族自治县									
紫云苗族布依族自治县									
毕节市	**118**	**78**	**40**	**144**	**95**	**49**	**176**	**109**	**67**
七星关区	118	78	40	144	95	49	176	109	67
大方县									
黔西县									
金沙县									
织金县									
纳雍县									
威宁彝族回族苗族自治县									
赫章县									

6-1a 续表 11　　单位：人

地区	60-64岁			65-69岁			70-74岁		
	小计	男	女	小计	男	女	小计	男	女
铜仁市	**34**	**24**	**10**	**63**	**30**	**33**	**66**	**35**	**31**
碧江区	17	11	6	36	15	21	33	18	15
万山区	17	13	4	27	15	12	33	17	16
江口县									
玉屏侗族自治县									
石阡县									
思南县									
印江土家族苗族自治县									
德江县									
沿河土家族自治县									
松桃苗族自治县									
黔西南布依族苗族自治州	**160**	**109**	**51**	**215**	**149**	**66**	**254**	**171**	**83**
兴义市	123	84	39	175	119	56	208	137	71
兴仁市	37	25	12	40	30	10	46	34	12
普安县									
晴隆县									
贞丰县									
望谟县									
册亨县									
安龙县									
黔东南苗族侗族自治州	**75**	**55**	**20**	**123**	**73**	**50**	**140**	**85**	**55**
凯里市	71	51	20	120	71	49	137	84	53
黄平县									
施秉县									
三穗县									
镇远县									
岑巩县									
天柱县									
锦屏县									
剑河县	4	4		3	2	1	3	1	2
台江县									
黎平县									
榕江县									
从江县									
雷山县									
麻江县									
丹寨县									
黔南布依族苗族自治州	**74**	**56**	**18**	**97**	**58**	**39**	**128**	**89**	**39**
都匀市	59	47	12	77	45	32	102	69	33
福泉市	15	9	6	20	13	7	26	20	6
荔波县									
贵定县									
瓮安县									
独山县									
平塘县									
罗甸县									
长顺县									
龙里县									
惠水县									
三都水族自治县									

6−1a　续表 12　　　　单位：人

地　区	75−79岁			80−84岁			85−89岁		
	小计	男	女	小计	男	女	小计	男	女
贵　州	**5363**	**3142**	**2221**	**6304**	**3328**	**2976**	**4593**	**2271**	**2322**
贵阳市	**2132**	**1305**	**827**	**2797**	**1480**	**1317**	**2126**	**1041**	**1085**
南明区	626	380	246	904	490	414	709	332	377
云岩区	634	358	276	841	418	423	712	329	383
花溪区	334	216	118	437	240	197	269	160	109
乌当区	108	71	37	101	60	41	84	53	31
白云区	249	167	82	272	146	126	168	72	96
观山湖区	89	56	33	137	75	62	89	42	47
开阳县									
息烽县				2	1	1	1		1
修文县									
清镇市	92	57	35	103	50	53	94	53	41
六盘水市	**708**	**429**	**279**	**718**	**382**	**336**	**379**	**219**	**160**
钟山区	319	190	129	288	144	144	143	88	55
六枝特区	158	94	64	170	90	80	91	49	42
水城县	17	10	7	15	9	6	8	5	3
盘州市	214	135	79	245	139	106	137	77	60
遵义市	**1030**	**588**	**442**	**1058**	**568**	**490**	**793**	**388**	**405**
红花岗区	384	222	162	403	207	196	337	179	158
汇川区	250	137	113	244	144	100	163	88	75
播州区	226	134	92	237	115	122	137	57	80
桐梓县									
绥阳县									
正安县									
道真仡佬族苗族自治县									
务川仡佬族苗族自治县									
凤冈县									
湄潭县									
余庆县									
习水县									
赤水市	68	39	29	76	41	35	83	30	53
仁怀市	102	56	46	98	61	37	73	34	39
安顺市	**536**	**297**	**239**	**582**	**284**	**298**	**462**	**234**	**228**
西秀区	412	226	186	470	236	234	362	186	176
平坝区	124	71	53	112	48	64	100	48	52
普定县									
镇宁布依族苗族自治县									
关岭布依族苗族自治县									
紫云苗族布依族自治县									
毕节市	**215**	**123**	**92**	**307**	**173**	**134**	**204**	**87**	**117**
七星关区	215	123	92	307	173	134	204	87	117
大方县									
黔西县									
金沙县									
织金县									
纳雍县									
威宁彝族回族苗族自治县									
赫章县									

6-1a 续表 13

单位：人

地区	75-79岁			80-84岁			85-89岁		
	小计	男	女	小计	男	女	小计	男	女
铜仁市	**89**	**53**	**36**	**106**	**54**	**52**	**79**	**44**	**35**
碧江区	45	34	11	50	28	22	39	22	17
万山区	44	19	25	56	26	30	40	22	18
江口县									
玉屏侗族自治县									
石阡县									
思南县									
印江土家族苗族自治县									
德江县									
沿河土家族自治县									
松桃苗族自治县									
黔西南布依族苗族自治州	**290**	**160**	**130**	**341**	**168**	**173**	**257**	**103**	**154**
兴义市	226	125	101	269	138	131	216	81	135
兴仁市	64	35	29	72	30	42	41	22	19
普安县									
晴隆县									
贞丰县									
望谟县									
册亨县									
安龙县									
黔东南苗族侗族自治州	**198**	**95**	**103**	**199**	**121**	**78**	**143**	**85**	**58**
凯里市	190	91	99	190	116	74	141	84	57
黄平县									
施秉县									
三穗县									
镇远县									
岑巩县									
天柱县									
锦屏县									
剑河县	8	4	4	9	5	4	2	1	1
台江县									
黎平县									
榕江县									
从江县									
雷山县									
麻江县									
丹寨县									
黔南布依族苗族自治州	**165**	**92**	**73**	**196**	**98**	**98**	**150**	**70**	**80**
都匀市	138	76	62	165	78	87	133	63	70
福泉市	27	16	11	31	20	11	17	7	10
荔波县									
贵定县									
瓮安县									
独山县									
平塘县									
罗甸县									
长顺县									
龙里县									
惠水县									
三都水族自治县									

6–1a　续表 14　　　　　　　　　　　　　　　　　　　　　　单位：人

地　　区	90–94岁			95–99岁			100岁及以上		
	小计	男	女	小计	男	女	小计	男	女
贵　州	**2103**	**998**	**1105**	**541**	**231**	**310**	**103**	**43**	**60**
贵阳市	**1072**	**518**	**554**	**296**	**135**	**161**	**57**	**26**	**31**
南明区	385	196	189	116	54	62	12	8	4
云岩区	406	185	221	112	46	66	31	12	19
花溪区	113	49	64	24	11	13	8	5	3
乌当区	37	23	14	11	4	7			
白云区	79	38	41	18	12	6	2	1	1
观山湖区	23	9	14	5	2	3	3		3
开阳县									
息烽县									
修文县									
清镇市	29	18	11	10	6	4	1		1
六盘水市	**138**	**76**	**62**	**31**	**14**	**17**	**1**		**1**
钟山区	66	37	29	19	8	11	1		1
六枝特区	33	21	12	3	1	2			
水城县	1		1	2	1	1			
盘州市	38	18	20	7	4	3			
遵义市	**336**	**159**	**177**	**75**	**33**	**42**	**18**	**11**	**7**
红花岗区	126	69	57	32	15	17	13	8	5
汇川区	74	29	45	14	5	9	2	1	1
播州区	54	26	28	7	3	4	1		1
桐梓县									
绥阳县									
正安县									
道真仡佬族苗族自治县									
务川仡佬族苗族自治县									
凤冈县									
湄潭县									
余庆县									
习水县									
赤水市	40	22	18	13	5	8	1	1	
仁怀市	42	13	29	9	5	4	1	1	
安顺市	**198**	**89**	**109**	**55**	**21**	**34**	**7**	**2**	**5**
西秀区	151	71	80	42	16	26	7	2	5
平坝区	47	18	29	13	5	8			
普定县									
镇宁布依族苗族自治县									
关岭布依族苗族自治县									
紫云苗族布依族自治县									
毕节市	**89**	**36**	**53**	**26**	**9**	**17**	**5**		**5**
七星关区	89	36	53	26	9	17	5		5
大方县									
黔西县									
金沙县									
织金县									
纳雍县									
威宁彝族回族苗族自治县									
赫章县									

6-1a 续表 15 单位：人

地区	90-94岁			95-99岁			100岁及以上		
	小计	男	女	小计	男	女	小计	男	女
铜仁市	**29**	**15**	**14**	**9**	**2**	**7**	**4**	**1**	**3**
碧江区	15	8	7	6	2	4	3	1	2
万山区	14	7	7	3		3	1		1
江口县									
玉屏侗族自治县									
石阡县									
思南县									
印江土家族苗族自治县									
德江县									
沿河土家族自治县									
松桃苗族自治县									
黔西南布依族苗族自治州	**100**	**29**	**71**	**19**	**2**	**17**	**5**	**1**	**4**
兴义市	87	27	60	18	2	16	1		1
兴仁市	13	2	11	1		1	4	1	3
普安县									
晴隆县									
贞丰县									
望谟县									
册亨县									
安龙县									
黔东南苗族侗族自治州	**75**	**45**	**30**	**10**	**5**	**5**	**2**		**2**
凯里市	74	44	30	10	5	5	2		2
黄平县									
施秉县									
三穗县									
镇远县									
岑巩县									
天柱县									
锦屏县									
剑河县	1	1							
台江县									
黎平县									
榕江县									
从江县									
雷山县									
麻江县									
丹寨县									
黔南布依族苗族自治州	**66**	**31**	**35**	**20**	**10**	**10**	**4**	**2**	**2**
都匀市	55	28	27	17	9	8	4	2	2
福泉市	11	3	8	3	1	2			
荔波县									
贵定县									
瓮安县									
独山县									
平塘县									
罗甸县									
长顺县									
龙里县									
惠水县									
三都水族自治县									

6−1b　各地区分年龄、性别的死亡人口
(2019.11.1−2020.10.31)(镇)

单位：人

地　　区	死亡人口			0岁		
	合计	男	女	小计	男	女
贵　州	**58469**	**34696**	**23773**	**400**	**213**	**187**
贵阳市	**3334**	**2025**	**1309**	**27**	**12**	**15**
南明区	11	5	6			
云岩区						
花溪区	274	154	120	2		2
乌当区	175	101	74	1		1
白云区	70	43	27			
观山湖区	237	157	80			
开阳县	970	593	377	7	5	2
息烽县	599	371	228	5	2	3
修文县	618	371	247	9	3	6
清镇市	380	230	150	3	2	1
六盘水市	**3330**	**2063**	**1267**	**34**	**18**	**16**
钟山区	505	324	181	7	3	4
六枝特区	456	292	164	1		1
水城县	1271	778	493	16	10	6
盘州市	1098	669	429	10	5	5
遵义市	**11532**	**6693**	**4839**	**68**	**31**	**37**
红花岗区	447	264	183	4	2	2
汇川区	380	221	159			
播州区	1049	583	466	15	8	7
桐梓县	1181	691	490	8	4	4
绥阳县	898	518	380	2	1	1
正安县	1109	646	463	8	3	5
道真仡佬族苗族自治县	673	410	263	1		1
务川仡佬族苗族自治县	597	327	270	5	1	4
凤冈县	985	586	399	4	1	3
湄潭县	1208	706	502	3	2	1
余庆县	750	414	336	3	1	2
习水县	1280	772	508	7	5	2
赤水市	471	275	196	5	1	4
仁怀市	504	280	224	3	2	1
安顺市	**4554**	**2737**	**1817**	**32**	**16**	**16**
西秀区	333	170	163	1		1
平坝区	527	312	215	4	3	1
普定县	1206	723	483	9	4	5
镇宁布依族苗族自治县	888	527	361	6	3	3
关岭布依族苗族自治县	750	462	288	4	2	2
紫云苗族布依族自治县	850	543	307	8	4	4
毕节市	**11126**	**6711**	**4415**	**105**	**58**	**47**
七星关区	498	286	212	9	2	7
大方县	1435	865	570	9	8	1
黔西县	1593	957	636	11	6	5
金沙县	1501	881	620	4	4	
织金县	1662	987	675	23	11	12
纳雍县	1613	1026	587	23	15	8
威宁彝族回族苗族自治县	1783	1091	692	20	9	11
赫章县	1041	618	423	6	3	3

6-1b 续表 1 单位：人

地　区	死亡人口			0岁		
	合计	男	女	小计	男	女
铜仁市	**6013**	**3590**	**2423**	**21**	**11**	**10**
碧江区	76	37	39			
万山区	47	34	13			
江口县	441	259	182	5	2	3
玉屏侗族自治县	406	251	155			
石阡县	671	389	282	3	2	1
思南县	1017	609	408	2	1	1
印江土家族苗族自治县	948	566	382	2	1	1
德江县	662	401	261	3		3
沿河土家族自治县	1046	621	425	1	1	
松桃苗族自治县	699	423	276	5	4	1
黔西南布依族苗族自治州	**4483**	**2733**	**1750**	**33**	**20**	**13**
兴义市	598	349	249	5	2	3
兴仁市	254	149	105	2	1	1
普安县	327	210	117	3	2	1
晴隆县	467	288	179	7	6	1
贞丰县	834	508	326	6	1	5
望谟县	445	276	169	1	1	
册亨县	579	358	221	1	1	
安龙县	979	595	384	8	6	2
黔东南苗族侗族自治州	**7469**	**4265**	**3204**	**45**	**27**	**18**
凯里市	223	128	95	1		1
黄平县	751	425	326	5	4	1
施秉县	236	134	102			
三穗县	495	316	179	2	1	1
镇远县	619	330	289	2	1	1
岑巩县	508	292	216	2	1	1
天柱县	694	370	324	4	2	2
锦屏县	355	201	154	3		3
剑河县	431	258	173	3	3	
台江县	282	161	121	4	2	2
黎平县	1023	599	424	5	3	2
榕江县	446	259	187	1	1	
从江县	394	223	171	7	5	2
雷山县	367	211	156	1	1	
麻江县	344	199	145	4	2	2
丹寨县	301	159	142	1	1	
黔南布依族苗族自治州	**6628**	**3879**	**2749**	**35**	**20**	**15**
都匀市	217	123	94	1		1
福泉市	192	129	63	1	1	
荔波县	595	356	239	3	1	2
贵定县	772	456	316	2	2	
瓮安县	945	548	397	4	1	3
独山县	835	462	373	3	3	
平塘县	504	295	209	3	2	1
罗甸县	734	405	329	4	2	2
长顺县	382	236	146	2	1	1
龙里县	343	218	125	2		2
惠水县	650	377	273	4	3	1
三都水族自治县	459	274	185	6	4	2

6-1b　续表 2　　　　单位：人

地　区	1-4岁			5-9岁			10-14岁		
	小计	男	女	小计	男	女	小计	男	女
贵　州	**388**	**218**	**170**	**250**	**143**	**107**	**242**	**138**	**104**
贵阳市	**21**	**10**	**11**	**11**	**8**	**3**	**4**	**1**	**3**
南明区									
云岩区									
花溪区	3	2	1						
乌当区	1	1		2		2			
白云区									
观山湖区	1	1							
开阳县	5	1	4	2	2		2	1	1
息烽县	7	3	4	3	3				
修文县	3	2	1	3	3		1		1
清镇市	1		1	1		1	1		1
六盘水市	**30**	**18**	**12**	**14**	**4**	**10**	**17**	**13**	**4**
钟山区	1	1		2	1	1	3	2	1
六枝特区	3	1	2	2	1	1	2	1	1
水城县	13	9	4	9	2	7	9	7	2
盘州市	13	7	6	1		1	3	3	
遵义市	**64**	**38**	**26**	**32**	**20**	**12**	**40**	**21**	**19**
红花岗区	1		1				1		1
汇川区	3	2	1	1	1		1	1	
播州区	5	4	1	4	3	1	4	3	1
桐梓县	6	2	4	6	6		9	6	3
绥阳县	4	4		1		1	3	1	2
正安县	7	5	2	3		3	1	1	
道真仡佬族苗族自治县	3	1	2	1	1		5	1	4
务川仡佬族苗族自治县	3	2	1						
凤冈县				3	3		1		1
湄潭县	10	7	3	5	2	3	1	1	
余庆县	5	2	3	1		1	5	4	1
习水县	10	5	5	7	4	3	4	1	3
赤水市	4	3	1				3	1	2
仁怀市	3	1	2				2	1	1
安顺市	**28**	**14**	**14**	**20**	**17**	**3**	**15**	**8**	**7**
西秀区	1		1						
平坝区	1	1		2	2		1		1
普定县	7	1	6	5	4	1	3		3
镇宁布依族苗族自治县	7	4	3	6	5	1	4	3	1
关岭布依族苗族自治县	5	4	1	5	4	1	4	2	2
紫云苗族布依族自治县	7	4	3	2	2		3	3	
毕节市	**88**	**47**	**41**	**70**	**34**	**36**	**71**	**41**	**30**
七星关区	2	1	1	5	2	3	7	3	4
大方县	13	9	4	8	8		10	6	4
黔西县	18	11	7	5	2	3	8	6	2
金沙县	4	2	2	7	3	4	5	4	1
织金县	8	3	5	7	3	4	6	2	4
纳雍县	14	9	5	10	4	6	12	6	6
威宁彝族回族苗族自治县	23	8	15	19	7	12	20	13	7
赫章县	6	4	2	9	5	4	3	1	2

6-1b 续表 3

单位：人

地区	1-4岁			5-9岁			10-14岁		
	小计	男	女	小计	男	女	小计	男	女
铜仁市	**32**	**14**	**18**	**19**	**12**	**7**	**29**	**15**	**14**
碧江区									
万山区									
江口县	2	2					1		1
玉屏侗族自治县				1	1				
石阡县	1		1				1		1
思南县	6	3	3	1		1	7	3	4
印江土家族苗族自治县	4	1	3	3	2	1	7	6	1
德江县	5	2	3	1		1	2	1	1
沿河土家族自治县	11	4	7	6	2	4	9	5	4
松桃苗族自治县	3	2	1	7	7		2		2
黔西南布依族苗族自治州	**45**	**29**	**16**	**32**	**19**	**13**	**21**	**16**	**5**
兴义市	2	1	1	2	1	1	3	2	1
兴仁市	1		1						
普安县	5	3	2	5	4	1	2	1	1
晴隆县	4	2	2	11	5	6	4	2	2
贞丰县	10	8	2	4	4		4	4	
望谟县	3	2	1	2	1	1	4	4	
册亨县	8	5	3	2		2	3	2	1
安龙县	12	8	4	6	4	2	1	1	
黔东南苗族侗族自治州	**43**	**29**	**14**	**28**	**14**	**14**	**20**	**10**	**10**
凯里市									
黄平县	1	1					2	1	1
施秉县	2	2					1		1
三穗县	1	1		2	1	1	1		1
镇远县	1		1	2	1	1	2	1	1
岑巩县	6	5	1	5	3	2			
天柱县	8	3	5	3	1	2	3	1	2
锦屏县	2	2		1	1		2	2	
剑河县	2	1	1	1		1			
台江县	2	2		1	1		3	2	1
黎平县	4	3	1	4	2	2	1	1	
榕江县	4	3	1	2	1	1	1		1
从江县	5	3	2	2	2		1		1
雷山县	3	1	2	3		3	1		1
麻江县	2	2		1	1		1	1	
丹寨县				1		1	1	1	
黔南布依族苗族自治州	**37**	**19**	**18**	**24**	**15**	**9**	**25**	**13**	**12**
都匀市	1		1						
福泉市	1	1		1	1				
荔波县	5	2	3	1	1		6	4	2
贵定县	3	3		2	1	1	1	1	
瓮安县	7	3	4	3	1	2	2		2
独山县	10	3	7	6	4	2	4	4	
平塘县				1		1	2		2
罗甸县	3	2	1	4	3	1	5	2	3
长顺县	1	1		1		1	2	1	1
龙里县	2	1	1				1		1
惠水县	2	1	1	1		1	1	1	
三都水族自治县	2	2		4	4		1		1

6-1b　续表 4　　单位：人

地　区	15-19岁			20-24岁			25-29岁		
	小计	男	女	小计	男	女	小计	男	女
贵　州	**364**	**263**	**101**	**514**	**358**	**156**	**540**	**398**	**142**
贵阳市	**21**	**15**	**6**	**27**	**18**	**9**	**23**	**14**	**9**
南明区									
云岩区									
花溪区	3	1	2	6	3	3	2		2
乌当区				2	1	1			
白云区							1	1	
观山湖区	1	1		1	1				
开阳县	9	7	2	6	3	3	8	4	4
息烽县	2	2		3	2	1	2	2	
修文县	3	2	1	3	3		6	4	2
清镇市	3	2	1	6	5	1	4	3	1
六盘水市	**24**	**15**	**9**	**36**	**24**	**12**	**28**	**21**	**7**
钟山区	4	2	2	4	4		1	1	
六枝特区	5	3	2	3	3		6	4	2
水城县	12	8	4	20	11	9	13	10	3
盘州市	3	2	1	9	6	3	8	6	2
遵义市	**59**	**41**	**18**	**75**	**47**	**28**	**92**	**65**	**27**
红花岗区	3	2	1	5	4	1	4	2	2
汇川区	1	1		1	1		3	2	1
播州区	3	3		11	6	5	10	6	4
桐梓县	5	3	2	6	4	2	9	8	1
绥阳县	4	3	1	5	4	1	3	2	1
正安县	8	7	1	8	4	4	9	5	4
道真仡佬族苗族自治县	1	1		4	1	3	4	4	
务川仡佬族苗族自治县	6	4	2	7	3	4	6	6	
凤冈县	4	4		5	2	3	6	5	1
湄潭县	4	3	1	4	4		9	6	3
余庆县	3	2	1	4	1	3	2	2	
习水县	7	5	2	6	6		20	14	6
赤水市	1	1		2	2		1		1
仁怀市	9	2	7	7	5	2	6	3	3
安顺市	**33**	**25**	**8**	**34**	**20**	**14**	**55**	**45**	**10**
西秀区	1	1					3	3	
平坝区	1	1		6	4	2	2		2
普定县	7	4	3	8	6	2	15	12	3
镇宁布依族苗族自治县	7	3	4	4	3	1	9	6	3
关岭布依族苗族自治县	6	6		8	3	5	10	8	2
紫云苗族布依族自治县	11	10	1	8	4	4	16	16	
毕节市	**97**	**70**	**27**	**148**	**109**	**39**	**116**	**79**	**37**
七星关区	4	3	1	14	9	5	7	3	4
大方县	16	13	3	16	12	4	18	12	6
黔西县	8	5	3	13	10	3	13	10	3
金沙县	5	4	1	7	5	2	6	5	1
织金县	18	12	6	24	20	4	12	5	7
纳雍县	15	10	5	24	17	7	23	17	6
威宁彝族回族苗族自治县	23	18	5	32	23	9	20	15	5
赫章县	8	5	3	18	13	5	17	12	5

6－1b 续表 5 单位：人

地区	15－19岁			20－24岁			25－29岁		
	小计	男	女	小计	男	女	小计	男	女
铜仁市	**39**	**30**	**9**	**42**	**27**	**15**	**55**	**45**	**10**
碧江区									
万山区							1	1	
江口县	2	2		3	3		2	2	
玉屏侗族自治县	2	1	1	2	2		7	5	2
石阡县	4	4		5	4	1	5	5	
思南县	10	7	3	6	6		11	8	3
印江土家族苗族自治县	4	2	2	4	3	1	3	3	
德江县	4	3	1	9	3	6	9	8	1
沿河土家族自治县	8	8		10	4	6	9	8	1
松桃苗族自治县	5	3	2	3	2	1	8	5	3
黔西南布依族苗族自治州	**33**	**26**	**7**	**56**	**42**	**14**	**45**	**36**	**9**
兴义市	4	1	3	9	7	2	8	6	2
兴仁市	2	2		6	4	2	2	2	
普安县	4	3	1	6	5	1	2	2	
晴隆县	2	1	1	1		1	6	6	
贞丰县	11	11		11	9	2	3	1	2
望谟县	5	5		5	4	1	7	5	2
册亨县	2		2	9	7	2	8	5	3
安龙县	3	3		9	6	3	9	9	
黔东南苗族侗族自治州	**22**	**16**	**6**	**47**	**35**	**12**	**60**	**45**	**15**
凯里市				2	2		1	1	
黄平县				9	9		7	7	
施秉县	1	1		1	1		3	3	
三穗县	4	3	1	4	3	1	5	5	
镇远县	3	3		4	2	2	2	1	1
岑巩县	1		1	4	3	1			
天柱县	1	1		2	1	1	6	4	2
锦屏县	1	1					1	1	
剑河县				2		2	4	4	
台江县	1		1	1	1		6	2	4
黎平县	4	3	1	4	3	1	11	5	6
榕江县	1		1	4	3	1	3	3	
从江县	4	4		3	2	1	5	4	1
雷山县				2	1	1	4	4	
麻江县				4	4		1		1
丹寨县	1		1	1		1	1	1	
黔南布依族苗族自治州	**36**	**25**	**11**	**49**	**36**	**13**	**66**	**48**	**18**
都匀市	1	1					2		2
福泉市	2	1	1	2	2				
荔波县	6	5	1	6	4	2	3	3	
贵定县	5	4	1	7	5	2	12	8	4
瓮安县	5	2	3	6	2	4	7	3	4
独山县	5	3	2	4	3	1	9	8	1
平塘县	2	2		5	4	1	5	5	
罗甸县	3	1	2	9	8	1	7	4	3
长顺县	2	2		1	1		5	5	
龙里县	2	1	1	1	1		4	4	
惠水县	1	1		4	2	2	5	3	2
三都水族自治县	2	2		4	4		7	5	2

6-1b　续表 6

单位：人

地　区	30-34岁			35-39岁			40-44岁		
	小计	男	女	小计	男	女	小计	男	女
贵　州	**725**	**531**	**194**	**963**	**718**	**245**	**1617**	**1180**	**437**
贵阳市	**40**	**27**	**13**	**41**	**30**	**11**	**73**	**55**	**18**
南明区									
云岩区									
花溪区	1	1		2	2		5	5	
乌当区	1		1	3	2	1	4	2	2
白云区							1	1	
观山湖区	1	1		2	2		1	1	
开阳县	16	12	4	14	11	3	17	14	3
息烽县	7	5	2	9	6	3	17	13	4
修文县	5	3	2	10	7	3	19	15	4
清镇市	9	5	4	1		1	9	4	5
六盘水市	**48**	**42**	**6**	**70**	**60**	**10**	**131**	**108**	**23**
钟山区	5	5		8	7	1	15	12	3
六枝特区	4	4		9	7	2	12	10	2
水城县	23	19	4	35	30	5	65	55	10
盘州市	16	14	2	18	16	2	39	31	8
遵义市	**101**	**68**	**33**	**123**	**81**	**42**	**240**	**166**	**74**
红花岗区	6	3	3	4	3	1	9	8	1
汇川区	3	1	2	6	4	2	9	8	1
播州区	14	12	2	15	11	4	21	15	6
桐梓县	9	5	4	14	9	5	37	24	13
绥阳县	6	6		9	5	4	13	8	5
正安县	14	8	6	9	5	4	20	12	8
道真仡佬族苗族自治县	3	1	2	7	4	3	16	11	5
务川仡佬族苗族自治县	7	4	3	13	8	5	12	7	5
凤冈县	4	3	1	6	4	2	23	13	10
湄潭县	8	7	1	9	6	3	22	16	6
余庆县	6	5	1	6	4	2	8	6	2
习水县	11	5	6	14	12	2	28	22	6
赤水市	4	4		5	2	3	7	6	1
仁怀市	6	4	2	6	4	2	15	10	5
安顺市	**57**	**45**	**12**	**79**	**63**	**16**	**140**	**96**	**44**
西秀区	2	2		5	4	1	10	5	5
平坝区	1		1	4	3	1	12	8	4
普定县	8	7	1	23	19	4	40	28	12
镇宁布依族苗族自治县	13	12	1	19	13	6	31	22	9
关岭布依族苗族自治县	17	9	8	10	9	1	24	17	7
紫云苗族布依族自治县	16	15	1	18	15	3	23	16	7
毕节市	**173**	**128**	**45**	**253**	**195**	**58**	**388**	**283**	**105**
七星关区	6	6		8	7	1	14	7	7
大方县	20	15	5	38	31	7	40	30	10
黔西县	21	13	8	35	22	13	64	44	20
金沙县	17	11	6	26	19	7	32	22	10
织金县	28	21	7	33	26	7	70	52	18
纳雍县	27	21	6	47	37	10	60	47	13
威宁彝族回族苗族自治县	28	20	8	42	33	9	75	56	19
赫章县	26	21	5	24	20	4	33	25	8

6-1b 续表 7

单位：人

地区	30-34岁			35-39岁			40-44岁		
	小计	男	女	小计	男	女	小计	男	女
铜仁市	**71**	**50**	**21**	**98**	**74**	**24**	**150**	**112**	**38**
碧江区	2	2					1		1
万山区									
江口县	3	2	1	4	2	2	13	10	3
玉屏侗族自治县	4	4		4	2	2	10	8	2
石阡县	9	4	5	11	7	4	20	14	6
思南县	14	10	4	19	12	7	30	24	6
印江土家族苗族自治县	10	5	5	19	14	5	15	13	2
德江县	6	5	1	11	11		18	11	7
沿河土家族自治县	12	7	5	15	11	4	26	19	7
松桃苗族自治县	11	11		15	15		17	13	4
黔西南布依族苗族自治州	**66**	**52**	**14**	**82**	**62**	**20**	**142**	**113**	**29**
兴义市	8	6	2	9	7	2	12	11	1
兴仁市	4	3	1	4	3	1	11	7	4
普安县	1	1		8	8		12	8	4
晴隆县	10	7	3	9	9		10	9	1
贞丰县	10	9	1	9	7	2	23	19	4
望谟县	7	6	1	14	9	5	18	14	4
册亨县	13	13		12	8	4	20	17	3
安龙县	13	7	6	17	11	6	36	28	8
黔东南苗族侗族自治州	**84**	**55**	**29**	**122**	**86**	**36**	**191**	**139**	**52**
凯里市	3	2	1	5	4	1	6	4	2
黄平县	3	1	2	12	9	3	22	13	9
施秉县	5	3	2	6	4	2	5	2	3
三穗县	6	5	1	4	4		8	8	
镇远县	6	2	4	6	4	2	14	10	4
岑巩县	7	5	2	7	4	3	10	6	4
天柱县	11	7	4	6	1	5	17	12	5
锦屏县	2		2	3	3		8	7	1
剑河县	6	5	1	8	4	4	11	11	
台江县	5	2	3	7	6	1	10	7	3
黎平县	8	6	2	17	14	3	27	22	5
榕江县	2	1	1	20	12	8	10	8	2
从江县	7	5	2	6	5	1	16	11	5
雷山县	4	4		6	5	1	13	10	3
麻江县	3	1	2	5	4	1	8	4	4
丹寨县	6	6		4	3	1	6	4	2
黔南布依族苗族自治州	**85**	**64**	**21**	**95**	**67**	**28**	**162**	**108**	**54**
都匀市	4	3	1	2	2		4	3	1
福泉市	2	1	1				6	4	2
荔波县	6	4	2	6	4	2	15	13	2
贵定县	15	14	1	14	10	4	20	12	8
瓮安县	14	10	4	10	4	6	18	9	9
独山县	12	6	6	8	5	3	12	6	6
平塘县	7	6	1	9	5	4	11	9	2
罗甸县	7	6	1	14	11	3	26	16	10
长顺县	5	5		8	6	2	13	12	1
龙里县	3	3		5	4	1	7	4	3
惠水县	7	4	3	12	9	3	22	15	7
三都水族自治县	3	2	1	7	7		8	5	3

6-1b　续表 8　　　　单位：人

地　　区	45-49岁			50-54岁			55-59岁		
	小计	男	女	小计	男	女	小计	男	女
贵　州	**2784**	**2061**	**723**	**3551**	**2550**	**1001**	**3454**	**2438**	**1016**
贵阳市	**141**	**97**	**44**	**181**	**134**	**47**	**192**	**137**	**55**
南明区	1		1	1		1	2	2	
云岩区									
花溪区	12	8	4	16	12	4	17	14	3
乌当区	5	4	1	9	5	4	9	5	4
白云区	3		3	3	3		2	1	1
观山湖区	10	7	3	11	9	2	14	12	2
开阳县	44	30	14	58	46	12	62	46	16
息烽县	20	18	2	31	24	7	31	21	10
修文县	31	19	12	29	18	11	33	23	10
清镇市	15	11	4	23	17	6	22	13	9
六盘水市	**187**	**151**	**36**	**240**	**187**	**53**	**198**	**129**	**69**
钟山区	30	23	7	32	23	9	30	19	11
六枝特区	20	15	5	33	25	8	24	18	6
水城县	72	58	14	97	78	19	74	48	26
盘州市	65	55	10	78	61	17	70	44	26
遵义市	**503**	**372**	**131**	**670**	**462**	**208**	**683**	**471**	**212**
红花岗区	15	10	5	23	16	7	28	17	11
汇川区	11	6	5	16	13	3	20	15	5
播州区	38	31	7	67	45	22	54	41	13
桐梓县	50	44	6	71	47	24	80	50	30
绥阳县	35	21	14	53	36	17	62	36	26
正安县	54	32	22	62	45	17	47	37	10
道真仡佬族苗族自治县	33	26	7	28	22	6	35	24	11
务川仡佬族苗族自治县	22	17	5	33	21	12	36	23	13
凤冈县	44	32	12	45	30	15	57	40	17
湄潭县	50	35	15	70	47	23	69	47	22
余庆县	25	19	6	37	25	12	45	32	13
习水县	80	65	15	104	73	31	83	62	21
赤水市	25	17	8	30	19	11	31	23	8
仁怀市	21	17	4	31	23	8	36	24	12
安顺市	**238**	**184**	**54**	**265**	**200**	**65**	**269**	**192**	**77**
西秀区	11	6	5	17	10	7	18	14	4
平坝区	19	11	8	20	14	6	26	18	8
普定县	72	58	14	67	53	14	67	41	26
镇宁布依族苗族自治县	50	41	9	65	51	14	52	37	15
关岭布依族苗族自治县	40	31	9	48	31	17	44	39	5
紫云苗族布依族自治县	46	37	9	48	41	7	62	43	19
毕节市	**600**	**460**	**140**	**702**	**513**	**189**	**632**	**447**	**185**
七星关区	17	13	4	23	15	8	17	12	5
大方县	71	53	18	91	72	19	100	68	32
黔西县	87	61	26	105	71	34	89	64	25
金沙县	69	54	15	94	67	27	98	64	34
织金县	90	66	24	134	100	34	88	69	19
纳雍县	105	90	15	102	79	23	96	72	24
威宁彝族回族苗族自治县	104	77	27	106	76	30	94	64	30
赫章县	57	46	11	47	33	14	50	34	16

6-1b 续表 9 单位：人

地区	45-49岁			50-54岁			55-59岁		
	小计	男	女	小计	男	女	小计	男	女
铜仁市	**320**	**224**	**96**	**338**	**243**	**95**	**351**	**253**	**98**
碧江区	3	3		4	2	2	6	3	3
万山区	2	2		1	1		1	1	
江口县	23	16	7	19	5	14	24	14	10
玉屏侗族自治县	20	11	9	25	19	6	19	12	7
石阡县	31	25	6	45	29	16	36	30	6
思南县	54	35	19	54	45	9	72	53	19
印江土家族苗族自治县	50	36	14	60	47	13	55	40	15
德江县	37	26	11	33	26	7	47	33	14
沿河土家族自治县	61	41	20	51	38	13	48	33	15
松桃苗族自治县	39	29	10	46	31	15	43	34	9
黔西南布依族苗族自治州	**188**	**151**	**37**	**281**	**205**	**76**	**293**	**225**	**68**
兴义市	22	18	4	22	15	7	37	28	9
兴仁市	4	4		17	12	5	16	14	2
普安县	14	8	6	12	8	4	20	13	7
晴隆县	22	18	4	26	19	7	29	20	9
贞丰县	36	26	10	59	41	18	55	44	11
望谟县	26	20	6	31	20	11	34	32	2
册亨县	25	21	4	52	41	11	38	28	10
安龙县	39	36	3	62	49	13	64	46	18
黔东南苗族侗族自治州	**318**	**216**	**102**	**447**	**312**	**135**	**420**	**284**	**136**
凯里市	7	5	2	8	7	1	16	9	7
黄平县	35	25	10	45	30	15	49	29	20
施秉县	5	4	1	13	10	3	12	7	5
三穗县	30	24	6	42	31	11	27	20	7
镇远县	28	17	11	37	22	15	38	26	12
岑巩县	19	14	5	19	12	7	27	21	6
天柱县	20	11	9	32	25	7	36	21	15
锦屏县	14	11	3	16	10	6	18	12	6
剑河县	17	10	7	35	29	6	25	21	4
台江县	13	8	5	19	11	8	8	7	1
黎平县	37	25	12	54	38	16	59	42	17
榕江县	22	15	7	28	19	9	21	17	4
从江县	19	14	5	30	22	8	31	20	11
雷山县	21	12	9	20	11	9	16	11	5
麻江县	20	14	6	20	18	2	19	10	9
丹寨县	11	7	4	29	17	12	18	11	7
黔南布依族苗族自治州	**289**	**206**	**83**	**427**	**294**	**133**	**416**	**300**	**116**
都匀市	12	8	4	17	13	4	13	7	6
福泉市	11	7	4	13	11	2	14	11	3
荔波县	22	17	5	36	19	17	31	21	10
贵定县	32	23	9	41	31	10	47	32	15
瓮安县	38	22	16	63	42	21	67	43	24
独山县	33	25	8	54	39	15	55	39	16
平塘县	25	20	5	37	26	11	30	23	7
罗甸县	39	29	10	46	33	13	47	38	9
长顺县	8	5	3	25	14	11	20	12	8
龙里县	22	18	4	15	10	5	20	16	4
惠水县	20	14	6	43	29	14	46	36	10
三都水族自治县	27	18	9	37	27	10	26	22	4

6-1b 续表 10

单位：人

地区	60-64岁			65-69岁			70-74岁		
	小计	男	女	小计	男	女	小计	男	女
贵州	**3736**	**2604**	**1132**	**5865**	**3780**	**2085**	**6698**	**4069**	**2629**
贵阳市	**235**	**160**	**75**	**323**	**223**	**100**	**415**	**253**	**162**
南明区	1		1	2	1	1	2	1	1
云岩区									
花溪区	21	16	5	37	19	18	31	20	11
乌当区	17	11	6	5	5		18	11	7
白云区	1		1	9	5	4	9	5	4
观山湖区	15	11	4	15	14	1	27	15	12
开阳县	55	38	17	97	71	26	138	79	59
息烽县	48	28	20	67	49	18	65	44	21
修文县	48	33	15	54	34	20	88	54	34
清镇市	29	23	6	37	25	12	37	24	13
六盘水市	**225**	**148**	**77**	**321**	**198**	**123**	**380**	**222**	**158**
钟山区	39	21	18	53	26	27	93	64	29
六枝特区	31	25	6	46	34	12	54	28	26
水城县	87	57	30	128	75	53	113	60	53
盘州市	68	45	23	94	63	31	120	70	50
遵义市	**636**	**432**	**204**	**1292**	**851**	**441**	**1356**	**824**	**532**
红花岗区	25	17	8	56	37	19	51	32	19
汇川区	20	14	6	35	29	6	44	26	18
播州区	57	28	29	107	64	43	127	80	47
桐梓县	65	46	19	136	85	51	109	69	40
绥阳县	61	37	24	116	74	42	108	67	41
正安县	73	54	19	122	82	40	176	93	83
道真仡佬族苗族自治县	30	21	9	74	54	20	87	53	34
务川仡佬族苗族自治县	30	16	14	49	27	22	68	41	27
凤冈县	54	35	19	108	78	30	133	73	60
湄潭县	61	43	18	140	91	49	147	98	49
余庆县	30	21	9	91	55	36	84	51	33
习水县	73	53	20	150	103	47	116	71	45
赤水市	32	25	7	46	32	14	55	42	13
仁怀市	25	22	3	62	40	22	51	28	23
安顺市	**306**	**216**	**90**	**437**	**261**	**176**	**492**	**302**	**190**
西秀区	30	25	5	20	13	7	29	14	15
平坝区	32	23	9	63	28	35	48	28	20
普定县	72	41	31	123	72	51	129	82	47
镇宁布依族苗族自治县	63	44	19	70	45	25	92	54	38
关岭布依族苗族自治县	49	35	14	77	49	28	97	60	37
紫云苗族布依族自治县	60	48	12	84	54	30	97	64	33
毕节市	**708**	**505**	**203**	**1066**	**664**	**402**	**1155**	**698**	**457**
七星关区	33	22	11	31	19	12	49	31	18
大方县	62	50	12	158	91	67	147	87	60
黔西县	109	73	36	128	85	43	169	100	69
金沙县	78	52	26	158	95	63	169	98	71
织金县	118	84	34	179	111	68	169	104	65
纳雍县	108	89	19	156	109	47	156	102	54
威宁彝族回族苗族自治县	128	83	45	153	88	65	195	121	74
赫章县	72	52	20	103	66	37	101	55	46

6-1b 续表 11 单位：人

地区	60-64岁			65-69岁			70-74岁		
	小计	男	女	小计	男	女	小计	男	女
铜仁市	**378**	**268**	**110**	**640**	**399**	**241**	**738**	**453**	**285**
碧江区	4	2	2	8	2	6	12	5	7
万山区	2	2		3	1	2	6	5	1
江口县	29	18	11	60	39	21	50	35	15
玉屏侗族自治县	37	25	12	55	32	23	48	34	14
石阡县	39	30	9	59	28	31	87	50	37
思南县	58	42	16	112	69	43	130	80	50
印江土家族苗族自治县	58	41	17	106	70	36	119	72	47
德江县	52	37	15	62	38	24	90	51	39
沿河土家族自治县	59	43	16	103	71	32	114	72	42
松桃苗族自治县	40	28	12	72	49	23	82	49	33
黔西南布依族苗族自治州	**329**	**224**	**105**	**414**	**302**	**112**	**490**	**282**	**208**
兴义市	40	25	15	43	32	11	57	34	23
兴仁市	16	11	5	31	23	8	35	14	21
普安县	26	17	9	36	29	7	25	19	6
晴隆县	32	24	8	37	25	12	58	29	29
贞丰县	62	44	18	94	68	26	81	50	31
望谟县	26	16	10	44	30	14	52	32	20
册亨县	51	38	13	46	35	11	55	33	22
安龙县	76	49	27	83	60	23	127	71	56
黔东南苗族侗族自治州	**454**	**316**	**138**	**713**	**439**	**274**	**881**	**525**	**356**
凯里市	14	9	5	26	14	12	27	18	9
黄平县	42	32	10	74	50	24	95	53	42
施秉县	13	9	4	19	11	8	28	18	10
三穗县	23	20	3	48	30	18	60	36	24
镇远县	46	36	10	50	34	16	61	29	32
岑巩县	32	20	12	43	21	22	46	24	22
天柱县	45	30	15	68	45	23	83	49	34
锦屏县	31	19	12	32	18	14	41	29	12
剑河县	24	17	7	47	28	19	42	23	19
台江县	12	11	1	34	18	16	47	29	18
黎平县	67	45	22	85	60	25	118	69	49
榕江县	38	28	10	43	25	18	54	30	24
从江县	19	12	7	41	25	16	38	21	17
雷山县	15	9	6	34	17	17	51	35	16
麻江县	20	11	9	35	25	10	45	31	14
丹寨县	13	8	5	34	18	16	45	31	14
黔南布依族苗族自治州	**465**	**335**	**130**	**659**	**443**	**216**	**791**	**510**	**281**
都匀市	12	9	3	15	12	3	27	15	12
福泉市	17	11	6	30	22	8	19	10	9
荔波县	47	34	13	54	37	17	60	50	10
贵定县	48	36	12	64	38	26	110	78	32
瓮安县	58	47	11	120	79	41	120	81	39
独山县	51	39	12	83	53	30	107	59	48
平塘县	33	20	13	46	32	14	58	40	18
罗甸县	46	27	19	69	45	24	85	52	33
长顺县	30	21	9	44	30	14	43	31	12
龙里县	33	25	8	29	19	10	47	28	19
惠水县	54	38	16	66	51	15	61	37	24
三都水族自治县	36	28	8	39	25	14	54	29	25

6-1b　续表 12　　　　单位：人

地　区	75—79岁			80—84岁			85—89岁		
	小计	男	女	小计	男	女	小计	男	女
贵　州	**8236**	**4668**	**3568**	**8780**	**4364**	**4416**	**6174**	**2789**	**3385**
贵阳市	**516**	**305**	**211**	**546**	**285**	**261**	**351**	**179**	**172**
南明区	1	1					1		1
云岩区									
花溪区	30	16	14	43	22	21	29	7	22
乌当区	35	20	15	32	19	13	23	11	12
白云区	27	18	9	7	5	2	5	4	1
观山湖区	48	32	16	53	25	28	27	18	9
开阳县	140	85	55	152	74	78	99	50	49
息烽县	98	52	46	83	46	37	68	35	33
修文县	78	49	29	106	53	53	65	36	29
清镇市	59	32	27	70	41	29	34	18	16
六盘水市	**448**	**260**	**188**	**493**	**260**	**233**	**252**	**125**	**127**
钟山区	76	46	30	66	43	23	24	14	10
六枝特区	64	37	27	66	38	28	50	31	19
水城县	159	93	66	180	91	89	90	38	52
盘州市	149	84	65	181	88	93	88	42	46
遵义市	**1739**	**957**	**782**	**1824**	**912**	**912**	**1313**	**583**	**730**
红花岗区	63	35	28	86	46	40	46	21	25
汇川区	52	25	27	77	41	36	42	24	18
播州区	161	86	75	177	75	102	114	48	66
桐梓县	164	83	81	183	95	88	145	66	79
绥阳县	139	76	63	121	61	60	111	56	55
正安县	174	103	71	153	86	67	112	42	70
道真仡佬族苗族自治县	116	65	51	131	70	61	66	40	26
务川仡佬族苗族自治县	98	58	40	110	51	59	62	30	32
凤冈县	171	102	69	158	81	77	119	59	60
湄潭县	181	102	79	204	98	106	141	60	81
余庆县	108	60	48	127	56	71	116	50	66
习水县	184	94	90	179	97	82	122	45	77
赤水市	60	35	25	53	28	25	59	22	37
仁怀市	68	33	35	65	27	38	58	20	38
安顺市	**621**	**364**	**257**	**655**	**325**	**330**	**489**	**227**	**262**
西秀区	51	22	29	55	23	32	53	20	33
平坝区	84	59	25	83	44	39	79	45	34
普定县	164	102	62	182	99	83	125	54	71
镇宁布依族苗族自治县	107	57	50	125	58	67	91	39	52
关岭布依族苗族自治县	109	64	45	95	52	43	62	30	32
紫云苗族布依族自治县	106	60	46	115	49	66	79	39	40
毕节市	**1422**	**833**	**589**	**1590**	**802**	**788**	**1101**	**501**	**600**
七星关区	81	46	35	74	45	29	53	24	29
大方县	163	96	67	217	109	108	143	59	84
黔西县	221	127	94	222	124	98	180	92	88
金沙县	210	124	86	244	126	118	176	88	88
织金县	201	118	83	212	89	123	149	61	88
纳雍县	181	99	82	208	101	107	159	65	94
威宁彝族回族苗族自治县	220	137	83	255	134	121	144	73	71
赫章县	145	86	59	158	74	84	97	39	58

6-1b 续表 13

单位：人

地区	75-79岁			80-84岁			85-89岁		
	小计	男	女	小计	男	女	小计	男	女
铜仁市	**865**	**511**	**354**	**844**	**409**	**435**	**645**	**321**	**324**
碧江区	10	5	5	15	8	7	7	3	4
万山区	8	6	2	7	5	2	6	5	1
江口县	65	34	31	64	37	27	44	27	17
玉屏侗族自治县	53	37	16	59	27	32	45	25	20
石阡县	100	54	46	108	54	54	74	37	37
思南县	163	105	58	133	52	81	85	34	51
印江土家族苗族自治县	145	81	64	132	65	67	106	46	60
德江县	91	58	33	85	41	44	69	39	30
沿河土家族自治县	147	82	65	162	81	81	129	68	61
松桃苗族自治县	83	49	34	79	39	40	80	37	43
黔西南布依族苗族自治州	**667**	**376**	**291**	**588**	**294**	**294**	**428**	**166**	**262**
兴义市	110	65	45	103	47	56	76	29	47
兴仁市	32	20	12	32	18	14	25	9	16
普安县	58	35	23	41	22	19	31	15	16
晴隆县	68	39	29	50	25	25	50	24	26
贞丰县	116	57	59	123	59	64	56	22	34
望谟县	66	39	27	46	20	26	33	10	23
册亨县	79	38	41	67	34	33	61	27	34
安龙县	138	83	55	126	69	57	96	30	66
黔东南苗族侗族自治州	**1043**	**569**	**474**	**1271**	**624**	**647**	**883**	**393**	**490**
凯里市	44	20	24	28	16	12	25	14	11
黄平县	104	54	50	119	62	57	92	37	55
施秉县	23	13	10	44	21	23	44	22	22
三穗县	59	30	29	83	53	30	65	27	38
镇远县	96	48	48	113	51	62	72	29	43
岑巩县	86	54	32	91	50	41	73	36	37
天柱县	87	49	38	134	61	73	83	34	49
锦屏县	51	28	23	70	39	31	40	14	26
剑河县	64	34	30	69	31	38	54	31	23
台江县	40	21	19	37	17	20	24	10	14
黎平县	141	82	59	199	95	104	135	65	70
榕江县	51	32	19	78	34	44	44	22	22
从江县	42	25	17	63	26	37	30	9	21
雷山县	60	31	29	60	35	25	38	18	20
麻江县	56	30	26	48	19	29	36	16	20
丹寨县	39	18	21	35	14	21	28	9	19
黔南布依族苗族自治州	**915**	**493**	**422**	**969**	**453**	**516**	**712**	**294**	**418**
都匀市	44	24	20	25	12	13	25	10	15
福泉市	24	15	9	22	16	6	17	8	9
荔波县	91	48	43	99	49	50	64	33	31
贵定县	100	57	43	115	52	63	85	31	54
瓮安县	110	60	50	127	61	66	101	45	56
独山县	105	56	49	121	53	68	106	37	69
平塘县	66	37	29	75	35	40	52	22	30
罗甸县	115	55	60	107	42	65	68	21	47
长顺县	60	39	21	44	23	21	44	21	23
龙里县	48	29	19	63	37	26	27	12	15
惠水县	88	42	46	112	47	65	74	34	40
三都水族自治县	64	31	33	59	26	33	49	20	29

6-1b　续表 14

单位：人

地　区	90-94岁			95-99岁			100岁及以上		
	小计	男	女	小计	男	女	小计	男	女
贵　州	**2496**	**986**	**1510**	**567**	**187**	**380**	**125**	**40**	**85**
贵阳市	**116**	**52**	**64**	**24**	**9**	**15**	**6**	**1**	**5**
南明区									
云岩区									
花溪区	12	5	7	2	1	1			
乌当区	6	2	4	2	2				
白云区	2		2						
观山湖区	8	6	2	2	1	1			
开阳县	31	13	18	6	1	5	2		2
息烽县	25	13	12	7	2	5	1	1	
修文县	21	9	12	2	1	1	1		1
清镇市	11	4	7	3	1	2	2		2
六盘水市	**122**	**53**	**69**	**27**	**6**	**21**	**5**	**1**	**4**
钟山区	10	7	3	2		2			
六枝特区	19	6	13	1	1		1		1
水城县	39	15	24	15	4	11	2		2
盘州市	54	25	29	9	1	8	2	1	1
遵义市	**505**	**202**	**303**	**105**	**47**	**58**	**12**	**2**	**10**
红花岗区	13	8	5	3	1	2	1		1
汇川区	30	6	24	5	1	4			
播州区	37	11	26	7	3	4	1		1
桐梓县	56	29	27	13	6	7			
绥阳县	30	13	17	10	7	3	2		2
正安县	40	22	18	9		9			
道真仡佬族苗族自治县	22	6	16	6	4	2			
务川仡佬族苗族自治县	24	6	18	5	2	3	1		1
凤冈县	36	19	17	4	2	2			
湄潭县	57	23	34	12	7	5	1	1	
余庆县	37	15	22	6	3	3	1		1
习水县	60	24	36	13	5	8	2	1	1
赤水市	39	9	30	7	3	4	2		2
仁怀市	24	11	13	5	3	2	1		1
安顺市	**217**	**96**	**121**	**59**	**17**	**42**	**13**	**4**	**9**
西秀区	19	6	13	6	1	5	1	1	
平坝区	31	19	12	7	1	6	1		1
普定县	59	29	30	17	7	10	4		4
镇宁布依族苗族自治县	53	21	32	12	5	7	2	1	1
关岭布依族苗族自治县	23	6	17	10		10	3	1	2
紫云苗族布依族自治县	32	15	17	7	3	4	2	1	1
毕节市	**490**	**187**	**303**	**123**	**44**	**79**	**28**	**13**	**15**
七星关区	31	11	20	10	3	7	3	2	1
大方县	68	26	42	21	7	14	6	3	3
黔西县	75	30	45	9	1	8	3		3
金沙县	76	28	48	14	6	8	2		2
织金县	68	23	45	20	5	15	5	2	3
纳雍县	64	26	38	22	11	11	1		1
威宁彝族回族苗族自治县	60	23	37	15	7	8	7	6	1
赫章县	48	20	28	12	4	8	1		1

6-1b 续表 15

单位：人

地区	90-94岁			95-99岁			100岁及以上		
	小计	男	女	小计	男	女	小计	男	女
铜仁市	**264**	**96**	**168**	**57**	**19**	**38**	**17**	**4**	**13**
碧江区	4	2	2						
万山区	9	5	4	1		1			
江口县	23	5	18	5	4	1			
玉屏侗族自治县	13	6	7	1		1	1		1
石阡县	28	10	18	3	1	2	2	1	1
思南县	41	18	23	7	2	5	2		2
印江土家族苗族自治县	38	16	22	6	2	4	2		2
德江县	21	6	15	6	2	4	1		1
沿河土家族自治县	46	18	28	15	5	10	4		4
松桃苗族自治县	41	10	31	13	3	10	5	3	2
黔西南布依族苗族自治州	**178**	**70**	**108**	**57**	**17**	**40**	**15**	**6**	**9**
兴义市	20	10	10	4	2	2	2		2
兴仁市	10	1	9	4	1	3			
普安县	11	6	5	5	1	4			
晴隆县	17	10	7	5	2	3	9	6	3
贞丰县	45	21	24	14	3	11	2		2
望谟县	15	4	11	5	2	3	1		1
册亨县	19	5	14	8		8			
安龙县	41	13	28	12	6	6	1		1
黔东南苗族侗族自治州	**309**	**114**	**195**	**59**	**14**	**45**	**9**	**3**	**6**
凯里市	8	2	6	2	1	1			
黄平县	26	7	19	8	1	7	1		1
施秉县	10	3	7	1		1			
三穗县	18	13	5	3	1	2			
镇远县	27	12	15	9	1	8			
岑巩县	28	13	15	1		1	1		1
天柱县	36	10	26	9	2	7			
锦屏县	15	4	11	4		4			
剑河县	13	5	8	4	1	3			
台江县	6	2	4				2	2	
黎平县	39	14	25	4	2	2			
榕江县	19	5	14						
从江县	19	6	13	4	2	2	2		2
雷山县	14	6	8	1		1			
麻江县	12	5	7	2		2	2	1	1
丹寨县	19	7	12	7	3	4	1		1
黔南布依族苗族自治州	**295**	**116**	**179**	**56**	**14**	**42**	**20**	**6**	**14**
都匀市	10	4	6	2		2			
福泉市	9	6	3	1	1				
荔波县	28	7	21	6		6			
贵定县	33	13	20	8	3	5	8	2	6
瓮安县	57	31	26	7	2	5	1		1
独山县	36	15	21	10	2	8	1		1
平塘县	30	5	25	6	2	4	1		1
罗甸县	24	6	18	4	1	3	2	1	1
长顺县	21	6	15	3		3			
龙里县	7	4	3	3	1	2	2	1	1
惠水县	20	8	12	4	1	3	3	1	2
三都水族自治县	20	11	9	2	1	1	2	1	1

6-1c　各地区分年龄、性别的死亡人口
(2019.11.1-2020.10.31)(乡村)

单位：人

地　区	死亡人口			0岁		
	合计	男	女	小计	男	女
贵　州	**132791**	**78525**	**54266**	**1015**	**574**	**441**
贵阳市	**8186**	**4894**	**3292**	**68**	**39**	**29**
南明区	91	50	41	1	1	
云岩区						
花溪区	890	531	359	5	2	3
乌当区	668	391	277	7	3	4
白云区	94	57	37	2	2	
观山湖区	322	194	128	2	2	
开阳县	1608	974	634	16	8	8
息烽县	1155	668	487	13	6	7
修文县	1272	791	481	4	2	2
清镇市	2086	1238	848	18	13	5
六盘水市	**10877**	**6556**	**4321**	**97**	**57**	**40**
钟山区	373	227	146	5	2	3
六枝特区	2340	1383	957	19	6	13
水城县	3367	2104	1263	33	22	11
盘州市	4797	2842	1955	40	27	13
遵义市	**24291**	**13945**	**10346**	**124**	**72**	**52**
红花岗区	1419	787	632	9	5	4
汇川区	1370	770	600	6	3	3
播州区	2326	1329	997	23	13	10
桐梓县	2637	1530	1107	9	5	4
绥阳县	1704	976	728	7	4	3
正安县	2196	1283	913	9	2	7
道真仡佬族苗族自治县	1121	672	449	4	3	1
务川仡佬族苗族自治县	1607	929	678	12	8	4
凤冈县	1559	878	681	5	1	4
湄潭县	1515	838	677	4	4	
余庆县	1258	693	565	10	3	7
习水县	2623	1509	1114	8	7	1
赤水市	1274	767	507	3	2	1
仁怀市	1682	984	698	15	12	3
安顺市	**9303**	**5534**	**3769**	**64**	**36**	**28**
西秀区	2467	1421	1046	11	8	3
平坝区	1211	728	483	6	3	3
普定县	1376	795	581	12	9	3
镇宁布依族苗族自治县	1448	884	564	8	3	5
关岭布依族苗族自治县	1369	826	543	11	6	5
紫云苗族布依族自治县	1432	880	552	16	7	9
毕节市	**23239**	**14200**	**9039**	**244**	**141**	**103**
七星关区	3414	2019	1395	32	15	17
大方县	3283	2054	1229	27	16	11
黔西县	2570	1544	1026	15	9	6
金沙县	2097	1259	838	9	5	4
织金县	2615	1600	1015	29	22	7
纳雍县	2227	1407	820	35	22	13
威宁彝族回族苗族自治县	3893	2454	1439	49	27	22
赫章县	3140	1863	1277	48	25	23

6-1c 续表 1

单位：人

地 区	死亡人口			0岁		
	合计	男	女	小计	男	女
铜仁市	**12848**	**7435**	**5413**	**64**	**32**	**32**
碧江区	353	212	141	2	2	
万山区	511	318	193	2	1	1
江口县	852	488	364	3	3	
玉屏侗族自治县	473	254	219	1		1
石阡县	1574	914	660	6	2	4
思南县	2244	1254	990	14	7	7
印江土家族苗族自治县	1240	753	487	10	4	6
德江县	1801	1036	765	5	3	2
沿河土家族自治县	1676	978	698	13	3	10
松桃苗族自治县	2124	1228	896	8	7	1
黔西南布依族苗族自治州	**11024**	**6543**	**4481**	**110**	**61**	**49**
兴义市	2037	1228	809	17	10	7
兴仁市	1590	943	647	14	7	7
普安县	1101	632	469	11	9	2
晴隆县	1124	689	435	12	7	5
贞丰县	1442	838	604	20	12	8
望谟县	1306	756	550	7	3	4
册亨县	866	545	321	7	3	4
安龙县	1558	912	646	22	10	12
黔东南苗族侗族自治州	**18240**	**10741**	**7499**	**152**	**79**	**73**
凯里市	1596	944	652	5	4	1
黄平县	1401	806	595	1		1
施秉县	613	349	264	2		2
三穗县	829	483	346	7	4	3
镇远县	1160	672	488	7	5	2
岑巩县	892	516	376	2	1	1
天柱县	1583	910	673	9	6	3
锦屏县	968	548	420	3	2	1
剑河县	1071	625	446	8	3	5
台江县	679	415	264	3	2	1
黎平县	2099	1269	830	14	4	10
榕江县	1321	795	526	19	11	8
从江县	1727	1019	708	52	25	27
雷山县	752	465	287	3	3	
麻江县	744	428	316	8	6	2
丹寨县	805	497	308	9	3	6
黔南布依族苗族自治州	**14783**	**8677**	**6106**	**92**	**57**	**35**
都匀市	1639	944	695	8	6	2
福泉市	1018	578	440	9	5	4
荔波县	767	430	337	8	6	2
贵定县	978	626	352	4	3	1
瓮安县	1354	784	570	11	7	4
独山县	960	558	402	3	1	2
平塘县	1499	905	594	9	7	2
罗甸县	1226	692	534	6	4	2
长顺县	955	591	364	5	4	1
龙里县	1029	604	425	1	1	
惠水县	1732	1024	708	14	6	8
三都水族自治县	1626	941	685	14	7	7

6-1c　续表 2　　　　单位：人

地　区	1-4岁			5-9岁			10-14岁		
	小计	男	女	小计	男	女	小计	男	女
贵　州	**826**	**479**	**347**	**585**	**332**	**253**	**588**	**380**	**208**
贵阳市	**39**	**18**	**21**	**32**	**19**	**13**	**16**	**8**	**8**
南明区									
云岩区									
花溪区	3	1	2	2		2	3	1	2
乌当区	5	2	3	3	2	1			
白云区	1	1		2	1	1			
观山湖区	1	1		1	1				
开阳县	9	6	3	6	3	3	2		2
息烽县	5	2	3	4	3	1	2		2
修文县	4	1	3	4	2	2	6	5	1
清镇市	11	4	7	10	7	3	3	2	1
六盘水市	**88**	**58**	**30**	**59**	**33**	**26**	**58**	**40**	**18**
钟山区	2	1	1	4	2	2	2	1	1
六枝特区	17	12	5	14	10	4	27	19	8
水城县	26	12	14	23	13	10	19	12	7
盘州市	43	33	10	18	8	10	10	8	2
遵义市	**94**	**61**	**33**	**68**	**40**	**28**	**81**	**54**	**27**
红花岗区	7	5	2	4	2	2	3	2	1
汇川区	6	2	4	1	1		3	2	1
播州区	11	8	3	7	6	1	6	3	3
桐梓县	7	3	4	12	7	5	17	11	6
绥阳县	7	6	1	3	1	2	7	3	4
正安县	9	6	3	8	3	5	6	3	3
道真仡佬族苗族自治县	2		2	3	1	2	3	2	1
务川仡佬族苗族自治县	2	1	1	5	4	1	3	3	
凤冈县	3	1	2	5	4	1	4	3	1
湄潭县	8	6	2	3	1	2			
余庆县	4	2	2	4	2	2	9	8	1
习水县	20	16	4	9	6	3	12	7	5
赤水市	3	1	2				4	4	
仁怀市	5	4	1	4	2	2	4	3	1
安顺市	**67**	**34**	**33**	**54**	**29**	**25**	**36**	**27**	**9**
西秀区	14	10	4	9	5	4	10	9	1
平坝区	9	5	4	9	3	6	3	3	
普定县	8	5	3	7	4	3	5	3	2
镇宁布依族苗族自治县	10	4	6	6	5	1	2	2	
关岭布依族苗族自治县	6	3	3	11	6	5	12	9	3
紫云苗族布依族自治县	20	7	13	12	6	6	4	1	3
毕节市	**203**	**111**	**92**	**142**	**72**	**70**	**133**	**87**	**46**
七星关区	37	20	17	17	8	9	13	9	4
大方县	23	13	10	23	11	12	14	9	5
黔西县	10	4	6	7	2	5	6	4	2
金沙县	4	1	3	11	4	7	10	7	3
织金县	27	19	8	11	7	4	10	7	3
纳雍县	31	15	16	18	7	11	24	18	6
威宁彝族回族苗族自治县	39	26	13	35	18	17	37	20	17
赫章县	32	13	19	20	15	5	19	13	6

6-1c　续表 3　　　　单位：人

地　　区	1-4岁			5-9岁			10-14岁		
	小计	男	女	小计	男	女	小计	男	女
铜仁市	**53**	**31**	**22**	**46**	**31**	**15**	**45**	**31**	**14**
碧江区	2		2	6	4	2	1	1	
万山区	2	2					1	1	
江口县	4	2	2	3	1	2	1		1
玉屏侗族自治县	2	1	1				1	1	
石阡县	4	2	2	4	2	2	6	5	1
思南县	7	5	2	10	9	1	10	5	5
印江土家族苗族自治县	5	3	2	1	1		3	2	1
德江县	6	2	4	1		1	6	4	2
沿河土家族自治县	12	10	2	11	7	4	10	7	3
松桃苗族自治县	9	4	5	10	7	3	6	5	1
黔西南布依族苗族自治州	**79**	**51**	**28**	**49**	**26**	**23**	**67**	**38**	**29**
兴义市	11	8	3	8	4	4	6	4	2
兴仁市	13	10	3	10	6	4	6	1	5
普安县	10	4	6	3	3		7	6	1
晴隆县	4	3	1	9	4	5	17	9	8
贞丰县	15	7	8	2		2	13	8	5
望谟县	8	5	3	10	4	6	8	5	3
册亨县	3	2	1	2	1	1	3	1	2
安龙县	15	12	3	5	4	1	7	4	3
黔东南苗族侗族自治州	**110**	**63**	**47**	**82**	**50**	**32**	**92**	**60**	**32**
凯里市	11	7	4	8	6	2	3	2	1
黄平县	10	4	6	3	1	2	5	5	
施秉县	1		1	3	2	1	1		1
三穗县	1	1		2	1	1	3	2	1
镇远县	5	2	3	3	2	1	2	1	1
岑巩县	4	3	1	3		3	2	2	
天柱县	4	3	1	6	3	3	4	3	1
锦屏县	3	2	1	7	4	3	2	2	
剑河县	5	4	1	9	9		6	3	3
台江县	6	4	2	2	1	1	4	3	1
黎平县	20	13	7	8	5	3	16	11	5
榕江县	10	4	6	4	4		17	9	8
从江县	20	11	9	17	8	9	16	9	7
雷山县	4		4	2	1	1	7	4	3
麻江县	4	4		1	1		1	1	
丹寨县	2	1	1	4	2	2	3	3	
黔南布依族苗族自治州	**93**	**52**	**41**	**53**	**32**	**21**	**60**	**35**	**25**
都匀市	9	4	5	3	1	2	4	3	1
福泉市	7	3	4	7	5	2	4	2	2
荔波县	6	4	2	2	1	1	6	6	
贵定县	6	5	1	3	2	1	4	2	2
瓮安县	7	3	4	6	4	2	3	2	1
独山县	5	5		3	3		2	1	1
平塘县	7	4	3	6	3	3	7	3	4
罗甸县	10	3	7	6	2	4	1		1
长顺县	9	4	5				3	3	
龙里县	5	4	1	2	2		4	3	1
惠水县	11	5	6	9	5	4	12	5	7
三都水族自治县	11	8	3	6	4	2	10	5	5

6-1c　续表 4

单位：人

地　区	15-19岁			20-24岁			25-29岁		
	小计	男	女	小计	男	女	小计	男	女
贵　州	**882**	**598**	**284**	**1160**	**781**	**379**	**1128**	**817**	**311**
贵阳市	**27**	**16**	**11**	**64**	**41**	**23**	**66**	**44**	**22**
南明区							1	1	
云岩区									
花溪区	1	1		10	4	6	10	8	2
乌当区	1	1		4	2	2	3	2	1
白云区									
观山湖区				1	1		4	3	1
开阳县	6	3	3	14	11	3	16	9	7
息烽县	8	4	4	9	7	2	8	6	2
修文县	4	2	2	7	3	4	8	3	5
清镇市	7	5	2	19	13	6	16	12	4
六盘水市	**63**	**42**	**21**	**106**	**72**	**34**	**100**	**72**	**28**
钟山区				5	2	3	3	3	
六枝特区	18	10	8	14	9	5	24	19	5
水城县	27	18	9	46	34	12	34	22	12
盘州市	18	14	4	41	27	14	39	28	11
遵义市	**107**	**67**	**40**	**147**	**93**	**54**	**167**	**115**	**52**
红花岗区	10	5	5	12	9	3	9	6	3
汇川区	6	5	1	5	3	2	4	3	1
播州区	4	3	1	15	9	6	22	11	11
桐梓县	14	8	6	23	12	11	24	18	6
绥阳县	5	4	1	11	8	3	8	8	
正安县	8	7	1	16	9	7	16	11	5
道真仡佬族苗族自治县	3	1	2	2	1	1	5	5	
务川仡佬族苗族自治县	5	3	2	8	5	3	13	11	2
凤冈县	8	6	2	7	3	4	10	2	8
湄潭县	11	4	7	6	5	1	5	3	2
余庆县	4	1	3	4	3	1	8	8	
习水县	14	8	6	19	12	7	23	15	8
赤水市	4	3	1	4	3	1	9	5	4
仁怀市	11	9	2	15	11	4	11	9	2
安顺市	**55**	**34**	**21**	**70**	**41**	**29**	**73**	**57**	**16**
西秀区	9	5	4	25	16	9	13	10	3
平坝区	7	6	1	4	2	2	6	4	2
普定县	14	7	7	11	3	8	9	6	3
镇宁布依族苗族自治县	7	6	1	12	6	6	18	15	3
关岭布依族苗族自治县	10	3	7	6	4	2	16	11	5
紫云苗族布依族自治县	8	7	1	12	10	2	11	11	
毕节市	**264**	**181**	**83**	**317**	**211**	**106**	**256**	**191**	**65**
七星关区	46	29	17	48	31	17	29	23	6
大方县	34	25	9	34	29	5	40	23	17
黔西县	12	9	3	23	17	6	23	16	7
金沙县	23	17	6	17	9	8	16	15	1
织金县	37	29	8	44	33	11	24	21	3
纳雍县	23	10	13	35	23	12	26	17	9
威宁彝族回族苗族自治县	49	37	12	75	46	29	54	41	13
赫章县	40	25	15	41	23	18	44	35	9

6-1c 续表 5 单位：人

地区	15-19岁			20-24岁			25-29岁		
	小计	男	女	小计	男	女	小计	男	女
铜仁市	**74**	**50**	**24**	**92**	**65**	**27**	**96**	**68**	**28**
碧江区				3	2	1	5	5	
万山区	4	3	1	4	4		5	2	3
江口县	3	3		4	2	2	6	4	2
玉屏侗族自治县	6	3	3	3	1	2	4	1	3
石阡县	11	7	4	11	9	2	16	10	6
思南县	13	10	3	17	12	5	8	6	2
印江土家族苗族自治县	7	3	4	9	6	3	7	7	
德江县	8	6	2	12	7	5	7	3	4
沿河土家族自治县	13	11	2	14	10	4	16	11	5
松桃苗族自治县	9	4	5	15	12	3	22	19	3
黔西南布依族苗族自治州	**91**	**59**	**32**	**117**	**82**	**35**	**105**	**80**	**25**
兴义市	14	8	6	18	11	7	26	21	5
兴仁市	11	10	1	20	15	5	15	11	4
普安县	12	6	6	14	9	5	15	12	3
晴隆县	7	4	3	14	10	4	11	8	3
贞丰县	16	11	5	13	11	2	8	5	3
望谟县	13	6	7	9	7	2	13	10	3
册亨县	9	6	3	8	5	3	7	6	1
安龙县	9	8	1	21	14	7	10	7	3
黔东南苗族侗族自治州	**125**	**91**	**34**	**131**	**90**	**41**	**130**	**97**	**33**
凯里市	13	8	5	13	12	1	11	9	2
黄平县	5	3	2	14	6	8	7	4	3
施秉县	5	4	1	4	2	2	3	3	
三穗县	13	10	3	5	4	1	7	6	1
镇远县	5	4	1	5	4	1	6	5	1
岑巩县	7	4	3	16	10	6	5	4	1
天柱县	9	5	4	3	1	2	11	9	2
锦屏县	4	3	1	7	6	1	4	4	
剑河县	6	3	3	9	7	2	10	7	3
台江县	7	5	2	5	4	1	6	4	2
黎平县	11	10	1	11	8	3	15	9	6
榕江县	7	5	2	13	9	4	9	7	2
从江县	12	12		10	8	2	17	14	3
雷山县	10	6	4	1	1		8	5	3
麻江县	4	2	2	9	2	7	5	3	2
丹寨县	7	7		6	6		6	4	2
黔南布依族苗族自治州	**76**	**58**	**18**	**116**	**86**	**30**	**135**	**93**	**42**
都匀市	8	8		9	7	2	16	10	6
福泉市	3	2	1	5	4	1	8	7	1
荔波县	5	4	1	9	7	2	3	2	1
贵定县	9	9		8	4	4	8	6	2
瓮安县	7	5	2	8	6	2	8	6	2
独山县	3	1	2	9	8	1	13	8	5
平塘县	5	4	1	15	13	2	7	5	2
罗甸县	8	4	4	13	10	3	12	5	7
长顺县	4	4		8	3	5	9	5	4
龙里县	6	3	3	11	8	3	11	9	2
惠水县	11	10	1	8	5	3	24	17	7
三都水族自治县	7	4	3	13	11	2	16	13	3

6−1c　续表 6

单位：人

地　　区	30−34岁			35−39岁			40−44岁		
	小计	男	女	小计	男	女	小计	男	女
贵　州	**1681**	**1236**	**445**	**2240**	**1730**	**510**	**3909**	**3019**	**890**
贵阳市	**105**	**60**	**45**	**129**	**101**	**28**	**215**	**164**	**51**
南明区				1	1		1		1
云岩区									
花溪区	8	3	5	22	18	4	30	26	4
乌当区	10	7	3	3	2	1	15	8	7
白云区				1		1			
观山湖区	4	2	2	4	4		6	4	2
开阳县	21	9	12	19	15	4	26	22	4
息烽县	16	11	5	13	8	5	30	20	10
修文县	19	10	9	25	21	4	40	33	7
清镇市	27	18	9	41	32	9	67	51	16
六盘水市	**186**	**142**	**44**	**260**	**208**	**52**	**385**	**325**	**60**
钟山区	8	6	2	9	7	2	19	16	3
六枝特区	30	20	10	42	33	9	72	60	12
水城县	68	54	14	114	93	21	154	130	24
盘州市	80	62	18	95	75	20	140	119	21
遵义市	**211**	**143**	**68**	**264**	**181**	**83**	**513**	**379**	**134**
红花岗区	10	5	5	16	11	5	28	18	10
汇川区	6	4	2	15	13	2	29	23	6
播州区	15	10	5	34	24	10	47	30	17
桐梓县	26	15	11	26	19	7	54	36	18
绥阳县	17	10	7	27	16	11	29	17	12
正安县	18	9	9	29	24	5	66	49	17
道真仡佬族苗族自治县	8	7	1	15	12	3	24	22	2
务川仡佬族苗族自治县	17	12	5	19	14	5	43	36	7
凤冈县	10	8	2	9	2	7	32	24	8
湄潭县	9	3	6	10	6	4	21	14	7
余庆县	11	9	2	6	2	4	19	16	3
习水县	33	27	6	24	14	10	56	43	13
赤水市	9	7	2	8	5	3	19	15	4
仁怀市	22	17	5	26	19	7	46	36	10
安顺市	**110**	**85**	**25**	**156**	**120**	**36**	**311**	**241**	**70**
西秀区	26	20	6	31	22	9	58	46	12
平坝区	12	6	6	16	9	7	27	22	5
普定县	18	13	5	24	19	5	50	37	13
镇宁布依族苗族自治县	15	13	2	34	28	6	65	55	10
关岭布依族苗族自治县	25	19	6	25	23	2	54	41	13
紫云苗族布依族自治县	14	14		26	19	7	57	40	17
毕节市	**403**	**317**	**86**	**513**	**407**	**106**	**948**	**744**	**204**
七星关区	40	30	10	64	47	17	141	102	39
大方县	62	50	12	75	60	15	139	121	18
黔西县	44	36	8	62	47	15	105	84	21
金沙县	34	23	11	40	30	10	72	55	17
织金县	37	24	13	68	56	12	121	97	24
纳雍县	49	38	11	60	52	8	89	74	15
威宁彝族回族苗族自治县	83	70	13	93	75	18	171	126	45
赫章县	54	46	8	51	40	11	110	85	25

6–1c 续表 7

单位：人

地 区	30–34岁			35–39岁			40–44岁		
	小计	男	女	小计	男	女	小计	男	女
铜仁市	**105**	**76**	**29**	**176**	**140**	**36**	**279**	**212**	**67**
碧江区	1	1		10	7	3	3	3	
万山区	6	2	4	3	2	1	3	3	
江口县	8	6	2	7	6	1	18	15	3
玉屏侗族自治县	2	1	1	4	4		17	13	4
石阡县	9	5	4	9	8	1	25	18	7
思南县	12	9	3	29	21	8	38	30	8
印江土家族苗族自治县	10	10		17	16	1	22	17	5
德江县	14	9	5	32	27	5	48	32	16
沿河土家族自治县	14	12	2	31	25	6	44	33	11
松桃苗族自治县	29	21	8	34	24	10	61	48	13
黔西南布依族苗族自治州	**139**	**105**	**34**	**194**	**151**	**43**	**339**	**267**	**72**
兴义市	27	19	8	29	21	8	44	34	10
兴仁市	23	21	2	24	21	3	51	39	12
普安县	7	6	1	21	19	2	34	27	7
晴隆县	17	11	6	19	13	6	38	29	9
贞丰县	14	12	2	30	21	9	39	31	8
望谟县	19	10	9	34	23	11	45	38	7
册亨县	14	11	3	14	12	2	41	34	7
安龙县	18	15	3	23	21	2	47	35	12
黔东南苗族侗族自治州	**228**	**170**	**58**	**277**	**207**	**70**	**494**	**355**	**139**
凯里市	20	17	3	20	16	4	31	21	10
黄平县	12	8	4	25	22	3	31	23	8
施秉县	5	3	2	16	9	7	15	11	4
三穗县	9	9		13	10	3	18	15	3
镇远县	7	3	4	13	9	4	29	17	12
岑巩县	8	6	2	8	6	2	19	11	8
天柱县	23	17	6	24	16	8	32	23	9
锦屏县	12	5	7	8	5	3	18	14	4
剑河县	16	15	1	23	16	7	40	24	16
台江县	14	12	2	11	11		38	25	13
黎平县	15	11	4	19	13	6	58	46	12
榕江县	24	19	5	26	21	5	41	29	12
从江县	28	16	12	32	25	7	47	37	10
雷山县	16	16		13	8	5	37	29	8
麻江县	8	5	3	12	9	3	16	11	5
丹寨县	11	8	3	14	11	3	24	19	5
黔南布依族苗族自治州	**194**	**138**	**56**	**271**	**215**	**56**	**425**	**332**	**93**
都匀市	27	20	7	23	18	5	34	26	8
福泉市	16	8	8	14	11	3	27	20	7
荔波县	7	5	2	14	10	4	25	20	5
贵定县	19	12	7	18	14	4	40	34	6
瓮安县	7	5	2	17	10	7	24	19	5
独山县	11	7	4	24	19	5	19	15	4
平塘县	24	20	4	15	11	4	48	33	15
罗甸县	14	8	6	25	23	2	53	40	13
长顺县	16	13	3	28	24	4	29	22	7
龙里县	10	8	2	17	11	6	28	22	6
惠水县	17	11	6	47	40	7	49	41	8
三都水族自治县	26	21	5	29	24	5	49	40	9

6-1c　续表 8　　　　单位：人

地　区	45-49岁			50-54岁			55-59岁		
	小计	男	女	小计	男	女	小计	男	女
贵　州	**6203**	**4711**	**1492**	**7981**	**5824**	**2157**	**7497**	**5326**	**2171**
贵阳市	**390**	**296**	**94**	**490**	**368**	**122**	**467**	**349**	**118**
南明区	3	3		8	5	3	5	3	2
云岩区									
花溪区	49	39	10	57	43	14	57	40	17
乌当区	25	22	3	39	22	17	34	23	11
白云区	4	1	3	5	5		4	2	2
观山湖区	20	18	2	23	18	5	15	12	3
开阳县	63	46	17	76	63	13	84	57	27
息烽县	51	42	9	62	44	18	54	42	12
修文县	51	35	16	76	59	17	67	56	11
清镇市	124	90	34	144	109	35	147	114	33
六盘水市	**567**	**453**	**114**	**732**	**538**	**194**	**626**	**426**	**200**
钟山区	25	21	4	22	18	4	21	10	11
六枝特区	102	82	20	169	134	35	140	108	32
水城县	212	174	38	259	187	72	175	119	56
盘州市	228	176	52	282	199	83	290	189	101
遵义市	**1012**	**753**	**259**	**1350**	**972**	**378**	**1324**	**898**	**426**
红花岗区	53	40	13	71	55	16	91	62	29
汇川区	61	43	18	72	55	17	66	41	25
播州区	77	55	22	141	96	45	125	79	46
桐梓县	114	92	22	133	100	33	149	110	39
绥阳县	74	52	22	108	79	29	104	72	32
正安县	92	62	30	114	79	35	124	77	47
道真仡佬族苗族自治县	40	31	9	77	48	29	56	42	14
务川仡佬族苗族自治县	78	55	23	95	69	26	78	58	20
凤冈县	72	58	14	86	57	29	80	58	22
湄潭县	54	35	19	83	56	27	91	54	37
余庆县	48	29	19	62	44	18	71	44	27
习水县	145	118	27	155	116	39	122	83	39
赤水市	42	35	7	68	52	16	83	63	20
仁怀市	62	48	14	85	66	19	84	55	29
安顺市	**425**	**328**	**97**	**547**	**387**	**160**	**528**	**381**	**147**
西秀区	99	74	25	132	87	45	125	89	36
平坝区	50	41	9	79	57	22	62	48	14
普定县	61	45	16	76	51	25	53	42	11
镇宁布依族苗族自治县	72	59	13	86	62	24	94	65	29
关岭布依族苗族自治县	71	51	20	85	64	21	101	70	31
紫云苗族布依族自治县	72	58	14	89	66	23	93	67	26
毕节市	**1276**	**1027**	**249**	**1500**	**1124**	**376**	**1387**	**1017**	**370**
七星关区	170	131	39	214	176	38	162	110	52
大方县	174	149	25	221	169	52	183	143	40
黔西县	131	98	33	189	147	42	149	113	36
金沙县	90	74	16	132	97	35	128	95	33
织金县	139	111	28	159	117	42	174	122	52
纳雍县	162	135	27	141	113	28	157	115	42
威宁彝族回族苗族自治县	242	194	48	267	188	79	257	196	61
赫章县	168	135	33	177	117	60	177	123	54

6－1c　续表 9

单位：人

地　　区	45－49岁			50－54岁			55－59岁		
	小计	男	女	小计	男	女	小计	男	女
铜仁市	**555**	**392**	**163**	**715**	**492**	**223**	**664**	**436**	**228**
碧江区	15	8	7	19	15	4	20	13	7
万山区	16	11	5	32	21	11	26	20	6
江口县	34	23	11	44	28	16	46	32	14
玉屏侗族自治县	13	7	6	19	12	7	21	11	10
石阡县	64	50	14	109	74	35	79	48	31
思南县	101	70	31	140	88	52	121	79	42
印江土家族苗族自治县	62	45	17	66	43	23	75	51	24
德江县	87	61	26	90	71	19	89	58	31
沿河土家族自治县	80	57	23	74	53	21	83	54	29
松桃苗族自治县	83	60	23	122	87	35	104	70	34
黔西南布依族苗族自治州	**475**	**358**	**117**	**682**	**516**	**166**	**637**	**473**	**164**
兴义市	62	49	13	110	87	23	113	84	29
兴仁市	54	44	10	87	66	21	96	66	30
普安县	61	42	19	57	38	19	60	43	17
晴隆县	51	38	13	67	51	16	68	52	16
贞丰县	49	40	9	90	68	22	85	60	25
望谟县	73	51	22	106	80	26	67	56	11
册亨县	54	41	13	62	50	12	54	39	15
安龙县	71	53	18	103	76	27	94	73	21
黔东南苗族侗族自治州	**801**	**581**	**220**	**1036**	**739**	**297**	**1016**	**706**	**310**
凯里市	89	62	27	105	73	32	84	59	25
黄平县	80	56	24	96	72	24	86	60	26
施秉县	25	16	9	44	33	11	30	19	11
三穗县	42	30	12	48	32	16	45	32	13
镇远县	50	37	13	65	47	18	67	47	20
岑巩县	33	24	9	52	36	16	45	32	13
天柱县	51	40	11	77	55	22	92	65	27
锦屏县	27	21	6	45	33	12	52	36	16
剑河县	53	36	17	68	49	19	47	34	13
台江县	34	24	10	27	15	12	21	17	4
黎平县	87	65	22	108	75	33	117	85	32
榕江县	60	46	14	65	50	15	81	56	25
从江县	63	43	20	89	63	26	86	55	31
雷山县	28	25	3	53	41	12	56	37	19
麻江县	31	23	8	39	27	12	52	35	17
丹寨县	48	33	15	55	38	17	55	37	18
黔南布依族苗族自治州	**702**	**523**	**179**	**929**	**688**	**241**	**848**	**640**	**208**
都匀市	75	59	16	86	63	23	101	82	19
福泉市	36	24	12	68	51	17	58	43	15
荔波县	38	25	13	45	33	12	47	38	9
贵定县	47	41	6	72	58	14	42	38	4
瓮安县	64	42	22	81	62	19	83	54	29
独山县	47	34	13	51	37	14	54	39	15
平塘县	89	70	19	95	67	28	80	63	17
罗甸县	51	33	18	80	52	28	62	49	13
长顺县	48	36	12	50	38	12	45	30	15
龙里县	53	43	10	71	55	16	54	40	14
惠水县	76	57	19	103	80	23	117	95	22
三都水族自治县	78	59	19	127	92	35	105	69	36

6-1c　续表 10

单位：人

地　区	60-64岁			65-69岁			70-74岁		
	小计	男	女	小计	男	女	小计	男	女
贵　州	**8245**	**5686**	**2559**	**12918**	**8230**	**4688**	**15587**	**9200**	**6387**
贵阳市	**557**	**404**	**153**	**804**	**516**	**288**	**1011**	**611**	**400**
南明区	10	7	3	7	5	2	17	8	9
云岩区									
花溪区	71	49	22	86	59	27	97	59	38
乌当区	42	29	13	76	48	28	95	60	35
白云区	8	7	1	12	8	4	11	7	4
观山湖区	28	21	7	31	12	19	43	29	14
开阳县	112	85	27	160	97	63	204	125	79
息烽县	61	42	19	102	64	38	161	93	68
修文县	70	54	16	142	109	33	165	98	67
清镇市	155	110	45	188	114	74	218	132	86
六盘水市	**763**	**529**	**234**	**956**	**589**	**367**	**1094**	**607**	**487**
钟山区	32	23	9	28	21	7	49	24	25
六枝特区	159	110	49	224	133	91	223	125	98
水城县	208	148	60	301	193	108	333	191	142
盘州市	364	248	116	403	242	161	489	267	222
遵义市	**1271**	**837**	**434**	**2511**	**1527**	**984**	**3110**	**1826**	**1284**
红花岗区	80	51	29	166	94	72	184	100	84
汇川区	64	44	20	151	87	64	166	110	56
播州区	137	86	51	251	158	93	309	184	125
桐梓县	145	97	48	260	160	100	291	176	115
绥阳县	99	62	37	165	105	60	220	136	84
正安县	112	77	35	237	161	76	296	174	122
道真仡佬族苗族自治县	58	33	25	109	69	40	152	98	54
务川仡佬族苗族自治县	70	45	25	159	89	70	214	120	94
凤冈县	63	46	17	158	98	60	200	113	87
湄潭县	81	50	31	163	96	67	236	133	103
余庆县	56	31	25	115	69	46	162	103	59
习水县	147	97	50	269	164	105	303	167	136
赤水市	77	63	14	121	65	56	167	92	75
仁怀市	82	55	27	187	112	75	210	120	90
安顺市	**626**	**441**	**185**	**897**	**584**	**313**	**1096**	**676**	**420**
西秀区	163	115	48	229	153	76	306	190	116
平坝区	97	59	38	109	71	38	116	75	41
普定县	83	55	28	144	89	55	163	100	63
镇宁布依族苗族自治县	90	66	24	149	102	47	182	110	72
关岭布依族苗族自治县	87	66	21	134	81	53	155	83	72
紫云苗族布依族自治县	106	80	26	132	88	44	174	118	56
毕节市	**1410**	**986**	**424**	**2198**	**1412**	**786**	**2395**	**1438**	**957**
七星关区	182	123	59	325	205	120	361	200	161
大方县	201	146	55	319	206	113	330	211	119
黔西县	165	116	49	256	150	106	258	152	106
金沙县	91	64	27	188	123	65	235	138	97
织金县	169	121	48	254	167	87	260	153	107
纳雍县	137	99	38	219	138	81	212	132	80
威宁彝族回族苗族自治县	267	179	88	324	215	109	408	253	155
赫章县	198	138	60	313	208	105	331	199	132

6-1c 续表 11

单位：人

地区	60-64岁			65-69岁			70-74岁		
	小计	男	女	小计	男	女	小计	男	女
铜仁市	**692**	**468**	**224**	**1330**	**857**	**473**	**1680**	**983**	**697**
碧江区	21	12	9	32	18	14	29	17	12
万山区	33	23	10	41	27	14	61	44	17
江口县	59	36	23	93	69	24	113	62	51
玉屏侗族自治县	26	16	10	50	21	29	50	29	21
石阡县	72	46	26	172	107	65	220	128	92
思南县	122	89	33	262	166	96	301	165	136
印江土家族苗族自治县	49	33	16	126	91	35	173	105	68
德江县	121	81	40	177	113	64	257	145	112
沿河土家族自治县	72	52	20	172	113	59	218	133	85
松桃苗族自治县	117	80	37	205	132	73	258	155	103
黔西南布依族苗族自治州	**769**	**543**	**226**	**1032**	**693**	**339**	**1175**	**731**	**444**
兴义市	125	96	29	178	137	41	204	134	70
兴仁市	113	69	44	141	84	57	158	94	64
普安县	76	57	19	95	48	47	102	56	46
晴隆县	74	57	17	124	86	38	119	79	40
贞丰县	109	66	43	132	90	42	165	103	62
望谟县	103	73	30	138	96	42	167	99	68
册亨县	70	47	23	79	60	19	109	75	34
安龙县	99	78	21	145	92	53	151	91	60
黔东南苗族侗族自治州	**1143**	**761**	**382**	**1770**	**1123**	**647**	**2205**	**1290**	**915**
凯里市	111	64	47	163	110	53	191	114	77
黄平县	76	45	31	133	90	43	173	104	69
施秉县	29	15	14	58	39	19	68	34	34
三穗县	47	34	13	74	48	26	91	42	49
镇远县	64	46	18	110	66	44	146	88	58
岑巩县	52	39	13	84	44	40	106	64	42
天柱县	118	80	38	165	114	51	206	131	75
锦屏县	81	56	25	94	51	43	118	74	44
剑河县	77	47	30	103	61	42	120	63	57
台江县	46	28	18	68	44	24	82	48	34
黎平县	139	94	45	209	126	83	274	162	112
榕江县	88	59	29	127	87	40	157	86	71
从江县	69	41	28	155	96	59	192	120	72
雷山县	36	29	7	64	37	27	95	53	42
麻江县	41	30	11	84	57	27	93	54	39
丹寨县	69	54	15	79	53	26	93	53	40
黔南布依族苗族自治州	**1014**	**717**	**297**	**1420**	**929**	**491**	**1821**	**1038**	**783**
都匀市	125	85	40	162	103	59	223	122	101
福泉市	62	50	12	100	54	46	128	70	58
荔波县	36	23	13	64	42	22	90	46	44
贵定县	79	65	14	94	66	28	134	75	59
瓮安县	86	57	29	164	101	63	172	96	76
独山县	62	46	16	84	54	30	105	67	38
平塘县	82	56	26	134	87	47	199	125	74
罗甸县	80	55	25	118	77	41	137	76	61
长顺县	81	68	13	75	53	22	119	69	50
龙里县	77	53	24	88	59	29	132	71	61
惠水县	137	93	44	182	126	56	179	102	77
三都水族自治县	107	66	41	155	107	48	203	119	84

6-1c　续表 12　　单位：人

地　区	75-79岁			80-84岁			85-89岁		
	小计	男	女	小计	男	女	小计	男	女
贵　州	**19420**	**10517**	**8903**	**20108**	**10110**	**9998**	**13882**	**6340**	**7542**
贵阳市	**1173**	**648**	**525**	**1256**	**641**	**615**	**873**	**383**	**490**
南明区	17	9	8	8	3	5	8	2	6
云岩区									
花溪区	124	59	65	149	80	69	68	24	44
乌当区	91	58	33	97	54	43	75	28	47
白云区	12	9	3	18	6	12	7	4	3
观山湖区	46	27	19	46	22	24	37	14	23
开阳县	259	158	101	228	117	111	202	98	104
息烽县	162	85	77	183	91	92	144	67	77
修文县	178	104	74	196	102	94	146	69	77
清镇市	284	139	145	331	166	165	186	77	109
六盘水市	**1358**	**720**	**638**	**1626**	**827**	**799**	**1098**	**517**	**581**
钟山区	36	19	17	57	30	27	34	15	19
六枝特区	294	164	130	335	151	184	257	110	147
水城县	412	213	199	449	239	210	292	146	146
盘州市	616	324	292	785	407	378	515	246	269
遵义市	**3979**	**2100**	**1879**	**3834**	**1950**	**1884**	**2815**	**1328**	**1487**
红花岗区	240	125	115	210	97	113	154	74	80
汇川区	239	126	113	225	117	108	166	64	102
播州区	366	192	174	356	187	169	261	118	143
桐梓县	408	221	187	420	200	220	347	169	178
绥阳县	273	140	133	271	131	140	188	94	94
正安县	392	202	190	308	175	133	244	114	130
道真仡佬族苗族自治县	211	105	106	185	107	78	107	56	51
务川仡佬族苗族自治县	282	154	128	268	121	147	168	92	76
凤冈县	289	149	140	281	138	143	179	87	92
湄潭县	222	118	104	238	121	117	191	93	98
余庆县	217	116	101	218	112	106	168	70	98
习水县	405	205	200	398	212	186	295	126	169
赤水市	200	118	82	191	109	82	166	82	84
仁怀市	235	129	106	265	123	142	181	89	92
安顺市	**1391**	**771**	**620**	**1375**	**680**	**695**	**910**	**389**	**521**
西秀区	399	209	190	407	191	216	267	113	154
平坝区	203	117	86	193	92	101	135	71	64
普定县	164	88	76	225	118	107	158	68	90
镇宁布依族苗族自治县	212	115	97	191	99	92	106	43	63
关岭布依族苗族自治县	201	125	76	172	87	85	116	46	70
紫云苗族布依族自治县	212	117	95	187	93	94	128	48	80
毕节市	**2908**	**1580**	**1328**	**3407**	**1705**	**1702**	**2134**	**999**	**1135**
七星关区	399	232	167	544	286	258	384	164	220
大方县	382	197	185	504	255	249	312	155	157
黔西县	314	168	146	378	190	188	290	131	159
金沙县	334	179	155	320	150	170	233	129	104
织金县	333	173	160	342	182	160	242	91	151
纳雍县	243	125	118	292	150	142	154	78	76
威宁彝族回族苗族自治县	505	280	225	529	263	266	273	143	130
赫章县	398	226	172	498	229	269	246	108	138

6-1c 续表 13

单位：人

地区	75-79岁			80-84岁			85-89岁		
	小计	男	女	小计	男	女	小计	男	女
铜仁市	**2071**	**1103**	**968**	**1935**	**983**	**952**	**1488**	**708**	**780**
碧江区	45	26	19	62	38	24	48	24	24
万山区	72	47	25	85	38	47	72	47	25
江口县	123	59	64	137	71	66	97	47	50
玉屏侗族自治县	79	45	34	76	46	30	57	24	33
石阡县	255	148	107	272	142	130	165	72	93
思南县	406	210	196	313	142	171	248	110	138
印江土家族苗族自治县	207	116	91	189	97	92	134	70	64
德江县	316	163	153	240	126	114	215	99	116
沿河土家族自治县	269	133	136	255	125	130	184	91	93
松桃苗族自治县	299	156	143	306	158	148	268	124	144
黔西南布依族苗族自治州	**1655**	**910**	**745**	**1526**	**731**	**795**	**1093**	**469**	**624**
兴义市	308	165	143	316	173	143	255	119	136
兴仁市	238	145	93	257	130	127	163	70	93
普安县	168	88	80	159	73	86	124	62	62
晴隆县	142	86	56	164	75	89	114	50	64
贞丰县	219	107	112	195	95	100	129	60	69
望谟县	210	110	100	132	45	87	93	25	68
册亨县	123	59	64	90	51	39	76	29	47
安龙县	247	150	97	213	89	124	139	54	85
黔东南苗族侗族自治州	**2721**	**1532**	**1189**	**2970**	**1522**	**1448**	**1974**	**939**	**1035**
凯里市	234	127	107	238	122	116	164	81	83
黄平县	189	105	84	231	102	129	150	75	75
施秉县	94	52	42	117	67	50	73	30	43
三穗县	120	68	52	158	87	71	92	34	58
镇远县	179	98	81	207	113	94	146	64	82
岑巩县	136	83	53	139	68	71	128	65	63
天柱县	229	124	105	257	119	138	176	70	106
锦屏县	160	90	70	175	87	88	110	43	67
剑河县	171	92	79	165	90	75	100	48	52
台江县	111	69	42	106	55	51	75	39	36
黎平县	319	186	133	364	194	170	217	118	99
榕江县	189	111	78	203	90	113	128	66	62
从江县	240	132	108	285	159	126	198	102	96
雷山县	109	62	47	111	60	51	71	37	34
麻江县	124	75	49	108	49	59	75	30	45
丹寨县	117	58	59	106	60	46	71	37	34
黔南布依族苗族自治州	**2164**	**1153**	**1011**	**2179**	**1071**	**1108**	**1497**	**608**	**889**
都匀市	241	133	108	240	111	129	194	72	122
福泉市	127	68	59	149	78	71	141	57	84
荔波县	103	53	50	127	65	62	86	28	58
贵定县	143	76	67	126	67	59	76	36	40
瓮安县	177	98	79	190	102	88	157	73	84
独山县	134	73	61	152	73	79	114	51	63
平塘县	263	145	118	216	109	107	130	61	69
罗甸县	203	107	96	184	86	98	100	40	60
长顺县	143	82	61	138	70	68	97	45	52
龙里县	148	78	70	151	77	74	120	47	73
惠水县	266	125	141	269	128	141	134	46	88
三都水族自治县	216	115	101	237	105	132	148	52	96

6-1c　续表 14　　单位：人

地　区	90—94岁			95—99岁			100岁及以上		
	小计	男	女	小计	男	女	小计	男	女
贵　州	**5511**	**2184**	**3327**	**1171**	**380**	**791**	**254**	**71**	**183**
贵阳市	**328**	**134**	**194**	**69**	**30**	**39**	**7**	**4**	**3**
南明区	4	2	2						
云岩区									
花溪区	25	8	17	11	5	6	2	2	
乌当区	33	12	21	10	6	4			
白云区	6	3	3	1	1				
观山湖区	9	3	6	1		1			
开阳县	75	36	39	10	6	4			
息烽县	59	26	33	6	4	2	2	1	1
修文县	49	19	30	9	4	5	2		2
清镇市	68	25	43	21	4	17	1	1	
六盘水市	**487**	**248**	**239**	**138**	**44**	**94**	**30**	**9**	**21**
钟山区	8	5	3	4	1	3			
六枝特区	121	57	64	30	8	22	9	3	6
水城县	133	72	61	40	9	31	9	3	6
盘州市	225	114	111	64	26	38	12	3	9
遵义市	**1103**	**476**	**627**	**174**	**57**	**117**	**32**	**16**	**16**
红花岗区	53	18	35	8	3	5	1		1
汇川区	72	21	51	7	3	4			
播州区	96	49	47	20	5	15	3	3	
桐梓县	134	64	70	21	6	15	3	1	2
绥阳县	65	21	44	15	7	8	1		1
正安县	79	35	44	13	4	9			
道真仡佬族苗族自治县	48	25	23	7	2	5	2	2	
务川仡佬族苗族自治县	57	25	32	7	2	5	4	2	2
凤冈县	47	17	30	9	3	6	2		2
湄潭县	67	30	37	11	5	6	1	1	
余庆县	50	18	32	7	1	6	5	2	3
习水县	145	58	87	19	7	12	2	1	1
赤水市	79	37	42	13	4	9	4	2	2
仁怀市	111	58	53	17	5	12	4	2	2
安顺市	**415**	**167**	**248**	**83**	**22**	**61**	**14**	**4**	**10**
西秀区	114	45	69	18	4	14	2		2
平坝区	53	27	26	12	6	6	3	1	2
普定县	72	28	44	17	4	13	2	1	1
镇宁布依族苗族自治县	73	23	50	12	2	10	4	1	3
关岭布依族苗族自治县	58	24	34	11	3	8	2	1	1
紫云苗族布依族自治县	45	20	25	13	3	10	1		1
毕节市	**953**	**358**	**595**	**209**	**81**	**128**	**39**	**11**	**28**
七星关区	157	59	98	40	17	23	9	2	7
大方县	146	55	91	34	10	24	6	1	5
黔西县	113	42	71	16	9	7	4		4
金沙县	86	35	51	22	9	13	2		2
织金县	111	42	69	20	4	16	4	2	2
纳雍县	85	31	54	31	14	17	4	1	3
威宁彝族回族苗族自治县	107	46	61	24	9	15	5	2	3
赫章县	148	48	100	22	9	13	5	3	2

6-1c 续表 15

单位：人

地区	90-94岁			95-99岁			100岁及以上		
	小计	男	女	小计	男	女	小计	男	女
铜仁市	**529**	**225**	**304**	**126**	**45**	**81**	**33**	**7**	**26**
碧江区	23	12	11	6	4	2			
万山区	38	16	22	4	3	1	1	1	
江口县	29	13	16	12	4	8	8	2	6
玉屏侗族自治县	32	14	18	6	2	4	4	2	2
石阡县	51	28	23	12	2	10	2	1	1
思南县	57	19	38	11	2	9	4		4
印江土家族苗族自治县	62	30	32	5	3	2	1		1
德江县	54	21	33	15	5	10	1		1
沿河土家族自治县	71	30	41	17	8	9	3		3
松桃苗族自治县	112	42	70	38	12	26	9	1	8
黔西南布依族苗族自治州	**520**	**163**	**357**	**138**	**30**	**108**	**32**	**6**	**26**
兴义市	122	36	86	31	6	25	13	2	11
兴仁市	71	26	45	21	6	15	4	2	2
普安县	55	20	35	8	4	4	2		2
晴隆县	39	13	26	10	3	7	4	1	3
贞丰县	77	28	49	17	3	14	5		5
望谟县	38	7	31	13	3	10			
册亨县	27	11	16	13	1	12	1	1	
安龙县	91	22	69	25	4	21	3		3
黔东南苗族侗族自治州	**620**	**238**	**382**	**128**	**40**	**88**	**35**	**8**	**27**
凯里市	60	21	39	19	9	10	3		3
黄平县	58	17	41	12	2	10	4	2	2
施秉县	14	7	7	5	2	3	1	1	
三穗县	31	13	18	2	1	1	1		1
镇远县	39	12	27	5	2	3			
岑巩县	35	12	23	7	2	5	1		1
天柱县	70	21	49	14	4	10	3	1	2
锦屏县	33	10	23	5		5			
剑河县	26	12	14	8	2	6	1		1
台江县	12	4	8	1	1				
黎平县	58	32	26	14	1	13	6	1	5
榕江县	44	23	21	5	2	3	4	1	3
从江县	70	32	38	22	9	13	7	2	5
雷山县	25	10	15	2	1	1	1		1
麻江县	23	4	19	5		5	1		1
丹寨县	22	8	14	2	2		2		2
黔南布依族苗族自治州	**556**	**175**	**381**	**106**	**31**	**75**	**32**	**6**	**26**
都匀市	39	8	31	11	3	8	1		1
福泉市	41	14	27	6	2	4	2		2
荔波县	38	12	26	7		7	1		1
贵定县	36	10	26	6	1	5	4	2	2
瓮安县	71	27	44	9	4	5	2	1	1
独山县	56	13	43	9	3	6			
平塘县	50	15	35	11	4	7	7		7
罗甸县	50	15	35	10	2	8	3	1	2
长顺县	40	14	26	5	3	2	3	1	2
龙里县	30	9	21	8	1	7	2		2
惠水县	54	25	29	9	2	7	4		4
三都水族自治县	51	13	38	15	6	9	3	1	2

6-2　各地区分性别、受教育程度的3岁及以上死亡人口
(2019.11.1-2020.10.31)

单位：人

地　区	3岁及以上死亡人口			未上过学		
	合计	男	女	小计	男	女
贵　州	**226686**	**134556**	**92130**	**78623**	**29148**	**49475**
贵阳市	**26898**	**16157**	**10741**	**4524**	**1509**	**3015**
南明区	4888	2917	1971	344	86	258
云岩区	4884	2838	2046	279	78	201
花溪区	3342	2039	1303	638	234	404
乌当区	1478	895	583	338	117	221
白云区	1672	1017	655	286	103	183
观山湖区	1302	800	502	262	91	171
开阳县	2546	1551	995	645	212	433
息烽县	1733	1030	703	393	103	290
修文县	1873	1154	719	468	176	292
清镇市	3180	1916	1264	871	309	562
六盘水市	**18570**	**11366**	**7204**	**6883**	**2802**	**4081**
钟山区	2829	1747	1082	662	257	405
六枝特区	3652	2240	1412	1573	630	943
水城县	4660	2895	1765	2212	1019	1193
盘州市	7429	4484	2945	2436	896	1540
遵义市	**42303**	**24443**	**17860**	**12138**	**3920**	**8218**
红花岗区	4357	2542	1815	781	228	553
汇川区	3178	1820	1358	801	236	565
播州区	4834	2750	2084	1194	381	813
桐梓县	3791	2209	1582	1244	385	859
绥阳县	2585	1482	1103	893	320	573
正安县	3280	1918	1362	1011	303	708
道真仡佬族苗族自治县	1786	1079	707	476	166	310
务川仡佬族苗族自治县	2184	1246	938	803	295	508
凤冈县	2533	1461	1072	957	340	617
湄潭县	2703	1528	1175	684	208	476
余庆县	1992	1101	891	714	251	463
习水县	3870	2256	1614	1005	303	702
赤水市	2336	1399	937	689	262	427
仁怀市	2874	1652	1222	886	242	644
安顺市	**17371**	**10389**	**6982**	**7035**	**2705**	**4330**
西秀区	5644	3289	2355	2031	722	1309
平坝区	2529	1516	1013	975	401	574
普定县	2550	1500	1050	1019	409	610
镇宁布依族苗族自治县	2313	1402	911	997	387	610
关岭布依族苗族自治县	2097	1277	820	830	284	546
紫云苗族布依族自治县	2238	1405	833	1183	502	681
毕节市	**35622**	**21683**	**13939**	**16723**	**7220**	**9503**
七星关区	5634	3346	2288	2390	947	1443
大方县	4660	2879	1781	2031	835	1196
黔西县	4120	2476	1644	1748	676	1072
金沙县	3578	2128	1450	1199	403	796
织金县	4203	2539	1664	2175	918	1257
纳雍县	3756	2383	1373	2059	975	1084
威宁彝族回族苗族自治县	5567	3489	2078	3194	1663	1531
赫章县	4104	2443	1661	1927	803	1124

6-2 续表 1

单位：人

地　　区	3岁及以上死亡人口			未上过学		
	合计	男	女	小计	男	女
铜仁市	**19384**	**11344**	**8040**	**6955**	**2442**	**4513**
碧江区	759	451	308	221	94	127
万山区	876	533	343	298	117	181
江口县	1284	741	543	525	195	330
玉屏侗族自治县	877	505	372	203	70	133
石阡县	2233	1297	936	770	259	511
思南县	3235	1849	1386	1278	424	854
印江土家族苗族自治县	2174	1312	862	725	266	459
德江县	2449	1433	1016	994	332	662
沿河土家族自治县	2696	1587	1109	1052	381	671
松桃苗族自治县	2801	1636	1165	889	304	585
黔西南布依族苗族自治州	**17493**	**10435**	**7058**	**6108**	**2286**	**3822**
兴义市	4373	2589	1784	1268	486	782
兴仁市	2251	1331	920	759	266	493
普安县	1404	825	579	634	252	382
晴隆县	1568	962	606	639	261	378
贞丰县	2236	1327	909	571	175	396
望谟县	1737	1025	712	903	369	534
册亨县	1430	896	534	628	271	357
安龙县	2494	1480	1014	706	206	500
黔东南苗族侗族自治州	**26674**	**15625**	**11049**	**10133**	**3506**	**6627**
凯里市	3029	1827	1202	855	244	611
黄平县	2140	1225	915	672	174	498
施秉县	845	481	364	315	110	205
三穗县	1313	792	521	356	116	240
镇远县	1766	995	771	571	152	419
岑巩县	1391	802	589	619	214	405
天柱县	2255	1267	988	509	128	381
锦屏县	1312	743	569	497	137	360
剑河县	1523	895	628	682	248	434
台江县	949	569	380	452	180	272
黎平县	3089	1851	1238	1314	492	822
榕江县	1740	1039	701	814	317	497
从江县	2044	1202	842	1280	574	706
雷山县	1112	671	441	513	192	321
麻江县	1072	615	457	327	109	218
丹寨县	1094	651	443	357	119	238
黔南布依族苗族自治州	**22371**	**13114**	**9257**	**8124**	**2758**	**5366**
都匀市	2798	1609	1189	759	225	534
福泉市	1406	830	576	451	170	281
荔波县	1342	774	568	404	131	273
贵定县	1738	1072	666	670	260	410
瓮安县	2275	1320	955	612	226	386
独山县	1780	1010	770	687	230	457
平塘县	1988	1189	799	780	260	520
罗甸县	1945	1088	857	904	270	634
长顺县	1323	818	505	602	215	387
龙里县	1364	818	546	457	178	279
惠水县	2354	1388	966	1047	336	711
三都水族自治县	2058	1198	860	751	257	494

6-2 续表 2

单位：人

地　　区	学前教育			小　　学		
	小计	男	女	小计	男	女
贵　州	**883**	**439**	**444**	**101717**	**68609**	**33108**
贵阳市	**97**	**43**	**54**	**12068**	**7189**	**4879**
南明区	11		11	1856	914	942
云岩区	14	8	6	1714	810	904
花溪区	17	7	10	1456	871	585
乌当区	9	4	5	587	380	207
白云区	6	2	4	765	460	305
观山湖区	3	3		552	351	201
开阳县	12	7	5	1453	980	473
息烽县	7	2	5	1018	668	350
修文县	9	4	5	1053	708	345
清镇市	9	6	3	1614	1047	567
六盘水市	**56**	**26**	**30**	**8047**	**5554**	**2493**
钟山区	5	2	3	1156	714	442
六枝特区	6	4	2	1445	1075	370
水城县	11	1	10	1876	1393	483
盘州市	34	19	15	3570	2372	1198
遵义市	**166**	**87**	**79**	**21527**	**13695**	**7832**
红花岗区	15	3	12	2100	1224	876
汇川区	4	3	1	1478	939	539
播州区	19	11	8	2631	1590	1041
桐梓县	17	12	5	1860	1253	607
绥阳县	25	15	10	1242	807	435
正安县	11	3	8	1740	1168	572
道真仡佬族苗族自治县	5	2	3	992	647	345
务川仡佬族苗族自治县	6	4	2	1082	696	386
凤冈县	4	4		1163	772	391
湄潭县	10	6	4	1486	892	594
余庆县	21	8	13	955	598	357
习水县	18	8	10	2113	1328	785
赤水市	8	6	2	1203	780	423
仁怀市	3	2	1	1482	1001	481
安顺市	**70**	**42**	**28**	**6812**	**4832**	**1980**
西秀区	20	11	9	2103	1373	730
平坝区	22	13	9	970	666	304
普定县	5	5		1096	740	356
镇宁布依族苗族自治县	13	5	8	961	711	250
关岭布依族苗族自治县	4	4		954	729	225
紫云苗族布依族自治县	6	4	2	728	613	115
毕节市	**114**	**55**	**59**	**13827**	**10295**	**3532**
七星关区	12	7	5	2264	1618	646
大方县	12	6	6	1895	1436	459
黔西县	9	4	5	1843	1365	478
金沙县	11	5	6	1812	1259	553
织金县	17	8	9	1488	1170	318
纳雍县	11	5	6	1192	982	210
威宁彝族回族苗族自治县	25	11	14	1711	1286	425
赫章县	17	9	8	1622	1179	443

6-2 续表 3

单位：人

地　区	学前教育			小　学		
	小计	男	女	小计	男	女
铜仁市	**93**	**43**	**50**	**8867**	**5966**	**2901**
碧江区				327	202	125
万山区	5	1	4	430	304	126
江口县	4	1	3	566	395	171
玉屏侗族自治县	4	1	3	486	291	195
石阡县	13	11	2	1084	721	363
思南县	12	7	5	1387	944	443
印江土家族苗族自治县	19	6	13	1031	709	322
德江县	5	3	2	1002	713	289
沿河土家族自治县	13	8	5	1159	785	374
松桃苗族自治县	18	5	13	1395	902	493
黔西南布依族苗族自治州	**89**	**45**	**44**	**8541**	**5752**	**2789**
兴义市	17	9	8	2300	1453	847
兴仁市	12	4	8	1082	706	376
普安县	8	4	4	534	378	156
晴隆县	7	3	4	702	499	203
贞丰县	11	7	4	1293	827	466
望谟县	7	4	3	655	508	147
册亨县	12	6	6	637	495	142
安龙县	15	8	7	1338	886	452
黔东南苗族侗族自治州	**115**	**56**	**59**	**11690**	**8116**	**3574**
凯里市	15	7	8	1275	866	409
黄平县	5	1	4	1129	767	362
施秉县	2	1	1	371	250	121
三穗县	6	1	5	693	458	235
镇远县	10	7	3	880	592	288
岑巩县	6	2	4	551	404	147
天柱县	6	3	3	1234	718	516
锦屏县	5	1	4	565	398	167
剑河县	4	1	3	598	430	168
台江县	4	2	2	298	226	72
黎平县	9	6	3	1321	980	341
榕江县	4	3	1	696	526	170
从江县	15	10	5	566	455	111
雷山县	9	4	5	383	296	87
麻江县	9	4	5	562	361	201
丹寨县	6	3	3	568	389	179
黔南布依族苗族自治州	**83**	**42**	**41**	**10338**	**7210**	**3128**
都匀市	10	3	7	1325	846	479
福泉市	6	2	4	683	441	242
荔波县	8	2	6	698	458	240
贵定县	8	5	3	756	566	190
瓮安县	6	5	1	1254	779	475
独山县	7	5	2	746	499	247
平塘县	5	2	3	924	686	238
罗甸县	9	3	6	781	601	180
长顺县	3	1	2	515	424	91
龙里县	3	2	1	701	476	225
惠水县	6	3	3	933	740	193
三都水族自治县	12	9	3	1022	694	328

6-2　续表 4　　　　单位：人

地　　区	初　　中			高　　中			大学专科		
	小计	男	女	小计	男	女	小计	男	女
贵　州	**35698**	**28666**	**7032**	**6533**	**5172**	**1361**	**2040**	**1599**	**441**
贵阳市	**6934**	**4998**	**1936**	**2095**	**1553**	**542**	**644**	**460**	**184**
南明区	1721	1193	528	638	484	154	171	128	43
云岩区	1776	1171	605	670	467	203	218	144	74
花溪区	869	656	213	235	180	55	70	50	20
乌当区	367	265	102	127	94	33	35	25	10
白云区	444	323	121	113	83	30	37	28	9
观山湖区	272	196	76	112	85	27	45	33	12
开阳县	368	302	66	46	34	12	13	9	4
息烽县	261	216	45	35	25	10	17	15	2
修文县	300	228	72	28	23	5	7	7	
清镇市	556	448	108	91	78	13	31	21	10
六盘水市	**2858**	**2404**	**454**	**481**	**391**	**90**	**172**	**134**	**38**
钟山区	699	540	159	208	159	49	72	55	17
六枝特区	517	436	81	75	67	8	21	18	3
水城县	497	430	67	39	32	7	20	15	5
盘州市	1145	998	147	159	133	26	59	46	13
遵义市	**7115**	**5672**	**1443**	**957**	**766**	**191**	**241**	**188**	**53**
红花岗区	1100	809	291	258	197	61	52	38	14
汇川区	678	486	192	126	86	40	52	40	12
播州区	870	676	194	82	68	14	24	17	7
桐梓县	614	512	102	41	34	7	10	10	
绥阳县	382	303	79	36	33	3	6	4	2
正安县	456	391	65	44	37	7	10	10	
道真仡佬族苗族自治县	272	228	44	31	28	3	7	5	2
务川仡佬族苗族自治县	250	214	36	32	27	5	6	6	
凤冈县	344	290	54	45	39	6	14	11	3
湄潭县	447	362	85	58	46	12	11	11	
余庆县	249	202	47	33	29	4	17	12	5
习水县	644	542	102	71	61	10	11	9	2
赤水市	358	286	72	58	50	8	14	10	4
仁怀市	451	371	80	42	31	11	7	5	2
安顺市	**2684**	**2204**	**480**	**527**	**409**	**118**	**164**	**135**	**29**
西秀区	1043	844	199	296	218	78	104	85	19
平坝区	448	343	105	73	61	12	28	21	7
普定县	383	310	73	33	24	9	9	8	1
镇宁布依族苗族自治县	301	267	34	33	25	8	3	3	
关岭布依族苗族自治县	245	209	36	47	38	9	10	8	2
紫云苗族布依族自治县	264	231	33	45	43	2	10	10	
毕节市	**4106**	**3409**	**697**	**580**	**480**	**100**	**196**	**165**	**31**
七星关区	789	634	155	126	98	28	32	27	5
大方县	622	516	106	69	58	11	25	23	2
黔西县	424	356	68	62	52	10	24	17	7
金沙县	459	380	79	72	59	13	22	19	3
织金县	416	356	60	63	54	9	28	21	7
纳雍县	420	359	61	47	38	9	22	19	3
威宁彝族回族苗族自治县	534	442	92	75	63	12	20	17	3
赫章县	442	366	76	66	58	8	23	22	1

6-2 续表 5 单位：人

地区	初中			高中			大学专科		
	小计	男	女	小计	男	女	小计	男	女
铜仁市	**2855**	**2369**	**486**	**430**	**366**	**64**	**136**	**119**	**17**
碧江区	157	109	48	34	29	5	9	8	1
万山区	113	89	24	23	17	6	7	5	2
江口县	163	125	38	22	21	1	4	4	
玉屏侗族自治县	154	119	35	26	20	6	4	4	
石阡县	289	238	51	54	48	6	19	16	3
思南县	451	384	67	71	58	13	29	26	3
印江土家族苗族自治县	345	286	59	33	28	5	15	12	3
德江县	365	312	53	54	49	5	22	18	4
沿河土家族自治县	387	341	46	66	56	10	15	14	1
松桃苗族自治县	431	366	65	47	40	7	12	12	
黔西南布依族苗族自治州	**2240**	**1903**	**337**	**331**	**294**	**37**	**134**	**111**	**23**
兴义市	585	469	116	124	107	17	50	41	9
兴仁市	337	297	40	44	43	1	14	12	2
普安县	179	151	28	30	24	6	13	11	2
晴隆县	196	177	19	15	13	2	6	6	
贞丰县	311	274	37	32	27	5	14	13	1
望谟县	139	117	22	18	16	2	14	10	4
册亨县	125	101	24	17	15	2	10	7	3
安龙县	368	317	51	51	49	2	13	11	2
黔东南苗族侗族自治州	**3750**	**3128**	**622**	**676**	**554**	**122**	**211**	**179**	**32**
凯里市	610	491	119	179	135	44	55	46	9
黄平县	287	248	39	26	19	7	15	11	4
施秉县	126	95	31	18	14	4	9	7	2
三穗县	206	171	35	38	34	4	10	10	
镇远县	250	202	48	39	30	9	13	10	3
岑巩县	181	152	29	25	22	3	7	7	
天柱县	434	357	77	62	51	11	9	9	
锦屏县	198	169	29	37	29	8	9	8	1
剑河县	177	162	15	42	39	3	14	10	4
台江县	154	125	29	31	28	3	6	6	
黎平县	365	303	62	54	47	7	16	15	1
榕江县	180	155	25	33	29	4	10	6	4
从江县	147	129	18	18	16	2	16	16	
雷山县	165	142	23	28	24	4	9	8	1
麻江县	137	113	24	25	18	7	7	6	1
丹寨县	133	114	19	21	19	2	6	4	2
黔南布依族苗族自治州	**3156**	**2579**	**577**	**456**	**359**	**97**	**142**	**108**	**34**
都匀市	547	415	132	107	82	25	31	24	7
福泉市	223	182	41	30	25	5	9	6	3
荔波县	181	145	36	29	20	9	19	16	3
贵定县	257	206	51	29	24	5	10	6	4
瓮安县	341	263	78	45	36	9	9	5	4
独山县	298	243	55	34	25	9	5	5	
平塘县	243	216	27	23	15	8	9	6	3
罗甸县	208	180	28	33	27	6	6	4	2
长顺县	178	158	20	17	14	3	7	5	2
龙里县	171	137	34	23	18	5	4	3	1
惠水县	297	249	48	50	41	9	16	14	2
三都水族自治县	212	185	27	36	32	4	17	14	3

6-2　续表 6　　单位：人

地　区	大学本科			硕士研究生			博士研究生		
	小计	男	女	小计	男	女	小计	男	女
贵　州	**1181**	**915**	**266**	**10**	**7**	**3**	**1**	**1**	
贵阳市	**529**	**399**	**130**	**7**	**6**	**1**			
南明区	146	111	35	1	1				
云岩区	211	159	52	2	1	1			
花溪区	53	37	16	4	4				
乌当区	15	10	5						
白云区	21	18	3						
观山湖区	56	41	15						
开阳县	9	7	2						
息烽县	2	1	1						
修文县	8	8							
清镇市	8	7	1						
六盘水市	**73**	**55**	**18**						
钟山区	27	20	7						
六枝特区	15	10	5						
水城县	5	5							
盘州市	26	20	6						
遵义市	**158**	**114**	**44**	**1**	**1**				
红花岗区	51	43	8						
汇川区	38	29	9	1	1				
播州区	14	7	7						
桐梓县	5	3	2						
绥阳县	1		1						
正安县	8	6	2						
道真仡佬族苗族自治县	3	3							
务川仡佬族苗族自治县	5	4	1						
凤冈县	6	5	1						
湄潭县	7	3	4						
余庆县	3	1	2						
习水县	8	5	3						
赤水市	6	5	1						
仁怀市	3		3						
安顺市	**78**	**61**	**17**				**1**	**1**	
西秀区	47	36	11						
平坝区	12	10	2				1	1	
普定县	5	4	1						
镇宁布依族苗族自治县	5	4	1						
关岭布依族苗族自治县	7	5	2						
紫云苗族布依族自治县	2	2							
毕节市	**75**	**59**	**16**	**1**		**1**			
七星关区	20	15	5	1		1			
大方县	6	5	1						
黔西县	10	6	4						
金沙县	3	3							
织金县	16	12	4						
纳雍县	5	5							
威宁彝族回族苗族自治县	8	7	1						
赫章县	7	6	1						

6-2 续表 7

单位：人

地区	大学本科			硕士研究生			博士研究生		
	小计	男	女	小计	男	女	小计	男	女
铜仁市	**48**	**39**	**9**						
碧江区	11	9	2						
万山区									
江口县									
玉屏侗族自治县									
石阡县	4	4							
思南县	7	6	1						
印江土家族苗族自治县	6	5	1						
德江县	7	6	1						
沿河土家族自治县	4	2	2						
松桃苗族自治县	9	7	2						
黔西南布依族苗族自治州	**50**	**44**	**6**						
兴义市	29	24	5						
兴仁市	3	3							
普安县	6	5	1						
晴隆县	3	3							
贞丰县	4	4							
望谟县	1	1							
册亨县	1	1							
安龙县	3	3							
黔东南苗族侗族自治州	**99**	**86**	**13**						
凯里市	40	38	2						
黄平县	6	5	1						
施秉县	4	4							
三穗县	4	2	2						
镇远县	3	2	1						
岑巩县	2	1	1						
天柱县	1	1							
锦屏县	1	1							
剑河县	6	5	1						
台江县	4	2	2						
黎平县	10	8	2						
榕江县	3	3							
从江县	2	2							
雷山县	5	5							
麻江县	5	4	1						
丹寨县	3	3							
黔南布依族苗族自治州	**71**	**58**	**13**	**1**		**1**			
都匀市	18	14	4	1		1			
福泉市	4	4							
荔波县	3	2	1						
贵定县	8	5	3						
瓮安县	8	6	2						
独山县	3	3							
平塘县	4	4							
罗甸县	4	3	1						
长顺县	1	1							
龙里县	5	4	1						
惠水县	5	5							
三都水族自治县	8	7	1						

6-2a　各地区分性别、受教育程度的3岁及以上死亡人口 (2019.11.1-2020.10.31)(城市)

单位：人

地　　区	3岁及以上死亡人口			未上过学		
	合计	男	女	小计	男	女
贵　州	**37597**	**22549**	**15048**	**6159**	**2173**	**3986**
贵阳市	**15511**	**9306**	**6205**	**1288**	**393**	**895**
南明区	4787	2863	1924	301	72	229
云岩区	4884	2838	2046	279	78	201
花溪区	2187	1357	830	227	75	152
乌当区	646	407	239	46	16	30
白云区	1511	920	591	243	91	152
观山湖区	747	453	294	118	39	79
开阳县						
息烽县	6	3	3	2	1	1
修文县						
清镇市	743	465	278	72	21	51
六盘水市	**4572**	**2874**	**1698**	**1028**	**387**	**641**
钟山区	1966	1203	763	305	103	202
六枝特区	892	581	311	262	103	159
水城县	96	58	38	42	18	24
盘州市	1618	1032	586	419	163	256
遵义市	**6770**	**3967**	**2803**	**996**	**323**	**673**
红花岗区	2508	1500	1008	284	84	200
汇川区	1441	835	606	163	48	115
播州区	1505	864	641	286	99	187
桐梓县						
绥阳县						
正安县						
道真仡佬族苗族自治县						
务川仡佬族苗族自治县						
凤冈县						
湄潭县						
余庆县						
习水县						
赤水市	606	364	242	103	40	63
仁怀市	710	404	306	160	52	108
安顺市	**3672**	**2195**	**1477**	**1178**	**476**	**702**
西秀区	2863	1708	1155	799	300	499
平坝区	809	487	322	379	176	203
普定县						
镇宁布依族苗族自治县						
关岭布依族苗族自治县						
紫云苗族布依族自治县						
毕节市	**1787**	**1068**	**719**	**647**	**260**	**387**
七星关区	1787	1068	719	647	260	387
大方县						
黔西县						
金沙县						
织金县						
纳雍县						
威宁彝族回族苗族自治县						
赫章县						

6-2a 续表 1 单位：人

地　　区	3岁及以上死亡人口			未上过学		
	合计	男	女	小计	男	女
铜仁市	**655**	**388**	**267**	**151**	**54**	**97**
碧江区	333	204	129	73	30	43
万山区	322	184	138	78	24	54
江口县						
玉屏侗族自治县						
石阡县						
思南县						
印江土家族苗族自治县						
德江县						
沿河土家族自治县						
松桃苗族自治县						
黔西南布依族苗族自治州	**2199**	**1284**	**915**	**460**	**164**	**296**
兴义市	1767	1029	738	351	132	219
兴仁市	432	255	177	109	32	77
普安县						
晴隆县						
贞丰县						
望谟县						
册亨县						
安龙县						
黔东南苗族侗族自治州	**1259**	**784**	**475**	**223**	**60**	**163**
凯里市	1221	761	460	203	53	150
黄平县						
施秉县						
三穗县						
镇远县						
岑巩县						
天柱县						
锦屏县						
剑河县	38	23	15	20	7	13
台江县						
黎平县						
榕江县						
从江县						
雷山县						
麻江县						
丹寨县						
黔南布依族苗族自治州	**1172**	**683**	**489**	**188**	**56**	**132**
都匀市	958	550	408	137	35	102
福泉市	214	133	81	51	21	30
荔波县						
贵定县						
瓮安县						
独山县						
平塘县						
罗甸县						
长顺县						
龙里县						
惠水县						
三都水族自治县						

6-2a　续表 2　　单位：人

地　区	学前教育			小　学		
	小计	男	女	小计	男	女
贵　州	**122**	**57**	**65**	**15648**	**8893**	**6755**
贵阳市	**48**	**20**	**28**	**5951**	**3069**	**2882**
南明区	11		11	1812	886	926
云岩区	14	8	6	1714	810	904
花溪区	13	7	6	903	502	401
乌当区				221	113	108
白云区	5	1	4	679	400	279
观山湖区	2	2		257	152	105
开阳县						
息烽县				3	1	2
修文县						
清镇市	3	2	1	362	205	157
六盘水市	**12**	**8**	**4**	**1969**	**1254**	**715**
钟山区	4	2	2	807	452	355
六枝特区	3	2	1	367	262	105
水城县				35	26	9
盘州市	5	4	1	760	514	246
遵义市	**21**	**10**	**11**	**3272**	**1847**	**1425**
红花岗区	7	1	6	1156	651	505
汇川区	2	1	1	639	360	279
播州区	7	4	3	789	441	348
桐梓县						
绥阳县						
正安县						
道真仡佬族苗族自治县						
务川仡佬族苗族自治县						
凤冈县						
湄潭县						
余庆县						
习水县						
赤水市	4	3	1	310	176	134
仁怀市	1	1		378	219	159
安顺市	**18**	**10**	**8**	**1296**	**807**	**489**
西秀区	3		3	1065	645	420
平坝区	15	10	5	231	162	69
普定县						
镇宁布依族苗族自治县						
关岭布依族苗族自治县						
紫云苗族布依族自治县						
毕节市	**6**	**4**	**2**	**715**	**478**	**237**
七星关区	6	4	2	715	478	237
大方县						
黔西县						
金沙县						
织金县						
纳雍县						
威宁彝族回族苗族自治县						
赫章县						

6-2a 续表 3

单位：人

地　　区	学前教育			小　　学		
	小计	男	女	小计	男	女
铜仁市	**4**		**4**	**305**	**185**	**120**
碧江区				143	84	59
万山区	4		4	162	101	61
江口县						
玉屏侗族自治县						
石阡县						
思南县						
印江土家族苗族自治县						
德江县						
沿河土家族自治县						
松桃苗族自治县						
黔西南布依族苗族自治州	**7**	**3**	**4**	**1175**	**681**	**494**
兴义市	5	3	2	950	536	414
兴仁市	2		2	225	145	80
普安县						
晴隆县						
贞丰县						
望谟县						
册亨县						
安龙县						
黔东南苗族侗族自治州	**5**	**2**	**3**	**447**	**281**	**166**
凯里市	5	2	3	439	274	165
黄平县						
施秉县						
三穗县						
镇远县						
岑巩县						
天柱县						
锦屏县						
剑河县				8	7	1
台江县						
黎平县						
榕江县						
从江县						
雷山县						
麻江县						
丹寨县						
黔南布依族苗族自治州	**1**		**1**	**518**	**291**	**227**
都匀市	1		1	425	234	191
福泉市				93	57	36
荔波县						
贵定县						
瓮安县						
独山县						
平塘县						
罗甸县						
长顺县						
龙里县						
惠水县						
三都水族自治县						

6−2a　续表 4

单位：人

地　区	初　中			高　中			大学专科		
	小计	男	女	小计	男	女	小计	男	女
贵　州	**10377**	**7458**	**2919**	**3376**	**2521**	**855**	**1105**	**822**	**283**
贵阳市	**5224**	**3621**	**1603**	**1908**	**1406**	**502**	**583**	**414**	**169**
南明区	1708	1182	526	638	484	154	170	127	43
云岩区	1776	1171	605	670	467	203	218	144	74
花溪区	705	520	185	222	169	53	66	47	19
乌当区	229	169	60	106	77	29	29	22	7
白云区	413	299	114	113	83	30	37	28	9
观山湖区	173	113	60	97	73	24	44	33	11
开阳县									
息烽县	1	1							
修文县									
清镇市	219	166	53	62	53	9	19	13	6
六盘水市	**1098**	**867**	**231**	**293**	**231**	**62**	**121**	**91**	**30**
钟山区	562	426	136	192	146	46	69	54	15
六枝特区	194	160	34	41	36	5	13	10	3
水城县	16	13	3				3	1	2
盘州市	326	268	58	60	49	11	36	26	10
遵义市	**1801**	**1277**	**524**	**448**	**335**	**113**	**132**	**96**	**36**
红花岗区	734	512	222	232	176	56	49	36	13
汇川区	444	292	152	109	71	38	46	34	12
播州区	347	262	85	48	39	9	18	13	5
桐梓县									
绥阳县									
正安县									
道真仡佬族苗族自治县									
务川仡佬族苗族自治县									
凤冈县									
湄潭县									
余庆县									
习水县									
赤水市	140	106	34	33	27	6	12	8	4
仁怀市	136	105	31	26	22	4	7	5	2
安顺市	**775**	**591**	**184**	**254**	**187**	**67**	**102**	**85**	**17**
西秀区	638	490	148	226	166	60	89	73	16
平坝区	137	101	36	28	21	7	13	12	1
普定县									
镇宁布依族苗族自治县									
关岭布依族苗族自治县									
紫云苗族布依族自治县									
毕节市	**312**	**243**	**69**	**70**	**50**	**20**	**26**	**23**	**3**
七星关区	312	243	69	70	50	20	26	23	3
大方县									
黔西县									
金沙县									
织金县									
纳雍县									
威宁彝族回族苗族自治县									
赫章县									

6−2a 续表 5

单位：人

地区	初中			高中			大学专科		
	小计	男	女	小计	男	女	小计	男	女
铜仁市	**134**	**100**	**34**	**40**	**32**	**8**	**12**	**10**	**2**
碧江区	72	53	19	27	22	5	9	8	1
万山区	62	47	15	13	10	3	3	2	1
江口县									
玉屏侗族自治县									
石阡县									
思南县									
印江土家族苗族自治县									
德江县									
沿河土家族自治县									
松桃苗族自治县									
黔西南布依族苗族自治州	**372**	**278**	**94**	**113**	**98**	**15**	**47**	**38**	**9**
兴义市	298	220	78	99	85	14	42	34	8
兴仁市	74	58	16	14	13	1	5	4	1
普安县									
晴隆县									
贞丰县									
望谟县									
册亨县									
安龙县									
黔东南苗族侗族自治州	**345**	**255**	**90**	**152**	**109**	**43**	**49**	**41**	**8**
凯里市	339	250	89	149	106	43	48	40	8
黄平县									
施秉县									
三穗县									
镇远县									
岑巩县									
天柱县									
锦屏县									
剑河县	6	5	1	3	3		1	1	
台江县									
黎平县									
榕江县									
从江县									
雷山县									
麻江县									
丹寨县									
黔南布依族苗族自治州	**316**	**226**	**90**	**98**	**73**	**25**	**33**	**24**	**9**
都匀市	267	188	79	84	61	23	28	21	7
福泉市	49	38	11	14	12	2	5	3	2
荔波县									
贵定县									
瓮安县									
独山县									
平塘县									
罗甸县									
长顺县									
龙里县									
惠水县									
三都水族自治县									

6–2a　续表 6　　　　单位：人

地　　区	大学本科			硕士研究生			博士研究生		
	小计	男	女	小计	男	女	小计	男	女
贵　州	**801**	**618**	**183**	**9**	**7**	**2**			
贵阳市	**502**	**377**	**125**	**7**	**6**	**1**			
南明区	146	111	35	1	1				
云岩区	211	159	52	2	1	1			
花溪区	47	33	14	4	4				
乌当区	15	10	5						
白云区	21	18	3						
观山湖区	56	41	15						
开阳县									
息烽县									
修文县									
清镇市	6	5	1						
六盘水市	**51**	**36**	**15**						
钟山区	27	20	7						
六枝特区	12	8	4						
水城县									
盘州市	12	8	4						
遵义市	**99**	**78**	**21**	**1**	**1**				
红花岗区	46	40	6						
汇川区	37	28	9	1	1				
播州区	10	6	4						
桐梓县									
绥阳县									
正安县									
道真仡佬族苗族自治县									
务川仡佬族苗族自治县									
凤冈县									
湄潭县									
余庆县									
习水县									
赤水市	4	4							
仁怀市	2		2						
安顺市	**49**	**39**	**10**						
西秀区	43	34	9						
平坝区	6	5	1						
普定县									
镇宁布依族苗族自治县									
关岭布依族苗族自治县									
紫云苗族布依族自治县									
毕节市	**11**	**10**	**1**						
七星关区	11	10	1						
大方县									
黔西县									
金沙县									
织金县									
纳雍县									
威宁彝族回族苗族自治县									
赫章县									

6–2a 续表 7

单位：人

地区	大学本科			硕士研究生			博士研究生		
	小计	男	女	小计	男	女	小计	男	女
铜仁市	**9**	**7**	**2**						
碧江区	9	7	2						
万山区									
江口县									
玉屏侗族自治县									
石阡县									
思南县									
印江土家族苗族自治县									
德江县									
沿河土家族自治县									
松桃苗族自治县									
黔西南布依族苗族自治州	**25**	**22**	**3**						
兴义市	22	19	3						
兴仁市	3	3							
普安县									
晴隆县									
贞丰县									
望谟县									
册亨县									
安龙县									
黔东南苗族侗族自治州	**38**	**36**	**2**						
凯里市	38	36	2						
黄平县									
施秉县									
三穗县									
镇远县									
岑巩县									
天柱县									
锦屏县									
剑河县									
台江县									
黎平县									
榕江县									
从江县									
雷山县									
麻江县									
丹寨县									
黔南布依族苗族自治州	**17**	**13**	**4**	**1**		**1**			
都匀市	15	11	4	1		1			
福泉市	2	2							
荔波县									
贵定县									
瓮安县									
独山县									
平塘县									
罗甸县									
长顺县									
龙里县									
惠水县									
三都水族自治县									

6-2b　各地区分性别、受教育程度的3岁及以上死亡人口 (2019.11.1-2020.10.31)(镇)

单位：人

地　区	3岁及以上死亡人口			未上过学		
	合计	男	女	小计	男	女
贵　州	**57830**	**34345**	**23485**	**19240**	**7088**	**12152**
贵阳市	**3294**	**2006**	**1288**	**703**	**225**	**478**
南明区	11	5	6	5	2	3
云岩区						
花溪区	272	154	118	106	39	67
乌当区	174	101	73	55	18	37
白云区	70	43	27	12	2	10
观山湖区	236	156	80	49	21	28
开阳县	959	587	372	192	56	136
息烽县	588	366	222	104	29	75
修文县	607	366	241	107	36	71
清镇市	377	228	149	73	22	51
六盘水市	**3274**	**2031**	**1243**	**1195**	**496**	**699**
钟山区	497	320	177	169	71	98
六枝特区	452	291	161	186	89	97
水城县	1246	763	483	532	227	305
盘州市	1079	657	422	308	109	199
遵义市	**11423**	**6638**	**4785**	**3126**	**973**	**2153**
红花岗区	442	262	180	97	19	78
汇川区	377	219	158	120	41	79
播州区	1031	573	458	266	74	192
桐梓县	1168	685	483	283	89	194
绥阳县	892	513	379	288	97	191
正安县	1098	641	457	319	84	235
道真仡佬族苗族自治县	671	410	261	165	52	113
务川仡佬族苗族自治县	590	325	265	207	69	138
凤冈县	981	585	396	297	111	186
湄潭县	1199	700	499	269	78	191
余庆县	745	412	333	254	89	165
习水县	1269	765	504	273	82	191
赤水市	462	271	191	118	41	77
仁怀市	498	277	221	170	47	123
安顺市	**4505**	**2714**	**1791**	**1735**	**717**	**1018**
西秀区	331	170	161	123	34	89
平坝区	522	308	214	128	48	80
普定县	1194	719	475	423	187	236
镇宁布依族苗族自治县	877	522	355	409	186	223
关岭布依族苗族自治县	743	458	285	274	101	173
紫云苗族布依族自治县	838	537	301	378	161	217
毕节市	**10965**	**6620**	**4345**	**4858**	**2052**	**2806**
七星关区	488	284	204	210	94	116
大方县	1417	850	567	586	219	367
黔西县	1571	943	628	613	247	366
金沙县	1494	875	619	458	145	313
织金县	1633	973	660	767	302	465
纳雍县	1580	1005	575	795	357	438
威宁彝族回族苗族自治县	1750	1078	672	1020	528	492
赫章县	1032	612	420	409	160	249

6-2b 续表 1

单位：人

地　区	3岁及以上死亡人口			未上过学		
	合计	男	女	小计	男	女
铜仁市	**5975**	**3572**	**2403**	**1782**	**653**	**1129**
碧江区	76	37	39	21	8	13
万山区	47	34	13	17	10	7
江口县	436	257	179	162	63	99
玉屏侗族自治县	406	251	155	72	22	50
石阡县	668	387	281	218	77	141
思南县	1010	606	404	304	116	188
印江土家族苗族自治县	945	564	381	284	103	181
德江县	655	400	255	192	73	119
沿河土家族自治县	1040	618	422	313	109	204
松桃苗族自治县	692	418	274	199	72	127
黔西南布依族苗族自治州	**4423**	**2696**	**1727**	**1361**	**522**	**839**
兴义市	591	346	245	180	65	115
兴仁市	251	148	103	92	33	59
普安县	322	206	116	130	63	67
晴隆县	458	281	177	170	69	101
贞丰县	824	504	320	146	44	102
望谟县	442	274	168	165	69	96
册亨县	572	354	218	235	102	133
安龙县	963	583	380	243	77	166
黔东南苗族侗族自治州	**7400**	**4221**	**3179**	**2345**	**725**	**1620**
凯里市	222	128	94	66	19	47
黄平县	745	420	325	227	61	166
施秉县	234	132	102	85	25	60
三穗县	492	314	178	96	32	64
镇远县	617	329	288	197	51	146
岑巩县	503	288	215	212	77	135
天柱县	683	365	318	113	30	83
锦屏县	350	199	151	124	34	90
剑河县	427	254	173	153	48	105
台江县	278	159	119	95	30	65
黎平县	1017	596	421	353	118	235
榕江县	444	257	187	145	44	101
从江县	384	216	168	166	55	111
雷山县	364	209	155	142	46	96
麻江县	340	197	143	82	27	55
丹寨县	300	158	142	89	28	61
黔南布依族苗族自治州	**6571**	**3847**	**2724**	**2135**	**725**	**1410**
都匀市	216	123	93	68	24	44
福泉市	190	127	63	46	19	27
荔波县	588	353	235	138	43	95
贵定县	768	452	316	257	94	163
瓮安县	937	546	391	224	78	146
独山县	828	458	370	288	94	194
平塘县	501	293	208	188	68	120
罗甸县	729	402	327	303	81	222
长顺县	379	234	145	151	50	101
龙里县	339	217	122	89	47	42
惠水县	645	374	271	243	77	166
三都水族自治县	451	268	183	140	50	90

6-2b 续表 2　　　　单位：人

地区	学前教育			小学		
	小计	男	女	小计	男	女
贵州	**248**	**122**	**126**	**26175**	**17205**	**8970**
贵阳市	**13**	**4**	**9**	**1718**	**1085**	**633**
南明区				5	3	2
云岩区						
花溪区	1		1	108	71	37
乌当区	3	1	2	76	52	24
白云区				43	30	13
观山湖区	1	1		122	80	42
开阳县	2		2	522	338	184
息烽县	2	1	1	323	200	123
修文县	3	1	2	316	185	131
清镇市	1		1	203	126	77
六盘水市	**13**	**2**	**11**	**1420**	**985**	**435**
钟山区				225	165	60
六枝特区				188	134	54
水城县	4		4	513	372	141
盘州市	9	2	7	494	314	180
遵义市	**42**	**23**	**19**	**5747**	**3593**	**2154**
红花岗区				216	136	80
汇川区				191	126	65
播州区	5	4	1	554	333	221
桐梓县	5	3	2	592	365	227
绥阳县	2	1	1	429	277	152
正安县	2	1	1	554	366	188
道真仡佬族苗族自治县	2	1	1	355	234	121
务川仡佬族苗族自治县	1		1	286	179	107
凤冈县	2	2		483	302	181
湄潭县	8	5	3	612	364	248
余庆县	8	3	5	338	202	136
习水县	6	2	4	669	407	262
赤水市	1	1		245	150	95
仁怀市				223	152	71
安顺市	**18**	**10**	**8**	**1803**	**1223**	**580**
西秀区	1		1	120	69	51
平坝区	2	1	1	229	142	87
普定县	3	3		544	351	193
镇宁布依族苗族自治县	9	3	6	305	204	101
关岭布依族苗族自治县	2	2		334	248	86
紫云苗族布依族自治县	1	1		271	209	62
毕节市	**43**	**21**	**22**	**4226**	**3040**	**1186**
七星关区	1	1		207	139	68
大方县	2	2		562	408	154
黔西县	6	3	3	677	471	206
金沙县	7	5	2	745	490	255
织金县	6	1	5	604	459	145
纳雍县	4	2	2	524	428	96
威宁彝族回族苗族自治县	14	6	8	479	351	128
赫章县	3	1	2	428	294	134

6-2b 续表 3

单位：人

地区	学前教育			小学		
	小计	男	女	小计	男	女
铜仁市	**35**	**19**	**16**	**2722**	**1735**	**987**
碧江区				28	14	14
万山区				25	20	5
江口县	1	1		173	116	57
玉屏侗族自治县	2	1	1	229	143	86
石阡县	7	6	1	286	173	113
思南县	5	2	3	451	290	161
印江土家族苗族自治县	11	4	7	428	273	155
德江县	3	1	2	283	182	101
沿河土家族自治县	3	2	1	486	310	176
松桃苗族自治县	3	2	1	333	214	119
黔西南布依族苗族自治州	**25**	**13**	**12**	**2236**	**1471**	**765**
兴义市	3	1	2	325	206	119
兴仁市				109	71	38
普安县	4	1	3	115	83	32
晴隆县	2	1	1	212	144	68
贞丰县	4	4		499	303	196
望谟县	2	2		203	143	60
册亨县	3	1	2	263	197	66
安龙县	7	3	4	510	324	186
黔东南苗族侗族自治州	**35**	**17**	**18**	**3308**	**2083**	**1225**
凯里市				106	68	38
黄平县	2		2	371	232	139
施秉县				91	63	28
三穗县	4	1	3	257	166	91
镇远县	4	2	2	265	164	101
岑巩县	4	2	2	201	137	64
天柱县	3	1	2	382	191	191
锦屏县				140	95	45
剑河县	2		2	162	109	53
台江县	3	2	1	93	59	34
黎平县	4	3	1	437	294	143
榕江县	1	1		202	134	68
从江县	3	2	1	141	93	48
雷山县	3	1	2	117	78	39
麻江县	2	2		182	112	70
丹寨县				161	88	73
黔南布依族苗族自治州	**24**	**13**	**11**	**2995**	**1990**	**1005**
都匀市				100	63	37
福泉市	1	1		90	62	28
荔波县	3	1	2	300	197	103
贵定县	2	1	1	335	224	111
瓮安县	3	2	1	491	309	182
独山县	4	2	2	343	209	134
平塘县	1		1	215	144	71
罗甸县	3	2	1	295	207	88
长顺县	1		1	163	129	34
龙里县	1		1	178	114	64
惠水县	1	1		263	189	74
三都水族自治县	4	3	1	222	143	79

6–2b　续表 4

单位：人

地　区	初　中			高　中			大学专科		
	小计	男	女	小计	男	女	小计	男	女
贵　州	**9664**	**7870**	**1794**	**1645**	**1363**	**282**	**607**	**502**	**105**
贵阳市	**691**	**557**	**134**	**105**	**84**	**21**	**41**	**32**	**9**
南明区	1		1						
云岩区									
花溪区	43	33	10	5	5		3	2	1
乌当区	31	23	8	7	6	1	2	1	1
白云区	15	11	4						
观山湖区	52	45	7	11	9	2	1		1
开阳县	191	155	36	35	25	10	9	7	2
息烽县	121	105	16	22	17	5	15	13	2
修文县	151	116	35	17	15	2	6	6	
清镇市	86	69	17	8	7	1	5	3	2
六盘水市	**536**	**454**	**82**	**78**	**66**	**12**	**22**	**19**	**3**
钟山区	88	72	16	13	11	2	2	1	1
六枝特区	63	55	8	10	8	2	4	4	
水城县	166	136	30	20	18	2	8	7	1
盘州市	219	191	28	35	29	6	8	7	1
遵义市	**2105**	**1713**	**392**	**281**	**241**	**40**	**83**	**71**	**12**
红花岗区	112	93	19	13	11	2	1	1	
汇川区	56	43	13	8	7	1	2	2	
播州区	182	144	38	17	15	2	3	2	1
桐梓县	255	200	55	22	18	4	8	8	
绥阳县	151	119	32	16	16		5	3	2
正安县	185	158	27	21	17	4	10	10	
道真仡佬族苗族自治县	125	102	23	16	15	1	7	5	2
务川仡佬族苗族自治县	76	60	16	13	10	3	4	4	
凤冈县	158	135	23	27	24	3	11	9	2
湄潭县	260	214	46	34	27	7	10	10	
余庆县	110	89	21	20	18	2	13	10	3
习水县	258	219	39	52	46	6	7	5	2
赤水市	82	64	18	13	12	1	2	2	
仁怀市	95	73	22	9	5	4			
安顺市	**744**	**598**	**146**	**140**	**116**	**24**	**39**	**31**	**8**
西秀区	65	52	13	16	11	5	3	3	
平坝区	113	77	36	30	26	4	14	9	5
普定县	198	159	39	17	12	5	6	5	1
镇宁布依族苗族自治县	127	107	20	20	16	4	2	2	
关岭布依族苗族自治县	93	77	16	26	20	6	7	5	2
紫云苗族布依族自治县	148	126	22	31	31		7	7	
毕节市	**1438**	**1181**	**257**	**250**	**206**	**44**	**110**	**90**	**20**
七星关区	57	41	16	7	7		2	1	1
大方县	218	179	39	32	27	5	12	11	1
黔西县	204	166	38	43	35	8	20	15	5
金沙县	220	181	39	46	37	9	16	15	1
织金县	189	158	31	39	33	6	19	14	5
纳雍县	213	181	32	27	23	4	13	10	3
威宁彝族回族苗族自治县	186	152	34	32	25	7	16	13	3
赫章县	151	123	28	24	19	5	12	11	1

6–2b 续表 5

单位：人

地区	初中			高中			大学专科		
	小计	男	女	小计	男	女	小计	男	女
铜仁市	**1135**	**912**	**223**	**204**	**170**	**34**	**74**	**64**	**10**
碧江区	25	13	12	2	2				
万山区	5	4	1						
江口县	87	64	23	11	11		2	2	
玉屏侗族自治县	82	67	15	18	15	3	3	3	
石阡县	114	93	21	33	28	5	9	9	
思南县	188	149	39	39	30	9	18	15	3
印江土家族苗族自治县	187	153	34	17	16	1	13	10	3
德江县	136	109	27	23	20	3	15	12	3
沿河土家族自治县	187	158	29	40	31	9	8	7	1
松桃苗族自治县	124	102	22	21	17	4	6	6	
黔西南布依族苗族自治州	**636**	**547**	**89**	**104**	**90**	**14**	**49**	**43**	**6**
兴义市	68	63	5	10	8	2	3	2	1
兴仁市	42	36	6	5	5		3	3	
普安县	47	38	9	14	11	3	9	8	1
晴隆县	64	57	7	5	5		3	3	
贞丰县	142	124	18	19	15	4	11	11	
望谟县	52	45	7	11	9	2	9	6	3
册亨县	58	44	14	10	8	2	3	2	1
安龙县	163	140	23	30	29	1	8	8	
黔东南苗族侗族自治州	**1275**	**1032**	**243**	**271**	**226**	**45**	**121**	**100**	**21**
凯里市	42	34	8	4	4		3	2	1
黄平县	115	102	13	10	10		14	10	4
施秉县	38	27	11	10	9	1	6	4	2
三穗县	96	79	17	28	26	2	8	8	
镇远县	115	86	29	22	16	6	11	8	3
岑巩县	69	56	13	11	10	1	5	5	
天柱县	156	121	35	24	17	7	5	5	
锦屏县	57	47	10	23	18	5	6	5	1
剑河县	67	61	6	24	22	2	13	9	4
台江县	63	48	15	17	14	3	5	5	
黎平县	173	139	34	32	26	6	10	10	
榕江县	68	54	14	20	18	2	7	5	2
从江县	51	45	6	10	8	2	11	11	
雷山县	74	61	13	15	11	4	9	8	1
麻江县	50	37	13	16	12	4	5	4	1
丹寨县	41	35	6	5	5		3	1	2
黔南布依族苗族自治州	**1104**	**876**	**228**	**212**	**164**	**48**	**68**	**52**	**16**
都匀市	39	28	11	9	8	1			
福泉市	46	39	7	6	5	1	1	1	
荔波县	108	84	24	21	14	7	16	13	3
贵定县	141	108	33	21	16	5	7	5	2
瓮安县	175	124	51	28	23	5	8	4	4
独山县	162	130	32	24	16	8	5	5	
平塘县	80	71	9	10	5	5	5	3	2
罗甸县	100	89	11	21	18	3	5	4	1
长顺县	51	44	7	10	8	2	3	3	
龙里县	51	39	12	14	12	2	2	2	
惠水县	93	70	23	32	25	7	8	7	1
三都水族自治县	58	50	8	16	14	2	8	5	3

6-2b 续表 6

单位：人

地区	大学本科			硕士研究生			博士研究生		
	小计	男	女	小计	男	女	小计	男	女
贵州	**249**	**194**	**55**	**1**		**1**	**1**	**1**	
贵阳市	**23**	**19**	**4**						
南明区									
云岩区									
花溪区	6	4	2						
乌当区									
白云区									
观山湖区									
开阳县	8	6	2						
息烽县	1	1							
修文县	7	7							
清镇市	1	1							
六盘水市	**10**	**9**	**1**						
钟山区									
六枝特区	1	1							
水城县	3	3							
盘州市	6	5	1						
遵义市	**39**	**24**	**15**						
红花岗区	3	2	1						
汇川区									
播州区	4	1	3						
桐梓县	3	2	1						
绥阳县	1		1						
正安县	7	5	2						
道真仡佬族苗族自治县	1	1							
务川仡佬族苗族自治县	3	3							
凤冈县	3	2	1						
湄潭县	6	2	4						
余庆县	2	1	1						
习水县	4	4							
赤水市	1	1							
仁怀市	1		1						
安顺市	**25**	**18**	**7**				**1**	**1**	
西秀区	3	1	2						
平坝区	5	4	1				1	1	
普定县	3	2	1						
镇宁布依族苗族自治县	5	4	1						
关岭布依族苗族自治县	7	5	2						
紫云苗族布依族自治县	2	2							
毕节市	**39**	**30**	**9**	**1**		**1**			
七星关区	3	1	2	1		1			
大方县	5	4	1						
黔西县	8	6	2						
金沙县	2	2							
织金县	9	6	3						
纳雍县	4	4							
威宁彝族回族苗族自治县	3	3							
赫章县	5	4	1						

6–2b 续表 7

单位：人

地 区	大学本科			硕士研究生			博士研究生		
	小计	男	女	小计	男	女	小计	男	女
铜仁市	**23**	**19**	**4**						
碧江区									
万山区									
江口县									
玉屏侗族自治县									
石阡县	1	1							
思南县	5	4	1						
印江土家族苗族自治县	5	5							
德江县	3	3							
沿河土家族自治县	3	1	2						
松桃苗族自治县	6	5	1						
黔西南布依族苗族自治州	**12**	**10**	**2**						
兴义市	2	1	1						
兴仁市									
普安县	3	2	1						
晴隆县	2	2							
贞丰县	3	3							
望谟县									
册亨县									
安龙县	2	2							
黔东南苗族侗族自治州	**45**	**38**	**7**						
凯里市	1	1							
黄平县	6	5	1						
施秉县	4	4							
三穗县	3	2	1						
镇远县	3	2	1						
岑巩县	1	1							
天柱县									
锦屏县									
剑河县	6	5	1						
台江县	2	1	1						
黎平县	8	6	2						
榕江县	1	1							
从江县	2	2							
雷山县	4	4							
麻江县	3	3							
丹寨县	1	1							
黔南布依族苗族自治州	**33**	**27**	**6**						
都匀市									
福泉市									
荔波县	2	1	1						
贵定县	5	4	1						
瓮安县	8	6	2						
独山县	2	2							
平塘县	2	2							
罗甸县	2	1	1						
长顺县									
龙里县	4	3	1						
惠水县	5	5							
三都水族自治县	3	3							

6-2c　各地区分性别、受教育程度的3岁及以上死亡人口 (2019.11.1—2020.10.31)(乡村)

单位：人

地　区	3岁及以上死亡人口			未上过学		
	合计	男	女	小计	男	女
贵　州	**131259**	**77662**	**53597**	**53224**	**19887**	**33337**
贵阳市	**8093**	**4845**	**3248**	**2533**	**891**	**1642**
南明区	90	49	41	38	12	26
云岩区						
花溪区	883	528	355	305	120	185
乌当区	658	387	271	237	83	154
白云区	91	54	37	31	10	21
观山湖区	319	191	128	95	31	64
开阳县	1587	964	623	453	156	297
息烽县	1139	661	478	287	73	214
修文县	1266	788	478	361	140	221
清镇市	2060	1223	837	726	266	460
六盘水市	**10724**	**6461**	**4263**	**4660**	**1919**	**2741**
钟山区	366	224	142	188	83	105
六枝特区	2308	1368	940	1125	438	687
水城县	3318	2074	1244	1638	774	864
盘州市	4732	2795	1937	1709	624	1085
遵义市	**24110**	**13838**	**10272**	**8016**	**2624**	**5392**
红花岗区	1407	780	627	400	125	275
汇川区	1360	766	594	518	147	371
播州区	2298	1313	985	642	208	434
桐梓县	2623	1524	1099	961	296	665
绥阳县	1693	969	724	605	223	382
正安县	2182	1277	905	692	219	473
道真仡佬族苗族自治县	1115	669	446	311	114	197
务川仡佬族苗族自治县	1594	921	673	596	226	370
凤冈县	1552	876	676	660	229	431
湄潭县	1504	828	676	415	130	285
余庆县	1247	689	558	460	162	298
习水县	2601	1491	1110	732	221	511
赤水市	1268	764	504	468	181	287
仁怀市	1666	971	695	556	143	413
安顺市	**9194**	**5480**	**3714**	**4122**	**1512**	**2610**
西秀区	2450	1411	1039	1109	388	721
平坝区	1198	721	477	468	177	291
普定县	1356	781	575	596	222	374
镇宁布依族苗族自治县	1436	880	556	588	201	387
关岭布依族苗族自治县	1354	819	535	556	183	373
紫云苗族布依族自治县	1400	868	532	805	341	464
毕节市	**22870**	**13995**	**8875**	**11218**	**4908**	**6310**
七星关区	3359	1994	1365	1533	593	940
大方县	3243	2029	1214	1445	616	829
黔西县	2549	1533	1016	1135	429	706
金沙县	2084	1253	831	741	258	483
织金县	2570	1566	1004	1408	616	792
纳雍县	2176	1378	798	1264	618	646
威宁彝族回族苗族自治县	3817	2411	1406	2174	1135	1039
赫章县	3072	1831	1241	1518	643	875

6-2c 续表 1 单位：人

地 区	3岁及以上死亡人口			未上过学		
	合计	男	女	小计	男	女
铜仁市	**12754**	**7384**	**5370**	**5022**	**1735**	**3287**
碧江区	350	210	140	127	56	71
万山区	507	315	192	203	83	120
江口县	848	484	364	363	132	231
玉屏侗族自治县	471	254	217	131	48	83
石阡县	1565	910	655	552	182	370
思南县	2225	1243	982	974	308	666
印江土家族苗族自治县	1229	748	481	441	163	278
德江县	1794	1033	761	802	259	543
沿河土家族自治县	1656	969	687	739	272	467
松桃苗族自治县	2109	1218	891	690	232	458
黔西南布依族苗族自治州	**10871**	**6455**	**4416**	**4287**	**1600**	**2687**
兴义市	2015	1214	801	737	289	448
兴仁市	1568	928	640	558	201	357
普安县	1082	619	463	504	189	315
晴隆县	1110	681	429	469	192	277
贞丰县	1412	823	589	425	131	294
望谟县	1295	751	544	738	300	438
册亨县	858	542	316	393	169	224
安龙县	1531	897	634	463	129	334
黔东南苗族侗族自治州	**18015**	**10620**	**7395**	**7565**	**2721**	**4844**
凯里市	1586	938	648	586	172	414
黄平县	1395	805	590	445	113	332
施秉县	611	349	262	230	85	145
三穗县	821	478	343	260	84	176
镇远县	1149	666	483	374	101	273
岑巩县	888	514	374	407	137	270
天柱县	1572	902	670	396	98	298
锦屏县	962	544	418	373	103	270
剑河县	1058	618	440	509	193	316
台江县	671	410	261	357	150	207
黎平县	2072	1255	817	961	374	587
榕江县	1296	782	514	669	273	396
从江县	1660	986	674	1114	519	595
雷山县	748	462	286	371	146	225
麻江县	732	418	314	245	82	163
丹寨县	794	493	301	268	91	177
黔南布依族苗族自治州	**14628**	**8584**	**6044**	**5801**	**1977**	**3824**
都匀市	1624	936	688	554	166	388
福泉市	1002	570	432	354	130	224
荔波县	754	421	333	266	88	178
贵定县	970	620	350	413	166	247
瓮安县	1338	774	564	388	148	240
独山县	952	552	400	399	136	263
平塘县	1487	896	591	592	192	400
罗甸县	1216	686	530	601	189	412
长顺县	944	584	360	451	165	286
龙里县	1025	601	424	368	131	237
惠水县	1709	1014	695	804	259	545
三都水族自治县	1607	930	677	611	207	404

6−2c　续表 2　　单位：人

地　　区	学前教育			小　　学		
	小计	男	女	小计	男	女
贵　州	**513**	**260**	**253**	**59894**	**42511**	**17383**
贵阳市	**36**	**19**	**17**	**4399**	**3035**	**1364**
南明区				39	25	14
云岩区						
花溪区	3		3	445	298	147
乌当区	6	3	3	290	215	75
白云区	1	1		43	30	13
观山湖区				173	119	54
开阳县	10	7	3	931	642	289
息烽县	5	1	4	692	467	225
修文县	6	3	3	737	523	214
清镇市	5	4	1	1049	716	333
六盘水市	**31**	**16**	**15**	**4658**	**3315**	**1343**
钟山区	1		1	124	97	27
六枝特区	3	2	1	890	679	211
水城县	7	1	6	1328	995	333
盘州市	20	13	7	2316	1544	772
遵义市	**103**	**54**	**49**	**12508**	**8255**	**4253**
红花岗区	8	2	6	728	437	291
汇川区	2	2		648	453	195
播州区	7	3	4	1288	816	472
桐梓县	12	9	3	1268	888	380
绥阳县	23	14	9	813	530	283
正安县	9	2	7	1186	802	384
道真仡佬族苗族自治县	3	1	2	637	413	224
务川仡佬族苗族自治县	5	4	1	796	517	279
凤冈县	2	2		680	470	210
湄潭县	2	1	1	874	528	346
余庆县	13	5	8	617	396	221
习水县	12	6	6	1444	921	523
赤水市	3	2	1	648	454	194
仁怀市	2	1	1	881	630	251
安顺市	**34**	**22**	**12**	**3713**	**2802**	**911**
西秀区	16	11	5	918	659	259
平坝区	5	2	3	510	362	148
普定县	2	2		552	389	163
镇宁布依族苗族自治县	4	2	2	656	507	149
关岭布依族苗族自治县	2	2		620	481	139
紫云苗族布依族自治县	5	3	2	457	404	53
毕节市	**65**	**30**	**35**	**8886**	**6777**	**2109**
七星关区	5	2	3	1342	1001	341
大方县	10	4	6	1333	1028	305
黔西县	3	1	2	1166	894	272
金沙县	4		4	1067	769	298
织金县	11	7	4	884	711	173
纳雍县	7	3	4	668	554	114
威宁彝族回族苗族自治县	11	5	6	1232	935	297
赫章县	14	8	6	1194	885	309

6-2c 续表 3

单位：人

地区	学前教育			小学		
	小计	男	女	小计	男	女
铜仁市	**54**	**24**	**30**	**5840**	**4046**	**1794**
碧江区				156	104	52
万山区	1	1		243	183	60
江口县	3		3	393	279	114
玉屏侗族自治县	2		2	257	148	109
石阡县	6	5	1	798	548	250
思南县	7	5	2	936	654	282
印江土家族苗族自治县	8	2	6	603	436	167
德江县	2	2		719	531	188
沿河土家族自治县	10	6	4	673	475	198
松桃苗族自治县	15	3	12	1062	688	374
黔西南布依族苗族自治州	**57**	**29**	**28**	**5130**	**3600**	**1530**
兴义市	9	5	4	1025	711	314
兴仁市	10	4	6	748	490	258
普安县	4	3	1	419	295	124
晴隆县	5	2	3	490	355	135
贞丰县	7	3	4	794	524	270
望谟县	5	2	3	452	365	87
册亨县	9	5	4	374	298	76
安龙县	8	5	3	828	562	266
黔东南苗族侗族自治州	**75**	**37**	**38**	**7935**	**5752**	**2183**
凯里市	10	5	5	730	524	206
黄平县	3	1	2	758	535	223
施秉县	2	1	1	280	187	93
三穗县	2		2	436	292	144
镇远县	6	5	1	615	428	187
岑巩县	2		2	350	267	83
天柱县	3	2	1	852	527	325
锦屏县	5	1	4	425	303	122
剑河县	2	1	1	428	314	114
台江县	1		1	205	167	38
黎平县	5	3	2	884	686	198
榕江县	3	2	1	494	392	102
从江县	12	8	4	425	362	63
雷山县	6	3	3	266	218	48
麻江县	7	2	5	380	249	131
丹寨县	6	3	3	407	301	106
黔南布依族苗族自治州	**58**	**29**	**29**	**6825**	**4929**	**1896**
都匀市	9	3	6	800	549	251
福泉市	5	1	4	500	322	178
荔波县	5	1	4	398	261	137
贵定县	6	4	2	421	342	79
瓮安县	3	3		763	470	293
独山县	3	3		403	290	113
平塘县	4	2	2	709	542	167
罗甸县	6	1	5	486	394	92
长顺县	2	1	1	352	295	57
龙里县	2	2		523	362	161
惠水县	5	2	3	670	551	119
三都水族自治县	8	6	2	800	551	249

6-2c　续表 4　　单位：人

地　区	初　中			高　中			大学专科		
	小计	男	女	小计	男	女	小计	男	女
贵　州	**15657**	**13338**	**2319**	**1512**	**1288**	**224**	**328**	**275**	**53**
贵阳市	**1019**	**820**	**199**	**82**	**63**	**19**	**20**	**14**	**6**
南明区	12	11	1				1	1	
云岩区									
花溪区	121	103	18	8	6	2	1	1	
乌当区	107	73	34	14	11	3	4	2	2
白云区	16	13	3						
观山湖区	47	38	9	4	3	1			
开阳县	177	147	30	11	9	2	4	2	2
息烽县	139	110	29	13	8	5	2	2	
修文县	149	112	37	11	8	3	1	1	
清镇市	251	213	38	21	18	3	7	5	2
六盘水市	**1224**	**1083**	**141**	**110**	**94**	**16**	**29**	**24**	**5**
钟山区	49	42	7	3	2	1	1		1
六枝特区	260	221	39	24	23	1	4	4	
水城县	315	281	34	19	14	5	9	7	2
盘州市	600	539	61	64	55	9	15	13	2
遵义市	**3209**	**2682**	**527**	**228**	**190**	**38**	**26**	**21**	**5**
红花岗区	254	204	50	13	10	3	2	1	1
汇川区	178	151	27	9	8	1	4	4	
播州区	341	270	71	17	14	3	3	2	1
桐梓县	359	312	47	19	16	3	2	2	
绥阳县	231	184	47	20	17	3	1	1	
正安县	271	233	38	23	20	3			
道真仡佬族苗族自治县	147	126	21	15	13	2			
务川仡佬族苗族自治县	174	154	20	19	17	2	2	2	
凤冈县	186	155	31	18	15	3	3	2	1
湄潭县	187	148	39	24	19	5	1	1	
余庆县	139	113	26	13	11	2	4	2	2
习水县	386	323	63	19	15	4	4	4	
赤水市	136	116	20	12	11	1			
仁怀市	220	193	27	7	4	3			
安顺市	**1165**	**1015**	**150**	**133**	**106**	**27**	**23**	**19**	**4**
西秀区	340	302	38	54	41	13	12	9	3
平坝区	198	165	33	15	14	1	1		1
普定县	185	151	34	16	12	4	3	3	
镇宁布依族苗族自治县	174	160	14	13	9	4	1	1	
关岭布依族苗族自治县	152	132	20	21	18	3	3	3	
紫云苗族布依族自治县	116	105	11	14	12	2	3	3	
毕节市	**2356**	**1985**	**371**	**260**	**224**	**36**	**60**	**52**	**8**
七星关区	420	350	70	49	41	8	4	3	1
大方县	404	337	67	37	31	6	13	12	1
黔西县	220	190	30	19	17	2	4	2	2
金沙县	239	199	40	26	22	4	6	4	2
织金县	227	198	29	24	21	3	9	7	2
纳雍县	207	178	29	20	15	5	9	9	
威宁彝族回族苗族自治县	348	290	58	43	38	5	4	4	
赫章县	291	243	48	42	39	3	11	11	

6-2c 续表 5 单位：人

地区	初中			高中			大学专科		
	小计	男	女	小计	男	女	小计	男	女
铜仁市	**1586**	**1357**	**229**	**186**	**164**	**22**	**50**	**45**	**5**
碧江区	60	43	17	5	5				
万山区	46	38	8	10	7	3	4	3	1
江口县	76	61	15	11	10	1	2	2	
玉屏侗族自治县	72	52	20	8	5	3	1	1	
石阡县	175	145	30	21	20	1	10	7	3
思南县	263	235	28	32	28	4	11	11	
印江土家族苗族自治县	158	133	25	16	12	4	2	2	
德江县	229	203	26	31	29	2	7	6	1
沿河土家族自治县	200	183	17	26	25	1	7	7	
松桃苗族自治县	307	264	43	26	23	3	6	6	
黔西南布依族苗族自治州	**1232**	**1078**	**154**	**114**	**106**	**8**	**38**	**30**	**8**
兴义市	219	186	33	15	14	1	5	5	
兴仁市	221	203	18	25	25		6	5	1
普安县	132	113	19	16	13	3	4	3	1
晴隆县	132	120	12	10	8	2	3	3	
贞丰县	169	150	19	13	12	1	3	2	1
望谟县	87	72	15	7	7		5	4	1
册亨县	67	57	10	7	7		7	5	2
安龙县	205	177	28	21	20	1	5	3	2
黔东南苗族侗族自治州	**2130**	**1841**	**289**	**253**	**219**	**34**	**41**	**38**	**3**
凯里市	229	207	22	26	25	1	4	4	
黄平县	172	146	26	16	9	7	1	1	
施秉县	88	68	20	8	5	3	3	3	
三穗县	110	92	18	10	8	2	2	2	
镇远县	135	116	19	17	14	3	2	2	
岑巩县	112	96	16	14	12	2	2	2	
天柱县	278	236	42	38	34	4	4	4	
锦屏县	141	122	19	14	11	3	3	3	
剑河县	104	96	8	15	14	1			
台江县	91	77	14	14	14		1	1	
黎平县	192	164	28	22	21	1	6	5	1
榕江县	112	101	11	13	11	2	3	1	2
从江县	96	84	12	8	8		5	5	
雷山县	91	81	10	13	13				
麻江县	87	76	11	9	6	3	2	2	
丹寨县	92	79	13	16	14	2	3	3	
黔南布依族苗族自治州	**1736**	**1477**	**259**	**146**	**122**	**24**	**41**	**32**	**9**
都匀市	241	199	42	14	13	1	3	3	
福泉市	128	105	23	10	8	2	3	2	1
荔波县	73	61	12	8	6	2	3	3	
贵定县	116	98	18	8	8		3	1	2
瓮安县	166	139	27	17	13	4	1	1	
独山县	136	113	23	10	9	1			
平塘县	163	145	18	13	10	3	4	3	1
罗甸县	108	91	17	12	9	3	1		1
长顺县	127	114	13	7	6	1	4	2	2
龙里县	120	98	22	9	6	3	2	1	1
惠水县	204	179	25	18	16	2	8	7	1
三都水族自治县	154	135	19	20	18	2	9	9	

6-2c　续表 6

单位：人

地　区	大学本科			硕士研究生			博士研究生		
	小计	男	女	小计	男	女	小计	男	女
贵　州	**131**	**103**	**28**						
贵阳市	**4**	**3**	**1**						
南明区									
云岩区									
花溪区									
乌当区									
白云区									
观山湖区									
开阳县	1	1							
息烽县	1		1						
修文县	1	1							
清镇市	1	1							
六盘水市	**12**	**10**	**2**						
钟山区									
六枝特区	2	1	1						
水城县	2	2							
盘州市	8	7	1						
遵义市	**20**	**12**	**8**						
红花岗区	2	1	1						
汇川区	1	1							
播州区									
桐梓县	2	1	1						
绥阳县									
正安县	1	1							
道真仡佬族苗族自治县	2	2							
务川仡佬族苗族自治县	2	1	1						
凤冈县	3	3							
湄潭县	1	1							
余庆县	1		1						
习水县	4	1	3						
赤水市	1		1						
仁怀市									
安顺市	**4**	**4**							
西秀区	1	1							
平坝区	1	1							
普定县	2	2							
镇宁布依族苗族自治县									
关岭布依族苗族自治县									
紫云苗族布依族自治县									
毕节市	**25**	**19**	**6**						
七星关区	6	4	2						
大方县	1	1							
黔西县	2		2						
金沙县	1	1							
织金县	7	6	1						
纳雍县	1	1							
威宁彝族回族苗族自治县	5	4	1						
赫章县	2	2							

6－2c　续表 7　　　　单位：人

地　区	大学本科			硕士研究生			博士研究生		
	小计	男	女	小计	男	女	小计	男	女
铜仁市	**16**	**13**	**3**						
碧江区	2	2							
万山区									
江口县									
玉屏侗族自治县									
石阡县	3	3							
思南县	2	2							
印江土家族苗族自治县	1		1						
德江县	4	3	1						
沿河土家族自治县	1	1							
松桃苗族自治县	3	2	1						
黔西南布依族苗族自治州	**13**	**12**	**1**						
兴义市	5	4	1						
兴仁市									
普安县	3	3							
晴隆县	1	1							
贞丰县	1	1							
望谟县	1	1							
册亨县	1	1							
安龙县	1	1							
黔东南苗族侗族自治州	**16**	**12**	**4**						
凯里市	1	1							
黄平县									
施秉县									
三穗县	1		1						
镇远县									
岑巩县	1		1						
天柱县	1	1							
锦屏县	1	1							
剑河县									
台江县	2	1	1						
黎平县	2	2							
榕江县	2	2							
从江县									
雷山县	1	1							
麻江县	2	1	1						
丹寨县	2	2							
黔南布依族苗族自治州	**21**	**18**	**3**						
都匀市	3	3							
福泉市	2	2							
荔波县	1	1							
贵定县	3	1	2						
瓮安县									
独山县	1	1							
平塘县	2	2							
罗甸县	2	2							
长顺县	1	1							
龙里县	1	1							
惠水县									
三都水族自治县	5	4	1						

6-3　各地区分性别、婚姻状况的15岁及以上死亡人口
(2019.11.1-2020.10.31)

单位：人

地　区	15岁及以上死亡人口			未　婚		
	合计	男	女	小计	男	女
贵　州	**224313**	**133146**	**91167**	**11988**	**10746**	**1242**
贵阳市	**26747**	**16070**	**10677**	**1163**	**985**	**178**
南明区	4873	2912	1961	176	147	29
云岩区	4874	2830	2044	187	138	49
花溪区	3325	2030	1295	154	129	25
乌当区	1468	890	578	43	36	7
白云区	1655	1007	648	52	44	8
观山湖区	1294	793	501	51	46	5
开阳县	2529	1541	988	127	110	17
息烽县	1720	1022	698	90	82	8
修文县	1856	1144	712	97	89	8
清镇市	3153	1901	1252	186	164	22
六盘水市	**18342**	**11225**	**7117**	**1032**	**928**	**104**
钟山区	2804	1732	1072	125	101	24
六枝特区	3595	2201	1394	176	158	18
水城县	4585	2852	1733	329	298	31
盘州市	7358	4440	2918	402	371	31
遵义市	**41984**	**24249**	**17735**	**1829**	**1624**	**205**
红花岗区	4334	2530	1804	133	105	28
汇川区	3163	1812	1351	92	76	16
播州区	4791	2719	2072	154	137	17
桐梓县	3744	2177	1567	225	206	19
绥阳县	2568	1474	1094	106	99	7
正安县	3254	1906	1348	198	180	18
道真仡佬族苗族自治县	1772	1073	699	81	77	4
务川仡佬族苗族自治县	2174	1237	937	117	103	14
凤冈县	2519	1451	1068	73	63	10
湄潭县	2689	1521	1168	98	87	11
余庆县	1967	1085	882	55	49	6
习水县	3826	2230	1596	208	185	23
赤水市	2328	1393	935	124	115	9
仁怀市	2855	1641	1214	165	142	23
安顺市	**17188**	**10274**	**6914**	**813**	**719**	**94**
西秀区	5603	3261	2342	207	171	36
平坝区	2501	1502	999	94	88	6
普定县	2526	1488	1038	126	107	19
镇宁布依族苗族自治县	2287	1382	905	148	137	11
关岭布依族苗族自治县	2061	1252	809	110	99	11
紫云苗族布依族自治县	2210	1389	821	128	117	11
毕节市	**35063**	**21366**	**13697**	**2560**	**2301**	**259**
七星关区	5544	3291	2253	358	310	48
大方县	4591	2839	1752	384	354	30
黔西县	4083	2457	1626	318	288	30
金沙县	3544	2110	1434	224	210	14
织金县	4156	2513	1643	329	299	30
纳雍县	3673	2337	1336	265	234	31
威宁彝族回族苗族自治县	5434	3417	2017	451	401	50
赫章县	4038	2402	1636	231	205	26

6-3 续表 1 单位：人

地区	15岁及以上死亡人口			未婚		
	合计	男	女	小计	男	女
铜仁市	**19202**	**11235**	**7967**	**956**	**865**	**91**
碧江区	750	446	304	42	37	5
万山区	871	531	340	54	50	4
江口县	1274	737	537	74	72	2
玉屏侗族自治县	874	502	372	39	29	10
石阡县	2220	1290	930	107	98	9
思南县	3204	1830	1374	126	112	14
印江土家族苗族自治县	2153	1299	854	121	111	10
德江县	2434	1425	1009	85	72	13
沿河土家族自治县	2649	1560	1089	113	103	10
松桃苗族自治县	2773	1615	1158	195	181	14
黔西南布依族苗族自治州	**17243**	**10285**	**6958**	**870**	**779**	**91**
兴义市	4326	2561	1765	196	166	30
兴仁市	2225	1320	905	108	104	4
普安县	1382	810	572	93	84	9
晴隆县	1523	939	584	71	65	6
贞丰县	2202	1302	900	108	100	8
望谟县	1708	1007	701	85	73	12
册亨县	1416	888	528	84	67	17
安龙县	2461	1458	1003	125	120	5
黔东南苗族侗族自治州	**26384**	**15448**	**10936**	**1437**	**1323**	**114**
凯里市	3001	1805	1196	138	125	13
黄平县	2125	1215	910	96	83	13
施秉县	839	479	360	46	41	5
三穗县	1305	788	517	84	78	6
镇远县	1755	989	766	87	83	4
岑巩县	1376	793	583	75	66	9
天柱县	2236	1258	978	120	114	6
锦屏县	1300	734	566	53	49	4
剑河县	1505	882	623	86	80	6
台江县	936	559	377	53	49	4
黎平县	3050	1826	1224	163	151	12
榕江县	1709	1021	688	108	100	8
从江县	2001	1179	822	100	94	6
雷山县	1095	666	429	87	81	6
麻江县	1066	609	457	69	60	9
丹寨县	1085	645	440	72	69	3
黔南布依族苗族自治州	**22160**	**12994**	**9166**	**1328**	**1222**	**106**
都匀市	2786	1602	1184	152	136	16
福泉市	1392	821	571	79	73	6
荔波县	1325	761	564	81	75	6
贵定县	1725	1063	662	149	140	9
瓮安县	2256	1311	945	104	94	10
独山县	1759	996	763	105	94	11
平塘县	1968	1181	787	110	106	4
罗甸县	1921	1079	842	90	81	9
长顺县	1314	813	501	84	79	5
龙里县	1355	811	544	87	78	9
惠水县	2328	1375	953	142	129	13
三都水族自治县	2031	1181	850	145	137	8

6–3 续表 2　　　单位：人

地区	有配偶			离婚			丧偶		
	小计	男	女	小计	男	女	小计	男	女
贵州	**122381**	**83684**	**38697**	**5936**	**4878**	**1058**	**84008**	**33838**	**50170**
贵阳市	**14800**	**10640**	**4160**	**1303**	**983**	**320**	**9481**	**3462**	**6019**
南明区	2596	1914	682	323	246	77	1778	605	1173
云岩区	2629	1943	686	325	225	100	1733	524	1209
花溪区	1902	1383	519	104	75	29	1165	443	722
乌当区	866	610	256	61	52	9	498	192	306
白云区	983	711	272	89	61	28	531	191	340
观山湖区	785	573	212	55	38	17	403	136	267
开阳县	1401	964	437	70	61	9	931	406	525
息烽县	898	616	282	61	50	11	671	274	397
修文县	1010	695	315	73	66	7	676	294	382
清镇市	1730	1231	499	142	109	33	1095	397	698
六盘水市	**10158**	**7137**	**3021**	**517**	**424**	**93**	**6635**	**2736**	**3899**
钟山区	1674	1209	465	130	91	39	875	331	544
六枝特区	2059	1461	598	109	86	23	1251	496	755
水城县	2551	1821	730	102	86	16	1603	647	956
盘州市	3874	2646	1228	176	161	15	2906	1262	1644
遵义市	**22626**	**14758**	**7868**	**939**	**760**	**179**	**16590**	**7107**	**9483**
红花岗区	2427	1664	763	169	117	52	1605	644	961
汇川区	1795	1209	586	108	84	24	1168	443	725
播州区	2679	1704	975	122	97	25	1836	781	1055
桐梓县	1902	1227	675	75	63	12	1542	681	861
绥阳县	1378	868	510	44	39	5	1040	468	572
正安县	1662	1063	599	47	42	5	1347	621	726
道真仡佬族苗族自治县	939	622	317	25	22	3	727	352	375
务川仡佬族苗族自治县	1160	737	423	21	18	3	876	379	497
凤冈县	1355	882	473	37	30	7	1054	476	578
湄潭县	1511	948	563	47	38	9	1033	448	585
余庆县	1060	674	386	50	39	11	802	323	479
习水县	2035	1358	677	68	62	6	1515	625	890
赤水市	1183	824	359	68	58	10	953	396	557
仁怀市	1540	978	562	58	51	7	1092	470	622
安顺市	**9526**	**6538**	**2988**	**435**	**366**	**69**	**6414**	**2651**	**3763**
西秀区	3127	2163	964	142	105	37	2127	822	1305
平坝区	1549	1035	514	56	48	8	802	331	471
普定县	1320	882	438	69	64	5	1011	435	576
镇宁布依族苗族自治县	1183	818	365	59	54	5	897	373	524
关岭布依族苗族自治县	1127	765	362	58	49	9	766	339	427
紫云苗族布依族自治县	1220	875	345	51	46	5	811	351	460
毕节市	**19273**	**13392**	**5881**	**887**	**775**	**112**	**12343**	**4898**	**7445**
七星关区	3047	2084	963	127	113	14	2012	784	1228
大方县	2441	1744	697	134	117	17	1632	624	1008
黔西县	2151	1446	705	160	143	17	1454	580	874
金沙县	1866	1215	651	114	99	15	1340	586	754
织金县	2261	1567	694	126	117	9	1440	530	910
纳雍县	2159	1570	589	81	70	11	1168	463	705
威宁彝族回族苗族自治县	3153	2226	927	76	59	17	1754	731	1023
赫章县	2195	1540	655	69	57	12	1543	600	943

6-3 续表 3

单位：人

地区	有配偶			离婚			丧偶		
	小计	男	女	小计	男	女	小计	男	女
铜仁市	**10393**	**6801**	**3592**	**371**	**303**	**68**	**7482**	**3266**	**4216**
碧江区	444	300	144	19	17	2	245	92	153
万山区	457	313	144	26	22	4	334	146	188
江口县	649	415	234	24	21	3	527	229	298
玉屏侗族自治县	483	313	170	28	25	3	324	135	189
石阡县	1192	767	425	45	35	10	876	390	486
思南县	1786	1154	632	52	41	11	1240	523	717
印江土家族苗族自治县	1110	755	355	31	25	6	891	408	483
德江县	1341	870	471	51	40	11	957	443	514
沿河土家族自治县	1487	971	516	39	31	8	1010	455	555
松桃苗族自治县	1444	943	501	56	46	10	1078	445	633
黔西南布依族苗族自治州	**9550**	**6680**	**2870**	**342**	**303**	**39**	**6481**	**2523**	**3958**
兴义市	2383	1695	688	84	73	11	1663	627	1036
兴仁市	1263	862	401	40	37	3	814	317	497
普安县	770	515	255	21	19	2	498	192	306
晴隆县	825	583	242	21	19	2	606	272	334
贞丰县	1259	864	395	34	29	5	801	309	492
望谟县	923	644	279	49	41	8	651	249	402
册亨县	748	551	197	25	22	3	559	248	311
安龙县	1379	966	413	68	63	5	889	309	580
黔东南苗族侗族自治州	**14261**	**9650**	**4611**	**576**	**497**	**79**	**10110**	**3978**	**6132**
凯里市	1718	1221	497	90	71	19	1055	388	667
黄平县	1175	794	381	47	43	4	807	295	512
施秉县	437	286	151	18	18		338	134	204
三穗县	712	495	217	29	25	4	480	190	290
镇远县	887	570	317	48	40	8	733	296	437
岑巩县	759	503	256	18	13	5	524	211	313
天柱县	1170	766	404	40	34	6	906	344	562
锦屏县	705	473	232	26	21	5	516	191	325
剑河县	786	520	266	31	27	4	602	255	347
台江县	526	351	175	23	21	2	334	138	196
黎平县	1642	1126	516	49	45	4	1196	504	692
榕江县	912	622	290	41	37	4	648	262	386
从江县	1087	747	340	35	29	6	779	309	470
雷山县	569	381	188	30	30		409	174	235
麻江县	576	383	193	31	26	5	390	140	250
丹寨县	600	412	188	20	17	3	393	147	246
黔南布依族苗族自治州	**11794**	**8088**	**3706**	**566**	**467**	**99**	**8472**	**3217**	**5255**
都匀市	1481	1013	468	82	62	20	1071	391	680
福泉市	808	549	259	43	37	6	462	162	300
荔波县	674	457	217	38	29	9	532	200	332
贵定县	892	628	264	57	47	10	627	248	379
瓮安县	1272	823	449	62	47	15	818	347	471
独山县	909	633	276	38	34	4	707	235	472
平塘县	1074	734	340	49	44	5	735	297	438
罗甸县	973	657	316	49	39	10	809	302	507
长顺县	732	514	218	24	23	1	474	197	277
龙里县	719	495	224	38	30	8	511	208	303
惠水县	1236	872	364	46	40	6	904	334	570
三都水族自治县	1024	713	311	40	35	5	822	296	526

6-3a　各地区分性别、婚姻状况的15岁及以上死亡人口(2019.11.1-2020.10.31)(城市)

单位：人

地　区	15岁及以上死亡人口			未　婚		
	合计	男	女	小计	男	女
贵　州	**37347**	**22402**	**14945**	**1285**	**1033**	**252**
贵阳市	**15445**	**9266**	**6179**	**553**	**442**	**111**
南明区	4772	2858	1914	173	144	29
云岩区	4874	2830	2044	187	138	49
花溪区	2179	1351	828	83	66	17
乌当区	644	406	238	15	13	2
白云区	1496	911	585	46	38	8
观山湖区	740	447	293	19	16	3
开阳县						
息烽县	5	2	3			
修文县						
清镇市	735	461	274	30	27	3
六盘水市	**4532**	**2847**	**1685**	**169**	**137**	**32**
钟山区	1952	1194	758	71	53	18
六枝特区	884	576	308	32	28	4
水城县	95	57	38	6	4	2
盘州市	1601	1020	581	60	52	8
遵义市	**6732**	**3948**	**2784**	**167**	**122**	**45**
红花岗区	2497	1495	1002	55	39	16
汇川区	1434	833	601	34	23	11
播州区	1491	855	636	39	31	8
桐梓县						
绥阳县						
正安县						
道真仡佬族苗族自治县						
务川仡佬族苗族自治县						
凤冈县						
湄潭县						
余庆县						
习水县						
赤水市	605	363	242	16	12	4
仁怀市	705	402	303	23	17	6
安顺市	**3647**	**2184**	**1463**	**117**	**95**	**22**
西秀区	2849	1702	1147	93	72	21
平坝区	798	482	316	24	23	1
普定县						
镇宁布依族苗族自治县						
关岭布依族苗族自治县						
紫云苗族布依族自治县						
毕节市	**1754**	**1046**	**708**	**91**	**81**	**10**
七星关区	1754	1046	708	91	81	10
大方县						
黔西县						
金沙县						
织金县						
纳雍县						
威宁彝族回族苗族自治县						
赫章县						

6-3a　续表 1　　　　单位：人

地　　区	15岁及以上死亡人口			未　　婚		
	合计	男	女	小计	男	女
铜仁市	**650**	**387**	**263**	**34**	**27**	**7**
碧江区	332	204	128	14	10	4
万山区	318	183	135	20	17	3
江口县						
玉屏侗族自治县						
石阡县						
思南县						
印江土家族苗族自治县						
德江县						
沿河土家族自治县						
松桃苗族自治县						
黔西南布依族苗族自治州	**2172**	**1269**	**903**	**76**	**63**	**13**
兴义市	1745	1016	729	62	49	13
兴仁市	427	253	174	14	14	
普安县						
晴隆县						
贞丰县						
望谟县						
册亨县						
安龙县						
黔东南苗族侗族自治州	**1247**	**774**	**473**	**42**	**37**	**5**
凯里市	1210	752	458	40	35	5
黄平县						
施秉县						
三穗县						
镇远县						
岑巩县						
天柱县						
锦屏县						
剑河县	37	22	15	2	2	
台江县						
黎平县						
榕江县						
从江县						
雷山县						
麻江县						
丹寨县						
黔南布依族苗族自治州	**1168**	**681**	**487**	**36**	**29**	**7**
都匀市	956	549	407	29	22	7
福泉市	212	132	80	7	7	
荔波县						
贵定县						
瓮安县						
独山县						
平塘县						
罗甸县						
长顺县						
龙里县						
惠水县						
三都水族自治县						

6−3a　续表 2　　　　　　　　　　　　　　　　　　　　　　　　　　　　单位：人

地　区	有配偶			离　婚			丧　偶		
	小计	男	女	小计	男	女	小计	男	女
贵　州	**21672**	**15538**	**6134**	**1712**	**1239**	**473**	**12678**	**4592**	**8086**
贵阳市	**8677**	**6407**	**2270**	**915**	**655**	**260**	**5300**	**1762**	**3538**
南明区	2537	1879	658	320	243	77	1742	592	1150
云岩区	2629	1943	686	325	225	100	1733	524	1209
花溪区	1278	963	315	81	55	26	737	267	470
乌当区	416	301	115	33	26	7	180	66	114
白云区	896	649	247	86	58	28	468	166	302
观山湖区	486	346	140	30	19	11	205	66	139
开阳县									
息烽县	1	1					4	1	3
修文县									
清镇市	434	325	109	40	29	11	231	80	151
六盘水市	**2780**	**2013**	**767**	**202**	**147**	**55**	**1381**	**550**	**831**
钟山区	1200	875	325	105	69	36	576	197	379
六枝特区	535	411	124	43	31	12	274	106	168
水城县	54	38	16	2	1	1	33	14	19
盘州市	991	689	302	52	46	6	498	233	265
遵义市	**3895**	**2707**	**1188**	**273**	**196**	**77**	**2397**	**923**	**1474**
红花岗区	1408	1016	392	126	87	39	908	353	555
汇川区	872	611	261	60	41	19	468	158	310
播州区	847	554	293	51	37	14	554	233	321
桐梓县									
绥阳县									
正安县									
道真仡佬族苗族自治县									
务川仡佬族苗族自治县									
凤冈县									
湄潭县									
余庆县									
习水县									
赤水市	344	256	88	22	19	3	223	76	147
仁怀市	424	270	154	14	12	2	244	103	141
安顺市	**2202**	**1534**	**668**	**104**	**70**	**34**	**1224**	**485**	**739**
西秀区	1600	1150	450	93	61	32	1063	419	644
平坝区	602	384	218	11	9	2	161	66	95
普定县									
镇宁布依族苗族自治县									
关岭布依族苗族自治县									
紫云苗族布依族自治县									
毕节市	**1008**	**692**	**316**	**48**	**38**	**10**	**607**	**235**	**372**
七星关区	1008	692	316	48	38	10	607	235	372
大方县									
黔西县									
金沙县									
织金县									
纳雍县									
威宁彝族回族苗族自治县									
赫章县									

6－3a　续表 3　　单位：人

地　区	有配偶			离　婚			丧　偶		
	小计	男	女	小计	男	女	小计	男	女
铜仁市	**367**	**258**	**109**	**22**	**18**	**4**	**227**	**84**	**143**
碧江区	213	152	61	7	6	1	98	36	62
万山区	154	106	48	15	12	3	129	48	81
江口县									
玉屏侗族自治县									
石阡县									
思南县									
印江土家族苗族自治县									
德江县									
沿河土家族自治县									
松桃苗族自治县									
黔西南布依族苗族自治州	**1289**	**892**	**397**	**63**	**55**	**8**	**744**	**259**	**485**
兴义市	1045	724	321	47	40	7	591	203	388
兴仁市	244	168	76	16	15	1	153	56	97
普安县									
晴隆县									
贞丰县									
望谟县									
册亨县									
安龙县									
黔东南苗族侗族自治州	**758**	**556**	**202**	**43**	**32**	**11**	**404**	**149**	**255**
凯里市	738	544	194	42	31	11	390	142	248
黄平县									
施秉县									
三穗县									
镇远县									
岑巩县									
天柱县									
锦屏县									
剑河县	20	12	8	1	1		14	7	7
台江县									
黎平县									
榕江县									
从江县									
雷山县									
麻江县									
丹寨县									
黔南布依族苗族自治州	**696**	**479**	**217**	**42**	**28**	**14**	**394**	**145**	**249**
都匀市	552	379	173	38	25	13	337	123	214
福泉市	144	100	44	4	3	1	57	22	35
荔波县									
贵定县									
瓮安县									
独山县									
平塘县									
罗甸县									
长顺县									
龙里县									
惠水县									
三都水族自治县									

6-3b　各地区分性别、婚姻状况的15岁及以上死亡人口 (2019.11.1-2020.10.31)(镇)

单位：人

地　　区	15岁及以上死亡人口			未　　婚		
	合计	男	女	小计	男	女
贵　州	**57189**	**33984**	**23205**	**2725**	**2420**	**305**
贵阳市	**3271**	**1994**	**1277**	**127**	**106**	**21**
南明区	11	5	6			
云岩区						
花溪区	269	152	117	15	13	2
乌当区	171	100	71	3	2	1
白云区	70	43	27	2	2	
观山湖区	236	156	80	13	12	1
开阳县	954	584	370	39	29	10
息烽县	584	363	221	20	17	3
修文县	602	363	239	18	16	2
清镇市	374	228	146	17	15	2
六盘水市	**3235**	**2010**	**1225**	**202**	**181**	**21**
钟山区	492	317	175	35	31	4
六枝特区	448	289	159	22	19	3
水城县	1224	750	474	75	67	8
盘州市	1071	654	417	70	64	6
遵义市	**11328**	**6583**	**4745**	**466**	**413**	**53**
红花岗区	441	262	179	17	14	3
汇川区	375	217	158	13	13	
播州区	1021	565	456	36	34	2
桐梓县	1152	673	479	52	48	4
绥阳县	888	512	376	30	28	2
正安县	1090	637	453	72	62	10
道真仡佬族苗族自治县	663	407	256	21	19	2
务川仡佬族苗族自治县	589	324	265	43	34	9
凤冈县	977	582	395	30	26	4
湄潭县	1189	694	495	33	32	1
余庆县	736	407	329	12	10	2
习水县	1252	757	495	59	56	3
赤水市	459	270	189	12	12	
仁怀市	496	276	220	36	25	11
安顺市	**4459**	**2682**	**1777**	**209**	**184**	**25**
西秀区	331	170	161	13	10	3
平坝区	519	306	213	13	12	1
普定县	1182	714	468	46	42	4
镇宁布依族苗族自治县	865	512	353	46	38	8
关岭布依族苗族自治县	732	450	282	43	38	5
紫云苗族布依族自治县	830	530	300	48	44	4
毕节市	**10792**	**6531**	**4261**	**655**	**584**	**71**
七星关区	475	278	197	38	29	9
大方县	1395	834	561	95	87	8
黔西县	1551	932	619	81	72	9
金沙县	1481	868	613	56	52	4
织金县	1618	968	650	112	100	12
纳雍县	1554	992	562	107	95	12
威宁彝族回族苗族自治县	1701	1054	647	122	111	11
赫章县	1017	605	412	44	38	6

6-3b 续表 1 单位：人

地区	15岁及以上死亡人口			未婚		
	合计	男	女	小计	男	女
铜仁市	**5912**	**3538**	**2374**	**237**	**206**	**31**
碧江区	76	37	39			
万山区	47	34	13	1	1	
江口县	433	255	178	16	15	1
玉屏侗族自治县	405	250	155	15	12	3
石阡县	666	387	279	25	24	1
思南县	1001	602	399	38	32	6
印江土家族苗族自治县	932	556	376	37	34	3
德江县	651	398	253	25	19	6
沿河土家族自治县	1019	609	410	33	27	6
松桃苗族自治县	682	410	272	47	42	5
黔西南布依族苗族自治州	**4352**	**2649**	**1703**	**216**	**196**	**20**
兴义市	586	343	243	30	25	5
兴仁市	251	148	103	13	12	1
普安县	312	200	112	19	18	1
晴隆县	441	273	168	22	21	1
贞丰县	810	491	319	42	41	1
望谟县	435	268	167	21	20	1
册亨县	565	350	215	29	21	8
安龙县	952	576	376	40	38	2
黔东南苗族侗族自治州	**7333**	**4185**	**3148**	**296**	**267**	**29**
凯里市	222	128	94	11	11	
黄平县	743	419	324	30	28	2
施秉县	233	132	101	10	9	1
三穗县	489	313	176	25	23	2
镇远县	612	327	285	24	22	2
岑巩县	495	283	212	15	14	1
天柱县	676	363	313	28	26	2
锦屏县	347	196	151	6	6	
剑河县	425	254	171	20	19	1
台江县	272	154	118	6	4	2
黎平县	1009	590	419	38	31	7
榕江县	438	254	184	21	18	3
从江县	379	213	166	18	16	2
雷山县	359	209	150	18	17	1
麻江县	336	193	143	12	11	1
丹寨县	298	157	141	14	12	2
黔南布依族苗族自治州	**6507**	**3812**	**2695**	**317**	**283**	**34**
都匀市	215	123	92	13	12	1
福泉市	189	126	63	11	9	2
荔波县	580	348	232	26	23	3
贵定县	764	449	315	49	43	6
瓮安县	929	543	386	33	25	8
独山县	812	448	364	44	39	5
平塘县	498	293	205	27	26	1
罗甸县	718	396	322	34	31	3
长顺县	376	233	143	15	15	
龙里县	338	217	121	13	12	1
惠水县	642	372	270	26	22	4
三都水族自治县	446	264	182	26	26	

6-3b　续表 2

单位：人

地　区	有配偶			离　婚			丧　偶		
	小计	男	女	小计	男	女	小计	男	女
贵　州	**31949**	**21978**	**9971**	**1429**	**1197**	**232**	**21086**	**8389**	**12697**
贵阳市	**1863**	**1329**	**534**	**136**	**110**	**26**	**1145**	**449**	**696**
南明区	7	4	3				4	1	3
云岩区									
花溪区	147	97	50	7	6	1	100	36	64
乌当区	101	64	37	6	6		61	28	33
白云区	43	31	12	1	1		24	9	15
观山湖区	123	99	24	13	9	4	87	36	51
开阳县	555	397	158	34	28	6	326	130	196
息烽县	337	247	90	20	16	4	207	83	124
修文县	342	240	102	35	30	5	207	77	130
清镇市	208	150	58	20	14	6	129	49	80
六盘水市	**1813**	**1308**	**505**	**107**	**88**	**19**	**1113**	**433**	**680**
钟山区	287	201	86	15	14	1	155	71	84
六枝特区	269	198	71	18	13	5	139	59	80
水城县	711	511	200	34	26	8	404	146	258
盘州市	546	398	148	40	35	5	415	157	258
遵义市	**6269**	**4133**	**2136**	**249**	**211**	**38**	**4344**	**1826**	**2518**
红花岗区	248	169	79	13	9	4	163	70	93
汇川区	187	131	56	11	11		164	62	102
播州区	571	360	211	24	20	4	390	151	239
桐梓县	612	396	216	34	29	5	454	200	254
绥阳县	482	310	172	17	16	1	359	158	201
正安县	587	379	208	14	11	3	417	185	232
道真仡佬族苗族自治县	377	268	109	7	6	1	258	114	144
务川仡佬族苗族自治县	326	207	119	4	3	1	216	80	136
凤冈县	531	356	175	20	14	6	396	186	210
湄潭县	698	454	244	24	21	3	434	187	247
余庆县	426	272	154	23	20	3	275	105	170
习水县	734	498	236	31	28	3	428	175	253
赤水市	233	166	67	15	13	2	199	79	120
仁怀市	257	167	90	12	10	2	191	74	117
安顺市	**2404**	**1645**	**759**	**123**	**111**	**12**	**1723**	**742**	**981**
西秀区	168	107	61	10	9	1	140	44	96
平坝区	306	207	99	14	12	2	186	75	111
普定县	607	410	197	35	32	3	494	230	264
镇宁布依族苗族自治县	459	307	152	21	20	1	339	147	192
关岭布依族苗族自治县	404	278	126	18	16	2	267	118	149
紫云苗族布依族自治县	460	336	124	25	22	3	297	128	169
毕节市	**6146**	**4310**	**1836**	**263**	**223**	**40**	**3728**	**1414**	**2314**
七星关区	253	178	75	6	6		178	65	113
大方县	754	536	218	38	34	4	508	177	331
黔西县	878	591	287	60	52	8	532	217	315
金沙县	826	543	283	47	38	9	552	235	317
织金县	925	655	270	40	34	6	541	179	362
纳雍县	901	676	225	28	24	4	518	197	321
威宁彝族回族苗族自治县	1016	710	306	19	14	5	544	219	325
赫章县	593	421	172	25	21	4	355	125	230

6-3b 续表 3 单位：人

地区	有配偶			离婚			丧偶		
	小计	男	女	小计	男	女	小计	男	女
铜仁市	**3313**	**2229**	**1084**	**131**	**107**	**24**	**2231**	**996**	**1235**
碧江区	50	29	21				26	8	18
万山区	24	20	4	2	2		20	11	9
江口县	240	153	87	9	9		168	78	90
玉屏侗族自治县	232	160	72	17	17		141	61	80
石阡县	372	245	127	18	12	6	251	106	145
思南县	589	395	194	19	16	3	355	159	196
印江土家族苗族自治县	486	344	142	12	8	4	397	170	227
德江县	358	237	121	16	12	4	252	130	122
沿河土家族自治县	582	394	188	18	14	4	386	174	212
松桃苗族自治县	380	252	128	20	17	3	235	99	136
黔西南布依族苗族自治州	**2492**	**1763**	**729**	**95**	**83**	**12**	**1549**	**607**	**942**
兴义市	318	225	93	12	11	1	226	82	144
兴仁市	156	105	51	3	2	1	79	29	50
普安县	175	126	49	4	4		114	52	62
晴隆县	232	167	65	7	7		180	78	102
贞丰县	505	348	157	17	15	2	246	87	159
望谟县	250	175	75	16	13	3	148	60	88
册亨县	303	221	82	11	8	3	222	100	122
安龙县	553	396	157	25	23	2	334	119	215
黔东南苗族侗族自治州	**4039**	**2737**	**1302**	**156**	**129**	**27**	**2842**	**1052**	**1790**
凯里市	110	73	37	3	3		98	41	57
黄平县	432	288	144	11	10	1	270	93	177
施秉县	122	79	43	5	5		96	39	57
三穗县	286	213	73	10	8	2	168	69	99
镇远县	313	203	110	21	15	6	254	87	167
岑巩县	290	193	97	4	3	1	186	73	113
天柱县	351	224	127	9	7	2	288	106	182
锦屏县	202	143	59	5	3	2	134	44	90
剑河县	227	161	66	7	6	1	171	68	103
台江县	174	115	59	7	5	2	85	30	55
黎平县	561	382	179	19	17	2	391	160	231
榕江县	237	165	72	12	12		168	59	109
从江县	207	144	63	12	9	3	142	44	98
雷山县	182	116	66	11	11		148	65	83
麻江县	190	134	56	11	8	3	123	40	83
丹寨县	155	104	51	9	7	2	120	34	86
黔南布依族苗族自治州	**3610**	**2524**	**1086**	**169**	**135**	**34**	**2411**	**870**	**1541**
都匀市	113	77	36	4	3	1	85	31	54
福泉市	113	83	30	9	7	2	56	27	29
荔波县	319	232	87	17	11	6	218	82	136
贵定县	421	295	126	22	17	5	272	94	178
瓮安县	529	351	178	25	17	8	342	150	192
独山县	427	299	128	18	16	2	323	94	229
平塘县	288	196	92	15	12	3	168	59	109
罗甸县	369	251	118	16	13	3	299	101	198
长顺县	225	161	64	11	11		125	46	79
龙里县	215	152	63	8	7	1	102	46	56
惠水县	356	257	99	11	9	2	249	84	165
三都水族自治县	235	170	65	13	12	1	172	56	116

6-3c　各地区分性别、婚姻状况的15岁及以上死亡人口(2019.11.1-2020.10.31)(乡村)

单位：人

地　区	15岁及以上死亡人口			未　婚		
	合计	男	女	小计	男	女
贵　州	**129777**	**76760**	**53017**	**7978**	**7293**	**685**
贵阳市	**8031**	**4810**	**3221**	**483**	**437**	**46**
南明区	90	49	41	3	3	
云岩区						
花溪区	877	527	350	56	50	6
乌当区	653	384	269	25	21	4
白云区	89	53	36	4	4	
观山湖区	318	190	128	19	18	1
开阳县	1575	957	618	88	81	7
息烽县	1131	657	474	70	65	5
修文县	1254	781	473	79	73	6
清镇市	2044	1212	832	139	122	17
六盘水市	**10575**	**6368**	**4207**	**661**	**610**	**51**
钟山区	360	221	139	19	17	2
六枝特区	2263	1336	927	122	111	11
水城县	3266	2045	1221	248	227	21
盘州市	4686	2766	1920	272	255	17
遵义市	**23924**	**13718**	**10206**	**1196**	**1089**	**107**
红花岗区	1396	773	623	61	52	9
汇川区	1354	762	592	45	40	5
播州区	2279	1299	980	79	72	7
桐梓县	2592	1504	1088	173	158	15
绥阳县	1680	962	718	76	71	5
正安县	2164	1269	895	126	118	8
道真仡佬族苗族自治县	1109	666	443	60	58	2
务川仡佬族苗族自治县	1585	913	672	74	69	5
凤冈县	1542	869	673	43	37	6
湄潭县	1500	827	673	65	55	10
余庆县	1231	678	553	43	39	4
习水县	2574	1473	1101	149	129	20
赤水市	1264	760	504	96	91	5
仁怀市	1654	963	691	106	100	6
安顺市	**9082**	**5408**	**3674**	**487**	**440**	**47**
西秀区	2423	1389	1034	101	89	12
平坝区	1184	714	470	57	53	4
普定县	1344	774	570	80	65	15
镇宁布依族苗族自治县	1422	870	552	102	99	3
关岭布依族苗族自治县	1329	802	527	67	61	6
紫云苗族布依族自治县	1380	859	521	80	73	7
毕节市	**22517**	**13789**	**8728**	**1814**	**1636**	**178**
七星关区	3315	1967	1348	229	200	29
大方县	3196	2005	1191	289	267	22
黔西县	2532	1525	1007	237	216	21
金沙县	2063	1242	821	168	158	10
织金县	2538	1545	993	217	199	18
纳雍县	2119	1345	774	158	139	19
威宁彝族回族苗族自治县	3733	2363	1370	329	290	39
赫章县	3021	1797	1224	187	167	20

6-3c 续表 1

单位：人

地区	15岁及以上死亡人口			未婚		
	合计	男	女	小计	男	女
铜仁市	**12640**	**7310**	**5330**	**685**	**632**	**53**
碧江区	342	205	137	28	27	1
万山区	506	314	192	33	32	1
江口县	841	482	359	58	57	1
玉屏侗族自治县	469	252	217	24	17	7
石阡县	1554	903	651	82	74	8
思南县	2203	1228	975	88	80	8
印江土家族苗族自治县	1221	743	478	84	77	7
德江县	1783	1027	756	60	53	7
沿河土家族自治县	1630	951	679	80	76	4
松桃苗族自治县	2091	1205	886	148	139	9
黔西南布依族苗族自治州	**10719**	**6367**	**4352**	**578**	**520**	**58**
兴义市	1995	1202	793	104	92	12
兴仁市	1547	919	628	81	78	3
普安县	1070	610	460	74	66	8
晴隆县	1082	666	416	49	44	5
贞丰县	1392	811	581	66	59	7
望谟县	1273	739	534	64	53	11
册亨县	851	538	313	55	46	9
安龙县	1509	882	627	85	82	3
黔东南苗族侗族自治州	**17804**	**10489**	**7315**	**1099**	**1019**	**80**
凯里市	1569	925	644	87	79	8
黄平县	1382	796	586	66	55	11
施秉县	606	347	259	36	32	4
三穗县	816	475	341	59	55	4
镇远县	1143	662	481	63	61	2
岑巩县	881	510	371	60	52	8
天柱县	1560	895	665	92	88	4
锦屏县	953	538	415	47	43	4
剑河县	1043	606	437	64	59	5
台江县	664	405	259	47	45	2
黎平县	2041	1236	805	125	120	5
榕江县	1271	767	504	87	82	5
从江县	1622	966	656	82	78	4
雷山县	736	457	279	69	64	5
麻江县	730	416	314	57	49	8
丹寨县	787	488	299	58	57	1
黔南布依族苗族自治州	**14485**	**8501**	**5984**	**975**	**910**	**65**
都匀市	1615	930	685	110	102	8
福泉市	991	563	428	61	57	4
荔波县	745	413	332	55	52	3
贵定县	961	614	347	100	97	3
瓮安县	1327	768	559	71	69	2
独山县	947	548	399	61	55	6
平塘县	1470	888	582	83	80	3
罗甸县	1203	683	520	56	50	6
长顺县	938	580	358	69	64	5
龙里县	1017	594	423	74	66	8
惠水县	1686	1003	683	116	107	9
三都水族自治县	1585	917	668	119	111	8

6–3c　续表 2

单位：人

地　　区	有配偶			离　　婚			丧　　偶		
	小计	男	女	小计	男	女	小计	男	女
贵　州	**68760**	**46168**	**22592**	**2795**	**2442**	**353**	**50244**	**20857**	**29387**
贵阳市	**4260**	**2904**	**1356**	**252**	**218**	**34**	**3036**	**1251**	**1785**
南明区	52	31	21	3	3		32	12	20
云岩区									
花溪区	477	323	154	16	14	2	328	140	188
乌当区	349	245	104	22	20	2	257	98	159
白云区	44	31	13	2	2		39	16	23
观山湖区	176	128	48	12	10	2	111	34	77
开阳县	846	567	279	36	33	3	605	276	329
息烽县	560	368	192	41	34	7	460	190	270
修文县	668	455	213	38	36	2	469	217	252
清镇市	1088	756	332	82	66	16	735	268	467
六盘水市	**5565**	**3816**	**1749**	**208**	**189**	**19**	**4141**	**1753**	**2388**
钟山区	187	133	54	10	8	2	144	63	81
六枝特区	1255	852	403	48	42	6	838	331	507
水城县	1786	1272	514	66	59	7	1166	487	679
盘州市	2337	1559	778	84	80	4	1993	872	1121
遵义市	**12462**	**7918**	**4544**	**417**	**353**	**64**	**9849**	**4358**	**5491**
红花岗区	771	479	292	30	21	9	534	221	313
汇川区	736	467	269	37	32	5	536	223	313
播州区	1261	790	471	47	40	7	892	397	495
桐梓县	1290	831	459	41	34	7	1088	481	607
绥阳县	896	558	338	27	23	4	681	310	371
正安县	1075	684	391	33	31	2	930	436	494
道真仡佬族苗族自治县	562	354	208	18	16	2	469	238	231
务川仡佬族苗族自治县	834	530	304	17	15	2	660	299	361
凤冈县	824	526	298	17	16	1	658	290	368
湄潭县	813	494	319	23	17	6	599	261	338
余庆县	634	402	232	27	19	8	527	218	309
习水县	1301	860	441	37	34	3	1087	450	637
赤水市	606	402	204	31	26	5	531	241	290
仁怀市	859	541	318	32	29	3	657	293	364
安顺市	**4920**	**3359**	**1561**	**208**	**185**	**23**	**3467**	**1424**	**2043**
西秀区	1359	906	453	39	35	4	924	359	565
平坝区	641	444	197	31	27	4	455	190	265
普定县	713	472	241	34	32	2	517	205	312
镇宁布依族苗族自治县	724	511	213	38	34	4	558	226	332
关岭布依族苗族自治县	723	487	236	40	33	7	499	221	278
紫云苗族布依族自治县	760	539	221	26	24	2	514	223	291
毕节市	**12119**	**8390**	**3729**	**576**	**514**	**62**	**8008**	**3249**	**4759**
七星关区	1786	1214	572	73	69	4	1227	484	743
大方县	1687	1208	479	96	83	13	1124	447	677
黔西县	1273	855	418	100	91	9	922	363	559
金沙县	1040	672	368	67	61	6	788	351	437
织金县	1336	912	424	86	83	3	899	351	548
纳雍县	1258	894	364	53	46	7	650	266	384
威宁彝族回族苗族自治县	2137	1516	621	57	45	12	1210	512	698
赫章县	1602	1119	483	44	36	8	1188	475	713

6-3c　续表 3　　　　单位：人

地区	有配偶			离婚			丧偶		
	小计	男	女	小计	男	女	小计	男	女
铜仁市	**6713**	**4314**	**2399**	**218**	**178**	**40**	**5024**	**2186**	**2838**
碧江区	181	119	62	12	11	1	121	48	73
万山区	279	187	92	9	8	1	185	87	98
江口县	409	262	147	15	12	3	359	151	208
玉屏侗族自治县	251	153	98	11	8	3	183	74	109
石阡县	820	522	298	27	23	4	625	284	341
思南县	1197	759	438	33	25	8	885	364	521
印江土家族苗族自治县	624	411	213	19	17	2	494	238	256
德江县	983	633	350	35	28	7	705	313	392
沿河土家族自治县	905	577	328	21	17	4	624	281	343
松桃苗族自治县	1064	691	373	36	29	7	843	346	497
黔西南布依族苗族自治州	**5769**	**4025**	**1744**	**184**	**165**	**19**	**4188**	**1657**	**2531**
兴义市	1020	746	274	25	22	3	846	342	504
兴仁市	863	589	274	21	20	1	582	232	350
普安县	595	389	206	17	15	2	384	140	244
晴隆县	593	416	177	14	12	2	426	194	232
贞丰县	754	516	238	17	14	3	555	222	333
望谟县	673	469	204	33	28	5	503	189	314
册亨县	445	330	115	14	14		337	148	189
安龙县	826	570	256	43	40	3	555	190	365
黔东南苗族侗族自治州	**9464**	**6357**	**3107**	**377**	**336**	**41**	**6864**	**2777**	**4087**
凯里市	870	604	266	45	37	8	567	205	362
黄平县	743	506	237	36	33	3	537	202	335
施秉县	315	207	108	13	13		242	95	147
三穗县	426	282	144	19	17	2	312	121	191
镇远县	574	367	207	27	25	2	479	209	270
岑巩县	469	310	159	14	10	4	338	138	200
天柱县	819	542	277	31	27	4	618	238	380
锦屏县	503	330	173	21	18	3	382	147	235
剑河县	539	347	192	23	20	3	417	180	237
台江县	352	236	116	16	16		249	108	141
黎平县	1081	744	337	30	28	2	805	344	461
榕江县	675	457	218	29	25	4	480	203	277
从江县	880	603	277	23	20	3	637	265	372
雷山县	387	265	122	19	19		261	109	152
麻江县	386	249	137	20	18	2	267	100	167
丹寨县	445	308	137	11	10	1	273	113	160
黔南布依族苗族自治州	**7488**	**5085**	**2403**	**355**	**304**	**51**	**5667**	**2202**	**3465**
都匀市	816	557	259	40	34	6	649	237	412
福泉市	551	366	185	30	27	3	349	113	236
荔波县	355	225	130	21	18	3	314	118	196
贵定县	471	333	138	35	30	5	355	154	201
瓮安县	743	472	271	37	30	7	476	197	279
独山县	482	334	148	20	18	2	384	141	243
平塘县	786	538	248	34	32	2	567	238	329
罗甸县	604	406	198	33	26	7	510	201	309
长顺县	507	353	154	13	12	1	349	151	198
龙里县	504	343	161	30	23	7	409	162	247
惠水县	880	615	265	35	31	4	655	250	405
三都水族自治县	789	543	246	27	23	4	650	240	410

6-4　全省分年龄、性别的死亡人口状况
(2019.11.1—2020.10.31)

单位：人、‰

年　龄	平均人口			死亡人口			死亡率		
	合计	男	女	合计	男	女	合计	男	女
总　计	**38430002**	**19642340**	**18787662**	**229156**	**135949**	**93207**	**5.96**	**6.92**	**4.96**
0—4岁	**3035831**	**1614422**	**1421409**	**2988**	**1697**	**1291**	**0.98**	**1.05**	**0.91**
0	558972	296301	262671	1635	919	716	2.93	3.10	2.73
1	597013	316452	280561	461	243	218	0.77	0.77	0.78
2	647941	343554	304387	374	231	143	0.58	0.67	0.47
3	657686	350417	307269	307	170	137	0.47	0.49	0.45
4	574219	307698	266521	211	134	77	0.37	0.44	0.29
5—9岁	**3248268**	**1739318**	**1508950**	**926**	**532**	**394**	**0.29**	**0.31**	**0.26**
5	613940	329410	284530	204	109	95	0.33	0.33	0.33
6	633960	339664	294296	178	103	75	0.28	0.30	0.25
7	676341	362393	313948	166	100	66	0.25	0.28	0.21
8	676113	362154	313959	180	107	73	0.27	0.30	0.23
9	647914	345697	302217	198	113	85	0.31	0.33	0.28
10—14岁	**2980483**	**1591312**	**1389171**	**929**	**574**	**355**	**0.31**	**0.36**	**0.26**
10	652106	347402	304704	176	111	65	0.27	0.32	0.21
11	618115	330285	287830	165	103	62	0.27	0.31	0.22
12	591562	315246	276316	171	96	75	0.29	0.30	0.27
13	578501	309663	268838	222	132	90	0.38	0.43	0.33
14	540199	288716	251483	195	132	63	0.36	0.46	0.25
15—19岁	**2531013**	**1316264**	**1214749**	**1405**	**960**	**445**	**0.56**	**0.73**	**0.37**
15	528612	281838	246774	291	200	91	0.55	0.71	0.37
16	527769	277352	250417	240	160	80	0.45	0.58	0.32
17	505722	261990	243732	271	186	85	0.54	0.71	0.35
18	482028	247655	234373	291	197	94	0.60	0.80	0.40
19	486882	247429	239453	312	217	95	0.64	0.88	0.40
20—24岁	**2596533**	**1287904**	**1308629**	**1853**	**1259**	**594**	**0.71**	**0.98**	**0.45**
20	490185	245279	244906	371	253	118	0.76	1.03	0.48
21	521093	258147	262946	363	245	118	0.70	0.95	0.45
22	536906	265012	271894	413	286	127	0.77	1.08	0.47
23	524609	258893	265716	341	234	107	0.65	0.90	0.40
24	523740	260573	263167	365	241	124	0.70	0.92	0.47
25—29岁	**2490381**	**1263245**	**1227136**	**1905**	**1382**	**523**	**0.76**	**1.09**	**0.43**
25	496572	248924	247648	342	255	87	0.69	1.02	0.35
26	484239	243915	240324	360	271	89	0.74	1.11	0.37
27	502840	255536	247304	366	258	108	0.73	1.01	0.44
28	496718	254095	242623	396	284	112	0.80	1.12	0.46
29	510012	260775	249237	441	314	127	0.86	1.20	0.51

6-4 续表 1

单位：人、‰

年 龄	平均人口			死亡人口			死亡率		
	合计	男	女	合计	男	女	合计	男	女
30-34岁	**2711205**	**1388687**	**1322518**	**2770**	**2026**	**744**	**1.02**	**1.46**	**0.56**
30	581388	296008	285380	500	374	126	0.86	1.26	0.44
31	551924	281556	270368	557	411	146	1.01	1.46	0.54
32	577461	296022	281439	546	379	167	0.95	1.28	0.59
33	528474	271485	256989	598	435	163	1.13	1.60	0.63
34	471958	243616	228342	569	427	142	1.21	1.75	0.62
35-39岁	**2287281**	**1188155**	**1099126**	**3716**	**2819**	**897**	**1.62**	**2.37**	**0.82**
35	453374	235736	217638	588	454	134	1.30	1.93	0.62
36	433892	225929	207963	612	482	130	1.41	2.13	0.63
37	445515	232310	213205	727	549	178	1.63	2.36	0.83
38	512922	266906	246016	894	653	241	1.74	2.45	0.98
39	441578	227274	214304	895	681	214	2.03	3.00	1.00
40-44岁	**2583775**	**1337224**	**1246551**	**6318**	**4757**	**1561**	**2.45**	**3.56**	**1.25**
40	477524	247454	230070	964	731	233	2.02	2.95	1.01
41	476357	246384	229973	1100	810	290	2.31	3.29	1.26
42	496720	256776	239944	1197	928	269	2.41	3.61	1.12
43	541814	281300	260514	1394	1034	360	2.57	3.68	1.38
44	591360	305310	286050	1663	1254	409	2.81	4.11	1.43
45-49岁	**3083911**	**1597523**	**1486388**	**10496**	**7857**	**2639**	**3.40**	**4.92**	**1.78**
45	639482	331138	308344	1921	1440	481	3.00	4.35	1.56
46	635785	330654	305131	2037	1552	485	3.20	4.69	1.59
47	607125	314615	292510	2090	1598	492	3.44	5.08	1.68
48	584537	303051	281486	2142	1578	564	3.66	5.21	2.00
49	616982	318065	298917	2306	1689	617	3.74	5.31	2.06
50-54岁	**2885188**	**1456629**	**1428559**	**13618**	**9837**	**3781**	**4.72**	**6.75**	**2.65**
50	592862	300524	292338	2443	1771	672	4.12	5.89	2.30
51	642691	325221	317470	2803	2009	794	4.36	6.18	2.50
52	553759	278049	275710	2704	1963	741	4.88	7.06	2.69
53	530313	268061	262252	2692	1943	749	5.08	7.25	2.86
54	565563	284774	280789	2976	2151	825	5.26	7.55	2.94
55-59岁	**2082433**	**1040402**	**1042031**	**13287**	**9397**	**3890**	**6.38**	**9.03**	**3.73**
55	559684	279946	279738	3220	2294	926	5.75	8.19	3.31
56	549326	273822	275504	3327	2338	989	6.06	8.54	3.59
57	532734	270611	262123	3353	2412	941	6.29	8.91	3.59
58	247286	121265	126021	1851	1261	590	7.49	10.40	4.68
59	193403	94758	98645	1536	1092	444	7.94	11.52	4.50
60-64岁	**1547708**	**772647**	**775061**	**14525**	**10071**	**4454**	**9.38**	**13.03**	**5.75**
60	232714	117217	115497	1915	1387	528	8.23	11.83	4.57
61	289133	146157	142976	2386	1657	729	8.25	11.34	5.10
62	350496	176129	174367	3174	2181	993	9.06	12.38	5.69
63	336601	166966	169635	3455	2366	1089	10.26	14.17	6.42
64	338764	166178	172586	3595	2480	1115	10.61	14.92	6.46

6-4　续表 2

单位：人、‰

年　龄	平均人口			死亡人口			死亡率		
	合计	男	女	合计	男	女	合计	男	女
65—69岁	**1594564**	**774861**	**819703**	**22123**	**14138**	**7985**	**13.87**	**18.25**	**9.74**
65	370034	182106	187928	4220	2760	1460	11.40	15.16	7.77
66	356881	172772	184109	4570	2975	1595	12.81	17.22	8.66
67	347205	169834	177371	4865	3114	1751	14.01	18.34	9.87
68	271397	130495	140902	4359	2753	1606	16.06	21.10	11.40
69	249047	119654	129393	4109	2536	1573	16.50	21.19	12.16
70—74岁	**1158739**	**555813**	**602926**	**26566**	**15994**	**10572**	**22.93**	**28.78**	**17.53**
70	267860	130790	137070	4962	3100	1862	18.52	23.70	13.58
71	241781	116485	125296	5198	3197	2001	21.50	27.45	15.97
72	227275	108340	118935	5330	3151	2179	23.45	29.08	18.32
73	233621	112293	121328	5842	3508	2334	25.01	31.24	19.24
74	188202	87905	100297	5234	3038	2196	27.81	34.56	21.89
75—79岁	**819164**	**379494**	**439670**	**33019**	**18327**	**14692**	**40.31**	**48.29**	**33.42**
75	169532	79909	89623	5535	3203	2332	32.65	40.08	26.02
76	182512	86068	96444	6562	3707	2855	35.95	43.07	29.60
77	173461	80177	93284	6822	3790	3032	39.33	47.27	32.50
78	157759	71507	86252	6991	3789	3202	44.31	52.99	37.12
79	135900	61833	74067	7109	3838	3271	52.31	62.07	44.16
80—84岁	**505366**	**221214**	**284152**	**35192**	**17802**	**17390**	**69.64**	**80.47**	**61.20**
80	117710	52229	65481	6678	3475	3203	56.73	66.53	48.91
81	119754	53370	66384	7567	3928	3639	63.19	73.60	54.82
82	106313	46950	59363	7581	3848	3733	71.31	81.96	62.88
83	88676	37904	50772	6950	3474	3476	78.38	91.65	68.46
84	72913	30761	42152	6416	3077	3339	88.00	100.03	79.21
85—89岁	**216088**	**89672**	**126416**	**24649**	**11400**	**13249**	**114.07**	**127.13**	**104.80**
85	58573	24178	34395	5598	2726	2872	95.57	112.75	83.50
86	50911	21510	29401	5386	2529	2857	105.79	117.57	97.17
87	43536	17996	25540	5170	2393	2777	118.75	132.97	108.73
88	34285	14294	19991	4463	1974	2489	130.17	138.10	124.51
89	28783	11694	17089	4032	1778	2254	140.08	152.04	131.90
90—94岁	**58461**	**22810**	**35651**	**10110**	**4168**	**5942**	**172.94**	**182.73**	**166.67**
90	19943	7970	11973	3155	1338	1817	158.20	167.88	151.76
91	14983	5850	9133	2588	1118	1470	172.73	191.11	160.95
92	11927	4619	7308	2112	828	1284	177.08	179.26	175.70
93	7073	2719	4354	1342	541	801	189.74	198.97	183.97
94	4535	1652	2883	913	343	570	201.32	207.63	197.71
95—99岁	**11294**	**3967**	**7327**	**2279**	**798**	**1481**	**201.79**	**201.16**	**202.13**
95	3611	1316	2295	737	277	460	204.10	210.49	200.44
96	2824	955	1869	627	220	407	222.03	230.37	217.76
97	2070	716	1354	377	136	241	182.13	189.94	177.99
98	1561	554	1007	283	95	188	181.29	171.48	186.69
99	1228	426	802	255	70	185	207.65	164.32	230.67
100岁及以上	**2316**	**777**	**1539**	**482**	**154**	**328**	**208.12**	**198.20**	**213.13**

6-4a 全省分年龄、性别的死亡人口状况
(2019.11.1-2020.10.31)(城市)

单位：人、‰

年 龄	平均人口			死亡人口			死亡率		
	合计	男	女	合计	男	女	合计	男	女
总 计	**10086774**	**5067311**	**5019463**	**37896**	**22728**	**15168**	**3.76**	**4.49**	**3.02**
0-4岁	**750596**	**400410**	**350186**	**359**	**213**	**146**	**0.48**	**0.53**	**0.42**
0	139410	74375	65035	220	132	88	1.58	1.77	1.35
1	146778	78098	68680	42	21	21	0.29	0.27	0.31
2	162728	86520	76208	37	26	11	0.23	0.30	0.14
3	170701	91163	79538	41	21	20	0.24	0.23	0.25
4	130979	70254	60725	19	13	6	0.15	0.19	0.10
5-9岁	**701154**	**376448**	**324706**	**91**	**57**	**34**	**0.13**	**0.15**	**0.10**
5	140341	75447	64894	17	9	8	0.12	0.12	0.12
6	140592	75391	65201	14	11	3	0.10	0.15	0.05
7	149158	80111	69047	12	8	4	0.08	0.10	0.06
8	139809	75240	64569	30	19	11	0.21	0.25	0.17
9	131254	70259	60995	18	10	8	0.14	0.14	0.13
10-14岁	**576988**	**307779**	**269209**	**99**	**56**	**43**	**0.17**	**0.18**	**0.16**
10	125770	67435	58335	19	9	10	0.15	0.13	0.17
11	120237	64381	55856	17	12	5	0.14	0.19	0.09
12	115422	61353	54069	22	7	15	0.19	0.11	0.28
13	107169	57047	50122	23	15	8	0.21	0.26	0.16
14	108390	57563	50827	18	13	5	0.17	0.23	0.10
15-19岁	**753591**	**386941**	**366650**	**159**	**99**	**60**	**0.21**	**0.26**	**0.16**
15	133618	71429	62189	28	16	12	0.21	0.22	0.19
16	150926	79845	71081	25	16	9	0.17	0.20	0.13
17	151211	78371	72840	26	18	8	0.17	0.23	0.11
18	150201	75622	74579	41	24	17	0.27	0.32	0.23
19	167635	81674	85961	39	25	14	0.23	0.31	0.16
20-24岁	**878142**	**418074**	**460068**	**179**	**120**	**59**	**0.20**	**0.29**	**0.13**
20	174836	82997	91839	34	24	10	0.19	0.29	0.11
21	181587	85340	96247	34	23	11	0.19	0.27	0.11
22	180256	85661	94595	43	31	12	0.24	0.36	0.13
23	170945	81766	89179	27	17	10	0.16	0.21	0.11
24	170518	82310	88208	41	25	16	0.24	0.30	0.18
25-29岁	**837487**	**411469**	**426018**	**237**	**167**	**70**	**0.28**	**0.41**	**0.16**
25	163933	79603	84330	32	22	10	0.20	0.28	0.12
26	161775	79091	82684	39	29	10	0.24	0.37	0.12
27	166518	81819	84699	55	39	16	0.33	0.48	0.19
28	168494	83228	85266	44	33	11	0.26	0.40	0.13
29	176767	87728	89039	67	44	23	0.38	0.50	0.26

6-4a　续表 1　　　　单位：人、‰

年　龄	平均人口			死亡人口			死亡率		
	合计	男	女	合计	男	女	合计	男	女
30—34岁	**941470**	**468983**	**472487**	**364**	**259**	**105**	**0.39**	**0.55**	**0.22**
30	200159	98864	101295	70	47	23	0.35	0.48	0.23
31	192938	96027	96911	85	66	19	0.44	0.69	0.20
32	200343	100017	100326	61	39	22	0.30	0.39	0.22
33	185720	92828	92892	80	53	27	0.43	0.57	0.29
34	162310	81247	81063	68	54	14	0.42	0.66	0.17
35—39岁	**719675**	**365877**	**353798**	**513**	**371**	**142**	**0.71**	**1.01**	**0.40**
35	150597	76152	74445	95	67	28	0.63	0.88	0.38
36	141035	71828	69207	80	64	16	0.57	0.89	0.23
37	142440	72992	69448	92	69	23	0.65	0.95	0.33
38	156926	79932	76994	131	91	40	0.83	1.14	0.52
39	128677	64973	63704	115	80	35	0.89	1.23	0.55
40—44岁	**724550**	**368747**	**355803**	**792**	**558**	**234**	**1.09**	**1.51**	**0.66**
40	137771	70221	67550	94	61	33	0.68	0.87	0.49
41	136159	69407	66752	138	88	50	1.01	1.27	0.75
42	140504	71025	69479	174	128	46	1.24	1.80	0.66
43	148215	75853	72362	178	127	51	1.20	1.67	0.70
44	161901	82241	79660	208	154	54	1.28	1.87	0.68
45—49岁	**819787**	**418640**	**401147**	**1509**	**1085**	**424**	**1.84**	**2.59**	**1.06**
45	173555	88305	85250	264	189	75	1.52	2.14	0.88
46	172257	88294	83963	295	216	79	1.71	2.45	0.94
47	161154	82536	78618	287	207	80	1.78	2.51	1.02
48	153614	78733	74881	303	214	89	1.97	2.72	1.19
49	159207	80772	78435	360	259	101	2.26	3.21	1.29
50—54岁	**693964**	**344601**	**349363**	**2086**	**1463**	**623**	**3.01**	**4.25**	**1.78**
50	150934	75687	75247	387	270	117	2.56	3.57	1.55
51	156517	78160	78357	433	303	130	2.77	3.88	1.66
52	131759	64925	66834	410	302	108	3.11	4.65	1.62
53	121603	60184	61419	389	265	124	3.20	4.40	2.02
54	133151	65645	67506	467	323	144	3.51	4.92	2.13
55—59岁	**517080**	**252177**	**264903**	**2336**	**1633**	**703**	**4.52**	**6.48**	**2.65**
55	133994	65550	68444	498	340	158	3.72	5.19	2.31
56	138211	67465	70746	580	410	170	4.20	6.08	2.40
57	130244	63467	66777	577	403	174	4.43	6.35	2.61
58	60671	29240	31431	332	230	102	5.47	7.87	3.25
59	53960	26455	27505	349	250	99	6.47	9.45	3.60
60—64岁	**353528**	**171824**	**181704**	**2544**	**1781**	**763**	**7.20**	**10.37**	**4.20**
60	61756	30575	31181	372	274	98	6.02	8.96	3.14
61	68247	33488	34759	456	309	147	6.68	9.23	4.23
62	80758	39620	41138	587	402	185	7.27	10.15	4.50
63	72705	34967	37738	573	407	166	7.88	11.64	4.40
64	70062	33174	36888	556	389	167	7.94	11.73	4.53

6-4a 续表 2

单位：人、‰

年 龄	平均人口			死亡人口			死亡率		
	合计	男	女	合计	男	女	合计	男	女
65-69岁	**297573**	**136633**	**160940**	**3340**	**2128**	**1212**	**11.22**	**15.57**	**7.53**
65	72830	34191	38639	628	412	216	8.62	12.05	5.59
66	67921	31159	36762	707	457	250	10.41	14.67	6.80
67	61621	28100	33521	711	449	262	11.54	15.98	7.82
68	49537	22308	27229	644	407	237	13.00	18.24	8.70
69	45664	20875	24789	650	403	247	14.23	19.31	9.96
70-74岁	**215417**	**101883**	**113534**	**4281**	**2725**	**1556**	**19.87**	**26.75**	**13.71**
70	50181	23393	26788	780	492	288	15.54	21.03	10.75
71	44280	20774	23506	833	542	291	18.81	26.09	12.38
72	42434	20180	22254	863	526	337	20.34	26.07	15.14
73	44023	21239	22784	959	620	339	21.78	29.19	14.88
74	34499	16297	18202	846	545	301	24.52	33.44	16.54
75-79岁	**147072**	**67703**	**79369**	**5363**	**3142**	**2221**	**36.47**	**46.41**	**27.98**
75	30882	14605	16277	861	509	352	27.88	34.85	21.63
76	31866	15074	16792	1048	627	421	32.89	41.59	25.07
77	31151	14168	16983	1109	694	415	35.60	48.98	24.44
78	27733	12418	15315	1142	669	473	41.18	53.87	30.88
79	25440	11438	14002	1203	643	560	47.29	56.22	39.99
80-84岁	**98497**	**42468**	**56029**	**6304**	**3328**	**2976**	**64.00**	**78.36**	**53.12**
80	23457	10046	13411	1191	660	531	50.77	65.70	39.59
81	22988	10054	12934	1349	713	636	58.68	70.92	49.17
82	20225	8807	11418	1295	677	618	64.03	76.87	54.13
83	17380	7503	9877	1285	681	604	73.94	90.76	61.15
84	14447	6058	8389	1184	597	587	81.95	98.55	69.97
85-89岁	**44459**	**19548**	**24911**	**4593**	**2271**	**2322**	**103.31**	**116.18**	**93.21**
85	11989	5007	6982	997	507	490	83.16	101.26	70.18
86	10730	4662	6068	1022	500	522	95.25	107.25	86.03
87	8895	3907	4988	957	483	474	107.59	123.62	95.03
88	6889	3196	3693	823	402	421	119.47	125.78	114.00
89	5956	2776	3180	794	379	415	133.31	136.53	130.50
90-94岁	**12774**	**5886**	**6888**	**2103**	**998**	**1105**	**164.63**	**169.55**	**160.42**
90	4353	2025	2328	648	307	341	148.86	151.60	146.48
91	3223	1455	1768	517	254	263	160.41	174.57	148.76
92	2530	1199	1331	457	214	243	180.63	178.48	182.57
93	1592	726	866	257	122	135	161.43	168.04	155.89
94	1076	481	595	224	101	123	208.18	209.98	206.72
95-99岁	**2478**	**1014**	**1464**	**541**	**231**	**310**	**218.32**	**227.81**	**211.75**
95	809	357	452	175	78	97	216.32	218.49	214.60
96	639	244	395	156	70	86	244.13	286.89	217.72
97	452	174	278	85	31	54	188.05	178.16	194.24
98	301	132	169	60	23	37	199.34	174.24	218.93
99	277	107	170	65	29	36	234.66	271.03	211.76
100岁及以上	**492**	**206**	**286**	**103**	**43**	**60**	**209.35**	**208.74**	**209.79**

6-4b　全省分年龄、性别的死亡人口状况
(2019.11.1—2020.10.31)(镇)

单位：人、‰

年　龄	平均人口			死亡人口			死亡率		
	合计	男	女	合计	男	女	合计	男	女
总　计	**10336180**	**5204494**	**5131686**	**58469**	**34696**	**23773**	**5.66**	**6.67**	**4.63**
0—4岁	**855517**	**457062**	**398455**	**788**	**431**	**357**	**0.92**	**0.94**	**0.90**
0	151737	80526	71211	400	213	187	2.64	2.65	2.63
1	167288	89431	77857	132	73	59	0.79	0.82	0.76
2	186267	99212	87055	107	65	42	0.57	0.66	0.48
3	189087	101045	88042	92	46	46	0.49	0.46	0.52
4	161138	86848	74290	57	34	23	0.35	0.39	0.31
5—9岁	**935307**	**500892**	**434415**	**250**	**143**	**107**	**0.27**	**0.29**	**0.25**
5	173101	92727	80374	57	31	26	0.33	0.33	0.32
6	181577	97572	84005	45	23	22	0.25	0.24	0.26
7	195898	104896	91002	48	34	14	0.25	0.32	0.15
8	196409	105124	91285	49	28	21	0.25	0.27	0.23
9	188322	100573	87749	51	27	24	0.27	0.27	0.27
10—14岁	**867530**	**460676**	**406854**	**242**	**138**	**104**	**0.28**	**0.30**	**0.26**
10	189378	100744	88634	47	29	18	0.25	0.29	0.20
11	178722	95273	83449	38	21	17	0.21	0.22	0.20
12	170709	90491	80218	45	24	21	0.26	0.27	0.26
13	168725	89786	78939	68	42	26	0.40	0.47	0.33
14	159996	84382	75614	44	22	22	0.28	0.26	0.29
15—19岁	**842934**	**426561**	**416373**	**364**	**263**	**101**	**0.43**	**0.62**	**0.24**
15	171496	89013	82483	76	55	21	0.44	0.62	0.25
16	190636	96366	94270	64	47	17	0.34	0.49	0.18
17	185194	92335	92859	77	55	22	0.42	0.60	0.24
18	156833	78930	77903	68	49	19	0.43	0.62	0.24
19	138775	69917	68858	79	57	22	0.57	0.82	0.32
20—24岁	**684905**	**330491**	**354414**	**514**	**358**	**156**	**0.75**	**1.08**	**0.44**
20	132966	66028	66938	106	74	32	0.80	1.12	0.48
21	138217	67358	70859	108	76	32	0.78	1.13	0.45
22	139588	67014	72574	109	77	32	0.78	1.15	0.44
23	136275	64660	71615	99	69	30	0.73	1.07	0.42
24	137859	65431	72428	92	62	30	0.67	0.95	0.41
25—29岁	**694517**	**333570**	**360947**	**540**	**398**	**142**	**0.78**	**1.19**	**0.39**
25	133827	63940	69887	99	74	25	0.74	1.16	0.36
26	133188	63444	69744	104	81	23	0.78	1.28	0.33
27	141136	67835	73301	119	83	36	0.84	1.22	0.49
28	141203	68297	72906	105	75	30	0.74	1.10	0.41
29	145163	70054	75109	113	85	28	0.78	1.21	0.37

6-4b 续表 1

单位：人、‰

年 龄	平均人口			死亡人口			死亡率		
	合计	男	女	合计	男	女	合计	男	女
30-34岁	**782715**	**381135**	**401580**	**725**	**531**	**194**	**0.93**	**1.39**	**0.48**
30	166863	80177	86686	131	103	28	0.79	1.28	0.32
31	158533	76403	82130	132	95	37	0.83	1.24	0.45
32	167828	81768	86060	141	101	40	0.84	1.24	0.46
33	153147	75250	77897	165	120	45	1.08	1.59	0.58
34	136344	67537	68807	156	112	44	1.14	1.66	0.64
35-39岁	**662519**	**332409**	**330110**	**963**	**718**	**245**	**1.45**	**2.16**	**0.74**
35	131553	65914	65639	147	108	39	1.12	1.64	0.59
36	126483	63363	63120	165	120	45	1.30	1.89	0.71
37	129803	65356	64447	190	148	42	1.46	2.26	0.65
38	147643	74146	73497	245	174	71	1.66	2.35	0.97
39	127037	63630	63407	216	168	48	1.70	2.64	0.76
40-44岁	**722764**	**367551**	**355213**	**1617**	**1180**	**437**	**2.24**	**3.21**	**1.23**
40	136630	69080	67550	260	194	66	1.90	2.81	0.98
41	135918	69082	66836	292	215	77	2.15	3.11	1.15
42	138355	70447	67908	294	211	83	2.12	3.00	1.22
43	150115	76753	73362	354	251	103	2.36	3.27	1.40
44	161746	82189	79557	417	309	108	2.58	3.76	1.36
45-49岁	**811915**	**415671**	**396244**	**2784**	**2061**	**723**	**3.43**	**4.96**	**1.82**
45	173674	88833	84841	519	385	134	2.99	4.33	1.58
46	170046	87001	83045	510	373	137	3.00	4.29	1.65
47	161171	82643	78528	553	412	141	3.43	4.99	1.80
48	150204	76734	73470	574	432	142	3.82	5.63	1.93
49	156820	80460	76360	628	459	169	4.00	5.70	2.21
50-54岁	**717151**	**359097**	**358054**	**3551**	**2550**	**1001**	**4.95**	**7.10**	**2.80**
50	149566	75555	74011	641	470	171	4.29	6.22	2.31
51	160973	80923	80050	743	531	212	4.62	6.56	2.65
52	135857	67519	68338	693	506	187	5.10	7.49	2.74
53	131587	65947	65640	702	497	205	5.33	7.54	3.12
54	139168	69153	70015	772	546	226	5.55	7.90	3.23
55-59岁	**494378**	**244593**	**249785**	**3454**	**2438**	**1016**	**6.99**	**9.97**	**4.07**
55	136431	67358	69073	838	574	264	6.14	8.52	3.82
56	131568	64736	66832	842	614	228	6.40	9.48	3.41
57	127727	64263	63464	896	623	273	7.01	9.69	4.30
58	57561	28086	29475	489	344	145	8.50	12.25	4.92
59	41091	20150	20941	389	283	106	9.47	14.04	5.06
60-64岁	**338981**	**167909**	**171072**	**3736**	**2604**	**1132**	**11.02**	**15.51**	**6.62**
60	50470	25408	25062	482	356	126	9.55	14.01	5.03
61	65183	32802	32381	643	443	200	9.86	13.51	6.18
62	77608	38570	39038	771	542	229	9.93	14.05	5.87
63	72663	35771	36892	900	627	273	12.39	17.53	7.40
64	73057	35358	37699	940	636	304	12.87	17.99	8.06

6-4b　续表 2

单位：人、‰

年　龄	平均人口			死亡人口			死亡率		
	合计	男	女	合计	男	女	合计	男	女
65—69岁	**341061**	**163152**	**177909**	**5865**	**3780**	**2085**	**17.20**	**23.17**	**11.72**
65	80024	38657	41367	1097	693	404	13.71	17.93	9.77
66	76282	36427	39855	1174	783	391	15.39	21.50	9.81
67	74177	35688	38489	1314	850	464	17.71	23.82	12.06
68	57783	27389	30394	1158	739	419	20.04	26.98	13.79
69	52795	24991	27804	1122	715	407	21.25	28.61	14.64
70—74岁	**243218**	**114772**	**128446**	**6698**	**4069**	**2629**	**27.54**	**35.45**	**20.47**
70	56693	27238	29455	1259	824	435	22.21	30.25	14.77
71	50868	24001	26867	1279	782	497	25.14	32.58	18.50
72	47535	22337	25198	1350	799	551	28.40	35.77	21.87
73	48807	23085	25722	1489	888	601	30.51	38.47	23.37
74	39315	18111	21204	1321	776	545	33.60	42.85	25.70
75—79岁	**172040**	**78415**	**93625**	**8236**	**4668**	**3568**	**47.87**	**59.53**	**38.11**
75	35697	16512	19185	1429	845	584	40.03	51.17	30.44
76	38375	17837	20538	1646	972	674	42.89	54.49	32.82
77	36608	16607	20001	1704	958	746	46.55	57.69	37.30
78	32882	14738	18144	1730	925	805	52.61	62.76	44.37
79	28478	12721	15757	1727	968	759	60.64	76.09	48.17
80—84岁	**106538**	**45680**	**60858**	**8780**	**4364**	**4416**	**82.41**	**95.53**	**72.56**
80	24548	10723	13825	1646	823	823	67.05	76.75	59.53
81	25219	11018	14201	1916	977	939	75.97	88.67	66.12
82	22662	9729	12933	1977	1010	967	87.24	103.81	74.77
83	18775	7906	10869	1673	813	860	89.11	102.83	79.12
84	15334	6304	9030	1568	741	827	102.26	117.54	91.58
85—89岁	**46467**	**18981**	**27486**	**6174**	**2789**	**3385**	**132.87**	**146.94**	**123.15**
85	12390	4907	7483	1379	659	720	111.30	134.30	96.22
86	10903	4641	6262	1402	637	765	128.59	137.25	122.17
87	9480	3847	5633	1291	599	692	136.18	155.71	122.85
88	7455	3049	4406	1088	462	626	145.94	151.53	142.08
89	6239	2537	3702	1014	432	582	162.53	170.28	157.21
90—94岁	**12627**	**4807**	**7820**	**2496**	**986**	**1510**	**197.67**	**205.12**	**193.09**
90	4276	1647	2629	777	309	468	181.71	187.61	178.01
91	3247	1250	1997	632	262	370	194.64	209.60	185.28
92	2566	963	1603	526	202	324	204.99	209.76	202.12
93	1533	584	949	331	136	195	215.92	232.88	205.48
94	1005	363	642	230	77	153	228.86	212.12	238.32
95—99岁	**2545**	**885**	**1660**	**567**	**187**	**380**	**222.79**	**211.30**	**228.92**
95	761	290	471	192	73	119	252.30	251.72	252.65
96	629	201	428	144	52	92	228.93	258.71	214.95
97	469	153	316	82	24	58	174.84	156.86	183.54
98	388	138	250	82	25	57	211.34	181.16	228.00
99	298	103	195	67	13	54	224.83	126.21	276.92
100岁及以上	**551**	**185**	**366**	**125**	**40**	**85**	**226.86**	**216.22**	**232.24**

6-4c 全省分年龄、性别的死亡人口状况 (2019.11.1-2020.10.31)(乡村)

单位：人、‰

年龄	平均人口			死亡人口			死亡率		
	合计	男	女	合计	男	女	合计	男	女
总计	**18007048**	**9370535**	**8636513**	**132791**	**78525**	**54266**	**7.37**	**8.38**	**6.28**
0-4岁	**1429718**	**756950**	**672768**	**1841**	**1053**	**788**	**1.29**	**1.39**	**1.17**
0	267825	141400	126425	1015	574	441	3.79	4.06	3.49
1	282947	148923	134024	287	149	138	1.01	1.00	1.03
2	298946	157822	141124	230	140	90	0.77	0.89	0.64
3	297898	158209	139689	174	103	71	0.58	0.65	0.51
4	282102	150596	131506	135	87	48	0.48	0.58	0.37
5-9岁	**1611807**	**861978**	**749829**	**585**	**332**	**253**	**0.36**	**0.39**	**0.34**
5	300498	161236	139262	130	69	61	0.43	0.43	0.44
6	311791	166701	145090	119	69	50	0.38	0.41	0.34
7	331285	177386	153899	106	58	48	0.32	0.33	0.31
8	339895	181790	158105	101	60	41	0.30	0.33	0.26
9	328338	174865	153473	129	76	53	0.39	0.43	0.35
10-14岁	**1535965**	**822857**	**713108**	**588**	**380**	**208**	**0.38**	**0.46**	**0.29**
10	336958	179223	157735	110	73	37	0.33	0.41	0.23
11	319156	170631	148525	110	70	40	0.34	0.41	0.27
12	305431	163402	142029	104	65	39	0.34	0.40	0.27
13	302607	162830	139777	131	75	56	0.43	0.46	0.40
14	271813	146771	125042	133	97	36	0.49	0.66	0.29
15-19岁	**934488**	**502762**	**431726**	**882**	**598**	**284**	**0.94**	**1.19**	**0.66**
15	223498	121396	102102	187	129	58	0.84	1.06	0.57
16	186207	101141	85066	151	97	54	0.81	0.96	0.63
17	169317	91284	78033	168	113	55	0.99	1.24	0.70
18	174994	93103	81891	182	124	58	1.04	1.33	0.71
19	180472	95838	84634	194	135	59	1.07	1.41	0.70
20-24岁	**1033486**	**539339**	**494147**	**1160**	**781**	**379**	**1.12**	**1.45**	**0.77**
20	182383	96254	86129	231	155	76	1.27	1.61	0.88
21	201289	105449	95840	221	146	75	1.10	1.38	0.78
22	217062	112337	104725	261	178	83	1.20	1.58	0.79
23	217389	112467	104922	215	148	67	0.99	1.32	0.64
24	215363	112832	102531	232	154	78	1.08	1.36	0.76
25-29岁	**958377**	**518206**	**440171**	**1128**	**817**	**311**	**1.18**	**1.58**	**0.71**
25	198812	105381	93431	211	159	52	1.06	1.51	0.56
26	189276	101380	87896	217	161	56	1.15	1.59	0.64
27	195186	105882	89304	192	136	56	0.98	1.28	0.63
28	187021	102570	84451	247	176	71	1.32	1.72	0.84
29	188082	102993	85089	261	185	76	1.39	1.80	0.89

6-4c　续表 1

单位：人、‰

年　龄	平均人口			死亡人口			死亡率		
	合计	男	女	合计	男	女	合计	男	女
30—34岁	**987020**	**538569**	**448451**	**1681**	**1236**	**445**	**1.70**	**2.29**	**0.99**
30	214366	116967	97399	299	224	75	1.39	1.92	0.77
31	200453	109126	91327	340	250	90	1.70	2.29	0.99
32	209290	114237	95053	344	239	105	1.64	2.09	1.10
33	189607	103407	86200	353	262	91	1.86	2.53	1.06
34	173304	94832	78472	345	261	84	1.99	2.75	1.07
35—39岁	**905087**	**489869**	**415218**	**2240**	**1730**	**510**	**2.47**	**3.53**	**1.23**
35	171224	93670	77554	346	279	67	2.02	2.98	0.86
36	166374	90738	75636	367	298	69	2.21	3.28	0.91
37	173272	93962	79310	445	332	113	2.57	3.53	1.42
38	208353	112828	95525	518	388	130	2.49	3.44	1.36
39	185864	98671	87193	564	433	131	3.03	4.39	1.50
40—44岁	**1136461**	**600926**	**535535**	**3909**	**3019**	**890**	**3.44**	**5.02**	**1.66**
40	203123	108153	94970	610	476	134	3.00	4.40	1.41
41	204280	107895	96385	670	507	163	3.28	4.70	1.69
42	217861	115304	102557	729	589	140	3.35	5.11	1.37
43	243484	128694	114790	862	656	206	3.54	5.10	1.79
44	267713	140880	126833	1038	791	247	3.88	5.61	1.95
45—49岁	**1452209**	**763212**	**688997**	**6203**	**4711**	**1492**	**4.27**	**6.17**	**2.17**
45	292253	154000	138253	1138	866	272	3.89	5.62	1.97
46	293482	155359	138123	1232	963	269	4.20	6.20	1.95
47	284800	149436	135364	1250	979	271	4.39	6.55	2.00
48	280719	147584	133135	1265	932	333	4.51	6.32	2.50
49	300955	156833	144122	1318	971	347	4.38	6.19	2.41
50—54岁	**1474073**	**752931**	**721142**	**7981**	**5824**	**2157**	**5.41**	**7.74**	**2.99**
50	292362	149282	143080	1415	1031	384	4.84	6.91	2.68
51	325201	166138	159063	1627	1175	452	5.00	7.07	2.84
52	286143	145605	140538	1601	1155	446	5.60	7.93	3.17
53	277123	141930	135193	1601	1181	420	5.78	8.32	3.11
54	293244	149976	143268	1737	1282	455	5.92	8.55	3.18
55—59岁	**1070975**	**543632**	**527343**	**7497**	**5326**	**2171**	**7.00**	**9.80**	**4.12**
55	289259	147038	142221	1884	1380	504	6.51	9.39	3.54
56	279547	141621	137926	1905	1314	591	6.81	9.28	4.28
57	274763	142881	131882	1880	1386	494	6.84	9.70	3.75
58	129054	63939	65115	1030	687	343	7.98	10.74	5.27
59	98352	48153	50199	798	559	239	8.11	11.61	4.76
60—64岁	**855199**	**432914**	**422285**	**8245**	**5686**	**2559**	**9.64**	**13.13**	**6.06**
60	120488	61234	59254	1061	757	304	8.81	12.36	5.13
61	155703	79867	75836	1287	905	382	8.27	11.33	5.04
62	192130	97939	94191	1816	1237	579	9.45	12.63	6.15
63	191233	96228	95005	1982	1332	650	10.36	13.84	6.84
64	195645	97646	97999	2099	1455	644	10.73	14.90	6.57

6-4c 续表 2

单位：人、‰

年 龄	平均人口			死亡人口			死亡率		
	合计	男	女	合计	男	女	合计	男	女
65-69岁	**955930**	**475076**	**480854**	**12918**	**8230**	**4688**	**13.51**	**17.32**	**9.75**
65	217180	109258	107922	2495	1655	840	11.49	15.15	7.78
66	212678	105186	107492	2689	1735	954	12.64	16.49	8.88
67	211407	106046	105361	2840	1815	1025	13.43	17.12	9.73
68	164077	80798	83279	2557	1607	950	15.58	19.89	11.41
69	150588	73788	76800	2337	1418	919	15.52	19.22	11.97
70-74岁	**700104**	**339158**	**360946**	**15587**	**9200**	**6387**	**22.26**	**27.13**	**17.70**
70	160986	80159	80827	2923	1784	1139	18.16	22.26	14.09
71	146633	71710	74923	3086	1873	1213	21.05	26.12	16.19
72	137306	65823	71483	3117	1826	1291	22.70	27.74	18.06
73	140791	67969	72822	3394	2000	1394	24.11	29.43	19.14
74	114388	53497	60891	3067	1717	1350	26.81	32.10	22.17
75-79岁	**500052**	**233376**	**266676**	**19420**	**10517**	**8903**	**38.84**	**45.06**	**33.39**
75	102953	48792	54161	3245	1849	1396	31.52	37.90	25.78
76	112271	53157	59114	3868	2108	1760	34.45	39.66	29.77
77	105702	49402	56300	4009	2138	1871	37.93	43.28	33.23
78	97144	44351	52793	4119	2195	1924	42.40	49.49	36.44
79	81982	37674	44308	4179	2227	1952	50.97	59.11	44.06
80-84岁	**300331**	**133066**	**167265**	**20108**	**10110**	**9998**	**66.95**	**75.98**	**59.77**
80	69705	31460	38245	3841	1992	1849	55.10	63.32	48.35
81	71547	32298	39249	4302	2238	2064	60.13	69.29	52.59
82	63426	28414	35012	4309	2161	2148	67.94	76.05	61.35
83	52521	22495	30026	3992	1980	2012	76.01	88.02	67.01
84	43132	18399	24733	3664	1739	1925	84.95	94.52	77.83
85-89岁	**125162**	**51143**	**74019**	**13882**	**6340**	**7542**	**110.91**	**123.97**	**101.89**
85	34194	14264	19930	3222	1560	1662	94.23	109.37	83.39
86	29278	12207	17071	2962	1392	1570	101.17	114.03	91.97
87	25161	10242	14919	2922	1311	1611	116.13	128.00	107.98
88	19941	8049	11892	2552	1110	1442	127.98	137.91	121.26
89	16588	6381	10207	2224	967	1257	134.07	151.54	123.15
90-94岁	**33060**	**12117**	**20943**	**5511**	**2184**	**3327**	**166.70**	**180.24**	**158.86**
90	11314	4298	7016	1730	722	1008	152.91	167.99	143.67
91	8513	3145	5368	1439	602	837	169.04	191.41	155.92
92	6831	2457	4374	1129	412	717	165.28	167.68	163.92
93	3948	1409	2539	754	283	471	190.98	200.85	185.51
94	2454	808	1646	459	165	294	187.04	204.21	178.61
95-99岁	**6271**	**2068**	**4203**	**1171**	**380**	**791**	**186.73**	**183.75**	**188.20**
95	2041	669	1372	370	126	244	181.28	188.34	177.84
96	1556	510	1046	327	98	229	210.15	192.16	218.93
97	1149	389	760	210	81	129	182.77	208.23	169.74
98	872	284	588	141	47	94	161.70	165.49	159.86
99	653	216	437	123	28	95	188.36	129.63	217.39
100岁及以上	**1273**	**386**	**887**	**254**	**71**	**183**	**199.53**	**183.94**	**206.31**

第一部分　全部数据资料

第七卷　户口登记状况

7-1 全省按现住地、户口登记地、

现住地	合计			户口 省内		
	合计	男	女	小计	男	女
贵　州	**11694763**	**5828497**	**5866266**	**10548217**	**5172043**	**5376174**
贵阳市	**3326148**	**1706303**	**1619845**	**2884989**	**1447415**	**1437574**
南明区	688692	353298	335394	579055	288877	290178
云岩区	685286	350969	334317	600336	302028	298308
花溪区	554778	281143	273635	475984	235021	240963
乌当区	179791	89806	89985	160016	78268	81748
白云区	292577	152241	140336	256666	130956	125710
观山湖区	385177	202775	182402	316186	161239	154947
开阳县	117050	57687	59363	110452	54076	56376
息烽县	59739	27891	31848	54443	25042	29401
修文县	85299	43545	41754	77223	38697	38526
清镇市	277759	146948	130811	254628	133211	121417
六盘水市	**885018**	**438059**	**446959**	**803810**	**392966**	**410844**
钟山区	386708	190559	196149	354287	172476	181811
六枝特区	112647	54647	58000	103285	49409	53876
水城县	158431	78230	80201	146867	71437	75430
盘州市	227232	114623	112609	199371	99644	99727
遵义市	**2205538**	**1084069**	**1121469**	**2026815**	**987048**	**1039767**
红花岗区	514673	251690	262983	469166	226610	242556
汇川区	278591	137533	141058	259085	126754	132331
播州区	266954	131669	135285	247628	120918	126710
桐梓县	132242	64862	67380	120943	58671	62272
绥阳县	82473	40594	41879	77882	38046	39836
正安县	89105	43553	45552	84458	41064	43394
道真仡佬族苗族自治县	66740	30410	36330	62650	28342	34308
务川仡佬族苗族自治县	73662	35962	37700	69701	33667	36034
凤冈县	74395	35303	39092	70123	33162	36961
湄潭县	88541	42692	45849	83296	39890	43406
余庆县	52164	25154	27010	48055	22692	25363
习水县	154273	76940	77333	141584	70311	71273
赤水市	78656	38353	40303	61485	29675	31810
仁怀市	253069	129354	123715	230759	117246	113513
安顺市	**583662**	**285214**	**298448**	**524445**	**250542**	**273903**
西秀区	282321	137798	144523	250616	119329	131287
平坝区	95593	47999	47594	85156	41560	43596
普定县	60791	29252	31539	55984	26439	29545
镇宁布依族苗族自治县	55650	27095	28555	51190	24551	26639
关岭布依族苗族自治县	46745	22696	24049	42905	20429	22476
紫云苗族布依族自治县	42562	20374	22188	38594	18234	20360
毕节市	**1270661**	**617473**	**653188**	**1178962**	**565870**	**613092**
七星关区	335535	161537	173998	312813	150111	162702
大方县	145366	69123	76243	136002	63976	72026
黔西县	172721	83482	89239	161090	76785	84305
金沙县	120961	61133	59828	109794	54002	55792
织金县	141106	69022	72084	130385	62605	67780
纳雍县	111827	54576	57251	104124	49959	54165
威宁彝族回族苗族自治县	169141	82666	86475	157099	76119	80980
赫章县	74004	35934	38070	67655	32313	35342

性别分的户口登记地在外乡镇街道的人口

单位：人

登记地	市辖区内人户分离			省内流动人口			省　　外		
	小计	男	女	小计	男	女	小计	男	女
	2104710	**1012462**	**1092248**	**8443507**	**4159581**	**4283926**	**1146546**	**656454**	**490092**
	801750	**383344**	**418406**	**2083239**	**1064071**	**1019168**	**441159**	**258888**	**182271**
	213066	101986	111080	365989	186891	179098	109637	64421	45216
	212163	100944	111219	388173	201084	187089	84950	48941	36009
	134865	63645	71220	341119	171376	169743	78794	46122	32672
	70240	33763	36477	89776	44505	45271	19775	11538	8237
	67745	33044	34701	188921	97912	91009	35911	21285	14626
	103671	49962	53709	212515	111277	101238	68991	41536	27455
				110452	54076	56376	6598	3611	2987
				54443	25042	29401	5296	2849	2447
				77223	38697	38526	8076	4848	3228
				254628	133211	121417	23131	13737	9394
	215905	**104505**	**111400**	**587905**	**288461**	**299444**	**81208**	**45093**	**36115**
	135364	65773	69591	218923	106703	112220	32421	18083	14338
	80541	38732	41809	22744	10677	12067	9362	5238	4124
				146867	71437	75430	11564	6793	4771
				199371	99644	99727	27861	14979	12882
	579314	**281209**	**298105**	**1447501**	**705839**	**741662**	**178723**	**97021**	**81702**
	264208	128204	136004	204958	98406	106552	45507	25080	20427
	138000	66470	71530	121085	60284	60801	19506	10779	8727
	177106	86535	90571	70522	34383	36139	19326	10751	8575
				120943	58671	62272	11299	6191	5108
				77882	38046	39836	4591	2548	2043
				84458	41064	43394	4647	2489	2158
				62650	28342	34308	4090	2068	2022
				69701	33667	36034	3961	2295	1666
				70123	33162	36961	4272	2141	2131
				83296	39890	43406	5245	2802	2443
				48055	22692	25363	4109	2462	1647
				141584	70311	71273	12689	6629	6060
				61485	29675	31810	17171	8678	8493
				230759	117246	113513	22310	12108	10202
	194382	**90449**	**103933**	**330063**	**160093**	**169970**	**59217**	**34672**	**24545**
	150082	70058	80024	100534	49271	51263	31705	18469	13236
	44300	20391	23909	40856	21169	19687	10437	6439	3998
				55984	26439	29545	4807	2813	1994
				51190	24551	26639	4460	2544	1916
				42905	20429	22476	3840	2267	1573
				38594	18234	20360	3968	2140	1828
	225339	**108964**	**116375**	**953623**	**456906**	**496717**	**91699**	**51603**	**40096**
	225339	108964	116375	87474	41147	46327	22722	11426	11296
				136002	63976	72026	9364	5147	4217
				161090	76785	84305	11631	6697	4934
				109794	54002	55792	11167	7131	4036
				130385	62605	67780	10721	6417	4304
				104124	49959	54165	7703	4617	3086
				157099	76119	80980	12042	6547	5495
				67655	32313	35342	6349	3621	2728

7-1 续表

现住地	户口					
	合计			省内		
	合计	男	女	小计	男	女
铜仁市	**784594**	**386644**	**397950**	**719290**	**350506**	**368784**
碧江区	222973	108067	114906	203236	97492	105744
万山区	41215	21367	19848	36551	18666	17885
江口县	42024	21267	20757	38838	19439	19399
玉屏侗族自治县	34110	17238	16872	29336	14589	14747
石阡县	48375	24612	23763	44137	22068	22069
思南县	88731	43746	44985	82073	39913	42160
印江土家族苗族自治县	64240	30958	33282	60597	28839	31758
德江县	95879	47406	48473	91507	44968	46539
沿河土家族自治县	67110	33154	33956	62023	30388	31635
松桃苗族自治县	79937	38829	41108	70992	34144	36848
黔西南布依族苗族自治州	**708604**	**352205**	**356399**	**647066**	**316059**	**331007**
兴义市	379493	188489	191004	346304	169462	176842
兴仁市	69228	33931	35297	62200	29657	32543
普安县	29132	14835	14297	25283	12299	12984
晴隆县	40491	20610	19881	37740	18872	18868
贞丰县	51370	25542	25828	46903	22886	24017
望谟县	41317	21191	20126	38880	19767	19113
册亨县	43575	21889	21686	41279	20536	20743
安龙县	53998	25718	28280	48477	22580	25897
黔东南苗族侗族自治州	**1027010**	**514290**	**512720**	**949339**	**470528**	**478811**
凯里市	353272	179232	174040	323444	162144	161300
黄平县	35282	17077	18205	32549	15427	17122
施秉县	26136	12684	13452	24673	11906	12767
三穗县	43593	21081	22512	40315	19343	20972
镇远县	37845	18261	19584	34321	16361	17960
岑巩县	50715	24717	25998	47159	22778	24381
天柱县	57680	28550	29130	53720	26532	27188
锦屏县	43577	21297	22280	41019	19788	21231
剑河县	52504	26871	25633	49822	25346	24476
台江县	27645	13939	13706	26019	12921	13098
黎平县	101395	50335	51060	94717	46744	47973
榕江县	56451	28770	27681	52175	26230	25945
从江县	48595	24965	23630	43934	22424	21510
雷山县	34929	18277	16652	32451	16789	15662
麻江县	23432	11236	12196	20967	9835	11132
丹寨县	33959	16998	16961	32054	15960	16094
黔南布依族苗族自治州	**903528**	**444240**	**459288**	**813501**	**391109**	**422392**
都匀市	195170	95808	99362	173846	83251	90595
福泉市	80041	40746	39295	72642	36233	36409
荔波县	42378	22067	20311	36020	18000	18020
贵定县	62821	26630	36191	56259	22628	33631
瓮安县	130691	64847	65844	122931	60493	62438
独山县	46324	23255	23069	39306	19096	20210
平塘县	35851	17298	18553	32023	15176	16847
罗甸县	57864	29038	28826	52954	26252	26702
长顺县	28519	13435	15084	25407	11712	13695
龙里县	81380	43524	37856	71980	37601	34379
惠水县	96850	44491	52359	87742	39371	48371
三都水族自治县	45639	23101	22538	42391	21296	21095

单位：人

登记地

市辖区内人户分离			省内流动人口			省外		
小计	男	女	小计	男	女	小计	男	女
88020	**43991**	**44029**	**631270**	**306515**	**324755**	**65304**	**36138**	**29166**
66731	33274	33457	136505	64218	72287	19737	10575	9162
21289	10717	10572	15262	7949	7313	4664	2701	1963
			38838	19439	19399	3186	1828	1358
			29336	14589	14747	4774	2649	2125
			44137	22068	22069	4238	2544	1694
			82073	39913	42160	6658	3833	2825
			60597	28839	31758	3643	2119	1524
			91507	44968	46539	4372	2438	1934
			62023	30388	31635	5087	2766	2321
			70992	34144	36848	8945	4685	4260
			647066	**316059**	**331007**	**61538**	**36146**	**25392**
			346304	169462	176842	33189	19027	14162
			62200	29657	32543	7028	4274	2754
			25283	12299	12984	3849	2536	1313
			37740	18872	18868	2751	1738	1013
			46903	22886	24017	4467	2656	1811
			38880	19767	19113	2437	1424	1013
			41279	20536	20743	2296	1353	943
			48477	22580	25897	5521	3138	2383
			949339	**470528**	**478811**	**77671**	**43762**	**33909**
			323444	162144	161300	29828	17088	12740
			32549	15427	17122	2733	1650	1083
			24673	11906	12767	1463	778	685
			40315	19343	20972	3278	1738	1540
			34321	16361	17960	3524	1900	1624
			47159	22778	24381	3556	1939	1617
			53720	26532	27188	3960	2018	1942
			41019	19788	21231	2558	1509	1049
			49822	25346	24476	2682	1525	1157
			26019	12921	13098	1626	1018	608
			94717	46744	47973	6678	3591	3087
			52175	26230	25945	4276	2540	1736
			43934	22424	21510	4661	2541	2120
			32451	16789	15662	2478	1488	990
			20967	9835	11132	2465	1401	1064
			32054	15960	16094	1905	1038	867
			813501	**391109**	**422392**	**90027**	**53131**	**36896**
			173846	83251	90595	21324	12557	8767
			72642	36233	36409	7399	4513	2886
			36020	18000	18020	6358	4067	2291
			56259	22628	33631	6562	4002	2560
			122931	60493	62438	7760	4354	3406
			39306	19096	20210	7018	4159	2859
			32023	15176	16847	3828	2122	1706
			52954	26252	26702	4910	2786	2124
			25407	11712	13695	3112	1723	1389
			71980	37601	34379	9400	5923	3477
			87742	39371	48371	9108	5120	3988
			42391	21296	21095	3248	1805	1443

7-1a 全省按现住地、户口登记地、

现住地	户口					
	合计			省内		
	合计	男	女	小计	男	女
贵州	**6179364**	**3111466**	**3067898**	**5507862**	**2728720**	**2779142**
贵阳市	**2667312**	**1373654**	**1293658**	**2291486**	**1154022**	**1137464**
南明区	661382	337680	323702	556195	276367	279828
云岩区	685286	350969	334317	600336	302028	298308
花溪区	401207	207937	193270	340757	172288	168469
乌当区	131625	64274	67351	118049	56639	61410
白云区	275553	143245	132308	241680	123321	118359
观山湖区	332451	174827	157624	270709	138021	132688
开阳县						
息烽县						
修文县						
清镇市	179808	94722	85086	163760	85358	78402
六盘水市	**580430**	**287729**	**292701**	**530848**	**260381**	**270467**
钟山区	357867	176489	181378	327296	159525	167771
六枝特区	85424	41500	43924	80186	38650	41536
水城县						
盘州市	137139	69740	67399	123366	62206	61160
遵义市	**1199709**	**594000**	**605709**	**1100418**	**540456**	**559962**
红花岗区	478259	233631	244628	436169	210623	225546
汇川区	259830	128528	131302	242783	119211	123572
播州区	204191	101733	102458	191530	94840	96690
桐梓县						
绥阳县						
正安县						
道真仡佬族苗族自治县						
务川仡佬族苗族自治县						
凤冈县						
湄潭县						
余庆县						
习水县						
赤水市	57872	28241	29631	46237	22418	23819
仁怀市	199557	101867	97690	183699	93364	90335
安顺市	**271493**	**131710**	**139783**	**243728**	**115947**	**127781**
西秀区	236463	114514	121949	211610	100423	111187
平坝区	35030	17196	17834	32118	15524	16594
普定县						
镇宁布依族苗族自治县						
关岭布依族苗族自治县						
紫云苗族布依族自治县						
毕节市	**291922**	**142532**	**149390**	**274035**	**132980**	**141055**
七星关区	291922	142532	149390	274035	132980	141055
大方县						
黔西县						
金沙县						
织金县						
纳雍县						
威宁彝族回族苗族自治县						
赫章县						

性别分的户口登记地在外乡镇街道的人口(城市)

单位：人

登记地								
市辖区内人户分离			省内流动人口			省　　外		
小计	男	女	小计	男	女	小计	男	女
1914286	**926461**	**987825**	**3593576**	**1802259**	**1791317**	**671502**	**382746**	**288756**
753358	**361328**	**392030**	**1538128**	**792694**	**745434**	**375826**	**219632**	**156194**
208666	99840	108826	347529	176527	171002	105187	61313	43874
212163	100944	111219	388173	201084	187089	84950	48941	36009
116426	55771	60655	224331	116517	107814	60450	35649	24801
57835	27963	29872	60214	28676	31538	13576	7635	5941
64874	31762	33112	176806	91559	85247	33873	19924	13949
93394	45048	48346	177315	92973	84342	61742	36806	24936
			163760	85358	78402	16048	9364	6684
193636	**94073**	**99563**	**337212**	**166308**	**170904**	**49582**	**27348**	**22234**
126526	61683	64843	200770	97842	102928	30571	16964	13607
67110	32390	34720	13076	6260	6816	5238	2850	2388
			123366	62206	61160	13773	7534	6239
519564	**253447**	**266117**	**580854**	**287009**	**293845**	**99291**	**53544**	**45747**
245422	119325	126097	190747	91298	99449	42090	23008	19082
130333	63086	67247	112450	56125	56325	17047	9317	7730
143809	71036	72773	47721	23804	23917	12661	6893	5768
			46237	22418	23819	11635	5823	5812
			183699	93364	90335	15858	8503	7355
158502	**74847**	**83655**	**85226**	**41100**	**44126**	**27765**	**15763**	**12002**
134301	63182	71119	77309	37241	40068	24853	14091	10762
24201	11665	12536	7917	3859	4058	2912	1672	1240
208227	**102074**	**106153**	**65808**	**30906**	**34902**	**17887**	**9552**	**8335**
208227	102074	106153	65808	30906	34902	17887	9552	8335

7-1a 续表

现住地	户口					
	合计			省内		
	合计	男	女	小计	男	女
铜仁市	**238600**	**118452**	**120148**	**216202**	**106178**	**110024**
碧江区	205323	100918	104405	186556	90845	95711
万山区	33277	17534	15743	29646	15333	14313
江口县						
玉屏侗族自治县						
石阡县						
思南县						
印江土家族苗族自治县						
德江县						
沿河土家族自治县						
松桃苗族自治县						
黔西南布依族苗族自治州	**388464**	**192591**	**195873**	**356852**	**174653**	**182199**
兴义市	336051	166900	169151	308561	151365	157196
兴仁市	52413	25691	26722	48291	23288	25003
普安县						
晴隆县						
贞丰县						
望谟县						
册亨县						
安龙县						
黔东南苗族侗族自治州	**323644**	**164318**	**159326**	**296982**	**149176**	**147806**
凯里市	323644	164318	159326	296982	149176	147806
黄平县						
施秉县						
三穗县						
镇远县						
岑巩县						
天柱县						
锦屏县						
剑河县						
台江县						
黎平县						
榕江县						
从江县						
雷山县						
麻江县						
丹寨县						
黔南布依族苗族自治州	**217790**	**106480**	**111310**	**197311**	**94927**	**102384**
都匀市	165337	80426	84911	148241	70776	77465
福泉市	52453	26054	26399	49070	24151	24919
荔波县						
贵定县						
瓮安县						
独山县						
平塘县						
罗甸县						
长顺县						
龙里县						
惠水县						
三都水族自治县						

单位：人

登记地								
市辖区内人户分离			省内流动人口			省　　外		
小计	男	女	小计	男	女	小计	男	女
80999	**40692**	**40307**	**135203**	**65486**	**69717**	**22398**	**12274**	**10124**
64178	32120	32058	122378	58725	63653	18767	10073	8694
16821	8572	8249	12825	6761	6064	3631	2201	1430
			356852	**174653**	**182199**	**31612**	**17938**	**13674**
			308561	151365	157196	27490	15535	11955
			48291	23288	25003	4122	2403	1719
			296982	**149176**	**147806**	**26662**	**15142**	**11520**
			296982	149176	147806	26662	15142	11520
			197311	**94927**	**102384**	**20479**	**11553**	**8926**
			148241	70776	77465	17096	9650	7446
			49070	24151	24919	3383	1903	1480

7-1b 全省按现住地、户口登记地、

现住地	户口					
	合计			省内		
	合计	男	女	小计	男	女
贵州	**3849786**	**1895151**	**1954635**	**3574517**	**1740811**	**1833706**
贵阳市	**392136**	**193747**	**198389**	**361648**	**176878**	**184770**
南明区						
云岩区						
花溪区	113470	52719	60751	102344	47022	55322
乌当区	9025	4951	4074	7712	4091	3621
白云区	808	385	423	776	368	408
观山湖区	9502	4996	4506	8234	4240	3994
开阳县	105054	52121	52933	99934	49364	50570
息烽县	49236	23826	25410	45322	21664	23658
修文县	61121	31425	29696	55762	28296	27466
清镇市	43920	23324	20596	41564	21833	19731
六盘水市	**158828**	**78546**	**80282**	**145650**	**71153**	**74497**
钟山区	14813	7535	7278	13727	6902	6825
六枝特区	7224	3397	3827	6396	2983	3413
水城县	103432	51075	52357	96206	46902	49304
盘州市	33359	16539	16820	29321	14366	14955
遵义市	**700189**	**338778**	**361411**	**657876**	**316595**	**341281**
红花岗区	14481	7109	7372	13462	6549	6913
汇川区	6670	3025	3645	5936	2686	3250
播州区	18119	8634	9485	16392	7693	8699
桐梓县	103677	50316	53361	96552	46656	49896
绥阳县	63752	31297	32455	60950	29741	31209
正安县	58895	28644	30251	56084	27151	28933
道真仡佬族苗族自治县	53268	24092	29176	50537	22767	27770
务川仡佬族苗族自治县	67491	32612	34879	64513	31024	33489
凤冈县	64071	30505	33566	60812	28841	31971
湄潭县	70457	33972	36485	66578	31894	34684
余庆县	38144	18252	19892	35518	16739	18779
习水县	118952	59222	59730	111143	55162	55981
赤水市	5566	2469	3097	4259	1850	2409
仁怀市	16646	8629	8017	15140	7842	7298
安顺市	**200330**	**99787**	**100543**	**182951**	**89574**	**93377**
西秀区	8989	4646	4343	7542	3728	3814
平坝区	37884	20635	17249	33037	17494	15543
普定县	44401	21519	22882	41599	19980	21619
镇宁布依族苗族自治县	43299	21082	22217	40068	19281	20787
关岭布依族苗族自治县	37536	18294	19242	34906	16801	18105
紫云苗族布依族自治县	28221	13611	14610	25799	12290	13509
毕节市	**746777**	**367719**	**379058**	**702590**	**342744**	**359846**
七星关区	10882	5015	5867	9393	4288	5105
大方县	108742	52487	56255	103436	49610	53826
黔西县	137453	67717	69736	129681	63331	66350
金沙县	94108	46713	47395	87815	43162	44653
织金县	116103	57536	58567	109097	53523	55574
纳雍县	90196	44653	45543	85090	41571	43519
威宁彝族回族苗族自治县	146643	72809	73834	137987	67849	70138
赫章县	42650	20789	21861	40091	19410	20681

性别分的户口登记地在外乡镇街道的人口(镇)

单位：人

登记地

市辖区内人户分离			省内流动人口			省外		
小计	男	女	小计	男	女	小计	男	女
64820	**30522**	**34298**	**3509697**	**1710289**	**1799408**	**275269**	**154340**	**120929**
12178	**5725**	**6453**	**349470**	**171153**	**178317**	**30488**	**16869**	**13619**
7606	3547	4059	94738	43475	51263	11126	5697	5429
2158	1021	1137	5554	3070	2484	1313	860	453
145	66	79	631	302	329	32	17	15
2269	1091	1178	5965	3149	2816	1268	756	512
			99934	49364	50570	5120	2757	2363
			45322	21664	23658	3914	2162	1752
			55762	28296	27466	5359	3129	2230
			41564	21833	19731	2356	1491	865
7809	**3866**	**3943**	**137841**	**67287**	**70554**	**13178**	**7393**	**5785**
3276	1676	1600	10451	5226	5225	1086	633	453
4533	2190	2343	1863	793	1070	828	414	414
			96206	46902	49304	7226	4173	3053
			29321	14366	14955	4038	2173	1865
24388	**11682**	**12706**	**633488**	**304913**	**328575**	**42313**	**22183**	**20130**
9949	4875	5074	3513	1674	1839	1019	560	459
3504	1603	1901	2432	1083	1349	734	339	395
10935	5204	5731	5457	2489	2968	1727	941	786
			96552	46656	49896	7125	3660	3465
			60950	29741	31209	2802	1556	1246
			56084	27151	28933	2811	1493	1318
			50537	22767	27770	2731	1325	1406
			64513	31024	33489	2978	1588	1390
			60812	28841	31971	3259	1664	1595
			66578	31894	34684	3879	2078	1801
			35518	16739	18779	2626	1513	1113
			111143	55162	55981	7809	4060	3749
			4259	1850	2409	1307	619	688
			15140	7842	7298	1506	787	719
13872	**6297**	**7575**	**169079**	**83277**	**85802**	**17379**	**10213**	**7166**
3751	1779	1972	3791	1949	1842	1447	918	529
10121	4518	5603	22916	12976	9940	4847	3141	1706
			41599	19980	21619	2802	1539	1263
			40068	19281	20787	3231	1801	1430
			34906	16801	18105	2630	1493	1137
			25799	12290	13509	2422	1321	1101
6490	**2913**	**3577**	**696100**	**339831**	**356269**	**44187**	**24975**	**19212**
6490	2913	3577	2903	1375	1528	1489	727	762
			103436	49610	53826	5306	2877	2429
			129681	63331	66350	7772	4386	3386
			87815	43162	44653	6293	3551	2742
			109097	53523	55574	7006	4013	2993
			85090	41571	43519	5106	3082	2024
			137987	67849	70138	8656	4960	3696
			40091	19410	20681	2559	1379	1180

7-1b 续表

现住地	户口					
	合计			省内		
	合计	男	女	小计	男	女
铜仁市	**417072**	**205242**	**211830**	**387932**	**189063**	**198869**
碧江区	357	188	169	324	168	156
万山区						
江口县	32332	16185	16147	30286	15078	15208
玉屏侗族自治县	27425	13870	13555	23791	11864	11927
石阡县	38260	19214	19046	35726	17785	17941
思南县	72308	35568	36740	66941	32428	34513
印江土家族苗族自治县	50944	24226	26718	48445	22828	25617
德江县	77055	38142	38913	73677	36257	37420
沿河土家族自治县	55586	27309	28277	51968	25313	26655
松桃苗族自治县	62805	30540	32265	56774	27342	29432
黔西南布依族苗族自治州	**191565**	**96005**	**95560**	**174553**	**85847**	**88706**
兴义市	13684	7065	6619	11578	5737	5841
兴仁市	5774	2975	2799	4543	2190	2353
普安县	15835	8088	7747	13785	6774	7011
晴隆县	26202	13096	13106	24642	12201	12441
贞丰县	41169	20360	20809	37974	18527	19447
望谟县	25209	13135	12074	23398	12051	11347
册亨县	23522	11910	11612	21936	10973	10963
安龙县	40170	19376	20794	36697	17394	19303
黔东南苗族侗族自治州	**509654**	**253571**	**256083**	**476055**	**234817**	**241238**
凯里市	5598	2826	2772	4831	2357	2474
黄平县	24976	12097	12879	23154	11009	12145
施秉县	20083	9722	10361	18973	9124	9849
三穗县	35554	17216	18338	33125	15935	17190
镇远县	33811	16574	17237	30859	14902	15957
岑巩县	38846	18854	19992	36286	17470	18816
天柱县	46481	23222	23259	43754	21757	21997
锦屏县	35320	16939	18381	33715	16024	17691
剑河县	35804	18313	17491	34106	17387	16719
台江县	19173	9863	9310	18092	9178	8914
黎平县	66534	32864	33670	62184	30470	31714
榕江县	39164	19719	19445	36654	18323	18331
从江县	36617	19086	17531	33546	17404	16142
雷山县	21762	11211	10551	20273	10379	9894
麻江县	19383	9642	9741	17457	8506	8951
丹寨县	30548	15423	15125	29046	14592	14454
黔南布依族苗族自治州	**533235**	**261756**	**271479**	**485262**	**234140**	**251122**
都匀市	9520	4250	5270	8428	3685	4743
福泉市	14148	7331	6817	12766	6579	6187
荔波县	28294	14171	14123	24518	11957	12561
贵定县	48487	21663	26824	43634	18825	24809
瓮安县	111710	54863	56847	105884	51688	54196
独山县	32040	16269	15771	27176	13367	13809
平塘县	22444	10860	11584	20119	9545	10574
罗甸县	51598	25883	25715	47236	23359	23877
长顺县	21714	10337	11377	19694	9251	10443
龙里县	67949	36508	31441	60300	31742	28558
惠水县	84797	38893	45904	77433	34808	42625
三都水族自治县	40534	20728	19806	38074	19334	18740

单位：人

登记地								
市辖区内人户分离			省内流动人口			省外		
小计	男	女	小计	男	女	小计	男	女
83	**39**	**44**	**387849**	**189024**	**198825**	**29140**	**16179**	**12961**
83	39	44	241	129	112	33	20	13
			30286	15078	15208	2046	1107	939
			23791	11864	11927	3634	2006	1628
			35726	17785	17941	2534	1429	1105
			66941	32428	34513	5367	3140	2227
			48445	22828	25617	2499	1398	1101
			73677	36257	37420	3378	1885	1493
			51968	25313	26655	3618	1996	1622
			56774	27342	29432	6031	3198	2833
			174553	**85847**	**88706**	**17012**	**10158**	**6854**
			11578	5737	5841	2106	1328	778
			4543	2190	2353	1231	785	446
			13785	6774	7011	2050	1314	736
			24642	12201	12441	1560	895	665
			37974	18527	19447	3195	1833	1362
			23398	12051	11347	1811	1084	727
			21936	10973	10963	1586	937	649
			36697	17394	19303	3473	1982	1491
			476055	**234817**	**241238**	**33599**	**18754**	**14845**
			4831	2357	2474	767	469	298
			23154	11009	12145	1822	1088	734
			18973	9124	9849	1110	598	512
			33125	15935	17190	2429	1281	1148
			30859	14902	15957	2952	1672	1280
			36286	17470	18816	2560	1384	1176
			43754	21757	21997	2727	1465	1262
			33715	16024	17691	1605	915	690
			34106	17387	16719	1698	926	772
			18092	9178	8914	1081	685	396
			62184	30470	31714	4350	2394	1956
			36654	18323	18331	2510	1396	1114
			33546	17404	16142	3071	1682	1389
			20273	10379	9894	1489	832	657
			17457	8506	8951	1926	1136	790
			29046	14592	14454	1502	831	671
			485262	**234140**	**251122**	**47973**	**27616**	**20357**
			8428	3685	4743	1092	565	527
			12766	6579	6187	1382	752	630
			24518	11957	12561	3776	2214	1562
			43634	18825	24809	4853	2838	2015
			105884	51688	54196	5826	3175	2651
			27176	13367	13809	4864	2902	1962
			20119	9545	10574	2325	1315	1010
			47236	23359	23877	4362	2524	1838
			19694	9251	10443	2020	1086	934
			60300	31742	28558	7649	4766	2883
			77433	34808	42625	7364	4085	3279
			38074	19334	18740	2460	1394	1066

7-1c 全省按现住地、户口登记地、

现住地	户口					
	合计			省内		
	合计	男	女	小计	男	女
贵　州	**1665613**	**821880**	**843733**	**1465838**	**702512**	**763326**
贵阳市	**266700**	**138902**	**127798**	**231855**	**116515**	**115340**
南明区	27310	15618	11692	22860	12510	10350
云岩区						
花溪区	40101	20487	19614	32883	15711	17172
乌当区	39141	20581	18560	34255	17538	16717
白云区	16216	8611	7605	14210	7267	6943
观山湖区	43224	22952	20272	37243	18978	18265
开阳县	11996	5566	6430	10518	4712	5806
息烽县	10503	4065	6438	9121	3378	5743
修文县	24178	12120	12058	21461	10401	11060
清镇市	54031	28902	25129	49304	26020	23284
六盘水市	**145760**	**71784**	**73976**	**127312**	**61432**	**65880**
钟山区	14028	6535	7493	13264	6049	7215
六枝特区	19999	9750	10249	16703	7776	8927
水城县	54999	27155	27844	50661	24535	26126
盘州市	56734	28344	28390	46684	23072	23612
遵义市	**305640**	**151291**	**154349**	**268521**	**129997**	**138524**
红花岗区	21933	10950	10983	19535	9438	10097
汇川区	12091	5980	6111	10366	4857	5509
播州区	44644	21302	23342	39706	18385	21321
桐梓县	28565	14546	14019	24391	12015	12376
绥阳县	18721	9297	9424	16932	8305	8627
正安县	30210	14909	15301	28374	13913	14461
道真仡佬族苗族自治县	13472	6318	7154	12113	5575	6538
务川仡佬族苗族自治县	6171	3350	2821	5188	2643	2545
凤冈县	10324	4798	5526	9311	4321	4990
湄潭县	18084	8720	9364	16718	7996	8722
余庆县	14020	6902	7118	12537	5953	6584
习水县	35321	17718	17603	30441	15149	15292
赤水市	15218	7643	7575	10989	5407	5582
仁怀市	36866	18858	18008	31920	16040	15880
安顺市	**111839**	**53717**	**58122**	**97766**	**45021**	**52745**
西秀区	36869	18638	18231	31464	15178	16286
平坝区	22679	10168	12511	20001	8542	11459
普定县	16390	7733	8657	14385	6459	7926
镇宁布依族苗族自治县	12351	6013	6338	11122	5270	5852
关岭布依族苗族自治县	9209	4402	4807	7999	3628	4371
紫云苗族布依族自治县	14341	6763	7578	12795	5944	6851
毕节市	**231962**	**107222**	**124740**	**202337**	**90146**	**112191**
七星关区	32731	13990	18741	29385	12843	16542
大方县	36624	16636	19988	32566	14366	18200
黔西县	35268	15765	19503	31409	13454	17955
金沙县	26853	14420	12433	21979	10840	11139
织金县	25003	11486	13517	21288	9082	12206
纳雍县	21631	9923	11708	19034	8388	10646
威宁彝族回族苗族自治县	22498	9857	12641	19112	8270	10842
赫章县	31354	15145	16209	27564	12903	14661

性别分的户口登记地在外乡镇街道的人口(乡村)

单位：人

登记地								
市辖区内人户分离			省内流动人口			省外		
小计	男	女	小计	男	女	小计	男	女
125604	**55479**	**70125**	**1340234**	**647033**	**693201**	**199775**	**119368**	**80407**
36214	**16291**	**19923**	**195641**	**100224**	**95417**	**34845**	**22387**	**12458**
4400	2146	2254	18460	10364	8096	4450	3108	1342
10833	4327	6506	22050	11384	10666	7218	4776	2442
10247	4779	5468	24008	12759	11249	4886	3043	1843
2726	1216	1510	11484	6051	5433	2006	1344	662
8008	3823	4185	29235	15155	14080	5981	3974	2007
			10518	4712	5806	1478	854	624
			9121	3378	5743	1382	687	695
			21461	10401	11060	2717	1719	998
			49304	26020	23284	4727	2882	1845
14460	**6566**	**7894**	**112852**	**54866**	**57986**	**18448**	**10352**	**8096**
5562	2414	3148	7702	3635	4067	764	486	278
8898	4152	4746	7805	3624	4181	3296	1974	1322
			50661	24535	26126	4338	2620	1718
			46684	23072	23612	10050	5272	4778
35362	**16080**	**19282**	**233159**	**113917**	**119242**	**37119**	**21294**	**15825**
8837	4004	4833	10698	5434	5264	2398	1512	886
4163	1781	2382	6203	3076	3127	1725	1123	602
22362	10295	12067	17344	8090	9254	4938	2917	2021
			24391	12015	12376	4174	2531	1643
			16932	8305	8627	1789	992	797
			28374	13913	14461	1836	996	840
			12113	5575	6538	1359	743	616
			5188	2643	2545	983	707	276
			9311	4321	4990	1013	477	536
			16718	7996	8722	1366	724	642
			12537	5953	6584	1483	949	534
			30441	15149	15292	4880	2569	2311
			10989	5407	5582	4229	2236	1993
			31920	16040	15880	4946	2818	2128
22008	**9305**	**12703**	**75758**	**35716**	**40042**	**14073**	**8696**	**5377**
12030	5097	6933	19434	10081	9353	5405	3460	1945
9978	4208	5770	10023	4334	5689	2678	1626	1052
			14385	6459	7926	2005	1274	731
			11122	5270	5852	1229	743	486
			7999	3628	4371	1210	774	436
			12795	5944	6851	1546	819	727
10622	**3977**	**6645**	**191715**	**86169**	**105546**	**29625**	**17076**	**12549**
10622	3977	6645	18763	8866	9897	3346	1147	2199
			32566	14366	18200	4058	2270	1788
			31409	13454	17955	3859	2311	1548
			21979	10840	11139	4874	3580	1294
			21288	9082	12206	3715	2404	1311
			19034	8388	10646	2597	1535	1062
			19112	8270	10842	3386	1587	1799
			27564	12903	14661	3790	2242	1548

7-1c 续表

现住地	户口					
	合计			省内		
	合计	男	女	小计	男	女
铜仁市	**128922**	**62950**	**65972**	**115156**	**55265**	**59891**
碧江区	17293	6961	10332	16356	6479	9877
万山区	7938	3833	4105	6905	3333	3572
江口县	9692	5082	4610	8552	4361	4191
玉屏侗族自治县	6685	3368	3317	5545	2725	2820
石阡县	10115	5398	4717	8411	4283	4128
思南县	16423	8178	8245	15132	7485	7647
印江土家族苗族自治县	13296	6732	6564	12152	6011	6141
德江县	18824	9264	9560	17830	8711	9119
沿河土家族自治县	11524	5845	5679	10055	5075	4980
松桃苗族自治县	17132	8289	8843	14218	6802	7416
黔西南布依族苗族自治州	**128575**	**63609**	**64966**	**115661**	**55559**	**60102**
兴义市	29758	14524	15234	26165	12360	13805
兴仁市	11041	5265	5776	9366	4179	5187
普安县	13297	6747	6550	11498	5525	5973
晴隆县	14289	7514	6775	13098	6671	6427
贞丰县	10201	5182	5019	8929	4359	4570
望谟县	16108	8056	8052	15482	7716	7766
册亨县	20053	9979	10074	19343	9563	9780
安龙县	13828	6342	7486	11780	5186	6594
黔东南苗族侗族自治州	**193712**	**96401**	**97311**	**176302**	**86535**	**89767**
凯里市	24030	12088	11942	21631	10611	11020
黄平县	10306	4980	5326	9395	4418	4977
施秉县	6053	2962	3091	5700	2782	2918
三穗县	8039	3865	4174	7190	3408	3782
镇远县	4034	1687	2347	3462	1459	2003
岑巩县	11869	5863	6006	10873	5308	5565
天柱县	11199	5328	5871	9966	4775	5191
锦屏县	8257	4358	3899	7304	3764	3540
剑河县	16700	8558	8142	15716	7959	7757
台江县	8472	4076	4396	7927	3743	4184
黎平县	34861	17471	17390	32533	16274	16259
榕江县	17287	9051	8236	15521	7907	7614
从江县	11978	5879	6099	10388	5020	5368
雷山县	13167	7066	6101	12178	6410	5768
麻江县	4049	1594	2455	3510	1329	2181
丹寨县	3411	1575	1836	3008	1368	1640
黔南布依族苗族自治州	**152503**	**76004**	**76499**	**130928**	**62042**	**68886**
都匀市	20313	11132	9181	17177	8790	8387
福泉市	13440	7361	6079	10806	5503	5303
荔波县	14084	7896	6188	11502	6043	5459
贵定县	14334	4967	9367	12625	3803	8822
瓮安县	18981	9984	8997	17047	8805	8242
独山县	14284	6986	7298	12130	5729	6401
平塘县	13407	6438	6969	11904	5631	6273
罗甸县	6266	3155	3111	5718	2893	2825
长顺县	6805	3098	3707	5713	2461	3252
龙里县	13431	7016	6415	11680	5859	5821
惠水县	12053	5598	6455	10309	4563	5746
三都水族自治县	5105	2373	2732	4317	1962	2355

单位：人

登记地								
市辖区内人户分离			省内流动人口			省外		
小计	男	女	小计	男	女	小计	男	女
6938	**3260**	**3678**	**108218**	**52005**	**56213**	**13766**	**7685**	**6081**
2470	1115	1355	13886	5364	8522	937	482	455
4468	2145	2323	2437	1188	1249	1033	500	533
			8552	4361	4191	1140	721	419
			5545	2725	2820	1140	643	497
			8411	4283	4128	1704	1115	589
			15132	7485	7647	1291	693	598
			12152	6011	6141	1144	721	423
			17830	8711	9119	994	553	441
			10055	5075	4980	1469	770	699
			14218	6802	7416	2914	1487	1427
			115661	**55559**	**60102**	**12914**	**8050**	**4864**
			26165	12360	13805	3593	2164	1429
			9366	4179	5187	1675	1086	589
			11498	5525	5973	1799	1222	577
			13098	6671	6427	1191	843	348
			8929	4359	4570	1272	823	449
			15482	7716	7766	626	340	286
			19343	9563	9780	710	416	294
			11780	5186	6594	2048	1156	892
			176302	**86535**	**89767**	**17410**	**9866**	**7544**
			21631	10611	11020	2399	1477	922
			9395	4418	4977	911	562	349
			5700	2782	2918	353	180	173
			7190	3408	3782	849	457	392
			3462	1459	2003	572	228	344
			10873	5308	5565	996	555	441
			9966	4775	5191	1233	553	680
			7304	3764	3540	953	594	359
			15716	7959	7757	984	599	385
			7927	3743	4184	545	333	212
			32533	16274	16259	2328	1197	1131
			15521	7907	7614	1766	1144	622
			10388	5020	5368	1590	859	731
			12178	6410	5768	989	656	333
			3510	1329	2181	539	265	274
			3008	1368	1640	403	207	196
			130928	**62042**	**68886**	**21575**	**13962**	**7613**
			17177	8790	8387	3136	2342	794
			10806	5503	5303	2634	1858	776
			11502	6043	5459	2582	1853	729
			12625	3803	8822	1709	1164	545
			17047	8805	8242	1934	1179	755
			12130	5729	6401	2154	1257	897
			11904	5631	6273	1503	807	696
			5718	2893	2825	548	262	286
			5713	2461	3252	1092	637	455
			11680	5859	5821	1751	1157	594
			10309	4563	5746	1744	1035	709
			4317	1962	2355	788	411	377

7-2 全省按户口登记地、年龄、性别分的

年龄	户口					
	合计			省内		
	合计	男	女	小计	男	女
总计	**11694763**	**5828497**	**5866266**	**10548217**	**5172043**	**5376174**
0-4岁	**719233**	**385056**	**334177**	**663645**	**355266**	**308379**
0	97043	51823	45220	90758	48457	42301
1	142901	76321	66580	132371	70658	61713
2	153171	81989	71182	141297	75658	65639
3	172839	92604	80235	159101	85280	73821
4	153279	82319	70960	140118	75213	64905
5-9岁	**778503**	**420167**	**358336**	**719288**	**388724**	**330564**
5	143878	77477	66401	131523	70944	60579
6	152843	82771	70072	141053	76515	64538
7	156343	84461	71882	144671	78179	66492
8	168385	90817	77568	156001	84286	71715
9	157054	84641	72413	146040	78800	67240
10-14岁	**712471**	**381688**	**330783**	**667868**	**357719**	**310149**
10	151354	81487	69867	141006	75941	65065
11	151422	81415	70007	141478	76141	65337
12	140468	75375	65093	131587	70566	61021
13	132821	70685	62136	124807	66402	58405
14	136406	72726	63680	128990	68669	60321
15-19岁	**1298771**	**644816**	**653955**	**1253465**	**620881**	**632584**
15	184287	95783	88504	177618	92054	85564
16	279251	142963	136288	272086	138994	133092
17	301708	150800	150908	294591	146874	147717
18	272011	132560	139451	261904	127425	134479
19	261514	122710	138804	247266	115534	131732
20-24岁	**1206900**	**535738**	**671162**	**1118699**	**489278**	**629421**
20	260157	117163	142994	244864	109403	135461
21	244939	108433	136506	229425	100414	129011
22	256317	113453	142864	238593	104040	134553
23	226853	100008	126845	208071	89981	118090
24	218634	96681	121953	197746	85440	112306
25-29岁	**1069798**	**491995**	**577803**	**943242**	**424451**	**518791**
25	224510	100331	124179	200870	87706	113164
26	210373	95286	115087	186859	82672	104187
27	219347	100595	118752	194011	87167	106844
28	211081	98532	112549	185031	84768	100263
29	204487	97251	107236	176471	82138	94333

户口登记地在外乡镇街道的人口

单位：人

登记地					
其中市辖区内人户分离			省　　外		
小计	男	女	小计	男	女
2104710	**1012462**	**1092248**	**1146546**	**656454**	**490092**
135871	**72199**	**63672**	**55588**	**29790**	**25798**
17924	9385	8539	6285	3366	2919
26910	14417	12493	10530	5663	4867
28964	15352	13612	11874	6331	5543
33020	17575	15445	13738	7324	6414
29053	15470	13583	13161	7106	6055
131866	**70704**	**61162**	**59215**	**31443**	**27772**
25071	13364	11707	12355	6533	5822
26691	14442	12249	11790	6256	5534
25961	13883	12078	11672	6282	5390
28144	15128	13016	12384	6531	5853
25999	13887	12112	11014	5841	5173
120736	**64124**	**56612**	**44603**	**23969**	**20634**
25289	13528	11761	10348	5546	4802
25143	13491	11652	9944	5274	4670
24179	12772	11407	8881	4809	4072
23417	12403	11014	8014	4283	3731
22708	11930	10778	7416	4057	3359
178330	**89274**	**89056**	**45306**	**23935**	**21371**
33001	16767	16234	6669	3729	2940
46263	23398	22865	7165	3969	3196
44221	21861	22360	7117	3926	3191
31572	15835	15737	10107	5135	4972
23273	11413	11860	14248	7176	7072
124097	**54691**	**69406**	**88201**	**46460**	**41741**
21197	9917	11280	15293	7760	7533
20856	9436	11420	15514	8019	7495
26464	11562	14902	17724	9413	8311
27320	11788	15532	18782	10027	8755
28260	11988	16272	20888	11241	9647
157127	**68122**	**89005**	**126556**	**67544**	**59012**
30081	13087	16994	23640	12625	11015
29733	12789	16944	23514	12614	10900
32230	13903	18327	25336	13428	11908
31729	13708	18021	26050	13764	12286
33354	14635	18719	28016	15113	12903

7-2 续表 1

年龄	合计			户口 省内		
	合计	男	女	小计	男	女
30-34岁	**1131988**	**551458**	**580530**	**969813**	**462273**	**507540**
30	240036	114921	125115	204841	95896	108945
31	231963	111597	120366	198374	93283	105091
32	224182	109265	114917	193640	92581	101059
33	236022	116203	119819	202375	97602	104773
34	199785	99472	100313	170583	82911	87672
35-39岁	**842903**	**428738**	**414165**	**733286**	**364448**	**368838**
35	173098	87111	85987	149533	73630	75903
36	169612	86111	83501	147871	73507	74364
37	157426	80609	76817	136744	68480	68264
38	181534	92811	88723	157584	78665	78919
39	161233	82096	79137	141554	70166	71388
40-44岁	**806345**	**414514**	**391831**	**717085**	**359561**	**357524**
40	151055	76719	74336	134397	66676	67721
41	160451	82434	78017	142080	71121	70959
42	159355	81935	77420	142245	71347	70898
43	157833	81657	76176	140784	71058	69726
44	177651	91769	85882	157579	79359	78220
45-49岁	**885856**	**465438**	**420418**	**769543**	**391549**	**377994**
45	184938	96671	88267	163009	82842	80167
46	194736	101750	92986	170729	86577	84152
47	177511	93702	83809	153465	78319	75146
48	165575	86846	78729	142432	72142	70290
49	163096	86469	76627	139908	71669	68239
50-54岁	**734859**	**378402**	**356457**	**630170**	**312529**	**317641**
50	167968	87411	80557	144535	72628	71907
51	149809	77789	72020	128238	64149	64089
52	161953	82917	79036	139411	68728	70683
53	119318	60878	58440	101653	49879	51774
54	135811	69407	66404	116333	57145	59188
55-59岁	**522378**	**260837**	**261541**	**454582**	**218906**	**235676**
55	130089	65787	64302	112250	54547	57703
56	127467	63700	63767	110942	53435	57507
57	132574	66253	66321	114803	55309	59494
58	90639	44659	45980	79971	38147	41824
59	41609	20438	21171	36616	17468	19148
60-64岁	**293206**	**145025**	**148181**	**262492**	**126849**	**135643**
60	49983	24911	25072	44498	21620	22878
61	49171	24628	24543	44057	21529	22528
62	64837	32560	32277	58096	28489	29607
63	68372	33711	34661	61197	29511	31686
64	60843	29215	31628	54644	25700	28944

单位：人

登记地					
其中市辖区内人户分离			省外		
小计	男	女	小计	男	女
195257	**87008**	**108249**	**162175**	**89185**	**72990**
38997	17135	21862	35195	19025	16170
39743	17501	22242	33589	18314	15275
39399	17652	21747	30542	16684	13858
41360	18570	22790	33647	18601	15046
35758	16150	19608	29202	16561	12641
149866	**69714**	**80152**	**109617**	**64290**	**45327**
30265	13866	16399	23565	13481	10084
30081	13910	16171	21741	12604	9137
28192	13186	15006	20682	12129	8553
32646	15294	17352	23950	14146	9804
28682	13458	15224	19679	11930	7749
154316	**73664**	**80652**	**89260**	**54953**	**34307**
27132	12817	14315	16658	10043	6615
30074	14329	15745	18371	11313	7058
31119	14897	16222	17110	10588	6522
31407	14924	16483	17049	10599	6450
34584	16697	17887	20072	12410	7662
184260	**89403**	**94857**	**116313**	**73889**	**42424**
37529	18040	19489	21929	13829	8100
39526	19099	20427	24007	15173	8834
37028	17916	19112	24046	15383	8663
34912	17092	17820	23143	14704	8439
35265	17256	18009	23188	14800	8388
160419	**77273**	**83146**	**104689**	**65873**	**38816**
36735	17764	18971	23433	14783	8650
32983	15935	17048	21571	13640	7931
35138	16818	18320	22542	14189	8353
25435	12213	13222	17665	10999	6666
30128	14543	15585	19478	12262	7216
132989	**64110**	**68879**	**67796**	**41931**	**25865**
30676	15003	15673	17839	11240	6599
31323	15026	16297	16525	10265	6260
34647	16717	17930	17771	10944	6827
23899	11310	12589	10668	6512	4156
12444	6054	6390	4993	2970	2023
85777	**41747**	**44030**	**30714**	**18176**	**12538**
15934	7841	8093	5485	3291	2194
14953	7334	7619	5114	3099	2015
18466	9202	9264	6741	4071	2670
19430	9319	10111	7175	4200	2975
16994	8051	8943	6199	3515	2684

7–2 续表 2

年 龄	户口					
	合 计			省 内		
	合计	男	女	小计	男	女
65–69岁	**264049**	**124809**	**139240**	**240621**	**111727**	**128894**
65	61539	29761	31778	55546	26326	29220
66	61098	28903	32195	55569	25802	29767
67	53146	24939	28207	48502	22331	26171
68	50342	23670	26672	46147	21363	24784
69	37924	17536	20388	34857	15905	18952
70–74岁	**180186**	**87377**	**92809**	**168720**	**80917**	**87803**
70	38292	18082	20210	35578	16582	18996
71	40368	19708	20660	37713	18205	19508
72	34766	16704	18062	32554	15482	17072
73	34956	17239	17717	32877	16035	16842
74	31804	15644	16160	29998	14613	15385
75–79岁	**120634**	**56870**	**63764**	**114511**	**53719**	**60792**
75	24893	11891	13002	23512	11132	12380
76	26397	12772	13625	24976	12020	12956
77	25028	11705	13323	23797	11110	12687
78	23510	10853	12657	22439	10293	12146
79	20806	9649	11157	19787	9164	10623
80–84岁	**76414**	**33907**	**42507**	**73008**	**32430**	**40578**
80	18537	8438	10099	17646	8018	9628
81	16158	7154	9004	15424	6820	8604
82	16554	7452	9102	15892	7179	8713
83	13661	6002	7659	13053	5748	7305
84	11504	4861	6643	10993	4665	6328
85–89岁	**35157**	**15161**	**19996**	**33608**	**14523**	**19085**
85	9348	3902	5446	8946	3724	5222
86	7861	3322	4539	7506	3193	4313
87	7473	3307	4166	7124	3164	3960
88	5726	2522	3204	5479	2419	3060
89	4749	2108	2641	4553	2023	2530
90–94岁	**11358**	**4997**	**6361**	**10920**	**4832**	**6088**
90	4105	1839	2266	3951	1776	2175
91	2546	1095	1451	2460	1062	1398
92	2255	992	1263	2166	961	1205
93	1500	661	839	1433	638	795
94	952	410	542	910	395	515
95–99岁	**2788**	**1118**	**1670**	**2699**	**1082**	**1617**
95	852	355	497	825	343	482
96	646	258	388	616	244	372
97	487	175	312	471	171	300
98	428	189	239	421	187	234
99	375	141	234	366	137	229
100岁及以上	**966**	**386**	**580**	**952**	**379**	**573**

单位：人

登记地

其中市辖区内人户分离			省外		
小计	男	女	小计	男	女
70698	**32874**	**37824**	**23428**	**13082**	**10346**
16651	7955	8696	5993	3435	2558
16624	7868	8756	5529	3101	2428
13996	6428	7568	4644	2608	2036
13098	5948	7150	4195	2307	1888
10329	4675	5654	3067	1631	1436
51339	**24535**	**26804**	**11466**	**6460**	**5006**
10681	4956	5725	2714	1500	1214
11162	5291	5871	2655	1503	1152
9909	4729	5180	2212	1222	990
10310	5045	5265	2079	1204	875
9277	4514	4763	1806	1031	775
34339	**16357**	**17982**	**6123**	**3151**	**2972**
7136	3436	3700	1381	759	622
7460	3663	3797	1421	752	669
7022	3337	3685	1231	595	636
6763	3117	3646	1071	560	511
5958	2804	3154	1019	485	534
23136	**10347**	**12789**	**3406**	**1477**	**1929**
5617	2536	3081	891	420	471
4957	2150	2807	734	334	400
4874	2226	2648	662	273	389
4180	1888	2292	608	254	354
3508	1547	1961	511	196	315
10507	**4597**	**5910**	**1549**	**638**	**911**
2919	1199	1720	402	178	224
2360	1023	1337	355	129	226
2220	980	1240	349	143	206
1648	755	893	247	103	144
1360	640	720	196	85	111
3126	**1450**	**1676**	**438**	**165**	**273**
1184	559	625	154	63	91
741	344	397	86	33	53
584	274	310	89	31	58
374	172	202	67	23	44
243	101	142	42	15	27
556	**225**	**331**	**89**	**36**	**53**
206	84	122	27	12	15
124	44	80	30	14	16
101	44	57	16	4	12
69	37	32	7	2	5
56	16	40	9	4	5
98	**44**	**54**	**14**	**7**	**7**

7-2a 全省按户口登记地、年龄、性别分的

年 龄	户口					
	合 计			省 内		
	合计	男	女	小计	男	女
总 计	**6179364**	**3111466**	**3067898**	**5507862**	**2728720**	**2779142**
0-4岁	**362951**	**194666**	**168285**	**330182**	**176927**	**153255**
0	50100	26702	23398	46344	24681	21663
1	72303	38829	33474	66035	35417	30618
2	76926	41184	35742	69999	37480	32519
3	86740	46657	40083	78707	42316	36391
4	76882	41294	35588	69097	37033	32064
5-9岁	**363921**	**197448**	**166473**	**330768**	**179560**	**151208**
5	69695	37659	32036	62614	33870	28744
6	72712	39578	33134	65941	35913	30028
7	72399	39354	33045	65938	35848	30090
8	77628	42121	35507	70780	38423	32357
9	71487	38736	32751	65495	35506	29989
10-14岁	**321660**	**173405**	**148255**	**296813**	**159803**	**137010**
10	68982	37480	31502	63243	34312	28931
11	68312	37050	31262	62821	34056	28765
12	63726	34256	29470	58767	31496	27271
13	60131	32083	28048	55629	29681	25948
14	60509	32536	27973	56353	30258	26095
15-19岁	**577467**	**295442**	**282025**	**549957**	**280514**	**269443**
15	82240	43482	38758	78360	41273	37087
16	119086	63344	55742	114929	60978	53951
17	125631	65266	60365	121409	62868	58541
18	117360	59322	58038	111064	56004	55060
19	133150	64028	69122	124195	59391	64804
20-24岁	**690925**	**317419**	**373506**	**636924**	**287748**	**349176**
20	143543	66141	77402	133920	61120	72800
21	139604	63069	76535	129902	57901	72001
22	149342	68230	81112	138580	62233	76347
23	132574	61208	71366	121177	54797	66380
24	125862	58771	67091	113345	51697	61648
25-29岁	**604347**	**292121**	**312226**	**528152**	**249514**	**278638**
25	128327	60737	67590	114198	52801	61397
26	119293	56952	62341	104959	48862	56097
27	123604	59637	63967	108188	51126	57062
28	117972	57604	60368	102507	49056	53451
29	115151	57191	57960	98300	47669	50631

户口登记地在外乡镇街道的人口(城市)

单位：人

登记地					
其中市辖区内人户分离			省外		
小计	男	女	小计	男	女
1914286	**926461**	**987825**	**671502**	**382746**	**288756**
123091	**65436**	**57655**	**32769**	**17739**	**15030**
16281	8561	7720	3756	2021	1735
24336	13026	11310	6268	3412	2856
26135	13842	12293	6927	3704	3223
29983	15975	14008	8033	4341	3692
26356	14032	12324	7785	4261	3524
118947	**63944**	**55003**	**33153**	**17888**	**15265**
22516	12001	10515	7081	3789	3292
24124	13066	11058	6771	3665	3106
23437	12591	10846	6461	3506	2955
25362	13674	11688	6848	3698	3150
23508	12612	10896	5992	3230	2762
109159	**58217**	**50942**	**24847**	**13602**	**11245**
22797	12271	10526	5739	3168	2571
22653	12222	10431	5491	2994	2497
21971	11628	10343	4959	2760	2199
21300	11281	10019	4502	2402	2100
20438	10815	9623	4156	2278	1878
154328	**78017**	**76311**	**27510**	**14928**	**12582**
28989	14780	14209	3880	2209	1671
40093	20450	19643	4157	2366	1791
38274	19074	19200	4222	2398	1824
27253	13834	13419	6296	3318	2978
19719	9879	9840	8955	4637	4318
107601	**49453**	**58148**	**54001**	**29671**	**24330**
17996	8669	9327	9623	5021	4602
17938	8421	9517	9702	5168	4534
23107	10562	12545	10762	5997	4765
23887	10812	13075	11397	6411	4986
24673	10989	13684	12517	7074	5443
140134	**62913**	**77221**	**76195**	**42607**	**33588**
26417	12023	14394	14129	7936	6193
26248	11725	14523	14334	8090	6244
28833	12924	15909	15416	8511	6905
28456	12669	15787	15465	8548	6917
30180	13572	16608	16851	9522	7329

7-2a 续表 1

年龄	户口					
	合计			省内		
	合计	男	女	小计	男	女
30-34岁	**630970**	**318047**	**312923**	**534571**	**263139**	**271432**
30	134285	67023	67262	113096	55120	57976
31	129513	64628	64885	109424	53246	56178
32	124501	62922	61579	106528	52745	53783
33	131268	66590	64678	111290	55224	56066
34	111403	56884	54519	94233	46804	47429
35-39岁	**453659**	**236681**	**216978**	**391028**	**198971**	**192057**
35	94606	48811	45795	81051	40824	40227
36	91581	47609	43972	79098	40187	38911
37	84623	44573	40050	72877	37462	35415
38	96953	50783	46170	83241	42521	40720
39	85896	44905	40991	74761	37977	36784
40-44岁	**425543**	**221299**	**204244**	**376464**	**191086**	**185378**
40	79710	41327	38383	70484	35703	34781
41	84837	44376	40461	74701	38080	36621
42	83737	43569	40168	74432	37804	36628
43	83428	43409	40019	74020	37581	36439
44	93831	48618	45213	82827	41918	40909
45-49岁	**479599**	**250687**	**228912**	**415789**	**211435**	**204354**
45	98923	51651	47272	86889	44187	42702
46	104752	54597	50155	91673	46536	45137
47	96685	50783	45902	83516	42572	40944
48	89822	46716	43106	77075	38996	38079
49	89417	46940	42477	76636	39144	37492
50-54岁	**405131**	**204054**	**201077**	**346432**	**169688**	**176744**
50	92325	47018	45307	79355	39356	39999
51	82809	42117	40692	70906	35086	35820
52	89029	44610	44419	76413	37197	39216
53	65679	32749	32930	55736	27067	28669
54	75289	37560	37729	64022	30982	33040
55-59岁	**302157**	**146803**	**155354**	**261728**	**123908**	**137820**
55	73548	36315	37233	63169	30273	32896
56	72875	35493	37382	63030	29862	33168
57	77740	37758	39982	67012	31691	35321
58	52458	25009	27449	46092	21536	24556
59	25536	12228	13308	22425	10546	11879
60-64岁	**177893**	**86515**	**91378**	**157487**	**75428**	**82059**
60	31352	15280	16072	27835	13379	14456
61	30319	14850	15469	26949	13015	13934
62	38891	19251	19640	34442	16761	17681
63	41256	19956	21300	36410	17333	19077
64	36075	17178	18897	31851	14940	16911

单位：人

登记地					
其中市辖区内人户分离			省外		
小计	男	女	小计	男	女
178342	**80727**	**97615**	**96399**	**54908**	**41491**
35329	15888	19441	21189	11903	9286
36260	16242	20018	20089	11382	8707
36041	16391	19650	17973	10177	7796
37828	17179	20649	19978	11366	8612
32884	15027	17857	17170	10080	7090
137813	**64624**	**73189**	**62631**	**37710**	**24921**
27787	12835	14952	13555	7987	5568
27675	12925	14750	12483	7422	5061
26051	12296	13755	11746	7111	4635
30035	14177	15858	13712	8262	5450
26265	12391	13874	11135	6928	4207
141299	**67648**	**73651**	**49079**	**30213**	**18866**
24838	11805	13033	9226	5624	3602
27522	13202	14320	10136	6296	3840
28549	13713	14836	9305	5765	3540
28706	13641	15065	9408	5828	3580
31684	15287	16397	11004	6700	4304
169550	**82253**	**87297**	**63810**	**39252**	**24558**
34443	16579	17864	12034	7464	4570
36307	17549	18758	13079	8061	5018
34010	16455	17555	13169	8211	4958
32323	15811	16512	12747	7720	5027
32467	15859	16608	12781	7796	4985
148104	**71077**	**77027**	**58699**	**34366**	**24333**
33906	16360	17546	12970	7662	5308
30511	14704	15807	11903	7031	4872
32425	15425	17000	12616	7413	5203
23429	11208	12221	9943	5682	4261
27833	13380	14453	11267	6578	4689
124650	**59710**	**64940**	**40429**	**22895**	**17534**
28471	13851	14620	10379	6042	4337
29325	13975	15350	9845	5631	4214
32556	15573	16983	10728	6067	4661
22480	10604	11876	6366	3473	2893
11818	5707	6111	3111	1682	1429
81111	**39276**	**41835**	**20406**	**11087**	**9319**
15146	7426	7720	3517	1901	1616
14168	6930	7238	3370	1835	1535
17448	8636	8812	4449	2490	1959
18363	8757	9606	4846	2623	2223
15986	7527	8459	4224	2238	1986

7-2a 续表 2

年龄	户口					
	合计			省内		
	合计	男	女	小计	男	女
65-69岁	**152057**	**70998**	**81059**	**135888**	**62459**	**73429**
65	36072	17232	18840	32005	15022	16983
66	35652	16763	18889	31872	14770	17102
67	30352	14069	16283	27093	12345	14748
68	28313	13127	15186	25433	11621	13812
69	21668	9807	11861	19485	8701	10784
70-74岁	**100049**	**47307**	**52742**	**92527**	**43437**	**49090**
70	21736	10129	11607	19867	9136	10731
71	22332	10614	11718	20566	9693	10873
72	19303	9084	10219	17850	8354	9496
73	19334	9241	10093	18024	8566	9458
74	17344	8239	9105	16220	7688	8532
75-79岁	**63998**	**29545**	**34453**	**59972**	**27669**	**32303**
75	13417	6284	7133	12541	5862	6679
76	13911	6573	7338	13004	6147	6857
77	13162	5994	7168	12337	5630	6707
78	12445	5653	6792	11737	5310	6427
79	11063	5041	6022	10353	4720	5633
80-84岁	**41243**	**17897**	**23346**	**38854**	**16889**	**21965**
80	9953	4368	5585	9342	4097	5245
81	8866	3858	5008	8350	3625	4725
82	8823	3864	4959	8358	3674	4684
83	7417	3236	4181	6973	3052	3921
84	6184	2571	3613	5831	2441	3390
85-89岁	**18597**	**7958**	**10639**	**17505**	**7517**	**9988**
85	5025	2044	2981	4740	1916	2824
86	4190	1754	2436	3935	1663	2272
87	3953	1722	2231	3715	1627	2088
88	2982	1336	1646	2814	1267	1547
89	2447	1102	1345	2301	1044	1257
90-94岁	**5732**	**2580**	**3152**	**5430**	**2464**	**2966**
90	2129	973	1156	2027	932	1095
91	1291	567	724	1232	542	690
92	1106	505	601	1046	482	564
93	726	331	395	678	314	364
94	480	204	276	447	194	253
95-99岁	**1174**	**468**	**706**	**1111**	**443**	**668**
95	408	177	231	388	168	220
96	263	101	162	241	93	148
97	213	74	139	201	71	130
98	160	74	86	156	72	84
99	130	42	88	125	39	86
100岁及以上	**291**	**126**	**165**	**280**	**121**	**159**

单位：人

登记地					
其中市辖区内人户分离			省　外		
小计	男	女	小计	男	女
66249	**30595**	**35654**	**16169**	**8539**	**7630**
15678	7448	8230	4067	2210	1857
15648	7358	8290	3780	1993	1787
13069	5948	7121	3259	1724	1535
12194	5508	6686	2880	1506	1374
9660	4333	5327	2183	1106	1077
47717	**22512**	**25205**	**7522**	**3870**	**3652**
10000	4606	5394	1869	993	876
10419	4898	5521	1766	921	845
9188	4309	4879	1453	730	723
9564	4619	4945	1310	675	635
8546	4080	4466	1124	551	573
31730	**14824**	**16906**	**4026**	**1876**	**2150**
6620	3129	3491	876	422	454
6890	3309	3581	907	426	481
6456	3001	3455	825	364	461
6231	2822	3409	708	343	365
5533	2563	2970	710	321	389
21407	**9481**	**11926**	**2389**	**1008**	**1381**
5202	2321	2881	611	271	340
4600	1981	2619	516	233	283
4517	2021	2496	465	190	275
3859	1740	2119	444	184	260
3229	1418	1811	353	130	223
9637	**4199**	**5438**	**1092**	**441**	**651**
2662	1081	1581	285	128	157
2185	946	1239	255	91	164
2065	911	1154	238	95	143
1490	681	809	168	69	99
1235	580	655	146	58	88
2847	**1324**	**1523**	**302**	**116**	**186**
1075	515	560	102	41	61
662	305	357	59	25	34
539	252	287	60	23	37
345	158	187	48	17	31
226	94	132	33	10	23
495	**194**	**301**	**63**	**25**	**38**
188	75	113	20	9	11
107	33	74	22	8	14
93	39	54	12	3	9
62	34	28	4	2	2
45	13	32	5	3	2
75	**37**	**38**	**11**	**5**	**6**

7-2b 全省按户口登记地、年龄、性别分的

年 龄	户口					
	合 计			省 内		
	合计	男	女	小计	男	女
总 计	**3849786**	**1895151**	**1954635**	**3574517**	**1740811**	**1833706**
0-4岁	**266493**	**143173**	**123320**	**251516**	**135149**	**116367**
0	35354	19121	16233	33715	18233	15482
1	52091	27809	24282	49352	26349	23003
2	56564	30345	26219	53361	28634	24727
3	65019	34839	30180	61226	32815	28411
4	57465	31059	26406	53862	29118	24744
5-9岁	**314828**	**170501**	**144327**	**297251**	**161193**	**136058**
5	55702	30106	25596	52178	28229	23949
6	60751	32968	27783	57386	31195	26191
7	63818	34585	29233	60302	32679	27623
8	69360	37477	31883	65582	35532	30050
9	65197	35365	29832	61803	33558	28245
10-14岁	**296580**	**159276**	**137304**	**283189**	**152152**	**131037**
10	62649	33895	28754	59538	32275	27263
11	62987	33885	29102	60015	32348	27667
12	58526	31567	26959	55843	30149	25694
13	55173	29505	25668	52759	28190	24569
14	57245	30424	26821	55034	29190	25844
15-19岁	**516439**	**251006**	**265433**	**505673**	**245295**	**260378**
15	73801	37852	35949	71983	36846	35137
16	114445	56491	57954	112581	55494	57087
17	126753	61402	65351	125071	60478	64593
18	111331	52923	58408	109033	51750	57283
19	90109	42338	47771	87005	40727	46278
20-24岁	**345115**	**152737**	**192378**	**326299**	**143096**	**183203**
20	80510	36771	43739	77233	35086	42147
21	72726	32715	40011	69356	30967	38389
22	72251	32067	40184	68472	30115	38357
23	60937	26274	34663	57004	24282	32722
24	58691	24910	33781	54234	22646	31588
25-29岁	**307351**	**134837**	**172514**	**279002**	**120551**	**158451**
25	61267	25947	35320	56181	23371	32810
26	58993	25570	33423	53807	22938	30869
27	63546	27693	35853	57975	24895	33080
28	62650	28013	34637	56712	25025	31687
29	60895	27614	33281	54327	24322	30005

户口登记地在外乡镇街道的人口(镇)

单位：人

登记地					
其中市辖区内人户分离			省外		
小计	男	女	小计	男	女
64820	**30522**	**34298**	**275269**	**154340**	**120929**
4558	**2483**	**2075**	**14977**	**8024**	**6953**
557	307	250	1639	888	751
914	509	405	2739	1460	1279
1044	564	480	3203	1711	1492
1117	604	513	3793	2024	1769
926	499	427	3603	1941	1662
4886	**2584**	**2302**	**17577**	**9308**	**8269**
945	518	427	3524	1877	1647
970	540	430	3365	1773	1592
944	489	455	3516	1906	1610
1070	545	525	3778	1945	1833
957	492	465	3394	1807	1587
4642	**2402**	**2240**	**13391**	**7124**	**6267**
1018	531	487	3111	1620	1491
995	515	480	2972	1537	1435
914	477	437	2683	1418	1265
809	431	378	2414	1315	1099
906	448	458	2211	1234	977
8710	**4052**	**4658**	**10766**	**5711**	**5055**
1303	655	648	1818	1006	812
2070	958	1112	1864	997	867
2087	947	1140	1682	924	758
1687	768	919	2298	1173	1125
1563	724	839	3104	1611	1493
5786	**2226**	**3560**	**18816**	**9641**	**9175**
1457	630	827	3277	1685	1592
1181	494	687	3370	1748	1622
1102	419	683	3779	1952	1827
1044	359	685	3933	1992	1941
1002	324	678	4457	2264	2193
4857	**1675**	**3182**	**28349**	**14286**	**14063**
1070	347	723	5086	2576	2510
944	337	607	5186	2632	2554
977	322	655	5571	2798	2773
935	328	607	5938	2988	2950
931	341	590	6568	3292	3276

7-2b 续表 1

年龄	户口					
	合计			省内		
	合计	男	女	小计	男	女
30-34岁	**347058**	**161406**	**185652**	**308175**	**141368**	**166807**
30	72508	33045	39463	64208	28826	35382
31	70515	32341	38174	62609	28310	34299
32	69316	32201	37115	61904	28365	33539
33	73015	34329	38686	64904	30113	34791
34	61704	29490	32214	54550	25754	28796
35-39岁	**272650**	**133869**	**138781**	**245227**	**118584**	**126643**
35	54812	26619	28193	48918	23404	25514
36	54689	26808	27881	49229	23764	25465
37	51334	25266	26068	46114	22427	23687
38	59257	29287	29970	53257	25919	27338
39	52558	25889	26669	47709	23070	24639
40-44岁	**261855**	**132501**	**129354**	**239666**	**119306**	**120360**
40	50005	24788	25217	45821	22377	23444
41	52443	26262	26181	47803	23552	24251
42	52150	26510	25640	47789	23870	23919
43	50383	25838	24545	46265	23346	22919
44	56874	29103	27771	51988	26161	25827
45-49岁	**271135**	**141212**	**129923**	**243107**	**123661**	**119446**
45	58192	30163	28029	52811	26810	26001
46	60342	31268	29074	54452	27614	26838
47	54201	28479	25722	48293	24769	23524
48	50178	25967	24211	44637	22485	22152
49	48222	25335	22887	42914	21983	20931
50-54岁	**218625**	**111705**	**106920**	**194146**	**96260**	**97886**
50	49821	25975	23846	44179	22424	21755
51	44119	22818	21301	38986	19581	19405
52	48060	24339	23721	42809	21045	21764
53	35651	17941	17710	31541	15316	16225
54	40974	20632	20342	36631	17894	18737
55-59岁	**149767**	**73600**	**76167**	**134620**	**63980**	**70640**
55	38135	18921	19214	34077	16320	17757
56	37027	18146	18881	33339	15798	17541
57	37435	18441	18994	33454	15919	17535
58	26244	12780	13464	23849	11256	12593
59	10926	5312	5614	9901	4687	5214
60-64岁	**79711**	**38637**	**41074**	**73468**	**34621**	**38847**
60	12532	6196	6336	11355	5416	5939
61	12968	6468	6500	11941	5771	6170
62	18041	8825	9216	16681	7958	8723
63	18915	9108	9807	17490	8192	9298
64	17255	8040	9215	16001	7284	8717

单位：人

登记地					
其中市辖区内人户分离			省外		
小计	男	女	小计	男	女
5431	**2203**	**3228**	**38883**	**20038**	**18845**
1096	423	673	8300	4219	4081
1068	424	644	7906	4031	3875
1130	470	660	7412	3836	3576
1159	492	667	8111	4216	3895
978	394	584	7154	3736	3418
4079	**1868**	**2211**	**27423**	**15285**	**12138**
815	369	446	5894	3215	2679
884	383	501	5460	3044	2416
714	331	383	5220	2839	2381
875	395	480	6000	3368	2632
791	390	401	4849	2819	2030
4535	**2236**	**2299**	**22189**	**13195**	**8994**
829	384	445	4184	2411	1773
872	406	466	4640	2710	1930
931	474	457	4361	2640	1721
934	467	467	4118	2492	1626
969	505	464	4886	2942	1944
4789	**2440**	**2349**	**28028**	**17551**	**10477**
1013	515	498	5381	3353	2028
1031	505	526	5890	3654	2236
990	508	482	5908	3710	2198
851	428	423	5541	3482	2059
904	484	420	5308	3352	1956
4048	**2106**	**1942**	**24479**	**15445**	**9034**
918	479	439	5642	3551	2091
802	419	383	5133	3237	1896
895	469	426	5251	3294	1957
655	348	307	4110	2625	1485
778	391	387	4343	2738	1605
2826	**1487**	**1339**	**15147**	**9620**	**5527**
761	404	357	4058	2601	1457
671	352	319	3688	2348	1340
685	370	315	3981	2522	1459
494	238	256	2395	1524	871
215	123	92	1025	625	400
1495	**760**	**735**	**6243**	**4016**	**2227**
250	126	124	1177	780	397
241	125	116	1027	697	330
323	174	149	1360	867	493
362	171	191	1425	916	509
319	164	155	1254	756	498

7-2b 续表 2

年 龄	户口					
	合 计			省 内		
	合计	男	女	小计	男	女
65-69岁	**78458**	**35830**	**42628**	**73970**	**33172**	**40798**
65	17945	8405	9540	16808	7737	9071
66	18041	8161	9880	16950	7500	9450
67	15895	7208	8687	15020	6678	8342
68	15285	6944	8341	14460	6472	7988
69	11292	5112	6180	10732	4785	5947
70-74岁	**53047**	**24365**	**28682**	**50789**	**23022**	**27767**
70	11280	5089	6191	10744	4791	5953
71	12191	5736	6455	11656	5408	6248
72	10273	4660	5613	9856	4414	5442
73	10145	4689	5456	9722	4436	5286
74	9158	4191	4967	8811	3973	4838
75-79岁	**35772**	**15696**	**20076**	**34577**	**15053**	**19524**
75	7313	3204	4109	7039	3049	3990
76	7871	3529	4342	7581	3367	4214
77	7472	3288	4184	7247	3175	4072
78	6929	2989	3940	6723	2874	3849
79	6187	2686	3501	5987	2588	3399
80-84岁	**21753**	**9357**	**12396**	**21106**	**9087**	**12019**
80	5377	2416	2961	5204	2335	2869
81	4531	1887	2644	4394	1835	2559
82	4830	2103	2727	4704	2052	2652
83	3858	1633	2225	3756	1592	2164
84	3157	1318	1839	3048	1273	1775
85-89岁	**9632**	**4050**	**5582**	**9327**	**3914**	**5413**
85	2572	1070	1502	2490	1032	1458
86	2187	908	1279	2120	882	1238
87	2037	894	1143	1971	868	1103
88	1547	649	898	1492	621	871
89	1289	529	760	1254	511	743
90-94岁	**2792**	**1132**	**1660**	**2702**	**1096**	**1606**
90	1060	431	629	1023	415	608
91	600	235	365	584	229	355
92	587	233	354	567	227	340
93	351	146	205	340	142	198
94	194	87	107	188	83	105
95-99岁	**578**	**204**	**374**	**562**	**195**	**367**
95	197	69	128	191	66	125
96	128	44	84	123	40	83
97	83	27	56	81	26	55
98	93	37	56	92	37	55
99	77	27	50	75	26	49
100岁及以上	**147**	**57**	**90**	**145**	**56**	**89**

单位：人

登记地					
其中市辖区内人户分离			省　　外		
小计	男	女	小计	男	女
1460	**684**	**776**	**4488**	**2658**	**1830**
322	157	165	1137	668	469
332	155	177	1091	661	430
323	154	169	875	530	345
296	131	165	825	472	353
187	87	100	560	327	233
1072	**541**	**531**	**2258**	**1343**	**915**
203	103	100	536	298	238
228	102	126	535	328	207
220	110	110	417	246	171
200	108	92	423	253	170
221	118	103	347	218	129
763	**383**	**380**	**1195**	**643**	**552**
155	79	76	274	155	119
158	86	72	290	162	128
171	89	82	225	113	112
159	71	88	206	115	91
120	58	62	200	98	102
525	**234**	**291**	**647**	**270**	**377**
130	57	73	173	81	92
106	43	63	137	52	85
95	46	49	126	51	75
113	48	65	102	41	61
81	40	41	109	45	64
257	**113**	**144**	**305**	**136**	**169**
73	30	43	82	38	44
58	23	35	67	26	41
36	16	20	66	26	40
52	27	25	55	28	27
38	17	21	35	18	17
78	**36**	**42**	**90**	**36**	**54**
34	17	17	37	16	21
22	10	12	16	6	10
15	7	8	20	6	14
5	1	4	11	4	7
2	1	1	6	4	2
18	**9**	**9**	**16**	**9**	**7**
6	3	3	6	3	3
5	3	2	5	4	1
			2	1	1
4	2	2	1		1
3	1	2	2	1	1
5		**5**	**2**	**1**	**1**

7-2c 全省按户口登记地、年龄、性别分的

年龄	户口					
	合计			省内		
	合计	男	女	小计	男	女
总计	**1665613**	**821880**	**843733**	**1465838**	**702512**	**763326**
0-4岁	**89789**	**47217**	**42572**	**81947**	**43190**	**38757**
0	11589	6000	5589	10699	5543	5156
1	18507	9683	8824	16984	8892	8092
2	19681	10460	9221	17937	9544	8393
3	21080	11108	9972	19168	10149	9019
4	18932	9966	8966	17159	9062	8097
5-9岁	**99754**	**52218**	**47536**	**91269**	**47971**	**43298**
5	18481	9712	8769	16731	8845	7886
6	19380	10225	9155	17726	9407	8319
7	20126	10522	9604	18431	9652	8779
8	21397	11219	10178	19639	10331	9308
9	20370	10540	9830	18742	9736	9006
10-14岁	**94231**	**49007**	**45224**	**87866**	**45764**	**42102**
10	19723	10112	9611	18225	9354	8871
11	20123	10480	9643	18642	9737	8905
12	18216	9552	8664	16977	8921	8056
13	17517	9097	8420	16419	8531	7888
14	18652	9766	8886	17603	9221	8382
15-19岁	**204865**	**98368**	**106497**	**197835**	**95072**	**102763**
15	28246	14449	13797	27275	13935	13340
16	45720	23128	22592	44576	22522	22054
17	49324	24132	25192	48111	23528	24583
18	43320	20315	23005	41807	19671	22136
19	38255	16344	21911	36066	15416	20650
20-24岁	**170860**	**65582**	**105278**	**155476**	**58434**	**97042**
20	36104	14251	21853	33711	13197	20514
21	32609	12649	19960	30167	11546	18621
22	34724	13156	21568	31541	11692	19849
23	33342	12526	20816	29890	10902	18988
24	34081	13000	21081	30167	11097	19070
25-29岁	**158100**	**65037**	**93063**	**136088**	**54386**	**81702**
25	34916	13647	21269	30491	11534	18957
26	32087	12764	19323	28093	10872	17221
27	32197	13265	18932	27848	11146	16702
28	30459	12915	17544	25812	10687	15125
29	28441	12446	15995	23844	10147	13697

户口登记地在外乡镇街道的人口(乡村)

单位：人

登记地					
其中市辖区内人户分离			省外		
小计	男	女	小计	男	女
125604	**55479**	**70125**	**199775**	**119368**	**80407**
8222	**4280**	**3942**	**7842**	**4027**	**3815**
1086	517	569	890	457	433
1660	882	778	1523	791	732
1785	946	839	1744	916	828
1920	996	924	1912	959	953
1771	939	832	1773	904	869
8033	**4176**	**3857**	**8485**	**4247**	**4238**
1610	845	765	1750	867	883
1597	836	761	1654	818	836
1580	803	777	1695	870	825
1712	909	803	1758	888	870
1534	783	751	1628	804	824
6935	**3505**	**3430**	**6365**	**3243**	**3122**
1474	726	748	1498	758	740
1495	754	741	1481	743	738
1294	667	627	1239	631	608
1308	691	617	1098	566	532
1364	667	697	1049	545	504
15292	**7205**	**8087**	**7030**	**3296**	**3734**
2709	1332	1377	971	514	457
4100	1990	2110	1144	606	538
3860	1840	2020	1213	604	609
2632	1233	1399	1513	644	869
1991	810	1181	2189	928	1261
10710	**3012**	**7698**	**15384**	**7148**	**8236**
1744	618	1126	2393	1054	1339
1737	521	1216	2442	1103	1339
2255	581	1674	3183	1464	1719
2389	617	1772	3452	1624	1828
2585	675	1910	3914	1903	2011
12136	**3534**	**8602**	**22012**	**10651**	**11361**
2594	717	1877	4425	2113	2312
2541	727	1814	3994	1892	2102
2420	657	1763	4349	2119	2230
2338	711	1627	4647	2228	2419
2243	722	1521	4597	2299	2298

7-2c 续表 1

年 龄	户口					
	合 计			省 内		
	合计	男	女	小计	男	女
30-34岁	**153960**	**72005**	**81955**	**127067**	**57766**	**69301**
30	33243	14853	18390	27537	11950	15587
31	31935	14628	17307	26341	11727	14614
32	30365	14142	16223	25208	11471	13737
33	31739	15284	16455	26181	12265	13916
34	26678	13098	13580	21800	10353	11447
35-39岁	**116594**	**58188**	**58406**	**97031**	**46893**	**50138**
35	23680	11681	11999	19564	9402	10162
36	23342	11694	11648	19544	9556	9988
37	21469	10770	10699	17753	8591	9162
38	25324	12741	12583	21086	10225	10861
39	22779	11302	11477	19084	9119	9965
40-44岁	**118947**	**60714**	**58233**	**100955**	**49169**	**51786**
40	21340	10604	10736	18092	8596	9496
41	23171	11796	11375	19576	9489	10087
42	23468	11856	11612	20024	9673	10351
43	24022	12410	11612	20499	10131	10368
44	26946	14048	12898	22764	11280	11484
45-49岁	**135122**	**73539**	**61583**	**110647**	**56453**	**54194**
45	27823	14857	12966	23309	11845	11464
46	29642	15885	13757	24604	12427	12177
47	26625	14440	12185	21656	10978	10678
48	25575	14163	11412	20720	10661	10059
49	25457	14194	11263	20358	10542	9816
50-54岁	**111103**	**62643**	**48460**	**89592**	**46581**	**43011**
50	25822	14418	11404	21001	10848	10153
51	22881	12854	10027	18346	9482	8864
52	24864	13968	10896	20189	10486	9703
53	17988	10188	7800	14376	7496	6880
54	19548	11215	8333	15680	8269	7411
55-59岁	**70454**	**40434**	**30020**	**58234**	**31018**	**27216**
55	18406	10551	7855	15004	7954	7050
56	17565	10061	7504	14573	7775	6798
57	17399	10054	7345	14337	7699	6638
58	11937	6870	5067	10030	5355	4675
59	5147	2898	2249	4290	2235	2055
60-64岁	**35602**	**19873**	**15729**	**31537**	**16800**	**14737**
60	6099	3435	2664	5308	2825	2483
61	5884	3310	2574	5167	2743	2424
62	7905	4484	3421	6973	3770	3203
63	8201	4647	3554	7297	3986	3311
64	7513	3997	3516	6792	3476	3316

单位：人

登记地					
其中市辖区内人户分离			省外		
小计	男	女	小计	男	女
11484	**4078**	**7406**	**26893**	**14239**	**12654**
2572	824	1748	5706	2903	2803
2415	835	1580	5594	2901	2693
2228	791	1437	5157	2671	2486
2373	899	1474	5558	3019	2539
1896	729	1167	4878	2745	2133
7974	**3222**	**4752**	**19563**	**11295**	**8268**
1663	662	1001	4116	2279	1837
1522	602	920	3798	2138	1660
1427	559	868	3716	2179	1537
1736	722	1014	4238	2516	1722
1626	677	949	3695	2183	1512
8482	**3780**	**4702**	**17992**	**11545**	**6447**
1465	628	837	3248	2008	1240
1680	721	959	3595	2307	1288
1639	710	929	3444	2183	1261
1767	816	951	3523	2279	1244
1931	905	1026	4182	2768	1414
9921	**4710**	**5211**	**24475**	**17086**	**7389**
2073	946	1127	4514	3012	1502
2188	1045	1143	5038	3458	1580
2028	953	1075	4969	3462	1507
1738	853	885	4855	3502	1353
1894	913	981	5099	3652	1447
8267	**4090**	**4177**	**21511**	**16062**	**5449**
1911	925	986	4821	3570	1251
1670	812	858	4535	3372	1163
1818	924	894	4675	3482	1193
1351	657	694	3612	2692	920
1517	772	745	3868	2946	922
5513	**2913**	**2600**	**12220**	**9416**	**2804**
1444	748	696	3402	2597	805
1327	699	628	2992	2286	706
1406	774	632	3062	2355	707
925	468	457	1907	1515	392
411	224	187	857	663	194
3171	**1711**	**1460**	**4065**	**3073**	**992**
538	289	249	791	610	181
544	279	265	717	567	150
695	392	303	932	714	218
705	391	314	904	661	243
689	360	329	721	521	200

7-2c 续表 2

年 龄	户口					
	合 计			省 内		
	合计	男	女	小计	男	女
65-69岁	**33534**	**17981**	**15553**	**30763**	**16096**	**14667**
65	7522	4124	3398	6733	3567	3166
66	7405	3979	3426	6747	3532	3215
67	6899	3662	3237	6389	3308	3081
68	6744	3599	3145	6254	3270	2984
69	4964	2617	2347	4640	2419	2221
70-74岁	**27090**	**15705**	**11385**	**25404**	**14458**	**10946**
70	5276	2864	2412	4967	2655	2312
71	5845	3358	2487	5491	3104	2387
72	5190	2960	2230	4848	2714	2134
73	5477	3309	2168	5131	3033	2098
74	5302	3214	2088	4967	2952	2015
75-79岁	**20864**	**11629**	**9235**	**19962**	**10997**	**8965**
75	4163	2403	1760	3932	2221	1711
76	4615	2670	1945	4391	2506	1885
77	4394	2423	1971	4213	2305	1908
78	4136	2211	1925	3979	2109	1870
79	3556	1922	1634	3447	1856	1591
80-84岁	**13418**	**6653**	**6765**	**13048**	**6454**	**6594**
80	3207	1654	1553	3100	1586	1514
81	2761	1409	1352	2680	1360	1320
82	2901	1485	1416	2830	1453	1377
83	2386	1133	1253	2324	1104	1220
84	2163	972	1191	2114	951	1163
85-89岁	**6928**	**3153**	**3775**	**6776**	**3092**	**3684**
85	1751	788	963	1716	776	940
86	1484	660	824	1451	648	803
87	1483	691	792	1438	669	769
88	1197	537	660	1173	531	642
89	1013	477	536	998	468	530
90-94岁	**2834**	**1285**	**1549**	**2788**	**1272**	**1516**
90	916	435	481	901	429	472
91	655	293	362	644	291	353
92	562	254	308	553	252	301
93	423	184	239	415	182	233
94	278	119	159	275	118	157
95-99岁	**1036**	**446**	**590**	**1026**	**444**	**582**
95	247	109	138	246	109	137
96	255	113	142	252	111	141
97	191	74	117	189	74	115
98	175	78	97	173	78	95
99	168	72	96	166	72	94
100岁及以上	**528**	**203**	**325**	**527**	**202**	**325**

单位：人

登记地					
其中市辖区内人户分离			省　　外		
小计	男	女	小计	男	女
2989	**1595**	**1394**	**2771**	**1885**	**886**
651	350	301	789	557	232
644	355	289	658	447	211
604	326	278	510	354	156
608	309	299	490	329	161
482	255	227	324	198	126
2550	**1482**	**1068**	**1686**	**1247**	**439**
478	247	231	309	209	100
515	291	224	354	254	100
501	310	191	342	246	96
546	318	228	346	276	70
510	316	194	335	262	73
1846	**1150**	**696**	**902**	**632**	**270**
361	228	133	231	182	49
412	268	144	224	164	60
395	247	148	181	118	63
373	224	149	157	102	55
305	183	122	109	66	43
1204	**632**	**572**	**370**	**199**	**171**
285	158	127	107	68	39
251	126	125	81	49	32
262	159	103	71	32	39
208	100	108	62	29	33
198	89	109	49	21	28
613	**285**	**328**	**152**	**61**	**91**
184	88	96	35	12	23
117	54	63	33	12	21
119	53	66	45	22	23
106	47	59	24	6	18
87	43	44	15	9	6
201	**90**	**111**	**46**	**13**	**33**
75	27	48	15	6	9
57	29	28	11	2	9
30	15	15	9	2	7
24	13	11	8	2	6
15	6	9	3	1	2
43	**22**	**21**	**10**	**2**	**8**
12	6	6	1		1
12	8	4	3	2	1
8	5	3	2		2
3	1	2	2		2
8	2	6	2		2
18	**7**	**11**	**1**	**1**	

7-3 全省按现住地、性别分的户口登记地在外省的人口

单位：人

现住地	户口登记地					
	合计			北京		
	合计	男	女	小计	男	女
贵州	**1146546**	**656454**	**490092**	**3083**	**2055**	**1028**
贵阳市	**441159**	**258888**	**182271**	**1815**	**1175**	**640**
南明区	109637	64421	45216	428	289	139
云岩区	84950	48941	36009	391	246	145
花溪区	78794	46122	32672	296	183	113
乌当区	19775	11538	8237	93	60	33
白云区	35911	21285	14626	66	46	20
观山湖区	68991	41536	27455	480	314	166
开阳县	6598	3611	2987	10	8	2
息烽县	5296	2849	2447	3	1	2
修文县	8076	4848	3228	11	7	4
清镇市	23131	13737	9394	37	21	16
六盘水市	**81208**	**45093**	**36115**	**96**	**70**	**26**
钟山区	32421	18083	14338	53	38	15
六枝特区	9362	5238	4124	16	13	3
水城县	11564	6793	4771	12	9	3
盘州市	27861	14979	12882	15	10	5
遵义市	**178723**	**97021**	**81702**	**393**	**292**	**101**
红花岗区	45507	25080	20427	83	59	24
汇川区	19506	10779	8727	65	38	27
播州区	19326	10751	8575	23	17	6
桐梓县	11299	6191	5108	23	15	8
绥阳县	4591	2548	2043	6	4	2
正安县	4647	2489	2158	28	26	2
道真仡佬族苗族自治县	4090	2068	2022	32	22	10
务川仡佬族苗族自治县	3961	2295	1666	1	1	
凤冈县	4272	2141	2131	4	3	1
湄潭县	5245	2802	2443	9	6	3
余庆县	4109	2462	1647	9	9	
习水县	12689	6629	6060	65	60	5
赤水市	17171	8678	8493	13	8	5
仁怀市	22310	12108	10202	32	24	8
安顺市	**59217**	**34672**	**24545**	**110**	**65**	**45**
西秀区	31705	18469	13236	73	41	32
平坝区	10437	6439	3998	13	8	5
普定县	4807	2813	1994	7	3	4
镇宁布依族苗族自治县	4460	2544	1916	15	12	3
关岭布依族苗族自治县	3840	2267	1573			
紫云苗族布依族自治县	3968	2140	1828	2	1	1
毕节市	**91699**	**51603**	**40096**	**133**	**98**	**35**
七星关区	22722	11426	11296	44	28	16
大方县	9364	5147	4217	14	13	1
黔西县	11631	6697	4934	16	13	3
金沙县	11167	7131	4036	12	10	2
织金县	10721	6417	4304	7	4	3
纳雍县	7703	4617	3086	10	7	3
威宁彝族回族苗族自治县	12042	6547	5495	19	14	5
赫章县	6349	3621	2728	11	9	2

7-3　续表 1

单位：人

现住地	户口登记地					
	合计			北京		
	合计	男	女	小计	男	女
铜仁市	**65304**	**36138**	**29166**	**104**	**70**	**34**
碧江区	19737	10575	9162	24	11	13
万山区	4664	2701	1963			
江口县	3186	1828	1358	7	5	2
玉屏侗族自治县	4774	2649	2125	4	2	2
石阡县	4238	2544	1694	14	9	5
思南县	6658	3833	2825	15	11	4
印江土家族苗族自治县	3643	2119	1524	14	11	3
德江县	4372	2438	1934	2	1	1
沿河土家族自治县	5087	2766	2321	10	9	1
松桃苗族自治县	8945	4685	4260	14	11	3
黔西南布依族苗族自治州	**61538**	**36146**	**25392**	**121**	**76**	**45**
兴义市	33189	19027	14162	96	58	38
兴仁市	7028	4274	2754	7	4	3
普安县	3849	2536	1313	1	1	
晴隆县	2751	1738	1013	1	1	
贞丰县	4467	2656	1811	3	3	
望谟县	2437	1424	1013	2	2	
册亨县	2296	1353	943	6	5	1
安龙县	5521	3138	2383	5	2	3
黔东南苗族侗族自治州	**77671**	**43762**	**33909**	**166**	**123**	**43**
凯里市	29828	17088	12740	76	49	27
黄平县	2733	1650	1083	20	16	4
施秉县	1463	778	685	9	5	4
三穗县	3278	1738	1540			
镇远县	3524	1900	1624	8	6	2
岑巩县	3556	1939	1617	13	10	3
天柱县	3960	2018	1942	4	4	
锦屏县	2558	1509	1049	4	4	
剑河县	2682	1525	1157	5	5	
台江县	1626	1018	608	3	2	1
黎平县	6678	3591	3087	11	10	1
榕江县	4276	2540	1736	6	5	1
从江县	4661	2541	2120	1	1	
雷山县	2478	1488	990	3	3	
麻江县	2465	1401	1064			
丹寨县	1905	1038	867	3	3	
黔南布依族苗族自治州	**90027**	**53131**	**36896**	**145**	**86**	**59**
都匀市	21324	12557	8767	40	23	17
福泉市	7399	4513	2886	9	6	3
荔波县	6358	4067	2291	12	9	3
贵定县	6562	4002	2560	11	5	6
瓮安县	7760	4354	3406	5	2	3
独山县	7018	4159	2859	5	3	2
平塘县	3828	2122	1706	3	1	2
罗甸县	4910	2786	2124	2	2	
长顺县	3112	1723	1389	10	8	2
龙里县	9400	5923	3477	24	16	8
惠水县	9108	5120	3988	18	10	8
三都水族自治县	3248	1805	1443	6	1	5

7-3 续表 2

单位：人

现住地	户口登记地								
	天津			河北			山西		
	小计	男	女	小计	男	女	小计	男	女
贵州	**1894**	**1147**	**747**	**22218**	**13477**	**8741**	**9093**	**5656**	**3437**
贵阳市	**1080**	**622**	**458**	**11090**	**6671**	**4419**	**4347**	**2533**	**1814**
南明区	216	142	74	2313	1389	924	690	432	258
云岩区	239	132	107	2132	1247	885	826	463	363
花溪区	216	127	89	2558	1526	1032	1333	731	602
乌当区	59	38	21	370	230	140	247	151	96
白云区	91	31	60	764	461	303	289	160	129
观山湖区	227	136	91	2156	1343	813	613	377	236
开阳县	10	2	8	88	50	38	38	26	12
息烽县	1		1	81	46	35	32	12	20
修文县	6	4	2	143	89	54	80	60	20
清镇市	15	10	5	485	290	195	199	121	78
六盘水市	**69**	**48**	**21**	**1332**	**800**	**532**	**431**	**269**	**162**
钟山区	21	15	6	636	360	276	166	99	67
六枝特区	13	5	8	133	88	45	74	50	24
水城县	6	6		141	86	55	61	42	19
盘州市	29	22	7	422	266	156	130	78	52
遵义市	**236**	**151**	**85**	**2589**	**1505**	**1084**	**1188**	**756**	**432**
红花岗区	76	52	24	955	524	431	333	171	162
汇川区	67	35	32	262	165	97	156	101	55
播州区	17	14	3	428	232	196	124	88	36
桐梓县	13	6	7	118	70	48	86	60	26
绥阳县	2	1	1	61	45	16	59	44	15
正安县	3	3		141	118	23	12	9	3
道真仡佬族苗族自治县				51	26	25	17	5	12
务川仡佬族苗族自治县	2	2		42	24	18	30	21	9
凤冈县	1	1		39	22	17	7	4	3
湄潭县	4	2	2	45	22	23	24	17	7
余庆县	6	3	3	70	46	24	87	69	18
习水县	13	9	4	90	51	39	63	39	24
赤水市	4	3	1	75	35	40	16	10	6
仁怀市	28	20	8	212	125	87	174	118	56
安顺市	**78**	**41**	**37**	**953**	**589**	**364**	**371**	**230**	**141**
西秀区	49	21	28	510	288	222	219	128	91
平坝区	16	11	5	229	162	67	78	57	21
普定县	7	5	2	44	28	16	30	12	18
镇宁布依族苗族自治县	5	3	2	62	41	21	14	9	5
关岭布依族苗族自治县	1	1		48	29	19	15	11	4
紫云苗族布依族自治县				60	41	19	15	13	2
毕节市	**85**	**58**	**27**	**1438**	**847**	**591**	**859**	**641**	**218**
七星关区	14	9	5	474	272	202	143	89	54
大方县	12	10	2	185	119	66	78	50	28
黔西县	6	5	1	211	123	88	93	64	29
金沙县	19	13	6	125	74	51	143	125	18
织金县	8	4	4	146	78	68	116	86	30
纳雍县	5	3	2	147	95	52	80	62	18
威宁彝族回族苗族自治县	15	12	3	94	56	38	67	51	16
赫章县	6	2	4	56	30	26	139	114	25

7−3　续表 3　　单位：人

现住地	户口登记地								
	天津			河北			山西		
	小计	男	女	小计	男	女	小计	男	女
铜仁市	**82**	**57**	**25**	**928**	**605**	**323**	**316**	**214**	**102**
碧江区	26	17	9	320	184	136	105	75	30
万山区	4	4		96	63	33	16	7	9
江口县	3	2	1	47	36	11	30	26	4
玉屏侗族自治县	8	7	1	77	61	16	29	17	12
石阡县	7	3	4	51	30	21	35	24	11
思南县	10	9	1	88	64	24	30	17	13
印江土家族苗族自治县	5	3	2	37	29	8	18	12	6
德江县	7	5	2	44	29	15	7	4	3
沿河土家族自治县	2	1	1	24	14	10	12	5	7
松桃苗族自治县	10	6	4	144	95	49	34	27	7
黔西南布依族苗族自治州	**71**	**46**	**25**	**1326**	**879**	**447**	**351**	**228**	**123**
兴义市	51	32	19	953	637	316	223	145	78
兴仁市	3	2	1	114	71	43	33	26	7
普安县	6	5	1	26	20	6	28	18	10
晴隆县				39	28	11	11	7	4
贞丰县	6	6		70	42	28	23	15	8
望谟县				17	9	8	4	3	1
册亨县	2		2	14	9	5	8	5	3
安龙县	3	1	2	93	63	30	21	9	12
黔东南苗族侗族自治州	**104**	**66**	**38**	**958**	**586**	**372**	**393**	**254**	**139**
凯里市	56	33	23	481	288	193	188	119	69
黄平县	4	3	1	39	27	12	15	9	6
施秉县	1	1		15	9	6	8	5	3
三穗县	3	3		29	13	16	11	8	3
镇远县	3	2	1	30	19	11	19	12	7
岑巩县	5	4	1	60	48	12	34	19	15
天柱县	1	1		29	15	14	16	6	10
锦屏县	1		1	10	4	6	7	5	2
剑河县	5	3	2	15	9	6	14	12	2
台江县	2	1	1	9	4	5	2	2	
黎平县	8	6	2	45	22	23	15	11	4
榕江县	5	2	3	33	20	13	17	12	5
从江县	1	1		38	28	10	6	4	2
雷山县	7	5	2	26	17	9	24	20	4
麻江县				66	42	24	15	10	5
丹寨县	2	1	1	33	21	12	2		2
黔南布依族苗族自治州	**89**	**58**	**31**	**1604**	**995**	**609**	**837**	**531**	**306**
都匀市	25	15	10	438	236	202	361	224	137
福泉市	9	5	4	128	80	48	22	17	5
荔波县	7	4	3	130	102	28	60	53	7
贵定县	4	2	2	101	62	39	45	29	16
瓮安县	18	12	6	137	90	47	56	40	16
独山县	6	3	3	133	95	38	30	23	7
平塘县	3	2	1	47	27	20	19	11	8
罗甸县	3	3		47	29	18	30	13	17
长顺县				87	61	26	13	8	5
龙里县	9	9		114	75	39	69	46	23
惠水县	5	3	2	212	121	91	124	62	62
三都水族自治县				30	17	13	8	5	3

7-3 续表 4

单位：人

现住地	户口登记地								
	内蒙古			辽宁			吉林		
	小计	男	女	小计	男	女	小计	男	女
贵州	**4340**	**2613**	**1727**	**7467**	**4559**	**2908**	**7469**	**4500**	**2969**
贵阳市	**2173**	**1272**	**901**	**3959**	**2278**	**1681**	**3695**	**2118**	**1577**
南明区	493	318	175	825	498	327	858	506	352
云岩区	442	252	190	728	405	323	671	366	305
花溪区	481	255	226	817	445	372	874	477	397
乌当区	97	56	41	178	94	84	213	115	98
白云区	129	81	48	292	162	130	249	144	105
观山湖区	373	210	163	696	413	283	566	334	232
开阳县	23	16	7	19	9	10	18	12	6
息烽县	33	17	16	196	125	71	23	14	9
修文县	24	16	8	35	23	12	37	23	14
清镇市	78	51	27	173	104	69	186	127	59
六盘水市	**243**	**149**	**94**	**449**	**262**	**187**	**407**	**234**	**173**
钟山区	120	74	46	219	117	102	210	119	91
六枝特区	19	13	6	55	29	26	41	25	16
水城县	33	18	15	69	45	24	47	32	15
盘州市	71	44	27	106	71	35	109	58	51
遵义市	**501**	**280**	**221**	**801**	**480**	**321**	**919**	**559**	**360**
红花岗区	182	98	84	280	157	123	227	127	100
汇川区	90	49	41	158	89	69	161	95	66
播州区	45	23	22	83	55	28	141	92	49
桐梓县	32	24	8	34	22	12	43	27	16
绥阳县	9	3	6	25	15	10	66	48	18
正安县	7	3	4	19	15	4	19	10	9
道真仡佬族苗族自治县	4	2	2	18	10	8	18	10	8
务川仡佬族苗族自治县	8	3	5	12	4	8	17	14	3
凤冈县	12	8	4	6	3	3	21	14	7
湄潭县	27	13	14	17	13	4	22	11	11
余庆县	16	14	2	30	22	8	14	11	3
习水县	23	13	10	23	16	7	54	37	17
赤水市	12	7	5	22	14	8	28	13	15
仁怀市	34	20	14	74	45	29	88	50	38
安顺市	**222**	**131**	**91**	**360**	**230**	**130**	**287**	**170**	**117**
西秀区	163	92	71	219	135	84	161	86	75
平坝区	19	15	4	75	50	25	79	50	29
普定县	10	7	3	12	9	3	13	9	4
镇宁布依族苗族自治县	18	11	7	13	7	6	15	10	5
关岭布依族苗族自治县	2	2		8	5	3	10	7	3
紫云苗族布依族自治县	10	4	6	33	24	9	9	8	1
毕节市	**243**	**150**	**93**	**417**	**299**	**118**	**641**	**461**	**180**
七星关区	56	27	29	177	132	45	136	82	54
大方县	29	16	13	40	25	15	140	106	34
黔西县	46	25	21	47	31	16	83	60	23
金沙县	30	25	5	61	43	18	146	107	39
织金县	15	6	9	25	16	9	25	20	5
纳雍县	17	10	7	32	29	3	44	40	4
威宁彝族回族苗族自治县	20	16	4	19	10	9	38	25	13
赫章县	30	25	5	16	13	3	29	21	8

7-3　续表 5

单位：人

现住地	户口登记地								
	内蒙古			辽宁			吉林		
	小计	男	女	小计	男	女	小计	男	女
铜仁市	**272**	**183**	**89**	**261**	**180**	**81**	**265**	**165**	**100**
碧江区	67	34	33	75	42	33	102	57	45
万山区	7	4	3	22	16	6	26	19	7
江口县	25	18	7	16	13	3	14	9	5
玉屏侗族自治县	24	18	6	24	15	9	22	15	7
石阡县	35	27	8	18	16	2	11	8	3
思南县	27	18	9	29	19	10	19	15	4
印江土家族苗族自治县	35	27	8	36	28	8	12	6	6
德江县	15	11	4	12	10	2	11	6	5
沿河土家族自治县	12	7	5	7	6	1	29	17	12
松桃苗族自治县	25	19	6	22	15	7	19	13	6
黔西南布依族苗族自治州	**197**	**133**	**64**	**346**	**251**	**95**	**377**	**239**	**138**
兴义市	110	70	40	176	115	61	247	148	99
兴仁市	27	17	10	16	14	2	31	23	8
普安县	9	9		21	14	7	25	21	4
晴隆县	10	7	3	20	19	1	27	22	5
贞丰县	21	16	5	21	16	5	11	6	5
望谟县	3	2	1	3	3				
册亨县	4	2	2	2	1	1	6	2	4
安龙县	13	10	3	87	69	18	30	17	13
黔东南苗族侗族自治州	**237**	**156**	**81**	**374**	**265**	**109**	**368**	**240**	**128**
凯里市	106	70	36	132	83	49	186	114	72
黄平县	28	22	6	54	50	4	17	12	5
施秉县	4	2	2	2	2		14	10	4
三穗县	2	1	1	18	12	6	6	3	3
镇远县	12	8	4	7	3	4	15	8	7
岑巩县	24	17	7	17	9	8	6	4	2
天柱县	3	2	1	7	2	5	7	6	1
锦屏县	4	1	3	20	18	2	11	7	4
剑河县	12	9	3	24	18	6	17	11	6
台江县				9	3	6	3	1	2
黎平县	11	7	4	22	13	9	16	11	5
榕江县	8	4	4	13	11	2	14	9	5
从江县	1		1	7	6	1	12	10	2
雷山县	6	3	3	37	33	4	31	25	6
麻江县	10	4	6	1	1		5	4	1
丹寨县	6	6		4	1	3	8	5	3
黔南布依族苗族自治州	**252**	**159**	**93**	**500**	**314**	**186**	**510**	**314**	**196**
都匀市	82	51	31	176	99	77	196	113	83
福泉市	27	15	12	24	14	10	54	34	20
荔波县	11	8	3	38	33	5	30	23	7
贵定县	32	21	11	39	26	13	26	22	4
瓮安县	30	17	13	21	12	9	26	16	10
独山县	9	5	4	16	13	3	15	11	4
平塘县	1	1		16	12	4	9	6	3
罗甸县	1		1	6	5	1	14	7	7
长顺县	3	1	2	41	36	5	9	8	1
龙里县	36	28	8	66	38	28	48	33	15
惠水县	17	10	7	46	20	26	56	30	26
三都水族自治县	3	2	1	11	6	5	27	11	16

7-3 续表 6

单位：人

现住地	户口登记地								
	黑龙江			上海			江苏		
	小计	男	女	小计	男	女	小计	男	女
贵州	**9696**	**5624**	**4072**	**3658**	**2110**	**1548**	**25845**	**16386**	**9459**
贵阳市	**5238**	**2922**	**2316**	**1967**	**1138**	**829**	**10551**	**6856**	**3695**
南明区	1283	752	531	506	292	214	2547	1670	877
云岩区	1070	582	488	481	277	204	1898	1212	686
花溪区	1120	609	511	345	189	156	1924	1214	710
乌当区	285	163	122	158	88	70	471	298	173
白云区	346	196	150	75	39	36	917	639	278
观山湖区	875	466	409	318	206	112	1715	1168	547
开阳县	19	11	8	10	7	3	149	69	80
息烽县	36	20	16	9	6	3	152	79	73
修文县	54	35	19	22	11	11	197	120	77
清镇市	150	88	62	43	23	20	581	387	194
六盘水市	**593**	**322**	**271**	**107**	**61**	**46**	**1600**	**926**	**674**
钟山区	285	145	140	61	34	27	660	392	268
六枝特区	50	29	21	19	9	10	241	135	106
水城县	110	63	47	7	4	3	241	135	106
盘州市	148	85	63	20	14	6	458	264	194
遵义市	**1036**	**625**	**411**	**652**	**373**	**279**	**3306**	**2069**	**1237**
红花岗区	286	164	122	189	101	88	866	532	334
汇川区	188	108	80	227	126	101	487	312	175
播州区	114	67	47	63	43	20	440	264	176
桐梓县	58	35	23	32	19	13	238	146	92
绥阳县	26	17	9	13	8	5	139	76	63
正安县	21	14	7	12	5	7	91	59	32
道真仡佬族苗族自治县	7	4	3	6	3	3	82	53	29
务川仡佬族苗族自治县	13	10	3	8	6	2	98	70	28
凤冈县	19	8	11	13	11	2	89	53	36
湄潭县	34	18	16	18	12	6	93	52	41
余庆县	32	22	10	9	5	4	90	60	30
习水县	104	78	26	9	5	4	158	105	53
赤水市	30	17	13	12	10	2	86	68	18
仁怀市	104	63	41	41	19	22	349	219	130
安顺市	**364**	**214**	**150**	**166**	**90**	**76**	**1940**	**1274**	**666**
西秀区	245	139	106	95	48	47	1027	683	344
平坝区	45	32	13	16	6	10	303	180	123
普定县	11	7	4	20	11	9	291	211	80
镇宁布依族苗族自治县	34	16	18	6	5	1	113	66	47
关岭布依族苗族自治县	20	14	6	23	15	8	117	80	37
紫云苗族布依族自治县	9	6	3	6	5	1	89	54	35
毕节市	**534**	**352**	**182**	**107**	**67**	**40**	**2278**	**1389**	**889**
七星关区	156	92	64	40	24	16	485	264	221
大方县	56	35	21	8	6	2	258	128	130
黔西县	68	34	34	15	12	3	248	149	99
金沙县	79	63	16	12	7	5	325	240	85
织金县	40	25	15	12	6	6	345	202	143
纳雍县	70	53	17	4	2	2	274	192	82
威宁彝族回族苗族自治县	39	31	8	12	7	5	193	117	76
赫章县	26	19	7	4	3	1	150	97	53

7-3　续表 7　　　　　　　　　　　　　　　　　　　　　　　　　　　　　　　　　　　单位：人

现住地	户口登记地								
	黑龙江			上海			江苏		
	小计	男	女	小计	男	女	小计	男	女
铜仁市	**289**	**171**	**118**	**136**	**80**	**56**	**1352**	**827**	**525**
碧江区	112	61	51	36	21	15	354	210	144
万山区	25	16	9	9	5	4	159	107	52
江口县	23	10	13	9	6	3	79	47	32
玉屏侗族自治县	12	6	6	15	7	8	89	56	33
石阡县	14	7	7	1	1		90	57	33
思南县	29	23	6	11	6	5	124	83	41
印江土家族苗族自治县	17	10	7	11	6	5	104	57	47
德江县	13	8	5	7	5	2	133	89	44
沿河土家族自治县	16	9	7	28	16	12	89	48	41
松桃苗族自治县	28	21	7	9	7	2	131	73	58
黔西南布依族苗族自治州	**601**	**417**	**184**	**106**	**61**	**45**	**1253**	**860**	**393**
兴义市	331	214	117	79	44	35	574	349	225
兴仁市	63	40	23	2	1	1	253	196	57
普安县	27	21	6	2	1	1	116	91	25
晴隆县	33	29	4	6	4	2	104	92	12
贞丰县	50	33	17	6	4	2	77	53	24
望谟县	5	4	1	2	2		14	7	7
册亨县	5	4	1	2	2		22	17	5
安龙县	87	72	15	7	3	4	93	55	38
黔东南苗族侗族自治州	**479**	**273**	**206**	**155**	**91**	**64**	**1579**	**919**	**660**
凯里市	257	141	116	86	54	32	570	376	194
黄平县	14	5	9	4	3	1	47	24	23
施秉县	8	4	4	2	1	1	35	18	17
三穗县	12	8	4	4	2	2	62	34	28
镇远县	11	7	4	11	5	6	72	34	38
岑巩县	18	12	6	8	6	2	97	56	41
天柱县	14	8	6	11	8	3	85	38	47
锦屏县	14	7	7	4		4	43	24	19
剑河县	36	27	9	2	1	1	35	16	19
台江县	8	5	3	3	2	1	112	82	30
黎平县	15	11	4	7	3	4	129	59	70
榕江县	9	6	3	3	1	2	71	35	36
从江县	10	2	8	4	2	2	51	32	19
雷山县	39	23	16	2	2		73	39	34
麻江县	11	5	6	3	1	2	55	28	27
丹寨县	3	2	1	1		1	42	24	18
黔南布依族苗族自治州	**562**	**328**	**234**	**262**	**149**	**113**	**1986**	**1266**	**720**
都匀市	183	98	85	123	70	53	511	306	205
福泉市	36	21	15	10	5	5	252	173	79
荔波县	36	24	12	10	5	5	97	72	25
贵定县	47	31	16	11	5	6	130	75	55
瓮安县	38	26	12	15	13	2	159	92	67
独山县	28	14	14	11	5	6	182	138	44
平塘县	16	11	5	14	11	3	58	33	25
罗甸县	20	11	9	15	5	10	80	46	34
长顺县	11	7	4	6	3	3	63	39	24
龙里县	89	52	37	25	16	9	217	153	64
惠水县	50	28	22	18	10	8	165	102	63
三都水族自治县	8	5	3	4	1	3	72	37	35

7-3 续表 8 单位：人

现住地	户口登记地								
	浙江			安徽			福建		
	小计	男	女	小计	男	女	小计	男	女
贵州	**50799**	**29949**	**20850**	**29162**	**17497**	**11665**	**60558**	**37838**	**22720**
贵阳市	**17801**	**10472**	**7329**	**10835**	**6646**	**4189**	**23629**	**14865**	**8764**
南明区	4285	2574	1711	2470	1530	940	6658	4169	2489
云岩区	3067	1769	1298	2087	1276	811	3264	2025	1239
花溪区	2348	1434	914	2171	1330	841	5713	3629	2084
乌当区	544	302	242	430	282	148	726	435	291
白云区	847	494	353	813	482	331	1278	801	477
观山湖区	4321	2535	1786	1654	1029	625	3787	2404	1383
开阳县	336	173	163	179	95	84	359	209	150
息烽县	221	116	105	193	112	81	229	134	95
修文县	505	305	200	257	162	95	529	374	155
清镇市	1327	770	557	581	348	233	1086	685	401
六盘水市	**2673**	**1537**	**1136**	**2133**	**1264**	**869**	**3555**	**2180**	**1375**
钟山区	949	550	399	776	443	333	1629	975	654
六枝特区	419	222	197	454	283	171	450	262	188
水城县	405	246	159	379	247	132	411	263	148
盘州市	900	519	381	524	291	233	1065	680	385
遵义市	**5940**	**3386**	**2554**	**3810**	**2256**	**1554**	**6794**	**4144**	**2650**
红花岗区	1793	1036	757	1139	661	478	2055	1221	834
汇川区	698	408	290	410	240	170	624	388	236
播州区	807	440	367	565	324	241	962	612	350
桐梓县	342	204	138	191	110	81	506	320	186
绥阳县	209	119	90	107	65	42	219	146	73
正安县	157	97	60	122	77	45	258	158	100
道真仡佬族苗族自治县	103	65	38	79	52	27	175	111	64
务川仡佬族苗族自治县	162	100	62	209	154	55	165	94	71
凤冈县	241	128	113	91	50	41	171	104	67
湄潭县	281	168	113	148	90	58	355	222	133
余庆县	179	97	82	118	73	45	240	149	91
习水县	209	108	101	215	135	80	297	162	135
赤水市	161	91	70	78	43	35	193	103	90
仁怀市	598	325	273	338	182	156	574	354	220
安顺市	**3342**	**1987**	**1355**	**1804**	**1033**	**771**	**3577**	**2260**	**1317**
西秀区	1447	836	611	850	497	353	2042	1253	789
平坝区	658	408	250	365	219	146	438	286	152
普定县	436	273	163	162	79	83	294	191	103
镇宁布依族苗族自治县	325	188	137	151	88	63	314	196	118
关岭布依族苗族自治县	250	149	101	155	87	68	254	176	78
紫云苗族布依族自治县	226	133	93	121	63	58	235	158	77
毕节市	**5260**	**3218**	**2042**	**2768**	**1628**	**1140**	**4546**	**2832**	**1714**
七星关区	838	420	418	586	307	279	1241	739	502
大方县	632	387	245	270	143	127	389	231	158
黔西县	738	439	299	364	211	153	602	354	248
金沙县	1057	742	315	472	342	130	492	292	200
织金县	662	424	238	428	266	162	592	388	204
纳雍县	501	287	214	319	174	145	449	303	146
威宁彝族回族苗族自治县	432	278	154	203	118	85	474	319	155
赫章县	400	241	159	126	67	59	307	206	101

7-3　续表 9　　单位：人

现住地	户口登记地								
	浙江			安徽			福建		
	小计	男	女	小计	男	女	小计	男	女
铜仁市	**2695**	**1618**	**1077**	**1465**	**856**	**609**	**3827**	**2397**	**1430**
碧江区	812	491	321	432	269	163	1199	718	481
万山区	183	112	71	134	72	62	170	103	67
江口县	200	124	76	76	44	32	186	118	68
玉屏侗族自治县	162	91	71	123	80	43	152	93	59
石阡县	156	94	62	108	62	46	247	173	74
思南县	235	139	96	144	76	68	492	326	166
印江土家族苗族自治县	165	98	67	62	37	25	231	143	88
德江县	285	174	111	94	50	44	375	215	160
沿河土家族自治县	213	131	82	80	47	33	214	148	66
松桃苗族自治县	284	164	120	212	119	93	561	360	201
黔西南布依族苗族自治州	**3699**	**2176**	**1523**	**1470**	**927**	**543**	**4331**	**2715**	**1616**
兴义市	1682	982	700	615	353	262	2651	1630	1021
兴仁市	514	303	211	205	135	70	464	306	158
普安县	262	168	94	116	85	31	150	110	40
晴隆县	121	77	44	149	114	35	146	89	57
贞丰县	410	231	179	146	88	58	279	183	96
望谟县	221	122	99	56	33	23	118	75	43
册亨县	161	96	65	42	33	9	155	97	58
安龙县	328	197	131	141	86	55	368	225	143
黔东南苗族侗族自治州	**4180**	**2466**	**1714**	**2110**	**1250**	**860**	**4766**	**2943**	**1823**
凯里市	1467	853	614	807	501	306	2081	1273	808
黄平县	159	81	78	75	45	30	166	104	62
施秉县	102	59	43	35	23	12	117	68	49
三穗县	206	123	83	97	56	41	170	98	72
镇远县	226	142	84	89	46	43	149	93	56
岑巩县	225	147	78	59	36	23	170	103	67
天柱县	228	144	84	116	65	51	202	119	83
锦屏县	165	103	62	58	35	23	255	173	82
剑河县	140	88	52	85	44	41	140	85	55
台江县	143	84	59	118	84	34	110	64	46
黎平县	316	189	127	143	76	67	439	284	155
榕江县	188	107	81	134	79	55	271	175	96
从江县	162	88	74	120	67	53	134	88	46
雷山县	143	82	61	57	28	29	63	31	32
麻江县	150	88	62	68	39	29	152	93	59
丹寨县	160	88	72	49	26	23	147	92	55
黔南布依族苗族自治州	**5209**	**3089**	**2120**	**2767**	**1637**	**1130**	**5533**	**3502**	**2031**
都匀市	1030	613	417	743	438	305	1378	845	533
福泉市	478	269	209	206	115	91	334	196	138
荔波县	268	176	92	125	83	42	344	237	107
贵定县	313	184	129	216	126	90	422	286	136
瓮安县	485	277	208	272	143	129	452	308	144
独山县	436	267	169	235	163	72	461	300	161
平塘县	273	167	106	108	58	50	225	138	87
罗甸县	246	139	107	143	91	52	302	186	116
长顺县	202	101	101	87	48	39	164	115	49
龙里县	445	280	165	230	139	91	431	271	160
惠水县	801	480	321	287	167	120	787	474	313
三都水族自治县	232	136	96	115	66	49	233	146	87

7-3 续表 10 单位：人

现住地	户口登记地								
	江西			山东			河南		
	小计	男	女	小计	男	女	小计	男	女
贵州	**38298**	**21796**	**16502**	**23400**	**15293**	**8107**	**55480**	**33435**	**22045**
贵阳市	**15431**	**9136**	**6295**	**10685**	**6636**	**4049**	**23116**	**14222**	**8894**
南明区	3970	2379	1591	2098	1339	759	5073	3157	1916
云岩区	2881	1703	1178	2030	1283	747	4344	2570	1774
花溪区	3002	1809	1193	2722	1586	1136	5092	3142	1950
乌当区	583	332	251	435	264	171	1027	662	365
白云区	1135	677	458	740	491	249	1963	1244	719
观山湖区	2697	1625	1072	1686	1053	633	3634	2246	1388
开阳县	218	94	124	193	101	92	267	160	107
息烽县	155	73	82	62	41	21	213	110	103
修文县	201	107	94	174	118	56	357	224	133
清镇市	589	337	252	545	360	185	1146	707	439
六盘水市	**2401**	**1369**	**1032**	**1723**	**1081**	**642**	**3696**	**2200**	**1496**
钟山区	1014	567	447	833	478	355	1608	928	680
六枝特区	375	205	170	150	99	51	557	347	210
水城县	385	254	131	309	207	102	484	290	194
盘州市	627	343	284	431	297	134	1047	635	412
遵义市	**4960**	**2650**	**2310**	**2631**	**1605**	**1026**	**7285**	**4091**	**3194**
红花岗区	1409	770	639	1046	589	457	1955	1087	868
汇川区	587	332	255	376	221	155	941	524	417
播州区	705	373	332	274	177	97	941	552	389
桐梓县	239	110	129	147	108	39	449	271	178
绥阳县	158	82	76	70	48	22	265	141	124
正安县	174	85	89	67	51	16	239	128	111
道真仡佬族苗族自治县	103	42	61	25	13	12	181	95	86
务川仡佬族苗族自治县	160	90	70	35	20	15	185	112	73
凤冈县	168	90	78	28	13	15	220	91	129
湄潭县	208	109	99	55	35	20	245	129	116
余庆县	140	65	75	73	55	18	245	161	84
习水县	285	164	121	99	63	36	385	212	173
赤水市	102	46	56	31	18	13	183	100	83
仁怀市	522	292	230	305	194	111	851	488	363
安顺市	**2068**	**1175**	**893**	**871**	**587**	**284**	**3143**	**1900**	**1243**
西秀区	1069	639	430	431	275	156	1819	1113	706
平坝区	307	166	141	145	96	49	535	340	195
普定县	230	123	107	100	83	17	204	104	100
镇宁布依族苗族自治县	172	90	82	82	58	24	198	120	78
关岭布依族苗族自治县	144	78	66	62	36	26	181	106	75
紫云苗族布依族自治县	146	79	67	51	39	12	206	117	89
毕节市	**3062**	**1643**	**1419**	**3249**	**2555**	**694**	**5156**	**3109**	**2047**
七星关区	930	489	441	314	188	126	925	471	454
大方县	260	126	134	587	467	120	490	262	228
黔西县	399	208	191	860	688	172	1456	916	540
金沙县	339	166	173	395	303	92	704	469	235
织金县	464	256	208	571	494	77	601	394	207
纳雍县	343	219	124	348	293	55	374	231	143
威宁彝族回族苗族自治县	180	98	82	84	46	38	343	210	133
赫章县	147	81	66	90	76	14	263	156	107

7-3　续表 11

单位：人

现住地	户口登记地								
	江西			山东			河南		
	小计	男	女	小计	男	女	小计	男	女
铜仁市	**1886**	**1035**	**851**	**743**	**493**	**250**	**2735**	**1611**	**1124**
碧江区	562	297	265	255	151	104	941	539	402
万山区	149	90	59	74	45	29	178	105	73
江口县	106	63	43	70	49	21	171	101	70
玉屏侗族自治县	74	40	34	66	52	14	134	82	52
石阡县	163	101	62	48	38	10	217	145	72
思南县	219	125	94	82	56	26	247	155	92
印江土家族苗族自治县	131	79	52	47	38	9	197	132	65
德江县	153	87	66	28	18	10	196	100	96
沿河土家族自治县	130	62	68	25	16	9	126	69	57
松桃苗族自治县	199	91	108	48	30	18	328	183	145
黔西南布依族苗族自治州	**1920**	**1087**	**833**	**1138**	**807**	**331**	**2745**	**1719**	**1026**
兴义市	952	538	414	565	347	218	1320	785	535
兴仁市	269	154	115	262	228	34	248	145	103
普安县	75	41	34	50	40	10	478	381	97
晴隆县	104	66	38	59	47	12	132	93	39
贞丰县	177	103	74	91	69	22	199	112	87
望谟县	103	56	47	9	2	7	55	30	25
册亨县	70	36	34	15	7	8	66	41	25
安龙县	170	93	77	87	67	20	247	132	115
黔东南苗族侗族自治州	**3151**	**1723**	**1428**	**1006**	**617**	**389**	**3248**	**1921**	**1327**
凯里市	1386	807	579	504	305	199	1459	876	583
黄平县	102	55	47	28	19	9	139	90	49
施秉县	61	31	30	14	11	3	45	29	16
三穗县	151	73	78	35	25	10	136	69	67
镇远县	99	52	47	45	22	23	159	77	82
岑巩县	160	80	80	47	30	17	126	80	46
天柱县	132	62	70	22	11	11	134	62	72
锦屏县	145	84	61	22	18	4	73	42	31
剑河县	82	43	39	34	23	11	131	86	45
台江县	67	40	27	18	12	6	68	50	18
黎平县	268	128	140	45	34	11	183	101	82
榕江县	110	58	52	20	15	5	159	93	66
从江县	120	62	58	22	15	7	93	52	41
雷山县	81	47	34	83	33	50	141	96	45
麻江县	121	63	58	24	14	10	121	74	47
丹寨县	66	38	28	43	30	13	81	44	37
黔南布依族苗族自治州	**3419**	**1978**	**1441**	**1354**	**912**	**442**	**4356**	**2662**	**1694**
都匀市	842	507	335	408	246	162	1126	678	448
福泉市	308	185	123	128	93	35	387	244	143
荔波县	191	114	77	58	45	13	268	192	76
贵定县	190	106	84	111	79	32	300	184	116
瓮安县	299	138	161	173	128	45	386	220	166
独山县	216	126	90	67	49	18	311	208	103
平塘县	152	90	62	50	35	15	153	94	59
罗甸县	292	183	109	32	19	13	193	114	79
长顺县	108	50	58	45	30	15	196	106	90
龙里县	263	165	98	160	114	46	437	261	176
惠水县	406	226	180	100	61	39	469	291	178
三都水族自治县	152	88	64	22	13	9	130	70	60

7-3 续表 12 单位：人

现住地	户口登记地								
	湖北			湖南			广东		
	小计	男	女	小计	男	女	小计	男	女
贵州	**53049**	**31090**	**21959**	**152214**	**83839**	**68375**	**37618**	**20158**	**17460**
贵阳市	**20091**	**11775**	**8316**	**43448**	**24504**	**18944**	**14688**	**8731**	**5957**
南明区	3924	2315	1609	9487	5348	4139	3724	2252	1472
云岩区	3416	1973	1443	8327	4622	3705	3012	1773	1239
花溪区	3717	2186	1531	7400	4253	3147	2353	1379	974
乌当区	888	537	351	1574	878	696	824	486	338
白云区	2424	1355	1069	3288	1891	1397	883	489	394
观山湖区	3707	2176	1531	8859	5058	3801	3005	1880	1125
开阳县	323	180	143	780	411	369	138	69	69
息烽县	318	204	114	529	270	259	109	52	57
修文县	349	223	126	764	419	345	143	68	75
清镇市	1025	626	399	2440	1354	1086	497	283	214
六盘水市	**3384**	**1892**	**1492**	**9753**	**5523**	**4230**	**1332**	**659**	**673**
钟山区	1434	782	652	3767	2039	1728	539	293	246
六枝特区	507	283	224	1150	664	486	172	73	99
水城县	550	327	223	1683	940	743	229	108	121
盘州市	893	500	393	3153	1880	1273	392	185	207
遵义市	**6752**	**3763**	**2989**	**14540**	**7630**	**6910**	**4905**	**2289**	**2616**
红花岗区	1797	987	810	3806	2028	1778	1181	632	549
汇川区	827	503	324	1428	750	678	654	330	324
播州区	855	478	377	1777	933	844	499	222	277
桐梓县	487	276	211	807	402	405	416	198	218
绥阳县	254	134	120	557	287	270	227	103	124
正安县	196	97	99	656	332	324	197	75	122
道真仡佬族苗族自治县	216	93	123	445	216	229	111	27	84
务川仡佬族苗族自治县	274	183	91	696	386	310	73	22	51
凤冈县	192	96	96	797	405	392	288	144	144
湄潭县	264	146	118	730	367	363	194	85	109
余庆县	223	118	105	752	428	324	129	59	70
习水县	350	168	182	648	328	320	368	121	247
赤水市	176	83	93	293	139	154	199	83	116
仁怀市	641	401	240	1148	629	519	369	188	181
安顺市	**3929**	**2442**	**1487**	**7607**	**4246**	**3361**	**1675**	**899**	**776**
西秀区	2169	1310	859	3877	2165	1712	781	416	365
平坝区	773	538	235	1290	731	559	308	179	129
普定县	234	159	75	554	305	249	160	90	70
镇宁布依族苗族自治县	273	152	121	774	435	339	130	64	66
关岭布依族苗族自治县	251	156	95	446	253	193	83	49	34
紫云苗族布依族自治县	229	127	102	666	357	309	213	101	112
毕节市	**4008**	**2385**	**1623**	**11556**	**6124**	**5432**	**2719**	**1244**	**1475**
七星关区	974	518	456	2808	1461	1347	742	362	380
大方县	477	284	193	1392	709	683	342	121	221
黔西县	548	304	244	1313	688	625	284	105	179
金沙县	502	334	168	999	535	464	272	128	144
织金县	545	354	191	1909	1061	848	138	41	97
纳雍县	395	252	143	984	528	456	256	121	135
威宁彝族回族苗族自治县	324	189	135	1279	690	589	447	255	192
赫章县	243	150	93	872	452	420	238	111	127

7–3　续表 13　　　　单位：人

现住地	户口登记地								
	湖北			湖南			广东		
	小计	男	女	小计	男	女	小计	男	女
铜仁市	**3256**	**1860**	**1396**	**20471**	**10883**	**9588**	**2998**	**1585**	**1413**
碧江区	1007	553	454	6951	3610	3341	567	296	271
万山区	201	126	75	1650	897	753	147	63	84
江口县	172	96	76	903	505	398	127	54	73
玉屏侗族自治县	161	93	68	2507	1306	1201	111	54	57
石阡县	278	167	111	1029	566	463	181	95	86
思南县	382	220	162	1621	905	716	520	286	234
印江土家族苗族自治县	163	111	52	933	502	431	328	189	139
德江县	260	144	116	1045	568	477	299	175	124
沿河土家族自治县	214	123	91	1047	570	477	421	255	166
松桃苗族自治县	418	227	191	2785	1454	1331	297	118	179
黔西南布依族苗族自治州	**3182**	**1904**	**1278**	**8016**	**4473**	**3543**	**2681**	**1493**	**1188**
兴义市	1772	1047	725	3801	2124	1677	1263	736	527
兴仁市	379	227	152	965	520	445	212	112	100
普安县	260	184	76	564	322	242	73	33	40
晴隆县	109	65	44	434	245	189	60	22	38
贞丰县	277	168	109	786	440	346	234	121	113
望谟县	76	38	38	369	207	162	285	176	109
册亨县	90	60	30	321	164	157	228	131	97
安龙县	219	115	104	776	451	325	326	162	164
黔东南苗族侗族自治州	**3487**	**1977**	**1510**	**22677**	**12542**	**10135**	**3382**	**1664**	**1718**
凯里市	1434	815	619	7238	4001	3237	1357	757	600
黄平县	107	75	32	552	331	221	134	60	74
施秉县	73	37	36	418	226	192	57	21	36
三穗县	135	68	67	1186	647	539	154	70	84
镇远县	153	75	78	1281	716	565	159	78	81
岑巩县	207	116	91	1134	575	559	117	38	79
天柱县	195	99	96	1624	806	818	151	54	97
锦屏县	97	49	48	946	566	380	72	29	43
剑河县	91	57	34	916	499	417	106	51	55
台江县	67	39	28	401	241	160	55	27	28
黎平县	239	112	127	2538	1431	1107	275	102	173
榕江县	183	118	65	1142	637	505	173	79	94
从江县	138	89	49	1702	937	765	203	115	88
雷山县	128	96	32	561	336	225	87	35	52
麻江县	113	64	49	570	332	238	89	50	39
丹寨县	127	68	59	468	261	207	193	98	95
黔南布依族苗族自治州	**4960**	**3092**	**1868**	**14146**	**7914**	**6232**	**3238**	**1594**	**1644**
都匀市	1221	769	452	3075	1728	1347	898	460	438
福泉市	393	254	139	1093	611	482	169	80	89
荔波县	478	353	125	862	486	376	191	94	97
贵定县	333	213	120	914	516	398	177	79	98
瓮安县	445	265	180	1306	694	612	277	132	145
独山县	413	268	145	1341	720	621	299	153	146
平塘县	185	97	88	687	370	317	265	126	139
罗甸县	244	135	109	999	556	443	175	78	97
长顺县	236	142	94	566	301	265	98	48	50
龙里县	500	312	188	1095	684	411	252	141	111
惠水县	368	204	164	1319	749	570	328	164	164
三都水族自治县	144	80	64	889	499	390	109	39	70

7-3 续表 14 单位：人

现住地	户口登记地								
	广西			海南			重庆		
	小计	男	女	小计	男	女	小计	男	女
贵州	**44449**	**21729**	**22720**	**3505**	**1603**	**1902**	**135599**	**78741**	**56858**
贵阳市	**11880**	**6413**	**5467**	**1636**	**817**	**819**	**49160**	**28755**	**20405**
南明区	3019	1650	1369	411	216	195	14134	8086	6048
云岩区	2086	1118	968	303	157	146	9161	5254	3907
花溪区	2072	1083	989	437	219	218	7421	4323	3098
乌当区	688	384	304	86	38	48	2000	1142	858
白云区	1121	626	495	96	28	68	4281	2593	1688
观山湖区	1618	942	676	230	135	95	6749	4134	2615
开阳县	236	105	131	15	3	12	845	499	346
息烽县	137	48	89	6	3	3	773	422	351
修文县	249	115	134	12	5	7	825	492	333
清镇市	654	342	312	40	13	27	2971	1810	1161
六盘水市	**1941**	**909**	**1032**	**136**	**58**	**78**	**8363**	**4859**	**3504**
钟山区	624	319	305	57	28	29	3648	2036	1612
六枝特区	361	166	195	13	5	8	1186	680	506
水城县	311	138	173	13	4	9	869	561	308
盘州市	645	286	359	53	21	32	2660	1582	1078
遵义市	**4578**	**1756**	**2822**	**532**	**211**	**321**	**37131**	**20907**	**16224**
红花岗区	995	451	544	229	91	138	11545	6534	5011
汇川区	539	207	332	105	44	61	4751	2603	2148
播州区	611	239	372	41	13	28	4101	2419	1682
桐梓县	377	150	227	35	16	19	3526	1856	1670
绥阳县	236	85	151	13	5	8	677	408	269
正安县	195	67	128	10	4	6	948	484	464
道真仡佬族苗族自治县	124	32	92	10	2	8	1409	789	620
务川仡佬族苗族自治县	99	29	70	9	3	6	940	560	380
凤冈县	245	83	162	8	3	5	711	384	327
湄潭县	198	80	118	7	5	2	906	504	402
余庆县	155	71	84	9	5	4	552	354	198
习水县	277	73	204	23	9	14	3294	1795	1499
赤水市	162	35	127	10	3	7	1766	1041	725
仁怀市	365	154	211	23	8	15	2005	1176	829
安顺市	**2272**	**1147**	**1125**	**166**	**76**	**90**	**5768**	**3469**	**2299**
西秀区	920	485	435	112	43	69	3487	2059	1428
平坝区	412	221	191	13	6	7	993	646	347
普定县	216	92	124	12	6	6	395	248	147
镇宁布依族苗族自治县	260	136	124	10	9	1	373	232	141
关岭布依族苗族自治县	179	87	92	10	6	4	264	149	115
紫云苗族布依族自治县	285	126	159	9	6	3	256	135	121
毕节市	**3091**	**1217**	**1874**	**189**	**72**	**117**	**7325**	**4535**	**2790**
七星关区	852	328	524	76	30	46	1701	910	791
大方县	389	127	262	15	2	13	647	393	254
黔西县	390	145	245	18	10	8	997	626	371
金沙县	293	135	158	30	11	19	1313	882	431
织金县	356	149	207	18	7	11	1034	662	372
纳雍县	250	103	147	15	6	9	559	375	184
威宁彝族回族苗族自治县	323	132	191	8	4	4	720	458	262
赫章县	238	98	140	9	2	7	354	229	125

7−3　续表 15　　　　单位：人

现 住 地	户口登记地								
	广　西			海　南			重　庆		
	小计	男	女	小计	男	女	小计	男	女
铜仁市	**2328**	**957**	**1371**	**186**	**83**	**103**	**9348**	**5072**	**4276**
碧江区	477	190	287	68	33	35	2255	1195	1060
万山区	160	67	93	17	11	6	601	379	222
江口县	153	64	89	2	1	1	308	175	133
玉屏侗族自治县	121	56	65	8	2	6	305	185	120
石阡县	194	87	107	15	7	8	425	272	153
思南县	380	156	224	23	8	15	730	430	300
印江土家族苗族自治县	169	62	107	14	5	9	370	217	153
德江县	185	72	113	8	2	6	569	328	241
沿河土家族自治县	139	46	93	8	4	4	1668	856	812
松桃苗族自治县	350	157	193	23	10	13	2117	1035	1082
黔西南布依族苗族自治州	**4443**	**2396**	**2047**	**155**	**76**	**79**	**6329**	**3812**	**2517**
兴义市	2121	1125	996	89	45	44	3790	2240	1550
兴仁市	384	204	180	15	7	8	910	562	348
普安县	170	88	82	4	1	3	218	139	79
晴隆县	109	54	55	2	1	1	234	141	93
贞丰县	267	155	112	16	8	8	314	198	116
望谟县	315	186	129	4	3	1	196	132	64
册亨县	343	203	140	8	3	5	183	110	73
安龙县	734	381	353	17	8	9	484	290	194
黔东南苗族侗族自治州	**6054**	**2907**	**3147**	**236**	**99**	**137**	**4510**	**2626**	**1884**
凯里市	1477	754	723	133	61	72	1988	1167	821
黄平县	179	79	100	4		4	158	85	73
施秉县	45	16	29	3	1	2	80	42	38
三穗县	190	80	110	8	2	6	158	90	68
镇远县	127	42	85	7	5	2	243	137	106
岑巩县	207	94	113	2		2	257	146	111
天柱县	251	108	143	5	1	4	221	130	91
锦屏县	172	79	93	1		1	108	71	37
剑河县	112	42	70	6	3	3	187	111	76
台江县	73	36	37	1		1	76	49	27
黎平县	899	412	487	19	7	12	285	164	121
榕江县	558	303	255	9	4	5	247	153	94
从江县	1374	684	690	15	4	11	132	82	50
雷山县	154	75	79	8	3	5	137	80	57
麻江县	148	69	79				150	77	73
丹寨县	88	34	54	15	8	7	83	42	41
黔南布依族苗族自治州	**7862**	**4027**	**3835**	**269**	**111**	**158**	**7665**	**4706**	**2959**
都匀市	1430	771	659	89	34	55	1623	983	640
福泉市	319	172	147	22	12	10	637	407	230
荔波县	1630	884	746	13	6	7	501	324	177
贵定县	423	225	198	22	8	14	616	384	232
瓮安县	348	137	211	23	10	13	778	454	324
独山县	1315	651	664	15	11	4	414	257	157
平塘县	496	235	261	8	4	4	301	183	118
罗甸县	552	292	260	7	4	3	462	263	199
长顺县	193	90	103	11	1	10	220	128	92
龙里县	281	144	137	21	4	17	1229	801	428
惠水县	526	251	275	35	15	20	675	393	282
三都水族自治县	349	175	174	3	2	1	209	129	80

7-3 续表 16　　单位：人

现住地	户口登记地					
	四川			云南		
	小计	男	女	小计	男	女
贵　州	**264958**	**152723**	**112235**	**68162**	**31393**	**36769**
贵阳市	**120387**	**70324**	**50063**	**17753**	**9196**	**8557**
南明区	32448	18667	13781	4417	2357	2060
云岩区	26760	15379	11381	2919	1429	1490
花溪区	18601	10850	7751	2591	1323	1268
乌当区	6219	3621	2598	930	521	409
白云区	10556	6372	4184	2050	1062	988
观山湖区	13970	8340	5630	2414	1416	998
开阳县	1768	1033	735	371	154	217
息烽县	1364	766	598	257	95	162
修文县	2180	1354	826	628	285	343
清镇市	6521	3942	2579	1176	554	622
六盘水市	**17925**	**10582**	**7343**	**14945**	**6677**	**8268**
钟山区	9789	5664	4125	2551	1143	1408
六枝特区	1749	1033	716	870	338	532
水城县	2796	1754	1042	1685	797	888
盘州市	3591	2131	1460	9839	4399	5440
遵义市	**56181**	**29888**	**26293**	**5678**	**2233**	**3445**
红花岗区	10143	5567	4576	1207	529	678
汇川区	4266	2367	1899	634	264	370
播州区	4558	2520	2038	649	263	386
桐梓县	2019	1171	848	623	257	366
绥阳县	721	407	314	235	79	156
正安县	737	407	330	205	78	127
道真仡佬族苗族自治县	616	305	311	164	49	115
务川仡佬族苗族自治县	440	244	196	156	64	92
凤冈县	629	321	308	165	46	119
湄潭县	976	545	431	212	64	148
余庆县	680	435	245	120	46	74
习水县	4918	2590	2328	469	149	320
赤水市	13103	6518	6585	219	86	133
仁怀市	12375	6491	5884	620	259	361
安顺市	**13279**	**7951**	**5328**	**2963**	**1269**	**1694**
西秀区	7622	4513	3109	1250	559	691
平坝区	2286	1448	838	630	293	337
普定县	913	526	387	295	127	168
镇宁布依族苗族自治县	742	440	302	277	110	167
关岭布依族苗族自治县	963	596	367	269	120	149
紫云苗族布依族自治县	753	428	325	242	60	182
毕节市	**16757**	**9838**	**6919**	**12489**	**5012**	**7477**
七星关区	5161	2739	2422	3226	1133	2093
大方县	1638	962	676	721	253	468
黔西县	1855	1067	788	688	232	456
金沙县	2198	1350	848	656	349	307
织金县	1666	1018	648	693	240	453
纳雍县	1232	777	455	788	319	469
威宁彝族回族苗族自治县	2141	1367	774	4306	1887	2419
赫章县	866	558	308	1411	599	812

7−3　续表 17

单位：人

现住地	户口登记地					
	四川			云南		
	小计	男	女	小计	男	女
铜仁市	**6515**	**3706**	**2809**	**1496**	**627**	**869**
碧江区	2148	1153	995	388	143	245
万山区	445	288	157	97	39	58
江口县	296	167	129	76	34	42
玉屏侗族自治县	401	237	164	67	25	42
石阡县	623	390	233	150	76	74
思南县	816	477	339	265	143	122
印江土家族苗族自治县	381	220	161	67	29	38
德江县	425	233	192	102	37	65
沿河土家族自治县	418	245	173	103	33	70
松桃苗族自治县	562	296	266	181	68	113
黔西南布依族苗族自治州	**8242**	**4924**	**3318**	**6875**	**3379**	**3496**
兴义市	4761	2807	1954	4188	1978	2210
兴仁市	801	500	301	681	358	323
普安县	312	200	112	710	426	284
晴隆县	365	219	146	319	155	164
贞丰县	542	325	217	287	139	148
望谟县	428	270	158	132	52	80
册亨县	362	216	146	138	77	61
安龙县	671	387	284	420	194	226
黔东南苗族侗族自治州	**9615**	**5631**	**3984**	**2544**	**1270**	**1274**
凯里市	4606	2626	1980	984	516	468
黄平县	414	260	154	110	64	46
施秉县	228	123	105	46	12	34
三穗县	328	185	143	89	23	66
镇远县	425	246	179	125	48	77
岑巩县	353	201	152	112	45	67
天柱县	351	215	136	89	21	68
锦屏县	221	133	88	49	27	22
剑河县	330	198	132	88	43	45
台江县	161	111	50	103	68	35
黎平县	451	253	198	151	59	92
榕江县	558	375	183	203	132	71
从江县	188	121	67	100	34	66
雷山县	385	233	152	122	88	34
麻江县	410	237	173	124	69	55
丹寨县	206	114	92	49	21	28
黔南布依族苗族自治州	**16057**	**9879**	**6178**	**3419**	**1730**	**1689**
都匀市	3811	2288	1523	649	370	279
福泉市	1613	1028	585	334	160	174
荔波县	556	391	165	222	166	56
贵定县	1348	857	491	363	184	179
瓮安县	1517	881	636	269	104	165
独山县	722	455	267	176	99	77
平塘县	523	320	203	147	53	94
罗甸县	834	500	334	132	55	77
长顺县	541	311	230	155	58	97
龙里县	2544	1657	887	577	311	266
惠水县	1675	964	711	310	138	172
三都水族自治县	373	227	146	85	32	53

7-3 续表 18

单位：人

现住地	户口登记地								
	西藏			陕西			甘肃		
	小计	男	女	小计	男	女	小计	男	女
贵州	**1180**	**672**	**508**	**18928**	**12270**	**6658**	**8849**	**5247**	**3602**
贵阳市	**279**	**168**	**111**	**7619**	**4698**	**2921**	**3971**	**2346**	**1625**
南明区	63	39	24	1572	1016	556	1094	677	417
云岩区	51	34	17	1167	697	470	638	377	261
花溪区	40	22	18	1723	1000	723	805	464	341
乌当区	15	11	4	349	204	145	173	85	88
白云区	13	6	7	721	444	277	298	162	136
观山湖区	79	45	34	1330	831	499	687	416	271
开阳县	9	5	4	88	54	34	73	48	25
息烽县	4	2	2	97	54	43	34	12	22
修文县				222	162	60	46	28	18
清镇市	5	4	1	350	236	114	123	77	46
六盘水市	**82**	**42**	**40**	**1042**	**682**	**360**	**496**	**275**	**221**
钟山区	34	21	13	405	242	163	205	116	89
六枝特区	9	5	4	141	91	50	72	47	25
水城县	6	2	4	204	156	48	70	33	37
盘州市	33	14	19	292	193	99	149	79	70
遵义市	**412**	**229**	**183**	**2900**	**1755**	**1145**	**1388**	**788**	**600**
红花岗区	247	128	119	736	423	313	529	271	258
汇川区	77	41	36	453	287	166	157	92	65
播州区	19	12	7	298	175	123	105	62	43
桐梓县	16	13	3	302	208	94	99	71	28
绥阳县				173	133	40	54	38	16
正安县	3		3	91	59	32	25	19	6
道真仡佬族苗族自治县				58	29	29	25	7	18
务川仡佬族苗族自治县	5	3	2	67	44	23	22	9	13
凤冈县	5	4	1	63	35	28	26	11	15
湄潭县	12	8	4	88	45	43	57	27	30
余庆县	4	3	1	77	54	23	37	21	16
习水县	8	5	3	131	65	66	83	53	30
赤水市	9	6	3	109	54	55	41	23	18
仁怀市	7	6	1	254	144	110	128	84	44
安顺市	**47**	**26**	**21**	**1238**	**836**	**402**	**410**	**225**	**185**
西秀区	28	15	13	705	449	256	224	123	101
平坝区	4	3	1	279	214	65	90	52	38
普定县	6	3	3	112	84	28	27	14	13
镇宁布依族苗族自治县	3	3		41	22	19	22	13	9
关岭布依族苗族自治县	6	2	4	59	40	19	11	7	4
紫云苗族布依族自治县				42	27	15	36	16	20
毕节市	**135**	**82**	**53**	**1671**	**1188**	**483**	**684**	**394**	**290**
七星关区	48	25	23	268	138	130	243	119	124
大方县	13	8	5	171	108	63	67	30	37
黔西县	17	9	8	160	107	53	79	55	24
金沙县	16	9	7	380	316	64	66	45	21
织金县	5	3	2	209	149	60	75	56	19
纳雍县	10	5	5	106	75	31	47	27	20
威宁彝族回族苗族自治县	22	20	2	118	68	50	77	44	33
赫章县	4	3	1	259	227	32	30	18	12

7−3　续表 19

单位：人

现住地	户口登记地								
	西藏			陕西			甘肃		
	小计	男	女	小计	男	女	小计	男	女
铜仁市	**41**	**28**	**13**	**691**	**450**	**241**	**377**	**225**	**152**
碧江区	18	11	7	140	83	57	163	88	75
万山区	1	1		45	29	16	34	23	11
江口县	1		1	54	41	13	25	17	8
玉屏侗族自治县	5	4	1	38	23	15	16	9	7
石阡县				82	56	26	29	23	6
思南县	6	3	3	73	42	31	20	13	7
印江土家族苗族自治县	2	2		66	47	19	23	16	7
德江县	2	2		70	49	21	20	13	7
沿河土家族自治县	1	1		31	18	13	11	8	3
松桃苗族自治县	5	4	1	92	62	30	36	15	21
黔西南布依族苗族自治州	**35**	**19**	**16**	**921**	**671**	**250**	**340**	**221**	**119**
兴义市	27	16	11	378	232	146	202	130	72
兴仁市	3	1	2	119	89	30	24	14	10
普安县				93	83	10	39	25	14
晴隆县				137	126	11	16	11	5
贞丰县				117	95	22	28	20	8
望谟县	1		1				10	7	3
册亨县				18	14	4	7	5	2
安龙县	4	2	2	59	32	27	14	9	5
黔东南苗族侗族自治州	**68**	**40**	**28**	**1007**	**626**	**381**	**499**	**297**	**202**
凯里市	44	26	18	375	227	148	211	120	91
黄平县	3	1	2	124	102	22	28	20	8
施秉县				21	13	8	15	6	9
三穗县	6	4	2	45	26	19	24	7	17
镇远县	1	1		32	10	22	10	3	7
岑巩县	2	1	1	57	33	24	24	19	5
天柱县	1		1	41	21	20	8	5	3
锦屏县	1	1		28	13	15	13	7	6
剑河县	1		1	34	19	15	19	13	6
台江县	1	1		7	5	2			
黎平县	1		1	71	39	32	52	34	18
榕江县	1	1		64	49	15	44	34	10
从江县	1	1		14	7	7	8	5	3
雷山县				46	36	10	16	9	7
麻江县	2	1	1	38	23	15	15	10	5
丹寨县	3	2	1	10	3	7	12	5	7
黔南布依族苗族自治州	**81**	**38**	**43**	**1839**	**1364**	**475**	**684**	**476**	**208**
都匀市	23	10	13	513	374	139	195	137	58
福泉市	10	4	6	318	259	59	59	39	20
荔波县	4	3	1	118	95	23	80	72	8
贵定县	20	6	14	244	208	36	86	65	21
瓮安县	5	4	1	136	86	50	60	40	20
独山县				105	83	22	29	23	6
平塘县				24	12	12	31	18	13
罗甸县	2		2	43	29	14	22	13	9
长顺县	5	2	3	22	12	10	8	4	4
龙里县				174	128	46	45	33	12
惠水县	10	7	3	128	70	58	56	27	29
三都水族自治县	2	2		14	8	6	13	5	8

7－3 续表 20 单位：人

现住地	户口登记地								
	青海			宁夏			新疆		
	小计	男	女	小计	男	女	小计	男	女
贵州	**1603**	**861**	**742**	**1084**	**622**	**462**	**2888**	**1571**	**1317**
贵阳市	**849**	**470**	**379**	**508**	**293**	**215**	**1478**	**836**	**642**
南明区	162	85	77	102	66	36	367	211	156
云岩区	158	95	63	89	48	41	312	177	135
花溪区	181	92	89	138	77	61	303	165	138
乌当区	36	22	14	21	13	8	56	26	30
白云区	56	30	26	32	21	11	98	58	40
观山湖区	193	109	84	103	56	47	249	139	110
开阳县	3	1	2	3	1	2	10	6	4
息烽县	11	8	3				18	7	11
修文县	4	3	1	9	5	4	13	11	2
清镇市	45	25	20	11	6	5	52	36	16
六盘水市	**78**	**36**	**42**	**63**	**41**	**22**	**160**	**86**	**74**
钟山区	39	18	21	21	13	8	68	35	33
六枝特区	10	2	8	23	18	5	33	19	14
水城县	18	10	8	7	3	4	23	13	10
盘州市	11	6	5	12	7	5	36	19	17
遵义市	**176**	**84**	**92**	**139**	**75**	**64**	**370**	**191**	**179**
红花岗区	71	22	49	54	24	30	93	44	49
汇川区	30	16	14	15	5	10	73	39	34
播州区	23	12	11	10	4	6	48	26	22
桐梓县	10	7	3	9	5	4	22	14	8
绥阳县	7	5	2				3	2	1
正安县	2	2		1	1		11	6	5
道真仡佬族苗族自治县				2	1	1	9	5	4
务川仡佬族苗族自治县	2	1	1	17	16	1	14	6	8
凤冈县	6	3	3	2	1	1	5	2	3
湄潭县	7	4	3	4	2	2	5	1	4
余庆县	3	2	1	2	1	1	8	4	4
习水县	4	2	2	5	4	1	19	10	9
赤水市	1	1		1		1	36	20	16
仁怀市	10	7	3	17	11	6	24	12	12
安顺市	**51**	**29**	**22**	**51**	**30**	**21**	**105**	**51**	**54**
西秀区	24	12	12	28	17	11	59	29	30
平坝区	15	7	8	8	6	2	15	9	6
普定县	1	1		1		1	10	3	7
镇宁布依族苗族自治县	5	3	2	3	1	2	10	4	6
关岭布依族苗族自治县	3	3		3	2	1	3	1	2
紫云苗族布依族自治县	3	3		8	4	4	8	5	3
毕节市	**91**	**51**	**40**	**70**	**44**	**26**	**138**	**70**	**68**
七星关区	22	16	6	15	7	8	27	7	20
大方县	13	11	2	13	5	8	18	10	8
黔西县	5	1	4	11	8	3	14	8	6
金沙县	9	5	4	6	6		16	5	11
织金县	1		1	4	3	1	11	5	6
纳雍县	13	7	6	8	7	1	23	15	8
威宁彝族回族苗族自治县	16	6	10	12	8	4	17	11	6
赫章县	12	5	7	1		1	12	9	3

7-3　续表 21

单位：人

现住地	户口登记地								
	青　海			宁　夏			新　疆		
	小计	男	女	小计	男	女	小计	男	女
铜仁市	**73**	**27**	**46**	**61**	**24**	**37**	**107**	**49**	**58**
碧江区	50	15	35	41	14	27	42	14	28
万山区				3	1	2	11	9	2
江口县	2	1	1				5	2	3
玉屏侗族自治县	8	5	3	4	3	1	7	5	2
石阡县	2	1	1	4	3	1	11	6	5
思南县	4	2	2	1		1	16	6	10
印江土家族苗族自治县	1		1	2	1	1	2	2	
德江县	1	1		2	1	1	2	1	1
沿河土家族自治县	2		2	2		2	5	2	3
松桃苗族自治县	3	2	1	2	1	1	6	2	4
黔西南布依族苗族自治州	**90**	**60**	**30**	**46**	**25**	**21**	**131**	**72**	**59**
兴义市	75	50	25	21	12	9	76	38	38
兴仁市	5	4	1	10	4	6	9	7	2
普安县	5	3	2	1	1		8	5	3
晴隆县	2	2		2	2				
贞丰县				4	3	1	5	4	1
望谟县				5	2	3	4	1	3
册亨县	1	1		2	1	1	15	11	4
安龙县	2		2	1		1	14	6	8
黔东南苗族侗族自治州	**58**	**33**	**25**	**56**	**40**	**16**	**204**	**117**	**87**
凯里市	27	15	12	26	15	11	86	46	40
黄平县	1	1		3	3		5	4	1
施秉县							5	3	2
三穗县							13	8	5
镇远县	4	2	2	1	1		1		1
岑巩县	1	1		2	1	1	12	8	4
天柱县	2	1	1	1	1		9	3	6
锦屏县	5	2	3	4	3	1	5	4	1
剑河县	3	2	1	6	4	2	6	3	3
台江县	1	1					5	4	1
黎平县	5	2	3	5	4	1	14	7	7
榕江县	4	2	2	1	1		28	20	8
从江县				4	4				
雷山县	5	4	1	2	2		11	4	7
麻江县				1	1		3	2	1
丹寨县							1	1	
黔南布依族苗族自治州	**137**	**71**	**66**	**90**	**50**	**40**	**195**	**99**	**96**
都匀市	46	20	26	37	20	17	52	31	21
福泉市	4	3	1	5	3	2	11	9	2
荔波县	7	7		1	1		10	5	5
贵定县	7	5	2	4	4		7	5	2
瓮安县	4	3	1	3	1	2	17	9	8
独山县	13	9	4	3	3		12	4	8
平塘县				2	1	1	12	6	6
罗甸县				3	3		9	5	4
长顺县	2	1	1	4	2	2	6	2	4
龙里县	4	2	2	6	4	2	9	6	3
惠水县	50	21	29	21	7	14	46	15	31
三都水族自治县				1	1		4	2	2

7-3a 全省按现住地、性别分的户口登记地在外省的人口(城市)

单位：人

现住地	户口登记地					
	合计			北京		
	合计	男	女	小计	男	女
贵州	**671502**	**382746**	**288756**	**2301**	**1476**	**825**
贵阳市	**375826**	**219632**	**156194**	**1697**	**1099**	**598**
南明区	105187	61313	43874	412	275	137
云岩区	84950	48941	36009	391	246	145
花溪区	60450	35649	24801	247	153	94
乌当区	13576	7635	5941	80	53	27
白云区	33873	19924	13949	64	45	19
观山湖区	61742	36806	24936	472	309	163
开阳县						
息烽县						
修文县						
清镇市	16048	9364	6684	31	18	13
六盘水市	**49582**	**27348**	**22234**	**75**	**55**	**20**
钟山区	30571	16964	13607	52	38	14
六枝特区	5238	2850	2388	14	11	3
水城县						
盘州市	13773	7534	6239	9	6	3
遵义市	**99291**	**53544**	**45747**	**182**	**119**	**63**
红花岗区	42090	23008	19082	75	52	23
汇川区	17047	9317	7730	62	36	26
播州区	12661	6893	5768	14	9	5
桐梓县						
绥阳县						
正安县						
道真仡佬族苗族自治县						
务川仡佬族苗族自治县						
凤冈县						
湄潭县						
余庆县						
习水县						
赤水市	11635	5823	5812	6	4	2
仁怀市	15858	8503	7355	25	18	7
安顺市	**27765**	**15763**	**12002**	**70**	**38**	**32**
西秀区	24853	14091	10762	65	36	29
平坝区	2912	1672	1240	5	2	3
普定县						
镇宁布依族苗族自治县						
关岭布依族苗族自治县						
紫云苗族布依族自治县						
毕节市	**17887**	**9552**	**8335**	**42**	**27**	**15**
七星关区	17887	9552	8335	42	27	15
大方县						
黔西县						
金沙县						
织金县						
纳雍县						
威宁彝族回族苗族自治县						
赫章县						

7-3a　续表 1　　　　单位：人

现住地	户口登记地					
	合计			北京		
	合计	男	女	小计	男	女
铜仁市	**22398**	**12274**	**10124**	**24**	**11**	**13**
碧江区	18767	10073	8694	24	11	13
万山区	3631	2201	1430			
江口县						
玉屏侗族自治县						
石阡县						
思南县						
印江土家族苗族自治县						
德江县						
沿河土家族自治县						
松桃苗族自治县						
黔西南布依族苗族自治州	**31612**	**17938**	**13674**	**95**	**57**	**38**
兴义市	27490	15535	11955	90	55	35
兴仁市	4122	2403	1719	5	2	3
普安县						
晴隆县						
贞丰县						
望谟县						
册亨县						
安龙县						
黔东南苗族侗族自治州	**26662**	**15142**	**11520**	**75**	**48**	**27**
凯里市	26662	15142	11520	75	48	27
黄平县						
施秉县						
三穗县						
镇远县						
岑巩县						
天柱县						
锦屏县						
剑河县						
台江县						
黎平县						
榕江县						
从江县						
雷山县						
麻江县						
丹寨县						
黔南布依族苗族自治州	**20479**	**11553**	**8926**	**41**	**22**	**19**
都匀市	17096	9650	7446	34	17	17
福泉市	3383	1903	1480	7	5	2
荔波县						
贵定县						
瓮安县						
独山县						
平塘县						
罗甸县						
长顺县						
龙里县						
惠水县						
三都水族自治县						

7-3a 续表 2 单位：人

现住地	户口登记地								
	天津			河北			山西		
	小计	男	女	小计	男	女	小计	男	女
贵州	**1441**	**844**	**597**	**14375**	**8395**	**5980**	**5304**	**3079**	**2225**
贵阳市	**986**	**564**	**422**	**9008**	**5359**	**3649**	**3480**	**2019**	**1461**
南明区	210	136	74	2209	1308	901	645	396	249
云岩区	239	132	107	2132	1247	885	826	463	363
花溪区	175	102	73	1512	907	605	868	491	377
乌当区	45	25	20	259	152	107	190	107	83
白云区	90	31	59	727	437	290	268	143	125
观山湖区	218	131	87	1825	1113	712	557	340	217
开阳县									
息烽县									
修文县									
清镇市	9	7	2	344	195	149	126	79	47
六盘水市	**58**	**39**	**19**	**948**	**558**	**390**	**235**	**138**	**97**
钟山区	21	15	6	604	338	266	145	88	57
六枝特区	13	5	8	84	58	26	27	14	13
水城县									
盘州市	24	19	5	260	162	98	63	36	27
遵义市	**179**	**116**	**63**	**1636**	**894**	**742**	**582**	**324**	**258**
红花岗区	73	50	23	898	484	414	298	150	148
汇川区	67	35	32	231	142	89	127	76	51
播州区	13	11	2	349	182	167	89	62	27
桐梓县									
绥阳县									
正安县									
道真仡佬族苗族自治县									
务川仡佬族苗族自治县									
凤冈县									
湄潭县									
余庆县									
习水县									
赤水市	4	3	1	57	27	30	11	7	4
仁怀市	22	17	5	101	59	42	57	29	28
安顺市	**48**	**21**	**27**	**456**	**252**	**204**	**188**	**106**	**82**
西秀区	47	20	27	423	232	191	175	99	76
平坝区	1	1		33	20	13	13	7	6
普定县									
镇宁布依族苗族自治县									
关岭布依族苗族自治县									
紫云苗族布依族自治县									
毕节市	**14**	**9**	**5**	**433**	**259**	**174**	**131**	**84**	**47**
七星关区	14	9	5	433	259	174	131	84	47
大方县									
黔西县									
金沙县									
织金县									
纳雍县									
威宁彝族回族苗族自治县									
赫章县									

7-3a　续表 3

单位：人

现住地	户口登记地								
	天津			河北			山西		
	小计	男	女	小计	男	女	小计	男	女
铜仁市	**30**	**21**	**9**	**378**	**231**	**147**	**116**	**80**	**36**
碧江区	26	17	9	293	172	121	101	73	28
万山区	4	4		85	59	26	15	7	8
江口县									
玉屏侗族自治县									
石阡县									
思南县									
印江土家族苗族自治县									
德江县									
沿河土家族自治县									
松桃苗族自治县									
黔西南布依族苗族自治州	**50**	**32**	**18**	**692**	**390**	**302**	**184**	**113**	**71**
兴义市	47	30	17	625	353	272	173	106	67
兴仁市	3	2	1	67	37	30	11	7	4
普安县									
晴隆县									
贞丰县									
望谟县									
册亨县									
安龙县									
黔东南苗族侗族自治州	**52**	**29**	**23**	**429**	**250**	**179**	**164**	**102**	**62**
凯里市	52	29	23	429	250	179	164	102	62
黄平县									
施秉县									
三穗县									
镇远县									
岑巩县									
天柱县									
锦屏县									
剑河县									
台江县									
黎平县									
榕江县									
从江县									
雷山县									
麻江县									
丹寨县									
黔南布依族苗族自治州	**24**	**13**	**11**	**395**	**202**	**193**	**224**	**113**	**111**
都匀市	21	12	9	338	172	166	219	109	110
福泉市	3	1	2	57	30	27	5	4	1
荔波县									
贵定县									
瓮安县									
独山县									
平塘县									
罗甸县									
长顺县									
龙里县									
惠水县									
三都水族自治县									

7－3a 续表 4

单位：人

现住地	户口登记地								
	内蒙古			辽宁			吉林		
	小计	男	女	小计	男	女	小计	男	女
贵州	**2928**	**1701**	**1227**	**5085**	**2940**	**2145**	**5107**	**2921**	**2186**
贵阳市	**1914**	**1127**	**787**	**3324**	**1898**	**1426**	**3256**	**1870**	**1386**
南明区	474	305	169	794	478	316	828	489	339
云岩区	442	252	190	728	405	323	671	366	305
花溪区	384	214	170	619	344	275	722	395	327
乌当区	84	50	34	138	75	63	115	67	48
白云区	122	75	47	279	153	126	240	139	101
观山湖区	352	196	156	650	378	272	517	300	217
开阳县									
息烽县									
修文县									
清镇市	56	35	21	116	65	51	163	114	49
六盘水市	**178**	**110**	**68**	**319**	**176**	**143**	**294**	**157**	**137**
钟山区	119	74	45	211	112	99	198	112	86
六枝特区	13	9	4	38	19	19	17	6	11
水城县									
盘州市	46	27	19	70	45	25	79	39	40
遵义市	**310**	**166**	**144**	**530**	**297**	**233**	**562**	**325**	**237**
红花岗区	174	93	81	272	152	120	218	121	97
汇川区	75	41	34	150	82	68	150	89	61
播州区	32	16	16	49	29	20	102	65	37
桐梓县									
绥阳县									
正安县									
道真仡佬族苗族自治县									
务川仡佬族苗族自治县									
凤冈县									
湄潭县									
余庆县									
习水县									
赤水市	6	5	1	16	10	6	25	12	13
仁怀市	23	11	12	43	24	19	67	38	29
安顺市	**129**	**69**	**60**	**225**	**135**	**90**	**162**	**81**	**81**
西秀区	126	67	59	199	119	80	144	73	71
平坝区	3	2	1	26	16	10	18	8	10
普定县									
镇宁布依族苗族自治县									
关岭布依族苗族自治县									
紫云苗族布依族自治县									
毕节市	**50**	**25**	**25**	**154**	**113**	**41**	**125**	**74**	**51**
七星关区	50	25	25	154	113	41	125	74	51
大方县									
黔西县									
金沙县									
织金县									
纳雍县									
威宁彝族回族苗族自治县									
赫章县									

7–3a　续表 5

单位：人

现住地	户口登记地								
	内蒙古			辽宁			吉林		
	小计	男	女	小计	男	女	小计	男	女
铜仁市	**70**	**35**	**35**	**93**	**56**	**37**	**122**	**72**	**50**
碧江区	64	32	32	72	41	31	98	55	43
万山区	6	3	3	21	15	6	24	17	7
江口县									
玉屏侗族自治县									
石阡县									
思南县									
印江土家族苗族自治县									
德江县									
沿河土家族自治县									
松桃苗族自治县									
黔西南布依族苗族自治州	**99**	**61**	**38**	**159**	**102**	**57**	**225**	**130**	**95**
兴义市	91	57	34	150	95	55	210	118	92
兴仁市	8	4	4	9	7	2	15	12	3
普安县									
晴隆县									
贞丰县									
望谟县									
册亨县									
安龙县									
黔东南苗族侗族自治州	**101**	**66**	**35**	**124**	**79**	**45**	**181**	**110**	**71**
凯里市	101	66	35	124	79	45	181	110	71
黄平县									
施秉县									
三穗县									
镇远县									
岑巩县									
天柱县									
锦屏县									
剑河县									
台江县									
黎平县									
榕江县									
从江县									
雷山县									
麻江县									
丹寨县									
黔南布依族苗族自治州	**77**	**42**	**35**	**157**	**84**	**73**	**180**	**102**	**78**
都匀市	63	35	28	149	80	69	162	92	70
福泉市	14	7	7	8	4	4	18	10	8
荔波县									
贵定县									
瓮安县									
独山县									
平塘县									
罗甸县									
长顺县									
龙里县									
惠水县									
三都水族自治县									

7-3a 续表 6 单位：人

现住地	户口登记地								
	黑龙江			上海			江苏		
	小计	男	女	小计	男	女	小计	男	女
贵州	**6945**	**3865**	**3080**	**2891**	**1649**	**1242**	**14512**	**9285**	**5227**
贵阳市	**4674**	**2603**	**2071**	**1887**	**1089**	**798**	**8692**	**5697**	**2995**
南明区	1249	726	523	502	289	213	2445	1588	857
云岩区	1070	582	488	481	277	204	1898	1212	686
花溪区	895	505	390	333	181	152	1267	801	466
乌当区	234	129	105	150	83	67	296	177	119
白云区	335	189	146	72	37	35	835	581	254
观山湖区	797	419	378	308	199	109	1598	1094	504
开阳县									
息烽县									
修文县									
清镇市	94	53	41	41	23	18	353	244	109
六盘水市	**406**	**210**	**196**	**91**	**51**	**40**	**955**	**577**	**378**
钟山区	268	137	131	60	33	27	615	367	248
六枝特区	27	12	15	16	7	9	141	83	58
水城县									
盘州市	111	61	50	15	11	4	199	127	72
遵义市	**651**	**374**	**277**	**482**	**267**	**215**	**1732**	**1087**	**645**
红花岗区	281	161	120	180	97	83	778	484	294
汇川区	179	101	78	215	118	97	420	281	139
播州区	88	51	37	49	32	17	282	166	116
桐梓县									
绥阳县									
正安县									
道真仡佬族苗族自治县									
务川仡佬族苗族自治县									
凤冈县									
湄潭县									
余庆县									
习水县									
赤水市	21	12	9	7	7		39	29	10
仁怀市	82	49	33	31	13	18	213	127	86
安顺市	**208**	**108**	**100**	**95**	**48**	**47**	**714**	**424**	**290**
西秀区	195	102	93	90	45	45	624	371	253
平坝区	13	6	7	5	3	2	90	53	37
普定县									
镇宁布依族苗族自治县									
关岭布依族苗族自治县									
紫云苗族布依族自治县									
毕节市	**145**	**87**	**58**	**30**	**16**	**14**	**397**	**234**	**163**
七星关区	145	87	58	30	16	14	397	234	163
大方县									
黔西县									
金沙县									
织金县									
纳雍县									
威宁彝族回族苗族自治县									
赫章县									

7-3a　续表 7　　　　单位：人

现住地	户口登记地								
	黑龙江			上海			江苏		
	小计	男	女	小计	男	女	小计	男	女
铜仁市	**129**	**74**	**55**	**42**	**25**	**17**	**444**	**275**	**169**
碧江区	108	60	48	35	21	14	347	205	142
万山区	21	14	7	7	4	3	97	70	27
江口县									
玉屏侗族自治县									
石阡县									
思南县									
印江土家族苗族自治县									
德江县									
沿河土家族自治县									
松桃苗族自治县									
黔西南布依族苗族自治州	**322**	**194**	**128**	**64**	**38**	**26**	**553**	**351**	**202**
兴义市	286	174	112	63	37	26	481	302	179
兴仁市	36	20	16	1	1		72	49	23
普安县									
晴隆县									
贞丰县									
望谟县									
册亨县									
安龙县									
黔东南苗族侗族自治州	**250**	**137**	**113**	**77**	**46**	**31**	**501**	**329**	**172**
凯里市	250	137	113	77	46	31	501	329	172
黄平县									
施秉县									
三穗县									
镇远县									
岑巩县									
天柱县									
锦屏县									
剑河县									
台江县									
黎平县									
榕江县									
从江县									
雷山县									
麻江县									
丹寨县									
黔南布依族苗族自治州	**160**	**78**	**82**	**123**	**69**	**54**	**524**	**311**	**213**
都匀市	137	67	70	117	67	50	431	258	173
福泉市	23	11	12	6	2	4	93	53	40
荔波县									
贵定县									
瓮安县									
独山县									
平塘县									
罗甸县									
长顺县									
龙里县									
惠水县									
三都水族自治县									

7-3a 续表 8

单位：人

现住地	户口登记地								
	浙江			安徽			福建		
	小计	男	女	小计	男	女	小计	男	女
贵州	**26565**	**15513**	**11052**	**15960**	**9621**	**6339**	**36242**	**22271**	**13971**
贵阳市	**14941**	**8821**	**6120**	**8937**	**5506**	**3431**	**19773**	**12399**	**7374**
南明区	4140	2486	1654	2388	1470	918	6404	3993	2411
云岩区	3067	1769	1298	2087	1276	811	3264	2025	1239
花溪区	1740	1080	660	1567	992	575	4281	2752	1529
乌当区	320	176	144	280	180	100	371	222	149
白云区	784	461	323	776	457	319	1162	710	452
观山湖区	3946	2296	1650	1466	904	562	3494	2215	1279
开阳县									
息烽县									
修文县									
清镇市	944	553	391	373	227	146	797	482	315
六盘水市	**1571**	**904**	**667**	**1173**	**653**	**520**	**2560**	**1540**	**1020**
钟山区	905	523	382	713	395	318	1584	940	644
六枝特区	241	124	117	250	133	117	328	189	139
水城县									
盘州市	425	257	168	210	125	85	648	411	237
遵义市	**3136**	**1784**	**1352**	**2033**	**1193**	**840**	**3556**	**2086**	**1470**
红花岗区	1598	917	681	1040	613	427	1875	1084	791
汇川区	576	342	234	356	214	142	536	331	205
播州区	394	205	189	355	212	143	604	357	247
桐梓县									
绥阳县									
正安县									
道真仡佬族苗族自治县									
务川仡佬族苗族自治县									
凤冈县									
湄潭县									
余庆县									
习水县									
赤水市	125	70	55	48	29	19	126	65	61
仁怀市	443	250	193	234	125	109	415	249	166
安顺市	**1279**	**738**	**541**	**722**	**423**	**299**	**1874**	**1130**	**744**
西秀区	1061	609	452	630	366	264	1687	1017	670
平坝区	218	129	89	92	57	35	187	113	74
普定县									
镇宁布依族苗族自治县									
关岭布依族苗族自治县									
紫云苗族布依族自治县									
毕节市	**672**	**345**	**327**	**461**	**258**	**203**	**1065**	**659**	**406**
七星关区	672	345	327	461	258	203	1065	659	406
大方县									
黔西县									
金沙县									
织金县									
纳雍县									
威宁彝族回族苗族自治县									
赫章县									

7-3a　续表 9　　　　单位：人

现住地	户口登记地								
	浙江			安徽			福建		
	小计	男	女	小计	男	女	小计	男	女
铜仁市	**923**	**560**	**363**	**507**	**311**	**196**	**1296**	**776**	**520**
碧江区	789	474	315	400	245	155	1158	688	470
万山区	134	86	48	107	66	41	138	88	50
江口县									
玉屏侗族自治县									
石阡县									
思南县									
印江土家族苗族自治县									
德江县									
沿河土家族自治县									
松桃苗族自治县									
黔西南布依族苗族自治州	**1686**	**979**	**707**	**645**	**377**	**268**	**2834**	**1728**	**1106**
兴义市	1387	800	587	540	314	226	2461	1500	961
兴仁市	299	179	120	105	63	42	373	228	145
普安县									
晴隆县									
贞丰县									
望谟县									
册亨县									
安龙县									
黔东南苗族侗族自治州	**1307**	**762**	**545**	**734**	**456**	**278**	**1889**	**1141**	**748**
凯里市	1307	762	545	734	456	278	1889	1141	748
黄平县									
施秉县									
三穗县									
镇远县									
岑巩县									
天柱县									
锦屏县									
剑河县									
台江县									
黎平县									
榕江县									
从江县									
雷山县									
麻江县									
丹寨县									
黔南布依族苗族自治州	**1050**	**620**	**430**	**748**	**444**	**304**	**1395**	**812**	**583**
都匀市	828	492	336	644	388	256	1180	696	484
福泉市	222	128	94	104	56	48	215	116	99
荔波县									
贵定县									
瓮安县									
独山县									
平塘县									
罗甸县									
长顺县									
龙里县									
惠水县									
三都水族自治县									

7—3a 续表 10 单位：人

现住地	户口登记地								
	江西			山东			河南		
	小计	男	女	小计	男	女	小计	男	女
贵州	**23187**	**13520**	**9667**	**14095**	**8611**	**5484**	**32249**	**19179**	**13070**
贵阳市	**13285**	**7905**	**5380**	**9068**	**5661**	**3407**	**19406**	**11888**	**7518**
南明区	3854	2305	1549	2041	1297	744	4830	2970	1860
云岩区	2881	1703	1178	2030	1283	747	4344	2570	1774
花溪区	2308	1399	909	2047	1226	821	3712	2338	1374
乌当区	443	245	198	337	197	140	634	380	254
白云区	1071	634	437	699	461	238	1848	1164	684
观山湖区	2377	1425	952	1529	952	577	3278	2008	1270
开阳县									
息烽县									
修文县									
清镇市	351	194	157	385	245	140	760	458	302
六盘水市	**1556**	**871**	**685**	**1056**	**614**	**442**	**2321**	**1350**	**971**
钟山区	989	557	432	747	419	328	1512	864	648
六枝特区	230	127	103	59	33	26	268	164	104
水城县									
盘州市	337	187	150	250	162	88	541	322	219
遵义市	**2685**	**1485**	**1200**	**1725**	**1002**	**723**	**3783**	**2101**	**1682**
红花岗区	1318	723	595	983	546	437	1766	976	790
汇川区	539	315	224	329	190	139	811	449	362
播州区	381	196	185	206	135	71	561	318	243
桐梓县									
绥阳县									
正安县									
道真仡佬族苗族自治县									
务川仡佬族苗族自治县									
凤冈县									
湄潭县									
余庆县									
习水县									
赤水市	60	35	25	16	8	8	97	50	47
仁怀市	387	216	171	191	123	68	548	308	240
安顺市	**986**	**568**	**418**	**395**	**238**	**157**	**1331**	**753**	**578**
西秀区	881	518	363	359	216	143	1212	683	529
平坝区	105	50	55	36	22	14	119	70	49
普定县									
镇宁布依族苗族自治县									
关岭布依族苗族自治县									
紫云苗族布依族自治县									
毕节市	**783**	**438**	**345**	**233**	**137**	**96**	**761**	**411**	**350**
七星关区	783	438	345	233	137	96	761	411	350
大方县									
黔西县									
金沙县									
织金县									
纳雍县									
威宁彝族回族苗族自治县									
赫章县									

7-3a　续表 11

单位：人

现住地	户口登记地								
	江　西			山　东			河　南		
	小计	男	女	小计	男	女	小计	男	女
铜仁市	**638**	**353**	**285**	**299**	**177**	**122**	**1058**	**608**	**450**
碧江区	522	283	239	245	145	100	900	513	387
万山区	116	70	46	54	32	22	158	95	63
江口县									
玉屏侗族自治县									
石阡县									
思南县									
印江土家族苗族自治县									
德江县									
沿河土家族自治县									
松桃苗族自治县									
黔西南布依族苗族自治州	**1050**	**598**	**452**	**510**	**306**	**204**	**1305**	**775**	**530**
兴义市	861	485	376	446	262	184	1149	685	464
兴仁市	189	113	76	64	44	20	156	90	66
普安县									
晴隆县									
贞丰县									
望谟县									
册亨县									
安龙县									
黔东南苗族侗族自治州	**1276**	**746**	**530**	**441**	**261**	**180**	**1216**	**699**	**517**
凯里市	1276	746	530	441	261	180	1216	699	517
黄平县									
施秉县									
三穗县									
镇远县									
岑巩县									
天柱县									
锦屏县									
剑河县									
台江县									
黎平县									
榕江县									
从江县									
雷山县									
麻江县									
丹寨县									
黔南布依族苗族自治州	**928**	**556**	**372**	**368**	**215**	**153**	**1068**	**594**	**474**
都匀市	764	451	313	327	187	140	892	496	396
福泉市	164	105	59	41	28	13	176	98	78
荔波县									
贵定县									
瓮安县									
独山县									
平塘县									
罗甸县									
长顺县									
龙里县									
惠水县									
三都水族自治县									

7−3a 续表 12

单位：人

现住地	户口登记地								
	湖北			湖南			广东		
	小计	男	女	小计	男	女	小计	男	女
贵州	**29922**	**17040**	**12882**	**77248**	**42544**	**34704**	**21061**	**12127**	**8934**
贵阳市	**16764**	**9708**	**7056**	**37535**	**21070**	**16465**	**13287**	**7960**	**5327**
南明区	3758	2194	1564	9210	5162	4048	3654	2201	1453
云岩区	3416	1973	1443	8327	4622	3705	3012	1773	1239
花溪区	2794	1639	1155	5925	3389	2536	1871	1112	759
乌当区	593	346	247	1186	641	545	674	391	283
白云区	2235	1242	993	3100	1777	1323	849	468	381
观山湖区	3360	1957	1403	7991	4504	3487	2879	1803	1076
开阳县									
息烽县									
修文县									
清镇市	608	357	251	1796	975	821	348	212	136
六盘水市	**2081**	**1123**	**958**	**5420**	**2959**	**2461**	**738**	**393**	**345**
钟山区	1383	745	638	3573	1929	1644	499	269	230
六枝特区	209	111	98	537	303	234	89	39	50
水城县									
盘州市	489	267	222	1310	727	583	150	85	65
遵义市	**3306**	**1817**	**1489**	**6870**	**3642**	**3228**	**2297**	**1208**	**1089**
红花岗区	1646	893	753	3489	1853	1636	1058	565	493
汇川区	631	357	274	1239	646	593	582	305	277
播州区	489	263	226	1159	600	559	308	146	162
桐梓县									
绥阳县									
正安县									
道真仡佬族苗族自治县									
务川仡佬族苗族自治县									
凤冈县									
湄潭县									
余庆县									
习水县									
赤水市	126	58	68	130	64	66	119	58	61
仁怀市	414	246	168	853	479	374	230	134	96
安顺市	**1709**	**963**	**746**	**3425**	**1899**	**1526**	**700**	**370**	**330**
西秀区	1568	883	685	3079	1700	1379	603	321	282
平坝区	141	80	61	346	199	147	97	49	48
普定县									
镇宁布依族苗族自治县									
关岭布依族苗族自治县									
紫云苗族布依族自治县									
毕节市	**795**	**451**	**344**	**2220**	**1192**	**1028**	**497**	**264**	**233**
七星关区	795	451	344	2220	1192	1028	497	264	233
大方县									
黔西县									
金沙县									
织金县									
纳雍县									
威宁彝族回族苗族自治县									
赫章县									

7–3a　续表 13　　　　单位：人

现住地	户口登记地								
	湖北			湖南			广东		
	小计	男	女	小计	男	女	小计	男	女
铜仁市	**1125**	**632**	**493**	**7863**	**4144**	**3719**	**614**	**324**	**290**
碧江区	966	529	437	6612	3446	3166	520	273	247
万山区	159	103	56	1251	698	553	94	51	43
江口县									
玉屏侗族自治县									
石阡县									
思南县									
印江土家族苗族自治县									
德江县									
沿河土家族自治县									
松桃苗族自治县									
黔西南布依族苗族自治州	**1727**	**987**	**740**	**3935**	**2168**	**1767**	**963**	**560**	**403**
兴义市	1490	852	638	3306	1830	1476	858	498	360
兴仁市	237	135	102	629	338	291	105	62	43
普安县									
晴隆县									
贞丰县									
望谟县									
册亨县									
安龙县									
黔东南苗族侗族自治州	**1339**	**746**	**593**	**6759**	**3711**	**3048**	**1152**	**639**	**513**
凯里市	1339	746	593	6759	3711	3048	1152	639	513
黄平县									
施秉县									
三穗县									
镇远县									
岑巩县									
天柱县									
锦屏县									
剑河县									
台江县									
黎平县									
榕江县									
从江县									
雷山县									
麻江县									
丹寨县									
黔南布依族苗族自治州	**1076**	**613**	**463**	**3221**	**1759**	**1462**	**813**	**409**	**404**
都匀市	921	526	395	2627	1437	1190	731	372	359
福泉市	155	87	68	594	322	272	82	37	45
荔波县									
贵定县									
瓮安县									
独山县									
平塘县									
罗甸县									
长顺县									
龙里县									
惠水县									
三都水族自治县									

7−3a 续表 14

单位：人

现住地	户口登记地								
	广西			海南			重庆		
	小计	男	女	小计	男	女	小计	男	女
贵州	**18549**	**9603**	**8946**	**2368**	**1151**	**1217**	**83673**	**47967**	**35706**
贵阳市	**9706**	**5294**	**4412**	**1397**	**723**	**674**	**42230**	**24471**	**17759**
南明区	2923	1593	1330	403	211	192	13537	7676	5861
云岩区	2086	1118	968	303	157	146	9161	5254	3907
花溪区	1521	831	690	280	155	125	5968	3465	2503
乌当区	347	163	184	64	28	36	1368	755	613
白云区	1077	601	476	95	28	67	4032	2411	1621
观山湖区	1360	784	576	225	134	91	6002	3631	2371
开阳县									
息烽县									
修文县									
清镇市	392	204	188	27	10	17	2162	1279	883
六盘水市	**899**	**445**	**454**	**83**	**39**	**44**	**5918**	**3334**	**2584**
钟山区	538	274	264	56	27	29	3423	1895	1528
六枝特区	125	48	77	9	4	5	859	482	377
水城县									
盘州市	236	123	113	18	8	10	1636	957	679
遵义市	**1942**	**828**	**1114**	**367**	**150**	**217**	**20635**	**11558**	**9077**
红花岗区	857	387	470	217	89	128	10979	6170	4809
汇川区	451	185	266	97	42	55	4361	2362	1999
播州区	361	147	214	28	11	17	3013	1726	1287
桐梓县									
绥阳县									
正安县									
道真仡佬族苗族自治县									
务川仡佬族苗族自治县									
凤冈县									
湄潭县									
余庆县									
习水县									
赤水市	66	20	46	5	2	3	849	498	351
仁怀市	207	89	118	20	6	14	1433	802	631
安顺市	**596**	**302**	**294**	**110**	**40**	**70**	**3171**	**1841**	**1330**
西秀区	531	265	266	102	36	66	2897	1677	1220
平坝区	65	37	28	8	4	4	274	164	110
普定县									
镇宁布依族苗族自治县									
关岭布依族苗族自治县									
紫云苗族布依族自治县									
毕节市	**563**	**237**	**326**	**63**	**28**	**35**	**1432**	**788**	**644**
七星关区	563	237	326	63	28	35	1432	788	644
大方县									
黔西县									
金沙县									
织金县									
纳雍县									
威宁彝族回族苗族自治县									
赫章县									

7—3a　续表 15

单位：人

现 住 地	户口登记地								
	广　西			海　南			重　庆		
	小计	男	女	小计	男	女	小计	男	女
铜仁市	**560**	**227**	**333**	**75**	**39**	**36**	**2649**	**1460**	**1189**
碧江区	452	180	272	63	31	32	2146	1136	1010
万山区	108	47	61	12	8	4	503	324	179
江口县									
玉屏侗族自治县									
石阡县									
思南县									
印江土家族苗族自治县									
德江县									
沿河土家族自治县									
松桃苗族自治县									
黔西南布依族苗族自治州	**1824**	**972**	**852**	**86**	**46**	**40**	**4210**	**2488**	**1722**
兴义市	1665	882	783	79	43	36	3492	2045	1447
兴仁市	159	90	69	7	3	4	718	443	275
普安县									
晴隆县									
贞丰县									
望谟县									
册亨县									
安龙县									
黔东南苗族侗族自治州	**1177**	**611**	**566**	**110**	**52**	**58**	**1820**	**1081**	**739**
凯里市	1177	611	566	110	52	58	1820	1081	739
黄平县									
施秉县									
三穗县									
镇远县									
岑巩县									
天柱县									
锦屏县									
剑河县									
台江县									
黎平县									
榕江县									
从江县									
雷山县									
麻江县									
丹寨县									
黔南布依族苗族自治州	**1282**	**687**	**595**	**77**	**34**	**43**	**1608**	**946**	**662**
都匀市	1149	617	532	58	24	34	1330	789	541
福泉市	133	70	63	19	10	9	278	157	121
荔波县									
贵定县									
瓮安县									
独山县									
平塘县									
罗甸县									
长顺县									
龙里县									
惠水县									
三都水族自治县									

7-3a 续表 16

单位：人

现住地	户口登记地					
	四川			云南		
	小计	男	女	小计	男	女
贵州	**178176**	**100870**	**77306**	**30972**	**14821**	**16151**
贵阳市	**104098**	**60174**	**43924**	**13959**	**7286**	**6673**
南明区	30904	17601	13303	4153	2170	1983
云岩区	26760	15379	11381	2919	1429	1490
花溪区	14942	8663	6279	1892	1011	881
乌当区	4326	2433	1893	552	308	244
白云区	10031	6011	4020	1932	997	935
观山湖区	12381	7287	5094	1811	1024	787
开阳县						
息烽县						
修文县						
清镇市	4754	2800	1954	700	347	353
六盘水市	**12518**	**7237**	**5281**	**6997**	**3176**	**3821**
钟山区	9433	5429	4004	2213	979	1234
六枝特区	1094	632	462	396	150	246
水城县						
盘州市	1991	1176	815	4388	2047	2341
遵义市	**35057**	**18331**	**16726**	**2269**	**938**	**1331**
红花岗区	9497	5166	4331	1032	431	601
汇川区	3759	2059	1700	481	192	289
播州区	3116	1669	1447	329	128	201
桐梓县						
绥阳县						
正安县						
道真仡佬族苗族自治县						
务川仡佬族苗族自治县						
凤冈县						
湄潭县						
余庆县						
习水县						
赤水市	9435	4631	4804	111	47	64
仁怀市	9250	4806	4444	316	140	176
安顺市	**7229**	**4213**	**3016**	**970**	**426**	**544**
西秀区	6388	3714	2674	854	376	478
平坝区	841	499	342	116	50	66
普定县						
镇宁布依族苗族自治县						
关岭布依族苗族自治县						
紫云苗族布依族自治县						
毕节市	**4219**	**2298**	**1921**	**2071**	**844**	**1227**
七星关区	4219	2298	1921	2071	844	1227
大方县						
黔西县						
金沙县						
织金县						
纳雍县						
威宁彝族回族苗族自治县						
赫章县						

7-3a　续表 17

单位：人

现住地	户口登记地					
	四川			云南		
	小计	男	女	小计	男	女
铜仁市	**2416**	**1351**	**1065**	**420**	**163**	**257**
碧江区	2037	1097	940	357	133	224
万山区	379	254	125	63	30	33
江口县						
玉屏侗族自治县						
石阡县						
思南县						
印江土家族苗族自治县						
德江县						
沿河土家族自治县						
松桃苗族自治县						
黔西南布依族苗族自治州	**4600**	**2656**	**1944**	**3096**	**1424**	**1672**
兴义市	4083	2343	1740	2824	1301	1523
兴仁市	517	313	204	272	123	149
普安县						
晴隆县						
贞丰县						
望谟县						
册亨县						
安龙县						
黔东南苗族侗族自治州	**4110**	**2323**	**1787**	**696**	**325**	**371**
凯里市	4110	2323	1787	696	325	371
黄平县						
施秉县						
三穗县						
镇远县						
岑巩县						
天柱县						
锦屏县						
剑河县						
台江县						
黎平县						
榕江县						
从江县						
雷山县						
麻江县						
丹寨县						
黔南布依族苗族自治州	**3929**	**2287**	**1642**	**494**	**239**	**255**
都匀市	3168	1828	1340	381	193	188
福泉市	761	459	302	113	46	67
荔波县						
贵定县						
瓮安县						
独山县						
平塘县						
罗甸县						
长顺县						
龙里县						
惠水县						
三都水族自治县						

7-3a 续表 18

单位：人

现住地	户口登记地								
	西藏			陕西			甘肃		
	小计	男	女	小计	男	女	小计	男	女
贵州	**786**	**434**	**352**	**10219**	**6078**	**4141**	**5612**	**3220**	**2392**
贵阳市	**258**	**157**	**101**	**6354**	**3848**	**2506**	**3445**	**2032**	**1413**
南明区	63	39	24	1496	958	538	1065	654	411
云岩区	51	34	17	1167	697	470	638	377	261
花溪区	34	20	14	1395	827	568	649	383	266
乌当区	15	11	4	257	132	125	126	60	66
白云区	13	6	7	685	413	272	286	154	132
观山湖区	79	45	34	1195	733	462	601	357	244
开阳县									
息烽县									
修文县									
清镇市	3	2	1	159	88	71	80	47	33
六盘水市	**60**	**31**	**29**	**577**	**348**	**229**	**323**	**179**	**144**
钟山区	34	21	13	363	213	150	194	111	83
六枝特区	7	4	3	80	50	30	38	24	14
水城县									
盘州市	19	6	13	134	85	49	91	44	47
遵义市	**278**	**144**	**134**	**1300**	**695**	**605**	**758**	**401**	**357**
红花岗区	174	81	93	622	340	282	479	244	235
汇川区	76	41	35	304	154	150	129	74	55
播州区	17	12	5	163	87	76	52	26	26
桐梓县									
绥阳县									
正安县									
道真仡佬族苗族自治县									
务川仡佬族苗族自治县									
凤冈县									
湄潭县									
余庆县									
习水县									
赤水市	5	4	1	71	35	36	25	16	9
仁怀市	6	6		140	79	61	73	41	32
安顺市	**29**	**16**	**13**	**642**	**400**	**242**	**195**	**104**	**91**
西秀区	26	14	12	620	386	234	176	98	78
平坝区	3	2	1	22	14	8	19	6	13
普定县									
镇宁布依族苗族自治县									
关岭布依族苗族自治县									
紫云苗族布依族自治县									
毕节市	**47**	**24**	**23**	**214**	**112**	**102**	**216**	**109**	**107**
七星关区	47	24	23	214	112	102	216	109	107
大方县									
黔西县									
金沙县									
织金县									
纳雍县									
威宁彝族回族苗族自治县									
赫章县									

7–3a　续表 19

单位：人

现住地	户口登记地								
	西藏			陕西			甘肃		
	小计	男	女	小计	男	女	小计	男	女
铜仁市	**19**	**12**	**7**	**170**	**102**	**68**	**179**	**106**	**73**
碧江区	18	11	7	133	76	57	151	84	67
万山区	1	1		37	26	11	28	22	6
江口县									
玉屏侗族自治县									
石阡县									
思南县									
印江土家族苗族自治县									
德江县									
沿河土家族自治县									
松桃苗族自治县									
黔西南布依族苗族自治州	**29**	**16**	**13**	**353**	**206**	**147**	**184**	**113**	**71**
兴义市	26	15	11	323	190	133	167	103	64
兴仁市	3	1	2	30	16	14	17	10	7
普安县									
晴隆县									
贞丰县									
望谟县									
册亨县									
安龙县									
黔东南苗族侗族自治州	**35**	**21**	**14**	**334**	**200**	**134**	**184**	**100**	**84**
凯里市	35	21	14	334	200	134	184	100	84
黄平县									
施秉县									
三穗县									
镇远县									
岑巩县									
天柱县									
锦屏县									
剑河县									
台江县									
黎平县									
榕江县									
从江县									
雷山县									
麻江县									
丹寨县									
黔南布依族苗族自治州	**31**	**13**	**18**	**275**	**167**	**108**	**128**	**76**	**52**
都匀市	22	9	13	229	136	93	102	61	41
福泉市	9	4	5	46	31	15	26	15	11
荔波县									
贵定县									
瓮安县									
独山县									
平塘县									
罗甸县									
长顺县									
龙里县									
惠水县									
三都水族自治县									

7-3a 续表 20

单位：人

现住地	户口登记地								
	青海			宁夏			新疆		
	小计	男	女	小计	男	女	小计	男	女
贵州	**1062**	**550**	**512**	**695**	**381**	**314**	**1972**	**1090**	**882**
贵阳市	**694**	**388**	**306**	**451**	**263**	**188**	**1320**	**753**	**567**
南明区	159	84	75	102	66	36	335	193	142
云岩区	158	95	63	89	48	41	312	177	135
花溪区	126	66	60	104	57	47	272	151	121
乌当区	26	16	10	18	12	6	48	21	27
白云区	47	27	20	32	21	11	87	51	36
观山湖区	152	85	67	96	53	43	226	130	96
开阳县									
息烽县									
修文县									
清镇市	26	15	11	10	6	4	40	30	10
六盘水市	**48**	**18**	**30**	**23**	**14**	**9**	**101**	**49**	**52**
钟山区	39	18	21	16	10	6	64	32	32
六枝特区	7		7	3	1	2	19	8	11
水城县									
盘州市	2		2	4	3	1	18	9	9
遵义市	**127**	**52**	**75**	**82**	**35**	**47**	**239**	**125**	**114**
红花岗区	70	21	49	52	23	29	91	42	49
汇川区	30	16	14	14	4	10	70	38	32
播州区	18	9	9	6	3	3	34	20	14
桐梓县									
绥阳县									
正安县									
道真仡佬族苗族自治县									
务川仡佬族苗族自治县									
凤冈县									
湄潭县									
余庆县									
习水县									
赤水市				1		1	28	17	11
仁怀市	9	6	3	9	5	4	16	8	8
安顺市	**28**	**13**	**15**	**22**	**13**	**9**	**57**	**31**	**26**
西秀区	19	9	10	20	12	8	52	27	25
平坝区	9	4	5	2	1	1	5	4	1
普定县									
镇宁布依族苗族自治县									
关岭布依族苗族自治县									
紫云苗族布依族自治县									
毕节市	**20**	**15**	**5**	**13**	**7**	**6**	**21**	**7**	**14**
七星关区	20	15	5	13	7	6	21	7	14
大方县									
黔西县									
金沙县									
织金县									
纳雍县									
威宁彝族回族苗族自治县									
赫章县									

7-3a　续表 21

单位：人

现住地	户口登记地								
	青海			宁夏			新疆		
	小计	男	女	小计	男	女	小计	男	女
铜仁市	**50**	**15**	**35**	**43**	**15**	**28**	**46**	**19**	**27**
碧江区	50	15	35	41	14	27	39	13	26
万山区				2	1	1	7	6	1
江口县									
玉屏侗族自治县									
石阡县									
思南县									
印江土家族苗族自治县									
德江县									
沿河土家族自治县									
松桃苗族自治县									
黔西南布依族苗族自治州	**41**	**23**	**18**	**18**	**10**	**8**	**73**	**38**	**35**
兴义市	38	21	17	15	8	7	64	31	33
兴仁市	3	2	1	3	2	1	9	7	2
普安县									
晴隆县									
贞丰县									
望谟县									
册亨县									
安龙县									
黔东南苗族侗族自治州	**26**	**14**	**12**	**25**	**14**	**11**	**78**	**44**	**34**
凯里市	26	14	12	25	14	11	78	44	34
黄平县									
施秉县									
三穗县									
镇远县									
岑巩县									
天柱县									
锦屏县									
剑河县									
台江县									
黎平县									
榕江县									
从江县									
雷山县									
麻江县									
丹寨县									
黔南布依族苗族自治州	**28**	**12**	**16**	**18**	**10**	**8**	**37**	**24**	**13**
都匀市	25	10	15	15	9	6	32	20	12
福泉市	3	2	1	3	1	2	5	4	1
荔波县									
贵定县									
瓮安县									
独山县									
平塘县									
罗甸县									
长顺县									
龙里县									
惠水县									
三都水族自治县									

7-3b 全省按现住地、性别分的户口登记地在外省的人口(镇)

单位：人

现住地	户口登记地					
	合计			北京		
	合计	男	女	小计	男	女
贵州	**275269**	**154340**	**120929**	**439**	**310**	**129**
贵阳市	**30488**	**16869**	**13619**	**61**	**39**	**22**
南明区						
云岩区						
花溪区	11126	5697	5429	44	26	18
乌当区	1313	860	453			
白云区	32	17	15			
观山湖区	1268	756	512	1	1	
开阳县	5120	2757	2363	7	6	1
息烽县	3914	2162	1752	1		1
修文县	5359	3129	2230	8	6	2
清镇市	2356	1491	865			
六盘水市	**13178**	**7393**	**5785**	**13**	**9**	**4**
钟山区	1086	633	453	1		1
六枝特区	828	414	414			
水城县	7226	4173	3053	11	8	3
盘州市	4038	2173	1865	1	1	
遵义市	**42313**	**22183**	**20130**	**87**	**68**	**19**
红花岗区	1019	560	459			
汇川区	734	339	395			
播州区	1727	941	786	1		1
桐梓县	7125	3660	3465	10	7	3
绥阳县	2802	1556	1246	3	3	
正安县	2811	1493	1318	16	15	1
道真仡佬族苗族自治县	2731	1325	1406	17	11	6
务川仡佬族苗族自治县	2978	1588	1390	1	1	
凤冈县	3259	1664	1595	4	3	1
湄潭县	3879	2078	1801	7	5	2
余庆县	2626	1513	1113	1	1	
习水县	7809	4060	3749	23	20	3
赤水市	1307	619	688	4	2	2
仁怀市	1506	787	719			
安顺市	**17379**	**10213**	**7166**	**27**	**20**	**7**
西秀区	1447	918	529	1	1	
平坝区	4847	3141	1706	7	6	1
普定县	2802	1539	1263	6	3	3
镇宁布依族苗族自治县	3231	1801	1430	11	9	2
关岭布依族苗族自治县	2630	1493	1137			
紫云苗族布依族自治县	2422	1321	1101	2	1	1
毕节市	**44187**	**24975**	**19212**	**53**	**41**	**12**
七星关区	1489	727	762	1	1	
大方县	5306	2877	2429	9	9	
黔西县	7772	4386	3386	13	10	3
金沙县	6293	3551	2742	9	8	1
织金县	7006	4013	2993	3	2	1
纳雍县	5106	3082	2024	7	4	3
威宁彝族回族苗族自治县	8656	4960	3696	6	4	2
赫章县	2559	1379	1180	5	3	2

7-3b 续表 1

单位：人

现住地	户口登记地					
	合计			北京		
	合计	男	女	小计	男	女
铜仁市	**29140**	**16179**	**12961**	**40**	**26**	**14**
碧江区	33	20	13			
万山区						
江口县	2046	1107	939	2	1	1
玉屏侗族自治县	3634	2006	1628			
石阡县	2534	1429	1105	8	5	3
思南县	5367	3140	2227	8	5	3
印江土家族苗族自治县	2499	1398	1101	7	4	3
德江县	3378	1885	1493	1	1	
沿河土家族自治县	3618	1996	1622	6	5	1
松桃苗族自治县	6031	3198	2833	8	5	3
黔西南布依族苗族自治州	**17012**	**10158**	**6854**	**14**	**9**	**5**
兴义市	2106	1328	778	1		1
兴仁市	1231	785	446	1	1	
普安县	2050	1314	736	1	1	
晴隆县	1560	895	665	1	1	
贞丰县	3195	1833	1362	2	2	
望谟县	1811	1084	727	1	1	
册亨县	1586	937	649	3	2	1
安龙县	3473	1982	1491	4	1	3
黔东南苗族侗族自治州	**33599**	**18754**	**14845**	**58**	**47**	**11**
凯里市	767	469	298			
黄平县	1822	1088	734	13	11	2
施秉县	1110	598	512	4	1	3
三穗县	2429	1281	1148			
镇远县	2952	1672	1280	6	4	2
岑巩县	2560	1384	1176	8	6	2
天柱县	2727	1465	1262	2	2	
锦屏县	1605	915	690	2	2	
剑河县	1698	926	772	3	3	
台江县	1081	685	396	2	2	
黎平县	4350	2394	1956	11	10	1
榕江县	2510	1396	1114	3	2	1
从江县	3071	1682	1389			
雷山县	1489	832	657	2	2	
麻江县	1926	1136	790			
丹寨县	1502	831	671	2	2	
黔南布依族苗族自治州	**47973**	**27616**	**20357**	**86**	**51**	**35**
都匀市	1092	565	527			
福泉市	1382	752	630			
荔波县	3776	2214	1562	10	7	3
贵定县	4853	2838	2015	10	4	6
瓮安县	5826	3175	2651	4	2	2
独山县	4864	2902	1962	5	3	2
平塘县	2325	1315	1010	3	1	2
罗甸县	4362	2524	1838	1	1	
长顺县	2020	1086	934	10	8	2
龙里县	7649	4766	2883	24	16	8
惠水县	7364	4085	3279	13	8	5
三都水族自治县	2460	1394	1066	6	1	5

7－3b　续表 2　　　　单位：人

现住地	户口登记地								
	天　津			河　北			山　西		
	小计	男	女	小计	男	女	小计	男	女
贵　州	**249**	**156**	**93**	**4052**	**2514**	**1538**	**1760**	**1036**	**724**
贵阳市	**46**	**22**	**24**	**811**	**469**	**342**	**439**	**214**	**225**
南明区									
云岩区									
花溪区	29	15	14	449	246	203	314	139	175
乌当区	2	2		17	14	3	13	10	3
白云区									
观山湖区	1		1	106	67	39	6	3	3
开阳县	7	1	6	63	33	30	27	17	10
息烽县	1		1	38	22	16	23	9	14
修文县	6	4	2	84	53	31	32	21	11
清镇市				54	34	20	24	15	9
六盘水市	**5**	**4**	**1**	**174**	**105**	**69**	**64**	**44**	**20**
钟山区				19	11	8	14	8	6
六枝特区				4	2	2	2	2	
水城县	3	3		100	61	39	36	26	10
盘州市	2	1	1	51	31	20	12	8	4
遵义市	**35**	**21**	**14**	**475**	**298**	**177**	**256**	**164**	**92**
红花岗区	1	1		11	7	4	13	5	8
汇川区				9	6	3	4	3	1
播州区				9	6	3	4	3	1
桐梓县	12	5	7	64	28	36	37	22	15
绥阳县	1		1	38	25	13	26	20	6
正安县				124	107	17	7	4	3
道真仡佬族苗族自治县				29	11	18	15	5	10
务川仡佬族苗族自治县	2	2		24	10	14	17	12	5
凤冈县	1	1		18	10	8	4	3	1
湄潭县	3	2	1	38	20	18	19	15	4
余庆县	3	1	2	47	32	15	56	43	13
习水县	12	9	3	45	24	21	38	19	19
赤水市				4	1	3			
仁怀市				15	11	4	16	10	6
安顺市	**21**	**15**	**6**	**327**	**221**	**106**	**85**	**49**	**36**
西秀区	1		1	27	15	12	5	5	
平坝区	10	8	2	171	130	41	30	18	12
普定县	4	3	1	27	15	12	20	5	15
镇宁布依族苗族自治县	5	3	2	50	31	19	12	8	4
关岭布依族苗族自治县	1	1		32	21	11	12	9	3
紫云苗族布依族自治县				20	9	11	6	4	2
毕节市	**32**	**21**	**11**	**588**	**333**	**255**	**280**	**189**	**91**
七星关区				12	7	5	4	2	2
大方县	2	1	1	78	42	36	36	24	12
黔西县	5	4	1	128	79	49	37	25	12
金沙县	12	7	5	81	43	38	48	35	13
织金县	7	4	3	105	56	49	44	23	21
纳雍县	2	2		90	55	35	57	42	15
威宁彝族回族苗族自治县	3	3		77	45	32	42	29	13
赫章县	1		1	17	6	11	12	9	3

7–3b　续表 3

单位：人

现住地	户口登记地								
	天津			河北			山西		
	小计	男	女	小计	男	女	小计	男	女
铜仁市	**32**	**21**	**11**	**339**	**234**	**105**	**92**	**55**	**37**
碧江区									
万山区									
江口县	1		1	23	18	5	3	3	
玉屏侗族自治县	2	2		68	55	13	13	6	7
石阡县	5	2	3	17	10	7	15	7	8
思南县	9	8	1	49	30	19	24	12	12
印江土家族苗族自治县	4	3	1	24	19	5	6	5	1
德江县	3	2	1	36	24	12	5	4	1
沿河土家族自治县	1	1		10	5	5	7	3	4
松桃苗族自治县	7	3	4	112	73	39	19	15	4
黔西南布依族苗族自治州	**14**	**10**	**4**	**293**	**207**	**86**	**72**	**45**	**27**
兴义市	2	1	1	119	102	17	9	6	3
兴仁市				15	9	6	5	5	
普安县	3	3		15	12	3	16	10	6
晴隆县				13	8	5			
贞丰县	5	5		50	30	20	22	14	8
望谟县				14	7	7	3	2	1
册亨县	1		1	10	5	5	4	1	3
安龙县	3	1	2	57	34	23	13	7	6
黔东南苗族侗族自治州	**29**	**19**	**10**	**296**	**195**	**101**	**147**	**98**	**49**
凯里市				6	6		3	1	2
黄平县	3	2	1	26	17	9	8	6	2
施秉县				7	4	3	7	4	3
三穗县	3	3		18	10	8	7	6	1
镇远县	3	2	1	24	16	8	15	10	5
岑巩县	1	1		43	37	6	27	15	12
天柱县				20	10	10	9	2	7
锦屏县	1		1	6	2	4	3	3	
剑河县	3	1	2	10	8	2	14	12	2
台江县	2	1	1	7	4	3			
黎平县	4	3	1	26	14	12	10	8	2
榕江县	2	1	1	6	4	2	5	2	3
从江县				8	5	3	4	2	2
雷山县	7	5	2	18	12	6	21	17	4
麻江县				43	28	15	14	10	4
丹寨县				28	18	10			
黔南布依族苗族自治州	**35**	**23**	**12**	**749**	**452**	**297**	**325**	**178**	**147**
都匀市	1	1		21	9	12	14	7	7
福泉市				29	17	12	8	6	2
荔波县	2		2	33	20	13	16	11	5
贵定县	3	1	2	72	37	35	23	13	10
瓮安县	9	5	4	81	43	38	27	16	11
独山县	5	3	2	104	78	26	16	12	4
平塘县	1		1	30	22	8	16	9	7
罗甸县	3	3		43	28	15	29	12	17
长顺县				53	31	22	5	3	2
龙里县	9	9		96	63	33	57	38	19
惠水县	2	1	1	160	87	73	109	48	61
三都水族自治县				27	17	10	5	3	2

7-3b 续表 4　　　　单位：人

现住地	户口登记地								
	内蒙古			辽宁			吉林		
	小计	男	女	小计	男	女	小计	男	女
贵州	**781**	**463**	**318**	**1339**	**817**	**522**	**1184**	**724**	**460**
贵阳市	**148**	**72**	**76**	**434**	**245**	**189**	**189**	**101**	**88**
南明区									
云岩区									
花溪区	78	30	48	159	71	88	121	59	62
乌当区	3	3		11	8	3	5	3	2
白云区									
观山湖区	3	2	1	5	4	1	3	1	2
开阳县	19	14	5	14	7	7	15	10	5
息烽县	31	15	16	176	109	67	15	8	7
修文县	13	7	6	27	18	9	25	15	10
清镇市	1	1		42	28	14	5	5	
六盘水市	**37**	**20**	**17**	**68**	**42**	**26**	**53**	**30**	**23**
钟山区	1		1	5	2	3	3	2	1
六枝特区	1		1	1		1	6	2	4
水城县	21	11	10	43	27	16	31	18	13
盘州市	14	9	5	19	13	6	13	8	5
遵义市	**94**	**51**	**43**	**120**	**65**	**55**	**148**	**87**	**61**
红花岗区	2	2		1	1		3	1	2
汇川区	2	2		3	2	1	2	1	1
播州区	6	3	3	9	5	4	4	3	1
桐梓县	17	10	7	20	12	8	27	15	12
绥阳县	3	1	2	12	5	7	10	7	3
正安县	4	2	2	13	10	3	12	8	4
道真仡佬族苗族自治县	2	1	1	7	3	4	12	6	6
务川仡佬族苗族自治县	7	2	5	8	1	7	8	5	3
凤冈县	11	7	4	3	1	2	12	6	6
湄潭县	21	10	11	14	10	4	20	10	10
余庆县	5	4	1	10	3	7	6	4	2
习水县	13	6	7	14	9	5	30	19	11
赤水市				1		1			
仁怀市	1	1		5	3	2	2	2	
安顺市	**53**	**34**	**19**	**77**	**51**	**26**	**92**	**64**	**28**
西秀区	19	12	7	3	3		1	1	
平坝区	12	10	2	45	32	13	57	40	17
普定县	1	1		8	6	2	8	5	3
镇宁布依族苗族自治县	13	8	5	10	4	6	13	9	4
关岭布依族苗族自治县	1	1		5	3	2	9	6	3
紫云苗族布依族自治县	7	2	5	6	3	3	4	3	1
毕节市	**110**	**66**	**44**	**124**	**72**	**52**	**231**	**158**	**73**
七星关区	3	1	2	2	1	1	1		1
大方县	16	8	8	26	16	10	19	12	7
黔西县	33	19	14	18	9	9	47	29	18
金沙县	16	12	4	30	16	14	77	53	24
织金县	13	6	7	20	12	8	15	10	5
纳雍县	14	8	6	11	8	3	34	30	4
威宁彝族回族苗族自治县	14	11	3	14	8	6	30	20	10
赫章县	1	1		3	2	1	8	4	4

7–3b　续表 5　　　　单位：人

现住地	户口登记地								
	内蒙古			辽宁			吉林		
	小计	男	女	小计	男	女	小计	男	女
铜仁市	**98**	**64**	**34**	**98**	**74**	**24**	**82**	**49**	**33**
碧江区									
万山区									
江口县	9	5	4	8	7	1	8	5	3
玉屏侗族自治县	11	6	5	16	10	6	8	4	4
石阡县	9	7	2	5	4	1	5	3	2
思南县	14	8	6	15	11	4	10	7	3
印江土家族苗族自治县	18	13	5	27	20	7	5	1	4
德江县	13	10	3	9	7	2	10	6	4
沿河土家族自治县	8	4	4	5	4	1	21	13	8
松桃苗族自治县	16	11	5	13	11	2	15	10	5
黔西南布依族苗族自治州	**57**	**46**	**11**	**116**	**91**	**25**	**61**	**40**	**21**
兴义市	5	5		9	8	1	14	13	1
兴仁市	10	9	1	1	1		5	3	2
普安县	6	6		12	7	5	4	4	
晴隆县	6	4	2	2	2		7	4	3
贞丰县	15	11	4	14	10	4	9	4	5
望谟县	3	2	1	1	1				
册亨县	3	2	1	1	1		5	2	3
安龙县	9	7	2	76	61	15	17	10	7
黔东南苗族侗族自治州	**73**	**46**	**27**	**103**	**58**	**45**	**88**	**54**	**34**
凯里市							1	1	
黄平县	12	9	3	7	4	3	7	4	3
施秉县							10	7	3
三穗县				15	10	5	4	2	2
镇远县	9	6	3	7	3	4	10	6	4
岑巩县	12	8	4	12	6	6	3	2	1
天柱县	2	1	1	4		4	7	6	1
锦屏县	2		2	5	4	1	5	3	2
剑河县	6	4	2	9	5	4	2	1	1
台江县				5	1	4	3	1	2
黎平县	7	5	2	14	9	5	10	7	3
榕江县	8	4	4	6	4	2	7	4	3
从江县				2	1	1	1		1
雷山县	5	2	3	12	9	3	7	3	4
麻江县	4	1	3	1	1		3	2	1
丹寨县	6	6		4	1	3	8	5	3
黔南布依族苗族自治州	**111**	**64**	**47**	**199**	**119**	**80**	**240**	**141**	**99**
都匀市	7	6	1	3	3		18	8	10
福泉市	3	1	2	9	5	4	8	3	5
荔波县	5	3	2	13	10	3	14	9	5
贵定县	24	14	10	31	20	11	19	16	3
瓮安县	22	11	11	16	8	8	21	11	10
独山县	4	2	2	12	9	3	14	10	4
平塘县				11	8	3	3	2	1
罗甸县	1		1	5	5		12	7	5
长顺县	3	1	2	4	3	1	8	7	1
龙里县	26	18	8	49	30	19	44	30	14
惠水县	13	6	7	36	13	23	52	27	25
三都水族自治县	3	2	1	10	5	5	27	11	16

7-3b 续表 6

单位：人

现住地	户口登记地								
	黑龙江			上海			江苏		
	小计	男	女	小计	男	女	小计	男	女
贵州	**1512**	**863**	**649**	**516**	**308**	**208**	**5948**	**3644**	**2304**
贵阳市	**286**	**138**	**148**	**43**	**27**	**16**	**903**	**537**	**366**
南明区									
云岩区									
花溪区	182	75	107	10	7	3	415	243	172
乌当区	7	5	2				36	28	8
白云区	1	1					1		1
观山湖区	6	5	1	5	3	2	24	15	9
开阳县	15	9	6	9	6	3	109	47	62
息烽县	30	16	14	8	6	2	113	67	46
修文县	33	22	11	9	5	4	147	94	53
清镇市	12	5	7	2		2	58	43	15
六盘水市	**97**	**54**	**43**	**9**	**5**	**4**	**258**	**151**	**107**
钟山区	7	2	5	1	1		32	18	14
六枝特区	6	5	1	1	1		28	15	13
水城县	64	35	29	6	3	3	128	77	51
盘州市	20	12	8	1		1	70	41	29
遵义市	**169**	**95**	**74**	**115**	**68**	**47**	**832**	**495**	**337**
红花岗区				2	1	1	19	14	5
汇川区	1		1	8	5	3	21	7	14
播州区	10	5	5	8	5	3	56	37	19
桐梓县	29	15	14	26	13	13	148	80	68
绥阳县	14	9	5	9	5	4	107	63	44
正安县	13	9	4	9	5	4	63	43	20
道真仡佬族苗族自治县	5	3	2	5	3	2	51	28	23
务川仡佬族苗族自治县	9	8	1	6	5	1	75	51	24
凤冈县	17	8	9	7	5	2	60	37	23
湄潭县	28	15	13	18	12	6	79	44	35
余庆县	16	11	5	8	4	4	52	36	16
习水县	24	11	13	5	3	2	76	42	34
赤水市	3	1	2	2	1	1	6	3	3
仁怀市				2	1	1	19	10	9
安顺市	**92**	**57**	**35**	**46**	**24**	**22**	**443**	**268**	**175**
西秀区	13	8	5				35	21	14
平坝区	30	24	6	8	1	7	140	94	46
普定县	8	4	4	12	6	6	86	48	38
镇宁布依族苗族自治县	25	11	14	4	3	1	80	46	34
关岭布依族苗族自治县	12	8	4	17	10	7	67	40	27
紫云苗族布依族自治县	4	2	2	5	4	1	35	19	16
毕节市	**224**	**134**	**90**	**45**	**31**	**14**	**1055**	**659**	**396**
七星关区	1		1	3	3		21	8	13
大方县	37	19	18	6	5	1	152	81	71
黔西县	40	16	24	10	9	1	160	100	60
金沙县	40	29	11	9	5	4	171	114	57
织金县	30	17	13	8	4	4	194	121	73
纳雍县	53	38	15	3	2	1	175	121	54
威宁彝族回族苗族自治县	14	10	4	5	2	3	118	77	41
赫章县	9	5	4	1	1		64	37	27

7−3b　续表 7

单位：人

现 住 地	户口登记地								
	黑 龙 江			上　　海			江　　苏		
	小计	男	女	小计	男	女	小计	男	女
铜仁市	**101**	**62**	**39**	**73**	**45**	**28**	**603**	**368**	**235**
碧江区									
万山区									
江口县	13	6	7	8	5	3	50	27	23
玉屏侗族自治县	8	5	3	13	7	6	61	41	20
石阡县	7	3	4	1	1		53	30	23
思南县	20	15	5	10	6	4	105	75	30
印江土家族苗族自治县	8	2	6	11	6	5	81	43	38
德江县	11	7	4	2	2		96	60	36
沿河土家族自治县	14	8	6	22	14	8	64	36	28
松桃苗族自治县	20	16	4	6	4	2	93	56	37
黔西南布依族苗族自治州	**105**	**68**	**37**	**20**	**12**	**8**	**258**	**190**	**68**
兴义市	16	13	3	7	3	4	22	15	7
兴仁市	15	8	7				17	14	3
普安县	12	9	3				88	76	12
晴隆县	4	4		4	3	1	32	25	7
贞丰县	28	16	12	5	3	2	37	24	13
望谟县	2	1	1				8	5	3
册亨县	3	3		1	1		11	8	3
安龙县	25	14	11	3	2	1	43	23	20
黔东南苗族侗族自治州	**143**	**81**	**62**	**50**	**28**	**22**	**688**	**404**	**284**
凯里市	3	1	2	6	6		21	17	4
黄平县	11	4	7	1		1	29	15	14
施秉县	6	2	4	1	1		25	14	11
三穗县	9	6	3	3	1	2	49	28	21
镇远县	7	5	2	10	4	6	52	29	23
岑巩县	11	6	5	6	4	2	72	44	28
天柱县	5	3	2	6	5	1	58	26	32
锦屏县	10	4	6	2		2	22	13	9
剑河县	22	15	7	1		1	22	11	11
台江县	6	4	2	3	2	1	84	68	16
黎平县	7	6	1	1		1	68	34	34
榕江县	4	2	2	2	1	1	30	18	12
从江县	6	2	4	4	2	2	29	20	9
雷山县	25	16	9	1	1		51	26	25
麻江县	8	3	5	2	1	1	40	20	20
丹寨县	3	2	1	1		1	36	21	15
黔南布依族苗族自治州	**295**	**174**	**121**	**115**	**68**	**47**	**908**	**572**	**336**
都匀市	19	9	10	1	1		19	5	14
福泉市	4	2	2	1	1		29	14	15
荔波县	15	9	6	8	5	3	57	38	19
贵定县	35	22	13	10	5	5	91	56	35
瓮安县	24	17	7	15	13	2	111	66	45
独山县	19	11	8	10	4	6	152	115	37
平塘县	13	8	5	8	6	2	37	21	16
罗甸县	20	11	9	15	5	10	67	39	28
长顺县	9	6	3	5	3	2	43	29	14
龙里县	82	48	34	21	14	7	132	91	41
惠水县	49	27	22	18	10	8	111	70	41
三都水族自治县	6	4	2	3	1	2	59	28	31

7-3b 续表 8

单位：人

现住地	户口登记地								
	浙江			安徽			福建		
	小计	男	女	小计	男	女	小计	男	女
贵州	**14731**	**8693**	**6038**	**7789**	**4563**	**3226**	**15566**	**9605**	**5961**
贵阳市	**1346**	**749**	**597**	**1003**	**595**	**408**	**2111**	**1294**	**817**
南明区									
云岩区									
花溪区	337	187	150	403	216	187	1030	615	415
乌当区	70	40	30	32	23	9	75	48	27
白云区	5	1	4				1		1
观山湖区	64	35	29	40	20	20	73	45	28
开阳县	250	135	115	140	81	59	264	146	118
息烽县	177	96	81	148	101	47	166	99	67
修文县	345	198	147	175	113	62	400	274	126
清镇市	98	57	41	65	41	24	102	67	35
六盘水市	**563**	**322**	**241**	**420**	**270**	**150**	**444**	**260**	**184**
钟山区	17	9	8	29	23	6	21	15	6
六枝特区	48	27	21	24	12	12	26	14	12
水城县	255	157	98	256	173	83	271	162	109
盘州市	243	129	114	111	62	49	126	69	57
遵义市	**1619**	**941**	**678**	**915**	**520**	**395**	**1749**	**1053**	**696**
红花岗区	69	44	25	37	18	19	30	17	13
汇川区	53	28	25	12	7	5	20	11	9
播州区	116	71	45	57	33	24	55	38	17
桐梓县	252	144	108	125	73	52	303	179	124
绥阳县	153	91	62	77	44	33	150	110	40
正安县	99	64	35	74	42	32	135	77	58
道真仡佬族苗族自治县	85	55	30	44	27	17	93	56	37
务川仡佬族苗族自治县	132	80	52	116	72	44	157	90	67
凤冈县	149	79	70	65	35	30	135	82	53
湄潭县	202	123	79	112	66	46	278	170	108
余庆县	110	57	53	58	28	30	173	106	67
习水县	149	79	70	108	60	48	197	106	91
赤水市	15	10	5	13	5	8	12	6	6
仁怀市	35	16	19	17	10	7	11	5	6
安顺市	**1090**	**646**	**444**	**688**	**404**	**284**	**997**	**637**	**360**
西秀区	77	51	26	75	52	23	39	22	17
平坝区	239	156	83	176	108	68	178	128	50
普定县	221	118	103	113	56	57	169	99	70
镇宁布依族苗族自治县	219	128	91	113	68	45	256	157	99
关岭布依族苗族自治县	172	102	70	127	70	57	173	112	61
紫云苗族布依族自治县	162	91	71	84	50	34	182	119	63
毕节市	**2662**	**1613**	**1049**	**1277**	**728**	**549**	**2462**	**1520**	**942**
七星关区	35	21	14	27	14	13	53	30	23
大方县	352	205	147	145	75	70	259	156	103
黔西县	510	293	217	236	131	105	485	290	195
金沙县	515	312	203	177	101	76	352	194	158
织金县	459	301	158	253	143	110	424	268	156
纳雍县	314	177	137	239	140	99	355	242	113
威宁彝族回族苗族自治县	284	191	93	154	95	59	366	242	124
赫章县	193	113	80	46	29	17	168	98	70

7-3b　续表 9　　单位：人

现住地	户口登记地								
	浙江			安徽			福建		
	小计	男	女	小计	男	女	小计	男	女
铜仁市	**1294**	**769**	**525**	**662**	**378**	**284**	**1868**	**1172**	**696**
碧江区	1		1				1	1	
万山区									
江口县	144	81	63	47	28	19	130	82	48
玉屏侗族自治县	120	72	48	100	62	38	97	56	41
石阡县	121	64	57	64	38	26	165	111	54
思南县	209	123	86	125	67	58	407	267	140
印江土家族苗族自治县	125	76	49	49	29	20	170	104	66
德江县	215	136	79	65	34	31	316	177	139
沿河土家族自治县	155	96	59	58	35	23	175	117	58
松桃苗族自治县	204	121	83	154	85	69	407	257	150
黔西南布依族苗族自治州	**1131**	**669**	**462**	**457**	**279**	**178**	**1007**	**634**	**373**
兴义市	96	59	37	20	9	11	70	51	19
兴仁市	88	52	36	42	27	15	28	23	5
普安县	133	81	52	61	43	18	77	52	25
晴隆县	63	38	25	62	38	24	107	65	42
贞丰县	291	161	130	107	58	49	213	130	83
望谟县	116	67	49	49	28	21	101	63	38
册亨县	88	53	35	32	25	7	130	80	50
安龙县	256	158	98	84	51	33	281	170	111
黔东南苗族侗族自治州	**2044**	**1233**	**811**	**900**	**513**	**387**	**1844**	**1120**	**724**
凯里市	76	42	34	21	13	8	26	21	5
黄平县	116	65	51	44	25	19	99	62	37
施秉县	77	45	32	18	12	6	90	50	40
三穗县	156	90	66	70	40	30	103	58	45
镇远县	194	124	70	69	40	29	123	79	44
岑巩县	159	106	53	41	23	18	131	72	59
天柱县	171	106	65	76	43	33	135	78	57
锦屏县	107	67	40	32	17	15	160	100	60
剑河县	83	50	33	56	23	33	75	45	30
台江县	78	44	34	102	76	26	88	53	35
黎平县	209	130	79	93	53	40	266	172	94
榕江县	113	67	46	64	37	27	173	104	69
从江县	131	75	56	82	44	38	95	57	38
雷山县	121	71	50	41	17	24	39	19	20
麻江县	129	83	46	47	28	19	117	73	44
丹寨县	124	68	56	44	22	22	124	77	47
黔南布依族苗族自治州	**2982**	**1751**	**1231**	**1467**	**876**	**591**	**3084**	**1915**	**1169**
都匀市	83	49	34	18	6	12	33	21	12
福泉市	102	45	57	32	17	15	33	18	15
荔波县	186	118	68	84	52	32	269	177	92
贵定县	241	139	102	171	102	69	341	215	126
瓮安县	383	218	165	197	101	96	387	253	134
独山县	353	214	139	186	127	59	342	212	130
平塘县	165	101	64	75	42	33	145	82	63
罗甸县	211	121	90	127	83	44	265	160	105
长顺县	130	65	65	52	28	24	126	84	42
龙里县	349	225	124	189	113	76	355	222	133
惠水县	583	339	244	252	153	99	607	361	246
三都水族自治县	196	117	79	84	52	32	181	110	71

7-3b 续表 10 单位：人

现住地	户口登记地								
	江西			山东			河南		
	小计	男	女	小计	男	女	小计	男	女
贵州	**9953**	**5478**	**4475**	**4681**	**3005**	**1676**	**12564**	**7282**	**5282**
贵阳市	**1079**	**586**	**493**	**958**	**512**	**446**	**1587**	**880**	**707**
南明区									
云岩区									
花溪区	429	236	193	543	264	279	785	399	386
乌当区	42	29	13	27	17	10	64	48	16
白云区							1		1
观山湖区	70	39	31	21	12	9	81	59	22
开阳县	169	78	91	180	95	85	184	99	85
息烽县	128	66	62	40	26	14	157	79	78
修文县	158	85	73	103	71	32	198	116	82
清镇市	83	53	30	44	27	17	117	80	37
六盘水市	**328**	**191**	**137**	**307**	**209**	**98**	**609**	**378**	**231**
钟山区	15	9	6	72	52	20	58	38	20
六枝特区	47	21	26	19	10	9	39	21	18
水城县	149	90	59	182	123	59	323	191	132
盘州市	117	71	46	34	24	10	189	128	61
遵义市	**1452**	**750**	**702**	**370**	**219**	**151**	**1765**	**924**	**841**
红花岗区	47	25	22	12	7	5	48	23	25
汇川区	24	7	17	8	5	3	39	16	23
播州区	97	48	49	14	6	8	73	39	34
桐梓县	192	98	94	67	43	24	272	158	114
绥阳县	108	56	52	37	23	14	187	98	89
正安县	128	67	61	21	14	7	117	60	57
道真仡佬族苗族自治县	70	25	45	17	6	11	104	47	57
务川仡佬族苗族自治县	137	76	61	29	15	14	124	61	63
凤冈县	144	82	62	17	10	7	188	82	106
湄潭县	155	80	75	43	29	14	186	91	95
余庆县	103	46	57	41	27	14	162	110	52
习水县	172	101	71	55	30	25	213	113	100
赤水市	8		8	3	1	2	12	4	8
仁怀市	67	39	28	6	3	3	40	22	18
安顺市	**691**	**392**	**299**	**234**	**160**	**74**	**1015**	**634**	**381**
西秀区	26	15	11	17	13	4	267	195	72
平坝区	149	89	60	82	59	23	266	181	85
普定县	159	88	71	31	22	9	127	63	64
镇宁布依族苗族自治县	138	72	66	48	31	17	106	52	54
关岭布依族苗族自治县	118	69	49	39	21	18	141	85	56
紫云苗族布依族自治县	101	59	42	17	14	3	108	58	50
毕节市	**1567**	**860**	**707**	**1297**	**899**	**398**	**2376**	**1386**	**990**
七星关区	66	33	33	10	3	7	38	15	23
大方县	165	90	75	291	209	82	268	145	123
黔西县	308	174	134	444	297	147	684	390	294
金沙县	247	124	123	156	100	56	391	220	171
织金县	333	173	160	186	149	37	391	244	147
纳雍县	221	134	87	121	87	34	265	158	107
威宁彝族回族苗族自治县	143	81	62	67	38	29	254	165	89
赫章县	84	51	33	22	16	6	85	49	36

7-3b　续表 11　　　　单位：人

现住地	户口登记地								
	江西			山东			河南		
	小计	男	女	小计	男	女	小计	男	女
铜仁市	**892**	**511**	**381**	**264**	**182**	**82**	**1159**	**674**	**485**
碧江区	1		1				1		1
万山区									
江口县	83	52	31	43	28	15	126	67	59
玉屏侗族自治县	55	28	27	53	40	13	96	62	34
石阡县	101	58	43	16	12	4	103	60	43
思南县	182	106	76	58	38	20	207	134	73
印江土家族苗族自治县	106	68	38	26	21	5	126	83	43
德江县	124	73	51	20	12	8	170	85	85
沿河土家族自治县	104	52	52	18	11	7	84	44	40
松桃苗族自治县	136	74	62	30	20	10	246	139	107
黔西南布依族苗族自治州	**633**	**352**	**281**	**359**	**277**	**82**	**622**	**376**	**246**
兴义市	41	24	17	67	48	19	53	31	22
兴仁市	47	24	23	113	107	6	30	20	10
普安县	51	28	23	25	21	4	111	77	34
晴隆县	80	49	31	20	14	6	73	46	27
贞丰县	145	81	64	61	43	18	121	63	58
望谟县	80	43	37	9	2	7	51	28	23
册亨县	45	23	22	15	7	8	52	34	18
安龙县	144	80	64	49	35	14	131	77	54
黔东南苗族侗族自治州	**1368**	**725**	**643**	**308**	**176**	**132**	**1294**	**769**	**525**
凯里市	29	14	15	9	8	1	61	44	17
黄平县	93	52	41	15	11	4	97	62	35
施秉县	48	25	23	9	7	2	39	25	14
三穗县	123	64	59	19	13	6	117	58	59
镇远县	86	48	38	34	17	17	137	68	69
岑巩县	116	58	58	25	15	10	93	62	31
天柱县	97	52	45	11	6	5	100	50	50
锦屏县	88	46	42	10	8	2	27	14	13
剑河县	59	30	29	21	12	9	64	40	24
台江县	57	38	19	5	2	3	53	44	9
黎平县	180	83	97	23	18	5	121	70	51
榕江县	65	34	31	7	4	3	87	51	36
从江县	101	54	47	16	9	7	67	39	28
雷山县	63	36	27	47	11	36	82	49	33
麻江县	105	58	47	23	13	10	88	59	29
丹寨县	58	33	25	34	22	12	61	34	27
黔南布依族苗族自治州	**1943**	**1111**	**832**	**584**	**371**	**213**	**2137**	**1261**	**876**
都匀市	19	15	4	23	11	12	51	31	20
福泉市	50	22	28	40	28	12	50	33	17
荔波县	158	94	64	29	22	7	158	102	56
贵定县	153	82	71	62	38	24	229	135	94
瓮安县	240	111	129	78	44	34	276	149	127
独山县	167	99	68	58	42	16	188	118	70
平塘县	114	67	47	23	14	9	93	55	38
罗甸县	276	175	101	28	17	11	168	108	60
长顺县	83	43	40	22	13	9	95	49	46
龙里县	229	150	79	115	78	37	364	215	149
惠水县	343	187	156	86	52	34	360	210	150
三都水族自治县	111	66	45	20	12	8	105	56	49

7-3b 续表 12

单位：人

现住地	户口登记地 湖北 小计	湖北 男	湖北 女	湖南 小计	湖南 男	湖南 女	广东 小计	广东 男	广东 女
贵 州	**12829**	**7133**	**5696**	**52433**	**28387**	**24046**	**8101**	**3947**	**4154**
贵阳市	**1403**	**806**	**597**	**2946**	**1572**	**1374**	**667**	**341**	**326**
南明区									
云岩区									
花溪区	540	311	229	826	447	379	293	150	143
乌当区	79	49	30	91	51	40	25	16	9
白云区	5	3	2				1	1	
观山湖区	76	44	32	173	92	81	30	19	11
开阳县	250	135	115	624	311	313	92	39	53
息烽县	146	86	60	426	218	208	80	40	40
修文县	195	103	92	564	317	247	98	49	49
清镇市	112	75	37	242	136	106	48	27	21
六盘水市	**576**	**326**	**250**	**1947**	**1050**	**897**	**244**	**114**	**130**
钟山区	24	15	9	144	78	66	14	6	8
六枝特区	48	28	20	110	58	52	21	4	17
水城县	352	199	153	1054	565	489	131	69	62
盘州市	152	84	68	639	349	290	78	35	43
遵义市	**1779**	**884**	**895**	**5180**	**2631**	**2549**	**1324**	**537**	**787**
红花岗区	40	23	17	128	62	66	22	10	12
汇川区	51	33	18	97	44	53	24	11	13
播州区	112	56	56	221	115	106	44	20	24
桐梓县	252	122	130	543	252	291	307	149	158
绥阳县	154	79	75	382	202	180	117	55	62
正安县	125	68	57	437	213	224	108	41	67
道真仡佬族苗族自治县	140	53	87	340	170	170	74	18	56
务川仡佬族苗族自治县	151	79	72	577	312	265	53	17	36
凤冈县	152	77	75	678	344	334	124	45	79
湄潭县	183	104	79	614	302	312	126	59	67
余庆县	149	76	73	556	313	243	83	31	52
习水县	217	92	125	457	233	224	189	61	128
赤水市	17	8	9	58	21	37	27	12	15
仁怀市	36	14	22	92	48	44	26	8	18
安顺市	**1043**	**608**	**435**	**2650**	**1492**	**1158**	**488**	**279**	**209**
西秀区	85	50	35	144	85	59	33	16	17
平坝区	295	194	101	684	392	292	138	93	45
普定县	106	60	46	390	219	171	93	55	38
镇宁布依族苗族自治县	233	125	108	599	332	267	74	37	37
关岭布依族苗族自治县	182	105	77	350	197	153	49	28	21
紫云苗族布依族自治县	142	74	68	483	267	216	101	50	51
毕节市	**1899**	**1077**	**822**	**6547**	**3496**	**3051**	**1109**	**522**	**587**
七星关区	55	24	31	330	167	163	48	23	25
大方县	222	112	110	900	474	426	175	66	109
黔西县	350	183	167	1065	576	489	197	83	114
金沙县	274	158	116	777	419	358	190	101	89
织金县	361	213	148	1327	701	626	85	30	55
纳雍县	289	185	104	680	368	312	129	57	72
威宁彝族回族苗族自治县	271	163	108	1031	571	460	207	121	86
赫章县	77	39	38	437	220	217	78	41	37

7-3b　续表 13

单位：人

现住地	户口登记地								
	湖北			湖南			广东		
	小计	男	女	小计	男	女	小计	男	女
铜仁市	**1485**	**817**	**668**	**9222**	**4915**	**4307**	**1133**	**605**	**528**
碧江区				28	18	10			
万山区									
江口县	119	62	57	581	297	284	81	36	45
玉屏侗族自治县	119	68	51	1985	1037	948	75	40	35
石阡县	171	89	82	788	417	371	80	42	38
思南县	321	188	133	1445	807	638	253	143	110
印江土家族苗族自治县	95	60	35	794	419	375	143	73	70
德江县	204	107	97	854	465	389	179	103	76
沿河土家族自治县	157	86	71	860	474	386	171	103	68
松桃苗族自治县	299	157	142	1887	981	906	151	65	86
黔西南布依族苗族自治州	**840**	**494**	**346**	**3143**	**1767**	**1376**	**532**	**279**	**253**
兴义市	59	43	16	299	181	118	57	31	26
兴仁市	58	32	26	223	125	98	13	6	7
普安县	160	106	54	422	237	185	32	17	15
晴隆县	63	35	28	326	183	143	34	12	22
贞丰县	216	125	91	694	386	308	89	43	46
望谟县	70	35	35	335	191	144	78	52	26
册亨县	75	48	27	276	141	135	89	57	32
安龙县	139	70	69	568	323	245	140	61	79
黔东南苗族侗族自治州	**1355**	**718**	**637**	**12273**	**6728**	**5545**	**1127**	**542**	**585**
凯里市	13	10	3	130	68	62	62	31	31
黄平县	73	51	22	425	244	181	94	49	45
施秉县	60	30	30	373	207	166	33	15	18
三穗县	107	48	59	957	512	445	107	52	55
镇远县	137	71	66	1151	663	488	94	51	43
岑巩县	116	59	57	927	456	471	72	26	46
天柱县	112	59	53	1233	631	602	62	24	38
锦屏县	42	20	22	682	387	295	49	24	25
剑河县	38	26	12	671	364	307	55	28	27
台江县	41	22	19	257	148	109	26	13	13
黎平县	164	73	91	1826	1023	803	137	56	81
榕江县	106	52	54	888	488	400	101	51	50
从江县	112	71	41	1362	741	621	76	46	30
雷山县	47	26	21	446	257	189	48	20	28
麻江县	79	40	39	512	298	214	52	29	23
丹寨县	108	60	48	433	241	192	59	27	32
黔南布依族苗族自治州	**2449**	**1403**	**1046**	**8525**	**4736**	**3789**	**1477**	**728**	**749**
都匀市	27	18	9	105	58	47	93	47	46
福泉市	78	47	31	284	157	127	20	5	15
荔波县	160	94	66	687	370	317	137	71	66
贵定县	241	144	97	769	435	334	130	62	68
瓮安县	333	184	149	1075	564	511	189	94	95
独山县	315	197	118	1073	572	501	168	85	83
平塘县	111	58	53	444	243	201	114	55	59
罗甸县	230	131	99	902	502	400	138	62	76
长顺县	125	60	65	416	225	191	57	28	29
龙里县	400	244	156	906	557	349	176	96	80
惠水县	302	156	146	1175	669	506	183	90	93
三都水族自治县	127	70	57	689	384	305	72	33	39

7-3b 续表 14

单位：人

现住地	户口登记地								
	广西			海南			重庆		
	小计	男	女	小计	男	女	小计	男	女
贵州	**13835**	**6762**	**7073**	**669**	**280**	**389**	**31814**	**18298**	**13516**
贵阳市	**953**	**442**	**511**	**172**	**68**	**104**	**3235**	**1843**	**1392**
南明区									
云岩区									
花溪区	393	163	230	149	62	87	815	396	419
乌当区	53	34	19				127	87	40
白云区							8	5	3
观山湖区	37	19	18	1		1	90	59	31
开阳县	170	77	93	10	1	9	730	439	291
息烽县	80	36	44	4	2	2	605	339	266
修文县	150	72	78	8	3	5	568	323	245
清镇市	70	41	29				292	195	97
六盘水市	**419**	**202**	**217**	**14**	**8**	**6**	**1155**	**690**	**465**
钟山区	44	24	20	1	1		168	101	67
六枝特区	64	32	32				58	30	28
水城县	173	76	97	6	2	4	583	365	218
盘州市	138	70	68	7	5	2	346	194	152
遵义市	**1347**	**493**	**854**	**90**	**37**	**53**	**9491**	**5184**	**4307**
红花岗区	45	20	25	4	1	3	217	143	74
汇川区	38	7	31	3		3	126	65	61
播州区	82	31	51	2	1	1	300	180	120
桐梓县	230	100	130	20	7	13	2302	1157	1145
绥阳县	96	30	66	10	4	6	442	262	180
正安县	109	41	68	7	3	4	603	299	304
道真仡佬族苗族自治县	76	20	56	7	2	5	966	524	442
务川仡佬族苗族自治县	92	28	64	7	3	4	714	401	313
凤冈县	175	71	104	7	3	4	595	329	266
湄潭县	120	51	69	4	4		654	368	286
余庆县	81	37	44	8	4	4	325	200	125
习水县	133	36	97	10	4	6	1864	1032	832
赤水市	35	8	27	1	1		275	164	111
仁怀市	35	13	22				108	60	48
安顺市	**839**	**445**	**394**	**31**	**21**	**10**	**1501**	**908**	**593**
西秀区	76	46	30	3	1	2	139	84	55
平坝区	174	113	61	1		1	467	303	164
普定县	125	53	72	7	5	2	266	166	100
镇宁布依族苗族自治县	182	96	86	7	6	1	282	169	113
关岭布依族苗族自治县	105	52	53	7	4	3	190	101	89
紫云苗族布依族自治县	177	85	92	6	5	1	157	85	72
毕节市	**1433**	**635**	**798**	**77**	**33**	**44**	**3998**	**2519**	**1479**
七星关区	114	54	60				72	33	39
大方县	200	78	122	11	1	10	393	238	155
黔西县	262	107	155	12	8	4	764	489	275
金沙县	175	79	96	24	10	14	811	502	309
织金县	233	113	120	11	6	5	753	467	286
纳雍县	158	69	89	13	5	8	421	290	131
威宁彝族回族苗族自治县	218	107	111	4	3	1	624	399	225
赫章县	73	28	45	2		2	160	101	59

7−3b　续表 15

单位：人

现住地	户口登记地								
	广西			海南			重庆		
	小计	男	女	小计	男	女	小计	男	女
铜仁市	**1013**	**467**	**546**	**59**	**21**	**38**	**4811**	**2619**	**2192**
碧江区									
万山区									
江口县	99	46	53	2	1	1	197	106	91
玉屏侗族自治县	84	41	43	6	1	5	243	142	101
石阡县	87	47	40	6	3	3	286	184	102
思南县	280	138	142	14	5	9	609	363	246
印江土家族苗族自治县	112	43	69	11	4	7	227	131	96
德江县	116	49	67	1		1	470	269	201
沿河土家族自治县	73	30	43	6	2	4	1233	657	576
松桃苗族自治县	162	73	89	13	5	8	1546	767	779
黔西南布依族苗族自治州	**1390**	**806**	**584**	**26**	**14**	**12**	**1416**	**886**	**530**
兴义市	159	92	67				102	65	37
兴仁市	107	62	45	2	1	1	96	58	38
普安县	83	48	35				127	85	42
晴隆县	60	31	29				164	102	62
贞丰县	186	111	75	8	4	4	246	157	89
望谟县	252	151	101	1	1		157	107	50
册亨县	159	95	64	6	3	3	161	94	67
安龙县	384	216	168	9	5	4	363	218	145
黔东南苗族侗族自治州	**2631**	**1296**	**1335**	**59**	**19**	**40**	**1707**	**975**	**732**
凯里市	92	44	48				28	14	14
黄平县	108	53	55	3		3	96	52	44
施秉县	24	9	15	2	1	1	63	34	29
三穗县	112	44	68	3	1	2	96	55	41
镇远县	81	31	50	7	5	2	214	125	89
岑巩县	117	60	57	2		2	192	113	79
天柱县	135	69	66	3		3	158	104	54
锦屏县	70	37	33	1		1	59	37	22
剑河县	77	28	49	3	2	1	121	64	57
台江县	42	19	23	1		1	48	29	19
黎平县	495	242	253	9	3	6	179	103	76
榕江县	337	181	156	6	2	4	100	53	47
从江县	709	369	340	4		4	90	55	35
雷山县	69	31	38	6	2	4	66	35	31
麻江县	99	49	50				120	63	57
丹寨县	64	30	34	9	3	6	77	39	38
黔南布依族苗族自治州	**3810**	**1976**	**1834**	**141**	**59**	**82**	**4500**	**2674**	**1826**
都匀市	100	48	52	24	8	16	103	52	51
福泉市	70	37	33	1	1		144	89	55
荔波县	899	495	404	11	6	5	350	202	148
贵定县	253	122	131	19	7	12	409	240	169
瓮安县	241	90	151	10	5	5	589	331	258
独山县	619	324	295	6	6		316	190	126
平塘县	243	125	118	4	2	2	206	124	82
罗甸县	441	249	192	6	3	3	438	250	188
长顺县	125	63	62	10	1	9	163	93	70
龙里县	213	110	103	15	4	11	1050	673	377
惠水县	394	198	196	32	14	18	563	323	240
三都水族自治县	212	115	97	3	2	1	169	107	62

7–3b 续表 16

单位：人

现住地	户口登记地					
	四川			云南		
	小计	男	女	小计	男	女
贵州	**50092**	**29170**	**20922**	**15962**	**7086**	**8876**
贵阳市	**7279**	**4178**	**3101**	**1509**	**690**	**819**
南明区						
云岩区						
花溪区	1890	965	925	470	195	275
乌当区	419	269	150	84	51	33
白云区	5	4	1	4	2	2
观山湖区	276	162	114	52	30	22
开阳县	1416	809	607	233	97	136
息烽县	1089	613	476	130	59	71
修文县	1522	921	601	373	169	204
清镇市	662	435	227	163	87	76
六盘水市	**2871**	**1750**	**1121**	**2230**	**1001**	**1229**
钟山区	137	89	48	227	106	121
六枝特区	162	86	76	101	39	62
水城县	2030	1263	767	839	369	470
盘州市	542	312	230	1063	487	576
遵义市	**10335**	**5498**	**4837**	**1432**	**458**	**974**
红花岗区	192	107	85	40	14	26
汇川区	135	54	81	36	12	24
播州区	355	200	155	58	21	37
桐梓县	1318	716	602	310	102	208
绥阳县	434	243	191	126	47	79
正安县	398	213	185	112	38	74
道真仡佬族苗族自治县	415	190	225	86	25	61
务川仡佬族苗族自治县	362	193	169	94	27	67
凤冈县	504	271	233	114	37	77
湄潭县	699	379	320	124	41	83
余庆县	421	266	155	75	28	47
习水县	3426	1821	1605	202	58	144
赤水市	765	358	407	24	4	20
仁怀市	911	487	424	31	4	27
安顺市	**3540**	**2143**	**1397**	**843**	**344**	**499**
西秀区	278	181	97	52	23	29
平坝区	970	647	323	282	138	144
普定县	644	371	273	122	47	75
镇宁布依族苗族自治县	537	312	225	158	55	103
关岭布依族苗族自治县	639	357	282	133	62	71
紫云苗族布依族自治县	472	275	197	96	19	77
毕节市	**8633**	**5210**	**3423**	**5143**	**2210**	**2933**
七星关区	337	185	152	245	98	147
大方县	1023	598	425	389	142	247
黔西县	1442	842	600	363	129	234
金沙县	1317	743	574	230	70	160
织金县	1293	785	508	334	99	235
纳雍县	953	604	349	370	174	196
威宁彝族回族苗族自治县	1837	1180	657	2692	1283	1409
赫章县	431	273	158	520	215	305

7-3b 续表 17

单位：人

现住地	户口登记地					
	四川			云南		
	小计	男	女	小计	男	女
铜仁市	**2756**	**1562**	**1194**	**537**	**241**	**296**
碧江区				1	1	
万山区						
江口县	195	103	92	33	11	22
玉屏侗族自治县	295	169	126	49	20	29
石阡县	331	193	138	51	20	31
思南县	700	418	282	204	117	87
印江土家族苗族自治县	256	138	118	28	8	20
德江县	336	193	143	64	22	42
沿河土家族自治县	287	163	124	46	16	30
松桃苗族自治县	356	185	171	61	26	35
黔西南布依族苗族自治州	**2319**	**1428**	**891**	**1779**	**929**	**850**
兴义市	204	139	65	645	363	282
兴仁市	131	81	50	127	70	57
普安县	211	133	78	313	189	124
晴隆县	272	159	113	147	58	89
贞丰县	408	240	168	170	79	91
望谟县	376	248	128	91	41	50
册亨县	299	181	118	82	46	36
安龙县	418	247	171	204	83	121
黔东南苗族侗族自治州	**3419**	**2026**	**1393**	**878**	**437**	**441**
凯里市	77	51	26	80	60	20
黄平县	285	176	109	53	29	24
施秉县	162	85	77	23	5	18
三穗县	236	133	103	53	15	38
镇远县	356	209	147	96	43	53
岑巩县	240	133	107	67	29	38
天柱县	236	152	84	38	12	26
锦屏县	157	95	62	27	12	15
剑河县	199	111	88	44	22	22
台江县	78	51	27	88	59	29
黎平县	313	177	136	83	38	45
榕江县	268	153	115	41	18	23
从江县	120	78	42	41	7	34
雷山县	182	119	63	40	21	19
麻江县	342	208	134	72	50	22
丹寨县	168	95	73	32	17	15
黔南布依族苗族自治州	**8940**	**5375**	**3565**	**1611**	**776**	**835**
都匀市	128	65	63	68	25	43
福泉市	278	152	126	65	23	42
荔波县	335	208	127	62	37	25
贵定县	1061	648	413	235	117	118
瓮安县	1186	679	507	165	71	94
独山县	515	318	197	106	68	38
平塘县	362	227	135	64	21	43
罗甸县	772	467	305	89	36	53
长顺县	369	205	164	77	27	50
龙里县	2182	1402	780	434	236	198
惠水县	1473	838	635	205	96	109
三都水族自治县	279	166	113	41	19	22

7-3b 续表 18

单位：人

现住地	户口登记地								
	西藏			陕西			甘肃		
	小计	男	女	小计	男	女	小计	男	女
贵　州	**246**	**146**	**100**	**3567**	**2188**	**1379**	**1525**	**873**	**652**
贵阳市	**18**	**11**	**7**	**433**	**216**	**217**	**243**	**121**	**122**
南明区									
云岩区									
花溪区	4	2	2	195	78	117	117	50	67
乌当区				19	18	1	8	3	5
白云区									
观山湖区				10	9	1	7	6	1
开阳县	9	5	4	59	31	28	41	22	19
息烽县	3	2	1	53	27	26	24	8	16
修文县				75	41	34	28	17	11
清镇市	2	2		22	12	10	18	15	3
六盘水市	**10**	**5**	**5**	**136**	**91**	**45**	**70**	**33**	**37**
钟山区				23	18	5	2	1	1
六枝特区				5	2	3	6	3	3
水城县	6	2	4	85	56	29	47	21	26
盘州市	4	3	1	23	15	8	15	8	7
遵义市	**53**	**34**	**19**	**685**	**400**	**285**	**276**	**141**	**135**
红花岗区	1	1		14	5	9	21	8	13
汇川区				13	10	3	3	2	1
播州区	1		1	23	10	13	9	5	4
桐梓县	12	10	2	162	101	61	44	27	17
绥阳县				74	55	19	26	15	11
正安县	3		3	56	36	20	7	7	
道真仡佬族苗族自治县				46	25	21	20	7	13
务川仡佬族苗族自治县	5	3	2	34	16	18	16	6	10
凤冈县	5	4	1	43	21	22	20	9	11
湄潭县	12	8	4	69	39	30	38	15	23
余庆县	4	3	1	42	27	15	20	10	10
习水县	7	4	3	79	39	40	34	19	15
赤水市	3	1	2	13	7	6	4		4
仁怀市				17	9	8	14	11	3
安顺市	**11**	**7**	**4**	**287**	**187**	**100**	**102**	**65**	**37**
西秀区				18	10	8	7	4	3
平坝区				170	131	39	50	36	14
普定县	3	2	1	24	10	14	12	5	7
镇宁布依族苗族自治县	3	3		22	9	13	15	9	6
关岭布依族苗族自治县	5	2	3	34	19	15	5	4	1
紫云苗族布依族自治县				19	8	11	13	7	6
毕节市	**69**	**43**	**26**	**514**	**297**	**217**	**210**	**126**	**84**
七星关区				7	3	4	4	1	3
大方县	11	7	4	50	24	26	38	20	18
黔西县	16	8	8	87	50	37	33	23	10
金沙县	13	7	6	96	59	37	30	19	11
织金县	5	3	2	84	45	39	25	12	13
纳雍县	9	5	4	63	42	21	28	16	12
威宁彝族回族苗族自治县	13	11	2	99	59	40	39	26	13
赫章县	2	2		28	15	13	13	9	4

7-3b　续表 19　　　　单位：人

现住地	户口登记地								
	西藏			陕西			甘肃		
	小计	男	女	小计	男	女	小计	男	女
铜仁市	**13**	**10**	**3**	**255**	**152**	**103**	**92**	**54**	**38**
碧江区									
万山区									
江口县				24	18	6	14	10	4
玉屏侗族自治县	4	3	1	27	14	13	12	6	6
石阡县				24	11	13	6	5	1
思南县	4	2	2	57	33	24	9	6	3
印江土家族苗族自治县	1	1		24	16	8	11	6	5
德江县	1	1		37	22	15	18	12	6
沿河土家族自治县	1	1		19	11	8	5	3	2
松桃苗族自治县	2	2		43	27	16	17	6	11
黔西南布依族苗族自治州	**4**	**2**	**2**	**221**	**175**	**46**	**64**	**37**	**27**
兴义市				14	13	1	7	6	1
兴仁市				52	44	8	2	1	1
普安县				66	60	6	11	4	7
晴隆县				13	10	3	5	2	3
贞丰县				34	22	12	14	7	7
望谟县							10	7	3
册亨县				15	11	4	6	4	2
安龙县	4	2	2	27	15	12	9	6	3
黔东南苗族侗族自治州	**25**	**15**	**10**	**394**	**255**	**139**	**167**	**97**	**70**
凯里市	4	4		7	5	2	10	7	3
黄平县	3	1	2	90	77	13	8	5	3
施秉县				16	9	7	8	3	5
三穗县	5	3	2	32	19	13	13	2	11
镇远县	1	1		16	7	9	8	3	5
岑巩县	2	1	1	43	26	17	12	9	3
天柱县	1		1	33	17	16	4	3	1
锦屏县	1	1		14	5	9	10	6	4
剑河县	1		1	20	9	11	10	6	4
台江县				1	1				
黎平县	1		1	42	26	16	32	21	11
榕江县				37	30	7	23	16	7
从江县	1	1		5	1	4	3	1	2
雷山县				18	11	7	10	6	4
麻江县	2	1	1	14	11	3	7	5	2
丹寨县	3	2	1	6	1	5	9	4	5
黔南布依族苗族自治州	**43**	**19**	**24**	**642**	**415**	**227**	**301**	**199**	**102**
都匀市				36	22	14	22	13	9
福泉市				33	19	14	9	8	1
荔波县	4	3	1	48	33	15	17	12	5
贵定县	20	6	14	124	98	26	62	48	14
瓮安县	4	3	1	82	46	36	44	32	12
独山县				73	58	15	20	17	3
平塘县				14	7	7	15	10	5
罗甸县	2		2	41	28	13	22	13	9
长顺县	5	2	3	12	5	7	6	2	4
龙里县				79	47	32	36	25	11
惠水县	6	3	3	90	47	43	40	16	24
三都水族自治县	2	2		10	5	5	8	3	5

7–3b 续表 20 单位：人

现住地	户口登记地								
	青海			宁夏			新疆		
	小计	男	女	小计	男	女	小计	男	女
贵州	**337**	**181**	**156**	**194**	**115**	**79**	**601**	**313**	**288**
贵阳市	**84**	**44**	**40**	**35**	**22**	**13**	**67**	**35**	**32**
南明区									
云岩区									
花溪区	52	23	29	27	15	12	27	12	15
乌当区	3	3		1	1				
白云区									
观山湖区	2	1	1	1	1		4	3	1
开阳县	3	1	2	2	1	1	9	5	4
息烽县	9	6	3				13	7	6
修文县	4	3	1	4	4		7	5	2
清镇市	11	7	4				7	3	4
六盘水市	**17**	**10**	**7**	**9**	**4**	**5**	**31**	**15**	**16**
钟山区				5	3	2	2	1	1
六枝特区							1		1
水城县	16	9	7	4	1	3	21	11	10
盘州市	1	1					7	3	4
遵义市	**28**	**18**	**10**	**19**	**12**	**7**	**73**	**37**	**36**
红花岗区									
汇川区							2	1	1
播州区							1		1
桐梓县	7	6	1	6	3	3	11	6	5
绥阳县	4	3	1				2	1	1
正安县	1	1					10	6	4
道真仡佬族苗族自治县				1	1		4	3	1
务川仡佬族苗族自治县	1		1	8	7	1	12	5	7
凤冈县	4	2	2	1		1	2		2
湄潭县	7	4	3	1	1		5	1	4
余庆县	2	1	1	1		1	8	4	4
习水县	2	1	1	1		1	14	9	5
赤水市							2	1	1
仁怀市									
安顺市	**16**	**13**	**3**	**15**	**8**	**7**	**35**	**17**	**18**
西秀区	3	3		3	1	2			
平坝区	3	2	1	4	3	1	9	5	4
普定县	1	1					9	3	6
镇宁布依族苗族自治县	5	3	2	3	1	2	8	4	4
关岭布依族苗族自治县	2	2		1	1		2	1	1
紫云苗族布依族自治县	2	2		4	2	2	7	4	3
毕节市	**59**	**30**	**29**	**26**	**17**	**9**	**87**	**50**	**37**
七星关区									
大方县	10	8	2	12	5	7	11	7	4
黔西县	5	1	4	5	4	1	13	8	5
金沙县	9	5	4	2	2		14	4	10
织金县				2	2		8	4	4
纳雍县	11	6	5	1	1		20	12	8
威宁彝族回族苗族自治县	14	5	9	4	3	1	12	8	4
赫章县	10	5	5				9	7	2

7-3b 续表 21 单位：人

现住地	户口登记地								
	青海			宁夏			新疆		
	小计	男	女	小计	男	女	小计	男	女
铜仁市	**17**	**9**	**8**	**9**	**2**	**7**	**41**	**21**	**20**
碧江区									
万山区									
江口县	1	1					2	1	1
玉屏侗族自治县	6	3	3	3	2	1	5	4	1
石阡县				1		1	8	3	5
思南县	4	2	2	1		1	14	6	8
印江土家族苗族自治县	1		1	1		1	2	2	
德江县	1	1					1	1	
沿河土家族自治县	1		1	2		2	5	2	3
松桃苗族自治县	3	2	1	1		1	4	2	2
黔西南布依族苗族自治州	**13**	**10**	**3**	**8**	**7**	**1**	**38**	**19**	**19**
兴义市	5	5		1	1		3	1	2
兴仁市				3	2	1			
普安县	4	2	2	1	1		5	2	3
晴隆县	2	2							
贞丰县				2	2		3	2	1
望谟县				1	1		2		2
册亨县	1	1					13	9	4
安龙县	1		1				12	5	7
黔东南苗族侗族自治州	**25**	**14**	**11**	**13**	**12**	**1**	**93**	**54**	**39**
凯里市	1	1					1		1
黄平县							3	2	1
施秉县							5	3	2
三穗县							12	8	4
镇远县	3	1	2	1	1		1		1
岑巩县				1	1		9	6	3
天柱县	2	1	1	1	1		6	2	4
锦屏县	5	2	3	2	2		4	4	
剑河县	2	2		2	2		5	2	3
台江县							4	3	1
黎平县	4	2	2	3	2	1	12	6	6
榕江县	4	2	2				17	11	6
从江县				2	2				
雷山县	4	3	1	1	1		10	4	6
麻江县							3	2	1
丹寨县							1	1	
黔南布依族苗族自治州	**78**	**33**	**45**	**60**	**31**	**29**	**136**	**65**	**71**
都匀市	18	7	11	20	10	10	18	10	8
福泉市	1	1					1	1	
荔波县				1	1		8	5	3
贵定县	5	4	1	3	3		7	5	2
瓮安县	2	1	1	2		2	13	7	6
独山县	6	3	3	1	1		11	4	7
平塘县				2	1	1	9	4	5
罗甸县				3	3		7	5	2
长顺县	2	1	1	1		1	4	1	3
龙里县	4	2	2	5	4	1	8	6	2
惠水县	40	14	26	21	7	14	46	15	31
三都水族自治县				1	1		4	2	2

7-3c 全省按现住地、性别分的户口登记地在外省的人口(乡村)

单位：人

现住地	户口登记地					
	合计			北京		
	合计	男	女	小计	男	女
贵州	**199775**	**119368**	**80407**	**343**	**269**	**74**
贵阳市	**34845**	**22387**	**12458**	**57**	**37**	**20**
南明区	4450	3108	1342	16	14	2
云岩区						
花溪区	7218	4776	2442	5	4	1
乌当区	4886	3043	1843	13	7	6
白云区	2006	1344	662	2	1	1
观山湖区	5981	3974	2007	7	4	3
开阳县	1478	854	624	3	2	1
息烽县	1382	687	695	2	1	1
修文县	2717	1719	998	3	1	2
清镇市	4727	2882	1845	6	3	3
六盘水市	**18448**	**10352**	**8096**	**8**	**6**	**2**
钟山区	764	486	278			
六枝特区	3296	1974	1322	2	2	
水城县	4338	2620	1718	1	1	
盘州市	10050	5272	4778	5	3	2
遵义市	**37119**	**21294**	**15825**	**124**	**105**	**19**
红花岗区	2398	1512	886	8	7	1
汇川区	1725	1123	602	3	2	1
播州区	4938	2917	2021	8	8	
桐梓县	4174	2531	1643	13	8	5
绥阳县	1789	992	797	3	1	2
正安县	1836	996	840	12	11	1
道真仡佬族苗族自治县	1359	743	616	15	11	4
务川仡佬族苗族自治县	983	707	276			
凤冈县	1013	477	536			
湄潭县	1366	724	642	2	1	1
余庆县	1483	949	534	8	8	
习水县	4880	2569	2311	42	40	2
赤水市	4229	2236	1993	3	2	1
仁怀市	4946	2818	2128	7	6	1
安顺市	**14073**	**8696**	**5377**	**13**	**7**	**6**
西秀区	5405	3460	1945	7	4	3
平坝区	2678	1626	1052	1		1
普定县	2005	1274	731	1		1
镇宁布依族苗族自治县	1229	743	486	4	3	1
关岭布依族苗族自治县	1210	774	436			
紫云苗族布依族自治县	1546	819	727			
毕节市	**29625**	**17076**	**12549**	**38**	**30**	**8**
七星关区	3346	1147	2199	1		1
大方县	4058	2270	1788	5	4	1
黔西县	3859	2311	1548	3	3	
金沙县	4874	3580	1294	3	2	1
织金县	3715	2404	1311	4	2	2
纳雍县	2597	1535	1062	3	3	
威宁彝族回族苗族自治县	3386	1587	1799	13	10	3
赫章县	3790	2242	1548	6	6	

7-3c　续表 1　　　　单位：人

现住地	户口登记地					
	合计			北京		
	合计	男	女	小计	男	女
铜仁市	**13766**	**7685**	**6081**	**40**	**33**	**7**
碧江区	937	482	455			
万山区	1033	500	533			
江口县	1140	721	419	5	4	1
玉屏侗族自治县	1140	643	497	4	2	2
石阡县	1704	1115	589	6	4	2
思南县	1291	693	598	7	6	1
印江土家族苗族自治县	1144	721	423	7	7	
德江县	994	553	441	1		1
沿河土家族自治县	1469	770	699	4	4	
松桃苗族自治县	2914	1487	1427	6	6	
黔西南布依族苗族自治州	**12914**	**8050**	**4864**	**12**	**10**	**2**
兴义市	3593	2164	1429	5	3	2
兴仁市	1675	1086	589	1	1	
普安县	1799	1222	577			
晴隆县	1191	843	348			
贞丰县	1272	823	449	1	1	
望谟县	626	340	286	1	1	
册亨县	710	416	294	3	3	
安龙县	2048	1156	892	1	1	
黔东南苗族侗族自治州	**17410**	**9866**	**7544**	**33**	**28**	**5**
凯里市	2399	1477	922	1	1	
黄平县	911	562	349	7	5	2
施秉县	353	180	173	5	4	1
三穗县	849	457	392			
镇远县	572	228	344	2	2	
岑巩县	996	555	441	5	4	1
天柱县	1233	553	680	2	2	
锦屏县	953	594	359	2	2	
剑河县	984	599	385	2	2	
台江县	545	333	212	1		1
黎平县	2328	1197	1131			
榕江县	1766	1144	622	3	3	
从江县	1590	859	731	1	1	
雷山县	989	656	333	1	1	
麻江县	539	265	274			
丹寨县	403	207	196	1	1	
黔南布依族苗族自治州	**21575**	**13962**	**7613**	**18**	**13**	**5**
都匀市	3136	2342	794	6	6	
福泉市	2634	1858	776	2	1	1
荔波县	2582	1853	729	2	2	
贵定县	1709	1164	545	1	1	
瓮安县	1934	1179	755	1		1
独山县	2154	1257	897			
平塘县	1503	807	696			
罗甸县	548	262	286	1	1	
长顺县	1092	637	455			
龙里县	1751	1157	594			
惠水县	1744	1035	709	5	2	3
三都水族自治县	788	411	377			

7−3c 续表 2 单位：人

现住地	户口登记地								
	天津			河北			山西		
	小计	男	女	小计	男	女	小计	男	女
贵州	**204**	**147**	**57**	**3791**	**2568**	**1223**	**2029**	**1541**	**488**
贵阳市	**48**	**36**	**12**	**1271**	**843**	**428**	**428**	**300**	**128**
南明区	6	6		104	81	23	45	36	9
云岩区									
花溪区	12	10	2	597	373	224	151	101	50
乌当区	12	11	1	94	64	30	44	34	10
白云区	1		1	37	24	13	21	17	4
观山湖区	8	5	3	225	163	62	50	34	16
开阳县	3	1	2	25	17	8	11	9	2
息烽县				43	24	19	9	3	6
修文县				59	36	23	48	39	9
清镇市	6	3	3	87	61	26	49	27	22
六盘水市	**6**	**5**	**1**	**210**	**137**	**73**	**132**	**87**	**45**
钟山区				13	11	2	7	3	4
六枝特区				45	28	17	45	34	11
水城县	3	3		41	25	16	25	16	9
盘州市	3	2	1	111	73	38	55	34	21
遵义市	**22**	**14**	**8**	**478**	**313**	**165**	**350**	**268**	**82**
红花岗区	2	1	1	46	33	13	22	16	6
汇川区				22	17	5	25	22	3
播州区	4	3	1	70	44	26	31	23	8
桐梓县	1	1		54	42	12	49	38	11
绥阳县	1	1		23	20	3	33	24	9
正安县	3	3		17	11	6	5	5	
道真仡佬族苗族自治县				22	15	7	2		2
务川仡佬族苗族自治县				18	14	4	13	9	4
凤冈县				21	12	9	3	1	2
湄潭县	1		1	7	2	5	5	2	3
余庆县	3	2	1	23	14	9	31	26	5
习水县	1		1	45	27	18	25	20	5
赤水市				14	7	7	5	3	2
仁怀市	6	3	3	96	55	41	101	79	22
安顺市	**9**	**5**	**4**	**170**	**116**	**54**	**98**	**75**	**23**
西秀区	1	1		60	41	19	39	24	15
平坝区	5	2	3	25	12	13	35	32	3
普定县	3	2	1	17	13	4	10	7	3
镇宁布依族苗族自治县				12	10	2	2	1	1
关岭布依族苗族自治县				16	8	8	3	2	1
紫云苗族布依族自治县				40	32	8	9	9	
毕节市	**39**	**28**	**11**	**417**	**255**	**162**	**448**	**368**	**80**
七星关区				29	6	23	8	3	5
大方县	10	9	1	107	77	30	42	26	16
黔西县	1	1		83	44	39	56	39	17
金沙县	7	6	1	44	31	13	95	90	5
织金县	1		1	41	22	19	72	63	9
纳雍县	3	1	2	57	40	17	23	20	3
威宁彝族回族苗族自治县	12	9	3	17	11	6	25	22	3
赫章县	5	2	3	39	24	15	127	105	22

7-3c 续表 3 单位：人

现住地	户口登记地								
	天津			河北			山西		
	小计	男	女	小计	男	女	小计	男	女
铜仁市	**20**	**15**	**5**	**211**	**140**	**71**	**108**	**79**	**29**
碧江区				27	12	15	4	2	2
万山区				11	4	7	1		1
江口县	2	2		24	18	6	27	23	4
玉屏侗族自治县	6	5	1	9	6	3	16	11	5
石阡县	2	1	1	34	20	14	20	17	3
思南县	1	1		39	34	5	6	5	1
印江土家族苗族自治县	1		1	13	10	3	12	7	5
德江县	4	3	1	8	5	3	2		2
沿河土家族自治县	1		1	14	9	5	5	2	3
松桃苗族自治县	3	3		32	22	10	15	12	3
黔西南布依族苗族自治州	**7**	**4**	**3**	**341**	**282**	**59**	**95**	**70**	**25**
兴义市	2	1	1	209	182	27	41	33	8
兴仁市				32	25	7	17	14	3
普安县	3	2	1	11	8	3	12	8	4
晴隆县				26	20	6	11	7	4
贞丰县	1	1		20	12	8	1	1	
望谟县				3	2	1	1	1	
册亨县	1		1	4	4		4	4	
安龙县				36	29	7	8	2	6
黔东南苗族侗族自治州	**23**	**18**	**5**	**233**	**141**	**92**	**82**	**54**	**28**
凯里市	4	4		46	32	14	21	16	5
黄平县	1	1		13	10	3	7	3	4
施秉县	1	1		8	5	3	1	1	
三穗县				11	3	8	4	2	2
镇远县				6	3	3	4	2	2
岑巩县	4	3	1	17	11	6	7	4	3
天柱县	1	1		9	5	4	7	4	3
锦屏县				4	2	2	4	2	2
剑河县	2	2		5	1	4			
台江县				2		2	2	2	
黎平县	4	3	1	19	8	11	5	3	2
榕江县	3	1	2	27	16	11	12	10	2
从江县	1	1		30	23	7	2	2	
雷山县				8	5	3	3	3	
麻江县				23	14	9	1		1
丹寨县	2	1	1	5	3	2	2		2
黔南布依族苗族自治州	**30**	**22**	**8**	**460**	**341**	**119**	**288**	**240**	**48**
都匀市	3	2	1	79	55	24	128	108	20
福泉市	6	4	2	42	33	9	9	7	2
荔波县	5	4	1	97	82	15	44	42	2
贵定县	1	1		29	25	4	22	16	6
瓮安县	9	7	2	56	47	9	29	24	5
独山县	1		1	29	17	12	14	11	3
平塘县	2	2		17	5	12	3	2	1
罗甸县				4	1	3	1	1	
长顺县				34	30	4	8	5	3
龙里县				18	12	6	12	8	4
惠水县	3	2	1	52	34	18	15	14	1
三都水族自治县				3		3	3	2	1

7-3c 续表 4

单位：人

现住地	户口登记地								
	内蒙古			辽宁			吉林		
	小计	男	女	小计	男	女	小计	男	女
贵州	**631**	**449**	**182**	**1043**	**802**	**241**	**1178**	**855**	**323**
贵阳市	**111**	**73**	**38**	**201**	**135**	**66**	**250**	**147**	**103**
南明区	19	13	6	31	20	11	30	17	13
云岩区									
花溪区	19	11	8	39	30	9	31	23	8
乌当区	10	3	7	29	11	18	93	45	48
白云区	7	6	1	13	9	4	9	5	4
观山湖区	18	12	6	41	31	10	46	33	13
开阳县	4	2	2	5	2	3	3	2	1
息烽县	2	2		20	16	4	8	6	2
修文县	11	9	2	8	5	3	12	8	4
清镇市	21	15	6	15	11	4	18	8	10
六盘水市	**28**	**19**	**9**	**62**	**44**	**18**	**60**	**47**	**13**
钟山区				3	3		9	5	4
六枝特区	5	4	1	16	10	6	18	17	1
水城县	12	7	5	26	18	8	16	14	2
盘州市	11	8	3	17	13	4	17	11	6
遵义市	**97**	**63**	**34**	**151**	**118**	**33**	**209**	**147**	**62**
红花岗区	6	3	3	7	4	3	6	5	1
汇川区	13	6	7	5	5		9	5	4
播州区	7	4	3	25	21	4	35	24	11
桐梓县	15	14	1	14	10	4	16	12	4
绥阳县	6	2	4	13	10	3	56	41	15
正安县	3	1	2	6	5	1	7	2	5
道真仡佬族苗族自治县	2	1	1	11	7	4	6	4	2
务川仡佬族苗族自治县	1	1		4	3	1	9	9	
凤冈县	1	1		3	2	1	9	8	1
湄潭县	6	3	3	3	3		2	1	1
余庆县	11	10	1	20	19	1	8	7	1
习水县	10	7	3	9	7	2	24	18	6
赤水市	6	2	4	5	4	1	3	1	2
仁怀市	10	8	2	26	18	8	19	10	9
安顺市	**40**	**28**	**12**	**58**	**44**	**14**	**33**	**25**	**8**
西秀区	18	13	5	17	13	4	16	12	4
平坝区	4	3	1	4	2	2	4	2	2
普定县	9	6	3	4	3	1	5	4	1
镇宁布依族苗族自治县	5	3	2	3	3		2	1	1
关岭布依族苗族自治县	1	1		3	2	1	1	1	
紫云苗族布依族自治县	3	2	1	27	21	6	5	5	
毕节市	**83**	**59**	**24**	**139**	**114**	**25**	**285**	**229**	**56**
七星关区	3	1	2	21	18	3	10	8	2
大方县	13	8	5	14	9	5	121	94	27
黔西县	13	6	7	29	22	7	36	31	5
金沙县	14	13	1	31	27	4	69	54	15
织金县	2		2	5	4	1	10	10	
纳雍县	3	2	1	21	21		10	10	
威宁彝族回族苗族自治县	6	5	1	5	2	3	8	5	3
赫章县	29	24	5	13	11	2	21	17	4

7-3c 续表 5 单位：人

现住地	户口登记地								
	内蒙古			辽宁			吉林		
	小计	男	女	小计	男	女	小计	男	女
铜仁市	**104**	**84**	**20**	**70**	**50**	**20**	**61**	**44**	**17**
碧江区	3	2	1	3	1	2	4	2	2
万山区	1	1		1	1		2	2	
江口县	16	13	3	8	6	2	6	4	2
玉屏侗族自治县	13	12	1	8	5	3	14	11	3
石阡县	26	20	6	13	12	1	6	5	1
思南县	13	10	3	14	8	6	9	8	1
印江土家族苗族自治县	17	14	3	9	8	1	7	5	2
德江县	2	1	1	3	3		1		1
沿河土家族自治县	4	3	1	2	2		8	4	4
松桃苗族自治县	9	8	1	9	4	5	4	3	1
黔西南布依族苗族自治州	**41**	**26**	**15**	**71**	**58**	**13**	**91**	**69**	**22**
兴义市	14	8	6	17	12	5	23	17	6
兴仁市	9	4	5	6	6		11	8	3
普安县	3	3		9	7	2	21	17	4
晴隆县	4	3	1	18	17	1	20	18	2
贞丰县	6	5	1	7	6	1	2	2	
望谟县				2	2				
册亨县	1		1	1		1	1		1
安龙县	4	3	1	11	8	3	13	7	6
黔东南苗族侗族自治州	**63**	**44**	**19**	**147**	**128**	**19**	**99**	**76**	**23**
凯里市	5	4	1	8	4	4	4	3	1
黄平县	16	13	3	47	46	1	10	8	2
施秉县	4	2	2	2	2		4	3	1
三穗县	2	1	1	3	2	1	2	1	1
镇远县	3	2	1				5	2	3
岑巩县	12	9	3	5	3	2	3	2	1
天柱县	1	1		3	2	1			
锦屏县	2	1	1	15	14	1	6	4	2
剑河县	6	5	1	15	13	2	15	10	5
台江县				4	2	2			
黎平县	4	2	2	8	4	4	6	4	2
榕江县				7	7		7	5	2
从江县	1		1	5	5		11	10	1
雷山县	1	1		25	24	1	24	22	2
麻江县	6	3	3				2	2	
丹寨县									
黔南布依族苗族自治州	**64**	**53**	**11**	**144**	**111**	**33**	**90**	**71**	**19**
都匀市	12	10	2	24	16	8	16	13	3
福泉市	10	7	3	7	5	2	28	21	7
荔波县	6	5	1	25	23	2	16	14	2
贵定县	8	7	1	8	6	2	7	6	1
瓮安县	8	6	2	5	4	1	5	5	
独山县	5	3	2	4	4		1	1	
平塘县	1	1		5	4	1	6	4	2
罗甸县				1		1	2		2
长顺县				37	33	4	1	1	
龙里县	10	10		17	8	9	4	3	1
惠水县	4	4		10	7	3	4	3	1
三都水族自治县				1	1				

7-3c 续表 6

单位：人

现住地	户口登记地								
	黑龙江			上海			江苏		
	小计	男	女	小计	男	女	小计	男	女
贵州	**1239**	**896**	**343**	**251**	**153**	**98**	**5385**	**3457**	**1928**
贵阳市	**278**	**181**	**97**	**37**	**22**	**15**	**956**	**622**	**334**
南明区	34	26	8	4	3	1	102	82	20
云岩区									
花溪区	43	29	14	2	1	1	242	170	72
乌当区	44	29	15	8	5	3	139	93	46
白云区	10	6	4	3	2	1	81	58	23
观山湖区	72	42	30	5	4	1	93	59	34
开阳县	4	2	2	1	1		40	22	18
息烽县	6	4	2	1		1	39	12	27
修文县	21	13	8	13	6	7	50	26	24
清镇市	44	30	14				170	100	70
六盘水市	**90**	**58**	**32**	**7**	**5**	**2**	**387**	**198**	**189**
钟山区	10	6	4				13	7	6
六枝特区	17	12	5	2	1	1	72	37	35
水城县	46	28	18	1	1		113	58	55
盘州市	17	12	5	4	3	1	189	96	93
遵义市	**216**	**156**	**60**	**55**	**38**	**17**	**742**	**487**	**255**
红花岗区	5	3	2	7	3	4	69	34	35
汇川区	8	7	1	4	3	1	46	24	22
播州区	16	11	5	6	6		102	61	41
桐梓县	29	20	9	6	6		90	66	24
绥阳县	12	8	4	4	3	1	32	13	19
正安县	8	5	3	3		3	28	16	12
道真仡佬族苗族自治县	2	1	1	1		1	31	25	6
务川仡佬族苗族自治县	4	2	2	2	1	1	23	19	4
凤冈县	2		2	6	6		29	16	13
湄潭县	6	3	3				14	8	6
余庆县	16	11	5	1	1		38	24	14
习水县	80	67	13	4	2	2	82	63	19
赤水市	6	4	2	3	2	1	41	36	5
仁怀市	22	14	8	8	5	3	117	82	35
安顺市	**64**	**49**	**15**	**25**	**18**	**7**	**783**	**582**	**201**
西秀区	37	29	8	5	3	2	368	291	77
平坝区	2	2		3	2	1	73	33	40
普定县	3	3		8	5	3	205	163	42
镇宁布依族苗族自治县	9	5	4	2	2		33	20	13
关岭布依族苗族自治县	8	6	2	6	5	1	50	40	10
紫云苗族布依族自治县	5	4	1	1	1		54	35	19
毕节市	**165**	**131**	**34**	**32**	**20**	**12**	**826**	**496**	**330**
七星关区	10	5	5	7	5	2	67	22	45
大方县	19	16	3	2	1	1	106	47	59
黔西县	28	18	10	5	3	2	88	49	39
金沙县	39	34	5	3	2	1	154	126	28
织金县	10	8	2	4	2	2	151	81	70
纳雍县	17	15	2	1		1	99	71	28
威宁彝族回族苗族自治县	25	21	4	7	5	2	75	40	35
赫章县	17	14	3	3	2	1	86	60	26

7-3c 续表 7

单位：人

现住地	户口登记地 黑龙江 小计	黑龙江 男	黑龙江 女	上海 小计	上海 男	上海 女	江苏 小计	江苏 男	江苏 女
铜仁市	**59**	**35**	**24**	**21**	**10**	**11**	**305**	**184**	**121**
碧江区	4	1	3	1		1	7	5	2
万山区	4	2	2	2	1	1	62	37	25
江口县	10	4	6	1	1		29	20	9
玉屏侗族自治县	4	1	3	2		2	28	15	13
石阡县	7	4	3				37	27	10
思南县	9	8	1	1		1	19	8	11
印江土家族苗族自治县	9	8	1				23	14	9
德江县	2	1	1	5	3	2	37	29	8
沿河土家族自治县	2	1	1	6	2	4	25	12	13
松桃苗族自治县	8	5	3	3	3		38	17	21
黔西南布依族苗族自治州	**174**	**155**	**19**	**22**	**11**	**11**	**442**	**319**	**123**
兴义市	29	27	2	9	4	5	71	32	39
兴仁市	12	12		1		1	164	133	31
普安县	15	12	3	2	1	1	28	15	13
晴隆县	29	25	4	2	1	1	72	67	5
贞丰县	22	17	5	1	1		40	29	11
望谟县	3	3		2	2		6	2	4
册亨县	2	1	1	1	1		11	9	2
安龙县	62	58	4	4	1	3	50	32	18
黔东南苗族侗族自治州	**86**	**55**	**31**	**28**	**17**	**11**	**390**	**186**	**204**
凯里市	4	3	1	3	2	1	48	30	18
黄平县	3	1	2	3	3		18	9	9
施秉县	2	2		1		1	10	4	6
三穗县	3	2	1	1	1		13	6	7
镇远县	4	2	2	1	1		20	5	15
岑巩县	7	6	1	2	2		25	12	13
天柱县	9	5	4	5	3	2	27	12	15
锦屏县	4	3	1	2		2	21	11	10
剑河县	14	12	2	1	1		13	5	8
台江县	2	1	1				28	14	14
黎平县	8	5	3	6	3	3	61	25	36
榕江县	5	4	1	1		1	41	17	24
从江县	4		4				22	12	10
雷山县	14	7	7	1	1		22	13	9
麻江县	3	2	1	1		1	15	8	7
丹寨县							6	3	3
黔南布依族苗族自治州	**107**	**76**	**31**	**24**	**12**	**12**	**554**	**383**	**171**
都匀市	27	22	5	5	2	3	61	43	18
福泉市	9	8	1	3	2	1	130	106	24
荔波县	21	15	6	2		2	40	34	6
贵定县	12	9	3	1		1	39	19	20
瓮安县	14	9	5				48	26	22
独山县	9	3	6	1	1		30	23	7
平塘县	3	3		6	5	1	21	12	9
罗甸县							13	7	6
长顺县	2	1	1	1		1	20	10	10
龙里县	7	4	3	4	2	2	85	62	23
惠水县	1	1					54	32	22
三都水族自治县	2	1	1	1		1	13	9	4

7-3c 续表 8

单位：人

现住地	户口登记地								
	浙江			安徽			福建		
	小计	男	女	小计	男	女	小计	男	女
贵州	**9503**	**5743**	**3760**	**5413**	**3313**	**2100**	**8750**	**5962**	**2788**
贵阳市	**1514**	**902**	**612**	**895**	**545**	**350**	**1745**	**1172**	**573**
南明区	145	88	57	82	60	22	254	176	78
云岩区									
花溪区	271	167	104	201	122	79	402	262	140
乌当区	154	86	68	118	79	39	280	165	115
白云区	58	32	26	37	25	12	115	91	24
观山湖区	311	204	107	148	105	43	220	144	76
开阳县	86	38	48	39	14	25	95	63	32
息烽县	44	20	24	45	11	34	63	35	28
修文县	160	107	53	82	49	33	129	100	29
清镇市	285	160	125	143	80	63	187	136	51
六盘水市	**539**	**311**	**228**	**540**	**341**	**199**	**551**	**380**	**171**
钟山区	27	18	9	34	25	9	24	20	4
六枝特区	130	71	59	180	138	42	96	59	37
水城县	150	89	61	123	74	49	140	101	39
盘州市	232	133	99	203	104	99	291	200	91
遵义市	**1185**	**661**	**524**	**862**	**543**	**319**	**1489**	**1005**	**484**
红花岗区	126	75	51	62	30	32	150	120	30
汇川区	69	38	31	42	19	23	68	46	22
播州区	297	164	133	153	79	74	303	217	86
桐梓县	90	60	30	66	37	29	203	141	62
绥阳县	56	28	28	30	21	9	69	36	33
正安县	58	33	25	48	35	13	123	81	42
道真仡佬族苗族自治县	18	10	8	35	25	10	82	55	27
务川仡佬族苗族自治县	30	20	10	93	82	11	8	4	4
凤冈县	92	49	43	26	15	11	36	22	14
湄潭县	79	45	34	36	24	12	77	52	25
余庆县	69	40	29	60	45	15	67	43	24
习水县	60	29	31	107	75	32	100	56	44
赤水市	21	11	10	17	9	8	55	32	23
仁怀市	120	59	61	87	47	40	148	100	48
安顺市	**973**	**603**	**370**	**394**	**206**	**188**	**706**	**493**	**213**
西秀区	309	176	133	145	79	66	316	214	102
平坝区	201	123	78	97	54	43	73	45	28
普定县	215	155	60	49	23	26	125	92	33
镇宁布依族苗族自治县	106	60	46	38	20	18	58	39	19
关岭布依族苗族自治县	78	47	31	28	17	11	81	64	17
紫云苗族布依族自治县	64	42	22	37	13	24	53	39	14
毕节市	**1926**	**1260**	**666**	**1030**	**642**	**388**	**1019**	**653**	**366**
七星关区	131	54	77	98	35	63	123	50	73
大方县	280	182	98	125	68	57	130	75	55
黔西县	228	146	82	128	80	48	117	64	53
金沙县	542	430	112	295	241	54	140	98	42
织金县	203	123	80	175	123	52	168	120	48
纳雍县	187	110	77	80	34	46	94	61	33
威宁彝族回族苗族自治县	148	87	61	49	23	26	108	77	31
赫章县	207	128	79	80	38	42	139	108	31

7-3c 续表 9

单位：人

现住地	户口登记地								
	浙江			安徽			福建		
	小计	男	女	小计	男	女	小计	男	女
铜仁市	**478**	**289**	**189**	**296**	**167**	**129**	**663**	**449**	**214**
碧江区	22	17	5	32	24	8	40	29	11
万山区	49	26	23	27	6	21	32	15	17
江口县	56	43	13	29	16	13	56	36	20
玉屏侗族自治县	42	19	23	23	18	5	55	37	18
石阡县	35	30	5	44	24	20	82	62	20
思南县	26	16	10	19	9	10	85	59	26
印江土家族苗族自治县	40	22	18	13	8	5	61	39	22
德江县	70	38	32	29	16	13	59	38	21
沿河土家族自治县	58	35	23	22	12	10	39	31	8
松桃苗族自治县	80	43	37	58	34	24	154	103	51
黔西南布依族苗族自治州	**882**	**528**	**354**	**368**	**271**	**97**	**490**	**353**	**137**
兴义市	199	123	76	55	30	25	120	79	41
兴仁市	127	72	55	58	45	13	63	55	8
普安县	129	87	42	55	42	13	73	58	15
晴隆县	58	39	19	87	76	11	39	24	15
贞丰县	119	70	49	39	30	9	66	53	13
望谟县	105	55	50	7	5	2	17	12	5
册亨县	73	43	30	10	8	2	25	17	8
安龙县	72	39	33	57	35	22	87	55	32
黔东南苗族侗族自治州	**829**	**471**	**358**	**476**	**281**	**195**	**1033**	**682**	**351**
凯里市	84	49	35	52	32	20	166	111	55
黄平县	43	16	27	31	20	11	67	42	25
施秉县	25	14	11	17	11	6	27	18	9
三穗县	50	33	17	27	16	11	67	40	27
镇远县	32	18	14	20	6	14	26	14	12
岑巩县	66	41	25	18	13	5	39	31	8
天柱县	57	38	19	40	22	18	67	41	26
锦屏县	58	36	22	26	18	8	95	73	22
剑河县	57	38	19	29	21	8	65	40	25
台江县	65	40	25	16	8	8	22	11	11
黎平县	107	59	48	50	23	27	173	112	61
榕江县	75	40	35	70	42	28	98	71	27
从江县	31	13	18	38	23	15	39	31	8
雷山县	22	11	11	16	11	5	24	12	12
麻江县	21	5	16	21	11	10	35	20	15
丹寨县	36	20	16	5	4	1	23	15	8
黔南布依族苗族自治州	**1177**	**718**	**459**	**552**	**317**	**235**	**1054**	**775**	**279**
都匀市	119	72	47	81	44	37	165	128	37
福泉市	154	96	58	70	42	28	86	62	24
荔波县	82	58	24	41	31	10	75	60	15
贵定县	72	45	27	45	24	21	81	71	10
瓮安县	102	59	43	75	42	33	65	55	10
独山县	83	53	30	49	36	13	119	88	31
平塘县	108	66	42	33	16	17	80	56	24
罗甸县	35	18	17	16	8	8	37	26	11
长顺县	72	36	36	35	20	15	38	31	7
龙里县	96	55	41	41	26	15	76	49	27
惠水县	218	141	77	35	14	21	180	113	67
三都水族自治县	36	19	17	31	14	17	52	36	16

7—3c 续表 10 单位：人

现住地	户口登记地								
	江西			山东			河南		
	小计	男	女	小计	男	女	小计	男	女
贵州	**5158**	**2798**	**2360**	**4624**	**3677**	**947**	**10667**	**6974**	**3693**
贵阳市	**1067**	**645**	**422**	**659**	**463**	**196**	**2123**	**1454**	**669**
南明区	116	74	42	57	42	15	243	187	56
云岩区									
花溪区	265	174	91	132	96	36	595	405	190
乌当区	98	58	40	71	50	21	329	234	95
白云区	64	43	21	41	30	11	114	80	34
观山湖区	250	161	89	136	89	47	275	179	96
开阳县	49	16	33	13	6	7	83	61	22
息烽县	27	7	20	22	15	7	56	31	25
修文县	43	22	21	71	47	24	159	108	51
清镇市	155	90	65	116	88	28	269	169	100
六盘水市	**517**	**307**	**210**	**360**	**258**	**102**	**766**	**472**	**294**
钟山区	10	1	9	14	7	7	38	26	12
六枝特区	98	57	41	72	56	16	250	162	88
水城县	236	164	72	127	84	43	161	99	62
盘州市	173	85	88	147	111	36	317	185	132
遵义市	**823**	**415**	**408**	**536**	**384**	**152**	**1737**	**1066**	**671**
红花岗区	44	22	22	51	36	15	141	88	53
汇川区	24	10	14	39	26	13	91	59	32
播州区	227	129	98	54	36	18	307	195	112
桐梓县	47	12	35	80	65	15	177	113	64
绥阳县	50	26	24	33	25	8	78	43	35
正安县	46	18	28	46	37	9	122	68	54
道真仡佬族苗族自治县	33	17	16	8	7	1	77	48	29
务川仡佬族苗族自治县	23	14	9	6	5	1	61	51	10
凤冈县	24	8	16	11	3	8	32	9	23
湄潭县	53	29	24	12	6	6	59	38	21
余庆县	37	19	18	32	28	4	83	51	32
习水县	113	63	50	44	33	11	172	99	73
赤水市	34	11	23	12	9	3	74	46	28
仁怀市	68	37	31	108	68	40	263	158	105
安顺市	**391**	**215**	**176**	**242**	**189**	**53**	**797**	**513**	**284**
西秀区	162	106	56	55	46	9	340	235	105
平坝区	53	27	26	27	15	12	150	89	61
普定县	71	35	36	69	61	8	77	41	36
镇宁布依族苗族自治县	34	18	16	34	27	7	92	68	24
关岭布依族苗族自治县	26	9	17	23	15	8	40	21	19
紫云苗族布依族自治县	45	20	25	34	25	9	98	59	39
毕节市	**712**	**345**	**367**	**1719**	**1519**	**200**	**2019**	**1312**	**707**
七星关区	81	18	63	71	48	23	126	45	81
大方县	95	36	59	296	258	38	222	117	105
黔西县	91	34	57	416	391	25	772	526	246
金沙县	92	42	50	239	203	36	313	249	64
织金县	131	83	48	385	345	40	210	150	60
纳雍县	122	85	37	227	206	21	109	73	36
威宁彝族回族苗族自治县	37	17	20	17	8	9	89	45	44
赫章县	63	30	33	68	60	8	178	107	71

7−3c　续表 11　　　　　　　　　　　　　　　　　　　　　　　　　　　　　单位：人

现 住 地	户口登记地								
	江　西			山　东			河　南		
	小计	男	女	小计	男	女	小计	男	女
铜仁市	**356**	**171**	**185**	**180**	**134**	**46**	**518**	**329**	**189**
碧江区	39	14	25	10	6	4	40	26	14
万山区	33	20	13	20	13	7	20	10	10
江口县	23	11	12	27	21	6	45	34	11
玉屏侗族自治县	19	12	7	13	12	1	38	20	18
石阡县	62	43	19	32	26	6	114	85	29
思南县	37	19	18	24	18	6	40	21	19
印江土家族苗族自治县	25	11	14	21	17	4	71	49	22
德江县	29	14	15	8	6	2	26	15	11
沿河土家族自治县	26	10	16	7	5	2	42	25	17
松桃苗族自治县	63	17	46	18	10	8	82	44	38
黔西南布依族苗族自治州	**237**	**137**	**100**	**269**	**224**	**45**	**818**	**568**	**250**
兴义市	50	29	21	52	37	15	118	69	49
兴仁市	33	17	16	85	77	8	62	35	27
普安县	24	13	11	25	19	6	367	304	63
晴隆县	24	17	7	39	33	6	59	47	12
贞丰县	32	22	10	30	26	4	78	49	29
望谟县	23	13	10				4	2	2
册亨县	25	13	12				14	7	7
安龙县	26	13	13	38	32	6	116	55	61
黔东南苗族侗族自治州	**507**	**252**	**255**	**257**	**180**	**77**	**738**	**453**	**285**
凯里市	81	47	34	54	36	18	182	133	49
黄平县	9	3	6	13	8	5	42	28	14
施秉县	13	6	7	5	4	1	6	4	2
三穗县	28	9	19	16	12	4	19	11	8
镇远县	13	4	9	11	5	6	22	9	13
岑巩县	44	22	22	22	15	7	33	18	15
天柱县	35	10	25	11	5	6	34	12	22
锦屏县	57	38	19	12	10	2	46	28	18
剑河县	23	13	10	13	11	2	67	46	21
台江县	10	2	8	13	10	3	15	6	9
黎平县	88	45	43	22	16	6	62	31	31
榕江县	45	24	21	13	11	2	72	42	30
从江县	19	8	11	6	6		26	13	13
雷山县	18	11	7	36	22	14	59	47	12
麻江县	16	5	11	1	1		33	15	18
丹寨县	8	5	3	9	8	1	20	10	10
黔南布依族苗族自治州	**548**	**311**	**237**	**402**	**326**	**76**	**1151**	**807**	**344**
都匀市	59	41	18	58	48	10	183	151	32
福泉市	94	58	36	47	37	10	161	113	48
荔波县	33	20	13	29	23	6	110	90	20
贵定县	37	24	13	49	41	8	71	49	22
瓮安县	59	27	32	95	84	11	110	71	39
独山县	49	27	22	9	7	2	123	90	33
平塘县	38	23	15	27	21	6	60	39	21
罗甸县	16	8	8	4	2	2	25	6	19
长顺县	25	7	18	23	17	6	101	57	44
龙里县	34	15	19	45	36	9	73	46	27
惠水县	63	39	24	14	9	5	109	81	28
三都水族自治县	41	22	19	2	1	1	25	14	11

7－3c 续表 12

单位：人

现住地	户口登记地								
	湖北			湖南			广东		
	小计	男	女	小计	男	女	小计	男	女
贵州	**10298**	**6917**	**3381**	**22533**	**12908**	**9625**	**8456**	**4084**	**4372**
贵阳市	**1924**	**1261**	**663**	**2967**	**1862**	**1105**	**734**	**430**	**304**
南明区	166	121	45	277	186	91	70	51	19
云岩区									
花溪区	383	236	147	649	417	232	189	117	72
乌当区	216	142	74	297	186	111	125	79	46
白云区	184	110	74	188	114	74	33	20	13
观山湖区	271	175	96	695	462	233	96	58	38
开阳县	73	45	28	156	100	56	46	30	16
息烽县	172	118	54	103	52	51	29	12	17
修文县	154	120	34	200	102	98	45	19	26
清镇市	305	194	111	402	243	159	101	44	57
六盘水市	**727**	**443**	**284**	**2386**	**1514**	**872**	**350**	**152**	**198**
钟山区	27	22	5	50	32	18	26	18	8
六枝特区	250	144	106	503	303	200	62	30	32
水城县	198	128	70	629	375	254	98	39	59
盘州市	252	149	103	1204	804	400	164	65	99
遵义市	**1667**	**1062**	**605**	**2490**	**1357**	**1133**	**1284**	**544**	**740**
红花岗区	111	71	40	189	113	76	101	57	44
汇川区	145	113	32	92	60	32	48	14	34
播州区	254	159	95	397	218	179	147	56	91
桐梓县	235	154	81	264	150	114	109	49	60
绥阳县	100	55	45	175	85	90	110	48	62
正安县	71	29	42	219	119	100	89	34	55
道真仡佬族苗族自治县	76	40	36	105	46	59	37	9	28
务川仡佬族苗族自治县	123	104	19	119	74	45	20	5	15
凤冈县	40	19	21	119	61	58	164	99	65
湄潭县	81	42	39	116	65	51	68	26	42
余庆县	74	42	32	196	115	81	46	28	18
习水县	133	76	57	191	95	96	179	60	119
赤水市	33	17	16	105	54	51	53	13	40
仁怀市	191	141	50	203	102	101	113	46	67
安顺市	**1177**	**871**	**306**	**1532**	**855**	**677**	**487**	**250**	**237**
西秀区	516	377	139	654	380	274	145	79	66
平坝区	337	264	73	260	140	120	73	37	36
普定县	128	99	29	164	86	78	67	35	32
镇宁布依族苗族自治县	40	27	13	175	103	72	56	27	29
关岭布依族苗族自治县	69	51	18	96	56	40	34	21	13
紫云苗族布依族自治县	87	53	34	183	90	93	112	51	61
毕节市	**1314**	**857**	**457**	**2789**	**1436**	**1353**	**1113**	**458**	**655**
七星关区	124	43	81	258	102	156	197	75	122
大方县	255	172	83	492	235	257	167	55	112
黔西县	198	121	77	248	112	136	87	22	65
金沙县	228	176	52	222	116	106	82	27	55
织金县	184	141	43	582	360	222	53	11	42
纳雍县	106	67	39	304	160	144	127	64	63
威宁彝族回族苗族自治县	53	26	27	248	119	129	240	134	106
赫章县	166	111	55	435	232	203	160	70	90

7–3c　续表 13

单位：人

现住地	户口登记地								
	湖北			湖南			广东		
	小计	男	女	小计	男	女	小计	男	女
铜仁市	**646**	**411**	**235**	**3386**	**1824**	**1562**	**1251**	**656**	**595**
碧江区	41	24	17	311	146	165	47	23	24
万山区	42	23	19	399	199	200	53	12	41
江口县	53	34	19	322	208	114	46	18	28
玉屏侗族自治县	42	25	17	522	269	253	36	14	22
石阡县	107	78	29	241	149	92	101	53	48
思南县	61	32	29	176	98	78	267	143	124
印江土家族苗族自治县	68	51	17	139	83	56	185	116	69
德江县	56	37	19	191	103	88	120	72	48
沿河土家族自治县	57	37	20	187	96	91	250	152	98
松桃苗族自治县	119	70	49	898	473	425	146	53	93
黔西南布依族苗族自治州	**615**	**423**	**192**	**938**	**538**	**400**	**1186**	**654**	**532**
兴义市	223	152	71	196	113	83	348	207	141
兴仁市	84	60	24	113	57	56	94	44	50
普安县	100	78	22	142	85	57	41	16	25
晴隆县	46	30	16	108	62	46	26	10	16
贞丰县	61	43	18	92	54	38	145	78	67
望谟县	6	3	3	34	16	18	207	124	83
册亨县	15	12	3	45	23	22	139	74	65
安龙县	80	45	35	208	128	80	186	101	85
黔东南苗族侗族自治州	**793**	**513**	**280**	**3645**	**2103**	**1542**	**1103**	**483**	**620**
凯里市	82	59	23	349	222	127	143	87	56
黄平县	34	24	10	127	87	40	40	11	29
施秉县	13	7	6	45	19	26	24	6	18
三穗县	28	20	8	229	135	94	47	18	29
镇远县	16	4	12	130	53	77	65	27	38
岑巩县	91	57	34	207	119	88	45	12	33
天柱县	83	40	43	391	175	216	89	30	59
锦屏县	55	29	26	264	179	85	23	5	18
剑河县	53	31	22	245	135	110	51	23	28
台江县	26	17	9	144	93	51	29	14	15
黎平县	75	39	36	712	408	304	138	46	92
榕江县	77	66	11	254	149	105	72	28	44
从江县	26	18	8	340	196	144	127	69	58
雷山县	81	70	11	115	79	36	39	15	24
麻江县	34	24	10	58	34	24	37	21	16
丹寨县	19	8	11	35	20	15	134	71	63
黔南布依族苗族自治州	**1435**	**1076**	**359**	**2400**	**1419**	**981**	**948**	**457**	**491**
都匀市	273	225	48	343	233	110	74	41	33
福泉市	160	120	40	215	132	83	67	38	29
荔波县	318	259	59	175	116	59	54	23	31
贵定县	92	69	23	145	81	64	47	17	30
瓮安县	112	81	31	231	130	101	88	38	50
独山县	98	71	27	268	148	120	131	68	63
平塘县	74	39	35	243	127	116	151	71	80
罗甸县	14	4	10	97	54	43	37	16	21
长顺县	111	82	29	150	76	74	41	20	21
龙里县	100	68	32	189	127	62	76	45	31
惠水县	66	48	18	144	80	64	145	74	71
三都水族自治县	17	10	7	200	115	85	37	6	31

7－3c 续表 14

单位：人

现住地	户口登记地								
	广西			海南			重庆		
	小计	男	女	小计	男	女	小计	男	女
贵州	**12065**	**5364**	**6701**	**468**	**172**	**296**	**20112**	**12476**	**7636**
贵阳市	**1221**	**677**	**544**	**67**	**26**	**41**	**3695**	**2441**	**1254**
南明区	96	57	39	8	5	3	597	410	187
云岩区									
花溪区	158	89	69	8	2	6	638	462	176
乌当区	288	187	101	22	10	12	505	300	205
白云区	44	25	19	1		1	241	177	64
观山湖区	221	139	82	4	1	3	657	444	213
开阳县	66	28	38	5	2	3	115	60	55
息烽县	57	12	45	2	1	1	168	83	85
修文县	99	43	56	4	2	2	257	169	88
清镇市	192	97	95	13	3	10	517	336	181
六盘水市	**623**	**262**	**361**	**39**	**11**	**28**	**1290**	**835**	**455**
钟山区	42	21	21				57	40	17
六枝特区	172	86	86	4	1	3	269	168	101
水城县	138	62	76	7	2	5	286	196	90
盘州市	271	93	178	28	8	20	678	431	247
遵义市	**1289**	**435**	**854**	**75**	**24**	**51**	**7005**	**4165**	**2840**
红花岗区	93	44	49	8	1	7	349	221	128
汇川区	50	15	35	5	2	3	264	176	88
播州区	168	61	107	11	1	10	788	513	275
桐梓县	147	50	97	15	9	6	1224	699	525
绥阳县	140	55	85	3	1	2	235	146	89
正安县	86	26	60	3	1	2	345	185	160
道真仡佬族苗族自治县	48	12	36	3		3	443	265	178
务川仡佬族苗族自治县	7	1	6	2		2	226	159	67
凤冈县	70	12	58	1		1	116	55	61
湄潭县	78	29	49	3	1	2	252	136	116
余庆县	74	34	40	1	1		227	154	73
习水县	144	37	107	13	5	8	1430	763	667
赤水市	61	7	54	4		4	642	379	263
仁怀市	123	52	71	3	2	1	464	314	150
安顺市	**837**	**400**	**437**	**25**	**15**	**10**	**1096**	**720**	**376**
西秀区	313	174	139	7	6	1	451	298	153
平坝区	173	71	102	4	2	2	252	179	73
普定县	91	39	52	5	1	4	129	82	47
镇宁布依族苗族自治县	78	40	38	3	3		91	63	28
关岭布依族苗族自治县	74	35	39	3	2	1	74	48	26
紫云苗族布依族自治县	108	41	67	3	1	2	99	50	49
毕节市	**1095**	**345**	**750**	**49**	**11**	**38**	**1895**	**1228**	**667**
七星关区	175	37	138	13	2	11	197	89	108
大方县	189	49	140	4	1	3	254	155	99
黔西县	128	38	90	6	2	4	233	137	96
金沙县	118	56	62	6	1	5	502	380	122
织金县	123	36	87	7	1	6	281	195	86
纳雍县	92	34	58	2	1	1	138	85	53
威宁彝族回族苗族自治县	105	25	80	4	1	3	96	59	37
赫章县	165	70	95	7	2	5	194	128	66

7–3c　续表 15　　　　　　　　　　　　　　　　　　　　　　　　　　　　　单位：人

现 住 地	户口登记地								
	广　西			海　南			重　庆		
	小计	男	女	小计	男	女	小计	男	女
铜仁市	**755**	**263**	**492**	**52**	**23**	**29**	**1888**	**993**	**895**
碧江区	25	10	15	5	2	3	109	59	50
万山区	52	20	32	5	3	2	98	55	43
江口县	54	18	36				111	69	42
玉屏侗族自治县	37	15	22	2	1	1	62	43	19
石阡县	107	40	67	9	4	5	139	88	51
思南县	100	18	82	9	3	6	121	67	54
印江土家族苗族自治县	57	19	38	3	1	2	143	86	57
德江县	69	23	46	7	2	5	99	59	40
沿河土家族自治县	66	16	50	2	2		435	199	236
松桃苗族自治县	188	84	104	10	5	5	571	268	303
黔西南布依族苗族自治州	**1229**	**618**	**611**	**43**	**16**	**27**	**703**	**438**	**265**
兴义市	297	151	146	10	2	8	196	130	66
兴仁市	118	52	66	6	3	3	96	61	35
普安县	87	40	47	4	1	3	91	54	37
晴隆县	49	23	26	2	1	1	70	39	31
贞丰县	81	44	37	8	4	4	68	41	27
望谟县	63	35	28	3	2	1	39	25	14
册亨县	184	108	76	2		2	22	16	6
安龙县	350	165	185	8	3	5	121	72	49
黔东南苗族侗族自治州	**2246**	**1000**	**1246**	**67**	**28**	**39**	**983**	**570**	**413**
凯里市	208	99	109	23	9	14	140	72	68
黄平县	71	26	45	1		1	62	33	29
施秉县	21	7	14	1		1	17	8	9
三穗县	78	36	42	5	1	4	62	35	27
镇远县	46	11	35				29	12	17
岑巩县	90	34	56				65	33	32
天柱县	116	39	77	2	1	1	63	26	37
锦屏县	102	42	60				49	34	15
剑河县	35	14	21	3	1	2	66	47	19
台江县	31	17	14				28	20	8
黎平县	404	170	234	10	4	6	106	61	45
榕江县	221	122	99	3	2	1	147	100	47
从江县	665	315	350	11	4	7	42	27	15
雷山县	85	44	41	2	1	1	71	45	26
麻江县	49	20	29				30	14	16
丹寨县	24	4	20	6	5	1	6	3	3
黔南布依族苗族自治州	**2770**	**1364**	**1406**	**51**	**18**	**33**	**1557**	**1086**	**471**
都匀市	181	106	75	7	2	5	190	142	48
福泉市	116	65	51	2	1	1	215	161	54
荔波县	731	389	342	2		2	151	122	29
贵定县	170	103	67	3	1	2	207	144	63
瓮安县	107	47	60	13	5	8	189	123	66
独山县	696	327	369	9	5	4	98	67	31
平塘县	253	110	143	4	2	2	95	59	36
罗甸县	111	43	68	1	1		24	13	11
长顺县	68	27	41	1		1	57	35	22
龙里县	68	34	34	6		6	179	128	51
惠水县	132	53	79	3	1	2	112	70	42
三都水族自治县	137	60	77				40	22	18

7-3c 续表 16

单位：人

现住地	户口登记地					
	四川			云南		
	小计	男	女	小计	男	女
贵州	**36690**	**22683**	**14007**	**21228**	**9486**	**11742**
贵阳市	**9010**	**5972**	**3038**	**2285**	**1220**	**1065**
南明区	1544	1066	478	264	187	77
云岩区						
花溪区	1769	1222	547	229	117	112
乌当区	1474	919	555	294	162	132
白云区	520	357	163	114	63	51
观山湖区	1313	891	422	551	362	189
开阳县	352	224	128	138	57	81
息烽县	275	153	122	127	36	91
修文县	658	433	225	255	116	139
清镇市	1105	707	398	313	120	193
六盘水市	**2536**	**1595**	**941**	**5718**	**2500**	**3218**
钟山区	219	146	73	111	58	53
六枝特区	493	315	178	373	149	224
水城县	766	491	275	846	428	418
盘州市	1058	643	415	4388	1865	2523
遵义市	**10789**	**6059**	**4730**	**1977**	**837**	**1140**
红花岗区	454	294	160	135	84	51
汇川区	372	254	118	117	60	57
播州区	1087	651	436	262	114	148
桐梓县	701	455	246	313	155	158
绥阳县	287	164	123	109	32	77
正安县	339	194	145	93	40	53
道真仡佬族苗族自治县	201	115	86	78	24	54
务川仡佬族苗族自治县	78	51	27	62	37	25
凤冈县	125	50	75	51	9	42
湄潭县	277	166	111	88	23	65
余庆县	259	169	90	45	18	27
习水县	1492	769	723	267	91	176
赤水市	2903	1529	1374	84	35	49
仁怀市	2214	1198	1016	273	115	158
安顺市	**2510**	**1595**	**915**	**1150**	**499**	**651**
西秀区	956	618	338	344	160	184
平坝区	475	302	173	232	105	127
普定县	269	155	114	173	80	93
镇宁布依族苗族自治县	205	128	77	119	55	64
关岭布依族苗族自治县	324	239	85	136	58	78
紫云苗族布依族自治县	281	153	128	146	41	105
毕节市	**3905**	**2330**	**1575**	**5275**	**1958**	**3317**
七星关区	605	256	349	910	191	719
大方县	615	364	251	332	111	221
黔西县	413	225	188	325	103	222
金沙县	881	607	274	426	279	147
织金县	373	233	140	359	141	218
纳雍县	279	173	106	418	145	273
威宁彝族回族苗族自治县	304	187	117	1614	604	1010
赫章县	435	285	150	891	384	507

7–3c　续表 17　　　　单位：人

现住地	户口登记地					
	四川			云南		
	小计	男	女	小计	男	女
铜仁市	**1343**	**793**	**550**	**539**	**223**	**316**
碧江区	111	56	55	30	9	21
万山区	66	34	32	34	9	25
江口县	101	64	37	43	23	20
玉屏侗族自治县	106	68	38	18	5	13
石阡县	292	197	95	99	56	43
思南县	116	59	57	61	26	35
印江土家族苗族自治县	125	82	43	39	21	18
德江县	89	40	49	38	15	23
沿河土家族自治县	131	82	49	57	17	40
松桃苗族自治县	206	111	95	120	42	78
黔西南布依族苗族自治州	**1323**	**840**	**483**	**2000**	**1026**	**974**
兴义市	474	325	149	719	314	405
兴仁市	153	106	47	282	165	117
普安县	101	67	34	397	237	160
晴隆县	93	60	33	172	97	75
贞丰县	134	85	49	117	60	57
望谟县	52	22	30	41	11	30
册亨县	63	35	28	56	31	25
安龙县	253	140	113	216	111	105
黔东南苗族侗族自治州	**2086**	**1282**	**804**	**970**	**508**	**462**
凯里市	419	252	167	208	131	77
黄平县	129	84	45	57	35	22
施秉县	66	38	28	23	7	16
三穗县	92	52	40	36	8	28
镇远县	69	37	32	29	5	24
岑巩县	113	68	45	45	16	29
天柱县	115	63	52	51	9	42
锦屏县	64	38	26	22	15	7
剑河县	131	87	44	44	21	23
台江县	83	60	23	15	9	6
黎平县	138	76	62	68	21	47
榕江县	290	222	68	162	114	48
从江县	68	43	25	59	27	32
雷山县	203	114	89	82	67	15
麻江县	68	29	39	52	19	33
丹寨县	38	19	19	17	4	13
黔南布依族苗族自治州	**3188**	**2217**	**971**	**1314**	**715**	**599**
都匀市	515	395	120	200	152	48
福泉市	574	417	157	156	91	65
荔波县	221	183	38	160	129	31
贵定县	287	209	78	128	67	61
瓮安县	331	202	129	104	33	71
独山县	207	137	70	70	31	39
平塘县	161	93	68	83	32	51
罗甸县	62	33	29	43	19	24
长顺县	172	106	66	78	31	47
龙里县	362	255	107	143	75	68
惠水县	202	126	76	105	42	63
三都水族自治县	94	61	33	44	13	31

7-3c　续表 18　　　　单位：人

现住地	户口登记地								
	西藏			陕西			甘肃		
	小计	男	女	小计	男	女	小计	男	女
贵州	**148**	**92**	**56**	**5142**	**4004**	**1138**	**1712**	**1154**	**558**
贵阳市	**3**		**3**	**832**	**634**	**198**	**283**	**193**	**90**
南明区				76	58	18	29	23	6
云岩区									
花溪区	2		2	133	95	38	39	31	8
乌当区				73	54	19	39	22	17
白云区				36	31	5	12	8	4
观山湖区				125	89	36	79	53	26
开阳县				29	23	6	32	26	6
息烽县	1		1	44	27	17	10	4	6
修文县				147	121	26	18	11	7
清镇市				169	136	33	25	15	10
六盘水市	**12**	**6**	**6**	**329**	**243**	**86**	**103**	**63**	**40**
钟山区				19	11	8	9	4	5
六枝特区	2	1	1	56	39	17	28	20	8
水城县				119	100	19	23	12	11
盘州市	10	5	5	135	93	42	43	27	16
遵义市	**81**	**51**	**30**	**915**	**660**	**255**	**354**	**246**	**108**
红花岗区	72	46	26	100	78	22	29	19	10
汇川区	1		1	136	123	13	25	16	9
播州区	1		1	112	78	34	44	31	13
桐梓县	4	3	1	140	107	33	55	44	11
绥阳县				99	78	21	28	23	5
正安县				35	23	12	18	12	6
道真仡佬族苗族自治县				12	4	8	5		5
务川仡佬族苗族自治县				33	28	5	6	3	3
凤冈县				20	14	6	6	2	4
湄潭县				19	6	13	19	12	7
余庆县				35	27	8	17	11	6
习水县	1	1		52	26	26	49	34	15
赤水市	1	1		25	12	13	12	7	5
仁怀市	1		1	97	56	41	41	32	9
安顺市	**7**	**3**	**4**	**309**	**249**	**60**	**113**	**56**	**57**
西秀区	2	1	1	67	53	14	41	21	20
平坝区	1	1		87	69	18	21	10	11
普定县	3	1	2	88	74	14	15	9	6
镇宁布依族苗族自治县				19	13	6	7	4	3
关岭布依族苗族自治县	1		1	25	21	4	6	3	3
紫云苗族布依族自治县				23	19	4	23	9	14
毕节市	**19**	**15**	**4**	**943**	**779**	**164**	**258**	**159**	**99**
七星关区	1	1		47	23	24	23	9	14
大方县	2	1	1	121	84	37	29	10	19
黔西县	1	1		73	57	16	46	32	14
金沙县	3	2	1	284	257	27	36	26	10
织金县				125	104	21	50	44	6
纳雍县	1		1	43	33	10	19	11	8
威宁彝族回族苗族自治县	9	9		19	9	10	38	18	20
赫章县	2	1	1	231	212	19	17	9	8

7-3c　续表 19　　　　单位：人

现住地	户口登记地								
	西藏			陕西			甘肃		
	小计	男	女	小计	男	女	小计	男	女
铜仁市	**9**	**6**	**3**	**266**	**196**	**70**	**106**	**65**	**41**
碧江区				7	7		12	4	8
万山区				8	3	5	6	1	5
江口县	1		1	30	23	7	11	7	4
玉屏侗族自治县	1	1		11	9	2	4	3	1
石阡县				58	45	13	23	18	5
思南县	2	1	1	16	9	7	11	7	4
印江土家族苗族自治县	1	1		42	31	11	12	10	2
德江县	1	1		33	27	6	2	1	1
沿河土家族自治县				12	7	5	6	5	1
松桃苗族自治县	3	2	1	49	35	14	19	9	10
黔西南布依族苗族自治州	**2**	**1**	**1**	**347**	**290**	**57**	**92**	**71**	**21**
兴义市	1	1		41	29	12	28	21	7
兴仁市				37	29	8	5	3	2
普安县				27	23	4	28	21	7
晴隆县				124	116	8	11	9	2
贞丰县				83	73	10	14	13	1
望谟县	1		1						
册亨县				3	3		1	1	
安龙县				32	17	15	5	3	2
黔东南苗族侗族自治州	**8**	**4**	**4**	**279**	**171**	**108**	**148**	**100**	**48**
凯里市	5	1	4	34	22	12	17	13	4
黄平县				34	25	9	20	15	5
施秉县				5	4	1	7	3	4
三穗县	1	1		13	7	6	11	5	6
镇远县				16	3	13	2		2
岑巩县				14	7	7	12	10	2
天柱县				8	4	4	4	2	2
锦屏县				14	8	6	3	1	2
剑河县				14	10	4	9	7	2
台江县	1	1		6	4	2			
黎平县				29	13	16	20	13	7
榕江县	1	1		27	19	8	21	18	3
从江县				9	6	3	5	4	1
雷山县				28	25	3	6	3	3
麻江县				24	12	12	8	5	3
丹寨县				4	2	2	3	1	2
黔南布依族苗族自治州	**7**	**6**	**1**	**922**	**782**	**140**	**255**	**201**	**54**
都匀市	1	1		248	216	32	71	63	8
福泉市	1		1	239	209	30	24	16	8
荔波县				70	62	8	63	60	3
贵定县				120	110	10	24	17	7
瓮安县	1	1		54	40	14	16	8	8
独山县				32	25	7	9	6	3
平塘县				10	5	5	16	8	8
罗甸县				2	1	1			
长顺县				10	7	3	2	2	
龙里县				95	81	14	9	8	1
惠水县	4	4		38	23	15	16	11	5
三都水族自治县				4	3	1	5	2	3

7－3c 续表 20

单位：人

现住地	户口登记地								
	青海			宁夏			新疆		
	小计	男	女	小计	男	女	小计	男	女
贵州	**204**	**130**	**74**	**195**	**126**	**69**	**315**	**168**	**147**
贵阳市	**71**	**38**	**33**	**22**	**8**	**14**	**91**	**48**	**43**
南明区	3	1	2				32	18	14
云岩区									
花溪区	3	3		7	5	2	4	2	2
乌当区	7	3	4	2		2	8	5	3
白云区	9	3	6				11	7	4
观山湖区	39	23	16	6	2	4	19	6	13
开阳县				1		1	1	1	
息烽县	2	2					5		5
修文县				5	1	4	6	6	
清镇市	8	3	5	1		1	5	3	2
六盘水市	**13**	**8**	**5**	**31**	**23**	**8**	**28**	**22**	**6**
钟山区							2	2	
六枝特区	3	2	1	20	17	3	13	11	2
水城县	2	1	1	3	2	1	2	2	
盘州市	8	5	3	8	4	4	11	7	4
遵义市	**21**	**14**	**7**	**38**	**28**	**10**	**58**	**29**	**29**
红花岗区	1	1		2	1	1	2	2	
汇川区				1	1		1		1
播州区	5	3	2	4	1	3	13	6	7
桐梓县	3	1	2	3	2	1	11	8	3
绥阳县	3	2	1				1	1	
正安县	1	1		1	1		1		1
道真仡佬族苗族自治县				1		1	5	2	3
务川仡佬族苗族自治县	1	1		9	9		2	1	1
凤冈县	2	1	1	1	1		3	2	1
湄潭县				3	1	2			
余庆县	1	1		1	1				
习水县	2	1	1	4	4		5	1	4
赤水市	1	1					6	2	4
仁怀市	1	1		8	6	2	8	4	4
安顺市	**7**	**3**	**4**	**14**	**9**	**5**	**13**	**3**	**10**
西秀区	2		2	5	4	1	7	2	5
平坝区	3	1	2	2	2		1		1
普定县				1		1	1		1
镇宁布依族苗族自治县							2		2
关岭布依族苗族自治县	1	1		2	1	1	1		1
紫云苗族布依族自治县	1	1		4	2	2	1	1	
毕节市	**12**	**6**	**6**	**31**	**20**	**11**	**30**	**13**	**17**
七星关区	2	1	1	2		2	6		6
大方县	3	3		1		1	7	3	4
黔西县				6	4	2	1		1
金沙县				4	4		2	1	1
织金县	1		1	2	1	1	3	1	2
纳雍县	2	1	1	7	6	1	3	3	
威宁彝族回族苗族自治县	2	1	1	8	5	3	5	3	2
赫章县	2		2	1		1	3	2	1

7-3c　续表 21　　　　单位：人

现住地	户口登记地								
	青海			宁夏			新疆		
	小计	男	女	小计	男	女	小计	男	女
铜仁市	**6**	**3**	**3**	**9**	**7**	**2**	**20**	**9**	**11**
碧江区							3	1	2
万山区				1		1	4	3	1
江口县	1		1				3	1	2
玉屏侗族自治县	2	2		1	1		2	1	1
石阡县	2	1	1	3	3		3	3	
思南县							2		2
印江土家族苗族自治县				1	1				
德江县				2	1	1	1		1
沿河土家族自治县	1		1						
松桃苗族自治县				1	1		2		2
黔西南布依族苗族自治州	**36**	**27**	**9**	**20**	**8**	**12**	**20**	**15**	**5**
兴义市	32	24	8	5	3	2	9	6	3
兴仁市	2	2		4		4			
普安县	1	1					3	3	
晴隆县				2	2				
贞丰县				2	1	1	2	2	
望谟县				4	1	3	2	1	1
册亨县				2	1	1	2	2	
安龙县	1		1	1		1	2	1	1
黔东南苗族侗族自治州	**7**	**5**	**2**	**18**	**14**	**4**	**33**	**19**	**14**
凯里市				1	1		7	2	5
黄平县	1	1		3	3		2	2	
施秉县									
三穗县							1		1
镇远县	1	1							
岑巩县	1	1		1		1	3	2	1
天柱县							3	1	2
锦屏县				2	1	1	1		1
剑河县	1		1	4	2	2	1	1	
台江县	1	1					1	1	
黎平县	1		1	2	2		2	1	1
榕江县				1	1		11	9	2
从江县				2	2				
雷山县	1	1		1	1		1		1
麻江县				1	1				
丹寨县									
黔南布依族苗族自治州	**31**	**26**	**5**	**12**	**9**	**3**	**22**	**10**	**12**
都匀市	3	3		2	1	1	2	1	1
福泉市				2	2		5	4	1
荔波县	7	7					2		2
贵定县	2	1	1	1	1				
瓮安县	2	2		1	1		4	2	2
独山县	7	6	1	2	2		1		1
平塘县							3	2	1
罗甸县							2		2
长顺县				3	2	1	2	1	1
龙里县				1		1	1		1
惠水县	10	7	3						
三都水族自治县									

7-4 全省按现住地、离开户口登记地时间分的户口登记地在外乡镇街道的人口

单位：人

现住地	离开户口登记地时间							
	合计							
	合计	半年以上，不满一年	一年以上，不满二年	二年以上，不满三年	三年以上，不满四年	四年以上，不满五年	五年以上，不满十年	十年以上
贵州	**11694763**	**2601745**	**2092205**	**1770489**	**1201449**	**802472**	**1753462**	**1472941**
贵阳市	**3326148**	**720316**	**589176**	**483473**	**351645**	**252573**	**490676**	**438289**
南明区	688692	134533	107182	97256	80197	60136	102291	107097
云岩区	685286	122158	106166	98033	79434	75140	102718	101637
花溪区	554778	136024	118987	92396	62366	29289	67626	48090
乌当区	179791	35686	31764	24357	17803	12522	31693	25966
白云区	292577	68888	50084	41775	28517	17438	40792	45083
观山湖区	385177	111538	77234	47853	34663	22715	58844	32330
开阳县	117050	16390	13632	14265	14014	11058	26995	20696
息烽县	59739	9745	8757	7984	6562	4958	11318	10415
修文县	85299	16249	14319	11641	8919	5532	14122	14517
清镇市	277759	69105	61051	47913	19170	13785	34277	32458
六盘水市	**885018**	**172454**	**155824**	**135359**	**93902**	**61960**	**149653**	**115866**
钟山区	386708	56532	58242	51958	42934	30172	80650	66220
六枝特区	112647	25999	18680	19055	13382	7558	16156	11817
水城县	158431	34428	28469	24188	14410	10307	27070	19559
盘州市	227232	55495	50433	40158	23176	13923	25777	18270
遵义市	**2205538**	**439452**	**349182**	**315263**	**231070**	**163354**	**375232**	**331985**
红花岗区	514673	92134	83127	69561	50208	35466	85598	98579
汇川区	278591	43042	36282	33867	26222	21548	55577	62053
播州区	266954	49855	44161	42736	32191	22055	44637	31319
桐梓县	132242	26881	17837	16306	11581	9899	24548	25190
绥阳县	82473	24169	12391	12801	9426	5403	10746	7537
正安县	89105	19654	15592	13495	10736	7508	15008	7112
道真仡佬族苗族自治县	66740	14687	8604	7945	6359	4434	14388	10323
务川仡佬族苗族自治县	73662	21179	12302	11544	8456	4631	9253	6297
凤冈县	74395	22715	10270	10087	7041	4896	10849	8537
湄潭县	88541	22039	12688	11419	8756	6439	14118	13082
余庆县	52164	9808	9193	9266	5032	3466	9033	6366
习水县	154273	33270	25969	22868	15367	10479	24827	21493
赤水市	78656	15002	11586	11362	8818	7252	15540	9096
仁怀市	253069	45017	49180	42006	30877	19878	41110	25001
安顺市	**583662**	**114188**	**97924**	**83965**	**62264**	**42345**	**99829**	**83147**
西秀区	282321	47163	46374	42310	32551	21037	50144	42742
平坝区	95593	17834	17839	12332	9117	7175	16477	14819
普定县	60791	15790	9521	8753	6771	4358	10152	5446
镇宁布依族苗族自治县	55650	12602	8698	7123	5555	3809	8767	9096
关岭布依族苗族自治县	46745	10203	8668	7522	4145	2932	7724	5551
紫云苗族布依族自治县	42562	10596	6824	5925	4125	3034	6565	5493
毕节市	**1270661**	**311217**	**215601**	**193196**	**120721**	**79485**	**185971**	**164470**
七星关区	335535	69759	57645	52949	38410	25104	52023	39645
大方县	145366	43494	23449	20194	10704	7437	18765	21323
黔西县	172721	31370	22164	21554	16454	12222	35245	33712
金沙县	120961	25849	19202	16220	10130	7688	20714	21158
织金县	141106	31971	23280	24425	12197	8238	21582	19413
纳雍县	111827	34467	17321	17087	10402	6131	15138	11281
威宁彝族回族苗族自治县	169141	51367	38969	30158	15402	8058	14067	11120
赫章县	74004	22940	13571	10609	7022	4607	8437	6818

7-4　续表 1　　单位：人

现住地	离开户口登记地时间							
	合计							
	合计	半年以上，不满一年	一年以上，不满二年	二年以上，不满三年	三年以上，不满四年	四年以上，不满五年	五年以上，不满十年	十年以上
铜仁市	**784594**	**234465**	**166926**	**121064**	**67146**	**40428**	**91453**	**63112**
碧江区	222973	54182	53083	34228	19978	11988	27267	22247
万山区	41215	11905	9222	7616	3618	2117	3909	2828
江口县	42024	10591	6795	7053	3841	2287	6773	4684
玉屏侗族自治县	34110	8952	4712	5147	3426	2451	5202	4220
石阡县	48375	15727	8444	7066	3727	2510	6528	4373
思南县	88731	36570	18385	12228	5751	3431	7966	4400
印江土家族苗族自治县	64240	17461	9948	10432	6913	4792	9978	4716
德江县	95879	30358	25196	16711	8173	3669	7000	4772
沿河土家族自治县	67110	21809	14853	10143	5063	3333	7211	4698
松桃苗族自治县	79937	26910	16288	10440	6656	3850	9619	6174
黔西南布依族苗族自治州	**708604**	**172584**	**144331**	**110915**	**72869**	**42039**	**90976**	**74890**
兴义市	379493	83714	70449	62033	42666	24715	54414	41502
兴仁市	69228	15501	12329	11968	7954	4356	9635	7485
普安县	29132	9243	5863	4495	2619	1563	2693	2656
晴隆县	40491	11877	10934	6518	3964	1613	2684	2901
贞丰县	51370	14627	8983	8054	4919	2994	6217	5576
望谟县	41317	13686	6809	4833	2974	2235	5375	5405
册亨县	43575	9631	20463	4776	2123	1268	2513	2801
安龙县	53998	14305	8501	8238	5650	3295	7445	6564
黔东南苗族侗族自治州	**1027010**	**224968**	**194407**	**180975**	**108239**	**65575**	**145631**	**107215**
凯里市	353272	74256	61262	52212	37259	25283	58326	44674
黄平县	35282	7773	7147	7157	3073	2362	4225	3545
施秉县	26136	4142	3212	6156	3538	1541	4140	3407
三穗县	43593	9272	7156	8118	4105	2549	6804	5589
镇远县	37845	6927	4410	7083	3534	2145	6671	7075
岑巩县	50715	11423	13369	9675	4917	3023	5156	3152
天柱县	57680	14761	13316	9052	5257	3647	6300	5347
锦屏县	43577	7520	10368	8977	3897	2802	5551	4462
剑河县	52504	12224	10785	8077	5806	3321	8578	3713
台江县	27645	9266	4948	4246	2835	1598	2912	1840
黎平县	101395	18585	20493	20693	10342	6121	14994	10167
榕江县	56451	16272	11140	9420	5958	3906	6960	2795
从江县	48595	12901	13284	9851	3799	1859	3985	2916
雷山县	34929	5804	4467	8137	8131	2255	3324	2811
麻江县	23432	5766	3189	3145	1990	1504	4222	3616
丹寨县	33959	8076	5861	8976	3798	1659	3483	2106
黔南布依族苗族自治州	**903528**	**212101**	**178834**	**146279**	**93593**	**54713**	**124041**	**93967**
都匀市	195170	48584	39409	31048	19932	10533	24895	20769
福泉市	80041	16434	14279	10876	7420	4858	12449	13725
荔波县	42378	9414	9394	9263	4162	2594	5133	2418
贵定县	62821	16402	16685	10702	4262	2875	6278	5617
瓮安县	130691	23368	20430	19776	16095	11608	25762	13652
独山县	46324	10399	9477	8387	5348	3232	5139	4342
平塘县	35851	10337	6731	7207	2979	1693	3894	3010
罗甸县	57864	15141	11346	8242	6382	3589	7610	5554
长顺县	28519	6846	5865	5001	2639	1674	3468	3026
龙里县	81380	17069	14145	13042	10029	5208	12160	9727
惠水县	96850	28470	18429	14529	10242	4648	11896	8636
三都水族自治县	45639	9637	12644	8206	4103	2201	5357	3491

7-4 续表 2

单位：人

现住地	离开户口登记地时间							
	省内							
	小计	半年以上，不满一年	一年以上，不满二年	二年以上，不满三年	三年以上，不满四年	四年以上，不满五年	五年以上，不满十年	十年以上
贵州	**10548217**	**2326866**	**1904969**	**1621947**	**1085650**	**720620**	**1574736**	**1313429**
贵阳市	**2884989**	**620121**	**514052**	**421291**	**303415**	**217636**	**426599**	**381875**
南明区	579055	111717	90420	82203	67287	50440	86965	90023
云岩区	600336	107647	93475	85691	69507	65312	90109	88595
花溪区	475984	114756	102992	79800	53778	24825	57915	41918
乌当区	160016	31711	28317	21955	15849	11147	28286	22751
白云区	256666	59874	43836	36850	24852	15098	35911	40245
观山湖区	316186	92354	64363	38632	28036	18263	47710	26828
开阳县	110452	15218	12865	13540	13341	10542	25560	19386
息烽县	54443	8600	8057	7364	6084	4628	10377	9333
修文县	77223	14394	12994	10651	8036	4998	12908	13242
清镇市	254628	63850	56733	44605	16645	12383	30858	29554
六盘水市	**803810**	**155297**	**142901**	**124811**	**85513**	**55949**	**135303**	**104036**
钟山区	354287	51300	53453	48138	39702	27758	73894	60042
六枝特区	103285	23171	17494	17883	12410	6919	14794	10614
水城县	146867	31390	26484	22692	13410	9504	25360	18027
盘州市	199371	49436	45470	36098	19991	11768	21255	15353
遵义市	**2026815**	**399512**	**321153**	**292604**	**213658**	**150796**	**346453**	**302639**
红花岗区	469166	83639	76279	63854	46038	32540	78016	88800
汇川区	259085	39225	33672	31746	24504	20020	52159	57759
播州区	247628	46168	40910	39862	29820	20498	41407	28963
桐梓县	120943	23873	15834	15021	10630	9236	22960	23389
绥阳县	77882	22384	11769	12272	9037	5130	10210	7080
正安县	84458	18509	14839	12846	10245	7194	14251	6574
道真仡佬族苗族自治县	62650	13671	8100	7519	6031	4181	13652	9496
务川仡佬族苗族自治县	69701	19975	11694	11087	8118	4389	8720	5718
凤冈县	70123	21546	9729	9650	6693	4644	10130	7731
湄潭县	83296	20755	12031	10752	8253	6049	13245	12211
余庆县	48055	8767	8544	8678	4675	3231	8423	5737
习水县	141584	29920	24054	21581	14289	9720	22711	19309
赤水市	61485	10520	8771	9294	6988	5769	12851	7292
仁怀市	230759	40560	44927	38442	28337	18195	37718	22580
安顺市	**524445**	**100554**	**89395**	**77109**	**56189**	**38020**	**88988**	**74190**
西秀区	250616	41210	41996	38428	29114	18616	43899	37353
平坝区	85156	14914	16223	11248	8053	6470	14769	13479
普定县	55984	14110	8845	8232	6339	4042	9421	4995
镇宁布依族苗族自治县	51190	11544	7959	6533	5088	3503	8029	8534
关岭布依族苗族自治县	42905	9148	8120	7163	3822	2661	6984	5007
紫云苗族布依族自治县	38594	9628	6252	5505	3773	2728	5886	4822
毕节市	**1178962**	**284117**	**202421**	**182812**	**112160**	**73504**	**171228**	**152720**
七星关区	312813	64889	54317	49826	35761	23359	48006	36655
大方县	136002	40443	22033	19238	9965	6842	17303	20178
黔西县	161090	28461	20651	20343	15398	11414	33011	31812
金沙县	109794	22257	17588	15026	9243	7073	19047	19560
织金县	130385	28898	21662	23214	11294	7622	19740	17955
纳雍县	104124	31410	16386	16333	9826	5721	14053	10395
威宁彝族回族苗族自治县	157099	47210	37189	28841	14215	7222	12460	9962
赫章县	67655	20549	12595	9991	6458	4251	7608	6203

7-4　续表 3　　　　单位：人

现住地	离开户口登记地时间							
	省内							
	小计	半年以上，不满一年	一年以上，不满二年	二年以上，不满三年	三年以上，不满四年	四年以上，不满五年	五年以上，不满十年	十年以上
铜仁市	**719290**	**215933**	**152632**	**113819**	**61997**	**37161**	**82646**	**55102**
碧江区	203236	50987	46673	32370	18611	10981	24441	19173
万山区	36551	10568	8047	6929	3278	1880	3416	2433
江口县	38838	9511	6414	6705	3600	2142	6313	4153
玉屏侗族自治县	29336	7831	4032	4609	2936	2096	4339	3493
石阡县	44137	14311	7696	6693	3407	2330	5865	3835
思南县	82073	33745	17339	11406	5183	3178	7263	3959
印江土家族苗族自治县	60597	16137	9409	10072	6643	4570	9531	4235
德江县	91507	28870	24193	16072	7804	3506	6546	4516
沿河土家族自治县	62023	20264	13840	9515	4680	3055	6573	4096
松桃苗族自治县	70992	23709	14989	9448	5855	3423	8359	5209
黔西南布依族苗族自治州	**647066**	**155830**	**135112**	**103323**	**67097**	**37833**	**81826**	**66045**
兴义市	346304	76347	65496	57662	39353	22170	49061	36215
兴仁市	62200	13556	11170	11142	7268	3906	8583	6575
普安县	25283	7717	5162	4071	2317	1388	2318	2310
晴隆县	37740	10739	10554	6240	3784	1466	2366	2591
贞丰县	46903	13417	8379	7470	4453	2677	5531	4976
望谟县	38880	12572	6444	4615	2855	2142	5125	5127
册亨县	41279	8909	20108	4504	1905	1137	2241	2475
安龙县	48477	12573	7799	7619	5162	2947	6601	5776
黔东南苗族侗族自治州	**949339**	**206920**	**183148**	**171648**	**100981**	**60457**	**131529**	**94656**
凯里市	323444	68221	56773	48630	34375	23272	52574	39599
黄平县	32549	6997	6622	6736	2865	2180	3874	3275
施秉县	24673	3909	3052	6002	3388	1455	3841	3026
三穗县	40315	8533	6724	7794	3793	2379	6183	4909
镇远县	34321	6366	4025	6748	3258	1913	5840	6171
岑巩县	47159	10486	12854	9143	4568	2778	4604	2726
天柱县	53720	13811	12567	8593	4929	3350	5747	4723
锦屏县	41019	6774	9997	8726	3691	2657	5116	4058
剑河县	49822	11561	10425	7788	5566	3156	8038	3288
台江县	26019	8723	4653	4043	2706	1517	2720	1657
黎平县	94717	17221	19557	19774	9646	5630	13722	9167
榕江县	52175	14805	10558	8853	5566	3601	6328	2464
从江县	43934	11865	12672	9276	3308	1514	3021	2278
雷山县	32451	4840	4064	7898	7941	2157	3040	2511
麻江县	20967	5163	2996	2910	1758	1350	3718	3072
丹寨县	32054	7645	5609	8734	3623	1548	3163	1732
黔南布依族苗族自治州	**813501**	**188582**	**164155**	**134530**	**84640**	**49264**	**110164**	**82166**
都匀市	173846	43154	35900	28172	17527	9281	21752	18060
福泉市	72642	14558	13264	10081	6807	4469	11279	12184
荔波县	36020	7329	8364	8411	3629	2224	4303	1760
贵定县	56259	14119	15627	9854	3731	2561	5446	4921
瓮安县	122931	21495	19239	18843	15376	10971	24330	12677
独山县	39306	8796	8249	7359	4614	2756	4104	3428
平塘县	32023	9441	6102	6668	2595	1436	3313	2468
罗甸县	52954	14068	10623	7677	5893	3270	6634	4789
长顺县	25407	6018	5350	4608	2354	1480	2978	2619
龙里县	71980	14510	12319	11584	9077	4718	11007	8765
惠水县	87742	25996	16873	13420	9337	4127	10367	7622
三都水族自治县	42391	9098	12245	7853	3700	1971	4651	2873

7-4 续表 4

单位：人

现住地	离开户口登记地时间							
	省外							
	小计	半年以上，不满一年	一年以上，不满二年	二年以上，不满三年	三年以上，不满四年	四年以上，不满五年	五年以上，不满十年	十年以上
贵州	**1146546**	**274879**	**187236**	**148542**	**115799**	**81852**	**178726**	**159512**
贵阳市	**441159**	**100195**	**75124**	**62182**	**48230**	**34937**	**64077**	**56414**
南明区	109637	22816	16762	15053	12910	9696	15326	17074
云岩区	84950	14511	12691	12342	9927	9828	12609	13042
花溪区	78794	21268	15995	12596	8588	4464	9711	6172
乌当区	19775	3975	3447	2402	1954	1375	3407	3215
白云区	35911	9014	6248	4925	3665	2340	4881	4838
观山湖区	68991	19184	12871	9221	6627	4452	11134	5502
开阳县	6598	1172	767	725	673	516	1435	1310
息烽县	5296	1145	700	620	478	330	941	1082
修文县	8076	1855	1325	990	883	534	1214	1275
清镇市	23131	5255	4318	3308	2525	1402	3419	2904
六盘水市	**81208**	**17157**	**12923**	**10548**	**8389**	**6011**	**14350**	**11830**
钟山区	32421	5232	4789	3820	3232	2414	6756	6178
六枝特区	9362	2828	1186	1172	972	639	1362	1203
水城县	11564	3038	1985	1496	1000	803	1710	1532
盘州市	27861	6059	4963	4060	3185	2155	4522	2917
遵义市	**178723**	**39940**	**28029**	**22659**	**17412**	**12558**	**28779**	**29346**
红花岗区	45507	8495	6848	5707	4170	2926	7582	9779
汇川区	19506	3817	2610	2121	1718	1528	3418	4294
播州区	19326	3687	3251	2874	2371	1557	3230	2356
桐梓县	11299	3008	2003	1285	951	663	1588	1801
绥阳县	4591	1785	622	529	389	273	536	457
正安县	4647	1145	753	649	491	314	757	538
道真仡佬族苗族自治县	4090	1016	504	426	328	253	736	827
务川仡佬族苗族自治县	3961	1204	608	457	338	242	533	579
凤冈县	4272	1169	541	437	348	252	719	806
湄潭县	5245	1284	657	667	503	390	873	871
余庆县	4109	1041	649	588	357	235	610	629
习水县	12689	3350	1915	1287	1078	759	2116	2184
赤水市	17171	4482	2815	2068	1830	1483	2689	1804
仁怀市	22310	4457	4253	3564	2540	1683	3392	2421
安顺市	**59217**	**13634**	**8529**	**6856**	**6075**	**4325**	**10841**	**8957**
西秀区	31705	5953	4378	3882	3437	2421	6245	5389
平坝区	10437	2920	1616	1084	1064	705	1708	1340
普定县	4807	1680	676	521	432	316	731	451
镇宁布依族苗族自治县	4460	1058	739	590	467	306	738	562
关岭布依族苗族自治县	3840	1055	548	359	323	271	740	544
紫云苗族布依族自治县	3968	968	572	420	352	306	679	671
毕节市	**91699**	**27100**	**13180**	**10384**	**8561**	**5981**	**14743**	**11750**
七星关区	22722	4870	3328	3123	2649	1745	4017	2990
大方县	9364	3051	1416	956	739	595	1462	1145
黔西县	11631	2909	1513	1211	1056	808	2234	1900
金沙县	11167	3592	1614	1194	887	615	1667	1598
织金县	10721	3073	1618	1211	903	616	1842	1458
纳雍县	7703	3057	935	754	576	410	1085	886
威宁彝族回族苗族自治县	12042	4157	1780	1317	1187	836	1607	1158
赫章县	6349	2391	976	618	564	356	829	615

7-4　续表 5　　　　单位：人

现住地	离开户口登记地时间							
	省外							
	小计	半年以上，不满一年	一年以上，不满二年	二年以上，不满三年	三年以上，不满四年	四年以上，不满五年	五年以上，不满十年	十年以上
铜仁市	**65304**	**18532**	**14294**	**7245**	**5149**	**3267**	**8807**	**8010**
碧江区	19737	3195	6410	1858	1367	1007	2826	3074
万山区	4664	1337	1175	687	340	237	493	395
江口县	3186	1080	381	348	241	145	460	531
玉屏侗族自治县	4774	1121	680	538	490	355	863	727
石阡县	4238	1416	748	373	320	180	663	538
思南县	6658	2825	1046	822	568	253	703	441
印江土家族苗族自治县	3643	1324	539	360	270	222	447	481
德江县	4372	1488	1003	639	369	163	454	256
沿河土家族自治县	5087	1545	1013	628	383	278	638	602
松桃苗族自治县	8945	3201	1299	992	801	427	1260	965
黔西南布依族苗族自治州	**61538**	**16754**	**9219**	**7592**	**5772**	**4206**	**9150**	**8845**
兴义市	33189	7367	4953	4371	3313	2545	5353	5287
兴仁市	7028	1945	1159	826	686	450	1052	910
普安县	3849	1526	701	424	302	175	375	346
晴隆县	2751	1138	380	278	180	147	318	310
贞丰县	4467	1210	604	584	466	317	686	600
望谟县	2437	1114	365	218	119	93	250	278
册亨县	2296	722	355	272	218	131	272	326
安龙县	5521	1732	702	619	488	348	844	788
黔东南苗族侗族自治州	**77671**	**18048**	**11259**	**9327**	**7258**	**5118**	**14102**	**12559**
凯里市	29828	6035	4489	3582	2884	2011	5752	5075
黄平县	2733	776	525	421	208	182	351	270
施秉县	1463	233	160	154	150	86	299	381
三穗县	3278	739	432	324	312	170	621	680
镇远县	3524	561	385	335	276	232	831	904
岑巩县	3556	937	515	532	349	245	552	426
天柱县	3960	950	749	459	328	297	553	624
锦屏县	2558	746	371	251	206	145	435	404
剑河县	2682	663	360	289	240	165	540	425
台江县	1626	543	295	203	129	81	192	183
黎平县	6678	1364	936	919	696	491	1272	1000
榕江县	4276	1467	582	567	392	305	632	331
从江县	4661	1036	612	575	491	345	964	638
雷山县	2478	964	403	239	190	98	284	300
麻江县	2465	603	193	235	232	154	504	544
丹寨县	1905	431	252	242	175	111	320	374
黔南布依族苗族自治州	**90027**	**23519**	**14679**	**11749**	**8953**	**5449**	**13877**	**11801**
都匀市	21324	5430	3509	2876	2405	1252	3143	2709
福泉市	7399	1876	1015	795	613	389	1170	1541
荔波县	6358	2085	1030	852	533	370	830	658
贵定县	6562	2283	1058	848	531	314	832	696
瓮安县	7760	1873	1191	933	719	637	1432	975
独山县	7018	1603	1228	1028	734	476	1035	914
平塘县	3828	896	629	539	384	257	581	542
罗甸县	4910	1073	723	565	489	319	976	765
长顺县	3112	828	515	393	285	194	490	407
龙里县	9400	2559	1826	1458	952	490	1153	962
惠水县	9108	2474	1556	1109	905	521	1529	1014
三都水族自治县	3248	539	399	353	403	230	706	618

7-4a 全省按现住地、离开户口登记地时间分的户口登记地在外乡镇街道的人口(城市)

单位：人

现住地	离开户口登记地时间							
	合计							
	合计	半年以上，不满一年	一年以上，不满二年	二年以上，不满三年	三年以上，不满四年	四年以上，不满五年	五年以上，不满十年	十年以上
贵　州	**6179364**	**1220980**	**1083639**	**923312**	**676695**	**474355**	**981998**	**818385**
贵阳市	**2667312**	**568172**	**464692**	**384934**	**285830**	**216380**	**399318**	**347986**
南明区	661382	129032	103594	94249	77653	58476	97968	100410
云岩区	685286	122158	106166	98033	79434	75140	102718	101637
花溪区	401207	93558	82460	61283	42713	25023	57255	38915
乌当区	131625	22633	21445	19490	14510	10015	25424	18108
白云区	275553	64839	46440	39932	27422	16579	38409	41932
观山湖区	332451	95003	64339	41899	29567	20845	54011	26787
开阳县								
息烽县								
修文县								
清镇市	179808	40949	40248	30048	14531	10302	23533	20197
六盘水市	**580430**	**99624**	**101752**	**87816**	**67363**	**43875**	**104181**	**75819**
钟山区	357867	51396	52772	47814	41368	29000	76870	58647
六枝特区	85424	16896	15216	14791	11210	6304	12770	8237
水城县								
盘州市	137139	31332	33764	25211	14785	8571	14541	8935
遵义市	**1199709**	**203144**	**192318**	**171791**	**130460**	**94345**	**213596**	**194055**
红花岗区	478259	84826	77732	64438	46590	32942	79875	91856
汇川区	259830	38315	33882	32001	24764	20424	52542	57902
播州区	204191	37172	34730	34297	26354	18102	34059	19477
桐梓县								
绥阳县								
正安县								
道真仡佬族苗族自治县								
务川仡佬族苗族自治县								
凤冈县								
湄潭县								
余庆县								
习水县								
赤水市	57872	9029	7809	8649	7091	6114	12870	6310
仁怀市	199557	33802	38165	32406	25661	16763	34250	18510
安顺市	**271493**	**40560**	**45834**	**41728**	**32679**	**21294**	**49240**	**40158**
西秀区	236463	36239	39607	36869	28112	17913	42685	35038
平坝区	35030	4321	6227	4859	4567	3381	6555	5120
普定县								
镇宁布依族苗族自治县								
关岭布依族苗族自治县								
紫云苗族布依族自治县								
毕节市	**291922**	**59933**	**51161**	**47866**	**34622**	**22404**	**45165**	**30771**
七星关区	291922	59933	51161	47866	34622	22404	45165	30771
大方县								
黔西县								
金沙县								
织金县								
纳雍县								
威宁彝族回族苗族自治县								
赫章县								

7-4a　续表 1　　　单位：人

现住地	离开户口登记地时间 合计							
	合计	半年以上，不满一年	一年以上，不满二年	二年以上，不满三年	三年以上，不满四年	四年以上，不满五年	五年以上，不满十年	十年以上
铜仁市	**238600**	**56208**	**56126**	**39650**	**22023**	**13146**	**28932**	**22515**
碧江区	205323	47103	47828	32772	19104	11473	26125	20918
万山区	33277	9105	8298	6878	2919	1673	2807	1597
江口县								
玉屏侗族自治县								
石阡县								
思南县								
印江土家族苗族自治县								
德江县								
沿河土家族自治县								
松桃苗族自治县								
黔西南布依族苗族自治州	**388464**	**82098**	**73618**	**65453**	**45331**	**25908**	**56336**	**39720**
兴义市	336051	71275	63839	55367	38866	22493	49146	35065
兴仁市	52413	10823	9779	10086	6465	3415	7190	4655
普安县								
晴隆县								
贞丰县								
望谟县								
册亨县								
安龙县								
黔东南苗族侗族自治州	**323644**	**65805**	**54254**	**48543**	**35253**	**24100**	**54865**	**40824**
凯里市	323644	65805	54254	48543	35253	24100	54865	40824
黄平县								
施秉县								
三穗县								
镇远县								
岑巩县								
天柱县								
锦屏县								
剑河县								
台江县								
黎平县								
榕江县								
从江县								
雷山县								
麻江县								
丹寨县								
黔南布依族苗族自治州	**217790**	**45436**	**43884**	**35531**	**23134**	**12903**	**30365**	**26537**
都匀市	165337	35520	33320	27748	18015	9536	22809	18389
福泉市	52453	9916	10564	7783	5119	3367	7556	8148
荔波县								
贵定县								
瓮安县								
独山县								
平塘县								
罗甸县								
长顺县								
龙里县								
惠水县								
三都水族自治县								

7-4a 续表 2 单位：人

现住地	离开户口登记地时间							
	省内							
	小计	半年以上，不满一年	一年以上，不满二年	二年以上，不满三年	三年以上，不满四年	四年以上，不满五年	五年以上，不满十年	十年以上
贵州	**5507862**	**1085655**	**971915**	**831122**	**603455**	**420614**	**873706**	**721395**
贵阳市	**2291486**	**485642**	**401585**	**331327**	**244159**	**184952**	**343813**	**300008**
南明区	556195	107481	87483	79694	65131	49013	83208	84185
云岩区	600336	107647	93475	85691	69507	65312	90109	88595
花溪区	340757	78052	70417	51733	36159	21330	49285	33781
乌当区	118049	20201	19357	17783	13056	9002	22797	15853
白云区	241680	56302	40543	35232	23943	14355	33830	37475
观山湖区	270709	78208	53185	33624	23666	16698	43502	21826
开阳县								
息烽县								
修文县								
清镇市	163760	37751	37125	27570	12697	9242	21082	18293
六盘水市	**530848**	**91252**	**93869**	**81259**	**61858**	**39997**	**94732**	**67881**
钟山区	327296	46725	48237	44147	38227	26676	70369	52915
六枝特区	80186	15765	14561	14127	10573	5873	11925	7362
水城县								
盘州市	123366	28762	31071	22985	13058	7448	12438	7604
遵义市	**1100418**	**185633**	**176868**	**158427**	**119834**	**86517**	**196513**	**176626**
红花岗区	436169	77319	71470	59178	42692	30210	72762	82538
汇川区	242783	35583	31618	30058	23182	18998	49404	53940
播州区	191530	35029	32587	32232	24617	16968	31919	18178
桐梓县								
绥阳县								
正安县								
道真仡佬族苗族自治县								
务川仡佬族苗族自治县								
凤冈县								
湄潭县								
余庆县								
习水县								
赤水市	46237	6664	5966	7150	5677	4884	10750	5146
仁怀市	183699	31038	35227	29809	23666	15457	31678	16824
安顺市	**243728**	**36343**	**42015**	**38308**	**29470**	**19040**	**43450**	**35102**
西秀区	211610	32384	36292	33765	25239	15932	37506	30492
平坝区	32118	3959	5723	4543	4231	3108	5944	4610
普定县								
镇宁布依族苗族自治县								
关岭布依族苗族自治县								
紫云苗族布依族自治县								
毕节市	**274035**	**56253**	**48514**	**45242**	**32426**	**20991**	**41988**	**28621**
七星关区	274035	56253	48514	45242	32426	20991	41988	28621
大方县								
黔西县								
金沙县								
织金县								
纳雍县								
威宁彝族回族苗族自治县								
赫章县								

7-4a　续表 3　　单位：人

现住地	离开户口登记地时间							
	省内							
	小计	半年以上，不满一年	一年以上，不满二年	二年以上，不满三年	三年以上，不满四年	四年以上，不满五年	五年以上，不满十年	十年以上
铜仁市	**216202**	**52317**	**48862**	**37335**	**20485**	**12014**	**25893**	**19296**
碧江区	186556	44232	41614	31025	17823	10512	23419	17931
万山区	29646	8085	7248	6310	2662	1502	2474	1365
江口县								
玉屏侗族自治县								
石阡县								
思南县								
印江土家族苗族自治县								
德江县								
沿河土家族自治县								
松桃苗族自治县								
黔西南布依族苗族自治州	**356852**	**75819**	**68784**	**61203**	**42012**	**23350**	**50985**	**34699**
兴义市	308561	65857	59671	51610	36016	20275	44494	30638
兴仁市	48291	9962	9113	9593	5996	3075	6491	4061
普安县								
晴隆县								
贞丰县								
望谟县								
册亨县								
安龙县								
黔东南苗族侗族自治州	**296982**	**60697**	**50508**	**45347**	**32603**	**22224**	**49542**	**36061**
凯里市	296982	60697	50508	45347	32603	22224	49542	36061
黄平县								
施秉县								
三穗县								
镇远县								
岑巩县								
天柱县								
锦屏县								
剑河县								
台江县								
黎平县								
榕江县								
从江县								
雷山县								
麻江县								
丹寨县								
黔南布依族苗族自治州	**197311**	**41699**	**40910**	**32674**	**20608**	**11529**	**26790**	**23101**
都匀市	148241	32321	30798	25241	15820	8389	19869	15803
福泉市	49070	9378	10112	7433	4788	3140	6921	7298
荔波县								
贵定县								
瓮安县								
独山县								
平塘县								
罗甸县								
长顺县								
龙里县								
惠水县								
三都水族自治县								

7-4a 续表 4

单位：人

现住地	离开户口登记地时间							
	省外							
	小计	半年以上，不满一年	一年以上，不满二年	二年以上，不满三年	三年以上，不满四年	四年以上，不满五年	五年以上，不满十年	十年以上
贵　州	**671502**	**135325**	**111724**	**92190**	**73240**	**53741**	**108292**	**96990**
贵阳市	**375826**	**82530**	**63107**	**53607**	**41671**	**31428**	**55505**	**47978**
南明区	105187	21551	16111	14555	12522	9463	14760	16225
云岩区	84950	14511	12691	12342	9927	9828	12609	13042
花溪区	60450	15506	12043	9550	6554	3693	7970	5134
乌当区	13576	2432	2088	1707	1454	1013	2627	2255
白云区	33873	8537	5897	4700	3479	2224	4579	4457
观山湖区	61742	16795	11154	8275	5901	4147	10509	4961
开阳县								
息烽县								
修文县								
清镇市	16048	3198	3123	2478	1834	1060	2451	1904
六盘水市	**49582**	**8372**	**7883**	**6557**	**5505**	**3878**	**9449**	**7938**
钟山区	30571	4671	4535	3667	3141	2324	6501	5732
六枝特区	5238	1131	655	664	637	431	845	875
水城县								
盘州市	13773	2570	2693	2226	1727	1123	2103	1331
遵义市	**99291**	**17511**	**15450**	**13364**	**10626**	**7828**	**17083**	**17429**
红花岗区	42090	7507	6262	5260	3898	2732	7113	9318
汇川区	17047	2732	2264	1943	1582	1426	3138	3962
播州区	12661	2143	2143	2065	1737	1134	2140	1299
桐梓县								
绥阳县								
正安县								
道真仡佬族苗族自治县								
务川仡佬族苗族自治县								
凤冈县								
湄潭县								
余庆县								
习水县								
赤水市	11635	2365	1843	1499	1414	1230	2120	1164
仁怀市	15858	2764	2938	2597	1995	1306	2572	1686
安顺市	**27765**	**4217**	**3819**	**3420**	**3209**	**2254**	**5790**	**5056**
西秀区	24853	3855	3315	3104	2873	1981	5179	4546
平坝区	2912	362	504	316	336	273	611	510
普定县								
镇宁布依族苗族自治县								
关岭布依族苗族自治县								
紫云苗族布依族自治县								
毕节市	**17887**	**3680**	**2647**	**2624**	**2196**	**1413**	**3177**	**2150**
七星关区	17887	3680	2647	2624	2196	1413	3177	2150
大方县								
黔西县								
金沙县								
织金县								
纳雍县								
威宁彝族回族苗族自治县								
赫章县								

7-4a　续表 5　　单位：人

现住地	离开户口登记地时间							
	省　外							
	小计	半年以上，不满一年	一年以上，不满二年	二年以上，不满三年	三年以上，不满四年	四年以上，不满五年	五年以上，不满十年	十年以上
铜仁市	**22398**	**3891**	**7264**	**2315**	**1538**	**1132**	**3039**	**3219**
碧江区	18767	2871	6214	1747	1281	961	2706	2987
万山区	3631	1020	1050	568	257	171	333	232
江口县								
玉屏侗族自治县								
石阡县								
思南县								
印江土家族苗族自治县								
德江县								
沿河土家族自治县								
松桃苗族自治县								
黔西南布依族苗族自治州	**31612**	**6279**	**4834**	**4250**	**3319**	**2558**	**5351**	**5021**
兴义市	27490	5418	4168	3757	2850	2218	4652	4427
兴仁市	4122	861	666	493	469	340	699	594
普安县								
晴隆县								
贞丰县								
望谟县								
册亨县								
安龙县								
黔东南苗族侗族自治州	**26662**	**5108**	**3746**	**3196**	**2650**	**1876**	**5323**	**4763**
凯里市	26662	5108	3746	3196	2650	1876	5323	4763
黄平县								
施秉县								
三穗县								
镇远县								
岑巩县								
天柱县								
锦屏县								
剑河县								
台江县								
黎平县								
榕江县								
从江县								
雷山县								
麻江县								
丹寨县								
黔南布依族苗族自治州	**20479**	**3737**	**2974**	**2857**	**2526**	**1374**	**3575**	**3436**
都匀市	17096	3199	2522	2507	2195	1147	2940	2586
福泉市	3383	538	452	350	331	227	635	850
荔波县								
贵定县								
瓮安县								
独山县								
平塘县								
罗甸县								
长顺县								
龙里县								
惠水县								
三都水族自治县								

7-4b 全省按现住地、离开户口登记地时间分的户口登记地在外乡镇街道的人口(镇)

单位：人

现住地	离开户口登记地时间							
	合计							
	合计	半年以上，不满一年	一年以上，不满二年	二年以上，不满三年	三年以上，不满四年	四年以上，不满五年	五年以上，不满十年	十年以上
贵州	**3849786**	**910780**	**711700**	**617938**	**390851**	**242855**	**555060**	**420602**
贵阳市	**392136**	**82138**	**77830**	**68060**	**44434**	**22333**	**53015**	**44326**
南明区								
云岩区								
花溪区	113470	32147	30722	26259	16321	1917	3425	2679
乌当区	9025	2826	2050	1007	603	441	1022	1076
白云区	808	169	44	81	48	59	114	293
观山湖区	9502	2050	1970	1252	852	500	1195	1683
开阳县	105054	13454	12015	12778	13014	10412	25186	18195
息烽县	49236	7407	7555	6898	5615	4261	9611	7889
修文县	61121	10161	11182	9283	6882	4012	10303	9298
清镇市	43920	13924	12292	10502	1099	731	2159	3213
六盘水市	**158828**	**32759**	**27695**	**24210**	**14015**	**10324**	**26998**	**22827**
钟山区	14813	1596	1273	1143	1052	805	2811	6133
六枝特区	7224	1930	876	2115	647	311	714	631
水城县	103432	20579	18861	14260	9801	7459	19547	12925
盘州市	33359	8654	6685	6692	2515	1749	3926	3138
遵义市	**700189**	**154062**	**105441**	**101369**	**74794**	**52228**	**119018**	**93277**
红花岗区	14481	2656	1949	2470	1606	1016	2198	2586
汇川区	6670	1486	832	731	555	408	1145	1513
播州区	18119	3216	2716	2305	1850	1327	3192	3513
桐梓县	103677	19154	13163	12831	9731	8217	20308	20273
绥阳县	63752	18038	9956	10229	7423	4408	8452	5246
正安县	58895	12007	9659	8266	7081	5601	11581	4700
道真仡佬族苗族自治县	53268	11359	6849	6265	5047	3690	11716	8342
务川仡佬族苗族自治县	67491	18837	11331	10850	8055	4377	8608	5433
凤冈县	64071	18139	9119	9270	6419	4337	9692	7095
湄潭县	70457	15907	9843	9319	7371	5510	11777	10730
余庆县	38144	6765	6625	6736	3806	2720	6787	4705
习水县	118952	22595	19509	18044	13037	8869	20284	16614
赤水市	5566	1258	700	579	470	373	1029	1157
仁怀市	16646	2645	3190	3474	2343	1375	2249	1370
安顺市	**200330**	**43670**	**34074**	**30140**	**19790**	**13980**	**33426**	**25250**
西秀区	8989	1729	1215	1081	879	681	1761	1643
平坝区	37884	9466	7533	5184	2562	2091	5659	5389
普定县	44401	9755	6856	7118	5560	3567	8157	3388
镇宁布依族苗族自治县	43299	8600	6877	5961	4520	3249	7151	6941
关岭布依族苗族自治县	37536	7339	7186	6555	3470	2411	6386	4189
紫云苗族布依族自治县	28221	6781	4407	4241	2799	1981	4312	3700
毕节市	**746777**	**189412**	**131962**	**119856**	**66957**	**43520**	**104385**	**90685**
七星关区	10882	2879	1935	1422	834	614	1534	1664
大方县	108742	34613	18891	16337	7411	5097	12437	13956
黔西县	137453	24080	17860	17851	13335	9987	28520	25820
金沙县	94108	18460	15890	13600	8179	6201	16197	15581
织金县	116103	25267	19746	21806	10143	6801	17502	14838
纳雍县	90196	26501	14907	15043	8660	4926	12189	7970
威宁彝族回族苗族自治县	146643	44967	35846	27651	13383	6674	10857	7265
赫章县	42650	12645	6887	6146	5012	3220	5149	3591

7-4b　续表 1　　　　单位：人

现住地	离开户口登记地时间							
	合计							
	合计	半年以上，不满一年	一年以上，不满二年	二年以上，不满三年	三年以上，不满四年	四年以上，不满五年	五年以上，不满十年	十年以上
铜仁市	**417072**	**127434**	**86389**	**65781**	**37442**	**22409**	**49930**	**27687**
碧江区	357	62	43	51	40	19	47	95
万山区								
江口县	32332	7506	5414	5789	3282	1866	5174	3301
玉屏侗族自治县	27425	6497	3667	4433	2920	2135	4409	3364
石阡县	38260	11417	6795	6206	3121	2110	5486	3125
思南县	72308	28273	15752	10176	5041	3052	6890	3124
印江土家族苗族自治县	50944	12502	7273	7995	6149	4375	8954	3696
德江县	77055	24132	20946	13949	6987	2891	5096	3054
沿河土家族自治县	55586	17898	12811	8242	4355	2862	6009	3409
松桃苗族自治县	62805	19147	13688	8940	5547	3099	7865	4519
黔西南布依族苗族自治州	**191565**	**52912**	**41616**	**27817**	**19504**	**10399**	**20963**	**18354**
兴义市	13684	4237	1872	1702	1755	638	1604	1876
兴仁市	5774	1588	840	604	600	350	896	896
普安县	15835	5191	3318	2003	1575	847	1500	1401
晴隆县	26202	6409	7712	4271	3075	1239	1825	1671
贞丰县	41169	10869	7606	7070	4221	2448	4928	4027
望谟县	25209	9227	3689	3016	2121	1517	3299	2340
册亨县	23522	5155	9906	2416	1579	872	1749	1845
安龙县	40170	10236	6673	6735	4578	2488	5162	4298
黔东南苗族侗族自治州	**509654**	**108010**	**101690**	**96244**	**54334**	**32718**	**69652**	**47006**
凯里市	5598	1167	669	592	552	334	1159	1125
黄平县	24976	4770	4976	5446	2550	1887	3225	2122
施秉县	20083	3092	2651	5086	2197	1157	3143	2757
三穗县	35554	6818	5837	6624	3605	2198	5821	4651
镇远县	33811	5866	3905	6697	3194	1916	5994	6239
岑巩县	38846	9192	7573	7673	4569	2829	4536	2474
天柱县	46481	10778	11546	7808	4160	3076	4925	4188
锦屏县	35320	5316	8808	7583	3260	2290	4473	3590
剑河县	35804	7728	7544	4736	4201	2386	6431	2778
台江县	19173	5402	3450	2953	2427	1362	2305	1274
黎平县	66534	12152	14946	11413	6789	4149	10763	6322
榕江县	39164	10882	7577	6592	4833	3146	4970	1164
从江县	36617	9350	10988	8163	2611	1339	2604	1562
雷山县	21762	3802	3157	3567	4328	1996	2796	2116
麻江县	19383	4524	2645	2751	1635	1279	3588	2961
丹寨县	30548	7171	5418	8560	3423	1374	2919	1683
黔南布依族苗族自治州	**533235**	**120383**	**105003**	**84461**	**59581**	**34944**	**77673**	**51190**
都匀市	9520	5494	2770	357	187	114	288	310
福泉市	14148	2230	1710	1605	1287	902	2993	3421
荔波县	28294	5854	4991	4649	3801	2396	4685	1918
贵定县	48487	11903	12851	7523	3759	2595	5344	4512
瓮安县	111710	18012	17018	17077	14334	10053	23250	11966
独山县	32040	5959	6541	5237	4166	2761	4197	3179
平塘县	22444	6097	4444	4310	2147	1140	2441	1865
罗甸县	51598	12931	10204	7339	5952	3307	6958	4907
长顺县	21714	4790	4904	4268	2071	1299	2508	1874
龙里县	67949	13810	11629	11386	8925	4503	10332	7364
惠水县	84797	24954	16151	13118	9321	3994	10192	7067
三都水族自治县	40534	8349	11790	7592	3631	1880	4485	2807

7-4b 续表 2

单位：人

现住地	离开户口登记地时间							
	省内							
	小计	半年以上，不满一年	一年以上，不满二年	二年以上，不满三年	三年以上，不满四年	四年以上，不满五年	五年以上，不满十年	十年以上
贵　州	**3574517**	**844863**	**669070**	**582854**	**363462**	**224493**	**509514**	**380261**
贵阳市	**361648**	**74676**	**72219**	**63575**	**41228**	**20666**	**48767**	**40517**
南明区								
云岩区								
花溪区	102344	28605	27981	24153	15015	1569	2670	2351
乌当区	7712	2547	1758	844	455	345	861	902
白云区	776	165	42	78	44	56	111	280
观山湖区	8234	1772	1735	1043	724	431	1012	1517
开阳县	99934	12689	11487	12268	12482	9969	23923	17116
息烽县	45322	6724	7011	6424	5257	3990	8857	7059
修文县	55762	9135	10276	8557	6293	3643	9432	8426
清镇市	41564	13039	11929	10208	958	663	1901	2866
六盘水市	**145650**	**29851**	**25592**	**22574**	**12799**	**9323**	**24757**	**20754**
钟山区	13727	1392	1156	1063	999	741	2616	5760
六枝特区	6396	1691	740	2011	582	252	579	541
水城县	96206	18986	17599	13321	9141	6874	18442	11843
盘州市	29321	7782	6097	6179	2077	1456	3120	2610
遵义市	**657876**	**144727**	**99296**	**96063**	**70701**	**49257**	**111879**	**85953**
红花岗区	13462	2469	1810	2325	1487	923	2035	2413
汇川区	5936	1281	739	658	494	367	1022	1375
播州区	16392	2942	2463	2108	1677	1197	2859	3146
桐梓县	96552	17657	11890	11963	9105	7758	19204	18975
绥阳县	60950	17053	9553	9871	7187	4222	8105	4959
正安县	56084	11379	9288	7879	6749	5385	11040	4364
道真仡佬族苗族自治县	50537	10803	6526	5971	4823	3517	11179	7718
务川仡佬族苗族自治县	64513	18114	10876	10480	7772	4169	8148	4954
凤冈县	60812	17368	8693	8913	6128	4146	9112	6452
湄潭县	66578	15051	9385	8809	6995	5215	11082	10041
余庆县	35518	6215	6216	6371	3555	2545	6371	4245
习水县	111143	21145	18372	17134	12250	8304	18841	15097
赤水市	4259	807	546	455	365	285	848	953
仁怀市	15140	2443	2939	3126	2114	1224	2033	1261
安顺市	**182951**	**39298**	**31588**	**28167**	**17977**	**12662**	**30346**	**22913**
西秀区	7542	1468	1019	918	743	563	1464	1367
平坝区	33037	7698	6818	4702	2094	1814	4997	4914
普定县	41599	9019	6464	6764	5226	3338	7662	3126
镇宁布依族苗族自治县	40068	8006	6341	5500	4139	2984	6581	6517
关岭布依族苗族自治县	34906	6787	6826	6291	3216	2197	5806	3783
紫云苗族布依族自治县	25799	6320	4120	3992	2559	1766	3836	3206
毕节市	**702590**	**177545**	**125834**	**114873**	**62681**	**40460**	**96855**	**84342**
七星关区	9393	2604	1718	1241	673	487	1286	1384
大方县	103436	32995	18048	15777	6993	4772	11573	13278
黔西县	129681	22497	16819	17036	12616	9403	26894	24416
金沙县	87815	17128	15077	12806	7524	5775	15032	14473
织金县	109097	23658	18808	20957	9461	6326	16171	13716
纳雍县	85090	24559	14283	14525	8248	4670	11454	7351
威宁彝族回族苗族自治县	137987	42182	34529	26674	12445	6007	9711	6439
赫章县	40091	11922	6552	5857	4721	3020	4734	3285

7-4b 续表 3

单位：人

现住地	离开户口登记地时间							
	省内							
	小计	半年以上，不满一年	一年以上，不满二年	二年以上，不满三年	三年以上，不满四年	四年以上，不满五年	五年以上，不满十年	十年以上
铜仁市	**387932**	**118983**	**81413**	**62091**	**34692**	**20791**	**45620**	**24342**
碧江区	324	60	35	45	33	15	43	93
万山区								
江口县	30286	6961	5162	5575	3094	1747	4799	2948
玉屏侗族自治县	23791	5790	3160	4017	2510	1835	3695	2784
石阡县	35726	10822	6398	5972	2889	1975	4955	2715
思南县	66941	26156	14866	9437	4535	2823	6321	2803
印江土家族苗族自治县	48445	11858	6896	7733	5928	4171	8572	3287
德江县	73677	22991	20103	13421	6700	2779	4794	2889
沿河土家族自治县	51968	17051	12001	7740	4062	2648	5502	2964
松桃苗族自治县	56774	17294	12792	8151	4941	2798	6939	3859
黔西南布依族苗族自治州	**174553**	**48461**	**39106**	**25656**	**17822**	**9290**	**18395**	**15823**
兴义市	11578	3664	1616	1464	1552	523	1302	1457
兴仁市	4543	1265	616	445	482	300	699	736
普安县	13785	4516	2962	1764	1385	730	1255	1173
晴隆县	24642	6012	7465	4064	2949	1134	1582	1436
贞丰县	37974	10233	7155	6595	3842	2178	4374	3597
望谟县	23398	8527	3388	2833	2016	1432	3098	2104
册亨县	21936	4782	9658	2210	1403	777	1531	1575
安龙县	36697	9462	6246	6281	4193	2216	4554	3745
黔东南苗族侗族自治州	**476055**	**101562**	**97008**	**91968**	**51008**	**30300**	**63246**	**40963**
凯里市	4831	941	556	519	480	301	1024	1010
黄平县	23154	4367	4624	5141	2384	1752	2951	1935
施秉县	18973	2954	2529	4983	2082	1092	2899	2434
三穗县	33125	6421	5507	6372	3353	2052	5334	4086
镇远县	30859	5499	3585	6398	2955	1720	5275	5427
岑巩县	36286	8616	7247	7255	4291	2624	4108	2145
天柱县	43754	10210	11039	7471	3920	2849	4547	3718
锦屏县	33715	4909	8588	7399	3127	2195	4227	3270
剑河县	34106	7440	7312	4550	4051	2265	6037	2451
台江县	18092	5113	3209	2807	2336	1315	2163	1149
黎平县	62184	11377	14381	10867	6344	3807	9870	5538
榕江县	36654	10348	7214	6182	4538	2922	4491	959
从江县	33546	8864	10589	7738	2238	1065	1935	1117
雷山县	20273	3451	2890	3382	4179	1912	2578	1881
麻江县	17457	4128	2507	2555	1456	1143	3168	2500
丹寨县	29046	6924	5231	8349	3274	1286	2639	1343
黔南布依族苗族自治州	**485262**	**109760**	**97014**	**77887**	**54554**	**31744**	**69649**	**44654**
都匀市	8428	4952	2397	309	162	105	234	269
福泉市	12766	2047	1551	1452	1149	816	2694	3057
荔波县	24518	5099	4369	4075	3377	2097	4044	1457
贵定县	43634	10542	12032	6839	3329	2312	4646	3934
瓮安县	105884	16860	16163	16323	13742	9548	22086	11162
独山县	27176	5160	5619	4476	3632	2354	3410	2525
平塘县	20119	5650	4063	3968	1897	974	2076	1491
罗甸县	47236	12043	9582	6847	5503	3020	6052	4189
长顺县	19694	4391	4590	3973	1851	1156	2153	1580
龙里县	60300	11914	10178	10110	8083	4080	9388	6547
惠水县	77433	23115	14944	12190	8515	3575	8933	6161
三都水族自治县	38074	7987	11526	7325	3314	1707	3933	2282

7—4b 续表 4

单位：人

现住地	离开户口登记地时间 省外 小计	半年以上，不满一年	一年以上，不满二年	二年以上，不满三年	三年以上，不满四年	四年以上，不满五年	五年以上，不满十年	十年以上
贵　州	**275269**	**65917**	**42630**	**35084**	**27389**	**18362**	**45546**	**40341**
贵阳市	**30488**	**7462**	**5611**	**4485**	**3206**	**1667**	**4248**	**3809**
南明区								
云岩区								
花溪区	11126	3542	2741	2106	1306	348	755	328
乌当区	1313	279	292	163	148	96	161	174
白云区	32	4	2	3	4	3	3	13
观山湖区	1268	278	235	209	128	69	183	166
开阳县	5120	765	528	510	532	443	1263	1079
息烽县	3914	683	544	474	358	271	754	830
修文县	5359	1026	906	726	589	369	871	872
清镇市	2356	885	363	294	141	68	258	347
六盘水市	**13178**	**2908**	**2103**	**1636**	**1216**	**1001**	**2241**	**2073**
钟山区	1086	204	117	80	53	64	195	373
六枝特区	828	239	136	104	65	59	135	90
水城县	7226	1593	1262	939	660	585	1105	1082
盘州市	4038	872	588	513	438	293	806	528
遵义市	**42313**	**9335**	**6145**	**5306**	**4093**	**2971**	**7139**	**7324**
红花岗区	1019	187	139	145	119	93	163	173
汇川区	734	205	93	73	61	41	123	138
播州区	1727	274	253	197	173	130	333	367
桐梓县	7125	1497	1273	868	626	459	1104	1298
绥阳县	2802	985	403	358	236	186	347	287
正安县	2811	628	371	387	332	216	541	336
道真仡佬族苗族自治县	2731	556	323	294	224	173	537	624
务川仡佬族苗族自治县	2978	723	455	370	283	208	460	479
凤冈县	3259	771	426	357	291	191	580	643
湄潭县	3879	856	458	510	376	295	695	689
余庆县	2626	550	409	365	251	175	416	460
习水县	7809	1450	1137	910	787	565	1443	1517
赤水市	1307	451	154	124	105	88	181	204
仁怀市	1506	202	251	348	229	151	216	109
安顺市	**17379**	**4372**	**2486**	**1973**	**1813**	**1318**	**3080**	**2337**
西秀区	1447	261	196	163	136	118	297	276
平坝区	4847	1768	715	482	468	277	662	475
普定县	2802	736	392	354	334	229	495	262
镇宁布依族苗族自治县	3231	594	536	461	381	265	570	424
关岭布依族苗族自治县	2630	552	360	264	254	214	580	406
紫云苗族布依族自治县	2422	461	287	249	240	215	476	494
毕节市	**44187**	**11867**	**6128**	**4983**	**4276**	**3060**	**7530**	**6343**
七星关区	1489	275	217	181	161	127	248	280
大方县	5306	1618	843	560	418	325	864	678
黔西县	7772	1583	1041	815	719	584	1626	1404
金沙县	6293	1332	813	794	655	426	1165	1108
织金县	7006	1609	938	849	682	475	1331	1122
纳雍县	5106	1942	624	518	412	256	735	619
威宁彝族回族苗族自治县	8656	2785	1317	977	938	667	1146	826
赫章县	2559	723	335	289	291	200	415	306

7-4b 续表 5

单位：人

现住地	离开户口登记地时间 省外 小计	半年以上，不满一年	一年以上，不满二年	二年以上，不满三年	三年以上，不满四年	四年以上，不满五年	五年以上，不满十年	十年以上
铜仁市	**29140**	**8451**	**4976**	**3690**	**2750**	**1618**	**4310**	**3345**
碧江区	33	2	8	6	7	4	4	2
万山区								
江口县	2046	545	252	214	188	119	375	353
玉屏侗族自治县	3634	707	507	416	410	300	714	580
石阡县	2534	595	397	234	232	135	531	410
思南县	5367	2117	886	739	506	229	569	321
印江土家族苗族自治县	2499	644	377	262	221	204	382	409
德江县	3378	1141	843	528	287	112	302	165
沿河土家族自治县	3618	847	810	502	293	214	507	445
松桃苗族自治县	6031	1853	896	789	606	301	926	660
黔西南布依族苗族自治州	**17012**	**4451**	**2510**	**2161**	**1682**	**1109**	**2568**	**2531**
兴义市	2106	573	256	238	203	115	302	419
兴仁市	1231	323	224	159	118	50	197	160
普安县	2050	675	356	239	190	117	245	228
晴隆县	1560	397	247	207	126	105	243	235
贞丰县	3195	636	451	475	379	270	554	430
望谟县	1811	700	301	183	105	85	201	236
册亨县	1586	373	248	206	176	95	218	270
安龙县	3473	774	427	454	385	272	608	553
黔东南苗族侗族自治州	**33599**	**6448**	**4682**	**4276**	**3326**	**2418**	**6406**	**6043**
凯里市	767	226	113	73	72	33	135	115
黄平县	1822	403	352	305	166	135	274	187
施秉县	1110	138	122	103	115	65	244	323
三穗县	2429	397	330	252	252	146	487	565
镇远县	2952	367	320	299	239	196	719	812
岑巩县	2560	576	326	418	278	205	428	329
天柱县	2727	568	507	337	240	227	378	470
锦屏县	1605	407	220	184	133	95	246	320
剑河县	1698	288	232	186	150	121	394	327
台江县	1081	289	241	146	91	47	142	125
黎平县	4350	775	565	546	445	342	893	784
榕江县	2510	534	363	410	295	224	479	205
从江县	3071	486	399	425	373	274	669	445
雷山县	1489	351	267	185	149	84	218	235
麻江县	1926	396	138	196	179	136	420	461
丹寨县	1502	247	187	211	149	88	280	340
黔南布依族苗族自治州	**47973**	**10623**	**7989**	**6574**	**5027**	**3200**	**8024**	**6536**
都匀市	1092	542	373	48	25	9	54	41
福泉市	1382	183	159	153	138	86	299	364
荔波县	3776	755	622	574	424	299	641	461
贵定县	4853	1361	819	684	430	283	698	578
瓮安县	5826	1152	855	754	592	505	1164	804
独山县	4864	799	922	761	534	407	787	654
平塘县	2325	447	381	342	250	166	365	374
罗甸县	4362	888	622	492	449	287	906	718
长顺县	2020	399	314	295	220	143	355	294
龙里县	7649	1896	1451	1276	842	423	944	817
惠水县	7364	1839	1207	928	806	419	1259	906
三都水族自治县	2460	362	264	267	317	173	552	525

7-4c 全省按现住地、离开户口登记地时间分的户口登记地在外乡镇街道的人口(乡村)

单位：人

现住地	离开户口登记地时间							
	合计							
	合计	半年以上，不满一年	一年以上，不满二年	二年以上，不满三年	三年以上，不满四年	四年以上，不满五年	五年以上，不满十年	十年以上
贵　州	**1665613**	**469985**	**296866**	**229239**	**133903**	**85262**	**216404**	**233954**
贵阳市	**266700**	**70006**	**46654**	**30479**	**21381**	**13860**	**38343**	**45977**
南明区	27310	5501	3588	3007	2544	1660	4323	6687
云岩区								
花溪区	40101	10319	5805	4854	3332	2349	6946	6496
乌当区	39141	10227	8269	3860	2690	2066	5247	6782
白云区	16216	3880	3600	1762	1047	800	2269	2858
观山湖区	43224	14485	10925	4702	4244	1370	3638	3860
开阳县	11996	2936	1617	1487	1000	646	1809	2501
息烽县	10503	2338	1202	1086	947	697	1707	2526
修文县	24178	6088	3137	2358	2037	1520	3819	5219
清镇市	54031	14232	8511	7363	3540	2752	8585	9048
六盘水市	**145760**	**40071**	**26377**	**23333**	**12524**	**7761**	**18474**	**17220**
钟山区	14028	3540	4197	3001	514	367	969	1440
六枝特区	19999	7173	2588	2149	1525	943	2672	2949
水城县	54999	13849	9608	9928	4609	2848	7523	6634
盘州市	56734	15509	9984	8255	5876	3603	7310	6197
遵义市	**305640**	**82246**	**51423**	**42103**	**25816**	**16781**	**42618**	**44653**
红花岗区	21933	4652	3446	2653	2012	1508	3525	4137
汇川区	12091	3241	1568	1135	903	716	1890	2638
播州区	44644	9467	6715	6134	3987	2626	7386	8329
桐梓县	28565	7727	4674	3475	1850	1682	4240	4917
绥阳县	18721	6131	2435	2572	2003	995	2294	2291
正安县	30210	7647	5933	5229	3655	1907	3427	2412
道真仡佬族苗族自治县	13472	3328	1755	1680	1312	744	2672	1981
务川仡佬族苗族自治县	6171	2342	971	694	401	254	645	864
凤冈县	10324	4576	1151	817	622	559	1157	1442
湄潭县	18084	6132	2845	2100	1385	929	2341	2352
余庆县	14020	3043	2568	2530	1226	746	2246	1661
习水县	35321	10675	6460	4824	2330	1610	4543	4879
赤水市	15218	4715	3077	2134	1257	765	1641	1629
仁怀市	36866	8570	7825	6126	2873	1740	4611	5121
安顺市	**111839**	**29958**	**18016**	**12097**	**9795**	**7071**	**17163**	**17739**
西秀区	36869	9195	5552	4360	3560	2443	5698	6061
平坝区	22679	4047	4079	2289	1988	1703	4263	4310
普定县	16390	6035	2665	1635	1211	791	1995	2058
镇宁布依族苗族自治县	12351	4002	1821	1162	1035	560	1616	2155
关岭布依族苗族自治县	9209	2864	1482	967	675	521	1338	1362
紫云苗族布依族自治县	14341	3815	2417	1684	1326	1053	2253	1793
毕节市	**231962**	**61872**	**32478**	**25474**	**19142**	**13561**	**36421**	**43014**
七星关区	32731	6947	4549	3661	2954	2086	5324	7210
大方县	36624	8881	4558	3857	3293	2340	6328	7367
黔西县	35268	7290	4304	3703	3119	2235	6725	7892
金沙县	26853	7389	3312	2620	1951	1487	4517	5577
织金县	25003	6704	3534	2619	2054	1437	4080	4575
纳雍县	21631	7966	2414	2044	1742	1205	2949	3311
威宁彝族回族苗族自治县	22498	6400	3123	2507	2019	1384	3210	3855
赫章县	31354	10295	6684	4463	2010	1387	3288	3227

7-4c　续表 1　　单位：人

现住地	离开户口登记地时间							
	合计							
	合计	半年以上，不满一年	一年以上，不满二年	二年以上，不满三年	三年以上，不满四年	四年以上，不满五年	五年以上，不满十年	十年以上
铜仁市	**128922**	**50823**	**24411**	**15633**	**7681**	**4873**	**12591**	**12910**
碧江区	17293	7017	5212	1405	834	496	1095	1234
万山区	7938	2800	924	738	699	444	1102	1231
江口县	9692	3085	1381	1264	559	421	1599	1383
玉屏侗族自治县	6685	2455	1045	714	506	316	793	856
石阡县	10115	4310	1649	860	606	400	1042	1248
思南县	16423	8297	2633	2052	710	379	1076	1276
印江土家族苗族自治县	13296	4959	2675	2437	764	417	1024	1020
德江县	18824	6226	4250	2762	1186	778	1904	1718
沿河土家族自治县	11524	3911	2042	1901	708	471	1202	1289
松桃苗族自治县	17132	7763	2600	1500	1109	751	1754	1655
黔西南布依族苗族自治州	**128575**	**37574**	**29097**	**17645**	**8034**	**5732**	**13677**	**16816**
兴义市	29758	8202	4738	4964	2045	1584	3664	4561
兴仁市	11041	3090	1710	1278	889	591	1549	1934
普安县	13297	4052	2545	2492	1044	716	1193	1255
晴隆县	14289	5468	3222	2247	889	374	859	1230
贞丰县	10201	3758	1377	984	698	546	1289	1549
望谟县	16108	4459	3120	1817	853	718	2076	3065
册亨县	20053	4476	10557	2360	544	396	764	956
安龙县	13828	4069	1828	1503	1072	807	2283	2266
黔东南苗族侗族自治州	**193712**	**51153**	**38463**	**36188**	**18652**	**8757**	**21114**	**19385**
凯里市	24030	7284	6339	3077	1454	849	2302	2725
黄平县	10306	3003	2171	1711	523	475	1000	1423
施秉县	6053	1050	561	1070	1341	384	997	650
三穗县	8039	2454	1319	1494	500	351	983	938
镇远县	4034	1061	505	386	340	229	677	836
岑巩县	11869	2231	5796	2002	348	194	620	678
天柱县	11199	3983	1770	1244	1097	571	1375	1159
锦屏县	8257	2204	1560	1394	637	512	1078	872
剑河县	16700	4496	3241	3341	1605	935	2147	935
台江县	8472	3864	1498	1293	408	236	607	566
黎平县	34861	6433	5547	9280	3553	1972	4231	3845
榕江县	17287	5390	3563	2828	1125	760	1990	1631
从江县	11978	3551	2296	1688	1188	520	1381	1354
雷山县	13167	2002	1310	4570	3803	259	528	695
麻江县	4049	1242	544	394	355	225	634	655
丹寨县	3411	905	443	416	375	285	564	423
黔南布依族苗族自治州	**152503**	**46282**	**29947**	**26287**	**10878**	**6866**	**16003**	**16240**
都匀市	20313	7570	3319	2943	1730	883	1798	2070
福泉市	13440	4288	2005	1488	1014	589	1900	2156
荔波县	14084	3560	4403	4614	361	198	448	500
贵定县	14334	4499	3834	3179	503	280	934	1105
瓮安县	18981	5356	3412	2699	1761	1555	2512	1686
独山县	14284	4440	2936	3150	1182	471	942	1163
平塘县	13407	4240	2287	2897	832	553	1453	1145
罗甸县	6266	2210	1142	903	430	282	652	647
长顺县	6805	2056	961	733	568	375	960	1152
龙里县	13431	3259	2516	1656	1104	705	1828	2363
惠水县	12053	3516	2278	1411	921	654	1704	1569
三都水族自治县	5105	1288	854	614	472	321	872	684

7–4c 续表 2 单位：人

现住地	离开户口登记地时间							
	省内							
	小计	半年以上，不满一年	一年以上，不满二年	二年以上，不满三年	三年以上，不满四年	四年以上，不满五年	五年以上，不满十年	十年以上
贵　州	**1465838**	**396348**	**263984**	**207971**	**118733**	**75513**	**191516**	**211773**
贵阳市	**231855**	**59803**	**40248**	**26389**	**18028**	**12018**	**34019**	**41350**
南明区	22860	4236	2937	2509	2156	1427	3757	5838
云岩区								
花溪区	32883	8099	4594	3914	2604	1926	5960	5786
乌当区	34255	8963	7202	3328	2338	1800	4628	5996
白云区	14210	3407	3251	1540	865	687	1970	2490
观山湖区	37243	12374	9443	3965	3646	1134	3196	3485
开阳县	10518	2529	1378	1272	859	573	1637	2270
息烽县	9121	1876	1046	940	827	638	1520	2274
修文县	21461	5259	2718	2094	1743	1355	3476	4816
清镇市	49304	13060	7679	6827	2990	2478	7875	8395
六盘水市	**127312**	**34194**	**23440**	**20978**	**10856**	**6629**	**15814**	**15401**
钟山区	13264	3183	4060	2928	476	341	909	1367
六枝特区	16703	5715	2193	1745	1255	794	2290	2711
水城县	50661	12404	8885	9371	4269	2630	6918	6184
盘州市	46684	12892	8302	6934	4856	2864	5697	5139
遵义市	**268521**	**69152**	**44989**	**38114**	**23123**	**15022**	**38061**	**40060**
红花岗区	19535	3851	2999	2351	1859	1407	3219	3849
汇川区	10366	2361	1315	1030	828	655	1733	2444
播州区	39706	8197	5860	5522	3526	2333	6629	7639
桐梓县	24391	6216	3944	3058	1525	1478	3756	4414
绥阳县	16932	5331	2216	2401	1850	908	2105	2121
正安县	28374	7130	5551	4967	3496	1809	3211	2210
道真仡佬族苗族自治县	12113	2868	1574	1548	1208	664	2473	1778
务川仡佬族苗族自治县	5188	1861	818	607	346	220	572	764
凤冈县	9311	4178	1036	737	565	498	1018	1279
湄潭县	16718	5704	2646	1943	1258	834	2163	2170
余庆县	12537	2552	2328	2307	1120	686	2052	1492
习水县	30441	8775	5682	4447	2039	1416	3870	4212
赤水市	10989	3049	2259	1689	946	600	1253	1193
仁怀市	31920	7079	6761	5507	2557	1514	4007	4495
安顺市	**97766**	**24913**	**15792**	**10634**	**8742**	**6318**	**15192**	**16175**
西秀区	31464	7358	4685	3745	3132	2121	4929	5494
平坝区	20001	3257	3682	2003	1728	1548	3828	3955
普定县	14385	5091	2381	1468	1113	704	1759	1869
镇宁布依族苗族自治县	11122	3538	1618	1033	949	519	1448	2017
关岭布依族苗族自治县	7999	2361	1294	872	606	464	1178	1224
紫云苗族布依族自治县	12795	3308	2132	1513	1214	962	2050	1616
毕节市	**202337**	**50319**	**28073**	**22697**	**17053**	**12053**	**32385**	**39757**
七星关区	29385	6032	4085	3343	2662	1881	4732	6650
大方县	32566	7448	3985	3461	2972	2070	5730	6900
黔西县	31409	5964	3832	3307	2782	2011	6117	7396
金沙县	21979	5129	2511	2220	1719	1298	4015	5087
织金县	21288	5240	2854	2257	1833	1296	3569	4239
纳雍县	19034	6851	2103	1808	1578	1051	2599	3044
威宁彝族回族苗族自治县	19112	5028	2660	2167	1770	1215	2749	3523
赫章县	27564	8627	6043	4134	1737	1231	2874	2918

7–4c　续表 3　　　　单位：人

现住地	离开户口登记地时间							
	省内							
	小计	半年以上，不满一年	一年以上，不满二年	二年以上，不满三年	三年以上，不满四年	四年以上，不满五年	五年以上，不满十年	十年以上
铜仁市	**115156**	**44633**	**22357**	**14393**	**6820**	**4356**	**11133**	**11464**
碧江区	16356	6695	5024	1300	755	454	979	1149
万山区	6905	2483	799	619	616	378	942	1068
江口县	8552	2550	1252	1130	506	395	1514	1205
玉屏侗族自治县	5545	2041	872	592	426	261	644	709
石阡县	8411	3489	1298	721	518	355	910	1120
思南县	15132	7589	2473	1969	648	355	942	1156
印江土家族苗族自治县	12152	4279	2513	2339	715	399	959	948
德江县	17830	5879	4090	2651	1104	727	1752	1627
沿河土家族自治县	10055	3213	1839	1775	618	407	1071	1132
松桃苗族自治县	14218	6415	2197	1297	914	625	1420	1350
黔西南布依族苗族自治州	**115661**	**31550**	**27222**	**16464**	**7263**	**5193**	**12446**	**15523**
兴义市	26165	6826	4209	4588	1785	1372	3265	4120
兴仁市	9366	2329	1441	1104	790	531	1393	1778
普安县	11498	3201	2200	2307	932	658	1063	1137
晴隆县	13098	4727	3089	2176	835	332	784	1155
贞丰县	8929	3184	1224	875	611	499	1157	1379
望谟县	15482	4045	3056	1782	839	710	2027	3023
册亨县	19343	4127	10450	2294	502	360	710	900
安龙县	11780	3111	1553	1338	969	731	2047	2031
黔东南苗族侗族自治州	**176302**	**44661**	**35632**	**34333**	**17370**	**7933**	**18741**	**17632**
凯里市	21631	6583	5709	2764	1292	747	2008	2528
黄平县	9395	2630	1998	1595	481	428	923	1340
施秉县	5700	955	523	1019	1306	363	942	592
三穗县	7190	2112	1217	1422	440	327	849	823
镇远县	3462	867	440	350	303	193	565	744
岑巩县	10873	1870	5607	1888	277	154	496	581
天柱县	9966	3601	1528	1122	1009	501	1200	1005
锦屏县	7304	1865	1409	1327	564	462	889	788
剑河县	15716	4121	3113	3238	1515	891	2001	837
台江县	7927	3610	1444	1236	370	202	557	508
黎平县	32533	5844	5176	8907	3302	1823	3852	3629
榕江县	15521	4457	3344	2671	1028	679	1837	1505
从江县	10388	3001	2083	1538	1070	449	1086	1161
雷山县	12178	1389	1174	4516	3762	245	462	630
麻江县	3510	1035	489	355	302	207	550	572
丹寨县	3008	721	378	385	349	262	524	389
黔南布依族苗族自治州	**130928**	**37123**	**26231**	**23969**	**9478**	**5991**	**13725**	**14411**
都匀市	17177	5881	2705	2622	1545	787	1649	1988
福泉市	10806	3133	1601	1196	870	513	1664	1829
荔波县	11502	2230	3995	4336	252	127	259	303
贵定县	12625	3577	3595	3015	402	249	800	987
瓮安县	17047	4635	3076	2520	1634	1423	2244	1515
独山县	12130	3636	2630	2883	982	402	694	903
平塘县	11904	3791	2039	2700	698	462	1237	977
罗甸县	5718	2025	1041	830	390	250	582	600
长顺县	5713	1627	760	635	503	324	825	1039
龙里县	11680	2596	2141	1474	994	638	1619	2218
惠水县	10309	2881	1929	1230	822	552	1434	1461
三都水族自治县	4317	1111	719	528	386	264	718	591

7−4c 续表 4

单位：人

现住地	离开户口登记地时间							
	省外							
	小计	半年以上，不满一年	一年以上，不满二年	二年以上，不满三年	三年以上，不满四年	四年以上，不满五年	五年以上，不满十年	十年以上
贵州	**199775**	**73637**	**32882**	**21268**	**15170**	**9749**	**24888**	**22181**
贵阳市	**34845**	**10203**	**6406**	**4090**	**3353**	**1842**	**4324**	**4627**
南明区	4450	1265	651	498	388	233	566	849
云岩区								
花溪区	7218	2220	1211	940	728	423	986	710
乌当区	4886	1264	1067	532	352	266	619	786
白云区	2006	473	349	222	182	113	299	368
观山湖区	5981	2111	1482	737	598	236	442	375
开阳县	1478	407	239	215	141	73	172	231
息烽县	1382	462	156	146	120	59	187	252
修文县	2717	829	419	264	294	165	343	403
清镇市	4727	1172	832	536	550	274	710	653
六盘水市	**18448**	**5877**	**2937**	**2355**	**1668**	**1132**	**2660**	**1819**
钟山区	764	357	137	73	38	26	60	73
六枝特区	3296	1458	395	404	270	149	382	238
水城县	4338	1445	723	557	340	218	605	450
盘州市	10050	2617	1682	1321	1020	739	1613	1058
遵义市	**37119**	**13094**	**6434**	**3989**	**2693**	**1759**	**4557**	**4593**
红花岗区	2398	801	447	302	153	101	306	288
汇川区	1725	880	253	105	75	61	157	194
播州区	4938	1270	855	612	461	293	757	690
桐梓县	4174	1511	730	417	325	204	484	503
绥阳县	1789	800	219	171	153	87	189	170
正安县	1836	517	382	262	159	98	216	202
道真仡佬族苗族自治县	1359	460	181	132	104	80	199	203
务川仡佬族苗族自治县	983	481	153	87	55	34	73	100
凤冈县	1013	398	115	80	57	61	139	163
湄潭县	1366	428	199	157	127	95	178	182
余庆县	1483	491	240	223	106	60	194	169
习水县	4880	1900	778	377	291	194	673	667
赤水市	4229	1666	818	445	311	165	388	436
仁怀市	4946	1491	1064	619	316	226	604	626
安顺市	**14073**	**5045**	**2224**	**1463**	**1053**	**753**	**1971**	**1564**
西秀区	5405	1837	867	615	428	322	769	567
平坝区	2678	790	397	286	260	155	435	355
普定县	2005	944	284	167	98	87	236	189
镇宁布依族苗族自治县	1229	464	203	129	86	41	168	138
关岭布依族苗族自治县	1210	503	188	95	69	57	160	138
紫云苗族布依族自治县	1546	507	285	171	112	91	203	177
毕节市	**29625**	**11553**	**4405**	**2777**	**2089**	**1508**	**4036**	**3257**
七星关区	3346	915	464	318	292	205	592	560
大方县	4058	1433	573	396	321	270	598	467
黔西县	3859	1326	472	396	337	224	608	496
金沙县	4874	2260	801	400	232	189	502	490
织金县	3715	1464	680	362	221	141	511	336
纳雍县	2597	1115	311	236	164	154	350	267
威宁彝族回族苗族自治县	3386	1372	463	340	249	169	461	332
赫章县	3790	1668	641	329	273	156	414	309

7-4c　续表 5　　　　单位：人

现 住 地	离开户口登记地时间							
	省　外							
	小计	半年以上，不满一年	一年以上，不满二年	二年以上，不满三年	三年以上，不满四年	四年以上，不满五年	五年以上，不满十年	十年以上
铜仁市	**13766**	**6190**	**2054**	**1240**	**861**	**517**	**1458**	**1446**
碧江区	937	322	188	105	79	42	116	85
万山区	1033	317	125	119	83	66	160	163
江口县	1140	535	129	134	53	26	85	178
玉屏侗族自治县	1140	414	173	122	80	55	149	147
石阡县	1704	821	351	139	88	45	132	128
思南县	1291	708	160	83	62	24	134	120
印江土家族苗族自治县	1144	680	162	98	49	18	65	72
德江县	994	347	160	111	82	51	152	91
沿河土家族自治县	1469	698	203	126	90	64	131	157
松桃苗族自治县	2914	1348	403	203	195	126	334	305
黔西南布依族苗族自治州	**12914**	**6024**	**1875**	**1181**	**771**	**539**	**1231**	**1293**
兴义市	3593	1376	529	376	260	212	399	441
兴仁市	1675	761	269	174	99	60	156	156
普安县	1799	851	345	185	112	58	130	118
晴隆县	1191	741	133	71	54	42	75	75
贞丰县	1272	574	153	109	87	47	132	170
望谟县	626	414	64	35	14	8	49	42
册亨县	710	349	107	66	42	36	54	56
安龙县	2048	958	275	165	103	76	236	235
黔东南苗族侗族自治州	**17410**	**6492**	**2831**	**1855**	**1282**	**824**	**2373**	**1753**
凯里市	2399	701	630	313	162	102	294	197
黄平县	911	373	173	116	42	47	77	83
施秉县	353	95	38	51	35	21	55	58
三穗县	849	342	102	72	60	24	134	115
镇远县	572	194	65	36	37	36	112	92
岑巩县	996	361	189	114	71	40	124	97
天柱县	1233	382	242	122	88	70	175	154
锦屏县	953	339	151	67	73	50	189	84
剑河县	984	375	128	103	90	44	146	98
台江县	545	254	54	57	38	34	50	58
黎平县	2328	589	371	373	251	149	379	216
榕江县	1766	933	219	157	97	81	153	126
从江县	1590	550	213	150	118	71	295	193
雷山县	989	613	136	54	41	14	66	65
麻江县	539	207	55	39	53	18	84	83
丹寨县	403	184	65	31	26	23	40	34
黔南布依族苗族自治州	**21575**	**9159**	**3716**	**2318**	**1400**	**875**	**2278**	**1829**
都匀市	3136	1689	614	321	185	96	149	82
福泉市	2634	1155	404	292	144	76	236	327
荔波县	2582	1330	408	278	109	71	189	197
贵定县	1709	922	239	164	101	31	134	118
瓮安县	1934	721	336	179	127	132	268	171
独山县	2154	804	306	267	200	69	248	260
平塘县	1503	449	248	197	134	91	216	168
罗甸县	548	185	101	73	40	32	70	47
长顺县	1092	429	201	98	65	51	135	113
龙里县	1751	663	375	182	110	67	209	145
惠水县	1744	635	349	181	99	102	270	108
三都水族自治县	788	177	135	86	86	57	154	93

7-5 全省按户口登记地、性别、受教育程度分的户口登记地在外乡镇街道的人口

单位：人

受教育程度	合计			省内		
	合计	男	女	小计	男	女
总　计	**11301648**	**5618364**	**5683284**	**10183791**	**4977270**	**5206521**
未上过学	358637	101950	256687	339642	95383	244259
学前教育	461778	247660	214118	423441	227240	196201
小　学	2505619	1181265	1324354	2290898	1070876	1220022
初　中	3583910	1851831	1732079	3149174	1598208	1550966
高　中	2081150	1085776	995374	1894303	969890	924413
大学专科	1148164	578000	570164	1042502	513741	528761
大学本科	1105697	544659	561038	1002608	483180	519428
硕士研究生	51863	24258	27605	37852	16783	21069
博士研究生	4830	2965	1865	3371	1969	1402

7-5　续表

单位：人

受教育程度	省内			省外		
	其中市辖区内人户分离					
	小计	男	女	小计	男	女
总　计	**2030912**	**973308**	**1057604**	**1117857**	**641094**	**476763**
未上过学	47642	14677	32965	18995	6567	12428
学前教育	84009	44733	39276	38337	20420	17917
小　学	360206	166239	193967	214721	110389	104332
初　中	621165	296940	324225	434736	253623	181113
高　中	423105	208273	214832	186847	115886	70961
大学专科	233337	114141	119196	105662	64259	41403
大学本科	241155	118528	122627	103089	61479	41610
硕士研究生	17852	8362	9490	14011	7475	6536
博士研究生	2441	1415	1026	1459	996	463

7–5a　全省按户口登记地、性别、受教育程度分的户口登记地在外乡镇街道的人口(城市)

单位：人

受教育程度	合计			省内		
	合计	男	女	小计	男	女
总　计	**5980035**	**3004751**	**2975284**	**5325484**	**2631142**	**2694342**
未上过学	147985	43118	104867	137247	39467	97780
学前教育	228637	122924	105713	206257	110828	95429
小　学	1156882	547823	609059	1039073	488006	551067
初　中	1829235	964673	864562	1602570	831235	771335
高　中	1117830	588564	529266	999477	516937	482540
大学专科	724865	359741	365124	652883	317317	335566
大学本科	728000	355173	372827	653273	311381	341892
硕士研究生	42566	20281	22285	31782	14283	17499
博士研究生	4035	2454	1581	2922	1688	1234

7–5a　续表

单位：人

受教育程度	省内			省外		
	其中市辖区内人户分离					
	小计	男	女	小计	男	女
总　计	**1847534**	**891032**	**956502**	**654551**	**373609**	**280942**
未上过学	40334	12490	27844	10738	3651	7087
学前教育	76269	40645	35624	22380	12096	10284
小　学	317933	146864	171069	117809	59817	57992
初　中	548926	265926	283000	226665	133438	93227
高　中	390821	192961	197860	118353	71627	46726
大学专科	221886	108445	113441	71982	42424	29558
大学本科	231813	114256	117557	74727	43792	30935
硕士研究生	17302	8154	9148	10784	5998	4786
博士研究生	2250	1291	959	1113	766	347

7-5b 全省按户口登记地、性别、受教育程度分的户口登记地在外乡镇街道的人口(镇)

单位：人

受教育程度	合计			省内		
	合计	男	女	小计	男	女
总　计	**3705777**	**1817876**	**1887901**	**3438089**	**1667595**	**1770494**
未上过学	137965	37960	100005	133556	36353	97203
学前教育	177584	95597	81987	166782	89849	76933
小　学	930787	436508	494279	875453	408355	467098
初　中	1148418	585875	562543	1036134	522407	513727
高　中	695598	354030	341568	652944	327610	325334
大学专科	301805	155368	146437	281473	142739	138734
大学本科	305266	149017	156249	286455	138152	148303
硕士研究生	7725	3122	4603	4947	1917	3030
博士研究生	629	399	230	345	213	132

7-5b 续表

单位：人

受教育程度	省内			省外		
	其中市辖区内人户分离					
	小计	男	女	小计	男	女
总　计	**62305**	**29142**	**33163**	**267688**	**150281**	**117407**
未上过学	2425	725	1700	4409	1607	2802
学前教育	2864	1550	1314	10802	5748	5054
小　学	13919	6595	7324	55334	28153	27181
初　中	22376	10490	11886	112284	63468	48816
高　中	11394	5374	6020	42654	26420	16234
大学专科	4089	2139	1950	20332	12629	7703
大学本科	4741	2048	2693	18811	10865	7946
硕士研究生	344	120	224	2778	1205	1573
博士研究生	153	101	52	284	186	98

7–5c 全省按户口登记地、性别、受教育程度分的户口登记地在外乡镇街道的人口(乡村)

单位：人

受教育程度	合计			省内		
	合计	男	女	小计	男	女
总 计	**1615836**	**795737**	**820099**	**1420218**	**678533**	**741685**
未上过学	72687	20872	51815	68839	19563	49276
学前教育	55557	29139	26418	50402	26563	23839
小 学	417950	196934	221016	376372	174515	201857
初 中	606257	301283	304974	510470	244566	265904
高 中	267722	143182	124540	241882	125343	116539
大学专科	121494	62891	58603	108146	53685	54461
大学本科	72431	40469	31962	62880	33647	29233
硕士研究生	1572	855	717	1123	583	540
博士研究生	166	112	54	104	68	36

7–5c 续表

单位：人

受教育程度	省内			省外		
	其中市辖区内人户分离					
	小计	男	女	小计	男	女
总 计	**121073**	**53134**	**67939**	**195618**	**117204**	**78414**
未上过学	4883	1462	3421	3848	1309	2539
学前教育	4876	2538	2338	5155	2576	2579
小 学	28354	12780	15574	41578	22419	19159
初 中	49863	20524	29339	95787	56717	39070
高 中	20890	9938	10952	25840	17839	8001
大学专科	7362	3557	3805	13348	9206	4142
大学本科	4601	2224	2377	9551	6822	2729
硕士研究生	206	88	118	449	272	177
博士研究生	38	23	15	62	44	18

7-6 全省按现住地、受教育程度、性别分的户口登记地在本省其他乡镇街道的人口

单位：人

现住地	合计			未上过学		
	合计	男	女	小计	男	女
贵州	**10183791**	**4977270**	**5206521**	**339642**	**95383**	**244259**
贵阳市	**2803869**	**1404256**	**1399613**	**61026**	**18247**	**42779**
南明区	564153	280949	283204	11990	3773	8217
云岩区	582644	292460	290184	15135	4810	10325
花溪区	465004	229185	235819	7054	2051	5003
乌当区	154905	75566	79339	3755	1116	2639
白云区	248675	126703	121972	5980	1709	4271
观山湖区	308401	157120	151281	6111	1637	4474
开阳县	105618	51560	54058	2775	689	2086
息烽县	52131	23799	28332	1461	394	1067
修文县	74397	37201	37196	1860	574	1286
清镇市	247941	129713	118228	4905	1494	3411
六盘水市	**769465**	**374522**	**394943**	**32274**	**8988**	**23286**
钟山区	340461	165030	175431	14186	4148	10038
六枝特区	99280	47281	51999	5481	1180	4301
水城县	140711	68099	72612	7562	2198	5364
盘州市	189013	94112	94901	5045	1462	3583
遵义市	**1949919**	**946349**	**1003570**	**55048**	**14935**	**40113**
红花岗区	453446	218365	235081	10415	2985	7430
汇川区	250520	122200	128320	6721	1741	4980
播州区	237059	115230	121829	6364	2124	4240
桐梓县	116611	56416	60195	3709	987	2722
绥阳县	75012	36527	38485	2453	687	1766
正安县	81210	39339	41871	2149	516	1633
道真仡佬族苗族自治县	60381	27143	33238	2645	509	2136
务川仡佬族苗族自治县	66473	31931	34542	2878	538	2340
凤冈县	67363	31735	35628	2344	513	1831
湄潭县	80112	38223	41889	2125	549	1576
余庆县	46094	21674	24420	1690	477	1213
习水县	135993	67397	68596	4062	1224	2838
赤水市	59295	28562	30733	1912	557	1355
仁怀市	220350	111607	108743	5581	1528	4053
安顺市	**507144**	**241172**	**265972**	**19090**	**4745**	**14345**
西秀区	243515	115460	128055	7547	2013	5534
平坝区	82355	40121	42234	2521	663	1858
普定县	53860	25284	28576	1885	481	1404
镇宁布依族苗族自治县	49226	23479	25747	2394	542	1852
关岭布依族苗族自治县	41255	19526	21729	1930	353	1577
紫云苗族布依族自治县	36933	17302	19631	2813	693	2120
毕节市	**1138134**	**543890**	**594244**	**61456**	**19913**	**41543**
七星关区	302038	144255	157783	12133	3900	8233
大方县	131393	61504	69889	5919	1971	3948
黔西县	154977	73551	81426	7408	2496	4912
金沙县	106480	52245	54235	4385	1364	3021
织金县	125705	60018	65687	9104	2757	6347
纳雍县	100683	48093	52590	5679	1533	4146
威宁彝族回族苗族自治县	151661	73224	78437	13881	5030	8851
赫章县	65197	31000	34197	2947	862	2085

7-6　续表 1

单位：人

现 住 地	合　计			未上过学		
	合计	男	女	小计	男	女
铜仁市	**695250**	**337609**	**357641**	**19619**	**5436**	**14183**
碧江区	197564	94450	103114	5368	1561	3807
万山区	35329	18011	17318	673	187	486
江口县	37366	18638	18728	1336	334	1002
玉屏侗族自治县	28348	14028	14320	691	213	478
石阡县	42556	21217	21339	1142	340	802
思南县	79422	38521	40901	2461	623	1838
印江土家族苗族自治县	58233	27556	30677	1578	374	1204
德江县	88099	43133	44966	2609	618	1991
沿河土家族自治县	59829	29212	30617	1682	469	1213
松桃苗族自治县	68504	32843	35661	2079	717	1362
黔西南布依族苗族自治州	**623641**	**303606**	**320035**	**22547**	**6203**	**16344**
兴义市	334753	163354	171399	9113	2610	6503
兴仁市	59772	28364	31408	1689	408	1281
普安县	24327	11763	12564	872	241	631
晴隆县	36148	18030	18118	2767	790	1977
贞丰县	44959	21827	23132	1187	303	884
望谟县	37383	18978	18405	2358	545	1813
册亨县	39671	19673	19998	3368	998	2370
安龙县	46628	21617	25011	1193	308	885
黔东南苗族侗族自治州	**911701**	**450052**	**461649**	**41964**	**9949**	**32015**
凯里市	311660	155745	155915	10371	2445	7926
黄平县	31456	14838	16618	827	241	586
施秉县	23668	11341	12327	1086	263	823
三穗县	38675	18467	20208	1766	363	1403
镇远县	32959	15627	17332	1480	312	1168
岑巩县	45065	21613	23452	2592	586	2006
天柱县	51649	25421	26228	1054	353	701
锦屏县	39344	18886	20458	2070	412	1658
剑河县	47726	24158	23568	3879	732	3147
台江县	25030	12397	12633	1594	388	1206
黎平县	90247	44296	45951	4483	1022	3461
榕江县	50064	25094	24970	2175	680	1495
从江县	41962	21388	20574	3512	1030	2482
雷山县	31201	16112	15089	3170	696	2474
麻江县	20062	9324	10738	480	122	358
丹寨县	30933	15345	15588	1425	304	1121
黔南布依族苗族自治州	**784668**	**375814**	**408854**	**26618**	**6967**	**19651**
都匀市	168946	80605	88341	4139	1329	2810
福泉市	69670	34660	35010	1788	546	1242
荔波县	34417	17173	17244	982	288	694
贵定县	54787	21882	32905	1408	381	1027
瓮安县	117590	57708	59882	2747	754	1993
独山县	37825	18285	19540	1321	366	955
平塘县	30746	14511	16235	1284	381	903
罗甸县	50813	25097	25716	4465	729	3736
长顺县	24520	11262	13258	1197	263	934
龙里县	69457	36281	33176	2404	765	1639
惠水县	85292	38051	47241	3200	776	2424
三都水族自治县	40605	20299	20306	1683	389	1294

7-6 续表 2

单位：人

现住地	学前教育			小学		
	小计	男	女	小计	男	女
贵　州	**423441**	**227240**	**196201**	**2290898**	**1070876**	**1220022**
贵阳市	**86983**	**46035**	**40948**	**482541**	**229992**	**252549**
南明区	15620	8163	7457	89745	42337	47408
云岩区	18588	9852	8736	102344	49522	52822
花溪区	11993	6372	5621	61598	29167	32431
乌当区	5530	2941	2589	25068	11835	13233
白云区	8169	4349	3820	48377	24238	24139
观山湖区	7409	3970	3439	46875	22134	24741
开阳县	6126	3178	2948	30927	14038	16889
息烽县	2420	1273	1147	13227	5728	7499
修文县	3434	1863	1571	20098	9805	10293
清镇市	7694	4074	3620	44282	21188	23094
六盘水市	**40974**	**22220**	**18754**	**199439**	**94847**	**104592**
钟山区	16415	8917	7498	88782	42472	46310
六枝特区	5015	2729	2286	27245	13027	14218
水城县	7289	3926	3363	41426	19813	21613
盘州市	12255	6648	5607	41986	19535	22451
遵义市	**89251**	**47390**	**41861**	**456548**	**205511**	**251037**
红花岗区	17986	9524	8462	86958	39563	47395
汇川区	10344	5497	4847	52635	23831	28804
播州区	11087	5890	5197	50179	22868	27311
桐梓县	4693	2475	2218	29087	13174	15913
绥阳县	3878	2043	1835	19033	8790	10243
正安县	4270	2273	1997	24514	10482	14032
道真仡佬族苗族自治县	2659	1359	1300	19044	7641	11403
务川仡佬族苗族自治县	3766	2055	1711	19042	8562	10480
凤冈县	2801	1443	1358	17828	7614	10214
湄潭县	3498	1797	1701	19320	8787	10533
余庆县	2277	1215	1062	11845	5214	6631
习水县	7788	4159	3629	35631	16266	19365
赤水市	2631	1364	1267	16706	7583	9123
仁怀市	11573	6296	5277	54726	25136	29590
安顺市	**21447**	**11483**	**9964**	**121016**	**56853**	**64163**
西秀区	8763	4626	4137	49484	23274	26210
平坝区	3480	1886	1594	19010	8778	10232
普定县	2792	1484	1308	14975	7157	7818
镇宁布依族苗族自治县	2545	1382	1163	15491	7199	8292
关岭布依族苗族自治县	2062	1129	933	11645	5442	6203
紫云苗族布依族自治县	1805	976	829	10411	5003	5408
毕节市	**46914**	**25258**	**21656**	**284503**	**136634**	**147869**
七星关区	12629	6832	5797	68067	32404	35663
大方县	5249	2868	2381	32042	15323	16719
黔西县	7167	3851	3316	44748	21058	23690
金沙县	3691	1909	1782	27255	12975	14280
织金县	5519	3011	2508	36301	17701	18600
纳雍县	4395	2341	2054	24570	11648	12922
威宁彝族回族苗族自治县	5518	2941	2577	36183	18246	17937
赫章县	2746	1505	1241	15337	7279	8058

7-6　续表 3

单位：人

现住地	学前教育			小　学		
	小计	男	女	小计	男	女
铜仁市	**30795**	**16628**	**14167**	**166393**	**75182**	**91211**
碧江区	7582	4043	3539	43501	20529	22972
万山区	1460	800	660	7363	3348	4015
江口县	1788	988	800	11251	5178	6073
玉屏侗族自治县	1293	692	601	7178	3311	3867
石阡县	1869	957	912	9264	3832	5432
思南县	3225	1735	1490	18594	8422	10172
印江土家族苗族自治县	2816	1496	1320	15875	6612	9263
德江县	4743	2535	2208	20774	9320	11454
沿河土家族自治县	3020	1718	1302	14753	6614	8139
松桃苗族自治县	2999	1664	1335	17840	8016	9824
黔西南布依族苗族自治州	**28419**	**15381**	**13038**	**152543**	**71256**	**81287**
兴义市	14738	8032	6706	72423	34053	38370
兴仁市	2622	1418	1204	14074	6265	7809
普安县	1172	643	529	5500	2556	2944
晴隆县	1852	951	901	11787	5747	6040
贞丰县	2410	1299	1111	11956	5308	6648
望谟县	1551	834	717	11841	5600	6241
册亨县	1896	1012	884	14046	6736	7310
安龙县	2178	1192	986	10916	4991	5925
黔东南苗族侗族自治州	**44047**	**23990**	**20057**	**242976**	**113011**	**129965**
凯里市	13120	7206	5914	66224	30627	35597
黄平县	1364	698	666	7594	3469	4125
施秉县	1334	739	595	6941	3193	3748
三穗县	1747	956	791	13531	5944	7587
镇远县	1425	775	650	9813	4420	5393
岑巩县	2419	1313	1106	13168	6159	7009
天柱县	2450	1346	1104	13427	6057	7370
锦屏县	2056	1114	942	11547	4997	6550
剑河县	2634	1450	1184	15744	7520	8224
台江县	1113	634	479	6766	3239	3527
黎平县	5396	2906	2490	27682	12596	15086
榕江县	2629	1395	1234	12370	6027	6343
从江县	2250	1155	1095	13307	6568	6739
雷山县	1382	786	596	9815	5059	4756
麻江县	1017	539	478	4925	2172	2753
丹寨县	1711	978	733	10122	4964	5158
黔南布依族苗族自治州	**34611**	**18855**	**15756**	**184939**	**87590**	**97349**
都匀市	5151	2850	2301	28329	13394	14935
福泉市	3236	1780	1456	17924	8460	9464
荔波县	1991	1141	850	10446	4807	5639
贵定县	1901	945	956	10962	5100	5862
瓮安县	6365	3348	3017	30804	14340	16464
独山县	1743	949	794	9287	4276	5011
平塘县	1845	1036	809	8046	3773	4273
罗甸县	2986	1636	1350	15925	7862	8063
长顺县	1135	652	483	5973	2687	3286
龙里县	2850	1567	1283	19946	9849	10097
惠水县	3047	1664	1383	15287	7107	8180
三都水族自治县	2361	1287	1074	12010	5935	6075

7-6 续表 4 单位：人

现住地	初中			高中			大学专科		
	小计	男	女	小计	男	女	小计	男	女
贵州	**3149174**	**1598208**	**1550966**	**1894303**	**969890**	**924413**	**1042502**	**513741**	**528761**
贵阳市	**807935**	**426165**	**381770**	**506316**	**260301**	**246015**	**403705**	**208138**	**195567**
南明区	166892	88345	78547	110771	56865	53906	82046	40204	41842
云岩区	162883	86223	76660	105770	54019	51751	80048	38526	41522
花溪区	123987	65506	58481	71206	37052	34154	52325	27461	24864
乌当区	44121	22805	21316	31649	16344	15305	18601	9182	9419
白云区	78421	43636	34785	54502	28984	25518	21995	10874	11121
观山湖区	79468	43510	35958	53431	27874	25557	60401	29638	30763
开阳县	37975	19259	18716	15734	8229	7505	7436	3813	3623
息烽县	18604	8452	10152	8782	4313	4469	4190	2007	2183
修文县	27837	14096	13741	13919	7461	6458	3633	1755	1878
清镇市	67747	34333	33414	40552	19160	21392	73030	44678	28352
六盘水市	**237251**	**118103**	**119148**	**140742**	**73499**	**67243**	**61771**	**29346**	**32425**
钟山区	101122	51191	49931	54662	28031	26631	31943	14937	17006
六枝特区	31201	14827	16374	18135	9357	8778	6200	3192	3008
水城县	40873	20835	20038	27843	14176	13667	9215	3852	5363
盘州市	64055	31250	32805	40102	21935	18167	14413	7365	7048
遵义市	**712925**	**359061**	**353864**	**343276**	**177543**	**165733**	**149061**	**72798**	**76263**
红花岗区	159860	81113	78747	70900	36949	33951	54686	25166	29520
汇川区	89046	45638	43408	40942	20966	19976	23517	11435	12082
播州区	94320	46161	48159	48058	24522	23536	15439	7818	7621
桐梓县	47467	23668	23799	21229	10530	10699	5342	2893	2449
绥阳县	28189	13782	14407	15002	7786	7216	3659	1964	1695
正安县	27917	14308	13609	14257	7433	6824	4008	2105	1903
道真仡佬族苗族自治县	20852	9988	10864	10221	5166	5055	2735	1342	1393
务川仡佬族苗族自治县	19910	9729	10181	12639	6597	6042	4252	2244	2008
凤冈县	24320	12046	12274	13014	6702	6312	4162	1989	2173
湄潭县	30759	14985	15774	15319	7727	7592	5249	2520	2729
余庆县	15984	7579	8405	8611	4428	4183	3456	1608	1848
习水县	47864	24518	23346	26391	13806	12585	7193	3844	3349
赤水市	21302	10340	10962	10450	5594	4856	3759	1857	1902
仁怀市	85135	45206	39929	36243	19337	16906	11604	6013	5591
安顺市	**156042**	**74992**	**81050**	**90266**	**43962**	**46304**	**52083**	**26958**	**25125**
西秀区	72181	35543	36638	46166	22604	23562	28627	13430	15197
平坝区	27280	12350	14930	13292	6552	6740	11734	7355	4379
普定县	18502	8479	10023	9281	4396	4885	3477	1832	1645
镇宁布依族苗族自治县	16337	8125	8212	6182	2998	3184	3395	1781	1614
关岭布依族苗族自治县	11301	5416	5885	8687	4265	4422	2588	1398	1190
紫云苗族布依族自治县	10441	5079	5362	6658	3147	3511	2262	1162	1100
毕节市	**336192**	**162014**	**174178**	**236738**	**114381**	**122357**	**88226**	**42523**	**45703**
七星关区	89989	43185	46804	57886	29187	28699	28980	12578	16402
大方县	37782	17384	20398	30566	14527	16039	12805	5845	6960
黔西县	50646	23912	26734	27517	13349	14168	9173	4660	4513
金沙县	37546	18865	18681	21991	11153	10838	5973	3155	2818
织金县	35212	17070	18142	24280	11574	12706	7736	3945	3791
纳雍县	29584	14324	15260	22204	10675	11529	7216	3808	3408
威宁彝族回族苗族自治县	36933	18436	18497	37482	17074	20408	11127	5821	5306
赫章县	18500	8838	9662	14812	6842	7970	5216	2711	2505

7-6　续表 5　　单位：人

现住地	初中			高中			大学专科		
	小计	男	女	小计	男	女	小计	男	女
铜仁市	**201467**	**101264**	**100203**	**154128**	**80114**	**74014**	**74660**	**34049**	**40611**
碧江区	52140	26970	25170	36143	18625	17518	33893	13615	20278
万山区	9758	5137	4621	10124	5602	4522	3123	1552	1571
江口县	12082	6171	5911	6485	3630	2855	2479	1268	1211
玉屏侗族自治县	9936	4927	5009	4760	2537	2223	2510	1304	1206
石阡县	11203	5337	5866	11918	6862	5056	3723	1977	1746
思南县	23343	11541	11802	21294	10784	10510	5543	2735	2808
印江土家族苗族自治县	18834	9381	9453	11452	5586	5866	4212	2209	2003
德江县	26281	13565	12716	18614	9641	8973	11429	5487	5942
沿河土家族自治县	17598	8584	9014	14690	7503	7187	4127	2115	2012
松桃苗族自治县	20292	9651	10641	18648	9344	9304	3621	1787	1834
黔西南布依族苗族自治州	**178123**	**90189**	**87934**	**122171**	**62195**	**59976**	**60381**	**28840**	**31541**
兴义市	91661	46576	45085	71706	37618	34088	37368	16646	20722
兴仁市	19324	9169	10155	12383	5947	6436	5136	2751	2385
普安县	6597	3253	3344	5610	2668	2942	2227	1125	1102
晴隆县	10037	5445	4592	4486	2158	2328	2373	1332	1041
贞丰县	16112	8050	8062	6510	3194	3316	3491	1874	1617
望谟县	10347	5893	4454	5841	2953	2888	2978	1756	1222
册亨县	9395	5225	4170	6301	3154	3147	2320	1255	1065
安龙县	14650	6578	8072	9334	4503	4831	4488	2101	2387
黔东南苗族侗族自治州	**283626**	**145882**	**137744**	**167126**	**90446**	**76680**	**70494**	**35441**	**35053**
凯里市	96667	50711	45956	61939	34214	27725	34409	16622	17787
黄平县	9485	4486	4999	8771	4195	4576	1597	806	791
施秉县	7816	3867	3949	3889	1914	1975	1497	773	724
三穗县	13111	6656	6455	4669	2536	2133	1969	1042	927
镇远县	10192	4985	5207	5786	2914	2872	2093	1063	1030
岑巩县	14355	7047	7308	7133	3773	3360	2384	1157	1227
天柱县	19029	9100	9929	10822	5944	4878	2686	1416	1270
锦屏县	12618	6351	6267	6667	3608	3059	2145	1200	945
剑河县	14287	8047	6240	6457	3751	2706	2261	1285	976
台江县	7193	3829	3364	5409	2572	2837	1612	961	651
黎平县	28692	14940	13752	14265	7791	6474	5026	2626	2400
榕江县	15657	7732	7925	10842	5749	5093	3804	2033	1771
从江县	11033	5702	5331	7181	4298	2883	2715	1530	1185
雷山县	9201	5239	3962	4268	2481	1787	1815	1031	784
麻江县	6005	2670	3335	4016	2036	1980	1690	824	866
丹寨县	8285	4520	3765	5012	2670	2342	2791	1072	1719
黔南布依族苗族自治州	**235613**	**120538**	**115075**	**133540**	**67449**	**66091**	**82121**	**35648**	**46473**
都匀市	43151	22012	21139	34264	17529	16735	27390	12110	15280
福泉市	23014	11663	11351	9463	5021	4442	9971	4878	5093
荔波县	11067	6056	5011	5791	2771	3020	2145	1173	972
贵定县	13740	6760	6980	9839	4193	5646	13871	3035	10836
瓮安县	46052	23037	23015	19126	10002	9124	7420	3603	3817
独山县	12796	6337	6459	7538	3906	3632	2636	1276	1360
平塘县	8538	4010	4528	6063	2851	3212	2191	1109	1082
罗甸县	13638	7617	6021	7230	3766	3464	3148	1659	1489
长顺县	7327	3403	3924	6028	2807	3221	1341	671	670
龙里县	27633	15220	12413	8584	4843	3741	4322	2270	2052
惠水县	19163	9517	9646	10602	5154	5448	5203	2547	2656
三都水族自治县	9494	4906	4588	9012	4606	4406	2483	1317	1166

7-6 续表 6　　单位：人

现住地	大学本科			硕士研究生			博士研究生		
	小计	男	女	小计	男	女	小计	男	女
贵　州	**1002608**	**483180**	**519428**	**37852**	**16783**	**21069**	**3371**	**1969**	**1402**
贵阳市	**427252**	**202988**	**224264**	**25596**	**10948**	**14648**	**2515**	**1442**	**1073**
南明区	82430	39113	43317	4263	1923	2340	396	226	170
云岩区	90916	46452	44464	6294	2695	3599	666	361	305
花溪区	127421	57794	69627	8534	3234	5300	886	548	338
乌当区	25049	10808	14241	1019	476	543	113	59	54
白云区	30523	12558	17965	652	322	330	56	33	23
观山湖区	50115	26131	23984	4232	2030	2202	359	196	163
开阳县	4524	2298	2226	113	54	59	8	2	6
息烽县	3364	1597	1767	79	31	48	4	4	
修文县	3532	1609	1923	73	32	41	11	6	5
清镇市	9378	4628	4750	337	151	186	16	7	9
六盘水市	**55776**	**26924**	**28852**	**1161**	**553**	**608**	**77**	**42**	**35**
钟山区	32604	14980	17624	703	335	368	44	19	25
六枝特区	5942	2938	3004	61	31	30			
水城县	6203	3145	3058	275	135	140	25	19	6
盘州市	11027	5861	5166	122	52	70	8	4	4
遵义市	**139172**	**67025**	**72147**	**4319**	**1886**	**2433**	**319**	**200**	**119**
红花岗区	50766	22241	28525	1728	731	997	147	93	54
汇川区	25711	12363	13348	1498	663	835	106	66	40
播州区	11393	5747	5646	206	93	113	13	7	6
桐梓县	5005	2647	2358	76	39	37	3	3	
绥阳县	2749	1454	1295	49	21	28			
正安县	4036	2187	1849	58	34	24	1	1	
道真仡佬族苗族自治县	2203	1127	1076	21	10	11	1	1	
务川仡佬族苗族自治县	3933	2183	1750	53	23	30			
凤冈县	2849	1411	1438	43	17	26	2		2
湄潭县	3772	1833	1939	68	24	44	2	1	1
余庆县	2208	1142	1066	23	11	12			
习水县	6956	3527	3429	103	49	54	5	4	1
赤水市	2486	1241	1245	45	24	21	4	2	2
仁怀市	15105	7922	7183	348	147	201	35	22	13
安顺市	**46035**	**21592**	**24443**	**1085**	**534**	**551**	**80**	**53**	**27**
西秀区	29879	13546	16333	808	384	424	60	40	20
平坝区	4914	2473	2441	116	59	57	8	5	3
普定县	2911	1435	1476	37	20	17			
镇宁布依族苗族自治县	2827	1421	1406	46	26	20	9	5	4
关岭布依族苗族自治县	2996	1495	1501	43	25	18	3	3	
紫云苗族布依族自治县	2508	1222	1286	35	20	15			
毕节市	**82745**	**42481**	**40264**	**1288**	**637**	**651**	**72**	**49**	**23**
七星关区	31545	15769	15776	766	371	395	43	29	14
大方县	6919	3530	3389	110	56	54	1		1
黔西县	8220	4180	4040	92	41	51	6	4	2
金沙县	5593	2798	2795	42	23	19	4	3	1
织金县	7465	3918	3547	84	39	45	4	3	1
纳雍县	6975	3733	3242	56	29	27	4	2	2
威宁彝族回族苗族自治县	10450	5629	4821	82	44	38	5	3	2
赫章县	5578	2924	2654	56	34	22	5	5	

7-6 续表 7

单位：人

现住地	大学本科			硕士研究生			博士研究生		
	小计	男	女	小计	男	女	小计	男	女
铜仁市	**47237**	**24414**	**22823**	**884**	**480**	**404**	**67**	**42**	**25**
碧江区	18353	8799	9554	538	279	259	46	29	17
万山区	2780	1360	1420	47	24	23	1	1	
江口县	1928	1062	866	16	7	9	1		1
玉屏侗族自治县	1948	1025	923	30	17	13	2	2	
石阡县	3390	1879	1511	46	32	14	1	1	
思南县	4917	2654	2263	42	26	16	3	1	2
印江土家族苗族自治县	3426	1878	1548	34	16	18	6	4	2
德江县	3611	1943	1668	35	23	12	3	1	2
沿河土家族自治县	3905	2172	1733	52	35	17	2	2	
松桃苗族自治县	2979	1642	1337	44	21	23	2	1	1
黔西南布依族苗族自治州	**58220**	**28938**	**29282**	**1153**	**559**	**594**	**84**	**45**	**39**
兴义市	36731	17337	19394	945	449	496	68	33	35
兴仁市	4479	2374	2105	59	27	32	6	5	1
普安县	2334	1267	1067	15	10	5			
晴隆县	2821	1593	1228	22	13	9	3	1	2
贞丰县	3257	1778	1479	36	21	15			
望谟县	2450	1389	1061	17	8	9			
册亨县	2322	1277	1045	18	11	7	5	5	
安龙县	3826	1923	1903	41	20	21	2	1	1
黔东南苗族侗族自治州	**60490**	**30775**	**29715**	**901**	**511**	**390**	**77**	**47**	**30**
凯里市	28240	13557	14683	632	329	303	58	34	24
黄平县	1804	933	871	11	8	3	3	2	1
施秉县	1090	583	507	14	8	6	1	1	
三穗县	1871	961	910	11	9	2			
镇远县	2150	1148	1002	16	7	9	4	3	1
岑巩县	2992	1564	1428	22	14	8			
天柱县	2167	1197	970	14	8	6			
锦屏县	2222	1191	1031	18	12	6	1	1	
剑河县	2450	1362	1088	14	11	3			
台江县	1323	757	566	18	16	2	2	1	1
黎平县	4656	2385	2271	45	29	16	2	1	1
榕江县	2572	1466	1106	14	11	3	1	1	
从江县	1939	1087	852	23	16	7	2	2	
雷山县	1533	808	725	16	11	5	1	1	
麻江县	1909	949	960	19	12	7	1		1
丹寨县	1572	827	745	14	10	4	1		1
黔南布依族苗族自治州	**85681**	**38043**	**47638**	**1465**	**675**	**790**	**80**	**49**	**31**
都匀市	25646	10981	14665	835	370	465	41	30	11
福泉市	4201	2267	1934	69	41	28	4	4	
荔波县	1983	931	1052	11	5	6	1	1	
贵定县	2997	1438	1559	66	30	36	3		3
瓮安县	4970	2579	2391	93	38	55	13	7	6
独山县	2446	1146	1300	58	29	29			
平塘县	2745	1327	1418	31	22	9	3	2	1
罗甸县	3378	1804	1574	42	24	18	1		1
长顺县	1498	766	732	19	13	6	2		2
龙里县	3644	1730	1914	65	33	32	9	4	5
惠水县	28643	11231	17412	144	54	90	3	1	2
三都水族自治县	3530	1843	1687	32	16	16			

7-6a 全省按现住地、受教育程度、性别分的户口登记地在本省其他乡镇街道的人口(城市)

单位：人

现住地	合计			未上过学		
	合计	男	女	小计	男	女
贵　州	**5325484**	**2631142**	**2694342**	**137247**	**39467**	**97780**
贵阳市	**2226699**	**1119508**	**1107191**	**47787**	**14425**	**33362**
南明区	541890	268742	273148	11287	3546	7741
云岩区	582644	292460	290184	15135	4810	10325
花溪区	331247	167242	164005	5506	1582	3924
乌当区	114037	54531	59506	2257	629	1628
白云区	234024	119249	114775	5589	1592	3997
观山湖区	263920	134431	129489	5276	1378	3898
开阳县						
息烽县						
修文县						
清镇市	158937	82853	76084	2737	888	1849
六盘水市	**507858**	**248054**	**259804**	**19715**	**5408**	**14307**
钟山区	314098	152410	161688	12844	3774	9070
六枝特区	77002	36963	40039	3828	772	3056
水城县						
盘州市	116758	58681	58077	3043	862	2181
遵义市	**1058452**	**518138**	**540314**	**25279**	**7245**	**18034**
红花岗区	421678	203038	218640	9354	2677	6677
汇川区	234881	115021	119860	5903	1521	4382
播州区	182705	90081	92624	4542	1594	2948
桐梓县						
绥阳县						
正安县						
道真仡佬族苗族自治县						
务川仡佬族苗族自治县						
凤冈县						
湄潭县						
余庆县						
习水县						
赤水市	44567	21580	22987	1361	378	983
仁怀市	174621	88418	86203	4119	1075	3044
安顺市	**236599**	**112090**	**124509**	**6260**	**1613**	**4647**
西秀区	205774	97243	108531	5480	1407	4073
平坝区	30825	14847	15978	780	206	574
普定县						
镇宁布依族苗族自治县						
关岭布依族苗族自治县						
紫云苗族布依族自治县						
毕节市	**264773**	**127906**	**136867**	**9773**	**3154**	**6619**
七星关区	264773	127906	136867	9773	3154	6619
大方县						
黔西县						
金沙县						
织金县						
纳雍县						
威宁彝族回族苗族自治县						
赫章县						

7-6a　续表 1

单位：人

现住地	合计			未上过学		
	合计	男	女	小计	男	女
铜仁市	**209813**	**102729**	**107084**	**5423**	**1579**	**3844**
碧江区	181214	87970	93244	4988	1459	3529
万山区	28599	14759	13840	435	120	315
江口县						
玉屏侗族自治县						
石阡县						
思南县						
印江土家族苗族自治县						
德江县						
沿河土家族自治县						
松桃苗族自治县						
黔西南布依族苗族自治州	**344562**	**168106**	**176456**	**9026**	**2445**	**6581**
兴义市	298123	145820	152303	7967	2212	5755
兴仁市	46439	22286	24153	1059	233	826
普安县						
晴隆县						
贞丰县						
望谟县						
册亨县						
安龙县						
黔东南苗族侗族自治州	**285886**	**143151**	**142735**	**9543**	**2230**	**7313**
凯里市	285886	143151	142735	9543	2230	7313
黄平县						
施秉县						
三穗县						
镇远县						
岑巩县						
天柱县						
锦屏县						
剑河县						
台江县						
黎平县						
榕江县						
从江县						
雷山县						
麻江县						
丹寨县						
黔南布依族苗族自治州	**190842**	**91460**	**99382**	**4441**	**1368**	**3073**
都匀市	143744	68336	75408	3451	1080	2371
福泉市	47098	23124	23974	990	288	702
荔波县						
贵定县						
瓮安县						
独山县						
平塘县						
罗甸县						
长顺县						
龙里县						
惠水县						
三都水族自治县						

7-6a 续表 2

单位：人

现住地	学前教育			小学		
	小计	男	女	小计	男	女
贵 州	**206257**	**110828**	**95429**	**1039073**	**488006**	**551067**
贵阳市	**67692**	**35941**	**31751**	**367158**	**175432**	**191726**
南明区	14902	7815	7087	83651	39138	44513
云岩区	18588	9852	8736	102344	49522	52822
花溪区	10382	5519	4863	50508	23858	26650
乌当区	4255	2292	1963	17033	7757	9276
白云区	7780	4162	3618	45786	22873	22913
观山湖区	6378	3399	2979	39522	18471	21051
开阳县						
息烽县						
修文县						
清镇市	5407	2902	2505	28314	13813	14501
六盘水市	**27464**	**14936**	**12528**	**127882**	**60560**	**67322**
钟山区	15587	8478	7109	82583	39444	43139
六枝特区	3984	2174	1810	20052	9549	10503
水城县						
盘州市	7893	4284	3609	25247	11567	13680
遵义市	**47657**	**25386**	**22271**	**221612**	**100469**	**121143**
红花岗区	16958	8992	7966	79151	35962	43189
汇川区	9653	5133	4520	48423	21764	26659
播州区	9052	4801	4251	37105	16989	20116
桐梓县						
绥阳县						
正安县						
道真仡佬族苗族自治县						
务川仡佬族苗族自治县						
凤冈县						
湄潭县						
余庆县						
习水县						
赤水市	2023	1039	984	12653	5675	6978
仁怀市	9971	5421	4550	44280	20079	24201
安顺市	**8851**	**4730**	**4121**	**46236**	**21664**	**24572**
西秀区	7183	3809	3374	38854	18193	20661
平坝区	1668	921	747	7382	3471	3911
普定县						
镇宁布依族苗族自治县						
关岭布依族苗族自治县						
紫云苗族布依族自治县						
毕节市	**11014**	**5986**	**5028**	**57892**	**27945**	**29947**
七星关区	11014	5986	5028	57892	27945	29947
大方县						
黔西县						
金沙县						
织金县						
纳雍县						
威宁彝族回族苗族自治县						
赫章县						

7-6a　续表 3

单位：人

现住地	学前教育			小　学		
	小计	男	女	小计	男	女
铜仁市	**8261**	**4453**	**3808**	**46104**	**21692**	**24412**
碧江区	7087	3810	3277	40452	19124	21328
万山区	1174	643	531	5652	2568	3084
江口县						
玉屏侗族自治县						
石阡县						
思南县						
印江土家族苗族自治县						
德江县						
沿河土家族自治县						
松桃苗族自治县						
黔西南布依族苗族自治州	**16006**	**8722**	**7284**	**74291**	**34746**	**39545**
兴义市	13848	7563	6285	63774	30030	33744
兴仁市	2158	1159	999	10517	4716	5801
普安县						
晴隆县						
贞丰县						
望谟县						
册亨县						
安龙县						
黔东南苗族侗族自治州	**12525**	**6889**	**5636**	**61691**	**28540**	**33151**
凯里市	12525	6889	5636	61691	28540	33151
黄平县						
施秉县						
三穗县						
镇远县						
岑巩县						
天柱县						
锦屏县						
剑河县						
台江县						
黎平县						
榕江县						
从江县						
雷山县						
麻江县						
丹寨县						
黔南布依族苗族自治州	**6787**	**3785**	**3002**	**36207**	**16958**	**19249**
都匀市	4645	2580	2065	24865	11707	13158
福泉市	2142	1205	937	11342	5251	6091
荔波县						
贵定县						
瓮安县						
独山县						
平塘县						
罗甸县						
长顺县						
龙里县						
惠水县						
三都水族自治县						

7-6a 续表 4 单位：人

现住地	初中			高中			大学专科		
	小计	男	女	小计	男	女	小计	男	女
贵州	**1602570**	**831235**	**771335**	**999477**	**516937**	**482540**	**652883**	**317317**	**335566**
贵阳市	**634846**	**338477**	**296369**	**425177**	**218275**	**206902**	**320344**	**161791**	**158553**
南明区	157096	82495	74601	107705	55219	52486	80806	39579	41227
云岩区	162883	86223	76660	105770	54019	51751	80048	38526	41522
花溪区	100728	53868	46860	64094	33992	30102	36108	17954	18154
乌当区	29328	14867	14461	21290	10746	10544	15451	7686	7765
白云区	72977	40760	32217	49803	26650	23153	21365	10544	10821
观山湖区	65335	35954	29381	47629	24358	23271	47112	23553	23559
开阳县									
息烽县									
修文县									
清镇市	46499	24310	22189	28886	13291	15595	39454	23949	15505
六盘水市	**154391**	**77125**	**77266**	**87150**	**46368**	**40782**	**46176**	**22209**	**23967**
钟山区	93712	47669	46043	45461	23517	21944	31158	14492	16666
六枝特区	22906	11039	11867	16344	8398	7946	5077	2626	2451
水城县									
盘州市	37773	18417	19356	25345	14453	10892	9941	5091	4850
遵义市	**383022**	**196625**	**186397**	**178249**	**92913**	**85336**	**101996**	**48719**	**53277**
红花岗区	145214	73979	71235	66496	34650	31846	53008	24299	28709
汇川区	82263	42655	39608	39376	20164	19212	22690	11035	11655
播州区	70874	35500	35374	38136	19527	18609	13083	6654	6429
桐梓县									
绥阳县									
正安县									
道真仡佬族苗族自治县									
务川仡佬族苗族自治县									
凤冈县									
湄潭县									
余庆县									
习水县									
赤水市	16564	8206	8358	6982	3824	3158	3036	1477	1559
仁怀市	68107	36285	31822	27259	14748	12511	10179	5254	4925
安顺市	**66106**	**32419**	**33687**	**47334**	**23192**	**24142**	**29703**	**13883**	**15820**
西秀区	56084	27651	28433	42247	20542	21705	26678	12433	14245
平坝区	10022	4768	5254	5087	2650	2437	3025	1450	1575
普定县									
镇宁布依族苗族自治县									
关岭布依族苗族自治县									
紫云苗族布依族自治县									
毕节市	**75913**	**37272**	**38641**	**52603**	**26712**	**25891**	**27014**	**11575**	**15439**
七星关区	75913	37272	38641	52603	26712	25891	27014	11575	15439
大方县									
黔西县									
金沙县									
织金县									
纳雍县									
威宁彝族回族苗族自治县									
赫章县									

7−6a　续表 5

单位：人

现住地	初中			高中			大学专科		
	小计	男	女	小计	男	女	小计	男	女
铜仁市	**55596**	**28968**	**26628**	**43466**	**22767**	**20699**	**30404**	**13413**	**16991**
碧江区	48035	24911	23124	34797	17906	16891	27708	12084	15624
万山区	7561	4057	3504	8669	4861	3808	2696	1329	1367
江口县									
玉屏侗族自治县									
石阡县									
思南县									
印江土家族苗族自治县									
德江县									
沿河土家族自治县									
松桃苗族自治县									
黔西南布依族苗族自治州	**92854**	**47697**	**45157**	**73462**	**37831**	**35631**	**39640**	**17926**	**21714**
兴义市	79113	41074	38039	62525	32598	29927	35385	15643	19742
兴仁市	13741	6623	7118	10937	5233	5704	4255	2283	1972
普安县									
晴隆县									
贞丰县									
望谟县									
册亨县									
安龙县									
黔东南苗族侗族自治州	**88396**	**46459**	**41937**	**57695**	**31557**	**26138**	**27919**	**13978**	**13941**
凯里市	88396	46459	41937	57695	31557	26138	27919	13978	13941
黄平县									
施秉县									
三穗县									
镇远县									
岑巩县									
天柱县									
锦屏县									
剑河县									
台江县									
黎平县									
榕江县									
从江县									
雷山县									
麻江县									
丹寨县									
黔南布依族苗族自治州	**51446**	**26193**	**25253**	**34341**	**17322**	**17019**	**29687**	**13823**	**15864**
都匀市	37066	18865	18201	27080	13514	13566	21458	9945	11513
福泉市	14380	7328	7052	7261	3808	3453	8229	3878	4351
荔波县									
贵定县									
瓮安县									
独山县									
平塘县									
罗甸县									
长顺县									
龙里县									
惠水县									
三都水族自治县									

7-6a 续表 6

单位：人

现住地	大学本科			硕士研究生			博士研究生		
	小计	男	女	小计	男	女	小计	男	女
贵　州	**653273**	**311381**	**341892**	**31782**	**14283**	**17499**	**2922**	**1688**	**1234**
贵阳市	**338736**	**163789**	**174947**	**22688**	**10088**	**12600**	**2271**	**1290**	**981**
南明区	81803	38813	42990	4247	1913	2334	393	224	169
云岩区	90916	46452	44464	6294	2695	3599	666	361	305
花溪区	57056	27438	29618	6187	2618	3569	678	413	265
乌当区	23375	10055	13320	938	441	497	110	58	52
白云区	30057	12330	17727	612	305	307	55	33	22
观山湖区	48151	25115	23036	4162	2008	2154	355	195	160
开阳县									
息烽县									
修文县									
清镇市	7378	3586	3792	248	108	140	14	6	8
六盘水市	**44204**	**21034**	**23170**	**827**	**393**	**434**	**49**	**21**	**28**
钟山区	32038	14693	17345	671	324	347	44	19	25
六枝特区	4756	2378	2378	55	27	28			
水城县									
盘州市	7410	3963	3447	101	42	59	5	2	3
遵义市	**96656**	**45001**	**51655**	**3697**	**1602**	**2095**	**284**	**178**	**106**
红花岗区	49642	21664	27978	1713	725	988	142	90	52
汇川区	24979	12024	12955	1489	659	830	105	66	39
播州区	9712	4925	4787	190	86	104	11	5	6
桐梓县									
绥阳县									
正安县									
道真仡佬族苗族自治县									
务川仡佬族苗族自治县									
凤冈县									
湄潭县									
余庆县									
习水县									
赤水市	1910	962	948	34	17	17	4	2	2
仁怀市	10413	5426	4987	271	115	156	22	15	7
安顺市	**31199**	**14146**	**17053**	**846**	**400**	**446**	**64**	**43**	**21**
西秀区	28406	12797	15609	782	371	411	60	40	20
平坝区	2793	1349	1444	64	29	35	4	3	1
普定县									
镇宁布依族苗族自治县									
关岭布依族苗族自治县									
紫云苗族布依族自治县									
毕节市	**29781**	**14874**	**14907**	**742**	**361**	**381**	**41**	**27**	**14**
七星关区	29781	14874	14907	742	361	381	41	27	14
大方县									
黔西县									
金沙县									
织金县									
纳雍县									
威宁彝族回族苗族自治县									
赫章县									

7-6a　续表 7　　　　单位：人

现住地	大学本科			硕士研究生			博士研究生		
	小计	男	女	小计	男	女	小计	男	女
铜仁市	**19968**	**9550**	**10418**	**548**	**279**	**269**	**43**	**28**	**15**
碧江区	17604	8394	9210	501	255	246	42	27	15
万山区	2364	1156	1208	47	24	23	1	1	
江口县									
玉屏侗族自治县									
石阡县									
思南县									
印江土家族苗族自治县									
德江县									
沿河土家族自治县									
松桃苗族自治县									
黔西南布依族苗族自治州	**38251**	**18243**	**20008**	**960**	**459**	**501**	**72**	**37**	**35**
兴义市	34527	16231	18296	916	436	480	68	33	35
兴仁市	3724	2012	1712	44	23	21	4	4	
普安县									
晴隆县									
贞丰县									
望谟县									
册亨县									
安龙县									
黔东南苗族侗族自治州	**27437**	**13140**	**14297**	**623**	**325**	**298**	**57**	**33**	**24**
凯里市	27437	13140	14297	623	325	298	57	33	24
黄平县									
施秉县									
三穗县									
镇远县									
岑巩县									
天柱县									
锦屏县									
剑河县									
台江县									
黎平县									
榕江县									
从江县									
雷山县									
麻江县									
丹寨县									
黔南布依族苗族自治州	**27041**	**11604**	**15437**	**851**	**376**	**475**	**41**	**31**	**10**
都匀市	24328	10259	14069	812	357	455	39	29	10
福泉市	2713	1345	1368	39	19	20	2	2	
荔波县									
贵定县									
瓮安县									
独山县									
平塘县									
罗甸县									
长顺县									
龙里县									
惠水县									
三都水族自治县									

7−6b 全省按现住地、受教育程度、性别分的户口登记地在本省其他乡镇街道的人口(镇)

单位：人

现住地	合计			未上过学		
	合计	男	女	小计	男	女
贵　州	**3438089**	**1667595**	**1770494**	**133556**	**36353**	**97203**
贵阳市	**351427**	**171485**	**179942**	**6063**	**1669**	**4394**
南明区						
云岩区						
花溪区	101769	46718	55051	495	154	341
乌当区	7542	3994	3548	175	53	122
白云区	745	352	393	34	12	22
观山湖区	7997	4108	3889	268	83	185
开阳县	95375	47007	48368	2347	578	1769
息烽县	43343	20591	22752	1066	288	778
修文县	53613	27174	26439	1219	368	851
清镇市	41043	21541	19502	459	133	326
六盘水市	**139220**	**67671**	**71549**	**6985**	**1949**	**5036**
钟山区	13227	6640	6587	927	243	684
六枝特区	6110	2832	3278	574	131	443
水城县	91739	44474	47265	4923	1423	3500
盘州市	28144	13725	14419	561	152	409
遵义市	**631244**	**302546**	**328698**	**19966**	**4768**	**15198**
红花岗区	12922	6254	6668	386	119	267
汇川区	5678	2551	3127	257	68	189
播州区	15714	7304	8410	505	160	345
桐梓县	93014	44821	48193	2841	720	2121
绥阳县	58693	28552	30141	1730	453	1277
正安县	53822	25951	27871	1303	278	1025
道真仡佬族苗族自治县	48655	21774	26881	2128	399	1729
务川仡佬族苗族自治县	61458	29390	32068	2608	476	2132
凤冈县	58329	27547	30782	2024	424	1600
湄潭县	64048	30560	33488	1521	388	1133
余庆县	34037	15956	18081	1211	342	869
习水县	106383	52672	53711	2860	789	2071
赤水市	4102	1760	2342	180	37	143
仁怀市	14389	7454	6935	412	115	297
安顺市	**176037**	**85811**	**90226**	**7202**	**1693**	**5509**
西秀区	7271	3580	3691	461	141	320
平坝区	32241	17082	15159	871	212	659
普定县	39846	19028	20818	1355	337	1018
镇宁布依族苗族自治县	38429	18382	20047	1567	349	1218
关岭布依族苗族自治县	33546	16054	17492	1347	241	1106
紫云苗族布依族自治县	24704	11685	13019	1601	413	1188
毕节市	**677911**	**329416**	**348495**	**38450**	**12827**	**25623**
七星关区	9073	4116	4957	408	131	277
大方县	100033	47754	52279	3868	1344	2524
黔西县	124743	60718	64025	5338	1891	3447
金沙县	85104	41723	43381	3182	1021	2161
织金县	105014	51262	53752	7403	2303	5100
纳雍县	82289	40043	42246	3992	1085	2907
威宁彝族回族苗族自治县	133161	65269	67892	12623	4619	8004
赫章县	38494	18531	19963	1636	433	1203

7-6b　续表 1

单位：人

现住地	合计			未上过学		
	合计	男	女	小计	男	女
铜仁市	**373152**	**181105**	**192047**	**9632**	**2537**	**7095**
碧江区	313	164	149	16	7	9
万山区						
江口县	29067	14423	14644	1049	251	798
玉屏侗族自治县	22942	11387	11555	579	166	413
石阡县	34398	17076	17322	550	103	447
思南县	64652	31227	33425	1684	453	1231
印江土家族苗族自治县	46336	21683	24653	1176	264	912
德江县	70676	34631	36045	1784	413	1371
沿河土家族自治县	50065	24270	25795	1291	365	926
松桃苗族自治县	54703	26244	28459	1503	515	988
黔西南布依族苗族自治州	**167126**	**81845**	**85281**	**6825**	**1873**	**4952**
兴义市	11223	5555	5668	466	195	271
兴仁市	4349	2081	2268	183	54	129
普安县	13199	6444	6755	375	109	266
晴隆县	23513	11595	11918	1691	464	1227
贞丰县	36301	17613	18688	790	218	572
望谟县	22355	11496	10859	897	192	705
册亨县	20939	10438	10501	1718	474	1244
安龙县	35247	16623	18624	705	167	538
黔东南苗族侗族自治州	**455477**	**223535**	**231942**	**22017**	**5176**	**16841**
凯里市	4591	2215	2376	211	50	161
黄平县	22270	10519	11751	565	161	404
施秉县	18128	8661	9467	806	191	615
三穗县	31769	15204	16565	1397	272	1125
镇远县	29613	14228	15385	1301	271	1030
岑巩县	34541	16483	18058	1385	305	1080
天柱县	42071	20860	21211	806	275	531
锦屏县	32263	15236	17027	1817	341	1476
剑河县	32682	16571	16111	2639	484	2155
台江县	17354	8783	8571	1143	255	888
黎平县	59208	28826	30382	2850	634	2216
榕江县	35044	17440	17604	1172	395	777
从江县	31892	16522	15370	2796	840	1956
雷山县	19406	9919	9487	1561	351	1210
麻江县	16645	8047	8598	328	90	238
丹寨县	28000	14021	13979	1240	261	979
黔南布依族苗族自治州	**466495**	**224181**	**242314**	**16416**	**3861**	**12555**
都匀市	8368	3652	4716	45	13	32
福泉市	12138	6232	5906	437	152	285
荔波县	23339	11341	11998	355	99	256
贵定县	42306	18148	24158	1149	324	825
瓮安县	101134	49221	51913	2274	629	1645
独山县	26073	12749	13324	629	176	453
平塘县	19130	9034	10096	708	161	547
罗甸县	45233	22278	22955	3956	598	3358
长顺县	18987	8889	10098	854	199	655
龙里县	58125	30597	27528	1830	533	1297
惠水县	75264	33637	41627	2680	635	2045
三都水族自治县	36398	18403	17995	1499	342	1157

7-6b 续表 2

单位：人

现住地	学前教育			小学		
	小计	男	女	小计	男	女
贵州	**166782**	**89849**	**76933**	**875453**	**408355**	**467098**
贵阳市	**12404**	**6554**	**5850**	**63071**	**29527**	**33544**
南明区						
云岩区						
花溪区	589	320	269	3922	1849	2073
乌当区	218	112	106	1077	557	520
白云区	46	30	16	211	91	120
观山湖区	270	151	119	1525	709	816
开阳县	5798	3018	2780	27657	12650	15007
息烽县	2133	1131	1002	10409	4676	5733
修文县	2689	1466	1223	14389	7137	7252
清镇市	661	326	335	3881	1858	2023
六盘水市	**8007**	**4347**	**3660**	**39955**	**19419**	**20536**
钟山区	652	350	302	4589	2273	2316
六枝特区	375	211	164	2057	1036	1021
水城县	5488	2979	2509	27807	13530	14277
盘州市	1492	807	685	5502	2580	2922
遵义市	**32905**	**17397**	**15508**	**168704**	**74466**	**94238**
红花岗区	547	280	267	2946	1400	1546
汇川区	282	140	142	1401	653	748
播州区	851	471	380	3831	1726	2105
桐梓县	4047	2130	1917	22992	10347	12645
绥阳县	3156	1663	1493	14693	6752	7941
正安县	3118	1662	1456	16603	7030	9573
道真仡佬族苗族自治县	2285	1152	1133	15588	6189	9399
务川仡佬族苗族自治县	3607	1971	1636	17739	7979	9760
凤冈县	2556	1319	1237	15874	6763	9111
湄潭县	2799	1439	1360	14961	6742	8219
余庆县	1853	988	865	8738	3751	4987
习水县	6721	3602	3119	28079	12701	15378
赤水市	223	112	111	1375	583	792
仁怀市	860	468	392	3884	1850	2034
安顺市	**8722**	**4735**	**3987**	**46948**	**22289**	**24659**
西秀区	289	163	126	2250	1142	1108
平坝区	981	520	461	6149	2859	3290
普定县	2325	1260	1065	11069	5310	5759
镇宁布依族苗族自治县	2170	1179	991	11790	5492	6298
关岭布依族苗族自治县	1702	929	773	9084	4278	4806
紫云苗族布依族自治县	1255	684	571	6606	3208	3398
毕节市	**28628**	**15520**	**13108**	**167644**	**82893**	**84751**
七星关区	365	176	189	2188	1005	1183
大方县	4013	2211	1802	22504	11069	11435
黔西县	5976	3245	2731	34340	16613	17727
金沙县	2973	1561	1412	20221	9728	10493
织金县	4784	2646	2138	29758	15060	14698
纳雍县	3652	1973	1679	19229	9382	9847
威宁彝族回族苗族自治县	4971	2642	2329	30877	16012	14865
赫章县	1894	1066	828	8527	4024	4503

7-6b　续表 3　　　　单位：人

现住地	学前教育			小　学		
	小计	男	女	小计	男	女
铜仁市	**18886**	**10262**	**8624**	**93670**	**41136**	**52534**
碧江区	9	4	5	95	49	46
万山区						
江口县	1507	833	674	9079	4156	4923
玉屏侗族自治县	1107	593	514	6120	2834	3286
石阡县	1580	805	775	7185	2877	4308
思南县	2750	1484	1266	14384	6363	8021
印江土家族苗族自治县	2477	1321	1156	13383	5513	7870
德江县	4223	2262	1961	16696	7399	9297
沿河土家族自治县	2695	1541	1154	12606	5605	7001
松桃苗族自治县	2538	1419	1119	14122	6340	7782
黔西南布依族苗族自治州	**8673**	**4672**	**4001**	**45656**	**21248**	**24408**
兴义市	388	214	174	3148	1555	1593
兴仁市	217	120	97	1072	499	573
普安县	725	385	340	2892	1344	1548
晴隆县	1287	661	626	7412	3609	3803
贞丰县	2087	1129	958	9034	3953	5081
望谟县	1037	547	490	7327	3327	4000
册亨县	1173	651	522	7371	3490	3881
安龙县	1759	965	794	7400	3471	3929
黔东南苗族侗族自治州	**24846**	**13501**	**11345**	**133367**	**61915**	**71452**
凯里市	269	142	127	1324	597	727
黄平县	1159	601	558	5563	2550	3013
施秉县	1089	597	492	5197	2376	2821
三穗县	1480	814	666	10978	4809	6169
镇远县	1334	726	608	8850	4056	4794
岑巩县	1999	1092	907	9356	4227	5129
天柱县	2017	1110	907	10500	4732	5768
锦屏县	1829	990	839	10111	4369	5742
剑河县	1701	941	760	10184	4890	5294
台江县	851	486	365	5300	2541	2759
黎平县	3643	1945	1698	18486	8399	10087
榕江县	2133	1136	997	8302	3975	4327
从江县	1920	989	931	10716	5411	5305
雷山县	928	537	391	5374	2666	2708
麻江县	914	492	422	3851	1753	2098
丹寨县	1580	903	677	9275	4564	4711
黔南布依族苗族自治州	**23711**	**12861**	**10850**	**116438**	**55462**	**60976**
都匀市	83	42	41	336	155	181
福泉市	743	388	355	3506	1722	1784
荔波县	1395	808	587	5881	2584	3297
贵定县	1698	856	842	9396	4389	5007
瓮安县	5763	3020	2743	26497	12361	14136
独山县	1288	720	568	6171	2828	3343
平塘县	1445	807	638	5429	2480	2949
罗甸县	2846	1556	1290	14595	7206	7389
长顺县	976	564	412	4431	2094	2337
龙里县	2531	1381	1150	16822	8392	8430
惠水县	2729	1508	1221	12671	5919	6752
三都水族自治县	2214	1211	1003	10703	5332	5371

7-6b 续表 4

单位：人

现住地	初中			高中			大学专科		
	小计	男	女	小计	男	女	小计	男	女
贵州	**1036134**	**522407**	**513727**	**652944**	**327610**	**325334**	**281473**	**142739**	**138734**
贵阳市	**87949**	**45382**	**42567**	**46354**	**23668**	**22686**	**52360**	**28680**	**23680**
南明区									
云岩区									
花溪区	7675	4156	3519	3014	1173	1841	14668	8770	5898
乌当区	2846	1557	1289	2527	1418	1109	487	191	296
白云区	341	162	179	74	38	36	20	11	9
观山湖区	3372	1714	1658	1663	1013	650	566	264	302
开阳县	34009	17526	16483	14682	7722	6960	6679	3406	3273
息烽县	14682	7126	7556	8041	4005	4036	3813	1850	1963
修文县	19619	10367	9252	9723	5058	4665	2940	1421	1519
清镇市	5405	2774	2631	6630	3241	3389	23187	12767	10420
六盘水市	**41143**	**21015**	**20128**	**26636**	**13473**	**13163**	**9570**	**3971**	**5599**
钟山区	5009	2623	2386	1140	663	477	535	305	230
六枝特区	1970	962	1008	383	182	201	322	146	176
水城县	25585	13298	12287	15974	8131	7843	7240	2746	4494
盘州市	8579	4132	4447	9139	4497	4642	1473	774	699
遵义市	**227353**	**112705**	**114648**	**114668**	**58851**	**55817**	**36466**	**18442**	**18024**
红花岗区	5806	2866	2940	2005	1014	991	686	313	373
汇川区	2341	1026	1315	597	296	301	393	195	198
播州区	6502	2966	3536	2627	1345	1282	793	358	435
桐梓县	37326	18529	18797	16886	8365	8521	4569	2453	2116
绥阳县	20622	10051	10571	13009	6757	6252	3176	1681	1495
正安县	18849	9618	9231	7942	4191	3751	2949	1534	1415
道真仡佬族苗族自治县	16830	8014	8816	7783	4014	3769	2218	1078	1140
务川仡佬族苗族自治县	18194	8847	9347	11824	6152	5672	3869	2000	1869
凤冈县	21376	10717	10659	10050	5187	4863	3823	1831	1992
湄潭县	24305	11931	12374	12623	6278	6345	4506	2178	2328
余庆县	10431	4967	5464	7460	3841	3619	2620	1204	1416
习水县	36851	19072	17779	19577	10126	9451	6197	3284	2913
赤水市	1632	709	923	365	176	189	205	94	111
仁怀市	6288	3392	2896	1920	1109	811	462	239	223
安顺市	**51602**	**25240**	**26362**	**32440**	**15556**	**16884**	**17781**	**10705**	**7076**
西秀区	2837	1442	1395	692	358	334	410	189	221
平坝区	8609	4120	4489	6342	3078	3264	7747	5463	2284
普定县	13456	6358	7098	6046	2892	3154	3012	1609	1403
镇宁布依族苗族自治县	12098	6042	6056	5408	2570	2838	2871	1504	1367
关岭布依族苗族自治县	8474	4203	4271	8141	3963	4178	2172	1151	1021
紫云苗族布依族自治县	6128	3075	3053	5811	2695	3116	1569	789	780
毕节市	**186699**	**93294**	**93405**	**163305**	**77531**	**85774**	**50102**	**25110**	**24992**
七星关区	2633	1226	1407	2470	1079	1391	452	219	233
大方县	25854	12329	13525	27498	13112	14386	10911	4911	6000
黔西县	38849	19183	19666	24976	12092	12884	7943	3998	3945
金沙县	28620	14253	14367	20155	10102	10053	5057	2636	2421
织金县	27423	13926	13497	22534	10663	11871	6456	3242	3214
纳雍县	23134	11598	11536	20814	9972	10842	5821	3033	2788
威宁彝族回族苗族自治县	29928	15721	14207	35881	16270	19611	9937	5234	4703
赫章县	10258	5058	5200	8977	4241	4736	3525	1837	1688

7-6b　续表 5

单位：人

现住地	初中			高中			大学专科		
	小计	男	女	小计	男	女	小计	男	女
铜仁市	**112293**	**55694**	**56599**	**84882**	**43880**	**41002**	**32443**	**16056**	**16387**
碧江区	125	69	56	37	18	19	19	10	9
万山区									
江口县	9121	4679	4442	4751	2645	2106	1962	1001	961
玉屏侗族自治县	8055	4069	3986	3327	1804	1523	2034	1032	1002
石阡县	8332	3850	4482	11010	6386	4624	2979	1545	1434
思南县	19072	9447	9625	18030	9065	8965	4769	2308	2461
印江土家族苗族自治县	15758	7760	7998	6669	3167	3502	3761	1965	1796
德江县	21339	10972	10367	13246	6980	6266	10616	5066	5550
沿河土家族自治县	14995	7367	7628	12124	6108	6016	3374	1682	1692
松桃苗族自治县	15496	7481	8015	15688	7707	7981	2929	1447	1482
黔西南布依族苗族自治州	**47878**	**24551**	**23327**	**27830**	**13591**	**14239**	**15127**	**7892**	**7235**
兴义市	3383	1631	1752	1962	969	993	693	366	327
兴仁市	1555	774	781	562	251	311	357	195	162
普安县	3455	1730	1725	2688	1305	1383	1524	763	761
晴隆县	5868	3176	2692	3598	1678	1920	1703	937	766
贞丰县	12508	6282	6226	5847	2802	3045	3028	1615	1413
望谟县	6132	3583	2549	3079	1630	1449	2113	1230	883
册亨县	5213	2847	2366	1763	929	834	1841	1006	835
安龙县	9764	4528	5236	8331	4027	4304	3868	1780	2088
黔东南苗族侗族自治州	**140145**	**71535**	**68610**	**79942**	**42605**	**37337**	**29107**	**14936**	**14171**
凯里市	1801	918	883	365	199	166	337	172	165
黄平县	6890	3270	3620	5401	2552	2849	1251	631	620
施秉县	5654	2832	2822	3208	1548	1660	1251	638	613
三穗县	10570	5423	5147	4121	2215	1906	1654	856	798
镇远县	8879	4470	4409	5448	2738	2710	1844	933	911
岑巩县	10367	4923	5444	6606	3494	3112	2145	1035	1110
天柱县	14772	7094	7678	9740	5366	4374	2295	1215	1080
锦屏县	10662	5350	5312	4465	2375	2090	1681	895	786
剑河县	9145	5143	4002	5329	3050	2279	1721	983	738
台江县	5575	3031	2544	2398	1235	1163	1182	707	475
黎平县	18937	9843	9094	9071	4793	4278	3147	1639	1508
榕江县	11242	5533	5709	7152	3637	3515	3153	1668	1485
从江县	8173	4369	3804	4876	3041	1835	2052	1129	923
雷山县	5638	3077	2561	3400	1931	1469	1320	734	586
麻江县	4649	2205	2444	3659	1908	1751	1506	734	772
丹寨县	7191	4054	3137	4703	2523	2180	2568	967	1601
黔南布依族苗族自治州	**141072**	**72991**	**68081**	**76887**	**38455**	**38432**	**38517**	**16947**	**21570**
都匀市	899	480	419	1899	1277	622	4956	1610	3346
福泉市	4148	2105	2043	1169	606	563	1102	621	481
荔波县	7554	3972	3582	4709	2148	2561	1805	969	836
贵定县	11344	5596	5748	8682	3624	5058	7166	1990	5176
瓮安县	39429	19657	19772	15792	7957	7835	6685	3199	3486
独山县	8690	4289	4401	5101	2746	2355	2140	1012	1128
平塘县	5801	2771	3030	2006	1004	1002	1687	831	856
罗甸县	12179	6905	5274	6291	3286	3005	2686	1372	1314
长顺县	5045	2418	2627	5347	2431	2916	1045	527	518
龙里县	22635	12650	9985	7354	4152	3202	3665	1932	1733
惠水县	15446	7925	7521	9901	4815	5086	3379	1714	1665
三都水族自治县	7902	4223	3679	8636	4409	4227	2201	1170	1031

7-6b 续表 6

单位：人

现住地	大学本科			硕士研究生			博士研究生		
	小计	男	女	小计	男	女	小计	男	女
贵　州	**286455**	**138152**	**148303**	**4947**	**1917**	**3030**	**345**	**213**	**132**
贵阳市	**80464**	**35166**	**45298**	**2557**	**710**	**1847**	**205**	**129**	**76**
南明区									
云岩区									
花溪区	68974	29604	39370	2251	575	1676	181	117	64
乌当区	208	105	103	4	1	3			
白云区	19	8	11						
观山湖区	329	173	156	3	1	2	1		1
开阳县	4090	2057	2033	105	48	57	8	2	6
息烽县	3120	1482	1638	75	29	46	4	4	
修文县	2957	1320	1637	66	31	35	11	6	5
清镇市	767	417	350	53	25	28			
六盘水市	**6642**	**3357**	**3285**	**257**	**121**	**136**	**25**	**19**	**6**
钟山区	366	181	185	9	2	7			
六枝特区	428	164	264	1		1			
水城县	4459	2233	2226	238	115	123	25	19	6
盘州市	1389	779	610	9	4	5			
遵义市	**30724**	**15705**	**15019**	**441**	**203**	**238**	**17**	**9**	**8**
红花岗区	540	259	281	4	2	2	2	1	1
汇川区	404	172	232	2	1	1	1		1
播州区	600	277	323	4		4	1	1	
桐梓县	4286	2242	2044	65	33	32	2	2	
绥阳县	2261	1175	1086	46	20	26			
正安县	3014	1611	1403	44	27	17			
道真仡佬族苗族自治县	1805	921	884	17	6	11	1	1	
务川仡佬族苗族自治县	3567	1943	1624	50	22	28			
凤冈县	2584	1289	1295	40	17	23	2		2
湄潭县	3270	1582	1688	61	21	40	2	1	1
余庆县	1709	854	855	15	9	6			
习水县	6008	3053	2955	86	42	44	4	3	1
赤水市	122	49	73						
仁怀市	554	278	276	7	3	4	2		2
安顺市	**11158**	**5495**	**5663**	**176**	**94**	**82**	**8**	**4**	**4**
西秀区	327	142	185	5	3	2			
平坝区	1504	809	695	37	21	16	1		1
普定县	2549	1245	1304	34	17	17			
镇宁布依族苗族自治县	2482	1223	1259	39	22	17	4	1	3
关岭布依族苗族自治县	2585	1266	1319	38	20	18	3	3	
紫云苗族布依族自治县	1711	810	901	23	11	12			
毕节市	**42635**	**22018**	**20617**	**426**	**208**	**218**	**22**	**15**	**7**
七星关区	556	279	277				1	1	
大方县	5293	2732	2561	92	46	46			
黔西县	7236	3656	3580	80	37	43	5	3	2
金沙县	4861	2404	2457	31	15	16	4	3	1
织金县	6582	3388	3194	70	31	39	4	3	1
纳雍县	5598	2975	2623	45	23	22	4	2	2
威宁彝族回族苗族自治县	8871	4732	4139	69	36	33	4	3	1
赫章县	3638	1852	1786	39	20	19			

7-6b 续表 7 单位：人

现住地	大学本科			硕士研究生			博士研究生		
	小计	男	女	小计	男	女	小计	男	女
铜仁市	**21094**	**11397**	**9697**	**235**	**133**	**102**	**17**	**10**	**7**
碧江区	12	7	5						
万山区									
江口县	1590	854	736	7	4	3	1		1
玉屏侗族自治县	1692	873	819	26	14	12	2	2	
石阡县	2721	1483	1238	40	26	14	1	1	
思南县	3927	2087	1840	34	19	15	2	1	1
印江土家族苗族自治县	3074	1675	1399	33	15	18	5	3	2
德江县	2747	1522	1225	22	16	6	3	1	2
沿河土家族自治县	2939	1576	1363	40	25	15	1	1	
松桃苗族自治县	2392	1320	1072	33	14	19	2	1	1
黔西南布依族苗族自治州	**15001**	**7944**	**7057**	**130**	**69**	**61**	**6**	**5**	**1**
兴义市	1178	622	556	5	3	2			
兴仁市	398	188	210	5		5			
普安县	1529	800	729	11	8	3			
晴隆县	1942	1064	878	12	6	6			
贞丰县	2977	1598	1379	30	16	14			
望谟县	1756	980	776	14	7	7			
册亨县	1842	1027	815	14	10	4	4	4	
安龙县	3379	1665	1714	39	19	20	2	1	1
黔东南苗族侗族自治州	**25836**	**13726**	**12110**	**203**	**133**	**70**	**14**	**8**	**6**
凯里市	283	137	146	1		1			
黄平县	1429	746	683	9	6	3	3	2	1
施秉县	911	472	439	11	6	5	1	1	
三穗县	1559	807	752	10	8	2			
镇远县	1940	1027	913	16	7	9	1		1
岑巩县	2661	1393	1268	22	14	8			
天柱县	1931	1062	869	10	6	4			
锦屏县	1684	907	777	13	8	5	1	1	
剑河县	1951	1071	880	12	9	3			
台江县	893	518	375	10	9	1	2	1	1
黎平县	3045	1554	1491	28	19	9	1		1
榕江县	1881	1089	792	8	6	2	1	1	
从江县	1346	735	611	11	6	5	2	2	
雷山县	1173	614	559	12	9	3			
麻江县	1720	854	866	17	11	6	1		1
丹寨县	1429	740	689	13	9	4	1		1
黔南布依族苗族自治州	**52901**	**23344**	**29557**	**522**	**246**	**276**	**31**	**14**	**17**
都匀市	146	72	74	4	3	1			
福泉市	1007	618	389	24	18	6	2	2	
荔波县	1632	758	874	8	3	5			
贵定县	2805	1341	1464	63	28	35	3		3
瓮安县	4595	2357	2238	86	34	52	13	7	6
独山县	2001	950	1051	53	28	25			
平塘县	2036	966	1070	16	13	3	2	1	1
罗甸县	2648	1338	1310	31	17	14	1		1
长顺县	1276	648	628	12	8	4	1		1
龙里县	3218	1522	1696	63	32	31	7	3	4
惠水县	28318	11072	17246	138	48	90	2	1	1
三都水族自治县	3219	1702	1517	24	14	10			

7-6c 全省按现住地、受教育程度、性别分的户口登记地在本省其他乡镇街道的人口(乡村)

单位：人

现住地	合计			未上过学		
	合计	男	女	小计	男	女
贵　州	**1420218**	**678533**	**741685**	**68839**	**19563**	**49276**
贵阳市	**225743**	**113263**	**112480**	**7176**	**2153**	**5023**
南明区	22263	12207	10056	703	227	476
云岩区						
花溪区	31988	15225	16763	1053	315	738
乌当区	33326	17041	16285	1323	434	889
白云区	13906	7102	6804	357	105	252
观山湖区	36484	18581	17903	567	176	391
开阳县	10243	4553	5690	428	111	317
息烽县	8788	3208	5580	395	106	289
修文县	20784	10027	10757	641	206	435
清镇市	47961	25319	22642	1709	473	1236
六盘水市	**122387**	**58797**	**63590**	**5574**	**1631**	**3943**
钟山区	13136	5980	7156	415	131	284
六枝特区	16168	7486	8682	1079	277	802
水城县	48972	23625	25347	2639	775	1864
盘州市	44111	21706	22405	1441	448	993
遵义市	**260223**	**125665**	**134558**	**9803**	**2922**	**6881**
红花岗区	18846	9073	9773	675	189	486
汇川区	9961	4628	5333	561	152	409
播州区	38640	17845	20795	1317	370	947
桐梓县	23597	11595	12002	868	267	601
绥阳县	16319	7975	8344	723	234	489
正安县	27388	13388	14000	846	238	608
道真仡佬族苗族自治县	11726	5369	6357	517	110	407
务川仡佬族苗族自治县	5015	2541	2474	270	62	208
凤冈县	9034	4188	4846	320	89	231
湄潭县	16064	7663	8401	604	161	443
余庆县	12057	5718	6339	479	135	344
习水县	29610	14725	14885	1202	435	767
赤水市	10626	5222	5404	371	142	229
仁怀市	31340	15735	15605	1050	338	712
安顺市	**94508**	**43271**	**51237**	**5628**	**1439**	**4189**
西秀区	30470	14637	15833	1606	465	1141
平坝区	19289	8192	11097	870	245	625
普定县	14014	6256	7758	530	144	386
镇宁布依族苗族自治县	10797	5097	5700	827	193	634
关岭布依族苗族自治县	7709	3472	4237	583	112	471
紫云苗族布依族自治县	12229	5617	6612	1212	280	932
毕节市	**195450**	**86568**	**108882**	**13233**	**3932**	**9301**
七星关区	28192	12233	15959	1952	615	1337
大方县	31360	13750	17610	2051	627	1424
黔西县	30234	12833	17401	2070	605	1465
金沙县	21376	10522	10854	1203	343	860
织金县	20691	8756	11935	1701	454	1247
纳雍县	18394	8050	10344	1687	448	1239
威宁彝族回族苗族自治县	18500	7955	10545	1258	411	847
赫章县	26703	12469	14234	1311	429	882

7−6c　续表 1

单位：人

现住地	合计			未上过学		
	合计	男	女	小计	男	女
铜仁市	**112285**	**53775**	**58510**	**4564**	**1320**	**3244**
碧江区	16037	6316	9721	364	95	269
万山区	6730	3252	3478	238	67	171
江口县	8299	4215	4084	287	83	204
玉屏侗族自治县	5406	2641	2765	112	47	65
石阡县	8158	4141	4017	592	237	355
思南县	14770	7294	7476	777	170	607
印江土家族苗族自治县	11897	5873	6024	402	110	292
德江县	17423	8502	8921	825	205	620
沿河土家族自治县	9764	4942	4822	391	104	287
松桃苗族自治县	13801	6599	7202	576	202	374
黔西南布依族苗族自治州	**111953**	**53655**	**58298**	**6696**	**1885**	**4811**
兴义市	25407	11979	13428	680	203	477
兴仁市	8984	3997	4987	447	121	326
普安县	11128	5319	5809	497	132	365
晴隆县	12635	6435	6200	1076	326	750
贞丰县	8658	4214	4444	397	85	312
望谟县	15028	7482	7546	1461	353	1108
册亨县	18732	9235	9497	1650	524	1126
安龙县	11381	4994	6387	488	141	347
黔东南苗族侗族自治州	**170338**	**83366**	**86972**	**10404**	**2543**	**7861**
凯里市	21183	10379	10804	617	165	452
黄平县	9186	4319	4867	262	80	182
施秉县	5540	2680	2860	280	72	208
三穗县	6906	3263	3643	369	91	278
镇远县	3346	1399	1947	179	41	138
岑巩县	10524	5130	5394	1207	281	926
天柱县	9578	4561	5017	248	78	170
锦屏县	7081	3650	3431	253	71	182
剑河县	15044	7587	7457	1240	248	992
台江县	7676	3614	4062	451	133	318
黎平县	31039	15470	15569	1633	388	1245
榕江县	15020	7654	7366	1003	285	718
从江县	10070	4866	5204	716	190	526
雷山县	11795	6193	5602	1609	345	1264
麻江县	3417	1277	2140	152	32	120
丹寨县	2933	1324	1609	185	43	142
黔南布依族苗族自治州	**127331**	**60173**	**67158**	**5761**	**1738**	**4023**
都匀市	16834	8617	8217	643	236	407
福泉市	10434	5304	5130	361	106	255
荔波县	11078	5832	5246	627	189	438
贵定县	12481	3734	8747	259	57	202
瓮安县	16456	8487	7969	473	125	348
独山县	11752	5536	6216	692	190	502
平塘县	11616	5477	6139	576	220	356
罗甸县	5580	2819	2761	509	131	378
长顺县	5533	2373	3160	343	64	279
龙里县	11332	5684	5648	574	232	342
惠水县	10028	4414	5614	520	141	379
三都水族自治县	4207	1896	2311	184	47	137

7-6c 续表 2

单位：人

现住地	学前教育			小学		
	小计	男	女	小计	男	女
贵州	**50402**	**26563**	**23839**	**376372**	**174515**	**201857**
贵阳市	**6887**	**3540**	**3347**	**52312**	**25033**	**27279**
南明区	718	348	370	6094	3199	2895
云岩区						
花溪区	1022	533	489	7168	3460	3708
乌当区	1057	537	520	6958	3521	3437
白云区	343	157	186	2380	1274	1106
观山湖区	761	420	341	5828	2954	2874
开阳县	328	160	168	3270	1388	1882
息烽县	287	142	145	2818	1052	1766
修文县	745	397	348	5709	2668	3041
清镇市	1626	846	780	12087	5517	6570
六盘水市	**5503**	**2937**	**2566**	**31602**	**14868**	**16734**
钟山区	176	89	87	1610	755	855
六枝特区	656	344	312	5136	2442	2694
水城县	1801	947	854	13619	6283	7336
盘州市	2870	1557	1313	11237	5388	5849
遵义市	**8689**	**4607**	**4082**	**66232**	**30576**	**35656**
红花岗区	481	252	229	4861	2201	2660
汇川区	409	224	185	2811	1414	1397
播州区	1184	618	566	9243	4153	5090
桐梓县	646	345	301	6095	2827	3268
绥阳县	722	380	342	4340	2038	2302
正安县	1152	611	541	7911	3452	4459
道真仡佬族苗族自治县	374	207	167	3456	1452	2004
务川仡佬族苗族自治县	159	84	75	1303	583	720
凤冈县	245	124	121	1954	851	1103
湄潭县	699	358	341	4359	2045	2314
余庆县	424	227	197	3107	1463	1644
习水县	1067	557	510	7552	3565	3987
赤水市	385	213	172	2678	1325	1353
仁怀市	742	407	335	6562	3207	3355
安顺市	**3874**	**2018**	**1856**	**27832**	**12900**	**14932**
西秀区	1291	654	637	8380	3939	4441
平坝区	831	445	386	5479	2448	3031
普定县	467	224	243	3906	1847	2059
镇宁布依族苗族自治县	375	203	172	3701	1707	1994
关岭布依族苗族自治县	360	200	160	2561	1164	1397
紫云苗族布依族自治县	550	292	258	3805	1795	2010
毕节市	**7272**	**3752**	**3520**	**58967**	**25796**	**33171**
七星关区	1250	670	580	7987	3454	4533
大方县	1236	657	579	9538	4254	5284
黔西县	1191	606	585	10408	4445	5963
金沙县	718	348	370	7034	3247	3787
织金县	735	365	370	6543	2641	3902
纳雍县	743	368	375	5341	2266	3075
威宁彝族回族苗族自治县	547	299	248	5306	2234	3072
赫章县	852	439	413	6810	3255	3555

7-6c　续表 3

单位：人

现住地	学前教育			小学		
	小计	男	女	小计	男	女
铜仁市	**3648**	**1913**	**1735**	**26619**	**12354**	**14265**
碧江区	486	229	257	2954	1356	1598
万山区	286	157	129	1711	780	931
江口县	281	155	126	2172	1022	1150
玉屏侗族自治县	186	99	87	1058	477	581
石阡县	289	152	137	2079	955	1124
思南县	475	251	224	4210	2059	2151
印江土家族苗族自治县	339	175	164	2492	1099	1393
德江县	520	273	247	4078	1921	2157
沿河土家族自治县	325	177	148	2147	1009	1138
松桃苗族自治县	461	245	216	3718	1676	2042
黔西南布依族苗族自治州	**3740**	**1987**	**1753**	**32596**	**15262**	**17334**
兴义市	502	255	247	5501	2468	3033
兴仁市	247	139	108	2485	1050	1435
普安县	447	258	189	2608	1212	1396
晴隆县	565	290	275	4375	2138	2237
贞丰县	323	170	153	2922	1355	1567
望谟县	514	287	227	4514	2273	2241
册亨县	723	361	362	6675	3246	3429
安龙县	419	227	192	3516	1520	1996
黔东南苗族侗族自治州	**6676**	**3600**	**3076**	**47918**	**22556**	**25362**
凯里市	326	175	151	3209	1490	1719
黄平县	205	97	108	2031	919	1112
施秉县	245	142	103	1744	817	927
三穗县	267	142	125	2553	1135	1418
镇远县	91	49	42	963	364	599
岑巩县	420	221	199	3812	1932	1880
天柱县	433	236	197	2927	1325	1602
锦屏县	227	124	103	1436	628	808
剑河县	933	509	424	5560	2630	2930
台江县	262	148	114	1466	698	768
黎平县	1753	961	792	9196	4197	4999
榕江县	496	259	237	4068	2052	2016
从江县	330	166	164	2591	1157	1434
雷山县	454	249	205	4441	2393	2048
麻江县	103	47	56	1074	419	655
丹寨县	131	75	56	847	400	447
黔南布依族苗族自治州	**4113**	**2209**	**1904**	**32294**	**15170**	**17124**
都匀市	423	228	195	3128	1532	1596
福泉市	351	187	164	3076	1487	1589
荔波县	596	333	263	4565	2223	2342
贵定县	203	89	114	1566	711	855
瓮安县	602	328	274	4307	1979	2328
独山县	455	229	226	3116	1448	1668
平塘县	400	229	171	2617	1293	1324
罗甸县	140	80	60	1330	656	674
长顺县	159	88	71	1542	593	949
龙里县	319	186	133	3124	1457	1667
惠水县	318	156	162	2616	1188	1428
三都水族自治县	147	76	71	1307	603	704

7-6c 续表 4

单位：人

现住地	初中			高中			大学专科		
	小计	男	女	小计	男	女	小计	男	女
贵州	**510470**	**244566**	**265904**	**241882**	**125343**	**116539**	**108146**	**53685**	**54461**
贵阳市	**85140**	**42306**	**42834**	**34785**	**18358**	**16427**	**31001**	**17667**	**13334**
南明区	9796	5850	3946	3066	1646	1420	1240	625	615
云岩区									
花溪区	15584	7482	8102	4098	1887	2211	1549	737	812
乌当区	11947	6381	5566	7832	4180	3652	2663	1305	1358
白云区	5103	2714	2389	4625	2296	2329	610	319	291
观山湖区	10761	5842	4919	4139	2503	1636	12723	5821	6902
开阳县	3966	1733	2233	1052	507	545	757	407	350
息烽县	3922	1326	2596	741	308	433	377	157	220
修文县	8218	3729	4489	4196	2403	1793	693	334	359
清镇市	15843	7249	8594	5036	2628	2408	10389	7962	2427
六盘水市	**41717**	**19963**	**21754**	**26956**	**13658**	**13298**	**6025**	**3166**	**2859**
钟山区	2401	899	1502	8061	3851	4210	250	140	110
六枝特区	6325	2826	3499	1408	777	631	801	420	381
水城县	15288	7537	7751	11869	6045	5824	1975	1106	869
盘州市	17703	8701	9002	5618	2985	2633	2999	1500	1499
遵义市	**102550**	**49731**	**52819**	**50359**	**25779**	**24580**	**10599**	**5637**	**4962**
红花岗区	8840	4268	4572	2399	1285	1114	992	554	438
汇川区	4442	1957	2485	969	506	463	434	205	229
播州区	16944	7695	9249	7295	3650	3645	1563	806	757
桐梓县	10141	5139	5002	4343	2165	2178	773	440	333
绥阳县	7567	3731	3836	1993	1029	964	483	283	200
正安县	9068	4690	4378	6315	3242	3073	1059	571	488
道真仡佬族苗族自治县	4022	1974	2048	2438	1152	1286	517	264	253
务川仡佬族苗族自治县	1716	882	834	815	445	370	383	244	139
凤冈县	2944	1329	1615	2964	1515	1449	339	158	181
湄潭县	6454	3054	3400	2696	1449	1247	743	342	401
余庆县	5553	2612	2941	1151	587	564	836	404	432
习水县	11013	5446	5567	6814	3680	3134	996	560	436
赤水市	3106	1425	1681	3103	1594	1509	518	286	232
仁怀市	10740	5529	5211	7064	3480	3584	963	520	443
安顺市	**38334**	**17333**	**21001**	**10492**	**5214**	**5278**	**4599**	**2370**	**2229**
西秀区	13260	6450	6810	3227	1704	1523	1539	808	731
平坝区	8649	3462	5187	1863	824	1039	962	442	520
普定县	5046	2121	2925	3235	1504	1731	465	223	242
镇宁布依族苗族自治县	4239	2083	2156	774	428	346	524	277	247
关岭布依族苗族自治县	2827	1213	1614	546	302	244	416	247	169
紫云苗族布依族自治县	4313	2004	2309	847	452	395	693	373	320
毕节市	**73580**	**31448**	**42132**	**20830**	**10138**	**10692**	**11110**	**5838**	**5272**
七星关区	11443	4687	6756	2813	1396	1417	1514	784	730
大方县	11928	5055	6873	3068	1415	1653	1894	934	960
黔西县	11797	4729	7068	2541	1257	1284	1230	662	568
金沙县	8926	4612	4314	1836	1051	785	916	519	397
织金县	7789	3144	4645	1746	911	835	1280	703	577
纳雍县	6450	2726	3724	1390	703	687	1395	775	620
威宁彝族回族苗族自治县	7005	2715	4290	1601	804	797	1190	587	603
赫章县	8242	3780	4462	5835	2601	3234	1691	874	817

7-6c　续表 5

单位：人

现住地	初中			高中			大学专科		
	小计	男	女	小计	男	女	小计	男	女
铜仁市	**33578**	**16602**	**16976**	**25780**	**13467**	**12313**	**11813**	**4580**	**7233**
碧江区	3980	1990	1990	1309	701	608	6166	1521	4645
万山区	2197	1080	1117	1455	741	714	427	223	204
江口县	2961	1492	1469	1734	985	749	517	267	250
玉屏侗族自治县	1881	858	1023	1433	733	700	476	272	204
石阡县	2871	1487	1384	908	476	432	744	432	312
思南县	4271	2094	2177	3264	1719	1545	774	427	347
印江土家族苗族自治县	3076	1621	1455	4783	2419	2364	451	244	207
德江县	4942	2593	2349	5368	2661	2707	813	421	392
沿河土家族自治县	2603	1217	1386	2566	1395	1171	753	433	320
松桃苗族自治县	4796	2170	2626	2960	1637	1323	692	340	352
黔西南布依族苗族自治州	**37391**	**17941**	**19450**	**20879**	**10773**	**10106**	**5614**	**3022**	**2592**
兴义市	9165	3871	5294	7219	4051	3168	1290	637	653
兴仁市	4028	1772	2256	884	463	421	524	273	251
普安县	3142	1523	1619	2922	1363	1559	703	362	341
晴隆县	4169	2269	1900	888	480	408	670	395	275
贞丰县	3604	1768	1836	663	392	271	463	259	204
望谟县	4215	2310	1905	2762	1323	1439	865	526	339
册亨县	4182	2378	1804	4538	2225	2313	479	249	230
安龙县	4886	2050	2836	1003	476	527	620	321	299
黔东南苗族侗族自治州	**55085**	**27888**	**27197**	**29489**	**16284**	**13205**	**13468**	**6527**	**6941**
凯里市	6470	3334	3136	3879	2458	1421	6153	2472	3681
黄平县	2595	1216	1379	3370	1643	1727	346	175	171
施秉县	2162	1035	1127	681	366	315	246	135	111
三穗县	2541	1233	1308	548	321	227	315	186	129
镇远县	1313	515	798	338	176	162	249	130	119
岑巩县	3988	2124	1864	527	279	248	239	122	117
天柱县	4257	2006	2251	1082	578	504	391	201	190
锦屏县	1956	1001	955	2202	1233	969	464	305	159
剑河县	5142	2904	2238	1128	701	427	540	302	238
台江县	1618	798	820	3011	1337	1674	430	254	176
黎平县	9755	5097	4658	5194	2998	2196	1879	987	892
榕江县	4415	2199	2216	3690	2112	1578	651	365	286
从江县	2860	1333	1527	2305	1257	1048	663	401	262
雷山县	3563	2162	1401	868	550	318	495	297	198
麻江县	1356	465	891	357	128	229	184	90	94
丹寨县	1094	466	628	309	147	162	223	105	118
黔南布依族苗族自治州	**43095**	**21354**	**21741**	**22312**	**11672**	**10640**	**13917**	**4878**	**9039**
都匀市	5186	2667	2519	5285	2738	2547	976	555	421
福泉市	4486	2230	2256	1033	607	426	640	379	261
荔波县	3513	2084	1429	1082	623	459	340	204	136
贵定县	2396	1164	1232	1157	569	588	6705	1045	5660
瓮安县	6623	3380	3243	3334	2045	1289	735	404	331
独山县	4106	2048	2058	2437	1160	1277	496	264	232
平塘县	2737	1239	1498	4057	1847	2210	504	278	226
罗甸县	1459	712	747	939	480	459	462	287	175
长顺县	2282	985	1297	681	376	305	296	144	152
龙里县	4998	2570	2428	1230	691	539	657	338	319
惠水县	3717	1592	2125	701	339	362	1824	833	991
三都水族自治县	1592	683	909	376	197	179	282	147	135

7-6c 续表 6

单位：人

现住地	大学本科			硕士研究生			博士研究生		
	小计	男	女	小计	男	女	小计	男	女
贵　州	**62880**	**33647**	**29233**	**1123**	**583**	**540**	**104**	**68**	**36**
贵阳市	**8052**	**4033**	**4019**	**351**	**150**	**201**	**39**	**23**	**16**
南明区	627	300	327	16	10	6	3	2	1
云岩区									
花溪区	1391	752	639	96	41	55	27	18	9
乌当区	1466	648	818	77	34	43	3	1	2
白云区	447	220	227	40	17	23	1		1
观山湖区	1635	843	792	67	21	46	3	1	2
开阳县	434	241	193	8	6	2			
息烽县	244	115	129	4	2	2			
修文县	575	289	286	7	1	6			
清镇市	1233	625	608	36	18	18	2	1	1
六盘水市	**4930**	**2533**	**2397**	**77**	**39**	**38**	**3**	**2**	**1**
钟山区	200	106	94	23	9	14			
六枝特区	758	396	362	5	4	1			
水城县	1744	912	832	37	20	17			
盘州市	2228	1119	1109	12	6	6	3	2	1
遵义市	**11792**	**6319**	**5473**	**181**	**81**	**100**	**18**	**13**	**5**
红花岗区	584	318	266	11	4	7	3	2	1
汇川区	328	167	161	7	3	4			
播州区	1081	545	536	12	7	5	1	1	
桐梓县	719	405	314	11	6	5	1	1	
绥阳县	488	279	209	3	1	2			
正安县	1022	576	446	14	7	7	1	1	
道真仡佬族苗族自治县	398	206	192	4	4				
务川仡佬族苗族自治县	366	240	126	3	1	2			
凤冈县	265	122	143	3		3			
湄潭县	502	251	251	7	3	4			
余庆县	499	288	211	8	2	6			
习水县	948	474	474	17	7	10	1	1	
赤水市	454	230	224	11	7	4			
仁怀市	4138	2218	1920	70	29	41	11	7	4
安顺市	**3678**	**1951**	**1727**	**63**	**40**	**23**	**8**	**6**	**2**
西秀区	1146	607	539	21	10	11			
平坝区	617	315	302	15	9	6	3	2	1
普定县	362	190	172	3	3				
镇宁布依族苗族自治县	345	198	147	7	4	3	5	4	1
关岭布依族苗族自治县	411	229	182	5	5				
紫云苗族布依族自治县	797	412	385	12	9	3			
毕节市	**10329**	**5589**	**4740**	**120**	**68**	**52**	**9**	**7**	**2**
七星关区	1208	616	592	24	10	14	1	1	
大方县	1626	798	828	18	10	8	1		1
黔西县	984	524	460	12	4	8	1	1	
金沙县	732	394	338	11	8	3			
织金县	883	530	353	14	8	6			
纳雍县	1377	758	619	11	6	5			
威宁彝族回族苗族自治县	1579	897	682	13	8	5	1		1
赫章县	1940	1072	868	17	14	3	5	5	

7-6c　续表 7　　　　单位：人

现住地	大学本科			硕士研究生			博士研究生		
	小计	男	女	小计	男	女	小计	男	女
铜仁市	**6175**	**3467**	**2708**	**101**	**68**	**33**	**7**	**4**	**3**
碧江区	737	398	339	37	24	13	4	2	2
万山区	416	204	212						
江口县	338	208	130	9	3	6			
玉屏侗族自治县	256	152	104	4	3	1			
石阡县	669	396	273	6	6				
思南县	990	567	423	8	7	1	1		1
印江土家族苗族自治县	352	203	149	1	1		1	1	
德江县	864	421	443	13	7	6			
沿河土家族自治县	966	596	370	12	10	2	1	1	
松桃苗族自治县	587	322	265	11	7	4			
黔西南布依族苗族自治州	**4968**	**2751**	**2217**	**63**	**31**	**32**	**6**	**3**	**3**
兴义市	1026	484	542	24	10	14			
兴仁市	357	174	183	10	4	6	2	1	1
普安县	805	467	338	4	2	2			
晴隆县	879	529	350	10	7	3	3	1	2
贞丰县	280	180	100	6	5	1			
望谟县	694	409	285	3	1	2			
册亨县	480	250	230	4	1	3	1	1	
安龙县	447	258	189	2	1	1			
黔东南苗族侗族自治州	**7217**	**3909**	**3308**	**75**	**53**	**22**	**6**	**6**	
凯里市	520	280	240	8	4	4	1	1	
黄平县	375	187	188	2	2				
施秉县	179	111	68	3	2	1			
三穗县	312	154	158	1	1				
镇远县	210	121	89				3	3	
岑巩县	331	171	160						
天柱县	236	135	101	4	2	2			
锦屏县	538	284	254	5	4	1			
剑河县	499	291	208	2	2				
台江县	430	239	191	8	7	1			
黎平县	1611	831	780	17	10	7	1	1	
榕江县	691	377	314	6	5	1			
从江县	593	352	241	12	10	2			
雷山县	360	194	166	4	2	2	1	1	
麻江县	189	95	94	2	1	1			
丹寨县	143	87	56	1	1				
黔南布依族苗族自治州	**5739**	**3095**	**2644**	**92**	**53**	**39**	**8**	**4**	**4**
都匀市	1172	650	522	19	10	9	2	1	1
福泉市	481	304	177	6	4	2			
荔波县	351	173	178	3	2	1	1	1	
贵定县	192	97	95	3	2	1			
瓮安县	375	222	153	7	4	3			
独山县	445	196	249	5	1	4			
平塘县	709	361	348	15	9	6	1	1	
罗甸县	730	466	264	11	7	4			
长顺县	222	118	104	7	5	2	1		1
龙里县	426	208	218	2	1	1	2	1	1
惠水县	325	159	166	6	6		1		1
三都水族自治县	311	141	170	8	2	6			

7-7 全省按现住地、受教育程度、性别分的户口登记地在外省的人口

单位：人

现住地	合计			未上过学		
	合计	男	女	小计	男	女
贵　州	**1117857**	**641094**	**476763**	**18995**	**6567**	**12428**
贵阳市	**430717**	**253245**	**177472**	**6631**	**2312**	**4319**
南明区	107178	63077	44101	1713	609	1104
云岩区	82865	47827	35038	1511	523	988
花溪区	77036	45139	31897	970	365	605
乌当区	19357	11311	8046	309	107	202
白云区	34984	20774	14210	585	190	395
观山湖区	67259	40650	26609	918	301	617
开阳县	6427	3510	2917	96	27	69
息烽县	5146	2771	2375	83	24	59
修文县	7896	4751	3145	108	41	67
清镇市	22569	13435	9134	338	125	213
六盘水市	**78674**	**43719**	**34955**	**1602**	**584**	**1018**
钟山区	31402	17498	13904	665	256	409
六枝特区	9120	5117	4003	209	77	132
水城县	11237	6616	4621	269	91	178
盘州市	26915	14488	12427	459	160	299
遵义市	**174360**	**94697**	**79663**	**3165**	**1056**	**2109**
红花岗区	44435	24494	19941	829	274	555
汇川区	19094	10547	8547	293	89	204
播州区	18778	10461	8317	347	129	218
桐梓县	11065	6073	4992	226	82	144
绥阳县	4488	2502	1986	76	31	45
正安县	4528	2437	2091	51	18	33
道真仡佬族苗族自治县	3982	2012	1970	70	23	47
务川仡佬族苗族自治县	3855	2238	1617	63	20	43
凤冈县	4135	2073	2062	66	21	45
湄潭县	5086	2712	2374	95	33	62
余庆县	4005	2412	1593	52	17	35
习水县	12402	6476	5926	225	75	150
赤水市	16730	8434	8296	423	130	293
仁怀市	21777	11826	9951	349	114	235
安顺市	**57684**	**33857**	**23827**	**1034**	**327**	**707**
西秀区	30876	18015	12861	509	172	337
平坝区	10194	6314	3880	179	58	121
普定县	4675	2745	1930	68	16	52
镇宁布依族苗族自治县	4335	2476	1859	65	19	46
关岭布依族苗族自治县	3746	2220	1526	77	22	55
紫云苗族布依族自治县	3858	2087	1771	136	40	96
毕节市	**89310**	**50360**	**38950**	**2176**	**767**	**1409**
七星关区	22075	11094	10981	583	191	392
大方县	9140	5034	4106	160	58	102
黔西县	11331	6539	4792	237	99	138
金沙县	10988	7034	3954	168	66	102
织金县	10451	6277	4174	263	72	191
纳雍县	7526	4522	3004	200	74	126
威宁彝族回族苗族自治县	11628	6328	5300	417	158	259
赫章县	6171	3532	2639	148	49	99

7-7　续表 1　　单位：人

现住地	合计			未上过学		
	合计	男	女	小计	男	女
铜仁市	**63719**	**35326**	**28393**	**870**	**326**	**544**
碧江区	19297	10347	8950	269	100	169
万山区	4566	2648	1918	64	28	36
江口县	3098	1773	1325	42	19	23
玉屏侗族自治县	4671	2598	2073	59	16	43
石阡县	4123	2481	1642	31	10	21
思南县	6516	3766	2750	76	33	43
印江土家族苗族自治县	3533	2074	1459	29	9	20
德江县	4240	2365	1875	41	13	28
沿河土家族自治县	4966	2707	2259	107	41	66
松桃苗族自治县	8709	4567	4142	152	57	95
黔西南布依族苗族自治州	**59974**	**35304**	**24670**	**821**	**279**	**542**
兴义市	32407	18603	13804	446	144	302
兴仁市	6829	4169	2660	90	36	54
普安县	3760	2486	1274	62	23	39
晴隆县	2689	1707	982	36	17	19
贞丰县	4325	2582	1743	34	12	22
望谟县	2362	1383	979	32	9	23
册亨县	2233	1312	921	38	10	28
安龙县	5369	3062	2307	83	28	55
黔东南苗族侗族自治州	**75627**	**42655**	**32972**	**1239**	**402**	**837**
凯里市	29016	16639	12377	425	138	287
黄平县	2679	1617	1062	20	7	13
施秉县	1415	750	665	31	12	19
三穗县	3207	1700	1507	62	17	45
镇远县	3418	1843	1575	52	14	38
岑巩县	3467	1893	1574	51	22	29
天柱县	3860	1964	1896	61	19	42
锦屏县	2489	1479	1010	33	15	18
剑河县	2608	1487	1121	72	24	48
台江县	1595	997	598	19	3	16
黎平县	6473	3486	2987	117	34	83
榕江县	4195	2500	1695	59	16	43
从江县	4514	2457	2057	113	41	72
雷山县	2431	1463	968	53	19	34
麻江县	2402	1369	1033	35	11	24
丹寨县	1858	1011	847	36	10	26
黔南布依族苗族自治州	**87792**	**51931**	**35861**	**1457**	**514**	**943**
都匀市	20857	12295	8562	373	147	226
福泉市	7230	4431	2799	111	35	76
荔波县	6193	3982	2211	80	33	47
贵定县	6416	3927	2489	111	35	76
瓮安县	7544	4249	3295	112	45	67
独山县	6831	4062	2769	85	23	62
平塘县	3719	2065	1654	56	16	40
罗甸县	4748	2704	2044	103	30	73
长顺县	3036	1678	1358	38	11	27
龙里县	9197	5802	3395	173	67	106
惠水县	8885	4993	3892	180	61	119
三都水族自治县	3136	1743	1393	35	11	24

7-7 续表 2

单位：人

现住地	学前教育			小学		
	小计	男	女	小计	男	女
贵　州	**38337**	**20420**	**17917**	**214721**	**110389**	**104332**
贵阳市	**12514**	**6723**	**5791**	**71208**	**37066**	**34142**
南明区	2964	1594	1370	17835	9115	8720
云岩区	2507	1337	1170	14582	7452	7130
花溪区	2237	1221	1016	10607	5457	5150
乌当区	547	292	255	3186	1700	1486
白云区	983	523	460	6346	3489	2857
观山湖区	1974	1058	916	9600	4990	4610
开阳县	209	110	99	1617	829	788
息烽县	151	85	66	1201	579	622
修文县	240	130	110	1760	964	796
清镇市	702	373	329	4474	2491	1983
六盘水市	**3533**	**1874**	**1659**	**17458**	**8622**	**8836**
钟山区	1329	735	594	6795	3439	3356
六枝特区	382	199	183	1969	956	1013
水城县	368	189	179	2450	1296	1154
盘州市	1454	751	703	6244	2931	3313
遵义市	**6247**	**3286**	**2961**	**36869**	**18447**	**18422**
红花岗区	1588	826	762	8734	4425	4309
汇川区	605	329	276	3527	1786	1741
播州区	786	420	366	3584	1798	1786
桐梓县	319	161	158	2283	1142	1141
绥阳县	141	75	66	760	385	375
正安县	221	117	104	958	447	511
道真仡佬族苗族自治县	165	85	80	1013	477	536
务川仡佬族苗族自治县	147	71	76	813	436	377
凤冈县	151	67	84	938	456	482
湄潭县	240	129	111	1172	624	548
余庆县	168	83	85	740	429	311
习水县	443	239	204	3012	1511	1501
赤水市	551	291	260	4288	2038	2250
仁怀市	722	393	329	5047	2493	2554
安顺市	**2075**	**1115**	**960**	**11797**	**6278**	**5519**
西秀区	1173	631	542	5849	3044	2805
平坝区	295	153	142	2097	1200	897
普定县	157	89	68	1090	625	465
镇宁布依族苗族自治县	196	100	96	921	459	462
关岭布依族苗族自治县	128	77	51	919	485	434
紫云苗族布依族自治县	126	65	61	921	465	456
毕节市	**2850**	**1529**	**1321**	**18507**	**9341**	**9166**
七星关区	832	428	404	4717	2282	2435
大方县	222	117	105	1597	761	836
黔西县	447	241	206	2328	1158	1170
金沙县	248	139	109	2153	1182	971
织金县	292	147	145	2179	1085	1094
纳雍县	224	129	95	1466	763	703
威宁彝族回族苗族自治县	400	233	167	2545	1282	1263
赫章县	185	95	90	1522	828	694

7-7 续表 3 单位：人

现住地	学前教育			小学		
	小计	男	女	小计	男	女
铜仁市	**2351**	**1259**	**1092**	**12596**	**6444**	**6152**
碧江区	707	380	327	3675	1905	1770
万山区	153	87	66	801	412	389
江口县	102	42	60	663	353	310
玉屏侗族自治县	166	91	75	969	459	510
石阡县	125	63	62	763	401	362
思南县	216	110	106	1166	602	564
印江土家族苗族自治县	141	77	64	693	353	340
德江县	212	117	95	763	385	378
沿河土家族自治县	181	96	85	1065	564	501
松桃苗族自治县	348	196	152	2038	1010	1028
黔西南布依族苗族自治州	**2356**	**1235**	**1121**	**12603**	**6710**	**5893**
兴义市	1353	720	633	6654	3513	3141
兴仁市	263	144	119	1500	840	660
普安县	118	62	56	611	323	288
晴隆县	68	33	35	595	332	263
贞丰县	197	98	99	875	446	429
望谟县	72	41	31	674	364	310
册亨县	86	42	44	532	281	251
安龙县	199	95	104	1162	611	551
黔东南苗族侗族自治州	**3034**	**1627**	**1407**	**15525**	**7791**	**7734**
凯里市	1180	659	521	5360	2714	2646
黄平县	83	44	39	508	269	239
施秉县	71	41	30	307	153	154
三穗县	141	74	67	761	371	390
镇远县	122	62	60	762	361	401
岑巩县	130	73	57	723	348	375
天柱县	133	63	70	783	361	422
锦屏县	98	42	56	522	290	232
剑河县	96	46	50	601	298	303
台江县	34	23	11	322	185	137
黎平县	348	166	182	1462	701	761
榕江县	128	66	62	970	560	410
从江县	226	125	101	1048	488	560
雷山县	56	35	21	374	184	190
麻江县	111	68	43	622	317	305
丹寨县	77	40	37	400	191	209
黔南布依族苗族自治州	**3377**	**1772**	**1605**	**18158**	**9690**	**8468**
都匀市	695	377	318	3585	1952	1633
福泉市	288	151	137	1673	909	764
荔波县	245	120	125	1396	821	575
贵定县	198	94	104	1466	808	658
瓮安县	299	147	152	1612	820	792
独山县	321	171	150	1418	731	687
平塘县	185	104	81	856	425	431
罗甸县	249	134	115	1112	533	579
长顺县	136	61	75	585	263	322
龙里县	256	146	110	1987	1137	850
惠水县	348	181	167	1730	913	817
三都水族自治县	157	86	71	738	378	360

7-7 续表 4 单位：人

现住地	初中			高中			大学专科		
	小计	男	女	小计	男	女	小计	男	女
贵州	**434736**	**253623**	**181113**	**186847**	**115886**	**70961**	**105662**	**64259**	**41403**
贵阳市	**147569**	**90303**	**57266**	**78419**	**48545**	**29874**	**48623**	**29511**	**19112**
南明区	36668	22519	14149	22419	13877	8542	13726	8306	5420
云岩区	27510	16508	11002	15101	9162	5939	8868	5126	3742
花溪区	26155	16475	9680	11586	7318	4268	6446	3945	2501
乌当区	6707	4127	2580	3455	2162	1293	2139	1285	854
白云区	13012	8160	4852	6356	4006	2350	3691	2262	1429
观山湖区	19298	11705	7593	12700	7895	4805	9997	6280	3717
开阳县	2695	1440	1255	985	584	401	489	309	180
息烽县	2306	1206	1100	801	491	310	303	194	109
修文县	3632	2177	1455	1284	866	418	473	308	165
清镇市	9586	5986	3600	3732	2184	1548	2491	1496	995
六盘水市	**32335**	**18417**	**13918**	**11978**	**7244**	**4734**	**6007**	**3657**	**2350**
钟山区	11884	6960	4924	5258	3084	2174	2624	1508	1116
六枝特区	4063	2315	1748	1231	750	481	609	401	208
水城县	4917	3006	1911	1588	1025	563	791	502	289
盘州市	11471	6136	5335	3901	2385	1516	1983	1246	737
遵义市	**74092**	**40387**	**33705**	**26100**	**15449**	**10651**	**13311**	**7781**	**5530**
红花岗区	16715	9740	6975	6782	4070	2712	4002	2206	1796
汇川区	7067	3946	3121	2995	1723	1272	1981	1183	798
播州区	8527	4720	3807	3148	1904	1244	1470	898	572
桐梓县	5339	2871	2468	1534	908	626	664	436	228
绥阳县	2218	1180	1038	759	481	278	305	198	107
正安县	2158	1133	1025	616	396	220	283	184	99
道真仡佬族苗族自治县	1781	892	889	556	294	262	224	132	92
务川仡佬族苗族自治县	1645	918	727	629	407	222	310	218	92
凤冈县	1964	931	1033	619	356	263	237	143	94
湄潭县	2253	1172	1081	749	422	327	353	200	153
余庆县	1656	915	741	660	417	243	388	281	107
习水县	5694	2879	2815	1569	915	654	814	457	357
赤水市	7151	3638	3513	2674	1499	1175	1133	564	569
仁怀市	9924	5452	4472	2810	1657	1153	1147	681	466
安顺市	**24661**	**14755**	**9906**	**8771**	**5493**	**3278**	**5013**	**3244**	**1769**
西秀区	12445	7516	4929	4956	3063	1893	3078	1924	1154
平坝区	4543	2830	1713	1517	977	540	910	635	275
普定县	2326	1362	964	633	405	228	255	164	91
镇宁布依族苗族自治县	1942	1111	831	663	440	223	299	194	105
关岭布依族苗族自治县	1672	1010	662	477	289	188	229	160	69
紫云苗族布依族自治县	1733	926	807	525	319	206	242	167	75
毕节市	**39542**	**22286**	**17256**	**13468**	**8565**	**4903**	**6504**	**4100**	**2404**
七星关区	8797	4270	4527	3141	1742	1399	1701	909	792
大方县	4320	2270	2050	1418	883	535	794	506	288
黔西县	4920	2767	2153	1893	1265	628	927	593	334
金沙县	5607	3674	1933	1624	1135	489	706	511	195
织金县	4991	3175	1816	1586	1060	526	639	437	202
纳雍县	3429	2050	1379	1236	833	403	573	417	156
威宁彝族回族苗族自治县	4675	2546	2129	1712	1062	650	803	479	324
赫章县	2803	1534	1269	858	585	273	361	248	113

7-7 续表 5 单位：人

现住地	初中			高中			大学专科		
	小计	男	女	小计	男	女	小计	男	女
铜仁市	**24670**	**13557**	**11113**	**11603**	**7061**	**4542**	**6686**	**3760**	**2926**
碧江区	5721	3108	2613	3717	2200	1517	3045	1453	1592
万山区	1747	967	780	995	641	354	453	300	153
江口县	1292	701	591	471	301	170	256	182	74
玉屏侗族自治县	1948	1079	869	839	519	320	418	263	155
石阡县	1823	1066	757	716	471	245	379	262	117
思南县	2757	1586	1171	1325	840	485	602	366	236
印江土家族苗族自治县	1654	988	666	526	331	195	275	179	96
德江县	1908	1031	877	735	457	278	354	212	142
沿河土家族自治县	2172	1201	971	770	429	341	353	201	152
松桃苗族自治县	3648	1830	1818	1509	872	637	551	342	209
黔西南布依族苗族自治州	**24679**	**14854**	**9825**	**9666**	**6232**	**3434**	**5344**	**3360**	**1984**
兴义市	12096	7080	5016	5638	3510	2128	3295	1995	1300
兴仁市	3227	1999	1228	950	635	315	419	281	138
普安县	1852	1292	560	558	400	158	276	186	90
晴隆县	1287	849	438	350	257	93	174	112	62
贞丰县	1970	1206	764	644	421	223	383	252	131
望谟县	981	591	390	345	223	122	143	90	53
册亨县	888	528	360	363	242	121	187	124	63
安龙县	2378	1309	1069	818	544	274	467	320	147
黔东南苗族侗族自治州	**31047**	**17185**	**13862**	**13134**	**8370**	**4764**	**6634**	**4080**	**2554**
凯里市	10138	5811	4327	5664	3589	2075	3539	2105	1434
黄平县	1328	806	522	377	240	137	190	132	58
施秉县	601	291	310	217	139	78	126	76	50
三穗县	1442	729	713	474	293	181	188	118	70
镇远县	1486	759	727	543	346	197	252	171	81
岑巩县	1523	785	738	552	340	212	225	152	73
天柱县	2056	1041	1015	556	329	227	168	89	79
锦屏县	1143	651	492	389	260	129	142	102	40
剑河县	1061	582	479	403	268	135	203	143	60
台江县	675	407	268	320	231	89	118	77	41
黎平县	2892	1523	1369	1030	658	372	347	212	135
榕江县	1859	1071	788	742	477	265	254	172	82
从江县	2107	1143	964	659	432	227	244	158	86
雷山县	1021	642	379	419	275	144	346	191	155
麻江县	941	508	433	444	289	155	156	106	50
丹寨县	774	436	338	345	204	141	136	76	60
黔南布依族苗族自治州	**36141**	**21879**	**14262**	**13708**	**8927**	**4781**	**7540**	**4766**	**2774**
都匀市	6973	4389	2584	3573	2286	1287	2732	1569	1163
福泉市	2971	1813	1158	1128	777	351	611	427	184
荔波县	2687	1735	952	1028	740	288	450	309	141
贵定县	2699	1713	986	936	609	327	587	361	226
瓮安县	3391	1868	1523	1157	718	439	565	369	196
独山县	3139	1863	1276	1063	701	362	500	350	150
平塘县	1696	918	778	525	340	185	229	146	83
罗甸县	2016	1191	825	731	472	259	306	201	105
长顺县	1414	790	624	522	320	202	187	120	67
龙里县	4191	2688	1503	1386	936	450	662	439	223
惠水县	3590	2168	1422	1169	713	456	535	359	176
三都水族自治县	1374	743	631	490	315	175	176	116	60

7-7 续表 6　　　　单位：人

现住地	大学本科			硕士研究生			博士研究生		
	小计	男	女	小计	男	女	小计	男	女
贵　州	**103089**	**61479**	**41610**	**14011**	**7475**	**6536**	**1459**	**996**	**463**
贵阳市	**54279**	**32578**	**21701**	**10461**	**5529**	**4932**	**1013**	**678**	**335**
南明区	10601	6391	4210	1167	600	567	85	66	19
云岩区	10948	6701	4247	1668	908	760	170	110	60
花溪区	13192	7443	5749	5309	2573	2736	534	342	192
乌当区	2705	1465	1240	252	129	123	57	44	13
白云区	3714	1953	1761	270	175	95	27	16	11
观山湖区	10984	7268	3716	1655	1059	596	133	94	39
开阳县	320	200	120	15	10	5	1	1	
息烽县	289	186	103	12	6	6			
修文县	382	256	126	17	9	8			
清镇市	1144	715	429	96	60	36	6	5	1
六盘水市	**5347**	**3088**	**2259**	**373**	**204**	**169**	**41**	**29**	**12**
钟山区	2645	1410	1235	187	96	91	15	10	5
六枝特区	636	406	230	20	12	8	1	1	
水城县	718	433	285	113	56	57	23	18	5
盘州市	1348	839	509	53	40	13	2		2
遵义市	**13152**	**7514**	**5638**	**1242**	**653**	**589**	**182**	**124**	**58**
红花岗区	5115	2634	2481	580	260	320	90	59	31
汇川区	2193	1220	973	375	227	148	58	44	14
播州区	883	574	309	31	16	15	2	2	
桐梓县	683	461	222	16	11	5	1	1	
绥阳县	224	151	73	4	1	3	1		1
正安县	221	131	90	19	10	9	1	1	
道真仡佬族苗族自治县	167	105	62	6	4	2			
务川仡佬族苗族自治县	230	156	74	17	11	6	1	1	
凤冈县	147	91	56	13	8	5			
湄潭县	210	122	88	12	8	4	2	2	
余庆县	339	268	71	2	2				
习水县	614	380	234	30	19	11	1	1	
赤水市	495	266	229	14	7	7	1	1	
仁怀市	1631	955	676	123	69	54	24	12	12
安顺市	**4039**	**2471**	**1568**	**273**	**161**	**112**	**21**	**13**	**8**
西秀区	2657	1550	1107	192	104	88	17	11	6
平坝区	607	429	178	43	30	13	3	2	1
普定县	137	79	58	9	5	4			
镇宁布依族苗族自治县	238	144	94	11	9	2			
关岭布依族苗族自治县	230	167	63	13	10	3	1		1
紫云苗族布依族自治县	170	102	68	5	3	2			
毕节市	**5967**	**3589**	**2378**	**266**	**161**	**105**	**30**	**22**	**8**
七星关区	2119	1165	954	160	88	72	25	19	6
大方县	593	415	178	35	23	12	1	1	
黔西县	568	409	159	11	7	4			
金沙县	470	320	150	11	7	4	1		1
织金县	482	284	198	18	16	2	1	1	
纳雍县	387	249	138	10	6	4	1	1	
威宁彝族回族苗族自治县	1063	560	503	13	8	5			
赫章县	285	187	98	8	6	2	1		1

7-7　续表 7　　　　　　　　　　　　　　　　　　　　　　　　　　　　单位：人

现住地	大学本科			硕士研究生			博士研究生		
	小计	男	女	小计	男	女	小计	男	女
铜仁市	**4565**	**2714**	**1851**	**327**	**164**	**163**	**51**	**41**	**10**
碧江区	1898	1066	832	224	102	122	41	33	8
万山区	337	202	135	14	9	5	2	2	
江口县	261	169	92	11	6	5			
玉屏侗族自治县	258	163	95	13	7	6	1	1	
石阡县	280	204	76	6	4	2			
思南县	360	221	139	12	6	6	2	2	
印江土家族苗族自治县	207	132	75	8	5	3			
德江县	210	138	72	13	9	4	4	3	1
沿河土家族自治县	306	166	140	11	9	2	1		1
松桃苗族自治县	448	253	195	15	7	8			
黔西南布依族苗族自治州	**4226**	**2485**	**1741**	**242**	**123**	**119**	**37**	**26**	**11**
兴义市	2687	1523	1164	207	98	109	31	20	11
兴仁市	371	228	143	6	3	3	3	3	
普安县	279	198	81	4	2	2			
晴隆县	178	106	72	1	1				
贞丰县	210	138	72	11	8	3	1	1	
望谟县	112	62	50	2	2		1	1	
册亨县	133	80	53	6	5	1			
安龙县	256	150	106	5	4	1	1	1	
黔东南苗族侗族自治州	**4707**	**3006**	**1701**	**271**	**165**	**106**	**36**	**29**	**7**
凯里市	2510	1501	1009	172	101	71	28	21	7
黄平县	169	117	52	4	2	2			
施秉县	56	33	23	6	5	1			
三穗县	136	96	40	3	2	1			
镇远县	192	125	67	8	4	4	1	1	
岑巩县	252	165	87	11	8	3			
天柱县	99	58	41	4	4				
锦屏县	152	111	41	8	6	2	2	2	
剑河县	163	121	42	9	5	4			
台江县	97	66	31	7	2	5	3	3	
黎平县	265	185	80	12	7	5			
榕江县	178	136	42	5	2	3			
从江县	110	65	45	7	5	2			
雷山县	153	109	44	7	6	1	2	2	
麻江县	89	67	22	4	3	1			
丹寨县	86	51	35	4	3	1			
黔南布依族苗族自治州	**6807**	**4034**	**2773**	**556**	**315**	**241**	**48**	**34**	**14**
都匀市	2614	1401	1213	278	148	130	34	26	8
福泉市	424	306	118	24	13	11			
荔波县	297	217	80	8	6	2	2	1	1
贵定县	372	276	96	44	29	15	3	2	1
瓮安县	392	274	118	15	8	7	1		1
独山县	281	208	73	22	13	9	2	2	
平塘县	166	111	55	6	5	1			
罗甸县	214	131	83	17	12	5			
长顺县	148	107	41	6	6				
龙里县	518	372	146	22	16	6	2	1	1
惠水县	1224	543	681	105	53	52	4	2	2
三都水族自治县	157	88	69	9	6	3			

7-7a 全省按现住地、受教育程度、性别分的户口登记地在外省的人口(城市)

单位：人

现住地	合计			未上过学		
	合计	男	女	小计	男	女
贵州	**654551**	**373609**	**280942**	**10738**	**3651**	**7087**
贵阳市	**366722**	**214713**	**152009**	**5714**	**1968**	**3746**
南明区	102801	60006	42795	1645	581	1064
云岩区	82865	47827	35038	1511	523	988
花溪区	59045	34863	24182	744	274	470
乌当区	13264	7464	5800	204	62	142
白云区	32972	19427	13545	551	177	374
观山湖区	60157	36001	24156	823	257	566
开阳县						
息烽县						
修文县						
清镇市	15618	9125	6493	236	94	142
六盘水市	**48031**	**26504**	**21527**	**907**	**326**	**581**
钟山区	29600	16403	13197	591	225	366
六枝特区	5110	2789	2321	116	38	78
水城县						
盘州市	13321	7312	6009	200	63	137
遵义市	**96757**	**52188**	**44569**	**1806**	**563**	**1243**
红花岗区	41081	22460	18621	778	250	528
汇川区	16671	9108	7563	250	74	176
播州区	12257	6684	5573	232	81	151
桐梓县						
绥阳县						
正安县						
道真仡佬族苗族自治县						
务川仡佬族苗族自治县						
凤冈县						
湄潭县						
余庆县						
习水县						
赤水市	11305	5647	5658	295	76	219
仁怀市	15443	8289	7154	251	82	169
安顺市	**27026**	**15371**	**11655**	**447**	**153**	**294**
西秀区	24184	13731	10453	393	133	260
平坝区	2842	1640	1202	54	20	34
普定县						
镇宁布依族苗族自治县						
关岭布依族苗族自治县						
紫云苗族布依族自治县						
毕节市	**17405**	**9296**	**8109**	**378**	**136**	**242**
七星关区	17405	9296	8109	378	136	242
大方县						
黔西县						
金沙县						
织金县						
纳雍县						
威宁彝族回族苗族自治县						
赫章县						

7-7a　续表 1　　单位：人

现住地	合计			未上过学		
	合计	男	女	小计	男	女
铜仁市	**21899**	**12016**	**9883**	**289**	**111**	**178**
碧江区	18349	9859	8490	245	90	155
万山区	3550	2157	1393	44	21	23
江口县						
玉屏侗族自治县						
石阡县						
思南县						
印江土家族苗族自治县						
德江县						
沿河土家族自治县						
松桃苗族自治县						
黔西南布依族苗族自治州	**30806**	**17505**	**13301**	**426**	**137**	**289**
兴义市	26809	15168	11641	378	117	261
兴仁市	3997	2337	1660	48	20	28
普安县						
晴隆县						
贞丰县						
望谟县						
册亨县						
安龙县						
黔东南苗族侗族自治州	**25915**	**14725**	**11190**	**401**	**130**	**271**
凯里市	25915	14725	11190	401	130	271
黄平县						
施秉县						
三穗县						
镇远县						
岑巩县						
天柱县						
锦屏县						
剑河县						
台江县						
黎平县						
榕江县						
从江县						
雷山县						
麻江县						
丹寨县						
黔南布依族苗族自治州	**19990**	**11291**	**8699**	**370**	**127**	**243**
都匀市	16681	9417	7264	323	114	209
福泉市	3309	1874	1435	47	13	34
荔波县						
贵定县						
瓮安县						
独山县						
平塘县						
罗甸县						
长顺县						
龙里县						
惠水县						
三都水族自治县						

7-7a 续表 2 单位：人

现住地	学前教育			小学		
	小计	男	女	小计	男	女
贵州	**22380**	**12096**	**10284**	**117809**	**59817**	**57992**
贵阳市	**10811**	**5804**	**5007**	**59649**	**30540**	**29109**
南明区	2879	1548	1331	16944	8563	8381
云岩区	2507	1337	1170	14582	7452	7130
花溪区	1741	956	785	8524	4272	4252
乌当区	389	213	176	2123	1063	1060
白云区	955	504	451	5941	3219	2722
观山湖区	1797	959	838	8417	4254	4163
开阳县						
息烽县						
修文县						
清镇市	543	287	256	3118	1717	1401
六盘水市	**2203**	**1223**	**980**	**10390**	**5110**	**5280**
钟山区	1267	705	562	6404	3200	3204
六枝特区	221	124	97	1152	562	590
水城县						
盘州市	715	394	321	2834	1348	1486
遵义市	**3593**	**1921**	**1672**	**19930**	**9802**	**10128**
红花岗区	1500	781	719	8159	4094	4065
汇川区	539	296	243	2972	1470	1502
播州区	581	310	271	2422	1210	1212
桐梓县						
绥阳县						
正安县						
道真仡佬族苗族自治县						
务川仡佬族苗族自治县						
凤冈县						
湄潭县						
余庆县						
习水县						
赤水市	416	226	190	2843	1333	1510
仁怀市	557	308	249	3534	1695	1839
安顺市	**1035**	**557**	**478**	**5303**	**2728**	**2575**
西秀区	940	508	432	4646	2386	2260
平坝区	95	49	46	657	342	315
普定县						
镇宁布依族苗族自治县						
关岭布依族苗族自治县						
紫云苗族布依族自治县						
毕节市	**669**	**359**	**310**	**3382**	**1717**	**1665**
七星关区	669	359	310	3382	1717	1665
大方县						
黔西县						
金沙县						
织金县						
纳雍县						
威宁彝族回族苗族自治县						
赫章县						

7-7a　续表 3　　　　单位：人

现住地	学前教育			小　学		
	小计	男	女	小计	男	女
铜仁市	**811**	**441**	**370**	**4125**	**2164**	**1961**
碧江区	687	370	317	3497	1817	1680
万山区	124	71	53	628	347	281
江口县						
玉屏侗族自治县						
石阡县						
思南县						
印江土家族苗族自治县						
德江县						
沿河土家族自治县						
松桃苗族自治县						
黔西南布依族苗族自治州	**1355**	**732**	**623**	**6303**	**3298**	**3005**
兴义市	1179	636	543	5442	2838	2604
兴仁市	176	96	80	861	460	401
普安县						
晴隆县						
贞丰县						
望谟县						
册亨县						
安龙县						
黔东南苗族侗族自治州	**1124**	**637**	**487**	**4895**	**2449**	**2446**
凯里市	1124	637	487	4895	2449	2446
黄平县						
施秉县						
三穗县						
镇远县						
岑巩县						
天柱县						
锦屏县						
剑河县						
台江县						
黎平县						
榕江县						
从江县						
雷山县						
麻江县						
丹寨县						
黔南布依族苗族自治州	**779**	**422**	**357**	**3832**	**2009**	**1823**
都匀市	625	342	283	3048	1604	1444
福泉市	154	80	74	784	405	379
荔波县						
贵定县						
瓮安县						
独山县						
平塘县						
罗甸县						
长顺县						
龙里县						
惠水县						
三都水族自治县						

7-7a 续表 4 单位：人

现住地	初中			高中			大学专科		
	小计	男	女	小计	男	女	小计	男	女
贵　州	**226665**	**133438**	**93227**	**118353**	**71627**	**46726**	**71982**	**42424**	**29558**
贵阳市	**120525**	**73268**	**47257**	**69269**	**42457**	**26812**	**43757**	**26368**	**17389**
南明区	34552	20982	13570	21736	13371	8365	13425	8091	5334
云岩区	27510	16508	11002	15101	9162	5939	8868	5126	3742
花溪区	19917	12359	7558	9810	6136	3674	5592	3371	2221
乌当区	3857	2270	1587	2332	1398	934	1717	1028	689
白云区	12113	7536	4577	5977	3758	2219	3560	2170	1390
观山湖区	16217	9659	6558	11564	7085	4479	8926	5635	3291
开阳县									
息烽县									
修文县									
清镇市	6359	3954	2405	2749	1547	1202	1669	947	722
六盘水市	**18361**	**10460**	**7901**	**8059**	**4738**	**3321**	**4136**	**2437**	**1699**
钟山区	11093	6459	4634	4975	2900	2075	2536	1451	1085
六枝特区	2105	1187	918	800	463	337	338	197	141
水城县									
盘州市	5163	2814	2349	2284	1375	909	1262	789	473
遵义市	**37464**	**20911**	**16553**	**15397**	**8940**	**6457**	**8470**	**4686**	**3784**
红花岗区	14981	8710	6271	6276	3745	2531	3761	2042	1719
汇川区	5766	3165	2601	2763	1588	1175	1877	1122	755
播州区	5058	2802	2256	2206	1263	943	1097	622	475
桐梓县									
绥阳县									
正安县									
道真仡佬族苗族自治县									
务川仡佬族苗族自治县									
凤冈县									
湄潭县									
余庆县									
习水县									
赤水市	4649	2368	2281	1919	1064	855	802	379	423
仁怀市	7010	3866	3144	2233	1280	953	933	521	412
安顺市	**10145**	**5927**	**4218**	**4431**	**2645**	**1786**	**2910**	**1791**	**1119**
西秀区	8909	5195	3714	4020	2400	1620	2696	1646	1050
平坝区	1236	732	504	411	245	166	214	145	69
普定县									
镇宁布依族苗族自治县									
关岭布依族苗族自治县									
紫云苗族布依族自治县									
毕节市	**6419**	**3447**	**2972**	**2769**	**1562**	**1207**	**1580**	**856**	**724**
七星关区	6419	3447	2972	2769	1562	1207	1580	856	724
大方县									
黔西县									
金沙县									
织金县									
纳雍县									
威宁彝族回族苗族自治县									
赫章县									

7-7a　续表 5　　单位：人

现住地	初中			高中			大学专科		
	小计	男	女	小计	男	女	小计	男	女
铜仁市	**6709**	**3722**	**2987**	**4370**	**2631**	**1739**	**3223**	**1611**	**1612**
碧江区	5442	2970	2472	3556	2090	1466	2848	1367	1481
万山区	1267	752	515	814	541	273	375	244	131
江口县									
玉屏侗族自治县									
石阡县									
思南县									
印江土家族苗族自治县									
德江县									
沿河土家族自治县									
松桃苗族自治县									
黔西南布依族苗族自治州	**11470**	**6744**	**4726**	**5402**	**3276**	**2126**	**3041**	**1754**	**1287**
兴义市	9644	5654	3990	4805	2899	1906	2788	1598	1190
兴仁市	1826	1090	736	597	377	220	253	156	97
普安县									
晴隆县									
贞丰县									
望谟县									
册亨县									
安龙县									
黔东南苗族侗族自治州	**8969**	**5073**	**3896**	**5180**	**3230**	**1950**	**2834**	**1750**	**1084**
凯里市	8969	5073	3896	5180	3230	1950	2834	1750	1084
黄平县									
施秉县									
三穗县									
镇远县									
岑巩县									
天柱县									
锦屏县									
剑河县									
台江县									
黎平县									
榕江县									
从江县									
雷山县									
麻江县									
丹寨县									
黔南布依族苗族自治州	**6603**	**3886**	**2717**	**3476**	**2148**	**1328**	**2031**	**1171**	**860**
都匀市	5377	3189	2188	2928	1808	1120	1712	977	735
福泉市	1226	697	529	548	340	208	319	194	125
荔波县									
贵定县									
瓮安县									
独山县									
平塘县									
罗甸县									
长顺县									
龙里县									
惠水县									
三都水族自治县									

7-7a 续表 6 单位：人

现住地	大学本科			硕士研究生			博士研究生		
	小计	男	女	小计	男	女	小计	男	女
贵　州	**74727**	**43792**	**30935**	**10784**	**5998**	**4786**	**1113**	**766**	**347**
贵阳市	**47972**	**29102**	**18870**	**8263**	**4691**	**3572**	**762**	**515**	**247**
南明区	10382	6213	4169	1153	591	562	85	66	19
云岩区	10948	6701	4247	1668	908	760	170	110	60
花溪区	9113	5457	3656	3299	1839	1460	305	199	106
乌当区	2397	1296	1101	205	105	100	40	29	11
白云区	3615	1891	1724	235	158	77	25	14	11
观山湖区	10650	7015	3635	1632	1045	587	131	92	39
开阳县									
息烽县									
修文县									
清镇市	867	529	338	71	45	26	6	5	1
六盘水市	**3734**	**2074**	**1660**	**224**	**125**	**99**	**17**	**11**	**6**
钟山区	2553	1366	1187	166	87	79	15	10	5
六枝特区	358	206	152	19	11	8	1	1	
水城县									
盘州市	823	502	321	39	27	12	1		1
遵义市	**8874**	**4709**	**4165**	**1067**	**548**	**519**	**156**	**108**	**48**
红花岗区	4959	2522	2437	577	257	320	90	59	31
汇川区	2071	1122	949	375	227	148	58	44	14
播州区	631	380	251	29	15	14	1	1	
桐梓县									
绥阳县									
正安县									
道真仡佬族苗族自治县									
务川仡佬族苗族自治县									
凤冈县									
湄潭县									
余庆县									
习水县									
赤水市	373	196	177	7	4	3	1	1	
仁怀市	840	489	351	79	45	34	6	3	3
安顺市	**2542**	**1457**	**1085**	**195**	**102**	**93**	**18**	**11**	**7**
西秀区	2380	1357	1023	183	95	88	17	11	6
平坝区	162	100	62	12	7	5	1		1
普定县									
镇宁布依族苗族自治县									
关岭布依族苗族自治县									
紫云苗族布依族自治县									
毕节市	**2026**	**1115**	**911**	**158**	**86**	**72**	**24**	**18**	**6**
七星关区	2026	1115	911	158	86	72	24	18	6
大方县									
黔西县									
金沙县									
织金县									
纳雍县									
威宁彝族回族苗族自治县									
赫章县									

7—7a　续表 7　　　　单位：人

现住地	大学本科			硕士研究生			博士研究生		
	小计	男	女	小计	男	女	小计	男	女
铜仁市	**2109**	**1197**	**912**	**222**	**105**	**117**	**41**	**34**	**7**
碧江区	1827	1027	800	208	96	112	39	32	7
万山区	282	170	112	14	9	5	2	2	
江口县									
玉屏侗族自治县									
石阡县									
思南县									
印江土家族苗族自治县									
德江县									
沿河土家族自治县									
松桃苗族自治县									
黔西南布依族苗族自治州	**2570**	**1447**	**1123**	**205**	**94**	**111**	**34**	**23**	**11**
兴义市	2343	1315	1028	199	91	108	31	20	11
兴仁市	227	132	95	6	3	3	3	3	
普安县									
晴隆县									
贞丰县									
望谟县									
册亨县									
安龙县									
黔东南苗族侗族自治州	**2320**	**1340**	**980**	**165**	**96**	**69**	**27**	**20**	**7**
凯里市	2320	1340	980	165	96	69	27	20	7
黄平县									
施秉县									
三穗县									
镇远县									
岑巩县									
天柱县									
锦屏县									
剑河县									
台江县									
黎平县									
榕江县									
从江县									
雷山县									
麻江县									
丹寨县									
黔南布依族苗族自治州	**2580**	**1351**	**1229**	**285**	**151**	**134**	**34**	**26**	**8**
都匀市	2368	1216	1152	266	141	125	34	26	8
福泉市	212	135	77	19	10	9			
荔波县									
贵定县									
瓮安县									
独山县									
平塘县									
罗甸县									
长顺县									
龙里县									
惠水县									
三都水族自治县									

7-7b 全省按现住地、受教育程度、性别分的户口登记地在外省的人口(镇)

单位：人

现住地	合计			未上过学		
	合计	男	女	小计	男	女
贵州	**267688**	**150281**	**117407**	**4409**	**1607**	**2802**
贵阳市	**29804**	**16481**	**13323**	**369**	**137**	**232**
南明区						
云岩区						
花溪区	10938	5588	5350	124	54	70
乌当区	1291	849	442	18	8	10
白云区	29	16	13			
观山湖区	1225	734	491	8	3	5
开阳县	4981	2672	2309	70	21	49
息烽县	3787	2094	1693	53	14	39
修文县	5229	3055	2174	69	27	42
清镇市	2324	1473	851	27	10	17
六盘水市	**12734**	**7154**	**5580**	**280**	**94**	**186**
钟山区	1050	615	435	41	11	30
六枝特区	804	402	402	15	3	12
水城县	6999	4052	2947	175	63	112
盘州市	3881	2085	1796	49	17	32
遵义市	**41187**	**21584**	**19603**	**711**	**258**	**453**
红花岗区	992	543	449	19	10	9
汇川区	715	326	389	11	3	8
播州区	1677	909	768	29	11	18
桐梓县	6964	3582	3382	150	62	88
绥阳县	2733	1525	1208	45	19	26
正安县	2744	1459	1285	24	8	16
道真仡佬族苗族自治县	2657	1283	1374	49	17	32
务川仡佬族苗族自治县	2881	1537	1344	42	12	30
凤冈县	3162	1612	1550	43	13	30
湄潭县	3762	2014	1748	76	29	47
余庆县	2548	1471	1077	35	13	22
习水县	7620	3959	3661	134	39	95
赤水市	1278	608	670	27	11	16
仁怀市	1454	756	698	27	11	16
安顺市	**16875**	**9951**	**6924**	**327**	**105**	**222**
西秀区	1403	891	512	29	12	17
平坝区	4730	3078	1652	87	26	61
普定县	2714	1492	1222	39	9	30
镇宁布依族苗族自治县	3127	1746	1381	49	14	35
关岭布依族苗族自治县	2555	1457	1098	42	17	25
紫云苗族布依族自治县	2346	1287	1059	81	27	54
毕节市	**42954**	**24313**	**18641**	**962**	**371**	**591**
七星关区	1434	702	732	50	25	25
大方县	5157	2798	2359	88	34	54
黔西县	7566	4274	3292	162	66	96
金沙县	6163	3479	2684	100	36	64
织金县	6801	3901	2900	161	52	109
纳雍县	4984	3014	1970	99	34	65
威宁彝族回族苗族自治县	8370	4799	3571	241	104	137
赫章县	2479	1346	1133	61	20	41

7−7b　续表 1　　　　单位：人

现住地	合计			未上过学		
	合计	男	女	小计	男	女
铜仁市	**28322**	**15773**	**12549**	**357**	**135**	**222**
碧江区	32	20	12	2	1	1
万山区						
江口县	1978	1065	913	28	16	12
玉屏侗族自治县	3547	1961	1586	47	12	35
石阡县	2454	1386	1068	18	5	13
思南县	5256	3085	2171	60	26	34
印江土家族苗族自治县	2406	1360	1046	17	6	11
德江县	3266	1826	1440	32	8	24
沿河土家族自治县	3523	1950	1573	59	23	36
松桃苗族自治县	5860	3120	2740	94	38	56
黔西南布依族苗族自治州	**16506**	**9870**	**6636**	**185**	**71**	**114**
兴义市	2058	1295	763	20	9	11
兴仁市	1196	765	431	15	8	7
普安县	2003	1285	718	17	5	12
晴隆县	1512	872	640	27	14	13
贞丰县	3086	1774	1312	23	9	14
望谟县	1754	1053	701	13	3	10
册亨县	1530	900	630	23	8	15
安龙县	3367	1926	1441	47	15	32
黔东南苗族侗族自治州	**32679**	**18266**	**14413**	**478**	**167**	**311**
凯里市	740	454	286	8	4	4
黄平县	1784	1063	721	12	6	6
施秉县	1070	577	493	24	9	15
三穗县	2375	1252	1123	47	12	35
镇远县	2867	1626	1241	37	11	26
岑巩县	2485	1348	1137	31	14	17
天柱县	2652	1424	1228	35	12	23
锦屏县	1570	897	673	18	7	11
剑河县	1655	907	748	48	15	33
台江县	1060	671	389	10	1	9
黎平县	4220	2332	1888	63	20	43
榕江县	2449	1366	1083	30	8	22
从江县	2966	1623	1343	46	21	25
雷山县	1447	810	637	29	12	17
麻江县	1876	1108	768	23	9	14
丹寨县	1463	808	655	17	6	11
黔南布依族苗族自治州	**46627**	**26889**	**19738**	**740**	**269**	**471**
都匀市	1085	561	524	2	2	
福泉市	1333	728	605	33	10	23
荔波县	3659	2156	1503	43	23	20
贵定县	4728	2768	1960	90	32	58
瓮安县	5647	3088	2559	79	29	50
独山县	4718	2830	1888	50	14	36
平塘县	2255	1282	973	26	10	16
罗甸县	4217	2447	1770	87	26	61
长顺县	1970	1053	917	25	7	18
龙里县	7463	4654	2809	142	56	86
惠水县	7180	3977	3203	140	51	89
三都水族自治县	2372	1345	1027	23	9	14

7-7b 续表 2 单位：人

现住地	学前教育			小学		
	小计	男	女	小计	男	女
贵　州	**10802**	**5748**	**5054**	**55334**	**28153**	**27181**
贵阳市	**895**	**465**	**430**	**4755**	**2459**	**2296**
南明区						
云岩区						
花溪区	241	117	124	891	474	417
乌当区	48	24	24	173	105	68
白云区	1	1		8	3	5
观山湖区	50	28	22	187	94	93
开阳县	182	92	90	1199	588	611
息烽县	131	75	56	847	419	428
修文县	195	105	90	1123	585	538
清镇市	47	23	24	327	191	136
六盘水市	**556**	**279**	**277**	**2871**	**1422**	**1449**
钟山区	45	21	24	222	123	99
六枝特区	42	18	24	152	65	87
水城县	247	124	123	1593	837	756
盘州市	222	116	106	904	397	507
遵义市	**1701**	**892**	**809**	**9057**	**4440**	**4617**
红花岗区	35	16	19	207	110	97
汇川区	28	15	13	137	57	80
播州区	77	44	33	361	182	179
桐梓县	231	120	111	1437	688	749
绥阳县	87	53	34	466	248	218
正安县	145	77	68	555	259	296
道真仡佬族苗族自治县	126	61	65	697	321	376
务川仡佬族苗族自治县	131	62	69	645	329	316
凤冈县	115	50	65	703	341	362
湄潭县	170	92	78	827	412	415
余庆县	124	61	63	469	255	214
习水县	331	189	142	1856	928	928
赤水市	25	13	12	338	151	187
仁怀市	76	39	37	359	159	200
安顺市	**652**	**369**	**283**	**3553**	**1824**	**1729**
西秀区	62	33	29	293	156	137
平坝区	134	76	58	828	482	346
普定县	106	64	42	572	267	305
镇宁布依族苗族自治县	160	83	77	688	327	361
关岭布依族苗族自治县	101	64	37	612	307	305
紫云苗族布依族自治县	89	49	40	560	285	275
毕节市	**1590**	**876**	**714**	**8932**	**4642**	**4290**
七星关区	62	30	32	377	179	198
大方县	158	86	72	927	475	452
黔西县	339	189	150	1604	845	759
金沙县	207	114	93	1271	642	629
织金县	243	121	122	1472	749	723
纳雍县	171	103	68	981	525	456
威宁彝族回族苗族自治县	313	183	130	1702	911	791
赫章县	97	50	47	598	316	282

7—7b 续表 3

单位：人

现住地	学前教育			小学		
	小计	男	女	小计	男	女
铜仁市	**1211**	**642**	**569**	**5713**	**2846**	**2867**
碧江区	1	1		13	8	5
万山区						
江口县	78	32	46	426	209	217
玉屏侗族自治县	144	76	68	724	335	389
石阡县	104	52	52	470	237	233
思南县	190	95	95	933	502	431
印江土家族苗族自治县	110	63	47	521	259	262
德江县	178	96	82	577	283	294
沿河土家族自治县	139	73	66	724	386	338
松桃苗族自治县	267	154	113	1325	627	698
黔西南布依族苗族自治州	**669**	**351**	**318**	**3604**	**1941**	**1663**
兴义市	78	39	39	378	206	172
兴仁市	40	27	13	319	194	125
普安县	70	40	30	361	186	175
晴隆县	48	22	26	326	161	165
贞丰县	164	83	81	654	344	310
望谟县	59	30	29	450	251	199
册亨县	71	36	35	381	197	184
安龙县	139	74	65	735	402	333
黔东南苗族侗族自治州	**1487**	**793**	**694**	**6985**	**3469**	**3516**
凯里市	20	7	13	161	88	73
黄平县	73	41	32	334	179	155
施秉县	59	37	22	253	131	122
三穗县	114	56	58	573	287	286
镇远县	109	56	53	623	306	317
岑巩县	108	63	45	509	235	274
天柱县	109	51	58	532	255	277
锦屏县	74	33	41	349	191	158
剑河县	77	36	41	370	167	203
台江县	25	17	8	228	130	98
黎平县	227	113	114	946	470	476
榕江县	107	54	53	471	237	234
从江县	169	99	70	633	298	335
雷山县	47	30	17	231	102	129
麻江县	100	62	38	479	252	227
丹寨县	69	38	31	293	141	152
黔南布依族苗族自治州	**2041**	**1081**	**960**	**9864**	**5110**	**4754**
都匀市	19	8	11	53	27	26
福泉市	67	39	28	332	150	182
荔波县	181	90	91	752	394	358
贵定县	172	81	91	1110	576	534
瓮安县	250	121	129	1233	636	597
独山县	246	134	112	996	523	473
平塘县	122	71	51	502	247	255
罗甸县	226	127	99	972	473	499
长顺县	106	48	58	380	171	209
龙里县	227	132	95	1657	926	731
惠水县	300	157	143	1329	699	630
三都水族自治县	125	73	52	548	288	260

7-7b 续表 4 单位：人

现住地	初中			高中			大学专科		
	小计	男	女	小计	男	女	小计	男	女
贵州	**112284**	**63468**	**48816**	**42654**	**26420**	**16234**	**20332**	**12629**	**7703**
贵阳市	**10708**	**6332**	**4376**	**4005**	**2517**	**1488**	**2148**	**1356**	**792**
南明区									
云岩区									
花溪区	2493	1557	936	819	513	306	453	289	164
乌当区	718	479	239	216	157	59	83	53	30
白云区	12	7	5	7	5	2	1		1
观山湖区	569	336	233	276	188	88	102	64	38
开阳县	2056	1095	961	807	464	343	397	247	150
息烽县	1595	871	724	646	395	251	249	155	94
修文县	2329	1372	957	903	590	313	331	206	125
清镇市	936	615	321	331	205	126	532	342	190
六盘水市	**5466**	**3201**	**2265**	**1739**	**1067**	**672**	**866**	**532**	**334**
钟山区	522	329	193	120	80	40	44	24	20
六枝特区	385	199	186	100	58	42	57	35	22
水城县	2840	1745	1095	971	590	381	547	324	223
盘州市	1719	928	791	548	339	209	218	149	69
遵义市	**18257**	**9259**	**8998**	**6389**	**3668**	**2721**	**2844**	**1702**	**1142**
红花岗区	437	231	206	153	83	70	87	55	32
汇川区	389	177	212	93	44	49	32	15	17
播州区	781	396	385	286	184	102	82	50	32
桐梓县	3177	1577	1600	1125	629	496	413	249	164
绥阳县	1270	671	599	502	314	188	214	130	84
正安县	1303	683	620	388	240	148	168	99	69
道真仡佬族苗族自治县	1135	542	593	388	197	191	150	80	70
务川仡佬族苗族自治县	1200	597	603	445	263	182	231	155	76
凤冈县	1481	732	749	490	278	212	206	126	80
湄潭县	1614	872	742	606	339	267	284	160	124
余庆县	1046	560	486	464	291	173	242	167	75
习水县	3161	1604	1557	1090	611	479	584	318	266
赤水市	534	246	288	204	100	104	107	62	45
仁怀市	729	371	358	155	95	60	44	36	8
安顺市	**7327**	**4391**	**2936**	**2631**	**1670**	**961**	**1340**	**898**	**442**
西秀区	678	443	235	173	122	51	108	78	30
平坝区	1832	1194	638	831	564	267	585	414	171
普定县	1281	721	560	434	265	169	178	111	67
镇宁布依族苗族自治县	1354	788	566	491	312	179	204	122	82
关岭布依族苗族自治县	1127	645	482	347	202	145	157	108	49
紫云苗族布依族自治县	1055	600	455	355	205	150	108	65	43
毕节市	**18227**	**10259**	**7968**	**7049**	**4381**	**2668**	**3309**	**2058**	**1251**
七星关区	719	341	378	149	86	63	42	19	23
大方县	2095	1051	1044	872	520	352	529	303	226
黔西县	3147	1715	1432	1248	780	468	656	399	257
金沙县	2739	1519	1220	1033	646	387	437	284	153
织金县	2954	1757	1197	1117	708	409	451	293	158
纳雍县	2296	1433	863	858	551	307	353	245	108
威宁彝族回族苗族自治县	3188	1868	1320	1437	894	543	676	400	276
赫章县	1089	575	514	335	196	139	165	115	50

7-7b 续表 5 单位：人

现住地	初中			高中			大学专科		
	小计	男	女	小计	男	女	小计	男	女
铜仁市	**11730**	**6574**	**5156**	**5356**	**3240**	**2116**	**2339**	**1413**	**926**
碧江区	13	7	6	1	1		2	2	
万山区									
江口县	833	430	403	345	210	135	158	104	54
玉屏侗族自治县	1436	823	613	672	408	264	324	194	130
石阡县	1058	594	464	453	282	171	214	137	77
思南县	2095	1244	851	1114	700	414	545	325	220
印江土家族苗族自治县	1041	605	436	382	238	144	176	101	75
德江县	1425	787	638	607	377	230	289	174	115
沿河土家族自治县	1500	851	649	634	356	278	247	146	101
松桃苗族自治县	2329	1233	1096	1148	668	480	384	230	154
黔西南布依族苗族自治州	**6992**	**4188**	**2804**	**2608**	**1751**	**857**	**1380**	**925**	**455**
兴义市	874	528	346	321	242	79	219	170	49
兴仁市	547	354	193	141	96	45	77	56	21
普安县	857	556	301	358	258	100	169	117	52
晴隆县	676	400	276	210	142	68	105	63	42
贞丰县	1343	787	556	448	268	180	288	182	106
望谟县	728	449	279	286	187	99	122	78	44
册亨县	563	337	226	248	167	81	138	92	46
安龙县	1404	777	627	596	391	205	262	167	95
黔东南苗族侗族自治州	**14208**	**7818**	**6390**	**5637**	**3551**	**2086**	**2255**	**1404**	**851**
凯里市	323	192	131	106	67	39	69	51	18
黄平县	898	555	343	249	149	100	113	68	45
施秉县	444	227	217	170	107	63	69	36	33
三穗县	1082	558	524	335	201	134	137	84	53
镇远县	1210	666	544	481	315	166	223	155	68
岑巩县	1046	548	498	417	244	173	173	117	56
天柱县	1325	726	599	427	256	171	140	73	67
锦屏县	682	373	309	260	165	95	97	67	30
剑河县	630	336	294	276	173	103	135	92	43
台江县	446	270	176	218	163	55	85	59	26
黎平县	1870	1020	850	690	442	248	239	140	99
榕江县	1023	556	467	537	334	203	190	122	68
从江县	1364	736	628	499	324	175	179	105	74
雷山县	589	329	260	281	176	105	162	87	75
麻江县	702	400	302	382	252	130	123	82	41
丹寨县	574	326	248	309	183	126	121	66	55
黔南布依族苗族自治州	**19369**	**11446**	**7923**	**7240**	**4575**	**2665**	**3851**	**2341**	**1510**
都匀市	214	131	83	100	68	32	669	305	364
福泉市	528	278	250	211	138	73	83	53	30
荔波县	1515	875	640	662	450	212	306	191	115
贵定县	1869	1114	755	779	498	281	377	237	140
瓮安县	2494	1347	1147	857	500	357	402	238	164
独山县	2047	1227	820	764	500	264	375	262	113
平塘县	994	558	436	327	208	119	165	109	56
罗甸县	1765	1068	697	679	440	239	275	180	95
长顺县	873	489	384	361	200	161	112	61	51
龙里县	3275	2111	1164	1142	755	387	550	352	198
惠水县	2782	1680	1102	969	572	397	400	266	134
三都水族自治县	1013	568	445	389	246	143	137	87	50

7-7b 续表 6　　单位：人

现住地	大学本科			硕士研究生			博士研究生		
	小计	男	女	小计	男	女	小计	男	女
贵　州	**18811**	**10865**	**7946**	**2778**	**1205**	**1573**	**284**	**186**	**98**
贵阳市	**4671**	**2328**	**2343**	**2031**	**747**	**1284**	**222**	**140**	**82**
南明区									
云岩区									
花溪区	3717	1726	1991	1979	719	1260	221	139	82
乌当区	35	23	12						
白云区									
观山湖区	32	21	11	1		1			
开阳县	256	156	100	13	8	5	1	1	
息烽县	254	159	95	12	6	6			
修文县	262	161	101	17	9	8			
清镇市	115	82	33	9	5	4			
六盘水市	**824**	**486**	**338**	**108**	**55**	**53**	**24**	**18**	**6**
钟山区	54	26	28	2	1	1			
六枝特区	53	24	29						
水城县	501	300	201	102	51	51	23	18	5
盘州市	216	136	80	4	3	1	1		1
遵义市	**2122**	**1297**	**825**	**101**	**63**	**38**	**5**	**5**	
红花岗区	52	36	16	2	2				
汇川区	25	15	10						
播州区	60	42	18	1		1			
桐梓县	417	248	169	13	8	5	1	1	
绥阳县	145	89	56	4	1	3			
正安县	152	87	65	9	6	3			
道真仡佬族苗族自治县	107	62	45	5	3	2			
务川仡佬族苗族自治县	170	107	63	16	11	5	1	1	
凤冈县	112	64	48	12	8	4			
湄潭县	173	102	71	10	6	4	2	2	
余庆县	167	123	44	1	1				
习水县	437	253	184	26	16	10	1	1	
赤水市	42	25	17	1		1			
仁怀市	63	44	19	1	1				
安顺市	**983**	**650**	**333**	**59**	**42**	**17**	**3**	**2**	**1**
西秀区	57	44	13	3	3				
平坝区	401	297	104	30	23	7	2	2	
普定县	96	50	46	8	5	3			
镇宁布依族苗族自治县	175	96	79	6	4	2			
关岭布依族苗族自治县	158	107	51	10	7	3	1		1
紫云苗族布依族自治县	96	56	40	2		2			
毕节市	**2794**	**1663**	**1131**	**86**	**60**	**26**	**5**	**3**	**2**
七星关区	34	21	13	1	1				
大方县	455	306	149	32	22	10	1	1	
黔西县	401	274	127	9	6	3			
金沙县	364	231	133	11	7	4	1		1
织金县	390	210	180	12	10	2	1	1	
纳雍县	216	116	100	9	6	3	1	1	
威宁彝族回族苗族自治县	803	432	371	10	7	3			
赫章县	131	73	58	2	1	1	1		1

7-7b 续表 7 单位：人

现住地	大学本科			硕士研究生			博士研究生		
	小计	男	女	小计	男	女	小计	男	女
铜仁市	**1548**	**884**	**664**	**63**	**35**	**28**	**5**	**4**	**1**
碧江区									
万山区									
江口县	106	62	44	4	2	2			
玉屏侗族自治县	188	106	82	11	6	5	1	1	
石阡县	131	75	56	6	4	2			
思南县	306	186	120	12	6	6	1	1	
印江土家族苗族自治县	153	84	69	6	4	2			
德江县	149	95	54	7	4	3	2	2	
沿河土家族自治县	214	112	102	5	3	2	1		1
松桃苗族自治县	301	164	137	12	6	6			
黔西南布依族苗族自治州	**1044**	**625**	**419**	**22**	**16**	**6**	**2**	**2**	
兴义市	166	99	67	2	2				
兴仁市	57	30	27						
普安县	168	122	46	3	1	2			
晴隆县	119	69	50	1	1				
贞丰县	161	98	63	5	3	2			
望谟县	94	53	41	1	1		1	1	
册亨县	100	58	42	6	5	1			
安龙县	179	96	83	4	3	1	1	1	
黔东南苗族侗族自治州	**1552**	**1012**	**540**	**71**	**46**	**25**	**6**	**6**	
凯里市	53	45	8						
黄平县	102	63	39	3	2	1			
施秉县	47	26	21	4	4				
三穗县	85	53	32	2	1	1			
镇远县	175	112	63	8	4	4	1	1	
岑巩县	192	121	71	9	6	3			
天柱县	81	48	33	3	3				
锦屏县	88	60	28	1		1	1	1	
剑河县	111	83	28	8	5	3			
台江县	40	27	13	6	2	4	2	2	
黎平县	177	121	56	8	6	2			
榕江县	88	54	34	3	1	2			
从江县	70	36	34	6	4	2			
雷山县	102	69	33	4	3	1	2	2	
麻江县	65	49	16	2	2				
丹寨县	76	45	31	4	3	1			
黔南布依族苗族自治州	**3273**	**1920**	**1353**	**237**	**141**	**96**	**12**	**6**	**6**
都匀市	27	20	7	1		1			
福泉市	78	59	19	1	1				
荔波县	192	128	64	6	4	2	2	1	1
贵定县	286	201	85	42	27	15	3	2	1
瓮安县	318	211	107	13	6	7	1		1
独山县	219	158	61	20	11	9	1	1	
平塘县	115	75	40	4	4				
罗甸县	196	121	75	17	12	5			
长顺县	109	73	36	4	4				
龙里县	447	306	141	21	15	6	2	1	1
惠水县	1156	499	657	101	52	49	3	1	2
三都水族自治县	130	69	61	7	5	2			

7-7c 全省按现住地、受教育程度、性别分的户口登记地在外省的人口(乡村)

单位：人

现住地	合计			未上过学		
	合计	男	女	小计	男	女
贵州	**195618**	**117204**	**78414**	**3848**	**1309**	**2539**
贵阳市	**34191**	**22051**	**12140**	**548**	**207**	**341**
南明区	4377	3071	1306	68	28	40
云岩区						
花溪区	7053	4688	2365	102	37	65
乌当区	4802	2998	1804	87	37	50
白云区	1983	1331	652	34	13	21
观山湖区	5877	3915	1962	87	41	46
开阳县	1446	838	608	26	6	20
息烽县	1359	677	682	30	10	20
修文县	2667	1696	971	39	14	25
清镇市	4627	2837	1790	75	21	54
六盘水市	**17909**	**10061**	**7848**	**415**	**164**	**251**
钟山区	752	480	272	33	20	13
六枝特区	3206	1926	1280	78	36	42
水城县	4238	2564	1674	94	28	66
盘州市	9713	5091	4622	210	80	130
遵义市	**36416**	**20925**	**15491**	**648**	**235**	**413**
红花岗区	2362	1491	871	32	14	18
汇川区	1708	1113	595	32	12	20
播州区	4844	2868	1976	86	37	49
桐梓县	4101	2491	1610	76	20	56
绥阳县	1755	977	778	31	12	19
正安县	1784	978	806	27	10	17
道真仡佬族苗族自治县	1325	729	596	21	6	15
务川仡佬族苗族自治县	974	701	273	21	8	13
凤冈县	973	461	512	23	8	15
湄潭县	1324	698	626	19	4	15
余庆县	1457	941	516	17	4	13
习水县	4782	2517	2265	91	36	55
赤水市	4147	2179	1968	101	43	58
仁怀市	4880	2781	2099	71	21	50
安顺市	**13783**	**8535**	**5248**	**260**	**69**	**191**
西秀区	5289	3393	1896	87	27	60
平坝区	2622	1596	1026	38	12	26
普定县	1961	1253	708	29	7	22
镇宁布依族苗族自治县	1208	730	478	16	5	11
关岭布依族苗族自治县	1191	763	428	35	5	30
紫云苗族布依族自治县	1512	800	712	55	13	42
毕节市	**28951**	**16751**	**12200**	**836**	**260**	**576**
七星关区	3236	1096	2140	155	30	125
大方县	3983	2236	1747	72	24	48
黔西县	3765	2265	1500	75	33	42
金沙县	4825	3555	1270	68	30	38
织金县	3650	2376	1274	102	20	82
纳雍县	2542	1508	1034	101	40	61
威宁彝族回族苗族自治县	3258	1529	1729	176	54	122
赫章县	3692	2186	1506	87	29	58

7-7c　续表 1

单位：人

现住地	合计			未上过学		
	合计	男	女	小计	男	女
铜仁市	**13498**	**7537**	**5961**	**224**	**80**	**144**
碧江区	916	468	448	22	9	13
万山区	1016	491	525	20	7	13
江口县	1120	708	412	14	3	11
玉屏侗族自治县	1124	637	487	12	4	8
石阡县	1669	1095	574	13	5	8
思南县	1260	681	579	16	7	9
印江土家族苗族自治县	1127	714	413	12	3	9
德江县	974	539	435	9	5	4
沿河土家族自治县	1443	757	686	48	18	30
松桃苗族自治县	2849	1447	1402	58	19	39
黔西南布依族苗族自治州	**12662**	**7929**	**4733**	**210**	**71**	**139**
兴义市	3540	2140	1400	48	18	30
兴仁市	1636	1067	569	27	8	19
普安县	1757	1201	556	45	18	27
晴隆县	1177	835	342	9	3	6
贞丰县	1239	808	431	11	3	8
望谟县	608	330	278	19	6	13
册亨县	703	412	291	15	2	13
安龙县	2002	1136	866	36	13	23
黔东南苗族侗族自治州	**17033**	**9664**	**7369**	**360**	**105**	**255**
凯里市	2361	1460	901	16	4	12
黄平县	895	554	341	8	1	7
施秉县	345	173	172	7	3	4
三穗县	832	448	384	15	5	10
镇远县	551	217	334	15	3	12
岑巩县	982	545	437	20	8	12
天柱县	1208	540	668	26	7	19
锦屏县	919	582	337	15	8	7
剑河县	953	580	373	24	9	15
台江县	535	326	209	9	2	7
黎平县	2253	1154	1099	54	14	40
榕江县	1746	1134	612	29	8	21
从江县	1548	834	714	67	20	47
雷山县	984	653	331	24	7	17
麻江县	526	261	265	12	2	10
丹寨县	395	203	192	19	4	15
黔南布依族苗族自治州	**21175**	**13751**	**7424**	**347**	**118**	**229**
都匀市	3091	2317	774	48	31	17
福泉市	2588	1829	759	31	12	19
荔波县	2534	1826	708	37	10	27
贵定县	1688	1159	529	21	3	18
瓮安县	1897	1161	736	33	16	17
独山县	2113	1232	881	35	9	26
平塘县	1464	783	681	30	6	24
罗甸县	531	257	274	16	4	12
长顺县	1066	625	441	13	4	9
龙里县	1734	1148	586	31	11	20
惠水县	1705	1016	689	40	10	30
三都水族自治县	764	398	366	12	2	10

7-7c 续表 2

单位：人

现住地	学前教育			小学		
	小计	男	女	小计	男	女
贵州	**5155**	**2576**	**2579**	**41578**	**22419**	**19159**
贵阳市	**808**	**454**	**354**	**6804**	**4067**	**2737**
南明区	85	46	39	891	552	339
云岩区						
花溪区	255	148	107	1192	711	481
乌当区	110	55	55	890	532	358
白云区	27	18	9	397	267	130
观山湖区	127	71	56	996	642	354
开阳县	27	18	9	418	241	177
息烽县	20	10	10	354	160	194
修文县	45	25	20	637	379	258
清镇市	112	63	49	1029	583	446
六盘水市	**774**	**372**	**402**	**4197**	**2090**	**2107**
钟山区	17	9	8	169	116	53
六枝特区	119	57	62	665	329	336
水城县	121	65	56	857	459	398
盘州市	517	241	276	2506	1186	1320
遵义市	**953**	**473**	**480**	**7882**	**4205**	**3677**
红花岗区	53	29	24	368	221	147
汇川区	38	18	20	418	259	159
播州区	128	66	62	801	406	395
桐梓县	88	41	47	846	454	392
绥阳县	54	22	32	294	137	157
正安县	76	40	36	403	188	215
道真仡佬族苗族自治县	39	24	15	316	156	160
务川仡佬族苗族自治县	16	9	7	168	107	61
凤冈县	36	17	19	235	115	120
湄潭县	70	37	33	345	212	133
余庆县	44	22	22	271	174	97
习水县	112	50	62	1156	583	573
赤水市	110	52	58	1107	554	553
仁怀市	89	46	43	1154	639	515
安顺市	**388**	**189**	**199**	**2941**	**1726**	**1215**
西秀区	171	90	81	910	502	408
平坝区	66	28	38	612	376	236
普定县	51	25	26	518	358	160
镇宁布依族苗族自治县	36	17	19	233	132	101
关岭布依族苗族自治县	27	13	14	307	178	129
紫云苗族布依族自治县	37	16	21	361	180	181
毕节市	**591**	**294**	**297**	**6193**	**2982**	**3211**
七星关区	101	39	62	958	386	572
大方县	64	31	33	670	286	384
黔西县	108	52	56	724	313	411
金沙县	41	25	16	882	540	342
织金县	49	26	23	707	336	371
纳雍县	53	26	27	485	238	247
威宁彝族回族苗族自治县	87	50	37	843	371	472
赫章县	88	45	43	924	512	412

7-7c　续表 3　　　　　　　　　　　　　　　　　　　　　　　　单位：人

现住地	学前教育			小学		
	小计	男	女	小计	男	女
铜仁市	**329**	**176**	**153**	**2758**	**1434**	**1324**
碧江区	19	9	10	165	80	85
万山区	29	16	13	173	65	108
江口县	24	10	14	237	144	93
玉屏侗族自治县	22	15	7	245	124	121
石阡县	21	11	10	293	164	129
思南县	26	15	11	233	100	133
印江土家族苗族自治县	31	14	17	172	94	78
德江县	34	21	13	186	102	84
沿河土家族自治县	42	23	19	341	178	163
松桃苗族自治县	81	42	39	713	383	330
黔西南布依族苗族自治州	**332**	**152**	**180**	**2696**	**1471**	**1225**
兴义市	96	45	51	834	469	365
兴仁市	47	21	26	320	186	134
普安县	48	22	26	250	137	113
晴隆县	20	11	9	269	171	98
贞丰县	33	15	18	221	102	119
望谟县	13	11	2	224	113	111
册亨县	15	6	9	151	84	67
安龙县	60	21	39	427	209	218
黔东南苗族侗族自治州	**423**	**197**	**226**	**3645**	**1873**	**1772**
凯里市	36	15	21	304	177	127
黄平县	10	3	7	174	90	84
施秉县	12	4	8	54	22	32
三穗县	27	18	9	188	84	104
镇远县	13	6	7	139	55	84
岑巩县	22	10	12	214	113	101
天柱县	24	12	12	251	106	145
锦屏县	24	9	15	173	99	74
剑河县	19	10	9	231	131	100
台江县	9	6	3	94	55	39
黎平县	121	53	68	516	231	285
榕江县	21	12	9	499	323	176
从江县	57	26	31	415	190	225
雷山县	9	5	4	143	82	61
麻江县	11	6	5	143	65	78
丹寨县	8	2	6	107	50	57
黔南布依族苗族自治州	**557**	**269**	**288**	**4462**	**2571**	**1891**
都匀市	51	27	24	484	321	163
福泉市	67	32	35	557	354	203
荔波县	64	30	34	644	427	217
贵定县	26	13	13	356	232	124
瓮安县	49	26	23	379	184	195
独山县	75	37	38	422	208	214
平塘县	63	33	30	354	178	176
罗甸县	23	7	16	140	60	80
长顺县	30	13	17	205	92	113
龙里县	29	14	15	330	211	119
惠水县	48	24	24	401	214	187
三都水族自治县	32	13	19	190	90	100

7-7c 续表 4 单位：人

现住地	初中			高中			大学专科		
	小计	男	女	小计	男	女	小计	男	女
贵州	**95787**	**56717**	**39070**	**25840**	**17839**	**8001**	**13348**	**9206**	**4142**
贵阳市	**16336**	**10703**	**5633**	**5145**	**3571**	**1574**	**2718**	**1787**	**931**
南明区	2116	1537	579	683	506	177	301	215	86
云岩区									
花溪区	3745	2559	1186	957	669	288	401	285	116
乌当区	2132	1378	754	907	607	300	339	204	135
白云区	887	617	270	372	243	129	130	92	38
观山湖区	2512	1710	802	860	622	238	969	581	388
开阳县	639	345	294	178	120	58	92	62	30
息烽县	711	335	376	155	96	59	54	39	15
修文县	1303	805	498	381	276	105	142	102	40
清镇市	2291	1417	874	652	432	220	290	207	83
六盘水市	**8508**	**4756**	**3752**	**2180**	**1439**	**741**	**1005**	**688**	**317**
钟山区	269	172	97	163	104	59	44	33	11
六枝特区	1573	929	644	331	229	102	214	169	45
水城县	2077	1261	816	617	435	182	244	178	66
盘州市	4589	2394	2195	1069	671	398	503	308	195
遵义市	**18371**	**10217**	**8154**	**4314**	**2841**	**1473**	**1997**	**1393**	**604**
红花岗区	1297	799	498	353	242	111	154	109	45
汇川区	912	604	308	139	91	48	72	46	26
播州区	2688	1522	1166	656	457	199	291	226	65
桐梓县	2162	1294	868	409	279	130	251	187	64
绥阳县	948	509	439	257	167	90	91	68	23
正安县	855	450	405	228	156	72	115	85	30
道真仡佬族苗族自治县	646	350	296	168	97	71	74	52	22
务川仡佬族苗族自治县	445	321	124	184	144	40	79	63	16
凤冈县	483	199	284	129	78	51	31	17	14
湄潭县	639	300	339	143	83	60	69	40	29
余庆县	610	355	255	196	126	70	146	114	32
习水县	2533	1275	1258	479	304	175	230	139	91
赤水市	1968	1024	944	551	335	216	224	123	101
仁怀市	2185	1215	970	422	282	140	170	124	46
安顺市	**7189**	**4437**	**2752**	**1709**	**1178**	**531**	**763**	**555**	**208**
西秀区	2858	1878	980	763	541	222	274	200	74
平坝区	1475	904	571	275	168	107	111	76	35
普定县	1045	641	404	199	140	59	77	53	24
镇宁布依族苗族自治县	588	323	265	172	128	44	95	72	23
关岭布依族苗族自治县	545	365	180	130	87	43	72	52	20
紫云苗族布依族自治县	678	326	352	170	114	56	134	102	32
毕节市	**14896**	**8580**	**6316**	**3650**	**2622**	**1028**	**1615**	**1186**	**429**
七星关区	1659	482	1177	223	94	129	79	34	45
大方县	2225	1219	1006	546	363	183	265	203	62
黔西县	1773	1052	721	645	485	160	271	194	77
金沙县	2868	2155	713	591	489	102	269	227	42
织金县	2037	1418	619	469	352	117	188	144	44
纳雍县	1133	617	516	378	282	96	220	172	48
威宁彝族回族苗族自治县	1487	678	809	275	168	107	127	79	48
赫章县	1714	959	755	523	389	134	196	133	63

7-7c　续表 5

单位：人

现住地	初中			高中			大学专科		
	小计	男	女	小计	男	女	小计	男	女
铜仁市	**6231**	**3261**	**2970**	**1877**	**1190**	**687**	**1124**	**736**	**388**
碧江区	266	131	135	160	109	51	195	84	111
万山区	480	215	265	181	100	81	78	56	22
江口县	459	271	188	126	91	35	98	78	20
玉屏侗族自治县	512	256	256	167	111	56	94	69	25
石阡县	765	472	293	263	189	74	165	125	40
思南县	662	342	320	211	140	71	57	41	16
印江土家族苗族自治县	613	383	230	144	93	51	99	78	21
德江县	483	244	239	128	80	48	65	38	27
沿河土家族自治县	672	350	322	136	73	63	106	55	51
松桃苗族自治县	1319	597	722	361	204	157	167	112	55
黔西南布依族苗族自治州	**6217**	**3922**	**2295**	**1656**	**1205**	**451**	**923**	**681**	**242**
兴义市	1578	898	680	512	369	143	288	227	61
兴仁市	854	555	299	212	162	50	89	69	20
普安县	995	736	259	200	142	58	107	69	38
晴隆县	611	449	162	140	115	25	69	49	20
贞丰县	627	419	208	196	153	43	95	70	25
望谟县	253	142	111	59	36	23	21	12	9
册亨县	325	191	134	115	75	40	49	32	17
安龙县	974	532	442	222	153	69	205	153	52
黔东南苗族侗族自治州	**7870**	**4294**	**3576**	**2317**	**1589**	**728**	**1545**	**926**	**619**
凯里市	846	546	300	378	292	86	636	304	332
黄平县	430	251	179	128	91	37	77	64	13
施秉县	157	64	93	47	32	15	57	40	17
三穗县	360	171	189	139	92	47	51	34	17
镇远县	276	93	183	62	31	31	29	16	13
岑巩县	477	237	240	135	96	39	52	35	17
天柱县	731	315	416	129	73	56	28	16	12
锦屏县	461	278	183	129	95	34	45	35	10
剑河县	431	246	185	127	95	32	68	51	17
台江县	229	137	92	102	68	34	33	18	15
黎平县	1022	503	519	340	216	124	108	72	36
榕江县	836	515	321	205	143	62	64	50	14
从江县	743	407	336	160	108	52	65	53	12
雷山县	432	313	119	138	99	39	184	104	80
麻江县	239	108	131	62	37	25	33	24	9
丹寨县	200	110	90	36	21	15	15	10	5
黔南布依族苗族自治州	**10169**	**6547**	**3622**	**2992**	**2204**	**788**	**1658**	**1254**	**404**
都匀市	1382	1069	313	545	410	135	351	287	64
福泉市	1217	838	379	369	299	70	209	180	29
荔波县	1172	860	312	366	290	76	144	118	26
贵定县	830	599	231	157	111	46	210	124	86
瓮安县	897	521	376	300	218	82	163	131	32
独山县	1092	636	456	299	201	98	125	88	37
平塘县	702	360	342	198	132	66	64	37	27
罗甸县	251	123	128	52	32	20	31	21	10
长顺县	541	301	240	161	120	41	75	59	16
龙里县	916	577	339	244	181	63	112	87	25
惠水县	808	488	320	200	141	59	135	93	42
三都水族自治县	361	175	186	101	69	32	39	29	10

7－7c　续表 6　　　　单位：人

现 住 地	大学本科			硕士研究生			博士研究生		
	小计	男	女	小计	男	女	小计	男	女
贵　州	**9551**	**6822**	**2729**	**449**	**272**	**177**	**62**	**44**	**18**
贵阳市	**1636**	**1148**	**488**	**167**	**91**	**76**	**29**	**23**	**6**
南明区	219	178	41	14	9	5			
云岩区									
花溪区	362	260	102	31	15	16	8	4	4
乌当区	273	146	127	47	24	23	17	15	2
白云区	99	62	37	35	17	18	2	2	
观山湖区	302	232	70	22	14	8	2	2	
开阳县	64	44	20	2	2				
息烽县	35	27	8						
修文县	120	95	25						
清镇市	162	104	58	16	10	6			
六盘水市	**789**	**528**	**261**	**41**	**24**	**17**			
钟山区	38	18	20	19	8	11			
六枝特区	225	176	49	1	1				
水城县	217	133	84	11	5	6			
盘州市	309	201	108	10	10				
遵义市	**2156**	**1508**	**648**	**74**	**42**	**32**	**21**	**11**	**10**
红花岗区	104	76	28	1	1				
汇川区	97	83	14						
播州区	192	152	40	1	1		1	1	
桐梓县	266	213	53	3	3				
绥阳县	79	62	17				1		1
正安县	69	44	25	10	4	6	1	1	
道真仡佬族苗族自治县	60	43	17	1	1				
务川仡佬族苗族自治县	60	49	11	1		1			
凤冈县	35	27	8	1		1			
湄潭县	37	20	17	2	2				
余庆县	172	145	27	1	1				
习水县	177	127	50	4	3	1			
赤水市	80	45	35	6	3	3			
仁怀市	728	422	306	43	23	20	18	9	9
安顺市	**514**	**364**	**150**	**19**	**17**	**2**			
西秀区	220	149	71	6	6				
平坝区	44	32	12	1		1			
普定县	41	29	12	1		1			
镇宁布依族苗族自治县	63	48	15	5	5				
关岭布依族苗族自治县	72	60	12	3	3				
紫云苗族布依族自治县	74	46	28	3	3				
毕节市	**1147**	**811**	**336**	**22**	**15**	**7**	**1**	**1**	
七星关区	59	29	30	1	1		1	1	
大方县	138	109	29	3	1	2			
黔西县	167	135	32	2	1	1			
金沙县	106	89	17						
织金县	92	74	18	6	6				
纳雍县	171	133	38	1		1			
威宁彝族回族苗族自治县	260	128	132	3	1	2			
赫章县	154	114	40	6	5	1			

7-7c　续表 7　　　　单位：人

现住地	大学本科			硕士研究生			博士研究生		
	小计	男	女	小计	男	女	小计	男	女
铜仁市	**908**	**633**	**275**	**42**	**24**	**18**	**5**	**3**	**2**
碧江区	71	39	32	16	6	10	2	1	1
万山区	55	32	23						
江口县	155	107	48	7	4	3			
玉屏侗族自治县	70	57	13	2	1	1			
石阡县	149	129	20						
思南县	54	35	19				1	1	
印江土家族苗族自治县	54	48	6	2	1	1			
德江县	61	43	18	6	5	1	2	1	1
沿河土家族自治县	92	54	38	6	6				
松桃苗族自治县	147	89	58	3	1	2			
黔西南布依族苗族自治州	**612**	**413**	**199**	**15**	**13**	**2**	**1**	**1**	
兴义市	178	109	69	6	5	1			
兴仁市	87	66	21						
普安县	111	76	35	1	1				
晴隆县	59	37	22						
贞丰县	49	40	9	6	5	1	1	1	
望谟县	18	9	9	1	1				
册亨县	33	22	11						
安龙县	77	54	23	1	1				
黔东南苗族侗族自治州	**835**	**654**	**181**	**35**	**23**	**12**	**3**	**3**	
凯里市	137	116	21	7	5	2	1	1	
黄平县	67	54	13	1		1			
施秉县	9	7	2	2	1	1			
三穗县	51	43	8	1	1				
镇远县	17	13	4						
岑巩县	60	44	16	2	2				
天柱县	18	10	8	1	1				
锦屏县	64	51	13	7	6	1	1	1	
剑河县	52	38	14	1		1			
台江县	57	39	18	1		1	1	1	
黎平县	88	64	24	4	1	3			
榕江县	90	82	8	2	1	1			
从江县	40	29	11	1	1				
雷山县	51	40	11	3	3				
麻江县	24	18	6	2	1	1			
丹寨县	10	6	4						
黔南布依族苗族自治州	**954**	**763**	**191**	**34**	**23**	**11**	**2**	**2**	
都匀市	219	165	54	11	7	4			
福泉市	134	112	22	4	2	2			
荔波县	105	89	16	2	2				
贵定县	86	75	11	2	2				
瓮安县	74	63	11	2	2				
独山县	62	50	12	2	2		1	1	
平塘县	51	36	15	2	1	1			
罗甸县	18	10	8						
长顺县	39	34	5	2	2				
龙里县	71	66	5	1	1				
惠水县	68	44	24	4	1	3	1	1	
三都水族自治县	27	19	8	2	1	1			